Steffen Barreto da Rosa, Achim Diergarten (Hrsg.)

Praxiswissen Geldwäscheprävention

De Gruyter Praxishandbuch

Praxiswissen Geldwäscheprävention

Aktuelle Anforderungen und Umsetzung in der Praxis

3. umfassend überarbeitete Auflage

Herausgegeben von
Steffen Barreto da Rosa, Achim Diergarten

Unter Mitarbeit von
Dr. Steffen Barreto da Rosa,
Martina De Buyser,
Achim Diergarten,
Gabriele Marx-Steinacker,
Kim Malte Träris,
Sebastian Wolf

DE GRUYTER

Dr. Steffen Barreto da Rosa, München.
Achim Diergarten, Rechtsanwalt, München.

Zitiervorschlag: Barreto da Rosa/Diergarten/*Bearbeiter*, Kap. X Rn Y

Hinweis: Die in diesem Werk enthaltenen Ansichten sind die persönlichen Überzeugungen der Verfasser. Jegliche Haftung ist ausgeschlossen.

ISBN 978-3-11-151012-5
e-ISBN (PDF) 978-3-11-151054-5
e-ISBN (EPUB) 978-3-11-151159-7

Library of Congress Control Number: 2025933614

Bibliografische Information der Deutschen Nationalbibliothek
Die Deutsche Nationalbibliothek verzeichnet diese Publikation in der Deutschen Nationalbibliografie; detaillierte bibliografische Daten sind im Internet über http://dnb.dnb.de abrufbar.

Einbandabbildung: HandmadePictures / iStock / Getty Images Plus
Satz: jürgen ullrich typosatz, Nördlingen

www.degruyter.com
Fragen zur allgemeinen Produktsicherheit:
productsafety@degruyterbrill.com

Vorwort

Die Zahl der großen internationalen Geldwäscheskandale der letzten Jahre ist kaum mehr zu überblicken – Panama Papers, Paradise Papers, Russian Laundromat, Azerbaijani Laundromat, Troika Laundromat, Danske Bank, FinCEN-Files, Cyprus-Papers, Swiss-Leaks usw. – und die hierbei jeweils bewegten Summen illegaler Vermögenswerte erreichen schwindelerregende Dimensionen. Die Methoden zur Geldwäsche und Terrorismusfinanzierung werden, wie sich auch hieraus ablesen lässt, stetig weiterentwickelt. Neuen Geldwäschetechniken folgen wiederum stetig neue und verfeinerte Bekämpfungsansätze.

Der weltweite Ansatz zur Bekämpfung von Geldwäsche und Terrorismusfinanzierung weist dabei eine Besonderheit auf: die unmittelbare und umfangreiche **Einbindung und Verpflichtung nicht-staatlicher Stellen für die Kriminalitätsbekämpfung und -prävention**. Verstöße gegen geldwäscherechtliche Verpflichtungen können wiederum mit hohen Bußgeldern und sonstigen Sanktionen geahndet werden und gar strafrechtliche Konsequenzen nach sich ziehen. Ungeachtet dessen erschweren die teils sehr schwer zugänglichen und für Nicht-Juristen häufig kaum verständlichen Gesetzestexte des Geldwäschegesetzes, der EU-Geldwäsche-Verordnung und anderen zu beachtenden Vorschriften sowie ihre häufigen Änderungen insbesondere solchen Verpflichteten nach dem Geldwäschegesetz die Erfüllung ihrer Pflichten, die juristisch nicht besonders erfahren sind und nicht auf spezialisierte Rechtsabteilungen und jederzeitigen anwaltschaftlichen Rat zurückgreifen können.

Die **Verdachtsschöpfung** durch die Verpflichteten ist indessen in der Gesamtbetrachtung der wohl **zentrale Faktor** in der Geldwäschebekämpfung. Ohne die qualifizierte Mithilfe der Verpflichteten – jeder ist Spezialist in seinem beruflichen Bereich – wäre dem Staat eine effektive Bekämpfung der Geldwäsche nicht möglich. Damit ist es wiederum von entscheidender Bedeutung, den Verpflichteten Wissen um Geldwäschemethoden und Möglichkeiten ihrer Verhinderung zu vermitteln und die Einhaltung der Vorschriften so leicht wie möglich zu machen. **Ziel dieses Buches** ist es daher,

- Wissen zu vermitteln zu Methoden der Geldwäsche und Terrorismusfinanzierung einschließlich tieferer Hintergründe und zahlreicher Verweise auf weitere Informationsquellen,
- spezifisches kriminalistisches Denken näherzubringen sowie
- praxistaugliche Tipps und Anwendungshinweise zu geben, wie geldwäscherechtlich Verpflichtete ihren Verpflichtungen am besten nachkommen können.

Hierbei wird besonderer Wert auf **Verständlichkeit** gelegt: Das Buch richtet sich nicht nur an Spezialisten, die bereits in der Materie erfahren sind und ihr Wissen vertiefen wollen, sondern auch an diejenigen, die bislang keine Erfahrung in dem Bereich haben und auch keine juristische Vorbildung besitzen. Ihnen sollen **zahlreiche Fallbeispiele, Praxistipps** und **Formulierungshilfen** die praktische Umsetzung schließlich so einfach wie möglich machen.

https://doi.org/10.1515/9783111510545-202

Ganz besonders freuen wir uns, dass wir für diese 3. Auflage vier weitere MitautorInnen gewinnen konnten, die das Werk mit ihren langjährigen intensiven praktischen Erfahrungen als (stellvertretende) Geldwäschebeauftragte weiter umfangreich bereichern.

Für Fragen, Anregungen und Kritik sind wir stets offen und dankbar. Sie erreichen uns unter: kommentar@anti-geldwaesche.de.

München, im Mai 2025 — Dr. Steffen Barreto da Rosa und Achim Diergarten

Autorenverzeichnis

Dr. Steffen Barreto da Rosa ist seit 1998 im Bereich Geldwäsche/Vermögensabschöpfung tätig, zunächst als kriminalpolizeilicher Finanzermittler und ab 2011 als Leiter des Sachgebiets Geldwäsche/Vermögensabschöpfung im Bayerischen LKA. Während Abordnungen ab 2020 an BMI und BMJ begleitete er u. a. die Gesetzgebungsverfahren in Deutschland und auf EU-Ebene im Bereich AML/CTF. Er ist national und international als Referent in den Bereichen Geldwäschebekämpfung und Vermögensabschöpfung tätig, war u. a. Mitglied der Arbeitsgruppe zur 1. NRA Deutschlands und ist Co-Autor und Mitherausgeber des Standard-Kommentars zum Geldwäscherecht Herzog/Barreto da Rosa/El-Ghazi.

Martina De Buyser ist Sparkassenbetriebswirtin und seit Juli 2005 im Bereich Geldwäsche-Prävention der Kreissparkasse Köln tätig. 2007 wurde sie zu einer der stellvertretenden Geldwäschebeauftragten bestellt. Im Rahmen der Aufgabenteilung liegt der Schwerpunkt ihrer Tätigkeit im Verdachtsmeldewesen und Monitoring.

Achim Diergarten ist Rechtsanwalt, Unternehmensberater, Dozent, externer Geldwäschebeauftragter für einen international tätigen Uhren- und Schmuckhändler und einen Zahlungsdienstleister und Vorstand im Bundesverband der Geldwäschebeauftragten e.V. Er ist seit über 32 Jahren in der Geldwäscheprävention tätig.

Gabriele Marx-Steinacker, Diplomjuristin, ist seit 2014 Compliance- und stellvertretende Geldwäschebeauftragte, zuerst bei einem Zahlungsdienstleister, seit 2022 bei einem internationalen Finanzdienstleister.

Kim Malte Träris ist ausgebildeter Bankkaufmann, studierter Wirtschaftsjurist (LL.B.) und seit 2018 bei der Deutsche Kreditbank AG in der Fachabteilung für strategische Geldwäscheprävention tätig. Im Jahr 2021 wurde er zu einem der Geldwäschebeauftragten des Unternehmens bestellt. Daneben referiert er in verschiedenen Fachseminaren und Lehrgängen zum Thema Verhinderung von Geldwäsche, Terrorismusfinanzierung und strafbaren Handlungen.

Sebastian Wolf beschäftigt sich seit 2016 bei einem Finanzdienstleister mit Compliance-Themen, insbesondere mit der Geldwäscheprävention in verschiedenen europäischen Jurisdiktionen. Seit 2017 ist er in dieser Position als stellvertretender Geldwäschebeauftragter tätig, seit 2019 als Geldwäschebeauftragter. Zuvor war er als Rechtsanwalt tätig.

https://doi.org/10.1515/9783111510545-203

Inhaltsübersicht

Inhaltsverzeichnis

Kapitel 7
Pflichten im Zusammenhang mit Meldungen von Sachverhalten — 403

Abkürzungsverzeichnis

a.A.	anderer Ansicht
aaO	am angegebenen Ort
ABl.	Amtsblatt
Abs.	Absatz
AEAO	Anwendungserlass zur Abgabenordnung
a.F.	alte Fassung
AFCA	Anti Financial Crime Alliance
AG	Amtsgericht/Aktiengesellschaft
Alt.	Alternativ/e
AML	Anti Money Laundering
AML-VO	Verordnung (EU) 2024/1624 des Europäischen Parlaments und des Rates vom 31. Mai 2024 zur Verhinderung der Nutzung des Finanzsystems für Zwecke der Geldwäsche oder der Terrorismusfinanzierung
AMLA	The Authority for Anti-Money Laundering and Countering the Financing of Terrorism
AMLID	Anti-Money-Laundering International Database
AMON	Anti Money-Laundering Operational Network
AnSVG	Anlegerschutzverbesserungsgesetz
AnwBl	Anwaltsblatt (Zeitschrift)
AO	Abgabenordnung
APG	Account Planning Group
Art	Artikel
ATM	Automated Teller Machine (Geldausgabeautomat)
AuA	Auslegungs- und Anwendungshinweise
AufenthG	Aufenthaltsgesetz
AufenthV	Aufenthaltsverordnung
AUSTRAC	Australische FIU
AWG	Außenwirtschaftsgesetz
Az.	Aktenzeichen
B2C	Business to Consumer
BAFA	Bundesamt für Wirtschaft und Ausfuhrkontrolle
BaFin	Bundesanstalt für Finanzdienstleistungsaufsicht
BaFin-AuA zum GwG AT	BaFin- Auslegungs- und Anwendungshinweise zum Geldwäschegesetz Allgemeiner Teil
BaFin AuA BT	BaFin- Auslegungs- und Anwendungshinweise zum Geldwäschegesetz Besonderer Teil Kreditinstitute
BAföG	Bundesausbildungsförderungsgesetz
BCBS	Basel Committee on Banking Supervision
BCCI	Bank of Credit and Commerce International
BDL	Bundesverband Deutscher Leasingunternehmen e.V.
BDSG-E	Bundesdatenschutzgesetz-Entwurf
Beschl.	Beschluss
BFM	Bundesverband Factoring für den Mittelstand
BGB	Bürgerliches Gesetzbuch
BGBl.	Bundesgesetzblatt
BGH	Bundesgerichtshof

https://doi.org/10.1515/9783111510545-206

BGHSt	Entscheidungssammlung des Bundesgerichtshof in Strafsachen
Bio.	Billion
BKA	Bundeskriminalamt
BKAG	Bundeskriminalamtgesetz
BMF	Bundesministerium der Finanzen
BMI	Bundesministerium des Innern und für Heimat
BMJ	Bundesministerium der Justiz
BND	Bundesnachrichtendienst
BORA	Berufsordnung der Rechtsanwälte
BörsG	Börsengesetz
BRAK	Bundesrechtsanwaltskammer
BRAO	Bundesrechtsanwaltsordnung
BRD	Bundesrepublik Deutschland
BR-Drucks.	Bundesrats-Drucksache
BReg.	Bundesregierung
bspw.	beispielsweise
BT-Drucks.	Bundestags-Drucksache
BTC	Bitcoin
BtMG	Betäubungsmittelgesetz
BVI	British Virgin Islands
BVerfG	Bundesverfassungsgericht
bzgl.	bezüglich
bzw.	beziehungsweise
CCZ	Corporate Compliance Zeitschrift
CDPC	European Committee on Crime Problems
CEMT	Conférence Européenne des Ministres des Transports
CFATF	Caribbean Financial Action Task Force
COM	Commission (EU-Kommission)
cpd	conto pro diverse
CRIM	Sonderausschuss für organisierte Kriminalität, Korruption und Geldwäsche
CRR	Capital Requirement Regulation
CTITF	Counter Terrorism Implementation Task Force
DFV	Deutscher Factoring Verband
DIIR	Deutschen Instituts für Interne Revision e.V.
DK	Deutsche Kreditwirtschaft
DKK	Dänische Kronen
DM	Deutsche Mark
Dok.	Dokument
DStZ	Deutsche Steuer-Zeitung
EAG	Eurasian Group
EBA	European Banking Authority
EFG	Entscheidungen der Finanzgerichte (Zeitschrift)
EFECC	European Financial and Economic Crime Centre (von Europol)
EFIPPP	Europol Financial Intelligence Public Private Partner
EG	Europäische Gemeinschaft
EGWR	Europäischer Gerichtshof für Menschenrechte

EIOPA	European Insurance and Occupational Pensions Authority
EMCDDA	European Monitoring Centre for Drugs and Drug Addiction
ESA	European Supervisory Authorities
ESAAMLG	Eastern and Southern Africa Anti-Money-Laundering Group
ESMA	European Securities and Markets Authority
etc.	et cetera
EU	Europäische Union
EU-OGAW	Europäische Union – Organismen für gemeinsame Anlagen in Wertpapieren
EuZW	Europäische Zeitschrift für Wirtschaftsrecht
EWG	Europäische Wirtschaftsgemeinschaft
f./ff.	folgende
FAQ	Frequently Asked Questions
FATF	Financial Action Task Force
FinA	Finanzausschuss
FinCEN	Financial Crimes Enforcement Network
FIU	Financial Intelligence Unit
FLF	Finanzierung, Leasing, Factoring (Fachzeitschrift)
Fn	Fußnote
FreizügG/EU	Freizügigkeitsgesetz
FSRB	FATF-Style Regional Bodies
GAA	Geldausgabeautomat
GABAC	Groupe d'Action Contre le Blanchiment d'Argent en Afrique Centrale
GAFI	Groupe d'Action Financière
GAFILAT	Grupo de Acción Financiera de Latinoamérica
GbR	Gesellschaft bürgerlichen Rechts
gem.	gemäß
GETZ	Gemeinsame Extremismus- und Terrorismusabwehrzentrum
GewAufspG	Gewinnaufspürungsgesetz
GFGen	Gemeinsame Finanzermittlungsgruppen
ggf.	gegebenenfalls
GGL	Gemeinsame Glücksspielbehörde der Länder
GIABA	Inter-Governmental Action Group Against Money-Laundering Terrorist Financing in West Africa
GlüÄndStV	Glücksspieländerungsstaatsvertrag
GlüStV	Glücksspielstaatsvertrag
GmbH	Gesellschaft mit beschränkter Haftung
GUS	Gemeinschaft unabhängiger Staaten
GwG	Geldwäschegesetz
GwGErgG	Gesetz zur Ergänzung des Geldwäschegesetzes
GwGMeldV	Verordnung zur Bestimmung der erforderlichen Angaben und der Form der Meldung im Sinne des § 45 Absatz 5 Satz 1 des Geldwäschegesetzes idF des VO-E v. 22.4.2025
GwGMeldV-Immobilien	Verordnung zu den nach dem Geldwäschegesetz meldepflichtigen Sachverhalten im Immobilienbereich
GwOptG	Geldwäscheoptimierungsgesetz
GWR	Gesellschafts- und Wirtschaftsrecht (Fachzeitschrift)
GWuR	Geldwäsche & Recht (Fachzeitschrift)

GTAZ	Gemeinsames Terrorismus Abwehrzentrum
GTVO	Geldtransferverordnung
Gz.	Geschäftszeichen
HinSchG	Hinweisgeberschutzgesetz
HR	Handelsregister
Hs.	Halbsatz
i.S.d.	im Sinne des/der
i.V.m.	in Verbindung mit
i.Z.m.	im Zusammenhang mit
IAIS	International Association of Insurance Supervisors
IBAN	International Bank Account Number
ICIJ	International Consortium of Investigative Journalists
IDW	Institut der Wirtschaftsprüfer
IMFC	International Monetary and Finance Committee
IMoLIN	International Money-Laundering Information Network
IntBestG	Gesetz zur Bekämpfung internationaler Bestechung
IS	Islamischer Staat
IT	Informations-Technologie
IWF	Internationaler Währungsfonds
JR	Juristische Rundschau
JVEG	Justizvergütungs- und -entschädigungsgesetz
KAGB	Kapitalanlagegesetzbuch
KG	Kommanditgesellschaft
KGGT	schweizerische interdepartementale Koordinationsgruppe zur Bekämpfung der Geldwäscherei und der Terrorismusfinanzierung
KI	Künstliche Intelligenz
Krit.	Kritisch
KWG	Kreditwesengesetz
LLP	Limited Liability Partnership
LKA	Landeskriminalamt
m.V.a.	mit Verweis auf
m.w.N.	mit weiteren Nachweisen
MAD	Militärischer Abschirmdienst
MAR	Market Abuse Regulation = Marktmissbrauchsverordnung
MAS	Monetary Authority of Singapore
MENAFATF	Middle East and North Africa Financial Action Task Force
Mio.	Million
MiStra	Anordnung über Mitteilungen in Strafsachen
MMR	MultiMedia und Recht (Fachzeitschrift)
Mrd.	Milliarde
MROS	Money Laundering Report Office Switzerland
m.w.N.	mit weiteren Nachweisen

n.v.	nicht veröffentlicht
NCCT	non-cooperative countries and territories
NFC	Near Field Communication
NGO	Non-Governmental-Organisation
NJW	Neue Juristische Wochenschrift
NPO	Non-Profit-Organisation
Nr.	Nummer
NRA	Nationale Risikoanalyse
NStZ	Neue Zeitschrift für Strafrecht
NStZ-RR	Neue Zeitschrift für Strafrecht-Rechtsprechungsreport
NZWiSt	Neue Zeitschrift für Wirtschafts-, Steuer- und Unternehmensstrafrecht
o.Ä.	oder Ähnliches
o.ä.	oder ähnlich
o.g.	oben genannt
OCCRP	Organised Crime and Corruption Reporting Project
OECD	Organisation for Economic Co-operation and Development
OFAC	Office of Foreign Assets Control
OLG	Oberlandesgericht
OrgKG	Gesetz zur Bekämpfung der Organisierten Kriminalität
OTC	Over-the-counter
OWiG	Ordnungswidrigkeitengesetz
P2P	Peer-to-Peer/Person-to-person
Pdf	Portable Document Format = plattformunabhängiges Dateiformat
PEP	Politisch exponierte Person(en)
PIN	Persönliche Identifikationsnummer / Personal identification number
PROKLA	Zeitschrift für kritische Sozialwissenschaft
PStR	Praxis Steuerstrafrecht (Fachzeitschrift)
RDG	Gesetz über außergerichtliche Rechtsdienstleistungen
RegBegr.	Regierungsbegründung
RiStBV	Richtlinien für das Strafverfahren und das Bußgeldverfahren
Rn	Randnummer
RÜST GW/TF	ressortübergreifende Steuerungskreis zur Bekämpfung der Geldwäsche und Terrorismusfinanzierung
S.	Seite/Satz
s./sh.	Siehe/siehe
SB Kassen/SB Terminals	Selbstbedienungskassen/Selbsbedienungsterminals
SEPA	Single Euro Payments Area
SLP	Scottish Limited Partnership
SMS	Short Message Service
s.o.	siehe oben
SOCTA	Serious and Organised Crime Assessment
sog.	sogenannte/-r
SRA	Subnationale Risikoanalyse (der BaFin)
SRNA	Supranationale Risikoanalyse (der EU-Kommission)
StBerG	Steuerberatungsgesetz

StGB	Strafgesetzbuch
StPO	Strafprozessordnung
StraFo	Strafverteidiger Forum (Fachzeitschrift)
StrEG	Strafverfolgungsentschädigungsgesetz
StV	Strafverteidiger (Fachzeitschrift)
s.u.	siehe unten
SWD	Staff Working Document
TAN	Transaktionsnummer
TF	Terrorismusfinanzierung
Tz.	Textziffer
u.a.	unter anderem
UAbs.	Unterabsatz
UG	Unternehmergesellschaft
UN	United Nations
UNODC	United Nations Office on Drugs and Crime
Urt.	Urteil
USD	US-Dollar
USDT	US-Dollar Tether
UStG	Umsatzsteuergesetz
v.	vom/von
VAG	Versicherungsaufsichtsgesetz
VG	Verwaltungsgericht
vgl.	vergleiche
vIBAN	virtual International Bank Account Number
VN	Vereinte Nationen
Vorb.	Vorbemerkung
VVG	Versicherungsvertragsgesetz
VwVfG	Verwaltungsverfahrensgesetz
WiPrO	Wirtschaftsprüferberufsordnung
WM	Wertpapier-Mitteilungen (Fachzeitschrift)
WpHG	Wertpapierhandelsgesetz
WpIG	Gesetz zur Beaufsichtigung von Wertpapierinstituten
XML	Extensible Markup Language
z.B.	zum Beispiel
z.T.	zum Teil
ZAG	Zahlungsdiensteaufsichtsgesetz
ZFdG	Zollfahndungsdienstgesetz
ZfV	Zeitschrift für Versicherungswesen
ZIP	Zeitschrift für Wirtschaftsrecht
ZKG	Zahlungskontengesetz
ZollVG	Zollverwaltungsgesetz
ZPO	Zivilprozessordnung

Literaturverzeichnis

Hinweis: Veröffentlichungen der Aufsichtsbehörden, von Berufsverbänden, dem BKA, des BMF, der Egmont-Group, von Europol, der EU-Kommission, dem Europäischen Parlament, der FATF (einschließlich FSRBs) oder der FIU sowie einzelne öffentlich zugängliche Studien werden im Folgenden nicht aufgeführt, sondern direkt recherchierbar zitiert.

Ackermann, Bernd / Reder, Lars: Geldwäscheprävention in Kreditinstituten nach Umsetzung der Dritten EG-Geldwäscherichtlinie, WM 2009, 158ff.

Badura, Jens / Rieth, Lothar / Scholtes, Fabian: „Globalisierung" – Problemsphären eines Schlagwortes im interdisziplinären Dialog, 2005

Barreto da Rosa, Steffen: Strafbare Selbstgeldwäsche? – Kritische Anmerkungen zu § 261 Abs. 9 S. 3 StGB, JR 2017, S. 101ff. (zit.: *Barreto da Rosa* JR 2017)

Ders.: Urteilsanmerkung zum Beschluss des BGH vom 27.11.2018 – 5 StR 234/18, JR 2019, S. 585ff. (zit. *Barreto da Rosa* JR 2019)

Ders. / Diergarten, Achim: Urteilsanmerkung zum Beschluss des OLG Frankfurt am Main vom 10.04.2018, Az. 2 Ss-Owi 1059/17, NStZ 2019, 176ff. (zit.: *Barreto da Rosa / Diergarten* NStZ 2019, 176ff.)

Beck Online-Kommentar GwG, von Pelz, Christian / Brian, Ilka (Hrsg.): 20. Ed. (Stand 1.12.2024) (zit. BeckOK GwG-*Bearbeiter*)

Beck Online-Großkommentar HGB, von Henssler, Martin / Liedermann, Jan / Schaub, Bernhard / Schmidt, Uwe / Vetter, Jochen (Hrsg.): (Stand: 15.8.2024) (zit.: BeckOGK/*Bearbeiter*)

Beck Online-Kommentar StGB, von Heintschel-Heinegg, Bernd / Kudlich, Hans: 63. Ed. (Stand 1.11.2024) (zit.: BeckOK StGB-*Bearbeiter*)

Bohne, Steffen: Die Zielrichtung der Vermögensabschöpfung im Lichte einer rechtlichen Betrachtung, Kriminalistik 2002, S. 693ff.

Bongard, Kai: Wirtschaftsfaktor Geldwäsche: Analyse und Bekämpfung, Wiesbaden 2001 (zit.: *Bongard*)

Boos, Karl-Heinz / Fischer, Reinfrid / Schulte-Mattler, Hermann: Kreditwesengesetz (KWG), 5. Aufl., 2016 (zit.: Boos/Fischer/Schulte-Mattler/*Bearbeiter*)

Bräuning, Bettina: Ökonomie der Geldwäsche, 2009

Brock, Karl (Hrsg.): GwG-Kommentar, 2024 (zit.: Brock/*Bearbeiter*)

Bülte, Jens: Zu den Gefahren der Geldwäschebekämpfung für Unternehmen, die Rechtsstaatlichkeit und die Effektivität der Strafverfolgung, NZWiSt 2017, 276ff.

Ders.: Ausländische Steuerhinterziehung als Geldwäschevortat: fehlgeschlagener Reparaturversuch eines Strafsenats – zugleich Anmerkung zu OLG Koblenz v. 7.12.2023 – 1 W 22/23, Neue Strafrechtswissenschaft, Heft 4/2024, S. 337ff.

Bussmann, Kai: „Dunkelfeldstudie über den Umfang der Geldwäsche in Deutschland und über die Geldwäscherisiken in einzelnen Wirtschaftssektoren", Martin-Luther University Halle-Wittenberg, 2015

Bussmann, Kai / Veljovic, Miguel: „Die hybride strafrechtliche Verfolgung der Geldwäsche – Schlussfolgerungen aus den Ergebnissen einer bundesweiten Studie", NZWiSt 2020, S. 417ff.

Dahs, Hans: Handbuch des Strafverteidigers, 8. Aufl., 2015

Degen, Andreas: Gesetzliche Mitwirkungspflichten der Kreditwirtschaft bei der Geldwäsche- und Terrorismusbekämpfung, 2009

Diergarten, Achim: Die Verdachtsmeldung nach dem Geldwäschegesetz, 2. Aufl., 2012 (zit.: *Diergarten*, Verdachtsmeldung)

Ders.: Geldwäsche, 3. Aufl., 2014 (zit.: *Diergarten*)

Ehlscheid, Dirk / Pfeiffer, Brigitte: Handbuch Geldwäscheprävention, 2012

Eichhorst, Kristina: Die Rückkehr der Terror-Touristen – Foreign Terrorist Fighters als Herausforderung für Deutschland und Europa, veröffentlicht unter https://www.kas.de/de/web/auslandsinformationen/artikel/detail/-/content/die-rueckkehr-der-terror-touristen, zuletzt abgerufen am 20.12.2024

https://doi.org/10.1515/9783111510545-207

El-Ghazi, Mohamad: Geldwäsche und der Erwerb von Cannabis, NZWiSt 2024, 337ff.

Fiedler, Ingo: Das deutsche Glücksspielwesen – Kriminogene Aspekte und Zahlungsströme, Präsentation, Kripo Inter am 13.9.2012

Fischer, Thomas: Strafgesetzbuch und Nebengesetze, Kommentar, 71. Aufl., 2024

Fischer, Reinfrid / Schulte-Mattler, Hermann: KWG, CRR-VO (zit. Fischer/Schulte-Mattler-*Bearbeiter*).

Flatten, Thomas: Zur Strafbarkeit von Bankangestellten bei der Geldwäsche, 1996

Foertsch, Volker / Lange, Klaus: Islamistischer Terrorismus – Bestandsaufnahme und Bekämpfungsmöglichkeiten, 2005 (zit.: Foertsch/Lange/*Bearbeiter*)

Frömbgen, Silvia: Die Auslegungs- und Anwendungshinweise der BaFin – Besonderer Teil für Kreditinstitute, GWuR 2/2021, S. 66ff.

Fülbier, Andreas / Aepfelbach, Rolf / Langweg, Peter: Kommentar zum Geldwäschegesetz, 5. Aufl., 2006 (zit.: Fülbier/Aepfelbach/Langweg-*Bearbeiter*)

Gehling, Christian / Lüneborg, Cäcilie: Pflichten des Güterhändlers nach dem Geldwäschegesetz NZG 2020, 1164

Glaser, Reinhard: Geldwäsche (§ 261 StGB) durch Rechtsanwälte und Steuerberater bei der Honorarannahme, 2009

Görg, Sabine: Geldwäschebezogene Terrorismusbekämpfung – Praktische Wirkung und kriminalpolitische Angemessenheit der Bekämpfungsmaßnahmen, 2010

Gradowski, Marion / Ziegler, Jörg: Geldwäsche, Gewinnabschöpfung (Erste Erfahrungen mit den neuen gesetzlichen Regelungen (§§ 261, 43a, 73d StGB und Geldwäschegesetz)), BKA-Forschungsreihe Band 39, 1997

Gropp, Walter / Sinn, Arndt: Organisierte Kriminalität und kriminelle Organisationen, 2006 (zit.: Gropp/Sinn/*Bearbeiter*)

Groß, Steffen W.: Can Cultural Property Protection Be an Effective Counter-Terrorism Instrument?, The Journal of Art Crime (JAC), issue 19, spring 2018, Association for Research into Crimes against Art (Hrsg.)

Herzog, Felix / Achtelik, Olaf (Hrsg.): Geldwäschegesetz (GwG), 5. Aufl., 2023 (zit.: Herzog/*Bearbeiter*)

Hölscher, Reinhold / Gesmann-Nuissl, Dagmar / Hornbach, Christian: Systeme zur Geldwäschebekämpfung in der EU, 2011

Hoyer, Petra / Klos, Joachim: Regelungen zur Bekämpfung der Geldwäsche und ihre Anwendung in der Praxis, 2. Aufl., 1998

Jescheck, Hans-Heinrich / Vogler, Theo: Festschrift für Herbert Tröndle zum 70. Geburtstag, 1989 (zit.: *Bearbeiter* in: FS Tröndle)

John, David: (Erneute) Novellierung des Geldwäschegesetzes zum 1.8.2021 durch das „Transparenzregister- und Finanzinformationsgesetz“ Wesentliche Auswirkungen der verabschiedeten Gesetzesfassung und ungeklärte Fragen, NZG 2021, 957ff.

Karper, Ines / Fandrich, Andreas / Edelmann, Hervé: Münchener Anwaltshandbuch Bank- und Kapitalmarktrecht, 3. Auflage 2024 (zit.: MAH BankR/*Bearbeiter*)

Käufer, Tobias: Kolumbiens Fußball: Vehikel für Geldwäsche, FAZ vom 8.12.2010, abrufbar unter http://www.faz.net/aktuell/sport/fussball/kolumbiens-fussball-vehikel-fuer-geldwaesche-1580072.html

Kaufman, Jonathan: Kings of Shanghai, E-Book Edition 2020

Kindhäuser, Urs / Neumann, Ulfried / Paeffgen, Hans-Ullrich / Saliger, Frank (Hrsg.): Nomos Kommentar Strafgesetzbuch, 6. Aufl., 2023 (zit.: NK-*Bearbeiter*)

Körner, Harald Hans / Dach, Eberhard: Geldwäsche – Ein Leitfaden zum geltenden Recht, 1994

Koss, Hartmut: Möglichkeiten der Verhinderung bzw. Eindämmung der Wirtschaftskriminalität durch das Geldwäschegesetz, 2001

Krais, Jürgen: Geldwäsche und Compliance – Praxisleitfaden für Güterhändler, 2018 (zit.: *Krais*)

Ders.: Syndikusrechtsanwälte als Verpflichtete nach dem Geldwäschegesetz CCZ 2019, 96ff.

Ders.: Zu den Neuregelungen der 4. EU-Geldwäscherichtlinie, CCZ 2015, 251ff.

Lacey, Robert: Little Man – Meyer Lansky and the Gangster Life, First Edition 1991

Lackner, Karl / Kühl, Kristian / Heger, Martin: StGB, 30. Aufl., 2023

Ma, Yueh-Chung: Die Bekämpfung der Geldwäsche als tatsächliches und rechtliches Problem – Internationale Instrumente sowie die Entwicklung der Gesetzgebung in Taiwan und in Deutschland, Dissertation, 2008

Mader, Raimund / Scaraggi-Kreitmayer, Annamaria: Die Novelle des Geldwäschegesetzes und die damit verbundenen Anforderungen an den Berufsstand, DStR 2020, 181ff.

Mattioli, Sandro: Germafia, 2024

Meyer-Goßner, Lutz / Schmitt, Bertram: Strafprozessordnung, 67. Aufl., 2024 (zit.: Meyer-Goßner/Schmitt/*Bearbeiter*)

Moosmayer, Klaus / Lösler, Thomas: Corporate Compliance Handbuch der Haftungsvermeidung im Unternehmen, 4. Aufl., 2024 (zit.: Moosmayer/Lösler/*Bearbeiter*)

Nadwornik, Dennis: Praxishinweise zum Transparenzregister für gemeinnützige Stiftungen, npoR 2017, 233ff.

Nemet, Marijan / Dittrich, Sebastian: Risikoorientierte Geldwäsche- und Betrugsprävention, FLF 2012, 199ff.

Neuheuser, Stephan: Die Strafbarkeit des Geldwäschebeauftragten wegen Geldwäsche durch Unterlassen bei Nichtmelden eines Verdachtsfalles gemäß § 11 Abs. 1 GwG, NZWiSt 2015, 241ff.

Normark, Magnus / Ranstorp, Magnus: Understanding Terrorist Finance – Modus Operandi and National CTF-Regimes, 18.12.2015

Offermann-Burckart, Susanne: Anwaltsrecht in der Praxis, München 2010 (zit.: Offermann-Burckart/*Bearbeiter*)

Oftedal, Emilie: The financing of jihadi terrorist cells in Europe (Forsvarets Forskningsinstitutt, 2014), FFI-rapport 2014/02234

Oswald, Katharina: Die Implementation gesetzlicher Maßnahmen zur Bekämpfung der Geldwäsche in der Bundesrepublik Deutschland: eine empirische Untersuchung des § 261 StGB i.V.m. GeldwäscheG, 1997

Pavlakos, Nikolaos: Die Unterlassungsstrafbarkeit von Bankmitarbeitern wegen Geldwäsche, HRRS 2020, S. 350ff.

Quedenfeld, Rüdiger: Handbuch Bekämpfung der Geldwäsche und Wirtschaftskriminalität, 5. Aufl., 2021

Raue, Peter / Roegele, Peter: „Kunstvolle Geldwäsche? Neuregelungen zur Geldwäschebekämpfung im Kunstsektor" ZRP 2019, 196ff.

Ransiek, Andreas: Die Information der Kunden über strafprozessuale und strafrechtliche Ermittlungsmaßnahmen bei Kreditinstituten, wistra 1999, 401ff.

Richet, Jean-Loup: Laundering Money Online: a review of cybercriminals' methods; Tools and Resources for Anti-Corruption Knowledge, 1.6.2013, United Nations Office on Drugs and Crime (UNODC), abrufbar unter http://arxiv.org/ftp/arxiv/papers/1310/1310.2368.pdf

Rodatz, Arndt / Judis, Christian / Bergschneider, Michael: Der Syndikusrechtsanwalt als Verpflichteter nach dem Geldwäschegesetz, CCZ 2020, 93ff.

Romeike, Frank: Rechtliche Grundlagen des Risikomanagements – Haftungs- und Strafvermeidung für Corporate Compliance, 2007

Rütters, Stefan / Wagner, Sebastian: Der Geldwäschebeauftragte als Bezugstäter im Rahmen des § 30 OWiG, NZWiSt 2015, 282

Satzger, Helmut / Schluckebier, Wilhelm / Werner, Raik: StGB, 6. Aufl., 2024 (zit.: SSW-*Bearbeiter*)

Scaraggi-Kreitmayer, Annamaria: Geldwäschebekämpfung für Steuerberater, 2023

Schaub, Peter: Das neue Transparenzregister naht – Überblick über die Regelungen und praktische Auswirkungen für Personenvereinigungen, DStR 2017, 1438ff.

Scherrer, Michael: Kryptogeldautomaten im kriminalistischen Blick, Der Kriminalist 1/2025, S. 6ff.

Schimansky, Herbert / Bunte, Hermann-Josef / Lwowski, Hans-Jürgen, Bankrechts-Handbuch Bd. I, 5. Aufl., 2017 (zit.: Schimansky/Bunte/Lwowski-*Bearbeiter*)

Schneider, Friedrich / Dreer, Elisabeth / Riegler, Wolfgang: Geldwäsche - Formen, Akteure, Größenordnung – und warum die Politik machtlos ist, 2006

Schneider, Friedrich / Peren, Franz / Clement, Reiner: Online-Poker: Mögliche Geldwäsche und deren Prävention, Studie der Rechtsabteilung TÜV AUSTRIA Group, 2013

Schneider, Friedrich: Der Umfang der Geldwäsche in Deutschland und weltweit. Einige Fakten und eine kritische Auseinandersetzung mit der Dunkelfeldstudie von Kai Bussmann. Friedrich-Naumann-Stiftung für die Freiheit, 2016

Schönke, Adolf / Schröder, Horst: Strafgesetzbuch, 30. Aufl., 2019 (zit.: Schönke/Schröder-*Bearbeiter*)

*Schröder, Christian / Bergmann, Marcus,*Stellungnahme vom 18.03.2015 zum Entwurf eines Gesetzes zur Änderung des Strafgesetzbuchs – Strafbarkeit der Selbstgeldwäsche, im Internet abrufbar unter http://wcms.itz.uni-halle.de/download.php?down=38017&elem=2881924

Dies., Warum die Selbstgeldwäsche straffrei bleiben muss, 2013

Schütz, Hans Peter: „Wolfgang Schäuble: Zwei Leben", 2012

Schwander-Auckentaler, Katharina: Missbrauch von Bankgeschäften zu Zwecken der Geldwäscherei: eine bankbetriebswirtschaftliche Analyse deliktsgefährdeter Bereiche, 1995

Schwind, Hans-Dieter: Kriminologie. Eine praxisorientierte Einführung mit Beispielen. 23. Aufl., 2016

Shelley, Louise: Dirty Entanglements: Corruption, Crime and Terrorism. Cambridge University Press, 2014

Dies.: Dark Commerce. How a new illicit economy is threatening our future. Princeton University Press, 2018

Seidl, Alexander / Fuchs, Katharina: Zur Strafbarkeit des sog. „Skimmings", HRRS 2011. S. 265ff.

Stauder, Susanne: Praktische Folgen der neuen Geldwäschegesetzgebung für Unternehmen und Rechtsanwälte, GWR 2012, S. 146ff.

Steinberg, Georg: Lässt sich „Leichtfertigkeit" als Straftatbestandsmerkmal sinnvoll handhaben?, ZStW 2019, S. 940ff.

Suendorf, Ulrike: Geldwäsche: eine kriminologische Untersuchung, 2001

Tönnes, Celik: Geldwäscheprävention bei Leasing-Gesellschaften, FLF 1-2018, S. 16ff.

Von Kruedener, Antonia / Lehnert, Jörg: Know Your Customer – aber gilt das auch bei Zwangsversteigerungen? GWuR 2024, S. 112ff.

Voß, Marko: Die Tatobjekte der Geldwäsche, 2007

Warius, Silke: Das Finanzsystem Hawala in Deutschland, 2009

Weferling, Laura / Engelbrecht, Oliver: WpHG und GwG Verdachtsmeldungen, ZRFC 2016, 218ff.

Weiß, Udo: Zur Strafbarkeit des Erwerbs und Besitzes geringer Mengen Cannabis als Geldwäsche, wistra 2024, 225ff.

Weisser, Niclas-Frederic / Bliesener, Christian: Geldwäsche im digitalen Zeitalter – Non-Fungible Token (NFT), NZWiSt 2024, 41

Weißer, Bettina: Expertokratie? – Über Macht und Ohnmacht von Experten im Hinblick auf die Strafrechtsentwicklung, ZStW 2017, 129 (961ff.)

Wende, Jacob: Die Verdachtsmeldung als Mittel zur Bekämpfung der Geldwäsche am Beispiel der Kreditinstitute, 2024

Zentes, Uta / Glaab, Sebastian: GwG-Kommentar, 3. Aufl., 2022 (zit.: Zentes/Glaab/*Bearbeiter*)

Zuck, Rüdiger: Geldwäsche: Die verfassungswidrige Indienstnahme des Rechtsanwalts für Zwecke der Strafverfolgung, NJW 2002, 1397ff.

Kapitel 1
Einleitung

A. Was ist Geldwäsche?

I. Begriff und Ziele der „Geldwäsche"

Der **Begriff der „Geldwäsche"** ist eine Übersetzung aus dem Englischen – „money laundering". Vereinfacht ausgedrückt beschreibt er die Umwandlung illegaler Vermögenswerte in legale Vermögenswerte. Aus Straftaten stammendes „schmutziges" Geld (oder andere Vermögenswerte) wird in „sauberes" Vermögen (also solches, das aus legalen Quellen zu stammen scheint) umgewandelt, also „gewaschen". Ausgangspunkt für die gängigsten wirtschaftlichen bzw. kriminologischen Definitionen ist die **Begriffsbestimmung der President's Commission on Organized Crime President's Commission on Organized Crime (1984)**, S. 7: 1

> *„Money Laundering is the process by which one conceals the existence, illegal source, or illegal application of income, and disguise that income to make it appear legitimate."*[1]

In diesem Sinne, nur ausführlicher, definiert auch das **Wiener Suchtstoffübereinkommen der Vereinten Nationen von 1988**[2] Geldwäsche in seinem Art. 3 Abs. 1 Buchst. b: 2

> „b) i) *The conversion or transfer of property, knowing that such property is derived from any offence or offences established in accordance with subparagraph a) of this paragraph, or from an act of participation in such offence or offences, for the purpose of concealing or disguising the illicit origin of the property or of assisting any person who is involved in the commission of such an offence or offences to evade the legal consequences of his actions;*
> ii) *The concealment or disguise of the true nature, source, location, disposition, movement, rights with respect to, or ownership of property, knowing that such property is derived from an offence or offences established in accordance with subparagraph a) of this paragraph or from an act of participation in such an offence or offences;*"

Die beiden **Kernmerkmale** des Geldwäschebegriffs sind also einerseits die illegale Herkunft der Vermögensgegenstände und andererseits die Handlungen, die vorgenommen werden, um den Vermögensgegenständen den Anschein der Legalität zu geben.[3] 3

---

1 Übersetzt: Als Geldwäsche bezeichnet man das Verfahren, durch welches man die Existenz, die illegale Quelle oder die illegale Verwendung von Einkommen verbirgt und dieses Einkommen so verschleiert, dass es legalen Ursprungs zu sein scheint.

2 United Nations Convention against illicit traffic in narcotic drugs and psychotropic substances (https://www.unodc.org/pdf/convention_1988_en.pdf).

3 *Hölscher/Gesmann-Nuissl/Hornbach*, S. 5.

https://doi.org/10.1515/9783111510545-001

Exkurs
Insbesondere das Kernmerkmal der illegalen Herkunft kann aber immer nur aus einer bestimmten Rechtsordnung heraus beurteilt werden, was zu überraschenden Ergebnissen führen kann. So existiert zum Beispiel noch heute ein Unternehmen, welches an der London Stock Exchange und an der Singapoore Exchange gelisted ist, und dessen Vermögen zu einem erheblichen Teil aus dem illegalen Drogenhandel stammt, auch wenn das Unternehmen mittlerweile nicht mehr im illegalen Drogenhandel tätig ist, sondern das Vermögen in legale Assets investiert hat. Es handelt sich um das Unternehmen **Jardine Matheson Holdings Limited** mit Sitz in Hamilton auf den Bermuda Inseln.[4] Das Unternehmen wurde 1832 in Kanton gegründet, um Tee und Seide aus China zu exportieren und Opium nach China zu importieren.[5] Dieser Import von Opium nach China war damals nach chinesischem Recht illegal, weswegen China auch das Opium britischer Händler beschlagnahmte. Die britischen Opiumhändler, allen voran Jardine und Matheson, warben bei der britischen Krone um Unterstützung. Dies führte sodann zum ersten sogenannten Opiumkrieg. Im zweiten Opiumkrieg wurde China gezwungen den Opiumhandel zu legalisieren. Die Legitimität der Vermögenswerte des Unternehmens wird also weder von der Volksrepublik China, noch von Singapur, noch vom Vereinigten Königreich von Großbritannien und Nordirland in Frage gestellt, sonst würde man den Handel mit den Wertpapieren und die fortbestehende wirtschaftliche Aktivität im Land nicht tolerieren. Tatsächlich hatte der durch den Handel ermöglichte Opiumkonsum aber gravierende Folgen für die Bevölkerung des Kaiserreichs China, denn man schätzt das 10 % der Bevölkerung opiumsüchtig waren.[6]

4 Im deutschen Recht findet sich keine derartige **gesetzliche Definition** des Begriffs, lediglich in Gesetzesmaterialien wird Geldwäsche bisweilen knapp als *„systematische Tarnung von Vermögenswerten mit den Mitteln des Finanzmarktes, um sie dem Zugriff der Strafverfolgungsorgane zu entziehen und in ihrem wirtschaftlichen Wert zu erhalten.“*[7] beschrieben. **§ 1 Abs. 1 GwG** verweist nur auf **§ 261 des Strafgesetzbuchs**, der verschiedene Verhaltensweisen auflistet, die mit Strafe bedroht sind.[8]

5 Etwas ausführlicher formulierte hier die **4. EU-Geldwäscherichtlinie** in Art. 1 Abs. 3:

„(3) Als Geldwäsche im Sinne dieser Richtlinie gelten die folgenden Handlungen, wenn sie vorsätzlich begangen werden:

a) der Umtausch oder Transfer von Vermögensgegenständen in Kenntnis der Tatsache, dass diese Gegenstände aus einer kriminellen Tätigkeit oder aus der Teilnahme an einer solchen Tätigkeit stammen, zum Zwecke der Verheimlichung oder Verschleierung des illegalen Ursprungs der Vermögensgegenstände oder der Unterstützung von Personen, die an einer solchen Tätigkeit beteiligt sind, damit diese den Rechtsfolgen ihrer Tat entgehen;

b) die Verheimlichung oder Verschleierung der wahren Natur, Herkunft, Lage, Verfügung oder Bewegung von Vermögensgegenständen oder von Rechten oder Eigentum an Vermögensgegenständen in Kenntnis der Tatsache, dass diese Gegenstände aus einer kriminellen Tätigkeit oder aus der Teilnahme an einer solchen Tätigkeit stammen;

4 Annual Report Jardine Matheson Holdings Limited, S. 105.

5 Jonathan Kaufman: Kings of Shanghai – Two rival dynasties and the creation of modern China, Rn. 16 (zitiert nach dem E-Book).

6 Jonathan Kaufman: Kings of Shanghai – Two rival dynasties and the creation of modern China. Rn 78ff.

7 Entwurf eines Gesetzes zur Ausführung des Übereinkommens der Vereinten Nationen v. 20.12.1988 gegen den unerlaubten Verkehr mit Suchtstoffen und psychotropen Stoffen, BT-Drucks. 12/3533, S. 11.

8 S. hierzu ausführlich Kapitel 7 A 2.

c) *der Erwerb, der Besitz oder die Verwendung von Vermögensgegenständen, wenn dem Betreffenden bei der Übernahme dieser Vermögensgegenstände bekannt war, dass sie aus einer kriminellen Tätigkeit oder aus der Teilnahme an einer solchen Tätigkeit stammen;*

d) *die Beteiligung an einer der unter den Buchstaben a, b und c aufgeführten Handlungen, Zusammenschlüsse zur Ausführung einer solchen Handlung, Versuche einer solchen Handlung, Beihilfe, Anstiftung oder Beratung zur Ausführung einer solchen Handlung oder Erleichterung ihrer Ausführung."*

Die **EU-Geldwäsche-Verordnung** definiert Geldwäsche in Art. 2 Abs. 1 Nr. 1 als 6

„die in Artikel 3 Absätze 1 und 5 der Richtlinie (EU) 2018/1673 genannten Handlungen einschließlich Beihilfe und Anstiftung zu diesen Handlungen und des Versuchs, unabhängig davon, ob der Vermögensgegenstand, der der Geldwäsche unterzogen werden soll, aus Taten stammt, die im Hoheitsgebiet eines Mitgliedstaats oder im Hoheitsgebiet eines Drittlands begangen wurden; ob Kenntnis, Vorsatz oder Zweck, die ein Merkmal dieser Handlungen sein müssen, vorliegen, kann aus den objektiven Tatumständen abgeleitet werden".

Art. 3 Abs. 1 und 5 der Richtlinie 2018/1673 über die strafrechtliche Bekämpfung der Geldwäsche, auf die in der EU-Geldwäsche-VO (s. zuvor) verwiesen wird, lauten (ähnlich wie Art. 1 Abs. 3 der 4. EU-Geldwäscherichtlinie): 7

„(1) Die Mitgliedstaaten treffen die erforderlichen Maßnahmen, um sicherzustellen, dass die vorsätzliche Begehungsweise folgender Handlungen unter Strafe gestellt ist:

a) *der Umtausch oder Transfer von Vermögensgegenständen in Kenntnis der Tatsache, dass diese Gegenstände aus einer kriminellen Tätigkeit stammen, zum Zwecke der Verheimlichung oder Verschleierung des illegalen Ursprungs der Vermögensgegenstände oder der Unterstützung einer Person, die an einer solchen Tätigkeit beteiligt ist, damit diese den Rechtsfolgen ihrer Tat entgehen;*

b) *die Verheimlichung oder Verschleierung der wahren Natur, Herkunft, Lage, Verfügung oder Bewegung von Vermögensgegenständen oder von Rechten oder Eigentum an Vermögensgegenständen in Kenntnis der Tatsache, dass diese Gegenstände aus einer kriminellen Tätigkeit stammen;*

c) *der Erwerb, der Besitz oder die Verwendung von Vermögensgegenständen, in Kenntnis – bei der Übernahme dieser Vermögensgegenstände – der Tatsache, dass sie aus einer kriminellen Tätigkeit stammen.*

(5) *Die Mitgliedstaaten treffen die erforderlichen Maßnahmen, um sicherzustellen, dass eine Handlung nach Absatz 1 Buchstaben a und b unter Strafe gestellt wird, wenn sie von Personen verübt wird, die an der kriminellen Tätigkeit, aus der die Vermögensgegenstände stammen, als Täter oder in anderer Weise beteiligt waren."*

Primärziele[9] der Geldwäsche sind die Verhinderung der staatlichen Konfiskation der Verbrechensgewinne und der Strafverfolgung der Täter.[10] Die Taterlöse müssen aus Sicht der Kriminellen möglichst so getarnt werden, dass sie von den Strafverfolgungsbe- 8

9 Zu weiteren (Sekundär-)Zielen, die in der Literatur teils diskutiert, hier aber nicht weiter ausgeführt werden sollen, siehe *Bongard*, S. 57 ff.

10 Vgl. BT-Drucks. 11/7663, S. 1 und 25; BT-Drucks. 12/989, S. 1 und 26.

hörden nicht mehr aufgespürt werden können. Ihnen sollen im Ergebnis erklärbare und scheinbar legale Vermögenswerte zur Verfügung stehen, die keinen Rückschluss auf Straftaten zulassen.[11] Hierzu ist es erforderlich, eine nachvollziehbare Papierspur (sog. paper trail) der Vermögenswerte zu vermeiden, da hierüber nicht nur die eigentlichen Täter, sondern auch Hintermänner und sonstige Profiteure der Organisierten Kriminalität[12] ermittelt werden könnten. Die Papierspur meint die Nachvollziehbarkeit von Transaktionen, etwa auf Belegen wie Schecks, Rechnungen oder Kontoumsatzlisten; die hier enthaltenen Informationen wie Zahlungsbeteiligte (Sender und Empfänger) und sonstige Transaktionsdaten geben Ermittlungsansätze, mit denen die „Spur des Geldes" zurückverfolgt werden kann. Darüber hinaus ist es auch möglich, anhand von Unterlagen echte Transaktionen von solchen Transaktionen zu unterscheiden, welche keinen tatsächlichen Hintergrund haben. So kann zum Beispiel eine Überweisung in das oder aus dem Ausland, die scheinbar der Bezahlung einer Import- oder Exportrechnung dient, entlarvt oder bestätigt werden, wenn diese mit zugehöriger Rechnung nebst Dokumenten mit Drittreferenz unterlegt wird. Dokumente mit Drittreferenz wären z.B. Fracht- oder Zollpapiere oder andere Papiere, welche nur unter Mitwirkung von Dritten, unverdächtigen Parteien, erstellt werden können.

9 Blickt man in die Geschichte, so werden vor allem zwei Personen genannt, die das Instrumentarium und die Notwendigkeit der Geldwäsche als Erste erkannt haben: **Al Capone** und **Meyer Lansky**. Al Capone soll in den 1920er Jahren als Erster Einnahmen aus damals zu Zeiten der Prohibition illegalem Alkoholverkauf, sowie Drogenhandel und Prostitution mit legalen Einnahmen aus Waschsalons, in denen Waschmaschinen mit Münzeinwurf betrieben wurden (sog. Laundromats), vermischt haben, um so die illegale Herkunft der schmutzigen Gelder zu verschleiern.[13] Vermutlich nutzte der amerikanische Gangsterboss Meyer Lansky, beraten und unterstützt von John Pullmann, in den 1960er Jahren als Erster die Vorzüge von Offshore-Zentren, nämlich über die Bank of World Commerce[14], und anonymer Schweizer Nummernkonten bei der Genfer Bank „Credit International" und professionalisierte damit die Geldwäsche.[15] Hauptsächlich zum Zweck der Steuerhinterziehung wurden auch schon in den 1960er Jahren die Schwächen von Korrespondenzbankbeziehungen ausgenutzt. So wurde z.B. Bargeld bei der „Bank of Perrine", einer kleinen lokalen Bank in Miami, eingezahlt, da diese Bank eine Korrespondenzbeziehung mit der „Castle Bank of Nassau" hatte. Nach den Bareinzahlungen bei der Bank of Perrine in Miami wurden diese direkt dem Konto der Castle Bank of Nassau gutgeschrieben, ohne dass die Namen der Einzahler jemals in den Büchern der US-Amerikanischen Bank of Perrine erwähnt wurden.[16]

11 Vgl. auch BKA, FIU-Newsletter 3, S. 5.

12 Zum Begriff der Organisierten Kriminalität s. Ziffer A IV 1.

13 Vgl. u.a. *Herzog/Mika/Coppi*, Risiko Manager 2008, 22.

14 Lacey S. 305ff.

15 *Hölscher/Gesmann-Nuissl/Hornbach*, S. 8; *Bräuning*, S. 31; *Lacey* S. 304.

16 *Lacey* S. 303.

Ermöglicht wurde all dies durch beschleunigte Inter-Banken-Überweisungen und den Aufstieg der kommerziellen Passagier-Luftfahrt. Nicht belegt ist allerdings die Behauptung, dass schon damals das Schwarzgeld in Form von fingierten Krediten dieser Schweizer Bank an eigene legale Unternehmen Meyer Lanskys rückgeführt wurde.[17] Belegt ist lediglich, dass Geld auf diese Weise in die Schweiz gebracht wurde. Vermutungen, dass derartige Transaktionen schon in den 1930er Jahren verwendet wurden, wird entgegengehalten, dass dies damals nicht praktisch war, da zu jener Zeit Bargeld per Schiff und Bahn in die Schweiz transportiert werden musste, und dass damals kein Bedarf für diese Form der Geldwäsche bestand, da es leicht war, jede beliebige Menge Geld in den unregulierten lokalen Credit Union Banken in den USA zu verstecken.[18] Angesichts dieser langen „Geschichte" der Geldwäsche verwundert es, dass der Begriff der Geldwäsche erst seit 1973 in der Literatur zu finden ist, nämlich im Zusammenhang mit der Watergate Affaire in der Zeitung „The Guardian Newspaper" am 19. April 1973.[19] 10

Die internationalen Geldwäscheaktivitäten haben Schätzungen[20] zufolge weltweit ein besorgniserregendes Ausmaß erreicht. Aufgrund der Schwierigkeit, Geldwäschedelikte aufzudecken und der hohen Dunkelziffer in diesem Bereich, ist es allerdings höchst schwierig, exakte und zuverlässige Aussagen über das tatsächliche Ausmaß der weltweiten Geldwäsche zu treffen. Die Ergebnisse der Schätzungen sind generell zumindest teilweise von Vermutungen und Annahmen abhängig,[21] weshalb Schätzungen im Bereich der Geldwäsche generell mit Vorsicht zu bewerten sind. Die Vereinten Nationen (UNODC – United Nations Office on Drugs and Crime) schätzen das **weltweite Ausmaß der Geldwäsche** auf jährlich 2 % bis 5 % des weltweiten BIP bzw. etwa 715 Mrd. EUR bis 1,87 Bio. EUR.[22] Die **Erlöse aus strafbaren Handlungen in der EU** sollen sich auf jährlich 110 Mrd. EUR belaufen, was 1 % des gesamten Bruttoinlandsproduktes (BIP) der Union entspricht.[23] In der BRD ging die FATF in ihrem Deutschland-Evaluationsbericht von 2010 von jährlich ca. 60–80 Mrd. EUR Erlösen aus Straftaten aus, gewaschener inkriminierter Gelder ausgegangen; das Gesamtvolumen der Schattenwirtschaft in Deutschland wurde auf 400–560 Mrd. EUR geschätzt[24] (derartige Schätzungen finden sich im FATF-Evaluationsbericht 2022 nicht mehr). Die Analystengruppe Global Financial Integrity (GFI) gibt in ihrem Bericht über illegale Finanzströme von Entwicklungsländern in 11

17 AaO S. 306ff.
18 AaO S. 306.
19 *Bongard*, S. 11.
20 Vgl. auch BT-Drucks. 18/1763, S. 6.
21 S.a. Hölscher/Gesmann-Nuissl/Hornbach, S. 9.
22 S. https://www.unodc.org/unodc/en/money-laundering/globalization.html.
23 Entschließung des Europäischen Parlaments vom 26.3.2019 zu Finanzkriminalität, Steuerhinterziehung und Steuervermeidung (2018/2121(INI)), Rn. 219 m.V.a. den Abschlussbericht zum OCP-Projekt (Organised Crime Portfolio) „From illegal markets to legitimate businesses: the portfolio of organised crime in Europe", März 2015.
24 FATF, Deutschland-Evaluationsbericht 2010, S. 9, Key Findings Ziff. 3.

den Jahren 2003–2012 an, dass allein im Jahr 2012 Schwellen- und Entwicklungsländer durch Korruption, Geldwäsche und Handelsbetrug fast eine Billion USD verloren haben.

II. Das Drei-Phasen-Modell der Geldwäsche

1. Vorbemerkung

12 Das bekannteste und am häufigsten zitierte Modell der Geldwäsche ist das der US-amerikanischen Zollbehörde.[25] Es differenziert zwischen drei Phasen:

- „placement stage" (Platzierung/Einschleusung),
- „layering stage" (Verschleierung) und
- „integration stage" (Integration, Rückführung).

13 Auch dieses Drei-Phasen-Modell ist letztlich jedoch nur eine künstliche und **vereinfachende Darstellung eines komplexen Prozesses**. Es hat wie jedes Modell Schwächen (einzelne Phasen können sich überlagern etc.). In der Praxis können Fälle von diesem Schema abweichen, Phasen übersprungen werden, ineinandergreifen oder parallel ablaufen. Da es sich jedoch um das gängigste Modell handelt und einen guten Einstieg zum Verständnis des Geldwäscheprozesses ermöglicht, soll es im Folgenden kurz dargestellt werden.

2. Placement (Platzierung/Einschleusung)

14 Ziel des Placements ist die physische Beseitigung der teils sehr großen illegal erlangten Bargeldmengen, ihre Transformation in andere Wertträger (beispielsweise Edelsteine oder Luxusgüter) und die **Einschleusung in den legalen Finanzkreislauf**. Dies geschieht meist zunächst durch Wechsel kleinerer Geldnoten in größere Scheine oder andere Währungen oder durch Umwandlung von Bar- in Buchgeld.

15 Häufig werden hier sog. **gate-keeper** eingesetzt, sprich: Personen und Institutionen, die Zugang zum legalen Wirtschaftskreislauf eröffnen können wie Kreditinstitute, Notare, Geldwechselstuben oder Gewerbetreibende, die mit hochwertigen Gütern handeln. Damit verschwimmt zunehmend auch der kriminelle Bereich mit der legalen Wirtschaft. Diese erste Phase ist die für die Täterseite schwierigste Stufe des Geldwäscheprozesses.

Beispiel
Drogenhändler erhalten im Verkauf an die Endabnehmer viele kleine Banknoten. In der heutigen Zeit bargeldlosen Zahlungsverkehrs rufen große Bargeldmengen jedoch besondere Aufmerksamkeit hervor. Außerdem

25 Vgl. u.a. *Oswald*, S. 10; *Hölscher/Gesmann-Nuissl/Hornbach*, S. 32f.

können allein Volumen und Gewicht hier zu einem logistischen Problem werden: So wiegt beispielsweise eine Million US-Dollar in 5-Dollar-Scheinen bereits 220 kg. Daher geht es Drogenhändlern zunächst darum, dieses Bargeld in größere Scheine, andere Wertträger oder gleich in Buchgeld zu wechseln – die erste Stufe der Geldwäsche (Platzierung/Placement).

3. Layering (Verschleierung)

Nach dem Placement erfolgt im zweiten Schritt das sog. Layering. Hierbei wird mittels einer Vielzahl komplexer und in Konsequenz für Außenstehende undurchschaubarer und verwirrender Transaktionen innerhalb des Finanzsystems versucht, jegliche **Verbindung der Vermögenswerte mit ihren zugrundeliegenden Straftaten zu verwischen**. Häufig werden hierbei fiktive Papierspuren (sog. **paper-trail**)[26] verursacht. Es wird versucht, die wahre Papierspur (mehrfach) zu unterbrechen, Scheingeschäfte werden geschlossen (häufig fingierte Darlehen) usw. Insofern ist es für die Bekämpfung der Geldwäsche nützlich, wenn Transaktionen von Finanzdienstleistern begleitet werden, welche aus eigenem Interesse nicht (nur) die Zahlungen überwachen, sondern sich (auch) über die Wahrhaftigkeit des zugrundeliegenden Geschäftes vergewissern, wie z.B. beim Factoring und Leasing. 16

Beispiel

Der Geldwäscher **Law Kim Man** soll ein Kontonetz von 360 Bankkonten mit 110 Kontoinhabern aufgebaut haben, über welche er die zu waschenden Gelder transferierte. Obwohl er alle Konten kontrollierte, tauchte sein Name nie auf. Die damalige Bank of Credit and Commerce International (**BCCI**) hatte auf Identifizierungen verzichtet und auf Anweisung Laws jeweils Konten auf (fiktive) Namen eröffnet, die teils nach nur einer Woche wieder aufgelöst wurden.[27]

4. Integration

In der Integrationsphase werden die **„gewaschenen" Vermögenswerte wieder in den legalen Wirtschaftskreislauf eingeschleust**. Erfolgreich abgeschlossen ist der Geldwäschevorgang, wenn die betreffenden Vermögenswerte nicht mehr mit illegalen Geschäften in Verbindung gebracht werden können und der Täter oder seine Organisation unbeschränkt über sie verfügen kann. Das „gewaschene" Kapital wird nun fest investiert, sodass es nur mehr mit legalen Geschäften in Verbindung gebracht werden kann.[28] 17

26 Die Papierspur bezeichnet wie oben bereits erläutert die Nachvollziehbarkeit von Vermögensverschiebungen – bei Überweisungen kann beispielsweise immer nachvollzogen werden, woher die Überweisung kam (Sender-Konto) und wohin sie gegangen ist (Empfänger-Konto).

27 Vgl. *Bongard*, S. 120 Fn 79 m.w.N.

28 *Flatten*, S. 7.

Jeweils anfallende Steuern werden ordnungsgemäß gezahlt, um die vorgegebene legale Geschäftstätigkeit weiter zu untermauern.[29]

18 Auf der Stufe der Integration ist ein Nachweis der illegalen Herkunft der Gelder am schwierigsten, weil die Distanz zum ursprünglich erlangten „schmutzigen Geld" am größten ist.[30] Eine Abgrenzung zur vorhergehenden Stufe der Integration ist häufig nicht möglich, weil etwa auch längerfristige Anlagen der Verschleierung dienen können. Die Übergänge hier sind fließend.[31]

Beispiel
Kolumbianische Drogenkartelle übernahmen beispielsweise bestehende teilweise oder gänzlich (legale) Wirtschaftsbetriebe in den USA.[32] Häufig zu beobachten sind auch Investitionen in Immobilien.[33]

III. Methoden, Instrumente und Erscheinungsformen der Geldwäsche

1. Vorbemerkung

19 Die Methoden und Erscheinungsformen der Geldwäsche sind vielseitig und werden täterseitig permanent (in rasender Geschwindigkeit) weiterentwickelt und verfeinert, sei es als Reaktion auf staatliche Bekämpfungsmaßnahmen oder auch, weil neue (technische) Möglichkeiten entwickelt wurden, die sich ebenso für diese kriminellen Zwecke (einschließlich der Terrorismusfinanzierung)[34] nutzen lassen. Die im Folgenden aufgeführten Methoden und Erscheinungsformen können daher nur eine aktuelle Momentaufnahme der gängigsten Varianten wiedergeben und niemals abschließend sein.

Professionelle Geldwäscher
Die vielfältigen Möglichkeiten, aber auch die Komplexität einzelner Geldwäschetechniken haben zwischenzeitlich zu einer Art neuer „Dienstleistungsbranche" geführt – „money laundering as a service". Professionelle Geldwäscher (meist organisierte Gruppierungen), auch **super-facilitators** genannt, bieten über das Darknet oder kriminelle Kontakte gegen Provision Geldwäsche als Dienstleistung an. Sie sind dabei selten in die Vortaten involviert und bieten ihren Service letztlich jeglicher kriminellen Kundschaft an (einschließlich terroristischen Organisationen).[35] Im legalen Bereich gibt es sogenannte Corporate Services Dienstleister, welche

---

29 Zur Schwierigkeit der Abgrenzung von Investitionen im Rahmen der Integrationsphase und legalen Investitionen im Anschluss an die Geldwäsche vgl. *Bräuning*, S. 262.

30 *Degen*, S. 83.

31 *Suendorf*, S. 198.

32 *Bräuning*, S. 263 m.w.N.

33 Vgl. u.a. OECD, Handbuch „Geldwäsche" für den Innen- und Außendienst der Steuerverwaltung, S. 14; *Suendorf*, S. 199 f. (mit Fallbeispielen auf S. 200); Fülbier/Aepfelbach/Langweg/*Fülbier*, Einleitung Rn 18.

34 Vgl. UN, Bericht der CTITF-Arbeitsgruppe „Bekämpfung der Terrorismusfinanzierung", S. 16.

35 Ein sehr empfehlenswerter Beitrag zum Thema ist das ARD radiofeature *„Die Libanon-Connection"* (von *Kabisch*, *Strozyk* und *Strunz*, NDR 2019).

innerhalb von Minuten Gesellschaften in den meisten Jurisdiktionen bereitstellen können – auch hier ist der Übergang fließend wie beim Beispiel Mossack Fonseca.
Die **FATF** hat im Juli 2018 einen ausführlichen (lesenswerten) Bericht zu „Professional Money Laundering" veröffentlicht, der das Thema eingehend inklusive mehrerer Fallstudien beleuchtet; im Juli 2019 publizierte die **Egmont Group** ein Bulletin „Professional Money Laundering Facilitators".
Schließlich stellt auch die **EU-Kommission** in ihrem Commission staff working document v. 27.10.2022, SWD (2022) 344 final, zum „report on the assessment of the risk of money laundering and terrorist financing affecting the internal market and relating to cross-border activities" {COM(2022) 554 final} auf S. 44 eine zunehmende Bedeutung von spezialisierten Vermittlern im Bereich der Geldwäsche fest.

2. Bargeld

a) Allgemeines

Laut der jüngsten Studie der Deutschen Bundesbank zu „Zahlungsverhalten in Deutschland 2023" ist Bargeld – trotz rückläufiger Tendenz – nach wie vor das meistgenutzte Zahlungsmittel in Deutschland: über die Hälfte der Transaktionen (51 %) wird weiterhin bar bezahlt.[36] Bargeld ermöglicht es, einfach, sicher, schnell und anonym zu bezahlen. Diese Anonymität des Bargeldes kann jedoch auch missbraucht werden.[37] Die organisierte Kriminalität und einige ihrer zentralen Kriminalitätsfelder wie insbesondere Drogen-, Menschen- und Waffenhandel basieren nach wie vor weitgehend auf Bargeld.[38] Auch wenn ein stetiges Wachstum bargeldloser Zahlungsmethoden in vielen Kriminalitätsbereichen, u. a. im Drogen-, Falschgeld- und Waffenhandel, wo zunehmend Darknet-Handelsplätze zum Umsatz verwendet werden, feststellbar ist, werden nach wie vor große Mengen an Bargeld generiert (bereits für 2013 wurde geschätzt, dass der jährliche Umsatz auf dem illegalen Drogeneinzelhandelsmarkt in Europa (Heroin, Kokain, Cannabis, Amphetamine, Ecstasy) etwa 20 bis 30 Milliarden Euro pro Jahr beträgt[39] und der illegale Drogenhandel basiert nach wie vor überwiegend auf Bargeld[40]). Andere Vortaten, die typischerweise Bargeld generieren, sind der Schmuggel von Waren (Alkohol, Zigaretten), Migrantenschmuggel, Menschenhandel, illegaler Waffen- oder Waffenhandel sowie bestimmte Arten von Korruption (die polizeilich erfasste Korruption erfolgte im Jahr 2022 zu 49 % mit Bargeld)[41] und Steuerbetrug.[42] 20

36 Dort auf S. 5, veröffentlicht im Juli 2024 auf der Homepage der Bundesbank.
37 Vgl. auch Erwägungsgründe 61 und 161 der EU-Geldwäsche-Verordnung (VO (EU) 2024/1624).
38 Vgl. auch ECORYS / Centre for European Policy Studies, „*Study on an EU initiative for a restriction on payments in cash, Final Report*", 15.12.2017, S. 21.
39 EMCDDA, Technical Report: Estimating the size of main drug markets, 2018, S. 4.
40 Europol, Why is cash still king, S. 11.
41 BKA, Bundeslagebild Korruption 2022, S. 14.
42 FATF, Money laundering through the physical transportation of cash, 2015, S. 3, 29.

21 Insofern verwundert es nicht, dass Bargeld auch in der jeweils anschließenden Phase der Geldwäsche unvermindert ***die* zentrale Rolle** spielt.[43] Auch in den vom BKA geführten **OK-Verfahren**, in denen Geldwäsche eine Rolle spielte, findet sich Bargeld als häufigstes Mittel zur Geldwäsche.[44] Selbst wenn die zugrunde liegenden kriminellen Aktivitäten an sich kein Bargeld generieren, findet Bargeld häufig in bestimmten Phasen des Geldwäscheprozesses Verwendung, was sich u.a. am Beispiel der Finanzagenten nach Phishing-Attacken gut erkennen lässt, die von ihrem Konto eingegangene Überweisungen zunächst bar abheben, um sie anschließend über Zahlungsdienstleister ins Ausland zu versenden.[45] Etwa ein Drittel aller **Meldungen** nach dem Geldwäschegesetz stand in der Vergangenheit im Zusammenhang mit Barzahlungen (die FIU weist derartige Zahlen in ihren Jahresberichten nicht mehr aus) – hierbei spielen Einzahlungen von Bargeld, dessen Herkunft unklar ist (und deren Höhe nicht mit den bekannten wirtschaftlichen Verhältnissen in Einklang steht), eine zentrale Rolle.[46]

Fallbeispiele aus Verdachtsmeldungen

„Herr ■■■ hat auf sein Konto einen Betrag von 28.000 EUR in bar eingezahlt. Auf Nachfrage nach der Herkunft des Geldes erklärte der Kunde, dass er das Geld von zwei Reisen in die Türkei mitgebracht hat. Er möchte sich hier eine Wohnung kaufen und hat sich das Geld von Verwandten geliehen. Er konnte uns aber leider keinen Nachweis hierüber (Darlehensvertrag oder Kontoauszug) noch eine Zollanmeldung vorlegen."

„Frau ■■■ zahlte am 20.12.■■■ einen Betrag von 100.139,57 EUR bar ein. Auf Nachfrage erhielten wir die Auskunft, dass es Gelder von den Eltern sind. Hierfür haben wir Nachweise verlangt. Daraufhin erklärte die Kundin, dass nur ein Teil des Geldes von den Eltern (50.000 EUR) und ein Teil von Freunden und Bekannten (20.000 EUR) ist. Den Rest (30.000 EUR) hat sie sich selbst erspart. Sie möchte eine Immobilie kaufen und hat sich das Geld daher geliehen. Trotz mehrerer Aufforderungen hat die Kundin bis heuten keine Nachweise geliefert. Da wir die Herkunft der Mittel nicht verifizieren können, kann ein geldwäscherelevanter Hintergrund nicht ausgeschlossen werden."

---

22 Korrelierend mit der Bedeutung von Bargeld im Geldwäscheprozess ist das **Geldwäscherisiko besonders hoch in Sektoren mit hohem Bargeldaufkommen** (und hier insbesondere Unternehmen, die Zahlungen in großen Stückelungen (beispielsweise in 500-EUR- oder 200-EUR-Banknoten)[47] annehmen). Bargeldintensive Geschäfte sind zum Beispiel: Bars, Restaurants, Baufirmen, Kfz-Einzelhandel, Autowaschanlagen, Kunst-

43 S. EU-Kommission, Impact Assessment accompanying the Anti-money laundering package v. 20.7.2021, SWD(2021) 190 final, S. 113; vgl. auch die zweite supranationale Risikobewertung (SNRA) der EU-Kommission (COM(2019) 370 final), Ziffer 2.1.1. (S. 2) sowie die dritte SNRA der EU-Kommission auf S. 16, 162, 169 und 174 und das Europäische Parlament vom 26.3.2019 (2018/2121(INI)), Ziff. 13; zu den Schwierigkeiten der Schätzung der Bargeldnachfrage in der Schattenwirtschaft allgemein s. bspw. den Monatsbericht der Deutschen Bundesbank vom März 2019 ab S. 43.

44 BKA, Bundeslagebild OK 2023, S. 15.

45 Hierzu näher unter der folgenden Ziffer 7.

46 S.a. den Europol-Bericht *„From Suspicion to Action"* (2017), S. 21, dem zu Folge in 38 % der zwischen 2013 und 2014 eingegangenen Meldungen der Hauptmeldegrund die Verwendung von Barmitteln war.

47 Aus dem Grund hatte die Europäische Zentralbank im Jahr 2016 beschlossen, die Herstellung und Ausgabe der 500-EUR-Banknote einzustellen.

und Antiquitätenhandel, Pferde-Handel, Auktionshäuser, Pfandhäuser, Edelstein- und Schmuckhandel, Textilgeschäfte, Spirituosen- und Tabakläden, Einzelhandel/Nachtläden, Glücksspielanbieter. Bargeldintensive Geschäfte können zum Waschen von (großen) Bargeldbeträgen verwendet werden, indem behauptet wird, dass die Mittel aus der Wirtschaftstätigkeit stammen, oder indem ihre Herkunft durch fiktive wirtschaftliche Aktivitäten begründet wird.[48]

Beispiel

Die englische NatWest Bank wurde zu einer Strafzahlung in Höhe von 264 Millionen Pfund verurteilt, weil sie die wahre Herkunft von Bareinzahlungen eines Goldhändlers nicht hinterfragt hatte, obwohl die Umstände dies nahelegten.[49] So wurde in der Zweigstelle der Bank in Walsall derart viel Bargeld von den Geldboten angeliefert, dass die Müllsäcke, mit welchen das Geld angeliefert wurde, bei der Einzahlung zerrissen. Die Bankangestellten halfen den Geldwäschern sodann die Scheine in robustere Beutel umzupacken. In einer Filiale wurden allein insgesamt 40 Millionen Euro gutgeschrieben.[50] All dies ereignete sich, nachdem der Goldhändler, welcher intern zunächst als Highrisk-Kunde eingestuft war, im Dezember 2013 herabgestuft wurde. Die Menge des eingezahlten Bargeldes erhöhte sich bis zum Jahre 2016 immer weiter, bis zu einer Menge von 1,8 Millionen Pfund täglich, verteilt auf verschiedene Niederlassungen. Das Bargeld füllte die beiden raumhohen Tresore einer Filiale aus. Überschüssiges Bargeld und andere Gegenstände mussten im Tresorraum gelagert werden. Die Bank hat die Herkunft der Gelder nicht hinterfragt. Obwohl der Jahresumsatz des Goldhändlers ursprünglich auf 15 Millionen Pfund pro Jahr geschätzt wurde, beliefen sich die Gutschriften auf NatWest-Konten über einen Zeitraum von fünf Jahren auf 365 Millionen Pfund, davon 264 Millionen in bar. Dem Geldwäschebeauftragten wurden die Sachverhalte teilweise gemeldet, doch dieser sah keinen Verdacht, da er makroökonomische Gründe für die hohen Bareinzahlungen vermutete.[51]

Der besonderen Bedeutung des Bargelds für Geldwäsche, die auch von der Nationalen Risikoanalyse herausgestellt wird[52], begegnet die BaFin in ihrem Besonderen Teil der Auslegungs- und Anwendungshinweise zum GwG für Kreditinstitute (unter Ziff. 1) dadurch, dass bei Bartransaktionen, die von Verpflichteten außerhalb einer Geschäftsbeziehung mit sog. Gelegenheitskunden durchgeführt werden, und die einen Betrag von 2.500 Euro überschreiten, regelmäßig ein erhöhtes Risiko i.S.d. § 15 Abs. 2 i.V.m. Anlage 2 GwG vorliegt, womit **erhöhte Sorgfaltspflichten** anzuwenden sind, d.h. es sind **Nachweise zur Barmittelherkunft** anzufordern und sofern keine ausreichenden Belege vorgelegt werden können, die Annahme des Bargelds abzulehnen (bei Bartransaktionen innerhalb einer Geschäftsbeziehung liegt die Grenze (risikoorientiert) bei 10.000 Euro).[53] 23

48 S.a. ECORYS / Centre for European Policy Studies, „Study on an EU initiative for a restriction on payments in cash, Final Report", 15.12.2017, S. 59f. m.w.N.

49 The Guardian vom 13.12.2001.

50 Handelsblatt vom 13.12.2021.

51 The Guardian vom 13.12.2001.

52 Dort u.a. auf S. 3, 26, 58 und 105.

53 Sh. zum Thema „Herkunftsnachweis bei Bareinzahlungen" ausführlich Kap. 7 C XIII.

24 Im Rahmen **terroristischer Aktivitäten** scheint Bargeld im Allgemeinen für die Bezahlung oder den Schmuggel verwendet zu werden[54], insgesamt aber eine geringere Rolle zu spielen.[55]

! **Hinweise**

Im lesenswerten Bericht von Europol **„Why is cash still king"** von 2015, der hierzu nach wie vor aktuell ist, wurde die Bedeutung von Bargeld insbesondere im Rahmen internationaler Geldwäsche (und Terrorismusfinanzierung) umfangreich untersucht und werden Handlungsempfehlungen ausgesprochen.

In der Zusammenstellung der **Egmont Group**: „FIU's in action – 100 cases from the Egmont Group", sind ab Seite 125 zahlreiche Fallbeispiele aufgeführt, in denen Bargeld und andere anonyme Vermögenswerte zur Geldwäsche eingesetzt wurden.[56]

Kritisch zu hinterfragen sind immer wieder anzutreffende Formulierungen von **„Bargeld in verdächtiger Stückelung"** oder umgekehrt in „neutraler" Stückelung.[57] Unbestritten sind viele kleine Banknoten bspw. typisch für Drogenhandel auf der letzten Ebene (Verkauf an Konsumenten) und große Banknoten für Bargeldkuriere besonders interessant. Aus der Stückelung von Bargeld kann dennoch nicht per se auf einen Verdacht hinsichtlich bestimmter Straftaten geschlossen oder umgekehrt ein solcher ausgeschlossen werden.

b) Bargeldtransporte

25 Durch die offenen Grenzen innerhalb Europas werden **Bargeldtransporte** über die europäischen Grenzen hinweg stark vereinfacht. Da die Gefahr besteht, dass es auch angesichts der zunehmenden Überwachung des bargeldlosen Verkehrs durch Finanz- und Kreditinstitute zu einem Anstieg der Bewegungen von Barmitteln für illegale Zwecke führt, entschloss sich der europäische Gesetzgeber zu einer Verordnung, welche die Überwachung von Barmitteln, die in die Gemeinschaft oder aus der Gemeinschaft verbracht werden, regelt.[58] Die Verordnung wurde im deutschen Zollverwaltungsgesetz umgesetzt. Demzufolge haben Personen auf Verlangen der Zollbediensteten Bargeld oder gleichgestellte Zahlungsmittel – das sind übertragbare Inhaberpapiere einschließlich Zahlungsinstrumenten mit Inhaberklausel wie Reiseschecks oder sonstige übertragbare Papiere (einschließlich Schecks, Solawechsel und Zahlungsanweisungen)[59] – im Wert von 10.000 EUR oder mehr, die sie in den, aus dem oder durch den Geltungsbereich dieses Gesetzes verbringen oder befördern, nach Art, Zahl und Wert anzuzeigen sowie die Herkunft, den wirtschaftlich Berechtigten und den Verwendungszweck darzulegen

54 Deutsche Bundesbank, Monatsbericht März 2019, S. 49 m.w.N.

55 EU-Kommission, Bericht vom 12.6.2018 über Barzahlungsbeschränkungen COM(2018) 483 final.

56 Abrufbar unter http://www.egmontgroup.org/library/cases.

57 U.a. auch der KGGT-Bericht Schweiz vom Juni 2015, S. 85.

58 Verordnung (EG) Nr. 1889/2005 v. 26.10.2005 über die Überwachung von Barmitteln, die in die Gemeinschaft oder aus der Gemeinschaft verbracht werden, ABl. EU Nr. L 309/9; diese wurde durch die bis heute gültige Verordnung (EU) 2018/1672 vom 23.10.2018 über die Überwachung von Barmitteln, die in die Union oder aus der Union verbracht werden, aufgehoben (ABl. L 284 vom 12/11/2018, p. 6–21).

59 Vgl. Art. 2 Abs. 1 Buchst. d ii der VO (EU) 2018/1672.

(§ 12a Abs. 2 S. 1 ZollVG). Gemäß § 31a Abs. 1 ZollVG handelt ordnungswidrig, wer vorsätzlich oder fahrlässig entgegen § 12a Abs. 2 S. 1 ZollVG das mitgeführte Bargeld oder die gleichgestellten Zahlungsmittel nicht oder nicht vollständig anzeigt; die Ordnungswidrigkeit kann ausweislich § 31a Abs. 2 ZollVG mit einer Geldbuße bis zu 1 Mio. EUR geahndet werden.

Beispiele

Beispielsweise die vom **kolumbianischen Medellín-Kartell** betriebene Geldwäsche-Organisation „**La Miña**" soll Millionen von Dollars, die auf 754 Konten bei 173 Banken in 23 Ländern deponiert worden waren, zwischen diesen hin und her geschoben haben, um den Strafverfolgungsbehörden die Verfolgung des Geldflusses nahezu unmöglich zu machen.[60]

Der bekannte italienische Mafia-Staatsanwalt *Scarpinato* berichtet davon, dass die **italienische Mafia** ein äußerst ausgefeiltes Geldwäschesystem verwendet und weltweit pro Geldwäschevorgang rund 90 Banktransfers durchführt, um das Geld zu waschen.[61]

Bspw. in den Typologieberichten der **FATF** „Terrorist Financing in West and Central Africa" (Oktober 2016) und „Money Laundering Through the Physical Transportation of Cash" (Oktober 2015) werden die Risiken von Bargeld in verschiedenen Szenarien (physischer Transport über die Grenzen) oder in Hochrisikogebieten (West- und Zentralafrika) aufgezeigt.

Bargeldkuriere finden insbesondere auch im Bereich der **Terrorismusfinanzierung** Verwendung. Die Finanzierung für die im Oktober 2002 bzw. April 2003 verübten Bombenanschläge auf Bali bzw. in Jakarta/Indonesien wurde vom verantwortlichen Einsatzkoordinator (head of operations) der Jemaah Islamiah (Hambali), der sich in Thailand versteckt hatte, mit von der Al-Qaida bereitgestellten Finanzmitteln organisiert. Die für die Attentate erforderlichen je ca. 30.000 USD ließ er den Terroristen, die den Anschlag verübten, über mehrere Bargeldkuriere zukommen, die hierfür mehrere Wochen benötigten.[62]

Im Zusammenhang mit den Ermittlungen gegen einen internationalen Drogenhändlerring wurde eine **professionelle Gruppierung** enttarnt, die sich auf **Kuriertätigkeiten von Drogengeldern spezialisiert** hatte und in dem Bereich selbstständig arbeitete. Die Geldkuriere sammelten in Europa Drogengelder ein und verbrachten sie auf eigenes Risiko in die Türkei. Wurden die Drogengelder an den Geldkurier übergeben, erfolgte die Benachrichtigung eines in der Türkei ansässigen Geldwechslers, der den Empfänger des Geldes informierte und diesem den Betrag auszahlte. Das Risiko der Bargeldtransporte lag anschließend allein beim Geldkurier, der hierfür 10 % des Betrags als Provision erhielt.

Im Sachverhalt des **Urteils des LG Frankfurt vom 10.3.2011** (5-27 KLs, 6350 Js 220787/08 [14/10], 6350 Js 220787/08) transportierten Geldwäscher Drogengelder in Taschen mit dem Auto aus den Niederlanden nach Deutschland, verpackten es in Geschenkpapier und verbrachten es anschließend in Koffern von Frankfurt mit dem Flugzeug in den Libanon.

Fallbeispiel aus einer Verdachtsmeldung

„Wir melden die genannten Personen und Firmen, da die auf deren Konten abgewickelten Buchungen nicht nachvollziehbar erscheinen. Es wurden unterschiedliche Branchen (Kunsthandel, Autohandel, Handyladen, Handel mit Digital-

---

60 *Flatten*, S. 7 m.w.N.

61 Wortprotokoll Nr. 17/108 des Finanzausschusses zum Entwurf eines Gesetzes zur Ergänzung des Geldwäschegesetzes v. 22.10.2012, S. 11.

62 APG Annual Typologies Report 2003–2004, S. 34.

kameras) bei Kontoeröffnung genannt, die Zahlungen wurden aber vermischt und zwischen den Personen hin- und her geschoben. Es werden hier Vertuschungsmaßnahmen vermutet, da die Personen gleiche Anschriften haben. Es wurden Konten gekündigt, um für neue Personen Konten zu eröffnen. Die Anschriften änderten sich dabei aber nicht. Es erfolgten wirtschaftlich nicht nachvollziehbare Zahlungen in das Ausland und aus dem Ausland. Bei fünf der acht genannten Personen wurde als Beruf Lkw-Fahrer/Kraftfahrer bei Kontoeröffnung angegeben. Über die Konten dieser Personen liefen geschäftliche Buchungen, die nicht zu dieser Berufsangabe passten. Die Kündigungsschreiben erscheinen alle ähnlich. Die Abfassung erfolgte auf Deutsch, es erscheint fraglich, ob sie von den Kontoinhabern selbst verfasst wurden.

Es wurden Überweisungen gefertigt, bei denen der zweite Vorname des Empfängers genutzt wurde. Die Personen haben oder hatten Konten bei verschiedenen Banken.

Insgesamt können hier daher eine Verschleierung von Zahlungsströmen sowie Straftaten nicht ausgeschlossen werden.

Zielländer: Deutschland, Hongkong, Türkei, Großbritannien, Seychellen, Spanien, unbekannt.

Herkunftsländer: Deutschland, Bulgarien, unbekannt.

Geschäftsart: Überweisungen, Barein- und -auszahlungen, Western Union Bargeldtransfers."

(Anm.: Die hier gewaschenen Gelder stammten – wie die Ermittlungen ergaben – aus einem internationalen Großbetrugsverfahren mit Schwerpunkt in Österreich und den USA.)

c) Ergänzung: Barzahlungsobergrenzen

26 Barzahlungsobergrenzen lassen sich **definieren** als Schwellenwerte, ab denen Transaktionen nicht mehr mit Bargeld, sondern nur noch mit unbaren Zahlungsmitteln durchgeführt werden dürfen. Bereits vor dem Inkrafttreten der EU-Geldwäsche-Verordnung hatten nahezu alle EU-Mitgliedstaaten nationale Barzahlungsobergrenzen eingeführt, die sich vor allem in der Höhe des Schwellenwertes (bspw. von 500 EUR in Griechenland bis zu umgerechnet rund 10.300 EUR in der Tschechischen Republik)[63], aber auch durch unterschiedliche betroffene Personenkreise und Branchen unterschieden (betroffen waren in erster Linie Transaktionen zwischen Gewerbetreibenden oder zwischen Gewerbetreibenden und Privatpersonen) und teils hinsichtlich Inländern und Ausländern differenzierten.[64] Das Europäische Parlament hatte in der Folge die EU-Kommission aufgefordert, angesichts der Zersplitterung und die Unterschiedlichkeit dieser Maßnahmen, auf europäischer Ebene *„einen Vorschlag über Beschränkungen für Barzahlungen auszuarbeiten, aber Bargeld als Zahlungsmittel zu beizubehalten"*[65], was von der EU-Kommission bereits in ihrem Aktionsplan für eine umfassende Politik der Union

63 S. das Commission staff working document der EU-Kommission, SWD(2022) 344 final, vom 27.10.2022, zum „Report on the assessment of the risk of money laundering and terrorist financing affecting the internal market and relating to cross-border activities" {COM(2022) 554 final}, oder auch die Übersicht des Europäischen Verbraucherzentrums Deutschland, im Internet abrufbar unter https://www.evz.de/de/verbraucherthemen/geld-kredite/im-ausland-bezahlen/hoechstgrenzen-bargeldzahlung/.

64 S.a. Deutsche Bundesbank, Monatsbericht März 2019, S. 46.

65 Entschließung des Europäischen Parlaments vom 26.3.2019 zu Finanzkriminalität, Steuerhinterziehung und Steuervermeidung (2018/2121(INI)), Ziff. 14.

zur Verhinderung von Geldwäsche und Terrorismusfinanzierung vom 7.5.2020 angekündigt worden war.[66]

In Deutschland gibt es bereits seit dem 1.4.2023 – dem Zeitpunkt der Geltung von § 16a GwG (vgl. § 59 Abs. 11 GwG), der durch das Sanktionsdurchsetzungsgesetz II v. 19.12.2022, BGBl. I S. 2606 Nr. 55, eingeführt wurde – die Beschränkung, dass **Immobilien nicht mehr mit Bargeld, Kryptowerten, Gold, Platin oder Edelsteinen bezahlt werden dürfen**.[67] 27

Eine **Abschaffung von Bargeld** wird hingegen nirgendwo ernsthaft in Erwägung gezogen (hierfür fänden sich auch keine politischen Mehrheiten). Das Europäische Parlament hat lediglich die Europäische Zentralbank aufgefordert, einen Zeitplan auszuarbeiten, um die Möglichkeit zur Verwendung von **500-Euro-Banknoten** schrittweise abzuschaffen, die bereits seit 2016 von ihr nicht mehr ausgegeben werden.[68] 28

Die Europäische Kommission kam in ihrem Bericht vom 12.6.2018 über Barzahlungsbeschränkungen[69] zu dem Ergebnis, dass EU-weite Barzahlungsobergrenzen derzeit keine geeigneten Maßnahmen im Kampf gegen **Terrorismusfinanzierung** seien. Die betroffenen Beträge sind so gering, dass die Schwellenwerte auf ein äußerst niedriges Niveau gesetzt werden müssten.[70] Inwieweit sie jedoch wirksam gegen **Geldwäsche** sein könnten, wurde dagegen nicht untersucht und sollte einer künftigen Analyse unterzogen werden. Die ECORYS-Studie kam hier zum klaren Ergebnis, dass sich eine Beschränkung oder Deklarationspflicht[71] positiv auf die Bekämpfung der Geldwäsche auswirken würde – je niedriger die Schwelle, desto schwieriger die Geldwäsche, die effektivste Schwelle sei die am wenigsten erforschte, nämlich die von 1.000 EUR.[72] Eine europaweit einheitliche Schwelle verhindert ferner die Ausnutzung von Schlupflöchern, die durch unterschiedliche Systeme entstehen. 29

Durch **Art. 80 der EU-Geldwäsche-Verordnung** wird zum 10.7.2027 eine europaweit einheitliche Begrenzung von Barzahlungen für Güter oder Dienstleistungen eingeführt. Personen, die mit Gütern handeln oder Dienstleistungen erbringen, (d.h. aus- 30

66 Mitteilung der Kommission zu einem Aktionsplan für eine umfassende Politik der Union zur Verhinderung von Geldwäsche und Terrorismusfinanzierung (2020/C 164/06), ABl. EU C 164/25.

67 Durch die VO zur Änderung der GwGMeldV-Immobilien (BGBl. 2025 I Nr. 13) vom 15.1.2025 wurde eine hiermit im Zusammenhang stehende Meldepflicht in § 6 Abs. 4 GwGMeldV-Immobilien eingefügt, wenn ein am Erwerbsvorgang Beteiligter seine Nachweispflicht nach § 16a Abs. 2 S. 1 GwG trotz Aufforderung nach § 16a Abs. 3 S. 2 Nr. 1 Buchst. b GwG gegenüber dem Notar nicht erfüllt hat.

68 Entschließung des Europäischen Parlaments vom 26.3.2019 (2018/2121(INI)) aaO.

69 COM(2018) 483 final.

70 ECORYS / Centre for European Policy Studies, „Study on an EU initiative for a restriction on payments in cash, Final Report", 15.12.2017, S. 10 und 132.

71 Die Studie erwartet, dass die Compliance-Kosten einer Deklarationspflicht im Vergleich zur Barzahlungsbeschränkung höher ausfallen werden (aaO).

72 ECORYS / Centre for European Policy Studies, „Study on an EU initiative for a restriction on payments in cash, Final Report", 15.12.2017, S. 10 und 132; *Bussmann/Veljovic*, NZWiSt 2020, 420, plädierten für eine Schwelle von 3.000 EUR.

drücklich, dass Barzahlungen zwischen Privatpersonen keinerlei Begrenzung unterliegen![73]) dürfen Barzahlungen nur in Höhe von maximal **10.000 EUR** oder dem entsprechenden Gegenwert in der nationalen oder einer Fremdwährung entgegennehmen oder vornehmen, unabhängig davon, ob die Transaktion in einem einzigen Vorgang oder in mehreren Vorgängen, zwischen denen eine Verbindung zu bestehen scheint, getätigt wird. Die gewählte Höhe von 10.000 EUR erscheint indessen insbesondere angesichts der vorgenannten Studienergebnisse als deutlich zu hoch angesetzt, so dass die Wirkung überschaubar bleiben dürfte. Die Schwelle soll von der EU-Kommission evaluiert werden.[74]

3. Kettentransaktionen

31 Bei sog. **Kettentransaktionen** werden Geldbeträge über zahlreiche Länder, Scheinunternehmen, Briefkastenfirmen, Stiftungen, Treuhänder, Trusts etc. transferiert, aufgeteilt, abgehoben, in andere Währungen oder Wertträger getauscht, in andere Länder geschmuggelt,[75] andernorts wieder in Buchgeld umgewandelt usw.[76] **Ziele** des Wechsels in andere Wertträger können (je nach Art des Wertträgers) eine Reduzierung von Gewicht und Volumen und damit auch leichtere Handels-, Versteck- und Transportmöglichkeiten sein. Allgemein geht es bei Kettentransaktionen jedoch in erster Linie darum, die **Nachvollziehbarkeit und Rückverfolgung** der Vermögensverschiebungen durch die Strafverfolgungsbehörden mit jedem Schritt weiter **zu erschweren**.[77] Die Planung und Errichtung des Geldwäschenetzwerks durch organisierte Straftätergruppierungen kann sich dabei über mehrere Jahre erstrecken.[78] In derartige Transaktionen werden bevorzugt **Offshore-Staaten** ausgewählt[79] sowie Länder mit fehlender Buchführungspflicht und mangelnder Bankenaufsicht.[80] Zwischen den eingebundenen Gesellschaften, die alle derselben Person oder Personengruppe zuzurechnen sind, werden die illegal erworbenen Gelder hin und her übertragen und damit nicht erbrachte Dienstleistungen oder fiktive Waren bezahlt (oder nur zum Schein bezahlt).[81]

---

73 So ausdrücklich auch Erwägungsgrund 161 der EU-Geldwäsche-Verordnung (VO (EU) 2024/1624).

74 Vgl. auch Erwägungsgrund 164 der EU-Geldwäsche-Verordnung (VO (EU) 2024/1624).

75 Vgl. hierzu ausführlich *Bongard*, S. 124.

76 Zur Verwendung von Schecks im Rahmen der Geldwäsche vgl. ausführlich *Schwander-Auckentaler*, S. 77ff.

77 Um dies zu erschweren und eine lückenlose Rückverfolgbarkeit von Geldtransfers zu ermöglichen, wurde bereits 2015 die EU-Geldtransfer-Verordnung (VO (EU) 2015/847) erlassen, die durch die Verordnung (EU) 2023/1113 vom 31.5.2023 über die Übermittlung von Angaben bei Geldtransfers und Transfers bestimmter Kryptowerte geändert wurde.

78 *Suendorf*, S. 145.

79 *Degen*, S. 82.

80 *Flatten*, S. 6; *Körner/Dach*, S. 28.

81 Vgl. *Degen*, S. 82 m.w.N.

4. Structuring und Smurfing

Structuring bezeichnet die künstliche Aufteilung eines größeren Geldbetrags auf mehrere kleinere Teilbeträge, um Schwellenbeträge – wie beispielsweise in § 3 Abs. 2 S. 1 Nr. 2 GwG (15.000 EUR bzw. 1.000 EUR) – zu unterbieten und damit Identifikations-, Dokumentations- und Meldepflichten zu vermeiden und unauffällig zu bleiben.[82] Das Verteilen der aufgeteilten Beträge auf verschiedene eingesetzte Personen wird auch als **Smurfing** (von englisch „smurf“ = Schlumpf) bezeichnet. Beide Begriffe werden jedoch sehr uneinheitlich benutzt oder nur der Begriff des „Smurfing“ für jegliche Aufteilung von Summen auf kleinere Teilbeträge zur Umgehung von Schwellenwerten verwendet.[83] 32

„**Cuckoo smurfing**“ (übersetzt: Kuckucks-Smurfing) bezeichnet eine Geldwäschetechnik, in der die Übertragung von kriminellen Geldern über Konten von ahnungslosen Personen erfolgt, die legale Zahlungen aus dem Ausland erhalten.[84] Beschrieben wird diese Geldwäschetechnik wie folgt: Das legale Unternehmen A in Land A will an das legale und unverdächtige Unternehmen B in Land B Geld für den legalen Kauf von Waren überweisen und bindet hierfür einen Zahlungsdienstleister ein, der in Wirklichkeit Geldwäsche für ein Drogenkartell betreibt. Der legale Geldbetrag (oder Scheck etc.) wird vom Zahlungsdienstleister direkt an das Drogenkartell weitergeleitet. Der Rechnungsbetrag wird schließlich in mehreren „gesmurften“ Einzeltransaktionen (in verschiedenen Zweigstellen) mit inkriminierten Geldern bar auf das Konto des Verkäufers (Unternehmen B) eingezahlt. 33

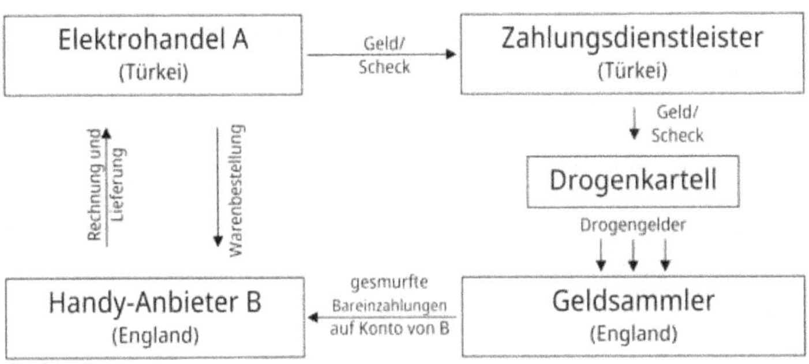

Das **Erkennen** von Structuring/Smurfing ist in der Praxis schwierig. Durch die „smurfs“ können zu unterschiedlichen Zeiten bei unterschiedlichen Angestellten in verschie- 34

82 S. a. ECORYS / Centre for European Policy Studies, „Study on an EU initiative for a restriction on payments in cash, Final Report“, 15.12.2017, S. 21.

83 Vgl. auch BT-Drucks. 12/2704, S. 12; OECD, Handbuch „Geldwäsche“ für den Innen- und Außendienst der Steuerverwaltung, S. 37; *Bräuning*, S. 207 m. w. N.; *Ehlscheid/Pfeiffer* bezeichnen als „Smurfing“ z. B. die Einzahlung größerer Bargeldmengen in mehreren Tranchen auf verschiedene Konten bei verschiedenen Banken (S. 44).

84 FATF, Money Laundering & Terrorist Financing Typologies 2004–2005, S. 18 f.

denen Filialen (bspw. bei Edelmetallhandel) oder verschiedenen Instituten oder Zahlungsdienstleistern unterschwellige Einzahlungen vorgenommen werden. Teils fließen Gelder auf sog. cpd-Konten[85] und werden nach der Bareinzahlung auf Konten dritter Institute ggf. im Ausland überwiesen.[86] Einzahlungen sind schließlich auch über Geldautomaten möglich, die überhaupt keinen persönlichen Kontakt mit Bankangestellten erfordern.

35 Dem Phänomen des Structuring/Smurfing will der Gesetzgeber im **GwG** dadurch begegnen, dass wenn immer im Gesetz von „Transaktion" (im Singular) die Rede ist, nicht nur eine einzelne, sondern soweit zwischen ihnen eine Verbindung zu bestehen scheint, auch mehrere Transaktionen gemeint sind (s. § 1 Abs. 5 Satz 1 GwG[87]; vgl. zuvor auch § 3 Abs. 2 Nr. 2 Hs. 2 GwG a.F.). In der Regel wird eine Verbindung zwischen Finanztransaktionen zu bejahen sein, wenn sich eine signifikante Anzahl von Transaktionen innerhalb eines begrenzten Zeitraumes durch ihre Gleichartigkeit im Hinblick auf den Geschäftsabschluss, den Geschäftsgegenstand oder die Geschäftsabwicklung auszeichnet – die Arten der Verbindung zwischen den Finanztransaktionen können vielgestaltig sein, eine umfassende abstrakte Definition des Begriffs ist daher nicht möglich.[88]

36 Zur Vermeidung von Identifizierungen etc. im Rahmen einer Bargeldeinzahlung ist auch die **Bestechung von Bankmitarbeitern** denkbar – oder gleich die **Übernahme der Kontrolle über Banken**.[89]

Beispiel

Im Rahmen der Ermittlungen gegen die sog. **Pizza-Connection** – hier ging es um Drogenhandel von Sizilien in die USA durch die sizilianische Cosa Nostra, zu dessen Tarnung Pizzerien dienten (daher der Name) – konnte nachgewiesen werden, dass ein Kurier als „Smurf" binnen zwei Monaten ca. 4,9 Mio. USD bei der Hauptstelle von Merill Lynch in New York in kleinen Dollarnoten eingezahlt hatte.[90]

Fallbeispiel „Structuring" aus einer Verdachtsmeldung

„Das Umsatzverhalten auf dem Konto ██████████ der A GmbH zeigte sich bisher unauffällig (geringes Umsatzvolumen). In der Zeit vom 8.7.███ bis zum 15.7.███ wurden insgesamt 200.680,00 EUR auf dem betreffenden Konto bar eingezahlt (auftretende Person: B). Um eine Identifizierung nach dem GwG bewusst zu umgehen

---

85 Bei cpd-Konten (Abkürzung für „conto pro diverse") handelt es sich um ein Sammelkonto, auf dem Geldbeträge z.B. bei unklaren und unvollständigen Aufträgen im Zahlungsverkehr zwischengebucht werden können.

86 Vgl. auch *Gradowski/Ziegler*, S. 116.

87 *„Transaktion im Sinne dieses Gesetzes ist oder sind eine oder, soweit zwischen ihnen eine Verbindung zu bestehen scheint, mehrere Handlungen, die eine Geldbewegung oder eine sonstige Vermögensverschiebung bezweckt oder bezwecken oder bewirkt oder bewirken."*

88 BT-Drucks. 12/2704, S. 12.

89 Vgl. auch *Bongard*, S. 110.

90 Detailliert dargestellt bei *Schwander-Auckentaler*, S. 68 ff.

(Nachfrage des Kunden in unserer Geschäftsstelle nach dem Schwellenwert), erfolgten die Einzahlungen von Herrn B ab dem 9.7.■■■ gesplittet knapp unterhalb des Schwellenwertes. Hierbei wurden von Herrn B 15.000,00 EUR in 500-EUR-Scheinen vorgelegt, wovon er sich jeweils 100,00 EUR zurückgeben ließ."

5. Handel mit besonderen (hochwertigen) Gütern

a) Allgemeines

Während bargeldlose Zahlungsströme weltweit weitgehenden Überwachungsmaß- 37
nahmen unterliegen, ist der Handel mit Waren aller Art ein Sektor, der bislang **wenig kontrolliert** wird.[91] Hierbei ist der Handel mit hochwertigen Gütern grundsätzlich von besonderem Interesse für Geldwäscher, da sich hier mit wenigen Geschäften/Transaktionen große Summen bewegen und ggf. verschleiern lassen. Das Geldwäschegesetz definiert **hochwertige Güter** in § 1 Abs. 10 GwG als Gegenstände, die sich auf Grund ihrer Beschaffenheit, ihres Verkehrswertes oder ihres bestimmungsgemäßen Gebrauchs von Gebrauchsgegenständen des Alltags abheben oder die auf Grund ihres Preises keine Alltagsanschaffung darstellen. Zu ihnen gehören insbesondere Edelmetalle wie Gold, Silber und Platin, Edelsteine, Schmuck und Uhren, Kunstgegenstände und Antiquitäten, Kraftfahrzeuge, Schiffe und Motorboote sowie Luftfahrzeuge (Erkenntnisse zu Geldwäsche i.Z.m. Briefmarkenhandel gibt es lt. Bundesregierung demgegenüber keine)[92].

Bereits im Rahmen der Diskussionen zum Gesetz zur Optimierung der Geldwäsche- 38
prävention war zunächst seitens des Bundesrates vorgeschlagen worden, den Kreis der gewerblichen Güterhändler auf Händler bestimmter (hochwertiger) Güter zu beschränken.[93] Dem Vorschlag hatte sich die Bundesregierung in ihrer Gegenäußerung jedoch nicht angeschlossen, was insbesondere damit begründet wurde, dass auch die 3. EU-Geldwäscherichtlinie ausschließlich auf die ausgeübte Tätigkeit abstelle und der Vorschlag des Bundesrates daher nicht richtlinienkonform sei.[94] Ferner wies sie (zu Recht) darauf hin, dass der Begriff der „hochwertigen Güter" sehr unbestimmt sei und viele Unsicherheiten mit sich bringen würde.

Art. 2 Abs. 1 Nr. 54 der **EU-Geldwäsche-Verordnung** definiert künftig hochwertige 39
Güter über ihren Anhang IV. Hierzu zählen:

1. *Schmuck, Gold- und Silberschmiedewaren im Wert von mehr als 10 000 EUR oder dem Gegenwert in Landeswährung,*

---

91 *Ehlscheid/Pfeiffer*, S. 48 m.w.N.; ausführlich zu den Pflichten von Güterhändlern nach dem GwG: *Krais; Gehling/Lüneborg* NZG 2020, 1164.

92 BT-Drucks. 19/13005, S. 3.

93 Stellungnahme des Bundesrates, BT-Drucks. 17/6804, Anlage 4, S. 44; die Diskussion ist dabei nicht neu und wurde bereits im Vorfeld des Gesetzes zur Ergänzung der Bekämpfung der Geldwäsche und der Terrorismusfinanzierung (Geldwäschebekämpfungsergänzungsgesetz – GwBekErgG) im Jahre 2008 geführt.

94 BT-Drucks. 17/6804, Anlage 5, S. 51.

2. *Uhren im Wert von mehr als 10 000 EUR oder dem Gegenwert in Landeswährung,*
3. *Kraftfahrzeuge zu einem Preis von mehr als 250 000 EUR oder dem Gegenwert in Landeswährung,*
4. *Luftfahrzeuge zu einem Preis von mehr als 7 500 000 EUR oder dem Gegenwert in Landeswährung,*
5. *Wasserfahrzeuge zu einem Preis von mehr als 7 500 000 EUR oder dem Gegenwert in Landeswährung.*[95]

40 **Güterhändler** i.S.d. Geldwäschegesetzes ist gemäß § 1 Abs. 9 GwG, wer gewerblich Güter veräußert oder erwirbt, unabhängig davon, in wessen Namen oder auf wessen Rechnung. Mit der **EU-Geldwäsche-Verordnung** werden künftig nicht mehr alle Güterhändler den geldwäscherechtlichen Verpflichtungen unterworfen, sondern **nur noch Personen, die mit Edelmetallen, Edelsteinen, anderen hochwertigen Gütern und Kulturgütern handeln** (Art. 3 Nr. 3 Buchstabe f, aber auch e, i und j).[96]

41 Für diese enthält die Verordnung auch eine neue **schwellenwertbasierte Meldepflicht** in Art. 74 (beim nichtgewerblichen Erwerb von Kraftfahrzeugen zu einem Preis von mindestens 250.000 EUR. Wasserfahrzeugen zu einem Preis von mindestens 7.500.000 EUR und Luftfahrzeugen zu einem Preis von mindestens 7.500.000 EUR oder jeweils dem Gegenwert in Landeswährung).

Hinweise

Laut Schreiben des BMF vom 24.4.2012[97] zählen auch **Strom- und Wasserversorger** zu den Güterhändlern gemäß GwG. Zur Begründung wird auf ein BGH-Urteil vom 10.12.2008[98] Bezug genommen, in welcher das Gericht die Auffassung vertritt, dass es sich bei der Belieferung eines Versorgers mit Wasser, Strom und Gas um Kaufverträge i.S.d. § 433ff. BGB handelt. Diese Verpflichteten können im Einzelfall durch Verdachtsmeldungen beispielsweise aufgrund erhöhter, in bar bezahlter Strom- und Gasrechnungen Hinweise auf Rauschgift-Indoorplantagen geben.

In der Vergangenheit wurden auch wiederholt Diskussionen über die allgemeine Einbeziehung der Erbringung von **Dienstleistungen** in die geldwäscherechtlichen Vorschriften geführt.[99] Mit Art. 80 Abs. 1 der EU-Geldwäsche-Verordnung wird nun zumindest die Barzahlungsobergrenze auch auf erbrachte Dienstleistungen eingeführt.

95 Anhang V der EU-Geldwäsche-Verordnung enthält zusätzlich eine Liste von Edelmetallen und Edelsteinen im Sinne der Verordnung.

96 Vgl. auch Erwägungsgründe 18ff. der EU-Geldwäsche-Verordnung.

97 VII A 3 – WK 5023/11/10021, abrufbar unter http://www.berlin.de/sen/wirtschaft/ordnung/geldwaesche/info.html.

98 Az. VIII ZR 293/07, NJW 2009, 913.

99 Vgl. u.a. auch den Entschließungsantrag verschiedener Abgeordneter vom 1.7.2020, Europäisches Parlament, Plenarsitzungsdokument B9-0207/2020, S. 8.

Der Bereich der Güterhändler ist – obgleich hier großes Geldwäschepotenzial gesehen wird[100] – im Rahmen der **Verdachtsmeldungen** noch stark unterrepräsentiert,[101] was die FATF bereits in ihrem Deutschland-Evaluationsbericht aus dem Jahr 2010 kritisiert hatte (vgl. Ziff. 968) und auch in ihrem Evaluationsbericht 2022 wiederholte (Key Findings Buchst. i auf S. 5 und Ziff. 363). Zurückgeführt wird dies (nach wie vor) auf mangelndes Wissen der Güterhändler bezüglich der Verpflichtungen nach dem Geldwäschegesetz und auf die mangelnde Ausübung der Aufsicht in diesem Bereich bzw. auf Unklarheiten bezüglich der Meldeschwelle, unzureichendes Problembewusstsein und mangelhafte Implementierung präventiver Maßnahmen.[102] In dem Umstand, dass bei den Gewerbetreibenden noch nicht die Aufmerksamkeit und Sensibilität in der Geldwäschebekämpfung besteht, wie das insbesondere bei den Finanzinstituten der Fall ist, wird die Gefahr gesehen, dass die organisierte Kriminalität ihre Geldwäschetätigkeiten stärker in dieses Segment verlagert.[103] Eine Studie von *Deloitte* aus dem Jahr 2016 zeichnete noch ein sehr **heterogenes Bild der AML-Umsetzung** bei Güterhändlern.[104] Tendenziell erschienen AML-Maßnahmen und ein dafür notwendiges Problembewusstsein eher vernachlässigt, auch wenn es teilweise schon umfassende Konzepte gab. Insgesamt wurde vielen Unternehmen deutlicher Nachholbedarf attestiert bis hin zu gänzlicher Vernachlässigung der Thematik. Ein heutiger Befund dürfte davon nicht drastisch abweichen. 42

Im Folgenden sollen einige hochwertige Güter näher beleuchtet werden, die besondere Relevanz im Bereich der Geldwäsche besitzen. 43

b) Edelmetalle, Edelsteine etc.[105]

Edelsteine und Edelmetalle – hier insbesondere Gold[106] – bieten sich besonders für Geldwäsche an, weil sie weltweit als Zahlungsmittel anerkannt werden, keinen allzu großen Wertverlustrisiken unterliegen und Anonymität gewährleistet ist.[107] Edelsteine bieten für Geldwäscher einige weitere Vorteile: Sie besitzen einen hohen Wert bei geringem Gewicht bzw. geringer Größe sowie eine ebenfalls hohe Wertbeständigkeit, sind leicht zu verbergen und transportieren (auch für Bodypacker), nicht nachzuverfolgen, außerhalb eines regulierten Marktes leicht zu handeln und ermöglichen auch 44

100 Vgl. insb. die (nicht unumstrittene, s. bspw. *Schneider*) Studie von *Bussmann* aus dem Jahr 2015.

101 Gemäß FIU-Jahresbericht 2022, S. 16, wurden im Jahr 2022 bundesweit 1.386 Verdachtsmeldungen aus dem Bereich gemeldet.

102 FATF Evaluationsbericht 2010, Ziff. 980, 1001 und 1002, und Evaluationsbericht 2022, Key Findings Buchst. i auf S. 5.

103 Gropp/Sinn/*Heißner*, S. 573.

104 *Deloitte*, Geldwäscheprävention bei Güterhändlern – Ergebnisse einer qualitativen Studie, S. 14.

105 Bearbeiter: *Barreto da Rosa / Wolf*.

106 Ebenso *Hoyer/Klos*, S. 34.

107 Vgl. u. a. FATF-Typologiebericht 1997–1998, S. 35 f.; Erste Nationale Risikoanalyse Deutschlands, S. 106.

relativ einfach Über- und Unterfakturierungen.[108] Nach der **EU-Geldwäsche-Verordnung** zählen zu den Edelmetallen und Edelsteinen (vgl. Art. 2 Abs. 1 Nr. 55, Anhang V) Gold, Silber, Platin, Iridium, Osmium, Palladium, Rhodium, Rhutenium bzw. Diamanten, Rubine, Saphire und Smaragde.

45 Hochwertige sonstige „Lifestyle"-Waren (z.B. kulturelle Artefakte, Kraftfahrzeuge, Schmuck oder Uhren) sind wegen der geringen Überwachung ebenfalls mit einem hohen Risiko verbunden.[109]

46 Besondere Bedeutung im Bereich des Goldhandels kommt der **Schweiz** zu, über die bereits ausweislich des KGGT-Berichts Schweiz aus dem Jahr 2015 insgesamt bis zu zwei Drittel des weltweiten Goldhandels laufen (die Kapazität der Goldschmelzen in der Schweiz macht etwa 40 % der weltweiten Kapazität aus), wobei sich das Domizil der an den Geschäftsbeziehungen wirtschaftlich Berechtigten in über 80 % der Fälle außerhalb der Schweiz – zumeist in einem europäischen Land – befindet.[110]

47 Auch der **Goldhandelsplatz Vereinigte Arabische Emirate**, insbesondere der Goldmarkt in **Dubai**, birgt Risiken. Dieser Markt gilt als Eintrittspforte für illegal erworbenes oder geschürftes Gold. Etwa 40 % der afrikanischen Gold-Produktion soll der illegale Goldhandel in Afrika heute ausmachen, wobei der größte Teil davon in die Vereinigten Arabischen Emirate exportiert werden soll.[111] Diskutiert wird dies auch unter dem Begriff **„Goldwäsche"**. Dokumentiert ist dies für Gold aus **Zimbabwe**. Die Regierung des simbabwischen Präsidenten Emmerson Mnangagwa setzt systematisch Goldschmuggler ein, um Sanktionen gegen das Land zu umgehen.[112] Simbabwe gilt als Konflikt- und Hochrisikogebiet nach der EU-Konfliktminerale-Verordnung (Conflict-Affected and High-Risk Areas, CAHRA, EU-Konfliktminerale-Verordnung (2017/821)). Der illegale Handel mit simbabwischen Edelmetallen wird neben den Vereinigten Arabischen Emirate auch über **Südafrika** und **Mosambik** abgewickelt[113]. Bei der Herkunft von recyceltem Gold, das angeblich aus diesen drei Ländern stammt, wäre es verfehlt, keine erhöhte Sorgfaltspflicht walten zu lassen.

48 Neben Dubai ist auch bei Gold aus **Abu Dhabi** erhöhte Sorgfalt angebracht. Beispielsweise der Goldhändler Primera aus Abu Dhabi erwarb 2023 für 25 Jahre das Recht in der Demokratischen Republik Kongo Gold aufzukaufen, zu exportieren und sodann in Abu Dhabi aufzureinigen.[114] Ein diesbezüglich erstellter UN-Bericht bescheinigt Mängel

---

108 Zu weiteren kritischen Aspekten des Edelmetallhandels (einschließlich einem Fallbeispiel des Missbrauchs von Edelmetallhandel zum Zwecke der Geldwäsche) siehe *Schwander-Auckentaler*, S. 109 ff.

109 Zweite supranationale Risikobewertung der EU-Kommission (COM(2019) 370 final), Ziffer 2.1.1. (S. 2) und 2.2.1. (S. 7).

110 AaO S. 99 m.w.N.

111 Financial Times vom 30.5.2024 „Bulk of Gold smuggled from Africa exported to UAE, says report".

112 LBMA-Sourcing Advisory – Brazil, Democratic Republic of Congo, Sudan, United Arab Emirates, Zimbabwe, S. 10.

113 Begründung der Listung für Zimbabwe auf „https://www.cahraslist.net/cahras.

114 LBMA-Sourcing Advisory – Brazil, Democratic Republic of Congo, Sudan, United Arab Emirates, Zimbabwe S. 10.

bei der Umsetzung der Sorgfaltspflichten von Primera, insbesondere im Zusammenhang mit der Herkunft des gehandelten Goldes. Es sei höchst wahrscheinlich, dass die Primera Group auch Gold ankauft, das an Orten abgebaut wurde, die weiterhin unter der Kontrolle bewaffneter Gruppen stehen, denn mehrere Lieferanten beziehen ihr Gold von illegalen Minen in Konfliktgebieten, wodurch Primera zu einem offiziellen Kanal für die Geldwäsche von illegal abgebautem Gold wird.[115] Dementsprechend hat die Affinerie (Scheideanstalt bzw. Werk, welches Gold aufreinigt) von Primera noch keine branchenüblichen Audits zur verantwortungsvollen Beschaffung durchlaufen.[116]

Der **Sudan** ist der fünftgrößte Goldproduzent Afrikas, mit einer geschätzten Jah- 49
resproduktion von 80 Tonnen.[117] Der seit 2023 andauernde Bürgerkrieg führte dazu, dass die meisten ausländischen Bergbauunternehmen ihre Aktivitäten eingestellt haben und das offizielle System für legale Goldexporte aus dem Sudan zusammengebrochen ist[118]. An dem Konflikt sind sanktionierte Personen und Gruppierungen beteiligt, unter anderem die aus Russland stammende Wagner-Gruppe.[119] Die Konfliktparteien finanzieren sich durch die Produktion und den Export von Gold, daher muss bei Gold aus dem Sudan davon ausgegangen werden, dass dies wahrscheinlich durch Zwangsarbeit in den Goldminen gewonnen wurde und der Handel damit einen Sanktionsverstoß darstellt.

Auch in Brasilien gewonnenes Gold stammt mit erhöhter Wahrscheinlichkeit aus 50
Straftaten, denn ein Großteil des brasilianischen Goldes wurde illegal in geschützten Umwelt- und Kulturgebieten im Amazonasgebiet geschürft.[120] Illegales Goldschürfen ist in Brasilien das zweitprofitabelste Umweltverbrechen nach der Abholzung von Regenwäldern.[121]

Die Vermarktung des illegal geschürften Goldes wurde durch das Gesetz 12844 51
(2013)[122], allgemein bekannt als „Good Faith Law“, ermöglicht. Dieses Gesetz erlaubte es schriftliche Eigenerklärungen über die Herkunft und die Einhaltung der gesetzlichen Anforderungen abzugeben, die sodann auch nicht mit elektronischen Bergbaulizenzen oder dem Kataster abgeglichen wurden. Dieses Gesetz wurde zwar im April 2023 für ungültig erklärt, was aber nichts an der möglicherweise illegalen Herkunft des bis dahin geschürften Goldes ändert.

---

115 Middle East Monitor vom 5.6.2023 „UAE secures rights to Congo Gold Exports for 25 years“.

116 LBMA-Sourcing Advisory – Brazil, Democratic Republic of Congo, Sudan, United Arab Emirates, Zimbabwe, S. 5.

117 AaO.

118 AaO S. 7.

119 AaO S. 7.

120 AaO S. 7.

121 AaO S. 3.

122 Gesetz 12844 (2013), Art. 39 online abrufbar unter https://www.planalto.gov.br/ccivil_03/_ato2011-2014/2013/lei/l12844.htm.

52 Die Gefährdung, dass Gold für Geldwäsche missbraucht wird, potenziert sich noch, wenn es zulässig ist Gold gegen Bargeld zu verkaufen bzw. zu kaufen. Dementsprechend empfiehlt die Londoner Bullion Market Assosication (LBMA, Verband, welcher den Goldhandel in London reguliert), Gold nicht in Bargeld zu handeln[123].

53 Nachdem festgestellt worden war, dass Diamanten extensiv von Kriegsverbrechern zur Finanzierung in zahlreichen afrikanischen Konflikten genutzt worden waren, wurde sog. **Kimberley-Prozess**es ins Leben gerufen: ein System staatlicher Herkunftszertifikate, das den Handel mit diesen „Blutdiamanten" verhindern soll. Auf das Risiko im Bereich des Handels mit Diamanten und anderen Edelsteinen wies die FATF bereits in den Geldwäschetypologien 2002–2003 hin. Im Oktober 2013 veröffentlichte sie zusammen mit der Egmont Group einen gesonderten und umfangreichen Bericht zum Thema „Geldwäsche und Terrorismusfinanzierung im Bereich **Diamantenhandel**", der neben zahlreichen Fallbeispielen auch eine Vielzahl von Anhaltspunkten aufführt, die auf Geldwäscheaktivitäten hindeuten können.[124] Im gemeinsamen Bericht von FATF und APG „Money laundering / terrorist financing risks and vulnerabilities associated with gold" vom Juli 2015 wird insbesondere **Gold** einer detaillierten Analyse im Hinblick auf seine Nutzung zu Geldwäsche und Terrorismusfinanzierung unterzogen. Der Bericht enthält neben zahlreichen Falldarstellungen auch red flags zur Erkennung von Geldwäsche mittels Gold und ist insofern lesenswert. Die FATF hat ferner am 17.6.2008 einen Bericht zum risikobasierten Ansatz für Händler von Edelmetallen und -steinen veröffentlicht (RBA Guidance for Dealers in Precious Metal and Stones), der diesen Berufsgruppen als Handlungsempfehlung hilfreich sein kann.

54 Ausweislich des FIU-Jahresberichts 2018 standen von 77.252 genannten **Verdachtsmeldungen** 175 im Zusammenhang mit Edelmetallen (die folgenden FIU-Jahresberichte enthalten keine Angaben mehr zur Zahl der Meldungen mit Bezug zu Edelmetallen).[125]

! Ergänzende Hinweise

Mit dem Gesetz zur Umsetzung der Änderungsrichtlinie zur 4. EU-Geldwäscherichtlinie (BGBl. 2019 I S. 2602) wurde der **Schwellenwert für Edelmetallkäufe** von zuvor 10.000 EUR auf **2.000 EUR** herabgesetzt (§ 4 Abs. 5 Nr. 1b GwG). Damit reagierte der Gesetzgeber auf Erkenntnisse aus der Nationalen Risikoanalyse und Berichte einzelner Aufsichtsbehörden der Länder im Rahmen von Prüfungen bei Edelmetallhändlern, die festgestellt hatten, dass die anonyme Abwicklung unterhalb des vormals gültigen Schwellenbetrages regelmäßig das Kerngeschäft von Händlern bildete, wofür auch offensiv im Internet geworben wurde, und insbesondere im Bereich des Goldhandels hierbei ein starker Bargeldverkehr unterhalb des Schwellenbetrages stattgefunden hatte (anhand von Kassenbelegen konnte in den Unternehmen zumeist eine sehr kurze zeitliche Abfolge (im Minutenbereich) mit Käufen unterhalb des Schwellenbetrages festgestellt werden, womit

123 Five Key Recommendations for International Bullion Centres | LBMA.

124 FATF-Report: „Money laundering and terrorist financing through trade in diamonds", Anhaltspunkte „red flags" ab S. 77 und zahlreiche Fallbeispiele „cases" ab S. 87.

125 Eine Aufstellung derartiger Verdachtsmeldungen ab 2008 findet sich in BT-Drucks. 19/12969 auf S. 4.

nahelag, dass ein Käufer mehrere aufgesplittete Transaktionen ausgeführt hat, um die geldwäscherechtliche Identifizierungspflicht zu umgehen).[126]

Die **Abgrenzung**, ob der jeweilige Gegenstand unter „Edelmetall" zu fassen ist oder etwa unter Schmuck/ Antiquitäten/Kunst – was insbesondere bei Münzen virulent werden kann – sollte zweckmäßig am (primär) wertbildenden Faktor festgemacht werden, d.h. liegt der eigentliche Wert im Materialwert (bspw. Gold), so sollte der Gegenstand als Edelmetall betrachtet, andernfalls der jeweils naheliegenden Kategorie zugeordnet werden.

Die **FIU** hat im Oktober 2020 ein **Typologiepapier „Besondere Anhaltspunkte für den Uhren- und Schmuckhandel, Verpflichtete nach § 2 Absatz 1 Nr. 16 GwG"** und im Juni 2022 ein **Typologiepapier „Besondere Anhaltspunkte und Hinweise für den Gold- und Edelmetallhandel"** mit jeweils einigen Indikatoren veröffentlicht, die in diesen Bereichen auf Geldwäsche oder Terrorismusfinanzierung hindeuten können.

c) Kunst- und Antiquitätenhandel

Der Kunst- und Antiquitätenhandelsbereich ist ein internationaler und komplexer 55
Markt mit einigen sehr spezifischen Eigenschaften, die ihn potentiell auch für Geldwäscher attraktiv machen.[127] Vor allem am Kunstmarkt sind seit einigen Jahren hohe Transaktionsvolumen und eine spektakuläre Erhöhung der Kunstpreise zu verzeichnen, die auf den Einfluss dubioser Investitionen sowie Absprachen und Manipulationen zurückgeführt werden.[128] Folgende Merkmale des Kunstmarkts begünstigen unlautere Investitionen:[129]

- Der Kunstmarkt lässt sich mit seiner von Diskretion und Intransparenz geprägten Kultur nur schwer kontrollieren.
- Die Identifikation der Kunstgegenstände ist schwierig.
- Aufgrund subjektiver Einflüsse lässt sich der Wert der Gegenstände nur schwer bestimmen (undurchsichtige Preisstrukturen).
- Es sind erhebliche Summen im Spiel.
- Geldwäsche beeinflusst den Wert der Gegenstände, wodurch es zu Marktmanipulationen kommt.
- Steuerbetrug ist in diesem Bereich gang und gäbe.
- Betrug mittels Kunstschätzen ist verbreitet.
- Die Transaktionen lassen sich heimlich abwickeln.
- Die Geschäftspartner können anonym oder virtuell bleiben.
- Auktionen lassen sich leicht manipulieren.

126 BT-Drucks. 19/12969, S. 4.

127 So auch der damalige Leiter der FIU, *Schulte*, im Interview mit dem Handelsblatt vom 4.7.2019; ähnl. *FAZ* „Kunsthandel – Genf wäscht am weißesten" v. 4.7.2015; 1. NRA Deutschlands, S. 106.

128 S.a. FAZ v. 28.3.2019 „Chinas Kunstmarkt ist eine Spielwiese für Geldwäsche".

129 Lt. KGGT-Bericht Schweiz 2015, S. 114f.

Hinweise
Der am 29.7.2020 veröffentlichte 147seitige Bericht **„The art industry and U.S. policies that undermine sanctions“** des Permanent Subcommittee on Investigations des US-Senats zeigt detailliert Geldwäsche über den Kunstmarkt (u.a. im Rahmen der Fallstudie zu Rotenberg/Omelnitski/Markom Group/Baltser) auf. Er bezeichnete den Kunstmarkt in den USA als den größten legalen, unregulierten Markt der Vereinigten Staaten und empfahl legislatorische Maßnahmen u.a. zu seiner besseren Überwachung (und allgemein zur Verbesserung der Aufklärung von komplexen Gesellschaftsstrukturen und dahinterstehenden wirtschaftlich Berechtigten) und einer verstärkten Überwachung verhängter Sanktionen.
Die Dimensionen des illegalen Handels von Kunst, Antiquitäten und Kulturgütern sind beeindruckend und haben seit 2016 zu jährlichen Operationen unter dem Namen **„Pandora“** geführt, die im Rahmen von EMPACT unter der Beteiligung von Europol und Interpol sowie zahlreichen Staaten jeweils zur Sicherstellung einer Vielzahl von Objekten und zahlreichen Festnahmen führen (bspw. Pandora VIII (2024) führte zur Verhaftung von 85 Personen und zur Wiederbeschaffung von über 6.400 Kulturgütern).

56 Hinzu kommen die häufig **leichte Transportmöglichkeit** der Kunstgegenstände sowie die Tatsache, dass **Marktteilnehmer gleichzeitig in verschiedenen Funktionen** auftreten können (Auktionator, Händler, Sammler), was in anderen Märkten zu Interessenkonflikten führen würde.[130] Der Markt ist zudem vergleichsweise kaum reguliert[131] und wird angesichts der zunehmenden Regulierung des Finanzbereichs immer mehr zu einer „**Wertzuflucht**“ – Kunstwerke haben so einen Wertpapiercharakter, die ihren Wert bisweilen auch noch in irrationaler Art und Weise vermehren.[132]

57 Es kommen **Geldwäschetechniken** unterschiedlicher Art zum Einsatz wie[133]
- gefälschte Rechnungen für den fiktiven Kauf von Kunstgegenständen,
- fingierte Auktionen, bei welcher Kunstgegenstände des Eigentümers von einem Komplizen mit Geldern des Eigentümers gekauft werden, oder
- Gebotsabgabe per Telefon oder im Auftrag unter Hinterlegung eines als Garantie dienenden Schecks; dieser Scheck wird nicht verwendet, sondern seitens bzw. im Namen eines anerkannten Bankinstituts zurückerstattet, wenn der Kauf des Kunstgegenstands nicht zustande kommt.

58 **Anhaltspunkte** für Geldwäsche können bspw. ein besonders kurzer Zeitraum zwischen Kauf und Verkauf sein, Preisdiskrepanzen zwischen angebotenem Verkaufspreis und dem Preis, der auf dem freien Markt zu erzielen wäre, oder das Bestehen des Geschäftspartners auf Barzahlung großer Summen.

130 Vgl. auch Basel Art Trade Guidelines, S. 9.
131 KGGT-Bericht Schweiz 2015, S. 114.
132 So *Christ* (vom Basel Institute on Governance) gegenüber der Handelszeitung (http://www.handelszeitung.ch/unternehmen/geldwaesche-mit-kunst-haertere-regeln-nicht-gefragt) am 12.3.2013.
133 KGGT-Bericht Schweiz 2015, S. 115.

Bereits die **erste supranationale Risikoanalyse** der EU-Kommission vom 26.6. 2017[134] hatte Kunst- und Antiquitätenhändler als Risikobereiche ermittelt und empfahl den Mitgliedstaaten, das mit diesem Sektor verbundene Risiko zu prüfen, Sensibilisierungskampagnen bei Kunsthändlern zu unterstützen und Kunsthändler aufzufordern, Maßnahmen zur Bekämpfung von Geldwäsche und Terrorismusfinanzierung anzuwenden. Gemäß Art. 3 Abs. 3 Buchst. i und j der **EU-Geldwäsche-Verordnung** (ähnl. zuvor Art. 1 Nr. 1 Buchst. c der Richtlinie zur Änderung der 4. EU-Geldwäscherichtlinie) sind Personen geldwäscherechtlich verpflichtet, die mit Kulturgütern[135] handeln oder beim Handel mit Kulturgütern als Vermittler tätig werden, auch Kunstgalerien und Auktionshäuser, sowie Personen, die Kulturgüter und andere hochwertige Güter aufbewahren, mit ihnen handeln oder beim Handel mit ihnen als Vermittler tätig werden, wenn dies in Freizonen und Zollagern erfolgt, sofern sich der Wert einer Transaktion oder der verbundenen Transaktionen auf mindestens 10 000 EUR oder den Gegenwert in Landeswährung beläuft.[136] 59

Der illegale **Handel mit Kulturgütern** wird v.a. im Kontext der **Terrorismusfinanzierung** als relevant erachtet.[137] Zum **Geldwäschepotenzial** des illegalen Handels mit Kulturgütern äußert sich der ILLICID-Schlussbericht vorsichtig: *„Aus wissenschaftlicher Sicht ist ein Geldwäschepotential nicht auszuschließen, jedoch auch nicht zwangsläufig anzunehmen“.*[138] 60

Ergänzende Hinweise: !

Die **„Basel Art Trade Guidelines“** des Basel Institute on Governance geben Handlungsempfehlungen für Kunsthändler zur Geldwäsche- und Betrugsprävention und enthalten zahlreiche Verweise auf weitere Richtlinien und Bestimmungen.

Lesenswert zum Thema, da auch zahlreiche Fälle von Geldwäsche im Kunstsektor beschrieben werden, ist das 2015 erschienene Buch **„,Wir betreten den Kunstmarkt‘: Geldwäscherei / Zollfreilager – ein zu diskretes Geschäft? / Interessenkonflikte, Manipulationen und Preisabsprachen“** von Monika Roth.

---

134 Bericht der Kommission an das Europäische Parlament und den Rat über die Bewertung der mit grenzüberschreitenden Tätigkeiten im Zusammenhang stehenden Risiken der Geldwäsche und der Terrorismusfinanzierung für den Binnenmarkt vom 26.6.2017 (COM(2017) 340 final; SWD(2017) 241 final), S. 20 und 23.

135 „Kulturgüter“ sind gemäß Art. 2 Abs. 1 Nr. 56 der EU-Geldwäsche-Verordnung Güter, die im (umfangreichen) Anhang I der Verordnung (EG) Nr. 116/2009 des Rates aufgeführt sind, wozu neben Antiquitäten auch verschiedenste Arten von Kunstgegenständen zählen.

136 Vgl. aktuell auch § 1 Abs. 23 GwG, der die Begriffe „Kunstvermittler“ (wer gewerblich den Abschluss von Kaufverträgen über Kunstgegenstände vermittelt, auch als Auktionator oder Galerist) und „Kunstlagerhalter“ (wer gewerblich Kunstgegenstände lagert) definiert, wobei jeweils unerheblich ist, in wessen Namen oder auf wessen Rechnung die Tätigkeit erfolgt, sowie § 2 Abs. 1 Nr. 16 GwG; krit. zu den Regelungen für die Verpflichteten im Kunstmarkt Raue/Rögele ZRP 2019, 196ff.

137 S. hierzu näher Kap. 7 A III 2 e.

138 Illegaler Handel mit Kulturgut in Deutschland (2018), Schlussbericht zu Nr. 3.2, BNBest-BMBF 98, S. 5.

Hinzuweisen ist schließlich auf das **Typologiepapier der FIU** „Besondere Anhaltspunkte für den Kunst- und Antiquitätenhandel" vom Juli 2019 sowie „Besondere Anhaltspunkte mit Bezug zum Kunst- und Antiquitätenhandel" vom Dezember 2022.

d) Kfz-Handel

61 Der Bereich des Kfz-Handels (gemeint ist hier vor allem der Gebrauchtwagenmarkt) ist in der Praxis nicht zuletzt aufgrund der Tatsache, dass hier viele Geschäfte in bar abgewickelt werden, **hoch geldwäscherelevant.**[139] Mit dem beabsichtigten Kauf von (Gebraucht-)Fahrzeugen lässt sich das Mitführen höherer Bargeldbeträge leicht erklären.

62 Ein **bekanntes Geldwäscheschema** stellt sich hier wie folgt dar: Mit inkriminierten Geldern werden seitens der Geldwäscher Gebrauchtfahrzeuge gekauft und anschließend ins Ausland (häufig in afrikanische Länder) verschifft, wo sie verkauft und die Verkaufserlöse anschließend weitertransferiert werden.[140] Dabei ist auch immer wieder zu beobachten, dass die verschifften Fahrzeuge zusätzlich zum Schmuggel von Drogen oder Bargeld verwendet werden.

63 Allgemein werden hier auch verschiedene **handelsbasierte Geldwäschetechniken** wie Über- und Unterfakturierung angewendet,[141] da bei der Bewertung von Gebrauchtfahrzeugen häufig größerer Spielraum besteht.

Fallbeispiele

Mit Urteil vom 26.6.2012 (Az. 26 KLs 27/12) hat das **LG Essen** einen angeklagten Geldwäscher zu einer Gesamtfreiheitsstrafe von vier Jahren verurteilt. Der Angeklagte hatte sich mit anderen Mittätern zusammengeschlossen, um Drogengelder, die er in verschiedenen europäischen Ländern entgegennahm, an unterschiedliche Autohändler in Essen und Umgebung zu verteilen. Diese erwarben hiervon meist Gebrauchtfahrzeuge, die zunächst nach Westafrika verschifft und dort weiterverkauft wurden. Die Verkaufserlöse wurden anschließend in den Libanon transferiert und von dort aus über weitere Mittelsleute an die vorwiegend in Südamerika ansässigen Drogenlieferanten weitergeleitet. Der Rauschgifthandel und der Finanzbereich wurden hierbei streng voneinander getrennt, um die Aufdeckung und den Tatnachweis zu erschweren.

Im Dezember 2023 berichtete Eurojust von einer Unterstützung der deutschen und italienischen Behörden in einem Verfahren, in dem die Beschuldigten seit 2015 in Deutschland **hochpreisige Luxusfahrzeuge mit Mafia-Geldern erworben** haben sollen. Die Fahrzeuge sollen anschließend über eine Autovermietungsgesellschaft der Beschuldigten und fingierte langfristige Mietverträge (drei bis vier Jahre) den Auftraggebern zur Verfügung gestellt worden sein. Auch die **fingierten Mietverträge** sollen mit Geld aus Drogengeschäften, illegalem Glücksspiel und bandenmäßigen Wirtschaftsstraftaten der Camorra in Italien bedient worden sein.

139 Erste Nationale Risikoanalyse Deutschlands, S. 104.

140 Ein „klassischer" Fall in diesem Zusammenhang wird auch im APG Typology Report on Trade Based Money Laundering auf S. 56f. beschrieben.

141 Vgl. hierzu näher unter der nachfolgenden Ziffer m. w. N.

Ergänzender Hinweis

Die **FIU** hat am 14.11.2022 ein Typologiepapier „Besondere Anhaltspunkte für Geldwäsche im Kfz-Handel Verpflichtete nach § 2 Absatz 1 Nr. 16 GwG" mit einigen Indikatoren veröffentlicht, die in diesem Bereich auf Geldwäsche oder Terrorismusfinanzierung hindeuten können.

e) Rohstoffhandel (Commodity Trade Finance)

Ein Merkmal des – stark international geprägten – Rohstoffhandels besteht darin, dass er auf umfangreiche, schnell verfügbare Finanzierungsmittel angewiesen ist. Deshalb wenden sich die Akteure im Rohstoffsektor vor allem an Banken, wenn sie die Dienste von Finanzintermediären in Anspruch nehmen, verwenden aber auch Finanzderivate auf börsengehandelte Rohstoffe, um einen Teil ihres Handels zu finanzieren oder abzusichern. Die Rohstoffe selbst sind austauschbare Waren, die in der Regel in großen Mengen gehandelt werden. Sie werden häufig mit legal erworbenen Rohstoffen vermischt und schnell verbraucht, was für die Strafverfolgungsbehörden schnell zu Beweisproblemen führen kann. Ein Großteil des Rohstoffhandels und seiner globalen Finanzierung wird über die **Schweiz** abgewickelt, wobei die meisten Rohstoffe physisch weder in die Schweiz eingeführt noch ausgeführt werden. 64

Die hauptsächliche Gefährdung geht im vorliegenden Sektor von **Korruptionshandlungen** aus, in die ausländische Amtsträger (häufig sind PEP involviert) und Rohstoffhandelsgesellschaften – meist in sehr komplexen Strukturen – verwickelt sind, die im Förderland die effektive Kontrolle über das Rohstoffangebot ausüben. Dabei werden die Einkaufsbedingungen auf dem internationalen Rohstoffmarkt zum Beispiel dadurch verfälscht, dass bestimmten Scheinfirmen Vorzugskonditionen gewährt werden. Diese Firmen werden in Wahrheit durch die PEP kontrolliert. Dank dieser günstigeren Konditionen können diese Firmen zum Beispiel im Förderland ohne Ausschreibungsverfahren Rohstoffe kaufen.[142] 65

Ein weiteres Problem ergibt sich durch die umfassenden **Sanktionen im Nachgang zum Ukrainekrieg**. Durch diese wurden bestimmte Produkte und Rohstoffe mit einem Handelsverbot belegt, soweit diese aus Russland stammen. So ist zum Beispiel der Handel mit und die Einfuhr von russischem Armierungsstahl verboten. Jedoch sieht man einer Stahlstange nicht an, aus welchem Land diese kommt und erst recht nicht, ob diese vor oder nach dem Erlass der Sanktionen eingeführt wurde. Durch die Strafbewehrung der Sanktionsumgehung kann der Handel mit sanktionierten Commodities selbst zur Vortat der Geldwäsche werden. 66

142 KGGT-Bericht Schweiz 2015, S. 118 ff. m. w. N.

Hinweise
Lesenswert zum Thema sind u.a. der Bericht von ***Saulich*** auf der Seite der **Stiftung Wissenschaft Politik** „Sorgfaltspflichten im Rohstoffhandel“[143] vom 27.4.2023 sowie der Artikel in der **NZZ** „Der Riese in Genf, der die Welt am Laufen hält. Einblick in die verschwiegene Branche des Rohstoffhandels“ vom 27.7.2024.[144] Weiterführende Hinweise zum Thema **„Illegale Finanzströme im Rohstoffsektor“** sind auf der Seite des **Bundesministeriums für wirtschaftliche Zusammenarbeit und Entwicklung (BMZ)** zu finden.[145]

6. Handelsbasierte Geldwäsche (Trade Based Money Laundering)

a) Allgemeines

67 Im Bereich der handelsbasierten Geldwäsche (Engl. Trade Based Money Laundering, TBML) ist eine der am häufigsten eingesetzten Methoden, um Vermögenswerte über nationale Grenzen zu bringen, die **Ausstellung von Rechnungen mit zu hohen oder zu geringen Preisen für Lieferungen und Leistungen** (sog. Über- oder Unterfakturierung, Engl.: „over-/underpricing, -valuation, -invoicing“).[146] Ferner besteht die Möglichkeit, andere Ware zu liefern, Ware mit niedrigerer Qualität, in anderer Menge (sog. **over-/undershipment**) etc. Bei der sog. **Mehrfachfakturierung** werden über einen Geschäftsvorgang mehrere Rechnungen ausgestellt.

Hinweis zum Bereich Factoring
Wenngleich aus Sicht einer Geschäftsbank Handelsgeschäfte dieses Risiko bergen und damit entsprechend in der Risikoanalyse berücksichtigt werden müssen, gilt dies für klassische Factoringinstitute, insbesondere im Bereich des **B2B Factorings** nicht, da dort der Factor regelmäßig im eigenen Interesse die Werthaltigkeit und die Verität der Forderungen überprüft. Insofern kann die Einschaltung eines Factors durch ein Handelsunternehmen als risikomindernd berücksichtigt werden, jedenfalls, solange es keine Anzeichen dafür gibt, dass das Factoringinstitut seine Veritäts-Kontrollen vernachlässigt. Banken haben üblicherweise auch Kenntnis vom Factoringvertrag ihrer Kunden, da der Nachrang von Globalabtretungen in den AGB der Banken gegenüber dem Factor erklärt werden muss und häufig die Zahlungseingangskonten an den Factor abgetreten oder verpfändet werden müssen.

68 Durch die Falschangabe des Preises (Engl.: „mispricing“) wird zwischen Importeur und Exporteur ein Mehrwert übertragen. Ein derartiges Vorgehen ist auch festzustellen zur Steuerhinterziehung, im Bereich des Schmuggels von Kunst und Antiquitäten, zur Umgehung von Restriktionen im Währungsbereich und von Untergrundbanken.[147]

---

143 Im Internet zu finden unter https://www.swp-berlin.org/10.18449/2023A29/.
144 Im Internet zu finden unter https://www.nzz.ch/wirtschaft/kopie-von-trafigura-zink-betrug-giftmuell-korruption-nachfolgeregelungen-ld.1829373.
145 https://rue.bmz.de/rue/themen/illicit-financial-flows-86608.
146 Vgl. auch *Hanley*, Risikomanager 1/2008, 7; OECD, Handbuch „Geldwäsche“ für den Innen- und Außendienst der Steuerverwaltung, S. 39ff.
147 *Ehlscheid/Pfeiffer*, S. 50 m.w.N.

Geld kann **ins Ausland** durch Unterbewertung von Ausfuhren oder Überbewertung von Einfuhren verbracht werden oder **ins Inland** durch Überbewertung von Ausfuhren oder Unterbewertung von Einfuhren. Im Folgenden sollen Über- und Unterfakturierung näher betrachtet werden, da hierdurch das Prinzip gut erkennbar wird. 69

b) Überfakturierung

Wird ein Kaufpreis gezahlt, der den tatsächlichen Wert einer Ware oder Dienstleistung übersteigt (**Überfakturierung**), wird also „versteckt" der Differenzbetrag zwischen tatsächlichem Wert der Ware/Dienstleistung und dem gezahlten Preis an den Verkäufer der Ware in das Exportland transferiert. 70

Beispiel Überfakturierung

Verkauft ein Exportunternehmen in Mexiko Waren im Wert von 100.000 EUR für 300.000 EUR an ein Unternehmen in Deutschland und überweist das deutsche Unternehmen den Betrag von 300.000 EUR aufgrund der ausgestellten Rechnung an das Unternehmen in Mexiko, werden letztlich 200.000 EUR nach Mexiko transferiert, denen kein Warenwert gegenübersteht. Die 200.000 EUR können dann von dem mexikanischen Unternehmen auf ein Konto transferiert werden, auf das das deutsche Unternehmen Zugriff hat.

Fallbeispiel 1

Ein norwegisches Unternehmen kaufte bei einem deutschen Unternehmen Güter zum Marktwert ein und ließ diese Waren an ein Tochterunternehmen auf dem Balkan liefern. Das deutsche Unternehmen schickte jeweils Rechnungen hierüber an das norwegische Unternehmen, welches diese per Banküberweisung beglich. Anschließend schickte das norwegische Unternehmen dem Tochterunternehmen weit überhöhte Rechnungen für diese Waren, welche dieses durch Bareinzahlungen bei einer norwegischen Bank bezahlte.[148] Dabei ist zu betonen, dass die Lieferung von Waren an eine Tochtergesellschaft, bei Bezahlung der Waren durch die Muttergesellschaft, an sich noch nicht verdächtig ist, da dies ein alltäglicher Vorgang ist.

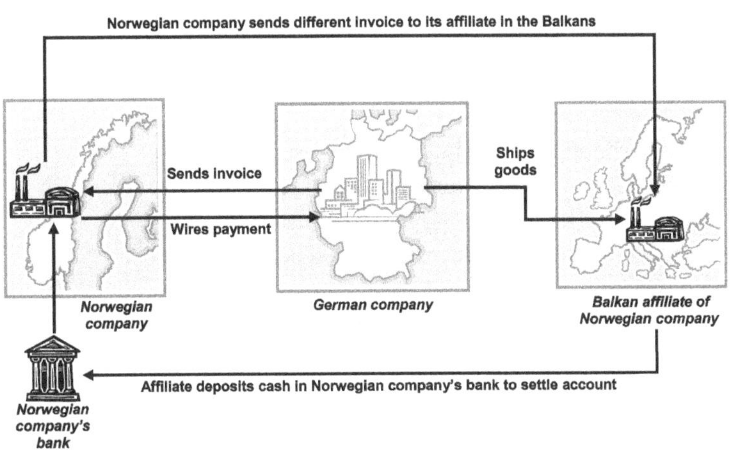

148 FATF, Trade Based Money Laundering, Case Study 9, S. 17, Skizze von dort.

Fallbeispiel 2

Ein anschaulicher Fall wird bereits im *Spiegel* (Ausgabe 9/1992)[149] beschrieben: Der türkische Kaufmann Arif Temel zahlte demzufolge Millionensummen inkriminierter Gelder für wertlose Warensendungen, die meistens sogar vernichtet wurden. So transportierten Lkw aus der Türkei beispielsweise statt angegebener hochwertiger Kleidung nur Lederfetzen, statt genießbarer Lebensmittel nur verrottete Konserven. Nach Erkenntnis der Ermittler hat der türkische Händler in nur vier Jahren auf diese Art und Weise rund 350 Millionen Mark in 15 Länder transferiert, hauptsächlich in die Türkei, aber auch auf Konten in die Schweiz.

c) Unterfakturierung

71 Umgekehrt wird bei der **Unterfakturierung** ein Kaufpreis gezahlt, der gegenüber dem tatsächlichen Wert einer Ware oder Dienstleistung zu niedrig ist. Die Differenz zwischen tatsächlichem Wert der Ware und gezahltem Preis bildet hier den Werttransfer in das Importland, der durch den anschließenden Verkauf der Ware wieder realisiert werden kann. Häufig werden hochpreisige Waren mit inkriminiertem Geld gekauft, als billige Waren deklariert und versendet und anschließend zum realen Preis veräußert.

Beispiel Unterfakturierung

Im oben genannten Erläuterungsbeispiel werden umgekehrt für die Waren im Wert von 100.000 EUR vom mexikanischen Unternehmen nur 20.000 EUR als Kaufpreis gefordert. Mit der Lieferung der Ware im Wert von 100.000 EUR nach Deutschland wird damit – gegenüber der Kaufpreisüberweisung nach Mexiko – ein Mehrwert von 80.000 EUR nach Deutschland importiert. Durch Veräußerung der höherwertigen Ware kann die Wertdifferenz jederzeit realisiert und in Geld umgewandelt werden, das schließlich auf ein Konto geleitet werden kann, auf welches das mexikanische Unternehmen Zugriff hat.

d) Indikatoren

72 Als **Indikatoren** für derartige handelsbasierte Geldwäschemethoden werden genannt:

- Zollangaben und Lieferschein-/Rechnungsangaben weichen voneinander ab,
- Diskrepanz zwischen Frachtbrief/Lieferschein und den transportierten Waren,
- erhebliche Abweichungen vom Marktwert,
- Überweisungs- und Rechnungsbetrag sind nicht identisch,
- die transportierte Ware ist als „Risikoware für Geldwäsche“ bekannt,
- unübliche Transportwege, Herkunfts- oder Bestimmungsländer,
- Einbindung von Offshore-Unternehmen, -Bankkonten oder Risikoländern,
- unübliche Zahlungsweise,
- mehrmals abgeänderte oder verlängerte Akkreditive,
- Rechnungsbetrag und versicherter Wert sind nicht stimmig,
- unerklärliche (Provisions-)Zahlungen an einen Dritten,

149 Abrufbar unter http://www.spiegel.de/spiegel/print/d-13687128.html.

- Zahlung durch Dritte, die in keinem erkennbaren Zusammenhang mit dem Geschäft stehen,
- Art der Waren passt nicht zum Unternehmenszweck.[150]

Die FATF hat bereits in ihrem Bericht „Best Practices on Trade Based Money Laundering“ vom 20.6.2008 (auf S. 3) zahlreiche **Erkennungsmöglichkeiten** zusammengestellt, die den vorgenannten Indikatoren entsprechen (im Dezember 2020 hat die FATF ein Update des Berichts veröffentlicht). Zu nennen wären hier der Abgleich von Import/Export-Daten der tangierten Länder, um Diskrepanzen bei den hinterlegten Daten bzw. gemachten Angaben zu erkennen, Stückpreis-Analysen zum Vergleich der berechneten Warenpreise mit üblichen Weltmarktpreisen oder Abgleiche von Export-Informationen (Rechnungen) mit steuerlichen/zollrechtlichen Erklärungen. 73

In diesem Zusammenhang ist nicht nur das Risiko der reinen Geldwäsche durch Über-/Unterfakturierungen zu nennen, sondern auch das Risiko, dass eine Transaktion Teil eines **Umsatzsteuerkarussells** ist. Dies kann sogar dann der Fall sein, wenn ein Handelsunternehmen nicht bewusst an einem solchen teilnimmt, sondern durch scheinbar zufällig entstehende Chancen auf Handelsplattformen in ein Umsatzsteuerkarussell hineingezogen wird. Dies geschieht dadurch, dass dem Händler gleichzeitig ein Kaufgesuch und Kaufangebot hinsichtlich ein und desselben Produkts auch noch in scheinbar passenden Mengen übermittelt wird, welches überdies noch eine lukrative Marge beinhaltet. Welcher Händler nutzt solche Chancen auf einen schnellen, risikoarmen Gewinn nicht gerne aus? 74

Ergänzende Hinweise !

Erstaunliche Feststellungen machten die Professoren *Zdanowicz* und *Pak* von der Florida International University bei einer **Analyse internationaler Preisdiskrepanzen**, die sie ursprünglich mit dem Ziel der Eruierung von Arbitragemöglichkeiten vorgenommen hatten, d. h. der Identifizierung von Preisunterschieden für gleiche Waren für Geschäftszwecke.[151] Sie untersuchten mit einer eigens konzipierten Hochleistungssoftware die Preise von ca. 23.000 verschiedenen Produkten im Außenhandel mit 235 Ländern über einen Zeitraum von drei Jahren. Dabei stießen sie auf Preisdivergenzen, die sich nur durch Über- bzw. Unterfakturierung erklären lassen: Rasierklingen wurden zu 3 ct/Stück aus Israel in die USA importiert und zu ca. 29,00 USD/Stück aus den USA nach Panama exportiert; Telefone wurden aus Honkong zwischen 3,00 und 2.400,00 USD importiert; eine Flasche Salatöl kostete 720,00 USD; Toilettenpapier für 6,00 USD/Rolle; Rohzucker aus England für 640,00 USD/Pfund. Umgekehrt exportierten die USA nach Frankreich Autoreifen und Sofortbildkameras für 3,00 USD/Stück.
Die **FATF-Studie** zu handelsbasierter Geldwäsche (**„Trade Based Money Laundering“**) vom 23.6.2006 enthält zwölf praktische Fallstudien/-beispiele zu den beschriebenen Methoden und gibt damit ein gutes Bild über die Möglichkeiten und Risiken. Sie wurde im Dezember 2020 aktualisiert.
Eine ähnliche Studie hat auch die Asia/Pacific Group on Money Laundering (**APG**) am 20.7.2012 veröffentlicht (**„Typology Report on Trade Based Money Laundering“**) – auch hier werden zahlreiche Indikatoren für handelsbasierte Geldwäschetechniken und Fallbeispiele angeführt.

150 Vgl. FATF, Trade Based Money Laundering, S. 24.
151 Beispiel bei *Bongard*, S. 129 Fn 122.

Im Bericht von **AUSTRAC „Preventing trade-based money laundering in Australia – Financial crime guide"** vom Oktober 2022 finden sich gleichfalls neben den o.g. Methodologien zahlreiche Indikatoren, die auf handelsbasierte Geldwäsche hindeuten können (ausdifferenziert in Customer und Financial Indicators sowie Illicit Cash Integration.

7. Black Market Peso Exchange (BMPE)

75 Das Geldwäschemodell des **Black Market Peso Exchange**, das ebenfalls als handelsbasierte Geldwäschetechnik einzustufen ist, wurde von kolumbianischen Drogenkartellen entwickelt und findet vor allem im süd- und mittelamerikanischen Raum Anwendung. Die US-amerikanische FinCEN bezeichnete es im November 1997 als „das effizienteste und umfangreichste ‚Geldwäschesystem' in der westlichen Hemisphäre".[152] Das U.S. State Department berichtet auch von Waren aus Dubai, China und Europa, die durch vergleichbare Systeme gehandelt werden.[153]

76 Die **Funktionsweise** des Black Market Peso Exchange lässt sich wie folgt darstellen:[154]

1. Das kolumbianische Drogenkartell schmuggelt Drogen in die USA.
2. Die Drogendollar werden in den USA an einen Peso-Händler verkauft.
3. Der Peso-Händler zahlt dem Kartell in Kolumbien den Gegenwert in kolumbianischen Pesos aus.
4. Anschließend schleust der Peso-Händler die Drogendollar in das US-Bankensystem ein (häufig über structuring/smurfing).
5. Der Peso-Händler steht in Kontakt zu einem kolumbianischen Importeur, der US-Dollar benötigt, um Waren von einem US-Exporteur zu kaufen. (Der von ihm angebotene Wechselkurs ist deutlich besser als jener kolumbianischer Banken.) Der Peso-Händler veranlasst im Auftrag des kolumbianischen Importeurs die Zahlung an den US-Exporteur von seinem US-amerikanischen Bankkonto.
6. Der US-Exporteur liefert die Ware nach Kolumbien (häufig wird unterfakturiert oder geschmuggelt, um Importzölle zu reduzieren/umgehen).
7. Der kolumbianische Importeur verkauft die Waren gegen Pesos und bezahlt damit den Peso-Händler, wodurch dessen Peso-Vorrat wieder aufgefüllt wird.

152 FinCEN Advisory No. 9, im Internet zu finden unter https://www.fincen.gov/sites/default/files/advisory/advisu9.pdf.

153 *Ehlscheid/Pfeiffer*, S. 81 mit Verweis u. a. auf U. S. Department of State: International Narcotics Control Strategy Report, March 2008.

154 Die im folgenden Schaubild verwendete Karte stammt von www.d-maps.com (genaue URL: https://d-maps.com/pays.php?num_pay=121&lang=de).

Ergänzende Hinweise

Der **FATF-Bericht** „Trade-Based Money Laundering – Trends and Developments" (12/2020) beschreibt gleichfalls das Phänomen des Black Market Peso Exchange einschließlich eines Fallbeispiels (S. 27f.).
Das **U.S. Attorney's Office, Central District of California**, veröffentlichte am 12.10.2021 eine Pressemitteilung zur Verurteilung von Oscar Sanchez zu drei Jahren Freiheitsstrafe wegen Geldwäsche. Sanchez soll für mexikanische Drogenkartelle insgesamt über 900.000 USD mittels Black Market Peso Exchange gewaschen haben.[155] Der Fall wird in einer Präsentation von **ACAMS** („The growing risk of trade based money laundering") als Fallstudie ausführlich dargestellt.[156]

8. Strohmanngeschäfte, Scheingeschäfte und Schein-/Briefkasten-/Frontgesellschaften

Strohmänner werden in erster Linie eingesetzt, um den tatsächlichen wirtschaftlich Berechtigten zu verbergen.[157] Dies geschieht beispielsweise dadurch, dass ein Bankkonto im Namen des Strohmannes eröffnet wird oder Strohmänner als Geschäftsführer irgendwelcher Schein-/Frontgesellschaften eingesetzt werden.[158] Wohl einer der bekanntesten (vermutlich unwissenden) Strohmänner ist sicherlich **Erik Vanagels** – ein lettischer Obdachloser, dessen Name von Kriminellen missbraucht wurde und der auf dem Papier als Direktor, Geschäftsführer oder Eigentümer tausender Firmen geführt wird. 77

Fallbeispiel aus einer Verdachtsmeldung

„Im Rahmen einer Rückbetrachtung zum Thema „Vanagels Netzwerk" wurde die Beziehung zur ■■■ einer zusätzlichen Untersuchung unterzogen. Die im Rahmen dieser Verdachtsmeldung aufgezeigten Transaktionen wurden am 16.6.■■■ in die Fallbearbeitung übernommen und einer entsprechenden Bewertung nach AML/CTF unterzogen. Dabei fiel eine Überweisung vom 26.1.■■■ i. H. v. 38.444,17 EUR auf. Absender der Überweisung war die ■■■ LTD., von welcher ■■■ der Geschäftsführer ist.
Nach Rücksprache mit unserem Kunden konnten wir uns keine Klarheit über die Verbindung zwischen Rechnungsempfänger und Auftraggeber der Zahlung verschaffen. Wir gehen davon aus, dass unser Kunde keinen Einfluss auf den gewählten Zahlungsweg hat."

Eine ähnliche Wirkung wird auch durch die Verwendung von **Falschpersonalien, Identitätswechsel** etc. erreicht, wobei Namenswechsel durchaus aus auf legale Art und Weise vorgenommen werden können (wie bspw. bei Eheschließung). Besonders im Bereich organisierter Kriminalität verwenden Täter dabei häufig keine ge- oder ver- 78

155 Im Internet zu finden unter https://www.justice.gov/usao-cdca/pr/san-gabriel-valley-man-sentenced-3-years-federal-prison-scheming-launder-drug-money#:~:text=LOS%20ANGELES%20–%20A%20West%20Covina,Phillips.
156 Im Internet zu finden unter https://www.acams.org/sites/default/files/2022-06/Trade%20Based%20Money%20Laundering%20Presentation%20SoCal%201.pdf.
157 Ausführlich hierzu auch *Suendorf*, S. 153ff.
158 Siehe auch *Hanley*, Risikomanager 1/2008, 7.

fälschten Ausweisdokumente, sondern (durch Bestechung erlangte) echte Ausweisdokumente, die auf falsche Personalien ausgestellt wurden. Auch dem IS waren durch seine zeitweiligen territorialen Gewinne und Übernahme staatlicher Verwaltungsstrukturen Möglichkeiten erschlossen, echte Ausweisdokumente und sonstige Urkunden herzustellen. Zur Verifizierung der Echtheit von Ausweispapieren stehen kommerzielle Anbieter im Internet zur Verfügung. Auch die Strafverfolgungsbehörden verfügen über umfangreiche Möglichkeiten zur Überprüfung, weshalb insbesondere gute Scans oder Fotokopien im Rahmen der Kundenidentifizierung von großer Bedeutung sind (auch wenn eine sichere Feststellung der Echtheit eines Ausweises/Passes etc. häufig nur bei Vorlage des Originals möglich ist).

79 Schließlich kann man den tatsächlichen wirtschaftlich Berechtigten auch durch Zwischenschaltung von Trusts in Offshore Jurisdiktionen (Low-Transparency Jurisdictions) verbergen. Von den Verwaltern der Trusts oder Fonds wird üblicherweise keine Auskunft über die Investoren gegeben. Es wird lediglich schriftlich bestätigt das kein Anteilseigner mehr als einen bestimmten Prozentsatz hält, was in diesen Jurisdiktionen nicht überprüft werden kann. Diese Konstellation ist insbesondere bei Private Equity Fonds üblich.

Fallbeispiel aus einer Verdachtsmeldung

„Im Rahmen der Überprüfung der Kundenverbindung haben wir weitere Informationen angefordert:

- *Unterlagen zur Identifizierung des Versicherungsnehmers*
- *Bestätigung der Bank, dass Kontoinhaber = Versicherungsnehmer*

Es kam die Rückmeldung, dass der Versicherungsnehmer zum XX.XX. seine Identität geändert hat: von „G... A...“ (bzw. A...) nach „H... K...“.

Der Versicherungsnehmer fordert nun – teilweise mehrfach täglich – die Auszahlung seiner Versicherungssumme. Herr G.../H... hat uns eine aktuelle Telefonnummer hinterlassen, unter der er zum Sachstand zurückgerufen werden wollte. Die angegebene Nummer wurde mehrfach umgeleitet. Nachdem er dort nicht erreichbar war, hat er uns (wenige Tage später) eine neue Telefonnummer gemeldet.“

---

80 Durch **Scheingeschäfte** können Warenverkäufe oder Dienstleistungen vorgetäuscht werden, um tatsächlich nicht (oder nicht in der Höhe) existente Einnahmen zu erklären.[159] Ein „klassischer“ Fall ist das Ausstellen von Rechnungen für nicht erbrachte Dienstleistungen oder Warenverkäufe, die mit inkriminiertem Geld beglichen werden. Scheingeschäfte können ferner bspw. dazu genutzt werden, um (höhere) Umsätze vorzutäuschen (etwa im Vorfeld von Unternehmensübernahmen, um den Wert des Unternehmens in die Höhe zu treiben, oder zur Krediterlangung), illegal Import- oder Exportsubventionen zu erlangen, Steuern zu hinterziehen (Umsatzsteuerkarusselle, Vorsteuererstattungsbetrug nach fingierter Unternehmensgründung etc.). Schwierigkeiten bereitet insbesondere die Bewertung von Dienstleistungen, d.h., ob beispiels-

159 Zivilrechtlich gesehen sind Scheingeschäfte nichtig, vgl. § 117 BGB.

weise eine Beratungs- oder Vermittlungsleistung tatsächlich den gezahlten Betrag wert ist.[160] Auch hier wird das Risiko von Scheingeschäften wesentlich reduziert, wenn ein Faktoringinstitut eingeschaltet ist, da für den Faktor ein Scheingeschäft nicht nur ein Geldwäscherisiko darstellt sondern es handelt sich hierbei um das Hauptrisiko des Faktors, nämlich um den Ankauf von sog. Luftrechungen; es geht für diesen also um das Veritätsrisiko.

Briefkastenfirmen werden ebenfalls hauptsächlich dazu eingesetzt, den Ursprung und die Identität der wirtschaftlich Berechtigten sowie die Quelle der Mittel zu verdecken. Eine Briefkastenfirma ist ein Unternehmen, das nach seiner Gründung über kein signifikantes Vermögen verfügt und keine Geschäfte betreibt.[161] Allerdings werden Briefkastenfirmen teilweise auch für legitime Zwecke eingesetzt (denkbar zum Beispiel, um den Handel zwischen Gebieten zu ermöglichen, die sich gegenseitig oder einseitig völkerrechtlich nicht anerkennen). 81

Hinweis !
Das International Consortium of Investigative Journalists (ICIJ) hat unter **https://offshoreleaks.icij.org** eine Datenbank zur freien Recherche veröffentlicht, in der mehr als 785,000 Offshore-Firmen, Stiftungen und Trusts aus den **Panama Papers**, den **Offshore Leaks**, den **Bahamas Leaks** und den **Paradise Papers** enthalten sind.

Geldwäscher bedienen sich bei der Durchführung ihrer finanziellen Transaktionen ferner häufig spezialisierter Fachleute, auch „**gate-keeper**“ genannt. Dies geschieht nicht nur, weil diese Fachleute das erforderliche Fachwissen haben, sondern auch, weil sie den Straftätern den Deckmantel von Legitimität verleihen, insbesondere, wenn es um die Zusammenarbeit mit Finanzinstituten geht. Rechtsanwälte, Notare, Steuerberater und andere Fachleute geben nicht nur Rat im Investitionsbereich, bei der Gründung von Unternehmen, Kartellen oder anderen rechtlichen Ausgestaltungen und in Fragen der Steueroptimierung, sondern bereiten diese Firmenkonstrukte auch vor bzw. bauen diese auf oder treffen andere rechtliche Absprachen.[162] 82

Frontgesellschaften sind Unternehmen mit realem Geschäftsbetrieb, die vom Geldwäscher benutzt werden, um die wahre Identität des Eigentümers zu verschleiern.[163] Beliebte Frontgesellschaften sind bargeldintensive Gewerbebetriebe, mit denen sich hohe Bargeldbestände leichter erklären lassen und die selbst der Geldwäsche dienen können, da hier leicht illegales Bargeld als angeblich legale Geschäftseinnahme deklariert oder mit legalen Einnahmen im Kassenbestand vermischt werden kann.[164] Durch die Einzahlung von „schmutzigem“ Geld wird ein höherer Umsatz vorgespiegelt, der die 83

160 Vgl. hierzu FG Bremen, Beschl. v. 11.10.2004 – 2 V 311/03 – EFG 2005, 654 ff. (dort Rn. 32 ff.).
161 Vgl. u.a. *Hanley,* Risikomanager 1/2008, 7.
162 *Hanley,* Risikomanager 1/2008, 6 und 7.
163 Siehe auch *Ehlscheid/Pfeiffer,* S. 45.
164 Siehe auch *Degen,* S. 82 m.w.N.

am Tagesende in der Kasse vorhandenen Bargeldmengen als Tageseinnahmen erklärt. Somit wird bereits vor Einbringung des Geldes in das Finanzsystem eine erste Verschleierung vorgenommen.[165] In Betracht kommen hier Gastronomiebetriebe, Gebrauchtwagenhandel, Kinos, Wechselstuben, Taxiunternehmen, Reiseunternehmen und ähnliche Geschäftsbetriebe.[166]

84 Allgemein ist jedenfalls zu unterscheiden zwischen grundsätzlich legal wirtschaftenden Unternehmen, die von Kriminellen für illegale Zwecke missbraucht werden, und Unternehmen, die allein zum Zweck der Verschleierung gegründet werden/existieren.

85 Insbesondere die **Regelungen im GwG zum „wirtschaftlich Berechtigten"** (zur Definition vgl. § 3 GwG)[167] verfolgen das Ziel, Strohmanngeschäften entgegenzuwirken, indem derjenige sichtbar gemacht wird, in dessen Interesse eine Transaktion erfolgt.[168] So verpflichtet beispielsweise § 10 Abs. 1 Nr. 2 GwG Verpflichtete zur Abklärung, ob der Vertragspartner für einen wirtschaftlich Berechtigten handelt, und, soweit dies der Fall ist, zur Identifizierung des wirtschaftlich Berechtigten nach Maßgabe des § 11 Abs. 5 GwG.

! **Hinweise zur Vertiefung**

Zahlreiche Fallbeispiele u. a. zu den Themen „Verschleierung durch Unternehmensstrukturen", „Missbrauch legaler Unternehmen" und „Einsatz gefälschter Identitäten/Dokumente oder von Strohmännern" finden sich in der Zusammenstellung der **Egmont Group „FIU's in action – 100 cases from the Egmont Group"**.

Die **FATF** hat im Juli 2018 einen Bericht **„Concealment of Beneficial Ownership"** veröffentlicht, der sich zentral mit der Verschleierung des wirtschaftlich Berechtigten auseinandersetzt. Die hier durchgeführte Analyse von 106 Fallstudien zeigte, dass juristische Personen, in erster Linie Mantelgesellschaften, ein Schlüsselelement zur Verschleierung wirtschaftlichen Eigentums sind, während Tarngesellschaften und Inhaberaktien weniger häufig ausgenutzt werden.

Der **KGGT-Bericht** Schweiz aus dem Jahr 2015, S. 83f., setzte sich bereits gezielt mit dem schweizerischen Treuhandsektor auseinander und identifizierte eine hohe Komplexität und Verwundbarkeit und im Ergebnis ein hohes Geldwäscherisiko der Treuhandbranche. Die wenigen Verdachtsmeldungen, die seit 2015 von Treuhändern an die MROS übermittelt wurden, sowie die spärlichen Meldungen von Rechtsanwälten und Notaren, scheinen auf eine erhebliche Gefährdung dieser beiden Kategorien von Finanzintermediären hinzudeuten (KGGT-Bericht Schweiz 2021, S. 30).

Die **AFCA** hat im Juni 2020 ein ausführliches Papier zum Thema „Mantelgesellschaften (Shell Companies) und damit im Zusammenhang stehende Finanzkriminalität" veröffentlicht, das auch Maßnahmen zur Risikobegrenzung enthält.

Sehenswert ist in diesem Zusammenhang die **ARD-Dokumentation „Das Strohmann-Kartell"**, die zum Redaktionsschluss in der Mediathek noch abrufbar war, und in der das organisierte Anwerben und Einsetzen von Strohpersonen recherchiert wird.

---

165 *Flatten*, S. 5.

166 Ausführlich und mit anschaulichen Beispielen auch *Bongard*, S. 115ff.

167 Die EU-Geldwäsche-Verordnung verwendet in Art. 2 Abs. 1 Nr. 28 abweichend den Begriff des „wirtschaftlichen Eigentümers".

168 Begründung zum RegE des Geldwäschebekämpfungsergänzungsgesetzes, BT-Drucks. 16/9038, S. 30.

9. Finanzagenten/Warenagenten

a) Allgemeines

Eine andere Form der Verwendung von Strohpersonen sind die sog. Finanzagenten (englisch: **„financial agents“** oder auch **„money mules“**),[169] die häufig auch unwissentlich von den Hintermännern dazu eingesetzt werden, inkriminierte Geldbeträge unter Unterbrechung der Papierspur weiter zu transferieren. **86**

In der Praxis der Geldwäschebekämpfung spielen vor allem Finanzagenten eine große Rolle. Verdachtsmeldungen zum Phänomen „Finanzagenten“ wurden bereits in den Jahresberichten der BKA-FIU jährlich als das größte beobachtete Einzelphänomen in der bundesweiten Statistik ausgewiesen[170]; die Jahresberichte der neuen FIU enthalten keine diesbezügliche Aufschlüsselung mehr, aber auch heute noch weisen laut FIU **15 bis 20 % aller eingehenden Meldungen Bezug zu Finanzagenten** auf.[171] Aufgrund der Relevanz des Phänomens wurde für die 2. NRA Deutschlands eine Arbeitsgruppe gebildet, die sich des Themas gesondert angenommen hat (hierzu wurden auch Fragebögen an Verpflichtete versendet). **87**

Wer als Finanzagent Gelder entgegennimmt und weiterleitet, kann sich hierdurch der **(zumindest) leichtfertigen Geldwäsche** (§ 261 Abs. 6 StGB) strafbar machen.[172] Für den Fall, dass der Finanzagent für seine Tätigkeit ein Entgelt erhält, ist ferner der Straftatbestand des **unerlaubten Erbringens von Zahlungsdiensten** erfüllt.[173] Außerdem kann der durch die betrügerische Handlung Geschädigte den Finanzagenten ggf. auf **Rückzahlung des erlangten Betrages** in Anspruch nehmen.[174] Häufig wird der Betrug durch die Geschädigten sehr schnell bemerkt und es kann noch eine Rückbuchung durch die Bank vorgenommen werden. Hat der Finanzagent das Geld bereits weitergeleitet, bleibt der Schaden nun an ihm hängen. **88**

Hinweise **!**

Im Juni, Oktober und November 2023 wurden im Rahmen der mittlerweile 9. Europäischen Aktion gegen Finanzagenten (ninth European Money Mule Action (**EMMA 9**)), an der Strafverfolgungsbehörden aus 26 Ländern, Europol, Eurojust, INTERPOL und diverse privatwirtschaftliche Akteure beteiligt waren, in mehreren operativen Phasen 10.759 Geldkuriere und 474 Anwerber identifiziert, was zur Verhaftung von 1.013 Personen weltweit führte.[175]

---

169 *Hölscher/Gesmann-Nuissl/Hornbach* verwenden die Bezeichnung „Finanzkuriere“ (S. 42).

170 Vgl. bspw. BKA, FIU-Jahresbericht 2013, S. 14.

171 FIU anlässlich der 8. Geldwäschetagung der FIU mit Verpflichteten und Verbänden des Finanzsektors am 18.4.2024.

172 Ausführlich zur Leichtfertigkeit von Finanzagenten mit Angabe mehrerer Gerichtsentscheidungen *Steinberg*, ZStW 2019, S. 940 ff.

173 Strafbar nach § 63 Abs. 1 Nr. 4 ZAG (bzw. ist das unerlaubte Betreiben von Bankgeschäften oder Erbringen von Finanzdienstleistungen nach § 54 Abs. 1 KWG strafbar).

174 Vgl. u. a. BGH, Urt. v. 19.12.2012 – VIII ZR 302/11 – NJW 2013, 1158 f.; OLG Zweibrücken, Urt. v. 28.1.2010 – 4 U 133/08 – MMR 2010, 346.

175 https://www.europol.europa.eu/media-press/newsroom/news/paper-trail-ends-in-jail-time-for-1-013-money-mules.

Eine **ausführliche Analyse zum Phänomen der Finanzagenten** hat Financial Intelligence Center – die FIU Südafrikas – im Juni 2024 unter dem Titel „Financial crime insights: money laundering risks associated with money mules" veröffentlicht.[176]

89 Bei den **Versuchen, Finanzagenten anzuwerben**, was häufig über den massenhaften Versand von Spam-Mails geschieht, handelt es sich nach herrschender Meinung um (noch straflose) Vorbereitungshandlungen. Rechtlich wird hier also unterschieden zwischen dem Versuch (der hier auch strafbar wäre) und sog. straflosen Vorbereitungshandlungen, d.h. einem Verhalten, das noch einen Schritt weiter entfernt ist von der tatsächlichen Tatbegehung.

90 Neben den Finanzagenten gibt es noch die sog. **Paket- oder Warenagenten**. Das Schema ist das Gleiche, nur dass statt Geld eben Waren weitergeleitet werden: Vortäter bestellen mit ausgespähten Konto- oder Kreditkartendaten unberechtigt Waren, die an die Adresse des angeworbenen Agenten geliefert werden. Dieser leitet die Lieferungen (häufig nach Umpacken) weiter und macht sich dadurch regelmäßig gleichfalls der (zumindest) leichtfertigen Geldwäsche strafbar.

Hinweis

In seinem Urteil vom 7.6.2016[177] in einem Geldwäscheverfahren führt das **OLG Karlsruhe** zahlreiche **Umstände an, die aus seiner Sicht die Leichtfertigkeit (§ 261 Abs. 6 StGB) der angeklagten Warenagentin untermauerten**. Hierzu gehörten: das Anvertrauen wertvoller Waren an eine nicht persönlich bekannte „Mitarbeiterin", die (auch aus Portogesichtspunkten) unverständliche Zwischenschaltung der in Deutschland wohnhaften Angeklagten durch ein US-Unternehmen für Lieferungen nach Russland, die Verwendung russisch-sprachiger Verträge gegenüber der deutschen Staatsangehörigen durch das US-Unternehmen, das den Paketsendungen die Angeklagte als Bestellerin zu entnehmen war und die Waren von verschiedenen Online-Händlern stammten, die in keinem Zusammenhang mit dem US-Unternehmen standen, dass ausschließlich zwei Personen in Lettland und Russland als Empfänger für die Pakete der Angeklagten fungierten und die Angeklagte auch keinerlei Internetrecherchen angestellt hatte, die das Phänomen des Warenagenten ergeben hätten.

b) „Phishing"

91 Beachtliche 92 Prozent aller Cyberangriffe starten ausweislich einer Untersuchung der Julius-Maximilians-Universität Würzburg mit einer Phishing-Mail und fast 75 Prozent aller Nutzer klicken auf mindestens eine von drei Phishingmails.[178] Auch der Geldwäsche über Finanzagenten gehen meist sog. **Phishing-Attacken** voraus. Das Wort setzt sich zusammen aus den Wörtern „Password" und „fishing", was übersetzt werden kann mit „nach Passwörtern angeln". Hierbei versuchen Betrüger im Internet mit gefälschten

176 https://www.fic.gov.za/wp-content/uploads/2024/06/Financial-Crime-Insights-Money-mules.pdf.
177 Az. 2 (5) Ss 156/16; 2 (5) Ss 156/16 – AK 53/16.
178 https://www.rz.uni-wuerzburg.de/en/dienste/it-sicherheit/sosafe-sensibilisierung-der-nutzer/.

E-Mails und Internetseiten beispielsweise Kontozugangsdaten (PINs, TANs etc.) für Online-Banking zu erlangen. Beispielsweise werden Bankkunden auf täuschend echt nachgemachte Seiten ihrer Online-Bank umgeleitet – die dort eingegebenen Daten wie Kunden- und/oder Kontonummer und PIN und die zur Auslösung einer Überweisung schließlich eingegebene TAN landen dann direkt bei den Tätern, die mit den Daten anschließend selbst eine Überweisung auf das Konto eines Finanzagenten auslösen können. Teils wird der Bankkunde auch gebeten, aufgrund angeblicher Softwareumstellungen Testüberweisungen zu tätigen, eine Demo-Anwendung zu testen o. ä. Die Varianten der Phishing-Mails oder Phishing-Seiten sind unzählig und in krimineller Hinsicht sehr kreativ. Nachdem der oder die Täter die gewünschten Daten erlangt haben, werden vom betreffenden Konto betrügerisch Geldbeträge abgebucht. Da die Täter diese nicht auf eigene Konten überweisen können, weil sie hierdurch sofort identifiziert wären, suchen sie Dritte, über deren Konten die Beträge transferiert werden können – die Finanzagenten.

Beispiel aus einer Verdachtsmeldung

„Unser Kunde wurde beim Aufruf unserer eBanking-Seite im Internet auf eine gefälschte Seite umgeleitet, um dort eine „Datenüberprüfung und -aktualisierung" vorzunehmen. Dabei wurde er aufgefordert, eine TAN zu erzeugen und diese einzugeben. Erst nach dieser Aktion konnte er sich wieder richtig auf unserer eBanking-Seite einloggen. Daraufhin bemerkte Herr ■■■, dass eine Überweisung in Höhe von 1.629 Euro in betrügerischer Absicht ausgeführt wurde."

Begriffserläuterungen

Mit dem Begriff **„Whaling"** sollen Phishing-Attacken auf großen Unternehmen bezeichnet werden – abgeleitet vom englischen Wort für Walfang, da die „Phisher" es gezielt auf „große Fische" abgesehen haben.[179]

Nutzen die Täter das Mittel der Internet-Telefonie (Voice over IP – VoIP), um an Passwörter zu gelangen, wird bisweilen von **„Vishing"** („Voice Phishing") gesprochen.

Beim **„SMiShing"** (Phishing via SMS) erhalten Smartphone-Nutzer SMS-Nachrichten, die sie dazu bewegen sollen, Webseiten zu besuchen und Downloads von Schadsoftware zu starten. Beispiel-SMS: *„Wir bestätigen Ihnen Ihre Anmeldung zu unserem Service. Die Kosten belaufen sich auf 2 Euro pro Tag. Abmelden können Sie sich unter www…"*.

Die BaFin warnte am 7.10.2024 vor sog. **„Quishing"** (QR-Code-Phishing), bei dem Betrügerinnen und Betrügern versuchen, mit gefälschten QR-Codes sensible Daten von Verbraucherinnen und Verbrauchern abzufischen. Sie verschicken unter anderem Briefe, die angeblich von Banken stammen – bspw. zur Aktualisierung des photoTAN-Verfahrens – oder nehmen per E-Mail, SMS oder als WhatsApp-Nachricht mit ihren Opfern Kontakt auf. Der QR-Code führt zu einem Link, der entweder zu einer gefälschten Website weiterleitet oder den Download einer schadhaften Software (Malware) auslöst.

Ein weiteres aktuelles Muster lässt sich wie folgt beschreiben: Kunden erhalten einen **angeblichen Anruf ihrer Sparkasse**, bei dem sie Daten zum Online-Banking herausgeben. In der Folge wird das Online-Banking-Freigabeverfahren pushTAN der Kunden übernommen und u.a. **Sparkassenkarten digitalisiert**, um über den Einzelhandel an Bargeld und Sachwert zu gelangen (vorzugsweise an Kassen von Supermärkten oder Drogeriemärkten mehrfach Beträge zwischen 200 und 1.000 EUR).

---

179 http://www.heise.de/newsticker/Phisher-gehen-mit-Vorladungen-auf-Walfang–/meldung/107569.

Hinweis zur Prävention
Tipps und Verhaltensregeln finden sich im Internet auf der Seite der **Polizeilichen Kriminalprävention** unter http://www.polizei-beratung.de/themen-und-tipps/gefahren-im-internet/phishing/tipps.html, aktuelle und ergänzende Hinweise enthält auch die Seite des **Bundesamts für Sicherheit in der Informationstechnik (BSI)** (https://www.bsi.bund.de/dok/passwortdiebstahl-durch-phishing).
Unter dem Hashtag **#DONTBEAMULE** läuft ferner eine Präventionskampagne von **Europol** zur Aufklärung im Hinblick auf Finanzagententätigkeit.

92 Selbstverständlich werden Finanzagenten nicht nur von „Phishern“ benötigt und eingesetzt, sondern von zahlreichen Kriminellen. In der Praxis regelmäßig anzutreffen ist der Einsatz von Finanzagenten durch sog. **Warenbetrüger**: Von den Tätern werden bspw. Waren im Internet – etwa auf eBay oder in Kleinanzeigenportalen – angeboten und Bezahlung durch Vorkasse auf das Konto des angeworbenen Finanzagenten verlangt, der die Geldbeträge auftragsgemäß weiterleitet. Die Waren werden – wie beabsichtigt – nicht ausgeliefert.[180]

c) Anwerbung von Finanzagenten

93 Die Anwerber von Finanzagenten und eigentlichen Hintermännern (meist Täter von Phishing-Attacken) haben sich stets in ihrer kriminellen Energie sehr kreativ gezeigt und **vielfältige Methoden** und Legenden erfunden, um Finanzagenten für sich zu gewinnen – wenn die Finanzagenten nicht von sich aus wissentlich (absichtlich) als Geldwäscher tätig geworden sind.

94 Zu nennen sind hier die vorgebliche Suche nach Testkäufern, Service-Testern, Kosmetiktestern, Arbeitsangebote (etwa zum Einscannen von Büchern) und ähnliche Varianten. All diese Legenden haben letztlich eines gemeinsam: Es soll irgendwann zu einer Überweisung eines Geldbetrags auf das Konto des Angeworbenen (Finanzagenten) kommen, den dieser nach Barabhebung und abzüglich eines Betrags für die „vereinbarte“ Arbeitsleistung oder den Einkauf der Testprodukte etc. über Zahlungsdiensteanbieter wie Western Union, MoneyGram o.ä. (ins Ausland) weitertransferieren soll.

Variante „Interview-Agent“
„Die Kundin bewarb sich auf eine Stellenanzeige des Donaukuriers. Es waren keine Firmendaten enthalten. Als Kontaktmöglichkeit wurde ausschließlich eine E-Mail-Adresse angegeben. Nach Kontaktaufnahme meldete sich per Mail ein Herr ■■■ der Organisation ■■■ (vermutlich falscher Name) und teilte den Zweck der Tätigkeit mit. Die Kundin sollte als Interview-Agent Befragungen bei u. a. Western Union durchführen und Transaktionen bewerten. Zu diesem Zweck wurde der Kundin ein Auslandsscheck i. H. v. 4.050 EUR per Post gesendet. Bezogene Bank: ■■■ – Bezogene Person: ■■■. Die Kundin sollte 350 EUR als Kommission behalten und den Rest per Western Union nach Anweisung weiterüberweisen.“

180 Vgl. AG Augsburg, Urt. v. 31.7.2013, Az. 603 Js 122102/13 (n.v.).

Variante „Konto-Anmietung"
In einem Verfahren, das vor dem AG München verhandelt wurde, hatte sich der beschuldigte Finanzagent auf eine Annonce im Internet hin gemeldet, in der jemand gesucht wurde, der sein Bankkonto für monatlich 300 EUR vermietet. Anschließend wurden von den Tätern inkriminierte Geldbeträge (aus Computerbetrügereien) über das Konto transferiert. Der Finanzagent hat sich der leichtfertigen Geldwäsche strafbar gemacht.[181]

Variante „Flirt" / „Love-Scam" / „Romance-Scam"
„Lt. Auskunft des zuständigen Kundenberaters / „Romance-Scam" hat unser Kunde bereits seit einigen Monaten einen bestehenden telefonischen sowie E-Mail-Kontakt zu einer Russin.
Unserem Kunden wurde erzählt, dass die Cousine Geld an die Russin überweisen möchte, was aber aus bestimmten Gründen nicht möglich sei. Die Cousine wüsste jetzt einen Weg wie die Zahlung doch möglich gemacht werden kann und zwar durch Überweisung auf das Konto von Hr. . Er bräuchte das Geld nur bar abheben und über Moneygram weiterleiten.
Die russische Bekannte hat sich dann bei Hr. gemeldet und angekündigt, dass die Cousine (Frau) die Überweisung auf sein Konto getätigt hätte. Nach Überprüfung des Eingangs der Gutschrift hat Hr. eine Barabhebung getätigt und in Passau über Moneygram an die vorab mitgeteilten Daten den Betrag einbezahlt."

Variante „E-Books einscannen"
„Kundin hat Arbeitsvertrag (lt. Anlage) mit Firma Ltd. unterschrieben. Sie soll Bücher einscannen. Nach weiteren Mails soll sie einen Scanner selbst erwerben. Preis zwischen 3000–9000 €. Das Geld soll auf ihr Konto überwiesen werden und dann von ihr in bar abgehoben und über Western Union weitertransferiert werden. Das Scannermodell (Preis) soll der Kundin als nächstes mitgeteilt werden. Danach soll sie dieses bestellen und erhält dann das Geld."

Variante „Charity"
„Auf unsere Fragen nach der Herkunft der Gelder und dessen Zweck, bekamen wir eine abenteuerliche Geschichte zu hören: Er behauptet, für die UN als Sonderbotschafter zu arbeiten und er sei als der Repräsentant für ganz West Afrika zuständig. Er bekomme Geld zugeleitet (aus einem offiziellen Fonds der UN) und er habe dieses an bestimmte Personen, die ihm jeweils mitgeteilt würden, weiterzuleiten. Geld erhalte er für diese Aufgabe nicht, er würde dies aus rein humanitären Gründen machen. Auf unsere ungläubigen Nachfragen, präsentierte er ein angebliches Fax der UN, in dem ihm bestätigt wurde als Ambassador der UN tätig sein zu dürfen. Unterzeichnet vom UN-Generalsekretär.
Die hier angezeigte Person hat seit 01.01. insgesamt 23.012 € an diverse Empfänger in Nigeria (total 21.866 €) und Elfenbeinküste (1.146 €) verschickt. Insgesamt waren dies 45 Transfers in dieser Zeit, davon 43 nach Nigeria."

Neben diesen „klassischen" Fällen sind auch subtilere Varianten zu beobachten wie 95
bspw. die **angebliche Fehlüberweisung** und die **Stornierung von Überweisungen** mit anschließender Bitte um Überweisung auf ein anderes Konto als das Ursprungskonto.

181 AG München, Az. 853 Cs 324 Js 190151/12 (n.v.).

96 Im erstgenannten Fall wird ein Geldbetrag auf das Konto des Finanzagenten überwiesen, der in der Folge einen Anruf erhält, dass man den Betrag versehentlich auf das Konto überwiesen habe. Der Finanzagent möge den Betrag bitte auf das richtige (meist im Ausland befindliche) Konto überweisen oder am besten gleich per Western Union oder ähnliche Anbieter weiterleiten. Für die Unannehmlichkeiten darf ein kleiner Teilbetrag als Entschädigung einbehalten werden.

Fallbeispiel „angebliche Fehlüberweisung“

„Am 19.5.███ erhielt Herr G████ eine Gutschrift über 5.200,70 Euro.
Auftraggeber der Zahlung war die ████ GmbH.
Zeitnah erhielt er Angabe gemäß eine E-Mail des Auftraggebers, dass es sich um eine Fehlbuchung handele. Herr G████ wurde gebeten, das Geld an Herrn M████ bei der Volksbank ████ weiterzuleiten. Diesem Wunsch kam Herr G████ nach.
Am 20.5.███ wurde die Raiffeisenbank von der Volksbank ████ informiert, dass die an Herrn M████ weitergeleiteten Gelder bei der Volksbank unmittelbar bar verfügt wurden.
Eine Rücksprache mit der Sparkasse ergab, dass die ████ GmbH die Überweisung an Herrn G████ nicht beauftragt hat.“

97 In der zweiten Variante melden sich die Täter beispielsweise auf Angebote zur **Vermietung von Ferienwohnungen oder Tagungsstätten**. Der Geldbetrag für die Miete/Tagung wird zunächst überwiesen, die Buchung später aber unter einem Vorwand wieder storniert und um Rücküberweisung des Betrags (ggf. abzüglich der Stornogebühren) auf ein anderes Konto als das ursprüngliche Senderkonto gebeten.

Nicht verwechseln

Von den Anwerbeversuchen von Finanzagenten zu unterscheiden sind sog. **Soldatenbriefe** oder **Nigeria-Briefe**:

Bei der Masche der „Nigeria-Briefe“ werden in betrügerischer Absicht E-Mails (die meist in sehr schlechtem Deutsch verfasst sind) an willkürlich ausgewählte Adressen versandt und die Empfänger gebeten, beim Transfer von Millionenbeträgen behilflich zu sein. Die vorgegebenen Geschichten variieren hierbei – meist sei eine hochstehende Persönlichkeit in einem afrikanischen Land verstorben, kein Erbe für das Millionen-Vermögen vorhanden und der Verfasser der E-Mail (als vorgeblicher Bankangestellter oder Vermögensverwalter o. ä.) bietet an, dem Empfänger der Nachricht einen erheblichen Teil des Vermögens zu übertragen, wenn er denn nur dabei behilflich wäre, das Geld aus dem politisch unsicheren Land zu bringen. Am Ende geht es stets darum, den Empfänger zu Vorleistungen zu bewegen (deklariert als Transaktionsgebühr, erforderliche Devisenausfuhrsteuern o. ä.), wobei es nie zu einer Transaktion des in Aussicht gestellten Betrags kommen wird. Es geht hier insofern nicht um Geldwäsche, sondern um **Betrug**: Die Vorschusszahlungen sind letztlich der Betrugsschaden.

10. Nutzung von Non-Profit-Organisationen

98 Die Begriffe „gemeinnützige Organisation“ oder „Non-Profit-Organisation“ (NPO) beziehen sich auf eine Rechtseinheit oder Organisation, die hauptsächlich dazu dient, Geldmittel beispielsweise für wohltätige, religiöse, kulturelle, bildungserzieherische,

soziale, fraternale oder andere gute Zwecke zu beschaffen oder auszuzahlen.[182] Letztlich ist auch die Nutzung von Non-Profit-Organisationen eine Form des Vorschiebens eines legalen Mantels für kriminelle Machenschaften, wobei zu unterscheiden ist zwischen der (unwissentlichen oder fahrlässigen) Ausnutzung legaler NPOs und der Selbstgründung von NPOs, um hinter einer legitimen Fassade konspirativ operieren zu können.

Insbesondere im Bereich der **Terrorismusfinanzierung** werden NPOs einge- 99
setzt,[183] beispielsweise durch Weiterleitung von Spendengeldern statt für Waisen an Terroristengruppen.[184] Vorteile der NPOs für Kriminelle ist, dass sie je nach Rechtsform der NPO und des jeweiligen Landes nur einer geringen oder gar keiner staatlichen Aufsicht unterliegen (wie beispielsweise durch Registrierung, Aufzeichnungen, Meldung und Überwachung) und für ihre Gründung nur wenige Formalitäten erforderlich sind (so z.B. sind unter Umständen keine Kompetenzen, Gründungskapital oder für Angestellte durchführbare Zuverlässigkeitsüberprüfungen notwendig). Außerdem genießen NPOs das Vertrauen der Öffentlichkeit und sind oft global vertreten.

In einer Auswertung von 22 Fällen der Terrorismusfinanzierung durch die **Egmont** 100
Group im Jahr 2016 wurde festgestellt, dass in mehr als 45 % dieser Fälle NPOs involviert waren.[185] Die insbesondere nach den Anschlägen vom 11. September 2001 in den USA erfolgte Fokussierung auf NPO auf internationaler Ebene hat dazu geführt, dass diese bisweilen quasi unter Generalverdacht gestellt werden, für die Terrorismusfinanzierung (primär von islamistischen Terroristen) missbraucht zu werden oder diese gar aktiv zu betreiben, was im Gegensatz zu den vergleichsweise wenigen international vorhandenen Fällen, in denen Terrorismusfinanzierung mittels NPOs gerichtlich nachgewiesen werden konnte, steht.[186] Das Missbrauchspotenzial darf also nicht mit dem effektiven Missbrauch vermengt werden.[187]

---

182 S.a. FATF, Empfehlung 8 inkl. Interpretive Notes hierzu.

183 Vgl. UN, Bericht der CTITF-Arbeitsgruppe „Bekämpfung der Terrorismusfinanzierung“, S. 18ff.; ebenso FATF, Empfehlungen 2012, S. 54ff.; s. a. bereits die Präambel des Internationalen Übereinkommens zur Bekämpfung der Finanzierung des Terrorismus vom 9.12.1999 (IÜBFT, SR 0.353.22); FIU, Informationsschreiben an die Verpflichteten zur Identifizierung auffälliger Sachverhalte im Zusammenhang mit dem Angriff der Hamas und dem sog. Palästinensischen Islamischen Jihad auf Israel v. 14.11.2023.

184 Vgl. FATF, „Best Practices Combating the Abuse of Non-Profit Organisations (Recommendation 8)“ vom Juni 2013, S. 12.

185 FIUs and terrorist financing analyses – A review by the Egmont Group of sanitised cases related to Terrorist Financing.

186 KGGT-Bericht Schweiz über die Risiken im Bereich der Geldwäscherei und Terrorismusfinanzierung bei Non-Profit-Organisationen v. 28.6.2018, S. 20, m.w.N. zu unterschiedlichen diesbezüglichen Einschätzungen.

187 FATF, Risk of Terrorist Abuse in Non-Profit Organisations, Juni 2014, S. 76: *„the abuse of the NPO sector by terrorist entities is, in the context of the global NPO sector, a low-probability risk, the impact of such abuse on the NPO sector goes beyond the narrow consideration of monetary value“.*

101 Eine der **Hauptschwierigkeiten** für den Nachweis von Terrorismusfinanzierung mittels NPOs bei islamistischen Organisationen stellt ihr Aufbau dar, der häufig mit quasistaatlichen Aktivitäten in einem kontrollierten Territorium einhergeht. Solche Organisationen weisen oft einen politischen oder sozialen und einen paramilitärischen und/oder terroristischen Flügel auf.[188] NPOs, die in solchen Gebieten operieren oder Gelder dorthin senden, müssen insofern häufig zwangsläufig mit den herrschenden Organisationen in Verbindungen stehen.

! **Hinweise**

2004 kam die US-amerikanische 9-11 Commission in ihrem Untersuchungsbericht zum Schluss, Al-Qaida hätte sich ab 1998 maßgeblich, mit ca. 30 Millionen US-Dollar jährlich, aus islamischen Wohltätigkeitsorganisationen (sog. charities) und von Spendern, namentlich aus der arabischen Golfregion, finanziert.[189] Für den IS spielte die Finanzierung über NPOs hingegen kaum eine Rolle.

In einem Entschließungsantrag vom 1.7.2020 forderten Abgeordnete der ID-Fraktion, dass „nichtstaatliche Organisationen" angesichts des bestehenden Risikos als Verpflichtete aufgenommen werden sollten.[190]

---

11. Offshore-Zentren, „Steueroasen" und Hochrisikoländer

102 Eine einheitliche Definition der Begriffe „Offshore-Zentrum"[191], zu denen auch Freihäfen[192] gezählt werden, oder „Steueroase"[193] gibt es nicht. Im Allgemeinen weisen sie jedoch **folgende Merkmale** auf:

1. eine vorrangige Ausrichtung ihrer Geschäftstätigkeit auf Gebietsfremde;
2. geringe oder moderate Anforderungen im Bereich der Aufsicht und der Finanzen und/oder minimale Offenlegung von Informationen;
3. niedrige (nicht näher angegebene) Steuern oder Nullbesteuerung;
4. Finanzsysteme, deren Vermögenswerte und Verbindlichkeiten im Ausland im Vergleich zur innerstaatlichen Finanzintermediation unverhältnismäßig hoch sind;

---

188 KGGT-Bericht Schweiz über die Risiken im Bereich der Geldwäscherei und Terrorismusfinanzierung bei Non-Profit-Organisationen v. 28.6.2018, S. 21.

189 Vgl. *Roth* et al., „Staff Report to the National Commission on Terrorist Attacks Upon the United States", 2004. S. 4.

190 Europäisches Parlament, Plenarsitzungsdokument B9-0206/2020, S. 3.

191 Europäisches Parlament, PANA-Untersuchungsausschuss, Abschlussbericht (2017/2013(INI), A8-0357/2017) vom 16.11.2017, S. 12.

192 S. zu Freihäfen die kritischen Anmerkungen in der Entschließung des Europäischen Parlaments vom 26.3.2019 zu Finanzkriminalität, Steuerhinterziehung und Steuervermeidung (2018/2121(INI)), Rn. 202ff., sowie die vom Europäischen Parlament in Auftrag gegebene Studie „Money laundering and tax evasion risks in free ports" vom Oktober 2018.

193 Vgl. hierzu ausführl. auch Europäischer Wirtschafts- und Sozialausschuss, Initiativstellungnahme „Wirksame und koordinierte Maßnahmen der EU zur Bekämpfung von Steuerbetrug, Steuervermeidung, Geldwäsche und Steueroasen" vom 4.8.2020.

5. sehr spezifische und beschrankte steuerliche Vergünstigungen oder bestimmte Verwaltungspraktiken, wodurch selektive Vorteile für die Steuerplanung geboten werden.[194]

Hinweis **!**

Eine Liste von Offshore-Finanzzentren mit detaillierten Bewertungen findet sich auf der Seite des Internationalen Währungsfonds (IWF).[195] Beispiele für Offshore-Zentren sind: Andorra, Antigua, Bahamas, Bahrain, Barbados, British Virgin Islands, Cayman Islands, Dubai, Hongkong, Isle of Man, Jersey, Liechtenstein, Luxemburg, Malta, Mauritius, Monaco, Nauru, Niederländische Antillen, Panama, Singapur u. a.

Kennzeichnend für diese Zentren ist die **Ansammlung einer Vielzahl von Banken auf kleinem Gebiet**. So unterhalten beispielsweise auf den Cayman Islands, einer Inselgruppe in der Karibik mit ca. 56.000 Einwohnern, 600 internationale Banken eine Filiale (darunter auch sämtliche deutschen Großbanken). Schätzungen amerikanischer Behörden zufolge werden diese Bankzentren in 75 % aller größeren Rauschgifthandelsfälle zur Geldwäsche eingeschaltet.[196] Schätzungen zufolge sollen bereits 2008 **täglich etwa drei Milliarden US-Dollar** an Transaktionen über Offshore-Zentren geschleust worden sein.[197] 2019 wurde geschätzt, dass **weltweit 8 % aller Privatvermögen** beziehungsweise 7,6 Billionen US-Dollar in diesen sogenannten Steueroasen liegen[198] (wobei die geschätzten Beträge und das Volumen der Offshore-Finanzgeschäfte zwischen 1 und 21 Billionen US-Dollar schwanken, je nachdem, wie man „Offshore-Finanzzentrum" definiert).[199] 103

Hinweis **!**

Das International Consortium of Investigative Journalists (ICIJ) hat unter **https://offshoreleaks.icij.org** eine Datenbank zur freien Recherche veröffentlicht, in der mehr als 785,000 Offshore-Firmen, Stiftungen und Trusts aus den **Panama Papers**, den **Offshore Leaks**, den **Bahamas Leaks** und den **Paradise Papers** enthalten sind.

---

194 Europäisches Parlament, aaO, S. 13.

195 Abrufbar unter http://www.imf.org/external/NP/ofca/OFCA.aspx#.

196 *Flatten*, S. 6 m.w.N.

197 *Harnischmacher*, Die Kriminalpolizei 4/2008, 132.

198 Deutsche Bundesbank, Monatsbericht März 2019, S. 49 m.V.a. *G. Zucman* (2013) „The missing wealth of nations: Are Europe and the U.S. net debtors or net creditors?", Quarterly Journal of Economics, 128(3), S. 1321–1364; *G. Zucman* (2014), Taxing across borders: Tracking personal wealth and corporate profits, Journal of Economic Perspectives, 28(4), S. 121–148; in der Fallstudie der Ausgabe „F&D" (IWF) wird das Privatvermögen in Offshore-Finanzzentren auf 7 bis 8,7 Billionen USD geschätzt (8 bis 10 % des weltweiten BIP).

199 Deutsche Bundesbank aaO S. 13 m.V.a. Unger „Offshore activities and money laundering: recent findings and challenges", Utrecht University School of Economics, Niederlande, Februar 2017.

104 Eine besondere Form stellen **Offshore-Stiftungen** dar, wie z.B. die **liechtensteinische Familienstiftung**. Sie werden nicht in das Öffentlichkeitsregister eingetragen. Die Stiftungsdokumente, wie die Gründerurkunde, werden nur im Registeramt hinterlegt. In keinem der Dokumente erscheinen die Personen, die das Vermögen erbracht haben, sondern lediglich Treuhänder (Rechtsanwälte oder Notare), die alle Transaktionen im Sinne des Kapitaleigentümers durchführen. So bleiben die Stiftungen nach außen, also gegenüber den Gläubigern und Angehörigen des Stifters sowie gegenüber dem ausländischen Fiskus, geheim.[200]

! **Hinweise**

Als Maßnahmen gegen die Nutzung von Offshore-Konten zum Zwecke der Geldwäsche oder der Steuerhinterziehung empfahl das **Europäische Parlament** in seiner Entschließung vom 26.3.2019, dass jedes Rechtssubjekt, das ein Offshore-Konstrukt errichtet, den zuständigen Behörden berechtigte Gründe für seine Entscheidung angeben muss, und fordert, dass den Steuerbehörden die tatsächlichen Eigentümer bekanntgegeben werden. Die Kommission solle zudem Änderungen der geltenden Rechtsvorschriften der EU vorschlagen, die es ermöglichen würden, (Geschäftsbeziehungen zu) Briefkastenfirmen zu verbieten, selbst wenn sie in Mitgliedstaaten der EU ansässig sind. Ferner wird bemerkenswerterweise hervorgehoben, dass sich der hohe Anteil der Zu- und Abflüsse ausländischer Direktinvestitionen am BIP in sieben Mitgliedstaaten (Belgien, Irland, Luxemburg, Malta und Niederlande, Ungarn, und Zypern) nur zu einem gewissen Teil mit echter Wirtschaftstätigkeit erklären lässt, die in diesen Mitgliedstaaten stattfindet.[201]

Bereits am 22.12.2022 veröffentlichte die EU-Kommission einen Vorschlag für eine **Richtlinie zur Festlegung von Vorschriften zur Verhinderung der missbräuchlichen Nutzung von Briefkastenfirmen für Steuerzwecke** und zur Änderung der Richtlinie 2011/16/EU (sog. Anti-Tax Avoidance Directive 3 („ATAD 3"), auch als „Unshell Directive" bezeichnet). Am 17.1.2023 verabschiedete das EU-Parlament eine geänderte Fassung der Richtlinie (s. EU-Amtsblatt v. 16.6.2023, C 214/223), seither stockt das Verfahren.

Die **FATF** hat im Oktober 2019 ein Papier zu „Best Practices on Beneficial Ownership for Legal Persons" veröffentlicht, um den Problemen bezüglich der Feststellung des wirtschaftlich Berechtigten insbesondere bei anonymen Briefkastenfirmen zu begegnen.

---

105 Gemäß § 15 Abs. 1 und 2 GwG haben Verpflichtete zusätzlich zu den allgemeinen Sorgfaltspflichten verstärkte Sorgfaltspflichten zu erfüllen, wenn ein höheres Risiko vorliegt. Ein höheres Risiko liegt gemäß § 15 Abs. 3 Nr. 2 GwG u.a. dann vor, wenn eine Geschäftsbeziehung oder Transaktion betroffen sind, an der ein von der **EU-Kommission**[202]

---

200 *Harnischmacher*, Die Kriminalpolizei 4/2008, 133.

201 Entschließung des Europäischen Parlaments vom 26.3.2019 zu Finanzkriminalität, Steuerhinterziehung und Steuervermeidung (2018/2121(INI)), Ziff. 131ff.

202 Gemäß Art. 9 Abs. 2 der Richtlinie (EU) 2015/849, der durch Art. 1 Nr. 5 der Richtlinie (EU) 2018/843 geändert worden ist, ermittelt die EU-Kommission diese Drittstaaten mit hohem Risiko; s. die Delegierten Verordnungen (EU) 2016/1675 vom 14.7.2016, (EU) 2018/105 vom 27.10.2017, (EU) 2018/212 vom 13.12.2017, (EU) 2018/1476 vom 27.7.2018, (EU) 2020/855 vom 7.5.2020, (EU) 2021/37 vom 7.12.2020, (EU) 2022/229 vom 7.1.2022, (EU) 2023/410 vom 24.2.2023, (EU) 2023/1219 vom 17.5.2023, (EU) 2023/2070 vom 18.8.2023 und (EU) 2024/163 vom 12.12.2023; die aktuelle Liste ist auch auf der Seite der FIU zu finden (https://www.zoll.de/DE/FIU/Fachliche-Informationen/Drittlaender/drittlaender_node.html).

ermittelter **Drittstaat mit hohem Risiko** oder eine in diesem Drittstaat ansässige natürliche oder juristische Person beteiligt ist. Bspw. in der am 12.12.2023 von der EU-Kommission veröffentlichten Liste, die regelmäßig aktualisiert wird, wurden folgende Länder aufgeführt:

> Afghanistan, Barbados, Burkina Faso, Demokratische Republik Kongo, Gibraltar, Haiti, Jamaika, Jemen, Kamerun, Mali, Mosambik, Myanmar, Nigeria, Panama, Philippinen, Senegal, Südafrika, Süd-Sudan, Syrien, Tansania, Trinidad und Tobago, Uganda, Vanuatu, Vereinigte Arabische Emirate und Vietnam.

Im Rahmen der **Ersten Nationalen Risikoanalyse Deutschlands** wurde die Geld- **106**
wäschebedrohung für Deutschland hinsichtlich der folgenden 11 Regionen beziehungsweise Staaten mit einem hohen Risiko bewertet:[203] Osteuropa (insbesondere Russland), Türkei, China, Zypern, Malta, British Virgin Islands, Cayman Islands, Bermuda, Guernsey, Jersey und Isle of Man. Die Bewertungen wurden in der Anlage 4 zur ersten Nationalen Risikoanalyse zusammengefasst und können als zusätzliche Anhaltspunkte für das Vorliegen eines erhöhten Risikos dienen, die verstärkte Sorgfaltspflichten nach § 15 GwG durch die Verpflichteten begründen.

Das Europäische Parlament stellte in seiner Entschließung vom 26.3.2019 zu Finanz- **107**
kriminalität, Steuerhinterziehung und Steuervermeidung[204] fest, dass eine Reihe von Geldwäschefällen, die in jüngster Vergangenheit in der EU zu verzeichnen waren, mit Kapital, herrschenden Eliten und/oder Bürgern aus **Russland** und insbesondere aus der **Gemeinschaft Unabhängiger Staaten (GUS)** verknüpft sind, und erklärte sich besorgt angesichts der Bedrohung für die Sicherheit und Stabilität Europas durch illegale Erlöse, die aus Russland und den GUS-Staaten stammen und in das europäische Finanzsystem zu Zwecken der Geldwäsche eingeleitet und zur Finanzierung strafbarer Handlungen weiterverwendet werden. Es wird dabei in bemerkenswert deutlichen Worten betont, dass *„diese feindseligen Handlungen, die auf eine Schwächung der Demokratien in Europa, ihrer Volkswirtschaften und ihrer Institutionen abzielen, in einem solchen Umfang ausgeführt werden, um den europäischen Kontinent zu destabilisieren“* und *„fordert, dass die Mitgliedstaaten besser zusammenarbeiten, wenn es um die Kontrolle des aus Russland in die Union eingebrachten Kapitals geht“*.

Hinweis !
Bereits im sog. **CRIM-Bericht**[205] des Europäischen Parlaments aus dem Jahr 2013 wurde festgestellt, dass Steueroasen und Länder mit intransparenten oder schädlichen Steuerpraktiken eine wesentliche Rolle bei der Geldwäsche illegaler Erträge spielen,[206] weshalb fortan verstärkt hiergegen vorgegangen werden solle.

203 AaO, S. 32f.
204 2018/2121(INI), Ziff. 220.
205 CRIM-Bericht, S. 20f.
206 So bereits festgestellt im ausführlichen Bericht zu dem Thema von UNODC „Financial Havens, Banking Secrecy and Money Laundering“ von 1998.

Bongard[207] empfiehlt hier einen **dreistufigen Aktionsplan** bestehend aus Aufklärung über die Gefahren der Geldwäsche, Verhandlungen mit den Offshore-Zentren mit dem Ziel der Harmonisierung der Geldwäschegesetzgebung sowie dem Angebot zusätzlicher Anreize zur Kooperation (beispielsweise durch Asset-Sharing-Ansätze, d.h., dass konfiszierte Vermögenswerte zwischen den beteiligten Staaten aufgeteilt werden) und Sanktionen bei Nichtkooperation (wie Niederlassungsverbot für nationale Banken in den Offshore-Zentren, Lizenzentzug der Offshore-Zentrums-Banken im Inland, Verbot des Erwerbes von Vermögenswerten durch Einwohner des Offshore-Zentrums, Einfrieren der Auslandsguthaben der Offshore-Zentren u.a.

12. „Laundromats"

a) Vorbemerkungen

108 In den letzten gut zehn Jahren wurden (fast ausschließlich durch Leaks) zahlreiche **komplexe Geldwäschesysteme** aufgedeckt, die teils untereinander verwoben waren – zu nennen wären hier u.a. die Proxy Platform (2011), der Azerbaijani Laundromat (2017), der Troika Laundromat (2017), der Danske-Bank-Skandal (2017/2018), und der sog. Russian Laundromat.[208]

109 Allen genannten Geldwäschesystemen gemeinsam ist, dass sie nicht durch Aufsichtsbehörden, Ermittlungen der Strafverfolgungsbehörden oder Geldwäscheverdachtsmeldungen aufgedeckt wurden. Erst nach Bekanntwerden der einzelnen Skandale folgten **Verdachtsmeldungen.** Die meisten der Meldungen wurden meist aufgrund sog. „Drittkontenzahlungen" erstattet, d.h. dass Rechnungen nicht vom eigentlichen Vertragspartner beglichen wurden, sondern die Zahlung vom Konto eines Dritten (meist ausländischen, häufig in Offshore-Gebieten ansässigen Unternehmens) geleistet wurde.

Fallbeispiel 1 aus einer Verdachtsmeldung:

„Hierbei fiel eine Überweisungsgutschrift vom 10.11.■■■ auf. Laut Kunde sollte die Überweisung von einem Kunden ■■■ aus Russland beglichen werden. In der Swift Nachricht stellten wir für diese Überweisung einen abweichenden Auftraggeber fest.

Auftraggeber: ■■■ Holding Inc.

Empfänger: ■■■ ■■■

Die Zahlung wurde von einem in der Schweiz geführten Konto in Auftrag gegeben.

Unsere Internetrecherche ergab für die ■■■ Holding Inc. einen Treffer auf der Liste der der Panama Papers, daher können wir nicht ausschließen, dass die Zahlungen einen kriminellen Hintergrund haben."

Fallbeispiel 2 aus einer Verdachtsmeldung:

„Die o.g. auffällige Transaktion weist nachfolgende unter Geldwäschegesichtspunkten relevante Merkmale auf:

1. *Transaktionspartner ist eine Shell Company, die im Zusammenhang mit dem „Russian Laundromat" steht.*
2. *Verwendung eines Kontos in Moldawien.*
3. *Ein nicht auf der Rechnung benanntes Unternehmen begleicht die Rechnung.*

207 S. 305f.

208 S. hierzu auch ausführlich die Entschließung des Europäischen Parlaments vom 26.3.2019 zu Finanzkriminalität, Steuerhinterziehung und Steuervermeidung (2018/2121(INI)), Rn. 234ff.

Im Rahmen einer stichprobenartigen Umsatzprüfung des o.g. Kontos haben wir eine Gutschrift i. H. v. 109.861,16 EUR am ■■.■■.■■■ aus Moldawien festgestellt. Auftraggeber der Zahlung war die ■■■■ Ltd. (IBAN: ■■■■■) mit Firmensitz in ■■■■, London, Vereinigtes Königreich."

Bei der Suche nach **Gemeinsamkeiten der Laundromats** fallen insbesondere folgende Punkte auf: 110

- Geldquellen lagen häufig in Russland (bzw. den ehemaligen GUS-Staaten)
- Einbindung von Banken mit niedrigen AML-Compliance-Standards (Mitwirkung von Bankmitarbeitern / gravierendes Compliance-Versagen)
- Nutzung von (in UK ansässigen) Offshore-Gesellschaften, die Konten bei den Banken führen (einige erscheinen in verschiedenen Laundromats)
- Nutzung von Gründungsagenten, die Offshore-Gesellschaften bei Bedarf schnell gründen, aufrechterhalten und auflösen können
- Einsatz von Strohpersonen sowohl für Unternehmen (Geschäftsführer/Gesellschafter der Unternehmen) als auch für Konten
- Intensive Nutzung handelsbasierter Geldwäschetechniken
- Beteiligung von Kapitalgesellschaften aus Offshore-Jurisdiktionen (insb. Zypern) an Immobiliengeschäften
- Deutschland als eines der zentralen Ziel-Länder (u.a.)

Hinweis !

Lesenswert ist der (in Englischer Sprache verfasste) Artikel der englischen Zeitung **The Guardian „How Britain can help you get away with stealing millions: a five-step guide"**, der – nicht ohne einen gewissen Sarkasmus – eine 5-Schritt-Anleitung zum Geldwaschen darstellt und an die im Folgenden beschriebenen großen Geldwäscheskandale anknüpft, in denen allesamt englische Limiteds zentrale Rollen spielten.[209]

Eine ebenfalls empfehlenswerte Recherche zu Scottish Limited Partnerships („SLPs"), die gleichsam in der Vergangenheit umfangreich im Zusammenhang mit Geldwäsche aufgefallen sind, wurde von **bell¿ngcat** veröffentlicht: **„Smash & Grab – The UK's Money Laundering Machine"**.

Die **FIU** hat im Mai 2021 ein **Typologiepapier** „Aktuelle Hinweise und Anhaltspunkte für Kreditinstitute in Zusammenhang mit einem möglichen aktiven, großangelegten, internationalen Geldwäschenetzwerk („Laundromat")" mit einigen Auffälligkeiten veröffentlicht, die auf Laundromats hindeuten können.

b) Proxy Platform

Bei der **Proxy Platform** handelte es sich um ein komplexes Geldwäschesystem mit tausenden Scheinfirmen, genutzt für verschiedenste kriminelle Gelder (u.a. aus dem von Sergei Magnitsky aufgedeckten Steuerbetrug, der Wachovia Bank / Sinaloa-Drogenkartell, dem Betrugskomplex Sheremetyevo Airport) bei dem russische Scheinfirmen eine zentrale Rolle spielten (offiziellen Zahlen der russischen Zentralbank zufolge liefen 111

209 https://www.theguardian.com/world/2019/jul/05/how-britain-can-help-you-get-away-with-stealing-millions-a-five-step-guide.

2011 über 250.000 russische Firmen, die keine Steuern zahlten und offiziell keinen Geschäftsbetrieb führten, mehr als 130 Mrd. USD). Viele der involvierten Unternehmen waren registriert worden von GT Group (Neuseeland) und Midland Consult (London).[210]

c) Azerbaijani Laundromat

112 Auslöser für die Ermittlungen zum **Azerbaijani Laundromat** waren der dänischen Zeitung Berlingske zugespielte Banktransaktionen zugespielt worden, die belegten wie von 2012 bis 2014 über 4 englische Scheinfirmen (Polux Management LP, Hilux Services LP, Metastar Invest LLP, LCM Alliance LLP) mindestens 2,5 Mrd. EUR gewaschen wurden. Alle vier Scheinfirmen hatten ihre Konten bei der Danske Bank. Als Herkunft der Gelder konnten u. a. aserbaidschanische Regierungskreise (Ilham Aliyev) ausgemacht werden, als Empfänger wurden auch europäische Politiker (u. a. die deutsche CDU-Bundestagsabgeordnete Karin Strenz) genannt.[211]

d) Troika Laundromat

113 Der **Troika Laundromat** wurden 2017 durch ein Datenleak an OCCRP[212] und die litauische Nachrichtenseite 15min.lt über u. a. 1,3 Mio. Banktransaktionen von 238.000 Unternehmen, E-Mails etc. aufgedeckt. Troika Dialog war seinerzeit Russlands größte private Investmentbank, sie wurde später von der Sberbank gekauft. Hauptzweck des Geldwäschesystems war es, Geld aus legalen wie kriminellen Quellen aus Russland herauszuschleusen (von 2006 bis 2013 ca. 4,6 Mrd. USD). Den Kern des handelsbasierten Systems bildeten 70 Offshore-Scheinfirmen (u. a. Brightwell Capital Inc., Gotland Industrial Inc. und Quantus Division Ltd. B, alle BVI); die meisten Transfers wurden über die 2013 geschlossene litauische Ukio Bankas abgewickelt.[213] Einige der Empfängerunternehmen waren Sergei Roldugin, einem Freund des russischen Präsidenten Wladimir Putins, zuzuordnen – an diese flossen u. a. Gelder, die dem Steuerbetrugskomplex entstammten, den Sergei Magnitsky aufdeckte, der 2009 im Moskauer Untersuchungsgefängnis Matrosskaja tischina unter unklaren Umständen starb. Über die Firma Meister Developers mit Sitz auf St. Lucia flossen weitere mehr als 29 Millionen Dollar auf Konten der Firma eines Steuerberaters südlich von München – angeblich als Bezahlung bspw. für Tausende Drucker und Tonerpackungen. Der Steuerberater erklärte in einem Gespräch mit der *Süddeutschen Zeitung*, die Konten und die Firma nur als Treuhänder für einen russischen Papierhändler verwaltet zu haben.[214]

---

210 Ausführlich: https://www.reportingproject.net/proxy/en/the-proxy-platform.
211 Quelle: https://www.occrp.org/en/azerbaijanilaundromat/profiles/.
212 Organized Crime and Corruption Reporting Project – ein Verbund von Investigativjournalisten.
213 Näher: https://www.occrp.org/en/troikalaundromat/.
214 S. https://www.sueddeutsche.de/politik/laundromat-geldwaesche-russland-1.4354499-2.

e) Danske-Bank

An die Öffentlichkeit kamen die kriminellen Aktivitäten rund um die **Danske-Bank** 114
durch den Whistleblower Howard Wilkinson, der bis 2014 Leiter des Handelsgeschäfts der Danske Bank im Baltikum war. Über Konten der Danske Bank in Estland sollen (die Aufarbeitung ist noch nicht abgeschlossen) zwischen 2007 und 2015 ca. 230 Mrd. USD aus Russland gewaschen worden sein. Bspw. sollen alleine über das Danske-Konto der Lantana Trade LLP in einem Zeitraum von 11 Monaten täglich bis zu 10 Mio. USD geschleust worden sein.[215] Der Großteil (150 Mrd. USD) der verdächtigen Transaktionen der Danske Bank wurde bis 2015 über die Deutsche Bank (Korrespondenzbankgeschäft) abgewickelt (ferner Bank of America und JP Morgan Chase).[216] Als typisches Muster, das bei deutschen Kreditinstituten im Kontext des Danske-Bank-Skandals aufgefallen war, sind Zahlungen von Briefkastenfirmen aus Offshore-Destinationen (Kunden der Danske Bank) zu Gunsten von deutschen mittelständischen Firmen zu nennen, die auch tatsächlich Güter exportiert hatten – nur kamen die Zahlungen nicht aus dem Land, in das die Güter geliefert wurden, sondern eben aus Offshore-Staaten.

f) Russian Laundromat

Ein besonders ausgeklügeltes Geldwäschesystem war der bereits 2014 aufgedeckte **Rus-** 115
sian Laundromat, weshalb dieser hier näher dargestellt werden soll.[217] OCCRP und der russischen Zeitung Novaya Gazeta waren 2014 Informationen u.a. zu 70.000 Banktransaktionen zugespielt worden, denen zufolge zwischen Januar 2011 und Oktober 2014 ca. 20,8 Mrd. USD (andere Quellen gehen von 20–80 Mrd. USD aus) von 19 russischen Banken gewaschen wurden. Den Kern bildeten 21 Scheinfirmen im Vereinigten Königreich, Zypern und Neuseeland, das Geld floss an 5.140 Firmen mit Konten bei 732 Banken in 96 Ländern. Als „Erfinder" des „russian laundromat" gilt der moldawisch-russische Staatsangehörige Veaceslav Platon (ehemaliger Vizepräsident der Moldindconbank); er wurde hierfür am 20.4.2017 zu 18 Jahren Haft verurteilt.

Die **Funktionsweise** lässt sich wie folgt darstellen: 116

1. Russische Geldwäscher gründeten zwei Offshore-Scheinfirmen.
2. Scheinfirma A vergab ein Schein-Darlehen an Scheinfirma B, eine russische Firma und ein moldawischer Staatsbürger bürgten für die Darlehensrückzahlung.
3. Scheinfirma B kam ihrer Rückzahlungspflicht nicht nach, weshalb Scheinfirma A die Bürgen auf Zahlung verklagte.

---

215 Quelle: https://www.occrp.org/en/projects/28-ccwatch/cc-watch-indepth/7698-report-russia-launder ed-billions-via-danske-bank-estonia.

216 Vgl. ausführlich https://www.capital.de/wirtschaft-politik/der-unglaubliche-230-milliarden-skandal? article_onepage=true.

217 S. ausführlich wiederum https://www.occrp.org.

4. Aufgrund der Betroffenheit (auch) eines moldawischen Staatsbürgers wurde eine gerichtliche Zuständigkeit in Moldawien begründet; korrupte moldawische Richter verurteilten die russische Firma zur Zahlung an Scheinfirma A.
5. Der moldawische Richter benannte einen Gerichtsvollzieher (ebenfalls Teil des Systems) für die Abwicklung der Transaktion; dieser eröffnete ein Konto bei der Moldindconbank, an welches die russische Firma das Geld entsprechend der Verurteilung überwies.
6. Das russische Geld war nun auf dem Konto der Moldindconbank und konnte genutzt werden.
7. Hiervon wurden teilweise Luxusgüter gekauft, ein Großteil wurde an die lettische Bank Trasta Komercbanka überwiesen, von wo es über unzählige Scheinfirmen auf Konten weltweit weitertransferiert wurde.

13. Back-loan und Back-to-back-loan

a) Beschreibung

117 Beim **Loan-Back-Verfahren** nimmt eine Person ein Darlehen bei sich selbst auf („leiht sich Geld bei sich selbst"), ohne dass dies nach außen erkennbar ist (meist über Ländergrenzen und unter Einbindung von Strohmännern/Scheinfirmen, der gängigste Darlehensgeber ist eine ausländische Offshore-Gesellschaft, die über ein Bankkonto in einem Staat mit strengem Bankgeheimnis verfügt).[218]

Beispiel
Der amerikanische Gangsterboss *Meyer Lansky* soll das Verfahren bereits Ende der 1920er/Anfang der 1930er Jahre „erfunden" und verwendet haben, indem er die inkriminierten Gelder auf verschiedenen Wegen in die Schweiz auf dortige Nummernkonten einzahlte und anschließend dort Bankdarlehen aufnahm, um so die Geldmittel wieder in die USA zu transferieren.[219]

---

118 Beim **Back-to-Back-Loan** platziert der Geldwäscher beispielsweise einen deliktisch erworbenen Geldbetrag (ggf. auch in Form von Wertpapieren) zunächst auf einem ausländischen Bank-/Wertpapierkonto (ggf. eines Frontunternehmens). Anschließend beantragt er bei einer Bank ein Darlehen und gibt den vorgenannten Geldbetrag als Sicherheit an. Durch diese Darlehenskonstruktion kreditiert sich der Geldwäscher seine eigenen Mittel, besitzt jedoch als Herkunftsnachweis ein Bankdarlehen. Bei Kreditausfall verwertet die darlehensgebende Bank diese inkriminierte Sicherheit. Statt Banken können verbundene Unternehmen Darlehensgeber sein.[220] Greift der Geldwäscher zur Darlehensgewährung auf seine im Ausland verstreuten Scheingesellschaften zurück, so

---

218 Vgl. OECD, Handbuch „Geldwäsche" für den Innen- und Außendienst der Steuerverwaltung, S. 43.
219 *Bongard*, S. 131 m.w.N. in Fn 128.
220 Im Factoring ist es üblich, sog. Intercompany Forderungen auszuschließen und darauf zu achten, dass Forderungen nicht aufrechenbar sind.

können sich diese auch nach-einander („**chain loan**“) oder gegenseitig („**parallel loan**“) Kredite ausstellen.[221] Alternativ wird der Kredit selbst mit inkriminiertem Geld getilgt.[222] Im Unterschied zum Loan-Back-Verfahren ist der Darlehensgeber also eine dritte Partei.

Als ergänzende Vorteile dieser Methoden sind zu nennen, dass durch die **Höhe der Zinsen** sogar noch mehr inkriminiertes Geld gewaschen werden kann, die Zinsen darüber hinaus steuerlich abzugsfähig sind und sich durch die Kreditaufnahme ein hoher Lebensstandard gut begründen lässt.[223] 119

b) Indikatoren

Indikatoren für Loan-Back-Verfahren sind u.a. 120

- unübliche Laufzeit,
- keine oder ungenügende Sicherheiten,
- unrealistischer Rückzahlungsplan,
- der Zinssatz weicht erheblich vom marktüblichen Zins ab,
- die Zinszahlungen und Tilgungen erfolgen nicht oder Rückzahlungsplan wird nicht eingehalten,
- es werden keine Inkassomaßnahmen ergriffen,
- der Kredit ist wirtschaftlich oder steuerlich nicht sinnvoll.[224]

Ergänzender Hinweis !

Zu (Prävention von) Geldwäsche in Zusammenhang mit **Loan-Fronting**, bei dem ein Kreditinstitut Darlehen im Auftrag von Dritten vergibt (in einigen Fällen stammen die Gelder dabei nicht von der Bank selbst, sondern von Investoren) hat die **BaFin** am 19.7.2024 Hinweise veröffentlicht, zu denen sie zugleich klarstellte, dass es

221 *Schneider/Dreer/Riegler* aaO.
222 *Flatten*, S. 7.
223 *Schneider/Dreer/Riegler*, S. 57.
224 OECD, Handbuch „Geldwäsche“ für den Innen- und Außendienst der Steuerverwaltung, S. 43ff.

sich bei der Auflistung von Loan-Fronting Varianten ausdrücklich nicht um Geldwäschetypologien handelt, deren Vorliegen einen konkreten Geldwäsche- oder Terrorismusfinanzierungsverdacht indizieren würde.

14. Unternehmensbeteiligungen

121 Eine weitere Möglichkeit, Vermögen in legale Wirtschaftsgüter zu integrieren, sind **Unternehmensbeteiligungen**[225] – insbesondere in Form der stillen Gesellschaft. Der Vorteil ist, dass Unternehmensbeteiligungen in Form der stillen Gesellschaft (stille Beteiligungen an Kapitalgesellschaften) keine Außenwirkung entfalten und der Gesellschaftsvertrag formlos möglich ist. Auf diesem Weg kann beispielsweise ein Strohmann Gesellschafter werden und indirekt mit „schmutzigem" Geld Immobilieneigentum oder Unternehmensanteile erwerben, ohne im Grundbuch oder im Handelsregister in Erscheinung zu treten.[226]

122 Eine weitere Möglichkeit der Integration ist schließlich die **Übernahme eigener Gesellschaften**. Dies funktioniert wie folgt: Der Geldwäscher gründet im Inland eine Gesellschaft mit ihm als einzigem Gesellschafter. Anschließend wird die (meist wertmäßig deutlich überbewertete) Inlandsgesellschaft durch eine vom Geldwäscher kontrollierte Auslandsgesellschaft mit inkriminiertem (meist schon „vorgewaschenem") Geld übernommen. Über den Kaufpreis kann der Geldwäscher schließlich im Inland verfügen.[227] Bisher ist noch kein Fall bekannt, bei dem ein zwischengeschalteter Private Equity Fond in eine derartige Konstruktion eingebunden wurde, obwohl es üblich ist, dass die Fondsgesellschaften in Steueroasen mit geringen Transparenzanforderungen sitzen und die Fondsmanager, sowie die Verwalter der häufig als Trusts gestalteten Fonds sich weigern, die Identität der Anleger bekannt zu geben.

Beispiel

Etwas komplexer ist folgendes Beispiel, in welchem der Immobiliensektor von Unternehmen zur Geldwäsche genutzt wird:

Drogenhändler D aus X-Land gründet ein Unternehmen mit Mindeststammkapital im Land Y (Unternehmen B) und eines mit einem Kapital von 3.000 USD in einem Offshore-Staat (Unternehmen X), das selbst ein weiteres Unternehmen mit Mindeststammkapital im Land Y gründet (Unternehmen A). Dann beginnt die Geldwäsche:

1. Unternehmen A kauft eine Immobilie von einer dritten Partei für einen Preis von 500.000 EUR, der mit Drogengeldern bar bezahlt wird.
2. Unternehmen X, das Anteile an Unternehmen A besitzt (und daher indirekt ein Immobilienbesitzer ist), verkauft seine Anteile an Unternehmen A an Unternehmen B für 3.000 EUR, ein Betrag, der das Kapital

225 So auch bereits im Entwurf eines Gesetzes zur Bekämpfung des illegalen Rauschgifthandels und anderer Erscheinungsformen der Organisierten Kriminalität (OrgKG), BT-Drucks. 11/7663, S. 24, genannt.

226 *Degen*, S. 82 m.w.N.

227 Siehe auch *Hölscher/Gesmann-Nuissl/Hornbach*, S. 39.

desselben darstellt. Die Eigentümerschaft an der Immobilie geht nun also zusammen mit der Übertragung der Anteile an Unternehmen A auf Unternehmen B über.

3. Nach einiger Zeit wird Unternehmen A (der ursprüngliche Immobilienbesitzer) aufgelöst, sodass die Eigentümerschaft an der Immobilie an Unternehmen B übergeht, das ebenfalls aufgelöst wird, wodurch die Eigentümerschaft an der Immobilie an Drogenhändler D übergeht. Dieser verkauft die Immobilie schließlich für 500.000 EUR. Dieses Geld wird als Erlös aus einer Immobilienveräußerung an ein Konto des D in X-Land gesandt.

Hinweise

Bereits die **4. EU-Geldwäscherichtlinie** verpflichtete die Mitgliedstaaten gem. Art. 10 Abs. 2 Maßnahmen zu ergreifen, um den Missbrauch von Inhaberaktien und Bezugsrechten von Inhaberaktien zu verhindern. Die **EU-Geldwäsche-Verordnung** weist in Erwägungsgrund 159 auf die Geldwäscherisiken i.Z.m. Inhaberaktien hin und enthält in Art. 79 Abs. 3 spezifische Regelungen hierzu.

Die **Studie von *Trautvetter/Henn*** „Keine Transparenz trotz Transparenzregister" vom Mai 2020 zeigt anschaulich die Möglichkeiten der Verschleierung von Immobilieneigentum auch durch Inhaberaktien auf (aaO S. 15).

Eine Analyse von 106 Fallstudien durch die **FATF** (s. den Bericht „Concealment of Beneficial Ownership" vom Juli 2018, S. 5) ergab hingegen, dass Inhaberaktien weniger häufig zur Verschleierung wirtschaftlichen Eigentums eingesetzt werden als bspw. Mantelgesellschaften.

---

15. Spekulationsgeschäfte (Derivatenhandel u. a.)

Neben der Investition in **börsengehandelte Wertpapiere**[228] existieren oft nur schwer erkennbare Möglichkeiten der Geldwäsche im Zusammenhang mit **Options- und Termingeschäften (OTC-Derivaten)**[229] oder auch im Bereich von **Private Equity, Hedgefonds** und **Managed Futures**, da diese Finanzinstrumente wenig kontrolliert (schwer kontrollierbar) und häufig sehr undurchsichtig sind.[230] 123

Beispiel

Ein in diesem Kontext 2015 bekannt gewordener Fall stammt von der Deutschen Bank, die selbst gemeldet hatte, dass Mitarbeiter der Bank im Moskauer Freiverkehr (OTC) für russische Kunden mit Geldern zweifelhafter Herkunft im dreistelligen Millionenbereich Derivate gekauft und Sekunden später über den Londoner OTC-Markt wieder verkauft haben sollen.[231]

---

228 Zur Geldwäscherelevanz des Wertpapierhandels ausführlich *Bräuning*, S. 253ff.; *Bongard*, S. 121f.; *Hoyer/Klos*, S. 32f.

229 „OTC" [engl.] ist die Abkürzung von „over the counter" und bezeichnet den außerbörslichen Handel zwischen zwei Finanzmarktteilnehmern.

230 Vgl. auch *Hanley*, Risikomanager 1/2008, 7; Herzog-*Achtelik*, Einleitung Rn 53; *Bongard*, S. 133ff.

231 Abrufbar unter http://www.spiegel.de/wirtschaft/unternehmen/deutsche-bank-meldet-geldwaesche-verdacht-in-russland-a-1034773.html.

124 **Derivate** sind Papiere, mit denen Kreditgeschäfte in großem Stil getätigt werden.[232] Es handelt sich dabei um konditionierte Kaufmittel von Wertpapieren (Optionen, Futures, Swaps). Die Konditionen sind hoch komplex und erlauben eine Loslösung von den Basiswerten (daher: Derivate) und deren Vervielfachung in den Derivatengeschäften (Hebelwirkung). Schon die Komplexität ist ein Anreiz zur Geldwäsche, zumal die Regulation der Derivatgeschäfte (insbesondere der OTC-Geschäfte) kaum entwickelt ist, zumal wenn sie in Offshore-Finanzzentren erfolgt.[233]

125 Die **Funktionsweise** der Integration durch vorgetäuschte Spekulationen mit Optionen lässt sich anschaulich wie folgt beschreiben:[234]

- Gegen eine Prämie erwirbt Gesellschaft A von Gesellschaft B das Recht, eine bestimmte Ware (Devisen, Aktien, etc.) zu einem festen Preis am Verfallstag zu kaufen (europäische Option).
- Wird die Option ausgeübt, erwirtschaftet Gesellschafter A einen Gewinn, der einen legalen Charakter hat und als gewaschen bezeichnet werden kann.
- Tritt kein Gewinn ein, verbleibt die Prämie bei Gesellschafter B.
- Gehören beide einer kriminellen Vereinigung an, so wird das Geschäft in jedem Fall ohne Verlust enden.
- Für einen normalen Anleger wäre ein solches Nullsummenspiel unsinnig, für einen Geldwäscher ist es attraktiv, weil er die Verluste dem Konto mit dem schmutzigen Geld verrechnet und den sauberen Gewinn auf einem neuen Konto verbucht.

Beispiel[235]

Ein Finanzmakler benutzt zwei Konten (A und B), von denen eines der Geldwäsche (Konto A) dient. Der Makler kauft 100 Derivatenkontrakte zu einem Kurs von 85,02 USD mit einem Preis von 25 USD je „tick“ (Basispunkt). Er tätigt ein Parallelgeschäft, indem er 100 Kontrakte zu einem Kurs von 85,00 USD verkauft. Also verfügt der Makler über zwei legitime Kontrakte. Im Laufe des Börsentags verändert sich der Preis des Derivats auf 84,72 USD (Geld) und 84,74 USD (Brief). Der Broker schließt beide offenen Kontrakte zu den Marktpreisen. Er schreibt nun den Verkauf zu 84,72 USD dem Konto A gut. Die Differenz zum Angebotspreis von 85,02 USD beträgt 30 „ticks“ (Differenz zwischen 85,02 und 84,72). Der Verlust aus diesem Kontrakt beträgt 25 USD je „tick“ x 100 Stück x 30 Kursdifferenz. Das sind insgesamt 75.000 USD. Die anderen Umsätze werden dem Konto B gutgeschrieben. Hier wird ein Gewinn erzielt in der Größe von 25 USD x 100 x 26 = 65.000 USD. Das Geldwäschekonto hat also 75.000 US. Verlust gebracht, das „saubere“ Konto hingegen einen Gewinn von 65.000 USD. Für die Geldwäsche sind also 10.000 USD aufgewendet worden, aber das Geld ist nun sauber. (In Deutschland sind Geschäfte dieser Art („bunched orders“, „Omnibuskonti“) nicht erlaubt.)

232 Ausführlich hierzu *Bräuning*, S. 255ff.
233 *Altvater*, PROKLA 124, 342; *Hoyer/Klos*, S. 18f.
234 *Schneider/Dreer/Riegler*, S. 58.
235 *Altvater*, PROKLA 124, 342f.

Hinweis

!

Die **EU-Kommission** stellte in ihrem Commission staff working document v. 27.10.2022, SWD(2022) 344 final, zum „report on the assessment of the risk of money laundering and terrorist financing affecting the internal market and relating to cross-border activities" {COM(2022) 554 final} auf S. 44 eine zunehmende Bedeutung von spezialisierten Vermittlern im Bereich der Geldwäsche fest und nennt hierbei:

- Kapitalmarktteilnehmer, die außerbörslich over-the-counter future swaps über Börsen abwickeln und illegale Gelder zur Begleichung der verfallenen Swaps verwenden;
- den gleichzeitigen Kauf, Transfer und Verkauf von Wertpapieren über verschiedene Gerichtsbarkeiten hinweg durch zwei scheinbar nicht miteinander verbundene, aber gegenseitig kontrollierte Unternehmen;
- Kapitalmarktteilnehmer, die im Auftrag organisierter Krimineller Anleihegeschäfte abwickeln und dabei illegale Gelder zum Kauf von Anleihen verwenden und nach dem Verkauf dieser Anleihen Gelder bei Finanzinstituten einzahlen.

16. Versicherungen, Bausparverträge, Fonds

Alleine aufgrund der großen Geldmengen, die im Versicherungssektor jährlich umgesetzt werden, wird dem Versicherungssektor **hohes Potenzial für kriminelle Aktivitäten** zugeschrieben.[236] Vor allem der Vertrieb von Versicherungsprodukten durch **Vermittler**, die gemäß § 2 Abs. 1 Nr. 8 GwG gleichfalls Verpflichtete nach dem GwG sind, gilt als **besonders risikobehaftet**, da keine direkte Kontrolle durch das Versicherungsunternehmen möglich ist und sich eine Überwachung in der Regel als schwierig gestaltet.[237] Die Zahl der **Verdachtsmeldungen** aus dem Bereich der Versicherungen liegt demgegenüber bundesweit seit jeher **im sehr niedrigen Bereich** (laut FIU-Jahresbericht wurden im Jahr 2023 insgesamt 269 Verdachtsmeldungen von Versicherungen erstattet und 17 von Versicherungsvermittlern).[238] Insbesondere die äußerst geringe Zahl an Meldungen von Versicherungsvermittlern war dabei seitens der FATF bereits in ihrem Deutschland-Evaluationsbericht vom Februar 2010[239] kritisiert worden („*With respect to the pattern of reporting across individual parts of the financial sector, it must also be noted that reporting has been almost nonexistent from insurance agents and currency service providers (i.e. bureau de change).*"). 126

Als geradezu „klassisch" gilt der Abschluss einer **Kapitallebensversicherung mit hoher Einmalprämie** oder Prämienzahlung (häufig werden hier auch Strohpersonen eingesetzt), die mit inkriminiertem Geld gezahlt wird. Anschließend wird der Vertrag zeitnah (und ohne erkennbaren Grund) trotz für den Versicherungsnehmer unwirtschaftlicher Konsequenzen gekündigt, womit er die Versicherungssumme zum Rückkaufswert – als scheinbar legales Geld von einem renommierten Versicherungsunternehmen – ausbezahlt bekommt.[240] 127

236 *Waschbusch/Krämer/Knoll/Baumgaertner*, ZfV 2010, 595.
237 *Waschbusch/Krämer/Knoll/Baumgaertner*, ZfV 2010, 637; *Hoyer/Klos*, S. 31 ff.
238 S. 17, Tabelle 1.
239 Ziff. 720.
240 S. a. *Bräuning*, S. 230; FATF, Money Laundering & Terrorist Financing Typologies 2004–2005, S. 46 ff.

Fallbeispiel aus einer Verdachtsmeldung

„Bereits im Mai beantragt der Kunde über seinen Vermittler die Teilkündigung in maximaler Höhe. Der Vertrag ist zu diesem Zeitpunkt erst vier Monate alt. Die Kündigung ist daher mit erheblichen Verlusten verbunden und zu diesem Zeitpunkt sehr ungewöhnlich. Von den eingezahlten 190.000 Euro können maximal 173.400 Euro wieder ausbezahlt werden. Dies bestätigt der Kunde ohne weitere Nachfrage zur Differenz zwischen eingezahltem Betrag und möglicher Auszahlungssumme.

Er wünscht darüber hinaus auch, dass die Auszahlung auf ein bis dahin nicht bekanntes Konto erfolgen soll. Es handelt sich hierbei also nicht um das Konto bei der ■■■■, von dem die Beiträge gezahlt wurden, sondern um ein Konto bei der ■■■■ (vgl. Bankverbindungen).“

128 Darüber hinaus werden Fälle der **Beleihung von Lebensversicherungen** genannt, die mit inkriminiertem Vermögen bespart wurden, und die bewusste **Überzahlung von Policen** mit anschließender Rückerstattung an Dritte. In der Literatur findet sich ferner die Geldwäschemöglichkeit über den Abschluss von Versicherungsverträgen für (zum Teil auch nicht vorhandene) Vermögensgegenstände, wobei die Versicherungsprämien mit inkriminiertem Geld bezahlt werden (nach dem deutschen GwG sind Sachversicherer hingegen keine Verpflichteten!). Der Geldwäscher macht dann diverse Versicherungsfälle geltend, die in der Regel so arrangiert sind, dass sie keinerlei Betrugsverdacht beim Versicherungsunternehmen erwecken (beispielsweise durch Geltendmachung von Ansprüchen unterhalb der Prämienzahlungen, sodass das Versicherungsunternehmen immer noch einen deutlichen Gewinn macht). Durch die Auszahlung der Versicherungsleistungen kommt es zur Geldwäsche.[241]

129 Aufgefallen sind ferner Fälle, in denen Unternehmen an Investment-, Versicherungs- und Baufinanzierungsgesellschaften herangetreten sind, von deren Kunden sie sich die **Rechte an Fondsanteilscheinen, Lebensversicherungen oder Bausparverträgen** hatten **abtreten lassen**. Es folgte jeweils die Auflösung des Depots bzw. der Lebensversicherung oder des Bausparvertrags, d.h. der Verkauf aller Fondsanteilscheine bzw. der angesparten Versicherungs-/Bausparsumme. Aus dem Verkaufserlös, den das Unternehmen für sich vereinnahmt, werden dem Kunden Gewinne versprochen, die langfristig in gleichbleibenden monatlichen Raten durch das Unternehmen an den Kunden ausgezahlt werden. Da die ausgezahlten Gelder höher als der Verkaufserlös sind, besteht der Verdacht, dass das Unternehmen die Verkaufserlöse mit inkriminierten Geldern vermischt, wobei Verluste in Kauf genommen werden.[242] Meist ist im Bereich dieses **„Zweitmarkts“ für Versicherungen** etc. hingegen ein Betrug zum Nachteil des ehemaligen Versicherungsnehmers zu befürchten.[243]

241 Vgl. *Waschbusch/Krämer/Knoll/Baumgaertner*, ZfV 2010, 638; vgl. auch FATF, Money Laundering & Terrorist Financing Typologies 2003–2004, S. 33.

242 Vgl. bereits BKA, FIU-Newsletter 9, S. 10.

243 Siehe hierzu auch die Warnung der BaFin im Zusammenhang mit dem Kauf gebrauchter Lebensversicherungen v. 2.12.2013, abrufbar unter http://www.bafin.de/SharedDocs/Veroeffentlichungen/DE/Fachartikel/2013/fa_bj_2013_12_kauf_gebrauchter_lebensversicherungen.html.

Fallbeispiel aus einer Verdachtsmeldung „Zweitmarkt"

„Der Vorgang wurde bei uns auffällig, nachdem mehrere Versicherungsnehmer mit gleichlautenden, offenbar formularhaft vorbereiteten Kündigungserklärungen und Nachberechnungsforderungen ihre Rentenversicherungsverträge gekündigt haben und, wie bereits erwähnt, Auszahlung nicht an sich selbst, sondern an die ■■■ verlangt haben. Betroffen sind die in Anlage 1 aufgeführten Verträge. Auffällig an diesen Kündigungserklärungen war wiederum, dass die Versicherungsnehmer jeweils eine weitere Kontaktaufnahme verboten."

Inkriminiertes Geld kann allerdings auch **langfristig in Lebensversicherungen angelegt** werden, um Auffälligkeiten bei einer vorzeitigen Auszahlung zu vermeiden.[244] Für das betreffende Versicherungsunternehmen ist es freilich schwierig, dies zu erkennen. 130

Im Geschäftsbereich von Versicherungen (und Versicherungsvermittlern) können folgende Umstände **Indizien für Geldwäscheaktivitäten** sein:[245] 131

- der Versicherungsvertrag bzw. die zu leistenden Prämien passen nicht zu den bekannten wirtschaftlichen Verhältnissen des Kunden,
- Abschluss mehrerer Verträge kurz hintereinander ohne plausiblen Grund,
- auffälliges Desinteresse des Kunden an hohen Kosten oder für ihn günstigeren Anlagealternativen,
- der Kunde erkundigt sich bereits im Vorfeld nach Möglichkeiten der Barzahlung für einen Versicherungsvertrag, den Möglichkeiten, Versicherungsbeiträge über Auslandskonten zu zahlen oder zeigt außergewöhnliches Interesse an der Möglichkeit hoher Einmalzahlungen oder vorzeitiger Vertragskündigung oder Auszahlungen,
- Zahlungen von Dritten, die nicht als wirtschaftlich Berechtigte/Begünstigte angegeben wurden,
- häufige, unerklärliche Änderung des Begünstigten,
- vorzeitiger Rückkauf von Policen, vorzeitige Auflösung von Beitragsdepots oder vorzeitige Rückzahlung eines Policen-Darlehens, besonders wenn dies ungewöhnlich früh erfolgt oder unwirtschaftlich bzw. sonst unerklärlich ist,
- erhebliche Prämienerhöhungen ohne plausiblen Grund,
- nicht nachvollziehbare Abtretung von Rechten aus/an Lebensversicherungen/Bausparverträgen oder sonstiger kapitalgebundener Vermögensanlagen an Unternehmen (ggf. Rechtsanwälte), die die Verträge zeitnah kündigen.

Ergänzende Hinweise

Zahlreiche **Fallbeispiele** finden sich ferner in folgenden Ausarbeitungen auf der Homepage der International Association of Insurance Supervisors – **IAIS**:

- **„Application Paper on Combating Money Laundering and Terrorist Financing"** (11/2021) – hier werden Möglichkeiten des Missbrauchs des Versicherungssektors für Geldwäsche und Terrorismusfinanzierung einschließlich Gegenmaßnahmen dargestellt (siehe vor allem Annex II (Geldwäsche) und III (Terrorismusfinanzierung)),

244 Vgl. auch *Bongard*, S. 114.

245 Weitere Anhaltspunkte sind zu finden im FIU-Newsletter 11 des BKA vom August 2014 (ab S. 15).

- **„Guidance paper on anti-money laundering and combating the financing of terrorism"** (7.10.2004) ab S. 27 (Appendix C – Specific cases and examples of money laundering involving insurance) inkl. **Examples of money laundering and suspicious transactions involving insurance**.

Der Arbeitskreis „Revision in der Versicherungswirtschaft" des Deutschen Instituts für Interne Revision e.V. (**DIIR**) hat einen anschaulichen **Prüfungsleitfaden** „Einhaltung der Pflichten im Zusammenhang mit der Verhinderung der Geldwäsche und Terrorismusfinanzierung bei Versicherungen" erstellt, der im Internet kostenlos heruntergeladen werden kann.

Die **BaFin** hat einen Besonderen Teil ihrer **Auslegungs- und Anwendungshinweise zum Geldwäschegesetz für Versicherungsunternehmen** veröffentlicht (Stand: Januar 2020), der ausführliche Hinweise enthält.

Das **Typologiepapier** der **FIU** vom Januar 2020 „Besondere Anhaltspunkte für Versicherungsvermittler / Verpflichtete nach § 2 Absatz 1 Nr. 8 GwG" enthält Indikatoren, die in diesem Bereich auf Geldwäsche oder Terrorismusfinanzierung hindeuten können.

Die **AFCA** hat im Juli 2022 ein Whitepaper zu **„Insurance Wrapper"** (Versicherungsmantel) veröffentlicht.

17. Immobilien

a) Allgemeines

132 In der Vermögensbilanz der Bundesrepublik Deutschland für das Jahr 2023 machen Immobilien (Summe von Bauten sowie Grund und Boden) mit insgesamt ca. 19,8 Billionen Euro den größten Teil des Sachvermögens (ungefähr 89 %) und gar den größten Teil des gesamten Vermögens (56 %) aus.[246] Laut eines Gutachtens des Deutschen Verbands für Wohnungswesen, Städtebau und Raumordnung e. V. aus dem Jahr 2017 sind Immobilien die **bedeutendste Anlageklasse in Deutschland**.[247]

133 Da Immobilien im Wesentlichen wertstabil sind, hohe Investitionen ermöglichen und es eine Vielzahl von Gestaltungsmöglichkeiten und damit Verschleierungsmöglichkeiten für wahre Eigentumsverhältnisse und Mittelherkünfte gibt – bspw. durch die Wahl undurchsichtiger Unternehmensstrukturen auf Käuferseite oder sog. Share Deals (hier werden ein Unternehmen oder Anteile daran gekauft, das Eigentümer einer Immobilie ist, wodurch mit dem Eigentumsübergang am Unternehmen auch die Immobilie erworben wird) – wird Immobilien allgemein ein **hohes Risiko für Geldwäsche** zugeschrieben.[248]

---

246 Die Vermögensbilanz ist abrufbar unter https://www.bundesbank.de/de/statistiken/gesamtwirtschaftliche-rechenwerke/vermoegensbilanzen/vermoegensbilanzen-773974.

247 Vgl. Wirtschaftsfaktor Immobilien 2017, *Just, Voigtländer et. al.*, Gutachten für den Deutschen Verband für Wohnungswesen, Städtebau und Raumordnung e. V. und die Gesellschaft für Immobilienwirtschaftliche Forschung e. V., Wissenschaftliche Bearbeitung durch das Institut der deutschen Wirtschaft Köln und die International Real Estate Business School, Universität Regensburg.

248 S. a. die Erste Nationale Risikoanalyse Deutschlands vom 19.10.2019, S. 3 und 103ff.

Hinweis

Der Recherchebericht von ***Trautvetter/Henn*** zu Anonymität im Berliner Immobilienmarkt[249], in dessen Rahmen über 400 Gesellschaften, die in Berlin Immobilien besitzen, im Hinblick auf die Feststellbarkeit der dahinter stehenden wirtschaftlich Berechtigten untersucht wurden, kam zu einem verheerenden Ergebnis, das die vorgenannte Risikoeinschätzung bestätigt: Für 135 der untersuchten Gesellschaften konnte trotz umfassender Recherche in den verfügbaren Registern keine natürliche Person als Eigentümer identifiziert werden, trotz Eintragungspflicht fehlten bei 83 von 111 eintragungspflichtigen Gesellschaften die Eintragung im Transparenzregister

Als **Hauptgründe** für die besondere Geeignetheit des Immobiliensektors für Geldwäsche wurden im Rahmen einer **BKA-Studie**[250] folgende Aspekte identifiziert: 134

- die fehlende Sensibilität für Geldwäschebelange;
- die mangelnde Regulierung/Aufsicht;
- die Beschaffenheit des Marktes;
- der Mangel an Verständnis, was genau unter Geldwäsche zu verstehen ist, sowie fehlendes Wissen zur Geldwäscheprävention (insbesondere im Nichtfinanzsektor);
- Geldwäsche wird oftmals gar nicht als solche erkannt;
- lediglich 5,3 % der Teilnehmer schätzen das Risiko, für Geldwäsche missbraucht zu werden, als hoch ein;
- als Gründe für die Nichterstattung einer Verdachtsmeldung wurden u. a. wirtschaftliche Interessen, Angst vor möglichen Reputationsschäden sowie Unwissenheit und Unsicherheit bezüglich dieser Thematik genannt.

Ausweislich einer **Studie von Transparency International Deutschland e.V.**[251] 135
dürften im deutschen Immobilienmarkt jährlich mehrere Milliarden Euro von Schwerkriminellen und Korrupten aus Deutschland und der ganzen Welt gewaschen werden. Nach Schätzungen werden **15 bis 30 Prozent der kriminellen Vermögenswerte in Immobilien investiert**. *„Allein wegen seiner Größe von rund 238 Milliarden Euro (2016) bietet der deutsche Immobilienmarkt ein großes Potential für Geldwäsche. In den letzten Jahren strömt zudem vermehrt ausländisches Geld in diesen Markt, dessen Herkunft oft nicht genau nachvollzogen werden kann – nach Schätzungen waren es allein 2017 über 30 Milliarden Euro. Unbekannt ist außerdem, wie viele Immobilien und Grundstücke ausländischen juristischen Personen gehören. Im Immobilienbereich findet Geldwäsche auf vielen Wegen statt – von Bau über Sanierung bis hin zu Kauf, Verkauf und Miete."*

Untersuchungen haben gezeigt, dass Geldwäsche im Immobilienbereich **Auswirkungen auf das jeweilige Immobilienpreisniveau** hat. Ausweislich einer Untersu- 136

249 *„Keine Transparenz trotz Transparenzregister"*, 5/2020.

250 BKA, Fachstudie, „Geldwäsche im Immobiliensektor in Deutschland", 10/2012.

251 Geldwäsche bei Immobilien in Deutschland, 12/2018.

chung des British Columbia Expert Panel on Money Laundering in Real Estate wurden in British Columbia / Kanada im Jahr 2018 mehr als 7 Mrd. USD gewaschen, was zu einer Steigerung der Immobilienpreise um 5 % geführt habe.[252] Der Studie „Geldwäsche und deren Auswirkungen auf Immobilienpreise in Deutschland" des Trierer Instituts für Geldwäsche- und Korruptionsstrafrecht (TrIGeKo) vom März 2025 zufolge ließe sich ein Rückgang der Immobilienpreise um 1,9 % erreichen, wenn es gelänge, Geldwäschetätigkeiten im Immobiliensektor um 10 % zu reduzieren.

137 Durch das Gesetz zur Umsetzung der Änderungsrichtlinie zur Vierten EU-Geldwäscherichtlinie wurde aufgrund der Feststellungen der verschiedenen zuvor durchgeführten Studien und aufgrund der Ergebnisse der Ersten Nationalen Risikoanalyse Deutschlands schließlich die Voraussetzungen für den Erlass der zum 1.10.2020 in Kraft getretenen **GwGMeldV-Immobilien**[253] geschaffen, mit der bestimmte Immobilientransaktionen typisiert werden, die stets eine Verdachtsmeldepflicht auslösen. Der Gesetzgeber hat dabei jedoch betont, dass die Fallkonstellationen der Verordnung **auch außerhalb des Immobiliensektors** zu einer stärkeren Überprüfungspflicht führen sollen.[254]

138 Die **Zahl der Verdachtsmeldungen** zu Immobiliengeschäften ist demgegenüber überschaubar – bis zum meist Inkrafttreten der GwGMeldV-Immobilien zum 1.10.2020 wurden diese nahezu ausschließlich durch Kreditinstitute und Finanzbehörden gemeldet, seither überwiegend durch Notare (wurden 2019 von Notaren noch lediglich 17 Meldungen abgegeben, weist der FIU-Jahresbericht 2023 bereits 7.305 Meldungen[255] aus, wobei davon auszugehen ist, dass fast alle Meldungen des Jahres 2023 nach der GwGMeldV-Immobilien erstattet wurden und somit im Zusammenhang mit Immobiliengeschäften standen). Laut Angabe des BMF vom 16.2.2022 waren im Zeitraum vom 1.3.2019 bis zum 6.2.2022 bei der FIU insgesamt 12.227 Verdachtsmeldungen eingegangen, die durch den jeweiligen Verpflichteten mit dem Meldegrund „Auffälligkeiten im Zusammenhang mit dem Kauf/Verkauf von Immobilien" versehen wurden.[256]

---

252 Quelle: https://news.gov.bc.ca/19694.

253 BGBl. 2020 I S. 1965.

254 BT-Drs. 19/13827, S. 99; die Konsultationsfassung des Besonderen Teils der BaFin-AuA zum GwG für Kreditinstitute vom Januar 2021 sah unter Ziff. 2, S. 4, gar vor, dass Verpflichtete eine Meldung abzugeben hätten, wenn eine Immobilientransaktion vollständig oder teilweise mittels Barmitteln bezahlt wird oder bezahlt werden soll, sofern der Betrag mehr als 10.000 Euro beträgt und die Herkunft der Vermögenswerte nicht plausibel nachgewiesen werden kann; dieser Passus findet sich in der finalen Version nicht mehr.

255 FIU-Jahresbericht 2019, S. 17, FIU-Jahresbericht 2023, S. 66.

256 BT-Drucks. 20/765, S. 15.

b) Geldwäschemöglichkeiten im Immobilienbereich

Die im Immobiliensektor vorhandenen Möglichkeiten zur Geldwäsche sind vielseitig 139
und können kombiniert oder abgeändert werden. Im Folgenden werden einige dieser Möglichkeiten und Auffälligkeiten i. Z. m. Immobiliengeschäften angeführt:[257]

- **Investitionen** in Miethäuser, Restaurants oder Hotels eröffnen Möglichkeiten für die Platzierung von Bargeld, da illegale Gelder als Mieteinnahmen oder als Erträge aus dem Restaurant-/Hotelbetrieb ausgewiesen werden können;
- **„Kaskadenverkäufe“ / „property flipping“**[258] (Verkauf einer Immobilie mehrmals hintereinander innerhalb einer Gruppierung, ggf. durch vorgeschobene Unternehmen, unter jeweiliger Erhöhung des Kaufpreises);
- **Kaufpreis** liegt **weit über oder unter dem tatsächlichen Wert** der Immobilie;

Fallbeispiel aus einer Verdachtsmeldung

„Herrn ■■■ gewährten wir zum Erwerb der Immobilie ■■■ einen Kredit in Höhe von € 360.000,00. Der Kaufpreis beträgt € 600.000,00. Bei der Immobilie handelt es sich um ein Mehrfamilienhaus, das in 7 Eigentumswohnungen aufgeteilt ist.

Im Rahmen unserer Kreditprüfung stellten wir fest, dass die 7 Eigentumswohnungen in dieser Immobilie ■■■ vom jetzigen Verkäufer für gesamt € 280.000,00 erworben wurde. Nach unserer Schätzung beziffert sich der Wert der Immobilie, der Wohnungen auf rd. € 455.000,00.

Im Hinblick auf den Wohnsitz des Kreditnehmers, des relativ hohen Erwerbspreises und der Einbringung von Eigenkapital in Höhe von € 240.000,00 lässt sich der Verdacht auf Geldwäsche nicht ausschließen.“

- **Abrechnung von Bau-/Sanierungsleistungen**, die tatsächlich nicht erbracht wurden bzw. Abrechnung von Pauschalbeträgen, die über dem Wert der tatsächlich erbrachten Leistung liegen (bei kriminellem, gemeinsamem Handeln von Auftragnehmer und Auftraggeber), häufig in bar;
- unklare Herkunft der Geldmittel zur Tilgung von **Hypothekendarlehen oder Grundschulden**; Barzahlung einer Immobilie (durch inkriminierte Gelder) und anschließende Aufnahme einer Hypothek; Aufnahme einer Hypothek und anschließende Rückzahlung oder Begleichung der Zinsforderungen durch inkriminierte Gelder; Kriminelle können sich gegenseitig Kredite gewähren und damit Immobilienkäufe tätigen, die Herkunft der Gelder kann durch den Einsatz von Strohpersonen und Scheinfirmen (mit internationalen Verflechtungen) weiter verschleiert werden („Back-Loan“);

---

257 Die eingangs bereits zitierte Studie des BKA „Geldwäsche im Immobiliensektor in Deutschland“ listet zahlreiche Anhaltspunkte auf, die auf Geldwäschehandlungen im Immobilienbereich hindeuten können, und unterteilt in einer separaten Anlage die Anhaltspunkte in die Bereiche Finanzierung, Vermietung und Verwaltung von Immobilien, Geldwäsche bei Zwangsversteigerungen und im Zusammenhang mit Grundschulden, Bewertung von Immobilien, Erstellung und Sanierung von Immobilien, Kauf/Verkauf und Vermietung.

258 OECD, Handbuch „Geldwäsche“ für den Innen- und Außendienst der Steuerverwaltung, S. 33.

- Geldwäsche bei **Zwangsversteigerungen**:[259] Qualifizierung als Bieter eines Objektes durch Einzahlung von 10 % des Verkehrswertes als Sicherheitsleistung, anschließend Überweisung auf ein anderes Konto;
- **Immobilienportfolios** (Verringerung der Transparenz, Verschleierung der Eigentumsverhältnisse und Herkunft der potenziell inkriminierten Gelder);
- **„Share-Deals"** (gekauft wird hier nicht die betreffende Immobilie selbst, sondern Anteile an einer Objektgesellschaft, die ihrerseits die Immobilie hält; es handelt sich hierbei also eigentlich um den Kauf eines Unternehmens bzw. einer Unternehmensbeteiligung und nicht um einen Immobilienkauf)[260];
- **Sanierung von sogenannten Schrottimmobilien**: Kauf einer stark renovierungsbedürftigen Immobilie, Bezahlung der (häufig sehr teuren) Sanierung mit inkriminierten Geldern, anschließender Verkauf oder Vermietung der Immobilie;
- hohe **Mieteinnahmen**, ohne dass entsprechende Vertragsunterlagen (Mietverträge, Grundbuchauszüge etc.) vorgelegt werden („Phantommieter").
- Verkauf einer Immobilie durch ein vom Geldwäscher kontrolliertes Unternehmen deutlich unter Wert an ein anderes von ihm kontrolliertes Unternehmen. Neben dem offiziellen Kaufpreis wird **inoffiziell noch ein Betrag in bar übergeben.** Das erwerbende Unternehmen renoviert die Immobilie mithilfe dieses Geldbetrags und veräußert diese anschließend zu ihrem nun höheren (realen) Wert am Markt;[261]
- Kauf einer **großen (teuren) Immobilie** erfolgt **ohne Finanzierung**;
- Überweisung hoher Beträge aus dem **Ausland** zum Kauf von Immobilien;

Fallbeispiel aus einer Verdachtsmeldung

„Die Gesellschaft mit Sitz in Luxemburg wurde in ███ durch die in Panama ansässige ███ S.A. mit einem Grundkapital von 40.000 € gegründet. … Beabsichtigt ist, Grundvermögen ausschließlich in Deutschland bis zu einem Betrag von 100 Mio. € zu erwerben. Die ███ Corp. In Panama gewährt der ███ hierfür Darlehen bis zu 100 Mio. €. In den Jahren ███–███ wurden Immobilienprojekte mit AK von 80,5 Mio. € erworben … Anlässlich eines Grundstückserwerbs in München wurde festgestellt, dass ein Teil des Kaufpreises an die in diesem Gebäude ansässige Firma ███ gezahlt wurde, den Restbetrag erhielt der Verkäufer (wohnhaft in der Schweiz), der früher Besitzer der ███ war. Im Rahmen der Renovierungen der verschiedenen Immobilien in Berlin, Frankfurt und München wurden von einem in der Schweiz ansässigen Architekten Leistungen in Rechnung gestellt (157.000 €). Der Architekt war auch als Bevollmächtigter der Fa. ███ beim Ankauf eines Immobilienobjektes tätig. Verträge konnten nicht vorgelegt werden. Die Gesellschaft, vertreten durch die Kanzlei ███ ███ konnte auf Anfrage die hinter den Panama-Gesellschaften stehenden Personen nicht benennen."

- nicht nachvollziehbare, **frühzeitige Kreditrückführung** bzw. hohe außerplanmäßige Tilgung ohne plausiblen Grund bzw. mit Mitteln ungeklärter Herkunft;

---

259 Hierzu ausführl. von Kruedener/Lehnert, GWuR 03/2024, S. 112 ff.

260 S. hierzu auch die Erste Nationale Risikoanalyse, S. 3, 103 ff.

261 Siehe auch *Hölscher/Gesmann-Nuissl/Hornbach*, S. 40.

Fallbeispiel aus einer Verdachtsmeldung

„Nach einer hausinternen Meldung unseres Kundenberaters wurden die Umsätze der Konten einer Prüfung unterzogen. [...] Herr ■■■ arbeitet im Hotel ■■■ [...] Frau ■■■ arbeitet in dem Anwesen des milliardenschweren russischen Oligarchen ■■■, der mit seinen Gesellschaften in den Panama-Papers aufgeführt wird.
Der Kundenberater wurde auf die Geschäftsbeziehung aufmerksam, da eine Eigentumswohnung-Finanzierung innerhalb von 3 Jahren zurückbezahlt wurde.
Obwohl die Gutschriften von der ■■■ Ltd., aufgrund der Beziehung zu ■■■ wirtschaftlich nachvollziehbar sind, ist uns der Hintergrund der hohen Umsätze für die Geschäftsbeziehung nicht nachvollziehbar. Hier kann es sich um Strohmanngeschäfte handeln."

Weitere Informationen zu Geldwäsche im Immobilienbereich

- **AUSTRAC**: „Strategic analysis briefs – Money laundering through real estate" (2015) mit diversen Fallstudien zu vorgenannten Geldwäschemethoden
- **FATF**: „Money Laundering & Terrorist Financing through the Real Estate Sector" (29.6.2007), „RBA (Risk Based Approach) Guidance for Real Estate Agents" (17.6.2008), „Guidance for a Risk-Based Approach – Real Estate Sector" (7/2022)
- **FinCEN**: „Advisory to Financial Institutions and Real Estate Firms and Professionals", FIN-2017-A003
- **FIU-Jahresberichte** (bspw. 2023, S. 54ff.) und **FIU-Typologiepapiere** „Fallbeispiele aus dem Immobiliensektor" (9/2019) und „Besondere Anhaltspunkte und Hinweise für den Immobiliensektor" (02/2022)
- Veröffentlichungen der **AFCA**, AG 3 „Geldwäsche im Immobiliensektor"
- **OECD**: Handbuch „Geldwäsche" für den Innen- und Außendienst der Steuerverwaltung (2009), S. 31ff.
- Umfangreiche Statistiken zu Fragen von Geldwäsche im Immobiliensektor finden sich zudem in der **Antwort der Bundesregierung** auf eine Kleine Anfrage von BÜNDNIS90/DIE GRÜNEN, BT-Drucks. 19/2449, vom 4.6.2018

18. Zwangsversteigerungen

Der Bereich von Zwangsversteigerungen scheint im Kontext der Geldwäschebekämpfung 140
bis dato noch wenig beleuchtet. Wenngleich bereits die BKA-Fachstudie „Geldwäsche im Immobiliensektor in Deutschland" im Oktober 2012 auf Geldwäschemöglichkeiten bei Zwangsversteigerungen von Immobilien hinwies und auch die Bundesregierung in ihrer Antwort auf eine Kleine Anfrage der FDP vom September 2019[262] – bezugnehmend u.a. auf die Erste Nationale Risikoanalyse Deutschlands – die geldwäscherechtliche Bedeutung von Zwangsversteigerungen allgemein betont (im Bereich der organisierten Kriminalität sollen Zwangsversteigerungen zum Erwerb von Immobilien oder anderweitig öffentliche Versteigerungen zum Erwerb hochwertiger Güter mit inkriminierten Geldern genutzt werden), sind bis dato kaum Gegenmaßnahmen erkennbar. Das Thema scheint insbesondere bei den Gerichten, die öffentliche Versteigerungen durchführen, kaum präsent.

262 BT-Drucks. 19/13005, S. 3.

Ergänzende Hinweise
Von Kruedener / Lehnert weisen in dem Kontext auf die **Defizite der Gerichte hinsichtlich Geldwächeprävention bei Zwangsversteigerungen** hin und kritisieren (zutreffend) u.a. die Beschränkung der geldwäscherechtlichen Verpflichtungen der Gerichte, die öffentliche Versteigerungen durchführen, in § 2 Abs. 3 GwG auf „Transaktionen mit Barzahlungen über mindestens 10 000 Euro".[263]

19. Factoring

141 Zu den spezifischen Besonderheiten im Bereich Factoring (und den daraus resultierenden Pflichten für Factoringinstitute) kann auf die gesonderten Ausführungen in **Kapitel 6** verwiesen werden.

142 In der **Ersten Nationale Risikoanalyse Deutschlands** vom 19.10.2019 finden sich zur Risikoeinschätzung bezüglich Factorings widersprüchliche Aussagen – so wird einerseits *„Factoring als besonders anfällig für Geldwäsche eingestuft"*[264], andererseits heißt es *„Die Bedrohung des Sektors, für Geldwäsche missbraucht zu werden, wird von den beteiligten Behörden insgesamt als mittel eingestuft. […] Die Anfälligkeit des Factorings, für Geldwäsche missbraucht zu werden, wird als mittel eingestuft."*.[265]

143 Die **Auslegungs- und Anwendungshinweise von DFV und BFM** – datierend aus 2012, was Zweifel an der angemessenen Gewichtung der Thematik aufkommen lässt – enthalten überschaubare Indikatoren für mögliche Geldwäschehandlungen im Bereich Factoring wie

- Erstellung von „Luftrechnungen" / wirtschaftlich unplausible Geschäfte,
- schlagartig erhöhtes/niedrigeres Factoringvolumen, ungewöhnliche hohe/niedrige Durchschnittsrechnung, hohe Stornierungs- oder Direktzahlerquote, hoher Anteil an langen Rückzahlungsvereinbarungen,
- Wechsel vom offenen in das stille Factoring ohne ersichtlichen Grund,
- Zahlung der Rechnung erfolgt über das Konto des Factoring-Kunden oder ein
- Unterschied zwischen Rechnungsempfänger und Überweisendem oder Einzahler.

Ergänzende Informationen
Insgesamt ist die Zahl der Veröffentlichungen zu Geldwächeprävention im Bereich Factoring überschaubar – eine Ausnahme bildet der Aufsatz von *Moseschus/Wessel*, FLF 2013, S. 59ff., ein Fallbeispiel findet sich in GAFISUD-EGMONT typologies joint meeting, 8-11 May, 2012, S. 31f.

263 *Von Kruedener / Lehnert*, GWuR 2024, S. 112ff.
264 S. 97.
265 S. 98, wo es weiter heißt: *„Attraktiv für Geldwäscher sind beispielsweise der Verkauf hochpreisiger Waren, wie Juwelen, oder der Ausweis teurer Dienstleistungen, deren tatsächliche Erbringung schwer überprüfbar ist. Durch die Zwischenschaltung des Factoringinstituts wird die Papierspur des Zahlungsflusses unterbrochen, sodass die Rückverfolgbarkeit der Transaktionen teilweise schwierig bzw. zeitaufwändig ist."*

Die **FIU** hat im Juni 2020 ein **Typologiepapier** „Besondere Anhaltspunkte für Geldwäsche im Rahmen der Einziehung fremder oder abgetretener Forderungen" mit einigen Indikatoren veröffentlicht, die in diesem Bereich auf Geldwäsche oder Terrorismusfinanzierung hindeuten können.

20. Leasing

Auf die spezifischen Ausführungen zum Thema „Leasing" in **Kapitel 6** kann gleichfalls verwiesen werden. Das Risiko für Leasingunternehmen, zur Geldwäsche ausgenutzt zu werden, dürfte als eher **gering** einzuschätzen sein.[266] Als zweckdienlich erweisen sich allenfalls Leasingverträge mit einer kurzen Vertragslaufzeit, einer günstigen Kaufoption oder einer Anzahlung oder Kaution, die zu einem späteren Zeitpunkt wieder völlig zurückerstattet wird.[267] Höher ist im Bereich Leasing das Risiko betrügerischer Handlungen zum Nachteil von Leasingunternehmen, z.B. durch kollusives Zusammenwirkens von Leasing-Nehmer und Lieferant, was sich auch in den meisten Verdachtsmeldungen der Vergangenheit aus dem Leasingsektor widerspiegelte, die zum größten Teil reine Betrugssachverhalte beschrieben, wie 144

- den Abschluss eines Leasingvertrags, nach Zahlung der ersten Rate tauchte die Firma unter,
- eine Leasing-Anfrage für ein hochpreisiges Kfz zur gewerblichen Untervermietung, wobei der Kunde die notwendige Bonität nicht nachweisen konnte und eine Anzahlung in bar geleistet werden sollte (Herkunft unklar, Geschäft wurde abgelehnt), oder
- Leasing von Kfz durch ein Unternehmen, nach Ablauf der Grundmietzeit erfolgten weder Leasingnachzahlung noch Kfz-Rückgabe (Verdacht der Unterschlagung).

Auch die **Anwendungsempfehlungen des BDL** zur Geldwäschebekämpfung bei Leasing-Unternehmen – die gleichfalls aus dem Jahr 2012 datieren, was Fragen nach der Gewichtung der Thematik aufwirft[268] – sind im Hinblick auf Anhaltspunkte, die auf Geldwäsche im Leasingbereich hindeuten könnten, überschaubar. Genannt werden neben allgemeinen Anhaltspunkten, die auch im Kontext von Kreditinstituten zu finden sind, beispielsweise 145

- Leasing-Nehmer verweigert die Übergabe notwendiger, für den Leasing-Vertrag typischer Unterlagen wie Selbstauskünfte etc.,
- wirtschaftlich „unsinnige" Geschäftsinhalte wie bspw., dass der Leasing-Nehmer das Leasing-Objekt bereits kurze Zeit nach Vertragsschluss ohne Angabe eines plausiblen Grundes ablösen will („Fälle vorzeitiger Ablösung"),

266 Ebenso *Nemet/Dittrich*, FLF 2012, 199ff.
267 *Bräuning*, S. 268 m.w.N.
268 Der BDL hat am 5.3.2024 lediglich Hinweise zur Betrugsprävention im Leasing veröffentlicht.

- sale-and-lease-back-Verträge, in welchen Leasing-Nehmer keinen Bezahltnachweis (Kontoauszug) für die Anschaffung des Leasing-Objektes vorlegen kann oder will,
- nicht plausibler Vertragspartnertausch auf Leasing-Nehmer-Seite, insbesondere zeitnah nach Vertragsschluss, oder
- Leasing-Raten werden ohne erkennbaren Grund aus dem Ausland gezahlt.

Ergänzende Informationen
Auch die Zahl der Veröffentlichungen zu Geldwäscheprävention im Bereich Leasing hält sich in engen Grenzen. Ein (wenig überzeugendes) Fallbeispiel findet sich bei *Hoyer/Klos.*[269]
Die **FIU** hat am 14.11.2022 ein Typologiepapier „Besondere Anhaltspunkte für Geldwäsche im Kfz-Handel Verpflichtete nach § 2 Absatz 1 Nr. 16 GwG" veröffentlicht, das auch auf den Bereich Leasing und Finanzierung von Fahrzeugen eingeht.

21. Finanztransfergeschäfte

146 Finanztransferdienstleister erfüllen nicht nur eine (wichtige) soziale Funktion, da sie in bestimmten Ländern die einzige Möglichkeit bieten, aus dem Ausland überwiesene Mittel in Empfang zu nehmen, sie weisen angesichts ihrer Vorzüge (u. a. Schnelligkeit und Leichtigkeit) auch ein **hohes Gefährdungspotenzial** auf, für Geldwäsche und Terrorismusfinanzierung missbraucht zu werden.[270] Das liegt nicht nur an der Überweisung von Bargeld, dessen Herkunft und wirtschaftliche Berechtigung nur schwierig feststellen lassen („Unterbrechung der Papierspur"), sondern auch an der grundsätzlichen Struktur der Kundschaft („Laufkundschaft", zu der gewöhnlich keine weiteren Erkenntnisse beim Verpflichteten[271] vorliegen). In wenigen Fällen wurde festgestellt, dass Agenten der Finanztransferdienstleister selbst in Geldwäscheaktivitäten verwickelt waren.

147 **Verdachtsmeldungen** seitens der Finanzdienstleistungsinstitute lassen sich immer wieder mit Verstößen gegen das BtMG, Betrug und Computerbetrug (Phishing) sowie mit Menschenhandel und Terrorismusfinanzierung in Zusammenhang bringen.

---

269 S. 20: *„Unzählige kleinere Banknoten aus dem Verkauf von Drogen (sog. street money) wird nach der Platzierung bei einer Bank gesammelt. Diese wird beauftragt, mit dem Geld die Leasing-Kosten für ein Flugzeug zu bezahlen, das für den Schmuggel von illegalen Betäubungsmitteln vorgesehen war."*

270 Vgl. auch den Bericht von FATF und Moneyval vom Juni 2010 „Money Laundering through Money Remittance and Currency Exchange Providers".

271 Nach § 2 Abs. 1 Nr. 2 und 3 GwG sind Finanzdienstleistungsinstitute nach § 1 Abs. 1a KWG und Zahlungsinstitute Verpflichtete nach dem GwG. Zu den Zahlungsdiensten zählen Ein- oder Auszahlungsgeschäfte, Lastschrift-, Überweisungs- und Zahlungskartengeschäfte mit und ohne Kreditgewährung, Akquisitionsgeschäft, Zahlungsauslösedienste, Kontoinformationsdienste und Finanztransfergeschäfte (§ 1 Abs. 1 S. 2 ZAG). Die bekanntesten Anbieter im Bereich der Finanztransfergeschäfte – engl. „money transmitters" – sind sicherlich Western Union und MoneyGram.

Beispiel aus einer Verdachtsmeldung

„A████ trat im Zeitraum vom 1.1.–9.6. als Auftraggeber von 18 innerdeutschen Finanztransfers in Höhe von EUR 17.478,00 in Erscheinung. Auffällig ist die Höhe der Gesamtsumme innerhalb von zwei Monaten, sowie die gewählte Versandform aufgrund der anfallenden Mehrkosten für diesen Weg des Geldtransfers innerhalb Deutschlands. Auffällig ist auch das Transferverhalten. A████ sendet an M████ und Z████: Z████ sendet aber auch an A████ und empfängt noch von H████, siehe hierzu die Transferaufstellung. Als wirtschaftlicher Hintergrund gibt A████ an = Leihgaben, M████ Reparaturkosten für Wohnung und Z████ = Wegen Umzug. Einzahlungsort ist unsere Geschäftsstelle in Augsburg, Auszahlungsorte sind unsere Geschäftsstellen in Berlin.“

Die polizeilichen Ermittlungen ergaben schließlich, dass die Zahlungen im Zusammenhang mit Heroin-Handel standen.

Ergänzende Hinweise

Die **EU-Kommission** hat am 4.10.2011 ein sog. „Commission Staff Working Paper on Anti-money laundering supervision of and reporting by payment institutions in various cross-border situations“ veröffentlicht, dass Zahlungsinstituten Antworten und Hilfestellungen (auch im Zusammenhang mit den Meldepflichten) bei grenzüberschreitenden Sachverhalten geben soll.

Zahlreiche **Fallbeispiele und Indikatoren** (ab. S. 46) für die Nutzung von Finanztransfer- und Geldwechselsystemen für Geldwäsche und Terrorismusfinanzierung sind im Bericht von **FATF und Moneyval** vom Juni 2010 – „Money Laundering through Money Remittance and Currency Exchange Providers“ – enthalten.

Die **FIU** hat am 6.6.2018 ein **Typologiepapier** „Besondere Anhaltspunkte für die Anbieter von Bargeldtransferdienstleistungen“ mit einigen Indikatoren veröffentlicht, die in diesem Bereich auf Geldwäsche oder Terrorismusfinanzierung hindeuten können.

22. Glücksspiel und Wetten

a) Allgemeines

Im Jahr 2023 betrug das Marktvolumen von Casinos und Online-Glücksspiel laut Statista[272] weltweit rund 292,1 Milliarden US-Dollar, andere Zahlen sprechen gar von 702 Milliarden Euro[273]. Die Nutzung der Dienstleistungen des Glücksspielsektors zum Waschen von Erträgen aus kriminellen Tätigkeiten gibt nach offizieller Ansicht Anlass zur Sorge.[274] Glücksspiel könne aufgrund seiner Struktur prinzipiell **von beiden am Spiel teilnehmenden Parteien** genutzt werden, um unrechtmäßig erlangte Gelder wieder in den Wirtschaftskreislauf zu integrieren: Der **Anbieter** (Spielbank, Spielhalle, Wettbüro oder Internetanbieter) täuscht überhöhte Umsätze vor und bringt auf diese Weise illegal erworbene Geldmittel in den legalen Kreislauf. Ein **Teilnehmer** an Glücks- 148

272 https://de.statista.com/statistik/daten/studie/168622/umfrage/marktvolumen-im-online-gluecksspielmarkt-weltweit-seit-2003/#:~:text=Marktvolumen%20von%20Casinos%20und%20Online%2DGlücksspiel%20weltweit%20bis%202023&text=Im%20Jahr%202023%20betrug%20das,von%20Casinos%20und%20Online%2DGlücksspielen.

273 *Mattioli*, Germafia, S. 345 mit Verweis auf entsprechende Zahlen von casino.at.

274 Vgl. Erwägungsgrund 21 der 4. EU-Geldwäscherichtlinie; Erste NRA Deutschland, S. 107ff.

spielen setzt illegal erworbenes Geld bei Glücksspielen ein und erhalte im Gegenzug Glücksspielgewinne steuerfrei gewaschen zurück.[275]

149 Durch **Teilnahme am regulären Spiel** können illegale Gelder gewaschen werden, sofern das Verlustrisiko für den Geldwäscher kalkulierbar ist. Das ist immer dann der Fall, wenn der Ausgang des Spiels vorher bekannt ist, beispielsweise aufgrund

- technischer **Spielmanipulation** (rein computergesteuerter Spiele),
- Korruption und Beeinflussung von Sportveranstaltungen etc. (illegale und legale Sportwetten sowie **Spielabsprachen bei Sportveranstaltungen** sind hoch OK-relevant),[276]
- **bewusstem und gewolltem Verlieren bei Onlinespielen**, bei denen mehrere Teilnehmer gegeneinander antreten, zugunsten des Gewinns eines anderen Mitspielers (sog. **P2P-Wetten**);[277] beispielsweise ist es beim **Online-Poker** prinzipiell einfach möglich, die jeweilige Spielwährung an Mitspieler (Mittäter/Komplizen) zu übertragen, in dem Spieler A trotz schlechter Karten eine hohe Summe setzt, im Wissen, gegen Spieler B zu verlieren (ausweislich der Studie „Online-Poker: Mögliche Geldwäsche und deren Prävention" von *Schneider/Peren/Clement* bestünden aufgrund der technischen Möglichkeiten zur Identifizierung von Kunden und ihres Spielverhaltens beim Online-Poker in der Realität indessen nur geringe Geldwäscherisiken, da Aufwand und Transaktionskosten die bestehenden Möglichkeiten unattraktiv machen würden),
- **Kollusion mit** einem oder mehreren Mitarbeitern des **Glücksspielveranstalters** oder
- wenn das Spiel selbst eine gewisse **Kalkulation des Risikos** zulässt, wie z. B. das simultane Setzen von rot/schwarz oder gerade/ungerade beim Roulette (unter Inkaufnahme der eher untergeordneten Möglichkeit eines Nullergebnisses), Sieg/ Niederlage bei Sportveranstaltungen (unter Inkaufnahme eines Unentschiedens), Wetten auf das Eintreten/Nichteintreten eines Ereignisses.[278]

275 Vgl. auch die Stellungnahme des Tax Justice Networks zum Entwurf eines Gesetzes zur Ergänzung des Geldwäschegesetzes, abrufbar unter http://www.taxjustice.net; ausführlich *Fiedler/Kaiser* in ihrer Stellungnahme zum gleichen Gesetzentwurf.

276 CRIM-Bericht, S. 19.

277 P2P ist die Abkürzung für Peer-to-Peer, Person-to-Person oder Private-to-Private und bezeichnet das Spiel/die Wette zwischen Personen, statt Wetten bei einem Anbieter (Wettbüro), die als B2C-Wetten (Business-to-Consumer) bezeichnet werden.

278 So bereits die Hinweise des BMF und der zuständigen Aufsichtsbehörden der Länder zum Umgang mit den Sondervorschriften zum Glücksspiel im Internet gem. § 9a, § 9b und § 9c GwG a. F. sowie den Befreiungsanträgen nach § 16 Absatz 7 GwG a. F. vom 11.6.2014, S. 3 f.

Ausweislich der **Ersten Nationalen Risikoanalyse**[279] treffen im legalen und illegalen[280] Glücksspiel zwei Komponenten aufeinander, die diesen Sektor *„besonders anfällig"* für die Integration, Verschleierung und Strukturierung von inkriminierten Vermögenswerten machen. Dies sind zum einen die **hohen Transaktionsvolumina** (die beim terrestrischen Spiel oftmals auch in bar erfolgen) – ausweislich der Europäischen Kommission beliefen sich alleine die Einnahmen der Glücksspielanbieter in der EU bereits im Jahre 2008 auf knapp 76 Mrd. EUR[281] – sowie zum anderen die **hohe Umlauf- und Transaktionsgeschwindigkeit**, mit der Gelder umgeschlagen und verschoben werden.[282] Das legale und regulierte Glücksspiel ist nach Ansicht des BMF ungeachtet der hohen Zugangsbarrieren attraktiver für Geldwäscheaktivitäten und damit risikoexponierter als der illegale Glücksspielsektor, da sich durch die Umwandlung inkriminierter Gelder in Gewinne aus illegalem Glücksspiel der angestrebte „legitimierende" Effekt nicht erzielen lässt.[283] 150

Beispiel

Eine von Seiten der italienischen Mafia eingesetzte Methode ist/war der Erwerb legaler Lotto-Gewinne mit inkriminierten Geldern. Hier waren Betreiber von **Lotto-Annahmestellen** dergestalt eingebunden/angewiesen, dass sie den örtlichen Mafia-Organisationen Hinweise gaben, wenn jemand seinen Geldgewinn abholen/realisieren wollte. Dem Gewinner wurde sodann sein Gewinn-Los mit inkriminiertem Geld abgekauft (teils mit einem kleinen Aufschlag). Anschließend trat der Mafiosi gegenüber dem Veranstalter als vermeintlich „glücklicher Gewinner" auf und ließ sich die Gewinnsumme als solche deklariert auf sein Konto überweisen.

Hinweise

Nach **§ 284 StGB** macht sich strafbar, wer ohne behördliche Erlaubnis öffentlich ein Glücksspiel veranstaltet oder hält oder die Einrichtung hierzu bereitstellt. § 284 StGB war bei gewerbs- oder bandenmäßiger Begehung bereits vor der Schaffung des all-crimes-Ansatzes zum 18.3.2021 geeignete Vortat der Geldwäsche (§ 261 Abs. 1 S. 2 Nr. 4a StGB a.F.); durch den all-crimes-Ansatz neu erfasst wurde indessen die Beteiligung am

279 S. dort S. 107f.

280 Die unerlaubte Veranstaltung von illegalem Glücksspiel ist gem. § 284 StGB, die Beteiligung hieran gem. § 285 StGB unter Strafe gestellt. Im „Eckpunktepapier des Bundesministeriums der Justiz zur Modernisierung des Strafgesetzbuchs" vom November 2023 war zunächst die Streichung der §§ 284ff. StGB vorgesehen gewesen; im RefE vom 14.10.2024 fand sich das Anliegen bereits nicht mehr (das Gesetzesvorhaben fiel nach dem Bruch der Regierungskoalition in der Folge der Diskontinuität anheim).

281 Grünbuch der Europäischen Kommission *„Online-Glücksspiele im Binnenmarkt"* v. 24.3.2011, S. 3 und 8; im damals noch weit weniger entwickelten und zwischenzeitlich rasant gewachsenen Bereich des Onlineglücksspiels beliefen sich die Jahreseinnahmen der Anbieter auf bereits über 6 Mrd. € (S. 8); weitere Statistiken finden sich bei *Ehlscheid/Pfeiffer*, S. 91f.

282 Hinweise des BMF und der zuständigen Aufsichtsbehörden der Länder zum Umgang mit den Sondervorschriften zum Glücksspiel im Internet gem. § 9a, § 9b und § 9c GwG a.F. sowie den Befreiungsanträgen nach § 16 Absatz 7 GwG a.F. vom 11.6.2014, S. 1.

283 Vgl. Hinweise des BMF und der zuständigen Aufsichtsbehörden der Länder zum Umgang mit den Sondervorschriften zum Glücksspiel im Internet gem. § 9a, § 9b und § 9c GwG a.F. sowie den Befreiungsanträgen nach § 16 Absatz 7 GwG a.F. vom 11.6.2014, S. 4f.

illegalen Glücksspiel nach § 285 StGB. **Zahlungsdienstleister**, die Zahlungen für illegale Glücksspielanbieter abwickeln, können sich der Beihilfe (§ 27 StGB) zu § 284 StGB strafbar machen; zudem können Kunden zivilrechtliche Ansprüche gegen Zahlungsanbieter, die Transaktionen für einen Online-Glücksspiel Anbieter abwickeln, geltend machen.[284]

Findeisen/Mattioli haben 2022 eine lesenswerte Studie zum Thema **„Geldwäsche im Online-Glücksspiel in der Europäischen Union"** veröffentlicht (in seinem Buch **„Germafia"** schildert ***Mattioli*** ab S. 345 Geldwäscheverfahren der italienischen Mafia im Glücksspielsektor u. a. in Österreich), ebenso empfehlenswert ist der ausführliche Bericht von **UNODC „Casinos, Money Laundering, Underground Banking, and Transnational Organized Crime in East and Southeast Asia: A Hidden and Accelerating Threat"** vom Januar 2024.

Die meisten **Verdachtsmeldungen** i. Z. m. Glücksspiel/Wetten stammen von Kreditinstituten. Der FIU-Jahresbericht 2023 weist 429 Meldungen von Veranstaltern und Vermittlern von Glücksspielen aus (wobei die Zahlen über die Jahre starken Schwankungen unterlagen – zuvor bspw. 150 im Jahr 2018 und 754 in 2019).[285] Zur Meldepflicht im Kontext Online-Glücksspiel vgl. Kap. 7 C IX.

Sowohl die **Auslegungs- und Anwendungshinweise** zum GwG der obersten Glücksspielaufsichtsbehörden der Länder zum Geldwäschegesetz als auch das **Typologiepapier der FIU** zum Glücksspielsektor („Besondere Anhaltspunkte mit Bezug zur Glücksspielbranche", v. Juli 2022) geben einen Überblick über die wesentlichen Risiken für diesen Sektor.

Die **AFCA**, der 2023 auch die Gemeinsame Glücksspielbehörde der Länder **(GGL)** beigetreten ist, behandelt das Thema hinsichtlich der Auswirkungen auf den Finanzsektor in einer Unterarbeitsgruppe ihrer AG 2 sowie allgemein in der AG 5 (Glücksspiel), die ein Positionspapier zum Thema „Know Your Customer und verstärkte Sorgfaltspflichten in der Praxis" im Bereich Glücksspiel sowie FAQ zur „Umsetzung der Vorgaben an Kreditinstitute aus dem Glücksspielstaatsvertrag idF. vom 01.07.2021 und Bekämpfung des unerlaubten Glücksspiels im Allgemeinen" erstellt hat.

Die **FATF** hat bereits am 23.10.2008 einen Bericht „RBA Guidance for Casinos" zur Umsetzung des risikobasierten Ansatzes veröffentlicht.

b) Online-Glücksspiel

151 Unter den verschiedenen Formen des Glücksspiels gehen insbesondere Online-Glücksspiele nach verschiedener Ansicht mit einem **hohen Risiko der Geldwäsche** einher.[286] Die Gründe hierfür seien die nahezu ausschließliche Virtualität des Spielbetriebs (lediglich die Server sind terrestrisch aufzufinden), die Internationalität des Angebots, die Vielfalt von Anbietern und Produkten sowie die Vielfalt von (häufig en) Zahlungsmethoden und Zahlungsdienstleistern.[287]

152 Tatsächlich bestehen trotz dieser Parameter **Zweifel**, ob – zumindest bei seriös operierenden Online-Glücksspiel-Anbietern – durch kriminelle Spieler im beschriebenen Sinne wirklich derart problemlos Geld gewaschen werden kann.[288] Die diversen (auch

284 Vgl. LG Ulm, Urt. v. 16.12.2019, Az. 4 O 202/18.

285 FIU-Jahresbericht 2023, S. 66, FIU-Jahresbericht 2019, S. 17.

286 Siehe auch BT-Drucks. 17/10745, S. 1 und BT-Drucks. 17/14761, S. 2f.

287 Stellungnahme des Tax Justice Networks zum Entwurf eines Gesetzes zur Ergänzung des Geldwäschegesetzes, abrufbar unter http://www.taxjustice.net.

288 Am 27.11.2020 wurde auf *Inside Paradeplatz* über einfache Geldwäschemöglichkeiten bei Swiss Casinos berichtet („Swiss Casinos ermöglicht Geldwäscherei") – es sei „spielend leicht" möglich, Geld von

technischen) Geldwäschepräventionsmaßnahmen in dem Bereich (vgl. auch § 16 GwG) erschweren diese Möglichkeiten beträchtlich. Davon unberührt bleibt im Bereich des virtuellen Spiels die Beeinflussung der Spielabläufe durch **technische Manipulationen (Hacking)**.[289]

Hinweise

Detaillierte Informationen zum Bereich **„Unerlaubtes Online-Glücksspiel und Zahlungsverkehr“** können auch der Antwort der **Bundesregierung** auf eine Kleine Anfrage von Abgeordneten und der Fraktion DIE LINKE, BT-Drucks. 19/18823, entnommen werden.

Im März 2020 verhängte die **britische Glücksspielaufsicht** eine in der Höhe bisher einmalige Geldstrafe von 11,6 Mio. GBP gegen den Online-Glücksspielanbieter Betway wegen geldwäscherechtlichen Verstößen gegen die Richtlinien der Gambling Commission (UKGC).

c) Spielbanken

Die Geeignetheit von **Spielbanken**[290] in Deutschland zur Geldwäsche für Spieler (ohne Zusammenwirken mit dem Betreiber/Personal) ist in der Praxis als sehr gering einzuschätzen, wozu vor allem auch die weitgehend etablierten Geldwäschepräventionsmaßnahmen der Spielbanken zählen. Die Geldwäscheprävention in Spielbanken beginnt bereits beim Eintritt in die Spielbank. Jeder Gast wird vollständig identifiziert gem. §§ 10 ff GwG, die Daten des Gastes werden erfasst, das vorgelegte gültige Personaldokument wird eingescannt und der Gast wird gegen die EU-Sanktions- und Embargolisten geprüft, die PEP-Prüfung und die Prüfung gegen die Spielerschutzdatenbank OASIS wird durchgeführt. Darüber hinaus werden jeder Einsatz und jede Auszahlung (Gewinn oder Rückzahlung) ab 2.000 EUR extra erfasst und dieser Spieler wird noch einmal identifiziert und muss sein Personaldokument vorlegen. Der wichtigste Schutz vor Geldwäsche ist aber die Tatsache, dass alle Spielbanken für keine Auszahlung, ob Gewinn oder Rückzahlung, eine Quittung oder andere schriftliche Bestätigung ausstellen, keine Überweisungen auf Konten der Spieler vornehmen und keine Schecks ausstellen. 153

Der Kauf von Spieljetons mit inkriminiertem Geld und der Rücktausch nach einiger Zeit ohne Teilnahme an Spielen (oder nur mit geringem Spieleinsatz zur Tarnung), wird in aller Regel auffallen und zu einer Verdachtsmeldung führen. Auch die Möglichkeit, von nicht-kriminellen Spielern Jetons zu einem höheren Wert zu kaufen, um sie schließ- 154

einer fremden Kreditkarte auf das Online-Konto eines Spielers und von dort auf dessen Bankkonto zu transferieren; der Darstellung widersprach Swiss Casinos am gleichen Tag mit einer Richtigstellung.

289 Hinweise des BMF und der zuständigen Aufsichtsbehörden der Länder zum Umgang mit den Sondervorschriften zum Glücksspiel im Internet gem. § 9a, § 9b und § 9c GwG a.F. sowie den Befreiungsanträgen nach § 16 Absatz 7 GwG a.F. vom 11.6.2014, S. 1.

290 Nur in wenigen Bundesländern (wie bspw. Bayern, Brandenburg und Sachsen) sind die Spielbanken staatlich, in den meisten anderen sind sie private Unternehmen, aber staatlich konzessioniert (meist durch die Innenministerien, in NRW die Bezirksregierungen, in Berlin vom Wirtschaftssenat).

lich zurückzutauschen (der Differenzbetrag stellt dann die Kosten der Geldwäsche dar), ist eher theoretischer Natur.[291] Gleiches gilt für das Vorgehen, dass Kunden Spielmarken in bedeutender Höhe erwerben, geringfügig am Spielbetrieb teilnehmen und anderen Begleitpersonen Spielmarken übergeben, die diese als angeblich eigene Spielgewinne schließlich zurücktauschen.[292] Dadurch, dass wie bereits geschildert in Spielbanken keine Gewinn- oder Auszahlungsbestätigung ausgestellt wird, würden Kriminelle mit inkriminiertem Geld die Spielbank betreten und lediglich mit anderem Bargeld die Spielbank verlassen, hätten aber keinen Nachweis darüber, dass dieses Geld in einer Spielbank ausgezahlt wurde. Der einzige Nutzen wäre insofern, ggf. registrierte/kontaminierte Geldscheine loszuwerden.

Beispiel
Ein möglicher Fall der Geldwäsche im Zusammenhang mit einem staatlichen Glücksspielanbieter wurde am 26.11.2019 bekannt, als der Chef und der IT-Chef des slowakischen staatlichen Glücksspielanbieters TIPOS wegen des Verdachts der Geldwäsche festgenommen wurden. Ihnen wurde vorgeworfen, wissentlich Geld auf mehreren „ruhenden Spielerkonten" versteckt zu haben, das später auf nicht überprüfte, private Bankkonten überwiesen wurde.[293]

155 Die Zahl der **Verdachtsmeldungen** durch staatliche Spielbanken bewegt sich seit Jahren auf unverändert niedrigem Niveau. Die aktuellen Jahresberichte der FIU weisen die Spielbanken nicht mehr gesondert als Verpflichtete in der Statistik aus, sondern nur noch allgemein Veranstalter und Vermittler von Glücksspielen.[294] Der häufigste Fall, der eine Verdachtsmeldung auslöste, war hierbei der Wechsel von Geld in Jetons und umgekehrt, ohne dass adäquat am Spielbetrieb teilgenommen wurde.

156 International ist im Kontext der Geldwäsche über Casinos das sog. **„Vancouver Model"** bekannt geworden, das ein in Kanada, v.a. in Vancouver/British Columbia, festgestelltes Geldwäschemodell beschreibt, dessen Funktionsweise sich wie folgt darstellen lässt:[295] Aufgrund chinesischer Devisenbeschränkungen, die den Transfer größerer Geldbeträge (50.000 USD jährlich pro Person) aus China heraus unterbinden, zahlen wohlha-

291 Bis zum Inkrafttreten des Gesetzes zur Optimierung der Geldwäscheprävention hatte es genügt, den identifizierungspflichtigen Kunden beim Betreten der Spielbank zu identifizieren. Transaktionen wie Kauf, Verkauf oder Tausch ab 2.000 EUR, die der Kunde im Rahmen seines Aufenthaltes vorgenommen hat, konnten nicht lückenlos nachvollzogen werden, was von der FATF in ihrem Deutschlandprüfbericht vom 19.2.2010 kritisiert worden war (dort Ziff. 888, 937, 940 und 979, vgl. auch BT-Drucks. 17/6804, S. 27).

292 Vgl. Bericht der Interdepartementalen Koordinationsgruppe zur Bekämpfung der Geldwäscherei und der Terrorismusfinanzierung (KGGT) über die nationale Beurteilung der Geldwäscherei- und Terrorismusfinanzierungsrisiken in der Schweiz vom Juni 2015, S. 85.

293 Vgl. u.a. www.casino.org vom 29.11.2019; da in Deutschland in Spielbanken keine Spielerkonten geführt werden, ist ein solches Vorgehen hierzulande auszuschließen.

294 Bspw. im Jahr 2013 wurden bundesweit 32 Verdachtsmeldungen von Spielbanken erstattet BKA, FIU-Jahreslage 2013, S. 12 Tabelle 1.

295 Untersuchung des British Columbia Expert Panel, abrufbar unter https://news.gov.bc.ca/19694.

bende Chinesen vor ihrer Abreise nach Kanada Gelder auf chinesische Bankkonten chinesischer krimineller Organisationen ein. Bei Ankunft in Kanada erhalten sie von der OK-Gruppierung Bargeld, das aus Straftaten (häufig Drogenhandel) stammt, in Höhe der eingezahlten Gelder (häufig in Koffern) ausgehändigt. Mit diesem Bargeld kaufen die Spieler sodann in Casinos in Vancouver Jetons, spielen und lösen die Jetons schließlich in Schecks vom Casino ein. Sie deponieren den Scheck in „Untergrundbanken" in Kanada, die von der kriminellen Organisation kontrolliert werden. Die Gelder werden dann über eine Reihe von internationalen Briefkastenfirmen transferiert; schlussendlich wurden in vielen Fällen lokale Immobilien erworben.[296]

Ergänzender Hinweis !

Die **FATF** hat bereits 2009 einen Bericht zu „Vulnerabilities of Casinos and Gaming Sector" veröffentlicht, der umfangreiche Auswertungen enthält und insbesondere Lücken in den Bereichen von Aufsicht und Strafverfolgung identifiziert.

d) Spielhallen

Geldwäschemöglichkeiten im Bereich privater **Spielhallen** bestehen aufgrund der Manipulationsmöglichkeiten bei den dort aufgestellten Automaten (es werden höhere Umsätze vorgetäuscht) oder wenn der Betreiber aktiv selbst inkriminiertes Geld verspielt, um so die Umsätze hochzutreiben.[297] 157

In einem ursprünglichen **Diskussionsentwurf des Bundesministeriums der Finanzen zum Gesetz zur Ergänzung des Geldwäschegesetzes aus dem Jahr 2012** war noch der Vorschlag (in einem neuen § 16a GwG) enthalten, Spielhallen dem Geldwäschegesetz zu unterwerfen. Hierdurch sollte *„der erhöhten Gefahr des Missbrauchs der Nutzung von Spielhallen zur Durchführung von Geldwäsche durch die Betreiber direkt begegnet werden"*. Dieser Vorschlag wurde jedoch nicht umgesetzt. Die Bundesregierung vertrat die Ansicht, dass *„die Geldwäscherisiken bei den in den Mitgliedstaaten bestehenden technischen Beschränkungen gering sind und der potentielle Steuerhinterzieher oder Geldwäscher regelmäßig nicht der Spieler, sondern der Betreiber wäre. Auf diese Konstellation ist der Sorgfaltspflichtenkatalog der EU-Geldwäscherichtlinie nicht zugeschnitten."*[298] Ein ähnliches Schicksal hatte ein gleicher **Vorschlag des Bundesrats** bereits **1992** bei der Schaffung des GwG ereilt: *„Neben den in Nummer 6 aufgeführten* 158

296 Professionelle chinesische Geldwäscher bieten ihre Dienste auch mexikanischen Drogenkartellen an, hier werden derartige Hawala-ähnliche Vorgehensweisen beschrieben, vgl. Reuters, Special Report: „Burner phones and banking apps: Meet the Chinese ‚brokers' laundering Mexican drug money" vom 3.12.2020.

297 Stellungnahme des Tax Justice Networks zum Entwurf eines Gesetzes zur Ergänzung des Geldwäschegesetzes, abrufbar unter http://www.taxjustice.net.

298 BT-Drucks. 17/14761, S. 8.

Spielbanken sind auch Spielhallen und ähnliche Unternehmen, in denen Geld- und Geschicklichkeitsspielautomaten aufgestellt werden, zu verpflichten, besondere Vorkehrungen gegen den Missbrauch zur Geldwäsche zu treffen. Überwiegend in der Rechtsform der GmbH betrieben bieten gerade Spielhallen beste Voraussetzungen dafür, illegal erworbene Gelder ‚zu waschen'. Es ist weitgehend unverdächtig, auch gegenüber der Steuerbehörde, gesonderte Bargeldbeträge in die Tageskasse aus den Automateneinnahmen hineinzunehmen und dem Konto der bereits identifizierten GmbH zuzuführen. Über Gewinnausschüttungen aus der GmbH lassen sich die Beträge legal zurückholen."[299]

159 Im Rahmen von **Untersuchungen**, die von 2006 bis 2010 durchgeführt wurden, wurde festgestellt, dass die **italienische Mafia** über Strohmänner vom italienischen Staat Lizenzen und Zulassungen für die Führung großer Spielhallen sowie die Durchführung von Online-Spielen und Lotterien erworben und staatliche Bedienstete bestochen hatte, die mit den Kontrollen betraut sind.[300]

Beispiele

Einer der in der Vergangenheit wichtigsten **Mafiavertreter** – Nicola *Mandalà* (ehemals rechter Arm von Bernardo *Provenzano*, dem einst höchsten Mafia-Boss Italiens) – wusch sein Geld in einem Kasino, dessen Angestellte er bestochen hatte.[301]

Im Januar 2021 wurde aus **Australien** berichtet, dass Kriminelle Geldspielautomaten zunehmend zur Geldwäsche nutzen würden. Sie würden große Summen an den Automaten einzahlen, um sich das Geld nach wenigen Spielen mit einem offiziellen Zahlungsbeleg wieder auszahlen zu lassen.[302]

e) Sportwetten

160 Der Bereich des **Sports**[303] – vor allem im **Fußballsektor** – bietet insgesamt ein weites Feld an Geldwäschemöglichkeiten, wie eine bereits im Juli 2009 veröffentlichte Studie der FATF ergeben hat.[304] Neben manipulierten Sportwetten wurden als geldwäscherelevante Bereiche der Spielertransfermarkt, Finanzströme bei Vermarktungsverträgen von Spielern sowie Werbeverträge identifiziert.[305] Bemerkenswert ist auch die Berichterstattung über ein kolumbianisches Drogenkartell, das (als „Besitzer" des Vereins Inde-

---

299 Stellungnahme des Bundesrats zum Entwurf eines Gesetzes über das Aufspüren von Gewinnen aus schweren Straftaten (Gewinnaufspürungsgesetz – GewAufspG), BT-Drucks. 12/2704, S. 27.

300 Ähnlich zum Betreiben von Casinos durch Kriminelle der KGGT-Bericht Schweiz vom Juni 2015, S. 85.

301 *Scarpinato* im Wortprotokoll Nr. 17/108 des Finanzausschusses zum Entwurf eines Gesetzes zur Ergänzung des Geldwäschegesetzes v. 22.10.2012, S. 12.

302 S. https://www.casinoonline.de/nachrichten/australien-geldwaesch-an-spielautomaten-nimmt-zu-50128/.

303 Siehe auch Erwägungsgrund 13a des Vorschlags zur 4. EU-Geldwäscherichtlinie vom 11.3.2014.

304 FATF, Money Laundering through the Football Sector.

305 Ausführlich auch *Ehlscheid/Pfeiffer*, S. 84ff.

pendiente Santa Fé) durch den An- und Verkauf von Spielern, Heimspielen und Sponsorenverträgen 9 Mrd. EUR gewaschen haben soll.[306]

Die **EU-Geldwäsche-Verordnung** bestimmt in ihrem Art. 3 Nr. 3 Buchst. n erstmals **Fußballvermittler** (zur Definition s. Art. 2 Abs. 1 Nr. 53) sowie in Art. 3 Nr. 3 Buchst. o auch **Profifußballvereine** (Art. 2 Abs. 1 Nr. 52) in Bezug auf bestimmte Transaktionen als Verpflichtete. Hintergrund ist, dass die Tätigkeiten von Profifußballvereinen und Fußballvermittlern aufgrund mehrerer dem Fußballsektor innewohnender Faktoren wie etwa der weltweiten Popularität des Fußballs, der damit verbundenen beträchtlichen Summen, Geldströme und finanziellen Interessen, der Häufigkeit von grenzüberschreitenden Transaktionen und der manchmal undurchsichtigen Eigentumsstrukturen Risiken der Geldwäsche und damit zusammenhängender Vortaten ausgesetzt sind.[307] 161

Teilweise feste Ausschüttungsquoten im Bereich der **Online-Sportwetten** und die gleichzeitige Möglichkeit, auf sich widersprechende Ergebnisse zu setzen, machen das Ergebnis kalkulierbar und somit für Geldwäsche interessant. Im Bereich der Sportwetten bestehen ferner die spezifischen Risiken der **Spielkorrumpierung/Spielmanipulation**: Hier wird nicht auf den Online-Wettvorgang Einfluss genommen, sondern auf das bewettete Ereignis. Die Verbindung von Sport und Wetten birgt die Gefahr, dass der Spielausgang nicht nur dem Glück und der sportlichen Leistung der Akteure überlassen bleibt, sondern durch Geldzahlungen und/oder Drohungen im gewünschten Sinne manipuliert wird. Wirken hier Anbieter, Spieler sowie Sportler oder Schiedsrichter kollusiv zusammen, ist nicht nur der finanzielle Schaden der gutgläubigen Spieler groß, sondern die Integrität des Sports gefährdet.[308] 162

Ergänzende Hinweise !

Am 15.5.2014 veröffentlichte das **International Centre for Sport Security (ICSS)** eine – in Zusammenarbeit mit der Universität Paris 1 Panthéon-Sorbonne – erstellte Studie,[309] der zufolge **organisierte Kriminalität** damals im Jahr weltweit **rund 140 Mrd. USD über Sportwetten wäscht.** 80 % aller Einsätze, die sich auf bis zu 700 Mrd. USD pro Jahr belaufen sollen, fänden bei illegalen Buchmachern statt und sorgten damit zusätzlich für die steigende Gefahr von Spielmanipulationen. Betroffen seien neben Fußball und Cricket auch vermehrt Tennis, Basketball, Badminton und Motorsport.

Sehenswert ist die in der ARD-Mediathek zu findende **WDR-Dokumentation** vom 25.10.2024 **„Spielverderber – wie Wettbetrüger den Fußball manipulieren“**, der zufolge weltweit **geschätzte 1,7 Billionen Euro** auf dem illegalen Sportwetten-Markt umgesetzt werden, der vor allem in Asien blüht.

306 Vgl. *Käufer*.

307 Erwägungsgrund 24 der EU-Geldwäsche-Verordnung (VO (EU) 2024/1624).

308 Hinweise des BMF und der zuständigen Aufsichtsbehörden der Länder zum Umgang mit den Sondervorschriften zum Glücksspiel im Internet gem. § 9a, § 9b und § 9c GwG a.F. sowie den Befreiungsanträgen nach § 16 Absatz 7 GwG a.F. vom 11.6.2014, S. 37.

309 Im Internet ist eine Kurzzusammenfassung zu finden unter http://www.theicss.org/astonishing-scale-of-betting-fraud-and-sport-corruption-confirmed-in-ground-breaking-scientific-report/ – hier sind ferner Links zu weiterführenden Informationen enthalten.

Die **Wahrscheinlichkeiten von Spielmanipulation** wurden ferner 2015 in einer gleichnamigen **Studie des T.M.C. Asser Instituuts** untersucht. Als wesentliche Ergebnisse wurden genannt:

1. Wettbezogene Spielmanipulation ist hauptsächlich mit dem Endergebnis eines Spiels und insbesondere der Anzahl der Tore verbunden (Tordifferenz).
2. Der Behauptung, dass Nebenwetten ein signifikantes Risiko für Spielmanipulation darstellt, fehlt es an empirischem Rückhalt.
3. Der Behauptung, dass Live-Wetten ein spezifisches oder größeres Spielmanipulations-Risiko darstellen als traditionelle Pre-Match-Wetten, fehlt es an empirischem Rückhalt.
4. Das Hauptziel von wettbezogener Spielmanipulation sind eher nationale Fußball-Ligen als internationaler Fußball der höchsten Stufe (top-level). Die Beweise lassen darauf schließen, dass eine hohe Anzahl der Vorfälle in Erstliga-Spielen und nicht Zweitliga-Spielen vorkommt.[310]

23. Online-Games

163 Der Bereich der Internetspiele (Online-Games) eröffnet **diverse Möglichkeiten der Geldwäsche**, wie auch in einer Analyse im Auftrag von UNODC ausführlich darlegt wird.[311]

164 Mittels zahlreicher Schlüsselwörter waren im Rahmen der Studie große Hacker-Foren und -Communities nach Kommunikationsinhalten durchsucht worden, die mit dem Thema „Geldwäsche" zu tun hatten. Dabei wurden immer wieder Hinweise ermittelt, dass sich Geld einfach über den Gebrauch von virtuellen Währungen waschen lasse, beispielsweise über Internetplattformen wie (die mittlerweile geschlossene) Liberty Reserve oder ExchangeZone oder eben auch über Online-Games. Die Täter nutzen dabei meist zahlreiche Accounts in einem Spiel und kaufen hier mit illegalem Geld die jeweilige Spielwährung, um sie anschließend über entsprechende Währungstauschbörsen im Internet an andere Spieler zu verkaufen – damit ist das illegale Geld gewaschen. Eine Rückverfolgbarkeit ist nahezu ausgeschlossen.

! **Ergänzende Hinweise**

Die Möglichkeiten der **Geldwäsche durch Online-Poker** und ihre Prävention wurden im Rahmen einer wirtschaftswissenschaftlichen Studie bereits im Jahr 2013 von *Schneider/Peren/Clement/TÜV Austria Group* mit dem Ergebnis untersucht, dass Online-Poker unter wirtschaftlichen Gesichtspunkten v.a. aufgrund der hohen Kosten und Entdeckungswahrscheinlichkeit wenig relevant für Zwecke der Geldwäsche zu sein scheint.

In einer neueren Untersuchung von Cooke/Marshal **„Money laundering through video games, a criminals' playground"**, die im Juli 2024 im Journal Forensic Science International: Digital Investigation veröffentlicht wurde, wurde die Möglichkeit der Identifizierung von Unregelmäßigkeiten bei Transaktionen auf dem Steam-Marktplatz erforscht und aufgezeigt, wie Geldwäsche über sekundäre Marktplätze für Videospiele Kriminellen Vorteile gegenüber herkömmlichen Geldwäschemethoden bieten kann.

310 „Die Wahrscheinlichkeiten von Spielmanipulation – Fakten & Zahlen zum Integritätsrisiko gewisser Sportwetten", T.M.C. Asser Instituut / ASSER International Sports Law Centre, 2015.

311 S. *Richet* „Laundering Money Online: a review of cybercriminals' methods; Tools and Resources for Anti-Corruption Knowledge" v. 1.6.2013; ebenso ua Dirty Money, Newsletter 3 (2024), E-Games Dangers.

24. Neue Zahlungstechnologien: E-Geld und Kryptowerte

a) Allgemeines

Nahezu alles, was legale Geschäfte erleichtert, lässt sich umgekehrt auch im negativen Sinne – hier für Geldwäsche – verwenden. Automatische Buchungen, aber auch Einzahlungen und Auszahlungen an Automaten außerhalb der Schalterbereiche anonymisieren das Verhältnis zwischen Bank und Kunden. Anonyme oder zumindest weitgehend anonyme (pseudonyme) Zahlungstechnologien, welche die Rückverfolgung von Zahlungsströmen erschweren, machen diese besonders interessant für Geldwäscher. 165

Infolge der **großen Umlauffähigkeit** und Schnelligkeit elektronischen Geldes können beliebig viele und auch große Transfers in sehr kurzen Zeiträumen durchgeführt werden. Zusammen mit der uneingeschränkten Übertragbarkeit wird es insbesondere durch das Internet möglich, eine Vielzahl an Personen in Zahlungsvorgänge einzubinden sowie elektronisches Geld weltweit anzubieten. Zudem ermöglicht das Internet, beliebig viele Zahlungsvorgänge gleichzeitig auszulösen. Mithin ergibt sich die „Attraktivität" elektronischer Zahlungssysteme zur Begehung von Straftaten sowohl aus deren **flexiblen Verwendbarkeit** bei der Platzierung inkriminierter Gelder im legalen Finanzkreislauf als auch aus deren Nutzung zur Durchführung von Verschleierungshandlungen. 166

b) E-Geld

E-Geld ist gemäß § 1 Abs. 2 Satz 3 ZAG *„jeder elektronisch, darunter auch magnetisch, gespeicherte monetäre Wert in Form einer Forderung an den Emittenten, der gegen Zahlung eines Geldbetrags ausgestellt wird, um damit Zahlungsvorgänge im Sinne des § 675f Abs. 4 Satz 1 BGB durchzuführen, und der auch von anderen natürlichen oder juristischen Personen als dem Emittenten angenommen wird"*.[312] E-Geld ist in diesem Sinne ein **juristischer Begriff**, der lediglich bestimmte Erscheinungsformen des wirtschaftlichen Phänomens des elektronischen Geldes umfasst. Unabhängig davon, ob computernetz-, server- oder kartengebundene elektronische Werteinheiten als Zahlungsmittel verwendet werden,[313] liegt E-Geld insbesondere nur dann vor, wenn dieses gegen Zahlung eines Geldbetrages ausgestellt wird.[314] Werteinheiten, die in privaten Tauschringen oder anderen Zahlungssystemen zur Bezahlung realer Leistungen, Warenlieferungen etc. verwendet werden können oder wie z.B. Kryptowerte gegenleistungslos in Computernetz- 167

---

312 Vgl. auch Art. 2 Nr. 2 der Richtlinie 2009/110/EG v. 16.9.2009 über die Aufnahme, Ausübung und Beaufsichtigung der Tätigkeit von E-Geld-Instituten […] (ABl. EU Nr. L 267/7 v. 10.10.2009) – lediglich der Verweis auf Zahlungsvorgänge iSd. Art. 4 Nr. 5 der Richtlinie 2007/64/EG ist durch „Zahlungsvorgänge im Sinne des § 675f Abs. 3 S. 1 BGB" ersetzt; vgl. auch den Entwurf eines Gesetzes zur Umsetzung der 2. E-Geld-Richtlinie zum vormaligen, inhaltlich identischen § 1a Abs. 3 ZAG, BT-Drucks. 17/3023, S. 40.

313 Vgl. hierzu ausführlich *Hölscher/Gesmann-Nuissl/Hornbach*, S. 45 ff.

314 BaFin-Merkblatt „Hinweise zum Zahlungsdiensteaufsichtsgesetz (ZAG)" vom 22.12.2011 (geändert am 5.7.2024).

werken erschaffen werden, zählen damit **nicht** als E-Geld im Sinne des ZAG (vgl. auch § 1 Abs. 11 S. 5 Nr. 1 KWG).[315]

168 E-Geld gibt es in zwei **Varianten – kartengestütztes E-Geld** und **softwaregestütztes E-Geld.**[316] Beim E-Geld als Kartengeld wird das elektronische Geld auf dem Chip oder Magnetstreifen einer (Kunststoff-) Karte gespeichert; beispielsweise können auf die Geldkarte (Girocard mit Chip) am Geldautomaten Beträge bis zu 200 EUR geladen werden, mit denen an Zigarettenautomaten, Postautomaten oder Fahrscheinautomaten bezahlt werden kann. Beim softwarebasierten E-Geld (Netzgeld) erfolgt die Speicherung des elektronischen Geldes auf einem Datenträger beim Nutzer (z. B. einer Festplatte), oftmals unter Nutzung einer speziellen Software oder auf einem Online-Konto.[317]

Einige der **bekanntesten Arten** sind:

169 **Paysafecards:** Paysafecards funktionieren nach dem Prepaidsystem, d. h. der Nutzer kann an einer Verkaufsstelle (z. B. Tankstelle) Guthaben im Wert von 10, 25, 50 oder 100 EUR erwerben, die ihm in Form eines 16-stelligen Codes (PIN) ausgehändigt werden. Diese PIN wird beim Bezahlen bei Webshops, die Paysafecards akzeptieren, angegeben und der jeweilige Kaufpreis vom Guthaben abgebucht.

170 **Ukash:** Ukash funktioniert ähnlich wie die vorgenannten Paysafecards. Nach Erwerb eines Ukash-Vouchers (etwa an einer Tankstelle) können im Internet unter Angabe der 19-stelligen Voucher-Nummer Waren und Dienstleistungen bezahlt werden.

Fallbeispiel
Es sind in Deutschland mehrere Fälle ermittelt worden, in denen Kunden bei Drogenhändlern über das Internet Drogen bestellten und diese mittels Ukash-Voucher bezahlten. Die Lieferungen erfolgten schließlich an Packstationen, teils waren auch Mitarbeiter des Versandunternehmens involviert (oder wurden diese abgefangen), die den Empfängern die Pakete direkt aushändigten.

171 **Prepaid-Kreditkarten („prepaid cards", „smart cards", „white cards"):** Während „reguläre" Kreditkarten ein Bezahlen ermöglichen, bei dem der Geldbetrag erst nachträglich vom damit verbundenen Konto abgebucht wird, werden Zahlungen bei Prepaid-Kreditkarten nicht auf Kredit-, sondern auf Guthabenbasis abgewickelt, das zuvor auf die Prepaid-Kreditkarte eingezahlt wurde.[318] Es handelt sich also um (wiederaufladbare) Guthabenkarten, nicht um eine Kreditkarte im engen Sinne. Zahlreiche Anbieter geben **anonyme** Prepaid-Kreditkarten aus. So finden sich im Internet Angebote, nach

315 BaFin-Merkblatt „Hinweise zum Zahlungsdiensteaufsichtsgesetz (ZAG)" vom 22.12.2011 (geändert am 5.7.2024); BT-Drucks. 17/3023, S. 40; Erwägungsgrund 10 der Änderungsrichtlinie zur 4. EU-Geldwäscherichtlinie.

316 Ausführlich zu „Cyberlaundering" und elektronischem Geld *Bräuning*, S. 237 ff.

317 Vgl. auch *Hölscher/Gesmann-Nuissl/Hornbach*, S. 45 ff.; *Hoyer/Klos*, S. 24 ff.

318 S. ausführlich auch *Bongard*, S. 307 ff.

bloßer Online-Registrierung (d.h. ohne echte Identitätsprüfung) anonyme Karten zu erwerben, auf die eine Guthabenaufladung mit inkriminierten Geldern ohne Rückverfolgungsmöglichkeit des Einzahlers durchgeführt werden kann (vgl. etwa No ID Any Name Virtual Pre-Paid credit card, www.ptshamrock.com). Darüber hinaus gibt es Internetangebote für anonyme Kontoeröffnungen mit zusätzlicher Ausgabe von Zahlungskarten wie z.B. Offshore Bank Accounts (www.offshoresimple.com).

In zunehmendem Maße gibt es auch **Debitkarten, die mit Kryptowerten aufgeladen werden können**, die dann bei Nutzung automatisch in offizielle Währung konvertiert werden (z.B. Blackcatcard). 172

Fallbeispiel aus einer Verdachtsmeldung

„Im Rahmen von Recherchetätigkeiten konnte festgestellt werden, dass im Zeitraum der Kartenbeantragung des V▇▇▇ bis heute Kartenaufladungen des B▇▇▇ zu Gunsten der Prepaid-Kreditkarte des V▇▇▇ in Höhe von rund 162.000 EUR von mehreren Konten des B▇▇▇ erfolgten.

Zudem konnte weiterhin festgestellt werden, dass von weiteren dritten Personen Aufladungen zu Gunsten der Prepaid-Kreditkarte des V▇▇▇ erfolgten – seit Kartenbeantragung bis zum heutigen Tag in einer Gesamthöhe von rund 320.000 EUR. Die auf der Prepaid-Kreditkarte gutgeschriebenen Beträge der dritten Personen wurden zum Großteil mittels Geldautomatenabhebungen stets zeitnah in bar abverfügt.“

Cyberwallet/E-Wallet: Hier lädt der Nutzer seine virtuelle Geldbörse erst mit Geld (meist per Überweisung oder Kreditkarte) auf, mit dem er anschließend im Internet bezahlen kann. Bekannte Anbieter sind PayPal, Skrill, Neteller und WebMoney. 173

Handypayment (auch Mobile-Payment) ist ein Bezahlsystem, mit welchem Beträge über das Mobilfunktelefon beglichen werden können. Bekannte Softwarelösungen sind beispielsweise Apple-Pay, Google-Pay, M-Pesa sowie die chinesischen Alipay und WeChat Pay. In Deutschland wird an Lösungen gearbeitet, die Möglichkeiten im Bereich NFC (Near Field Communication) zu erweitern. In Großbritannien startete bereits am 27.4.2014 Paym, mit dem es möglich war, anderen Personen per SMS Geld zu transferieren; der Service wurde im März 2023 jedoch wieder eingestellt. Seit Juli 2024 gibt es Wero[319], einen europäischer Zahlungsdienst der European Payments Initiative (EPI), der giropay ersetzen soll und einfache Handy-zu-Handy-Zahlungen ermöglicht (ab Mitte 2025 auch die Bezahlung in Online-Shops). 174

Beispiel

Kleindealer zahlen ihre Tageseinnahmen bei einem E-Geld-Institut z.B. in den USA ein und tauschen das inkriminierte Bargeld in Netzgeld um. Dann geben sie anhand von verschlüsselten E-Mails viele kleinere Scheinbe-

319 EPI App Wero; EPI (European Payments Initiative) ist ein Zusammenschluss von führenden europäischen Banken und den beiden größten europäischen Zahlungsverkehrsdienstleistern; dadurch können mehr als 75 % der privaten Bankkunden in Deutschland, Frankreich und Belgien Wero bereits nutzen.

stellungen (bis zur Höhe ihrer Tageseinnahmen) bei einem Internet-Versandunternehmen auf, das den Geldwäschern gehört und in einem Offshore-Staat (z. B. in Belize) betrieben wird. Die Scheinbestellungen beziehen sich auf CDs etc. mit relativ geringem Einzelwert. Die Bezahlung der einzelnen Scheinbestellungen erfolgt über verschlüsselte E-Mails, die jeweils Teilbeträge des zu waschenden Netzgelds enthalten. Zur Tarnung werden neben den Scheinbestellungen bei dem Internet-Versandunternehmen auch legale Bestellungen echter Kunden abgewickelt, die ihre Bestellungen ebenfalls mit Netzgeld bezahlen. In weiteren Schritten kauft das Internetversandunternehmen bei einem zweiten Internetversandunternehmen in einem weiteren Staat (etwa Australien), das ebenfalls dem Geldwäscher zuzuordnen ist und seinerseits wieder nebenher echte Kunden bedient, die ihre Bestellungen mit Netzgeld bezahlen. Gemeinsam mit dem Netzgeld der echten Kunden wird das Netzgeld der Scheinbestellungen an ein Institut beispielsweise in Deutschland überwiesen und einem Konto der Geldwäscher gutgeschrieben. Dort wird es in reales Geld getauscht und schließlich in das Ursprungsland (im Beispiel USA) zurücküberwiesen.[320]

! **Ergänzende Hinweise**

Die **FATF** hat bereits im Oktober 2010 einen **Bericht zur Geldwäsche im Bereich neuer Zahlungstechnologien** („Money Laundering Using New Payment Methods") veröffentlicht, der auch anschaulich zahlreiche Fallbeispiele aufführt, in denen neue Zahlungstechnologien für Geldwäsche genutzt wurden.[321]

Der **FIU-Newsletter 5** vom Juli 2007 enthielt eine Sonderauswertung „Mögliche Geldwäschehandlungen im Zusammenhang mit Zahlungskarten" inklusive einer Geldwäsche-Risikomatrix für den Bereich sowie der Darstellung verschiedener Begehungsweisen für Geldwäsche mittels Zahlungskarten.

---

c) Kryptowerte / virtuelle Währungen

175 **Kryptowerte** (häufig auch als „virtuelle Währungen" bezeichnet) sind *„digitale Darstellung[en] eines Werts oder eines Rechts, der bzw. das unter Verwendung der Distributed-Ledger-Technologie oder einer ähnlichen Technologie elektronisch übertragen und gespeichert werden kann"* (Art. 3 Abs. 1 Nr. 5 der VO (EU) 2023/1114 (MiCAR)).[322]

---

320 *Hölscher/Gesmann-Nuissl/Hornbach*, S. 47f. (zitiert nach *Rederer* (Kriminalistik 2000, 261ff.)).

321 Der Bericht setzt den „FATF-Report On New Payment Methods" (Oktober 2006) fort; weitere Hinweise sind bei Herzog-*Achtelik*, Einleitung Rn. 54 angeführt.

322 Durch das FinmadiG wurde im GwG eine Definition von Kryptowerten eingefügt: § 1 Abs. 29 GwG verweist dabei auf Art. 3 Nr. 14 der VO (EU) 2023/1113, der wiederum auf o.g. Art. 3 Abs. 1 Nr. 5 der VO (EU) 2023/1114 verweist, es sei denn, der Kryptowert fällt unter eine in Art. 2 Abs. 2, 3 und 4 der VO (EU) 2023/1114 genannte Kategorie oder gilt anderweitig als Geldbetrag; zuvor definierte § 1 Abs. 11 S. 4 KWG a.F. (wie Art. 3 Nr. 18 der EU-Geldwäscherichtlinie) Kryptowerte als *„digitale Darstellungen eines Wertes, der von keiner Zentralbank oder öffentlichen Stelle emittiert wurde oder garantiert wird und nicht den gesetzlichen Status einer Währung oder von Geld besitzt, aber von natürlichen oder juristischen Personen aufgrund einer Vereinbarung oder tatsächlichen Übung als Tausch- oder Zahlungsmittel akzeptiert wird oder Anlagezwecken dient und der auf elektronischem Wege übertragen, gespeichert und gehandelt werden kann."*.

Hinweis
Die Aufsicht über Kryptomärkte wurde durch das **Finanzmarktdigitalisierungsgesetz** und das dort enthaltene Kryptomärkteaufsichtsgesetz (KMAG) in Deutschland neu geregelt.[323]
Die **BaFin** hat auf ihrer Homepage am 14.5.2020 geldwäscherechtliche Hinweise für Institute, die das Kryptoverwahrgeschäft erbringen, als Verpflichtete nach dem GwG veröffentlicht (hier verweist sie zusätzlich auf ihre Hinweise zum Tatbestand des Kryptoverwahrgeschäfts, zur Auslegung des § 64y KWG und zum Erlaubnisantrag für das Kryptoverwahrgeschäft).

Es gibt mittlerweile **über 3.000 verschiedene virtuelle Währungen**[324], von denen Bit- 176
coin[325], Ethereum, Solana und Monero sicherlich zu den bekanntesten zählen. Erzeugt werden die meisten Kryptowerte über das sog. „Mining" – einen aufwändigen Rechenprozess, zu dem erhebliche Computerrechenleistung erforderlich ist und damit auch ein sehr großen Energiebedarf, der teilweise mit gestohlenem Strom bedient wird.[326] Die technische Ausgestaltung ist hierbei meist unterschiedlich. Einige Kryptowerte (wie bspw. Bitcoin und Ethereum) basieren auf der sog. Blockchain-Technologie, einer Art öffentlichem, digitalem Verzeichnis, das jede einzelne Transaktion registriert, und sind damit lediglich **pseudonym** (d.h. es ist eine Zuordenbarkeit zu einem Public Key möglich, nicht hingegen zu einer natürlichen Person), andere sind in hohem Maße **anonym** (wie z.B. Monero oder Zcash), was letztere grundsätzlich noch attraktiver für Geldwäscher macht. Die Kapazitäten (auf Seiten der Strafverfolgungsbehörden) zur Nachverfolgung von (pseudonymen) Kryptowerten wurden in den letzten Jahren erheblich ausgebaut.

Ergänzend sind in dem Kontext sog. **„Stablecoins"** zu nennen, die als eine neuere 177
Untergruppe von Kryptowerten auf breitere Anwendung abzielen. Sie bilden eine offizielle Währung (z.B. USD oder EUR) digital nach und fallen unter die MiCAR-Definition der E-Geld-Token.[327] Die Stablecoin mit der zurzeit höchsten Marktkapitalisierung und zugleich der laut den Vereinten Nationen seitens der organisierten Kriminalität beliebteste[328] ist USDT (Tether), eine den US-Dollar „virtuell" nachbildende Kryptowährung mit

323 S. hierzu näher Ziff. B III.

324 Vgl. bspw. https://coinmarketcap.com/de/, wo weitere Informationen zu aktuellen Kursen, Marktkapitalisierung etc. zu finden sind.

325 Bitcoin, als die „Pionier-Kryptowährung" mit der auch heute noch höchsten Marktkapitalisierung, wurde nach dem Whitepaper seiner Entwickler als „A Peer-to-Peer Electronic Cash System" konzipiert.

326 In einem Fall aus Deutschland wurde Beschuldigten vorgeworfen, in zwei Jahren 390.500 kWh Strom gestohlen zu haben, was mehr als das Hundertfache eines durchschnittlichen vier-Personen-Haushaltes ist (heise.de vom 7.2.2019, Verhaftungen in Sachsen: Mutmaßliche Stromdiebe schürften Bitcoin); in Malaysien war in drei Monaten von einer Bande Strom im Wert von 1,7 Millionen Euro gestohlen worden (heise.de vom 18.7.2021, Schürfen mit geklautem Strom: Polizei in Malaysia planiert tausend Mining-Rigs).

327 S.a. G7-Arbeitsgruppe „Stablecoins", report „Investigating the impact of global stablecoins", 2019.

328 UNODC „Casinos, Money Laundering, Underground Banking, and Transnational Organized Crime in East and Southeast Asia: A Hidden and Accelerating Threat" (01/2024), S. 50; Tether Ltd. wehrte sich gegen diese Feststellung und verwies dabei u.a. auf die Nachverfolgbarkeit der USDT-Transaktionen sowie

Token, die vom Unternehmen Tether Ltd. ausgegeben werden. Stablecoins werden – obgleich im Unterschied zu „normalen" Kryptowerten die Emittenten proaktiv die Transaktionen auf verdächtige Aktivitäten überwachen und gegebenenfalls Gelder einfrieren können[329] – gleichfalls für Geldwäsche und zur Terrorismusfinanzierung[330] missbraucht.

178 Nutzern von Kryptowerten stehen verschiedene Mittel zur Steigerung der Privatsphäre ihrer Aktivitäten (sog. „privacy enhancing technologies") zur Verfügung. Mit diesen wird die Nachvollziehbarkeit der Transaktionen erschwert. Ein Beispiel für eine solche Technologie sind sog. **„Mixer" oder „Tumbler"**, durch welche – vereinfacht ausgedrückt – bspw. überwiesene Bitcoin in einen Topf geworfen werden und andere im gleichen Wert (i.d.R. nach Abzug einer geringen Gebühr) an den Empfänger weitertransferiert werden, kann die Nachvollziehbarkeit von Kryptotransaktionen erschwert werden. Wie mittlerweile zahlreiche Aktionen von Strafverfolgungsbehörden beweisen – bspw. beschlagnahmten die GenStA Frankfurt am Main und das BKA am 15.3. 2023 die in Deutschland befindliche Serverinfrastruktur des weltweit umsatzstärksten Krypto-Mixers im Darknet, „ChipMixer", und sicherten Daten im Umfang von ca. 7 Terabyte sowie Bitcoin in Höhe von seinerzeit umgerechnet ca. 44 Millionen Euro[331] – gewährleisten indessen auch Mixer/Tumbler keinen sicheren Schutz vor der Nachverfolgung von Kryptotransaktionen und Strafverfolgung.[332]

179 Eine gängige Verschleierungstechnik für Transaktionen auf der Blockchain stellt die sog. **„peel chain"** dar. Hier wird ein Transfer in viele aufeinanderfolgende Transaktionen aufgeteilt und jeweils ein kleiner Betrag abgezogen und an die eigentliche Zieladresse versendet.[333]

---

seine Kooperation mit Strafverfolgungsbehörden (https://www.binance.com/en/square/post/2817425675106).

329 Auf https://dune.com/phabc/usdt—banned-addresses lässt sich bspw. prüfen, wie viele Adressen aktuell jeweils gesperrt sind und wie viele USDT auf diesen Adressen jeweils liegen – am 24.11.2024 waren bspw. 1.933 mit 1.313.642.525 USDT eingefroren.

330 S. FATF-Bericht „Crowdfunding zur Terrorismusfinanzierung" vom Oktober 2023, S. 50, 81.

331 S. die dazugehörige Pressemitteilung des BKA auf https://www.bka.de/DE/Presse/Listenseite_Pressemitteilungen/2023/Presse2023/230314_Geldwaesche_Darknet.html; wenn der Kryptowert allerdings durch gestohlenen Strom erzeugt (gemined) wurde, was von Verpflichteten zunächst kaum je wird festgestellt werden können, dann wäre dieser Wert aus einer Vortat erlangt und der Umtausch in Bar- oder Buchgeld ein Akt der Geldwäsche.

332 Der Kampf gegen dezentrale Mixer gestaltet sich hierbei schwieriger – bspw. wurde TornadoCash zwar von den USA sanktioniert (der wegen Geldwäsche verurteilte Entwickler, Alexey Pertsev, sitzt in Haft), der Mixer nahm dennoch in der ersten Hälfte des Jahres 2024 Einzahlungen in Höhe von 1,8 Mrd. US-Dollar entgegen, was einem Anstieg von 45 % gegenüber dem gesamten Jahr 2023 entspricht (https://de.cointelegraph.com/news/tornado-cash-entwickler-pertsev-bleibt-in-untersuchungshaft).

333 Vgl. *Scherrer*, Der Kriminalist 1/2025 S. 10; ausführlich auch https://www.chainalysis.com/blog/common-blockchain-analysis-mistakes-cryptocurrency-investigations/.

Kryptowerte sind zunächst einmal nichts Illegales. Von daher ist die reine Nutzung von Kryptotauschbörsen etc. auch nicht verdächtig (und nicht meldepflichtig).[334] Die **Geldwäschebedrohung** für Deutschland wird ausweislich der Ersten Nationalen Risikoanalyse mit mittel-niedrig bewertet.[335] In einigen Kriminalitätsbereichen haben v.a. möglichst anonyme Kryptowährungen jedoch erheblich an Bedeutung gewonnen (bspw. in **Darknet-Handelsplattformen** oder im Kontext von Erpressungen ggf. unter Einsatz von **Ransomware** (eine Erpressungssoftware, die bspw. infizierte Rechner verschlüsselt und eine Entschlüsselung nur gegen Zahlung eines bestimmten „Lösegelds" in Kryptowährung in Aussicht stellt). 180

Gingen im Jahr 2019 bei der FIU noch lediglich „rund 760" **Verdachtsmeldungen** ein, die Auffälligkeiten im Zusammenhang mit Kryptowährungen aufwiesen, weist der FIU-Jahresbericht 2022 „knapp 9.300" derartiger Meldungen aus (im FIU-Jahresbericht 2023 findet das Thema keine Erwähnung).[336] Die meisten Verdachtsmeldungen im Zusammenhang mit Kryptowährungen betreffen Betrugs-/Phishing- bzw. Finanzagentenfälle, d.h. dass durch (Computer-)Betrug erlangte Geldbeträge vom Finanzagenten letztlich an Kryptotauschbörsen überwiesen werden, um hiervon Kryptowerte zu kaufen (meist Bitcoin), die anschließend an die Täter weitertransferiert werden. 181

Im Bereich der **Terrorismusfinanzierung** ist insbesondere zu beobachten, dass jihadistische Gruppierungen bzw. Mitglieder von solchen Organisationen online um Unterstützungszahlungen mittels Kryptowährungen werben.[337] Bei Kreditinstituten zeigt sich hierzu häufig das Bild, dass Bareinzahlungen (unklarer Herkunft) unmittelbar nach Einzahlung an Kryptotauschbörsen und -anbieter transferiert werden. 182

Hinweise !

In der **Studie** „Cryptocurrencies and blockchain – Legal context and implications for financial crime, money laundering and tax evasion" von *Houben/Snyers* vom Juli 2018 (im Auftrag des Europäischen Parlaments) wurden die Möglichkeiten der Nutzung von Kryptowährungen und der Blockchain-Technologie für Geldwäsche, Terrorismusfinanzierung und Steuerhinterziehung untersucht.

Ausweislich eines Berichts von **Chainalysis** wurden im Jahr **2023 Kryptowährungen im Wert von mindestens 24,2 Milliarden Dollar an illegale Kryptowährungsadressen gesendet**, darunter auch an Adressen, die als sanktioniert oder mit Terrorismusfinanzierung und Betrug in Verbindung gebracht werden.[338]

Die **Studie von Leuprecht/Jenkins/Hamilton** „Virtual money laundering: policy implications of the proliferation in the illicit use of cryptocurrency" zeigt, dass Bitcoin unter Krypto-Geldwäschern weit verbreitet ist, obwohl die meisten auch andere Kryptowerte verwenden, die ein besonderes Risiko darstellen, und häufig Drittwährungsbörsen genutzt werden.[339]

---

334 S.a. FIU, (03/2025) v. 30.5.2023 zur Bestimmung solcher Sachverhalte, die grundsätzlich nicht die Meldepflicht des § 43 Absatz 1 GwG auslösen, Ziff. II 2.b) 3. Spiegelstrich.

335 AaO S. 114ff.

336 FIU, Jahresbericht 2019, S. 46, FIU-Jahresbericht 2022, S. 36.

337 BT-Drs. 19/24088, S. 3.

338 Reuters v. 18.1.2024 „Illicit crypto addresses received at least $24.2 billion in 2023".

339 Journal of Financial Crime Vol. 30 No. 4, 2023 pp. 1036–1054.

Die **Schweiz** hat im Januar 2024 eine **nationale Risikoanalyse „Risiko der Geldwäscherei und Terrorismusfinanzierung durch Krypto-Assets“** veröffentlicht, die das Thema umfangreich beleuchtet.
Einen speziellen Fokus auf die Nutzung von Kryptowerten zur **Terrorismusfinanzierung** legt der Bericht der **Egmont-Group** „Report on abuse of virtual assets for terrorist financing purposes“ vom Juni 2023.

183 Eine besondere Herausforderung stellen ferner sog. **Krypto-ATMs** dar, d.h. eine Art Geldautomaten, die eine anonyme Umwechslung von Kryptowährungen in Bargeld und umgekehrt ermöglichen.[340] Der Betrieb von Krypto-ATMs steht je nach Ausgestaltung des Geschäfts als Finanzkommissionsgeschäft im Sinne von § 1 Abs. 1 S. 2 Nr. 4 KWG oder als Eigenhandel im Sinne von § 1 Abs. 1a S. 2 Nr. 4 Buchst. c KWG unter Erlaubnisvorbehalt nach § 32 Abs. 1 KWG. Je nach Ausgestaltung des Zahlungsflusses kann der Betreiber von Krypto-ATMs zudem erlaubnispflichtige Zahlungsdienste erbringen (Finanztransfergeschäft i.S.v. § 1 Abs. 1 S. 2 Nr. 6 ZAG).[341]

Bedeutung in der Praxis
Am 8.5.2019 veröffentlichte **Europol** eine Presseerklärung „Cryptocurrency laundering as a service: members of a criminal organisation arrested in Spain“ zu einer Aktion, bei der Europol Spanien unterstützt hatte, gegen eine kriminelle Organisation, die anderen kriminellen Organisationen umfangreiche Krypto-Geldwäsche-Dienstleistungen angeboten hatte. Die Organisation hatte neben klassischem Smurfing und Kettentransaktionen u.a. zwei Krypto-ATMs eingesetzt, um Bargeld in Kryptowährungen zu wechseln.
Basierend auf ihrem Bescheid vom 26.2.2020 setzte die **BaFin** am 5.8.2020 soweit ersichtlich erstmals ein Verbot bzw. die Sicherstellung von Bitcoin-ATM (bzw. Versiegelung der betreffenden Räumlichkeiten) in Deutschland durch, die von der KKT UG (www.shitcoins.club) ohne Genehmigung betrieben worden waren.
Am 20.8.2024 folgte eine zweite derartige deutschlandweite Aktion, bei der die BaFin 13 Krypto-Automaten, die ohne die erforderliche Erlaubnis betrieben wurden, und ca. 250.000 Euro sicherstellte.

25. Non-Fungible Token (NFT)

184 NFT sind – anders als die Werteinheiten einer Kryptowährung – nicht austauschbare (= non-fungible) einzigartige Wertmarken, die auf der Distributed-Ledger-Technology (DLT) basieren (hauptsächlich auf Blockchains, die eine besondere Form der DLT darstellen).[342] NFT können – neben der Nutzung für Straftaten wie Kick-Back-Zahlungen, Zahlung von Bestechungsgeldern, Wash-Trades und Betrugsstraftaten – auch für Geldwäsche missbraucht werden.[343] Da sie technisch auf denselben Systemen wie andere Kryptowerte aufbauen, sind laut BaFin **die allgemein für den Krypto-Markt identifizierten Risiken auch hier einschlägig**. Dazu zählen unter anderem anonyme oder

340 Ausführlich auch zu Ermittlungen bei Krypto-ATMs *Scherrer*, Der Kriminalist 1/2025 S. 6ff.; auf der Internetseite https://coinatmradar.com sind Standorte und weitere Informationen zu Krypto-ATMs jeweils aktuell aufgelistet.

341 Vgl. auch BT-Drucks. 19/17024, S. 3.

342 BaFin-Journal v. 8.3.2023, „Non-Fungible-Token: Auf den Inhalt kommt es an“.

343 Vgl. auch Weisser/Bliesener, NZWiSt 2024, 41 (45).

pseudonyme Transaktionen, das Fehlen von unter Aufsicht stehenden Vermittlern bzw. Instituten als Intermediäre, die Nutzung ausländischer unbeaufsichtigter Handelsplattformen sowie nicht beaufsichtigter Zahlungsmittel und Zahlungskanäle, zum Beispiel Mixer/Tumbler und dezentrale Tausch-Protokolle.[344]

Beispiel
Der Geldwäscher kauft über ein Wallet ein NFT-Kunstwerk zu einem günstigen Preis und bezahlt hierfür mit legal erwirtschafteter Kryptowährung. Dieses verkauft er nun an eine ebenfalls ihm gehörende, jedoch anonyme End-Wallet zu einem erheblich höheren Preis. Diesmal bezahlt er allerdings verdeckt mit inkriminierter Kryptowährung. So kann der Täter die Differenz nunmehr als einen legalen Spekulationsgewinn über seine „legale" Wallet ausweisen.[345]

---

26. Virtuelle IBAN (vIBAN)

Eine „virtuelle IBAN" (vIBAN) ist nach der Legaldefinition in Art. 2 Abs. 1 Nr. 26 der EU-Geldwäsche-Verordnung *„eine Kennung, durch die Zahlungen auf ein Zahlungskonto mit einer IBAN umgeleitet werden, die nicht der genannten Kennung entspricht"*.[346] Die vIBAN besteht wie ihr herkömmliches Ebenbild aus bis zu 34 alphanumerischen Zeichens, sie dient jedoch lediglich als bloße Routinginformation, damit das Geld zu einer bestimmten Bank transferiert werden kann – wo das physische Konto genau geführt wird, lässt sich anhand der vIBAN zunächst nicht bestimmen, das physische Konto kann je nach angebotenem Modell auch im Ausland liegen bzw. können auch mehrere vIBAN mit einem Masterkonto zu verknüpft sein.[347] Das folgende Schaubild aus dem FATF-Bericht „Illicit Financial Flows from Cyber-Enabled Fraud" vom November 2023[348] illustriert die Funktionsweise virtueller IBAN: 185

---

344 BaFin-Journal v. 8.3.2023, „Non-Fungible-Token: Auf den Inhalt kommt es an".

345 *Weisser/Bliesener*, NZWiSt 2024, 41 (44), die auch Indikatoren und Ermittlungsansätze nennen.

346 Erwägungsgrund 58 der 6. EU-Geldwäsche-Richtlinie bezeichnet virtuelle IBAN als „virtuelle Nummern, die von Kredit- und Finanzinstituten vergeben werden und die Umleitung von Zahlungen auf physische Bank- oder Zahlungskonten ermöglichen"; Kredit- und Finanzinstitute sind gem. Art. 22 Abs. 3 der EU-Geldwäsche-Verordnung verpflichtet, Informationen zur Ermittlung und Überprüfung der Identität von natürlichen oder juristischen Personen, die die von ihnen ausgegebene virtuelle IBAN verwenden, sowie über das zugehörige Bank- oder Zahlungskonto einzuholen.

347 Bundesministerium Inneres Österreich, Bundeskriminalamt, Lagebericht Geldwäsche 2023 Aktuelle Entwicklungen der Geldwäsche und der Vermögenskriminalität, S. 41f.

348 Als Quelle wird Europol Financial Intelligence Public Private Partnership (EFIPPP, s. Gliederungspunkt B IV 2 i) angegeben, das im Juni 2023 einen zusätzlichen Bericht „Threat Intelligence Information on Virtual IBANs" erstellt haben soll, der indessen nur Mitgliedern des EFIPPP zugänglich ist.

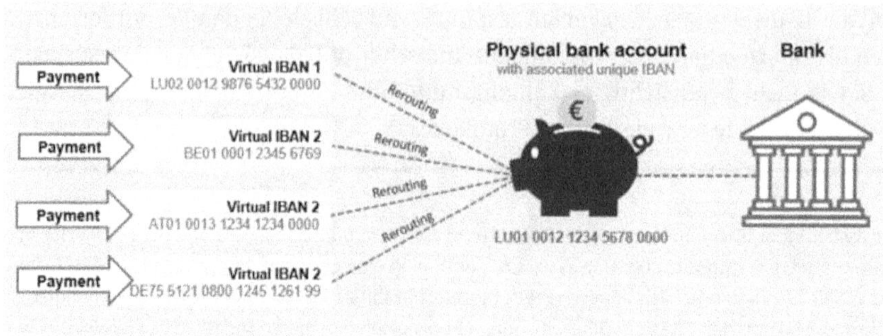

186 In der technischen Komplexität und den vielen Anwendungsmöglichkeiten liegt auch das hohe Risiko, die vIBAN für betrügerische Zwecke sowie Geldwäsche zu missbrauchen, denn sie ermöglicht es, Betrugsopfern eine bestimmte Kontoansässigkeit vorzutäuschen. Zudem können vIBAN unendlich oft von Bank zu Bank weitergegeben werden, sodass auch die erstausgebende Bank nicht weiß, bei welcher Bank die tatsächliche Kontoführung erfolgt, was Ermittlungen erheblich erschweren und verzögern kann.[349] Laut BaFin hätten sich bereits im Jahr 2020 Hinweise auf eine große Zahl von missbräuchlichen Nutzungen virtueller IBANs verdichtet – neben einer Vielzahl von Verdachtsfällen in Zusammenhang mit verschiedenen Betrugsfällen wie der unberechtigten Vereinnahmung von Corona-Soforthilfen und der Verkürzung von Umsatzsteuer, stünde auch die verstärkte Nutzung virtueller IBAN zur Terrorismusfinanzierung zu befürchten.[350]

Fallbeispiel[351]

Zwischen Februar und März 2023 erhielt die FIU Luxemburg mehrere Meldungen über sogenannte „Hallo Mama"-Betrügereien, bei denen die Opfer WhatsApp-Nachrichten von einer unbekannten, aber inländischen Telefonnummer von Betrügern erhielten, die vorgaben, ihr Kind zu sein. Die Opfer erhielten Textnachrichten in luxemburgischer Sprache über luxemburgische Handynummern, die eine luxemburgische IBAN enthielten. Bei den Ermittlungen stellte die FIU Luxemburg fest, dass es sich bei den von den Betrügern angegebenen IBANs um vIBANs handelte, die von einem luxemburgischen Bankinstitut an einen in Luxemburg ansässigen Zahlungsdienstleister ausgestellt worden waren, der Prepaid-Kreditkarten für europäische Kunden anbietet. Diese Prepaid-Kreditkarten können aufgeladen werden, indem Geld auf die virtuelle Kreditkarte überwiesen wird.

---

349 Bundesministerium Inneres Österreich, Bundeskriminalamt, Lagebericht Geldwäsche 2023 Aktuelle Entwicklungen der Geldwäsche und der Vermögenskriminalität, S. 42; Erwägungsgrund 57 der neuen EU-Geldwäsche-Richtlinie.

350 Ziff. I der Begründung zur Allgemeinverfügung der BaFin vom 8.12.2020 zur Anordnung der Speicherung von Daten in einem Dateisystem nach § 24c Abs. 1 KWG.

351 Quelle: FATF, „Illicit Financial Flows from Cyber-Enabled Fraud" (11/2023), S. 31.

Hinweis

Im **EBA-Report on virtual IBANs** (EBA/Rep/2024/08) vom Mai 2024 werden in Annex 1 Geldwäsche- und Terrorismusfinanzierungsrisiken virtueller IBAN mit Risikoindikatoren dargestellt.

Gemäß **Allgemeinverfügung der BaFin** vom 8.12.2020 zur Anordnung der Speicherung von Daten in einem Dateisystem nach § 24c Abs. 1 KWG sind vIBAN, die Kreditinstitute direkt oder indirekt an Zahlungsdienstleistungsunternehmen ausgeben, unverzüglich, richtig und vollständig von diesen im Dateisystem gemäß § 24c Abs. 1 KWG zu erfassen. Eine entsprechende Verpflichtung enthält **Art. 16 Abs. 1 S. 1 der 6. EU-Geldwäsche-Richtlinie**.

27. Hawala-Banking und andere Formen des Underground-Banking

Hawala-Banking ist ein sehr altes, in Deutschland[352] und den meisten westlichen Län- 187
dern jedoch illegales und nicht genehmigungsfähiges, informelles System zur Überweisung von Geld, das schnell (im Minutenbereich) und kostengünstig (Kommission 0,25 bis 1,25 %) weltweite Geldtransfers ermöglicht und im Wesentlichen auf Vertrauen basiert.[353] In verschiedenen Kulturkreisen existieren entsprechende Banksysteme unter anderen Namen wie beispielsweise Hundi (Indien), fei-chien (China), khundi (Pakistan), khu-quan (Hong-Kong), fei-quan (Thailand), padala (Philippinen), Huikuan, Chop, Chit oder Flying Money.[354] Derartige Geld- oder Werttransfersysteme werden häufig auch als **Schattenbankensysteme** oder **Underground Banking** bezeichnet.[355] Beispielsweise in Indien, wo Hawala gleichfalls verboten ist, nutzen nach Schätzungen der FATF ca. 50 % der Wirtschaft das Hawala-System zum Geldtransfer.[356]

Vereinfacht dargestellt **funktioniert das Hawala-System wie folgt**: Der Über- 188
weiser übergibt einem beispielsweise in München ansässigen Hawaladar A 10.000 EUR und teilt ihm ein Kennwort mit. Dieser steht in Verbindung mit Hawaladar B in Delhi. Der Überweisungsempfänger geht nun zum Hawaladar B in Delhi und erhält gegen Nennung des Kennworts den gewechselten Gegenwert in indischen Rupien (zu einem meist besseren Wechselkurs als dem offiziellen) ausbezahlt. Das Verhältnis (die „Schulden“) der Hawaladare untereinander gleicht sich entweder durch zukünftige Transaktionen wieder aus oder es folgen sonstige Werttransaktionen (häufig Bargeldtransporte oder

352 Das unerlaubte Betreiben von Hawala-Banking, das rechtlich gesehen als Finanztransfergeschäft (§ 1 Abs. 1 Satz 2 Nr. 6 ZAG) einzustufen ist (vgl. auch BGH, Beschl. v. 2.6.2021, 3 StR 61/21), ist in Deutschland gemäß § 63 Abs. 1 Nr. 4 ZAG strafbar.

353 Auf den Missbrauch stehen drakonische Strafen, weshalb das System fast ohne Betrügereien auskommt (*Degen*, S. 74).

354 Weitere siehe bei *Ehlscheid/Pfeiffer*, S. 142 f.

355 Herzog-*Achtelik*, Einleitung Rn. 27 ff.; *Degen*, S. 73.

356 *Foertsch/Lange/Abramova*, S. 109.

durch Über- und Unterfakturierung in Handelsbeziehungen)[357] oder Abrechnungen (teils auch mit Waffen oder Rauschgift).[358]

189 Hawala, über das nach Schätzungen jährlich weltweit ca. 200 Mrd. US-Dollar transferiert werden soll, wird in der Ersten Nationalen Risikoanalyse Deutschlands als **„besondere Bedrohung"** angesehen.[359] In der strafrechtlichen Praxis wurde die Nutzung von Hawala- in einzelnen Ermittlungsverfahren im Zusammenhang mit schwerer und organisierter Kriminalität festgestellt – konkret in den Deliktsbereichen Rauschgift, Geldwäsche, Menschenhandel, Schleusung sowie in Einzelfällen im Zusammenhang mit internationalem Terrorismus.[360] Zentrale Schwierigkeit aus Ermittlersicht ist die Vertraulichkeit des Systems, das meist nahezu ohne jegliche Aufzeichnungen (wie Buchungsunterlagen oder Belege) auskommt. In der Folge sind Finanzströme kaum zu identifizieren. Hinweise auf Hawala-Banking erlangen die Strafverfolgungsbehörden meist durch operative Maßnahmen in laufenden Ermittlungsverfahren oder über Aussagen. Im Jahr 2018 gingen bei der FIU elf Verdachtsmeldungen nach § 43 GwG ein, bei denen von Verpflichteten aus dem Finanzsektor ein Bezug zum Hawala-Banking hergestellt wurde.[361]

Fallbeispiele
Im **Urteil des LG Köln** vom 23.05.2022 (109 KLs 5/21) findet sich ab Rn. 41 eine **ausführliche Beschreibung der Funktionsweise** des Hawala-Geschäfts im verhandelten Fall; eine entsprechende Darstellung findet sich auch im **Urteil des LG Düsseldorf** v. 23.11.2021 (14 KLs-50 Js 1339/18-2/21) ab Rn. 18.
Verschiedene Fälle werden anschaulich im FAZ-Bericht „Wie chinesische Netzwerke Geld für Drogenhändler waschen" v. 16.11.2023 dargestellt.

Ergänzende Hinweise
FATF/Moneyval haben bereits im Juni 2010 einen Bericht zum Thema Finanztransfer- und Geldwechselsysteme veröffentlicht – **„Money Laundering through Money Remittance and Currency Exchange Providers"** –, in dem u.a. darauf hingewiesen wird, dass Geldtransfersysteme wie Hawala auch im Bereich der Terrorismusfinanzierung genutzt werden.[362] Der Bericht listet neben zahlreichen Fallbeispielen eine Reihe von Indikatoren für Geldwäscheaktivitäten im Zusammenhang mit Überweisungs- und Geldwechselgeschäften auf.

357 Vgl. etwa FATF, Money Laundering & Terrorist Financing Typologies 2004–2005, S. 24 (Case 11).
358 Eine Übersicht zur Funktionsweise enthält auch die BaFin-Veröffentlichung „Hawala: Banking in der Schattenwelt" v. 26.3.2024; ausführl. Warius, Das Finanzsystem Hawala in Deutschland, 2009.
359 AaO S. 47.
360 BT-Drucks. 19/16763, S. 3f.; BT-Drucks. 19/16621, S. 2; auch der KGGT-Bericht Schweiz 2021 nennt Hawala im Kontext der Terrorismusfinanzierung (S. 49); bei einer ein Hawala-System betreibenden Organisation kann es sich um eine kriminelle Vereinigung im Sinne des § 129 Abs. 2 StGB handeln (BGH, Beschl. v. 2.6.2021, 3 StR 61/21).
361 BT-Drucks. 19/16621, S. 2.
362 Ebenso bereits die Wolfsberg-Erklärung zur Unterdrückung der Terrorismusfinanzierung aus dem Jahr 2002, S. 2.

In der **Antwort der BReg** (BT-Drucks. 20/12069) v. 1.7.2024 auf die Kleine Anfrage der Fraktion der CDU/CSU (BT-Drucks. 20/11829) zur Transferierung staatlicher Mittel aus Deutschland mittels des unter anderem in Verbindung mit Geldwäsche und Terrorismusfinanzierung stehenden Hawala-Bankings finden sich einige Aussagen Erkenntnissen der Bundesregierung zum Thema (inkl. Phänomenbeschreibung und Statistiken).
Lesenswert sind ferner die Berichte auf www.bitterwinter.org „The Italian Job: How the CCP Laundered Mafia Money in Italy“ über **chinesische Untergrundbanken** in Italien (und die diesbezügliche Operation „Operazione Via della Seta“ der Guarda di Finanza) sowie „Marijuana and Mexican cartels: Inside the stunning rise of Chinese money launderers“ über **chinesische Geldwäschekartelle in den USA** auf NBC News vom 3.8.2024[363]. Auch die Statements vor dem U.S. Senate Caucus on international narcotics control am 30.4.2024 zum Thema „Chinese Money Laundering Organizations: Cleaning Cartel Cash“, die im Internet unter https://www.drugcaucus.senate.gov/hearings/chinese-money-laundering-organizations-cleaning-cartel-cash/ zu finden sind, geben hier bemerkenswerte/besorgniserregende Einblicke.

IV. Kriminalitätsfelder der Geldwäsche

1. Vorbemerkung

Grundsätzlich ist jeder Kriminalitätsbereich, der auf Gewinnerzielung ausgerichtet ist, 190
attraktiv für Geldwäscher bzw. lässt ein Bedürfnis nach der Verschleierung von Vermögenswerten aufkommen. Ausweislich der Ersten Nationalen Risikoanalyse Deutschlands stellen Betrug, Drogenkriminalität und Menschenhandel die Vortaten mit der höchsten Geldwäschebedrohung dar, gefolgt von Korruption, Schleusungskriminalität, illegaler Beschäftigung, Steuerdelikten, Verstößen gegen das Kriegswaffenkontrollgesetz und Produktpiraterie.[364] Im Folgenden sollen nur wenige Deliktsbereiche kurz dargestellt werden, die teilweise v.a. in der jüngeren Vergangenheit besonders in den Fokus gerückt sind.

Ergänzende Hinweise !

Im Jahr 2023 flossen laut Nasdaq Verafin schätzungsweise **3,1 Billionen Dollar an illegalen Geldern durch das globale Finanzsystem**. Zu den häufigsten Straftaten, die Billionen von Dollar an illegalen Flüssen und Geldwäscheaktivitäten verursachten, gehörten schätzungsweise,

- 782,9 Milliarden Dollar im Drogenhandel,
- 346,7 Milliarden Dollar im Menschenhandel und
- 11,5 Milliarden Dollar in der Terrorismusfinanzierung.

Darüber hinaus beliefen sich der Studie zufolge im Jahr 2023 die Verluste durch Betrug und Bankbetrug weltweit auf 485,6 Milliarden Dollar.[365]

---

363 https://www.nbcnews.com/investigations/marijuana-mexican-cartels-stunning-rise-chinese-money-launderers-rcna158030.

364 S. 27ff.

365 AaO S. 8; abrufbar unter https://www.nasdaq.com/global-financial-crime-report#download.

2. Organisierte Kriminalität

191 Begrifflich wird Geldwäsche meist im Zusammenhang mit **Organisierter Kriminalität (OK)** genannt,[366] sie ist hierauf aber nicht zu beschränken. Der Begriff der „Organisierten Kriminalität" ist ohnehin sehr schwammig.[367] Die Gemeinsamen Richtlinien der Justizminister und -senatoren der Länder über die Zusammenarbeit von Staatsanwaltschaft und Polizei bei der Verfolgung der Organisierten Kriminalität von 1990[368] haben den wohl gängigsten Definitionsversuch unternommen. Danach sei Organisierte Kriminalität *„die von Gewinn- und Machtstreben bestimmte planmäßige Begehung von Straftaten, die einzeln, und in ihrer Gesamtheit von erheblicher Bedeutung sind, wenn mehr als zwei Beteiligte auf längere oder unbestimmte Dauer arbeitsteilig*

a) unter Verwendung gewerblicher oder geschäftsähnlicher Strukturen,
b) unter Anwendung von Gewalt oder anderer zur Einschüchterung geeigneter Mittel oder
c) unter Einflussnahme auf Politik, Medien, öffentliche Verwaltung, Justiz oder Wirtschaft Zusammenwirken".[369]

192 Der Gesetzgeber selbst nähert sich dem Begriff in **§ 129 StGB (Bildung krimineller Vereinigungen)**, ohne ihn jedoch klar zu definieren, indem er unter Strafe stellt, wer eine Vereinigung gründet oder sich an einer Vereinigung als Mitglied beteiligt, deren Zweck oder Tätigkeit auf die Begehung von Straftaten gerichtet ist, die im Höchstmaß mit Freiheitsstrafe von mindestens zwei Jahren bedroht sind. Eine Vereinigung im Sinne der Norm (Abs. 2) ist *„ein auf längere Dauer angelegter, von einer Festlegung von Rollen der Mitglieder, der Kontinuität der Mitgliedschaft und der Ausprägung der Struktur unabhängiger organisierter Zusammenschluss von mehr als zwei Personen zur Verfolgung eines übergeordneten gemeinsamen Interesses."*

193 Eine **Untergliederung der einzelnen Formen der OK** erfolgt im polizeilichen Bereich nach der ethnischen und kulturellen Zusammensetzung der jeweiligen Gruppierung – wie beispielsweise Russische OK (z.B. Solntsevskaya Bratva, Tambowskaja, Ismailowskaja) oder italienische OK („klassische" Mafia-Strukturen wie die Ndrangheta, Camorra, Cosa Nostra) – oder nach subkulturellen Interessensverbindungen wie Rocker-OK[370] (hierzu gehören bspw. Hells Angels und Bandidos), deren Gruppenzusammenhalt nicht aus der Herkunft, sondern aufgrund gleicher gruppeninterner Werte und Normen herrührt. Darüber hinaus bilden sich OK-Strukturen auf Grundlage der gleichen Gewinnbestrebungen mit zum Teil sehr heterogener Gruppenzusammensetzung (v.a. im Bereich des Rauschgifthandels).

---

366 Vgl. u.a. BT-Drucks. 12/989, S. 26; *Voß*, S. 6.

367 *Herzog* ist der Ansicht, dass es wohl kaum einen unbestimmteren Begriff als den der Organisierten Kriminalität gäbe (WM 1996, 1753).

368 Anlage zu den Richtlinien für das Straf- und Bußgeldverfahren (RiStBV).

369 Zur Kritik an den existenten Theorien vgl. näher *Degen*, S. 47ff.

370 Auch Outlaw Motorcycle Gangs (OMCGs) genannt.

Ergänzende Hinweise

Das **BKA-Bundeslagebild OK**, das jährlich veröffentlich wird, enthält seit 2022 auch ausführlichere Zahlen zu Geldwäscheaktivitäten in den geführten OK-Verfahren – so zu den festgestellten Arten der Geldwäsche (2023: v. a. Bargeld, Überweisungen, Einbindungen nicht in die OK-Gruppierung involvierter Dritter, Finanzagenten, Hawala, Geldkuriere), Investitionen von kriminell erlangten Geldern (2023: v. a. Handelsgüter und Immobilien, Fahrzeuge, Unternehmen, Kryptowährungen) und durch gewaschene Gelder finanzierte Tätigkeiten (2023: legale Wirtschaftstätigkeit und Straftaten).[371]

Sehr lesenswert sind zum Thema auch die alle vier Jahre erscheinenden **SOCTA**-Berichte von **Europol** (Serious and Organised Crime Threat Assessment, zuletzt 2025) sowie der Europol-Bericht „Decoding the EU's most threatening criminal networks" vom Mai 2024, die im Internet zu finden sind.

Die Studie des **Australian Institute of Criminology „Money laundering and the harm from organised crime: Results from a data linkage study"** aus 2024 untersuchte durch Verknüpfung von Daten über bekannte kriminelle Organisationen und verdächtige Finanztransaktionen, in welchem Ausmaß Geldwäsche kriminelle Aktivitäten verstärkt und die damit verbundenen Schäden erhöht.

Die **FIU** hat im Juli 2022 ein Typologiepapier „Besondere Anhaltspunkte zum Erkennen von Korruption" veröffentlicht.

3. Drogenhandel

Wie auch der unter Ziffer B III dargestellten Entwicklung der Geldwäschebekämpfung zu entnehmen ist, haben die weltweiten Maßnahmen zur Bekämpfung der Geldwäsche ihre Wurzeln im Kern in der Bekämpfung des (internationalen) Drogenhandels, in welchem insbesondere die USA mit ihrem **„war on drugs"** („Krieg gegen Drogen") seit Beginn der 1970er Jahre maßgebliche Impulse setzten. Auch die FATF wurde im Rahmen des Übereinkommens der Vereinten Nationen gegen den unerlaubten Verkehr mit Suchtstoffen und psychotropen Stoffen vom 20.12.1988 konzipiert. Die weltweiten Profite im Bereich des Drogenhandels wurden im Jahr 2023 auf 782,9 Milliarden US-Dollar geschätzt.[372] 194

Im Laufe der Jahre haben indessen andere Deliktsbereiche als Vortaten der Geldwäsche gegenüber dem Drogenhandel zunehmend an Bedeutung gewonnen, wenngleich die jährlichen Profite. Zumindest im Kontext von Verdachtsmeldungen weist bspw. der Europol-Bericht „From Suspicion to Action" aus dem Jahr 2017 im untersuchten Zeitraum 2013/2014 als Vortaten an erster Stelle Steuerbetrugsfälle auf (39 %), gefolgt von Betrug (30 %) und erst an dritter Stelle Drogenhandel mit 15 %. 195

Hinweis

In der **Studie „Financial risk management strategies of small to medium illicit drug enterprises: considering low-level money laundering" von Berry/Salinas/Gundur** wurden Geldwäschetechniken im Bereich des illegalen Drogenhandels analysiert. Die Ergebnisse zeigen, dass ein erheblicher Teil der illegalen Erlöse

371 AaO S. 15.

372 Nasdaq Verafin, 2024 Global Financial Crime Report, S. 8, 28 und 36.

durch relativ kleine „alltägliche" Bargeldtransaktionen (< 1.000 USD) erzielt wird, die praktisch nicht zurückverfolgt werden können. Diejenigen, die umfangreichere Einkünfte erzielen, wenden eine Reihe von leicht zugänglichen und unkomplizierten Geldwäschestrategien an, wie z.B. die Meldung solcher Einkünfte als steuerpflichtiges Einkommen, die Verwendung von Bevollmächtigten zum Waschen von Geldern und die Verwendung von Einkünften als Investitionskapital innerhalb kleinerer legaler Unternehmen.

4. Wirtschaftskriminalität und Steuerstraftaten

196 Der Begriff der **Wirtschaftskriminalität** ist nicht gesetzlich definiert und wird meist orientiert am Straftatenkatalog des § 74c GVG umrissen. Darunter fallen bspw. Anlagebetrug, Insolvenzstraftaten, Wettbewerbsdelikte, Subventionsbetrug und andere qualifizierte Betrugsdelikte. Wie der jährlichen Polizeilichen Kriminalstatistik zu entnehmen ist, die allerdings nur einen Teil dieser Straftaten erfasst, verursachen die Delikte der Wirtschaftskriminalität regelmäßig einen Großteil der Gesamtschadenssummen. Sie sind damit auch für Geldwäscher besonders relevant.

197 Besonders hohe Schadenssummen werden ebenfalls im Bereich der **Steuerstraftaten** verursacht, wobei insbesondere auf Umsatzsteuerkarusselle oder cum-ex-/cum-cum- bzw. cum-fake-Betrug hinzuweisen ist. Mehrere der großen Geldwäscheskandale der jüngeren Vergangenheit – wie Panama-Papers, Paradise-Papers – standen unmittelbar im Zusammenhang mit aggressiven Steuervermeidungsmodellen bzw. Steuerstraftaten in beträchtlichem Ausmaß.

198 Beiden Bereichen ist ausgehend von den hohen Beutesummen das Bedürfnis nach anschließender Geldwäsche gemein, um die immensen Summen dem Zugriff der Strafverfolgungsbehörden/Steuerbehörden zu entziehen und sie schließlich als legales Vermögen deklariert gefahrlos verwenden zu können.

5. Menschenhandel

199 „Menschenhandel" ist nach der **Definition** in Art. 3 Buchst. a des Palermo Protokolls der Vereinten Nationen *„die Anwerbung, Beförderung, Verbringung, Beherbergung oder Aufnahme von Personen durch die Androhung oder Anwendung von Gewalt oder anderen Formen der Nötigung, durch Entführung, Betrug, Täuschung, Missbrauch von Macht oder Ausnutzung besonderer Hilflosigkeit oder durch Gewährung oder Entgegennahme von Zahlungen oder Vorteilen zur Erlangung des Einverständnisses einer Person, die Gewalt über eine andere Person hat, zum Zweck der Ausbeutung. Ausbeutung umfasst mindestens die Ausnutzung der Prostitution anderer oder andere Formen sexueller Ausbeutung, Zwangsarbeit oder Zwangsdienstbarkeit, Sklaverei oder sklavereiähnliche Praktiken, Leibeigenschaft oder die Entnahme von Organen"*.[373] Im deutschen Strafgesetzbuch findet sich eine Definition in **§ 232 StGB**. Allgemein wird der Bereich Menschenhandel

373 BGBl. III 2005, 220.

unterteilt in **drei Unterkategorien**: Menschenhandel zum Zweck der Zwangsarbeit, der sexuellen Ausbeutung oder der Entnahme von Organen. Die weltweiten Profite aus illegalem Menschenhandel wurden im Jahr 2023 auf 346,7 Milliarden US-Dollar geschätzt.[374]

Bereits in ihrem Bericht vom Juli 2011 stellte die FATF fest, dass es immer mehr Anzeichen dafür gebe, dass Kriminelle sich verstärkt dem Menschenhandel und der Schleusung von Migranten zuwenden, da diese Verbrechen als hochprofitabel angesehen werden.[375] In ihrem Folge-Bericht **„Financial flows from human trafficking"** vom Juli 2018 gibt die **FATF** geschätzte 150,2 Mrd. US-Dollar alleine als Einnahmen aus Zwangsarbeit an – Menschenhandel sei nicht nur **eines der profitabelsten Kriminalitätsfelder überhaupt**, sondern zugleich auch eine der am schnellsten wachsenden internationalen Kriminalitätsformen.[376] Im September 2017 schätzte die International Labour Organisation (ILO) zusammen mit der Walk Free Foundation und der International Organisation for Migration in ihrem Bericht „The Global Estimates of Modern Slavery", dass im Jahr 2016 ca. 24.9 Millionen Menschen in Zwangsarbeit oder sexueller Ausbeutung waren; fast ein Drittel davon sind Kinder.[377] 200

Neben der FATF hat auch **FINTRAC** (Financial Transactions and Reports Analysis Centre of Canada) in einer gleichfalls lesenswerten Untersuchung, die am 15.12.2016 veröffentlicht wurde, Geldwäsche speziell im Kontext von Menschenhandel zur sexuellen Ausbeutung untersucht und ausführliche Indikatoren herausgearbeitet, wie sich derartige Straftaten anhand von Finanztransaktionen erkennen lassen. Im Rahmen der **AFCA** wurde zu dem Thema im Jahr 2020 ein eigener Arbeitskreis gegründet, was auf nähere Hinweise zur Erkennung von Geldwäsche im Bereich Menschenhandel hoffen lässt. 201

Hinweise !

Ausweislich einer Ende 2020 veröffentlichten **Studie von BAE Systems Applied Intelligence**[378] mussten 26 % der befragten Finanzinstitute Finanzkriminalität i. Z. m. Menschenhandel melden und untersuchen und **75 % der Finanzinstitute hätten kein Vertrauen in ihre Fähigkeit, Anzeichen von Menschenhandel bei Transaktionen zu erkennen.** Auch dieser Umstand zeigt Handlungsbedarf in diesem Deliktsfeld.

Die **AFCA** hat im November 2020 ein **Handbuch „Finanzströme des Menschenhandels identifizieren und bekämpfen"** erstellt und im Januar 2023 in aktualisierter Fassung den Verpflichteten zur Verfügung gestellt. 2023 wurde der **Europol Financial Intelligence Public Private Partner (EFIPPP) Workstream** zum Menschenhandel ins Leben gerufen, dessen Fokus auf Transaktionsmonitoring zur Identifizierung von Finanzströmen i. Z. m. Menschenhandel liegt.

---

374 Nasdaq Verafin, 2024 Global Financial Crime Report, S. 8, 25 und 36.

375 FATF Report „Money Laundering Risks Arising from Trafficking in Human Beings and Smuggling of Migrants", Juli 2011, S. 6.

376 FATF „Financial flows from human trafficking" S. 3.

377 FATF „Financial flows from human trafficking" S. 9f.

378 Abrufbar unter https://www.geldinstitute.de/trends/2020/banken-erkennen-keine-anzeichen–fuer-geldwaesche-und-menschenha.html.

6. Cyberkriminalität

202 Cybercrime umfasst die Straftaten, die sich gegen das Internet, Datennetze, informationstechnische Systeme oder deren Daten richten (Cybercrime im engeren Sinne) oder die mittels dieser Informationstechnik begangen werden. Der IOCTA-Bericht 2024 von Europol zur Einschätzung der organisierten Internetkriminalität nennt als Hauptbedrohungen:[379]

- Die ständig wachsende Menge an **Online-Material über sexuellen Kindesmissbrauch** (child sexual abuse material – CSAM) stellt die Strafverfolgungsbehörden im Kampf gegen die sexuelle Ausbeutung von Kindern im Internet vor immer größere Herausforderungen. Selbst erstelltes sexuelles Material macht einen erheblichen und wachsenden Anteil des online entdeckten CSAM aus.
- **Investment-, CEO-Fraud und Romance-Scam** sind nach wie vor die häufigsten Arten von Cyber-Betrug in der EU, wobei Phishing nach wie vor die häufigste Angriffsvariante ist. Digital Skimming ist eine ständige Bedrohung, die zum Diebstahl, Weiterverkauf oder Missbrauch von Kreditkartendaten führt.
- Tools und Dienste, die auf **KI** und maschinellem Lernen basieren, werden zu gängigen Werkzeugen für Cyberkriminelle und sind eine wichtige Ware auf dem Markt für Crime-as-a-Service (CaaS).
- Tätergruppierungen im Bereich **Ransomware** (Erpressungssoftware) haben sich aufgespalten und unter verschiedenen Namen neu organisiert.

203 Viele der Cybercrime-Delikte sind auf Gewinnerzielung ausgerichtet. Die hier anfallenden Gewinne sind gleichsam zu waschen, wofür „klassische“ Geldwäschetechniken (in einem ersten Schritt häufig Finanzagenten) eingesetzt werden.

7. Umweltkriminalität / illegaler Handel von geschützten Tier- und Pflanzenarten

204 Nach Angaben von Interpol und des Umweltprogramms der Vereinten Nationen steht die Umweltkriminalität nach dem Drogenhandel, dem Menschenhandel und der Fälschungskriminalität weltweit an vierter Stelle der kriminellen Aktivitäten und nimmt jährlich um 5 % bis 7 % zu.[380] Jährlich werden in dem Kriminalitätsfeld geschätzt **jährlich 110 bis 281 Milliarden US-Dollar an kriminellen Gewinnen erwirtschaftet**.[381] Umweltkriminalität umfasst dabei ein breites Spektrum rechtswidriger Aktivitäten wie

379 Europol, IOCTA 2024, S. 10.

380 Mitteilung der EU-Kommission an das Europäische Parlament und den Rat vom 15.12.2021 (COM (2021) 814 final) über eine intensivere Bekämpfung der Umweltkriminalität mit Verweis auf UNEP-INTERPOL „Rapid Response Assessment: The Rise of Environmental Crime – A Growing Threat To Natural Resources Peace, Development And Security“ vom Juni 2016.

381 FATF-Bericht „Money Laundering from Environmental Crime“, S. 5, vom Juli 2021 unter Verweis auf RHIPTO, INTERPOL und GI (2018) „World atlas of illicit flows“; der Betrag enthält Profite aus illegalem Holzhandel, illegalem Bergbau, Abfallhandel, illegalem Handel mit Wildtieren, illegaler Ölförderung und -diebstahl sowie Straftaten i. Z. m. illegaler Fischerei.

illegale Abholzung und Abbau von Rohstoffen, illegalen Handel mit Wildtieren und illegalen Abfallhandel.

205 In der jüngeren Vergangenheit geriet in diesem Kontext zunehmend der illegale Artenhandel in den Fokus von Maßnahmen zur Geldwäschebekämpfung.[382] So stellte die **FATF** in ihrer Plenarsitzung vom 16.–18.10.2019[383] nicht nur fest, dass der illegale Handel mit Wildtieren verheerende Auswirkungen auf die Umwelt, insbesondere auf gefährdete Arten, hat. Er sei auch zu einem sehr profitablen Unternehmen für kriminelle Handelskonsortien geworden, die jedes Jahr riesige Einnahmen generieren, oft mit Verbindungen zu anderen schweren Verbrechen wie Korruption, Betrug, Drogenhandel und organisierter Kriminalität. Dem illegalen Artenhandel wird besondere Bedeutung auch im Kontext der Terrorismusfinanzierung zugemessen.[384] Im Bericht der **EU-Kommission** vom 24.10.2018 („Progress report on the implementation of the EU Action Plan against Wildlife Trafficking")[385] wird unter den Anmerkungen zu Action 21 festgestellt, dass in der EU bislang wenig Fortschritte in dem Bereich gemacht wurden.

Beispiel

Die vor dem Hintergrund des illegalen Artenhandels durchgeführte Europol-Operation „Abaia" führte zur Verhaftung von 17 Personen, die am Handel mit Glasaalen beteiligt waren, sowie zur Beschlagnahme von Luxusautos, 1 Million Euro in bar und Goldbarren.[386]

Hinweis

Die **FATF** veröffentlichte im Juni 2020 ihren Bericht **„Money Laundering and the Illegal Wildlife Trade"**. Hierin wurden (basierend auf mehreren Studien u.a. von FSRBs und aus dem Privatsektor) Lieferketten, Zahlungsmethoden sowie Fallstudien aus Ländern analysiert, die über Erfahrungen bei der Untersuchung der Finanzströme aus dem illegalen Handel mit Wildtieren verfügen. Der Abschlussbericht nennt neben Indikatoren zum Erkennen von derartigen Finanzströmen auch best-practice-Beispiele für Finanzermittlungen und gibt Empfehlungen zur Bekämpfung dieses Kriminalitätsphänomens.
Die **FIU** hat am 25.5.2022 eine „Auswertung des FIU-Datenbestands im Hinblick auf vorliegende Bezüge zu Umweltdelikten und Umweltkriminalität" veröffentlicht, die gleichfalls u.a. auf illegalen Wildtierhandel und illegale Abholzung eingeht und diesbezügliche Anhaltspunkte anführt.

382 Vgl. den Bericht der Europäischen Kommission vom 26.2.2016 „Analysis and Evidence in support of the EU Action Plan against Wildlife Trafficking" (SWD(2016) 38 final) unter Ziffer 2.4; erste supranationale Risikoanalyse vom 26.6.2017 (COM(2017) 340 final; SWD(2017) 241 final), S. 16; ausführlich auch der Untersuchungsbericht von APG und UNODC „Enhancing the Detection, Investigation and Disruption of Illicit Financial Flows from Wildlife Crime" aus dem Jahr 2017.

383 Im Internet abrufbar unter http://www.fatf-gafi.org//publications/fatfgeneral/documents/outcomes-plenary-october-2019.html.

384 So u.a. die erste SNRA vom 26.6.2017 (COM(2017) 340 final; SWD(2017) 241 final), S. 16.

385 SWD(2018) 452 final.

386 S.a. „Progress report on the implementation of the EU Action Plan against Wildlife Trafficking" (SWD (2018) 452 final).

V. Gefahren und Auswirkungen der Geldwäsche

206 Von Terrororganisationen, organisierter Kriminalität und Geldwäsche gehen **erhebliche Gefahren** aus.[387] Geldwäsche stellt nicht nur eine ernsthafte Gefahr für die legale Wirtschaft dar und wirkt sich auf die Integrität der Finanzinstitutionen aus[388], der BND soll zur internationalen organisierten Kriminalität und zum Problem der Geldwäsche sogar festgestellt haben, dass *„diese Gefährdungspotenziale die Sicherheit unseres Staates heute stärker beeinträchtigen als unmittelbare militärische Risiken, die wir aus der Zeit des Ost-West-Konfliktes kannten“.*[389]

207 Wie die Enquete-Kommission „Globalisierung der Weltwirtschaft – Herausforderungen und Antworten“ in ihrem Schlussbericht zutreffend feststellt,[390] ist die **Geldwäsche mit der Liberalisierung, Deregulierung und Globalisierung der Finanzmärkte zu einem Problem mit neuen Dimensionen** geworden.[391] Nicht nur ihr Umfang hat stark zugenommen, auch die damit verbundenen Gefahren für Wirtschaft, Gesellschaft und Politik sind erheblich größer geworden. Am 11.9.2001 ist es besonders deutlich geworden, dass die deregulierten Finanzmärkte nicht (nur) der Wohlstandsmehrung in der Welt dienen, sondern auch zur Finanzierung der organisierten Kriminalität und terroristischer Netzwerke missbraucht werden können.[392] Regulierung und Kontrollen sind schwieriger geworden, die Möglichkeiten der Verdunkelung von Herkunftsquellen und Zielgebieten oder von Sendern und Empfängern von Geldflüssen haben sich enorm vergrößert.[393]

208 Geldwäsche (und Terrorismus)[394] haben **unmittelbare und mittelbare Auswirkungen auf verschiedenste Bereiche des öffentlichen und privaten Lebens.**[395] Bereits die Empfehlung des Europarates vom 27.6.1980,[396] die auf einer eigens 1978 in Auftrag gegebenen Expertenstudie beruht, benannte die Gefahr der grenzübergreifenden Geldwäsche für das Wirtschaftssystem.

209 Im sog. **CRIM-Bericht**[397] **des Europäischen Parlaments** vom 26.9.2013 wird in der Ausbreitung der organisierten Kriminalität, der Korruption und der Geldwäsche eine ernsthafte Bedrohung für die Sicherheit der Bürger und Verbraucher, die Reisefreiheit,

---

387 BT-Drucks. 17/14761, S. 4.

388 OECD, Handbuch „Geldwäsche“ für den Innen- und Außendienst der Steuerverwaltung, S. 11.

389 *Schütz*, „Wolfgang Schäuble: Zwei Leben“, Kap. 21, S. 3, was insbesondere durch den völkerrechtswidrigen russischen Angriffskrieg gegen die Ukraine einer Neubewertung unterzogen werden müsste.

390 BT-Drucks. 14/9200, S. 79.

391 Ebenso *Zuck*, NJW 2002, 1397.

392 BT-Drucks. 14/9200, S. 79.

393 *Altvater*, PROKLA 124, 330.

394 Zu den ökonomischen Auswirkungen des Terrors vgl. u. a. *Schneider/Dreer/Riegler*, S. 157 ff.

395 *Degen*, S. 69 f.

396 Recommendation No. R (80) 10 of the Committee of Ministers to member states on measures against the transfer and the safekeeping of funds of criminal origin (adopted by the Committee of Ministers on June 27 1980 at the 321st meeting of the Ministers Deputies) zitiert bei *Degen*, S. 95.

397 CRIM-Bericht, S. 18, Erwägung AD.

den Schutz von Unternehmen, die freie und korrekte Entfaltung des Wettbewerbs, die erforderliche Verhinderung einer Verzerrung des legalen Wirtschaftsablaufs durch die Anhäufung von illegalen Geldern und Finanzvorräten sowie die grundlegenden demokratischen Prinzipien, auf denen die Europäische Union und die Mitgliedstaaten basieren, gesehen. Organisierte Kriminalität, Korruption und Geldwäsche haben mit ihrer umfassenden Unterwanderung der legalen Wirtschaft **verheerende Folgen** für die Mitgliedstaaten.

Zu den Auswirkungen der Geldwäsche zählen insbesondere: Anstieg von Straf- 210
taten und Korruption,[398] Untergraben der Privatwirtschaft, Schwächung von Finanzinstituten durch rufschädigende, betriebliche und rechtliche Risiken (sowie Erschütterung des Vertrauens der Öffentlichkeit in bestimmte Berufsgruppen wie z. B. Rechtsanwälte, Buchprüfer, Notare sowie in Wirtschaftszweige wie Immobilien-, Hotel- und Gaststättengewerbe),[399] die erhöhte Konzentrationsgefahr, Kontrollverlust oder falsche geschäftspolitische Entscheidungen, wirtschaftliche Verzerrung und Instabilität, Verlust von Steuereinkommen, Risiken für Privatisierungsanstrengungen sowie Risiken für den Ruf des betroffenen Landes und soziale Kosten.[400] Wettbewerbsverzerrungen entstehen dadurch, dass den illegal operierenden Unternehmen erhebliche Vermögenswerte zur Verfügung stehen, die es ihnen beispielsweise erlauben, Waren und Dienstleistungen erheblich günstiger anzubieten, als es redlich wirtschaftenden Unternehmen möglich ist – legal wirtschaftende Unternehmen können hier nicht mithalten und werden schließlich vom Markt verdrängt.

Daneben werden auch **Auswirkungen auf Zahlungsbilanzen** genannt: „*Bei der* 211
Analyse der weltweiten Zahlungsbilanzen ist aufgefallen, dass ihr Saldo nicht – wie theoretisch angenommen – null ist, sondern dass ein großes ‚schwarzes Loch' in ihrer Verrechnung besteht. Jährlich kommen Exporte im Wert von 50 Millionen US-Dollar nirgendwo in der Welt an. Sie werden in einem Land als Export registriert, ohne in einem anderen Land als Import gemeldet zu sein. Im Zeitraum von 1967 bis 1987 wurden 1.000 Milliarden US-Dollar bei internationalen Transaktionen überwiesen, ohne dass ein Land den Erhalt dieser Summe deklariert hat.“[401]

Eine **erhebliche Gefahr** liegt vor allem in der **enormen wirtschaftlichen und poli-** 212
tischen Macht, die durch Geldwäsche zu erlangen ist: „*Durch die mit ihr erreichbaren Machtkonzentrationen in Händen von Kriminellen bedeutet sie eine Gefahr für den redlichen Wirtschaftsverkehr und damit zugleich für das Funktionieren der Marktwirtschaft im Ganzen mit den möglichen Ausstrahlungen auf die Integrität der staatlichen und gesell-*

398 Ebenso die UNODC, Introduction to money-laundering, abrufbar unter http://www.unodc.org/unodc/en/money-laundering/introduction.html?ref=menuside.

399 OECD, Handbuch „Geldwäsche“ für den Innen- und Außendienst der Steuerverwaltung, S. 12.

400 *Hanley*, Risikomanager 1/2008, 7; s.a. EU Justice Scoreboard 2023, S. 18.

401 *Harnischmacher*, Die Kriminalpolizei 4/2008, 134.

schaftlichen Institutionen.“[402] Auch der Rat der Europäischen Union erkennt den offenkundigen Einfluss der Geldwäsche auf die Zunahme des organisierten Verbrechens.[403]

213 Ebenso stellt die eingangs erwähnte Enquete-Kommission sehr deutlich fest, dass die Wäsche von schmutzigem Geld wegen der **Schäden**, die dadurch **finanziell, politisch und moralisch** angerichtet werden, ein globales Übel sei, das viele Gestalten annimmt und die Integrität von Finanzinstitutionen und -märkten unterminiert, bevor auch die Stabilität des Finanzsystems betroffen ist:

> *„Erstens erhalten kriminelle und anti-konstitutionelle Kreise zusätzliche Macht: Gewaschenes und daher frei verwendbares Geld ist eine Ressource, die eingesetzt werden kann, um eine Art krimineller oder extralegaler „Gegengesellschaft“ zu alimentieren.*
> *Zweitens werden Straftaten durch Geldwäsche nicht nur vertuscht, sondern monetär belohnt. Dies kann keine Gesellschaft zulassen, ohne sich selbst mit den Normen, die das Zusammenleben der Bürgerinnen und Bürger im Rechtsstaat regeln, aufzugeben.*
> *Drittens geht von der Geldwäsche ein negativer Effekt auf die Legitimation von politischen Institutionen aus, wodurch wiederum politische Indifferenz und „Politikverdrossenheit“ gefördert werden können. Das schwächt die Demokratie, die auf aktive Partizipation der Bürger angewiesen ist.*
> *Viertens fehlen die der öffentlichen Hand hinterzogenen (und per Geldwäsche auf private Konten umgeleiteten) Steuern bei der Bereitstellung öffentlicher Güter. […]*
> *Fünftens können mit den umfangreichen Kapitalflüssen aus der Geldwäsche ökonomische Größen (wie Zinsen, Renditen und Wechselkurse) in eine Richtung beeinflusst werden, die für die makroökonomische Entwicklung von betroffenen Ländern und deren Währungen nicht wünschenswert ist. Das kann im Extremfall zur Verarmung ganzer Nationen beitragen. […]*
> *Sechstens kann auch die Natur beeinträchtigt werden, wenn Geld gewaschen wird, das mit illegalem Handel von Tieren oder Pflanzen durch illegalen Export von Tropenhölzern, von Fellen etc. erworben worden ist. Die kriminelle Vortat wird honoriert, sodass ihre Fortsetzung lukrativ bleibt. Geldwäsche kann also negative Wirkungen auf den globalen Umweltschutz haben.*“[404]

Beispiel
Beeindruckend waren auch die Schätzungen der wirtschaftlichen Auswirkungen eines großen Geldwäscheverfahrens in Kolumbien aus den Jahren 2011/2012 auf die kolumbianische Wirtschaft insgesamt: **Jeder hier gewaschene Peso verursachte** Produktionsausfälle im Wert von einem Peso, privaten Konsumrückgang von 0,7 Pesos, Investitionsrückgänge der Regierung von 0,6 Pesos, Rückgang der Einnahmen der Wirtschaft in Höhe von 0,4 Pesos und des Sparvolumens in Höhe von 0,2 Pesos – insgesamt also negative Auswirkungen auf die Wirtschaft in Höhe von 2,9 Pesos.[405]

---

402 *Lackner/Kühl/Heger*, § 261 Rn 2.
403 Erwägungsgründe zur ersten Geldwäscherichtlinie (91/308/EWG), ABl. EG Nr. L 166 v. 28.6.1991, S. 77.
404 *Altvater*, PROKLA 124, 345 ff.
405 Jahresbericht 2012/2013 der Egmont Group, S. 23.

B. Die Bekämpfung der Geldwäsche[406]

I. Grundsätzliches

Zitate !

„Stopping money laundering is not just about stopping some accountant from fixing the books. Stopping money laundering is about saving peoples' lives. It's about going after the money in people trafficking that sees hundreds of thousands of people being forced into prostitution and forced labour. It's about stopping drug dealers from laundering their money which can be used to fuel gun crime, stabbings and murders."

„Everyone is doing badly, but some are doing less badly than others."

(David Lewis, zum damaligen Zeitpunkt FATF Executive Secretary)[407]

---

1. Ziele des Gesetzgebers

Die zunehmende Globalisierung der Finanzwirtschaft und die Tatsache, dass organisierte Kriminalität regelmäßig grenzüberschreitend erfolgt,[408] führen dazu, dass ein nur auf nationaler Ebene ausgerichteter Bekämpfungsansatz der Geldwäsche (aber auch der Terrorismusfinanzierung) an Bedeutung verliert.[409] Nationale Bekämpfungsmaßnahmen sind ohne internationale Rückendeckung in globaler Sicht wirkungslos.[410] Geldwäsche ist ein staatenübergreifendes Phänomen und erfordert daher auch zwingend **international abgestimmte Bekämpfungsstrategien**.[411] Bisweilen wird die Geldwäschebekämpfung auch als gesamtgesellschaftliche Aufgabe bezeichnet.[412] 214

---

406 Die folgenden Ausführungen konzentrieren sich auf die Bekämpfung der Geldwäsche; die Bekämpfung der **Terrorismusfinanzierung** wird hierbei nur untergeordnet beleuchtet. Ausführliche Informationen zur Terrorismusfinanzierung sind in Kapitel 7 A III zu finden.

407 Übersetzung erstes Zitat (vom AI & Blockchain Summit 21.11.2019): *„Bei der Verhinderung der Geldwäsche geht es nicht nur darum, irgendeinen Buchhalter daran zu hindern, die Bücher zu frisieren. Bei der Bekämpfung der Geldwäsche geht es darum, Menschenleben zu retten. Es geht darum, dem Geld im Menschenhandel nachzugehen, bei dem Hunderttausende von Menschen zur Prostitution und Zwangsarbeit gezwungen werden. Es geht darum, Drogenhändler daran zu hindern, ihr Geld zu waschen, das für Waffenkriminalität, Messerstechereien und Morde verwendet werden kann."*; Übersetzung des zweiten Zitats (vom 11.5.2020 als Resümee zu den bisherigen Länderprüfungen der FATF, Quelle: https://www.icij.org/investigations/panama-papers/everyone-is-doing-badly-anti-money-laundering-czar-warns/): „Alle Länder bekämpfen Geldwäsche und Terrorismusfinanzierung schlecht, aber manche weniger schlecht als andere."

408 Siehe auch BT-Drucks. 12/2704, S. 21.

409 BT-Drucks. 15/5110, S. 7; vgl. auch den Schlussbericht der Enquete-Kommission „Globalisierung der Weltwirtschaft – Herausforderungen und Antworten" v. 12.6.2002, BT-Drucks. 14/9200, S. 79.

410 Vgl. u.a. BT-Drucks. 18/1763, S. 3; *Bongard*, S. 305f.

411 Vgl. Erwägungsgrund 5 der 3. EG-Geldwäscherichtlinie (2005/60/EG) und den CRIM-Bericht, S. 21; ebenso IWF und Weltbank in ihrem gemeinsamen Papier v. 26.4.2001 (Enhancing Contributions To Combating Money Laundering: Policy Paper).

412 *Höche/Rößler*, WM 2012, 1508; sehr lesenswert sind die diesbezüglichen grundsätzlichen Ausführungen von Herzog-*Herzog/Achtelik*, Einleitung Rn. 160ff.

215 Gesetzliche Maßnahmen zur Geldwäschebekämpfung haben ihren Ursprung in der Erkenntnis, dass traditionelle (repressive und präventive) Ermittlungsmaßnahmen langfristig keinen signifikanten Erfolg verzeichnen können und damit nicht ausreichend sind, um der organisierten Kriminalität wirksam zu begegnen.[413] Nach Ansicht des Gesetzgebers hängt eine **effektive Bekämpfung der Geldwäsche** von **folgenden Voraussetzungen** ab:

> *„Den Strafverfolgungsbehörden müssen Anhaltspunkte für Geldwäschetransaktionen verfügbar gemacht werden. Ferner müssen sie im Rahmen von strafrechtlichen Ermittlungsverfahren auf Unterlagen zugreifen können, die Finanztransaktionen und insbesondere die hieran Beteiligten dokumentieren. Schließlich müssen Wirtschaftsunternehmen Vorkehrungen zum Schutz dagegen ergreifen, dass sie für Geldwäsche missbraucht werden.“*[414]

216 **Ziel des Gesetzgebers bei der Geldwäschebekämpfung** ist es zum einen, die Möglichkeiten der Strafverfolgungsbehörden zur Aufdeckung der Strukturen der organisierten Kriminalität durch Transparenz von Geldflüssen zu verbessern,[415] und zum anderen den durch Gewinne aus Straftaten geschaffenen Anreiz für die Entstehung organisierter Kriminalität zu beseitigen, indem die Abschöpfung der Gewinne sichergestellt und der Straftäter in finanzieller Hinsicht gegenüber der Umwelt isoliert wird.[416]

217 Diese beiden Ziele finden sich auch in den verschiedenen Tathandlungen des **Geldwäscheparagrafen im Strafgesetzbuch (§ 261 StGB)** wieder, durch den einerseits erreicht werden soll, *„dass, ausgehend von der Nahtstelle zwischen illegalem und legalem Wirtschaftskreislauf, eine nachvollziehbare Papierspur erhalten bleibt und den Strafverfolgungsorganen durch eine Rekonstruktion der finanziellen Abläufe der Zugriff auf die Zentren der Organisationen ermöglicht wird“*.[417] Zum Zweiten soll *„der Täter auf den Erlösen und Gewinnen aus Straftaten sitzen bleiben [...]. Für ihn entfällt dann der Anreiz zur Begehung von Taten, weil die Tat sich für ihn nicht mehr lohnt“*.[418]

218 **Ziel des Geldwäschegesetzes** ist es, die Weiterverwendung von Gewinnen aus Straftaten, insbesondere aus organisierter Kriminalität, zu unterbinden.[419] Wegen der fortdauernden Erweiterung des Vortatenkatalogs des § 261 StGB bis hin zum aktuellen all-crimes-Ansatz und der erweiterten Verwertungsmöglichkeiten (vgl. die seit 26.6.2017 entfallenen Beschränkungen in § 11 Abs. 6 GwG-alt) erstreckt sich das Ziel nun auch auf die Bekämpfung weiterer Kriminalitätsformen einschließlich Steuervergehen sowie auf

---

413 *Bräuning*, S. 38 m.w.N.

414 Entwurf eines Gesetzes über das Aufspüren von Gewinnen aus schweren Straftaten (Gewinnaufspürungsgesetz – GewAufspG), BT-Drucks. 12/2704, S. 1.

415 Vgl. BT-Drucks. 12/989, S. 1 und 26, mit dem Zugriff auf die Tatgewinne soll den Straftätern zugleich auch das Investitionskapital für die Begehung weiterer Straftaten entzogen werden.

416 *Voß*, S. 7 m.w.N.

417 BT-Drucks. 12/3533, S. 11.

418 BT-Drucks. 12/3533, S. 11; *Voß*, S. 8.

419 BT-Drucks. 12/2704, S. 1, 10; siehe auch BGH, Urt. v. 6.5.2008 – XI ZR 56/07 – NJW 2008, 2245ff.

die Bekämpfung der Terrorismusfinanzierung, wobei allgemein zu beachten ist, dass derinhaltliche Grundansatz der Maßnahmen zur Geldwäschebekämpfung präventiver Natur ist.[420]

Hinweis

!

Deutschland wurde bereits mehrfach kritisiert, Geldwäsche (und Terrorismusfinanzierung) zu nachlässig zu bekämpfen. Zu nennen sind hier nicht nur die FATF-Evaluationsberichte (s. im Folgenden unter Ziffer B III.) sowie zahlreiche Presseveröffentlichungen, in denen häufig von Deutschland als „Geldwäscheparadies" die Rede ist (meist im Kontext der FIU und/oder unzureichender Aufsicht), sondern auch verschiedene (zuletzt wieder im Februar 2021) eingeleitete Vertragsverletzungsverfahren der EU-Kommission gegen Deutschland wegen unzureichender Umsetzung der Geldwäscherichtlinien.

Andreas Frank – ein anerkannter Geldwäscheexperte und Mitgründer von **uaml.org** (United against Money Laundering), der bis zu seinem viel zu frühen Tod im Juni 2024 viele Jahre für eine effiziente Bekämpfung von Geldwäsche und Terrorismusfinanzierung in Deutschland und darüber hinaus kämpfte und selbst Vertragsverletzungsverfahren gegen Deutschland initiiert hatte – formulierte hierzu drastisch: *„Die Bundesregierungen der letzten 27 Jahre haben Geldwäsche und damit die Organisierte Kriminalität und die Finanzierung des Terrors toleriert."*[421]

---

2. Besonderheit: Einbeziehung Privater

Eine **Besonderheit** in der Geldwäschebekämpfung im Vergleich zu Bekämpfungsan- 219
sätzen anderer Kriminalitätsformen ist ihre **Einbeziehung Privater** vor allem über die Verdachtsmeldepflicht nach dem Geldwäschegesetz (§ 43 GwG, Art. 69 EU-Geldwäsche-Verordnung), die von Beginn an kontrovers diskutiert wurde.[422] Der Gesetzgeber möchte durch diese Verpflichtung Privater die Expertise und Instrumentarien der Verpflichteten in ihrem jeweiligen Geschäftsfeld für die strafrechtliche Verfolgung von Geldwäsche heranziehen.[423] Anders als durch die von Privaten zu fertigenden Aufzeichnungen könnten Finanztransaktionen nicht transparent gemacht werden[424] (eine pauschale staatliche Überwachung wäre ungleich eingriffsintensiver) und ohne die Verdachtsmeldungen der Verpflichteten nach dem GwG wäre eine Bekämpfung der Geldwäsche kaum möglich, da den Strafverfolgungsbehörden die Mittel und Wege fehlen, von sich aus – ohne bereits vorliegende Verdachtsmomente – Geldwäschehandlungen aufzudecken. Die Einbeziehung Privater in die Mithilfe bei der Strafverfolgung geschieht zudem ausschließlich im Interesse einer effektiven Bekämpfung der Geldwäsche (und Terrorismus-

---

420 Vgl. auch BT-Drucks. 15/5110, S. 8.

421 Zitiert in Süddeutsche Zeitung, „Versagen in allen Bereichen", v. 15.2.2021.

422 Vgl. bspw. *Sommer*, StraFo 2005, 327, 329, der die Einbindung Privater in die Geldwäschebekämpfung völlig verfehlt mit dem Denunziantentum des Kommunismus und Faschismus vergleicht (S. 331).

423 Ähnlich *Nemet/Dittrich*, FLF 2012, 199.

424 BT-Drucks. 12/2704, S. 16.

finanzierung) und nicht, um eine allgemeine, bereichsunspezifische Verbesserung der Erkenntnisquellen der Strafverfolgungsbehörden zu erreichen.[425]

220 Die sich in hoher Geschwindigkeit ändernden Typologien von geldwäscherelevanten Handlungen sorgen dafür, dass die Strafverfolgungsbehörden häufig „zu spät kommen" und Geldwäsche nicht verhindert werden kann.[426] Das Rechtsinstitut der Verdachtsmeldepflicht erschließt eine **wichtige zusätzliche Erkenntnisquelle für die Strafverfolgungsbehörden** im Hinblick auf Ansatzpunkte für Geldwäscheermittlungen.

221 Ohne die (bußgeldbewehrte) Pflicht zur Meldung von Verdachtsfällen wäre mangels einer konkreten Schadensverursachung durch Geldwäsche bei den betroffenen Kredit- und Finanzinstituten bzw. Verpflichteten allgemein kaum mit einem nennenswerten Mitteilungsaufkommen zu rechnen.[427] Geldwäscheprävention ist für viele Verpflichtete nach wie vor primär ein **Kostenfaktor**.[428] In der Realität zeigt sich auch, dass Verpflichteten nach dem Geldwäschegesetz ein angetragenes (lukratives) Geschäft oft wichtiger ist als die Erfüllung der Pflichten (insbesondere der Verdachtsmeldepflicht) nach dem GwG, und bestehen insbesondere große Hemmungen, „alte" und besonders gute Kunden zu melden, aus Angst, diese im Anschluss zu verlieren.[429] Die Verpflichteten des GwG sind jedoch schon aus eigenem **Integritätsinteresse** und im Sinne **ethischen Wirtschaftens** bzw. ihrer Standespflichten dazu aufgerufen, durch eine sorgfältige Beachtung der Verdachtsmeldepflicht gem. § 43 Abs. 1 S. 1 GwG ihren Beitrag zur Bekämpfung von Geldwäsche und Terrorismusfinanzierung zu leisten.[430]

222 Erforderlich ist ein **gemeinsames Vorgehen** der involvierten Behörden und der Verpflichteten nach dem GwG.

3. Bekämpfungsansätze im Spiegel des Drei-Phasen-Modells

223 Entsprechend den einzelnen Stufen des eingangs herangezogenen Drei-Phasen-Modells sollen im Folgenden kurz hierfür spezifische Bekämpfungsansätze aufgezeigt werden:

224 Die **Platzierung** von inkriminierten Vermögenswerten (meist Bargeld) ist das schwierigste Hindernis für Straftäter im gesamten Geldwäscheprozess. Die Identifizierungs-, Dokumentations- und Verdachtsmeldepflichten nach dem Geldwäschegesetz setzen genau an dieser Stelle an und versuchen dadurch die Platzierung von illegal erlangten Vermögenswerten zu erschweren. Aber auch andere staatliche Einwirkungen auf den Bargeldverkehr verfolgen dieses Ziel – beispielsweise die Abschaffung der 500 EUR-Banknote oder die Diskussion um die Einführung von Barzahlungsobergrenzen.[431]

---

425 Vgl. auch BT-Drucks. 12/2704, S. 16f.
426 *Starre*, CCZ 2014, 23.
427 Vgl. auch BT-Drucks. 12/2704, S. 18.
428 *Herzog/Mika/Coppi*, Risiko Manager 2008, S. 28.
429 Ähnlich auch *Suendorf*, S. 383f.
430 Herzog-*Herzog/Achtelik*, GwG, 2. Aufl., § 11 Rn. 13.
431 S. hierzu näher oben Ziffer A III 2c.

Bekämpfungsansätze im Bereich des **Layerings** müssen vorrangig darauf ausgerichtet sein, Anonymisierungsmöglichkeiten zu verhindern und die Papierspur zu erhalten.[432] Dazu gehört u.a. die Erschwerung der Gründung und Nutzung anonymer Gesellschaftsformen, von Scheinfirmen und von Unternehmen in Offshore-Zentren oder nicht-kooperierenden Ländern (etwa durch Publikationspflichten in Bezug auf wirtschaftlich Berechtigte an diesen Unternehmen in öffentlichen Registern) und eine bessere Erfassung des internationalen Warenverkehrs (zur besseren Erkennung von Über- und Unterfakturierungen). 225

Ist erst einmal die **Integrationsstufe** erreicht, gestalten sich die Ermittlungen besonders schwierig. Hier ist die Rückverfolgbarkeit von Zahlungsströmen/Vermögenswerten bis hin zur ursprünglichen Straftat erheblich erschwert. Wird der Kampf gegen Geldwäsche wirklich ernstgenommen, müssen die Überprüfung der Eigentumsverhältnisse aller werthaltigen Mobilien (Kfz, Flugzeuge, Schiffe) und Immobilien sowie eine Etablierung öffentlicher Zentralregister für Vermögenswerte an-gestrebt werden.[433] Um Strohmannkonstruktionen vorzubeugen, müssen diese Maßnahmen von der lückenlosen Registrierung aller juristischen und (hieran beteiligten) natürlichen Personen begleitet werden. 226

4. Übersicht

Die folgende Übersicht[434] stellt anschaulich die wesentlichen Institutionen und Zusammenhänge im Bereich der Bekämpfung von Geldwäsche und Terrorismusfinanzierung dar: 227

432 Ebenso *Bongard*, S. 294.

433 So zutreffend *Bongard*, S. 297.

434 Quelle: IDW Knowledge Paper v. 3.4.2020 *„Geldwäscheprävention – Aktuelle Entwicklungen bei der Bekämpfung von Geldwäsche und Terrorismusfinanzierung“*, S. 9 (mit freundlicher Genehmigung der Verwendung).

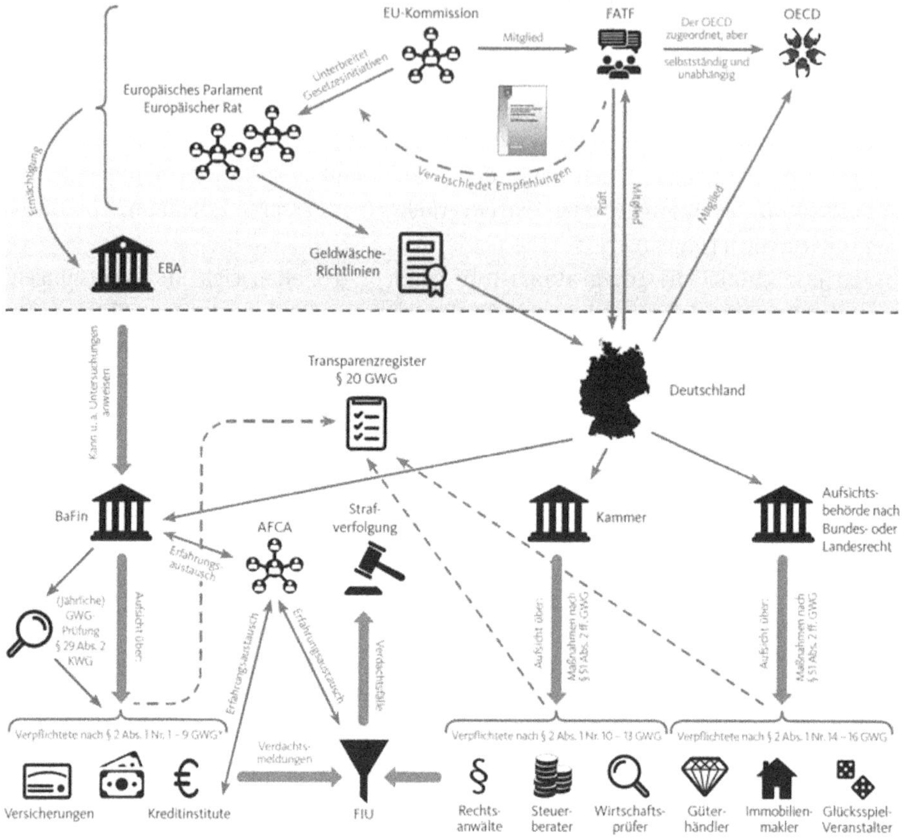

II. Statistik

1. Statistiken zu Verdachtsmeldungen

228 In ihrem Deutschland-Evaluationsbericht 2010 hatte die FATF die gemessen an der wirtschaftlichen Größe Deutschlands **geringe Zahl von Verdachtsmeldungen** kritisiert.[435] Die FATF lobte einerseits die vergleichsweise hohe durchschnittliche Qualität der Meldungen, bemängelte jedoch gleichzeitig, dass dies auf Kosten der Quantität ginge. Die Erwartung der FATF war insofern ausdrücklich eine **Steigerung der Zahl der Verdachtsmeldungen – auch auf Kosten der Qualität**, um den Strafverfolgungsbehörden eine breitere Informationsbasis zu verschaffen.[436] Dies führte zu nicht geringem Druck in den verantwortlichen Ministerien und Behörden und bisweilen auch mehr oder weniger offen formulierten Wünschen nach mehr Meldungen, um den Kritikpunkt bei

435 Ziff. 714 ff.
436 FATF Evaluationsbericht, Ziff. 719.

der nächsten FATF-Evaluation Deutschlands entkräften zu können. So schrieb beispielsweise die BaFin in ihrem Jahresbericht 2014 (S. 73): *„Die Verpflichteten sollen sich schneller bzw. öfter melden als bisher, wenn sie Anhaltspunkte für einen Verstoß gegen das Geldwäschegesetz haben."* Die Bundesregierung selbst bezeichnete bspw. die Steigerung der Zahl der Verdachtsmeldungen von 2013 auf 2014 um rund 33 % als *„spürbare Verbesserung"* des Meldewesens[437] – eine Aussage bzw. Schlussfolgerung, die viele Praktiker so nicht teilten.

Hinweis

Zu den Feststellungen der **FATF** in ihrem **Deutschland-Evaluationsbericht** war hinsichtlich der „vergleichsweise niedrigen Zahl an Verdachtsmeldungen" in Deutschland anzumerken, dass ein zahlenmäßiger Vergleich der Verdachtsmeldungen mit anderen Ländern nur sehr eingeschränkt möglich ist, da völlig unterschiedliche Datengrundlagen existieren, was nicht ausreichend berücksichtigt worden zu sein scheint. Werden bspw. in Deutschland teils mehrere verdächtige Transaktionen vom Verpflichteten in einer Meldung gemeldet, so zählt dies nur als eine Meldung zur Statistik, in anderen Ländern wie Großbritannien würde in einem derartigen Fall jede einzelne verdächtige Transaktion in die Statistik einfließen.
Auch ***Eurostat*** weist in seinem jährlichen europäischen Vergleich ausdrücklich auf die diversen Schwierigkeiten eines Zahlenvergleichs hin und dass aufgrund der unterschiedlichen administrativen und operativen Praktiken in den Mitgliedstaaten die Zahlen mit Vorsicht interpretiert werden müssen.[438]

Die **Zahl der abgegebenen / bei der FIU eingegangenen Verdachtsmeldungen** stieg über die Jahre stetig an[439], erst im Jahr 2023 zeigte sich ein kleiner Rückgang, wie die nachfolgende Tabelle der FIU im Jahresbericht 2023 (S. 12) zeigt: 229

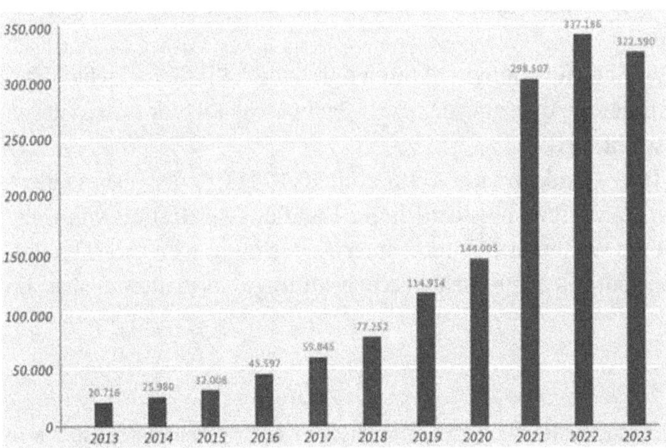

437 BT-Drucks. 18/2888, S. 6.

438 *„Money laundering in Europe – Report of work carried out by Eurostat and DG Home Affairs"*; s. bspw. im Bericht von 2013 auf S. 15.

439 Die Zahl der monatlich bei der neuen FIU eingegangenen Verdachtsmeldungen von 06/2017 bis 01/2019 ist der BT-Drucks. 19/9326, S. 2 zu entnehmen; seit Ende 2019 liegt die monatliche Zahl konstant bei über 10.000 Meldungen pro Monat, vgl. auch BT-Drucks. 19/19651, S. 4.

230 Ein **Vergleich der in den FIU-Jahresberichten ausgewiesenen Meldezahlen vor und nach der Verlagerung der FIU vom BKA zum Zoll** zum 27.6.2017 ist dabei nicht möglich – die Zahlen der BKA-FIU enthielten anders als die Jahresberichte der „neuen" FIU ausdrücklich keine Nachmeldungen, wie bspw. im Jahresbericht der BKA-FIU 2008 betont: *„Nachmeldungen zu bereits erstatteten Anzeigen werden nicht berücksichtigt."*[440]

231 Die fortlaufenden, **vergleichenden Aussagen in den Jahresberichten der „neuen" FIU** bis zum Jahresbericht 2021 (bspw. dort auf S. 15: *„Das Meldeaufkommen hat sich innerhalb der letzten zehn Jahre mit damals 13.544 Verdachtsmeldungen mehr als verzwanzigfacht."*) sind insofern schlicht **falsch**. Erst in ihrem Jahresbericht 2023 weist die „neue" FIU die in der Gesamtzahl der ausgewiesenen Meldungen enthaltene Zahl der **Nachmeldungen** aus – bspw. sind in den in den Jahren 2022 und 2023 eingegangenen 337.186 bzw. 322.590 Meldungen insgesamt jeweils ca. 50.000 Nachmeldungen enthalten[441], was das Gesamtbild erheblich verändert.[442]

232 **Faktoren, die die Fallzahlenentwicklung beeinflusst haben, sind** (neben den zuvor genannten Feststellungen im FATF-Evaluationsbericht 2010):

- die **Erweiterung des Verpflichtetenkreises** (bspw. um Kryptotauschbörsen, Walletprovider, Mietmakler, Kunstvermittler und bestimmte Kunstlagerhalter),
- die **Herabsetzung von Schwellenwerten** (bspw. für Barzahlungen bei Güterhändlern von 15.000 EUR auf 10.000 EUR),
- die **Verschärfungen in den BaFin-AuA** (insbesondere auch der Besondere Teil für Kreditinstitute und die darin enthaltenen Ausführungen zur Forderung von Herkunftsnachweisen bei Bareinzahlungen ab 10.000 Euro innerhalb bestehender Geschäftsbeziehungen),
- die **Verschärfung der Sanktionsmöglichkeiten** durch die 4. EU-Geldwäsche-Richtlinie sowie die Richtlinie zur Änderung der 4. EU-Geldwäsche-Richtlinie bzw. deren Umsetzung im deutschen GwG,
- der **Beschluss des OLG Frankfurt am Main vom 10.4.2018**[443], der insbesondere durch sehr restriktive Ansichten hinsichtlich des Handlungsspielraums von Geldwäschebeauftragten die Weiterleitungsquote interner Meldungen zu externen Verdachtsmeldungen erhöhte – viele Geldwäschebeauftragte orientieren sich im

---

440 Anm.: Die damalige Terminologie lautete noch „Verdachtsanzeigen"; Nachmeldungen sind Meldungen, bei denen ein weiterer auffälliger Umstand gemeldet wird, der mit einer „Erst"-Meldung in Verbindung steht; zu einzelnen Verdachtsmeldungen kann es daher mehrere Nachmeldungen geben.

441 FIU-Jahresbericht 2023, S. 13.

442 Um ein präziseres/ehrlicheres Bild zu erhalten, müsste die Gesamtzahl der eingegangenen Meldungen weiter aufgeschlüsselt werden (und insbesondere die Meldezahlen einzelner Verpflichteter angegeben werden, die laut Angaben von FIU-Vertretern bei Vorträgen allein bis zu 70.000 Meldungen im Jahr abgegeben haben sollen, was das Gesamtbild weiter erheblich beeinflussen würde).

443 Az. 2 Ss-Owi 1059/1; hierzu krit. Barreto da Rosa / Diergarten in NStZ 2020, 173ff.

Zweifel am Prinzip **„Melden macht frei“**[444] im Sinne von „lieber eine Verdachtsmeldung mehr erstatten, als ein teures Bußgeld riskieren“ (was strukturell wiederum die (durchschnittliche) Qualität der externen Meldungen negativ beeinflusst),

- die **verstärkte Kontroll- und Sanktionspraxis** der Aufsichtsbehörden, die wiederum auf dem Monitum der FATF im Deutschland-Evaluationsbericht von 2010[445] fußt,
- die Einführung der **GwGMeldV-Immobilien** zum 1.10.2020, durch welche v.a. die Zahl der Meldungen seitens der Notare/Notarinnen deutlich zunahm,[446]
- die (immer noch nur zögerlich) zunehmende Sensibilisierung der sonstigen Verpflichteten im **Nichtfinanzsektor**, dessen „Potenzial“ an **Meldungen** noch nicht annähernd erschlossen wurde[447] (die wenigen Meldungen aus dem Bereich wurden von der FATF auch in ihrem Evaluationsbericht 2022 wieder deutlich kritisiert)[448], und der durch die EU-Geldwäsche-Verordnung im Bereich der Güterhändler andererseits wieder beschränkt werden wird (auf bestimmte Händler hochwertiger Güter)[449],
- der durch das Gesetz zur Verbesserung der strafrechtlichen Bekämpfung der Geldwäsche zum 18.3.2021 eingeführte **all-crimes-Ansatz**[450] (mE jedoch vorrangig aufgrund der hierdurch verursachten intensiveren öffentlichen Diskussion (insbesondere im Kontext des in der Folge als geeignete Geldwäschevortat erfassten § 285 StGB, der die **Beteiligung am unerlaubten Glücksspiel** unter Strafe stellt), da die Verdachtsschwelle für die Meldepflicht bereits zuvor weitestgehend unabhängig von einem konkreten Verdacht auf Vortaten des § 261 StGB bestand).

Verdachtsmeldungen werden seit je her **zum mit Abstand größten Teil von Kreditinstituten und Finanzdienstleistern erstattet**, wie die folgende Tabelle aus dem FIU-Jahresbericht 2023 (S. 66) veranschaulicht: 233

444 Auch die FATF stellt in ihrem Deutschland-Evaluationsbericht 2022 ein solches „defensive reporting“ als mögliche Ursache für den deutlichen Anstieg der Meldungen in den letzten Jahren fest, vgl. overall conclusions on IO.4 (S. 160), Ziff. 15 (S. 11) und Ziff. 359 (S. 192).

445 AaO u.a. Ziff. 841 und 855.

446 Die Zahl der Meldungen von Notaren/Notarinnen stieg laut der FIU-Jahresberichte von 17 im Jahr 2019 auf 7.305 im Jahr 2023; ausweislich der Begründung zur GwGMeldV-Immobilien, Ziff. 4.1. und 4.2, rechnete der Verordnungsgeber mit zusätzlich ca. 10.000 Meldungen jährlich.

447 Vgl. u.a. die Schätzungen der Studie von *Bussmann*.

448 Overall conclusions on IO.4 (S. 160).

449 Vgl. Art. 3 Nr. 3 Buchst. f, Art. 2 Abs. 1 Nr. 54 i.V.m. Anhang IV.

450 Bereits im FATF-Evaluationsbericht 2010, S. 10 Ziff. 5, hatte die FATF Deutschland die Streichung des Vortatenkatalogs empfohlen; im FATF president's paper „Anti-money laundering and counter terrorist financing for judges & prosecutors“ vom Juni 2018, S. 5, empfahl sie allgemein einen all-crimes-Ansatz.

	Verpflichtete[22]	2021	2022	2023	Veränderung 2022/2023
Finanzsektor	Kreditinstitute	180.394	242.930	217.657	↘
	Finanzdienstleistungsinstitute	12.289	12.121	28.494	↗
	Zahlungsinstitute und E-Geld-Institute	95.386	69.961	63.764	↘
	Agenten	911	790	723	↘
	Selbstständige Gewerbetreibende	0	0	0	→
	Versicherungsunternehmen	222	252	269	↗
	Kapitalverwaltungsgesellschaften	33	69	49	↘
	Summe Verdachtsmeldungen Finanzsektor	**289.235**	**326.123**	**310.956**	↘
Nichtfinanzsektor	Finanzunternehmen	378	620	359	↘
	Versicherungsvermittler	11	15	17	↗
	Rechtsanwälte	83	92	160	↗
	Kammerrechtsbeistände	0	0	0	→
	Patentanwälte	0	0	0	→
	Notare	6.471	7.223	7.305	↗
	Rechtsbeistände	0	0	0	→
	Wirtschaftsprüfer und vereidigte Buchprüfer	23	13	31	↗
	Steuerberater und Steuerbevollmächtigte	36	50	57	↗
	Treuhänder, Dienstleister für Treuhandgeschäfte	6	12	6	↘
	Lohnsteuerhilfeverein	0	1	0	↘
	Immobilienmakler	177	222	260	↗
	Veranstalter und Vermittler von Glücksspielen	220	462	429	↘
	Dienstleister für Gesellschaften und für Treuhandvermögen (außer: Bürodienstleister / Business-Center)[23]	-	-	1	↗
	Dienstleister i. S. von Bürodienstleister / Business-Center[24]	-	-	3	↗
	Güterhändler	782	1.386	1.746	↗
	Summe Verdachtsmeldungen Nichtfinanzsektor	**8.187**	**10.096**	**10.374**	↗
Weitere	Aufsichtsbehörde	173	108	121	↗
	Finanzbehörden	754	653	956	↗
	Sonstige Verdachtsmeldungen	158	206	183	↘
	Gesamtsumme	298.507	337.186	322.590	↘

234 Der Bereich der Geldwäscheprävention ist im **Bereich der Kreditinstitute** grundsätzlich meist vergleichsweise gut aufgestellt (insbesondere im Vergleich zu anderen Verpflichtetengruppen v.a. aus dem Nichtfinanzsektor, wo oftmals noch kein hinreichendes Bewusstsein für die Risiken besteht, die durch mangelnde Geldwäschecompliance entstehen können[451]). Kreditinstitute sind seit Bestehen des GwG Verpflichtete nach dem Geldwäschegesetz und können insofern auf über 30 Jahre Erfahrung zurückblicken. Dennoch sind auch hier immer wieder – teils gravierende – Defizite festzustellen, was nicht nur durch die zahlreichen Geldwäscheskandale der letzten Jahre eindrucksvoll bewiesen wird,[452] sondern auch in der täglichen Praxis aufseiten der Strafverfolgungsbehörden feststellbar ist. Laut einer **BearingPoint-Studie** im Jahr 2013 überprüften noch zum

451 Vgl. auch *Bülte*, NZWiSt 2017, 276.

452 S.u.a. den Bericht der Kommission an das Europäische Parlament und den Rat über die Bewertung aktueller Fälle von mutmaßlicher Geldwäsche unter Beteiligung von Kreditinstituten aus der EU vom 24.7.2019 (COM(2019) 373 final).

damaligen Zeitpunkt **35 % der Banken nicht, woher angelegtes Geld ursprünglich stammt**[453] (ob eine Neuauflage der Studie gravierend bessere Werte ergeben würde, wäre sicherlich aufschlussreich). Hauptmotivation für Geldwäsche-, Betrugs- und Terrorismusfinanzierungsprävention waren der Studie zufolge Schutz vor Reputationsrisiken (87 %) und Vermögensschäden (78 %). Trotzdem bleiben die Banken bei der praktischen Kontrolle teils deutlich hinter ihren Möglichkeiten zurück.

2. Verurteilungen wegen Geldwäsche (§ 261 StGB)

a) Vorbemerkungen

Ein häufig genannter Kritikpunkt an der aktuellen Ausgestaltung der Geldwäschebekämpfung, der meist unter Verweis auf Zahlen der FIU-Jahresberichte der FIU[454] artikuliert wird, lautet, dass ein krasses **Missverhältnis zwischen Aufwand und Nutzen** bestünde. Dem erheblichen Aufwand auf Seiten der Verpflichteten nach dem Geldwäschegesetz, aber auch auf Seiten der FIU und der Strafverfolgungsbehörden etc. stünden nur sehr wenige Verurteilungen wegen Geldwäsche gegenüber.[455] 235

Abgesehen davon, dass kein unmittelbarer Vergleich der in einem Kalenderjahr erstatteten Verdachtsmeldungen mit den im gleichen Jahr ergangenen Urteilen, Strafbefehlen etc. möglich ist, da allenfalls in Ausnahmefällen im gleichen Jahr zu einer Meldung auch ein (rechtskräftiges) Urteil oder ein Strafbefehl vorliegen wird – gerade in Verfahren gegen Organisierte Kriminalität vergehen jeweils mehrere Jahre von der Erstattung einer Verdachtsmeldung bis zur verfahrensbeendenden (rechtskräftigen) Entscheidung, lediglich Verfahrenseinstellungen werden regelmäßig zeitnäher getroffen – werden hier offenkundig **zentrale Aspekte übersehen**. 236

b) FIU-Statistik zu staatsanwaltschaftlichen Rückmeldungen

Die wichtigste Aussage vorab: Die Zahlen in den FIU-Jahresberichten zu Verurteilungen, Strafbefehlen und Anklageschriften im jeweiligen Berichtsjahr bilden **nicht die tatsächliche Zahl** der Verurteilungen etc. ab, die im jeweiligen Jahr in Deutschland ergangen sind. Die Tabelle im FIU-Jahresbericht enthält lediglich die Urteile etc., die der FIU auf Basis des § 42 Abs. 1 GwG (bzw. vor dem 26.6.2017 nach § 11 Abs. 8 GwG-alt) als Rückmeldung von den Staatsanwaltschaften übersandt wurden. 237

---

453 Abrufbar unter http://www.bearingpoint.com/de-de/7-7389/geldwaesche-und-betrugsbekaempfung-bleibt-herausforderung-fuer-banken/?&p=532.

454 Bspw. MdB König *„Im Jahr 2018 waren von den 77.000 gemeldeten Verdachtsfällen nur ganze 275 Fälle relevant für die Justiz. Das sind 0,36 Prozent.“*, Plenarprotokoll zur 119. Sitzung des Bundestags am 18.10.2019, S. 14764.

455 So u. a. *Schimansky/Bunte/Lwowski/Walther* § 42 Rn. 563.

FIU-Statistik

Zu den staatsanwaltschaftlichen Rückmeldungen enthält der FIU-Jahresbericht 2023 nachstehende Tabellen:[456]

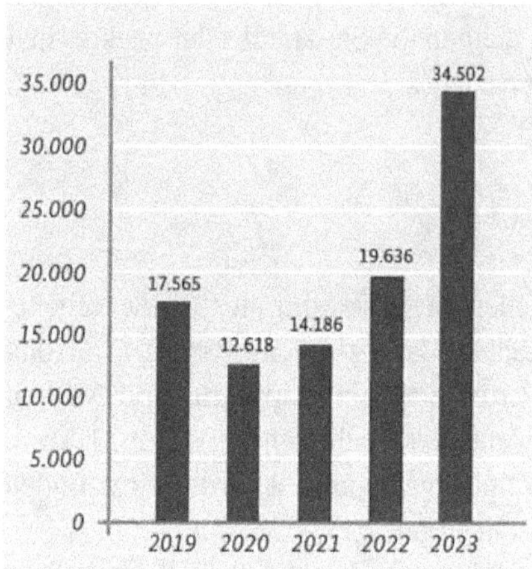

Abbildung 28: Anzahl der staatsanwaltschaftlichen Rückmeldungen

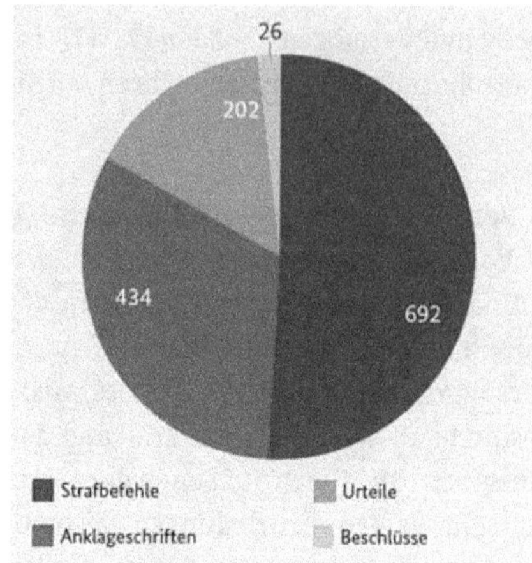

Abbildung 29: Übersicht der Urteile, Strafbefehle, Beschlüsse und Anklageschriften

238 Eine Bewertung der Wirksamkeit des Verdachtsmeldewesens anhand der FIU-Statistiken zum prozentualen **Anteil der Einstellungsverfügungen** an der Gesamtzahl der staatsanwaltschaftlichen Rückmeldungen ist nicht möglich. Den vorstehenden Tabellen des FIU-Jahresberichts 2023 ist zwar zu entnehmen, dass es sich nur bei 1.328 der bei der FIU eingegangenen Rückmeldungen um Urteile, Strafbefehle oder Anklageschriften gehandelt hat, was einem Anteil von 0,4 % an den im Jahr 2023 eingegangenen Meldungen entspricht. Unsinn ist jedoch die Schlussfolgerung, wenn es nur in unter 1 % der erstatteten Verdachtsmeldungen zu entsprechenden Verurteilungen kam, läge der Prozentsatz der „zu Unrecht“ erstatteten Verdachtsmeldungen bei über 99 %.[457]

239 Diese Behauptung übersieht, dass Verdachtsmeldungen (vor allem vor der Verlagerung der FIU)

- zu zahlreichen Verurteilungen, Strafbefehlen und anderen Verfahrensbeendigungen (wie beispielsweise Einstellungen mit Zahlungsauflagen) wegen anderer Straftaten (häufig Betrugsstraftaten) führen,
- viele Steuerstrafverfahren und Besteuerungsverfahren nach sich ziehen und eben

456 FIU-Jahresbericht 2023, S. 69.

457 Zu früheren ähnlichen Zahlen: Fülbier/Aepfelbach/Langweg/Fülbier, § 11 GwG a.F. Rn. 26; diesen zitierend Michalke, EuZW 2007, 476 (m.V.a.) und Leitner, AnwBl 2003, 675; ähnl. Bussmann/Veljovic, NZWiSt 2020, 420, die feststellen, dass nur 0,6 % aller Verdachtsmeldungen zu einer Aburteilung wegen Geldwäsche führten.

- viele Verfahren in dem Jahr der Erstattung der Meldung noch nicht abgeschlossen sind und somit noch überhaupt kein Ermittlungsergebnis vorliegt, das man der Zahl der Verdachtsmeldungen in dem jeweiligen Jahr gegenüberstellen könnte (s. o.).[458]

Das **zentrale Problem der rückgemeldeten Einstellungsverfügungen** ist, dass über die reine strafprozessuale Einstellungsentscheidung hinaus die Rückmeldungen selten erläuternde Informationen oder relevante Erkenntnisse enthalten – vgl. hierzu ausführlich die genauere Betrachtung der Aussagekraft von Einstellungsverfügungen in Kapitel 8 B II 2. Es sind daher meist keine Rückschlüsse möglich, ob die Verfahren, die wegen Geldwäsche eingestellt wurden, womöglich wegen einer Vortat oder einer anderen verfolgbaren Straftat weitergeführt wurden, oder ob seit dem 1.7.2017 von den zu diesem Zeitpunkt neu geschaffenen Möglichkeiten der selbstständigen Einziehung nach § 76a Abs. 4 StGB Gebrauch gemacht wurde (Einziehung von Vermögen unklarer Herkunft, ohne dass es zu einer Verurteilung einer Person kommt). Für den Nachweis der Effektivität des Instrumentariums „Geldwäscheverdachtsmeldung“ wären diese Erkenntnisse jedoch erforderlich.[459] **240**

Ergänzend ist anzumerken, dass die Formulierung **„zu Unrecht“ erstatteter Meldung** übersieht, dass sich ein Sachverhalt für den Verpflichteten – der „so schnell wie möglich“ und ohne eingehende Prüfung des jeweiligen Sachverhalts melden soll – höchst zweifelhaft darstellen oder eine Verpflichtung zur Verdachtsmeldung bestehen kann, weil der betreffende Geschäftspartner jegliche Kooperation verweigert und sich oder wirtschaftlich Berechtigte nicht identifizieren lässt (vgl. § 43 Abs. 1 S. 1 Nr. 3 GwG), und sich erst durch die Analyse der FIU oder eingehende Ermittlungen der Strafverfolgungsbehörden herausstellt, dass kein krimineller Hintergrund vorliegt. Der prozentuale Anteil der „zu Unrecht“ (teils auf irrigem Rechtsverständnis basierend) erstatteten Verdachtsmeldungen lag in der Vergangenheit bei maximal 2 %. **241**

c) Strafverfolgungsstatistik

Bereits die vom Statistischen Bundesamt veröffentlichte **Strafverfolgungsstatistik** der Justiz weist jeweils deutlich mehr Verurteilungen wegen Geldwäsche aus[460] als die entsprechenden Jahresberichte der FIU – bspw. zuletzt für 2023[461] insgesamt 2.623 gegenüber 202 im FIU-Jahresbericht 2023:[462] **242**

458 Vor dem 26.6.2017 könnte auch schlicht eine Straftat vorgelegen haben, die aufgrund der Verwertungsbeschränkungen des damaligen § 11 Abs. 6 GwG-alt nicht verfolgt werden konnte.

459 Vgl. auch bspw. FIU-Jahresbericht 2018, S. 18 f.

460 In BT-Drucks. 19/3818, S. 18 ff. findet sich eine Übersicht über die Verurteilungen wegen Geldwäsche von 2008 bis 2016; in BT-Drucks. 19/25764, S. 6 f., sind die Zahlen von 2010 bis 2019 aufgeschlüsselt.

461 Statistisches Bundesamt, Fachserie 10, Reihe 3, S. 108 f.

462 Beim Vergleich der Statistiken ist freilich Vorsicht angezeigt, da sich die angeführte Strafverfolgungsstatistik auf Verurteilte, d. h. Angeklagte, gegen die nach allgemeinem Strafrecht Freiheitsstrafe, Strafarrest oder Geldstrafe verhängt wurde (s. https://www.destatis.de/DE/Themen/Staat/Justiz-Rechts

24311-05: Abgeurteilte und Verurteilte in Deutschland nach Art der Straftat und Altersgruppen – Langfassung		
Art der Straftat		**insgesamt**
StGB § 261 Abs. 1	Geldwäsche	1.060
StGB § 261 Abs. 2	Geldwäsche	107
StGB § 261 Abs. 4	Geldwäsche durch Verpflichtete	29
StGB § 261 Abs. 5	Besonders schwere Fälle der Geldwäsche	167
StGB § 261 Abs. 6	Leichtfertige Geldwäsche	1.245
StGB § 261 Abs. 7 i.V.m. § 261 Abs. 1 bis 6	Selbstgeldwäsche	14
StGB § 261 Abs. 9 i.V.m. § 261 Abs. 1 bis 6	Geldwäsche	1

243 Analysiert man diese Zahlen noch genauer, ist festzustellen, dass der **Großteil** der Verurteilungen/Strafbefehle etc. wegen Geldwäsche in Strafverfahren gegen **Finanzagenten** erfolgte (zu einem nicht unerheblichen Teil wegen leichtfertiger Geldwäsche). Ausweislich der Geldwäschestudie von *Bussmann* und *Ruschmeier* im Auftrag des BMF, für die 669 rechtskräftig abgeschlossenen Verfahren im Zeitraum von 2014 bis 2016 untersucht worden waren, betrafen rund 95 % aller Verurteilungen Varianten der Finanz- und Warenagenten (wovon knapp 20 % als Agenten Ware transferierten).[463] Den „klassischen" Geldwäscher einer organisierten kriminellen Vereinigung, den man hier vielleicht als Erstes im Sinne hätte, findet man insofern allenfalls als Ausnahmefall.

! **Untersuchung**

Interessante Feststellungen in dem Zusammenhang sind der Antwort der Bundesregierung auf eine Kleine Anfrage der Fraktion DIE LINKE vom 17.6.2014 zu entnehmen:

„Vergleicht man die Strafen, die im Jahr 2012 für alle Delikte verhängt worden sind […], mit den für Geldwäsche verhängten Strafen, ergibt sich das folgende Bild: Während 17,6 Prozent aller Verurteilungen Freiheitsstrafe (einschließlich Jugendstrafe) als Sanktion vorsahen, war dies bei 21,6 Prozent aller Verurteilungen wegen Geldwäsche der Fall. Darüber hinaus ist festzustellen, dass die wegen Geldwäsche verhängten Freiheitsstrafen (einschließlich Jugendstrafen) im Vergleich zu den insgesamt verhängten Freiheitsstrafen auch höher ausfallen. Während insgesamt 27,2 Prozent aller verhängten Freiheitsstrafen solche von einer Dauer unter sechs Monaten sind, liegt dieser Anteil bei Verurteilungen zu Freiheitsstrafen wegen Geldwäsche lediglich bei 10,8 Prozent. Entsprechend höher ist der Anteil längerer Freiheitsstrafen bei Verurteilungen wegen Geldwäsche im Vergleich zu den Verurteilungen insgesamt."[464]

---

pflege/Glossar/verurteilte.html), bezieht (die Zahl der Abgeurteilten, also Angeklagte, gegen die Strafbefehle erlassen wurden oder Strafverfahren nach Eröffnung des Hauptverfahrens durch Urteil oder Einstellungsbeschluss rechtskräftig abgeschlossen worden sind (ihre Zahl setzt sich zusammen aus den Verurteilten und aus Personen, gegen die andere Entscheidungen (unter anderem Freispruch) getroffen wurden, vgl. https://www.destatis.de/DE/Themen/Staat/Justiz-Rechtspflege/Glossar/abgeurteilte.html) beträgt insgesamt 1.342) und die FIU-Jahresberichte lediglich von Urteilen sprechen.

463 AaO S. 76; *Bussmann*/*Veljovic*, NZWiSt 2020, 418: 99 %.

464 BT-Drucks. 18/1763, S. 4 m.w.N.

Auch die geringe Zahl an Geldwäscheverurteilungen, die die Strafverfolgungsstatistik ausweist, hat jedoch **Gründe**: 244

- Hier sind zunächst rein **„statistische" Eigenheiten** der Strafverfolgungsstatistik zu nennen. Diese weist immer nur das schwerste Delikt aus, das einer Verurteilung zugrunde lag; bei den jeweils veröffentlichten Zahlen handelt es sich also nur um Fälle, bei denen Geldwäsche nicht zusammen mit anderen, schwereren Straftaten abgeurteilt wurde.[465]
- Ferner bestehen Schwierigkeiten, die im Bereich der **Anforderungen an den Beweisgrad** der Geldwäschehandlungen liegen: Über die mutmaßliche Geldwäschehandlung hinaus ist die Vortat nachzuweisen sowie der Kausalzusammenhang zwischen der Geldwäschehandlung und der Vortat[466], und dies bei teils komplexen, internationalen Geldwäschehandlungen, die häufig schwierige und zeit- sowie kostenintensive Ermittlungen im Ausland erfordern. Dies führt letztlich auch zu einer **Unbeliebtheit des § 261 StGB** bei Staatsanwaltschaften und Gerichten, die häufig zu Verfahrensbeschränkungen auf andere Straftaten verleitet.
- Der geringere Strafrahmen des § 261 StGB im Vergleich zu vielen Vortaten, lässt viele Staatsanwälte (und Richter) häufig **kein Bedürfnis einer (zusätzlichen) Verurteilung wegen Geldwäsche** erkennen. Sofern es eine Vortat gibt, wegen der (unkompliziert) verurteilt werden kann, können festgestellte Geldwäschehandlungen (als Nachtatverhalten) und das damit verwirklichte Unrecht im Rahmen der Strafzumessung strafverschärfend berücksichtigt werden, ohne dass ein Urteil wegen einer zusätzlichen Verurteilung wegen Geldwäsche angesichts der schwierigen Norm des § 261 StGB Gefahr läuft, in der Revision verworfen zu werden.
- Bis zum 26.11.2015[467] war zudem die sog. **Selbstgeldwäsche** straflos.[468] Wegen Geldwäsche konnte nicht bestraft werden, wer wegen Beteiligung an der Vortat strafbar war. Wusch beispielsweise ein Rauschgifthändler Drogengelder aus Rauschgiftverkäufen, an denen er selbst in irgendeiner Form beteiligt war, so konnte er nur wegen Betäubungsmittelhandel nach dem BtMG verurteilt werden, nicht aber wegen Geldwäsche. Aufgrund der missglückten[469] Regelung zur Strafbarkeit der Selbstgeldwäsche (vormals in § 261 Abs. 9 S. 3 StGB a.F., jetzt in § 261 Abs. 7 StGB), werden kaum Verurteilungen wegen Selbstgeldwäsche zu erwarten sein.[470]
- Schließlich fasst der BGH[471] bspw. auch den Begriff des Handeltreibens mit BtM sehr weit, was die Möglichkeit strafbarer Geldwäsche der Drogengelder einschränkt – so sind Handlungen zur Förderung des Geldkreislaufs, einschließlich der

---

465 Vgl. auch BT-Drucks. 18/1763, S. 5; BT-Drucks. 19/23662, S. 29.
466 Vgl. auch *Gradowski/Ziegler*, S. 12 und 25; eine Extremposition vertritt *Bernsmann*, StV 1998, 46ff.
467 Inkrafttreten des Gesetzes zur Bekämpfung der Korruption, BGBl. 2015 I, S. 202.
468 Vormals § 261 Abs. 9 S. 2 StGB a.F.
469 Ausführlich *Barreto da Rosa*, JR 2017, 110ff.
470 S. BGH, Beschl. v. 27.11.2018 – 5 StR 234/18, mit Anm. Barreto da Rosa, JR 2019, 590.
471 Urt. v. 17.7.1997 – 1 StR 791/96 – NJW 1997, 3323ff.

Geldwäsche, im Rahmen der Betätigung von Drogengroßhändlern in einem organisierten Absatzsystem nach Auffassung des BGH auf jeder Stufe Formen des Handeltreibens mit Betäubungsmitteln im Sinne des BtMG.

d) Fazit zu den vorhandenen Statistiken

245 Die **Aussagekraft der vorhandenen Statistiken** ist insbesondere bei der Diskussion um Aufwand und Nutzen des Verdachtsmeldewesens letztlich nur **sehr beschränkt**[472] – auch die FATF kritisierte in ihrem Evaluationsbericht 2022 die mangelhaften / nicht existenten Statistiken in vielen Bereichen.[473] Welche Verurteilungen, Strafbefehle etc. in Deutschland letztlich auf zuvor erstatteten Verdachtsmeldungen nach dem Geldwäschegesetz basieren, kann aktuell in Ermangelung entsprechender statistischer „Merker" in justiziellen EDV-Systemen nicht angegeben werden (ohnehin nicht erfasst wird, dass die Erkenntnisse zu einer Vielzahl von Verbindungen zwischen einzelnen internationalen Ermittlungsverfahren führen, teils entscheidende Hinweise in laufenden Ermittlungsverfahren liefern und auch Ermittlungsansätze zu vormals unbekannten Straftaten geben können).[474]

246 Wichtig ist jedenfalls die Feststellung, dass die Frage nach dem Erfolg der Geldwäschebekämpfungsmaßnahmen nicht ausschließlich an der Zahl der Verdachtsmeldungen oder der rechtskräftigen Verurteilungen wegen Geldwäsche gemessen werden kann. Insofern bemerkt auch die Bundesregierung in ihrer Antwort vom 16.3.2005[475] auf eine Anfrage der FDP-Fraktion zutreffend, dass eine solche Bewertung dem inhaltlichen Grundansatz der Maßnahmen zur Geldwäschebekämpfung nicht gerecht werden würde: *„Diese dienen nicht nur einer* verbesserten *Strafverfolgung, sondern sind vor* ***allem präventiv ausgeprägt****. Die statuierten Pflichten sind primär darauf gerichtet, durch institutsinterne Sicherungssysteme und Maßnahmen zur Herstellung von Transparenz im Zahlungsverkehr Transaktionen mit illegalem Hintergrund und Geldwäschehandlungen zu erkennen bzw. zu erschweren und den Finanzplatz Deutschland vor Missbrauch soweit wie möglich freizuhalten. Damit wird ein wesentlicher Beitrag für die Integrität und Stabilität des Finanzsystems geleistet."*

III. Die Entwicklung der Geldwäschebekämpfung

247 Die folgende Auflistung, die sich aus Gründen der Übersichtlichkeit auf die **zentralen Meilensteine** beschränkt, soll einerseits einen Überblick über die vergleichsweise junge

472 Ähnl. Gropp/Sinn/*Vogt*, S. 563.

473 Vgl. Bspw. Summary Key Findings Buchst. m (S. 6), Ziff. 12 (S. 10), Key Findings Chapter 2 Buchst. b (S. 39), Ziff. 67 (S. 45), Overall Conclusion on IO.1 (S. 53), Key Findings IO.7 Buchst. c und e (S. 56).

474 Vgl. auch *Europol*, „From suspicion to action", S. 7/8.

475 BT-Drucks. 15/5110, S. 8, Hervorhebung durch den Verfasser.

Geschichte der Geldwäschebekämpfung geben. Andererseits verdeutlicht sie auch (ansatzweise) die rasanten Entwicklungen in dem Bereich. Sehr deutlich werden dabei die Zusammenhänge supranationaler Impulse beispielsweise durch die FATF: Deren Empfehlungen folgen jeweils Geldwäscherichtlinien auf europäischer Ebene, die die FATF-Empfehlungen umsetzen, und schließlich eine Transformation der Geldwäscherichtlinien in das nationale Recht der EU-Mitgliedstaaten.

1980: Empfehlung des Europarates Nr. R (80) 10

Die speziell auf den Bankenbereich zugeschnittene (nicht bindende) Empfehlung des Europarates zu Maßnahmen gegen die Übertragung und gegen das Verheimlichen von Vermögenswerten mit kriminellem Ursprung vom 27.6.1980[476] gibt das Ergebnis einer Expertenstudie wieder, die zwischen 1978 und 1980 im Auftrag des European Committee on Crime Problems (CDPC) gefertigt wurde. Sie basiert auf der Erwägung, dass der Transfer von Vermögenswerten krimineller Herkunft von einem Land ins andere und die „Wäsche" dieser Werte durch Einschleusung in das Wirtschaftssystem zu erheblichen Problemen führen werde. Die Experten waren zudem davon überzeugt, dass das Bankensystem bei der Bekämpfung dieser Phänomene eine sehr effektive präventive Rolle einnehmen könnte.[477] 248

1986: Money Laundering Control Act (USA)

Die erstmalige Schaffung eines Geldwäschestraftatbestands findet sich erst 1986 im US-amerikanischen Money Laundering Control Act.[478] Dies erscheint insbesondere angesichts der Tatsache verwunderlich, dass das Phänomen der Geldwäsche, wie einleitend erwähnt, bereits in den 1920er Jahren aufgekommen war. 249

1988: UN-Drogenkonvention

Ziel des Übereinkommens der Vereinten Nationen gegen den unerlaubten Verkehr mit Suchtstoffen und psychotropen Stoffen[479] (sog. Wiener Konvention) vom 20.12.1988[480] 250

476 Recommendation Nr. R (80) 10 of the Committee of Ministers to member states on measures against the transfer and the safekeeping of funds of criminal origin (adopted by the Committee of Ministers on June 27 1980 at the 321st meeting of the Ministers' Deputies).

477 *Ma*, S. 23; empfohlen wurden u. a. die Einführung von Identitätsfeststellungen bei Kontoeröffnungen etc., geeignete Schulungsmaßnahmen von Bankangestellten, enge nationale und internationale Zusammenarbeit beim Informationsaustausch zu inkriminierten Banknoten sowie die Einführung von Banknotenprüfgeräten zur Erkennung registrierter Geldscheine.

478 18 U.S. Code §§ 1956–1957.

479 BGBl. II 1993 S. 1136.

480 In Deutschland ist das Abkommen am 19.1.1989 unterzeichnet worden, aber erst am 28.2.1994 in Kraft getreten.

war eine Verbesserung der internationalen Zusammenarbeit im Bereich der Bekämpfung der Drogenkriminalität, das u.a. erreicht werden sollte durch eine weltweite Kriminalisierung des Drogenhandels und der Geldwäsche, die Schaffung von Einziehungsmöglichkeiten für Vermögenswerte und verbesserte Rechtshilfe unter den Vertragspartnern.

251 Die UN-Drogenkonvention von 1988 war das erste internationale Übereinkommen, das Geldwäsche unter Strafe stellte. So bestand nach Art. 3 Abs. 1b für die Vertragspartner die Verpflichtung, folgende vorsätzlich begangene Handlungen als Straftaten zu definieren:

> *„i) das Umwandeln oder Übertragen von Vermögensgegenständen in der Kenntnis, dass diese Vermögensgegenstände aus einer oder mehreren in Übereinstimmung mit Buchstabe a umschriebenen Straftaten oder aus der Teilnahme an einer oder mehreren dieser Straftaten stammen, zu dem Zweck, den unerlaubten Ursprung der Vermögensgegenstände zu verbergen oder zu verschleiern oder einer an der Begehung einer oder mehrerer solcher Straftaten beteiligten Personen behilflich zu sein, sich den rechtlichen Folgen ihres Handelns zu entziehen;*
> *ii) das Verbergen oder Verschleiern der wahren Beschaffenheit, des Ursprungs, des Ortes oder der Bewegung der Vermögensgegenstände, der Verfügung darüber oder der Rechte oder des Eigentums daran in der Kenntnis, dass diese Vermögensgegenstände aus einer oder mehreren in Übereinstimmung mit Buchstabe a umschriebenen Straftaten oder aus der Teilnahme an einer oder mehreren dieser Straftaten stammen;“*

Art. 3 Abs. 1 c) i) erweitert diese Aufzählung noch um

> *„[...] den Erwerb, den Besitz oder die Verwendung von Vermögensgegenständen, wenn der Betreffende bei Erhalt weiß, dass diese Vermögensgegenstände aus einer oder mehreren in Übereinstimmung mit Buchstabe a umschriebenen Straftaten oder aus der Teilnahme an einer oder mehreren dieser Straftaten stammen.“*

252 Durch die UN-Konventionen gegen transnationales organisiertes Verbrechen und Korruption vom September 2003 bzw. Dezember 2005 wurde der Fokus der bis dahin auf Drogenhandel konzentrierten Geldwäschehandlungen später auf alle schwerwiegenden Straftaten hin ausgeweitet und wurden erstmals zentrale FIUs in den Mitgliedstaaten gefordert.

1988: Baseler Grundsatzerklärung

253 Die Baseler Grundsatzerklärung vom 12.12.1988 zur Verhütung des Missbrauchs des Bankensystems für Geldwäsche seitens der Zentralbank-Gouverneure der G7-Staaten war **einer der ersten Schritte auf europäischer Ebene** zur Bekämpfung der Geldwäsche.[481] Die Erklärung richtete sich an Banken. Deren Verwicklung in Geldwäscheaffären habe negative Auswirkungen auf das Image des Bankensektors, was zu Vertrauensverlust, Gefahr für die Stabilität des Bankensektors und damit einhergehend unmittelbaren finanziellen Verlusten führen kann. Der Baseler Ausschuss für Banken-

481 Vgl. *Görg*, S. 17.

aufsicht[482] – das sog. Cooke-Committee – erkannte aber auch, dass Banken bei der Geldwäschebekämpfung eine wichtige Rolle spielen können. Der Ausschuss rief auf, ethische Standards zu etablieren. Zu den Maßnahmen gehörten u.a. Kundenidentifikation, Gesetzestreue, Zusammenarbeit mit Strafverfolgungsbehörden oder Mitarbeiterbeschulungen im Hinblick auf Geldwäsche. Die Erklärung selbst blieb jedoch für die Banken unverbindlich.

1990: Europaratskonvention Nr. 141

Mit der Europaratskonvention Nr. 141 über Geldwäsche sowie Ermittlung, Beschlagnahme und Einziehung von Erträgen aus Straftaten vom 8.11.1990,[483] die in der BRD nach Ratifizierung durch die Mitglieder des Europarats erst am 1.1.1999 in Kraft getreten ist, verpflichteten sich die Unterzeichnerstaaten, die Geldwäsche unter Strafe zu stellen und auf internationaler Ebene im Bereich der Geldwäschebekämpfung zusammenzuarbeiten. Art. 6 Abs. 1 der Konvention empfiehlt die **Kriminalisierung der Geldwäsche** in enger Anlehnung an die UN-Drogenkonvention, geht jedoch in einigen Punkten über diese hinaus: So wird der Katalog der Vortaten nicht mehr nur auf Drogendelikte beschränkt und werden auch im Ausland begangene Straftaten als taugliche Vortaten der Geldwäsche erfasst (Art. 6 Ziff. 2b). Außerdem wird befürwortet, auch solche Fälle von der Strafbarkeit zu erfassen, bei denen der Täter annehmen musste, dass es sich bei dem Vermögenswert um einen Ertrag krimineller Herkunft handelt (Art. 6 Ziff. 3a). 254

Die Konvention prägte die Schaffung von § 261 StGB und des GwG, die zwei Jahre später (1992) geschaffen wurden, und hatte vor allem auch Auswirkungen auf den Bereich der Vermögensabschöpfung. 255

1990: 40 Empfehlungen der FATF

Am 19.4.1990 veröffentlichte die im Vorjahr gegründete FATF ihre sog. 40 Empfehlungen. 256
Diese Empfehlungen hatten – selbst ohne rechtliche Bindungswirkung zu haben – weitreichendste Auswirkungen auf nationale Gesetzgebungen, auch in der BRD. Sie bilden die **Grundlage zahlreicher nationaler Bestimmungen im Bereich der Geldwäschebekämpfung** einschließlich der Regelungen internationaler Zusammenarbeit und werden von über 180 Ländern anerkannt. Sie sind der globale Standard für Vorschriften zur Geldwäsche- und Terrorismusfinanzierungsbekämpfung. Die Empfehlungen führten in der zeitlich unmittelbaren Folge jeweils zu entsprechenden EG-Geldwäscherichtlinien und

482 Das Basel Committee on Banking Supervision (http://www.bis.org/bcbs) – damals noch „Baseler Ausschuss für Bankenbestimmungen und -überwachung“ – wurde 1974 durch die Zentralbankenchefs der damaligen G-10-Länder gegründet mit dem Ziel, weltweit die Umsetzung von angemessenen Aufsichtsvorschriften zu fördern; das Komitee erarbeitet Aufsichtsrichtlinien (etwa Customer due diligence for banks) und empfiehlt best practices.
483 BGBl. II 1998 S. 519.

anschließend den erforderlichen gesetzlichen Umsetzungen in den nationalen Rechtsordnungen. Sie wurden zunächst 1996 aktualisiert, am 30./31.10.2001 als Reaktion auf die Terroranschläge vom 11.9.2001 um die 8 (später 9) Empfehlungen zur Bekämpfung der Terrorismusfinanzierung ergänzt (sog. 40+9-Empfehlungen) und erfuhren weitere grundlegende Überarbeitungen in den Jahren 2003 und 2012[484] (Reduzierung auf erneut 40 Empfehlungen).

1991: 1. EG-Geldwäscherichtlinie (91/308/EWG)

257 Mit der 1. EG-Richtlinie zur Verhinderung der Nutzung des Finanzsystems zum Zwecke der Geldwäsche (91/308/EWG), die am 10.6.1991 in Kraft trat, wurden ein **Straftatbestand der Geldwäsche** sowie **Regelungen zur Überwachung und Verpflichtung des Finanzwesens** (vornehmlich der Kreditinstitute) zur Bekämpfung der Geldwäsche beschlossen. Die EG-Richtlinie war für die Mitgliedstaaten verbindlich und in innerstaatliches Recht umzusetzen. Sie bildet somit den Ausgangspunkt auch der bundesdeutschen Gesetze zur Geldwäschebekämpfung, die in den Folgejahren geschaffen wurden. Die Richtlinie regelte unter Bezugnahme auf die Empfehlung des Europarates vom 27.6.1980 sowie entsprechend der 40 FATF-Empfehlungen schwerpunktmäßig Pflichten des Finanzsystems wie die Identifizierung von Kunden, erhöhte Sorgfalt bei verdächtigen Geschäften, Zusammenarbeit mit Behörden und interne Maßnahmen.[485]

1992: Gesetz zur Bekämpfung des illegalen Rauschgifthandels und anderer Erscheinungsformen der Organisierten Kriminalität (OrgKG)

258 Durch das Gesetz zur Bekämpfung des illegalen Rauschgifthandels und anderer Erscheinungsformen der Organisierten Kriminalität (OrgKG)[486] vom 15.7.1992 (in Kraft getreten am 22.9.1992) wurden die Vorgaben der 1. EG-Geldwäscherichtlinie in nationales Recht umgesetzt und u. a.[487] **erstmalig** im deutschen Strafgesetzbuch ein Straftatbestand der Geldwäsche/Verschleierung unrechtmäßiger Vermögenswerte geschaffen – **§ 261 StGB**.[488] Die Vorschrift des § 261 StGB trug hierbei noch deutlich die Handschrift seines **Ursprungs aus der UN-Drogenkonvention**. So lautete Abs. 1:

---

484 Die bis dato letzte Aktualisierung der Empfehlungen von 2012 erfolgte im November 2023.

485 *Degen*, S. 100.

486 BGBl. I 1992 S. 1302.

487 Als weitere wichtige Vorschrift war der Erweiterte Verfall gem. § 73d StGB in das Strafgesetzbuch eingefügt worden; in der Strafprozessordnung wurden Ermittlungsmöglichkeiten wie die Rasterfahndung (§ 98a StPO), der Einsatz technischer Mittel (§ 100c Abs. 1 Nr. 3 StPO) sowie Verdeckter Ermittler (§ 110a StPO) und die Observation (§ 163e StPO) ergänzt.

488 Die bis zur Schaffung der Norm geltenden Vorschriften zu Hehlerei, Begünstigung und Strafvereitelung wiesen für verschiedene Fallkonstellationen Lücken auf, die mit § 261 StGB geschlossen wurden, vgl. auch BT-Drucks. 11/7663, S. 25.

„Wer einen Gegenstand, der aus einem
1. *Verbrechen eines anderen,*
2. *Vergehen eines anderen nach § 29 Abs. 1 Nr. 1 des Betäubungsmittelgesetzes oder*
3. *von einem Mitglied einer kriminellen Vereinigung (§ 129) begangenen Vergehen*

herrührt, verbirgt, dessen Herkunft verschleiert oder die Ermittlung der Herkunft, das Auffinden, den Verfall, die Einziehung oder die Sicherstellung eines solchen Gegenstandes vereitelt oder gefährdet, wird mit Freiheitsstrafe bis zu fünf Jahren oder mit Geldstrafe bestraft."

1993: In-Kraft-Treten des deutschen Geldwäschegesetzes

Durch das Geldwäschegesetz – offiziell: „Gesetz über das Aufspüren von Gewinnen aus schweren Straftaten (Geldwäschegesetz – GwG)" – wurde die 1. EG-Geldwäscherichtlinie zur Verhinderung der Nutzung des Finanzsystems zum Zwecke der Geldwäsche vom 10.6.1991 umgesetzt. Es trat – nach langen und kontroversen Diskussionen[489] – am 29.11.1993 in Kraft.[490] **Ziele** des GwG sind die **Bekämpfung der Geldwäsche** sowie die **Verbesserung der Möglichkeiten zur Vermögensabschöpfung**, um dem organisierten Verbrechen die finanziellen Ressourcen zu entziehen und die Weiterverwendung der Straftatgewinne für unter Umständen sogar rechtmäßige Zwecke zu unterbinden. Das GwG verfolgt hierbei sowohl präventive – in dem Sinne, dass Banken und andere Verpflichtete gar nicht erst für Geldwäschezwecke missbraucht werden können – als auch repressive Ansätze.[491] 259

In seiner ersten Fassung verpflichtete das GwG (neben Aufsichtsbehörden, § 14 GwG a. F.) lediglich Kredit- und Finanzinstitute, die Deutsche Bundespost und Spielbanken zur Meldung von Verdachtsfällen auf Geldwäsche (§ 12 Abs. 1 i. V. m. § 1 Abs. 4 GwG a. F.); es waren zudem bereits Regelungen enthalten zur Identifizierung (§§ 2 ff. GwG a. F.), Feststellung wirtschaftlich Berechtigter (§ 8 GwG a. F.), zu Aufzeichnungs- und Aufbewahrungspflichten (§ 9 GwG a. F.), eine Fristfall-Regelung (mit nur einem Tag Anhalteverpflichtung, § 12 Abs. 1 S. 2 GwG a. F.), zum Tipping-Off (§ 12 Abs. 3 GwG a. F.), zur Haftungsfreistellung (§ 13 GwG a. F.) und internen Sicherungsmaßnahmen (§ 15 GwG a. F.). Während Verstöße gegen die meisten der Verpflichtungen bereits in dieser Fassung als Ordnungswidrigkeit mit einem Bußgeld bedroht waren, war ein Verstoß gegen die Meldepflicht nicht bußgeldbewehrt (§ 18 GwG a. F.). 260

489 Vgl. ausführlich zum Gesetzgebungsverfahren und den diesbezüglichen Uneinigkeiten *Koss*, S. 24 ff.; Fülbier/Aepfelbach/Langweg/*Fülbier*, Einleitung Rn. 67 ff.

490 BGBl. I 1993 S. 1770.

491 Entwurf eines Gesetzes über das Aufspüren von Gewinnen aus schweren Straftaten (Gewinnaufspürungsgesetz – GewAufspG), BT-Drucks. 12/2704, S. 1; eine ausführliche Diskussion zu den Schwierigkeiten der unterschiedlichen Ziele findet sich bei *Degen* auf S. 148 ff.

1994: Verbrechensbekämpfungsgesetz

261 Am 1.12.1994 trat das Gesetz zur Änderung des Strafgesetzbuches, der Strafprozessordnung und anderer Gesetze[492] in Kraft, das der Fortentwicklung des OrgKG diente. Durch das Gesetz wurde **§ 261 StGB in mehrfacher Hinsicht geändert**: So wurden die vormalige Überschrift „Geldwäsche" um die „Verschleierung unrechtmäßiger Vermögenswerte" ergänzt und der Vortatenkatalog um Vermögens-, Urkunden- und Bestechungsdelikte erweitert, wenn diese gewerbs- oder bandenmäßig begangen worden sind.

1997: Baseler Ausschuss für Bankenaufsicht: 25 Grundsätze für eine wirksame Bankenaufsicht

262 Als **Zusammenschluss von Vertretern nationaler Zentralbanken und Bankaufsichtsbehörden** stellt der Baseler Ausschuss für Bankenaufsicht bereits aufgrund der damit zusammengeführten Fachkompetenz ein Gremium dar, dessen Stellungnahmen breite Aufmerksamkeit finden.[493] 1997 veröffentlichte der Ausschuss seine „Grundprinzipien für eine wirksame Bankenaufsicht", die 1999 um die „Methodik der Grundsätze für eine wirksame Bankenaufsicht" ergänzt wurden, und für die Aufsichtsbehörden zu „Mindestanforderungen" für die Wahrnehmung ihrer Aufsichtsaufgaben über Kreditinstitute dienen.[494]

1998: Gesetz zur Verbesserung der Bekämpfung der Organisierten Kriminalität (OKVBG)

263 Am 4.5.1998 trat das Gesetz zur Verbesserung der Bekämpfung der Organisierten Kriminalität[495] in Kraft, durch welches § 261 StGB und das GwG geändert sowie die §§ 12a ff. Finanzverwaltungsgesetz (FVG)[496] eingeführt wurden. Auffälligste **Änderung in § 261 StGB** war zunächst die Streichung des Tatbestandsmerkmals „eines anderen" in Abs. 1 S. 1 a.F. Damit wurde die Strafbarkeit auf den Vortäter erweitert, der selbst die von ihm erlangten Vermögenswerte „wäscht". In § 261 Abs. 9 StGB a.F. wurde zugleich der persönliche Strafausschließungsgrund eingefügt, dass wegen Geldwäsche nicht bestraft wird, wer wegen Beteiligung an der Vortat strafbar ist. Hiermit soll der Gedanke der mitbestraften Nachtat Rechnung getragen und dem Grundsatz Geltung verschafft werden, dass Selbstbegünstigungshandlungen straffrei bleiben sollen.

---

492 BGBl. I 1994 S. 3186.
493 Romeike/*Binder*, S. 137.
494 Ausführlich hierzu: Badura/Rieth/Scholtes/*Macht*/*Rieth*, S. 201ff. und Romeike/*Binder*, S. 137ff.
495 BGBl. I 1998 S. 845.
496 Die Vorschriften finden sich mittlerweile als §§ 12a ff. im Zollverwaltungsgesetz (ZollVG) wieder und regeln die Überwachung von Barmitteln, die in die Gemeinschaft oder aus der Gemeinschaft verbracht werden (sie enthalten Deklarationspflichten gegenüber den Zollbehörden).

2001: Überarbeitung der FATF-Empfehlungen („40+9“-Empfehlungen)

Als unmittelbare Reaktion auf die Terroranschläge vom 11.9.2001 in New York City 264
wurden die bis dahin 40 Empfehlungen am 30./31.10.2001 um die 8 (später 9) Washingtoner **Empfehlungen zur Bekämpfung der Terrorismusfinanzierung** ergänzt.

2001: 2. EG-Geldwäscherichtlinie (2001/97/EG)

Durch die 2. EG-Geldwäscherichtlinie vom 4.12.2001[497] (2001/97/EG), die den 40+9-Empfeh- 265
lungen der FATF folgte und gleichsam unter dem Eindruck der Terroranschläge vom 11.9.2001 in New York stand, wurden Wechselstuben und Unternehmen, die das Finanztransfergeschäft betreiben, neu unter den Begriff der „Finanzinstitute“ gefasst und – da seitens der FATF eine verstärkte Nutzung von **Nichtfinanzunternehmen** durch Geldwäscher festgestellt wurde – Abschlussprüfer, externe Buchprüfer und Steuerberater, Immobilienmakler, bestimmte Notare und Rechtsanwälte, Kasinos sowie Personen, die mit hochwertigen Gütern wie Edelsteinen und Edelmetallen oder mit Kunstwerken handeln, und Versteigerern, wenn eine Zahlung in bar erfolgt und sich der Betrag auf mindestens 15.000 EUR beläuft, als Verpflichtete neu aufgenommen. Ferner wurde in der Erkenntnis, dass Geldwäsche nicht nur im Zusammenhang mit Drogendelikten stattfindet, der **Vortatenkatalog für Geldwäsche deutlich ausgeweitet** auf weitere schwere Straftaten wie Bildung einer kriminellen Vereinigung, schweren Betrug, Korruptionsdelikte u.Ä.

2002: Internationales Übereinkommen zur Bekämpfung der Finanzierung des Terrorismus

Das bereits am 9.12.1999 von der UNO-Generalversammlung beschlossene Überein- 266
kommen verpflichtete die Vertragsstaaten zur **Verurteilung oder Auslieferung von Personen**, die der finanziellen Unterstützung terroristischer Aktivitäten angeklagt sind, und fordert Banken auf, **Maßnahmen zur Aufdeckung verdächtiger Transaktionen** zu treffen.[498] Nach den Terroranschlägen vom 11.9.2001 folgten weitere Resolutionen und Beschlüsse wie u.a. die Resolution 1373 vom 28.9.2001, in welcher der UN-Sicherheitsrat die Bekämpfung und Verhütung der Terrorismusfinanzierung durch alle Staaten fordert/beschließt.

---

497 Richtlinie 2001/97/EG vom 4.12.2001 zur Änderung der Richtlinie 91/308/EWG des Rates zur Verhinderung der Nutzung des Finanzsystems zum Zwecke der Geldwäsche.

498 Mit dem Gesetz zur Bekämpfung der Finanzierung des Terrorismus v. 19.12.2003 (BGBl. II 2003 S. 1923) stimmte der deutsche Gesetzgeber dem Übereinkommen zu.

2002: 4. Finanzmarktförderungsgesetz

267 Am 1.7.2002 trat das 4. Finanzmarktförderungsgesetz[499] vom 21.6.2002 in Kraft, mit dem **§ 24c KWG (automatisierter Abruf von Kontoinformationen) im KWG eingefügt** wurde, der die automatisierte Kontenabfrage bei der BaFin ermöglicht.[500] Hierdurch soll die BaFin in die Lage versetzt werden, die Geldwäsche, das illegale Schattenbankenwesen und das unerlaubte Betreiben von Bank- und Finanzdienstleistungsgeschäften besser durch zentral durchgeführte Recherchearbeiten zu bekämpfen.[501] Auch Strafverfolgungsbehörden können zum Zwecke der Strafverfolgung (nach Einleitung eines Ermittlungsverfahrens, §§ 152 Abs. 2, 160 StPO) online auf das Kontostammdatenregister zugreifen.

2002: Geldwäschebekämpfungsgesetz

268 Die Ende 2001 erlassene 2. EG-Geldwäscherichtlinie setzte der deutsche Gesetzgeber mit dem Gesetz zur Verbesserung der Bekämpfung der Geldwäsche und der Bekämpfung der Finanzierung des Terrorismus (Geldwäschebekämpfungsgesetz),[502] das am 14.8.2002 in Kraft trat, in nationales Recht um. Hierdurch wurden **diverse Änderungen im GwG** realisiert, wie die

- **Gleichstellung von Bargeld und elektronischem Geld** (§ 1 Abs. 7 GwG a.F.), womit die Identifizierungspflichten nunmehr auch bei Annahme elektronischen Geldes galten,
- **Erweiterung des Kreises der Verpflichteten** um Rechtsanwälte, Notare, Steuerberater, Wirtschaftsprüfer, Immobilienmakler und sonstige Gewerbetreibende, die zugleich auch alle der Anzeigepflicht nach § 11 Abs. 1 GwG a.F. bei Verdacht auf Geldwäsche unterworfen wurden,
- Erstreckung der Zielsetzung des Gesetzes auf die **Verhinderung der Terrorismusfinanzierung** durch Schaffung einer entsprechenden Meldepflicht in § 11 Abs. 1 S. 2 GwG a.F., die zunächst nur für alle im Finanzsektor aktiven Institute galt, und
- **Schaffung einer Financial Intelligence Unit (FIU)** als zentraler Analyse- und Informationsstelle für Verdachtsanzeigen in § 5 GwG a.F., die in Deutschland beim BKA angegliedert wurde (mit regionalen FIUs bei den jeweiligen Landeskriminalämtern).[503]

2005: Europaratsübereinkommen Nr. 198

269 Das Europaratsübereinkommen Nr. 198 über Geldwäsche, Terrorismusfinanzierung sowie Ermittlung, Beschlagnahme und Einziehung von Erträgen aus Straftaten vom

---

499 BGBl. I 2002 S. 2010 (2053).
500 § 24c KWG trat ausweislich § 64f Abs. 6 KWG am 1.4.2003 in Kraft.
501 BT-Drucks. 14/8017, S. 122.
502 BGBl. I 2002 S. 3105; BR-Drucks. 217/02.
503 Siehe hierzu näher Gliederungspunkt Rn 214 ff.

16.5.2005 schreibt vor, dass jede Vertragspartei des Übereinkommens sicherzustellen hat, dass sie in der Lage ist, **Vermögenswerte oder Erlöse legalen und illegalen Ursprungs**, die ganz oder teilweise zur Terrorismusfinanzierung genutzt oder bereitgestellt werden, **suchen, aufspüren, identifizieren, einfrieren, beschlagnahmen und konfiszieren** kann und zu diesem Zweck die größtmögliche Zusammenarbeit gewährleistet (Art. 2 Abs. 1 des Übereinkommens).

2005: 3. EG-Geldwäscherichtlinie (2005/60/EG)

Bereits der offizielle Name der Richtlinie – Richtlinie 2005/60/EG des Europäischen Parla- 270
ments und des Rates vom 26.10.2005[504] zur Verhinderung der Nutzung des Finanzsystems zum Zwecke der Geldwäsche und Terrorismusfinanzierung[505] – lässt einen großen Unterschied zur 2. EG-Geldwäscherichtlinie erkennen:[506] Sie erfasste erstmals auch die **Terrorismusfinanzierung**. Durch die 3. EG-Geldwäscherichtlinie, die wiederum den in 2003 überarbeiteten Empfehlungen der FATF folgte, wurde der vormalige regelbasierte Ansatz ersetzt durch den **risikoorientierten Ansatz**, demzufolge je nach Risiko des Geschäfts, im Zusammenhang mit Geldwäsche oder Terrorismusfinanzierung zu stehen, unterschiedliche Pflichten zu erfüllen sind.[507] Die Richtlinie stellte ferner neue Anforderungen an die Feststellung der wirtschaftlichen Eigentümer im Geschäftsverkehr mit Körperschaften und Stiftungen, „Trusts“ und ähnlichen Rechtspersönlichkeiten sowie die „verstärkten Sorgfaltspflichten bei der Feststellung der Kundenidentität“ im Hinblick auf „non-face-to-face“-Transaktionen (bei denen sich die hieran Beteiligten nicht persönlich gegenüberstehen, sondern beispielsweise die Transaktion über das Internet abschließen), politisch exponierte Personen (PEPs) und das Korrespondenzbankgeschäft.[508]

2008: Geldwäschebekämpfungsergänzungsgesetz

Durch das Gesetz zur Ergänzung der Bekämpfung der Geldwäsche und der Terrorismus- 271
finanzierung (Geldwäschebekämpfungsergänzungsgesetz) vom 13.8.2008[509] wurde u. a. die **3. EG-Geldwäscherichtlinie (2005/60EG) in nationales Recht umgesetzt**. Durch Neufassung des Geldwäschegesetzes und durch Änderungen des Kreditwesengesetzes[510]

---

504 In Kraft getreten am 15.12.2005.

505 Aufgrund der gravierenden Änderungen wurde die 1. EG-Geldwäscherichtlinie (91/308/EWG), die durch die 2. EG-Geldwäscherichtlinie (2001/97/EG) nur angepasst worden war, vollständig aufgehoben.

506 Die Richtlinie 2006/70/EG v. 1.8.2006 (in Kraft getreten am 24.8.2006) formulierte hierzu Durchführungsbestimmungen (betreffend u. a. politisch exponierte Personen (PEP) und Kriterien für das Vorliegen vereinfachter Sorgfaltspflichten).

507 Siehe hierzu auch den FATF-Leitfaden zum risikoorientierten Ansatz vom Juni 2007.

508 Vgl. ausführlich auch *Degen*, S. 99 f.

509 BGBl. I 2008 S. 1690, in Kraft getreten am 21.8.2008.

510 Nach § 25b KWG wurden §§ 25c bis 25h eingefügt, die als besondere Regelungen die allgemeinen Pflichten nach dem GwG ergänzen.

und des Versicherungsaufsichtsgesetzes[511] wurden insbesondere die zur Geldwäschebekämpfung entwickelten Instrumente auch auf die Bekämpfung der Terrorismusfinanzierung erstreckt. In § 1 Abs. 2 GwG wurde erstmals eine für den Anwendungsbereich des GwG geltende Definition der Terrorismusfinanzierung eingefügt und (neu im Vergleich zur bis dahin geltenden Regelung) wurden nun auch Anwälte, Notare, Wirtschaftsprüfer, Steuerberater, Immobilienmakler, Spielbanken und sonstige Gewerbetreibende verpflichtet, beim Verdacht der Terrorismusfinanzierung eine Verdachtsanzeige zu erstatten (zuvor war dies nur bei Geldwäscheverdacht der Fall gewesen). Inhaltlich wurde die Anzeigepflicht entsprechend der Vorgabe der Dritten EG-Geldwäscherichtlinie nunmehr auch auf die Fälle erstreckt, in denen sich erst nachträglich ein Verdacht der Geldwäsche oder der Terrorismusfinanzierung herausstellt (zuvor nur bei der Feststellung von Tatsachen bezogen auf eine aktuell angetragene Transaktion), und ein Verstoß gegen die Verdachtsanzeigepflicht erstmalig zur Ordnungswidrigkeit erhoben.[512] Ferner wurden die Sorgfaltspflichten der verpflichteten Unternehmen und Personen nach Maßgabe des Grundsatzes der Risikoorientierung ausdifferenziert und die **Identifizierungspflicht** hinsichtlich des hinter einem Vertragspartner stehenden **wirtschaftlich Berechtigten** eingeführt. Darüber hinaus wurde u.a. der vormalige Vortatenkatalog von § 261 StGB geringfügig erweitert.

2010: Evaluationsbericht der FATF zu Deutschland

272 In der Zeit vom 15.5.2009 bis 5.6.2009 wurde Deutschland durch FATF evaluiert. Die Ergebnisse dieser Überprüfung finden sich im 386 Seiten umfassenden sog. Mutual Evaluation Report Anti-Money Laundering and Combating the Financing of Terrorism – Germany wieder – dem im Folgenden „FATF Evaluationsbericht" genannten Bericht zu Deutschland. Obgleich die FATF feststellte, dass Deutschland weiterhin deutliche Schritte zu einer weiteren Verstärkung seiner Maßnahmen gegen Geldwäsche und Terrorismusfinanzierung macht und größtenteils den damals noch geltenden 40+9-Empfehlungen der FATF entspricht, wurden einige Punkte herausgehoben, in denen **Anpassungsbedarf besteht**, und grundsätzlich festgestellt, dass es viele Indikatoren gäbe, dass **Deutschland anfällig für Geldwäsche und Terrorismusfinanzierung** ist.

273 **Schwächen** wurden vor allem in den gesetzlichen Rahmenbedingungen und im Bereich der Sanktionierung von Verstößen gegen Anti-Geldwäsche- und Terrorismusfinanzierungsvorschriften diagnostiziert. Auch wurde die im Vergleich zu anderen Mitgliedstaaten und vor dem Hintergrund der wirtschaftlichen Bedeutung Deutschlands **geringe Zahl von Verdachtsanzeigen kritisiert**.[513] Auf einzelne Punkte wird im Fol-

511 Nach § 80b VAG wurde der Unterabschnitt „Vorkehrungen zur Verhinderung von Geldwäsche und von Terrorismusfinanzierung" eingefügt, der ebenfalls besondere Regelungen enthält, welche die allgemeinen Pflichten nach dem GwG konkretisieren und ergänzen.

512 BR-Drucks. 168/08, S. 54 f., 96, 104.

513 Ziff. 714 ff. des Berichts.

genden – insbesondere bei den Reaktionen des deutschen Gesetzgebers (siehe vor allem beim Gesetz zur Optimierung der Geldwäscheprävention) – noch näher eingegangen werden.

2011: Gesetz zur Optimierung der Geldwäscheprävention

In ihrem Evaluationsbericht zu Deutschland vom 19.2.2010 hatte die FATF erhebliche 274
Defizite im deutschen Rechtssystem bei der Bekämpfung von Geldwäsche und Terrorismusfinanzierung festgestellt.[514] Darüber hinaus war in Deutschland Art. 37 der 3. EG-Geldwäscherichtlinie (2005/60/EG) nicht vollständig umgesetzt worden – es bestanden nach wie vor erhebliche Defizite in Bezug auf die Beaufsichtigung von Unternehmen wie Immobilienmakler, Versicherungsvermittler, Juweliere, Finanzunternehmen, Spielbanken sowie Personen, die gewerblich mit Gütern handeln. Durch das Gesetz zur Optimierung der Geldwäscheprävention,[515] das am 29.12.2011 bzw. 1.3.2012 in Kraft trat, reagierte der deutsche Gesetzgeber auf die erkannten Defizite.[516] Unter anderem wurden

- der **Kreis der Verpflichteten erweitert** (um Unternehmen und Personen, die E-Geld vertreiben oder zurücktauschen, vgl. § 2 Abs. 1 Nr. 2c GwG a.F., § 1a Abs. 3 ZAG a.F., § 25i KWG a.F.),[517]
- der **Begriff des „wirtschaftlich Berechtigten“ und des „gleichwertigen Drittstaates“ definiert**,
- die bisherigen Meldepflichten, die sich auf verdächtige Transaktionen beschränkt hatten, auf verdächtige **„Geschäftsbeziehungen“** erweitert und eine **neue Verdachtsmeldepflicht** bei Zuwiderhandlung des Vertragspartners gegen Offenlegungspflichten geschaffen (**§ 11 Abs. 1 S. 2 GwG a.F.**),
- **Sorgfaltspflichten verstärkt**, mit denen das Spektrum zu überwachender Transaktionen vergrößert wird (u.a. die Herabsetzung des Schwellenwerts für Geldtransfers im Sinne der Geldtransferverordnung außerhalb bestehender Geschäftsverbindung, d.h. Bareinzahlungen von Nichtkunden zur Überweisung (sog. Zahlscheingeschäfte), von 15.000 auf 1.000 EUR oder die PEP-Überprüfung für alle wirtschaftlich Berechtigten),
- der Begriff der **„Verdachtsanzeige“ in „Verdachtsmeldung“ umbenannt**, um eine größere begriffliche Distanz zur Strafanzeige zu erreichen (die begriffliche Nähe von „Verdachtsanzeige“ zu „Strafanzeige“ war von der FATF als möglicher Grund dafür identifiziert worden, dass in Deutschland vergleichsweise wenige Meldungen erstattet werden – sie könnte größere Hemmungen bei den Verpflichteten hervorrufen)[518] und

---

514 Siehe oben.
515 BGBl. I 2011 S. 2959; ausführlich hierzu *Höche/Rößler*, WM 2012, 1505ff.
516 *Nemet/Dittrich* bezeichnen das Gesetz daher auch als „Reparaturgesetz“ (FLF 2012, 203).
517 Seit dem 31.1.2014 befindet sich die Vorschrift in § 25n KWG.
518 FATF Evaluationsbericht, S. 12 Ziff. 22.

– eine **verstärkte Wahrnehmung der Aufsichtsfunktion** durch die zuständigen Länderbehörden gegenüber Güterhändlern, Immobilienmaklern, Versicherungsvermittlern etc. angestoßen.

275 Das **Ziel des Gesetzes** – entsprechend der Kritik der FATF, in Deutschland würden in Relation sowohl zu seiner Wirtschaftskraft als auch verglichen mit ähnlich entwickelten Staaten zu wenig Verdachtsmeldungen erstattet werden[519] – war eine Steigerung der Zahl der Verdachtsmeldungen.[520] Gerade die **Schaffung von Aufsichtsstrukturen über den Nichtfinanzbereich** hatte und hat bis heute gravierende Auswirkungen. Zunächst wurden vielfach neue Dienststellen geschaffen oder existente Behörden mit der zusätzlichen Aufgabe der Geldwäschebekämpfung/-prävention betraut – freilich ohne, dass diese über in irgendeiner Form in Bezug auf diese Aufgaben qualifiziertes Personal verfügten. Die völlig heterogene Verortung dieser Aufgaben in unterschiedlichsten Länderbehörden erschwert hier eine Koordination erheblich.

2012: Überarbeitung der 40 Empfehlungen der FATF

276 Die FATF-Empfehlungen waren zuletzt im Jahr 2003 aktualisiert und überarbeitet worden. In der Zwischenzeit haben sich zahlreiche neue Phänomene entwickelt und Änderungen im Verhalten der Geldwäscher ergeben, auf welche die FATF reagieren musste. Am 16.2.2012 wurden daher die neuen Empfehlungen der FATF veröffentlicht. Seither sind es wieder lediglich 40 Empfehlungen und heißen offiziell „International Standards on Combating Money Laundering and the Financing of Terrorism & Proliferation".

2013: Gesetz zur Ergänzung des Geldwäschegesetzes

277 Kurz nach Inkrafttreten des Gesetzes zur Optimierung der Geldwäscheprävention lief bereits das Gesetzgebungsverfahren zum Gesetz zur Ergänzung des Geldwäschegesetzes[521] an, das nach einigen Verzögerungen erst zum 25.2.2013 in Kraft trat. Vormals waren in Deutschland das Veranstalten und Vermitteln von Glücksspielen im Internet verboten, weshalb eine Regelung im GwG entbehrlich war. Mit **Auslaufen des Glücksspielstaatsvertrags der Länder** und dem 1. Glücksspieländerungsstaatsvertrag wurde zum 15.12.2011 die Möglichkeit zur Erlaubnis des Eigenvertriebes und der Vermittlung von Lotterien sowie der Veranstaltung und Vermittlung von Sportwetten im Internet geschaffen (§ 4 Abs. 5, § 10a Abs. 4 S. 1 1. GlüÄndStV). Da **Glücksspiel im Internet** – wie empirische Erkenntnisse und Untersuchungen sowie Erfahrungswerte belegen – im

519 S. 12 Ziff. 22 und S. 170 Ziff. 714ff. des FATF Evaluationsberichts.
520 Zur berechtigten Kritik hieran vgl. *Höche/Rößler*, WM 2012, 1509f.
521 BGBl. I 2013 S. 268.

Vergleich zu anderen Branchen **spezifischen Geldwäscherisiken** ausgesetzt ist[522] und hier erhebliche Einnahmen verzeichnet werden,[523] sah der Gesetzgeber in der Folge die Erforderlichkeit, das Onlineglücksspiel in die präventiv wirkenden Regelungen des Geldwäschegesetzes einzubeziehen (nach § 9 GwG wurde im GwG ein neuer Abschnitt 2a eingefügt, der in den §§ 9a bis 9d GwG das Glücksspiel im Internet aus Geldwäschegesichtspunkten reglementierte). Eine Einbeziehung des Onlineglücksspiels war darüber hinaus auch aufgrund der 3. EU-Geldwäscherichtlinie erforderlich.[524]

Bemerkenswert im Zusammenhang mit dem Gesetz zur Ergänzung des Geldwä- 278
schegesetzes ist, dass ein noch im Diskussionsentwurf des BMF enthaltener § 16a GwGErgG, mit dem *„der erhöhten Gefahr des Missbrauchs der Nutzung von **Spielhallen** zur Durchführung von Geldwäsche durch die Betreiber direkt begegnet werden"* sollte, schließlich ersatzlos gestrichen worden war. Ein ähnliches Schicksal hatte ein gleicher Vorschlag des Bundesrats bereits 1992 bei der Schaffung des GwG ereilt – auch er fand keinen Einzug in den Gesetzestext.[525]

2015: 4. EU-Geldwäscherichtlinie

Die zum 25.6.2015 in Kraft getretene 4. EU-Geldwäscherichtlinie[526] brachte wiederum 279
weitreichende Veränderungen mit sich, was vor allem auch dadurch zu erklären war, dass die vormalige 3. Geldwäscherichtlinie bereits 2005 in Kraft getreten war und sich seither neue Erscheinungsformen im Bereich der Geldwäsche gezeigt hatten, die eine Reaktion erforderten, und die im Februar 2012 überarbeiteten 40 Empfehlungen der FATF eine Umsetzung auf EU-Ebene verlangten. Zu den markantesten Neuerungen zählten

- **die Herabsetzung des Schwellenwerts** für Sorgfaltspflichten bei Personen, die mit Gütern handeln, bei Barzahlung von 15.000 EUR auf 10.000 EUR (Art. 2 Abs. 1 Nr. 3e, Art. 11 Buchst. c, Erwägungsgrund 6),
- die Definition der **politisch exponierten Personen unabhängig vom Ort der Amtsausübung** (Art. 3 Abs. 9),
- die Verpflichtung der Kommission zur Erstellung einer Liste von **„Drittländern mit hohem Risiko"** (Art. 9),
- die Verpflichtung aller Unternehmen, Daten zu den wirtschaftlich Berechtigten vorzuhalten **(europaweites Unternehmensregister)** (Art. 30, Erwägungsgrund 14),

---

522 BT-Drucks. 17/10745, S. 1.

523 Laut Grünbuch der Europäischen Kommission „Online-Glücksspiele im Binnenmarkt" v. 24.3.2011, S. 3 und 8, beliefen sich die Einnahmen der Onlineglücksspielanbieter innerhalb der EU bereits im Jahr 2008 auf über 6 Mrd. Euro, wobei zu berücksichtigen ist, dass viele Anbieter bisher illegal operieren und die tatsächlichen Beträge entsprechend höher ausfallen dürften.

524 S. Erwägungsgrund 14 der 3. Geldwäscherichtlinie (2005/60/EG).

525 Stellungnahme des Bundesrats zum Entwurf eines Gesetzes über das Aufspüren von Gewinnen aus schweren Straftaten (Gewinnaufspürungsgesetz – GewAufspG), BT-Drucks. 12/2704, S. 27.

526 Abl. EU L 141 v. 5.6.2015, S. 73ff.

- die Verpflichtung der Mitgliedstaaten, **Verpflichtete**, die einen Verdacht melden, *„vor Bedrohungen oder Anfeindungen und insbesondere nachteiligen oder diskriminierenden Maßnahmen im Beschäftigungsverhältnis“* **zu schützen** (Art. 38), und
- die deutliche **Verschärfung von Sanktionen und Maßnahmen** bei Verstößen gegen die nationalen Geldwäschegesetze (Art. 58ff.), wobei auch Sanktionen und Maßnahmen gegen die Mitglieder des Leitungsorgans und jede andere natürliche Person, die nach nationalem Recht für den Verstoß verantwortlich ist, möglich sein müssen (Art. 58 Abs. 3).

280 Bemerkenswert war aber auch, was sich letztlich **nicht** durchgesetzt hatte – hier sind vor allem zwei Punkte zu nennen:

281 So wurde beispielsweise der zwischenzeitliche Erwägungsgrund 21a gestrichen, die ein **Verbot des kommerziellen Handels mit PEP-Listen** vorsah. Aktuell gibt es mehrere Anbieter derartiger Listen, die sich im Wettbewerb gegenseitig damit zu übertrumpfen versuchen, wer jeweils die meisten PEPs gelistet hat. Vielen Verpflichteten im Finanzbereich wird seitens der Aufsichtsbehörde BaFin vorgeschrieben, derartige Listen zu abonnieren, um etwa verstärkten Sorgfaltspflichten gegenüber den politisch exponierten Personen (vgl. § 15 Abs. 3 Nr. 1a GwG) nachkommen zu können, was eine erhebliche Kostenbelastung bedeutet. Diese Listen können durchaus kritisch gesehen werden, da der Personenkreis bereits vom Gesetzgeber unscharf umrissen ist und viel Spielraum für die Anbieter derartiger Listen bietet. Andererseits erleichtern sie den Verpflichteten ihre Arbeit. Ein Verbot des kommerziellen Handels mit PEP-Listen hätte in der Folge den Ruf nach offiziellen Listen lauter werden lassen, was der europäische Gesetzgeber womöglich vermeiden wollte.

282 Bedauerlich ist auch, dass sich das Europäische Parlament nicht zu einer strikteren **Regelung für Rückmeldungen an die Verpflichteten** hinsichtlich des Fortgangs der Ermittlungen zu erstellten Verdachtsmeldungen durchringen konnte. Wurde der Erwägungsgrund 37 des Vorschlags für eine 4. EU-Geldwäscherichtlinie von *„Die Verpflichteten* ***sollten, soweit dies praktikabel ist****, Rückmeldung über den Nutzen ihrer Verdachtsmeldung und die daraufhin ergriffenen Maßnahmen erhalten“* zunächst auf die schärfere Formulierung *„Die Verpflichteten* ***sollten, wenn immer möglich****, Rückmeldung über den Nutzen ihrer Verdachtsmeldung und die daraufhin ergriffenen Maßnahmen erhalten“* geändert, enthält die abschließende Formulierung (nun in Erwägungsgrund 49 bzw. Art. 46 Abs. 3) wieder den ursprünglichen Wortlaut des ersten Vorschlags.[527] Gerade die mangelhafte Rückmeldungspraxis wird von vielen Verpflichteten (zu Recht) bis heute kritisiert.

527 Hervorhebungen in den Zitaten durch den Verfasser.

Hinweis

Zusammen mit der 4. EU-Geldwäscherichtlinie wurde die EU-Geldtransferverordnung überarbeitet mit dem Ziel, eine lückenlose Rückverfolgbarkeit von Geldtransfers zu ermöglichen. Als wohl wesentlichste Änderung ist zu nennen, dass der Zahlungsdienstleister des Auftraggebers zusätzlich zu den bisherigen Angaben (Name des Auftraggebers, Nummer des Zahlungskontos des Auftraggebers und Anschrift des Auftraggebers) seither auch den Namen des Begünstigten und die Nummer von dessen Zahlungskonto übermitteln muss.

2015: Gesetz zur Bekämpfung der Korruption

Die in Deutschland seinerzeit gegebene Straflosigkeit der Selbstgeldwäsche war von der FATF in ihrem Evaluationsbericht zu Deutschland vom Februar 2010 bemängelt worden.[528] Bereits im Koalitionsvertrag zwischen CDU, CSU und SPD zur 18. Legislaturperiode aus dem Jahr 2013 war daher die **Pönalisierung der Selbstgeldwäsche** angekündigt worden.[529] Mit dem Gesetz zur Bekämpfung der Korruption[530], das am 26.11.2015 in Kraft trat, wurde u.a. schließlich § 261 Abs. 9 S. 3 StGB a.F. in den Geldwäscheparagrafen eingefügt, wodurch die bis dahin straffreie Geldwäsche von Vermögenswerten durch den Täter oder Teilnehmer an der Vortat (sog. Selbstgeldwäsche) einer eingeschränkten Strafbarkeit unterworfen werden sollte.[531] 283

2017: Gesetz zur Umsetzung der 4. EU-Geldwäscherichtlinie

Am 26.6.2017 trat das Gesetz zur Umsetzung der Vierten EU-Geldwäscherichtlinie, zur Ausführung der EU-Geldtransferverordnung und zur Neuorganisation der Zentralstelle für Finanztransaktionsuntersuchungen vom 23.6.2017 in Kraft.[532] 284

Ebenfalls am 26.6.2017 veröffentlichte die EU-Kommission ihre **erste supranationale Risikoanalyse**.[533] Mit der sich aus der 4. EU-Geldwäscherichtlinie ergebenden Verpflichtung zur Erstellung einer supranationalen Risikobewertung werden die mit der Geldwäsche verbundenen Risiken analysiert, die den gesamten EU-Binnenmarkt betreffen. Die supranationale Risikobewertung konzentriert sich auf die ermittelten Gefährdungen auf EU-Ebene sowohl hinsichtlich des Rechtsrahmens als auch bezüglich einer wirksamen Anwendung. 285

528 S. FATF Evaluationsbericht, S. 10, Ziff. 7 sowie Ziff. 147 und insbesondere Ziff. 151 bis 153.

529 Im Rahmen der laut Koalitionsvertrag geplanten Anpassung von § 261 StGB (S. 45 des Koalitionsvertrags) sollte ferner die Einführung eines all-serious-crimes-Ansatzes geprüft werden (die FATF hatte in ihrem Evaluationsbericht zu Deutschland vom Februar 2010 Schwächen im vormaligen Vortatenkatalog erkannt und eine derartige Regelung empfohlen, vgl. Evaluationsbericht, S. 10, Ziff. 5).

530 BGBl. I 2015, S. 2025.

531 Zur Kritik hieran s. *Barreto da Rosa*, JR 2017, S. 101ff.

532 BGBl. I 2017, S. 1822.

533 Bericht der Kommission an das Europäische Parlament und den Rat über die Bewertung der mit grenzüberschreitenden Tätigkeiten im Zusammenhang stehenden Risiken der Geldwäsche und der Terrorismusfinanzierung für den Binnenmarkt vom 26.6.2017 (COM(2017) 340 final; SWD(2017) 241 final).

2017: Gesetz zur Reform der strafrechtlichen Vermögensabschöpfung

286 Durch das Gesetz zur Reform der strafrechtlichen Vermögensabschöpfung wurden insbesondere die diese regelnden Normen der §§ 73ff. StGB und §§ 111b ff. StPO vollständig neu gefasst. Erwähnenswert ist hierbei vor allem die neu eingefügte Regelung in **§ 76a Abs. 4 StGB**, mit der für Ermittlungsverfahren wegen bestimmter Katalogstraftaten aus den Bereichen des Terrorismus und der organisierten Kriminalität (einschließlich der Geldwäsche nach § 261 Abs. 1, 2 und 4 StGB a.F., vgl. § 76a Abs. 4 S. 3 Nr. 1e StGB), ein rechtliches Instrument geschaffen wurde, mit dem **aus Straftaten herrührendes Vermögen unklarer Herkunft** unabhängig vom Nachweis einer konkreten Straftat (selbstständig) eingezogen werden kann, wenn das Gericht davon überzeugt ist, dass der sichergestellte Gegenstand aus (irgend-)einer rechtswidrigen Tat herrührt (sog. non conviction-based confiscation). Wird bspw. bei einem Verdächtigen in einem Mafia-Verfahren erhebliches Vermögen festgestellt, das nicht durch legale Einnahmen erklärt werden kann, besteht nun über § 76a Abs. 4 StGB die Möglichkeit der Einziehung dieser Vermögenswerte.

2017: Bericht des Europäischen Parlaments zum PANA-Untersuchungsausschuss

287 Am 16.11.2017 veröffentlichte das Europäische Parlament seinen Bericht[534] über die Untersuchung von Geldwäsche, Steuervermeidung und Steuerhinterziehung („PANA-Untersuchungsausschuss“)[535] nach dem sog. **Panama-Papers-Leak** rund um die Anwaltskanzlei Mossack Fonseca. In dem 131-seitigen Dokument werden einige sehr deutliche Aussagen getroffen hinsichtlich der Verantwortlichkeiten für derartige Strukturen zur Steuerhinterziehung und Verschleierung von Zahlungsflüssen und wirtschaftlichen Berechtigten. So heißt es bspw.

> *„Z. in der Erwägung, dass Offshore-Strukturen, die Präferenzregelungen anbieten, nur deshalb existieren, weil es sowohl in den Steueroasen als auch in anderen Ländern/Gebieten Erfüllungsgehilfen und Vermittler gibt, zu denen Banken, Wirtschaftsprüfungsgesellschaften, Steuerberater, Vermögensverwalter und Anwälte gehören;“* oder
> *„100. Stellt fest, dass Treuhandgesellschaften und andere Treuhänder und Unternehmensdienstleister die größte Gruppe bilden, die bei Mossack Fonseca die Gründung von Offshore-Firmen beantragt haben, gefolgt von Rechnungsführern, Steuerberatern, Anwälten und Unternehmensberatern, die für etwa ein Drittel der eröffneten Offshore-Firmen verantwortlich sind“.*

288 In der Folge wurde der Druck auf die genannten Berufsgruppen im rechtsberatenden Bereich einschließlich der Aufsichtsbehörden über diese hinsichtlich der Einhaltung der geldwäscherechtlichen Vorschriften erhöht.

534 2017/2013(INI).
535 A8-0357/2017.

2018: EU-Richtlinie zur Änderung der 4. EU-Geldwäscherichtlinie

Die Richtlinie (EU) 2018/843 vom 30. Mai 2018 zur Änderung der Richtlinie (EU) 2015/849 289
zur Verhinderung der Nutzung des Finanzsystems zum Zwecke der Geldwäsche und der Terrorismusfinanzierung und zur Änderung der Richtlinien 2009/138/EG und 2013/36/EU[536] – kurz: Richtlinie zur Änderung der Vierten EU-Geldwäscherichtlinie (häufig auch fälschlich als **„5. EU-Geldwäscherichtlinie"** bezeichnet) – trat am 9.7.2019 in Kraft[537] und war von den Mitgliedstaaten bis zum 10.10.2020 umzusetzen. **Zentrale Neuerungen**, die teilweise im deutschen Recht bereits enthalten waren, waren

- die Aufnahme von Kunsthändlern/-vermittlern, Kunstlagerhaltern, Mietmaklern sowie Walletprovidern und Kryptotauschbörsen als Verpflichtete (Erwägungen 8 ff., Änderung Art. 2 Abs. 1 Nr. 3d und Anfügung der Buchstaben g)–j)),
- die Herabsetzung des Schwellenwerts für anonyme Guthabenkarten auf 150 bzw. 50 EUR (Erwägungsgrund 14, Änderung Art. 12 Abs. 1 a) und b) und Abs. 2),
- die Einrichtung zentraler Kontenregister (Erwägungsgrund 20, Art. 32a),
- Anpassungen beim Transparenzregister (öffentlicher Zugang mit Ausnahme Trusts; insb. Art. 30),
- die Verpflichtung zur Schaffung zentraler Immobilienregister (Art. 32b) sowie
- die Verbesserung des Informationsaustausches zwischen den FIUs (Erwägungsgrund 18, (58) und Art. 50a).

2018: EU-Richtlinie über die strafrechtliche Bekämpfung der Geldwäsche

Die Richtlinie (EU) 2018/1673 vom 23.10.2018 über die strafrechtliche Bekämpfung der 290
Geldwäsche, die am 12.11.2018 in Kraft getreten und bis zum 3.12.2020 umzusetzen ist, enthält Mindestvorschriften für die Definition von Straftatbeständen und Sanktionen im Bereich der Geldwäsche und bezweckt in erster Linie eine **Harmonisierung der europaweiten Geldwäschestrafnormen** (u.a. durch weitgehende Vereinheitlichung der geeigneten Geldwäschevortaten, Androhung von Freiheitsstrafe im Höchstmaß von mindestens vier Jahren, Erfassung als erschwerende Umstände, wenn es sich bei dem Täter um den Verpflichteten handelt und er die Straftat in Ausübung seiner beruflichen Tätigkeit begangen hat) sowie eine effizientere und zügigere grenzüberschreitende Zusammenarbeit zwischen den zuständigen Behörden.

2019: Abschlussbericht des TAX3-Sonderausschusses des Europäischen Parlaments

Der TAX3-Sonderausschuss des Europäischen Parlaments, der vom 1.3.2018 bis 28.2.2019 291
tätig war und auf den TAXE-, TAXE2- und PANA-Ausschüssen aufbaute, arbeitete die sog. **Paradise-Papers** auf und sollte hieraus Erkenntnisse für künftige Gegenmaßnahmen

536 Veröffentlicht im Amtsblatt der Europäischen Union (L 156/43) am 19.6.2018.

537 Vgl. Art. 5 der Richtlinie.

des europäischen Gesetzgebers gewinnen. Der umfangreiche Abschlussbericht[538] über Finanzkriminalität, Steuerhinterziehung und Steuervermeidung[539] wurde am 26.3.2019 vom Parlament angenommen. Neben den Feststellungen diverser Mängel im europäischen Rechtsraum bezüglich der Bekämpfung von Finanzkriminalität im Allgemeinen (bspw. wird die schrittweise Abschaffung der sog. Freihäfen in der Europäischen Union gefordert, und dass Steuerfragen im Rat nicht mehr nach dem Einstimmigkeitsprinzip entschieden werden) und **Kritik an sog. „goldenen Visa"-Systemen** einiger Mitgliedstaaten[540] werden eine **europäische Finanzpolizei** im Rahmen von Europol mit eigenen Ermittlungsbefugnissen für die Durchführung grenzüberschreitender Steuer- und Finanzkriminalitätsuntersuchungen sowie eine **EU-Stelle für die Koordinierung der Bekämpfung von Geldwäsche und Terrorfinanzierung** gefordert. Herauszuheben ist schließlich die Forderung an die Kommission, im Zusammenhang mit einer zukünftigen Überprüfung der AML-Gesetzgebung zu untersuchen, ob eine **EU-Geldwäsche-Verordnung** ein geeigneterer Rechtsakt wäre als eine Richtlinie".[541]

2019: Mitteilung der EU-Kommission an das Europäische Parlament u.a.

292 Am 24.7.2019 veröffentlichte die Kommission eine Mitteilung an das Europäische Parlament und den Rat sowie vier grundlegende Berichte über die Umsetzung des rechtlichen Rahmens der Union zur Bekämpfung der Geldwäsche und Terrorismusbekämpfung:

1. In ihrer **zweiten supranationale Risikoanalyse (SNRA)**[542] ergänzte die EU-Kommission die im ersten Bericht von 2017 identifizierten 40 potenziell für Geldwäsche oder Terrorismusfinanzierung anfälligen Produkte und Dienstleistungen um weitere sieben auf insgesamt 47. Hinzu kamen neben einer Kategorie verschiedener Produkte (bargeldintensive Unternehmen, virtuelle Währungen, Crowdfunding und non-profit Organisationen sowie informelle Strukturen wie Hawala) die vier Bereiche der privaten Geldautomatenaufsteller (ATMs), Profifußball, Freihäfen und Staatsbürger- und Aufenthaltsregelungen für Investoren („goldene Pässe/Visa"). Nach wie vor komme Bargeld eine zentrale Bedeutung im Rahmen der Geldwäsche zu. Große Herausforderungen blieben u.a. die Möglichkeiten anonymer Finanztransaktionen, die Nutzung komplexer Unternehmensstrukturen (insbesondere solcher, die in Drittstaaten registriert sind), die Verschleierung tatsächlicher wirtschaftlicher Berechtigungen (auch unter Ausnutzung von Schwächen der nationalen

538 P8_TA-PROV(2019)0240.

539 2018/2121(INI).

540 Ebenso die Entschließung des Europäischen Parlaments vom 26.3.2019 zu Finanzkriminalität, Steuerhinterziehung und Steuervermeidung (2018/2121(INI)), Rn. 182ff.

541 Vgl. Ziffer 242 des Berichts.

542 Bericht der Kommission an das Europäische Parlament und den Rat über die Bewertung der mit grenzüberschreitenden Tätigkeiten im Zusammenhang stehenden Risiken der Geldwäsche und der Terrorismusfinanzierung für den Binnenmarkt vom 24.7.2019 (COM(2019) 370 final, SWD/2019/650 final).

Transparenzregister) und sektorübergreifend die Infiltrierung (von Verpflichteten) durch Kriminelle, die vereinfachten Fälschungsmöglichkeiten durch technische Entwicklungen, unzureichender Informationsaustausch zwischen dem öffentlichen und privaten Sektor, unzureichender Personalansatz und Risikobewusstsein bei Verpflichteten sowie von FinTech ausgehende Risiken. Allgemein kritisierte der Bericht, dass die Mitgliedstaaten die 4. EU-Geldwäscherichtlinie noch nicht vollständig umgesetzt haben, und forderte die Mitgliedstaaten dringend hierzu auf.

2. In ihrem Bericht über die Bewertung des Rahmens für die Zusammenarbeit der Financial Intelligence Units (FIUs)[543] kritisierte die Kommission u.a. die mangelhaften Rückmeldungen einiger FIUs an die Verpflichteten. Thematisiert wurden darüber hinaus Defizite im Informationsaustausch zwischen den einzelnen FIUs (u.a. die noch sehr geringe Zahl sog. Cross-Border-Reports, d.h. Mitteilungen von FIUs an andere FIUs betroffener Mitgliedsstaaten) sowie zwischen FIUs und Aufsichtsbehörden und mit Drittstaaten. Als ein EU-weit verbreitetes Problem wurde zudem der Datenzugriff der FIUs bezeichnet: Aufgrund von Unterschieden in ihrer Stellung, ihren Befugnissen und ihrer Organisation seien einige FIUs nicht in der Lage, auf relevante Informationen (Finanz-, Verwaltungs- oder Strafverfolgungsdaten) zuzugreifen oder diese weiterzuleiten, was sie daran hindert Verdachtsmeldungen ausreichend zu analysieren.
3. Im **Bericht über die Zusammenschaltung der zentralen Kontenregister**[544] bewertete die Kommission die Bedingungen, technischen Spezifikationen und Verfahren für eine sichere und effiziente Verbindung der zentralisierten Bankkonten-Register oder Datenabrufsysteme (es verfügten lediglich 15 Mitgliedstaaten über zentrale Bankkontenregister oder elektronische Datenabrufsysteme für Bankkonten).
4. Der **Bericht über die Bewertung der jüngsten mutmaßlichen Fälle von Geldwäsche, an denen EU-Kreditinstitute beteiligt waren**,[545] enthält eine Analyse von zehn öffentlich bekannt gewordenen Geldwäscheskandalen im Kern zwischen 2012 und 2018. Im Ergebnis wurden vier Kategorien von Mängeln identifiziert:
   a. Ineffektivität oder Nichteinhaltung der rechtlichen Anforderungen an die Systeme und Kontrollen zur Bekämpfung von Geldwäsche/Terrorismusfinanzierung;

543 Bericht der Kommission an das Europäische Parlament und den Rat über die Bewertung des Rahmens für die Zusammenarbeit zwischen den zentralen Meldestellen für Geldwäsche-Verdachtsanzeigen (FIU) vom 24.7.2019 (COM(2019) 371 final).

544 Bericht der Kommission an das Europäische Parlament und den Rat über die Vernetzung der zentralen automatischen Mechanismen (zentrale Register oder zentrale elektronische Datenabrufsysteme) der Mitgliedstaaten für Bankkonten vom 24.7.2019 (COM(2019) 372 final).

545 Bericht der Kommission an das Europäische Parlament und den Rat über die Bewertung aktueller Fälle von mutmaßlicher Geldwäsche unter Beteiligung von Kreditinstituten aus der EU vom 24.7.2019 (COM(2019) 373 final).

b. Misserfolge bei der Bekämpfung von Geldwäsche und Terrorismusfinanzierung;
c. Fehlausrichtungen zwischen Risikobereitschaft und Risikomanagement;
d. ineffektive Beaufsichtigung der gruppenweiten Einhaltung von Pflichten zur Verhinderung von Geldwäsche und Terrorismusbekämpfung.

293 Der Bericht kam zu dem Schluss, dass in den analysierten Fällen zum einen Banken die Kernanforderungen der Geldwäscherichtlinie (wie Risikobewertung, Sorgfaltspflicht gegenüber Kunden und Meldung verdächtiger Transaktionen und Aktivitäten an die FIUs) nicht erfüllt hatten, und Behörden erst dann eingriffen, wenn erhebliche Risiken aufgetreten waren oder wenn sie wiederholt mit Compliance- und Governance-Fehlern konfrontiert wurden. Auf internationaler Ebene solle die Zusammenarbeit mit wichtigen Behörden von Drittländern strukturierter und systematischer gestaltet werden. Wiederum wurde vorgeschlagen, die **Umwandlung der Geldwäscherichtlinie in eine Verordnung** zu erwägen.

2020: Gesetz zur Umsetzung der Änderungsrichtlinie zur 4. EU-Geldwäscherichtlinie

294 Zum 1.1.2020[546] trat das Gesetz zur Umsetzung der Richtlinie (EU) 2018/843 zur Änderung der 4. EU-Geldwäscherichtlinie in Kraft.[547] Hierdurch wurden u.a.

- Mietmaklern (§ 1 Abs. 11 GwG), Kunstvermittler und Kunstlagerhalter, soweit die Lagerhaltung in Zollfreigebieten erfolgt (§ 2 Abs. 1 Nr. 16, § 1 Abs. 23 GwG), sowie Walletprovider und Kryptotauschbörsen (vgl. § 1 Abs. 1a Satz 2 Nr. 6 KWG) als Verpflichtete im GwG aufgenommen,
- die Schwellenwerte für anonyme Guthabenkarten (vgl. § 25i Abs. 2 KWG) angepasst,
- der Schwellenwert für Edelmetallkäufe auf 2.000 EUR abgesenkt (§§ 4 Abs. 5 Nr. 1b, 10 Abs. 6a Nr. 1b GwG),
- die Vorschriften zum Transparenzregister überarbeitet,
- § 43 Abs. 6 GwG als Grundlage für eine Rechtsverordnung bezüglich einer Meldepflicht bestimmter Immobilientransaktionen geschaffen,
- die generelle Registrierungspflicht in § 45 Abs. 1 GwG eingeführt (die erst mit Inbetriebnahme des neuen Informationsverbundes der FIU, spätestens ab dem 1.1.2024 gilt, vgl. § 59 Abs. 6 GwG) und

546 Lediglich die Änderung von § 23 GwG (Einsichtnahme von Behörden in das Transparenzregister) bzw. die Einfügung von § 26a GwG (automatisierter Abruf von Informationen aus dem Transparenzregister durch Behörden), treten erst zum 1.7.2020 bzw. 1.1.2021 in Kraft, vgl. Art. 20 Abs. 2 des Gesetzes, und für die allgemeine Registrierungspflicht in § 45 Abs. 1 GwG wurde eine Übergangsregelung geschaffen, der zufolge die Pflicht erst mit Inbetriebnahme des neuen Informationsverbundes der FIU, spätestens ab dem 1.1.2024 gilt (vgl. § 59 Abs. 6 GwG).
547 BGBl. 2019 I S. 2602; BT-Drucks. 19/13827.

- der Ordnungswidrigkeitenkatalog geändert (insbesondere wurden in § 56 Abs. 2 GwG sieben Ordnungswidrigkeitentatbestände geschaffen, die bereits einfach fahrlässige Verstöße sanktionieren).

Im Beschluss vom 29.11.2019[548], mit welchem der Bundesrat dem Gesetz letztlich zugestimmt hatte, stellte der Bundesrat in einer ergänzenden Entschließung mit Bedauern fest, dass eine Reihe seiner Beschlussempfehlungen aus dem ersten Durchgang im weiteren Gesetzgebungsverfahren nicht aufgegriffen worden sei und bat die Bundesregierung deshalb bei nächster Gelegenheit mehrere Punkte aufzugreifen. 295

2020: Aktionsplan der EU-Kommission für eine umfassende Politik der Union zur Verhinderung von Geldwäsche und Terrorismusfinanzierung

Am 7.5.2020 veröffentlichte die EU-Kommission ihre Mitteilung zu einem Aktionsplan für eine umfassende Politik der Union zur Verhinderung von Geldwäsche und Terrorismusfinanzierung.[549] Dieser ist gegliedert in sechs „Säulen“: 296

- Gewährleistung der wirksamen Umsetzung des bestehenden EU-Rahmens (v. a. durch Einleitung von Vertragsverletzungsverfahren und Vernetzung der WB-Register),
- Schaffung eines einheitlichen EU-Regelwerks durch zumindest teilweise Umwandlung der bisherigen Geldwäscherichtlinien in eine Geldwäscheverordnung[550], wozu u. a. die Bestimmungen über die Liste der Verpflichteten, die Sorgfaltspflichten gegenüber Kunden, die internen Kontrollen, die Meldepflichten sowie die Bestimmungen über die Register wirtschaftlicher Eigentümer und die zentralen Bankkontenmechanismen gehören sollen,
- Einführung einer auf EU-Ebene angesiedelten Geldwäscheaufsicht (ggf. über Finanz- und Nichtfinanzbereich),
- Einrichtung eines Unterstützungs- und Kooperationsmechanismus für die FIUs,
- Durchsetzung strafrechtlicher Bestimmungen und Informationsaustausch auf Unionsebene (auch über das im August 2020 gegründete EFECC (European Financial and Economic Crimes Center) bei Europol, AMON (Anti Money-Laundering Operational Network) sowie Public Private Partnerships) und
- Stärkung der internationalen Dimension des EU-Rahmens (durch stärkere Einbringung bei der FATF, Hinwirken, dass die globalen Standards in wesentlichen Fragen den EU-Standards angeglichen werden und eine eigene EU-Politik gegenüber Drittländern).

---

548 BR-Drucks. 598/19 (Beschluss).

549 Dok. C(2020) 2800 final.

550 EU-Richtlinien sind von den Mitgliedstaaten stets in nationales Recht umzusetzen, was jedem Mitgliedsstaat gewisse Spielräume belässt, die in der Vergangenheit zu uneinheitlichen Regelwerken, Lücken und Hemmnissen in der Zusammenarbeit geführt hatten; eine Verordnung ist demgegenüber unmittelbar geltendes Recht.

2020: GwGMeldV-Immobilien

297 Zum 1.10.2020 trat die Geldwäschegesetzmeldepflichtverordnung-Immobilien vom 20.8.2020 **(GwGMeldV-Immobilien)**[551] in Kraft, die Verpflichtete nach § 2 Abs. 1 Nr. 10 und 12 GwG zur Meldung bestimmter, typisierter Sachverhalte im Zusammenhang mit Immobiliengeschäften[552] nach § 43 Abs. 1 i. V. m. Abs. 6 GwG verpflichtet.[553]

2021: Gesetz zur Verbesserung der strafrechtlichen Bekämpfung der Geldwäsche

298 Durch das Gesetz zur Verbesserung der strafrechtlichen Bekämpfung der Geldwäsche vom 9.3.2021[554] wurde die am 2.12.2018 in Kraft getretene Richtlinie (EU) 2018/1673 vom 23.10.2018 über die strafrechtliche Bekämpfung der Geldwäsche[555] – mit Verspätung[556] – umgesetzt. § 261 StGB wurde in diesem Zusammenhang mit Wirkung zum 18.3.2021 der größten Revision seit seinem Bestehen unterworfen; der deutsche Gesetzgeber ging mit der Reform über die reine Umsetzung der Richtlinie hinaus. Zentrale inhaltliche Neuerungen in der auch sprachlich völlig neu gefassten Norm waren v. a. das Ersetzen des vormaligen Vortatenkatalogs durch einen all-crimes-Ansatz, die Streichung des vormaligen § 261 Abs. 1 S. 3 StGB[557], die Einführung einer Regelung zur Annahme von Honorar durch Strafverteidiger (§ 261 Abs. 1 S. 3 StGB) und eine Qualifikation, wenn der Täter Verpflichteter nach § 2 GwG ist. Begleitend wurden Änderungen in § 76a StGB zur Einziehung von Vermögen unklarer Herkunft und in der Strafprozessordnung im Kontext von Telekommunikationsüberwachung, Online-Durchsuchung und Verkehrsdatenerhebung vorgenommen.

2021: Transparenzregister- und Finanzinformationsgesetz

299 Durch das Transparenzregister- und Finanzinformationsgesetz (TraFinG) vom 25.6.2021[558], das zum größten Teil zum 1.8.2021 in Kraft trat, wurde zum einen die Richt-

---

551 BGBl 2020 I S. 1965; sie wurde zuletzt durch die VO zur Änderung der GwGMeldV-Immobilien (BGBl. 2025 I Nr. 13) vom 15.1.2025 geändert, um zwischenzeitliche Erfahrungen und Gesetzesänderungen (wie die Schaffung von § 16a GwG durch das SDG II) zu berücksichtigen.

552 Der Gesetzgeber hat jedoch ausdrücklich betont, dass die Fallkonstellationen der Verordnung **auch außerhalb des Immobiliensektors** zu einer stärkeren Überprüfungspflicht führen sollen (vgl. BT-Drs. 19/13827, S. 99).

553 Vgl. hierzu näher Kap. 7 D III.

554 BGBl. I 2021 I S. 327.

555 ABl. L 284 vom 12.11.2018, S. 22.

556 Die Richtlinie wäre bis zum 3.12.2020 umzusetzen gewesen.

557 § 261 Abs. 1 S. 3 StGB a. F. lautete: *„Satz 1 gilt in den Fällen der gewerbsmäßigen oder bandenmäßigen Steuerhinterziehung nach § 370 der Abgabenordnung für die durch die Steuerhinterziehung ersparten Aufwendungen und unrechtmäßig erlangten Steuererstattungen und -vergütungen sowie in den Fällen des Satzes 2 Nr. 3 auch für einen Gegenstand, hinsichtlich dessen Abgaben hinterzogen worden sind."*

558 BGBl. I 2021 I S. 2083.

linie (EU) 2019/1153 vom 20.6.2019 zur Festlegung von Vorschriften zur Erleichterung der Nutzung von Finanz- und sonstigen Informationen für die Verhütung, Aufdeckung, Untersuchung oder Verfolgung bestimmter Straftaten umgesetzt, was Änderungen in Abschnitt 5 des GwG (zur FIU) und weiteren Gesetzen zur Folge hatte. Darüber hinaus bestand die Pflicht nach der 4. EU-Geldwäscherichtlinie, die Transparenzregister der EU-Mitgliedstaaten bis zum 10.3.2021 miteinander zu vernetzen, wofür mit dem Transparenzregister- und Finanzinformationsgesetz v.a. durch zahlreiche Änderungen in Abschnitt 4 des GwG (Transparenzregister) die Voraussetzungen geschaffen wurde (das Transparenzregister wurde hierbei von einem Auffangregister auf ein Vollregister umgestellt).

2022: FATF Deutschland-Evaluationsbericht 2022

In der Plenumsversammlung (Plenary) am 17.6.2022 nahm die FATF den Abschlussbericht zu ihrer Deutschlandprüfung (Mutual Evaluation Report) an; er wurde am 25.8.2022 auf der Website der FATF (auf Englisch) veröffentlicht.[559] **300**

Das **Ergebnis** ist differenziert zu betrachten: Während die Bewertung der **technical compliance**, d.h. wie die Umsetzung der FATF-Empfehlungen in das nationale Recht gesehen wird, sehr gut ausfällt[560], kommen die Prüfer bei der Bewertung der **effectiveness**, d.h. wie die Ziele der FATF (insgesamt 11 sog. immediate outcomes) erreicht werden und alles in der Praxis funktioniert, zu einem sehr schlechten Ergebnis: in keinem der Bereiche wurde hohe Effektivität erreicht, lediglich bei 4 immediate outcomes solide/substantielle Effektivität und bei 7 immediate outcomes wurde Deutschland nur mäßige Effektivität bescheinigt.[561] In der Folge wurde Deutschland in das ver- **301**

559 Der **Ablauf einer Länderprüfung** kann dem FATF-Papier „2022 Methodology for Assessing Technical Compliance with the FATF Recommendations and the Effectiveness of AML/CFT/CPF Systems“, zuletzt aktualisiert im August 2024, entnommen werden; eine Kurzübersicht zum Ablauf der Deutschland-Prüfung findet sich auch auf der Seite des BMJ https://www.bmj.de/SharedDocs/Publikationen/DE/Fachpublikationen/2022_FATF_Kampf_Geldwaesche_Terrorfinanzierung.pdf?__blob=publicationFile&v=3.

560 Die bei der **technical compliance** vergebenen **Bewertungen** sind: Compliant (C): no shortcomings (keine Mängel); Largely compliant (LC): only minor shortcomings (nur geringe Mängel); Partially compliant (PC): moderate shortcomings (mittelschwere Mängel); Non-compliant (NC): major shortcomings (größere Mängel); Not applicable (na): A requirement does not apply, due to the structural, legal or institutional features of the country (Anforderung nicht anwendbar aufgrund struktureller, rechtlicher oder institutioneller Besonderheiten des Landes). **Deutschland erhielt 17 x compliant, 18 x largely compliant, 5 x partially compliant und 0 x non-compliant.**

561 Die **effectiveness** wird mit folgenden **Prädikaten** bewertet: High (HE): The IO (immediate outcome) is achieved to a very large extent; minor improvements needed (das Ziel wird weitestgehend erreicht; geringere Verbesserungen sind nötig); Substantial (SE): The IO is achieved to a large extent; moderate improvements needed (das Ziel wird zu einem großen Teil erreicht; ein paar Verbesserungen sind nötig); Moderate (ME): The IO is achieved to some extent; major improvements needed (das Ziel wird zu einem gewissen Teil erreicht; größere Verbesserungen sind nötig); Low (LE): The Immediate Outcome is not achieved or achieved to a negligible extent; fundamental improvements needed (das Ziel wird nicht oder nur zu einem vernachlässigbaren Grad erreicht; grundlegende Verbesserungen sind nötig).

stärkte Folge-Verfahren („enhanced follow-up") aufgenommen und muss für die Dauer von drei Jahren jährlich über Fortschritte berichten.[562]

302 Als zentrale **Kritikpunkte** werden genannt:

- die zersplitterte Zuständigkeit bei einer Vielzahl von Behörden auf Bundes- und Landesebene,
- ein zu starker Fokus auf die Verfolgung der Vortaten bei Vernachlässigung der illegalen Finanzflüsse als solche,
- eine fehlende Priorisierung und Fokussierung auf komplexe Fälle von Finanzkriminalität (stattdessen werde hauptsächlich Kleinkriminalität verfolgt),
- die große Anzahl an Aufsichtsinstanzen im Nichtfinanzsektor und die bestehenden Unterschiede hinsichtlich ihrer risikobasierten Aufsichtstätigkeit.

303 Die FATF gibt darauf aufbauend insbesondere folgende **Handlungsempfehlungen** (priority actions):

- konsequente Priorisierung von Sachverhalten mit Bezug zu Geldwäsche, Terrorismusfinanzierung und Proliferationsfinanzierung durch die zuständigen Behörden auf Bundes- und Landesebene,
- nachhaltige Verbesserung von Ermittlungstätigkeiten im Bereich der Finanzkriminalität,
- deutliche Verbesserung der Analysen/Analyseergebnisse der FIU sowie Ausbau der Zusammenarbeit zwischen FIU und Strafverfolgungsbehörden, und
- stärkere Koordinierung und Intensivierung der Aufsicht im Nichtfinanzsektor.

304 Das Bundesfinanzministerium reagierte auf die Prüfergebnisse der FATF mit dem Vorschlag für ein Bundesamt zur Bekämpfung der Finanzkriminalität (BBF)[563], der genau einen Tag vor der Veröffentlichung des FATF-Berichts von Bundesfinanzminister Lindner der Öffentlichkeit vorgestellt wurde und von den schlechten Prüfergebnissen der FATF ablenkte.

2023: Hinweisgeberschutzgesetz

305 Durch das Hinweisgeberschutzgesetz (HinSchG) vom 31.5.2023 (BGBl. 2023 I Nr. 140) wurde die Richtlinie (EU) 2019/1937 vom 23.10.2019 zum Schutz von Personen, die Verstöße gegen das Unionsrecht melden („Whistleblowing-Richtlinie") umgesetzt, die die nationalen und die EU-Behörden besser in die Lage versetzen soll, Verstöße insbesondere auch gegen die Vorschriften zur Bekämpfung von Geldwäsche und Terrorismusfinanzierung zu verhin-

---

562 Das Follow-up-Verfahren behandelt primär die Technical Compliance, indem Mitgliedstaaten ein Re-Rating für noch unvollständige Vorgaben beantragen können; im Bereich der Effectiveness geben die geprüften Staaten hingegen lediglich eine Sachstandsmeldung, ohne dass eine weitere Prüfung erfolgt (vgl. auch BT-Drucks. 20/11496, S. 2 und 29).

563 Umgesetzt werden sollte dies mit dem Finanzkriminalitätsbekämpfungsgesetz, s. unten Rn. 295.

dern, aufzudecken und dagegen vorzugehen. Entsprechende Hinweisgebersysteme sind nach §§ 6 Abs. 5, § 53 GwG auch von Verpflichteten und Aufsichtsbehörden vorzusehen.

2023: Gesetz zur Stärkung der risikobasierten Arbeitsweise der Zentralstelle für Finanztransaktionsuntersuchungen

Das Gesetz zur Stärkung der risikobasierten Arbeitsweise der Zentralstelle für Finanztransaktionsuntersuchungen (BGBl. 2023 I 311) trat am 18.11.2023 in Kraft. Zentrale Motivation für dieses Gesetz waren die anhaltenden Probleme der FIU, die seit ihrer Verlagerung und Neukonzeption im Juni 2017 mit der Bearbeitung der eingehenden Meldungen überfordert war. Mit dem Gesetz sollten verschiedenen Erleichterungen für die FIU geschaffen werden. Zentrale gesetzliche Änderungen/Neuerungen waren: **306**

- erstmalige Schaffung einer Rechtsgrundlage für die (bis dato gesetzwidrige) risikobasierte Arbeitsweise der FIU (§§ 28 Abs. 1 S. 2 und 30 Abs. 2 S. 2 GwG),[564]
- Schaffung einer Rechtsgrundlage für den Einsatz von KI (§ 29 Abs. 2a, 2b und 4 GwG),
- Einfügung von § 32 Abs. 2 S. 4 GwG, der die Weiterleitungspflicht der FIU im Hinblick auf Meldungen in bestimmten Fällen in eine Holschuld für die Strafverfolgungsbehörden umkehrt,
- Ergänzung von § 43 Abs. 5 GwG um einen Satz 2, demzufolge die FIU im Benehmen mit Strafverfolgungsbehörden, Aufsichtsbehörden und sonstigen Behörden nach dem GwG auch typisierte Transaktionen bestimmen kann, die nicht von der Meldepflicht erfasst sind,[565] und
- Schaffung einer Rechtsgrundlage für Erleichterungen für die FIU bei der Bearbeitung von Fristfällen (§ 46 Abs. 1 S. 3ff. GwG).

Das noch im Referentenentwurf enthaltene Ansinnen, dass die FIU Hinweise auf sonstige Straftaten nicht mehr hätte weiterleiten müssen[566], wurde bereits im Gesetzentwurf der Bundesregierung indessen nicht weiterverfolgt. **307**

2024: EU-AML-Paket

Das sog. „AML-Paket" der EU besteht aus insgesamt fünf Rechtsakten, die die Bekämpfung von Geldwäsche und Terrorismusfinanzierung in der Europäischen Union teils grundlegend neugestalten:[567] **308**

564 S. zur ausführlichen Kritik hieran Herzog/Barreto da Rosa, Geldwäscherecht, 6. Aufl., § 28 Rn. 2 a ff.

565 Dies hatte sie bereits ein halbes Jahr zuvor (am 30.5.2023) durch das Eckpunktepapier zur Bestimmung solcher Sachverhalte, die grundsätzlich nicht die Meldepflicht des § 43 Absatz 1 GwG auslösen getan.

566 Durch Änderung von § 32 Abs. 2 S. 1 GwG, s. RefE Art. 1 Ziff. 5 Buchst. a.

567 Die AMLA-VO gilt ab dem 1.7.2025, die AML-VO tritt ab dem 10.7.2027 in Kraft und die neue (6.) EU-Geldwäscherichtlinie ist bis zum 10.7.2027 von den Mitgliedstaaten in nationales Recht umzusetzen.

- **Verordnung (EU) 2024/1620** zur Errichtung der Behörde zur Bekämpfung von Geldwäsche und Terrorismusfinanzierung [...] (**„AMLA-VO"**), mit der die europäische Geldwäscheaufsichtsbehörde AMLA (Anti Money Laundering Authority) geschaffen wird, die die unmittelbare Aufsicht über ausgewählte Verpflichtete ausüben wird, periodische Reviews über die Finanzaufsicht erstellt, die Aufsicht im Nichtfinanzsektor koordinieren, FIUs unterstützen und technische Standards erarbeiten soll,
- **Verordnung (EU) 2024/1624** zur Verhinderung der Nutzung des Finanzsystems für Zwecke der Geldwäsche oder der Terrorismusfinanzierung (**„AML-VO" / „EU-Geldwäsche-Verordnung"**), die unmittelbar geltende Regelungen enthält zu nach der Verordnung Verpflichteten, Outsourcing, internen Sicherungsmaßnahmen, Kundensorgfaltspflichten, wirtschaftlich Berechtigten, Meldepflichten, Aufbewahrung von Unterlagen und eine Barzahlungsobergrenze,
- **Richtlinie (EU) 2024/1640** über die von den Mitgliedstaaten einzurichtenden Mechanismen zur Verhinderung der Nutzung des Finanzsystems für Zwecke der Geldwäsche oder der Terrorismusfinanzierung [...] (**„6. EU-Geldwäscherichtlinie"**)[568], die einen Rahmen vorgibt für Register, FIUs, Aufsicht und die Zusammenarbeit von Behörden,
- **Verordnung (EU) 2023/1113** über die Übermittlung von Angaben bei Geldtransfers und Transfers bestimmter Kryptowerte [...][569] und
- **Richtlinie (EU) 2024/1654** zur Änderung der Richtlinie (EU) 2019/1153 in Bezug auf den **Zugang zuständiger Behörden zu zentralen Bankkontenregistern** über das Vernetzungssystem und auf **technische Maßnahmen zur Erleichterung der Verwendung von Transaktionsaufzeichnungen,** in deren Rahmen künftig auch ein einheitliches verbindliches Format für Kreditinstitute und Finanzdienstleister für die Übermittlung von Kontoinformationen/Transaktionsaufzeichnungen festgelegt werden wird.

2024: Finanzmarktdigitalisierungsgesetz (FinmadiG)

309 Durch das FinmadiG (BGBl. 2024 I Nr. 438 vom 27.12.2024) werden die notwendigen Regelungen zur Durchführung der Verordnungen (EU) 2023/1114, (EU) 2023/1113 und (EU) 2022/2554 sowie zur Umsetzung der Richtlinie (EU) 2022/2556 (DORA-Richtlinie) zusammengefasst. Neben der Schaffung des neuen Kryptomärkteaufsichtsgesetzes (KMAG) wurden u. a. Änderungen in KWG und GwG vorgenommen, wozu u. a. die Festlegung der

568 Tatsächlich handelt es sich eigentlich nicht um die 6. EU-Geldwäsche-Richtlinie – die zuvor geltende 4. EU-Geldwäscherichtlinie war durch eine Änderungsrichtlinie geändert worden, wodurch es jedoch bei der 4. EU-Geldwäscherichtlinie blieb (lediglich in der Fassung der Änderungsrichtlinie) und die Richtlinie zur Verbesserung der strafrechtlichen Bekämpfung der Geldwäsche ist nicht in dieser Reihe zu sehen – allgemein hat sich jedoch der Begriff der „6. EU-Geldwäsche-Richtlinie" durchgesetzt.

569 ABl. EU v. 9.6.2023 L 150/1; s. zusätzlich hierzu VO (EU) 2023/1114 vom 31.5.2023 über Märkte für Kryptowerte (MiCAR).

Aufsichtszuständigkeit der BaFin für die Überwachung der Einhaltung der Vorgaben durch die Anbieter von Kryptowerte-Dienstleistungen gehört sowie die Aufnahme der Anbieter von Kryptowerte-Dienstleistungen und Neuaufnahme von Emittenten vermögenswertreferenzierter Token (soweit die Abwicklung nicht ausschließlich über einen Anbieter von Kryptowerte-Dienstleistungen erfolgt) als GwG-Verpflichtete.

2024: Finanzkriminalitätsbekämpfungsgesetz (FKBG)

Am 24.7.2023 veröffentlichte das BMF (kurzzeitig) einen ersten Referentenentwurf 310 (RefE) für ein Finanzkriminalitätsbekämpfungsgesetz (FKBG), der u.a. die rechtlichen Grundlagen für ein **Bundesamt zur Bekämpfung der Finanzkriminalität (BBF)** enthielt, für ein **Immobilientransaktionsregister** (in einem neuen Abschnitt 4a im GwG) und für eine **Zentralstelle für Geldwäscheaufsicht** auf Bundesebene sowie Koordinierende Stellen der Länder (§§ 50a ff. GwG-E). „Herzstück" des Gesetzes war einen Entwurf für ein **Vermögensermittlungsgesetz** (Art. 4 – VErmG), mit dem eine neue Form der Vermögensabschöpfung eingeführt werden sollte für Fälle, in denen die bisherigen strafrechtlichen Möglichkeiten nicht greifen: ein administratives Vermögensermittlungsverfahren (im Sinne einer **Suspicious Wealth Order**), das zur staatlichen Vereinnahmung von verdächtigen Vermögenswerten führen kann.

In der am 8.9.2023 veröffentlichten Fassung des RefE für ein FKBG fehlte (neben 311 zahlreichen Änderungen im GwG, die in einen separaten Entwurf zum Gesetz zur Stärkung der risikobasierten Arbeitsweise der Zentralstelle für Finanztransaktionsuntersuchungen herausgelöst wurden) u.a. der Artikel zum VErmG – die Vorschläge würden im Ressortkreis intensiv beleuchtet, die Prüfung dieses Verfahrens solle als separater Gesetzesvorschlag, jedoch als wesentlicher Teil des aktuellen Reformpakets, eingebracht werden.[570] Der sodann im April 2024 veröffentlichte Entwurf für ein Vermögensverschleierungsbekämpfungsgesetz (VVBG) mit einem Vermögensermittlungsgesetz (VErmiG) erfuhr scharfe Kritik von verschiedenen Seiten.[571] Die intensiven Diskussionen um das VVBG verzögerten das Gesetzgebungsverfahren zum ohnehin hoch umstrittenen FKBG, das nach dem Bruch der Regierungskoalition schließlich der Diskontinuität anheimfiel (d.h. nicht mehr beschlossen wurde).

570 https://www.bundesregierung.de/breg-de/service/gesetzesvorhaben/finanzkriminalitaet-bekaempfen-2229442; https://bundesfinanzministerium.de/Content/DE/Standardartikel/Themen/Schlaglichter/Geldwaesche-bekaempfen/voller-einsatz-gegen-finanzkriminalitaet.html.

571 Vgl. u.a. die Stellungnahme des Bundes Deutscher Kriminalbeamter (BDK), die auf der Seite des BMF veröffentlicht ist (https://www.bundesfinanzministerium.de/Content/DE/Gesetzestexte/Gesetze_Gesetzesvorhaben/Abteilungen/Abteilung_III/20_Legislaturperiode/2024-04-23-VVBG/0-Gesetz.html).

IV. Institutionen der Geldwäschebekämpfung

Zitat

„Action to prevent and combat money laundering and the financing of terrorism thus responds not only to a moral imperative, but also to an economic need.“

(Min Zhu, ehem. Stellvertretender Direktor des Internationalen Währungsfonds)[572]

1. Vorbemerkung

312 Zahlreiche Institutionen wirken mittelbar oder unmittelbar im Bereich der Geldwäschebekämpfung.[573] Zum Verständnis der Zusammenhänge ist es erforderlich, zumindest die wichtigsten internationalen und nationalen Akteure mit ihren Grundaufgaben und Kompetenzen zu kennen. Aus Gründen der Übersichtlichkeit beschränkt sich die folgende Aufzählung auf diese wesentlichen Institutionen.[574]

2. International

a) Financial Action Task Force on Money Laundering („FATF“)

313 Die Financial Action Task Force on Money Laundering (FATF) – im französisch-sprachigen Raum auch GAFI (Groupe d'action financière) genannt – ist ein zwischenstaatliches Gremium, das im Zuge des G-7-Gipfels in Paris im Jahre 1989 gegründet wurde,[575] und gegenwärtig aus 40 Mitgliedern[576] inklusive zweier internationaler Organisationen (der Europäischen Kommission und dem Golf-Kooperationsrat) besteht. Sie ist sicherlich das wichtigste internationale Gremium im Bereich der Geldwäschebekämpfung und ihr

572 IMF-Factsheet „The IMF and the Fight Against Money Laundering and the Financing of Terrorism“; Übersetzung: *„Anstrengungen zur Verhinderung und Bekämpfung von Geldwäsche und Terrorismusfinanzierung sind nicht nur moralische Verpflichtung, sondern auch wirtschaftliche Notwendigkeit.“*.

573 Unsinn ist hier die Aussage von *Schäuble* vor dem PANA-Untersuchungsausschuss am 11.7.2017: *„Für die Verfolgung, für die Bekämpfung von Geldwäsche in den Bundesländern sind üblicherweise – es ist zum Teil unterschiedlich, aber ganz überwiegend in den Bundesländern – die Sozialministerien zuständig. Und da sind wir bei den Gewerbeaufsichtsämtern, die das vor Ort machen.“* Die Sozialministerien haben keinerlei Zuständigkeit in den Bereichen Geldwäschebekämpfung oder -aufsicht. Ähnlich irritierende Details enthält die Biografie „Wolfgang Schäuble – zwei Leben“ von *Schütz* im dortigen 21. Kapitel.

574 Weitere Institutionen finden sich etwa bei *Ehlscheid/Pfeiffer*, S. 191ff.

575 Der Kritik an mangelnder demokratischer Legitimation der FATF (vgl. bspw. *Weißer* ZStW 2017, 129 (980ff.)) soll durch alle zwei Jahre stattfindende Treffen der zuständigen Minister der Mitgliedstaaten begegnet werden.

576 Argentinien, Australien, Österreich, Belgien, Brasilien, Kanada, China, Dänemark, Finnland, Frankreich, Deutschland, Griechenland, Hong Kong, Island, Indien, Indonesien, Irland, Israel, Italien, Japan, Südkorea, Luxemburg, Malaysia, Mexiko, Neuseeland, Niederlande, Norwegen, Portugal, Russland (Mitgliedschaft am 24.2.2023 suspendiert), Saudi-Arabien, Singapur, Südafrika, Spanien, Schweden, Schweiz, Türkei, Vereinigtes Königreich, Vereinigte Staaten.

politischer Einfluss ist – ungeachtet der Kritik hinsichtlich ihrer demokratischen Legitimation[577] – immens.

Ziele der FATF sind das Setzen von Standards und die Förderung einer wirksamen Umsetzung und Durchsetzung von gesetzlichen, regulatorischen und operativen Maßnahmen zur Bekämpfung von Geldwäsche, Terrorismusfinanzierung und anderer Bedrohungen für die Integrität des internationalen Finanzsystems.[578] Seit 1990 veröffentlicht die FATF **Empfehlungen**, die – zuletzt im Jahr 2012 grundlegend überarbeitet (letzte Aktualisierung: 02/2025) – als internationaler Standard für die Bekämpfung der Geldwäsche und der Finanzierung des Terrorismus und die Proliferation von Massenvernichtungswaffen anerkannt wurden. Sie **überwacht** ferner den Fortschritt ihrer Mitglieder bezüglich der **Umsetzung der erforderlichen Maßnahmen** gegen Geldwäsche und Terrorismusfinanzierung (sog. Mutual evaluations – die Evaluationsberichte werden auf der Homepage der FATF veröffentlicht) und fördert die Einführung und die Umsetzung geeigneter Maßnahmen weltweit. In Zusammenarbeit mit anderen internationalen Akteuren arbeitet die FATF auf nationaler Ebene Schwachstellen und Optimierungsmaßnahmen heraus mit dem Ziel, den Schutz des internationalen Finanzsystems vor Missbrauch zu gewährleisten. 314

Hinweis !

Auf der Homepage der FATF findet sich u.a. eine Übersicht über die „4th-round-ratings" (consolidated table of assessment ratings) – die Prüfergebnisse der aktuellen vierten Evaluationsrunde. FATF Executive Secretary *David Lewis* kommentierte die Prüfergebnisse insgesamt mit den markanten Worten: *„I would sum up the results as ‚everyone is doing badly, but some are doing less badly than others'"*.[579]

Um den Standards der FATF auch in Nicht-OECD-Ländern Geltung zu verschaffen, arbeitet die FATF mit verschiedenen, von ihr initiierten regionalen Gruppen eng zusammen (den neun sog. **FATF-Style-Regional-Bodies (FSRB)**). Das sind: Asia/Pacific Group on Money-Laundering (APG), Caribbean Financial Action Task Force (CFATF), Council of Europe – MONEYVAL, Eastern and Southern Africa Anti-Money-Laundering Group (ESAAMLG), Eurasian Group (EAG), Middle East and North Africa Financial Action Task Force (MENAFATF), Inter-Governmental Action Group Against Money-Laundering & Terrorist Financing in West Africa (GIABA) and the Financial Action Task Force of South America (GAFISUD) und Groupe d'Action Contre le Blanchiment d'Argent en Afrique Centrale (GABAC).[580] 315

577 Vgl. u.a. auch *Bülte* NZWiSt 2017, 276 (285f.).

578 Siehe auch http://www.fatf-gafi.org und FATF, Empfehlungen 2012, S. 7.

579 Übersetzt: *„Ich würde die Ergebnisse folgendermaßen zusammenfassen ‚jeder schneidet schlecht ab, aber manche schneiden weniger schlecht ab als andere'"*, Interview vom 11.5.2020 mit ICIJ (im Internet zu finden auf https://www.icij.org).

580 Eine Übersicht darüber, welches Land von welcher Organisation geprüft wird, ist abrufbar unter http://www.fatf-gafi.org/countries/.

316 Neben den Jahresberichten (FATF Annual Reports) veröffentlicht die FATF **Studien zu speziellen Geldwäschethemen** und stellt auf ihrer Internetseite zahlreiche Nationale und Regionale Risikoanalysen (Money laundering and terrorist financing risks) zusammen.

317 Die FATF benennt ferner fortlaufend Staaten, die sich aufgrund fehlender Rechtsvorschriften oder mangelnder Umsetzung im Kampf gegen Geldwäsche und Terrorismusfinanzierung unkooperativ zeigen (High-Risk Jurisdictions subject to a Call for Action, sog. black-list) oder hinter den Erwartungen zurückbleiben und deshalb verstärkter Überwachung bedürfen (Jurisdictions under Increased Monitoring, sog. grey-list). Diese Listen werden jeweils von der BaFin mit Rundschreiben umgesetzt.

b) MONEYVAL

318 MONEYVAL ist ein 1997 gegründeter **Expertenausschuss des Europarates**. Ziel von MONEYVAL ist es sicherzustellen, dass die Mitgliedstaaten über effektive Systeme zur Bekämpfung von Geldwäsche und Terrorismusfinanzierung verfügen und die maßgeblichen internationalen Standards (wie die FATF-Empfehlungen) in den Bereichen erfüllen. Ähnlich wie die FATF, mit der MONEYVAL eng zusammenarbeitet, **evaluiert** MONEYVAL die Mitgliedstaaten hinsichtlich ihrer nationalen Gegenmaßnahmen gegen Geldwäsche und Terrorismusfinanzierung, gibt ihnen detaillierte Informationen zur etwaigen Verbesserung und führt ferner Typologiestudien zu Methoden, Trends und Techniken von Geldwäsche und Terrorismusfinanzierung durch.

c) Egmont Group of Financial Intelligence Units

319 Die Egmont Group ist ein inoffizielles internationales **Netzwerk von 177**[581] **nationalen FIUs** mit dem Ziel der Förderung der internationalen Zusammenarbeit bei der Bekämpfung der Geldwäsche und Terrorismusfinanzierung. Sie ist unpolitisch und operativ ausgerichtet. Die Egmont Group FIUs treffen sich hierbei regelmäßig zum gegenseitigen Austausch von Expertenwissen in diesen Bereichen. In den aktuellen FATF-Empfehlungen wird den FIUs eine Teilnahme an der Egmont Group empfohlen.[582] Seitens der Egmont Group werden gleichfalls **Berichte zu verschiedenen Einzelthemen aus den Bereichen Geldwäsche und Terrorismusfinanzierung** sowie Zwei-Jahresberichte veröffentlicht. Besonders hinzuweisen ist hier – neben einzelnen Falldarstellungen aus verschiedenen Themenbereichen – eine Fallsammlung von 100 Geldwäsche- bzw. Terrorismusfinanzierungsfällen (Egmont Cases – Financial Analysis Cases 2011-2013), die ein

---

581 Stand 01/2025, die aktuelle Liste der Mitglieder kann im Internet abgerufen werden unter https://egmontgroup.org/members-by-region/eg-member-fiu-information/.
582 S. 96 Ziff. 13.

breites Spektrum von Vorgehensweisen in diesen Bereichen wiedergeben und nach wie vor empfehlenswerte Lektüre sind.[583]

d) Die Europäischen Aufsichtsbehörden

Als Reaktion auf die Finanzmarktkrise der Jahre 2008 und 2009[584] wurden die drei für die Aufsicht über die Finanzinstitute in Europa zuständigen Aufsichtsbehörden (European Supervisory Authorities – „**ESA**") gegründet: Die Europäische Bankenaufsichtsbehörde (**EBA** – European Banking Authority), die Europäische Aufsichtsbehörde für das Versicherungswesen und die betriebliche Altersversorgung (**EIOPA** – European Insurance and Occupational Pensions Authority) und die Europäische Wertpapier- und Marktaufsichtsbehörde (**ESMA** – European Securities and Markets Authority). Im Januar 2020 wurde das Mandat zur **Bekämpfung von Geldwäsche und Terrorismusfinanzierung**, das zuvor auf die drei Europäischen Aufsichtsbehörden aufgeteilt war, bei der **EBA** konzentriert, die fortan bei der Förderung von Integrität, Transparenz und Sicherheit des Finanzsystems eine führende, koordinierende und überwachende Rolle übernahm, um Geldwäsche und Terrorismusfinanzierung zu verhindern und zu bekämpfen. 320

Bereits der **Aktionsplan der EU-Kommission** für eine umfassende Politik der Union zur Verhinderung von Geldwäsche und Terrorismusfinanzierung vom 7.5.2020 enthielt verschiedene Optionen zur **Einführung einer auf EU-Ebene angesiedelten Geldwäscheaufsicht.**[585] Die Überlegungen mündeten schließlich in die Verordnung (EU) 2024/1620 vom 31.5.2024 zur Errichtung der Behörde zur Bekämpfung von Geldwäsche und Terrorismusfinanzierung und zur Änderung der Verordnungen (EU) Nr. 1093/2010, (EU) Nr. 1094/2010 und (EU) Nr. 1095/2010, mit der die europäische **Anti Money Laundering Authority (AMLA)** geschaffen wurde. Die AMLA wird ihren Sitz in Frankfurt haben, soll Mitte 2025 ihre Tätigkeit aufnehmen und mehr als 400 MitarbeiterInnen beschäftigen. Die EU-Kommission ist für die Errichtung und die Aufnahme des Betriebs der Behörde bis zum 31.12.2025 zuständig. 321

Hinweis: !
Im Jahr 2019 hatte die EBA auf Ersuchen der Kommission gegen Aufsichtsbehörden in zwei Mitgliedstaaten ermittelt, und zwar im Zusammenhang mit den Umständen, unter denen eine Bank über ihre Zweigstellen in Übersee ein risikoreiches Portfolio aus ausländischen Kunden verwaltete. In diesem Fall leitete die EBA im

583 Abrufbar unter https://egmontgroup.org/en/document-library/11; die englischsprachige Fallsammlung ist unterteilt in sechs Kategorien: Verschleierung innerhalb von Geschäftsstrukturen; Missbrauch von rechtmäßigen Geschäftszweigen; Einsatz von falschen Identitäten, Dokumenten oder Strohpersonen; Ausnutzung internationaler rechtlicher Problemstellungen; Gebrauch anonymer Vermögenswerte und effektiver Informationsaustausch durch FIUs.

584 Vgl. BT-Drucks. 17/6255, S. 1.

585 In den Ratsschlussfolgerungen vom 22.10.2020 (12249/20, Ziff. 24 ff) begrüßte der Rat der Europäischen Union den Vorschlag und gab weitere Anregungen.

Februar 2019 aufgrund einer Verletzung von Unionsrecht eine offizielle Untersuchung gem. Art. 17 der Verordnung (EU) 1093/2010 ein. Nach Einleitung der Untersuchung und einer umfassenden Analyse durch die Mitarbeiter der EBA legte der unabhängige Ausschuss für Verletzungen von Unionsrecht der EBA dem Rat der Aufseher einen Entwurf für Empfehlungen im Zusammenhang mit einer Reihe von Verletzungen des Unionsrechts in Bezug auf die wirksame Aufsicht und Zusammenarbeit durch beide Aufsichtsbehörden vor. Der Rat der Aufseher der EBA (der sich aus den Leitern der Finanzaufsichtsbehörden der Mitgliedstaaten zusammensetzt) lehnte die Empfehlung am 16.4.2019 ab, wobei die Begründung insbesondere dazu Fragen aufwirft, wie zukünftig überhaupt sichergestellt werden kann, dass die Aufsichtsbehörden für ihre Tätigkeiten zur Rechenschaft gezogen werden können.[586]

e) Die Wolfsberg Gruppe / Wolfsberg Group

322 Die Wolfsberg Gruppe ist ein im Jahr 2000 gegründeter Zusammenschluss von mittlerweile 12 internationalen Groß-Banken[587] mit dem **Ziel**, globale Standards in den Bereichen Know Your Customer sowie Bekämpfung von Geldwäsche und Terrorismusfinanzierung zu schaffen. Seitens der Wolfsberg Gruppe wurden verschiedene Erklärungen verfasst wie:

- Frequently Asked Questions („FAQs") und AML-Grundsätze zum Korrespondenzbankgeschäft,
- Wolfsberg-Erklärung Überwachung, Screening und Suchmechanismen,
- Wolfsberg-Erklärung zur Unterdrückung der Terrorismusfinanzierung,
- Wolfsberg AML-Grundsätze für das Private Banking Geschäft und viele mehr.

323 In der jüngeren Zeit hat die Wolfsberg Gruppe insbesondere auch neue Zahlungstechnologien in den Fokus genommen.

f) Internationaler Währungsfonds (IWF) und Weltbank

324 Im September 2000 forderte der Internationale Währungs- und Finanzausschuss IMFC („International Monetary and Finance Committee")[588] den IWF auf, zusammen mit der Weltbank[589] ein gemeinsames Papier vorzubereiten, in dem die jeweiligen Rollen bei der Bekämpfung von Geldwäsche und Finanzkriminalität sowie zum Schutz des internatio-

586 S.a. Bericht der Kommission an das Europäische Parlament und den Rat vom 24.7.2019 (COM(2019) 373 final) über die Bewertung aktueller Fälle von mutmaßlicher Geldwäsche unter Beteiligung von Kreditinstituten aus der EU, S. 22.

587 Banco Santander, Bank of America, Barclays, Citigroup, Deutsche Bank, Goldman Sachs, HSBC, J.P. Morgan Chase, MUFG Bank, Société Générale, Standard Chartered Bank, UBS.

588 Der IMFC ist ein Gremium bestehend aus den IWF-Gouverneuren derjenigen Länder, die einen Sitz im Exekutivrat des IWF haben.

589 Die Weltbank wurde 1944 auf der Währungs- und Finanzkonferenz der Gründungsmitglieder der Vereinten Nationen zusammen mit dem IWF gegründet und ist (wie der IWF) eine Sonderorganisation der Vereinten Nationen.

nalen Finanzsystems definiert werden.[590] In diesem gemeinsamen Papier **(Enhancing Contributions To Combating Money Laundering: Policy Paper)** vom 26.4.2001 erklären IWF und Weltbank schließlich, dass sie künftig ihre Anstrengungen im globalen Kampf gegen den Missbrauch des Finanzsystems und insbesondere Geldwäsche verstärken wollen. Neben der Anerkennung der 40 Empfehlungen der FATF, einer verstärkten Zusammenarbeit mit anderen großen internationalen Anti-Geldwäsche-Institutionen u.a. verlangen IWF und Weltbank von Ländern, die Leistungen aus Unterstützungsprogrammen beider Organisationen erhalten, wirksame Kontrollen zur Bekämpfung von Geldwäsche.

Bereits zuvor stärkten IWF und Weltbank die Aufsichtsbehörden in diesen Ländern 325
und unterstützten die dortigen Gesetzgeber bei der Institutionalisierung gesetzlicher Normen im Bereich der Finanzaufsicht. Der IWF hat seit dem Jahr 2000 wesentlich zur Formung internationaler Anti-Geldwäsche- und Anti-Terrorismusfinanzierungsstandards beigetragen. Er evaluiert nationale Finanzsysteme, gibt technische Unterstützung in diesen Bereichen und führt spezifische Studien durch.

g) United Nations Office on Drugs and Crime (UNODC)

Das Büro der Vereinten Nationen für Drogen- und Verbrechensbekämpfung (UNODC) 326
wurde 1997 gegründet und hat seinen Hauptsitz in Wien. Zu den Hauptaufgaben zählt die Bekämpfung von Drogen- und Menschenhandel, Korruption, Geldwäsche und organisierter Kriminalität. Die Einheit für Strafverfolgung, organisierte Kriminalität und Anti-Geldwäsche von UNODC (Law Enforcement, Organized Crime and Anti-Money-Laundering Unit (**LEOCMLU**)) ist für die Durchführung des „Globalen Programms gegen Geldwäsche, Erträge aus Straftaten und Terrorismusfinanzierung“[591] zuständig. Ziel dieses Programms ist es, alle Staaten bei der Ausarbeitung und Umsetzung effektiver gesetzlicher Regelungen gegen Geldwäsche und Terrorismusfinanzierung zu unterstützen, die in den jeweiligen Staaten mit der Bekämpfung dieser Straftaten befassten Strafverfolgungsorgane zu schulen, die internationale Zusammenarbeit im Bereich der Terrorismusfinanzierung durch Informationsaustausch und gegenseitige Rechtshilfe zu verbessern und die rechtlichen, finanziellen und operativen Kapazitäten der Staaten zu stärken, um effektiv Geldwäsche und Terrorismusfinanzierung bekämpfen zu können.

1998 wurde seitens der Vereinten Nationen in Zusammenarbeit mit den weltweit 327
führenden Geldwäschebekämpfungsorganisationen ein internationales Anti-Geldwäsche Informationsnetzwerk eingerichtet (International Money-Laundering Information Network (**IMoLIN**)). Die Internetseite http://www.imolin.org/ ist öffentlich zugänglich, lediglich die dort enthaltene Datenbank AMLID (Anti-Money-Laundering International

590 International Monetary Fund: Financial System Abuse, Financial Crime and Money Laundering – Background Paper, S. 15.

591 Global Programme against Money-Laundering, Proceeds of Crime and the Financing of Terrorism.

Database) ist in Teilen nur für registrierte (zugelassene) Nutzer einsehbar. Die Internetseite von IMoLIN bietet ein breit gefächertes Spektrum an Informationen – von den gesetzlichen Vorschriften in verschiedensten Staaten, über internationale Normen und Standards, Fallstudien bis hin zu weiterführenden Hinweisen auf Veröffentlichungen (Bücher, Fachartikel, Studien etc.) im gesamten Kontext von Geldwäsche und Terrorismusfinanzierung.

h) Interpol

328 Die Rolle von Interpol bei der Bekämpfung der Geldwäsche beschränkt sich primär auf den weltweiten Informationsaustausch und operative Unterstützung vor Ort. Interpol hat mehrere Resolutionen veröffentlicht, in denen die Mitgliedstaaten dazu aufgerufen werden, einen stärkeren Fokus in ihren Ermittlungen auf die Identifizierung, Verfolgung und Sicherung von Erträgen aus Straftaten zu legen. Im Januar 2025 hat Interpol erstmals eine „Silver Notice“ (in einer Pilotphase) veröffentlicht, um das Auffinden, die Identifizierung und die Beschaffung von Informationen über gewaschene Vermögenswerte zu erleichtern. Mit Hilfe von „Silver Notices“ und „Diffusions“ können die Mitgliedsländer Informationen über Vermögenswerte anfordern, die mit kriminellen Aktivitäten einer Person wie Betrug, Korruption, Drogenhandel, Umweltkriminalität und anderen schweren Straftaten in Verbindung stehen.

i) Europol

329 Europol ist eine europäische Polizeibehörde mit Sitz in Den Haag, die die Tätigkeit der zuständigen Behörden der Mitgliedstaaten und deren gegenseitige Zusammenarbeit bei der Verhütung und Bekämpfung der zwei oder mehr Mitgliedstaaten betreffenden schweren Kriminalität unterstützt, die ein gemeinsames Interesse verletzen, das Gegenstand einer Politik der Union ist, wozu neben anderen auch Terrorismus, organisierte Kriminalität und Geldwäschehandlungen zählen[592]

330 Europol unterstützt u.a. die nationalen Strafverfolgungsbehörden durch Informationsaustausch, Analysearbeit und im operativen Ermittlungsbereich. Die Beamten von Europol selbst können sich an gemeinsamen Ermittlungsgruppen (sog. **Joint investigation teams** (JITs)) von Mitgliedstaaten beteiligen, haben dabei selbst aber keine eigenen Eingriffsbefugnisse (d.h. Europol-Beamte dürfen beispielsweise keine Festnahmen tätigen, Durchsuchungen vornehmen etc.). Ferner veröffentlich Europol jährlichen einen Bericht über die Bedrohungen durch Schwere und Organisierte Kriminalität innerhalb der EU (Serious and Organised Crime Threat Assessment – **SOCTA**).

592 Art. 3 Abs. 1 i.V.m. Anlage I der VO (EU) 2016/794 vom 11.5.2016 über die Agentur der Europäischen Union für die Zusammenarbeit auf dem Gebiet der Strafverfolgung (Europol).

Hinweis: !
Im Juni 2020 wurde innerhalb von Europol das European Financial and Economic Crime Centre (**EFECC**) (Europäisches Zentrum für Finanz- und Wirtschaftskriminalität) gegründet, um auf die exponentielle Zunahme der Finanz- und Wirtschaftskriminalität (unter Beteiligung der Organisierten Kriminalität) in der EU zu reagieren und die Bekämpfung von Wirtschafts- und Finanzkriminalität zu intensivieren.
Bereits 2017 wurde mit **EFIPPP** (European Financial Intelligence Public Private Partnership) der erste länderübergreifende Mechanismus für den Informationsaustausch im Bereich der Geldwäsche- und Terrorismusfinanzierungsbekämpfung gegründet, das dem Informationsaustausch zwischen Europol, den zuständigen Behörden (einschließlich Finanzermittlungsstellen und Strafverfolgungsbehörden) und regulierten Finanzdienstleistern wie Banken fördert. Die erstellten Berichte sind nur Mitgliedern des EFIPPP zugänglich.

3. National

a) Financial Intelligence Unit (FIU)

Durch das Geldwäschebekämpfungsgesetz,[593] das am 15.8.2002 in Kraft trat, wurde die 331
Rechtsgrundlage für die Gründung der FIU Deutschland gelegt. Sie war zunächst als polizeiliche[594] FIU organisatorisch beim Bundeskriminalamt in Wiesbaden (im Referat SO 32) angegliedert. Mit dem Gesetz zur Umsetzung der Vierten EU-Geldwäscherichtlinie, zur Ausführung der EU-Geldtransferverordnung und zur Neuorganisation der Zentralstelle für Finanztransaktionsuntersuchungen[595] wurde sie zum 26.6.2017 zum Zoll in das Ressort des Bundesfinanzministeriums verlagert und zu einer administrativen FIU umgestaltet (ihre Aufgaben und Kompetenzen sind in den §§ 27 bis 42 GwG geregelt)[596]; die FIU ist insofern keine Strafverfolgungsbehörde. Das GwG verwendet den sperrigen Begriff der **Zentralstelle für Finanztransaktionsuntersuchungen,** international ist der Begriff Financial Intelligence Unit (FIU) gebräuchlich.[597]

Die **Definition** von FIUs durch die Egmont Group lautet: „*A central, national agency* 332
responsible for receiving (and, as permitted, requesting), analyzing and disseminating to the competent authorities, disclosures of financial information: (i) concerning suspected proceeds of crime and potential financing of terrorism, or (ii) required by national legislation or regulation, in order to counter money laundering and terrorism financing.“[598]

593 BGBl. I 2002 S. 3105.

594 FIUs sind weltweit sehr unterschiedlich in die staatliche Verwaltung integriert – allgemein wird unterschieden zwischen administrativen, justiziellen und polizeilichen FIUs (vgl. auch *Ehlscheid/Pfeiffer*, S. 208 f., sowie das Information Paper on Financial Intelligence Units and the Egmont Group (9/2004), S. 2), wobei auch Mischformen existieren.

595 BGBl. 2017 I, S. 1822.

596 Zur Kritik an der Verlagerung, den Problemen der neuen FIU und deren Ursachen vgl. ausführlich Barreto da Rosa in Herzog, GwG, Vorbem. zu Abschnitt 5.

597 Der Internetauftritt der FIU (http://fiu.bund.de) enthält diverse Informationen für Verpflichtete und sollte von Verpflichteten regelmäßig auf Neuigkeiten geprüft werden.

598 Information Paper on Financial Intelligence Units and the Egmont Group (9/2004), S. 3.

333 Die **Hauptaufgaben** der zentralen Meldestellen[599] bestehen darin, Meldungen über verdächtige Transaktionen und Informationen, die für die Bekämpfung von Geldwäsche, damit verbundenen Vortaten und der Terrorismusfinanzierung relevant sind, entgegenzunehmen und zu analysieren und die Ergebnisse ihrer Analyse sowie alle sonstigen Informationen an die zuständigen nationalen Behörden oder FIUs in anderen Ländern weiterzugeben.[600]

334 U.a. richtet die FIU Geldwäschetagungen im Finanz- und Nichtfinanzsektor aus, nimmt an Treffen nationaler und internationaler Arbeitsgruppen teil, ist Mitglied der Egmont-Group sowie an der Nationalen Risikoanalyse beteiligt.

b) Anti Financial Crime Alliance (AFCA)

335 Am 24.9.2019 haben die FIU, die BaFin, das Bundeskriminalamt und 14 Banken die **Anti Financial Crime Alliance (AFCA)** ins Leben gerufen (der Teilnehmerkreis wurde und wird künftig noch weiter ausgeweitet werden). Als öffentlich-private Partnerschaft wollen die beteiligten Behörden und Banken unter Federführung der FIU den Kampf gegen Geldwäsche und Terrorismusfinanzierung verstärken und koordinieren.

336 Die AFCA ist in verschiedene Arbeitsgruppen untergliedert und erarbeitet jeweils spezifische Papiere, die den Verpflichteten zur Verfügung gestellt werden und das Erkennen und Bekämpfen von Geldwäsche und Terrorismusfinanzierung erleichtern sollen.

c) Gemeinsame Finanzermittlungsgruppen (GFGen)

337 In den meisten Landeskriminalämtern (sowie beim BKA) gibt es seit den 90er Jahren Gemeinsame Finanzermittlungsgruppen Polizei/Zoll, in denen – wie der Name schon sagt – kriminalpolizeiliche (Finanz-)Ermittler und Zollfahnder[601] beschäftigt sind. In einzelnen GFGen arbeiten zusätzlich Steuerfahnder.

---

599 Die Liste der weltweiten FIUs ist abrufbar unter http://www.unodc.org/unodc/en/money-laundering/links.html; zur Entwicklungsgeschichte der FIUs weltweit s. die Studie des Wissenschaftlichen Dienstes des Europäischen Parlaments *„Kampf gegen Steuerstraftaten – Zusammenarbeit zwischen den zentralen Meldestellen (FIUs)"* vom März 2017, S. 10ff.

600 S.a. Bericht der Kommission an das Europäische Parlament und den Rat vom 24.7.2019 über die Bewertung des Rahmens für die Zusammenarbeit zwischen den zentralen Meldestellen für Geldwäsche-Verdachtsanzeigen (FIU) (COM(2019) 371 final), S. 2.

601 Laut § 1 Abs. 5 ZollVG haben die Behörden des Zollfahndungsdienstes die Aufgabe, Geldwäsche zu erforschen und verfolgen, sofern diese im Zusammenhang steht mit dem grenzüberschreitenden Verkehr von Barmitteln und gleichgestellten Zahlungsmitteln oder Straftaten, die in die Ermittlungszuständigkeit der Zollbehörden fallen (das ZKA wirkt bei der Bekämpfung der international organisierten Geldwäsche nach den §§ 1, 12a bis 12c, 31a und 31b des ZollVG mit, vgl. § 4 Abs. 4 ZFdG); die Zollfahndungsämter und ihre Beamten haben dabei dieselben Rechte und Pflichten wie die Behörden und Beamten des Polizeidienstes nach den Vorschriften der StPO (§ 12b ZollVG).

Vor der Verlagerung der FIU vom BKA zur Generalzolldirektion wurden die GFGen als eine Art „regionale Zweigstellen“ der BKA-FIU betrachtet – sie waren unmittelbare Adressaten der Verdachtsmeldungen nach § 11 Abs. 1 GwG-alt und führten die sog. **Geldwäsche(clearing)ermittlungen**[602] durch. Die „neue“ FIU, die seit dem 26.6.2017 gemäß § 43 Abs. 1 S. 1 GwG alleinige Adressatin der Verdachtsmeldungen ist, hat nach § 32 Abs. 2 S. 1 GwG Meldungen bei Verdacht auf Geldwäsche, Terrorismusfinanzierung oder sonstige Straftaten an die jeweils zuständige Strafverfolgungsbehörde weiterzuleiten.[603] Als diese zuständige Strafverfolgungsbehörde wurden in den meisten Bundesländern die GFGen der Landeskriminalämter bestimmt (Ausnahme: Nordrhein-Westfalen (anfänglich auch Berlin und Schleswig-Holstein), dort werden die Meldungen von der FIU an die örtlich zuständige Staatsanwaltschaft übermittelt). 338

d) Finanzbehörden/Steuerfahndung

Die Finanzbehörden haben der FIU gemäß § 31b Abs. 2 AO unverzüglich Sachverhalte unabhängig von deren Höhe mitzuteilen, wenn Tatsachen vorliegen, die darauf hindeuten, dass es sich bei Vermögensgegenständen, die mit dem mitzuteilenden Sachverhalt im Zusammenhang stehen, um den Gegenstand einer Straftat nach § 261 StGB handelt oder die Vermögensgegenstände im Zusammenhang mit Terrorismusfinanzierung stehen. Das Steuergeheimnis ist in der Hinsicht insofern eingeschränkt (vgl. auch §§ 31 Abs. 5, 42 Abs. 2 S. 2 GwG, §§ 30, 31b Abs. 1 AO). 339

Mit Blick auf die Bekämpfung schwerer Steuerhinterziehung in Verbindung mit Geldwäsche und Terrorismusfinanzierung wurde bspw. in Bayern (im Jahr 2013) die „Sonderkommission Schwerer Steuerbetrug“ (**SKS**) eingerichtet und seither personell erheblich ausgebaut. Sie ist zentraler Ansprechpartner der Sicherheitsbehörden, wie LKA, Verfassungsschutz oder ausländische Steuer- und Sicherheitsbehörden.[604] 340

e) Verfassungsschutzbehörden und Bundesnachrichtendienst

Für die Bekämpfung des Terrorismus und der Terrorismusfinanzierung sind – neben den polizeilichen Staatsschutzdienststellen und den Schwerpunktstaatsanwaltschaften für Terrorismus – die Verfassungsschutzbehörden von Bund und Ländern (Bundesamt für Verfassungsschutz (**BfV**) und die Landesämter für Verfassungsschutz (**LfV**)) und der Bundesnachrichtendienst (**BND**)[605] zuständig. Aus diesem Grund übersendet die FIU 341

602 Vgl. hierzu näher Kapitel 8 B I.

603 Zur Weiterleitung an andere Behörden s. Kapitel 8 A II.

604 Wissenschaftlicher Dienst des Deutschen Bundestags, Bekämpfung von Steuerhinterziehung und Geldwäsche in Deutschland und Großbritannien (2020), S. 23 m.w.N.

605 Der BND betreibt keine Geldwäschebekämpfung. Die Aufklärung der organisierten Kriminalität im Allgemeinen und der Geldwäsche im Besonderen erfolgt nicht unter fallbezogenen, sondern primär unter phänomenbezogenen Gesichtspunkten. Ziel ist die Erstellung eines strategischen Lagebildes für die

Meldungen, die für die Erfüllung der Aufgaben dieser Behörden erforderlich sind, auch an BfV (nicht an die Landesämter für Verfassungsschutz, diese werden ggf. vom BfV informiert) und BND (vgl. § 32 Abs. 1 und Abs. 2 S. 2 GwG).[606]

342 Zur Sicherstellung eines effizienten Informationsaustausches zwischen den einzelnen Bundesländern und dem Bund wurden das sogenannte Gemeinsame Terrorismus Abwehrzentrum (**GTAZ**) in Berlin (für den Bereich des islamistisch motivierten Terrorismus) und das Gemeinsame Extremismus- und Terrorismusabwehrzentrum (**GETZ**) in Köln (für die sonstigen extremistischen und terroristischen Phänomenbereiche) eingerichtet, wo Vertreter der teilnehmenden Behörden arbeitstäglich aktuelle polizeiliche und nachrichtendienstliche Erkenntnisse austauschen. Das Engagement im Rahmen der GTAZ und des GETZ soll künftig u.a. auch auf den Bereich der Terrorismusfinanzierung ausgebaut werden.[607] .

343 Anfang Juni 2019 wurde zudem der „ressortübergreifende Steuerungskreis zur Bekämpfung der Geldwäsche und Terrorismusfinanzierung" (**„RÜST GW/TF"**) eingesetzt, der zweimal im Jahr tagt.

f) Bundesanstalt für Finanzdienstleistungsaufsicht (BaFin)

344 Die BaFin[608] verfolgt das Ziel, einen Missbrauch des Finanzsystems zu Zwecken der Geldwäsche, der Terrorismusfinanzierung und betrügerischen Aktivitäten zulasten der Institute zu verhindern. Sie übt die geldwäscherechtliche Aufsicht über alle in § 50 Nr. 1 GwG genannten Institute, Unternehmen und Personen aus, d.h. über Kredit-, Finanzdienstleistungs- und Zahlungsinstitute sowie Lebensversicherungsunternehmen, Kapitalverwaltungsgesellschaften und Personen und Unternehmen, die E-Geld verkaufen oder zurücktauschen. Hinzu kommen die Aufsicht über die Umsetzung der gesetzlichen Vorschriften zur Verhinderung sonstiger strafbarer Handlungen i.S.v. § 25h Abs. 1 KWG, die laufende Fachaufsicht über Finanzdienstleistungsinstitute, die das Leasing-, Factoring- oder Sortengeschäft betreiben, sowie über Zahlungsinstitute (insbesondere solche, die das Finanztransfergeschäft betreiben) und die Verfolgung des unerlaubten Betreibens des Finanztransfergeschäfts („Underground Banking"). Im Rahmen ihrer Aufsichtsfunktion verhängt die BaFin bei festgestellten Verstößen gegen Vorschriften des Geldwäschegesetzes gem. § 56 GwG Bußgelder.

Bundesregierung. Hierfür sammelt der BND die erforderlichen Informationen über das Ausland, die von außen- und sicherheitspolitischer Bedeutung für die Bundesrepublik Deutschland sind, und wertet sie aus, vgl. BT-Drucks. 17/14761, S. 5.

606 Auf Anfrage darf die FIU Informationen auch an den Militärischen Abschirmdienst (MAD) des Bundesministeriums der Verteidigung übermitteln (§ 32 Abs. 3 S. 1 GwG).

607 BMF, Strategie zur Bekämpfung von Geldwäsche und Terrorismusfinanzierung (1/2020), S. 19.

608 Die BaFin entstand 2002 aus der Zusammenlegung des Bundesaufsichtsamts für das Kreditwesen (BAKred), des Bundesaufsichtsamts für den Wertpapierhandel (BAWe) und des Bundesaufsichtsamts für das Versicherungswesen (BAV).

In der Abteilung „Geldwäscheprävention“ (GW) ist ferner die **elektronische Kontenabrufeinrichtung gem. § 24c KWG** angesiedelt. Die Abteilung GW vertritt außerdem die finanzaufsichtlichen Interessen in diversen internationalen und europäischen Gremien, insbesondere in der FATF oder dem Sub-Committee on Anti Money Laundering (AMLC), einem Unterausschuss des Gemeinsamen Ausschusses der Europäischen Aufsichtsbehörden. 345

Die BaFin veröffentlicht regelmäßig **Rundschreiben** zu verschiedenen Fragestellungen und Problemkreisen in Ihrem Zuständigkeitsbereich, die einen quasi gesetzlichen Charakter haben[609] und von den Verpflichteten (im Finanzbereich) zu beachten sind, und erstellt seit mehreren Jahren subnationale Risikoanalysen (**SRA**) im Bereich der Prävention von Geldwäsche und Terrorismusfinanzierung.[610] 346

g) Aufsichtsbehörden über den Nichtfinanzbereich

Nachdem es jahrelang de facto keine geldwäscherechtliche Aufsicht über den Nichtfinanzbereich gegeben hatte, was die FATF in ihrem Deutschland-Evaluationsbericht 2010 scharf kritisierte,[611] war mit dem Gesetz zur Optimierung der Geldwäscheprävention im folgenden Jahr 2011 seitens des deutschen Gesetzgebers der Wille zu einer Verstärkung der Aufsicht über den Nichtfinanzbereich artikuliert worden. Primär im Fokus standen dabei die Aufsichtsbehörden über Güterhändler (obgleich zu den Aufsichtsbehörden im Nichtfinanzsektor auch die Rechtsanwalts-, Patentanwalts-, Steuerberater- und Wirtschaftsprüferkammern sowie die jeweiligen Präsidenten des Landgerichts, in dessen Bezirk der Notar seinen Sitz hat, zählen, vgl. § 50 Nr. 3ff. GwG). 347

Die Struktur der **Aufsichtsbehörden über Güterhändler** ist (auch hinsichtlich der Personalstärken)[612] indessen bis heute höchst uneinheitlich und defizitär, was die FATF bezogen allgemein auf die Aufsicht im Nichtfinanzsektor auch im Prüfbericht 2022 mit deutlichen Worten kritisierte.[613] Die **über 300 Aufsichtsbehörden** der Länder im Nichtfinanzsektor (einschließlich der Aufsichtsbehörden über Notare, Rechtsanwälte und Steuerberater) verfügten im Jahr 2023 über lediglich **217,225 Vollzeitäquivalente**[614], 348

609 *Herzog/Mika/Coppi*, Risiko Manager 2008, 24.

610 Die subnationale Risikoanalyse 2019/2020 wurde am 17.3.2020 auf der Homepage der BaFin veröffentlicht.

611 Ziff. 980, 1001 und insbesondere 1002 („*there is effectively no supervision*“).

612 Hierzu ausführlich BT-Drucks. 19/3818, S. 14f.

613 Key Findings zu chapter 6 (supervision) Buchst. b (S. 161) und dazugehörige recommended actions Buchst. a) auf S. 163 sowie Ziff. 309, 326, 339, 361 und Overall conclusion on IO.3 (S. 196: „major deficiencies with Germany's supervision of DNFBPs caused by challenges coordinating the over 300 supervisors, gaps in knowledge and understanding of the supervisory population, and a severe lack of resources“); vgl. auch oben Ziffer B III.

614 BMF, Statistische Auswertung zur Aufsichtstätigkeit der Aufsichtsbehörden nach § 51 Abs. 9 Geldwäschegesetz, Berichtszeitraum 2023, S. 4.

d.h. es gibt weit mehr Aufsichtsbehörden als in Vollzeit beschäftigte Personen in ihnen. Es ist offenkundig, dass so keine effiziente Aufsicht möglich ist.

349 Auch die **Ansätze könnten unterschiedlicher kaum sein**: von der Ebene der Stadtverwaltung, in einigen Ländern und einzelnen Branchen, über Bezirksregierungen bzw. Regierungspräsidien, mit je nach Gewerbe ebenfalls unterschiedlicher Zuständigkeit, bis hin zu entweder Innen-, Wirtschafts-, Finanz- und Arbeitsministerien in verschiedenen Bundesländern.[615] Diese Aufsichtsbehörden wurden neu geschaffen oder bestehende Behörden mit den neuen Aufsichtsaufgaben betraut, meist zunächst ohne über für diese speziellen Aufgaben ausgebildetes Personal zu verfügen (sehr markant brachte beispielsweise das ARD-Magazin „Monitor" in der Sendung v. 9.8.2012 das (zumindest damalige) Dilemma vieler Aufsichtsbehörden auf den Punkt: *„Aufsichtsbehörden bestimmt, und jetzt? Jetzt kommt Standesbeamtin Britt Paulsen in Südangeln ins Spiel. Bisher war sie zuständig für Geburten und Sterbefälle, für Gaststättenkonzessionen, Namensänderungen und vor allem für Hochzeiten. Aber von nun an eben auch noch für Geldwäsche.*"). Eine bundesweit einheitliche Anwendung des Geldwäschegesetzes ist damit deutlich erschwert, ebenso wie bundesweit harmonisierte Verwaltungsvorschriften bzw. Auslegungs- und Anwendungshinweise.[616] Eine zentrale Aufsichtsbehörde auf Bundesebene war bereits mehrfach gefordert worden[617], durch das Finanzkriminalitätsbekämpfungsgesetz war eine Zentralstelle zur Koordinierung der Aufsichtsbehörden auf Bundesebene (als Teil des BBF) sowie Koordinierende Stellen der Länder vorgesehen gewesen.[618]

350 Im März 2010 war unter Federführung des Regierungspräsidiums Darmstadt der **„Arbeitskreis Geldwäscheprävention"** eingerichtet worden, dem u.a. Vertreter unterschiedlicher Aufsichtsbehörden aus den Bundesländern angehören. Der Arbeitskreis soll eine Verständigungsplattform für die Aufsichtsbehörden bieten und grundsätzliche Fragen und Vorgehensweisen im Zusammenhang mit der Geldwäscheprävention für die von ihnen zu beaufsichtigenden Verpflichteten abstimmen.[619] Verbindliche Leitlinien kann das Gremium indessen nicht vorgeben, es sind lediglich Empfehlungen möglich.

351 Unter Vorsitz des BMF tagt zudem regelmäßig der **Bund-Länder-Austausch „Geldwäscheprävention und Verhinderung der Terrorismusfinanzierung"**, in dessen Rahmen Auslegungs- und Anwendungsfragen zwischen Bund und Ländern erörtert werden.

---

615 Vgl. auch BT-Drucks. 17/14761, S. 1.

616 Vgl. auch BT-Drucks. 17/14761, S. 6.

617 Vgl. u.a. den Antrag der Fraktion BÜNDNIS 90/DIE GRÜNEN vom 15.5.2019, BT-Drucks. 19/10218, S. 10; auch im Zuge des Wirecard-Skandals 2020 wurde die Aufsicht über den Nichtfinanzsektor einer kritischen Betrachtung unterzogen, nicht zuletzt aufgrund der strittigen Aufsichtszuständigkeit über Teile des Wirecard-Konzerns (vgl. hierzu ausführlich die Antwort der Bundesregierung vom 26.10.2020 auf eine Schriftliche Anfrage der FDP-Fraktion, BT-Drucks. 19/23662).

618 S. oben unter Ziff. III „2024 Finanzkriminalitätsbekämpfungsgesetz (FKBG)".

619 Vgl. BKA, FIU-Newsletter 9, S. 9.

Einige Aufsichtsbehörden haben für „ihre“ Verpflichteten spezifische **Merkblätter/ Leitfäden/Auslegungs- und Anwendungshinweise** entwickelt, die jeweils im Internet kostenlos heruntergeladen werden können. 352

Hinweis
Insbesondere wenn es für einzelne Verpflichtete keine (aktuellen) Auslegungs- und Anwendungshinweise gibt, bietet sich ein Blick in die Auslegungs- und Anwendungshinweise der BaFin zum GwG an. Die dortigen Ausführungen lassen sich häufig auf **alle Verpflichtetengruppen** übertragen und können mithin allen Verpflichteten als Anhalt dienen.

Kapitel 2
Verpflichtete nach dem GwG

A. Allgemeines

1. Pflichten aus dem Geldwäschegesetz

Maßgeblicher Normadressat des GwG ist immer der „Verpflichtete“. Auch anderen Personen werden durch das GwG Pflichten auferlegt, jedoch richten sich die meisten Bestimmungen an die in § 2 Abs. 1 GwG genannten Verpflichteten. Außer diesen dort genannten natürlichen und juristischen Personen oder Unternehmen haben andere Personen **keine** originären Pflichten aus dem Geldwäschegesetz. 1

Eine Ausnahme bilden seit dem 26.06.2017 die Pflichten zur Eintragung in das Transparenzregister für Vereinigungen nach § 20 GwG und für Trusts und Stiftungen nach § 21 GwG. Diese Pflicht kann damit auch Personen und Gesellschaften, die ansonsten **keine** Verpflichteten nach dem Geldwäschegesetz sind, betreffen. Ansonsten unterliegen andere Personen als Vertragspartner höchstens Mitwirkungspflichten (wie z.B. in § 11 Abs. 6 GwG) bei der Anbahnung oder Durchführung von Geschäftsbeziehungen, sind aber nicht direkt nach dem Geldwäschegesetz zu bestimmten Handlungen verpflichtet. Betroffen sind Personen und Unternehmen, soweit sie im Inland tätig sind.[1] Die Vorgaben für die Verpflichteten nach dem Geldwäschegesetz sind zweigeteilt: Auf der einen Seite sind die Verpflichteten gehalten, Geldwäschehandlungen bzw. die Terrorismusfinanzierung durch bestimmte Vorgaben, wie die Identifizierungs- und Dokumentationspflichten, zu erschweren. Andererseits sind sie verpflichtet, verdächtige Sachverhalte mit dem Ziel einer Verdachtsschöpfung zu melden, um über die Meldung bei der Zentralstelle für Finanztransaktionsuntersuchungen (FIU) den Strafverfolgungsbehörden einen Ansatz bei der Ermittlung von Straftaten zu geben. Dabei sollte aber in jedem Fall vermieden werden, sich selbst aktiv an strafbaren Geldwäschehandlungen unmittelbar oder mittelbar zu beteiligen. 2

Wer nach dem Geldwäschegesetz „Verpflichteter“ ist, also die Pflichten aus dem GwG zwingend wahrnehmen muss, bestimmt sich ausschließlich nach § 2 Abs. 1 GwG werden alle Personen und Unternehmen aufgelistet, die nach dem GwG Verpflichtete sind. 3

Wichtig: !
Verpflichtete im Sinne dieses Gesetzes sind immer nur solche Personen, die in Ausübung ihres Gewerbes oder Berufs handeln (vgl. § 2 Abs. 1 Satz 1 GwG).

---

1 Zentes/Glaab *Kaetzler*, § 2 GwG, Rn 19.

https://doi.org/10.1515/9783111510545-002

Andere Personen als die in § 2 Abs. 1 GwG genannten sind damit **keine** Verpflichteten nach dem Geldwäschegesetz, auch wenn sie möglicherweise viel mit Bargeld zu tun haben. So sind z.B. Hotelbetriebe keine Verpflichteten nach dem Geldwäschegesetz, obwohl auch hier oft noch mit Bargeld bezahlt wird. Das Gleiche gilt für Gaststätten oder Taxifahrer.

4 Zur Frage der Verpflichteteneigenschaft hat sich auch der BGH mit Urteil vom 08.08.2022 (5 Str 372/21) geäußert, der darin ausführt, dass in Bezug auf § 261 Abs. 4 StGB nur derjenige Verpflichteter ist, der bei der Geldwäsche in Ausübung seiner **gewerblichen** oder beruflichen Tätigkeit handelt.[2] Grundlage ist für die Pflichten aus dem GwG bildet in den meisten Fällen eine **Geschäftsbeziehung**. Eine Geschäftsbeziehung umfasst die Gesamtheit der vom Kunden genutzten bzw. dem Kunden zur Verfügung stehenden Leistungen und Produkte. Hauptanwendungsfälle sind bei Kreditinstituten weiterhin Konto- bzw. Depoteröffnungen i.S.v. § 154 AO. Zudem ist immer zu beachten, dass der Verpflichtete davon auszugehen hat, dass die Geschäftsbeziehung von einer „gewissen Dauer“ sein muss (vgl. § 1 Abs. 4 GwG). Allerdings kann es auch Pflichten aus dem GwG geben, ohne dass es eine feste Geschäftsbeziehung gibt, wie z.B. bei dem (einmaligen) Kauf einer Sache bei einem Güterhändler. Hier können durch eine einmalige Transaktion, ihre Höhe oder die Art der Abwicklung (bar oder unbar) Pflichten aus dem Geldwäschegesetz entstehen.

Ausnahmen von der Verpflichteteneigenschaft bei untypischen Geschäftsbeziehungen

5 Soweit einer der nach dem GwG Verpflichteten anderweitige, aber eben nicht geschäftstypische Vertragsbeziehungen zu Dritten unterhält, fallen diese nicht unter den Begriff „Geschäftsbeziehung“ *(§ 1 Abs. 4 GwG)* im Sinne dieser Vorschrift. Das ergibt sich daraus, dass die Geschäftsbeziehung in Verbindung mit den gewerblichen oder beruflichen Aktivitäten des Verpflichteten stehen muss. Das bedeutet aber, dass es sich um eine Verbindung des Vertragspartners zu den **geschäftstypischen** Leistungen des Verpflichteten handeln muss.[3] Soweit es sich um vertragliche Beziehung handelt, die keinen Bezug zu den geschäftstypischen Aufgaben oder Leistungen des Verpflichteten (wegen der er auch Verpflichteter ist) ausweist oder die allein der Aufrechterhaltung des Geschäftsbetriebs dient, unterfallen nicht dem Begriff der Geschäftsbeziehung.[4]

2 Brock, *Müller,* § 2 GwG, Rn 29.

3 Zentes/Glaab/ *Kaetzler,* § 1 GwG, Rn 52.

4 Herzog, *Figura,* § 1 GwG, Rn 29.

Beispiel:
Ein Kreditinstitut hat einen Wartungsvertrag mit einem externen IT- Dienstleister geschlossen, der die gesamte IT einrichtet, wartet und ggf. ersetzt. Diese Arbeiten unterfallen nicht den sonstigen geschäftlichen Aktivitäten des Verpflichteten, obwohl der Wartungsvertrag von einer gewissen Dauer ist.

Aber auch private Aktivitäten eines Mitarbeiters eines Verpflichteten führen in keinem Fall dazu, Pflichten nach dem Geldwäschegesetz erfüllen zu müssen. 6

Beispiel:
Ein Geldwäschebeauftragter eines Verpflichteten erfährt anlässlich einer privaten Geburtstagsfeier, dass ein Bekannter in den letzten Jahren jeweils hohe Steuererstattungen erhalten hat, weil der beim Finanzamt gefälschte Rechnungen zur Umsatzsteuererstattung vorgelegt hatte. Obwohl diese Tat grundsätzlich eine Vortat zur Geldwäsche gem. § 261 StGB darstellt, besteht keine Pflicht zur Meldung dieser Tat, da er nur anlässlich einer privaten Veranstaltung von dieser Tat Kenntnis erlangt hat und er sich insofern nicht „im Dienst" befindet.

2. Sonderregelungen für Gerichte und Behörden

Unabhängig von den Regelungen für die in § 2 Abs. 1 GwG genannte Verpflichtete haben **Gerichte**, die öffentliche Versteigerungen durchführen, gemäß § 2 Abs. 3 GwG ebenfalls Sorgfaltspflichten gem. § 10 GwG zu erfüllen, soweit **Bartransaktionen** von 10.000 Euro oder mehr getätigt werden. Das Gleiche gilt für **Behörden**, sowie **Körperschaften** und **Anstalten des öffentlichen Rechts**, soweit sie **Bartransaktionen** ab 10.000 Euro tätigen (§ 2 Abs. 4 GwG). Das gilt aber nicht, soweit im Rahmen der Zwangsvollstreckung gepfändete Gegenstände verwertet werden (§ 2 Abs. 4 S. 2 GwG). 7

B. Verpflichtete nach dem Geldwäschegesetz

I. Übersicht

In § 2 Abs. 1 GwG stellt der Gesetzgeber enumerativ klar, wer Verpflichteter nach dem Geldwäschegesetz ist: 8

1. *Kreditinstitute nach § 1 Absatz 1 des Kreditwesengesetzes, mit Ausnahme der in § 2 Absatz 1 Nummer 3 bis 8 des Kreditwesengesetzes genannten Unternehmen, und im Inland gelegene Zweigstellen und Zweigniederlassungen von Kreditinstituten mit Sitz im Ausland,*
2. *Finanzdienstleistungsinstitute nach § 1 Absatz 1a des Kreditwesengesetzes, mit Ausnahme der in § 2 Absatz 6 Satz 1 Nummer 3 bis 10 und 12 und Absatz 10 des Kreditwesengesetzes genannten Unternehmen, im Inland gelegene Zweigstellen und Zweigniederlassungen von Finanzdienstleistungsinstituten mit Sitz im Ausland sowie*

Wertpapierinstitute nach § 2 Absatz 1 des Wertpapierinstitutsgesetzes und im Inland gelegene Niederlassungen vergleichbarer Unternehmen mit Sitz im Ausland, sowie Anbieter von Kryptowerte-Dienstleistungen und Emittenten vermögenswertreferenzierter Token,

3. *Zahlungsinstitute und E-Geld-Institute nach § 1 Absatz 3 des Zahlungsdiensteaufsichtsgesetzes und im Inland gelegene Zweigstellen und Zweigniederlassungen von vergleichbaren Instituten mit Sitz im Ausland,*
4. *Agenten nach § 1 Absatz 9 des Zahlungsdiensteaufsichtsgesetzes und E-Geld-Agenten nach § 1 Absatz 10 des Zahlungsdiensteaufsichtsgesetzes sowie diejenigen Zahlungsinstitute und E- Geld-Institute mit Sitz in einem anderen Vertragsstaat des Abkommens über den Europäischen Wirtschaftsraum, die im Inland über Agenten nach § 1 Absatz 9 des Zahlungsdiensteaufsichtsgesetzes oder über E-Geld-Agenten nach § 1 Absatz 10 des Zahlungsdiensteaufsichtsgesetzes niedergelassen sind,*
5. *selbständige Gewerbetreibende, die E-Geld eines Kreditinstituts nach § 1 Absatz 2 Satz 1 Nummer 2 des Zahlungsdiensteaufsichtsgesetzes vertreiben oder rücktauschen,*
6. *Finanzunternehmen sowie im Inland gelegene Zweigstellen und Zweigniederlassungen von Finanzunternehmen mit Sitz im Ausland, soweit sie nicht bereits von einer der Nummer 1 bis 5, 7, 9, 10, 12 oder 13 erfasst sind,*
7. *Versicherungsunternehmen nach Artikel 13 Nummer 1 der Richtlinie 2009/138/EG des Europäischen Parlaments und des Rates vom 25. November 2009 betreffend die Aufnahme und Ausübung der Versicherungs- und der Rückversicherungstätigkeit (ABl. L 335 vom 17.12.2009, S. 1) und im Inland gelegene Niederlassungen solcher Unternehmen mit Sitz im Ausland, soweit sie jeweils*
   a) *Lebensversicherungstätigkeiten, die unter diese Richtlinie fallen, anbieten,*
   b) *Unfallversicherungen mit Prämienrückgewähr anbieten,*
   c) *Darlehen im Sinne von § 1 Absatz 1 Satz 2 Nummer 2 des Kreditwesengesetzes vergeben oder*
   d) *Kapitalisierungsprodukte anbieten,*
8. *Versicherungsvermittler nach § 59 des Versicherungsvertragsgesetzes, soweit sie die unter Nummer 7 fallenden Tätigkeiten, Geschäfte, Produkte oder Dienstleistungen vermitteln, mit Ausnahme der gemäß § 34d Absatz 6 oder 7 Nummer 1 der Gewerbeordnung tätigen Versicherungsvermittler, und im Inland gelegene Niederlassungen entsprechender Versicherungsvermittler mit Sitz im Ausland,*
9. *Kapitalverwaltungsgesellschaften nach § 17 Absatz 1 des Kapitalanlagegesetzbuchs, im Inland gelegene Zweigniederlassungen von EU-Verwaltungsgesellschaften und ausländischen AIF- Verwaltungsgesellschaften sowie ausländische AIF-Verwaltungsgesellschaften, für die die Bundesrepublik Deutschland Referenzmitgliedstaat ist und die der Aufsicht der Bundesanstalt für Finanzdienstleistungsaufsicht gemäß § 57 Absatz 1 Satz 3 des Kapitalanlagegesetzbuchs unterliegen,*

10. *Rechtsanwälte, Kammerrechtsbeistände, Patentanwälte sowie Notare, soweit sie*
    a) *für den Mandanten an der Planung oder Durchführung von folgenden Geschäften mitwirken:*
        aa) *Kauf und Verkauf von Immobilien oder Gewerbebetrieben,*
        bb) *Verwaltung von Geld, Wertpapieren oder sonstigen Vermögenswerten,*
        cc) *Eröffnung oder Verwaltung von Bank-, Spar- oder Wertpapierkonten,*
        dd) *Beschaffung der zur Gründung, zum Betrieb oder zur Verwaltung von Gesellschaften erforderlichen Mittel,*
        ee) *Gründung, Betrieb oder Verwaltung von Treuhandgesellschaften, Gesellschaften oder ähnlichen Strukturen oder*
    b) *im Namen und auf Rechnung des Mandanten Finanz- oder Immobilientransaktionen durchführen,*
    c) *den Mandanten im Hinblick auf dessen Kapitalstruktur, dessen industrielle Strategie oder damit verbundene Fragen beraten,*
    d) *Beratung oder Dienstleistungen im Zusammenhang mit Zusammenschlüssen oder Übernahmen erbringen oder*
    e) *geschäftsmäßig Hilfeleistung in Steuersachen erbringen,*
11. *Rechtsbeistände, die nicht Mitglied einer Rechtsanwaltskammer sind, und registrierte Personen nach § 10 des Rechtsdienstleistungsgesetzes, soweit sie Tätigkeiten nach Nummer 10 Buchstabe a bis d erbringen, ausgenommen die Erbringung von Inkassodienstleistungen im Sinne des § 2 Absatz 2 Satz 1 des Rechtsdienstleistungsgesetzes,*
12. *Wirtschaftsprüfer, vereidigte Buchprüfer, Steuerberater, Steuerbevollmächtigte und die in § 4 Nummer 11 des Steuerberatungsgesetzes genannten Vereine,*
13. *Dienstleister für Gesellschaften und für Treuhandvermögen oder Treuhänder, die nicht den unter den Nummern 10 bis 12 genannten Berufen angehören, wenn sie für Dritte eine der folgenden Dienstleistungen erbringen:*
    a) *Gründung einer juristischen Person oder Personengesellschaft,*
    b) *Ausübung der Leitungs- oder Geschäftsführungsfunktion einer juristischen Person oder einer Personengesellschaft, Ausübung der Funktion eines Gesellschafters einer Personengesellschaft oder Ausübung einer vergleichbaren Funktion,*
    c) *Bereitstellung eines Sitzes, einer Geschäfts-, Verwaltungs- oder Postadresse und anderer damit zusammenhängender Dienstleistungen für eine juristische Person, für eine Personengesellschaft oder für eine Rechtsgestaltung nach § 3 Absatz 3,*
    d) *Ausübung der Funktion eines Treuhänders für eine Rechtsgestaltung nach § 3 Absatz 3,*
    e) *Ausübung der Funktion eines nominellen Anteilseigners für eine andere Person, bei der es sich nicht um eine auf einem organisierten Markt notierte Gesellschaft nach § 2 Absatz 11 des Wertpapierhandelsgesetzes handelt, die dem Gemeinschaftsrecht entsprechenden Transparenzanforderungen im Hinblick auf Stimmrechtsanteile oder gleichwertigen internationalen Standards unterliegt,*
    f) *Schaffung der Möglichkeit für eine andere Person, die in den Buchstaben b, d und e genannten Funktionen auszuüben,*

14. *Immobilienmakler,*
15. *Veranstalter und Vermittler von Glücksspielen, soweit es sich nicht handelt um*
    a) *Betreiber von Geldspielgeräten nach § 33c der Gewerbeordnung,*
    b) *Vereine, die das Unternehmen eines Totalisatoren nach § 1 des Rennwett- und Lotteriegesetzes betreiben,*
    c) *Lotterien, für die die Veranstalter und Vermittler über eine glücksspielrechtliche Erlaubnis der in Deutschland jeweils zuständigen Behörde verfügen, und*
16. *Güterhändler, Kunstvermittler und Kunstlagerhalter, soweit die Lagerhaltung in Zollfreigebieten erfolgt.*

II. Verpflichtete

1. Kreditinstitute (§ 2 Abs. 1 Nr. 1 GwG)

9 Zu den Verpflichteten gehören insbesondere **Kreditinstitute** im Sinne des § 1 Abs. 1 des Kreditwesengesetzes (KWG). Dies umfasst Unternehmen, die Bankgeschäfte gewerbsmäßig oder in einem Umfang betreiben, der einen kaufmännisch eingerichteten Geschäftsbetrieb erfordert. Dazu zählen auch im Inland gelegene Zweigstellen und Zweigniederlassungen von Kreditinstituten mit Sitz im Ausland. Auch **Bausparkassen** fallen unter den Begriff der Kreditinstitute, auch wenn sie nur eingeschränkt die Geschäfte von „normalen" Kreditinstituten betreiben. Ihr Geschäftsbetrieb ist darauf gerichtet, Einlagen von Bausparern *(Bauspareinlagen)* entgegenzunehmen und aus den angesammelten Beträgen den Bausparern für wohnungswirtschaftliche Maßnahmen Gelddarlehen (Bauspardarlehen) zu gewähren (Bauspargeschäft)[5].

10 Zu dem Kreis der unter § 2 Abs. 1 Nr. 1 GwG genannten Kreditinstitute gehören aber auch Institute wie die **Deutsche Bundesbank** (*§ 2 Abs. 1 Nr. 1 KWG),* Behörden in anderen Staaten des Europäischen Wirtschaftsbereichs, soweit sie Zentralbankfunktionen wahrnehmen *(§ 2 Abs. 1 Nr. 1a KWG, die Kreditanstalt für Wiederaufbau (§ 2 Abs. 1 Nr. 2 KWG)* und solche, die zusätzlich in § 2 Abs. 1 Nr. 9–14 KWG aufgeführt sind, obwohl in § 2 Abs. 1 S. 1 KWG eigens ausgeführt wird, dass sämtliche dort aufgeführten Institutionen nicht als Kreditinstitute im Sinn des KWG gelten. Damit wird ersichtlich, dass der im GwG verwendete Begriff eines Kreditinstituts weiter gefasst ist, als der im KWG. Das Ganze wird zusätzlich dadurch erweitert, dass auch im Inland gelegene Zweigstellen und Niederlassungen von Kreditinstituten mit Sitz im Ausland als „Kreditinstitute" im Sinn des § 2 Abs. 1 Nr. 1 GwG gelten.

11 Ausgenommen von dieser weiten Erfassung sind die in § 2 Abs. 1 Nr. 3 bis 8 KWG genannten Unternehmen, wie beispielsweise Einlagenkreditinstitute, die nur in sehr begrenztem Umfang tätig sind. Das gilt ebenfalls für Unternehmen, die keine klassi-

5 BaFin-AuA zum GwG AT (03/2025), Ziff. 1.1, S. 9.

schen Bankgeschäfte betreiben, sondern auf spezifische Dienstleistungen spezialisiert sind. Diese werden aber deshalb als Verpflichtete nicht ausgeschlossen. Vielmehr finden sie sich an anderer Stelle als Verpflichtete wieder, wie z.B. als Finanzunternehmen gem. § 2 Abs. 1 Nr. 6 GwG oder als Versicherungen gem. § 2 Abs. 1 Nr. 7 GwG. Die Einbindung von Kreditinstituten als Verpflichtete dient der effektiven Bekämpfung von Geldwäsche und Terrorismusfinanzierung, da diese Institutionen häufig als Schnittstelle für Finanztransaktionen fungieren.

Die Regelung stellt sicher, dass Kreditinstitute ihre Kundenbeziehungen sorgfältig 12
prüfen und überwachen, um illegale Aktivitäten frühzeitig zu erkennen und zu verhindern. Die Aufsicht über Kreditinstitute im Sinne von § 2 Abs. 1 Nr. 1 GwG obliegt grundsätzlich der BaFin (Bundesanstalt für Finanzdienstleistungsaufsicht) gem. § 50 Nr. 1 lit. a) GwG). Dies gilt jedoch nicht hinsichtlich der Deutschen Bundesbank. Die BaFin stellt sicher, dass die Institute ihre Pflichten erfüllen und veröffentlicht dazu regelmäßig Auslegungs- und Anwendungshinweise, wie zuletzt im März 2025.

2. Finanzdienstleistungsinstitute (§ 2 Abs. 1 Nr. 2 GwG)

§ 2 Abs. 1 Nr. 2 des Geldwäschegesetzes (GwG) definiert eine spezifische Gruppe von Ver- 13
pflichteten, die den Regelungen des Gesetzes unterliegen. Diese Bestimmung bezieht sich auf **Finanzdienstleistungsinstitute** im Sinne des § 1 Abs. 1a KWG und im Inland gelegene Zweigstellen und Zweigniederlassungen von Finanzdienstleistungsinstituten, die ihren Sitz im Ausland haben.

Ausgenommen sind ausdrücklich Unternehmen, die in § 2 Absatz 6 Satz 1 Num- 14
mer 3 bis 10 und 12 des KWG genannt sind, sowie Unternehmen, die in § 2 Abs. 10 des KWG aufgeführt sind. Aufsichtsbehörde ist die BaFin (§ 50 Nr. 1 lit. b) GwG).

3. Zahlungsinstitute und E-Geldinstitute (§ 2 Abs. 1 Nr. 3 GwG)

§ 2 Abs. 1 Nr. 3 des Geldwäschegesetzes (GwG) definiert eine spezifische Gruppe von 15
Verpflichteten, die den Regelungen des Gesetzes unterliegen. Diese Bestimmung bezieht sich auf **Zahlungsinstitute** und **E-Geld-Institute** im Sinne des § 2 Abs. 1 ZAG sowie auf im Inland gelegene Zweigstellen und Zweigniederlassungen von vergleichbaren Instituten mit Sitz im Ausland. Zahlungsdienstleister sind gem. § 2 Abs. 1 Nr. 1 ZAG Unternehmen, die gewerbsmäßig oder in einem Umfang, der einen in kaufmännischer Weise eingerichteten Geschäftsbetrieb erfordert, Zahlungsdienste erbringen. Was Zahlungsdienste sind, wird in § 1 Abs. 1 S. 2 ZAG abschließend ausgeführt:

- Ein- und Auszahlungsgeschäfte
- Zahlungsgeschäfte ohne Kreditgewährung (Lastschrift-, Zahlungskarten- und Überweisungsgeschäft)
- Zahlungsgeschäfte mit Kreditgewährung
- Akquisitionsgeschäfte („Acquiring“)
- Finanztransfergeschäfte

- Zahlungsauslösedienste
- Kontoinformationsdienste[6]

16 Die in § 2 Abs. 1 Nr. 3 GwG ebenfalls genannten E-Geld-Institute werden nach § 1 Abs. 2 Satz 1 Nr. 1 ZAG als Institute definiert, die zwar das E-Geld-Geschäft betreiben, ohne E-Geld-Emittenten zu sein.

17 E-Geld ist jeder elektronisch, darunter auch magnetisch, gespeicherte monetäre Wert in Form einer Forderung an den Emittenten, der gegen Zahlung eines Geldbetrags ausgestellt wird, um damit Zahlungsvorgänge im Sinne des § 675f Abs. 4 S. 1 BGB durchzuführen, und der auch von anderen, natürlichen oder juristischen Personen als dem Emittenten angenommen wird.[7]

18 Die Bundesanstalt für Finanzdienstleistungsaufsicht (BaFin) ist gem. § 50 Nr. 1 b) GwG für die Überwachung der Einhaltung der geldwäscherechtlichen Verpflichtungen durch Zahlungsinstitute und E-Geld-Institute zuständig. Sie kann bei Verstößen Sanktionen verhängen und Anordnungen treffen. Für Institute mit Sitz in anderen EU-/EWR-Staaten, die in Deutschland über Agenten oder E-Geld-Agenten tätig sind, gelten besondere Regelungen. Diese sind in § 2 Abs. 1 Nr. 4 GwG gesondert aufgeführt.

4. Agenten nach § 1 Abs. 9 ZAG und E-Geld-Agenten (§ 2 Abs. 1 Nr. 4 GwG)

19 § 2 Abs. 1 Nr. 4 GwG definiert eine spezifische Gruppe von Verpflichteten, die den Regelungen des Gesetzes unterliegen. Diese Bestimmung bezieht sich auf Agenten und E-Geld-Agenten sowie bestimmte Zahlungsinstitute und E-Geld-Institute. Die Vorschrift umfasst als Verpflichtete Agenten nach § 1 Absatz 9 des Zahlungsdiensteaufsichtsgesetzes (ZAG), E-Geld-Agenten nach § 1 Absatz 10 ZAG, sowie Zahlungsinstitute und E-Geld-Institute mit Sitz in einem anderen Vertragsstaat des Abkommens über den Europäischen Wirtschaftsraum, die im Inland über Agenten oder E-Geld-Agenten niedergelassen sind. Ein E-Geld-Agent darf ausschließlich E-Geld vertreiben oder rücktauschen, aber **nicht** ausgeben.[8]

20 Diese Regelung stellt sicher, dass auch Vermittler und ausländische Institute, die in Deutschland tätig sind, den Verpflichtungen des GwG unterliegen. Die verpflichteten Agenten und E-Geld-Agenten unterliegen vollumfänglich dem GwG, mit einer Ausnahme. Sie sind **nicht** verpflichtet, einen Geldwäschebeauftragten zu bestellen, es sei denn, die BaFin ordnet dies ausdrücklich an.[9] Daneben müssen sie nur eingeschränkt die Sorgfaltspflichten des § 10 Abs. 1 GwG erfüllen, da sie gem. § 10 Abs. 7 GwG nur eine Identifizierung vornehmen und feststellen müssen, ob der Vertragspartner um eine „politisch exponierte Person" handelt.

---

6 Zentes/Glaab/*Kaetzler*, § 2 GwG, Rn 93.
7 Zentes/Glaab/*Kaetzler*, § 2 GwG, Rn 95.
8 Zentes/Glaab/*Kaetzler*, § 2 GwG, Rn 115.
9 BaFin-AuA zum GwG AT (03/2025), Ziff. 1.4, S. 10.

Zahlungsinstitute und E-Geld-Institute mit Sitz in einem anderen EU-Mitgliedstaat, die im Inland über Agenten oder E-Geld-Agenten tätig sind, üben hierdurch ihre Niederlassungsfreiheit aus. Sie müssen der BaFin auf Anforderung eine zentrale Kontaktperson im Inland benennen. Die BaFin ist gem. § 50 Nr. 1 lit. g) GwG die zuständige Aufsichtsbehörde für diese Gruppe von Verpflichteten. 21

5. Selbständige Gewerbetreibende, die E-Geld eines Kreditinstituts vertreiben oder rücktauschen (§ 2 Abs. 1 Nr. 5 GwG)

Verpflichtete nach § 2 Abs. 1 Nr. 5 GwG sind **selbständige Gewerbetreibende**, die **E-Geld** eines Kreditinstituts nach § 1 Absatz 2 Nummer 2 des Zahlungsdiensteaufsichtsgesetzes (ZAG) vertreiben oder rücktauschen. Für diese Verpflichteten gelten besondere Regelungen bezüglich der Sorgfaltspflichten. Bei der Ausgabe von E-Geld müssen sie gem. § 10 Abs. 7 GwG nur eingeschränkte allgemeine Sorgfaltspflichten erfüllen. Konkret sind sie nur zur **Identifizierung des Vertragspartners** und gegebenenfalls der für ihn auftretenden Person sowie zur Feststellung, ob es sich um eine **politisch exponierte Person** handelt, verpflichtet. Für sie gilt **§ 25i Absatz 1 KWG** entsprechend, jedoch mit der Maßgabe, dass lediglich die oben genannten eingeschränkten Sorgfaltspflichten zu erfüllen sind. 22

Zusätzlich finden § 25i Absatz 2 und 4 KWG auf diese Verpflichteten entsprechende Anwendung. Als Verpflichtete nach dem Geldwäschegesetz müssen auch sie ein wirksames Risikomanagement einrichten, das aus einer Risikoanalyse (§ 5 GwG) und internen Sicherungsmaßnahmen (§§ 6, 7 GwG) besteht. Dies umfasst unter anderem die Ernennung eines Mitglieds der Leitungsebene als Verantwortlichen für das Risikomanagement. Wie alle Verpflichteten müssen auch E-Geld-Vertreiber und -Rücktauscher ihre Sorgfaltspflichten erfüllen, wenn bestimmte Auslösetatbestände vorliegen, wie beispielsweise bei der Begründung einer Geschäftsbeziehung oder bei Transaktionen über 15.000 Euro außerhalb bestehender Geschäftsbeziehungen. Für diese Verpflichteten ist die BaFin Aufsichtsbehörde (§ 50 Nr. 1 lit. h) GwG). 23

6. Finanzunternehmen (§ 2 Abs. 1 Nr. 6 GwG)

§ 2 Abs. 1 Nr. 6 GwG definiert Finanzunternehmen als eine spezifische Gruppe von Verpflichteten, die den Regelungen des Gesetzes unterliegen. Erfasste Unternehmen sind Finanzunternehmen nach § 1 Absatz 3 des Kreditwesengesetzes, sowie im Inland gelegene Zweigstellen und Zweigniederlassungen von Finanzunternehmen mit Sitz im Ausland. Wichtig ist, dass diese Unternehmen nur dann als Verpflichtete gelten, wenn sie nicht bereits von anderen Nummern des § 2 Abs. 1 GwG erfasst sind, insbesondere nicht von den Nummern 1 bis 5, 7, 9, 10, 12 oder 13. 24

Ein Unternehmen gilt als Finanzunternehmen im Sinne des GwG, wenn seine Haupttätigkeit vor allem darin besteht, Beteiligungen zu erwerben, zu halten oder zu veräußern. Finanzunternehmen müssen zwingend gem. § 7 Abs. 1 GwG einen Geldwä- 25 schebeauftragten und dessen Vertreter benennen, auch wenn sie selbst nur ein „leere“ Beteiligungsholding sein sollten[10] Die jeweilige nach Bundes- oder Landesrecht zuständige Behörde *(und nicht die BaFin!)* ist für die Überwachung der Einhaltung der geldwäscherechtlichen Verpflichtungen durch Finanzunternehmen zuständig.

7. Versicherungsunternehmen (§ 2 Abs. 1 Nr. 7 GwG)

26 § 2 **Abs. 1 Nr.** 7 **GwG** definiert **Versicherungsunternehmen** als eine spezifische Gruppe von Verpflichteten, die den Regelungen des Gesetzes unterliegen. Betroffen sind Unternehmen, die mindestens eines der in § 2 Abs. 1 Nr. 7 a–d GwG genannten Produkte anbieten. Die Hauptgruppe sind Versicherungsunternehmen nach Art. 13 Nr. 1 der Richtlinie 2009/138/EG des Europäischen Parlaments und des Rates vom 25. November 2009 betreffend die Aufnahme und Ausübung der Versicherungs- und der Rückversicherungstätigkeit (Solvabilität II-Richtlinie) oder um im Inland gelegene Niederlassungen solcher Unternehmen mit Sitz im Ausland handeln.

27 Hierunter fallen alle direkten Lebensversicherungs- oder Nichtlebensversicherungsunternehmen *(einschließlich Niederlassungen)*, die in Deutschland eine Zulassung gemäß Art. 14 Solvabilität II-Richtlinie durch eine Aufsichtsbehörde erhalten haben.

28 Erfasste Unternehmen sind Versicherungsunternehmen nach § 1 Absatz 1 des Versicherungsaufsichtsgesetzes (VAG), sowie im Inland gelegene Niederlassungen von Versicherungsunternehmen mit Sitz im Ausland. Dabei sind grundsätzlich nur solche Versicherungsunternehmen erfasst, die alle denkbaren Arten von **Lebensversicherungen** anbieten.[11]

29 Daneben gelten auch Versicherungsunternehmen, die Rentenversicherungen *(dazu gehören auch Riester- und Basisrentenverträge)* anbieten, als Verpflichtete.[12] Verpflichtete nach § 2 Abs. 1 Nr. 7 GwG sind ebenfalls Versicherungsunternehmen, die zusätzlich zur Lebensversicherung abgeschlossenen Zusatzversicherungen, d.h. insbesondere Versicherungen gegen Körperverletzung einschließlich der Berufsunfähigkeit, Versicherungen gegen Tod infolge Unfalls, sowie Versicherungen gegen Invalidität infolge Unfalls oder Krankheit anbieten.[13]

30 Auch die von Lebensversicherungsunternehmen mit einer Lebensversicherung angebotenen Zusatzversicherungen, regelmäßig Invaliditätsversicherungen, Berufsunfähigkeitszusatzversicherungen, Erwerbsunfähigkeits-, Grundfähigkeits-, Pflegerenten-Risiko-, oder Dread-Disease-Versicherungen, sowie Unfallzusatzversicherungen zählen zu den oben genannten Lebensversicherungstätigkeiten und bewirken, dass die Unternehmen zu Verpflichteten gem. § 2 Abs. 1 Nr. 7 GwG werden.[14] In allen diesen Fällen ist

10 Zentes/Glaab/*Kaetzler*, § 2 GwG, Rn 124.
11 Herzog/*Figura*, § 2 GwG, Rn 126.
12 BaFin-AuA zum GwG AT (03/2025), Ziff. 1.7, S. 10.
13 BaFin-AuA zum GwG AT (03/2025), Ziff. 1.7, S. 10.
14 BaFin-AuA zum GwG AT (03/2025), Ziff. 1.7, S. 10.

Voraussetzung für den Versicherungsfall, dass eine krankheits- oder unfallbedingte körperliche und objektiv feststellbare Beeinträchtigung vorhanden ist.

Neben den Lebensversicherungsunternehmen sind Versicherungsunternehmen, die **Unfallversicherungen mit Prämienrückgewähr** anbieten, Verpflichtete, wie sich aus § 2 Abs. 1 Nr. 7 b) GwG ergibt. 31

Zuletzt wurde auch noch die **Vergabe von Darlehen** *(§ 2 Abs. 1 Nr. 7 c) GwG)* und das Anbieten von **Kapitalisierungsprodukten** *(§ 2 Abs. 1 Nr. 7 d) GwG)* als Voraussetzung aufgenommen, um als Verpflichteter nach § 2 Abs. 1 Nr. 7 GwG zu gelten. Bei der Vergabe von Darlehen im Sinne von § 1 Abs. 1 Satz 2 Nr. 2 KWG handelt es sich um ein Geschäft, das typischerweise auch von den unter § 2 Abs. 1 Nr. 1 GwG fallenden Kreditinstituten in der konkreten oder ähnlichen Weise angeboten wird. Dies gilt insbesondere für Hypothekarkredite, aber auch für andere im Rahmen der Geschäftstätigkeit vergebene Darlehen. Soweit sich die Risikosituation im Einzelfall aufgrund bestimmter Faktoren (z.B. bei Verrechnung der Ratenzahlungen mit dem Gehalt von Mitarbeitenden oder ausgezahlten Provisionen) als geringer darstellt, besteht nach § 14 GwG die Möglichkeit, Kundensorgfaltspflichten angemessen zu reduzieren.[15] 32

Diese Regelung stellt sicher, dass Versicherungsunternehmen, die mit den oben genannten Produkten potenziell für Geldwäsche und Terrorismusfinanzierung missbraucht werden könnten, den Verpflichtungen des GwG unterliegen. Die Bundesanstalt für Finanzdienstleistungsaufsicht (BaFin) ist gem. § 50 Nr. 2 GwG für die Überwachung der Einhaltung der geldwäscherechtlichen Verpflichtungen durch Versicherungsunternehmen, welche die oben genannten Produkte anbieten, zuständig. 33

8. Versicherungsvermittler (§ 2 Abs. 1 Nr. 8 GwG)

§ 2 Abs. 1 Nr. 8 GwG definiert **Versicherungsvermittler** als eine spezifische Gruppe von Verpflichteten, die den Regelungen des Gesetzes unterliegen. Diese Bestimmung ist von großer Bedeutung für die Bekämpfung von Geldwäsche und Terrorismusfinanzierung im Versicherungssektor. Erfasste Versicherungsvermittler sind Versicherungsvertreter nach § 59 Abs. 1 des Versicherungsvertragsgesetzes, Versicherungsmakler nach § 59 Abs. 3 des Versicherungsvertragsgesetzes, sowie im Inland gelegene Niederlassungen entsprechender Versicherungsvermittler mit Sitz im Ausland. 34

Die geldwäscherechtlichen Pflichten gelten für Versicherungsvermittler jedoch nur, soweit sie bestimmte Tätigkeiten ausüben. Dazu gehören die Vermittlung von Lebensversicherungen, die unter die Richtlinie 2009/138/EG fallen, Vermittlung von Unfallversicherungen mit Prämienrückgewähr, die Vergabe von Darlehen im Sinne von § 1 Abs. 1 Satz 2 Nr. 2 des Kreditwesengesetzes oder die Vermittlung von Kapitalisierungsprodukten. 35

Ausdrücklich von der Verpflichtung ausgenommen sind Versicherungsvermittler, die nach § 34d Abs. 6 Gewerbeordnung tätig sind (produktakzessorische Vermittler) 36

15 BaFin-AuA zum GwG AT (03/2025), Ziff. 1.7, S. 12.

oder nach § 34d Abs. 7 Nr. 1 Gewerbeordnung tätig sind (Ausschließlichkeitsvermittler mit uneingeschränkter Haftungsübernahme durch das auftraggebende Versicherungsunternehmen).[16]

37 Versicherungsvermittler, die für ein Versicherungsunternehmen Prämien einziehen, müssen diesem eine Mitteilung machen, wenn Prämien in bar gezahlt wurden und die Grenze von 15.000 Euro pro Kalenderjahr überschritten wird (§ 10 Abs. 8 GwG). Die zuständige Aufsichtsbehörde für die Durchführung des Geldwäschegesetzes für Versicherungsvermittler ist gem. § 50 Nr. 9 GwG die nach Bundes- oder Landesrecht zuständige Behörde (in der Regel das jeweilige Regierungspräsidium).

9. Kapitalverwaltungsgesellschaften nach § 17 Abs. 1 KAGB (§ 2 Abs. 1 Nr. 9 GwG)

38 Unter dieser Vorschrift sind Kapital- und Verwaltungsgesellschaften nach § 17 Abs. 1 KAGB zu verstehen, die ihren Sitz und die Hauptverwaltung im Inland haben. Deren Geschäftsbetrieb muss darauf gerichtet sein, inländische Investmentvermögen, EU-Investmentvermögen oder ausländische AIF zu verwalten. Eine solche Verwaltung eines Investmentvermögens liegt gem. § 17 Abs. 1 S. 2 KAGB vor, wenn mindestens die Portfolioverwaltung oder das Risikomanagement für ein oder mehrere Investmentvermögen erbracht wird. Aber auch im Inland gelegene **Zweigniederlassungen** von EU-Verwaltungsgesellschaften im Sinne des § 1 Nr. 17 KAGB und AIF-Verwaltungsgesellschaften (Alternative Investment-Fonds-Verwaltungsgesellschaft) sind Verpflichtete nach § 2 Abs. 1 Nr. 9 GwG.[17] Letztgenannte benötigen eine Zulassung durch die BaFin, die unter anderem die Zuverlässigkeit und fachliche Eignung der Geschäftsleitung prüft.

39 Bei einer ausländischen AIF-Verwaltungsgesellschaft im Sinne des § 1 Nr. 18 handelt es sich um eine Gesellschaft in einem Drittstaat. Hier muss ebenfalls die BaFin eine Erlaubnis erteilen.[18] Unter den Begriff einer Kapitalverwaltungsgesellschaft können gem. § 17 Abs. 2 KAGB sowohl externe als auch interne Kapitalverwaltungsgesellschaften fallen. Intern ist dabei eine Kapitalverwaltungsgesellschaft, wenn die Rechtsform der Gesellschaft eine interne Verwaltung des Investmentvermögens zulässt.[19] Aufsichtsbehörde ist gem. § 50 Nr. 1 lit) d, e und f) GWG die BaFin.

10. Rechtsberatende Verpflichtete (§ 2 Abs. 1 Nr. 10 GwG)

a) Allgemeines

40 Bei Verpflichteten i.S.v. § 2 Abs. 1 Nr. 10 GwG handelt es sich um:
- **Rechtsanwälte,**
- **Kammerrechtsbeistände,**

---

16 Herzog/*Figura*, § 2 GwG, Rn 140.
17 Zentes/Glaab/*Kaetzler*, § 2 GwG, Rn 159.
18 Zentes/Glaab/*Kaetzler*, § 2 GwG, Rn 160.
19 Zentes/Glaab/*Kaetzler*, § 2 GwG, Rn 158.

- **Patentanwälte** und
- **Notare**

wenn sie für ihre Mandanten an der Planung oder Durchführung von den in § 2 Abs. 1 Nr. 10 lit. a)–e) GwG genannten Geschäften mitwirken. Die Pflicht trifft immer nur den einzelnen Rechtsanwalt, **nicht** seinen Arbeitgeber in Form einer Rechtsanwaltsgesellschaft.

Unter die so genannten „Kataloggeschäfte" fallen folgende Tatbestände: 41
- der Kauf und Verkauf von Immobilien oder Gewerbebetrieben,
- die Verwaltung von Geld, Wertpapieren oder sonstigen Vermögenswerten,
- die Eröffnung oder Verwaltung von Bank-, Spar- oder Wertpapierkonten,
- die Beschaffung der zur Gründung, zum Betrieb oder zur Verwaltung von Gesellschaften erforderlichen Mittel,
- die Gründung, der Betrieb oder die Verwaltung von Treuhandgesellschaften, Gesellschaften oder ähnlichen Strukturen.

Hier reicht schon die **Mitwirkung** an einem der oben genannten Kataloggeschäfte. Hinzukommen aber auch die Durchführung von Finanz- oder Immobilientransaktionen im Namen und auf Rechnung des Mandanten *(§ 2 Abs. 1 Nr. 10 lit b) GwG).* 42
- die Beratung des Mandanten im Hinblick auf dessen Kapitalstruktur, dessen industrielle Strategie oder damit verbundene Fragen, *(§ 2 Abs. 1 Nr. 10 lit. c) GwG),*
- Beratungen oder Dienstleistungen im Zusammenhang mit Zusammenschlüssen oder Übernahmen (§ 2 Abs. 1 Nr. 10 lit. d) GwG)
- sowie die **geschäftsmäßige** Hilfeleistung in **Steuersachen** (§ 2 Abs. 1 Nr. 10 lit. e) GwG).

Bis auf die geschäftsmäßige Hilfeleistung in Steuersachen sind auch nicht verkammerte Rechtsbeistände und registrierte Personen i.S.d. § 10 des Rechtsdienstleistungsgesetzes, **Verpflichtete** im Sinne des § 2 Abs. 1 Nr. 10 GwG, soweit sie Tätigkeiten nach den oben aufgeführten Katalogtatbeständen des § 2 Abs. 1 Nr. 10 Buchstabe a bis d GwG erbringen, ausgenommen die Erbringung von Inkassodienstleistungen im Sinne des § 2 Absatz 2 Satz 1 des Rechtsdienstleistungsgesetzes, *(§ 2 Abs. 1 Nr. 11 GwG).* 43

Nur in diesen Fällen müssen die in § 2 Abs. 1 Nr. 10 und 11 GwG genannten Personen über ein **Risikomanagement** im Sinne des § 4 verfügen und die **Sorgfaltspflichten** des § 10 GwG beachten. 44

Sollte lediglich eine reine **Rechtsberatung** vorliegen, ohne dass Kataloggeschäfte des § 2 Abs. 1 Nr. 10 GwG gegeben sind, müssen die Vorschriften des GwG von den in § 2 Abs. 1 Nr. 10 und 11 GwG genannten Personen nicht beachtet werden. 45

Beispiel:
Ein Rechtsanwalt berät seinen Mandanten über seine Ansprüche nach einem Verkehrsunfall. Da es sich um eine reine Rechtsberatung handelt, ist dieser Rechtsanwalt für dieses Mandat kein Verpflichteter im Sinne des Geldwäschegesetzes, so dass auf ihn die Vorschriften des GwG nicht anwendbar sind.[20]

46 Das ergibt sich auch aus § 10 Abs. 9 S. 3 GwG, wonach eine Beendigungspflicht bei einer Geschäftsbeziehung auch bei einer Nichteinhaltung allgemeiner Sorgfaltspflichten **nicht** gilt, soweit es sich um eine reine Rechtsberatung handelt.

47 Dies bedeutet eine Entwarnung für alle **Rechtsanwälte**, **Kammerrechtsbeistände**, **Patentanwälte** und **Notare**, soweit sie nur **rechtsberatend** und ohne das Vorliegen eines Kataloggeschäfts des § 2 Abs. 1 Nr. 10 GwG vorliegt, tätig werden, da sie damit **keine** Verpflichteten nach dem Geldwäschegesetz sind. Sie müssen daher auch **keine** Pflichten nach dem GwG erfüllen, insbesondere haben sie auch **keine** Pflicht, einen Verdachtsfall aus diesem Mandat zu melden, auf den sie im Rahmen ihrer Rechtsberatung aufmerksam werden, da sie **keine** Verpflichteten nach dem Geldwäschegesetz sind.

48 Sollte hingegen **keine** reine Rechtsberatung vorliegen, sondern mindestens eine der oben genannten Geschäfte oder eine Immobilien- oder Finanztransaktion irgendwann durchgeführt werden, werden die unter § 2 Abs. 1 Nr. 10 und 11 GwG genannten Personen zu **Verpflichteten**.

Wichtig:
Bei Rechtsanwälten genügt bereits eine Mitwirkung bei dem Mandat eines Kollegen, dass der Unterstützende auch zum Verpflichteten wird, selbst wenn er nur angestellter Rechtsanwalt ist.[21]
Dabei genügen auch schon unwesentliche Bearbeitungselemente eines Mandats, um die Verpflichteteneigenschaft zu begründen.[22]

49 Auch die Mitwirkung eines anderen Verpflichteten befreit einen verpflichteten Rechtsanwalt nicht von seinen eigenen Sorgfalts-oder Meldepflichten. So hat ein Rechtsanwalt als Verpflichteter auch dann einen Mandanten zu identifizieren, wenn dieser bereits zuvor durch einen Notar oder einen anderen Verpflichteten identifiziert wurde.[23]

50 Das Gleiche gilt hinsichtlich der Meldepflicht in Verdachtsfällen. Es genügt hier nicht, sich auf eine Meldung eines anderen Verpflichteten zu verlassen. Die FIU möchte, dass möglichst alle involvierten Verpflichteten entsprechende Maßnahmen treffen und Verdachtsmeldungen abgeben, um so aus einer Meldung Schlüsse zu ziehen oder mithilfe von Fragmenten ein vollständiges Bild zeichnen zu können.[24]

20 Zentes/Glaab/*Kaetzler*, § 2 GwG, Rn 165.
21 BayVGH, Beschluss vom 10.07.2023, Az.: 22 ZB 21.121, Rz. 18.
22 Auslegungs- und Anwendungshinweise der BRAK, 8. Auflage Juni 2024, Rn 12, S. 9.
23 Auslegungs- und Anwendungshinweise der BRAK, 8. Auflage Juni 2024, Rn 13, S. 10.
24 Auslegungs- und Anwendungshinweise der BRAK, 8. Auflage Juni 2024, Rn 13, S. 10.

Allerdings begrenzt die FIU selbst in ihrem „Eckpunktepapier zur Bestimmung solcher Sachverhalte, die grundsätzlich nicht die Meldepflicht des § 43 Absatz 1 GwG auslösen“, wann eine Meldung entbehrlich ist. Darunter fallen beispielsweise Sachverhalte, die allein darauf beruhen, dass ein gemeinsamer Kunde oder Mandant eine Meldung an die FIU abgegeben hat, man selbst aber darüber hinaus keine eigenen weiteren Erkenntnisse beitragen kann.[25] 51

Die Verpflichteteneigenschaft gilt für das jeweilige Kalenderjahr, in dem mindestens eine der in § 2 Abs. 1 Nr. 10 GwG genannten Tätigkeiten erbracht wurde. Allerdings kann sich die Verpflichteteneigenschaft nur auf das **jeweilige einzelne Mandat** beziehen, welches eines der in § 2 Abs. 1 Nr. 10 GwG aufgeführten Kataloggeschäfte erfüllt. **Nur in diesem Mandat** sind die allgemeinen Sorgfaltspflichten des § 10 GwG einzuhalten. 52

Die in den § 2 Abs. 1 Nr. 10 und 11 GwG genannten Personen müssen dann grundsätzlich auch § 10 Abs. 9 GwG beachten. Damit darf eine Mandatsbeziehung **nicht** begründet und eine Transaktion nicht durchgeführt werden, wenn die Sorgfaltspflichten des § 10 Abs. 1 Nr. 1 bis 4 GwG nicht erfüllt werden können. Ebenso muss eine bereits bestehende Geschäftsverbindung unverzüglich beendet werden, wenn die Sorgfaltspflichten des § 10 Abs. 1 Nr. 1 – 4 GwG nicht erfüllt werden können. Liegt hingegen eine reine Rechtsberatung oder Prozessvertretung bei dem genannten Personenkreis außerhalb eines der in § 2 Abs. 1 Nr. 10 GwG genannten Kataloggeschäfte vor, so besteht **keine** gesetzliche Verpflichtung, eine Mandatsverbindung nicht zu begründen oder eine bereits bestehende zu beenden bzw. eine Transaktion nicht durchzuführen, wenn die Sorgfaltspflichten des § 10 Abs. 1 GwG nicht erfüllt werden können, weil diese in diesen Mandaten gerade nicht zu erfüllen sind. 53

Allein das Führen eines Prozesses als solches oder beispielsweise die Strafverteidigung lösen **keine** Pflichten nach dem GwG aus. 54

Beispiel:
Ein Strafverteidiger kann ohne Weiteres ein Mandat für einen potenziellen Geldwäscher wahrnehmen, auch wenn dieser ihm nicht offenbart, wer die Hintermänner (wirtschaftlich Berechtigte) der verdächtigen Transaktion sind.

Das Gleiche gilt, wenn im Rahmen einer Rechtsberatung der Rechtsanwalt gebeten wird, Transaktionen über sein Anderkonto durchzuführen, die verdächtig sein könnten. Allerdings gilt die Befreiung von § 10 Abs. 9 S. 3 GwG nicht, wenn die Rechtsberatung nur vorgeschoben war, um Geldwäschehandlungen oder Terrorismusfinanzierungen durchzuführen und der Rechtsanwalt als Verpflichteter davon Kenntnis hat. Fraglich ist, wie genau die Kenntnis des Verpflichteten sein muss und ob es ausreichen würde, wenn 55

25 Eckpunktepapier vom März 2025 zur Bestimmung solcher Sachverhalte, die grundsätzlich nicht die Meldepflicht des § 43 Absatz 1 GwG auslösen, Ziffer 2b), S. 4, (abrufbar nur über den internen Bereich der FIU).

er nur ahnt, dass hier Geldwäsche oder Terrorismusfinanzierung betrieben wird. Der Wortlaut scheint eher dahingehend auszulegen zu sein, dass es auf eine positive Kenntnis ankommen muss („weiß") und nicht auf eine bloße Vermutung.

56 Ungeachtet der gesetzlichen Verpflichtung sollte aber jeder Verpflichtete aus den oben genannten Personengruppen des § 2 Abs. 1 Nr. 10 und 11 GwG in seinem Beruf so viel Selbstverständnis haben, dass er auch – bei bereits nur – zweifelhaften Transaktionen (auch wenn diese nicht den Katalogtatbeständen des § 2 Abs. 1 Nr. 10 GwG unterliegen, die Geschäftsverbindung von sich aus beendet und keine weiteren Transaktionen durchführt. Auch im Rahmen übertragener Ämter, die ein eigenes Mandatsverhältnis nicht begründen (z.B. Insolvenzverwalter, Schiedsrichter, Testamentsvollstrecker, *Nachlasspfleger*, Vormund, Betreuer*)*, ist der Rechtsanwalt – ungeachtet der etwaigen Einordnung in eine andere Verpflichtetengruppe des GwG – dementsprechend auch **nicht** Verpflichteter im Sinne des § 2 Abs. 1 Nr. 10 GwG.[26]

57 Mandatiert der Amtswalter einen Rechtsanwalt, auch aus der eigenen Kanzlei, wird dieser zu einem Verpflichteten, soweit er an einem Kataloggeschäft mitwirkt oder eine Transaktion i.S.v. § 2 Abs. 1 Nr. 10 GwG durchführt. Wird die eigene Kanzlei vom Amtswalter mandatiert, wird jedoch von der Erfüllung mandantenbezogener Pflichten nach § 10 GwG im Regelfall abgesehen werden können.[27]

58 Die Pflicht zur eigenständigen Erfüllung der Sorgfaltspflichten des GwG wird nicht dadurch aufgehoben, dass bereits ein anderer Verpflichteter die Sorgfaltspflicht erfüllt hat.[28] So hat der Rechtsanwalt beispielsweise die Identifizierungspflicht nebst Dokumentations- und Aufbewahrungspflichten auch dann **selbst** zu erfüllen, wenn der Mandant etwa bereits beim Notar identifiziert wurde oder dort voraussichtlich noch identifiziert werden wird.[29]

b) Syndikusrechtsanwälte

59 Das GwG findet auch auf Syndikusrechtsanwälte Anwendung, soweit sie für ihren Arbeitgeber Tätigkeiten im Sinne von § 2 Abs. 1 Nr. 10 GwG ausüben (§ 46c Abs. 1 BRAO).[30]

60 Nach der zum 01.01.2020 in Kraft getretenen Neuregelung des § 10 Abs. 8a GwG obliegt jedoch die Einhaltung der allgemeinen Sorgfaltspflichten (z.B. Identifizierung des Vertragspartners) dem Arbeitgeber des Syndikusrechtsanwalts („Unternehmen"), falls der Arbeitgeber selbst Verpflichteter i.S.v. § 2 Abs. 1 GwG ist; anderenfalls bleibt der Syndikusrechtsanwalt auch bezüglich dieser Pflichten selbst in der Verantwortung.[31] Dabei kann grundsätzlich von der Erfüllung mandantenbezogener Pflichten

---

26 Auslegungs- und Anwendungshinweise der Bundesrechtsanwaltskammer (2024), Rn 8, S. 9.
27 Auslegungs- und Anwendungshinweise der Bundesrechtsanwaltskammer (2024), Rn 9, S. 9.
28 Auslegungs- und Anwendungshinweise der Bundesrechtsanwaltskammer (2024), Rn 15, S. 11.
29 BGH, Urteil vom 20.04.2021, Az. XI ZR 511/19, Tz. 21ff.
30 Auslegungs- und Anwendungshinweise der Bundesrechtsanwaltskammer, (2024), Rn 15, S. 12.
31 Auslegungs- und Anwendungshinweise der Bundesrechtsanwaltskammer, (2024), Rn 15, S. 12.

nach § 10 GwG im Regelfall abgesehen werden, soweit nicht die besonderen Umstände des Einzelfalls mit Blick auf Geldwäsche- /Terrorismusfinanzierungsrisiken die Erfüllung der Pflichten doch erforderlich erscheinen lassen; das ist stets bei erhöhtem Geldwäsche-/Terrorismusfinanzierungsrisiko der Fall.[32] Dies ergibt sich daraus, dass nach wörtlichem Verständnis des § 2 Abs. 10 GwG allein der Arbeitgeber der Mandant des Syndikusrechtsanwalts ist (vgl. § 46 Abs. 2 Satz 1 BRAO).

Für Syndikusrechtsanwälte, die nach Maßgabe von § 46 Abs. 5 Satz 2 Nrn. 2 und 3 BRAO Dritte beraten oder vertreten, gilt diese Privilegierung hingegen nicht, so dass sie selbst diese Pflichten nach § 10 GwG zu erfüllen haben.[33] Nach § 6 Abs. 3 GwG obliegt ferner die Schaffung interner Sicherungsmaßnahmen ebenfalls dem Arbeitgeber des Syndikusrechtsanwalts, und zwar hier unabhängig von der Verpflichteten-Stellung des Arbeitgebers. Das bedeutet, dass auch z. B. eine Rechtsschutzversicherung, welche selbst keine Verpflichtete nach § 2 Abs. 1 Nr. 7 GwG ist, durch die Beschäftigung eines Syndikusrechtsanwalts, der eine der in § 2 Abs. 1 Nr. 10 GwG aufgeführten Tatbestände erfüllt, in die Verpflichtung gerät, selbst die Sicherungsmaßnahmen gem. § 6 GwG erfüllen zu müssen. 61

Ist der Arbeitgeber des Syndikusrechtsanwalts selbst Verpflichteter gem. § 2 Abs. 1 GwG, verbleiben bei dem Syndikusrechtsanwalt neben Sonderpflichten (z. B. Auskunftspflichten) faktisch nur die Pflichten im Zusammenhang mit der Erstellung einer Risikoanalyse (§ 5 GwG), Aufzeichnungs- und Aufbewahrungspflichten (§ 8 GwG), sowie die Meldepflichten (§§ 23a und 43 GwG).[34] In Bezug auf die Einrichtung interner Sicherungsmaßnahmen, beispielsweise der Mitarbeiterschulung, delegiert das Gesetz gem. § 6 Abs. 3 GwG diese Pflichten beim angestellten Rechtsanwalt sogar ausdrücklich auf dessen Arbeitgeber. Aufsichtsbehörde für Rechtsanwälte und Syndikusrechtsanwälte sowie Kammerrechtsbeistände ist gem. § 50 Nr. 3 GwG die jeweils örtlich zuständige Rechtsanwaltskammer. Für Patentanwälte ist gem. § 50 Nr. 4 GwG die Patenanwaltskammer die zuständige Aufsichtsbehörde. Für Notare ist gem. § 50 Nr. 5 GwG der jeweilige Präsident des Landgerichts, in dessen Bezirk der Notar seinen Sitz hat, die zuständige Aufsichtsbehörde. 62

c) Ausblick auf die ab 10.07.2027 geltende EU-Geldwäsche-Verordnung

Die in § 2 Abs. 1 Nr. 10 GwG genannten Personen bleiben gem. Art. 3 Nr. 3 b) auch ab dem 10.07.2027 Verpflichtete nach der dann gültigen EU-Geldwäsche-Verordnung. Das gilt auch in Bezug auf steuerberatende Tätigkeiten, wie sich aus Art. 3 Nr. 3 a) EU-Geldwäsche-Verordnung ergibt. Hinsichtlich der Stellung von Syndikusrechtsanwälten ändert sich hingegen die Rechtslage zu deren Gunsten. Die oben, derzeit noch gültigen Vor- 63

32 Auslegungs- und Anwendungshinweise der Bundesrechtsanwaltskammer (2024), Rn 15, S. 12.

33 Auslegungs- und Anwendungshinweise der Bundesrechtsanwaltskammer (2024), Rn 15, S. 12.

34 Auslegungs- und Anwendungshinweise der Bundesrechtsanwaltskammer (2024), Rn 15, S. 13.

gaben für Syndikusanwälte werden gem. Art. 15 hinfällig, soweit es sich um deren Tätigkeiten oder solche von angestellten Rechtsanwälten bei juristischen Personen handelt. Danach gelten ab diesem Zeitpunkt die in der EU-Geldwäsche-Verordnung festgelegten Anforderungen nicht für die natürliche, sondern für die juristische Person.

11. Rechtbeistände, die nicht Mitglied einer Rechtsanwaltskammer sind (§ 2 Abs. 1 Nr. 11 GwG)

64 Auch die in § 2 Abs. 1 Nr. 11 GwG genannten Personen (Rechtsbeistände, soweit sie nicht Mitglieder einer Rechtsanwaltskammer sind, sowie registrierte Personen nach § 10 des Rechtsdienstleistungsgesetzes) sind Verpflichtete, soweit sie Tätigkeiten der in § 2 Abs. 1 Nr. 10 GwG genannten Katalogtatbestände erbringen. Damit sind Personen gemeint, die nicht den Vorschriften der Bundesrechtsanwaltsordnung (BRAO) unterliegen.[35] Unternehmen oder Personen, welche das Inkassogeschäft betreiben, sind ausgenommen und unterliegen daher **nicht** den Vorschriften des GwG. Zuständige Aufsichtsbehörde ist gem. § 50 Nr. 5a GwG das Bundesamt für Justiz.

12. Wirtschaftsprüfer, vereidigte Buchprüfer, Steuerberater, Steuerbevollmächtigte und die in § 4 Nummer 11 des Steuerberatungsgesetzes genannten Vereine (§ 2 Abs. 1 Nr. 12 GwG)

65 Bei diesen in § 2 Abs. 12 GwG genannten Personen oder Vereinen kommt es im Gegensatz zu den in § 2 Abs. 1 Nr. 10 oder 11 GwG genannten Verpflichteten nicht darauf an, ob sie eine der dort genannten Kataloggeschäfte erfüllen oder nicht. Diese unter § 2 Abs. 1 Nr. 12 GwG fallenden Personen sind immer Verpflichtete nach dem Geldwäschegesetz. Auch nach dem Inkrafttreten der EU-Geldwäsche-Verordnung am 10.07.2027 bleiben sie gem. Art. 3 Nr. 3 a) der EU-Geldwäsche-Verordnung Verpflichtete ohne jede Einschränkung. Dies gilt sowohl für jeden selbständig tätigen Steuerberater oder Steuerbevollmächtigten als auch für angestellte Steuerberater oder Steuerbevollmächtigte.[36] Für diese ist gem. § 50 Nr. 7 GwG die jeweils örtlich zuständige Steuerberaterkammer die zuständige Aufsichtsbehörde. Analog gilt das oben Gesagte für **Wirtschaftsprüfer** und **vereidigte Buchprüfer.** Diese sind stets Verpflichtete nach dem Geldwäschegesetz, unabhängig von ihren jeweiligen Tätigkeiten. Für diese beiden Gruppen ist gem. § 50 Nr. 6 GwG die Wirtschaftsprüferkammer die zuständige Aufsichtsbehörde. Die die in § 4 Nummer 11 des Steuerberatungsgesetzes genannten Vereine (Lohnsteuerhilfevereine) sind ebenfalls immer Verpflichtete. Aufsichtsbehörde ist die nach § 27 des Steuerberatungsgesetzes zuständige Behörde. Dies ist die jeweilige Oberfinanzdirektion oder die durch die Landesregierung bestimmte Landesfinanzbehörde, welche die Aufsicht

35 Brock/*Müller*, § 2 GwG, Rn 101.
36 *Scaraggi-Kreitmayer*, § 2 GwG, Rn 13.

über die Lohnsteuerhilfevereine, die ihren Sitz im Bezirk der Aufsichtsbehörde haben, führt.

13. Dienstleister für Gesellschaften und für Treuhandvermögen oder Treuhänder, die nicht den unter den Nummern 10 bis 12 genannten Berufen angehören (§ 2 Abs. 1 Nr. 13 GwG)

Dienstleister für Gesellschaften und für Treuhandvermögen oder Treuhänder sind, 66
soweit sie nicht den unter den Nummern 10 bis 12 genannten Berufen angehören, dann Verpflichtete gem. § 2 Abs. 1 Nr. 13 GwG, wenn sie für Dritte eine der folgenden Dienstleistungen erbringen:

a) Gründung einer juristischen Person oder Personengesellschaft,
b) Ausübung der Leitungs- oder Geschäftsführungsfunktion einer juristischen Person oder einer Personengesellschaft, Ausübung der Funktion eines Gesellschafters einer Personengesellschaft oder Ausübung einer vergleichbaren Funktion,
c) Bereitstellung eines Sitzes, einer Geschäfts-, Verwaltungs- oder Postadresse und anderer damit zusammenhängender Dienstleistungen für eine juristische Person, für eine Personengesellschaft oder für eine Rechtsgestaltung nach § 3 Absatz 3,
d) Ausübung der Funktion eines Treuhänders für eine Rechtsgestaltung nach § 3 Absatz 3,
e) Ausübung der Funktion eines nominellen Anteilseigners für eine andere Person, bei der es sich nicht um eine auf einem organisierten Markt notierte Gesellschaft nach § 2 Absatz 11 des Wertpapierhandelsgesetzes handelt, die dem Gemeinschaftsrecht entsprechenden Transparenzanforderungen im Hinblick auf Stimmrechtsanteile oder gleichwertigen internationalen Standards unterliegt,
f) Schaffung der Möglichkeit für eine andere Person, die in den Buchstaben b, d und e genannten Funktionen auszuüben,

Grundsätzlich werden die oben genannten Tätigkeiten durch die in § 2 Abs. 1 Nr. 10 bis 67
12 GwG genannten Berufsträgern erbracht. Damit aber keine Lücke dadurch entsteht, dass auch andere natürliche oder juristische Personen diese Tätigkeiten wahrnehmen, ohne dass sie damit den Regelungen des Geldwäschegesetzes unterliegen, wurden diese Personen durch § 2 Abs. 1 Nr. 13 GwG ebenfalls zu Verpflichteten nach dem Geldwäschegesetz. Diese Personen müssen sich gem. § 51 Abs. 5b GwG bei der nach § 50 Nr. 9 GwG nach Bundes- oder Landesrecht zuständigen Stelle registrieren lassen. Allerdings ist das nicht erforderlich, wenn sie bereits anderweitig registriert sind, z.B. in Form einer Gewerbeanmeldung und aufgrund § 14 Abs. 1 GewO bereits im Gewerberegister eingetragen sind.[37] Damit verbleiben außer Gewerbetreibenden nur noch Angehörige freier Berufe, die, da sie kein Gewerbe ausüben, in der Pflicht sind, sich gem. § 51 Abs. 5b GwG

37 Bt-Drs. 19/18327, S. 101.

registrieren zu lassen.[38] Entscheidend ist dabei nicht die jeweilige Berufsbezeichnung, sondern die konkret ausgeübte Tätigkeit als solche, so dass vor allem Treuhandgesellschaften und Treuhänder, „Trust Service Provider", Unternehmensberater etc. erfasst werden.[39]

14. Immobilienmakler (§ 2 Abs. 1 Nr. 14 GwG)

68 Immobilienmakler sind – wie andere Verpflichtete ebenfalls – im Verkehr mit Vertragspartnern verpflichtet, die Sorgfaltspflichten des GwG anzuwenden. Eine Definition zu dem Begriff des Immobilienmaklers findet sich in § 1 Abs. 11 GwG:

> ***„Immobilienmakler im Sinne dieses Gesetzes ist, wer gewerblich den Abschluss von Kauf-, Pacht oder Mietverträgen über Grundstücke, grundstücksgleiche Rechte, gewerbliche Räume oder Wohnräume vermittelt."***

69 Dabei ist unbeachtlich, in wessen Namen und auf wessen Rechnung der Immobilienmakler tätig wird.[40]

70 Es wird angenommen, dass angesichts der hohen Immobilienpreise und mangels anderer renditeträchtiger Anlageobjekte gerade Immobilien für Geldwäscher äußerst lukrative Anlageziele darstellen. Da jedoch immer noch relativ wenige Verdachtsmeldungen aus dem Bereich der Immobilienmakler eingehen[41], werden hier Defizite vermutet, die es von staatlicher Seite aus zu bekämpfen gilt. Dabei wird bei Immobilienmaklern leider übersehen, dass diese ja nur eine vermittelnde Position einnehmen und ihnen für ihre Tätigkeit nur der Maklerlohn verbleibt. Dieser macht nur einen geringen Bruchteil des eigentlichen Kaufpreises der Immobile aus. Anscheinend wird ebenfalls nicht beachtet, dass für jedes vermittelte Objekt auch nur einmal eine Maklerprovision anfällt, mögen zuvor auch noch so viele Interessenten mit dem Makler in Kontakt getreten sein.

71 Selbst wenn sich ein Dutzend tatsächliche Geldwäscher für eine Immobilie interessieren, um dort ihre kriminell erworbenen Gelder zu „waschen", so kann dies tatsächlich nur in **einem einzigen Fall** erfolgen, da es die Immobilie ja nur einmal zu kaufen gibt, also auch nur **einmal** die **Maklerprovision** anfällt.

a) Mietmakler

72 Das Gleiche gilt sinngemäß bei Vermietungen oder Verpachtungen von Objekten. In diesen Fällen ist aber gem. § 10 Abs. 6 Nr. 2 GwG geregelt, dass erst ab einer monatlichen

---

38 *Zelenskaya* in GWuR, 3/2024, S. 118.

39 Brock/*Müller*, § 2 GwG, Rn 113.

40 Herzog/Figura, § 1 GwG, Rn 57.

41 s. Jahresbericht der FIU 2023 Ziffer 4.1 (S. 66) zu gesamt 260 im Jahr 2023 zu 222 Verdachtsmeldungen im Jahr 2022 aus dem Bereich der Immobilienmakler.

Nettomiete oder Nettopacht in Höhe von 10.000 Euro oder mehr die allgemeinen Sorgfaltspflichten des GwG einzuhalten sind. Dabei ist auf die zu Mietbeginn geltende Netto-Miete oder Netto-Pacht abzustellen.[42] Ebenfalls müssen reine **Mietmakler** nur dann ein wirksames Risikomanagement vorhalten, wenn sie Vermietungen in der oben genannten Nettomiete oder Nettopacht vornehmen.[43] Auch wenn Mietmakler dies nur ein einziges Mal tätigen sollten, wären sie gehalten, über ein Risikomanagement nach § 4 Abs. 4 Nr. 2 GwG zu verfügen. Die Frage ist, ob ein solcher Tatbestand einer einzigen Vermittlung einer Pacht über 10.000 Euro im Jahr 2025 länger nachwirkt und für alle Zeiten verpflichtet, ein Risikomanagement vorzuhalten. Hier wäre es denkbar, zumindest für das Folgejahr, hier also das Jahr 2026, das zu bejahen, sodass auch im Jahr 2026 der Mietmakler über ein Risikomanagement gemäß § 4 Abs. 1 GwG verfügen müsste.[44] Allerdings stellt sich gerade bei einem reinen Mietmakler bei einer einmaligen Transaktion in einem Jahr die Frage, warum dies auch im Folgejahr noch gelten sollte? Bei Rechtsanwälten gilt die Verpflichteteneigenschaft auch nur in dem Jahr, in dem eine der Katalogtatbestände des § 2 Abs. 1 Nr. 10 GwG erfüllt ist, jedoch nicht darüber hinaus. Alle anderen Immobilienmakler sind in der Pflicht, über ein wirksames Risikomanagement zu verfügen und bei jeder Transaktion die allgemeinen Sorgfaltspflichten des § 10 GwG zu beachten.

b) Zeitpunkt der Identifizierung bei Maklerverträgen

Da die Einhaltung der allgemeinen Sorgfaltspflichten nach § 10 GwG auch eine Identifizierung des **Vertragspartners** und ggf. dessen wirtschaftlich Berechtigten einschließt, stellt sich die Frage, wann eine solche Identifizierung durch den Makler zu erfolgen hat? Der Gesetzeswortlaut in § 10 Abs. 6 GwG verpflichtet Immobilienmakler dazu, die allgemeinen Sorgfaltspflichten bei der **Vermittlung** von **Kaufverträgen** und bei der Vermittlung von **Miet- oder Pachtverträgen** ab einer Höhe von **10.000 Euro**, jeweils netto, anzuwenden. Hier ist aber vor allem wichtig, wann die Pflicht zur Identifizierung gemäß § 10 Abs. 1 Nr. 1 GwG besteht. Dazu verweist § 11 Abs. 2 S. 1 GwG zumindest für einen Kaufvertrag über eine Immobilie auf ein so genanntes **ernsthaftes Interesse** an der Durchführung des Immobilienkaufvertrags. Dies ist bei insbesondere bei folgenden Sachverhalten der Fall: 73

- wenn eine der Vertragsparteien von der anderen Vertragspartei (ggf. über Dritte) den Kaufvertragsentwurf erhalten hat

42 Gemeinsame Auslegungs- und Anwendungshinweise der Länder der Bundesrepublik Deutschland zum GwG für Güterhändler, Immobilienmakler und andere Nichtfinanzunternehmen (Mai 2023), Ziffer 2.3.2, S. 9.

43 Gemeinsame Auslegungs- und Anwendungshinweise der Länder der Bundesrepublik Deutschland zum GwG für Güterhändler, Immobilienmakler und andere Nichtfinanzunternehmen (Mai 2023), Ziffer 3.1.1, S. 11.

44 Zentes/Glaab/*Kaetzler*, § 4 GwG, Rn 34.

- eine Reservierungsvereinbarung oder ein Vorvertrag abgeschlossen wurde
- eine Reservierungsgebühr an den Makler entrichtet wurde.[45]

74 In diesen Fällen hat der Immobilienmakler beide Vertragsparteien, für diese handelnde Personen und deren ggf. abweichende wirtschaftlich Berechtigte zu identifizieren. Wenn auf beiden Seiten der Kaufvertragsparteien Immobilienmakler tätig sind, muss gem. § 11 Abs. 2 S. 2 GwG jeder dieser Immobilienmakler nur seine eigene Vertragspartei identifizieren. Eine Identifizierung beider Parteien durch den Makler muss daher spätestens zum oben genannten Zeitpunkt erfolgt sein. Wäre die Identifizierung nicht in jedem Fall schon vor der Weitergabe der Daten verpflichtend, würde sich für Kriminelle die Möglichkeit ergeben, dass sie, nachdem sie die Verkäuferdaten vom Makler erhalten haben, zunächst von der Kaufabsicht Abstand nehmen, um dann, ohne Einbindung des Maklers – und damit auch ohne Identifizierung, Feststellung der wirtschaftlich Berechtigten, Gefahr einer Verdachtsmeldung etc. – dem Verkäufer ein Kaufangebot zu unterbreiten, das ggf. deutlich über dem Verkehrswert liegt. In der Praxis kann dieser Zeitpunkt mit dem zusammenfallen, an dem der Makler in der Regel zur Sicherung seines Courtageanspruchs die Personalien des Kunden erhebt. In vielen Fällen wird sich die Identifizierung im Rahmen der Objektbesichtigung ergeben und sollte daher bei der Einladung bzw. Bekanntgabe des Termins zur Besichtigung durch geeignete Hinweise vorbereitet werden.

75 Für Rechtsgeschäfte, die auf den Erwerb oder Tausch von inländischen Immobilien abzielen und die ab dem 1.4.2023 geschlossen wurden, greift die Regelung in § 16a GwG, wonach eine geschuldete Gegenleistung nur mittels anderer Mittel als Bargeld, Kryptowerten, Gold, Platin oder Edelsteinen bewirkt werden kann. Eine Überprüfung der Einhaltung dieser Vorgabe findet über entsprechende Nachweispflichten gegenüber dem Notar statt.[46] Zuständige Aufsichtsbehörde ist gem. § 50 Nr. 9 GwG die jeweils nach Bundes- oder Landesrecht zuständige Stelle.[47]

15. Glücksspielanbieter (§ 2 Abs. 1 Nr. 15 GwG)

a) Allgemeines

76 Glücksspiel im Sinne des GwG ist gem. § 1 Abs. 8 GwG jedes Spiel, bei dem ein Spieler für den Erwerb einer Gewinnchance ein **Entgelt** entrichten muss und der Eintritt von Gewinn oder Verlust ganz oder überwiegend vom Zufall abhängt. Es sind aber auch solche

45 Gemeinsame Auslegungs- und Anwendungshinweise der Länder der Bundesrepublik Deutschland zum GwG für Güterhändler, Immobilienmakler und andere Nichtfinanzunternehmen (Mai 2023) 4.2.3.4, S. 32.

46 Gemeinsame Auslegungs- und Anwendungshinweise der Länder der Bundesrepublik Deutschland zum GwG für Güterhändler, Immobilienmakler und andere Nichtfinanzunternehmen (Mai 2023) 4.2.3.4, S. 32.

47 Eine gute Übersicht bietet dazu Zentes/Glaab/*Wende*, § 50 GwG, Rn 27.

Spiele zu verstehen, die einer gewissen Geschicklichkeit bedürfen oder bei denen der Spieler Entscheidungsmöglichkeiten eingeräumt bekommt.[48] Nicht von entscheidender Bedeutung ist, ob der Spieler eine sofortige Entscheidung treffen muss oder ob der Entscheidungsprozess über mehrere Zwischenschritte erfolgt. Erfasst sind vor allem auch Wetten gegen Entgelt auf den Eintritt oder Ausgang eines künftigen Ereignisses, wie Pferdewetten und Fußballwetten sowie Poker- und Hütchenspiele.[49] In sämtlichen Fällen ist es **nicht** maßgeblich von Bedeutung, auf welchem Kommunikationsweg das Spiel stattfindet. Damit kann das Spiel somit im Wege einer physischen Präsenz *(wie z.B. bei Spielbanken),* im Internet *(wie z.B. beim Online-Poker),* telefonisch *(wie z.B. beim Sportquiz)* oder auf sonstigem Wege erfolgen.[50]

In § 2 Ab.1 Nr. 15 GwG wird definiert, wer als **Verpflichteter** im Sinne des GwG gilt. 77
Das sind grundsätzlich alle **Veranstalter und Vermittler von Glücksspielen**, wie oben beschrieben. Allerdings beschreibt der Gesetzgeber in § 2 Abs. 1 Nr. 15 GwG zugleich, wer trotz der in § 1 Abs. 1 Abs. 8 GwG genannten Eigenschaften dann doch wiederum **nicht** als Verpflichteter gilt.

b) Ausnahmen von der Verpflichteteneigenschaft

aa) Betreiber von Glücksspielgeräten nach § 33c GewO

Das sind nach § 2 Abs. 1 Nr. 15a GwG die Betreiber von Glücksspielgeräten nach § 33c der 78
Gewerbeordnung. Hieran sind enge Voraussetzungen geknüpft, die von den Betreibern eingehalten werden müssen. Zum einen muss der Betreiber eine Erlaubnis zum Betrieb besitzen und die Bauart der Geräte von staatlicher Stelle zugelassen sein, zum anderen kann es viele Auflagen an den Betrieb geben, wie z.B. zum Aufstellungsort, der Menge der an einem Ort aufgestellten Geräte und zu den maximalen Einsätzen und Gewinnen.[51] Aufgrund dieser engen Vorgaben geht der Gesetzgeber von einem geringeren Risiko der Geldwäsche aus und lässt hier bei Betreibern von **Glücksspielgeräten** gem. § 2 Abs. 1 Nr. 15 a) GwG Ausnahmen zu.[52]

bb) Vereine, die das Wettgeschäft mit Totalisatoren betreiben

Eine ähnliche Ausnahme gilt gem. § 2 Abs. 1 Nr. 15 b) auch für Vereine, die das Unter- 79
nehmen eines Totalisatoren nach § 1 des Rennwett- und Lotteriegesetzes (RennwLottG) betreiben (§ 2 Abs. 1 Nr. 15b) GwG). Nach Ansicht des Gesetzgebers sind solche Glücksspiele nicht geldwäscherechtlich relevant. Hintergrund dieser Überlegung ist, dass Totalisatoren eine Art Wette, hier Pferdewetten, betreiben, bei der lediglich der für ein

48 BT-Drs. 18/11555 S. 103.
49 Zentes/Glaab/*Kaetzler*, § 1 GwG, Rn 89.
50 Zentes/Glaab/*Kaetzler*, § 1 GwG, Rn 90.
51 Zentes/Glaab/*Kaetzler*, § 1 GwG, Rn 261.
52 BT-Drs. 18/11555, S. 107.

bestimmtes Rennen gewettete Einsatz an die Gewinner verteilt wird und auch die Wettquote erst nach dem letzten Wetteinsatz feststeht. Mithin ist die Funktion der Totalisatoren eher die eines „Wett-Vermittlers". Hierbei ergeben sich aus den rechnerischen Eigenheiten des Totalisatorengeschäfts verhältnismäßig geringe mögliche Gewinne, da der Spieler regelmäßig nur geringe Einsätze erbringt und bei höheren Einsätzen die Gewinnchance tendenziell abnimmt. Es handelt sich also um eine Art des Glücksspiels, die sich für Geldwäscher in der Tendenz weniger lohnt. Daher nimmt der Gesetzgeber Vereine, die die Funktion eines Totalisatoren nach § 1 RennwLottG betreiben, aus der Verpflichtung des GwG heraus.[53] Demgegenüber werden andere Betreiber oder Vermittler von **Pferdewetten** nicht ausgenommen und unterliegen damit als Verpflichtete dem Anwendungsbereich des GwG.[54]

cc) Lotterien mit staatlicher Erlaubnis

80 Auch **Lotterien** unterfallen nach § 2 Abs. 1 Nr. 15c) GwG dann **nicht** dem GwG, wenn sie eine **glücksspielrechtliche Erlaubnis** der in Deutschland jeweils zuständigen Behörde besitzen.

81 Auch hier ist das Risiko der Geldwäsche überschaubar, da die Gewinnwahrscheinlichkeit ebenso wie das Manipulationsrisiko recht gering ist. Zu den verpflichtungsfreien Glücksspielen dieser Kategorie gehören die Lotterien der selbstständigen Landeslotterien des Deutschen Lotto- und Totoblocks, die Klassenlotterien der Gemeinsamen Klassenlotterie der Länder und Gewinnsparlotterien im Sinne des dritten Abschnitts des Ersten Glücksspieländerungsstaatsvertrags.[55] Damit sind alle „Offline"-Lotterien und deren Annahmestellen frei von geldwäscherechtlichen Pflichten, soweit sie eine entsprechende Erlaubnis besitzen.

c) Sonderregelungen für Betreiber von Glücksspielen

82 Für die nicht ausgenommenen Veranstalter und Betreiber von Glücksspielen gelten gegenüber anderen Verpflichteten einige Sonderregelungen im GwG. Verpflichtete nach § 2 Abs. 1 Nr. 15 GwG müssen immer über ein **Risikomanagement** gem. § 4 GwG verfügen. Dazu gehört auch die Erstellung einer Risikoanalyse gem. § 5 GwG, aber auch die Einrichtung interner Sicherungsmaßnahmen gem. § 6 GwG. Die Bestellung eines Geldwäschebeauftragten ist dabei gem. § 7 Abs. 1 S. 1 GwG obligatorisch. Neben diesen Sicherungsmaßnahmen bestimmt § 6 Abs. 4 S. 1 GwG zusätzlich, dass Glücksspielanbieter grundsätzlich über die in § 6 Abs. 2 GwG genannten Sicherungsmaßnahmen hinaus auch geeignete Datenverarbeitungssysteme betreiben müssen. Zum Zwecke der Trans-

53 BT-Drs. 18/11555, S. 107.
54 BT-Drs. 18/11555, S. 107.
55 BT-Drs. 18/11555, S. 107.

parenz der Geldströme soll damit sichergestellt werden, dass zweifelhafte oder ungewöhnliche Geschäftsbeziehungen und Zahlungen auffallen.[56] Nach § 6 Abs. 4 S. 3 GwG kann aber als Härtefallregelung eine Ausnahme von diesem Grundsatz durch die zuständige Aufsichtsbehörde zugelassen werden. Diese kann dazu bestimmte Kriterien zu bestimmen, anhand derer nach denen Glücksspielveranstalter und Glücksspielvermittler von der Erfüllung der Pflicht zum Betrieb und zur Aktualisierung von Datenverarbeitungssystemen absehen können. Liegen die materiellen Voraussetzungen für eine Ausnahmeregelung vor, bedarf es keines gesonderten Antrags mehr, sondern der Glücksspielanbieter kann sich direkt auf diese Kriterien beziehen.[57] Dies ist allerdings nur bei atypischen Strukturen in Betracht zu ziehen, sofern das konkrete Gefährdungspotenzial des Verpflichteten, etwa im Hinblick auf einen nur geringen Umfang von angebotenen oder vermittelten Glücksspielen, einem geringen Spielerkreis oder einer nachweisbaren objektiv geringen Gefährlichkeit in Bezug auf Geldwäsche und Terrorismusfinanzierung, als besonders gering anzusehen ist. Allein ausschlaggebendes Kriterium ist die Risikoexposition des betreffenden Unternehmens.[58] Alle andern Glücksspielanbieter müssen hingegen Datenverarbeitungssysteme vorhalten, insbesondere solche, die ihr Glücksspiel im Internet anbieten. Diese sollten spätestens alle 2 Jahre aktualisiert werden.[59] Zu beachten gilt, dass bei Glücksspielen im **Internet** bei einem Angebot oder einer Vermittlung eines solchen Glücksspiels die 2.000 EUR-Schwelle und die Möglichkeit der physischen Identifizierung „am Eingang“ des Casinos **nicht** gelten und die Sorgfaltspflichten daher unabhängig von einem Schwellenwert vorzunehmen sind.[60] Hier sieht § 16 GwG eine Sondervorschrift für Internet-Glücksspiele vor, darunter beispielsweise die Pflicht, für den Spieler vor Spielbeginn ein Spielerkonto anzulegen, anhand dessen er eine vorläufige Identifizierung vornehmen kann, und die Pflicht, z.B. die Aufsichtsbehörde über die eigene Kontoeröffnung bei einer Bank zu informieren, auf der Gelder von Kunden zur Teilnahme am Glücksspiel eingehen sollen.[61] Zu diesen Konten darf sich die Aufsichtsbehörde nach Maßgabe des § 51 Abs. 7 GwG Informationen bei dem jeweiligen Kreditinstitut einholen.

d) Spielbanken

Bei **Spielbanken besteht** gem. § 10 Abs. 5 S. 1 GwG ein Schwellenbetrag in Höhe von **83**
2.000 Euro, ab dem die Sorgfaltspflichten des § 10 GwG einzuhalten sind. So müssen die allgemeinen Sorgfaltspflichten bei Glücksspielanbietern nach § 10 Abs. 5 GwG erst dann angewendet werden, wenn ein Spieler mindestens 2.000 EUR einsetzt oder gewinnt.

56 Zentes/Glaab/*Kaetzler*, § 6 GwG, Rn 138.
57 Zentes/Glaab/*Kaetzler*, § 1 GwG, Rn 146.
58 Zentes/Glaab/*Kaetzler*, § 1 GwG, Rn 139.
59 Herzog/*Herzog*, § 6 GwG, Rn 20.
60 Zentes/Glaab/*Kaetzler*, § 2 GwG, Rn 269.
61 Zentes/Glaab/*Kaetzler*, § 6 GwG, Rn 145.

Damit man nicht erst nach einem Gewinn eine Identifizierung mühsam vornehmen muss, kann dabei auch direkt beim Einlass in das Casino eine Identifizierung erfolgen. Zusätzlich muss die Möglichkeit bestehen, im Nachhinein einen Gewinn, einen Einsatz, den Kauf und Rücktausch von Jetons mit einem Wert von mindestens 2.000 EUR noch dem einzelnen Spieler zuzuordnen.[62] Eine Identifizierung des Kunden kann daher gem. § 10 Abs. 5 S. 2 GwG bereits beim Betreten der Spielbank erfolgen, wenn sichergestellt ist, dass dadurch der jeweilige Kauf, Verkauf oder Tausch von Spielmarken einem bestimmten Kunden zugeordnet werden kann. Von dieser Erleichterung kann jedoch zur lückenlosen Nachvollziehbarkeit der Geldflüsse nur dann Gebrauch gemacht werden, wenn eine nachvollziehbar dokumentierte Zuordnung der Einzeltransaktionen zu dem bei Betreten des Kasinos identifizierten Vertragspartner gewährleistet werden kann. Dieser Vorgabe wird durch die Ergänzung von § 10 Abs. 5 S. 2 GwG Rechnung getragen. Darüber hinaus müssen alle „relevanten" Transaktionen gespeichert, alle spielgerätebezogenen Geschäftsprozesse im Automatenspiel gespeichert, eine Überwachung durch geschultes Personal vor Ort und die Pflichterfüllung durch den Geldwäschebeauftragten sichergestellt sein.[63] Die Zuständigkeit für die Aufsicht über Spielbanken liegt gem. § 50 Nr. 8 GwG bei den einzelnen Bundesländern, und zwar bei der jeweils für Glücksspiel zuständigen Behörde.

16. Güterhändler (§ 2 Abs. 1 Nr. 16 GwG)

a) Allgemeines

84 Güterhändler ist gem. § 1 Abs. 9 GwG jemand, der ***„gewerblich Güter veräußert oder erwirbt, unabhängig davon, in wessen Namen oder auf wessen Rechnung."*** Damit sind sowohl natürliche wie auch juristische Personen gemeint.[64] Als Güterhändler im Sinne des Geldwäschegesetzes gilt aber nur derjenige, der **„gewerblich"** der oben genannten Tätigkeit nachgeht. Aber nicht nur Händler, sondern auch güterproduzierende Unternehmen sind erfasst, wenn sie ihre Produkte – wie in aller Regel – gewerblich veräußern.[65] In Anlehnung an den Gewerbebegriff der Gewerbeordnung wird die Veräußerung von Gütern dann gewerblich betrieben, wenn die Veräußerung von Gütern im Rahmen einer nicht sozial unwertigen, auf Dauer angelegten, mit Gewinnerzielungsabsicht ausgeübten, selbstständigen beruflichen Tätigkeit, die weder freier Beruf, Urproduktion oder Verwaltung eigenen Vermögens ist, erfolgt.[66] Allerdings muss die Veräußerung oder der Kauf von Gütern planmäßig integraler Bestandteil des **Geschäftsmodells** des Gewerbetreibenden sein. Sollte hingegen die Veräußerung von Gütern im Rahmen einer primär anderen gewerblichen Tätigkeit des Unternehmers nur

62 Zentes/Glaab/*Kaetzler*, § 6 GwG, Rn 153.
63 Zentes/Glaab/*Kaetzler*, § 6 GwG, Rn 153.
64 Zentes/Glaab/*Kaetzler*, § 1 GwG, Rn 89.
65 *Gehling/Lüneborg*, Pflichten des Güterhändlers, NZG, 2020, 1164, Kap. II.
66 Zentes/Glaab/*Kaetzler*, § 1 GwG, Rn 96.

zufällig in unbedeutenden Einzelfällen erfolgen, geschieht die Veräußerung von Gütern insoweit nicht gewerblich, sondern nur als zu vernachlässigender Annex der eigentlichen gewerblichen Haupttätigkeit.[67]

Beispiel:
Ein Krankenhaus veräußert betriebseigene Vermögensgegenstände, wie Büromöbel oder veraltete Computer, ohne dass diese Geschäfte unter den Anwendungsbereich des GwG fallen. Damit wird das Krankenhaus auch kein Güterhändler und damit auch nicht zum Verpflichteten.

Gem. § 2 Abs. 1 Nr. 16 GwG sind Güterhändler Verpflichtete im Sinne des GwG. Dabei wird nicht unterschieden, ob und in welcher Höhe oder welcher Art Transaktionen durchgeführt werden. Das bedeutet, dass **jeder** Güterhändler im Sinn des § 1 Abs. 9 GwG, gleich wie groß der Umfang seiner Tätigkeit ist, immer Verpflichteter nach § 2 Abs. 1 Nr. 16 GwG ist. Damit hat **jeder** Güterhändler grundsätzlich die Pflichten nach dem GwG einzuhalten. Diese Pflichten bestehen grundsätzlich aus 85
- dem Vorhalten eines Risikomanagements
- der Pflicht zur Einhaltung von Sorgfaltspflichten
- der Aufzeichnungspflicht in bestimmten Situationen
- der Pflicht zur Meldung von Verdachtsfällen.

Hinsichtlich der beiden erstgenannten Pflichten sieht das GwG Ausnahmen vor, auf die weiter unten eingegangen wird. 86

Wichtig:
Die letztgenannte Pflicht der Meldung von Verdachtsfällen gem. § 43 Abs. 1 GwG besteht hingegen ungeachtet der im GwG genannten Ausnahmetatbestände, weil sich diese gerade nicht auf diese Meldepflicht beziehen. Daher bleibt aber für alle Güterhändler die Pflicht bestehen, Meldungen nach § 43 Abs. 1 GwG in Verdachtsfällen zu erstatten. Jeder Güterhändler ist auch gem. § 8 Abs. 1 S. 1 Nr. 4 GwG verpflichtet, Aufzeichnungen in Verdachtsfällen zu erstellen.

17. Edelmetallhändler

Im Gegensatz zu dem Begriff des „Güterhändlers" gem. § 1 Abs. 9 GwG hat der Gesetzgeber keine Definition für Edelmetallhändler vorgesehen. Das sind Güterhändler, welche Transaktionen über Gegenstände im Sinne des § 1 Abs. 10 S. 2 Nr. 1 GwG, also Edelmetalle wie Gold, Silber und Platin tätigen. Es können aber auch andere Edelmetalle, die einen Wert darstellen, wie z. B. Rhodium, unter den in § 1 Abs. 10 S. 2 Nr. 1 GwG genannten Begriff fallen. Edelmetallhändler werden erst ab dem 1.1.2020 gesondert betrachtet, da der Gesetzgeber ab diesem Zeitpunkt separate, niedrigere Beträge für den 87

67 Zentes/Glaab/*Kaetzler*, § 1 GwG, Rn 65.

Handel mit Edelmetallen festgesetzt hat. Sie sind aber in jedem Fall auch Güterhändler im Sinn des § 1 Abs. 9 GwG und damit gem. § 2 Abs. 1 Nr. 16 GwG auch Verpflichtete im Sinn des GwG.

88 Allerdings wurde die Grenze in § 4 GwG für das Vorhalten eines Risikomanagements abweichend von der 10.000 Euro-Grenze für Güterhändler (s. oben), bei Edelmetallhändlern gem. § 4 Abs. 5 Nr. 1 b) GwG auf einen Betrag von nur 2.000 Euro festgesetzt worden. Sobald nur eine Bartransaktion ab diesem Betrag getätigt wird, hat der Edelmetallhändler über ein Risikomanagement gem. § 4 Abs. 1 GwG zu verfügen. Das bedeutet, dass er dann eine Risikoanalyse zu fertigen hat und daraus entsprechende Sicherungsmaßnahmen gem. § 6 Abs. 1 GwG ableiten und interne Sicherungsmaßnahmen im Sinn des § 6 Abs. 2 GwG schaffen muss. Ebenso hat er im Fall einer Bartransaktion im Wert ab 2.000 Euro gem. § 10 Abs. 6a Nr. 1 b) GwG die Sorgfaltspflichten der §§ 10 ff. GwG einhalten. Wie bei „normalen" Güterhändlern gilt aber, dass auch wenn zu keinem Zeitpunkt der Schwellenbetrag von 2.000 Euro bei Bartransaktionen erreicht wird, dennoch eine Meldepflicht gem. § 43 Abs. 1 GwG in Verdachtsfällen bzw. die damit korrespondierende Pflicht zur Aufzeichnung gem. § 8 Abs. 1 S. 1 Nr. 4 GwG besteht.

a) Einschränkungen der GwG-Pflichten bei Güterhändlern

89 Obwohl im Grundsatz damit jeder Güterhändler betroffen und verpflichtet wäre, die Pflichten nach dem GwG einzuhalten, wird dieser Grundsatz durch bestimmte, zu erfüllende Voraussetzungen wieder eingeschränkt.

90 So sind gem. § 10 Abs. 6a Nr. 1 c) GwG die in § 10 Abs. 1 GwG aufgeführten **allgemeinen Sorgfaltspflichten** nur dann anzuwenden, wenn **Güterhändler Bargeld** in Höhe von **10.000 Euro** oder mehr (bei **Edelmetallhändlern** 2.000 Euro oder mehr) entgegennehmen. Werden „Güter" ab 10.000 Euro (bzw. ab 2.000 Euro bei Edelmetallhändlern) mittels Rechnung, Scheck, Überweisung oder Lastschrift, also unbar bezahlt, sind hingegen keine Sorgfaltspflichten nach § 10 GwG. Eine Ausnahme besteht für die weiter unten[68] noch zu behandelnden Güterhändler, die mit Kunstgegenständen handeln. Hier müssen auch dann die Sorgfaltspflichten des § 10 GwG eingehalten werden, wenn ein Kunstgegenstand gegen Zahlung ab 10.000 Euro unbar bezahlt wird. Liegt die Barzahlung unter 10.000 Euro (bzw. 2.000 Euro bei Edelmetallhändlern), entstehen für die meisten Güterhändler **keine** Pflichten nach dem GwG. Eine Ausnahme besteht im letztgenannten Fall nur, wenn eine **Barzahlung**, die 10.000 Euro erreicht oder übersteigt, künstlich aufgesplittet wird und die Addition dann einen Betrag von insgesamt 10.000 Euro oder mehr ergibt. Dies ergibt sich daraus, dass es sich dann damit um eine einheitliche Transaktion im Sinne des § 1 Abs. 5 S. 1 GwG handelt. Zusätzlich haben Güterhändler die allgemeinen Sorgfaltspflichten des § 10 GwG dann zu erfüllen, wenn gem. § 10 Abs. 3 Nr. 3 GwG entweder Tatsachen, die auf Geldwäsche oder Terrorismusfinanzierung hindeuten, vor-

68 S. Kapitel 4 A 3.

liegen. Die Vorgabe zur Aufzeichnung von Bartransaktionen in Höhe von 10.000 Euro (bzw. 2.000 Euro bei Edelmetallhändlern) oder mehr findet sich in § 8 Abs. 1 Nr. 1 b) i.V.m. § 10 Abs. 6a Nr. 1 c GwG. Zusätzlich gelten auch für Güterhändler grundsätzlich die Vorgaben der § 4 ff. GwG zur Einhaltung von internen Sicherungsmaßnahmen. Allerdings lässt auch hier der Gesetzgeber Ausnahmen zu, und zwar gem. § 4 Abs. 5 Nr. 1 c GwG, wenn Bartransaktionen bis zu einer Höhe von 10.000 Euro (bzw. 2.000 Euro bei Edelmetallhändlern) getätigt werden. Wenn sichergestellt ist, dass zu keinem Zeitpunkt Bargelder ab 10.000 Euro (bzw. 2.000 Euro Edelmetallhändlern) gezahlt oder entgegengenommen werden, besteht auch keine Pflicht, über ein **Risikomanagement** gem. § 4 GwG zu verfügen. Diese beiden im Gesetz genannten Ausnahmen hinsichtlich der Erfüllung von Sorgfaltspflichten und dem Vorhalten eines Risikomanagements wird bei den allermeisten Güterhändlern zutreffen.

b) Pflicht zur Erstattung von Verdachtsmeldungen für alle Güterhändler

Die Pflicht, auch bei Beträgen unter den jeweiligen Schwellenbeträgen gem. § 43 Abs. 1 **91**
GwG eine Verdachtsfallbearbeitung vorzunehmen, dürfte den allerwenigsten Güterhändlern bewusst sein. Dies gilt auch hinsichtlich der Pflicht, sich gem. § 45 Abs. 1 S. 2 GwG bei der Zentralstelle für Finanztransaktionsuntersuchungen über das Programm „goAML" zu registrieren.[69] Diese Pflicht besteht auch für den Fall, dass vermutlich niemals eine Verdachtsmeldung abgegeben wird. Bis zum 31.12.2023 musste sich gem. § 59 Abs. 6 GwG grundsätzlich jeder Verpflichtete auf dieser Plattform registriert haben.

Eine Ausnahme betrifft nur Güterhändler, die **nicht** mit Kunst, Schmuck, Uhren, **92**
Edelmetall, Edelsteinen, Kraftfahrzeugen, Schiffen, Motorbooten oder Luftfahrzeugen handeln. Hier besteht die Registrierungspflicht ab dem 1.1.2027. Da gerade diese Güterhändler jedoch nicht mehr ab dem 10.7.2027 Verpflichtete nach der EU-Geldwäsche-VO sein werden, ist zu erwarten, dass der Gesetzgeber dieses Datum der spätesten Registrierung noch bis zum Inkrafttreten der EU-Geldwäsche-VO hinausschieben dürfte.

c) Pflicht zur Bestellung eines Geldwäschebeauftragten

In § 7 Abs. 2 Nr. 1 GwG ist die Bestellung eines Geldwäschebeauftragten für bestimmte **93**
Verpflichtete vorgesehen, im Grundsatz aber **nicht** für Güterhändler. Diese sollten gem. § 7 Abs. 3 GwG nur dann einen Geldwäschebeauftragten bestellen, wenn sie mit **hochwertigen Gütern** im Sinne des § 1 Abs. 10 GwG Handel treiben. Dabei ist die in § 1 Abs. 10 GwG getroffene Definition zu „hochwertigen Gütern" keinesfalls abschließend, wie sich aus dem Wort „insbesondere" ergibt. So zählen z.B. auch seltene Erden oder Kupfer dazu.[70] In einem solchen Fall soll die jeweils zuständige Aufsichtsbehörde die

---

69 s. Kapitel 7 E II. 4.
70 BT. Drs. 18/11555, S. 103.

Bestellung eines Geldwäschebeauftragten anordnen. Da es im Gegensatz zu anderen Verpflichteten keine einheitliche Aufsichtsbehörde (wie z.B. die BaFin für die Kredit- und Finanzwirtschaft) gibt, sondern diese regional zuständig sind, kann es gerade bei überörtlich tätigen Güterhändlern vorkommen, dass sich diese einer Vielzahl von Aufsichtsbehörden gegenübersehen, die jeweils verschiedene Anforderungen stellen. So ist es beispielsweise denkbar, dass die Aufsichtsbehörde in Hessen die Bestellung eines Geldwäschebeauftragten anordnet, während demgegenüber z.B. in Bayern keine gleichartige Anordnung besteht.

94 Aus dem gleichen Grund kann es sein, dass ein Güterhändler, der überregional tätig ist, gegenüber jeder einzelnen Aufsichtsbehörde einen Risikobericht vorzulegen hat und sich dementsprechend mit den verschiedensten Anforderungen auseinanderzusetzen hat. Inzwischen haben aber alle Aufsichtsbehörden entsprechende Allgemeinverfügungen erlassen, in denen für diese Fälle des Handels mit hochwertigen Gütern die Bestellung eines Geldwäschebeauftragten angeordnet wird.[71] Sinnvoll ist es auf jeden Fall für diejenigen Güterhändler, bei denen es hin und wieder zu Barzahlungen in Höhe von mehr als 10.000 Euro kommt, eine **Risikoanalyse** gem. § 5 GwG zu erstellen, aus der die spezifischen Risiken hervorgehen, und welche Präventionsmaßnahmen gegen solche Risiken ergriffen werden können. Zusätzlich sind interne **Sicherungsmaßnahmen** im Sinne des § 6 Abs. 2 GwG zu erstellen.

i **Ausblick auf die ab 10.7.2027 gültige EU-Geldwäsche-Verordnung in Bezug auf Güterhändler:**
Ab dem 10.07.2027 werden nur noch wenige Güterhändler Verpflichtete nach § 3 der EU-Geldwäsche-Verordnung sein. Das sind zum einen nach Art. 3 Nr. 3 e) Personen, deren regelmäßige oder hauptberufliche Tätigkeit im Handel mit Edelmetallen und Edelmetallen besteht. Was darunter zu verstehen, wird gem. Art. 2 Nr. 55 in Anlage V aufgeführt. Dort sind als Edelmetalle explizit Gold, Silber, Platin, Iridium, Osmium, Palladium, Rhodium, Rhutenium aufgeführt. Andere Edelmetalle zählen nicht dazu. Unter dem Begriff Edelsteine werden in der Anlage V ausschließlich Diamanten, Rubine, Saphire und Smaragde aufgeführt. Das bedeutet, dass Güterhändler, die mit einem oder mehreren dieser aufgeführten Edelmetalle oder einem der genannten Edelsteine handeln, Verpflichtete wie bisher bleiben. Eine weitere Gruppe von Güterhändlern sind die in Art. 3 Nr. 3 f) der EU-Geldwäsche-Verordnung genannten Personen, deren regelmäßige oder hauptberufliche Tätigkeit im Handel mit **hochwertigen Gütern** besteht. Hochwertige Güter sind gem. Art. 2 Nr. 54 die in Anhang IV der EU-Geldwäsche-Verordnung näher bestimmten Gegenstände. Dazu zählen

- Schmuck, Gold- und Silberschmiedewaren im Wert von mehr als 10.000 EUR oder dem Gegenwert in Landeswährung,
- Uhren im Wert von mehr als 10.000 EUR oder dem Gegenwert in Landeswährung,
- Kraftfahrzeuge zu einem Preis von mehr als 250.000 EUR oder dem Gegenwert in Landeswährung,
- Luftfahrzeuge zu einem Preis von mehr als 7.500.000 EUR oder dem Gegenwert in Landeswährung,
- Wasserfahrzeuge zu einem Preis von mehr als 7.500.000 EUR oder dem Gegenwert in Landeswährung.

Nur Güterhändler, die diesen Kriterien entsprechen, bleiben nach wie vor Verpflichtete. Sie haben damit die in den Art. 19ff. aufgeführten Sorgfaltsmaßnahmen zu erfüllen. Das bedeutet, dass bereits bei Bartransaktionen ab 3.000 Euro zumindest eine **Identifizierung** von Kunden gem. Art. 20 Abs. 1a) EU-Geldwäsche-Verordnung erfolgen muss. Weitere Maßnahmen sind grundsätzlich nicht veranlasst. Richtig aufwändig wird es jedoch bei

71 Exemplarisch dazu Allgemeinverfügung des Regierungspräsidiums Darmstadt vom 06.07.2020.

allen Gelegenheitstransaktionen über 10.000 Euro. Da es gem. Art. 80 Abs. 1 der EU-Geldwäsche-Verordnung eine generelle Bargeldobergrenze bei Beträgen über 10.000 Euro gibt, bezieht sich die Pflicht, gem. Art. 19 Abs. 1 Nr. 1 b) EU-Geldwäsche-Verordnung sämtliche **Sorgfaltsmaßnahmen** gem. Art. 20 der Verordnung in Bezug auf Transaktionen ab 10.000 Euro bei Gelegenheitskunden wahrzunehmen, auf sämtliche **unbare Transaktionen** über dieser Betragshöhe. Das wird einen erheblichen Mehraufwand bedeuten, der unnütz erscheint, da gerade bei unbaren Transaktionen das Geld entweder von einem Kreditinstitut oder einem Zahlungsdienstleister stammt, der ja bereits Verpflichteter ist und der den Kunden ja bereits vorab identifiziert hat. Insbesondere gibt es hier eine „Papierspur", so dass nicht ersichtlich ist, was mit dieser neuen Pflicht für Güterhändler bezweckt ist.

Wie oben ausgeführt, betrifft diese Pflicht aber nur die dann noch verpflichteten Güterhändler. Das bedeutet im Umkehrschluss, dass alle anderen bis zum 9.7.2027 verpflichteten Güterhändler, die weder mit Edelmetallen oder Edelsteinen und nicht mit den oben aufgeführten „hochwertigen Gütern" handeln, **keine** Verpflichteten mehr sein werden. Sie werden daher ab dem 10.7.2027 weder Risikobewertungen vornehmen oder Sorgfaltsmaßnahmen gegenüber ihren Kunden anwenden müssen noch Meldepflichten wahrnehmen. Einerseits ist diese Erleichterung für die meisten bisher noch verpflichteten Güterhändler zu begrüßen. Auf der anderen Seite ist der Begriff der „hochwertigen Güter" in manchen Punkten viel zu großzügig gefasst. So sollen Güterhändler, die mit Kraftfahrzeugen handeln, erst dann Verpflichtete sein, wenn sie mit Fahrzeugen handeln, deren Wert 250.000 Euro oder mehr beträgt. Das dürfte nur noch knapp 1 % aller zugelassenen Privat-PKW betreffen. Händler dieser – weniger als 250.000 Euro teuren Fahrzeuge – werden damit ab dem 10.7.2027 **keine** Verpflichteten mehr sein, obwohl das Risiko der Geldwäsche gerade im Handel mit Gebrauch-PKW besonders eklatant und ein bedeutender Teil der Organisierten Kriminalität ist.[72] Dieser „Freibrief" für Kriminelle, die sicher dies ausnutzen werden, um darüber ihre kriminell erworbenen Gelder zu waschen, ist einfach nicht nachzuvollziehen. Man kann nur hoffen, dass dieser Passus in der EU-Geldwäsche-Verordnung noch rechtzeitig korrigiert wird, weil ansonsten im Bereich des KFZ-Handels der Geldwäsche „Tür und Tor" geöffnet würden.

18. Kunstvermittler

Der Gesetzgeber hat ab dem 01.01.2020 erstmals Kunstvermittler und Kunstlagerhalter explizit als Verpflichtete gem. § 2 Abs. 1 Nr. 16 GwG benannt. Eine Definition zu diesen Begriffen findet sich in § 1 Abs. 23 GwG. So ist nach der Definition in § 1 Abs. 23 Satz 1 GwG Kunstvermittler, wer gewerblich den Abschluss von Kaufverträgen über Kunstgegenstände vermittelt. Kunstgegenstände und Antiquitäten werden in § 1 Abs. 10 S. 2 Nr. 4 GwG gesondert zu hochwertigen Gegenständen gerechnet. Damit sind insbesondere auch Kunstgalerien und Auktionshäuser miteingeschlossen.[73] Die durch die zum 1.1.2020 in das GwG aufgenommene Abgrenzung von Güterhandel und Kunstvermittlung ist insoweit bedeutsam mit Blick auf die jeweils unterschiedlichen Schwellenbeträge (vgl. § 4 Abs. 5 und § 10 Abs. 6a GwG). Unter dem Begriff des Güterhandels waren bereits nach bisheriger Rechtslage auch Kommissionsgeschäfte (Handeln in eigenem Namen auf fremde Rechnung) und Vermittlungstätigkeiten (Handeln in fremdem Namen auf fremde Rech- 95

72 s. dazu Jahresbericht der FIU 2018 zum Thema Handel mit hochwertigen Gütern und dem Ermittlungserfolg von Europol unter dem Namen „Cedar", S. 29.
73 Zentes/Glaab/*Kaetzler*, § 1 GwG, Rn 226.

nung) erfasst.[74] Soweit ein Kunstvermittler demnach gewerblich tätig wird, ist er gem. § 2 Abs. 1 Nr. 16 GwG Verpflichteter nach dem GwG.

19. Kunstlagerhalter

96 Kunstlagerhalter im Sinne des § 1 Abs. 23 Satz 2 GwG ist, wer gewerblich Kunstgegenstände lagert. Der Begriff des Lagerhalters entspricht nach dem Regierungsentwurf dem des § 467 Abs. 1 Handelsgesetzbuch (HGB).[75] Demnach wird durch den Lagervertrag der Lagerhalter verpflichtet, das Gut zu lagern und aufzubewahren. Da der Einlagerer gem. § 467 Abs. 2 HGB dafür ein Entgelt zu zahlen hat, es sich daher um eine entgeltliche Tätigkeit handeln muss, liegt damit gleichzeitig eine gewerbliche Tätigkeit vor. Eine unentgeltliche Aufbewahrung von Kunstgegenständen erfüllt damit die Voraussetzung einer gewerblichen Tätigkeit nicht. Selbst wenn ein Kunstlagerhalter gewerblich Kunstgegenstände lagert oder verwahrt, ist er damit noch nicht Verpflichteter nach § 2 Abs. 1 Nr. 16 GwG. Er wird erst dann zu einem Verpflichteten, wenn die Lagerung in Zollfreigebieten erfolgt. In Deutschland befinden sich nur Bremerhaven und Cuxhaven solche Zollfreigebiete.[76] Durch diese Regelung soll dem jahrelangen Missbrauch von Zollfreigebieten zur Geldwäsche mit Kunstgegenständen entgegengewirkt werden.[77]

20. Kunsthändler

97 Kunsthändler sind nicht direkt in § 1 Abs. 23 GwG benannt, da sie sowieso als Güterhändler im Sinn des § 1 Abs. 9 GwG gelten und damit Verpflichtete im Sinn des § 2 Abs. 1 Nr. 16 GwG sind. Für diese ergibt sich diese Grenze für das Vorhalten eines Risikomanagements aus § 4 Abs. 5 Nr. 1a) GwG, für die Einhaltung der Sorgfaltspflichten aus § 10 Abs. 6a Nr. 1a) GwG. Trotz der gleichen Schwellenbetragshöhe von 10.000 Euro zu „normalen“ Güterhändlern sieht der Gesetzgeber bei Kunsthändlern eine erhöhte Gefahr des Missbrauchs für Geldwäsche, sodass hier sowohl unbare als auch bare Transaktionen ab dieser Höhe die jeweiligen Pflichten auslösen.

21. Pflichten für Kunsthändler, Kunstvermittler und Kunstlagerhalter

98 Diesen Verpflichtetengruppen von Kunstvermittlern, Kunstlagerhaltern oder Kunsthändlern ist gemeinsam, dass für sie jeweils die gleichen Schwellenbeträge in Höhe von 10.000 Euro gelten, ab dem sie über ein Risikomanagement verfügen müssen bzw. die Sorgfaltspflichten der §§ 10 GwG zu beachten haben. Dabei spielt es **keine** Rolle, ob die Transaktionen bar oder unbar abgewickelt werden.

---

74 Zentes/Glaab/*Kaetzler*, § 1 GwG, Rn 230.
75 Zentes/Glaab/*Kaetzler*, § 1 GwG, Rn 231.
76 Herzog/*Figura*, § 2 GwG, Rn 191.
77 Zentes/Glaab/*Kaetzler*, § 1 GwG, Rn 231.

Ausblick auf die ab 10.7.2027 gültige EU-Geldwäsche-Verordnung in Bezug auf Kunsthändler und Vermittler

Nach Inkrafttreten der EU-Geldwäsche-Verordnung bleiben gem. **Art. 3 Nr. 3 lit. i) und j)** Kunsthändler, Kunstvermittler und Kunstlagerhalter Verpflichtete, soweit sich der Wert einer Transaktion auf mindestens 10.000 Euro beläuft.

Kapitel 3
Risikomanagement (§§ 3a und 4ff. GwG)

A. Umfang des Risikomanagements

I. Allgemeines

Nach § 3a Abs. 1 GwG folgt die Verhinderung und Bekämpfung von Geldwäsche und Terrorismusfinanzierung nach den Anforderungen des GwG einem risikobasierten Ansatz. Eine zentrale Ausprägung dieses Ansatzes ist für die Verpflichteten das Erfordernis nach § 4 GwG, über ein wirksames Risikomanagement zu verfügen, welches im Hinblick auf Art und Umfang ihrer Geschäftstätigkeit angemessen ist (§ 4 Abs. 1 GwG). Wirksam ist ein Risikomanagement, wenn es die gesamte Geschäftstätigkeit des Verpflichteten einbezieht, die sich daraus ergebenden einzelnen Risiken nachvollziehbar berücksichtigt und, die daraus abgeleiteten internen Sicherungsmaßnahmen im Hinblick auf diese Risiken als angemessen anzusehen sind. Durch das Risikomanagement muss darüber hinaus eine aktive Steuerung der Risiken erfolgen[1]. 1

Für das Risikomanagement ist gemäß § 4 Abs. 3 GwG ein Mitglied der Leitungsebene als Verantwortlicher zu benennen, unbeschadet davon bleibt die Gesamtverantwortung bei der Geschäftsleitung. Mitglieder der Leitungsebene sind der Vorstand oder Geschäftsführer eines Instituts, oder ein „vergleichbares Leitungsorgan". Bei Zweigniederlassungen eines Instituts mit Sitz in einem anderen Staat des Europäischen Wirtschaftsraums nimmt der ständige Vertreter gemäß § 13e Abs. 2 Satz 5 Nr. 3, Abs. 4 Handelsgesetzbuch (HGB) die Funktion des zuständigen Mitglieds der Leitungsebene wahr[2]. Die Verantwortlichkeit muss eindeutig dokumentiert sein. 2

Ausblick EU-AML-VO 2024/1624 vom 31. Mai 2024:
Es wird davon auszugehen sein, dass der risikobasierte Ansatz auch in weiterhin Anwendung finden wird. So heißt es in Art. 9 Abs. 1 EU-AML-VO 2024/1624 vom 31. Mai 2024:

> *„Die im (Artikel 9) Abs. 1 genannten Strategien, Verfahren und Kontrollen müssen in einem angemessenen Verhältnis zur Art der Geschäftstätigkeit, einschließlich ihrer Risiken und Komplexität, und zur Größe des Verpflichteten stehen und alle Tätigkeiten des Verpflichteten abdecken, die in den Anwendungsbereich dieser Verordnung fallen".*

Zu finden ebenso in den Erwägungsgründen 30 ff zu dieser Verordnung.

---

1 BaFin-AuA zum GwG AT (03/2025), Ziff. 2, S. 13.
2 BaFin-AuA zum GwG AT (03/2025), Ziff. 2.1, S. 13.

https://doi.org/10.1515/9783111510545-003

II. Wer muss über ein Risikomanagement gemäß GwG verfügen

3 Gemäß § 4 Abs. 1 GwG unterliegen grundsätzlich alle sog. Verpflichteten der Pflicht, über ein Risikomanagement zu verfügen. In den folgenden Fällen wird diese Pflicht jedoch an bestimmte Tatsachen bzw. Schwellenwerte geknüpft:
- **Kunsthändler:** Transaktionen ab 10.000 Euro (bar oder unbar), § 4 Abs. 5 Nr. 1 GwG
- **Kunstvermittler** und **Kunstlagerhalter** (mit Lagerhaltung in Zollfreigebieten): Transaktionen ab 10.000 Euro (bar oder unbar), § 4 Abs 5 Nr. 2
- Immobilienmakler: Schwellenwert 10.000 Euro (ohne Betriebskosten, aber einschließlich der Miete bzw. Pacht über Nebenflächen) bei der Vermittlung von Miet- oder Pachtverträgen. Bei der Vermittlung von Kaufverträgen gilt kein Schwellenwert, § 4 Abs. 4 GwG
- **Edelmetallhändler** (wie beispielsweise Gold, Silber, Platin): Bartransaktionen ab 2.000 Euro (Annahme und Abgabe von Bargeld), § 4 Abs. 5 Nr. 1b GwG
- **Sonstige Güterhändler**: Bartransaktionen ab 10.000 Euro (Annahme und Abgabe von Bargeld), § 4 Abs. 5c GwG.

4 Ein Risikomanagement ist in den vorgenannten Fällen nur dann **nicht** verpflichtend, wenn die genannten Beträge zu **keinem Zeitpunkt** erreicht oder überschritten werden. Es muss daher sichergestellt werden, dass entweder
- eine geschäftspolitische Grundsatzentscheidung getroffen wurde, keine Geschäfte zu tätigen, mit denen der jeweilige Schwellenwert erreicht oder überschritten wird. Für Immobilienmakler muss diese Entscheidung auch den Verzicht auf die Vermittlung von Immobilienkaufverträgen umfassen oder
- dass dieser Betrag auch nicht durch künstliche Stückelung bzw. mehrere Zahlungen, zwischen denen möglicherweise eine Verbindung besteht (Smurfing), erreicht wird oder
- Geschäfte, mit denen der Schwellenwert erreicht oder überschritten wird, durch entsprechende Geschäftsanweisungen und Kontrollen tatsächlich ausgeschlossen werden.

5 Entsprechende Entscheidungen sollten zu Nachweiszwecken dokumentiert werden. Ebenso dokumentiert werden sollte, wie sichergestellt werden kann, dass und wie diese Regelungen eingehalten werden können. Weiterhin wird eine regelmäßige Kontrolle darüber erfolgen müssen, ob die Vorgaben eingehalten wurden. Die Kontrollen und deren Ergebnisse sind zu Nachweiszwecken ebenfalls zu dokumentieren.

6 Wenn hingegen eine Person als Verpflichteter gem. § 2 Abs. 1 Nr. 16 die jeweilige Grenze überschreitet, ist er gem. § 4 Abs. 1 GwG verpflichtet, über ein angemessenes Risikomanagement im Sinn des § 4 Abs. 1 GwG zu verfügen, ebenso sowie alle anderen Verpflichteten des GwG, die nicht unter die oben genannten Ausnahmen fallen. Verpflichtete, die unter die oben genannten Tatbestände fallen, sind davon befreit, ein Risikomanagement gemäß GwG vorzuhalten.

Nicht befreit sind sie jedoch von den sonstigen Pflichten, wie die Abgabe einer Verdachtsmeldung oder Sorgfaltspflichten im Falle eines erhöhten Risikos unabhängig von Schwellenwert. Unabhängig von einem Risikomanagement bzw. vom Schwellenwert müssen also Güterhändler und Immobilienmakler beim Vorliegen von Tatsachen, die darauf hindeuten, dass eine (einzelne) Transaktion oder eine (einzelne) Geschäftsbeziehung im Zusammenhang mit Geldwäsche oder Terrorismusfinanzierung stehen könnte, 7

- die allgemeinen sowie ggf. verstärkten Sorgfaltspflichten beachten (§ 10 Abs. 3 Nummer 3 GwG) und
- durch organisatorische Maßnahmen sicherstellen, dass Verdachtsfälle erkannt und gemeldet werden.

Ausblick EU-AML-VO 2024/1624 vom 31. Mai 2024:
Es wird einen erweiterten Kreis von Verpflichteten geben:

- bestimmte Profifußballvereine und Fußballvermittler,
- Investitionsmigrationsberater, die Dienstleistungen für Drittstaatsangehörige anbieten, die als Gegenleistung für Investitionen jeglicher Art ein Aufenthaltsrecht in einem Mitgliedstaat anstreben, und
- Nichtfinanzielle gemischte Holdinggesellschaften.

Crowdfunding-Dienstleister (die der ECSPR unterliegen) und Vermittler (die nicht der ECSPR unterliegen) sowie Anbieter von Kryptowerte-Dienstleistungen („CASPs") sind ebenfalls in der Liste der Verpflichteten in AMLR enthalten (auch wenn diese in einigen Fällen bereits den nationalen AML/CTF-Vorschriften unterliegen). Befreiungen von den Anforderungen der Verordnung – ganz oder nur teilweise – sieht die EU-AML-VO 2024/1624 vom 31. Mai 2024 unter bestimmten Voraussetzungen in den Art. 4 für Glücksspieldienste, in Art. 5 für Profifußballvereine und in Art. 6 für bestimmte Finanztätigkeiten vor, wenn von der Art und gegebenenfalls dem Umfang der Tätigkeiten dieser Dienste nachgewiesenermaßen ein geringes Risiko ausgeht. Hinsichtlich der Güterhändler wird es eine erhebliche Reduzierung geben, da nur noch solche Verpflichtete sein werden, die mit „hochwertigen Gütern handeln". ***Siehe dazu oben Kapitel 2***

III. Umfang des Risikomanagements

Gemäß § 4 GwG umfasst das Risikomanagement 8

- eine **Risikoanalyse** nach § 5 GwG und
- die **internen angemessenen Sicherungsmaßnahmen** zur Verhinderung von Geldwäsche und Terrorismusfinanzierung nach § 6 GwG.

Weder aus § 5 GwG, noch aus § 6 GwG ergibt sich der genaue Umfang der Risikoanalyse 9 und der internen Sicherungsmaßnahmen. Da die Verhinderung und Bekämpfung von Geldwäsche und Terrorismusfinanzierung nach den Anforderungen des GwG einem **risikobasierten Ansatz** folgt, brauchen nicht alle Unternehmen die gleiche Risikovorsorge, um sich vor Geldwäsche und Terrorismusfinanzierung zu schützen. Die gesetzlichen Anforderungen richten sich vielmehr nach den jeweiligen Gefahren aus: bei einem höheren Geldwäscherisiko sind die Anforderungen an das Risikomanagement höher, bei niedrigerem Risiko geringer. Der genaue Umfang eines wirksamen Risikomanagements ist daher individuell und abhängig vom Geschäft und Umfang des Geschäfts des Verpflichteten.

10 Auch die **Risikoanalyse ist** in angemessenem Umfang zu erstellen und abhängig von Art und Umfang der Geschäftstätigkeit der/des Verpflichteten (§ 4 Abs. 1 GwG). In angemessenem Umfang ist sie, wenn sie

- die gesamte Geschäftstätigkeit des Verpflichteten einbezieht,
- die sich daraus ergebenden einzelnen Risiken nachvollziehbar berücksichtigt und
- die daraus abgeleiteten internen Sicherungsmaßnahmen im Hinblick auf diese Risiken als angemessen anzusehen sind[3].

11 Die Risikoanalyse ist das Kernstück des Risikomanagements. Sie ist die wesentliche Basis für Qualität und Effektivität des Risikomanagements insgesamt. Auf ihr baut die gesamte Geldwäscheprävention im Unternehmen auf, um einen maximalen Schutz vor Missbrauch für Geldwäschehandlungen oder Terrorismusfinanzierung zu erreichen. Die zu treffenden Maßnahmen ergeben sich aus der Risikoanalyse, in der das Geschäft des Verpflichteten auf dessen Risiko für Geldwäsche und Terrorismusfinanzierung missbraucht zu werden, analysiert wird. Dies betrifft sowohl den Umfang wie auch die Intensität der internen Sicherungsmaßnahmen des § 6 GwG, die „angemessen" sein und sich aus der Risikoanalyse ableiten lassen müssen *(z.B. der Umfang und die Häufigkeit der Unterrichtung der in den geldwäscherechtlich relevanten Unternehmensbereichen tätigen Mitarbeiter und deren Zuverlässigkeitsüberprüfung).* Ebenso wirkt sich die Risikoanalyse auch auf den Umfang der zu erfüllenden Sorgfaltspflichten (nur allgemeine, zusätzlich verstärkte oder nur vereinfachte Sorgfaltspflichten) bei einzelnen Geschäftsvorfällen und die damit verbundene „angemessene" Pflichterfüllung aus[4].

12 Die Verpflichtung zur Ergreifung aktiver Präventionsmaßnahmen durch die Verpflichteten zum Schutz vor Geldwäschetransaktionen erfordert **individuelle**, auf die jeweiligen Bedürfnisse der Unternehmen zugeschnittene **Maßnahmenkataloge**. Aus der Risikoanalyse muss daher folgend abzuleiten sein, welche Maßnahmen und in welchem Umfang die Maßnahmen zu ergreifen sind, um die in der Risikoanalyse erkannten Risiken zu vermeiden oder zumindest zu minimieren. Abhängig von dem in der Risikoanalyse festgestellten Höhe des Risikos sind vereinfachte, normale oder verstärkte Maßnahmen / Sorgfaltspflichten anzuwenden.

---

i **Ausblick EU-AML-VO 2024/1624 vom 31. Mai 2024:**
„Risk assessment" wird in der deutschen Fassung der Verordnung mit „Risikobewertung" und nicht mehr mit Risikoanalyse übersetzt. Die unternehmensweite Risikobewertung wird in Art. 10 der Verordnung geregelt. Hier heißt es in Abs. 1:

---

3 BaFin-AuA zum GwG AT (03/2025), Ziff. 2.2, S. 14.

4 Bayerisches Staatsministerium des Inneren, 1. Mai 2023, Risikobasierte organisatorische Maßnahmen, II, Seite 5.

„Die Verpflichteten treffen angemessene, der Art ihrer Geschäftstätigkeit, einschließlich ihrer Risiken und Komplexität, und ihrer Größe entsprechende Maßnahmen, um die bei ihnen bestehenden Risiken von Geldwäsche und Terrorismusfinanzierung sowie das Risiko der Nichtumsetzung und Umgehung gezielter finanzieller Sanktionen zu ermitteln und zu bewerten, und berücksichtigen dabei mindestens Folgendes…"

An dem Prinzip die Sicherungsmaßnahmen an der Risikobewertung auszurichten, wird sich daher voraussichtlich nichts ändern.

B. Die Risikoanalyse

I. Allgemein

Wie bereits oben (s. oben A. II) dargelegt, muss jeder Verpflichtete, soweit für ihn nicht die Ausnahme des § 4 Abs. 5 GwG gilt, über eine **Risikoanalyse** (zukünftig Risikobewertung) gem. § 5 GwG verfügen. Ziel der Risikoanalyse ist es, die spezifischen inhärenten Risiken in Bezug auf Geldwäsche Terrorismusfinanzierung im Geschäftsbetrieb des Verpflichteten umfassend und vollständig zu erfassen, zu identifizieren, zu kategorisieren und zu gewichten[5]. 13

Bei der Pflicht zur Erstellung einer Risikoanalyse handelt es sich vorwiegend um die Pflicht aufzuzeigen, wo bei dem jeweiligen Verpflichteten die Gefahr besteht, zur Geldwäsche oder Terrorismusfinanzierung missbraucht zu werden. Um diese Gefahr erkennen zu können, muss jeder Verpflichtete sein Geschäft dahingehend analysieren, ob, wo und in welchem Umfang es entsprechende Risiken für Geldwäsche oder Terrorismusfinanzierung gibt. Verpflichtete sollen in der Risikoanalyse alle möglichen und denkbaren Risiken der Geldwäsche oder der Terrorismusfinanzierung aufzeigen. Grundlage einer jeder Risikoanalyse sollte das Rundschreiben 08/2005 (GW) der BaFin vom 24.3.2005 sein, welches in § 5 GwG aufgegangen ist. Darin ist festgelegt, welche Kriterien Kreditinstitute zur Erstellung einer Risikoanalyse zu beachten haben. Obwohl sich dieser Anforderungskatalog ursprünglich nur an Kreditinstitute wendete, gilt er nun über § 5 GwG auch für andere Verpflichtete. 14

Institute im Sinne des § 1 Abs. 1b KWG gem. § 25h Abs. 1 KWG haben in ihrer Risikoanalyse zusätzlich noch die Risiken aus strafbaren Handlungen aufzuzeigen[6]. Institute im Sinne des § 1 Abs. 1b KWG sind Kreditinstitute und Finanzdienstleistungsinstitute. Was ein Kreditinstitut ist, ergibt sich aus § 1 Abs. 1 S. 1 KWG. Finanzdienstleistungsinstitute sind in § 1 Abs. 1a KWG definiert. Für alle anderen Verpflichteten gelten die Vorgaben aus § 25h Abs. 1 KWG nicht, z.B. nicht für Zahlungsdienstleiter, die in den Wirkungsbereich des ZAG fallen. 15

5 BaFin-AuA zum GwG AT (03/2025), Ziff. 2.2, S. 14.

6 dazu Kapitel 5 A. 1.

II. Erstellung der Risikoanalyse

16 Alle Verpflichteten *(Ausnahmen s. oben A. I)* müssen eine Risikoanalyse erstellen und vorweisen können. Die Risikoanalyse soll aufzeigen, welchen Risiken ein Unternehmen in Bezug auf Geldwäsche und Terrorismusfinanzierung ausgesetzt ist und wie diese Risiken bewertet werden, um anschließend Maßnahmen zu entwickeln, die den ermittelten Risiken entgegenwirken[7]. Ziel der Risikoanalyse ist es, die spezifischen Risiken in Bezug auf Geldwäsche und Terrorismusfinanzierung im Geschäftsbetrieb des Verpflichteten umfassend und vollständig zu erfassen, zu identifizieren, zu kategorisieren und zu gewichten. Die Risikoanalyse ist in angemessenem Umfang zu erstellen, mithin abhängig von Art und Umfang der Geschäftstätigkeit des Verpflichteten (§ 4 Abs. 1 GwG). (s. dazu auch oben A. II)

17 Aus dem Gesetzestext, s. auch BaFin-AuA (AT) Kap. 2.2, ergeben sich für die Erstellung der Risikoanalyse folgende fünf (5) Schritte:

Schritt 1: die vollständige Bestandsaufnahme der unternehmensspezifischen Situation,

Schritt 2: die Erfassung und Identifizierung der kunden-, produkt- und transaktionsbezogenen sowie der geografischen Risiken,

Schritt 3: die Kategorisierung, d.h. Einteilung in Risikogruppen, und ggf. zusätzliche Gewichtung, d.h. Bewertung, der identifizierten Risiken,

Schritt 4: die Entwicklung und Umsetzung angemessener interner Sicherungsmaßnahmen, die im Rahmen der erforderlichen Geldwäsche-Präventionsmaßnahmen aufgrund des Ergebnisses der Risikoanalyse verwendet werden,

Schritt 5: die Überprüfung und Weiterentwicklung der bisher getroffenen internen Sicherungsmaßnahmen unter Berücksichtigung des Ergebnisses der Risikoanalyse.

1. Schritt 1: Bestandsaufnahme durchführen; Erfassung aller Grunddaten

18 Für die Bestandsaufnahme der spezifischen Situation ist die jeweilige Geschäftsstruktur des Verpflichteten maßgebend. Die Bestandsaufnahme dient dazu, alle ML/TF-Risiken *(Money Laundering/Terrorism Financing)*, denen das Institut insgesamt möglicherweise ausgesetzt ist, zu identifizieren insbesondere im Hinblick auf

- Kundenstruktur,
- die Geschäftsbereiche und -abläufe,
- die angebotenen Produkte und Dienstleistungen,
- die Vertriebswege,
- die durchgeführten Transaktionen
- sowie die Organisationsstruktur.

7 Gemeinsame Auslegungs- und Anwendungshinweise der Länder zum GwG, 3.2, S. 9.

Dies setzt den Rückgriff auf sämtliche im Unternehmen verfügbaren Informationen unter Einbindung aller relevanten Organisationseinheiten voraus. Dabei sind insbesondere aktuelle statistische Angaben unter Benennung des Erfassungsstichtags zugrunde zu legen. Der Erfassungsstichtag sollte einheitlich sein[8]. 19

Die Bestandsaufnahme hinsichtlich der Kundenstruktur beinhaltet die Kunden nach dem möglichen Risikogehalt in Bezug auf Geldwäsche und Terrorismusfinanzierung zu analysieren. Dabei kann z.B. differenziert werden zwischen natürlichen oder juristischen Personen, zwischen Laufkundschaft oder Stammkundschaft, zwischen Endabnehmer oder Wiederverkäufer. Handelt es sich bei den Kunden um juristische Personen oder Personenvereinigungen, kann eine weitere Differenzierung anhand der juristischen Form erfolgen. Ein weiteres Kriterium bei der Kundenstruktur kann der Wohnsitz bei natürlichen Personen bzw. der Sitz der juristischen Person sein und ob es sich bei Kunden um politisch exponierte Personen handelt bzw. ob der Manager, Geschäftsführer oder der wirtschaftliche Berechtigte eine politisch exponierte Person ist. 20

Im Rahmen der Bestandsaufnahme hinsichtlich Risiken in Bezug auf Geschäftsbereiche und -abläufe können Risikokriterien sein, ob im Unternehmen eine Trennung von Markt- und Marktfolge besteht, und ob es Regelungen für die Geschäftsabläufe, wie z.B. schriftliche Arbeitsanweisungen gibt. 21

Die Bestandsaufnahme der angebotenen Produkte und Dienstleistungen sollte das gesamte Portfolio jeweils hinsichtlich Art, Umfang, Vielfalt und Komplexität der einzelnen Geschäfte des Unternehmens erfassen. 22

Bei den Vertriebswegen kann unterschieden werden, ob Kunden durch persönlichen Kontakt angeworben werden, ob ein Vertrag durch Vermittler (Dritte) zustande kommt oder ob das Unternehmen nur oder auch Online-Geschäfte abwickelt. Bei Vermittlern kann weiter differenziert werden, ob es sich dabei um Vermittler handelt, mit denen ein langjähriges Geschäftsverhältnis besteht oder ob nur einmalige Vermittlungen getätigt werden. 23

Die Bestandsaufnahme zur Organisationsstruktur umfasst z.B. Angaben zum Unternehmen wie Rechtsform, Größe (Anzahl der Mitarbeiter) Organisationsstruktur, Standort(e), Bestand an Filialen/ Niederlassungen, Sitz des Kunden, Auslagerungen und Korrespondenzbanken. Bei der Bestandsaufnahme können auch Feststellungen der internen Revision, externer Prüfer oder aufsichtsrechtliche Feststellungen berücksichtigt werden. Für die Bestandsaufnahme sollte das Institut ein gutes Verständnis seiner eigenen Organisation haben und wissen, wo Risiken entstehen können zur Geldwäsche oder Terrorismusfinanzierung missbraucht zu werden. 24

8 BaFin-AuA zum GwG AT (03/2025), Ziff. 2.2.1, S. 14.

2. Schritt 2: Erfassung und Identifizierung der kunden-, produkt- und transaktionsbezogenen sowie der geografischen Risiken

25 In einem zweiten Schritt erfolgt die Erfassung und Identifizierung der Risiken des Unternehmens in Bezug auf seine Kunden, seine Produkte, der Transaktionen sowie der Geografie der Kunden und Transaktionen.

26 Zu beachten ist insoweit auch, dass es mit in Kraft treten der Auslegungs- Anwendungshinweise der BaFin im März 2025 einer getrennten Betrachtung, Ermittlung und Dokumentation von Risikofaktoren mit Bezug zu Geldwäsche und solchen mit Bezug zu Terrorismusfinanzierung bedarf[9].

27 Für die Identifizierung der Risiken sind neben den im GwG genannten Risikofaktoren (Anlage 1 und 2 zum GwG) und der Nationalen Risikoanalyse, die zwingend heranzuziehen sind, § 5 Abs. 1 GwG, weitere Informationsquellen heranzuziehen. Weder die gesetzlich explizit genannten noch die nachfolgend darüber hinaus aufgeführten weiteren Informationsquellen sind als abschließende Vorgaben zu verstehen[10].

28 Jeder Verpflichtete muss vielmehr sämtliche ihm zugänglichen Erkenntnisse nutzen, um darüber hinaus mögliche Risikofaktoren zu identifizieren. In Betracht kommen beispielsweise auch im Unternehmen vorhandenes bzw. zu gewinnendes Wissen *(etwa aus Medienauswertungen),* die allgemeine Analyse von Verdachtsfällen, die das Unternehmen in der Vergangenheit tangierten, oder der Erfahrungsaustausch mit Geldwäschebeauftragten anderer Verpflichteter. Es ist daher ratsam, zumindest die nachfolgend aufgeführten Quellen zu berücksichtigen und dahingehend zu analysieren, ob sich daraus Hinweise auf Risikofaktoren für Ihr Unternehmen ergeben:

– **Anlagen 1 und 2 zum GwG**: Die Anlagen 1 und 2 zum GwG enthalten **nicht abschließende** Aufzählungen von Faktoren und möglichen Anzeichen für ein potenziell geringeres oder höheres Risiko. Das Vorliegen einzelner Faktoren bedeutet dabei nicht zwingend, dass dadurch per se stets ein geringeres oder höheres Risiko vorliegt. Maßgeblich ist vielmehr die im Einzelfall und individuell abhängig von Art und Umfang der Geschäftstätigkeit vorzunehmende Gesamtbetrachtung und -bewertung aller (ggf. auch über die Anlagen 1 und 2 hinausgehenden) potenziell risikoerhöhenden und/oder risikomindernden) Faktoren (BaFin-AuA (AT)).
– **Nationale Risikoanalyse**: die erste *(und bis jetzt auch einzige)* nationale Risikoanalyse des Bundesfinanzministeriums wurde am 21. Oktober 2019 veröffentlicht. (Für Ende 2025 soll die zweite Nationale Risikoanalyse veröffentlicht werden). Sie dient dazu, bestehende sowie zukünftige Risiken beim Bekämpfen von Geldwäsche und Terrorismusfinanzierung in Deutschland zu erkennen und diese zu mindern. **Als größte Risikofelder im Bereich der Geldwäsche und der Terrorismusfinanzierung wurden in der Nationalen Risikoanalyse bewertet:**
  – anonyme Transaktionsmöglichkeiten,

9 BaFin-AuA zum GwG AT (03/2025), Ziff. 2.2.2, S. 14.
10 BaFin-AuA zum GwG AT (03/2025), Ziff. 2.2.2, S. 14.

- Fintech
- der Immobiliensektor,
- der Bankensektor (insbesondere im Rahmen des Korrespondenzbankgeschäfts und der internationalen Geldwäsche),
- grenzüberschreitende Aktivitäten und das Finanztransfergeschäft wegen der hohen Bargeldintensität.

Die Ergebnisse dieser Nationalen Risikoanalyse müssen zwingend von den Verpflichteten des Geldwäschegesetzes gemäß § 5 Abs. 1 Satz 2 GwG beim Erstellen ihrer eigenen Risikoanalyse berücksichtigt werden. 29

Weitere Quellen, die gemäß den BaFin AuA AT bei der Erstellung der Risikoanalyse zu berücksichtigen sind: 30

- **„Leitlinien zu den Risikofaktoren für Geldwäsche und Terrorismusfinanzierung" der EBA** (EBA/GL/2021/02; im Folgenden: Leitlinien zu Risikofaktoren) beinhalten maßgebliche Vorgaben zur Implementierung des risikobasierten Ansatzes: Sie enthalten Beispiele für allgemeine und sektorspezifische Risikofaktoren, welche die verpflichteten Unternehmen im Rahmen der gesetzlichen Bestimmungen berücksichtigen müssen, wenn sie die mit ihrem Unternehmen, einer Geschäftsbeziehung oder Transaktion verbundenen Geldwäsche- und Terrorismusfinanzierungsrisiken prüfen und bewerten. Dabei verweist die EBA auch auf weitere zu berücksichtigende mögliche Erkenntnisquellen. Gleichzeitig geben die Leitlinien zu Risikofaktoren auch Grundsätze und Begrifflichkeiten vor, die für die leitlinienkonforme Struktur von Durchführung und Dokumentation der Risikoanalyse maßgeblich sind.
- Die von der EU-Kommission veröffentlichte **supranationale Risikoanalyse** (SNRA) enthält eine systematische Analyse der mit bestimmten Produkten und Dienstleistungen verbundenen Risiken der Geldwäsche oder der Terrorismusfinanzierung.
- Die BaFin erstellt seit mehreren Jahren **subnationale Risikoanalysen** (SRA) im Bereich der Prävention von Geldwäsche und Terrorismusfinanzierung. Hier analysiert und bewertet sie die Risiken für Geldwäsche und Terrorismusfinanzierung, denen der inländische Finanzsektor aktuell ausgesetzt ist und leitet entsprechende Maßnahmen zur Reduzierung der festgestellten Risiken ab. Grundlage der SRA sind nationale und internationale Erkenntnisse aus verschiedenen Quellen. Eine zusammenfassende Darstellung der Ergebnisse der SRA ist auf der Internetseite der BaFin veröffentlicht. Die BaFin selbst veröffentlicht ferner regelmäßig beispielsweise auf ihrer Internetseite Hinweise oder Warnungen, die für Verpflichtete und ihre Risikoanalyse von Bedeutung sein können.
- Die FIU veröffentlicht in ihrem geschützten Bereich **Typologiepapiere** und weitere Produkte der strategischen Analyse. Adressaten sind hier vor allem die Verpflichteten, die diese Informationen bei ihrer Risikoanalyse und ihren Überwachungshandlungen berücksichtigen sollen, z.B. Besondere Anhaltspunkte für den Finanzsektor (Oktober 2021):

  - Anhaltspunkte für das Erkennen einer möglichen Terrorismusfinanzierung (Mai 2024)
  - Berichte und Empfehlungen der FATF (letzter Jahresbericht 2022/2023, aktualisierte Empfehlungen Feb. 2025)
- Die FATF legt internationale Standards fest, die darauf abzielen, illegalen Aktivitäten hinsichtlich Geldwäsche und Terrorismusfinanzierung und den Schaden, den sie der Gesellschaft zufügen, zu verhindern. Hierzu veröffentlicht die FATF u.a. Empfehlungen zu Maßnahmen und analysiert Entwicklungen in den Methoden der Geldwäsche.

31 Neben den genannten Quellen können weitere Informationen öffentlicher oder privater Stellen von Bedeutung und Mehrwert für die Verpflichteten sein:
- **Sektorspezifische Risikoanalyse** des Bundesministeriums der Finanzen (vom Dezember 2020)
- **Liste der Drittländer mit hohem Risiko**: Auf Grundlage von Artikel 9 der Vierten EU-Geldwäscherichtlinie (2015/849) erlässt die EU-Kommission sog. delegierte Verordnungen, welche Drittländer ausweist, die in ihrem nationalen System strategische Mängel hinsichtlich der Bekämpfung von Geldwäsche und Terrorismusfinanzierung aufweisen, sog. Drittländer mit hohem Risiko (zuletzt die delegierte Verordnung vom 2023/163 v. 12.12.2023) Neben der EU-Kommission befasst sich auch die Arbeitsgruppe FATF, welche bei der OECD angesiedelt ist und die Geldwäschebekämpfung zur Aufgabe hat, mit der Einstufung von Staaten, welche Risiko behaftet sind. Konkret erstellt die FATF eine Liste mit Staaten, welche hinsichtlich der Geldwäschebekämpfung unter Beobachtung stehen sollten. Der letzte Bericht der Arbeitsgruppe wurde im Oktober 2021 herausgegeben.
- **Jahresberichte der FIU**.

32 Darüber hinaus können spezielle Ereignisse wie die Corona Pandemie oder der Ukraine-Krieg neue Risiken hervorrufen. Es empfiehlt sich in diesen Fällen anlassbezogen zu prüfen, ob die angebotenen Produkte oder Dienstleistungen für neue Risiken anfällig sind.

a) Kundenbezogene Risiken

33 Die oben genannte Quellen sind dahingehend zu analysieren, ob sich Anhaltspunkte für kundenbezogene Risiken finden lassen, die sich auf die Kunden Ihres Unternehmens entsprechend den in der Bestandsaufnahmen erfassten Kundenstruktur übertragen lassen. Beispiele für kundenbezogene Risiken sind in den Anlagen 1 Ziff. 1 und Anlage 2 Ziff. 1 zum GwG enthalten.

34 Kundenbezogene Risiken können demnach sein z.B.
bei juristischen Personen:
- die Rechtsform des Kunden
- der Sitz des Kunden

- Die Eigentumsstruktur
- PEP-Eigenschaft des Wirtschaftlich Berechtigten oder der vertretenden Person

bei natürlichen Personen:
- der Wohnsitz
- Nationalität
- PEP-Eigenschaft

Die Eigenschaft ist dann entweder als risikomindernd oder als risikoerhöhend z. B. bei PEPs einzustufen. 35

b) Produktbezogene Risiken

Ebenso sind die oben genannten Quellen hinsichtlich produktbezogener Risiken auszuwerten. 36 Das Produktrisiko wird beurteilt, indem ermittelt wird, wie anfällig ein Produkt aufgrund seiner Gestaltung für Geldwäsche und Terrorismusfinanzierung ist. Das Produktrisiko sollte regelmäßig sowie bei wesentlichen Änderungen am Produktangebot, einschließlich der Entwicklung neuer Produkte, Dienstleistungen oder Technologien, beurteilt werden (s. dazu auch unten Kap C II Ziff. 4). Produkte mit höherem Geldwäscherisiko sind v.a. Produkte, bei denen der Kunde anonym bleiben kann. Dies gilt daher für Bargeldgeschäfte oder bargeldähnliche Vermögenswerte wie Gold oder Edelmetalle, aber auch für Geschäfte mit Kryptowerten.

Beim **Finanztransfergeschäft**, das nach § 1 Abs. 1 Satz 2 Nr. 6 ZAG grundsätzlich 37 legal ist, besteht ein hohes Risiko, dass Zahlungen zur Terrorismusfinanzierung missbraucht werden. Die hohe Bargeldintensität macht das Geschäft für Kriminelle attraktiv. Besonders verdächtig sind grenzüberschreitende Bargeldtransaktionen, Finanztransfers in Risikoländer und Krisenregionen und Zahlungen außerhalb einer bestehenden Geschäftsbeziehung. Zahlungsdienstleister, insbesondere Banken, müssen diesen Risiken mit angemessenem Monitoring begegnen[11]. Weitere konkrete Beispiele für risikomindernde und risikoerhöhende produktbezogene Risiken finden sich ebenfalls in den Anlagen 1 Ziff. 2 und 2 Ziff. 2 zum GwG.

c) Transaktionsbezogene Risiken

Neben Geschäftsbeziehungen müssen auch Transaktionen mit erhöhten Risiken identifi- 38 ziert werden. Auch diesbezüglich finden sich Hinweise in den oben genannten Quellen.

11 Publikation der BaFin vom 21.10.2019 – 6x Vorsicht.

Die Transaktionsüberwachung muss beispielsweise Transaktionen mit hohem Volumen, Transaktionen in Risikoländer, Abweichungen von üblichen Mustern der Geschäftsbeziehung oder Abweichungen gegenüber vergleichbaren Geschäftsbeziehungen feststellen können. Die Beurteilung des Risikos der Höhe der von einem Kunden eingezahlten Vermögenswerte bzw. Umfang der ausgeführten Transaktionen kann grundsätzlich nur im Rahmen einer Gesamtbetrachtung des Kunden im Zusammenhang mit weiteren Risikofaktoren erfolgen: Transaktionen, welche für einen Kunden besonders hoch erscheinen mögen, können z. B. für Unternehmens- oder besonders vermögende Kunden alltäglich oder nicht von Besonderheit sein. Es bedarf daher einer differenzierten Betrachtung von Kundenart (z. B. Corporate-Kunde, KMU, Privatkunde, institutioneller Kunde), Zweck und Art der Geschäftsbeziehung, Geschäftstätigkeit des Kunden, Herkunft des Vermögens/der Mittel, etc.

39 Ein erhöhtes Risiko kann z. B. bei einer besonders komplexen oder großen Transaktion, die keinen offensichtlichen oder rechtmäßigen Zweck verfolgt, oder bei einem ungewöhnlichen Transaktionsmuster angenommen werden müssen, ebenso wie bei Transaktionen mit Bargeld. Ob eine besonders große, komplexe oder ungewöhnliche Transaktion vorliegt, ist im Einzelfall vom Verpflichteten zu entscheiden. Maßstab sind hierbei Transaktionen in anderen Fällen, die dem Verpflichteten bekannt sind.

d) Geografische Risiken

40 Die geografische Lage ist ein Schlüsselelement des gesamten Geldwäscherisikos eines Kunden. Transaktionen eines Kunden mit Gegenparteien außerhalb seines Wohnsitz- oder Aufenthaltslandes – ob privat oder kommerziell – können ein höheres Risiko von Geldwäscheaktivitäten bergen. Gemäß § 15 Abs. 1 und 2 Geldwäschegesetz (GwG) hat der Verpflichtete zusätzlich zu den allgemeinen Sorgfaltspflichten **verstärkte** Sorgfaltspflichten zu erfüllen, wenn ein höheres Risiko vorliegt. Ein höheres Risiko liegt gemäß § 15 Abs. 3 Nr. 2 GwG insbesondere dann vor, wenn es sich bei einem Vertragspartner des Verpflichteten oder bei einem wirtschaftlich Berechtigten um eine natürliche oder juristische Person handelt, die in einem von der Europäischen Kommission nach Art. 9 der Richtlinie (EU) 2015/849 ermittelten **Drittland mit hohem Risiko** niedergelassen ist. Hierzu hat die Europäische Kommission in den Delegierten Verordnungen (EU) 2016/1675 vom 14.07.2016, (EU) 2018/105 vom 27.10.2017, (EU) 2018/212 vom 13.12.2017, (EU) 2018/1476 vom 27.07.2018, (EU) 2020/855 vom 7.05.2020, (EU) 2021/37 vom 07.12.2020, (EU) 2022/229 vom 7.1.2022, (EU) 2023/410 vom 24.2.2023, (EU) 2023/1219 vom 17. Mai 2023, (EU) 2023/2070 vom 18. August 2023 und (EU) 2023/163 vom 12. Dezember 2023 Drittländer mit höherem Risiko benannt.

41 Weitere Faktoren für die Risikobewertung von geografischen Risiken sind z. B.:
- Herkunft oder Sitz des/der Kunden
- Zahlungen aus dem Ausland, insbesondere aus Hochrisikoländern
- Geschäftsbeziehungen mit Drittländern mit hohem Risiko in Bezug auf Geldwäsche und/oder Terrorismusfinanzierung

- Transaktionien mit Bezug zu Offshore-Finanzzentren
- Staaten, gegen die Sanktionen verhängt wurden.

Zur Beurteilung des Risikos, das ein Drittland im Hinblick auf Geldwäscherei und Terrorismusfinanzierung darstellt, kann man neben den oben genannten Quellen z.B. auf folgende Dokumente oder Informationen als Hilfestellung zurückgreifen[12]: 42

i) Das Land ist Mitglied der FATF oder einer mit der FATF verbundenen regionalen Institution (sog. FSRB) wie z.B. MONEYVAL, Asia/Pacific Group on money laundering (APG), Grupo de Acción Financiera de Latinoamérica (GAFILAT), o.ä.

ii) Es sind Informationen von glaubwürdigen und vertrauenswürdigen Quellen über die Qualität der AML/CFT-Kontrollen der Jurisdiktion verfügbar, welche weiters Information über die Qualität der Effektivität der behördlichen Aufsicht und Vollstreckung beinhalten.
Mögliche Quellen sind vor allem Mutual Evaluations der FATF oder FSRBs. Weiters können Länderprüfungen durch den Internationalen Währungsfond, Reports des Financial Sector Assessment Programme (FSAP) sowie Reports der Organisation für wirtschaftliche Zusammenarbeit und Entwicklung (OECD) herangezogen werden.

iii) Es liegen Informationen von glaubwürdigen und vertrauenswürdigen Quellen über den Umfang von Vortaten zur Geldwäscherei, wie z.B. Korruption, organisiertes Verbrechen oder Betrug vor. Dies sind z.B. der Transparency International's Corruption Perceptions Index (CPI); die Länderreports der OECD betreffend Korruptionsbekämpfung: „Country reports on the implementation of the OECD Anti-Bribery Convention on the implementation of the OECD Anti-Bribery Convention"; UNODC World Drug Report.

iv) Es liegen Informationen von glaubwürdigen und vertrauenswürdigen Quellen im Hinblick auf die Kompetenz und Effektivität der Ermittlungsarbeit und des Justizwesens einer Jurisdiktion vor, Vortaten entsprechend zu untersuchen und strafrechtlich zu verfolgen.

v) Die politische Lage des Landes ist stabil.

vi) Es liegen Informationen von glaubwürdigen und vertrauenswürdigen Quellen im Hinblick auf die internationale Kooperation sowie den Informationsaustausch der Jurisdiktion mit ausländischen Behörden vor. Glaubhafte Quellen diesbezüglich sind z.B. Mutual Evaluations der FATF oder FSRBs sowie Reports des Forums on Transparency and Exchange of Information for Tax Purposes.

Das Basel Institute on Governance erstellt jährlich einen AML Index, eine Rangliste, die das Risiko der Geldwäsche und Terrorismusfinanzierung weltweit bewertet (https://index.baselgovernance.org/). 43

12 FINMA, RS Risikoanalyse, Stand Feb. 2022, Kap. 4.1.3.3.2, S. 24.

e) Risiken hinsichtlich Vertriebskanäle

44 Zur vollständigen Bestandsaufnahme gehört auch die Erfassung der Risiken der Vertriebswege. d.h. wie Kunden üblicherweise gewonnen werden. Ein Ladenlokal mit sehr viel Laufkundschaft, möglicherweise in der Nähe eines Flughafens oder Bahnhofs bedeutet ein höheres Risiko als im Falle eines Büros, in dem nur Bestandskunden empfangen werden und das sich vielleicht in einer typischen Innenstadtlage befindet. Die Kundengewinnung ohne persönlichen Kontakt, z.B. via Internet, stellt gemäß Anlage 2 Ziff. 2 ein potenziell höheres Risiko dar, wohingegen die Einschaltung eines Maklers/ Vermittlers sowohl ein Faktor für ein potenziell geringeres Risiko wie auch Faktor für ein potenziell höheres Risiko sein kann. Ein Indiz hierfür kann z.B. die Dauer der Vertragsbeziehung mit dem Vermittler sein.

3. Schritt 3: die Kategorisierung, d.h. Einteilung in Risikogruppen, und ggf. zusätzliche Gewichtung, d.h. Bewertung, der identifizierten Risiken

45 In einem dritten Schritt sind die identifizierten Risiken jeweils hinsichtlich ihrer Bedeutung zu bewerten, d.h. die wesentlichen Merkmale der Gesellschaft in Bezug auf ihre Organisationsstruktur, die Vertriebsstruktur, die Produkte, geografischen Aktivitäten, Kundenstruktur und Dauer der Geschäftsbeziehung sollen hinsichtlich ihres Risikogehalts beurteilt werden. Eine Risikoanalyse sollte alle denkbaren Risiken zur Geldwäsche und Terrorismusfinanzierung missbraucht zu werden, aufzeigen und vor allem auch entsprechend gewichten. Bei einer Risikobewertung wird das vorhandene oder potenzielle Risiko einerseits hinsichtlich der Risikohöhe und der Eintrittswahrscheinlichkeit und andererseits auf seine potenziellen Auswirkungen auf die Zielerreichung hin bewertet.

46 Bei der Bewertung der einzelnen Risiken können unterschiedliche Bewertungsmethoden zum Ansatz kommen. Ein Bewertungssystem, bei dem verschiedene Risikofaktoren gewichtet werden, ist ebenso denkbar wie ein starres System, bei dem ein hoher Risikowert bei einem Faktor für die Risikobewertung bindend ist und nicht durch Faktoren mit geringem Risiko kompensiert werden kann (weakest link). Für die Bewertung empfiehlt sich zumindest dreistufiger Aufbau[13]:

- **Hohes Risiko:** Das betrifft alle Vertragspartner, die unter die vom Gesetzgeber definierten Hochrisikoklassen fallen (§ 15 GwG und Anlage 2 zum GwG und der Nationalen Risikoanalyse), sowie die aufgrund der Risikoeinschätzung des Verpflichteten oder sonstiger konkreter Informationen zusätzlich in diese Klassifizierung fallen. Damit sind davon auch alle diejenigen Kunden betroffen, bei denen ein Verdacht auf Geldwäsche oder Terrorismusfinanzierung besteht.
- **Mittleres Risiko:** In diese Kategorie fallen alle Vertragspartner, die aufgrund der Risikoeinschätzung des Verpflichteten nicht in die Klassifizierung „hoch" oder „geringes Risiko" fallen.

13 BaFin-AuA zum GwG AT (03/2025), Ziff. 2.2.3, S. 16.

- **Geringes Risiko:** In diese Kategorie fallen alle Vertragspartner und Produkte, die unter die abschließend geregelten Fälle der „vereinfachten Sorgfaltspflichten" (§ 14 GwG u d Anlage 1 zum GwG) fallen.

Geht man von einer vierstufigen Klassifizierung aus, so können sich zu den oben genannten Kategorien z.B. weitere Kategorien ergeben wie: 47
- **Sehr hohes Risiko:**
- **Gesetzlich geringes Risiko:** Alle Vertragspartner und Produkte, die unter die abschließend geregelten Fälle der „vereinfachten Sorgfaltspflichten" (§ 14 GwG und Anlage 1 zum GwG) in diese Klassifizierung fallen.

Es ist den Verpflichteten grundsätzlich freigestellt, eine noch feingliedrigere Klassifizierung vorzunehmen. Allerdings sollte immer auf eine ausreichende Dokumentation geachtet werden, anhand derer die jeweiligen Aufsichtsbehörden die Gründe dafür nachvollziehen können. In jedem Fall ist aber immer zu beachten: Die Fälle der „vereinfachten Sorgfaltspflichten" gem. § 14 GwG und Anlage 1 zum GwG *(gesetzlich geringe Risiken)* sind **abschließend**. Die Ausnahmeregelungen für geringe Sorgfaltspflichten können daher nicht auf Fälle angewendet werden, die lediglich aufgrund der Risikoanalyse als niedrige Risiken eingestuft werden, aber nicht sämtliche gesetzlichen Voraussetzungen erfüllen. Das heißt, die nach Risikoanalyse niedrigen Risiken können **nicht** den gesetzlich geringen Risiken gleichgesetzt werden. 48

Soweit allerdings das Gesetz „vereinfachte Sorgfaltspflichten" zulässt, können diese Fälle gesondert betrachtet werden *(eigenes Regime für die gesetzlich geringen Risiken, welches u.a. eine Minimierung von Sorgfaltsmaßnahmen mit Ausnahme der Mindestpflichten zulässt).* Alternativ können diese Fälle der Risikokategorie **„gering"** oder **„mittel"** zugeordnet werden. Bei der Bewertung sind von den Verpflichteten auch die jeweils aktuellen, veröffentlichten Ergebnisse der oben genannten Quellen *(s.o. 2. Erfassung und Identifizierung der kunden-, produkt- und transaktionsbezogenen sowie der geografischen Risiken der in Bezug auf Geldwäsche und Terrorismusfinanzierung)* einzubeziehen. Die Verpflichteten haben das verbleibende (Netto-)**Restrisiko** im Hinblick auf gegebenenfalls bestehenden Handlungsbedarf für die Geschäftstätigkeit, die Risikosituation insgesamt und/oder die weitere Ausgestaltung von Sicherungsmaßnahmen zu bewerten. Es steht im Ermessen des zuständigen Mitglieds der Leitungsebene (§ 4 Abs. 3 Satz 1 GwG), die Entscheidung über den Umgang mit dem verbleibenden Restrisiko zum Gegenstand eines Beschlusses der Mitglieder der Leitungsebene der Verpflichteten zu machen[14]. 49

Das Erfordernis eines förmlichen Beschlusses der Mitglieder der Leitungsebene zum Umgang mit dem verbleibenden Restrisiko ist mit nicht unerheblichem bürokrati- 50

14 BaFin-AuA zum GwG AT (03/2025), Ziff. 2.2.3, S. 16.

schen Aufwand verbunden, welchem zudem kein erkennbarer Mehrwert für die Geldwäscheprävention gegenübersteht[15].

4. Schritt 4: Entwicklung und Umsetzung angemessener interner Sicherungsmaßnahmen

51 Schritt 4 ist die Entwicklung und Umsetzung angemessener interner Sicherungsmaßnahmen, die im Rahmen der erforderlichen Geldwäsche-Präventionsmaßnahmen aufgrund des Ergebnisses der Risikoanalyse verwendet werden, s. dazu Kapitel C.

5. Schritt 5: Regelmäßige Überprüfung und Aktualisierung

52 Es dürfte selbstverständlich sein, dass eine solche Analyse nicht statisch ist, sondern regelmäßig den äußeren Gegebenheiten *(z.B. neue Geldwäschemethoden, Gesetzesänderungen)* und internen Veränderungen *(z.B. neue Produkte)* angepasst werden muss. Je nach Unternehmensgröße und -komplexität wird sie mehr oder weniger umfangreich sein. Sie sollte mindestens einmal jährlich *(am besten zu einem bestimmten Stichtag)* aktualisiert und ggf. neuen gesetzlichen oder aufsichtsrechtlichen Vorgaben angepasst werden. Eine kurzfristigere Überprüfung und ggf. Aktualisierung kann insbesondere bei Eintreten oder Veränderungen risikorelevanter interner und externer Faktoren notwendig sein[16].

53 Die im Rahmen der Aktualisierung erfolgten Änderungen sind jeweils zu dokumentieren und dabei nachvollziehbar in einer Weise darzustellen, die die Veränderung der Risikosituation erkennen lässt. Nur so können Unternehmen ggf. nachweisen, dass die getroffenen Maßnahmen dem individuellen Unternehmensrisiko entsprechen. In Abhängigkeit vom Umfang der Risikoanalyse kann eine zusammenfassende Erläuterung der wesentlichen Inhalte und Änderungen *(Management Summary)* die Nachvollziehbarkeit der Darstellung erhöhen. Die Risikoanalyse ist in der jeweils aktualisierten Form dem zuständigen Mitglied der Leitungsebene unverzüglich nach Fertigstellung zur Genehmigung vorzulegen[17]. Gemäß § 52 Abs. 1 S. 1 Nr. 2 GwG sind der zuständigen Aufsichtsbehörde auf Verlangen alle Unterlagen vorzulegen, die für die Einhaltung der im GwG festgelegten Anforderungen von Bedeutung sind. Dazu gehört insbesondere die Risikoanalyse. Es empfiehlt sich daher, die Risikoanalyse immer auf aktuellen Stand zu halten.

---

15 Stellungnahme_Bundesverband_Deutscher_Leasing-Unternehmen_e_V_BDL.pdf.

16 BaFin-AuA zum GwG AT (03/2025), Ziff. 2.3, S. 18.

17 BaFin-AuA zum GwG AT (03/2025), Ziff. 2.2.3, S. 17.

Wichtig
Die Risikoanalyse ist nur auf Verlangen der zuständigen Aufsichtsbehörde vorzulegen.

Ausblick EU-AML-VO 2024/1624 vom 31. Mai 2024:
Die Vorgaben für die unternehmensweite Risikobewertung sind in Art. 10 EU-AML-VO 2024/1624 vom 31. Mai 2024 geregelt. Es ist davon auszugehen, dass sich zumindest hinsichtlich der Erstellung der Risikobewertung in den vorgenannten Schritten unter Einbeziehung der genannten Quellen keine wesentlichen Änderungen ergeben werden.

C. Sicherungsmaßnahmen gem. § 6 GwG

I. Allgemeines

Aufbauend auf den Erkenntnissen aus der Risikoanalyse sind geeignete Präventionsmaßnahmen, insbesondere interne Sicherungsmaßnahmen, zu treffen und die bestehenden Sicherungsmaßnahmen gegebenenfalls weiterzuentwickeln, um eine weitgehende Risikomitigierung zu erreichen. Verpflichtete haben angemessene geschäfts- und kundenbezogene interne Sicherungsmaßnahmen zu schaffen, um die Risiken von Geldwäsche und von Terrorismusfinanzierung einzubeziehen in Form von Grundsätzen, Verfahren und Kontrollen zu steuern und zu mindern. 54

Der risikobasierte Ansatz, dem die Verhinderung und Bekämpfung von Geldwäsche und Terrorismusfinanzierung nach den Anforderungen des GwG folgt, ist abhängig von der Gewichtung des Risikos: je höher das Risiko eingestuft wird, desto höher sind die Anforderungen an die abgeleiteten Sicherungsmaßnahmen. Basierend auf der Risikoanalyse können dann Art und Umfang der zu treffenden Maßnahmen bestimmt werden, um den abstrakt-generellen Risiken optimal zu begegnen. Angemessen sind dabei solche Sicherungsmaßnahmen, die in Form von Grundsätzen, Verfahren und Kontrollen der jeweiligen Risikosituation des Verpflichteten entsprechen und diese hinreichend abdecken. Die Maßnahmen haben sich dabei insbesondere an der Größe und Organisationstruktur des Verpflichteten, insbesondere dessen Geschäfts- und Kundenstruktur, auszurichten (siehe z.B. auch Leitlinien zu Risikofaktoren). Was angemessen ist, bestimmt der Verpflichtete auf Grundlage der eigenen Analyse bezüglich der bestehenden Risiken von Geldwäsche und Terrorismusfinanzierung für alle von ihm angebotenen Produkte und Dienstleistungen sowie anhand der sonstigen relevanten Umständen. Von besonderer Bedeutung sind die Geschäftsstruktur, Absatzmärkte, Produkte, Vertriebswege oder die Kundenstruktur des Verpflichteten. 55

Basis für die zu treffenden Sicherungsmaßnahmen ist daher die im ersten Schritt der Risikoanalyse erfolgte Bestandaufnahme. Infolgedessen gelten für die Verpflichteten des Finanzsektors, vor allem also für Kreditinstitute und Finanzdienstleistungsinstitute 56 sowie für Zahlungsdienstleister, strengere Anforderungen bei der Schaffung interner Sicherungsmaßnahmen als für die Verpflichteten des Nichtfinanzsektors[18]. Daher sieht auch das KWG für Kreditinstitute und Finanzdienstleistungsinstitute in § 25 h KWG weitergehende besondere Anforderungen im Hinblick auf die Etablierung interner Sicherungsmaßnahmen vor. Ob das Risikomanagement tatsächlich angemessen ist, kann durch die BaFin oder die jeweils zuständige Aufsichtsbehörde im Nichtfinanzsektor überprüft werden[19].

57 Die Funktionsfähigkeit und Wirksamkeit der internen Sicherungsmaßnahmen sind vom Verpflichteten in angemessenen Umfang regelmäßig zu überwachen. Gegenstand und Ergebnisse der Überwachung sind zu dokumentieren. Darüber hinaus sind alle internen Sicherungsmaßnahmen laufend zu überprüfen und bei Bedarf *(z.B. im Falle einer wesentlichen Veränderung der Risikosituation des Verpflichteten, bei Erkenntnissen über neue Techniken der Geldwäsche oder Terrorismusfinanzierung oder im Falle einer Änderung der gesetzlichen Anforderungen)* insgesamt oder in Teilen zu aktualisieren[20].

II. Interne Sicherungsmaßnahmen

58 § 6 Abs. 2 GwG enthält nachfolgende Regelbeispiele für die nach Abs. 1 zu schaffenden Sicherungsmaßnahmen:

1. die Ausarbeitung von internen Grundsätzen, Verfahren und Kontrollen in Bezug auf
2. die Bestellung eines Geldwäschebeauftragten und seines Stellvertreters gemäß § 7 GwG,
3. für Verpflichtete, die Mutterunternehmen einer Gruppe sind, die Schaffung von gruppenweiten Verfahren gemäß § 9 GwG,
4. die Schaffung und Fortentwicklung geeigneter Maßnahmen zur Verhinderung des Missbrauchs von neuen Produkten und Technologien zur Begehung von Geldwäsche und von Terrorismusfinanzierung oder für Zwecke der Begünstigung der Anonymität von Geschäftsbeziehungen oder von Transaktionen,
5. die Überprüfung der Mitarbeiter auf ihre Zuverlässigkeit durch geeignete Maßnahmen, insbesondere durch Personalkontroll- und Beurteilungssysteme der Verpflichteten,
6. die erstmalige und laufende Unterrichtung der Mitarbeiter in Bezug auf Typologien und aktuelle Methoden der Geldwäsche und der Terrorismusfinanzierung sowie die insoweit einschlägigen Vorschriften und Pflichten, einschließlich Datenschutzbestimmungen, und

---

18 Zentes/Glaab/*Kaetzler*, § 6 GwG, Rn 23.
19 BaFin-AuA zum GwG AT (03/2025), Ziff. 3, S. 19.
20 BaFin-AuA zum GwG AT (03/2025), Ziff. 3, S. 19.

7. die Überprüfung der zuvor genannten Grundsätze und Verfahren durch eine unabhängige Prüfung, soweit diese Überprüfung angesichts der Art und des Umfangs der Geschäftstätigkeit angemessen ist.

Aufgrund ihres nicht abschließenden Charakters gehören auch die für den jeweiligen Verpflichteten geltenden in Fachgesetzen aufgeführten internen Sicherungsmaßnahmen *(z.B. § 25h Abs. 2 KWG, § 27 Abs. 1 Satz 2 Nr. 5 ZAG)* zu den in § 6 Abs. 1 GwG genannten Maßnahmen[21] bzw. können zusätzliche Sicherungsmaßnahmen erforderlich sein. 59

1. Ausarbeitung interner Grundsätze, Verfahren und Kontrollen (§ 6 Abs. 2 Nr. 1 GwG)

Gem. § 6 Abs. 2 Nr. 1 GwG gehört zu den internen Sicherungsmaßnahmen insbesondere 60
die Ausarbeitung von internen Grundsätzen, Verfahren und Kontrollen in Bezug auf den Umgang mit Risiken von Geldwäsche und Terrorismusfinanzierung.

Die Pflicht dazu besteht in Bezug auf: 61

a) den Umgang mit Risiken nach § 6 Abs. 1 GwG,
b) die Kundensorgfaltspflichten nach den §§ 10 bis 17 GwG,
c) die Erfüllung der Meldepflicht nach § 43 Abs. 1 GwG,
d) die Aufzeichnung von Informationen und die Aufbewahrung von Dokumenten nach § 8 GwG und
e) die Einhaltung der sonstigen geldwäscherechtlichen Vorschriften (z.B. aus dem KWG bei Kreditinstituten oder dem VAG bei Versicherungen).

a) Umgang mit Risiken

Gemäß § 6 Abs. 1 haben Verpflichtete angemessene geschäfts- und kundenbezogene 62
interne Sicherungsmaßnahmen zu schaffen, um die Risiken von Geldwäsche und Terrorismusfinanzierung in Form von Grundsätzen, Verfahren und Kontrollen zu steuern und zu mindern. Die Ausarbeitung von internen Grundsätzen, Verfahren und Kontrollen bezieht sich insbesondere auf die in § 6 Abs. 2 genannten Pflichten. Die Verpflichteten haben daraus Stellenbeschreibungen und Organigramme, Berichtslinien, Geldwäscherichtlinien und ähnliche schriftliche Grundsätze zu entwickeln und revisionsfest schriftlich und für die Mitarbeiter zugängig niederzulegen. Diese sind in angemessener Form zur Kenntnis zu geben; über die Kenntnisnahme ist eine hinreichende Dokumentation zu führen.

21 BaFin-AuA zum GwG AT (03/2025), Ziff. 3, S. 19.

b) Die Kundensorgfaltspflichten (s. Kapitel 4)

c) Meldepflichten (s. Kapitel 7)

63 Zur Meldepflicht s. Kap. 7.

d) die Aufzeichnung von Informationen und die Aufbewahrung von Dokumenten aus § 8 GwG

64 Die Strafverfolgungsbehörden können im Rahmen von Ermittlungen zu Geldwäsche oder Terrorismusfinanzierung zwingend auf Informationen angewiesen sein, die Verpflichtete des Geldwäschegesetzes im Zusammenhang mit Kundengeschäften erlangen und daher zu dokumentieren und aufzubewahren haben. Welche Unterlagen aufgezeichnet und aufbewahrt werden müssen, wird in § 8 GwG geregelt. Hierzu zählen auch die von Dritten im Sinne von § 17 Abs. 1 GwG oder sonstigen Personen oder Unternehmen im Sinne von § 17 Abs. 5 GwG erhobenen bzw. eingeholten Angaben und Informationen.

65 Aufzuzeichnen sind auch die getroffenen Maßnahmen zur Ermittlung des wirtschaftlich Berechtigten. Bei sogenannten fiktiven wirtschaftlich Berechtigten (§ 3 Abs. 2 Satz 5 GwG) sind auch die Maßnahmen zur Überprüfung der Identität (§ 11 Abs. 5 GwG) und etwaige Schwierigkeiten bei diesem Überprüfungsvorgang aufzuzeichnen. Außerdem ist die Eigentums- und Kontrollstruktur zu dokumentieren. Liegen bereits Identifizierungsdaten aus vorangegangenen Geschäften vor, und wird aus diesem Grund von einer erneuten Identifizierung abgesehen *(Voraussetzungen siehe § 11 Abs. 3 GwG)* sind dennoch der Name des zu Identifizierenden und der Umstand, dass die Person bei früherer Gelegenheit identifiziert worden ist, aufzuzeichnen.

66 Die zum Zweck der Überprüfung der Identität im Rahmen der Erfüllung der allgemeinen Sorgfaltspflichten herangezogenen Dokumente (zum Beispiel Ausweise, Registerauszüge) sind zu kopieren oder optisch digitalisiert zu erfassen. Bei einem Vor-Ort-Auslesen nach § 18a des Personalausweisgesetzes, nach § 78 Abs. 5 Satz 2 des Aufenthaltsgesetzes oder nach § 13 des eID-Karte-Gesetzes ist stattdessen das dienste- oder kartenspezifische Kennzeichen sowie die Tatsache aufzuzeichnen, dass die Daten im Wege des Vor-Ort-Auslesens übernommen wurden – dies gilt als Aufzeichnung der darin enthaltenen und vom Geldwäschegesetz geforderten Identifizierungsangaben.

67 Bei der Überprüfung der Identität anhand einer qualifizierten Signatur nach § 12 Abs. 1 Satz 1 Nummer 3 GwG ist auch deren Validierung aufzuzeichnen.

68 Bei Einholung von Angaben und Informationen durch Einsichtnahme in elektronisch geführte Register oder Verzeichnisse gemäß § 12 Abs. 2 GwG gilt die Anfertigung eines Ausdrucks als Aufzeichnung der darin enthaltenen Angaben oder Informationen.

69 Bei nachvollziehbar geringem oder erhöhtem Risiko gelten Sondervorschriften für die Sorgfaltspflichten *(siehe §§ 14, 15 GwG),* die abweichende Dokumentationen zur Folge haben können. Weitere Formvorschriften zur Dokumentation enthält das Geldwäschegesetz nicht.

Die **Aufbewahrung** der aufzuzeichnenden Angaben kann unter den Voraussetzungen des § 8 Abs. 3 GwG auch digital erfolgen, d.h. 70
- sie müssen mit den festgestellten Angaben und Informationen übereinstimmen,
- sie müssen während der Dauer der Aufbewahrungsfrist verfügbar sein und
- jederzeit innerhalb einer angemessenen Frist lesbar gemacht werden können.

Die Aufbewahrungspflicht nach dem Geldwäschegesetz beträgt fünf Jahre, soweit nicht aufgrund anderer gesetzlicher Vorschriften längere Fristen vorgesehen sind – spätestens nach Ablauf von zehn Jahren sind die Unterlagen zu vernichten. Wird wegen der Begründung einer Geschäftsbeziehung identifiziert, beginnt die Aufbewahrungsfrist erst mit dem Schluss des Kalenderjahres, in dem die Geschäftsbeziehung endet – in den übrigen Fällen mit dem Schluss des Kalenderjahres, in dem die jeweilige Angabe festgestellt worden ist. Soweit aufzubewahrende Unterlagen einer öffentlichen Stelle vorzulegen sind, haben die Verpflichteten der jeweiligen öffentlichen Stelle auf ihre Kosten diejenigen Hilfsmittel zur Verfügung zu stellen, die erforderlich sind, um die Unterlagen lesbar zu machen; auf Verlangen dieser Stelle haben sie auf ihre Kosten die Unterlagen unverzüglich ganz oder teilweise auszudrucken oder ohne Hilfsmittel lesbare Reproduktionen beizubringen (§ 147 Abs. 5 AO analog i.V.m. § 8 Abs. 5 GwG). 71

e) Sonstige geldwäscherechtliche Vorschriften

Weitere geldwäscherechtlichen Vorschriften finden sich neben den Auslegungs- und Anwendungshinweisen der BaFin z.B. im KWG oder dem VAG, dem ZAG, dem Transparenzregister- und Finanzinformationsgesetz, der ab dem 30.12.2024 gültigen Geldtransferverordnung, dem Wertpapierinstitutsgesetz und Finanzmarktintegritätsstärkungsgesetz (Prävention von Geldwäsche im Wertpapiersektor), s. dazu auch Kap 5. Diese sind entsprechend zu berücksichtigen[22]. Das durch das Rundschreiben RS 3/2017 (GW) der BaFin vom 10. April 2017 etablierte Verfahren zur Videoidentifizierung wird möglicherweise durch eine Geldwäschevideoidentifizierungsverordnung (GwVideoIdentV) des Bundesfinanzministeriums in eine ordnungsgemäße Regelung überführt[23]. Zum Zeitpunkt des Redaktionsschlusses war dies noch nicht der Fall. 72

22 Zentes/Glaab/*Kaetzler*, § 6 GwG, Rn 29.

23 https://www.bundesfinanzministerium.de/Content/DE/Gesetzestexte/Gesetze_Gesetzesvorhaben/Abteilungen/Abteilung_VII/20_Legislaturperiode/2024-04-18-GwVideoIdentV/0-Gesetz.html.

2. Bestellung eines/einer Geldwäschebeauftragten (§ 6 Abs. 2 Nr. 2 GwG)

73 Zu den internen Sicherungsmaßnahmen gehört auch die Bestellung eines/einer Geldwäschebeauftragten. Diese Pflicht trifft aber nicht jeden Verpflichteten unbedingt.

74 Zu den diesen Verpflichteten gehören:

- **Kreditinstitute nach § 1 Abs. 1 KWG** (Kreditwesengesetz), mit Ausnahme der in § 2 Abs. 1 Nr. 3 bis 8 KWG genannten Unternehmen, und im Inland gelegene Zweigstellen und Zweigniederlassungen von Kreditinstituten mit Sitz im Ausland.
- **Finanzdienstleistungsinstitute nach § 1 Abs. 1a des KWG**, mit Ausnahme der in § 2 Abs. 6 KWG (Satz 1 Nr. 3 bis 10 und 12) § 2 Abs. 10 KWG genannten Unternehmen, und im Inland gelegene Zweigstellen und Zweigniederlassungen von Finanzdienstleistungsinstituten mit Sitz im Ausland.
- **Zahlungsinstitute und E-Geld-Institute nach § 1 Abs. 2a ZAG** (Zahlungsdiensteaufsichtsgesetz) und im Inland gelegene Zweigstellen und Zweigniederlassungen von vergleichbaren Instituten mit Sitz im Ausland.
- **Finanzunternehmen nach § 1 Abs. 3 KWG**, die nicht unter Nummer 1 oder Nummer 4 fallen und deren Haupttätigkeit einer der in § 1 Abs. 3 Satz 1 KWG genannten Haupttätigkeiten oder einer Haupttätigkeit eines durch Rechtsverordnung nach § 1 Abs. 3 Satz 2 KWG bezeichneten Unternehmens entspricht, sowie im Inland gelegene Zweigstellen und Zweigniederlassungen solcher Unternehmen mit Sitz im Ausland.
- **Versicherungsunternehmen nach Artikel 13 Nummer 1 der Richtlinie 2009/138/EG** (Solvabilität II), soweit sie Lebensversicherungstätigkeiten entsprechend der Richtlinie, Unfallversicherungen mit Prämienrückgewähr oder Darlehen im Sinne von § 1 Abs. 1 KWG vergeben.
- **Kapitalverwaltungsgesellschaften nach § 17 Abs. 1 KAGB** (Kapitalanlagegesetzbuch), inländische Zweigniederlassungen von EU-Verwaltungsgesellschaften und ausländische AIF-Verwaltungsgesellschaften, die der Aufsicht der Bundesanstalt für Finanzdienstleistungsaufsicht gemäß § 57 Abs. 1 KAGB unterstellt sind.
- **Veranstalter und Vermittler von Glücksspielen**, außer
  - **Betreiber von Geldspielgeräten** nach § 33c GewO (Gewerbeordnung),
  - **Vereine, die das Unternehmen eines Totalisatoren nach § 1 RennwLottG** (Rennwett- und Lotteriegesetz) betreiben,
  - **Lotterien**, für die die Veranstalter und Vermittler über eine staatliche Erlaubnis der in Deutschland jeweils zuständigen Behörde verfügen.

75 Die Aufsichtsbehörde kann **anordnen**, dass auch andere Verpflichtete eine(n) Geldwäschebeauftragte(n) zu bestellen haben, wenn sie dies für angemessen erachtet (§ 7 Abs. 3 GwG). Dabei handelt es sich um Verpflichtete nach § 2 Abs. 1 Nummer 4, 5, 8, 10 bis 14 und 16 GwG:

- **Agenten nach § 1 Abs. 9 des Zahlungsdiensteaufsichtsgesetzes** und E-Geld-Agenten nach § 1 Abs. 10 des Zahlungsdiensteaufsichtsgesetzes (§ 2 Abs. 1 Nr. 4 GwG)

- **selbständige Gewerbetreibende, die E-Geld eines Kreditinstituts nach § 1 Abs. 2 Satz 1 Nummer 2 des ZAG** vertreiben oder rücktauschen (§ 2 Abs. 1 Nr. 5 GwG)
- **Versicherungsvermittler nach § 59 des Versicherungsvertragsgesetzes** (§ 2 Abs. 1 Nr. 8 GwG)
- **Rechtsanwälte, Kammerrechtsbeistände, Patentanwälte sowie Notare** (§ 2 Abs. 1 Nr. 10 GwG)
- **Nicht verkammerte Rechtsbeistände und registrierte Personen nach § 10 des Rechtsdienstleistungsgesetzes** (§ 2 Abs. 1 Nr. 11 GwG).
- **Wirtschaftsprüfer, vereidigte Buchprüfer, Steuerberater, Steuerbevollmächtigte** und die in § 4 Nummer 11 des Steuerberatungsgesetzes genannten Vereine (§ 2 Abs. 1 Nr. 12 GwG)
- **Dienstleister für Gesellschaften und für Treuhandvermögen oder Treuhänder** (§ 2 Abs. 1 Nr. 13 GwG)
- **Immobilienmakler** (§ 2 Abs. 1 Nr. 14 GwG)
- **Güterhändler, Kunstvermittler und Kunstlagerhalter,** soweit die Lagerhaltung in Zollfreigebieten erfolgt (§ 2 Abs. 1 Nr. 16 GwG). Bei den letztgenannten Güterhändlern sieht § 7 Abs. 3 S. 2 GwG vor, dass die zuständige Aufsichtsbehörde die Bestellung eines Geldwäschebeauftragten anordnen soll, wenn deren Haupttätigkeit im Handel mit **hochwertigen Gütern** besteht. Hochwertige Güter sind nach § 1 Abs. 10 GwG Gegenstände,
  - die sich auf Grund ihrer Beschaffenheit, ihres Verkehrswertes oder ihres bestimmungsgemäßen Gebrauchs von Gebrauchsgegenständen des Alltags abheben oder
  - die auf Grund ihres Preises keine **Alltagsanschaffung** darstellen. Zu ihnen gehören insbesondere
    - Edelmetalle wie Gold, Silber und Platin,
    - Edelsteine,
    - Schmuck und Uhren,
    - Kunstgegenstände und Antiquitäten,
    - Kraftfahrzeuge, Schiffe und Motorboote sowie Luftfahrzeuge.

Das Vorliegen eines der in § 1 Abs. 10 GwG genannten Gegenstände führt regelmäßig 76
zur Annahme eines „hochwertigen“ Gutes. Es besteht in diesen Fällen eine widerlegliche Vermutung dafür, dass es sich bei den genannten Gegenständen um hochwertige Güter im Sinne des Geldwäschegesetzes handelt. Die Aufzählung der Regelbeispiele ist daher weder zwingend noch abschließend. Das bedeutet, dass auch andere Güter als „hochwertig“ angesehen werden können. Umgekehrt kann auch z.B. ein Handel mit Schrottautos nicht unbedingt als gleichbedeutend angesehen werden, da es sich bei diesen Fahrzeugen zwar auch um „Kraftfahrzeuge“ handelt, die aber **nicht** als hochwertig angesehen werden können. Durch entsprechende Anordnungen der zustän-

digen Aufsichtsbehörden der Länder ist diese Anordnung wohl flächendeckend erfolgt[24].

77 Umgekehrt kann die Aufsichtsbehörde von der Pflicht zur Bestellung befreien. Gemäß § 7 Abs. 2 GwG kann von der Bestellung eines/einer Geldwäschebeauftragten ausnahmsweise befreit werden, wenn sichergestellt ist, dass

- die Gefahr von Informationsverlusten und -defiziten aufgrund arbeitsteiliger Unternehmensstruktur nicht besteht und
- nach risikobasierter Bewertung anderweitige Vorkehrungen getroffen werden, um Geschäftsbeziehungen und Transaktionen zu verhindern, die mit Geldwäsche oder Terrorismusfinanzierung zusammenhängen.[25]

78 Gemäß § 7 Abs. 1 ist der/die Geldwäschebeauftragte auf Führungsebene (s. dazu § 1 Abs. 15 GwG) und eine Stellvertretung oder mehrere Stellvertretungen[26] zu bestellen. Die Verpflichteten haben der Aufsichtsbehörde die Bestellung des/der Geldwäschebeauftragten und seines/seiner Stellvertreter(s)/Stellvertreterin oder ihre Entpflichtung vorab anzuzeigen. Rechtzeitig ist die Anzeige, sofern sie mindestens zwei Wochen vor Aufnahme bzw. Niederlegung der Tätigkeit abgegeben wird[27]. Für die Bestellung kann von der Aufsicht auch ein entsprechender Nachweis der Qualifikation verlangt werden. Der Verpflichtete muss sicherstellen, dass die Bestellung einer Person zum GWB oder zu seinem Stellvertreter widerrufen werden kann, wenn die Person z.B. aus Sicht der Aufsichtsbehörde nicht die erforderliche Qualifikation oder Zuverlässigkeit aufweist.

79 Die Bestellung einer Person zum/zur Geldwäschebeauftragten oder zu seinem/seiner Stellvertreter(in) muss auf Verlangen der Aufsichtsbehörde widerrufen werden, wenn die Person nicht die erforderliche Qualifikation oder Zuverlässigkeit aufweist (§ 7 Abs. 4 GwG). Dies ist regelmäßig der Fall, wenn aufgrund der Darlegungen des Verpflichteten oder aufgrund anderer, der Aufsichtsbehörde vorliegenden Informationen, Anhaltspunkte für eine fehlende Qualifikation oder Zuverlässigkeit bestehen. Die BaFin stellt auf ihrer Seite ein Formular für die Bestellung und Entpflichtung von Geldwäschebeauftragten zur Verfügung.[28] Der/die Geldwäschebeauftragte ist Ansprechpartner für die Strafverfolgungsbehörden, für die für Aufklärung, Verhütung und Beseitigung von Gefahren zuständigen Behörden, für die Zentralstelle für Finanztransaktionsuntersuchungen und für die Aufsichtsbehörde in Bezug auf die Einhaltung der einschlägigen Vorschriften (§ 7 Abs. 5 GwG).

---

24 Allgemeinverfügung des Regierungspräsidiums Darmstadt vom 06.07.2020, S. 4: https://rp-darmstadt.hessen.de/sites/rp-darmstadt.hessen.de/files/2022-03/allgemeinverfuegung_2020_gueterhaendler_final_002_0_2.pdf.

25 BaFin-AuA zum GwG AT (03/2025), Ziff. 3.2.7, S. 27.

26 BaFin-AuA zum GwG AT (03/2025), Ziff. 3.2. S. 21.

27 BaFin-AuA zum GwG AT (03/2025), Ziff. 3.2.7, S. 21.

28 https://www.bafin.de/SharedDocs/Downloads/DE/Formular/GW/dl_formular_gwb-bestellung_gw.html.

Dem/der Gelwäschebeauftragten sind ausreichende Befugnisse und die für eine ordnungsgemäße Durchführung seiner Funktion notwendigen Mittel einzuräumen; besonders der ungehinderte Zugang zu sämtlichen Informationen, Daten, Aufzeichnungen und Systemen, die er für seine Aufgaben benötigt. Die sachliche und personelle Ausstattung hat sich an der Größe, am Geschäftsmodell sowie der abstrakten Risikosituation des jeweiligen Instituts und den daraus resultierenden Aufgaben des Geldwäschebeauftragten zu orientieren. Es ist sicherzustellen, dass Interessenkollisionen ausgeschlossen sind und ausreichend Kapazitäten für die vollumfängliche Wahrnehmung der Aufgaben des/der GWB zur Verfügung stehen[29]. 80

Der/die Geldwäschebeauftragte sowie die Stellvertretung(en) müssen berechtigt sein, im Rahmen der Erfüllung ihrer Aufgaben 81

- für das Unternehmen die notwendigen rechtsverbindlichen Erklärungen abzugeben und es bei entsprechenden Sachverhalten nach außen zu vertreten sowie
- in allen Angelegenheiten der Verhinderung von Geldwäsche und Terrorismusfinanzierung unternehmensinterne Weisungen zu erteilen[30].

Der/die Geldwäschebeauftragte untersteht unmittelbar der Geschäftsleitung und hat ihr direkt und unmittelbar zu berichten. Er ist daher ein Instrument der Geschäftsleitung und muss in dieser Funktion der Geschäftsleitung oder einem Mitglied dieser unmittelbar organisatorisch und fachlich nachgeordnet sein. 82

Dem Geldwäschebeauftragten ist zur Wahrnehmung seiner Aufgaben ungehinderter Zugang zu sämtlichen Informationen, Daten, Aufzeichnungen und Systemen zu verschaffen, die im Rahmen der Erfüllung seiner Aufgaben von Bedeutung sein können. Die Verwendung der Daten und Informationen ist dem/der Geldwäschebeauftragten ausschließlich zur Erfüllung seiner Aufgaben gestattet (§ 7 Abs. 6 GwG). Ihm/ihr sind ausreichende Befugnisse zur Erfüllung seiner Funktion einzuräumen. 83

Soweit der Geldwäschebeauftragte die Erstattung einer Meldung nach § 43 Abs. 1 beabsichtigt oder ein Auskunftsersuchen der Zentralstelle für Finanztransaktionsuntersuchungen nach § 30 Abs. 3 beantwortet, unterliegt er nicht dem Direktionsrecht durch die Geschäftsleitung. 84

Der Geldwäschebeauftragte muss seine Tätigkeit im Inland ausüben (§ 7 Abs. 7 GwG). Die Bestellung einer Stellvertretung im Ausland ist jedoch zulässig, wenn sichergestellt ist, dass die Vertretung seine/ihre Tätigkeit im Vertretungsfall im Inland ausübt[31]. 85

Die konkreten Aufgaben, Verantwortlichkeiten und Befugnisse des/der GWB und der Stellvertretung sind schriftlich festzuhalten. Sofern nicht ausdrücklich auf Abweichungen hingewiesen wird, gelten für den/die GWB und die Stellvertretung die gleichen Anforderungen[32]. 86

29 BaFin-AuA zum GwG AT (03/2025), Ziff. 3.2.4, S. 23.
30 BaFin-AuA zum GwG AT (03/2025), Ziff. 3.2.4, S. 23.
31 BaFin-AuA zum GwG AT (03/2025), Ziff. 3.2, S. 22.
32 BaFin-AuA zum GwG AT (03/2025), Ziff. 3.2, S. 22.

87 Zu den Aufgaben des/der Geldwäschebeauftragten gehören insbesondere:
- für die Einhaltung der geldwäscherechtlichen Vorschriften im Unternehmen zu sorgen. Die Unternehmensleitung bleibt für deren Einhaltung verantwortlich.
- Entwicklung und Aktualisierung interner Grundsätze und Verfahren zur Verhinderung von Geldwäsche und Terrorismusfinanzierung, insbesondere von Arbeits- und Organisationsanweisungen und angemessenen geschäfts- und kundenbezogenen Sicherungssystemen
- Schaffung klarer Berichtswege
- Durchführung laufender Überwachung in Bezug auf die Einhaltung der o.g. Vorschriften
- Die Bearbeitung von Verdachtsfällen nach § 43 Abs. 1 GwG. Er ist insoweit gem. § 7 Abs. 5 S. 6 GwG **nicht** weisungsgebunden. Das gilt auch und insbesondere von Seiten der Geschäftsleitung, da hier das Direktionsrecht ausdrücklich nicht gilt.
- Information der Leitungsebene und des Aufsichtsorgans
- Unterrichtung der relevanten Beschäftigten über die Pflichten zur Verhinderung von Geldwäsche und Terrorismusfinanzierung und Erarbeitung eines Schulungskonzepts.

88 Bei der Erfüllung seiner/ihrer Aufgaben kann sich der/die GWB auch anderer Bereiche im Unternehmen bedienen. Soweit sich der/die GWB bei der Erfüllung seiner/ihrer Aufgaben weiterer Personen außerhalb seines/ihres Bereichs bedient, haben diese ihn/sie über den Ablauf und die Ergebnisse ihrer Tätigkeit in regelmäßigen Abständen zu informieren, soweit erforderlich auch anlassbezogen. Darüber hinaus ist zu beachten, dass
- hinreichend klare Berichtswege bestehen,
- die jeweiligen Zuständigkeiten in den internen Grundsätzen und Verfahren geregelt sind und
- keine vermeidbaren Doppelzuständigkeiten bestehen.

89 Das Amt des Geldwäschebeauftragten kann enden durch:
- Fristablauf
- Vereinbarung
- Widerruf
- Entpflichtung
- Amtsniederlegung
- Tod

90 Ist der Geldwäschebeauftragte beim Unternehmen angestellt, kann sich die Beendigung des Amtes auf das Arbeitsverhältnis auswirken. Grundsätzlich gilt, dass das Amt vom Arbeitsverhältnis zu unterscheiden ist (sogenanntes Trennungsprinzip). Allerdings schützt das Gesetz den Geldwäschebeauftragten insofern, als dass er **keine** Benachteiligung im Arbeitsverhältnis aufgrund seiner Aufgabenerfüllung als Geldwäschebeauftragter erfahren darf. Die Kündigung des Arbeitsverhältnisses während seiner Aufga-

benerfüllung als GWB ist unzulässig. Sollte dennoch ein Arbeitgeber versuchen, den Geldwäschebeauftragten oder dessen Stellvertretung „loszuwerden", so ist zu beachten, dass auch eine Entbindung von den Aufgaben als Geldwäschebeauftragter oder Stellvertreter diese nicht rechtlos stellt. Nach Beendigung des Amtes wirkt der Kündigungsschutz noch ein Jahr lang nach. Wurde bei der Bestellung eines Mitarbeiters als Geldwäschebeauftragter versäumt, den Arbeitsvertrag entsprechend anzupassen, kann es passieren, dass nach Beendigung des Amtes Anspruch auf Entgeltfortzahlung besteht, obwohl der Mitarbeiter faktisch nicht mehr für das Unternehmen tätig ist. Eine Ausnahme besteht, wenn Tatsachen vorliegen, welche die verantwortliche Stelle zur Kündigung aus wichtigem Grund ohne Einhaltung einer Kündigungsfrist berechtigen (§ 7 Abs. 7 GwG). Ihm darf nur dann gekündigt werden, wenn hierfür wichtige Gründe im Sinne des § 626 BGB (Bürgerliches Gesetzbuch) vorliegen *(außerordentliche fristlose Kündigung aus wichtigem Grund).*

Ein besonderer arbeitsrechtlicher Kündigungsschutz besteht **nicht**, wenn man einen **externen Geldwäschebeauftragten** bestellt. Ein externer Geldwäschebeauftragter hat den Vorteil, dass er unabhängig von der Geschäftsleitung ist und Interessenkonflikte so vermieden werden können. Hierzu schließt das Unternehmen einen Geschäftsbesorgungsvertrag mit dem externen Geldwäschebeauftragten. Dieser Vertrag unterliegt im Gegensatz zum Arbeitsverhältnis keinem (nachwirkenden) Sonderkündigungsschutz. Zu beachten sind hierbei allerdings die besonderen Auslagerungsvorschriften im Finanzsektor. Wird der Geldwäschebeauftragte oder sein Vertreter von seinen Aufgaben entbunden, so sind die Gründe für diese Entpflichtung ebenfalls anzugeben, um eine gesetzlich verbotene Benachteiligung aufgrund der Funktion auszuschließen. 91

Nicht jeder Mitarbeiter kann zum Geldwäschebeauftragten bestellt werden. So scheiden von vorneherein Vorstandsmitglieder oder Geschäftsleiter aus. Nur in ganz besonders gelagerten Fällen können von dieser Regelung Ausnahmen zugelassen werden. Ebenfalls nicht vereinbar ist diese Tätigkeit mit der von Mitarbeitern der Innenrevision, da diese ja den Geldwäschebeauftragten zu prüfen haben und eine Eigenprüfung ausscheidet. Aber auch die Funktion des Datenschutzbeauftragten ist grundsätzlich mit der Aufgabe des Geldwäschebeauftragten kaum zu vereinbaren[33]. 92

Soweit Tochterunternehmen (im In- oder Ausland) bestehen, ist ein Konzern-Geldwäschebeauftragter gem. § 9 Abs. 1 S. 2 Nr. 2 GwG zu bestellen. Dieser ist zuständig für sämtliche Geldwäscheangelegenheiten im Konzern und weisungsbefugt auch gegenüber (untergeordneten) Geldwäschebeauftragten der einzelnen Niederlassungen oder Tochterunternehmen, s. auch nachfolgend Kap C II 3. 93

33 BaFin-AuA zum GwG AT (03/2025), Ziff. 3.2, S. 21.

3. Gruppenweite Sicherungsmaßnahmen (§§ 6 Abs. 2 Nr. 3, 9 GwG)

94 Verpflichtete, die Mutterunternehmen einer Gruppe im Sinne von § 1 Abs. 16 GwG sind, haben im Rahmen der internen Sicherungsmaßnahmen gemäß § 6 Abs. 2 Nr. 3 gruppenweite Verfahren nach § 9 GwG schaffen. Anders als nach früherer Rechtslage stellt § 9 GwG für den Gruppenbegriff nicht mehr auf den (solvenz-rechtlichen) Gruppenbegriff in § 10a KWG ab. Vielmehr gilt für die Definition des Mutterunternehmens im Sinne der Auslegungs- und Anwendungshinweise zum Geldwäschegesetz § 1 Abs. 25 GwG, wonach Mutterunternehmen im Sinne dieses Gesetzes ein Unternehmen ist, dem mindestens ein anderes Unternehmen nach § 1 Abs. 16 Nummer 2 bis 4 GwG nachgeordnet ist, und dem kein anderes Unternehmen übergeordnet ist.

95 Die nunmehr für alle Verpflichteten, die Mutterunternehmen einer Gruppe sind, geltende Pflicht zur gruppenweiten Umsetzung (§ 9 Abs. 1 GwG) entspricht inhaltlich im Wesentlichen den bisherigen für die entsprechenden Verpflichteten nach § 2 Abs. 1 Nummer 1, 2 und 7 geltenden Pflichten (vgl. § 53 Abs. 5 VAG alt, § 25i KWG alt), also

- Erstellung einer gruppenweite Risikoanalyse
- gruppenweit einheitliche Sicherungsmaßnahmen
- Bestellung eines Gruppengeldwäschebeauftragten.

96 Darüber hinaus müssen

- Verfahren für den Informationsaustausch innerhalb der Gruppe,
- Vorkehrungen zum Schutz von personenbezogenen Daten und
- Anforderungen in Bezug auf gruppenpflichtige Unternehmen im Ausland

in der Gruppe geschaffen werden.

97 Die gruppenweite Risikoanalyse muss alle gruppenangehörigen Unternehmen, Zweigstellen und Zweigniederlassungen, die geldwäscherechtlichen Pflichten unterliegen, umfassen. Auf Grundlage dieser gruppenweiten Risikoanalyse haben sie sodann **gruppenweit** einheitliche interne Sicherungsmaßnahmen durchzuführen, einen Gruppengeldwäschebeauftragten zu bestellen, Verfahren für den Informationsaustausch innerhalb der Gruppe zur Verhinderung von Geldwäsche und Terrorismusfinanzierung zu etablieren sowie Vorkehrungen zum Schutz von personenbezogenen Daten zu treffen.

98 „Gruppenweit einheitlich“ bedeutet nicht, dass für alle gruppenpflichtigen Zweigstellen, Zweigniederlassungen und Unternehmen unabhängig davon, zu welchem Verpflichtetenkreis (z. B. Kreditinstitut oder Versicherungsunternehmen) sie gehören, dieselben Sicherungsmaßnahmen im Sinne von § 6 Abs. 1 und 2 GwG gelten[34]. Erforderlich ist, dass die für die jeweiligen Verpflichteten anzuwendenden Sicherungsmaßnahmen innerhalb der gesamten Gruppe und unabhängig vom Ort der Zweigstelle, Zweigniederlassung oder des Unternehmens in gleicher Weise Anwendung finden und eine wirksame Umsetzung dieser Pflichten und Maßnahmen erfolgt. Dies ist z. B. durch verstärkte Kon-

34 BaFin-AuA zum GwG AT (03/2025), Ziff. 11.3.3, S. 95.

trollen und vor-Ort-Besuche durch den Gruppengeldwäschebeauftragten sicher zu stellen.

Das immer noch gültige Rundschreiben 17/2009 – Gruppenweite Umsetzung von Präventionsmaßnahmen gemäß § 25g KWG der BaFin vom 23.09.2009[35] das sich an in § 25c Abs. 1 KWG genannten Institute und Unternehmen wendet, kann hier analog angewendet werden. 99

Für den Fall, dass die gemäß § 9 Abs. 1 und Abs. 3 Satz 2 Nr. 1 GwG getroffenen Maßnahmen nicht ausreichen, um den Risiken in Bezug auf Geldwäsche und Terrorismusfinanzierung wirksam zu begegnen, ordnet die BaFin gegenüber dem Mutterunternehmen an, sicherzustellen, dass seine nachgeordneten Unternehmen, Zweigstellen oder Zweigniederlassungen in dem betreffenden Drittstaat keine Geschäftsbeziehung begründen oder fortsetzen und keine Transaktionen durchführen dürfen. 100

Soweit eine Geschäftsbeziehung bereits besteht, ordnet die BaFin gegenüber dem Mutterunternehmen an, sicherzustellen, dass diese Geschäftsbeziehung ungeachtet anderer gesetzlicher oder vertraglicher Bestimmungen durch Kündigung oder auf andere Weise beendet wird *(§ 9 Abs. 3 Satz 2 GwG)*, wobei diese Maßgabe im Licht des risikobasierten Ansatzes auszulegen ist. Die Verpflichtung zur Nicht-Durchführung einer Transaktion oder zur Beendigung einer Geschäftsbeziehung *(§ 10 Abs. 9 GwG)* besteht immer, wenn die nach § 9 Abs. 1 und Abs. 3 Satz 2 Nr. 1 GwG erforderlichen, im betreffenden Drittstaat aus rechtlichen oder tatsächlichen Gründen nicht durchführbaren Maßnahmen als wesentlich anzusehen sind. 101

Ausblick EU-AML-VO 2024/1624 vom 31. Mai 2024: i

Die gruppenweiten Anforderungen sind in Art. 16 der EU-AML-VO 2024/1624 vom 31. Mai 2024 geregelt. Hier ist hervorzuheben, dass gemäß Art. 16 Abs 4

> *„die AMLA bis zum 10. Juli 2026 Entwürfe technischer Regulierungsstandards ausarbeiten und der Kommission zur Annahme vorlegen soll. Darin werden die Mindestanforderungen an gruppenweite Strategien, Verfahren und Kontrollen festgelegt, einschließlich der Mindeststandards für den Informationsaustausch innerhalb der Gruppe, die Kriterien für die Ermittlung des Mutterunternehmens in den in Artikel 2 Abs. 1 Nummer 42 Buchstabe b genannten Fällen und die Bedingungen, unter denen die Bestimmungen dieses Artikels für Unternehmen gelten, die Teil von Strukturen sind, die sich in gemeinsamem Besitz oder unter gemeinsamer Verwaltung befinden oder bei denen die Einhaltung der Anforderungen gemeinsam kontrolliert wird, einschließlich Netzwerken oder Personengesellschaften, sowie die Kriterien für die Ermittlung des Mutterunternehmens in diesen Fällen."*

Es bleibt daher abzuwarten, inwieweit hier Änderungen bei den gruppenweiten Anforderungen erfolgen.

---

35 https://www.bafin.de/SharedDocs/Veroeffentlichungen/DE/Rundschreiben/rs_0917_gw_gruppenweite_umsetzung.html.

4. Sicherungsmaßnahmen im Hinblick auf neue Produkte und Technologien (§ 6 Abs. 2 Nr. 4 GwG)

102 Zu den internen Sicherungsmaßnahmen gehört nach § 6 Abs. 2 Nr. 4 GwG auch, das Verpflichtete geeignete Maßnahmen zur Verhinderung des Missbrauchs von neuen Produkten und Technologien zur Begehung von Geldwäsche und Terrorismusfinanzierung oder für Zwecke der Begünstigung der Anonymität von Geschäftsbeziehungen oder von Transaktionen schaffen und fortentwickeln.

103 Hierfür sind in einem ersten Schritt neue und bestehende Produkte, Märkte und Vertriebswege auf Missbrauchsmöglichkeiten für Zwecke der Geldwäsche und Terrorismusfinanzierung hin zu untersuchen[36]. In der Regel ist dafür im Unternehmen ein **Neuproduktprozess** zu installieren, in den alle relevanten Organisationseinheiten möglichst früh einzubinden sind. Insbesondere für die von der BaFin beaufsichtigten Institute wird ein entsprechender Prozess auch in den Mindestanforderungen für das Risikomanagement (MaRisk) festgelegt. Im besonderen Fokus stehen hierbei vor allem solche Produkte, Märkte und Vertriebswege, bei denen z.B. ein hohes Maß an Anonymität vorherrscht und daher geldwäscherechtlich relevante Vorgänge leicht verschleiert werden können. Zu nennen sind insbesondere sämtliche Geschäftsbeziehungen und Transaktionen, die über die neuen Medien, insbesondere über das Internet und mobil initiiert und abgewickelt werden.

104 Das Risiko der Verschleierung geldwäscherechtlich relevanter Vorgänge ist insoweit besonders hoch, da die Technisierung der Geschäftswelt immer weiter voranschreitet und sich daher auch im Hinblick auf Geldwäsche und Terrorismusfinanzierung stetig neue „Sicherheitslücken" auftun[37]. Diese gilt es möglichst schnell zu entdecken und zu schließen. Sofern die Verpflichteten bei der Analyse eines neuen Produktes oder eines neuen Marktes eine entsprechende „Sicherheitslücke" erkennen und sich im Hinblick auf die identifizierte „Sicherheitslücke" ein Missbrauchsrisiko für Geldwäsche und Terrorismusfinanzierung ergibt oder ein solches zumindest nicht von vornherein ausgeschlossen werden kann, müssen die Verpflichteten wirksame und angemessene Sicherungsmaßnahmen nach § 6 Abs. 2 Nr. 1 treffen, um dem tatsächlichen bzw. potenziellen Missbrauchsrisiko schon im Vorfeld – unter möglichst frühzeitiger Einbindung des Geldwäschebeauftragten – zu begegnen. Eine Maßnahme ist nur geeignet, wenn mit ihr in Bezug auf die jeweilige Risikosituation der verfolgte Zweck erreicht werden kann[38].

---

36 Schwennicke/Auerbach/ *Auerbach*/*Hentschel*, § 25h KWG, Rn 62.
37 Zentes/Glaab/*Kaetzler*, § 6 GwG, Rn 60.
38 BaFin-AuA zum GwG AT (03/2025), Ziff. 3.4, S. 28.

5. Zuverlässigkeit der Mitarbeiter (§ 6 Abs. 2 Nr. 5 GwG)

Jeder Verpflichtete muss sicherstellen und überprüfen, dass seine Mitarbeiter zuver- 105
lässig im Sinne des GwG sind (§ 6 Abs. 2 S. 1 Nr. 5 GwG). Ziel dieser Vorschrift ist die Verhinderung des Eindringens von „Mittelsmännern“ in die für Geldwäsche und Terrorismusfinanzierung bedeutsamen Berufs- und Unternehmensgruppen[39].

Die Vorgabe des § 6 Abs. 2 S. 1 Nr. 5 GwG unterscheidet hinsichtlich der Zuverlässig- 106
keit nicht zwischen Mitarbeitern, die befugt sind, bare und unbare Transaktionen auszuführen oder die mit der Anbahnung von Geschäftsbeziehungen befasst sind, und sonstigen Mitarbeitern, die z.B. rein interne Verwaltungsaufgaben verrichten. Diese Überprüfung betrifft daher jeden Mitarbeiter, auch wenn dieser nicht direkt mit Transaktionen befasst ist[40]. Das betrifft auch Mitarbeiter mit reiner Support-Tätigkeiten (Reinigungspersonal, Facility-Management) in der Finanzwirtschaft[41].

Zuverlässig ist gem. § 1 Abs. 20 GwG, wer die Gewähr dafür bietet, dass er/sie 107
- die Pflichten nach dem GwG,
- sonstige geldwäscherechtliche Pflichten und
- die beim Verpflichteten eingeführten Grundsätze, Verfahren, Kontrollen und Verhaltensrichtlinien zur Verhinderung der Geldwäsche und Terrorismusfinanzierung sorgfältig beachtet,
- Tatsachen i.S.d. § 43 Abs. 1 GwG dem Vorgesetzten oder dem Geldwäschebeauftragten, sofern einer bestellt ist, meldet und
- sich weder aktiv noch passiv an zweifelhaften Transaktionen oder Geschäftsbeziehungen beteiligt.

Der Verpflichtete hat bei der Auswahl der für die Kontrolle der Zuverlässigkeit ein- 108
zusetzenden Instrumente sowie hinsichtlich der Kontrolldichte aus Gründen der Verhältnismäßigkeit und unter Berücksichtigung des risikoorientierten Ansatzes einen Beurteilungsspielraum. Er kann sich insofern insbesondere vorhandener Personalbeurteilungssysteme oder – soweit vorhanden – spezifischer Kontrollsysteme bedienen.

Es besteht ebenfalls keine anlassunabhängige Nachforschungspflicht seitens des 109
Verpflichteten, um die Zuverlässigkeit der Mitarbeiter zu überprüfen. Maßnahmen, die bereits aus arbeits- oder datenschutzrechtlichen Gründen als unzulässig anzusehen sind, kommen auch im Rahmen von § 6 Abs. 2 Nr. 5 GwG nicht in Betracht.

Hinsichtlich der Maßnahmen ist dabei zu unterscheiden zwischen der Begründung 110
eines Dienst- oder Arbeitsverhältnisses einerseits und der Überprüfung der Zuverlässigkeit während eines laufenden Dienst- oder Arbeitsverhältnisses.

---

39 BT-Drs. 17/6804, S. 34.
40 Zentes/Glaab/*Kaetzler*, § 6 GwG, Rn 67.
41 Zentes/Glaab/*Kaetzler*, § 6 GwG, Rn 69.

a) Zuverlässigkeitsprüfung bei neu einzustellenden Mitarbeitern

111 Im Falle eines Dienst- oder Arbeitsverhältnisses müssen die Verpflichteten regelmäßig bei Begründung desselben eine Zuverlässigkeitsprüfung vornehmen[42].

112 Die Kontrollhandlungen sind risikoorientierter Abhängigkeit von Position und Tätigkeitsfeld des neuen Mitarbeiters/der neuen Mitarbeiterin festzulegen.

113 Diese können z. B. bestehen aus

- der Prüfung der Plausibilität der Bewerberangaben anhand eingereichter Unterlagen,
- der Vorlage eines polizeilichen Führungszeugnisses,
- einer eventuellen Schufa-Eigenauskunft (falls die Vermögensverhältnisse für die neue Tätigkeit besonders relevant sind),
- Abgleich der Angaben mit öffentlich verfügbaren Informationen bspw. in sozialen Netzwerken[43].

114 Sinnvoll wäre es, im persönlichen Bewerbungsgespräch bei allen Bewerbern gezielte Fragen zu stellen, die auf die Rechtstreue und die Einstellung des Bewerbers zu kritischen Fragen der Compliance ausgerichtet sind.[44]

115 Stellt sich bei der Zuverlässigkeitsprüfung im Rahmen der Begründung eines Beschäftigungsverhältnisses die Unzuverlässigkeit des Bewerbers heraus, darf die Stelle nicht an den Bewerber vergeben werden[45].

b) Zuverlässigkeitsüberprüfung während des Beschäftigungsverhältnisses

116 Nach § 6 Abs. 2 Nr. 5 GwG haben die Verpflichteten geeignete risikoorientierte Maßnahmen zur Prüfung der Zuverlässigkeit der Beschäftigten (also während des Beschäftigungsverhältnisses) zu schaffen[46]. Bei einem bereits bestehenden Dienst- oder Arbeitsverhältnis ist eine direkte Zuverlässigkeitsprüfung vorzunehmen, wenn sich tatsächliche Anhaltspunkte dafür ergeben, dass der Mitarbeiter nicht mehr die erforderliche Zuverlässigkeit für die von ihm bekleidete Stelle aufweist[47]. Intensität, Häufigkeit und Methode der Überprüfung können risikoorientiert durchgeführt werden, beispielsweise abhängig vom konkreten Arbeitsbereich des/der Beschäftigten. Dabei ist zu beachten, dass kein „innerbetrieblicher Überwachungsapparat“ aufgebaut werden darf. Das Bundesamt für Verfassungsschutz und das Bundesamt für Sicherheit in der Informa-

42 BT-Drs. 17/6804, S. 34.
43 Beck'scher Online Kommentar GwG, Frey/Pelz 4. Edition Rn 86.
44 Zentes/Glaab/*Kaetzler,* § 6 GwG, Rn 74.
45 Zentes/Glaab/*Kaetzler,* § 6 GwG, Rn 85.
46 BaFin-AuA zum GwG AT (03/2025), Ziff. 3.5, S. 28.
47 BaFin-AuA zum GwG AT (03/2025), Ziff. 3.5, S. 28.

tionstechnik (BSI) haben einen gemeinsamen Ratgeber herausgegeben, in dem Art und Umfang verschiedener Mitarbeiterüberprüfungen dargelegt wird[48].

Den Verpflichteten steht es frei, z. B. auch ein so genanntes „Negativtestat" zu erheben[49]. Dabei werden die jeweiligen Vorgesetzten z. B. im Rahmen der Beurteilung von Mitarbeitern gebeten, zu bestätigen, dass keine Auffälligkeiten hinsichtlich der ihnen unterstellten Mitarbeiter bestehen. Diese Bestätigungen werden zu den jeweiligen Personalakten genommen, um auch im Rahmen einer Prüfung einen Beleg dafür zu haben, dass sich das Unternehmen Gedanken zu der Zuverlässigkeit gemacht hat. 117

Werden jedoch aufgrund eines doch nicht erteilten Negativtestats oder anderer, auf Tatsachen beruhende Anhaltspunkte bekannt, die geeignet sind, die Zuverlässigkeit eines Beschäftigten infrage zu stellen, sind diese (auch) dem Geldwäschebeauftragten bzw. der Zentralen Stelle im Sinne des § 25h Abs. 1 KWG zur Kenntnis zu geben. Anhaltspunkte für eine Unzuverlässigkeit eines Mitarbeiters könnten sich z. B. aus folgenden Feststellungen ergeben: 118

Ein Mitarbeiter 119

- begeht einschlägige (!) Straftaten.
- verletzt beharrlich geldwäscherechtliche Pflichten.
- unterlässt eine Meldung von Tatsachen gem. § 43 Abs. 1 GwG.
- beteiligt sich an zweifelhaften Transaktionen
- Gegen einen Beschäftigten werden Zwangsvollstreckungsmaßnahmen (z. B. Pfändungen durch den Gerichtsvollzieher) bekannt.
- veranlasst, dass bei bestimmten Kunden keine Vertretung stattfindet.
- versucht, Urlaub zu vermeiden und keine Abwesenheiten entstehen zu lassen.
- verwaltet Geschäftsunterlagen quasi privat.
- arbeitet häufig außerhalb der üblichen Arbeitszeiten allein im Büro.
- nimmt häufig und ohne ersichtlichen Grund Unterlagen mit nach Hause.[50]

Allein das Vorliegen eines Anhaltspunkts für sich alleine rechtfertigt noch nicht, den Mitarbeiter per se als „unzuverlässig" abzustempeln. Allerdings sollte dies Anlass dafür sein, sich den Mitarbeiter bzw. dessen sonstiges Verhalten noch genauer anzusehen, um den Hintergrund für das Verhalten zu erfahren. Ergeben sich dabei noch weitere Anhaltspunkte, ist das ein Grund, die Zuverlässigkeit infrage zu stellen. Stellt sich hingegen bei der Zuverlässigkeitsprüfung im Rahmen eines laufenden Beschäftigungsverhältnisses erstmals oder aufgrund neu eingetretener Umstände die Unzuverlässigkeit eines Mitarbeiters heraus, muss dem Mitarbeiter im Rahmen der dienst- bzw. arbeitsrechtlich zulässigen Möglichkeiten – insbesondere im Wege der Versetzung, Änderungskündigung oder Kündigung – die Weiterbeschäftigung in dem geldwäschesensiblen 120

48 https://www.wirtschaftsschutz.info/DE/Veroeffentlichungen/Wirtschaftsgrundschutz/Bausteine/Bewerberpruefung.html?nn=6556004&cms_gtp=6558178_Dokumente%253D5.

49 BaFin-AuA zum GwG AT (03/2025), Ziff. 3.5, S. 28.

50 Alle Beispiele stammen aus den BaFin-AuA zum GwG AT (03/2025), Ziff. 3.5, S. 28.

Bereich untersagt werden[51]. Allerdings sind dabei strenge Maßstäbe anzusetzen, da eine fehlende „Zuverlässigkeit“ im Finanzsektor in letzter Konsequenz nur eine Kündigung nach sich ziehen kann.

121 Nachhaltige Verstöße gegen geldwäscherechtliche Pflichten können im Finanzsektor relativ leicht sogar eine außerordentliche Kündigung rechtfertigen; im Falle einer aktiven Beteiligung – auch außerdienstlich – an Geldwäscheaktivitäten wird eine solche außerordentliche Kündigung bei einem Mitarbeiter eines Kreditinstituts in der Regel auch geboten und begründet sein[52].

6. Unterrichtung der Mitarbeiter (§ 6 Abs. 2 Nr. 6 GwG)

122 Alle Personen, die mit geldwäscherelevanten Geschäftsvorfällen in Kontakt kommen können, müssen neben den Pflichten des Geldwäschegesetzes und sonstigen Vorschriften *(unter anderem Datenschutzbestimmungen, siehe § 6 Abs. 2 Nr. 6 GwG)* auch die gängigen Typologien und Methoden der Geldwäsche und Terrorismusfinanzierung kennen und über Änderungen laufend informiert werden. Unabhängig von sonstigen Pflichten nach dem Geldwäschegesetz, müssen verpflichtete Unternehmen sicherstellen, dass verdächtige Momente *(auch **Verdachtsmomente** genannt)* innerhalb des Unternehmens erkannt und – sofern notwendig – **unverzüglich** dem Geldwäschebeauftragten gemeldet werden.

123 Das Geldwäschegesetz spricht von einer „erstmaligen und laufenden Unterrichtung“. Wie oft Mitarbeiter geschult werden müssen, ist nicht geregelt. Es wird davon ausgegangen, dass Mitarbeiter mindestens einmal jährlich geschult werden. Es sollte jedoch gemessen am Risiko des Unternehmens – also der Frage, wie erheblich die Geldwäschegefahr für das Unternehmen ist – eruiert werden, ob nicht weitere Schulungen notwendig und geboten sein könnten.

124 Eine Unterscheidung könnte dabei nach bedarfs- und zielgruppenorientierten Schulungen erfolgen, wie z. B.

- Grund- und Einführungsschulungen,
- Nachschulungen,
- Vertiefungsschulungen,
- Auffrischungsschulungen oder
- Erörterung der „geschäftsspezifischen Gefährdungssituation“.

125 In jedem Fall ist es aber ratsam, in einem Konzept vorzusehen, wann und welche Personengruppen in welchen Abständen unterrichtet werden. Dies sollte nachprüfbar festgelegt werden. Dabei geht der Gesetzgeber seit der Änderung zum 26.6.2017 nicht mehr von „Schulungen“ im eigentlichen Sinne mehr aus, sondern spricht von „**Unterrichtung**“. Damit besteht keine explizite Pflicht mehr, „Schulungen im eigentlichen Sinne“

51 Zentes/Glaab/*Kaetzler*, § 6 GwG, Rn 85.
52 Zentes/Glaab/*Kaetzler*, § 6 GwG, Rn 85.

durchzuführen, so dass sich die Unterrichtungspflicht auch mittels Rundschreiben oder durch elektronische Lernprogramme umsetzen lässt[53]. Eine Unterrichtung beinhaltet die Unterstützung der operativen Bereiche bei der Durchführung oder die eigene Unterrichtung durch den GWB und ggf. entsprechende Schulungen (intern oder extern). Diese Unterrichtungen sollten insbesondere im Hinblick auf gesetzliche Neuerungen, Änderungen der Verwaltungspraxis der BaFin oder anderer Aufsichtsbehörden, sowie anderen Änderungen der aufsichtsrechtlichen Anforderungen und die daraus resultierenden Verhaltensregeln für Beschäftigte, erfolgen. Dabei können und sollten vor allem auch die von der FIU herausgegebenen Typologienpapiere zur Unterrichtung verwendet werden[54]. Aber auch die in den Anlagen 1 und 2 zum Geldwäschegesetz aufgeführten Anhaltspunkte können zur Unterrichtung herangezogen werden.

In welcher Form die Unterrichtung der Mitarbeiter erfolgt, ist grundsätzlich dem 126
Ermessen des Verpflichteten überlassen. Am besten sind sicherlich **Präsenzschulungen** durch den Geldwäschebeauftragten oder dessen Vertreter. Dabei können anschaulich – auf das Unternehmen bezogene – Gefährdungen und Verhaltensregeln vermittelt werden. Daneben gibt es auch die Möglichkeit, mittels WBT-Programmen *(Web-Based-Training)* Geldwäsche-Inhalte zu vermitteln. Allerdings sind diese Programme – bis auf speziell angefertigte Schulungsprogramme einzelner Verpflichteten – nur sehr allgemein gehalten und vermögen daher **nicht** die speziellen Gefährdungen bei dem jeweiligen Verpflichteten zu vermitteln.

Wichtig ist in jedem Fall eine **Dokumentation** über die vermittelte Schulung und 127
Unterrichtung mittels entsprechender Zertifikate der Programme oder Teilnahmebescheinigungen an Schulungen. Mitarbeiter, die Tätigkeiten nachgehen, die keinerlei Bezug zu den geschäftstypischen Aufgaben oder Leistungen des Unternehmens aufweisen, müssen nicht zur Geldwäscheprävention geschult werden. Gemeint sind jene Mitarbeiter, die im Rahmen ihrer dienstlichen Tätigkeit in keinem Bezug zu innerbetrieblichen Prozessen stehen, die für die Geldwäscheprävention von Bedeutung sein könnten. Hierunter fallen in der Regel Reinigungs- oder Servicekräfte, technische Angestellte wie Handwerker und Hausmeister, Empfangsmitarbeiter o. Ä.[55]

7. Kontrollen (§ 6 Abs. 1 S. 3 GwG und § 6 Abs. 2 Nr. 1 GwG)

Gemäß § 6 Abs. 1 S. 1 und Abs. 2 Nr. 1 GwG, sind auch Kontrollen zur Einhaltung der 128
geschaffenen Grundsätze und der gesetzlichen Vorgaben vorzunehmen. Die Kontrollen sind regelmäßig vom Verpflichteten durchzuführen. In der Praxis ist das die Aufgabe des Geldwäschebeauftragten. Dieser Prüfprozess soll unabhängig von den Überprüfungspflichten der Innenrevision oder externen Prüfern erfolgen[56]. Dabei soll ein in-

53 Zentes/Glaab/*Kaetzler*, § 6 GwG, Rn 90.
54 Zentes/Glaab/*Kaetzler*, § 6 GwG, Rn 90.
55 BaFin-AuA zum GwG AT (03/2025), Ziff. 3.5, S. 29.
56 Zentes/Glaab/*Kaetzler*, § 6 GwG, Rn 49.

ternes Kontrollsystem Teil eines wirksamen Risikomanagements neben aufbau- und ablauforganisatorischen Regelungen sein. Der Verpflichtete und damit auch der/die Geldwäschebeauftragte können und dürfen sich dabei **nicht** auf die Kontrollen der Innenrevision verlassen. Vielmehr hat der/die Geldwäschebeauftragte damit im Rahmen seiner Aufgaben eine eigene Kontrollpflicht. Die Prüfungen sollen – dem risikobasierten Ansatz (risk-based approach) entsprechend – insbesondere in solchen Feldern durchgeführt werden, in denen ein erhöhtes Geldwäscherisiko liegt. Dabei liegt die Art und Häufigkeit der Kontrollen im Ermessen des Geldwäschebeauftragten, wodurch auch eine Beschränkung auf Stichproben im Rahmen der Durchführung der Kontrollen durch den Geldwäschebeauftragten in der Regel ausreichend sein kann. Die Kontrollen sind risikoorientiert durchzuführen, wobei in verstärktem Maße die Bereiche zu kontrollieren sind, von denen ein **erhöhtes Risiko** der Geldwäsche oder Terrorismusfinanzierung ausgeht[57]. Dabei ist das System selbst zu überprüfen, um Schwachstellen zu finden und ggf. zu verbessern, aber auch um es vor allem aktuell zu halten.

129 Falls die Kontrollen ergeben, dass gesetzliche oder interne Vorgaben nicht eingehalten werden, hat der Geldwäschebeauftragte ein **Weisungsrecht**, die Einhaltung der Vorgaben einzufordern[58]. Allerdings dürfte das Weisungsrecht nur gegenüber den Mitarbeitern, nicht jedoch gegenüber der Geschäftsleitung bestehen.

8. Externe Überprüfung der Sicherungsmaßnahmen (§ 6 Abs. 2 Nr. 7 GwG)

130 Neben der unter Ziff. 7 genannten Kontrollpflicht durch den Geldwäschebeauftragten sind die Verpflichteten im Rahmen der internen Sicherungsmaßnahmen gem. § 6 Abs. 2 Nr. 7 GwG verpflichtet, die Überprüfung der etablierten Grundsätze und Verfahren auch durch eine unabhängige Prüfung vornehmen zu lassen, soweit eine solche Überprüfung angesichts der Art und des Umfangs der Geschäftstätigkeit angemessen ist. Während dem Verpflichteten lediglich die Pflicht auferlegt wird, die internen Sicherungsmaßnahmen auf ihre Funktionsfähigkeit hin im Sinne einer Risikozyklusanalyse selbst laufend zu überprüfen und ggf. zu aktualisieren, ist nach § 6 Abs. 2 Nr. 7 GwG eine zusätzliche Prüfung durch eine vom Verpflichteten „unabhängige“ Stelle erforderlich, soweit Art und Umfang der Geschäftstätigkeit des Verpflichteten eine solche zusätzliche Prüfung erfordern.

131 Eine unabhängige Prüfung der zuvor genannten Grundsätze und Verfahren ist nur dann verpflichtend, wenn diese Überprüfung angesichts der Art und des Umfangs der Geschäftstätigkeit des Verpflichteten angemessen ist. Sie kann durch eine Innenrevision, aber auch durch sonstige interne oder externe Prüfungen erfolgen. Dabei besteht die vorgeschriebene unabhängige Überprüfung zusätzlich zu den gegebenenfalls vorliegenden Kontrollpflichten des Geldwäschebeauftragten und umfasst auch den von

57 Zentes/Glaab/*Kaetzler*, § 6 GwG, Rn 49.

58 BT-Drs. 18/11555, S. 111.

diesem zu verantwortenden Bereich[59]. Die Interne Revision bzw. die interne/externe Prüfungsstelle hat die Einhaltung aller geldwäscherechtlichen Pflichten zu überprüfen. Der Prüfungsrhytmus ist risikobasiert zu bestimmen. Innerhalb eines Drei-Jahres-Rhythmus müssen sämtliche Bereiche einer Prüfung unterzogen werden[60].

Die Prüfung der unabhängigen Stelle hat sämtliche geldwäscherechtlichen Pflichten 132
zu umfassen; die Durchführung von Stichproben hinsichtlich der Erfüllung von Kundensorgfaltspflichten, der Funktionsfähigkeit von Sicherungsmaßnahmen und des Verdachtsmeldewesens ist zulässig und entspricht langjähriger Praxis. Allerdings müssen diese in einem angemessenen Verhältnis zur Gesamtzahl derjenigen Geschäftsvorfälle stehen, die der jeweils geprüften geldwäscherechtlichen Pflicht unterliegen und die gemäß § 8 GwG aufgezeichnet worden sind. Das Verhältnis des Stichprobenumfangs zur Grundgesamtheit der geprüften Geschäftsvorfälle ist im Prüfungsbericht (ggf. näherungsweise) anzugeben[61].

D. Whistleblowing-Systeme/Meldestellen

1. Whistleblowing als Sicherungsmaßnahme gem. § 6 Abs. 5 GwG / § 53 GwG

Zu den in § 6 GwG aufgeführten **Sicherungsmaßnahmen** zählt u.a., dass „die Verpflich- 133
teten nach § 6 Abs. 5 GwG im Hinblick auf ihre Art und Größe angemessene Vorkehrungen zu treffen haben, damit es ihren Mitarbeitenden und Personen in einer vergleichbaren Position unter Wahrung der Vertraulichkeit ihrer Identität möglich ist, Verstöße gegen geldwäscherechtliche Vorschriften an geeignete Stellen zu berichten".

Damit wurde auf Basis der 4. EU-Geldwäscherichtlinie **für alle Verpflichtetet** des 134
GwG die Einrichtung eines **Whistleblowing – Systems** vorgeschrieben und ergänzt um die auf Behördenebenen eingerichtete Stellen[62] für Hinweisgeber nach § 53 GwG[63]. Die Mitarbeitenden von Verpflichteten bekamen so die Möglichkeit zu wählen, potenzielle oder tatsächliche Verstöße gegen das GwG oder andere entsprechende Gesetze und Rechtsverordnungen auch **intern**, bei dem Verpflichteten selbst – unter Wahrung der Vertraulichkeit – zu melden. Die Möglichkeit einer Meldung nach § 53 GwG an die jeweilige Aufsichtsbehörde[64] hat weiterhin bestand.

59 BaFin-AuA zum GwG AT (03/2025), Ziff. 3.7, S. 30.
60 BaFin-AuA zum GwG AT (03/2025), Ziff. 3.7, S. 30.
61 BaFin-AuA zum GwG AT (03/2025), Ziff. 3.7, S. 30.
62 Die Internetseiten der jeweiligen Behörden erhalten jeweils Links zu ihren anonymen Kanälen.
63 BaFin-AuA zum GwG AT (03/2025), Ziff. 3.8, S. 30.
64 S. für die BaFin § 4d Finanzdienstleistungsaufsichtsgesetz (FinDAG).

Hinweis:
Eine glaubwürdige und vertrauensvolle Ausgestaltung einer **internen Hinweisgeberstelle**, die von Mitarbeitenden angenommen wird, bietet den Vorteil, dass der Verpflichtete selbst zunächst die Kontrolle behält und etwaige Missverständnisse ausräumen kann. Die Wahl der Ansiedlung der Stelle wie aber auch die Glaubwürdigkeit der Vertraulichkeit spielen zur Vertrauensbildung eine zentrale Rolle.

135 Dabei macht es die BaFin den Verpflichteten „einfach" (vgl. BaFin-AuA AT zum GwG (03/2025), Ziffer 3.8 Whistleblowing, § 6 Abs. 5 GwG): „Es bleibt den Verpflichteten überlassen, welche interne Stelle für den Empfang der jeweiligen Meldungen zuständig ist und wie die Vertraulichkeit der Identität des/der betroffenen Beschäftigten sichergestellt wird". Seit Juli 2023 wurde die „Freiheit", die die BaFin den Verpflichteten zunächst gelassen hatte, auf der Basis dieser Sicherungsmaßnahmen eine Meldestelle einzurichten, durch das Hinzutreten eines weiteren Gesetzes zur Einrichtung eines Whistleblowing-Systems eingeschränkt, das Hinweisgeberschutzgesetz, kurz **HinSchG**.

2. Hinweisgeberschutzgesetz (HinSchG)

136 Lassen die Bestimmungen u.a. des § 6 Abs. 5 GwG und § 53 GwG, wie auch § 25a Abs. 1 S. 6 Nr. 3 KWG[65] Spielraum für z.B. die Ausgestaltung, Fristen und Schutzwirkung, so sind die bestehenden Lücken durch Verfahrensvorschriften mittlerweile geschlossen worden. Nach einem etwas längeren und holprigen Gesetzgebungsverfahren (inkl. „Blauem Brief" aus Brüssel) erfolgte mit einiger Verzögerung die Umsetzung der seit 2019 in Kraft getretenen EU – Richtlinie 2019/1937 („Whistleblowing-Richtlinie") in nationales Recht. Am 02.07.2023 trat das Gesetz für einen besseren Schutz hinweisgebender Personen, kurz HinSchG[66] in Kraft. Die Verzögerung führte am 6.3.2025 zu einer Sanktionszahlung über 34 Millionen EUR (Europäischer Gerichtshof RS. C-149/23).

137 Zielsetzung gem. § 1 HinSchG ist der **Schutz** der hinweisgebenden Personen (Abs. 1), die bei ihrer **beruflichen Tätigkeit** Verstöße gegen das Unionsrecht feststellen und melden, aber auch der Schutz der Personen, die Gegenstand oder betroffen von einer Meldung oder Offenlegung von Informationen über Verstöße sind (Abs. 2). Eine wichtige Rolle spielt der Schutz vor Benachteiligungen und arbeitsrechtlichen Konsequenzen/Repressalien (z.B. Kündigung).

Wichtig:
Die Identität einer hinweisgebenden Person, die vorsätzlich oder grob fahrlässig unrichtige Informationen über Verstöße meldet, wird nicht nach diesem Gesetz geschützt!

65 hier gibt es noch weiter spezifische Regelungen aus dem Finanzbereich, z.B. § 23 Abs. 6 VAG.
66 BGBl. 2023 I Nr. 140 vom 02.06.2023.

Gültig wurde das Gesetz unmittelbar u. a. für Kreditinstitute, Wertpapierhandelshäuser, Kapitalverwaltungsgesellschaften und Versicherer (§ 12 Abs. 3 HinSchG). Die in § 42 HinSchG vorgesehene Übergangsregelung für bestimmte Beschäftigungsgeber lief bereits im Dezember 2023 aus, so dass es mittlerweile für alle in § 12 HinSchG benannten Beschäftigungsgeber Gültigkeit hat. Von der Pflicht zur Einrichtung einer internen Meldestelle betroffen sind Unternehmen ab 50 Beschäftigten. **138**

ABER: Die Verpflichteten des Geldwäschegesetzes müssen, **unabhängig** von der Größe des Unternehmens und der Anfälligkeit in Bezug auf Geldwäsche und Terrorismusfinanzierung, **zusätzlich** zu den bereits für sie geltenden spezifischen Regelungen (die Vorrang[67] haben, vgl. § 1 Abs. 1 HinSchG), die im HinSchG weitergehenden Bestimmungen beachten. Dies geht aus dem letzten Satz im Absatz 1 des § 4 HinSchG hervor, der das Verhältnis zu den sonstigen Bestimmungen regelt und damit zeigt, dass sich die neuen und die bereits bestehenden Bestimmungen zu Erreichung aller gewollten Zielsetzungen ergänzen. Eine **Klarstellung** dazu erfolgte später in den AuA der BaFin AT zum GwG (03/2025 – bereits schon in 11/2024), Ziffer 3.8. So ist auch die Möglichkeit aus § 6 Abs. 5 GwG, Hinweise auf Verstöße gegen geldwäscherechtliche Vorschriften an **geeigneter** Stelle zu platzieren, durch das HinSchG abgedeckt. Mit Inkrafttreten der Geldtransferverordnung 2023 zum 30.12.2024[68] kam mit Artikel 32 eine weitere Norm für die Meldungen von Verstößen hinzu, die sich an Zahlungsdienstleister und Anbieter von Krypto-Dienstleistungen richten. Dazu heißt es „Den Erfordernissen all dieser Normen kann durch die Einrichtung **einer einzigen internen Meldestelle** genüge getan werden".[69] **139**

Es empfiehlt sich daher für die Verpflichteten, die bestehende Meldestelle entsprechend „aufzurüsten" oder eine neue internen Meldestelle einzurichten, die allen Vorgaben gerecht wird. Die Beauftragung eines Dritten mit der Wahrnehmung der Aufgaben einer internen Meldestelle ist gem. § 14 Abs. 1 HinSchG nach wie vor möglich (z. B. externe Rechtsanwälte, die einer Verschwiegenheitspflicht unterliegen), entbindet aber nicht von allen Pflichten: eine Auslagerung der Verantwortlichkeit darf nicht zu einer Übertragung der Verantwortung der Geschäftsleitung an das Auslagerungsunternehmen führen – das Institut bleibt bei einer Auslagerung für die Einhaltung der vom Institut zu beachtenden gesetzlichen Bestimmungen verantwortlich (§ 25b Abs. 2 KWG)! Die Einrichtung bei einer Konzernmutter wäre ebenfalls möglich (befindet sich diese im Ausland, sind hier u. U. andere gesetzliche Regelungen zu beachten, z. B. beim Datenschutz/Bankgeheimnis). **140**

Hinweis: **!**
Im Folgenden wird von der Entscheidung ausgegangen, die Meldestelle im eigenen Haus anzusiedeln.[70]

---

67 BaFin-AuA zum GwG AT (03/2025), Ziff. 3.8, S. 30.
68 Verordnung (EU) 2023/1113 des Europäischen Parlaments und des Rates vom 31. Mai 2023 (kurz GTVO 2023).
69 BaFin-AuA zum GwG AT (03/2025), Ziff. 3.8, S. 30.
70 Auf die Ausführungen zu externen Meldestellen wird hier nicht weiter eigegangen.

141 Bei der Überlegung, wo die interne Meldestelle angesiedelt werden soll, ist die Beachtung von zwei Faktoren zur Entscheidungsfindung hilfreich, die sich aus § 15 HinSchG ergeben:

a) § 15 **Abs 1** HinSchG: Die mit der Aufgabe der internen Meldestelle beauftragten Personen sind bei der Ausübung ihrer Tätigkeit unabhängig. D. h. es besteht Weisungsfreiheit (aber es dürfen keine Interessenskonflikte entstehen)
b) § 15 **Abs. 2** HinSchG: Die mit der Aufgabe der internen Meldestelle beauftragten Personen müssen über die notwendige Fachkunde verfügen

142 **Zu a)** die besondere Eignung haben demnach Compliance-Mitarbeitende, vorzugsweise im Finanzsektor die Geldwäschebeauftragten. Für sie ist sowohl das Thema Whistleblowing (§ 6 Abs 5 GwG/ § 53 GwG) wie auch die Weisungsfreiheit aus dem GwG (§ 7 Abs. 2 Satz 5 GwG) nicht unbekannt. Somit empfiehlt sich die Anbindung an den Bereich Geldwäsche/Compliance.

143 **Zu b)** Detaillierte Rechtskenntnisse der Meldetatbestände sind nicht erforderlich, aber die Rechte und Pflichten nach dem HinSchG müssen den Mitarbeitenden der Meldestelle bekannt sein. Die Grundlagen dafür bestehen ebenfalls bereits bei den **Compliance-Mitarbeitende** aus den in **a)** genannten Gründen, wobei der **Erwerb der Fachkunde** auch für Mitarbeitenden, die schon bisher die Meldestelle betreut haben, erforderlich ist. Hierfür gibt es mittlerweile eine Auswahl an qualifizierten Möglichkeiten in Form von Seminaren/Schulungen bei denen auch die notwendigen Nachweise der erworbenen Fachkunde **prüfungsfest** bestätigt werden. Muss gem. § 16 HinSchG der Beschäftigungsgeber (Verpflichtete) mindestens einen Meldekanal einrichten, über den die Meldungen zur Meldestelle gelangen kann, so ist die Nutzung für die hinweisgebende Person nicht zwingend. Die interne Meldestelle muss auch alle anderen Wege, inkl. **anonym** eingehender Meldungen (hier ohne Rückmeldemöglichkeit), bearbeiten.

144 In den BaFin-AuA AT zum GwG (03/2025 – bereits auch in 11/2024), Ziffer 3.8 Whistleblowing, § 6 Abs. 5 GwG wird auch auf die, ab dem 30.12.2024 basieren auf Art. 32 Abs. 2 GTVO 2023 ebenfalls einzurichtende Meldestelle eingegangen, die aber auch bei der bereits bestehenden Meldestelle angesiedelt sein darf. Eine neue Anforderung bringt der Art. 21 Abs. 2 der GTVO 2023, wenn es sich bei den Verpflichteten um einen Adressaten der GTVO 2023 handelt. Es muss die Möglichkeit einer anonymen Meldung bestehen. Um diese zu gewährleisten ist der internen Meldewege entsprechend zu erweitern.

145 Das Verfahren bei der hausinternen Meldung ergibt sich aus § 17 HinSchG und listet einige Punkte auf, die „**Muss**“-Aufgaben der Mitarbeiter der Meldestelle darstellen. **Genau bedeutet dies, sie müssen:**

– Fristen kennen und diese beachten, z.B. spätestens nach 7 Tagen eine Eingangsbestätigung erstellen,
– prüfen und erkennen, ob ein meldefähiger Verstoß vorliegt (§ 2 HinSchG),
– die Stichhaltigkeit prüfen,

- unter Beachtung des Vertraulichkeitsgebots (§ 8 HinSchG) die Dokumentation der Meldung (§ 11 HinSchG) vornehmen
- Kontakt mit der hinweisgebenden Person aufnehmen bzw. halten (unter Einhaltung der Fristen) und ggf. weitere Informationen einholen,
- Angemessene Folgemaßnahmen nach § 18 HinSchG ergreifen können und
- Rückmeldung innerhalb von 3 Monaten über geplante oder bereits ergriffene Folgemaßnahmen unter bestimmten Bedingungen (§ 17 Abs. 2 HinSchG) geben.

Tipps / Hinweise- für die Ausgestaltung:

- Festlegung eines priorisierten Meldekanals, z.B. eine nur für die Meldungen einge- 146
richtete E-Mail-Adresse, zu der nur die Mitarbeitenden der Meldestelle Zugriff haben,
- Vorkehrung zur Einhaltung des Datenschutzes treffen (Aufbewahrungsfristen / Vertraulichkeit),
- Gestaltung von Vordrucken/Checklisten und Briefbausteine, die den Ablauf vereinfachen und standardisieren, z.B. für das Gesprächsprotokoll, die Eingangsbestätigung und das Rückmeldeschreiben,
- Einbindung in die Unterrichtungs-Inhalte für Beschäftigte (§ 6 Abs. 2 Nr. 6 GwG)
- Veröffentlichung im (wenn vorhanden) Anweisungswesen / einer Verfahrensordnung (zwingend) und
- Veröffentlichung über weitere hausinterne Systeme, z.B. ein eigener Bereich im Intranet, in denen die Informationen rund um den Hinweisschutz platziert werden können, und zwar leicht verständlich und für alle leicht zugänglich.

Tipps für den Inhalt der Veröffentlichung an die Mitarbeitenden / potenziellen Meldenden:

- Information, dass es das Verfahren gibt, wie es ausgestattet ist, an wen man sich 147
wenden kann und dass die Vertraulichkeit garantiert ist,
- transparente Darstellung des priorisierten Meldekanals aber auch, dass man nicht an den durch die Meldestelle eingerichteten Meldeweg gebunden ist, sondern diverse Möglichkeiten genutzt werden können,
- der Hinweis, dass auch anonyme Meldungen bearbeitet werden
- ergänzend die Möglichkeit zur eventuellen Nutzung externen Meldeverfahren, z.B. Meldung bei der jeweiligen Aufsichtsbehörde[71], erwähnen (was durch attraktive Gestaltung der internen Meldestelle eher vermieden werden kann (s. Tipp unter Punkt 1.),
- in Anlehnung an den sachlichen Anwendungsbereich (§ 2 HinSchG) anhand von realistischen Beispielen darstellen, was Meldebasis sein kann und was auf keinen

71 z.B. BaFin, Gemeinsame Glücksspielbehörde der Länder (GGL) oder die jew. Bezirksregierungen.

Fall darunterfällt, inkl. dem Hinweis darauf, dass die Meldung von privatem Fehlverhalten ohne Bezug zur beruflichen Tätigkeit nicht unter das HinSchG fällt!
- extra betonen, dass es sich auch bei Meldungen nach dem HinSchG, welche an die interne Meldestelle gerichtet sind, nicht um Geldwäsche Verdachtsmeldungen im Sinne des § 43 Abs. 1 GwG handelt, bzw. keine Meldungen gem. § 43 Abs. 1 an die Hinweisgeberstelle zu richten sind[72] (somit keine Berufung auf die Schutzwirkung des § 48 Abs. 2 GwG und es treten auch nicht die Rechtswirkungen des § 261 Abs. 8 StGB ein).

Beispiele speziell im Finanzsektor
meldefähige Verstöße: Verstöße gegen das Kreditwesengesetz (KWG)/ gegen Regeln, die die BaFin überwacht/ gegen die GTVO/ gegen Datenschutzbestimmungen/ gegen die Marktmissbrauchs -VO/ gegen Bestimmungen zur Bekämpfung von Geldwäsche und Terrorismusfinanzierung, aber auch alle sonstigen Straftaten. Z. B. eine Kollegin vereinbart mit Kunden diverse Leerkäufe einer bestimmten Aktie, was auf Marktmanipulation hinweisen könnte/ ein Kollege hat schon mehrfach von Geschäftskunden mit diversen Finanzierungswünschen hochwertige Geschenke entgegengenommen/ ein Bauunternehmer, zu der eine Verdachtsmeldung erstattet wurde, erhält von seiner Kundenbetreuung einen Hinweis auf die erfolgte Meldung („Tipping-off")
nicht meldefähige Verstöße: Verstöße ohne wirklichen dienstlichen Bezug, z. B.: der Chef hat zu Hause schon 40 Cannabis Pflanzen/ die Kollegin hat schon 10 Punkte in Flensburg/ der Kollege isst immer meinen Joghurt.

Gut zu wissen:

148
- in den Unternehmen, in denen Risikoanalysen erstellt werden, sind diese entsprechend anzupassen!
- die Datenschutz-Folgenabschätzung (DSFA) gem. Art. 35 EU-DSGVO ist durchzuführen bzw. die bestehende zu aktualisieren!
- der Personal-/ Betriebsrat ist zu informieren!
- das Hinweisgeberverfahren ist zu finden in den Guidelines on internal governance (EBA/GL/2021/05 Kapitel 13, Rn. 132 bis 138).

Last but not least:

149 Auch in diesem Gesetz finden sich entsprechende Bußgeldvorschriften (hier § 40 HinSchG). Diese gelten für Beschäftigungsgeber und können bis zu 50.000,00 EUR betragen bei
- Behinderung von Meldungen
- Benachteiligung von Hinweisgebern
- Nichtwahrung der Vertraulichkeit,

gelten aber auch für die **meldende Person** und können bis zu 20.000,00 EUR betragen bei wissentlicher Offenlegung unrichtiger Informationen.

72 BaFin-AuA zum GwG AT (03/2025), Ziff. 3.8, S. 30.

Ausblick auf die EU-Geldwäsche-Verordnung

Die hier bereits erwähnte „GTVO 2023“ gehört mit zu dem EU-AML-Gesetzespaket, war aber bereits ab dem 30.12.2024 anzuwenden. Gem. Artikel 14 der EU-Geldwäsche-Verordnung haben „Die Richtlinie (EU) 2019/1937 des Europäischen Parlaments und des Rates für die Meldung von Verstößen gegen diese Verordnung, die Verordnung (EU) 2023/1113 und von Aufsehern erlassene Verwaltungsakte sowie den Schutz von Personen, die solche Verstöße melden“ nach wie vor ihre Gültigkeit und die Verpflichteten haben entsprechende Meldekanäle einzurichten. Welche Elemente Verpflichtete bei der Festlegung des Umfangs ihrer internen Strategien, Verfahren und Kontrollen berücksichtigen sollten, dazu soll gem. Artikel 9 der EU-Geldwäsche-Verordnung bereits bis zum 10. Juli 2026 von der AMLA-Leitlinien ausgegeben werden. Auch organisatorisch wird es nach wie vor, wie z.Z in § 8 GwG geregelt, Dokumentationspflichten und Aufbewahrungspflichten geben (s. Art. 77 der EU-Geldwäsche-VO). Weiterhin werden Auslagerungen an Dienstleister unter Verbleib der Verantwortung bei dem jeweiligen Verpflichteten möglich sein, die den „Aufsehern“ zu melden sind. Auch hier wird es Aufgabe der AMLA sein, Leitlinien dafür zu erarbeiten, unter welchen Bedingungen Auslagerung erfolgen kann und welche Aufgaben und Zuständigkeiten den Beteiligten jeweils zukommen (Artikel 18 EU-Geldwäsche-Verordnung, vgl. auch Erwägungsgründe 47–50)

Informatives am Rande:

„Im Jahr 2024 erhielt die Hinweisgeberstelle der BaFin[73] 1141 Hinweise (Vorjahr: 1379). In 988 Fällen leitete die BaFin eine Sachverhaltsanalyse durch die Fachaufsicht ein. In 343 dieser Fälle hat die BaFin tiefergehende Maßnahmen bei den betroffenen Instituten ergriffen. Sie hat beispielsweise Auskunftsersuche an sie gerichtet, Marktmissbrauchsuntersuchungen durchgeführt, Sonderprüfungen vorgenommen und angeordnet, dass unerlaubte Geschäfte eingestellt und abgewickelt werden. Insgesamt 83 Hinweise leitete die Hinweisgeberstelle der BaFin an andere Stellen weiter“.

73 s. Jahresbericht der BaFin 2024 unter www.bafin.de.

Kapitel 4
Sorgfaltspflichten nach dem GwG

A. Die allgemeinen Sorgfaltspflichten nach § 10 GwG

I. Grundsätzliches

1 Die in § 10 Abs. 1 GwG enthaltenen **allgemeinen Sorgfaltspflichten** stellen aus der Sicht der Verpflichteten den Nukleus des GwG dar. Sie bilden einen umfassenden Katalog kundenbezogener Maßnahmen ab, die grundsätzlich von allen Verpflichteten i.S.v. § 2 Abs. 1 GwG auf Geschäftsbeziehungen oder Transaktionen anzuwenden sind.

2 Gleichzeitig sind die **allgemeinen Sorgfaltspflichten** in § 10 Abs. 1 GwG der **Ausgangspunkt** für die **vereinfachten Sorgfaltspflichten** gem. § 14 GwG und die **verstärkten Sorgfaltspflichten** nach § 15 GwG, die diese risikoabhängig vereinfachend modifizieren oder zu ihnen hinzutreten. Mit Blick auf § 10 Abs. 1 GwG besteht der Pflichtenkanon der allgemeinen Sorgfaltspflichten aus:

- der **Identifizierung** des Vertragspartners und ggf. einer für diesen handelnden Person, sowie die Abklärung der Vertretungsbefugnis (§ 10 Abs. 1 Nr. 1 GwG);
- der **Abklärung** eines möglicherweise abweichenden wirtschaftlich Berechtigten (§ 10 Abs. 1 Nr. 2 GwG) sowie dessen Identifizierung;
- der Abklärung des **Zwecks** der Geschäftsbeziehung, soweit sich dieser nicht bereits zweifelsfrei aus der Geschäftsbeziehung ergibt (§ 10 Abs. 1 Nr. 3 GwG);
- der Feststellung mit angemessenen, risikoorientierten Verfahren, ob es sich bei dem Vertragspartner oder dem wirtschaftlich Berechtigten um eine **politisch exponierte Person**, um ein Familienmitglied oder um eine bekanntermaßen nahestehende Person handelt (§ 10 Abs. 1 Nr. 4 GwG);
- der kontinuierlichen **Überwachung** der Geschäftsbeziehung einschließlich der Transaktionen, die in ihrem Verlauf durchgeführt werden, zur Sicherstellung, dass diese Transaktionen übereinstimmen (§ 10 Abs. 1 Nr. 5 GwG)
  a) mit den beim Verpflichteten vorhandenen Dokumenten und Informationen über den Vertragspartner und gegebenenfalls über den wirtschaftlich Berechtigten, über deren Geschäftstätigkeit und Kundenprofil und
  b) soweit erforderlich mit den beim Verpflichteten vorhandenen Informationen über die **Herkunft** der Vermögenswerte, und
- der **Aktualisierung** der Daten und Dokumente (§ 10 Abs. 1 Nr. 5 HS. 2 GwG).

3 Die vereinfachten Sorgfaltspflichten in § 14 GwG, **können** zur Anwendung gelangen, wenn vom Verpflichteten festgestellt oder zumindest angenommen wird, dass einer Geschäftsbeziehung oder Transaktion ein geringes Geldwäsche- oder Terrorismusfinanzierungsrisiko inhärent ist.

https://doi.org/10.1515/9783111510545-004

4 Demgegenüber **müssen** die **verstärkten Sorgfaltspflichten** gem. § 15 GwG Berücksichtigung finden, soweit eine Geschäftsbeziehung oder eine Transaktion ein erhöhtes oder hohes Risiko aufweist.

5 Für Kreditinstitute gibt es darüber hinaus in den §§ 25h-25m KWG weitere, z.T. auch **verstärkte** Sorgfaltspflichten, auf die später näher eingegangen wird.

6 Für **Versicherungen**, die

a) Lebensversicherungen
b) Unfallversicherungen mit Prämienrückgewähr
c) Darlehen im Sinne von § 1 Absatz 1 Satz 2 Nummer 2 KWG vergeben oder
d) Kapitalisierungsprodukte anbieten,

und damit gem. § 2 Abs. 1 Nr. 7 GwG Verpflichtete nach dem GwG sind, gilt es zusätzliche allgemeine Sorgfaltspflichten nach § 54 VAG und verstärkte Sorgfaltspflichten in § 55 VAG zu beachten.

II. Pflichtauslösende Tatbestände nach § 10 Abs. 3 GwG

7 Grundsätzlich haben alle Verpflichteten im Sinne von § 2 Abs. 1 GwG auch die in § 10 Abs. 1 GwG aufgeführten „allgemeinen Sorgfaltspflichten" zu erfüllen.

8 Die allgemeinen Sorgfaltspflichten sind jedoch nicht uferlos bei jedem erdenklichen Geschäftsvorfall abzuhandeln, sondern insbesondere anlassbezogen, wenn einer der kataloghaft in § 10 Abs. 3 GwG aufgeführten pflichtauslösenden Tatbestände einschlägig ist.

9 **Pflichtauslösende Tatbestände** nach § 10 Abs. 3 GwG sind:

- die **Begründung** einer Geschäftsbeziehung;
- die Durchführung einer **außerhalb** einer **bestehenden Geschäftsbeziehung** anfallenden Transaktion im Wert von 15.000 Euro oder mehr; dies gilt auch, wenn mehrere Transaktionen durchgeführt werden, die zusammen einen Betrag im Wert von 15.000 Euro oder mehr ausmachen, sofern Anhaltspunkte dafür vorliegen, dass zwischen ihnen eine Verbindung zu bestehen scheint;[1]
- die Durchführung eines **außerhalb** einer bestehenden Geschäftsbeziehung durchzuführenden **Geldtransfers** mit einem Betrag im Wert von 1.000 Euro oder mehr;
- das **Vorliegen** von **Tatsachen**, die auf **Geldwäsche** oder **Terrorismusfinanzierung** hindeuten;
- **Zweifel**, ob die aufgrund von Bestimmungen dieses Gesetzes erhobenen Angaben zu der Identität des Vertragspartners oder des wirtschaftlich Berechtigten zutreffend sind.

1 Vgl. zum Transaktionsbegriff: § 1 Abs. 5 S. 1 GwG.

III. Pflichtauslösende Tatbestände bei Bestandskunden nach § 10 Abs. 3a GwG

1. Grundsätzliches

Während § 10 Abs. 3 GwG auf die Begründung neuer Geschäftsbeziehungen, Transaktionen außerhalb bestehender Geschäftsbeziehungen und Zweifel an der Identität des Vertragspartners abzielt, enthält **§ 10 Abs. 3a S. 2 GwG pflichtauslösende Tatbestände** hinsichtlich **bestehender Geschäftsbeziehungen**. 10

Da es den in § 10 Abs. 3a S. 2 Nr. 2 und 3 GwG aufgeführten Tatbeständen an einer die jeweilige Pflicht auslösenden Rechtsgrundlage im GwG fehlt und somit auch keine Anwendungsfälle bestehen,[2] laufen die Vorschriften in ins Leere, weshalb zum Zeitpunkt der Erstellung dieser Auflage ausschließlich **§ 10 Abs. 3a S. 2 Nr. 1 GwG** eine praktische Relevanz hat, nach dessen Maßgabe die allgemeinen Sorgfaltspflichten anzuwenden sind, wenn sich **maßgebliche Umstände** beim Kunden ändern. 11

Zentraler Anknüpfungspunkt von § 10 Abs. 3a S. 2 Nr. 1 GwG ist ausweislich des Wortlauts der „**Bezug**" zum „**Kunden**". 12

Eine gesetzliche oder aufsichtliche Definition des Begriffs „**Kunde**" enthält das GwG nicht, wenngleich der Terminus immer wieder Erwähnung findet. Insoweit bedarf es zu dessen Verständnis einer **begrifflichen Auslegung**. 13

Die **4. EU-Geldwäscherichtlinie** leistet hierzu nur bedingt einen Beitrag. In dieser wird zwar ausnahmslos zwischen „Kunden" und „wirtschaftlich Berechtigten" unterschieden,[3] was den Schluss zuließe, dass es sich bei „Kunden" und „wirtschaftlich Berechtigten" um die wesentlichen voneinander zu trennenden Rechtsfiguren handelt und demzufolge „Kunde" als Oberbegriff für Vertragspartner und handelnde Personen verstanden werden muss. Schließlich verwendet der deutsche Gesetzgeber den Terminus „Kunde" selbst, etwa im Titel des Abschnitts 3 des GwG,[4] als Sammelbegriff für Vertragspartner, handelnde Personen und wirtschaftlich Berechtigte. 14

Diese Annahme bestätigt sich mit Blick auf die Gesetzesbegründung zum Umsetzungsgesetz zur 4. EU-Geldwäscherichtlinie allerdings nicht, da es sich, zumindest nach Auffassung des deutschen Gesetzgebers, bei der Nicht-Nennung der auftretenden Personen um ein redaktionelles Versehen des europäischen Gesetzgebers gehandelt hat.[5] 15

Mithin spricht der Verweis des deutschen Gesetzgebers deutlich dafür, dass die fehlende Nennung der auftretenden Personen in der Richtlinie als redaktionelles Versehen angesehen werden muss, eindeutig dafür, dass in Hinblick auf die Sorgfaltspflichten, nach seinem Verständnis, drei voneinander zu unterscheidende Rechtsfiguren im Geldwäscherecht bestehen und der Begriff „**Kunde**" synonym zu „**Vertragspartner**" im GwG zu verstehen ist. 16

---

2 BeckOK GwG/*Brian*, 20. Ed. 1.12.2024, GwG § 10 Rn. 47f.

3 Vgl. z.B. Art. 14 Abs. 1 RL (EU) 2015/849.

4 Der Titel des Abschnitt 3 des GwG lautet auf: „Sorgfaltspflichten in Bezug auf Kunden".

5 BT-Drucks. 18/11555, S. 118.

17 Ferner müssen die kundenbezogenen **Veränderungen „maßgeblich"** sein. Dies ist etwa der Fall, wenn eine Veränderung des Sitzlandes des Vertragspartners eine bestehende Risikobewertung nach § 10 Abs. 2 GwG berührt und damit, auf Grundlage des § 10 Abs. 3a S. 2 Nr. 1 GwG, das Erfordernis einer erneuten Bewertung des der Geschäftsbeziehung inhärenten Geldwäsche- und Terrorismusfinanzierungsrisikos begründet.[6] Ebenso stellt es nach höchstrichterlicher Auffassung eine maßgebliche Änderung dar, wenn der Kontoinhaber oder die Kontoinhaberin verstirbt, ein berechtigter Erbe / eine berechtigte Erbin an die Stelle der verstorbenen Person tritt und eine Person zur Nachlassverwaltung bestellt wurde.[7]

18 Nach Dafürhalten der **Aufsicht** können zudem eine **Änderung der Gesellschaftsform**, eine **Unternehmensverschmelzung** oder die maßgebliche Veränderung der Eigentums- oder Kontrollstruktur maßgebliche Änderungen im Sinne von § 10 Abs. 3a S. 2 Nr. 1 GwG sein und damit eine erneute Erfüllung einzelner allgemeiner Sorgfaltspflichten erforderlich machen. Insbesondere die von der Aufsicht angeführte Änderung der Gesellschaftsform sollte dabei im Zusammenspiel mit § 11 Abs. 3 S. 2 GwG betrachtet werden und eine erneute Identifizierung des Vertragspartners zur Folge haben.

19 Im Übrigen wird es den Verpflichteten überlassen sein, die **Eintrittsschwelle** für eine Änderung maßgeblicher Umstände in der von ihnen durchzuführenden Risikoanalyse zu **definieren**.[8]

20 Zu beachten ist, dass auch bei Vorliegen einer maßgeblichen Änderung in Bezug auf den Kunden nach § 10 Abs. 3a S. 2 Nr. 1 GwG keine Pflicht besteht, alle in § 10 Abs. 1 GwG benannten Maßnahmen erneut abzuhandeln. Es genügt vielmehr, wenn Verpflichtete im Änderungsfall **bedarfsgerecht** einzelne der in § 10 Abs. 1 GwG aufgeführten allgemeinen Sorgfaltspflichten **erneut erfüllen**.[9]

21 Da § 10 Abs. 3a S. 2 GwG nicht abschließend ist, steht es den Verpflichteten im Rahmen des ihnen eingeräumten Ermessensspielraumes zudem frei, weitere Anwendungsfälle der allgemeinen Sorgfaltspflichten auf bestehende Geschäftsbeziehungen zu bestimmen, etwa in Hinblick auf auftretende Personen oder wirtschaftlich Berechtigte.

2. Ausnahmen für rechtsberatende Berufe

22 Eine **Ausnahme** gilt für Angehörige **rechtsberatender Berufe** i.S.v. § 2 Abs. 1 Nr. 10 GwG durch die in § 1 Abs. 4 GwG enthaltene Begriffsbestimmung der „Geschäftsbeziehung". Demnach werden für diese Verpflichteten die allgemeinen Sorgfaltspflichten durch die Ausübung der jeweils in § 2 Abs. 1 Nr. 10 GwG enumerativ angeführten Kataloggeschäfte ausgelöst.

---

6 BeckOK GwG/*Brian*, 20. Ed. 1.12.2024, GwG § 10 Rn. 46.

7 BGH, Urt. v. 20.4.2021 – XI ZR 511/19, Rn. 17.

8 So auch: BeckOK GwG/*Brian*, 20. Ed. 1.12.2024, GwG § 10 Rn. 46.

9 BaFin AuA zum GwG AT (03/2025), S. 38, Ziff. 4.5.

Rechtsanwälte, die keine der Katalogtatbestände in § 2 Abs. 1 Nr. 10 GwG ausüben und z. B. rein rechtsberatend tätig werden, sind keine Verpflichteten nach dem GwG und haben daher auch keine Pflichten nach dem GwG zu erfüllen. 23

3. Ausnahmen für Güterhändler, Kunstvermittler und Kunstlagerhalter

In § 10 Abs. 6a GwG ist geregelt, dass Verpflichtete nach § 2 Abs. 1 Nr. 16[10] die in § 10 Abs. 1 GwG genannten allgemeinen Sorgfaltspflichten nur zu erfüllen haben, wenn die in § 10 Abs. 6a GwG genannten Schwellenbeträge erreicht werden. Im Umkehrschluss bedeutet dies, dass die **allgemeinen Sorgfaltspflichten** durch diese Verpflichteten unterhalb der in § 10 Abs. 6a GwG genannten **Schwellenbeträge** nicht eingehalten werden müssen. Diese **Befreiungsvorschrift** gilt jedoch ausschließlich für die in § 2 Abs. 1 Nr. 16 GwG genannten Verpflichteten. 24

Hierbei muss zwischen **Güterhändlern** gem. § 1 Abs. 9 GwG einerseits und **Kunstvermittlern** bzw. **Kunstlagerhaltern** i. S. v. § 1 Abs. 23 GwG andererseits unterschieden werden. 25

Kunstvermittler und **Kunstlagerhalter**, soweit die Lagerhaltung in Zollfreigebieten erfolgt, wurden am 1.1.2020 als Verpflichtete in das GwG aufgenommen. Für diese gilt eine betragsmäßige Eintrittsschwelle der allgemeinen Sorgfaltspflichten ab **10.000 Euro**, wobei das Erreichen dieses Schwellenbetrags nicht zwingend Bartransaktionen voraussetzt, sondern durch **jegliche Art von Transaktionen** erreicht werden kann.[11] Das Gleiche gilt für **Güterhändler**, welche Kunstgegenstände kaufen oder verkaufen. 26

Güterhändler im Sinne des § 1 Abs. 9 GwG ist, wer **gewerblich** Güter veräußert, unabhängig davon, in wessen Namen oder auf wessen Rechnung er handelt. Damit fallen auch Kleinhändler wie z. B. der Kioskbesitzer, die täglich nur einen Gesamtumsatz von wenigen hundert Euro zu verzeichnen haben, unter diesen Begriff. 27

Der Terminus „**Güter**" ist im GwG nicht legaldefiniert. Der Gesetzgeber legt ihn jedoch weit aus. Demnach sind unter „Güter" im Sinne des § 1 Abs. 9 GwG alle beweglichen und unbeweglichen Sachen unabhängig von ihrem Aggregatzustand zu verstehen.[12] Von dem Begriff sind somit auch nicht körperliche Sachen, wie z. B. Strom erfasst. 28

Wichtig !

Jede natürliche oder juristische Person, die mit „Gütern" handelt, ist damit Verpflichteter nach § 2 Abs. 16 GwG, unabhängig davon, ob jemals ein Schwellenbetrag in einer Transaktion erreicht oder überschritten wird.

---

10 Güterhändler, Kunstvermittler und Kunstlagerhalter, die in Zollfreigebieten lagern.
11 Vgl. § 10 Abs. 6a Nr. 1 a) und 2 GwG.
12 BT-Drucks. 18/11555, 103.

29 Soweit es sich um **Güterhändler** handelt, welche hochwertige Güter[13] wie Edelmetalle, also Gold, Silber oder Platin an- oder verkaufen, gilt gem. § 10 Abs. 6a Nr. 1 b) GwG eine Betragsgrenze ab **2.000 Euro** für **Bartransaktionen**, ab der die **allgemeinen Sorgfaltspflichten** zu erfüllen sind und ab dem sie über ein **Risikomanagement** im Sinne des § 4 GwG verfügen müssen.

30 Dadurch fallen **unbare** Zahlungen mittels Kredit- und Debitkarten oder Lastschriften bzw. Überweisungen nicht unter die betragsmäßigen Grenzen. Ebenso wenig die heute in der Praxis nur noch selten verwendeten Scheckzahlungen. Der Grund dafür ist, dass bei diesen Zahlungsmitteln betreffende Transaktionen eine sog. „Papierspur" hinterlassen, anhand derer sich der Transaktionsverlauf bis zu einem Konto zurückverfolgen lässt. Daher müssen die allgemeinen Sorgfaltspflichten des § 10 Abs. 1 GwG – soweit nicht der Schwellenbetrag von 10.000 Euro durch **Barzahlung** erreicht oder überschritten wird – auch bei hohen unbaren Zahlungen über dem Schwellenwert nicht eingehalten werden.

31 Bei **Güterhändlern** gilt die Befreiung von der Erfüllung allgemeiner Sorgfaltspflichten immer dann, wenn der Schwellenbetrag von 10.000 Euro bei **Bartransaktionen nicht** erreicht wird. Dabei ist zu beachten, dass der Schwellenbetrag und damit das Einsetzen der Pflicht zur Anwendung allgemeiner Sorgfaltspflichten nicht dadurch umgangen werden kann, dass etwa ein 10.000 Euro überschreitender Kaufbetrag in mehreren Tranchen bezahlt wird. Maßgeblich ist die Gesamtheit der geleisteten Barzahlungen je Erwerbsvorgang.

Beispiel

Ein Kunde kauft bei einem Juwelier eine Armbanduhr im Wert von 14.000 Euro. Er tätigt bei der Bestellung eine Anzahlung in Höhe von 5.000 Euro, die er in bar bezahlt. Bei der Abholung der Uhr wenige Tage später zahlt er den Rest in Höhe von 9.000 Euro ebenfalls in bar.

Obwohl jeder einzelne Bezahlvorgang unter dem Schwellenbetrag in Höhe von 10.000 Euro geblieben ist, handelt es sich insgesamt um eine Transaktion im Sinne des § 1 Abs. 5 GwG, da es zwischen den beiden Transaktionen eine Verbindung gibt, die eine Vermögensverschiebung bewirkt. Hier müssten daher spätestens bei der Bezahlung des Restbetrages die allgemeinen Sorgfaltspflichten des § 10 GwG eingehalten werden. Anders wäre es, wenn nur 4.000 Euro bei der Abholung in bar beglichen würden und der Rest per Kreditkartenzahlung bezahlt werden – hier würden insgesamt „nur" 9.000 Euro bar bezahlt werden, so dass der Schwellenbetrag in Höhe von 10.000 Euro nicht erreicht wäre.

Ausblick auf die EU-Geldwäsche-Verordnung

Mit dem Geltungsbeginn der **EU-Geldwäsche-Verordnung**[14] am 10. Juli 2027 ergeben sich sowohl in Hinblick auf den Verpflichteten-Status von Güter- und Kunsthändlern als auch bezüglich des Schwellenbetrages in Höhe von 10.000 Euro bei Barzahlungen **signifikante Änderungen**.

13 Zu den hochwertigen Gütern siehe: § 1 Abs. 10 S. 2 GwG.

14 VO (EU) 2024/1624.

Nach **Art. 3 Nr. 3 EU-Geldwäsche-Verordnung** sind **Güterhändler** nicht mehr per se als Verpflichtete zu betrachten. Stattdessen gelten nach **Art. 3 Nr. 3 Buchst. f) EU-Geldwäsche-Verordnung** ausschließlich solche Händler als Verpflichtete, die mit hochwertigen Gütern im Sinne des Anhang IV der EU-Geldwäsche-Verordnung handeln und die in dem Anhang beschriebenen Schwellenbeträge überschreiten oder Händler von **Edelmetallen** oder **Edelsteinen** gem. **Art. 3 Nr. 3 Buchst. e) EU-Geldwäsche-Verordnung** entsprechend ihres **Anhangs V**.
Kunsthändler und **Verwahrer** von Kunst oder anderer hochwertiger Güter[15] sind erst zur Einhaltung der in der EU-Geldwäsche-Verordnung statuierten Vorgaben verpflichtet, wenn der Wert einer unbaren Transaktion auf 10.000 Euro oder mehr lautet.
Bartransaktionen sind mit dem Geltungsbeginn der Verordnung nach **Art. 80 EU-Geldwäsche-Verordnung** nur noch bis zu einem Betrag von 10.000 Euro zulässig, unabhängig von der Art der gehandelten Güter oder der erbrachten Dienstleistung. Insofern etabliert der Gesetzgeber eine **Bartransaktionsobergrenze**, die in der Praxis fälschlicherweise häufig als „Bargeldobergrenze" bezeichnet wird.

IV. Identifizierung nach § 10 Abs. 1 Nr. 1 GwG

1. Grundsätzliches

Zentraler Dreh- und Angelpunkt der **allgemeinen Sorgfaltspflichten** des Geldwäschegesetzes ist die Pflicht zur **Identifizierung** nach **§ 10 Abs. 1 Nr. 1 GwG**, also zur Feststellung der Identität des Vertragspartners und der handelnden Person(en). Die Feststellung der Identität ist darauf gerichtet, Vertragsbeziehungen transparenter zu gestalten und durch den Entfall von Anonymität die Hürde für kriminelle Handlungen zu erhöhen. Dieses Transparenzgebot, das bereits in § 154 AO mit gleicher Zielsetzung jedoch vor einem anderen Hintergrund unter der Bezeichnung „Kontenwahrheit und Kontenklarheit" Ausdruck findet, soll im Interesse des jeweiligen Verpflichteten verhindern, dass mit diesem unterhaltene Geschäftsbeziehungen oder über ihn durchgeführte Transaktionen zum Zweck der Geldwäsche oder Terrorismusfinanzierung missbraucht werden. Zudem ist die Verpflichtung zur Identifizierung für Ermittlungsbehörden ein sachdienliches Instrument. Beim Vorliegen von Anhaltspunkten einer Geldwäsche- oder Terrorismusfinanzierungsaktivität können diese mittels der Identität der betreffenden Person einer Papierspur folgen und auf diesem Weg ggf. den oder die Täter feststellen. 32

a) Identifizierung nach § 1 Abs. 3 GwG

Die Identifizierung erfolgt gem. **§ 1 Abs. 3 GwG in zwei Schritten:** 33

1. Dem Erheben von Angaben zum Zwecke der Identifizierung und
2. der Überprüfung dieser Angaben zum Zwecke der Identifizierung.

15 Art. 3 Nr. 3 Buchst. i) und j) EU-Geldwäsche-Verordnung.

Demnach sind zunächst gesetzlich bestimmte Angaben zum Zweck der Identifizierung zu **erheben** und anschließend mittels geeigneter Instrumente zu **überprüfen**.

34 Es ist ebenso zulässig, die in § 1 Abs. 3 GwG benannte **Schrittfolge** umzudrehen, das heißt sich erst ein geeignetes Dokument zur Identifizierung vorlegen zu lassen und diesem anschließend die erforderlichen Daten zu entnehmen. Maßgeblich ist, dass beide Verfahrensschritte für eine vollständige Identifizierung im Sinne des § 1 Abs. 3 GwG abgeschlossen sein müssen.

b) Identifizierungspflicht bei Verdacht auf Geldwäsche oder Terrorismusfinanzierung

aa) Allgemeines

35 Eine besondere Stellung im Kreise der die Pflicht zur Anwendung allgemeiner Sorgfaltsmaßnahmen auslösenden Anlässe nimmt § 10 Abs. 3 Nr. 3 GwG ein. Demnach ist in Fällen, in denen ein Verdacht auf Geldwäsche oder Terrorismusfinanzierung zu melden ist, auch eine entsprechende Identifizierung vorzunehmen. Die Verpflichtung zur Identifizierung ergänzt insoweit die Pflicht zur Abgabe einer Meldung an die FIU nach § 43 Abs. 1 S. 1 GwG.

! **Praxistipp**

Die Meldeverpflichtung ist betragsunabhängig. Damit können auch kleinere Transaktionen unter den jeweiligen Schwellenbeträgen einen Verdacht und ggf. eine Pflicht zur Meldung auslösen.

---

36 Praktisch wird die Regelung des **§ 10 Abs. 3 Nr. 3 GwG** jedoch kaum Anwendung finden. Denn soweit ein Verpflichteter Tatsachen feststellt, die den Schluss zulassen, dass eine angetragene Transaktion der **Geldwäsche** oder Terrorismusfinanzierung dienen könnte, wird er sie kaum durchführen. Andernfalls besteht die Gefahr, dass sich die ausführenden Mitarbeitenden einer **(leichtfertigen) Geldwäsche** nach § 261 Abs. 6 StGB schuldig machen.[16]

! **Praxistipp**

Leichtfertige Geldwäsche kann für Mitarbeitende von Verpflichteten zu einem ernstzunehmenden strafrechtlichen Risiko werden. Es ist vor diesem Hintergrund geboten, die Mitarbeitenden für diese Thematik und die potenziellen Konsequenzen unachtsamen Handelns zu sensibilisieren.

---

37 Weiterhin wird es sich in der Praxis schwer gestalten lassen, bei einer **Ablehnung** einer **verdächtigen Transaktion** wegen des Verdachts auf Geldwäsche oder Terrorismusfinanzierung noch eine Identifizierung der in Verdacht stehenden Person durchzuführen.

---

16 S. hierzu ausführlich Kap. 7 A II 6.

Diese Herausforderung ergibt sich vor allem in den Fällen, in denen eine Transaktion mit einem **Betrag unterhalb** der gesetzlichen oder aufsichtlich definierten **Schwellenbeträge** durchgeführt wurde. 38

Transaktionen unterhalb eines vorgegebenen Schwellenbetrages lösen grundsätzlich **keine Identifizierungspflicht** aus. Dieser Umstand ist in der Regel auch potenziellen Geldwäschern bekannt, die sich aller Voraussicht nach, unter Verweis auf die bestehenden rechtlichen Voraussetzungen für die Durchführung einer Identifizierung, weigern würden, ihre Personalien bekannt zu geben. Dies gilt zumindest dann, wenn der Transaktionsbetrag deutlich niedriger als der jeweilige Schwellenbetrag ist. Mithin wird es grundsätzlich nicht möglich sein, die handelnde Person von einer nachträglichen Identifizierung unter Vorlage ihres Ausweises zu überzeugen. Dies gilt insbesondere vor dem Hintergrund, dass der Person der tatsächliche Grund (Hinweis auf Geldwäsche oder Terrorismusfinanzierung) gem. § 47 Abs. 1 GwG nicht genannt werden darf („Tipping-Off-Verbot").[17] 39

In den Fällen, in denen eine Transaktion **über** dem jeweiligen **Schwellenbetrag** außerhalb einer bestehenden Geschäftsbeziehung durchgeführt wurde, erfolgt ohnehin eine Identifizierung der handelnden Person, sodass die gesetzliche Vorgabe auch bei diesem Sachverhalt ins Leere läuft. 40

Der einzige praktische Anwendungsfall wäre die Identifizierung bei einem Hinweis oder Verdacht auf Geldwäsche bereits vor der Ablehnung der Transaktion vorzunehmen. Dies würde jedoch nicht nur zu Unmut bei der handelnden Person führen, sondern auch einen Hinweis darauf geben, dass bei dem Verpflichteten ein Geldwäscheverdacht vorliegt. 41

bb) Geldwäsche

Die Entstehung eines Geldwäscheverdachts bzw. des Verdachts, dass eine angetragene Transaktion oder Geschäftsbeziehung der Terrorismusfinanzierung dient, setzt voraus, dass der Verpflichtete (bzw. in den meisten Fällen seine Mitarbeitenden) Wissen darüber besitzt, worin das Wesen einer Geldwäschehandlung oder einer Finanzierung von Terrorismus besteht. 42

Eine rechtliche **Einordnung** des Begriffes der **Geldwäsche** liefert § 1 Abs. 1 GwG. Demnach ist Geldwäsche im Sinne dieses Gesetzes eine Straftat nach § 261 StGB (Näheres zu der Erläuterung der Geldwäsche s. **Kapitel 1 A**). 43

cc) Terrorismusfinanzierung

Terrorismusfinanzierung ist nach § 89c StGB strafbar. Dies gilt gem. §§ 129 und 129a StGB ebenso für die **Gründung** einer **terroristischen Vereinigung** im In- und Ausland, 44

17 Hierzu ausführlich Kap. 7 E III.

deren Finanzierung geldwäscherechtlich unter den Begriff der Terrorismusfinanzierung subsumiert wird. Verdacht auf Terrorismusfinanzierung löst wie Geldwäsche die **Identifizierungspflicht** gem. § 10 Abs. 3 Nr. 3 GwG aus (eine nähere Definition zur Terrorismusfinanzierung als über § 1 Abs. 2 GwG ist in **Kapitel** 7 **A III** zu finden).

2. Art und Weise der Identifizierung des Vertragspartners

a) Allgemeines

45 Der Regelungsinhalt des **§ 11 GwG konkretisiert** die bereits in § 1 Abs. 3 GwG definierte **Identifizierung** hinsichtlich Durchführungszeitpunkt und Verfahrensweise der Identitätsfeststellung. Nach § 11 Abs. 1 S. 1 GwG muss die Identifizierung eines Vertragspartners, einer für diesen auftretenden Person und, soweit vorhanden, auch eines etwaigen wirtschaftlichen Berechtigten,

- **vor** Durchführung einer Transaktion bzw.
- **vor** Begründung der Geschäftsbeziehung erfolgen.

46 Diese Pflicht zur **vorgelagerten** Identifizierung trifft den jeweils Verpflichteten.

47 Auf die Praxis übertragen hat dies zur Folge, dass der **Kundenannahmeprozess** (Erfassung aller wesentlichen Daten und aller sonstigen Pflichtmaßnahmen, insbesondere die Identifizierung) grundsätzlich abgeschlossen sein muss, bevor dem Vertragspartner der vertraglich vereinbarte Gegenwert bereitgestellt wird.

48 Von diesem Grundsatz abweichend eröffnet der Gesetzgeber in § 11 Abs. 1 S. 2 GwG die Möglichkeit, die Identifizierung unverzüglich **während** der **Begründung** der **Geschäftsbeziehung** durchzuführen. Dies gilt jedoch unter der einschränkenden Bedingung, dass eine Identifizierung während der Begründung der Geschäftsbeziehung für einen unterbrechungsfreien Geschäftsablauf erforderlich ist und nur ein geringes Risiko der Geldwäsche und der Terrorismusfinanzierung besteht.

49 Insoweit erfordert die Identifizierung des Vertragspartners während der Begründung einer Geschäftsbeziehung, jedenfalls in Hinblick auf die Feststellung eines geringen Geldwäsche- oder Terrorismusfinanzierungrisikos, eine **Einzelfallprüfung**.

50 Es ist dem Wortlaut der Vorschrift zu entnehmen, dass die Ausnahme in § 11 Abs. 1 S. 2 GwG ausschließlich die Begründung von Geschäftsbeziehungen umfasst. Hinsichtlich **Transaktionen** gilt die Ausnahme grundsätzlich nicht. Diese Beschränkung ist folgerichtig, da eine Identifizierung nach der Durchführung einer Transaktion, wenn diese etwa zu einer Vermögensverfügung zugunsten einer dritten Person bei einem anderen Institut führen würde, bereits eine Geldwäsche oder Terrorismusfinanzierung darstellen kann und damit der Zwecksetzung des GwG, diesen Delikten präventiv zu begegnen, zuwiderläuft.

51 Demzufolge sind **Vermögensverfügungen** grundsätzlich erst nach einer vollständigen Identifizierung zulässig.

52 Ausschließlich für **Kreditinstitute** enthält **§ 25j KWG** eine die Bestimmungen zum **Zeitpunkt** der Identifizierung des § 11 Abs. 1 GwG ergänzende Sonderregelung, wonach

die Identifizierung i.S.d. § 11 Abs. 1 GwG auch unverzüglich **nach** der **Eröffnung** eines Kontos oder eines Depots abgeschlossen werden kann, soweit das Kreditinstitut dafür Sorge trägt, dass keine Gelder vor dem Abschluss der Identifizierung abverfügt werden können. Dabei setzt der Vorgang der **„Abverfügung“** i.S.d. § 25j KWG einen Mittalabfluss voraus (z.B. Barabhebungen, Überweisungen an Dritte oder an eigene Konten bei Drittinstituten).[18] Dem Wortlaut des § 25j KWG folgend sind somit Zahlungseingänge auf einem Konto oder Depot auch vor der Durchführung der Identifizierung zulässig. Ebenso stellen Vermögensverschiebungen innerhalb einer bestehenden Geschäftsbeziehung (etwa die Umbuchung von einem Girokonto auf ein Festgeldkonto) keine „Abverfügung“ dar.[19]

Ob und inwieweit bereits **vor** der **Identifizierung** eine **Möglichkeit zum Empfang von Zahlungen** eingeräumt wird, sollte, in Ermangelung einer konkreten gesetzlichen Definition, von den Verpflichteten festgelegt werden. 53

Dies gilt auch für **Versicherungsunternehmen** und **Wertpapierinstitute**, für die sich eine branchenspezifische jedoch inhaltlich gleichgeartete Ausnahmeregelung zum Zeitpunkt der Identifizierung in § 54 Abs. 2 S. 3 VAG bzw. in § 34 WpIG findet. 54

Soweit **Güterhändler** Sorgfaltspflichten zu erfüllen haben, darf die Ware bei einer **aufzeichnungspflichtigen Transaktion** erst ausgehändigt werden, wenn die Identifizierung abgeschlossen ist. 55

b) Ausnahme von der Identifizierungspflicht gem. § 11 Abs. 3 GwG

Hat ein Verpflichteter seinen Vertragspartner einmal ordnungsgemäß entsprechend der Vorgaben des § 11 GwG identifiziert, besteht nach § 11 Abs. 3 GwG **grundsätzlich keine Pflicht**, den Vertragspartner zu einem späteren Zeitpunkt **erneut** zu **identifizieren**. Hieraus ergibt sich der in der Praxis häufig formulierte Grundsatz: **„Einmal legitimiert, immer legitimiert“**. 56

Ausblick auf die EU-Geldwäsche-Verordnung i

Ob hinsichtlich bereits durchgeführter Identifizierungen nach dem Geltungsbeginn der EU-Geldwäsche-Verordnung weiterhin eine gleichartige Erleichterung bestehen wird, ist noch nicht absehbar. Die Verordnung sieht keine mit § 11 Abs. 3 S. 1 GwG vergleichbare Regelung vor, weshalb die Hoffnung auf den noch zu veröffentlichenden technischen Regulierungsstandards der AMLA liegt.

Jedenfalls nach dem heutigen Recht betrifft die Erleichterung jegliche Vertragspartner, die mit dem Verpflichteten bereits in einer auf **Dauer ausgelegten Geschäftsbeziehung** gem. § 1 Abs. 4 GwG stehen. 57

18 AuA DK (Stand: 1.2.2014), Rn. 13.

19 AaO.

58 Wenngleich eine wiederholte Identifizierung bei einem erneuten Geschäftsvorfall mit Bestandskunden somit grundsätzlich nicht mehr erforderlich ist, muss ein Verpflichteter nach § 8 Abs. 2 S. 5 GwG **zumindest Vor- und Nachnamen** des zu Identifizierenden aufzeichnen und den Umstand dokumentieren, dass er bei **früherer Gelegenheit** identifiziert wurde.

59 Zudem sollte in der **Praxis** bei der Anwendung der in § 11 Abs. 3 GwG enthaltenen Erleichterungsregel nicht allein auf das **Vorhandensein von Unterlagen** einer früheren Identifizierung abgestellt werden. Vielmehr müssen Verpflichtete, die auf eine erneute Identifizierungsmaßnahme verzichten, sicherstellen, dass es sich um dieselbe Person handelt, welche seinerzeit bereits identifiziert wurde. Dies kann etwa durch die **Vorlage eines Ausweisdokumentes** erfolgen, ohne dass eine vollständige Neuidentifizierung i.S.d. § 1 Abs. 3 GwG durchgeführt wird.

60 Die **Erleichterungsregel** des § 11 Abs. 3 S. 1 GwG darf nach S. 2 der Vorschrift **nicht in Anspruch** genommen werden, wenn es dem Verpflichteten an einer ordnungsgemäßen Aufzeichnung der zu einem früheren Zeitpunkt erhobenen Angaben fehlt oder er aufgrund äußerer Umstände Zweifel daran hat, dass die bereits erhobenen Daten weiterhin zutreffend sind. In diesem Fall ist eine erneute ordnungsgemäße Identifizierung mittels eines gültigen Ausweisdokuments nach § 12 GwG vorzunehmen.

61 Wann ein solcher in **äußeren Umständen begründeter Zweifel** vorliegt, ist nicht gesetzlich definiert. Die **Anknüpfungspunkte** der Vorschrift sind jedoch

- Zweifel aufgrund äußerer Umstände, dass
- die zu einem früheren Zeitpunkt,
- erhobenen Angaben,
- (noch) zutreffend sind.

62 **„Zweifel aufgrund äußerer Umstände"** können daraus resultieren, dass sich beim Vertragspartner eine Änderung maßgeblicher Umstände i.S.v. § 10 Abs. 3a GwG ergibt.[20] Insoweit gilt mit Blick auf § 10 Abs. 3a GwG, dass der Verpflichtete selbst unter Berücksichtigung des risikobasierten Ansatzes festlegen muss, was eine maßgebliche Änderung begründet.

63 Fraglich ist, wann eine solche **„Änderung maßgeblicher Umstände"** gegeben ist. Nach hiesiger Auffassung könnte dies etwa bei einer Änderung des Vornamens im Zuge einer Entscheidung über eine neue Geschlechteridentität der Fall sein. Zwar geht damit nach höchstrichterlicher Entscheidung keine Änderung der Identität einer Person einher.[21] Gleichwohl hat sich hierdurch ein maßgebliches Datum, das zur Identifizierung einer Person nach § 11 Abs. 4 GwG zwingend erforderlich ist, nämlich der Vorname, geändert. Diese Annahme wird von der aufsichtlichen Auslegung gestützt, deren

20 BT-Drucks. 18/11555, S. 116; so auch: Zentes/Glaab/*Sonnenberg* GwG § 11, Rn. 9.
21 BGH, Beschluss v. 7.3.2019 – V ZB 53/18 Rn. 6.

Wortlaut zufolge die Änderung des Familiennamens im Zuge einer Heirat grundsätzlich eine Pflicht zur (erneuten) Identifizierung begründet.

Bei einer Heirat kann als Erleichterung im Rahmen der Identifizierungspflicht jedoch „ausnahmeweise von den „gesetzlichen Vorgaben […] abgewichen werden“ und eine Eheurkunde i.S.v. § 57 PStG zur (erneuten) Identifizierung verwendet werden.[22] Wenn die Änderung des Nachnamens als **maßgeblich** und deshalb als **pflichtbegründend** anzusehen ist, muss dies bei der Annahme eines neuen Vornamens gleichermaßen der Fall sein, da der Gesetzgeber zwischen den einzelnen zwingend im Rahmen der Identifizierung zu erhebenden Daten des § 11 Abs. 4 GwG keine qualitative Unterscheidung trifft. Anders als bei der Änderung des Familiennamens im Zuge einer Heirat beschreibt die Aufsicht für die Zugehörigkeit zu einer neuen Geschlechteridentität und einer damit einhergehenden Annahme eines neuen Vornamens allerdings keine Erleichterungsregelungen. Insoweit wird in diesem Fall nicht nur eine „maßgebliche Änderung“ im Sinne von § 10 Abs. 3a Nr. 1 GwG gegeben, sondern auch eine gänzliche Neuidentifizierung mittels Dokumenten nach § 12 Abs. 1 GwG angezeigt sein. 64

Aus der Voraussetzung, wonach Zweifel aufgrund äußerer Umstände etwa in einer maßgeblichen Änderung begründen sein müssen, ergibt sich auf der anderen Seite die logische und allgemeingültige Konsequenz, dass eine anlasslose Neuidentifizierung ausgeschlossen ist.[23] 65

Die begriffliche Unbestimmtheit gilt auch in Bezug auf den Terminus „**äußere Umstände**“, der in Ermangelung einer gesetzlichen Definition so verstanden werden sollte, dass es sich um **objektive Gegebenheiten** oder Hinweise handelt, von denen Verpflichtete Kenntnis erlangt haben. 66

„**Zu einem früheren Zeitpunkt**“ ist wohl auf eine **vorangegangene**, ordnungsgemäß durchgeführte **Identifizierung** nach Maßgabe der §§ 11, 12 und § 13 GwG zu beziehen. 67

Die „**erhobenen Angaben**“, deren Gültigkeit ausweislich des § 11 Abs. 3 S. 2 GwG in Zweifel stehen müssen, ergeben sich aus § 11 Abs. 4 Nr. 1 und 2 GwG, die im Rahmen einer Identifizierung pflichtmäßig vom Vertragspartner und den handelnden Personen zu erhebende Angaben ausweisen. 68

Abschließend dürfen die vorgehaltenen Daten nicht mehr „**zutreffend**“ sein. Der Begriff „zutreffend“ ist nach hiesiger Auffassung so zu verstehen, dass in Zweifel steht, dass die vorgehaltenen Angaben nach § 11 Abs. 4 GwG zum Zeitpunkt der Betrachtung noch Gültigkeit besitzen. 69

In der **Gesamtschau** ist es also angezeigt, eine erneute Identifizierung durchzuführen, wenn Verpflichtete einen Hinweis darauf haben, dass die nach § 11 Abs. 4 GwG erhobenen Angaben keine Gültigkeit mehr besitzen. Soweit es sich um einen von der Aufsicht beschriebenen Erleichterungsfall handelt, kann und in den übrigen Fällen 70

22 BaFin AuA zum GwG AT (03/2025), S. 47, Ziff. 5.1.6.

23 BT-Drucks. 18/11555, S. 116.

muss dabei eine gänzliche Neuidentifizierung mittels qualifizierter Dokumente nach § 12 GwG durchgeführt werden.

71 Soweit derartige Zweifel jedoch nicht aufkommen oder bestehen, folgt aus § 11 Abs. 3 GwG, dass **Transaktionen** innerhalb bestehender Geschäftsbeziehungen, denen eine ordnungsgemäße Identifizierung zugrunde liegt, grundsätzlich unabhängig von ihrer Höhe durchgeführt werden können.[24]

72 Der Begriff der **Transaktion** wird in § 1 Abs. 5 GwG näher definiert:

„Transaktion im Sinne dieses Gesetzes ist oder sind eine oder, soweit zwischen ihnen eine Verbindung zu bestehen scheint, mehrere Handlungen, die eine Geldbewegung oder eine sonstige Vermögensverschiebung bezweckt oder bezwecken oder bewirken.
Bei Vermittlungstätigkeiten von Verpflichteten nach § 2 Absatz 1 Nummer 14 und 16 gilt als Transaktion im Sinne dieses Gesetzes das vermittelte Rechtsgeschäft."

73 Somit fallen nicht nur Baraus- wie auch Bareinzahlungen unter diesen Begriff, sondern ebenso **unbare** Zahlungen wie bspw. Scheckeinreichungen oder sonstige Vermögensverschiebungen. Weiterhin sind vom „Transaktion" auch solche Geschäftsvorfälle erfasst, bei denen Anhaltspunkte dafür bestehen, dass Transaktionen künstlich[25] aufgespalten werden, um bestehende Schwellenwert zu unterlaufen (**„Smurfing"**[26]) .

74 Ungeachtet dieser erst dann bestehenden Pflicht zur Meldung von verdächtigen Transaktionen an die FIU bleibt es dem Verpflichteten unbenommen, auch schon bei einem geringeren Betrag ein „Smurfing"-Risiko anzunehmen und Maßnahmen einzuleiten.

3. Identifizierung von natürlichen Personen

a) Vorbemerkung

75 Entsprechend der gesetzlichen Konzeption, die vorsieht, dass eine Identifizierung aus zwei Verfahrensschritten besteht, sind zum Zweck der Feststellung der Identität des Vertragspartners oder der handelnden Personen zunächst die in § 11 Abs. 4 GwG festgelegten personenbezogenen Daten zu erheben.

b) Erheben von Angaben nach § 11 Abs. 4 Nr. 1 GwG

76 In Ermangelung einer gesetzlichen Vorgabe, wie die **Erhebung** durchzuführen ist, steht es Verpflichteten grundsätzlich frei, die Art der Erhebung zu bestimmen.

---

24 Dies gilt vorbehaltlicher etwaiger Auffälligkeiten, die einen Verdacht auf eine Geldwäsche oder Terrorismusfinanzierung begründen.

25 Voraussetzung für das Vorliegen von „Smurfing" ist eine künstliche Aufspaltung einer an sich einheitlichen Handlung („[...] soweit zwischen ihnen eine Verbindung zu bestehen **scheint** [...]", vgl. § 1 Abs. 5 S. 1 GwG).

26 BT-Drucks. 16/9038, S. 34; s. hierzu ausführlich Kap. 1 A III 4.

Diese kann etwa in Gestalt einer Befragung erfolgen.[27] Da diese **Befragung** zudem keine körperliche Anwesenheit von Personen voraussetzt, ist es möglich, sie sowohl mittels schriftlicher Formulare als auch online-basiert durchzuführen. Dies gilt für die Abfrage der Informationen zu der handelnden Person aber auch bezüglich abweichender wirtschaftlich Berechtigter. 77

Zu erfassen sind nach § 11 Abs. 4 Nr. 1 GwG bei einer natürlichen Person 78

- Vornamen und Nachname
- Geburtsort,
- Geburtsdatum,
- Staatsangehörigkeit,
- Wohnanschrift.

Hinzu kommen noch Angaben zu dem vorgelegten Ausweisdokument, die allerdings in § 8 Abs. 1 GwG geregelt sind, da diese systematisch zu den dort geregelten Aufzeichnungspflichten gehören: 79

- Art des Ausweises,
- Ausweisnummer,
- ausstellende Behörde.

Obwohl im Gesetz nur der „Vorname“ verlangt wird, umfasst die Feststellung **sämtliche Vornamen**, soweit diese in amtlichen Dokumenten enthalten sind.[28] Ein Absehen von diesem Gebot ist nur erlaubt, wenn die Anzahl der Vornamen die technische Leistungsfähigkeit der Systeme (Richtwert Schnittstellenspezifikation der BaFin: 50 Stellen maximal für Vor- und Nachnamen) übersteigt.[29] 80

Die erhobene Anschrift muss zudem die **Wohnsitzanschrift** sein. Die Erfassung von Postfachadressen ist grundsätzlich unzulässig.[30] 81

Hiervon abweichend gilt eine Ausnahme nach § 11 Abs. 4 Nr. 1 e) GwG in Bezug auf natürliche Personen **ohne festen Wohnsitz** mit rechtmäßigem Aufenthalt in der Europäischen Union, deren Identität im Rahmen des Abschlusses eines Basiskontovertrags im Sinne von § 38 ZKG überprüft wird. Bei diesen Personen darf, in Ermangelung eines festen Wohnsitzes, auf die postalische Anschrift abgestellt werden, unter der der Vertragspartner sowie die gegenüber dem Verpflichteten auftretende Person erreichbar ist.[31] 82

Ebenso gilt eine Ausnahme bei **Einzelkaufleuten** als Vertragspartnern, bei denen zum Zweck der Identifizierung die Geschäftsanschrift herangezogen werden darf.[32] 83

---

27 BaFin AuA zum GwG AT (03/2025), S. 39, Ziff. 5.1.
28 BaFin AuA zum GwG AT (03/2025), S. 41, Ziff. 5.1.3.1.
29 BaFin-Schnittstellenspezifikation 3.3 v. 28.12.2017 Ziff. 5.1., Ziff. 4c.
30 BaFin AuA zum GwG AT (03/2025), S. 41, Ziff. 5.1.3.1.
31 BaFin AuA zum GwG AT (03/2025), S. 41, Ziff. 5.1.3.1.
32 BaFin AuA zum GwG AT (03/2025), S. 41, Ziff. 5.1.3.1.

84 Die erhobenen Angaben sind gem. § 8 Abs. 1 GwG **aufzuzeichnen** und **aufzubewahren**. Die **Methode** der **Aufzeichnung** und **Aufbewahrung** richtet sich gem. **§ 8 Abs. 2 GwG** nach dem zur Identifizierung genutzten Verfahren. Demnach gilt

- bei der Vorlage eines zur Identifizierung geeigneten Dokumentes ist eine vollständige Kopie des Ausweisdokumentes zu erstellen oder eine optische Erfassung (Scan) erforderlich,
- bei einem Vor-Ort-Auslesen i.S.v. § 18a PAuswG, § 78 Abs. 5 S. 2 AufenthG oder § 13 eIDKG bedarf es einer Dokumentation über die Nutzung dieses Verfahrens nebst Aufzeichnung der dienste- und kartenspezifischen Kennzeichen,
- bei der Identitätsprüfung mittels qualifizierter elektronischer Signatur, ist auch deren Validierung zu dokumentieren,
- bei der eigenen Einsichtnahme in Register oder Verzeichnisse, ist ein Abbild der Register- oder Verzeichnisinhalte zu erstellen.[33]

c) Überprüfung der Angaben

85 § 12 Abs. 1 GwG regelt, wie eine Überprüfung der Identität durchzuführen ist. Dabei ist der Wortlaut des § 12 Abs. 1 S. 1 GwG, wonach eine *„Überprüfung der nach § 11 Abs. 4 GwG erhobenen Angaben“* anhand der in § 12 Abs. 1 S. 1 GwG kataloghaft genannten Dokumente zu erfolgen hat, nicht so zu verstehen, dass die Angaben im vorgelegten Dokument auf Richtigkeit überprüft werden müssen.

86 Die Regelung des § 12 GwG zielt vielmehr darauf ab, die Identität des Vertragspartners und der gegebenenfalls für diesen auftretenden Personen unter Hinzuziehung der in der Vorschrift genannten Dokumente festzustellen[34] und auf diesem Wege die nach § 11 Abs. 4 GwG erhobenen Angaben zu validieren.

aa) Überprüfung mittels Dokumenten Lichtbilddokumenten, § 12 Abs. 1 S. 1 Nr. 1 GwG

87 Das noch immer **vornehmlich** zur **Überprüfung** der **Identität** verwendete **Instrument** ist unter § 12 Abs. 1 S. 1 Nr. 1 GwG beschrieben, wonach die Überprüfung der nach § 11 Abs. 4 GwG erhobenen Angaben vom Vertragspartner und von gegebenenfalls für diesen auftretende Personen anhand *„eines gültigen amtlichen Ausweises, der ein Lichtbild des Inhabers enthält und mit dem die Pass- und Ausweispflicht im Inland erfüllt wird, insbesondere anhand eines inländischen oder nach ausländerrechtlichen Bestimmungen anerkannten oder zugelassenen Passes, Personalausweises oder Pass- oder Ausweisersatzes …“* zu erfolgen hat.

33 BaFin AuA zum GwG AT (03/2025), S. 81 ff., Ziff. 9.
34 BT-Drucks. 18/11555, 118 f.

Zur Identifizierung anhand eines **Lichtbilddokumentes** muss ein **Abgleich** zwischen der äußeren Erscheinung der handelnden Person und dem Foto im **Dokument** vorgenommen werden. 88

Praxistipp

Die Überprüfung der Identität muss in der Regel anhand eines Originaldokuments erfolgen. Kopien von Ausweisen, Reisepässen oder sonstigen für eine Identifizierung geeigneten Dokumenten, auch wenn diese etwa durch einen Notar beglaubigt wurden, lassen für den Verpflichteten keine Überprüfung der Sicherungsmerkmale und damit der Authentizität des amtlichen Dokuments zu.[35]

Nachfolgend aufgeführte „**Lichtbilddokumente**" sind für eine Überprüfung der Angaben nach Maßgabe des § 12 Abs. 1 S. 1. Nr. 1 GwG geeignet. 89

(1) Für deutsche Staatsangehörige

Gültige amtliche Lichtbildausweise, die den Anforderungen des Passgesetzes entsprechen, also Reisepass, vorläufiger Reisepass, Diplomatenpass (§ 1 Abs. 2 und § 4 Abs. 1 PassG) und der Personalausweis einschließlich des vorläufigen Personalausweises gem. §§ 1 und 3 PAuswG. 90

Nach wie vor erfüllen auch die neueren in Deutschland ausgestellten **Führerscheine** diese Voraussetzungen hierzulande nicht, da sie nicht den Anforderungen des Passgesetzes entsprechen. 91

Dies gilt auch für **Fahrerlaubnisse** von **ausländischen Staatsangehörigen**, unabhängig davon, ob in dem jeweiligen Drittstaat eine Legitimation mittels Fahrerlaubnis zulässig ist. Soweit ein ausländischer Staatsangehöriger beabsichtigt, mit einem in Deutschland ansässigen und handelnden Verpflichteten eine Geschäftsbeziehung einzugehen oder eine Transaktion über einen solchen durchzuführen, muss er sich diesem gegenüber durch Vorlage eines Reisepasses oder, soweit er EU-Bürger ist, eines Personalausweises ausweisen. 92

Bei einer Person, die das **16. Lebensjahr** nicht vollendet hat **und** nicht selbst im Besitz eines Dokuments nach § 12 Abs. 1 Satz 1 Nr. 1 GwG ist, kann auch die **Geburtsurkunde** in Verbindung mit der Überprüfung der Identität des gesetzlichen Vertreters anhand eines Dokuments oder Nachweises nach § 12 Abs. 1 Satz 1 Nr. 1–4 GwG zur Überprüfung herangezogen werden.[36] 93

Praxistipp

Die bis Ende 2023 weit verbreitete Praxis, die **Kopie** einer Geburtsurkunde, mit Verweis auf § 12 Abs. 1 Nr. 5 GwG in Verbindung mit § 1 Abs. 1 Nr. 1 ZIdPrüfV, als Dokument zur Identifizierung minderjähriger Personen zuzulassen, entspricht nach Auffassung der BaFin nicht den gesetzlichen Anforderungen an eine ordnungs-

---

35 BGH, Urt. v. 20.4.2021 – XI ZR 511/19, Rn. 21ff.

36 BaFin AuA zum GwG AT (03/2025), S. 42ff., Ziff. 5.1.3.2 Buchst. b.

gemäße Identifizierung. Wenngleich die BaFin erhellende Ausführungen zu dieser Auslegung schuldig geblieben ist, kann angenommen werden, dass sie die Hereinnahme einer **Kopie eines Dokumentes zur Identifizierung – in diesem Fall einer Geburtsurkunde** – als eine Erleichterung im Sinne der vereinfachten Sorgfaltspflichten nach § 14 GwG versteht. Die Anwendung vereinfachter Sorgfaltsverpflichtet setzt allerdings ein kundenindividuell festgestelltes geringes Risiko der Geldwäsche und Terrorismusfinanzierung voraus, weshalb die vielfach risikounabhängige Verwendung von Kopien von Geburtsurkunden zur Identifizierung von Minderjährigen dieser Auslegung entgegensteht.

Unabhängig von den Beweggründen der BaFin ist zu empfehlen, bis zum Vorliegen einer gesetzlichen Grundlage, nicht auf Kopien von Geburtsurkunden als Dokument zur Identifizierung abzustellen. Zum Zeitpunkt der Erstellung der Neuauflage dieses Werkes hat das Bundesministerium der Finanzen bereits avisiert, an der Erstellung einer Rechtsgrundlage zu arbeiten. Demnach solle die Identifizierung von minderjährigen Personen mittels elektronisch oder auf dem Postweg übermittelten Kopien von Geburtsurkunden für zulässig erklärt werden, soweit dem Verpflichteten die Steueridentifikationsnummer der minderjährigen Person zum Zeitpunkt der Identifizierung bekannt ist und der/die gesetzliche/n Vertreter nach Maßgabe des § 12 Abs. 1 Nr. 1 bis 4 GwG bereits identifiziert worden ist/sind. Zwar würde durch diese „neue" gesetzliche Grundlage im Vergleich zur bisherigen Praxis keine erkennbare Veränderung der Anforderungen an die Verwendung einer Geburtsurkunde zur Identifizierung von Minderjährigen herbeigeführt, da die Steueridentifkationsnummer ohnehin nach § 154 Abs. 2a AO erhoben werden muss und die Anwendung des § 1 Abs. 1 Nr. 1 ZIdPrüfV die Identifizierung der gesetzlichen Vertreter anhand von Dokumenten gem. § 12 Abs. 1 Nr. 1 GwG bereits voraussetzt. Damit wäre in der Gesamtschau also durch die Regelung des BMF lediglich der Status Quo wiederhergestellt. Dennoch wäre die Veröffentlichung einer solchen gesetzlichen Grundlage in Hinblick auf die Auslegung der BaFin zu begrüßen.

94 Spätestens mit **Vollendung** des **16. Lebensjahres** ist eine Person, die zuvor anhand einer Geburtsurkunde identifiziert wurde, erneut unter Vorlage eines Personalausweises oder Reisepasses zu identifizieren. Dies ergibt sich bereits aus dem Wortlaut des § 1 Abs. 1 Nr. 1 ZIdPrüfV, der die Zulässigkeit der Identifizierung auf der Grundlage einer Geburtsurkunde an die Bedingungen knüpft, dass die zu identifizierende Person das 16. Lebensjahr noch nicht vollendet hat **und** nicht über ein anderes Dokument im Sinne von § 12 Abs. 1 Nr. 1 GwG (insbesondere Personalausweis oder Reisepass) verfügt. Diese Einschränkung ergibt sich auch daraus, dass der Besitz eines Personalausweises gem. § 1 PAuswG für alle deutschen Staatsangehörigen nach Vollendung des 16. Lebensjahres verpflichtend ist.

95 Bei einer **betreuten** Person genügt die **Bestellungsurkunde** des Betreuers nach § 290 FamFG, soweit gleichzeitig eine Überprüfung der Identität des Betreuers anhand eines Dokuments oder Nachweises nach § 12 Abs. 1 Satz 1 Nr. 1 bis 4 GwG erfolgt.[37]

96 Bei **älteren** bzw. in ihrer **Beweglichkeit eingeschränkten Personen**, welche nicht unter Betreuung stehen, können auch **abgelaufene Ausweispapiere** risikobasiert herangezogen werden.[38]

97 Ist eine Person aus alters-, körperlichen- oder sonstigen Gründen gem. § 1 Abs. 3 PAuswG von der **Ausweispflicht befreit**, darf die Bescheinigung der zuständigen Perso-

37 BaFin AuA zum GwG AT (03/2025), S. 42ff., Ziff. 5.1.3.2 Buchst. b.

38 BaFin AuA zum GwG AT (03/2025), S. 47, Ziff. 5.1.6.

nalausweisbehörde über die entsprechende Befreiung bei der Identifizierung herangezogen werden.[39]

Bei **Änderung des Familiennamens** aufgrund einer Heirat genügt in der Regel eine Personenstandsurkunde.[40] 98

(2) Staatsangehörige von Drittstaaten

Nach der in Deutschland geltenden Ausweispflicht, die auf den zuvor genannten Vorschriften beruht, muss jede Person, die sich in Deutschland aufhält, zwingend ein geeignetes Dokument zum Nachweis ihrer Identität besitzen. Es ist daher auch im Rahmen der Identifizierung nach dem GwG zumutbar, die Vorlage dieser Dokumente zu fordern. 99

Allerdings gibt es im Hinblick auf **Drittstaatsangehörige** nach dem Aufenthaltsrecht differenzierte Regelungen für die Eignung von Ausweisen zur Erfüllung der Ausweispflicht. Dabei wird der Umstand berücksichtigt, dass das Dokumentenwesen in den verschiedenen Staaten weltweit unterschiedlich ausgestaltet und das Ausweiswesen einiger Staaten unzuverlässig ist. 100

Die Legitimationsprüfung im Rahmen der Geldwäschebekämpfung soll nicht unterhalb desjenigen Standards erfolgen, der auch sonst an die Ausweispflicht geknüpft wird. Auch im Interesse der Wahrung der Rechtseinheit und -sicherheit müssen daher die Regelungen zur Geldwäschebekämpfung an die bestehenden Regelungen zur Ausweispflicht anknüpfen. 101

Hier sind neben Pässen weitere Dokumente als **Legitimationsmittel** zugelassen. Für **Drittstaatsangehörige** sind dies u. a. folgende amtliche Dokumente: 102

- Anerkannte Pässe oder Passersatzpapiere nach dem Freizügigkeitsgesetz oder dem Aufenthaltsgesetz
- Allgemein nach der Aufenthaltsverordnung zugelassene Pässe oder Passersatzpapiere
- Als Ausweisersatz erteilte Bescheinigungen über einen Aufenthaltstitel
- Aufenthaltsgestattungen nach dem Asylverfahrensgesetz
- Reiseausweise für Ausländer, Flüchtlinge, Staatenlose und Notreiseausweise nach der Aufenthaltsverordnung[41]

(3) Angehörige von Staaten der Europäischen Union

Zusätzlich gelten für nichtdeutsche Unionsbürger oder Staatsangehörige anderer Vertragsstaaten des Abkommens über den Europäischen Wirtschaftsraum und ihre jeweiligen Familienangehörigen nach § 8 Abs. 1 des Freizügigkeitsgesetzes/EU (FreizügG/EU) 103

39 BaFin AuA zum GwG AT (03/2025), S. 47, Ziff. 5.1.6.
40 BaFin AuA zum GwG AT (03/2025), S. 47, Ziff. 5.1.6.
41 BaFin AuA zum GwG AT (03/2025), S. 42 ff., Ziff. 5.1.3.2, Buchst. a.

die Personalausweise des jeweiligen Landes als zur Identifizierung geeignete Dokumente.[42] Gleiches trifft auch auf Schweizer Staatsgehörige nach dem Freizügigkeitsabkommen zwischen der EU und der Schweiz zu. Die Identität ukrainischer Staatsangehöriger können Verpflichtete mit der ukrainischen ID-Card Modell 2015 feststellen.[43]

(4) Ausweise für nicht freizügigkeitsberechtigte Drittstaatsangehörige

104 In diesen Fällen sind die folgenden Dokumente als Legitimationspapiere geeignet:
- vom Bundesministerium des Innern durch im Bundesanzeiger bekanntgegebene Allgemeinverfügungen anerkannte Pässe oder Passersatzpapiere (§ 3 Abs. 1, § 71 Abs. 6 AufenthG),
- nach § 3 AufenthV allgemein zugelassene Pässe oder Passersatzpapiere,
- für Ausländer eingeführte deutsche Passersatzpapiere (§ 4 AufenthV, siehe unten),
- als Ausweisersatz erteilte und mit Angaben zur Person und einem Lichtbild versehene Bescheinigungen über einen Aufenthaltstitel oder
- Dokumente über die Aussetzung der Abschiebung gem. § 48 Abs. 2 AufenthG i.V.m. § 78 Abs. 6 AufenthG und § 55 AufenthV sowie
- Aufenthaltsgestattungen nach § 63 des Asylverfahrensgesetzes.

105 Nach § 4 AufenthV werden durch deutsche Behörden die folgenden Ausweise ausgestellt, die ebenfalls als Legitimationspapier geeignet sind:
- Reiseausweise für Ausländer gem. § 4 Abs. 1 Nr. 1 AufenthV;
- Notreiseausweise gem. § 4 Abs. 1 Nr. 2 AufenthV;
- Reiseausweise für Flüchtlinge gem. § 4 Abs. 1 Nr. 3 AufenthV und
- Reiseausweise für Staatenlose gem. § 4 Abs. 1 Nr. 4 AufenthV.

106 Dabei ist im Rahmen der Überprüfung der Identität allerdings zu bedenken, dass Passersatzpapiere unter Umständen ausschließlich **Angaben** der Inhaberin / des Inhabers ausweisen. Dies ergibt sich aus den Dokumenten mit dem entsprechenden oder ähnlich lautenden Vermerk **„Angaben beruhen auf eigenen Angaben des Inhabers"** . Bei derartigen Ausweispapieren ist Vorsicht geboten, da durch die ausstellende Behörde nicht verifiziert werden konnte, ob die Angaben des Inhabers zutreffend sind.

107 Zwar kann der Verpflichtete in einem solchen Fall ebenso wenig weitergehende Maßnahmen zur Überprüfung der in dem Passersatzpapier enthaltenen Angaben ergreifen, wie sie die Behörde bei der Ausstellung des Papiers ergreifen konnte; der Verpflichtete sollte jedoch zumindest beim Lichtbildabgleich **erhöhte Sorgfalt** walten lassen. Dabei bietet ein solcher Vergleich zwischen der zu identifizierenden Person und dem Bild auf dem Ausweis letztlich keine vollständige Sicherheit hinsichtlich der Iden-

42 BaFin AuA zum GwG AT (03/2025), S. 42ff., Ziff. 5.1.3.2, Buchst. a.
43 BaFin AuA zum GwG AT (03/2025), S. 42ff., Ziff. 5.1.3.2, Buchst. a.

tität des Ausweisinhabers, sondern beweist im besten Falle nur, dass der Ausweisinhaber und die zu identifizierende Person identisch sind. Ob es sich hierbei tatsächlich um die Identität des Ausweisinhabers handelt, kann dagegen nicht überprüft werden.

Das Verwaltungsgericht Berlin hatte in der Frage zur Gültigkeit eines solchen Papiers als Legitimationspapier entschieden, dass eine **Duldungsbescheinigung** nicht als gültiges Legitimationspapier i.S.d. § 4 Abs. 4 S. 1 Nr. 1 GwG a.F. (§ 12 Abs. 1 S. 1 Nr. 5 GwG) anzusehen ist.[44] 108

Besteht demgegenüber dennoch die Absicht oder die Pflicht eine Vertragsbeziehung mit einer Person zu begründen, die ausschließlich über ein Ausweispapier verfügt, dessen Inhalte auf selbst gemachten Angaben beruhen, sollte auf Seiten des Verpflichteten aufgrund der Intransparenz in Hinblick auf die Identität des Vertragspartners in Erwägung gezogen werden, die Geschäftsbeziehung einer **verstärkten Überwachung** zu unterziehen. 109

Soweit im Rahmen einer bestehenden Geschäftsbeziehung bekannt wird, dass die bei der Identifizierung durch die Ausweisinhaberin / den Ausweisinhaber gemachten **Angaben nicht zutreffend waren**, etwa durch Vorlage eines authentischen Ausweises, sollte neben einer Beendigung der Geschäftsbeziehung, unabhängig vom entstandenen Schaden, auch eine Strafanzeige gem. § 158 StPO wegen Kontoeröffnungsbetruges in Erwägung gezogen werden, da der Vertragspartner durch die vorsätzliche Angabe unzutreffender Daten zu seiner Person eine Vertragsbeziehung aufgebaut und unterhalten hat. 110

(5) Diplomatenpässe

Auch wenn der Gesetzgeber bei seiner Aufzählung diese nicht explizit erwähnt, gelten Diplomatenpässe ebenfalls als zulässige Ausweispapiere. 111

bb) Sonstige Identitätsnachweise gem. § 12 Abs. 1 S. 1 Nr. 2 bis 4 GwG

Neben Lichtbilddokumenten stehen in § 12 Abs. 1 S. 1 Nr. 2 bis 4 GwG **weitere Identitätsnachweise** zur Auswahl, mittels derer eine geldwäscherechtliche Identifizierung von Vertragspartnern und handelnden Personen durchgeführt werden kann. Zulässig ist demnach die Verwendung von: 112

- elektronischen Identitätsnachweisen nach § 18 des PAuswG, nach § 12 des eIDKG oder nach § 78 Absatz 5 des AufenthG (§ 12 Abs. 1 S. 1 Nr. 2 GwG),
- qualifizierten elektronischen Signaturen (§ 12 Abs. 1 S. 1 Nr. 3 GwG),
- oder
- sonstigen notifizierten Identifizierungssystemen (§ 12 Abs. 1 S. 1 Nr. 4 GwG)

44 VG Berlin, Beschluss v. 4.4.2013 – VG 4 K 384.11.

113 Bei einer Identifizierung mittels des in § 12 Abs. 1 S. 1 Nr. 2 GwG benannten **elektronischen Identitätsnachweises** werden die für die Identitätsfeststellung erforderlichen Daten im Anschluss an eine TAN-gestützte Freigabe durch den Ausweisinhaber aus dem elektronischen Speicher- und Verarbeitungsmedium des Personalausweises[45] an den Verpflichteten übermittelt. Die übermittlungsfähigen Daten ergeben sich aus **§ 18 Abs. 3 PAuswG** und umfassen neben den geldwäscherelevanten Informationen, die bei einer Vor-Ort-Vorlage dem Personalausweis zu entnehmen wären, auch das sog. **„dienste- und kartenspezifische Kennzeichen“**, das gem. § 8 Abs. 2 GwG ebenso aufgezeichnet werden muss, wie die Tatsache, dass die Identifizierung auf der Grundlage eines elektronischen Verfahrens erfolgt ist.

114 Alternativ kann nach § 12 Abs. 1 S. 1 Nr 1 GwG auch eine qualifizierte elektronische Signatur („QES“) zur Identifizierung verwendet werden. Die „QES“ wird auf der Grundlage eines **Zertifikates** ausgestellt, das von einem Vertrauensdienstanbieter zu erstellen ist und die in Anhang 1 zur eIDAS-VO[46] aufgeführten Informationen wie etwa den Namen der natürlichen Person, zu deren Gunsten das Zertifikat ausgestellt wird sowie die Gültigkeitsdauer des Zertifikates enthalten muss. Letztlich handelt es sich bei dem Zertifikat um einen verschlüsselten Datensatz, der als Grundlage für die Erstellung einer qualifizierten elektronischen Signatur dient.

115 Im Zusammenspiel mit dem Zertifikat muss die qualifizierte elektronische Signatur gem. Art. 26. eIDAS-VO einer Person eindeutig zuordenbar sein und deren Identifizierung zulassen. Aus dieser Anforderung resultiert sodann die Legitimität als geldwäscherechtliches Instrument zur Identifizierung des Vertragspartners oder der handelnden Person.

116 Um sicherzustellen, dass die qualifizierte elektronische Signatur im Einklang mit den Anforderungen der eIDAS-Verordnung erstellt wurde, ist sie im Zuge ihrer Verwendung zur Identitätsfeststellung nach Maßgabe des Art. 32 Abs. 1 eIDAS-VO zu **validieren**. Im Rahmen des **Validierungsprozesses** müssen verschiedene Parameter wie etwa die Gültigkeit des Zertifikats, das der Signatur zugrunde liegt und die Unversehrtheit der signierten Daten, vom Verpflichteten **überprüft** werden. Dieser Validierungsvorgang ist insoweit vergleichbar mit einer Überprüfung der Authentizität und der Gültigkeit eines Ausweisdokumentes bei einer Vorlage vor-Ort.

117 Ist die Validierung positiv abgeschlossen, bedarf es bei der Verwendung einer qualifizierten elektronischen Signatur zur Identifizierung zudem noch einer **Referenzüberweisung** von einem anderen Zahlungskonto i.S.v. § 1 Abs. 17 ZAG, das auf den Namen der zu identifizierenden Person geführt wird. Das Referenzkonto muss von einem Verpflichteten nach § 2 Abs. 1 GwG oder einem Kreditinstitut in einem anderen EU-Mitgliedsstaat betrieben werden. Ein Konto von einem Kreditinstitut aus einem **Drittstaat** ist nur dann für eine Referenzüberweisung geeignet, wenn das Institut den

45 Vgl. hierzu: § 18 Abs. 2 S. 1 Nr. 1 PAuswG.

46 VO (EU) 910/2014.

Anforderungen der 4. EU-Geldwäscherichtlinie entsprechenden Regelungen, insbesondere in Hinblick auf die Sorgfalts- und Aufbewahrungspflichten, unterliegt und in einer mit dem EU-Aufsichtsregime vergleichbaren Weise beaufsichtigt wird.

Erfolgt eine Identitätsfeststellung mittels **qualifizierter elektronischer Signatur**, 118
ist neben den personenbezogenen Daten der zu identifizierenden Person gem. § 8 Abs. 2 GwG auch die Validierung aufzuzeichnen.

Abschließend können zur Identifizierung gem. § 12 Abs. 1 S. 1 Nr. 4 GwG „**sonstige** 119
notifizierte Identifizierungssysteme" nach Art. 8 Abs. 2 c) i.V.m. Art. 9 eIDAS-VO herangezogen werden.

Ausweislich der Definition eines „**elektronischen Identifizierungssystems**" in 120
Art. 3 Nr. 4 eIDAS-VO handelt es sich hierbei um *„ein System für die elektronische Identifizierung, in dessen Rahmen natürlichen oder juristischen Personen oder natürlichen Personen, die andere natürliche Personen oder juristische Personen vertreten,* ***elektronische Identifizierungsmittel*** *ausgestellt werden"*.

Ein „**elektronisches Identifizierungsmittel**" ist wiederum in Art. 3 Nr. 2 eIDAS-VO 121
als „[...] *eine materielle und/oder immaterielle Einheit, die* ***Personenidentifizierungsdaten*** *enthält und zur Authentifizierung bei online-Diensten verwendet wird*" definiert. Der Begriff „**Personenidentifizierungsdaten**" ist selbsterklärend, wird jedoch der Vollständigkeit halber in Art. 3 Nr. 3 eIDAS-VO als *„Datensatz [...] der die Feststellung der Identität einer Person ermöglicht"* beschrieben.

Soll ein **notifiziertes Identifizierungssystem** zur geldwäscherechtlichen Identifi- 122
zierung genutzt werden, muss es das **Sicherheitsniveau** „hoch" aufweisen. Ein Identifizierungssystem mit dem Sicherheitsniveau „hoch" ist dadurch gekennzeichnet, dass es aufgrund von *„technischen Spezifikationen, Normen und Verfahren"* im Verhältnis zu den anderen in Art. 8 Abs. 2 eIDAS-VO benannten Sicherheitsniveaus ein *„höheres Vertrauen in die behauptete oder beanspruchte Identität"* gewährleistet.

Zu den „notifizierten elektronischen Identifizierungssystemen" ist die **Online-Aus-** 123
weisfunktion des deutschen Personalausweises ebenso zu zählen wie vergleichbare Identitätsnachweise anderer Mitgliedsstaaten der EU. Hinsichtlich der Aufzeichnung und Aufbewahrung gilt § 8 Abs. 2 GwG entsprechend. Demnach sind alle im Rahmen des Identifizierungsverfahrens verwendeten Dokumente und Daten aufzubewahren und ggfs. auch vollständige Kopien der vorgelegten Lichtbilddokumente durch den Verpflichteten anzufertigen.

4. Identifizierung von Juristischen Personen und Personengesellschaften

a) Erheben von Angaben nach § 11 Abs. 4 Nr. 2 GwG

124 Bei **juristischen Personen** und **Personengesellschaften** sind, wie auch bei natürlichen Personen als Vertragspartner, bestimmte **Angaben** zwingend zu **erheben**. Diese ergeben sich aus § 11 Abs. 4 Nr. 2 GwG und umfassen:
- Firma,
- Name oder Bezeichnung,
- Rechtsform,
- Registernummer (soweit vorhanden),
- Anschrift des Sitzes oder der Hauptniederlassung,
- Namen der Mitglieder des Vertretungsorgans oder der gesetzlichen Vertreter.

125 Die **Art** und **Weise** der **Erhebung** ist den Verpflichteten grundsätzlich freigestellt. Zweifelsfrei geeignet sind Kopien von Registerunterlagen, eine elektronische oder eine schriftliche Erhebung beim Vertragspartner.

b) Überprüfung der erhobenen Angaben gemäß § 12 Abs. 2 GwG

126 Auch in Hinblick auf juristische Personen und Personengesellschaften als Vertragspartner besteht neben der Vorgabe in § 11 Abs. 4 Nr. 2 GwG, Angaben zu dem Vertragspartner zu erheben, die Pflicht, die erfassten Angaben in einem zweiten Schritt mittels geeigneter Dokumente zu **überprüfen**, § 12 Abs. 2 GwG.

127 Bei juristischen Personen und Personengesellschaften ist die Heranziehung eines Auszugs aus einem amtlichen Register oder Verzeichnis ebenso ausreichend wie die **Einsichtnahme** in ein amtliches Register oder Verzeichnis.

128 Neben dem im Gesetzestext ausdrücklich genannten Handels- oder Genossenschaftsregister kommen auch **weitere (amtliche) Register** oder Verzeichnisse wie
- Partnerschaftsregister, Vereinsregister,
- das seit 01. Januar 2024 geführte Gesellschaftsregister,
- Stiftungsverzeichnisse,
- vergleichbare ausländische Register und Verzeichnisse

als Instrument zur Überprüfung der nach § 11 Abs. 4 Nr. 2 GwG erhobenen Angaben in Betracht.

129 Bei einer **eigenen Einsichtnahme**, etwa in ein elektronisches Register, ist ein Ausdruck des elektronischen Auszuges als Nachweis der Einsichtnahme erforderlich.[47]

130 Alternativ können nach § 12 Abs. 2 Nr. 2 GwG grundsätzlich auch **Gründungsdokumente** oder gleichwertige beweiskräftige Dokumente zur Überprüfung der Identität juristischer Personen oder Personengesellschaften genutzt werden.

47 BaFin AuA zum GwG AT (03/2025), S. 45f., Ziff. 5.1.4.2.

Wenngleich es sich nicht aus dem Gesetzeswortlaut ableiten lässt, entspricht es jedoch der aufsichtlichen Auffassung, dass zwischen amtlichen Register- bzw. Verzeichnisinhalten und privatrechtlichen Dokumenten wie Gesellschaftsverträgen ein **qualitatives Stufenverhältnis** besteht.[48] Demnach sind privatrechtliche Dokumente im Vergleich zu amtlichen Inhalten als **nachrangig** zu betrachten und nur dann als Instrument zur Überprüfung der Angaben im Rahmen einer Identifizierung juristischer Personen oder Personengesellschaften geeignet, wenn zum Vertragspartner keine amtlichen Register- oder Verzeichnisinhalte zur Verfügung stehen.[49] Diese Auslegung hat zur Folge, dass Gründungs- oder ähnlich beweiskräftigte Dokumente bei allen eingetragenen Gesellschaftsformen als Instrument zur Identitätsprüfung weitgehend ausscheiden. 131

Eine **Ausnahme** hiervon bilden im Umkehrschluss nicht eintragungsfähige bzw. nicht eintragungspflichtige Unternehmens- oder Gemeinschaftsformen wie die GbR, die WEG oder nicht rechtsfähige Vereine, deren Identifizierung, auch nach Auffassung der BaFin, anhand von Gründungsdokumenten erfolgen kann.[50] 132

c) Erfassung der gesetzlichen Vertreter und Mitglieder des Vertretungsorgans

Da **gesetzliche Vertreter** nicht Vertragspartner werden, sondern nur die von ihnen vertretenen juristischen Personen, bedarf es grundsätzlich keiner Identifizierung als Vertragspartner i.S.d. § 11 Abs. 1 GwG, sondern lediglich einer Erfassung von Angaben ohne Überprüfung. Hiervon unberührt bleibt die **Pflicht** zur Identifizierung, wenn die gesetzlichen Vertreter oder Organmitglieder gegenüber dem Verpflichteten handeln, etwa auf der Grundlage einer Verfügungsberechtigung oder Vollmacht. 133

d) Sonderfälle bei der Identifizierung von Gesellschaften und Gemeinschaften

Grundsätzlich ist zur Überprüfung der Angaben nach § 12 Abs. 2 GwG ein Registerauszug oder zumindest eine eigene dokumentierte Einsichtnahme in ein (amtliches) Register erforderlich. Hiervon abweichend gibt es eine kleine Auswahl an **Gesellschafts- oder Gemeinschaftsformen**, die auch anhand von **Gründungsdokumenten** identifiziert werden können. 134

aa) Wohnungseigentümergemeinschaft (WEG)

Der Gesetzgeber sieht zu Recht bei Wohnungseigentümergemeinschaften grundsätzlich nur ein geringes Risikopotenzial. Nach Ansicht des Gesetzgebers bedarf es trotz der Teilrechtsfähigkeit einer **WEG** (§ 9a Abs. 1 WEG) deshalb keiner dokumentenmäßigen Über- 135

48 BaFin AuA zum GwG AT (03/2025), S. 45f., Ziff. 5.1.4.2.
49 BaFin AuA zum GwG AT (03/2025), S. 45f., Ziff. 5.1.4.2.
50 BaFin AuA zum GwG AT (03/2025), S. 46, Ziff. 5.1.4.3.

prüfung der Identität aller Wohnungseigentümer. Stattdessen kann zur **Identifizierung** der WEG das Protokolls der Eigentümerversammlung verwendet werden.[51] Soweit Personen wie bspw. einzelne (Mit-)Eigentümer gegenüber dem Verpflichteten handeln, sind diese nach Maßgabe der allgemeinen Regelungen in §§ 11ff. GwG zu identifizieren.

bb) Nicht rechtsfähige Vereine (wie z. B. Gewerkschaften oder Parteien)

136 Bei nicht **rechtsfähigen Vereinen** kann zur **Identifizierung** die Satzung nebst Protokoll der Mitgliederversammlung, in dem die Satzung beschlossen wurde, zur Identifizierung verwendet werden. Eine Erfassung sämtlicher Mitglieder oder die Vorlage von Mitgliederlisten ist nicht erforderlich; jedenfalls, wenn der Vereinszweck nicht auf ein erhöhtes Geldwäsche- oder Terrorismusfinanzierungsrisiko hindeutet.[52] Gegenüber dem Verpflichteten auftretende Personen sind entsprechend der Regelungen der §§ 11ff. GwG zu identifizieren.

cc) Gesellschaft bürgerlichen Rechts (GbR)

137 Zur **Identifizierung** einer **Gesellschaft bürgerlichen Rechts (GbR)** ist der Gesellschaftsvertrag zu verwenden. Hat eine GbR, aufgrund der weitgehenden Formfreiheit bei der Gründung der Gesellschaft, keinen schriftlichen Gesellschaftsvertrag geschlossen, kann eine Identifizierung nicht durchgeführt und dementsprechend auch keine Geschäftsbeziehung begründet oder Transaktion ausgeführt werden. Abweichend davon muss eine **eingetragene Gesellschaft bürgerlichen Rechts (eGbR)** zwingend anhand eines Auszuges aus dem Gesellschaftsregister identifiziert werden.[53] Die Identitäten der verfügungsberechtigten bzw. gegenüber dem Verpflichteten handelnde Personen sind wie üblich nach den allgemeinen Regelungen der §§ 11ff. GwG festzustellen.

V. Abklärung des wirtschaftlich Berechtigten

1. Der wirtschaftlich Berechtigte

a) Zielsetzung

138 Seit dem Existieren des Geldwäschegesetzes besteht die Regelung, den (abweichenden) **wirtschaftlich Berechtigten** abzuklären. Der Gesetzgeber geht davon aus, dass in jeder Geschäftsbeziehung eine natürliche Person „das Sagen hat", sei es, in dem diese selbst als Vertragspartner auftritt oder dass diese im Hintergrund verbleibt und nur durch zwischengeschaltete juristische Personen oder sonstige Gesellschaften hindurch handelt.

51 BaFin AuA zum GwG AT (03/2025), S. 46, Ziff. 5.1.4.3.
52 BaFin AuA zum GwG AT (03/2025), S. 46, Ziff. 5.1.4.3.
53 BaFin AuA zum GwG AT (03/2025), S. 46, Ziff. 5.1.4.3.

Mit der Pflicht zur Abklärung von möglichen (abweichenden) wirtschaftlich Berechtigten soll potenziellen **Strohmanngeschäften** durch die Herstellung von Transparenz entgegengewirkt werden. Dafür müssen diejenigen natürlichen Personen sichtbar gemacht werden, in deren wirtschaftlichem und/oder rechtlichem Interesse eine Transaktion erfolgt, in deren Eigentum oder Kontrolle der Vertragspartner steht oder die hauptsächlich Begünstigte einer fremdnützigen Gestaltung sind. **139**

Die Abklärung des wirtschaftlich Berechtigten führt in der Praxis jedoch bei den Verpflichteten zu einem nahezu **unübersehbaren Aufwand** und nennenswerten Rechtsunsicherheiten, **ohne**, dass hieraus ein zählbares Ergebnis resultiert. **140**

Um zu verdeutlichen, dass das Ziel der Abklärung des wirtschaftlich Berechtigten in der **Praxis** häufig verfehlt wird, bietet sich ein Blick auf „**Gelegenheitstransaktionen**" an. **141**

Die Angaben zum wirtschaftlich Berechtigten werden bei „**Gelegenheitskunden**" durch die gerade handelnde Person geleistet. Von dieser können zunächst folgenlos auch **falsche Daten** zu evtl. nicht existenten Personen angegeben werden. Der Verpflichtete würde die benannte natürliche Person als wirtschaftlich Berechtigten aufzeichnen, ohne dabei in der Kürze der Zeit überprüfen zu können, ob die gemachten Angaben zutreffend sind. **142**

Selbst wenn zu einem späteren Zeitpunkt eine Meldung an die FIU gem. § 43 GwG erfolgt, wäre der Meldende nur in der Lage, die ihm bekannt gegebene Person als wirtschaftlich Berechtigten zu benennen. Dies hätte zur Folge, dass die **Strafverfolgungsbehörden** eine nicht existierende oder unbeteiligte Person unter Verdacht stellen, der der Umstand, dass sie im Rahmen einer Gelegenheitstransaktion als wirtschaftlich Berechtigte genannt wurde, möglicherweise nicht einmal bekannt ist. Aus diesem Grund verfehlt eine solche Angabe zu einem wirtschaftlich Berechtigten – hier verdeutlicht am Beispiel einfacher Transaktionen mit Gelegenheitskunden – regelmäßig ihr vom Gesetzgeber angedachtes Ziel. **143**

b) Einordnung des Begriffes „wirtschaftlich Berechtigter"

Der in Deutschland verwendete Begriff des „**wirtschaftlich Berechtigten**" leitet sich aus dem in der **3. EG-Geldwäscherichtlinie** verwendeten Terminus des „wirtschaftlichen Eigentümers" ab.[54] In § 3 Abs. 1 GwG definiert der Gesetzgeber, was unter einem „wirtschaftlich Berechtigten" zu **verstehen** ist. „**Wirtschaftlich Berechtigter**" im Sinne des **GwG** ist, **144**

1. *„die natürliche Person, in deren Eigentum oder unter deren Kontrolle eine juristische Person, sonstige Gesellschaft oder eine Rechtsgestaltung im Sinne des § 3 Absatzes 3 GwG letztlich steht, oder*
2. *die natürliche Person, auf deren Veranlassung eine Transaktion letztlich durchgeführt oder eine Geschäftsbeziehung letztlich begründet wird.*

54 Art. 3 Nr. 6 RL 2005/60/EG (3. EU-Geldwäscherichtlinie).

Zu den wirtschaftlich Berechtigten zählen insbesondere die in den § 3 Absätzen 2 bis 4 GwG aufgeführten natürlichen Personen."

145 Wirtschaftlicher Eigentümer bzw. wirtschaftlich Berechtigter ist damit **unwiderleglich** immer die **natürliche Person**

- die den Vertragspartner **kontrolliert** oder
- eine **eigentümergleiche** Stellung einnimmt oder
- auf deren **Veranlassung** eine Transaktion **letztlich durchgeführt** wird oder
- auf deren **Veranlassung** eine Geschäftsbeziehung **letztlich begründet** wird oder
- die hauptsächlich **Begünstigter** einer fremdnützigen Gestaltung ist.

146 Der Gesetzgeber hat davon abgesehen, den in der 3. EG-Geldwäscherichtlinie verwendeten Begriff des **„wirtschaftlichen Eigentümers"** zu übernehmen; insoweit bleibt es bei dem schon seit Begründung des Geldwäschegesetzes eingeführten Begriff des **wirtschaftlich Berechtigten**, der aber sowohl im Hinblick auf den Pflichtenumfang bei der Überprüfung der Identität als auch bezüglich der begrifflichen Festlegung hinter dem Begriff des „wirtschaftlichen Eigentümers" im Sinne der 3. EU-Geldwäsche-Richtlinie zurückbleibt.

Ausblick auf die EU-Geldwäsche-Verordnung
Die **Differenz** zwischen **europäischer** und **deutscher Terminologie** wird mit dem Geltungsbeginn der **EU-Geldwäsche-Verordnung** am 10. Juli 2027 beseitigt, in der die im GwG als „wirtschaftlich Berechtigter" benannte Rechtsfigur als **„wirtschaftlicher Eigentümer"** bezeichnet wird.

2. Verfahren zur Abklärung des wirtschaftlich Berechtigten

a) Natürliche Personen als Vertragspartner

147 Soweit eine neue Geschäftsverbindung begründet wird, ist der **wirtschaftlich Berechtigte** vom Verpflichteten **abzuklären** und ggfs. zu **identifizieren**.

148 Die **Abklärung** erfolgt regelmäßig durch eine Abfrage des wirtschaftlich Berechtigten bei dem Vertragspartner, in deren Rahmen dieser eine entsprechende **Bestätigung** abgeben muss auf **eigene Rechnung** und nicht für einen Dritten zu handeln („Ich versichere, auf eigene Rechnung zu handeln" o.ä.).

149 Diesbezüglich erscheint die von der **Aufsicht** vertretene **Ansicht**, die Erfüllung der **Abklärungspflicht** umfasse mehr als eine bloße Abfrage der wirtschaftlich Berechtigten beim Vertragspartner,[55] nicht ausreichend differenziert. Dies mag in Hinblick auf Fallkonstellationen, bei denen der Vertragspartner eine juristische Person oder sonstige Gesellschaft ist, treffend sein. Gerade jedoch bei natürlichen Personen als Vertragspartnern, die etwa ein Konto für die private Lebensführung eröffnen, wird regelmäßig keine

55 BaFin AuA zum GwG AT (03/2025), S. 57ff., Ziff. 5.2.3.2.

dritte (unbeteiligte) Person wirtschaftlich Berechtigter der Geschäftsbeziehung sein. Einen **Nachweis** hierüber zu erlangen, abseits einer schriftlichen Erklärung durch den Vertragspartner selbst, liegt außerhalb des Möglichen, weshalb es wünschenswert (gewesen) wäre, dass die BaFin dies entsprechend in ihren Auslegungen klarstellt.

Etwas anderes gilt nach **§ 3 Abs. 4 GwG** bei **fremdnützigen Gestaltungen**, die 150
gerade darauf gerichtet sind, dass der Vertragspartner (z. B. ein Treuhänder) zugunsten eines Dritten (Treugeber) handelt (z. B. **Anderkonten für rechtsberatende Berufe**). Soweit etwa im Rahmen der vorgenannten Abfrage eine abweichende natürliche Person als wirtschaftlich Berechtigter benannt wird ist diese als wirtschaftlich Berechtigter zu erfassen und es sind weitere Informationen und Dokumente einzuholen, aus denen sich die Beziehung zwischen der dritten Person und dem Vertragspartner ergibt.

Sollte eine Bestätigung des Handelns auf eigene Rechnung, etwa aufgrund der **Ver-** 151
weigerung der antragstellenden Person, nicht abgegeben werden oder bestehen anderweitige Anhaltspunkte für **widersprüchliche** oder **unzutreffende Angaben** oder für einen abweichenden wirtschaftlich Berechtigten, ist der Versuch zu unternehmen, dessen Identität anhand der Auskunft des Kunden (Frage nach Identität der natürlichen Person(en), auf dessen/deren Veranlassung (bzw. wirtschaftlichem Interesse), zu erheben.

In dem Fall, in dem erst aufgrund eines widersprüchlichen Verhaltens oder auf- 152
grund erkennbar falscher Angaben ein abweichend wirtschaftlich Berechtigter ermittelt wird, muss der Verpflichtete besondere Sorgfalt walten lassen. Insbesondere ist zu **überprüfen**, ob der Vertragspartner gegen die **Offenlegungspflicht** gem. § 11 Abs. 6 S. 3 GwG verstoßen hat.

Das hätte einerseits zur Folge, dass der Verpflichtete überprüfen sollte, ob eine **Mel-** 153
dung an die FIU gem. § 43 Abs. 1 Nr. 3 GwG angezeigt ist.[56] Zum anderen darf durch den Verpflichteten, bei einer (endgültigen) **Nichterfüllbarkeit** der **allgemeinen Sorgfaltspflichten** und damit auch der Abklärung und Identifizierung des wirtschaftlich Berechtigten, keine neue Geschäftsbeziehung begründet, eine bestehende Geschäftsbeziehung nicht aufrechterhalten und eine angedachte Transaktion nicht durchgeführt werden, § 10 Abs. 9 GwG.[57]

Weiterhin ist denkbar, dass im Rahmen einer bestehenden Geschäftsbeziehung Hin- 154
weise zutage treten oder bestehen, dass ein **Konto** oder darüber durchgeführte **Transaktionen** ganz oder zum Teil **von** einer **dritten Person** respektive zu deren Gunsten genutzt oder ausgeführt wird. Das kann bedeuten, dass diese Person ein (bisher **unbekannter**) **wirtschaftlich Berechtigter** hinsichtlich der Geschäftsbeziehung oder der angewiesenen Transaktion(en) ist, weshalb es in diesen Fällen einer erneuten Abklärung und Identifizierung des (tatsächlichen) wirtschaftlich Berechtigten bedarf.

---

56 BaFin AuA zum GwG AT (03/2025), S. 87, Ziff. 10.4, wonach es den Verpflichteten in diesem Fall jedoch auch freigestellt ist, eine Meldung unabhängig von einer durchgeführten Überprüfung abzugeben.

57 BaFin AuA zum GwG AT (03/2025), S. 57 ff., Ziff. 5.2.3.2.

155 Insgesamt dürfte sich der **Anteil** der abweichenden wirtschaftlich Berechtigten bei **Geschäftsbeziehungen** mit **natürlichen Personen** jedoch in einem überschaubaren Rahmen halten.

156 Abseits von bestehenden Geschäftsbeziehungen, in deren Rahmen Transaktionen zugunsten Dritter ausgeführt werden, ist das Regelbeispiel „natürliche Person, auf deren Veranlassung eine Transaktion durchgeführt wird", überwiegend auf gelegentliche Transaktionen **außerhalb** einer bestehenden Geschäftsbeziehung zu beziehen, die in der Praxis selten geworden sind. Bei diesen ist grundsätzlich die handelnde Person danach zu befragen, wer wirtschaftlich Berechtigter ist.

b) Juristische Personen und sonstige Gesellschaften als Vertragspartner

aa) Allgemeines

157 Anders verhält es sich, wenn der Vertragspartner eine **juristische Person**, eine sonstige Gesellschaft (worunter Personengesellschaften wie eine OHG und KG zu verstehen sind) oder eine Stiftung ist: In diesen Fällen ist zwingend von **mindestens einer** natürlichen Person im „Hintergrund" **auszugehen**, unter deren **Beherrschung** oder **Kontrolle** der Vertragspartner steht.

158 In § 3 Abs. 2 S. 1 GwG werden insgesamt drei Regelbeispiele angeführt, die der Umsetzung von Art. 3 Nr. 6 Buchstabe a und b der 3. EG-Geldwäsche-Richtlinie dienen.

159 Für juristischen Personen und sonstige Gesellschaften **gilt nach § 3 Abs. 2 GwG unwiderleglich** diejenige natürliche Person als wirtschaftlich Berechtigter, die mittelbar oder unmittelbar

- **mehr als 25 % der Kapitalanteile** hält oder
- **mehr als 25 % der Stimmrechtsanteile** kontrolliert oder
- auf **vergleichbare Weise** Kontrolle ausübt.

160 Zu beachten ist, dass Kapitalanteile **und** Stimmrechte **separat** betrachtet und bewertet werden müssen. Das ausschließliche **Abstellen** auf einen dieser **gesellschaftsrechtlichen Parameter**, also auf Kapitalanteile oder Stimmrechte, genügt den Anforderungen an die Abklärung des wirtschaftlich Berechtigten nicht.[58] Dies gilt jedoch nur für die Abklärung des wirtschaftlich Berechtigten. Im Übrigen wird im Gesetz nicht zwischen den einzelnen **Qualifizierungsgründen** unterschieden. Insoweit gelten in Hinblick auf alle wirtschaftlich Berechtigten die gleichen Folgepflichten.

161 Zudem reicht eine Beteiligung oder das Halten von Stimmrechtsanteilen in Höhe von „nur" 25 % grundsätzlich **nicht** aus, um als wirtschaftlich Berechtigter zu gelten. Die Qualifizierung einer Person als wirtschaftlich Berechtigter bedarf in Bezug auf die Kapitalanteile oder Stimmrechte ein Überschreiten der 25 % Schwelle.

58 BaFin AuA zum GwG AT (03/2025), S. 49 f., Ziff. 5.2.2.1.

Beispiel 1

Die Y-GmbH hat drei Gesellschafter: A hält 25 %, der B 25,5 % und C 49,5 %.

Hier muss der A nicht als wirtschaftlich Berechtigter identifiziert werden, da er nicht mehr als 25 % der Anteile an der Y-GmbH besitzt. Gesellschafter B und C sind hingegen als wirtschaftlich Berechtigte anzusehen und ihre Identität festzustellen.

Allerdings kann ein Verpflichteter auch bei **Unterschreiten** des Schwellenbetrages von 162
mehr als 25 %, von einer **Stellung** einer natürlichen Person als **wirtschaftlich Berechtigten** ausgehen und entsprechend von dem Vertragspartner eine Offenlegung verlangen.

Beispiel 2

Eine GmbH hat vier Gesellschafter, die jeweils 25 % der Kapitalanteile halten. Hier besitzt keiner der Gesellschafter ***mehr*** *als 25 % der Kapitalanteile.*

Nach der **gesetzlichen Konzeption** des § 3 Abs. 2 S. 1 GwG würde grundsätzlich kein Gesellschafter als wirtschaftlich Berechtigter angesehen werden.

In diesem Fall wäre der Verpflichtete jedoch unter dem Gesichtspunkt einer **risikoangemessenen Betrachtungsweise** eventuell gehalten, **nachzuforschen**, ob die Aufteilung der Anteile **unterhalb** der in **§ 3 Abs. 2 S. 1 GwG** genannten **Grenzen** möglicherweise gerade im Hinblick auf die **Vermeidung** der Erfassung eines wirtschaftlich Berechtigten erfolgt sein könnte. Dies gilt insbesondere, wenn Gesellschaften erst im **Jahr 2008** oder später **gegründet** oder die Gesellschafteranteile oder Stimmrechte in den letzten Jahren so verteilt wurden. Soweit weitere risikobezogene Merkmale hinzukommen, könnte das in die **Pflicht** münden, eine Identifizierung **aller Gesellschafter** vorzunehmen. Die Entscheidung hat grundsätzlich risikoorientiert durch den Verpflichteten zu erfolgen. Wenn sich hierbei **Probleme** ergeben sollten, weil sich z. B. die handelnden Personen auf die gesetzlich vorgesehene Grenze in Höhe von mehr als 25 % berufen, ist erst recht Vorsicht angebracht.

Da die Definition des § 3 Abs. 2 GwG in ähnlicher Formulierung erst **ab** dem **21.8.2008** in Kraft ist, kann bei Gesellschaften, deren Gesellschafter bereits vor diesem Datum „nur 25 %" der Anteile gehalten haben, grundsätzlich davon ausgegangen werden, dass diese Verteilung **nicht** zur Umgehung des Geldwäschegesetzes gewählt wurde.

Die aufgeführten Beispiele sind gemäß dem Wortlaut der Vorschrift auf juristische Per- 163
sonen **und sonstige Gesellschaften beschränkt**, wobei es in Ermangelung einer expliziten Unterscheidung unerheblich ist, ob es sich um deutsche oder **ausländische Gesellschaften** bzw. Gesellschaftsformen handelt. Aus diesem Grund ist § 3 Abs. 2 GwG auf eine deutsche GmbH gleichermaßen anzuwenden wir beispielsweise auf eine englische Limited (Ltd.).

Die Feststellung, dass eine natürliche Person als wirtschaftlich Berechtigter anzu- 164
sehen ist bedingt jedoch **nicht ausnahmslos** das **Verfügen** über **Kapitalanteilen oder Stimmrechte** in bestimmter Höhe. Eine Stellung als wirtschaftlich Berechtigter kann sich auch aus einer **Kontrollausübung auf vergleichbare Weise** ergeben. Dies ist insbesondere bei Gesellschafter-Geschäftsführer:Innen einer OHG oder Komplementären einer KG der Fall, die aufgrund ihrer persönlichen Haftung und der damit regelmäßige einher-

gehenden Vertretungsberechtigung über eine besonders ausgeprägte gesellschaftsrechtliche Stellung verfügen.[59]

165 **Kontrolle auf vergleichbare Weise** kann zudem vorliegen, wenn einer natürlichen Person ein umfassendes **Vetorecht vorbehalten ist** und sie über dieses Recht Beschlüsse oder Entscheidungen der Gesellschafter- oder Mitgliederversammlung einer juristischen Person verhindern kann.[60] Dies gilt etwa, wenn vereinbart wurde, dass Beschlüsse einstimmig gefasst werden müssen.

166 **Rechtsfähige Stiftungen** sind dagegen von § 3 Abs. 2 S. 1 GwG explizit ausgenommen. Dieser Gesellschaftsform fehlt es unter anderem an einer prozentualen Kapitalbeteiligung, wie man sie etwa von einer GmbH kennt, in dessen Folge die Anwendung einer schwellenwertbezogenen Regelung zu keinen sinnstiftenden Ergebnissen führen würde. Zur Schließung dieser Lücke enthält **§ 3 Abs. 3 GwG** eine eigenständige Definition des wirtschaftlich Berechtigten bei rechtsfähigen Stiftungen und Rechtsgestaltungen, mit denen treuhänderisch Vermögen verwaltet wird.

167 Auf **juristische Personen des öffentlichen** Rechts ist § 3 Abs. 2 GwG zwar grundsätzlich anwendbar. Anders als bei rechtsfähigen Stiftungen, die explizit ausgeschlossen werden, ergibt sich jedoch eine **Einschränkung** hinsichtlich der Anwendbarkeit der Vorschrift auf diese Gesellschaftsform aus der **aufsichtlichen Auslegung**, die zutreffend festhält, dass die Abklärung von wirtschaftlich Berechtigten bei juristischen Personen des öffentlichen Rechts zu keinen sachgerechten Ergebnissen führen würde, weshalb sie grundsätzlich nicht erforderlich ist.[61] Dieser Auslegung ist zuzustimmen, würde eine Anwendung des § 3 Abs. 2 S. 1 GwG doch dazu führen, dass etwa bei **Gebietskörperschaften** wie Städten oder Kreisen, die Einwohner/-innen als wirtschaftlich Berechtigte anzusehen wären.

168 Da die Aufsicht in ihren Ausführungen **keine weitere Differenzierung** zwischen **Körperschaften**, **Anstalten** und **Stiftungen** des **öffentlichen Rechts** vornimmt, sondern allgemein von „juristischen Personen des öffentlichen Rechts“ spricht, ist überdies davon auszugehen, dass sie die Identifizierung von wirtschaftlich Berechtigten bei keiner der Erscheinungsformen juristischer Personen des öffentlichen Rechts als erforderlich ansieht.

bb) Juristische Personen und sonstige Gesellschaften mit mehrstufigen Beteiligungs- oder Kontrollstrukturen als Vertragspartner

169 In der Praxis finden Verpflichtete bei ihren Vertragspartnern regelmäßig **mehrstufige Beteiligungsstrukturen vor**. Das sind die Strukturen, bei denen an einer juristischen Person oder Personengesellschaft, die Vertragspartner werden soll, **mindestens** eine

---

59 BVA FAQ zum Transparenzregister, S. 27.

60 BVA FAQ zum Transparenzregister, S. 27.

61 BaFin AuA zum GwG AT (03/2025), S. 48, Ziff. 5.2.1.

weitere juristische Person oder sonstige Gesellschaft eine Kapitalbeteiligung oder Stimmrechte in Höhe von mehr als 25 % hält oder eine solche in der Lage ist, auf vergleichbare Weise Kontrolle auf den Vertragspartner auszuüben.

Diese sog. **„zwischengeschaltete Gesellschaft"** erweitert die Beteiligungsstruktur um eine weitere Beteiligungsebene. Damit bei zwischengeschalteten juristischen Personen / Organisationen erkannt wird, wer hinter diesen juristischen Personen steht, muss grundsätzlich durch diese hindurch die **dahinterstehende natürliche Person** erfasst werden. 170

Insoweit kommt es dann, **in Bezug auf die weitere Beteiligungs- oder Kontrollebene,** nicht mehr auf die gesetzliche Vermutungsregel nach § 3 Abs. 2 Nr. 1 GwG (25+ %-Regel) an. Diese ist ausschließlich auf **unmittelbare Beteiligungen oder Kontrolle anzuwenden**. 171

Maßgeblich ist ab der zweiten Beteiligungsebene nach § 3 Abs. 2 S. 3 GwG die **tatsächliche Kontrolle**, also die Möglichkeit zur Ausübung eines **beherrschenden Einflusses** auf die zwischengeschaltete Gesellschaft, die ihrerseits **mehr als 25 %** der **Kapitalanteile** an dem Vertragspartner hält oder über **mehr als 25 %** der **Stimmanteile** verfügt. Der **beherrschende Einfluss,** wie er hierfür erforderlich ist, ist nicht im GwG definiert, sondern richtet sich insbesondere nach **§ 290 Abs. 2 bis 4 HGB**. 172

Für die **Ermittlung** des wirtschaftlich Berechtigten im Falle mehrstufiger Beteiligungsstrukturen bedeutet dies, dass grundsätzlich, auf das Wesentliche reduziert, folgende **natürliche** Personen als wirtschaftlich Berechtigten zu betrachten sind: 173

- Die natürliche Person, die die **Mehrheit** der Kapitalanteile oder Stimmrechte an der **zwischengeschalteten** Gesellschaft hält und diese daher gesellschaftsrechtlich kontrolliert.
- Die natürliche Person, die die zwischengeschaltete Gesellschaft auf andere Weise faktisch kontrolliert bzw. deren Transaktionen veranlasst.

Eine **mehrheitliche Beteiligung oder Kontrolle** liegt somit vor, wenn von einer natürlichen oder juristischen Person oder von einer sonstigen Gesellschaft **mehr als 50 %** der **Kapitalanteile** oder **Stimmrechte** an der nachgeschalteten Gesellschaft gehalten werden. 174

Im Ergebnis entspricht die Kontrolle oder Beherrschung im Rahmen der Abklärung des wirtschaftlich Berechtigten im Wesentlichen der Kontrolle und Beherrschung im Sinne des **Konzernrechts**. 175

Beispiel 3

Vertragspartnerin ist die X-GmbH. Bei der X-GmbH gibt es drei Gesellschafter: A, der als natürliche Person 30 % hält, die B-GmbH, die als Gesellschafterin ebenfalls 30 % hält sowie die C-GmbH, die 40 % der Anteile hält. Die B-GmbH ist eine Einmann-GmbH, die nur B als einzigen Gesellschafter hat. Die C-GmbH hat hingehen zwei Gesellschafter, den D mit 51 % und den E mit 49 %.

Im vorliegenden Fall muss A aufgrund seiner unmittelbaren Beteiligung in Höhe von 30 % als wirtschaftlich Berechtigter festgestellt und identifiziert werden. Ebenso ist B als wirtschaftlich Berechtigter zu betrachten, der aufgrund seiner Stellung als Alleingesellschafter (100 %) die von der B-GmbH an der X-GmbH gehaltenen Anteile in Höhe von 30 % kontrolliert.

Gesellschafter D ist mit seiner 51 %igen Beteiligung Mehrheitsgesellschafter der C-GmbH. Hierdurch kontrolliert über seine Mehrheitsbeteiligung an der zwischengeschalteten Gesellschaft 40 % der Anteile an der X-GmbH und muss folglich als wirtschaftlich Berechtigter genannt werden. Gesellschafter E qualifiziert sich grundsätzlich nicht als wirtschaftlich Berechtigter. Allerdings könnte E eine Sperrminorität bei der C-GmbH besitzen. Dann hätte er über dieses Kontrollrecht dennoch ein Mitspracherecht an der C-GmbH und müsste als wirtschaftlich Berechtigter angesehen werden.

---

176 Eine **kontrollierende Stellung** kann jedoch auch **ohne Mehrheitsbeteiligung** vorliegen, wenn sich eine der gesellschaftsrechtlichen **Einflussmöglichkeit** entsprechende Kontrollmöglichkeit aus anderen Umständen bzw. Faktoren ergibt (**faktische Kontrolle**), z. B. durch vertragliche Abreden oder ein Vetorecht einer natürlichen Person. Die **Geschäftsleitung** als solche übt allerdings keine Kontrolle im juristischen Sinne aus, weil diese lediglich im Auftrag der Eigentümer bzw. der die Gesellschaft kontrollierenden Personen handelt.

177 Auch wenn dies Verpflichtete nun dazu veranlassen könnte, bei jeder mehrstufigen Beteiligungsstruktur eine dritte, nicht aufgrund von Beteiligungen oder Stimmrechten bereits bekannte Person mit faktischer Kontrolle anzunehmen und entsprechende Schritte zur weitergehenden Überprüfung dieser Annahme einzuleiten, ist dies grundsätzlich nicht erforderlich. Einer solchen **Prüfpflicht** ist insbesondere bei Vorliegen von **Hinweisen** auf eine **faktische Kontrolle** im Rahmen der Erfassung der Eigentums- und Kontrollstrukturen mit angemessenen Mitteln nachzugehen, indem risikobasiert geprüft wird, ob eine faktische **Beherrschungsmöglichkeit** gegeben ist. Ein Indiz für eine solche faktische Beherrschung kann etwa eine **wesentliche Minderheitsbeteiligung** sein, wenn die anderen Anteilsinhaber deutlich geringere Beteiligungen haben. Von einer wesentlichen Minderheitsbeteiligung kann allerdings **nicht** ausgegangen werden, wenn die Beteiligung bei 25 % oder weniger der Anteile liegt.

178 Neben den bereits benannten Qualifizierungsmerkmalen ist auch denkbar, dass eine natürliche Person den Status als wirtschaftlich Berechtigter erst dadurch erreicht, dass ihr aus **verschiedenen Beteiligungssträngen** Kapitalanteile oder Stimmrechte **zugerechnet** werden müssen und sie hierdurch unmittelbar mehr als 25 % der Kapitalanteile oder Stimmrechte am Vertragspartner kontrolliert.

Beispiel 4

Die X-GmbH hat vier Gesellschafter: A hält 22 %, B 8 %, C 30 % und die D-GmbH 40 %. Bei der D-GmbH ist der A 100 %iger Alleingesellschafter.

Gesellschafter B scheidet aufgrund seiner geringen Beteiligung als wirtschaftlich Berechtigter aus.

Gesellschafter C verfügt über eine unmittelbare Beteiligung in Höhe von mehr 25 % und ist deshalb als wirtschaftlich Berechtigter zu erfassen.

Bei Gesellschafter A ist die Bewertung hingegen etwas komplizierter. Die Beteiligung des A an der X-GmbH unterschreitet zunächst die bei unmittelbaren Beteiligungen maßgebliche Beteiligungsschwelle in Höhe von mehr als 25 %. Er ist jedoch auch Alleingesellschafter der D-GmbH. Die 40 %ige Beteiligung der Gesellschaft müssen A somit voll zugerechnet werden, da er diese Gesellschaft und in der Folge auch die von der Gesellschaft gehaltenen Kapitalanteile an der X-GmbH beherrscht. Obwohl er mit seiner unmittelbaren Beteiligung in Höhe von 22 % kein wirtschaftlich Berechtigter gewesen wäre, verfügt er rechnerisch, durch die Zurechnung des Anteils der D-GmbH, über insgesamt 66 % der Gesellschaftsanteile an der X-GmbH und ist damit ebenfalls wirtschaftlich Berechtigter anzusehen.

Während also eine **Zurechnung** von Kapitalanteilen oder Stimmrechten zu einem beherrschenden Gesellschafter bei der Abklärung des wirtschaftlich Berechtigten erforderlich ist, ist eine Beteiligungsebenen-übergreifende **Verrechnung** von Kapitalanteilen oder Stimmrechten bisher **unzulässig**. 179

Beispiel 5

Unzulässigkeit der Verrechnung an einem Beispiel der X-GmbH erklärt:

Die X GmbH hat vier Gesellschafter: A hält 10 %, B 30 %, C 40 % und die D-GmbH 20 %. Bei der D-GmbH ist der A zu 60 % Mehrheitsgesellschafter.

Bei der Anwendung der Verrechnungsmethode würde der Kapitalanteil des A an der X-GmbH insgesamt nur 22 % betragen.

Damit würde er, anders als in *Beispiel 4*, als wirtschaftlich Berechtigter der X-GmbH ausscheiden. Dies ist der Berechnungslogik der Verrechnungsmethode geschuldet.

Während bei der **„deutschen“ Methode** eine Mehrheit der Kapitalanteile oder Stimmrechte an einer zwischengeschalteten Gesellschaft dazu führt, dass dem jeweiligen Gesellschafter die unmittelbaren Anteile oder Stimmrechte vollständig zugerechnet werden, weil davon ausgegangen wird, dass er diese Anteile aufgrund seiner beherrschenden Stellung vollständig beherrscht oder kontrolliert, erfolgt die Zurechnung bei der **Verrechnungsmethode** exakt in der Höhe der von ihm beherrschten mittelbaren Beteiligung. Im vorliegenden Beispiel würden A also, bei der Anwendung der Verrechnungsmethode, 60 % der von der D-GmbH gehaltenen 20 %igen Beteiligung an der X-GmbH zugerechnet werden, was einer unmittelbaren Beteiligung in Höhe von 12 % entspricht. Zusammen mit den von A selbst an der X-GmbH gehaltenen 10 %igen Beteiligung, resultiert daraus eine Gesamtbeteiligung von 22 % und damit eine Disqualifizierung als wirtschaftlich Berechtigter.

Auf die Klärung der **faktischen Kontrollverhältnisse** kann auch verzichtet werden. 180
Stattdessen sind dann **alle** natürlichen Personen als wirtschaftlich Berechtigte zu erfassen, die eine wesentliche Beteiligung, also eine Beteiligung in Höhe **mehr als 25 %,** an einer zwischengeschalteten Gesellschaft halten (dies gilt entsprechend für den Fall, dass eine weitere Gesellschaft zwischengeschaltet ist und ihrerseits eine wesentliche Beteiligung an der zwischengeschalteten Gesellschaft hält).[62]

Ausblick auf die EU-Geldwäsche-Verordnung

Mit dem Geltungsbeginn der **EU-Geldwäsche-Verordnung** müssen sich Verpflichtete indes auf eine Vielzahl von **Neuerungen** in Hinblick auf die Abklärung des wirtschaftlich Berechtigten einstellen. Nicht nur die aus dem deutschen Recht bekannte schwellenwertbasierte Unterscheidung zwischen unmittelbarer Beteiligung oder Kontrolle (25 % + 1) und mittelbarer Beteiligung oder Kontrolle (50 % +1) weicht einem pauschalen und

62 BaFin AuA zum GwG AT (03/2025), S. 59 f., Ziff. 5.2.3.3.

ebenen-übergreifenden Schwellenbetrag in Höhe von ≥ 25 %.[63] Auch die in Beispiel 5 aufgezeigte **Verrechnungsmethode** findet ab dem 10. Juli 2027 Anwendung und löst damit die „deutsche" Methode ab.[64]

cc) Abklärung und Erfassung der Eigentumsverhältnisse

181 Bei Vertragspartnern, die juristische Personen oder sonstige Gesellschaften sind, muss im Zusammenhang mit der Abklärung des wirtschaftlich Berechtigten stets die **Eigentums- und Kontrollstruktur** in Erfahrung gebracht werden. Insofern kommt der von der **Aufsicht** beschriebenen **Abklärungspflicht** bei juristischen Personen und sonstigen Gesellschaften eine **gewichtigere Bedeutung** zu, als dies bei Geschäftsbeziehungen mit natürlichen Personen der Fall ist.

182 Die **Abfrage** der wirtschaftlich Berechtigten beim Vertragspartner darf weder durch eine Abfrage bei einer Auskunftei ersetzt werden,[65] noch genügt sie für sich allein den an diesen Prozess gestellten **Anforderungen**. Vielmehr müssen Verpflichtete sich über die Abfrage hinaus **weiterer Quellen** bedienen, um die vom Vertragspartner gemachten Angaben zu plausibilisieren.

183 Maßgeblich ist, dass sich dem Vertragspartner aus den eingeholten Dokumenten ein **Gesamtbild** des Vertragspartners bzw. der **Kontroll- und Beteiligungsstruktur** ergibt.[66] Dieses Gesamtbild soll es Verpflichteten ermöglichen, die tatsächliche Kontroll- und Beherrschungssituation des Vertragspartners zu durchdringen und aus dem **Erkenntnisgewinn** den wirtschaftlich Berechtigten abzuleiten bzw. die vom Vertragspartner gemachten Angaben zu plausibilisieren.

184 Dabei gilt, dass die Erfassung der Eigentums- und Kontrollverhältnisse **risikobasiert vorzunehmen** und in **geeigneter Weise aufzuzeichnen** ist. Der **risikobasierte Ansatz** ist in diesem Kontext dergestalt zu verwirklichen, dass sich die **Intensität** der Prüfungsmaßnahmen des Verpflichteten nach dem Grad der Risikos richten muss, den die Geschäftsbeziehung oder die Transaktion (voraussichtlich) innehat.[67]

Das bedeutet, das sich der **Prüfungsumfang**, etwa durch das Bekanntwerden von **Hochrisikofaktoren** im Laufe der Überprüfung,[68] erweitern und die Einholung zusätzlicher Informationen und Dokumente erforderlich machen kann.

185 Den Ausgangspunkt bei der dokumentenbasierten Abklärung der Eigentums- und Kontrollstruktur sowie der Plausibilisierung der Angaben des Vertragspartners sollten in der Regel **schriftliche Aufzeichnungen** oder auch **schematische Darstellungen** in Gestalt eines Konzerndiagramms bzw. Organigramms bilden, die dem Verpflichteten

63 Art. 52 Abs. 1 S. 1 EU-Geldwäsche-Verordnung.

64 Art. 52 Abs. 1 S. 2 EU-Geldwäsche-Verordnung.

65 BaFin AuA zum GwG AT (03/2025), S. 56ff., Ziff. 5.2.3.2.

66 BaFin AuA zum GwG AT (03/2025), S. 56ff., Ziff. 5.2.3.2.

67 BaFin AuA zum GwG AT (03/2025), S. 56ff., Ziff. 5.2.3.2.

68 Zum Beispiel der Sitz einer maßgeblich beteiligten zwischengeschalteten Gesellschaft in einem Hochrisikostaat gemäß delegierter Verordnung der Europäischen Kommission.

vom Vertragspartner gemäß der ihm obliegenden Mitwirkungspflicht nach § 11 Abs. 6 und 7 GwG zur Verfügung zu stellen sind.

Die hierdurch erlangten **Erkenntnisse** zu den wirtschaftlich Berechtigten können risikobasiert um Informationen aus öffentlich zugänglichen Quellen oder durch vom Vertragspartner bereitgestellte Dokumente **angereichert** werden. Für die Erfassung der Eigentumsstruktur **geeignete**, also hinreichend aussagekräftige **Dokumente** sind weiterhin Registerauszüge oder Gesellschafterlisten. 186

Da im GwG und auch in der aufsichtlichen Praxis **kein Formerfordernis** in Hinblick auf die zur Erfassung der Eigentümerstruktur verwendbaren Dokumente definiert ist, können grundsätzlich auch **Quellen** wie Internetseiten oder, bei Kapitalgesellschaften, Jahresabschlüsse verwendet werden. Maßgeblich ist, dass es sich um seriöse und belastbare Quellen handelt. 187

Wichtig !

Das Verpflichteten in der Praxis regelmäßig vorgelegte **legal Statement**, in dem etwa eine mandatierte Anwaltskanzlei eine Erklärung über das (Nicht-)Vorhandensein von wirtschaftlich Berechtigten bei ihrem Mandanten abgibt, ersetzt nach hiesiger Auffassung keine vom Verpflichteten durchgeführte Abklärung der Eigentums- und Kontrollstruktur anhand von Dokumenten wie Organigrammen, Gesellschafterlisten oder Gesellschaftsverträgen. Dies findet seine Begründung zunächst im gesetzgeberischen Wortlaut des § 3 GwG. Soweit ein legal Statement zum Ausdruck bringt, dass bei der in Rede stehenden Gesellschaft, Gemeinschaft oder sonstigen Rechtsgestaltung keine natürliche Person vorhanden ist, die über eine zur Qualifizierung als wirtschaftlich Berechtigter erforderliche Beherrschungs- oder Kontrollmöglichkeit verfügt, muss i. d. R. nach § 3 Abs. 2 S. 5 GwG ein fiktiver wirtschaftlich Berechtigter ermittelt werden.

Ausweislich des Wortlautes des § 3 Abs. 2 S. 5 GwG ist dieser Rückgriff allerdings erst *„nach Durchführung umfassender Prüfungen"* zulässig, woran es bei einer Abklärung des wirtschaftlich Berechtigten alleinig anhand eines legal Statements wohl fehlen dürfte.

Denn der Auslegung der BaFin zufolge setzt das für die Abklärung des wirtschaftlich Berechtigten erforderliche in Erfahrung bringen der Eigentums- und Kontrollstruktur des Vertragspartners ein *„Gesamtbild"* des Verpflichteten vom Vertragspartner voraus.[69] Dieses Gesamtbild soll es dem Verpflichteten ermöglichen, die ihm gegenüber gemachten Angaben oder die bereits erlangten Informationen zum wirtschaftlich Berechtigten des Vertragspartners zu plausibilisieren,[70] was auf der Grundlage eines legal Statements, das überwiegend eine bloße Auskunft darüber erteilt, ob entsprechend der Untersuchung der mandatierten Kanzlei eine natürliche Person die Qualifizierungsvoraussetzungen des § 3 GwG erfüllt, jedoch zumeist weder weitergehende Ausführungen zu den gesellschaftsrechtlichen Gegebenheiten noch konkrete Schaubilder zur Eigentums- und Kontrollstruktur des Vertragspartners enthält, i. d. R. ausgeschlossen ist. *Insofern ist ein legal Statement nach hier vertretener Auffassung als vertragspartnerseitige Benennung seines wirtschaftlich Berechtigten anzusehen, die, ähnlich den Ergebnissen einer Befragung, mittels geeigneter Dokumente wie einem Organigramm, einer Gesellschafterliste oder etwa einem Gesellschaftsvertrag zu validieren ist.*

69 BaFin AuA zum GwG AT (03/2025), S. 59 f., Ziff. 5.2.3.3.
70 BaFin AuA zum GwG AT (03/2025), S. 59 f., Ziff. 5.2.3.3.

188 Es ist zudem zu berücksichtigen, dass es neben der Eigentümer- stets auch die Kontrollstruktur zu überprüfen gilt.[71] Vor diesem Hintergrund ist zu empfehlen, im Rahmen der initialen Abfrage des wirtschaftlich Berechtigten beim Vertragspartner etwaige von der gesetzlich fixierten Regelkonzeption zu Stimmrechtsverteilungen abweichende **Stimmrechtsvereinbarungen** zu erfragen und sich zumindest einen Gesellschaftsvertrag zur **Plausibilisierung** der **gemachten Angaben** vorlegen zu lassen.

189 Soweit abschließend substanzielle **Fragen unbeantwortet** bleiben, ist **§ 10 Abs. 9 GwG** zu beachten, wonach die Geschäftsbeziehung nicht begründet oder fortgesetzt und keine Transaktion durchgeführt werden darf. Besteht eine Geschäftsbeziehung bereits, ist diese vom Verpflichteten ungeachtet anderer gesetzlicher oder vertraglicher Bestimmungen durch Kündigung oder auf andere Weise zu beenden.[72]

! **Wichtig**

Alle Schritte zur Abklärung und auch der Überprüfung sowie die Schwierigkeiten bei der Ermittlung eines abweichenden wirtschaftlich Berechtigten sind gem. § 8 Abs. 1 S. 3 GwG genau zu dokumentieren. Damit wird gerade in den Fällen, in denen eine Abklärung bis zur letzten Person nicht möglich ist, zumindest der Versuch, diese zu ermitteln, sichtbar.

---

c) Fiktive wirtschaftlich Berechtigte

190 Der Gesetzgeber verlangt grundsätzlich immer die Benennung mindestens eines wirtschaftlich Berechtigten. Sollte jedoch auch **nach eingehender Prüfung** der Beteiligungs- und Kontrollstruktur des Vertragspartners **keine natürliche Person** ermittelbar sein, auf die die Voraussetzungen des § 3 Abs. 2 S. 1 GwG zutrifft, also eine natürliche Person, die unmittelbar über mehr als 25 % oder mittelbar über mehr als 50 % der Kapitalanteile oder Stimmrechte verfügt, oder die auf vergleichbare Weise Kontrolle auf den Vertragspartner ausübt, ist gem. **§ 3 Abs. 2 S. 5 GwG zwingend** der

- gesetzliche Vertreter,
- der geschäftsführende Gesellschafter oder
- der Partner des Vertragspartners

als sogenannter „**fiktiver wirtschaftlich Berechtigter**" zu erfassen.

191 Allerdings darf dies nach dem Wortlaut des **§ 3 Abs. 2 S. 5 GwG nur** nach **umfassender Prüfung** und **ohne** dass **Tatsachen** nach **§ 43 Abs. 1 S. 1 GwG** vorliegen, erfolgen.

192 Hieraus ergibt sich zunächst, dass § 3 Abs. 2 S. 5 GwG als **Auffangtatbestand** dient, der nur anwendbar ist, wenn kein „echter" wirtschaftlich Berechtigter ermittelt werden kann und andernfalls in Bezug auf eine juristische Person, Personengesellschaft oder sonstige Rechtsgestaltung keine natürliche Person benannt werden könnte, die das

---

71 BaFin AuA zum GwG AT (03/2025), S. 49 f., Ziff. 5.2.2.1.

72 Vgl. zur Beendigungspflicht: Kapitel 4 A X.

Unternehmen letztlich beherrscht oder kontrolliert. Im Ergebnis kann ein Vertragspartner also niemals „echte" und „fiktive" wirtschaftlich Berechtigte zugleich haben.

Des Weiteren knüpft der Gesetzgeber die Anwendung des § 3 Abs. 2 S. 5 GwG daran, dass **kein meldepflichtiger Sachverhalt** im Sinne von § 43 Abs. 1 S. 1 GwG vorliegt, wobei im Rahmen der Abklärung des wirtschaftlich Berechtigten insbesondere § 43 Abs. 1 S. 1 Nr. 3 GwG eine hervorzuhebende Bedeutung zukommt: 193

> *„Liegen Tatsachen vor, die darauf hindeuten, dass*
> *[...]*
> *3. der Vertragspartner seine Pflicht nach § 11 Absatz 6 Satz 3, gegenüber dem Verpflichteten offenzulegen, ob er die Geschäftsbeziehung oder die Transaktion für einen wirtschaftlich Berechtigten begründen, fortsetzen oder durchführen will, nicht erfüllt."*

Wenn sich bspw. die Geschäftsführung einer GmbH beharrlich weigern würde, den wirtschaftlich Berechtigten der von ihr geführten Gesellschaft offenzulegen, wäre eine Meldung nach § 43 Abs. 1 Nr. 3 GwG zu veranlassen. Dies wiederum würde dazu führen, weil Tatsachen nach § 43 GwG vorliegen, dass in diesem Fall **kein** fiktiver wirtschaftlich Berechtigter zu erfassen wäre. 194

Bei Fehlen „echter" wirtschaftlich Berechtigter ist es ausreichend, nur **eine** Person als **fiktiven wirtschaftlich Berechtigten** zu benennen, unabhängig davon, ob etwa weitere geschäftsführende Personen oder Vorstände vorhanden sind.[73] 195

Diese, für die Praxis zwar vorteilhafte, mit der gesetzlichen Konzeption der Abklärung des wirtschaftlich Berechtigten jedoch nur schwerlich in Einklang zu bringende Auslegung sollte ursprünglich im Rahmen der **Aktualisierung** der **AuA** der **BaFin im Jahr 2024** korrigiert werden und einem allumfassenden Ansatz weichen, wonach im Falle eines Rückgriffs auf den/die fiktiven wirtschaftlich Berechtigten stets alle gesetzlichen Vertreter, geschäftsführende Gesellschafter oder Partner des Vertragspartners als wirtschaftlich Berechtigte zu erfassen sind.[74] In die **finale Fassung** der behördlichen Auslegung hat es dieser Ansatz jedoch erneut nicht geschafft. 196

Erneut deshalb, weil bereits im ersten Entwurf der AuA zum Geldwäschegesetz (AT) der BaFin, im Zuge der GwG Novellierung 2017, der Antritt gemacht wurde, bei einem Rückgriff auf den Tatbestand des fiktiv wirtschaftlich Berechtigten eine Verpflichtung zu etablieren, wonach alle dem Personenkreis in § 3 Abs. 2 S. 5 GwG zuzuordnenden Personen erfasst werden müssen.[75] Wie auch bei der jüngeren Aktualisierung der BaFin AuA zum GwG AT im Jahr 2024, wurde diese Regelung jedoch seinerzeit ersatzlos herausgestrichen. 197

---

73 BaFin AuA zum GwG AT (03/2025), S. 54f., Ziff. 5.2.2.2.

74 Konsultationsentwurf der aktualisierten BaFin-AuA zum GwG AT (11/2024), S. 55f. Ziff. 5.2.2.2.

75 BaFin Konsultationsentwurf AuA AT (5/2018), S. 47f. Ziff. 5.3.2.2., wonach *„sämtliche gesetzlichen Vertreter"* als fiktive wirtschaftlich Berechtigte anzusehen und zu erfassen sein sollten.

Ausblick auf die EU-Geldwäsche-Verordnung
Wenngleich nun **angenommen** werden könnte, die Rückkehr zum ursprünglich angedachten Ansatz wäre einer **aufsichtlichen Kurskorrektur** gleichgekommen, wäre dies wohl eher als **Vorbereitungshandlung** auf die ab 10. Juli 2027 geltenden **EU-Geldwäsche-Verordnung** zu verstehen gewesen. In dieser ist in **Art. 63 Abs. 4 EU-Geldwäsche-Verordnung** vorgesehen, dass bei Fehlen eines echten wirtschaftlichen Eigentümers, **„alle Angehörigen der Führungsebene"** als – so allerdings nicht mehr bezeichnete – fiktive wirtschaftliche Eigentümer auszuweisen sind. Damit bleibt den Verpflichteten nicht nur der (eher unliebsame) **Auffangtatbestand** des fiktiven wirtschaftlich Berechtigten **erhalten**. Es wird überdies auch klargestellt, dass eine **Auswahl** einzelner geeigneter Personen als (fiktive) wirtschaftliche Eigentümer mit dem Geltungsbeginn der Verordnung **nicht mehr zulässig** ist.
Mehr noch: Der im Rahmen der Ermittlung fiktiver wirtschaftlicher Eigentümer zu berücksichtigende **Personenkreis** wird, zumindest vom heutigen Verständnis ausgehend, beachtlich **erweitert**. Ausweislich des Art. 63 Abs. 4 S. 2 EU-AML-VO sollen nämlich unter **„Angehörige der Führungsebene"** nicht nur „[...] geschäftsführende Mitglieder des Leitungsorgans" sondern auch solche Personen gefasst werden, die innerhalb einer „[...] *juristischen Person Führungsaufgaben wahrnehmen, Verantwortung für die laufende Leitung des Unternehmens tragen und gegenüber dem Leitungsorgan rechenschaftspflichtig sind*". Damit würden ggfs. auch **Führungskräfte** wie Bereichs-, Abteilungs- oder Regionalleitungen, die hierarchisch direkt unterhalb der Leitungsebene angesiedelt sind, in den Blickpunkt der Ermittlung des fiktiv wirtschaftlich Berechtigten geraten. Ob dies ab 10. Juli 2027 der neuen Praxis entspricht oder die **AMLA** mit ihren noch zu veröffentlichenden **technischen Regulierungsstandards** dahingehend eine (aus praktischer Sicht erforderliche) Einschränkung vornimmt, bleibt abzuwarten.

d) Wirtschaftlich Berechtigter bei rechtsfähigen Stiftungen und Rechtsgestaltungen

198 Bei **rechtsfähigen Stiftungen**, **Rechtsgestaltungen** mit denen treuhänderisch Vermögen verwaltet oder die Verwaltung oder Verteilung durch Dritte beauftragt wird sowie bei **vergleichbaren Rechtsformen** ist bei der Abklärung des wirtschaftlich Berechtigten nicht (mehr) auf prozentuale Schwellenbeträge abzustellen.

199 Stattdessen enthält **§ 3 Abs. 3 GwG** einen **abschließenden Katalog** mit **Personen**, die bei den vorgenannten Rechtsformen **unwiderleglich** als wirtschaftlich Berechtigte anzusehen und entsprechend vom Verpflichteten zu erfassen sind. Dieser **Katalog umfasst**

- **jede natürliche Person**, die als Treugeber (sogenannter Settlor), Verwalter von Trusts oder Protektor, sofern vorhanden, handelt,
- **jede natürliche Person**, die Mitglied des Vorstands der Stiftung ist,
- **jede natürliche Person**, die als Begünstigte bestimmt worden ist,
- die **Gruppe von natürlichen Personen**, zu deren Gunsten das Vermögen verwaltet oder verteilt werden soll, sofern die natürliche Person, die Begünstigte des verwalteten Vermögens werden soll, noch nicht bestimmt ist,
- **jede natürliche Person**, die auf sonstige Weise unmittelbar oder mittelbar beherrschenden Einfluss auf die Vermögensverwaltung oder Ertragsverteilung ausübt und
- **jede natürliche Person**, die unmittelbar oder mittelbar beherrschenden Einfluss auf eine Vereinigung ausüben kann, die Mitglied des Vorstands der Stiftung ist oder die als Begünstigte der Stiftung bestimmt worden ist.

Bei rechtsfähigen Stiftungen, also Stiftungen im Sinne der §§ 80ff. BGB, ist **jeder Begünstigte** unter Beachtung der Unterschiede von Stiftungsmodellen und der daraus resultierenden Risiken im jeweiligen nationalen Recht festzustellen. 200

Begünstigte im Sinne von § 3 Absatz 3 Nr. 3 GwG sind bei rechtsfähigen Stiftungen nur die Destinatäre *(„Personen oder Institutionen, die durch den Stiftungszweck potenziell begünstigt werden“),* bei denen sich aus dem Stiftungsgeschäft durch namentliche Nennung ergibt, dass diese einen Anspruch auf Leistungen der Stiftung haben.[76] 201

Insofern ist **§ 3 Abs. 3 Nr. 4 GwG** als **Auffangtatbestand** zu verstehen, da in diesem angeordnet wird, dass in Ermangelung von benannten Begünstigten, die **Gruppe** von natürlichen Personen, zu deren Gunsten das Vermögen in erster Linie verwaltet oder verteilt werden soll und die sich aus dem Stiftungsgeschäft ergibt, als wirtschaftlich Berechtigte zu erfassen ist. 202

Während es der **bisherigen Annahme** entsprach, dass eine **„Gruppe“** im Sinne von § 3 Abs. 3 Nr. 4 GwG dergestalt abgrenzbar sein muss, dass einzelne Personen der Gruppe zu einem späteren Zeitpunkt eindeutig identifizierbar sind,[77] entspricht es der **aktuellen** (und dem konträr gegenüberstehenden) **aufsichtlichen Auffassung**, dass eine überschaubare **Gruppe von Destinatären** zur Folge hat, dass die einzelnen Gruppenmitglieder, zumindest nach risikobasierter Entscheidung, als wirtschaftlich Berechtigte verstanden werden müssen.[78] Dem folgend sollte auf eine Gruppe im Sinne des § 3 Abs. 3 Nr. 4 GwG **zukünftig** ausschließlich abgestellt werden, wenn die Gruppe der Begünstigten derart unbestimmt ist, dass dem Verpflichteten eine Identifizierung einzelner gruppenangehöriger Personen mit angemessenen Mitteln nicht möglich ist. 203

Weiterhin ist nach **§ 3 Abs. 3 Nr. 5 GwG** auch jede natürliche Person als wirtschaftlich Berechtigter anzusehen, die **unmittelbar, mittelbar** oder auf **sonstige Weise beherrschenden Einfluss** auf die Vermögensverwaltung oder Ertragsverteilung des Vertragspartners nehmen kann. 204

Zu denken ist hierbei insbesondere an **Mitglieder des Stiftungsrates**. Die Vorschrift enthält jedoch zwei wesentliche **Voraussetzungen**, die deren praktische Relevanz stark einschränken. 205

Zum einen muss eine natürliche Person einen **„beherrschenden Einfluss“** ausüben können. Da § 3 Abs. 3 GwG keine eigenständige Definition des „beherrschenden Einflusses“ enthält, ist wie bereits nach § 3 Abs. 2 S. 4 GwG ein **Rückgriff auf § 290 Abs. 2 bis 4 HGB** angezeigt, wonach eine „Beherrschung“ **insbesondere** vorliegt, wenn eine Person über eine **(Stimmrechts-)Mehrheit** verfügt. Diese Mehrheit, die 50 % + 1 der Stimmen voraussetzt, und somit auch ein „beherrschender Einfluss“, kann bei einem Organ wie dem **Stiftungsrat** in logischer Konsequenz nicht mehr erreicht werden, wenn dieser aus zwei oder mehr Mitgliedern besteht.[79] Da Organe wie der Stiftungsrat in den seltensten 206

76 BaFin AuA zum GwG AT (03/2025), S. 55f., Ziff. 5.2.2.3.

77 Herzog/*Figura* GwG § 3 Rn. 21; Zentes/Glaab/*Kaetzler* GwG § 3 Rn. 112.

78 BaFin AuA zum GwG AT (03/2025), S.55f., Ziff. 5.2.2.3.

79 *Schaub*, DStR 2017, 1438, 1442.

Fällen aus nur einem Mitglied bestehen, scheidet die Anwendbarkeit der Vorschrift in der Praxis bereits aus diesem Grund regelmäßig aus.

207 Zum anderen muss die beherrschende natürliche Person „**Einfluss** auf die **Vermögensverwaltung** oder **Ertragsverteilung**" der Stiftung oder Rechtsgestaltung nehmen können. Dieses Recht muss statuiert, also etwa in der Stiftungssatzung niedergeschrieben sein,[80] was regelmäßig nicht der Fall ist, da diese Aufgaben überwiegend durch den Stiftungsvorstand wahrgenommen werden.

! **Wichtig**
Soweit in einer Stiftungssatzung die Pflicht des Stiftungsrates statuiert ist, die vom Vorstand beschlossene Mittelverwendung zu **bestätigen**, stellt dies **keine Möglichkeit zur Einflussnahme** i.S.d. § 3 Abs. 3 Nr. 5 GwG dar. Hierbei fehlt es an dem erforderlichen aktiven Gestaltungsrecht in Hinblick auf die Vermögensverwaltung oder Ertragsverteilung der jeweiligen Stiftung. Für das Vorliegen eines Einflusses i.S.v. § 3 Abs. 3 Nr. 5 GwG muss dem Stiftungsrat explizit oder implizit das Recht eingeräumt sein, die Vermögensverwaltung oder Ertragsverteilung mitzubestimmen.

208 Insofern erfüllen viele natürliche Personen die Voraussetzungen des § 3 Abs. 3 Nr. 5 GwG nicht, da sie entweder nicht alleiniges Mitglied des Stiftungsrates sind oder es ihnen an einer entsprechenden Handlungskompetenz innerhalb der Stiftung oder Rechtsgestaltung fehlt.

209 Sollte im **Einzelfall** jedoch festgestellt werden, dass eine natürliche Person als Mitglied des Stiftungsrates einen beherrschenden Einfluss auf die Vermögensverwaltung oder Ertragsverteilung ausüben kann, ist sie nach § 3 Abs. 3 Nr. 5 GwG als wirtschaftlich Berechtigter zu erfassen.

210 Soweit eine **Vereinigung** als **Mitglied des Vorstandes** fungiert oder als Begünstigte bestimmt wurde, wobei „**Vereinigung**" wohl als abstrakter, weit auszulegender **Sammelbegriff** für eine Vielzahl verschiedener Gesellschafts- und Gemeinschaftsformen verstanden werden sollte, gilt nach **§ 3 Abs. 3 Nr. 6 GwG** die natürliche Person als wirtschaftlich Berechtigter, die auf die Vereinigung beherrschenden Einfluss ausüben kann. Für die Ermittlung eines beherrschenden Einflusses ist der bereits bekannte[81] Schwellenwert gem. § 3 Abs. 2 S. 4 GwG i.V.m. § 290 Abs. 2 bis 4 HGB anzulegen.

! **Wichtig**
Der **Stifter** einer rechtsfähigen Stiftung gehört nicht zum Kreis der wirtschaftlich Berechtigten. Dies ist dem deutschen Stiftungsrecht geschuldet, wonach er mit der Entstehung der Stiftung seine Einflussmöglichkeiten auf diese zu weiten Teilen verliert.[82]
Ist der Stifter nicht gleichzeitig auch in den Organen der Stiftung vertreten, so hat er keine Einflussmöglichkeiten auf die Stiftung und hat damit auch keinerlei Möglichkeiten, über die Stiftung Geldwäsche zu betreiben.

---

80 *Nadwornik*, npoR 2017, 233, 238.
81 Siehe hierzu Kap. 4 A V 2 b) aa).
82 BaFin AuA zum GwG AT (03/2025), S. 55 f., Ziff. 5.2.2.3.

i

Ausblick auf die EU-Geldwäsche-Verordnung
Durch den Geltungsbeginn der **EU-Geldwäsche-Verordnung** wird sich insbesondere der **Kreis der wirtschaftlich Berechtigten** bei Stiftungen und ähnlichen Rechtsgestaltungen **erweitern**. Nach **Art. 57 EU-Geldwäsche-Verordnung** sind bei Stiftungen oder ähnlichen Rechtsgestaltungen als Vertragspartner zusätzlich zu den heute bereits bekannten Personen die Gründer (Stifter) und die Mitglieder des Leitungsorgans in seiner Aufsichtsfunktion (Stiftungsrat) als wirtschaftlich Berechtigte zu erfassen. Die „Gruppe der Begünstigten" wird durch die „Kategorie der Begünstigten" abgelöst, deren Bestimmung sich fortan nach Art. 59 EU-Geldwäsche-Verordnung richtet, was inhaltlich jedoch keine Veränderung mit sich bringt.

e) Sonderfälle der Ermittlung des wirtschaftlich Berechtigten bei bestimmten Gesellschaften und Gemeinschaften

aa) Gesellschaft bürgerlichen Rechts (GbR)

Die **Abklärung** des wirtschaftlich Berechtigten erfolgt bei einer **GbR** grundsätzlich nach Maßgabe des **§ 3 Abs. 2 S. 1 GwG**. Das heißt, es wird diejenige natürliche Person als wirtschaftlich Berechtigter erfasst, die unmittelbar mehr als 25 % oder mittelbar mehr als 50 % der Kapitalanteile oder Stimmrechte an der GbR hält oder die in der Lage ist, auf vergleichbare Weise Kontrolle auf die Gesellschaft auszuüben. 211

Dieser Ansatz erscheint jedoch bereits in Anbetracht der **Intransparenz** dieser **Gesellschaftsform** in Ermangelung einer Registereintragung und der fehlenden besonderen Formerfordernisse in der Regel als unzulänglich. Darüber hinaus verfügt eine GbR im Regelfall über keine klassischen **Kapitalanteile**, wie man sie etwa von Kapitalgesellschaften kennt. 212

Insofern sollten Verpflichtete das **konkrete Risiko** der Geschäftsbeziehung oder Transaktion mit der jeweiligen GbR, etwa durch Bewertung des im Gesellschaftsvertrag beschriebenen Geschäftszwecks, einschätzen und in **risikoangemessener Weise entscheiden**, ob gar **alle Gesellschafter/-innen** als wirtschaftlich Berechtigte zu identifizieren sind. Insbesondere wenn ein Gesellschaftsvertrag keine dezidierten, von der gesetzlichen Konzeption abweichenden Regelungen zu Kapitalanteilen oder Stimmrechten enthält, empfiehlt es sich, aufgrund ihrer exponierten Stellung als persönlich haftende Personen alle Gesellschafter/-innen unter Verweis auf § 3 Abs. 2 S. 1 Nr. 3 GwG als wirtschaftlich Berechtigte zu erfassen. 213

Eine Besonderheit ergibt sich, wenn mit der vorstehend benannten Methodik kein wirtschaftlich Berechtigter ermittelbar ist. In diesen Fällen ist bei einer GbR **kein Rückgriff** auf den **fiktiven wirtschaftlich Berechtigten nach § 3 Abs. 2 S. 5 GwG erforderlich**. 214

Die **„Fiktion"** ist ausweislich des Wortlautes der Vorschrift anzuwenden, wenn von einer **meldepflichtigen Gesellschaft** gem. § 20 Abs. 1 GwG – also einer an das Transparenzregister gemeldeten juristischen Person oder eingetragenen Personengesellschaft – kein wirtschaftlich Berechtigter ermittelt werden kann. 215

Die **Meldepflicht** des **§ 20 Abs. 1 GwG** gilt somit **nur** für **„eingetragene" Personengesellschaften**, zu denen die **GbR** in Ermangelung einer Eintragungsfähigkeit nicht zu 216 zählen ist. Damit kann § 3 Abs. 2 S. 5 GwG auf eine GbR, auch bei Fehlen eines echten wirtschaftlich Berechtigten, nicht angewendet werden und es ist, entgegen der gesetzlichen Konzeption, wonach immer ein wirtschaftlich Berechtigter vorhanden ist, keine natürliche Person als solcher zu erfassen.

217 Etwas anderes gilt für die am 1. Januar 2024 im Zuge des Inkrafttretens des „MoPeG“[83] eingeführte Gesellschaftsform **„eingetragene Gesellschaft bürgerlichen Rechts“** („**eGbR**“) . Die Bezeichnung „**eGbR**“ setzt nach § 707a Abs. 2 BGB die Eintragung einer GbR in das am 1. Januar 2024 ebenfalls neu eingeführte **Gesellschaftsregister** voraus, weshalb die Gesellschaftsform, abweichend von der GbR in ihrer bisherigen gesellschaftsrechtlichen Konzeption, als eingetragene Personengesellschaft im Sinne von § 20 Abs. 1 GwG zu betrachten ist.[84] In logischer Konsequenz muss für diese Gesellschaftsform nicht nur eine **Meldung an das Transparenzregister** erfolgen. Es ist auch bei einer erfolglosen Prüfung auf einen wirtschaftlich Berechtigten der Tatbestand des **fiktiv wirtschaftlich Berechtigten** nach § 3 Abs. 2 S. 5 GwG zur Anwendung zu bringen und ein solcher entsprechend auszuweisen.

bb) WEG (Wohnungseigentümergemeinschaft)

218 Die **Wohnungseigentümergemeinschaft** („WEG“) ist nach § 9a Abs. 1 WEG teilrechtsfähig und fällt grundsätzlich in den **Anwendungsbereich des § 3 Abs. 1 GwG**. Allerdings ist anzunehmen, dass aufgrund der besonderen Organisationsstruktur der WEG regelmäßig kein wirtschaftlich Berechtigter ermittelt werden kann.[85] Da die WEG darüber hinaus weder eine juristische Person noch eine eingetragene Personengesellschaft ist, scheidet auch ein Rückgriff auf den **fiktiven wirtschaftlich** Berechtigten nach § 3 Abs. 2 S. 5 GwG aus. Insofern wird es in der Praxis nicht zu beanstanden sein, wenn bei einer WEG als Vertragspartner, sofern nicht ein Eigentümer eine besonders exponierte beherrschende oder kontrollierende Stellung einnimmt, kein wirtschaftlich Berechtigter erfasst wird.

cc) Erbengemeinschaft

219 Im **Nachlassfall** tritt, soweit erbbegünstige Personen vorhanden sind, eine Erbengemeinschaft an die Stelle der erblassenden Person.[86] Es ist nur selten der Fall, dass die Erben ein neu eröffnetes Konto zur Abwicklung des Nachlasses zur Geldwäsche nutzen wollen, weshalb sich die Frage nach dem wirtschaftlich Berechtigten im Erbfall in der Praxis häufig in Hinblick auf ein bereits **bestehendes Konto** stellt. Im Falle der Fortführung eines bestehenden Kontos durch Erben einer Erbengemeinschaft sind diese als

83 Gesetz zur Modernisierung des Personengesellschaftsrechts.
84 BT-Drucks. 19/27635, S. 287.
85 BaFin AuA zum GwG AT (03/2025), S. 48, Ziff. 5.2.1.
86 MAH BankR/Neth-Unger/Henning § 3 Rn. 163.

Vertragspartner anzusehen,[87] da sie die **Rechtsnachfolge** der erblassenden Person antreten.[88]

Eine gesonderte **Erfassung** als wirtschaftlich Berechtigte wird sodann **entbehrlich** sein, wenn die Erben bereits als Kontoinhaber oder Verfügungsberechtigte erfasst wurden. 220

Ist ein **Testamentsvollstrecker** zur Durchsetzung des letzten Willens einer erblassenden Person eingesetzt und eröffnet zu diesem Zweck ein Konto oder wird als Verfügungsberechtigter bei einem bestehenden Konto eingesetzt, ist eine separate Erfassung als wirtschaftlich Berechtigter am jeweiligen Konto grundsätzlich ebenfalls nicht erforderlich.[89] Gleiches wird man für **Nachlassverwalter** annehmen können, die von der aufsichtlichen Auslegung jedoch nicht explizit benannt werden. 221

Anders gestaltet es sich nach **Auffassung** des **Bundesverwaltungsamtes**, wenn **Kapitalanteile** oder **Stimmrechte** in einem Umfang von mehr als 25 % an einer juristischen Person oder sonstigen Gesellschaft **Teil der Erbmasse** sind. In diesen Fällen oder wenn auf vergleichbare Weise Kontrolle ausgeübt werden kann, ist ein eingesetzter Testamentsvollstrecker aufgrund seiner weitreichenden Verwaltungs- und Verfügungsbefugnisse nach §§ 2203 ff. BGB als wirtschaftlich Berechtigter anzusehen.[90] 222

Diese **Auslegung** ist unglücklich, da etwa die **BaFin** keine derartige **Differenzierung** vornimmt, sondern den Testamentsvollstrecker insgesamt vom Anwendungsbereich des § 3 GwG exkludiert.[91] Vor diesem Hintergrund wird es in der Praxis auch nicht zu beanstanden sein, wenn zumindest ein von der **BaFin beaufsichtigter Verpflichteter** der Auslegung seiner zuständigen Aufsichtsbehörde folgend auf einen separaten Ausweis des Testamentsvollstreckers als wirtschaftlich Berechtigten verzichtet. 223

dd) Trusts

Bei einem **Trust** (§ 1 Abs. 6 GwG) als Vertragspartnern gilt zunächst der **Settlor**, also der Gründer des Trust, als wirtschaftlich Berechtigter. Daneben sind die mit der Verwaltung des Vermögens betraute Person (**Trustee**) ebenso wie, soweit vorhanden, ein für die Kontrolle des Trustees zuständiger **Protektor** als wirtschaftlich Berechtigte anzusehen. 224

Da ein Trust die Verwaltung von Vermögen zum geschäftlichen Gegenstand hat, sind auch diejenigen Personen als wirtschaftlich Berechtigte zu erfassen, zu dessen Gunsten die Vermögensverwaltung erfolgt. Dies gilt jedoch nur insoweit, wie die **Desti-** 225

87 BeckOGK/*Reuter*, 15.8.2024, GwG § 3 Rn. 31.
88 MAH BankR/Neth-Unger/Henning § 3 Rn. 163.
89 BaFin AuA BT KI, S. 20 f., Ziff. 7.2.2.
90 BVA-FAQ zum Transparenzregister, S. 17 Ziff. 7.
91 BaFin AuA BT KI, S. 20 f., Ziff. 7.2.2.

natäre namentlich benannt sind und über einen tatsächlichen Leistungsanspruch gegenüber dem Trust verfügen.[92]

226 Sind keine Begünstigten hinreichend bestimmt, ist nach § 3 Abs. 3 Nr. 4 GwG die **Gruppe der Begünstigten** als wirtschaftlich Berechtigter anzusehen.

ee) Treuhandkonten

227 Dem Wortlaut des § 3 Abs. 4 GwG folgend ist bei **Treuhandkonstellationen** ausschließlich eine Erfassung der **Treugeber** als wirtschaftlich Berechtigte erforderlich. Ein solches treuhänderisches Handeln liegt in der Praxis z.B. vor, wenn eine Mieterin oder Mieter der vermietenden Person die Mietkaution zur Anlage auf einem Mietkautionskonto überlässt. Die vermietende Person agiert treuhänderisch, indem sie die Kaution der Mieterin bzw. des Mieters (Treugeber) auf einem von ihr auf eigenen Namen eröffnetem Mietkautionskonto hinterlegt.

ff) Eingetragener Verein

228 Ein **eingetragener Verein** ist eine im Vereinsregister eingetragene juristische Person des Privatrechts. Dementsprechend ist bei dieser Gesellschaftsform ein wirtschaftlich Berechtigter nach § 3 GwG zu ermitteln. Aufgrund der gesellschaftsrechtlichen **Besonderheit** des eingetragenen Vereins, wonach zu dessen Eintragung in das Vereinsregister gem. § 56 BGB mindestens sieben **„Mitglieder"** benötigt werden, lässt sich jedoch in der Regel kein echter wirtschaftlich Berechtigter ermitteln. Als **fiktive wirtschaftlich Berechtigte** sind sodann die Vorstandsmitglieder anzusehen.

gg) Nichtrechtsfähiger Verein (Gewerkschaft bzw. Partei sowie andere vergleichbare nicht rechtsfähige deutsche Vereine)

229 Ein **nichtrechtsfähiger Verein** ist nicht im Vereinsregister eingetragen und stellt auch keine juristische Person des Privatrechts dar. Stattdessen handelt es sich um eine **Gesamthandsgemeinschaft**, in der die Mitglieder **gesamtschuldnerisch** und persönlich gegenüber Dritten haften.

230 Zwar fällt die Gesellschaftsform über die **„sonstige Gesellschaft"** in den Anwendungsbereich des § 3 Abs. 1 GwG. Eine Abklärung von wirtschaftlich Berechtigten wird jedoch in der Regel zu keinem sinnhaften Ergebnis führen,[93] da der nichtrechtsfähige Verein aufgrund **fehlender Rechtspersönlichkeit** formal über keine Kapital- oder Stimmrechtsanteile verfügt. Insofern kann bei einem Vertragspartner mit dieser Gesell-

92 BaFin AuA zum GwG AT (03/2025), S. 55f., Ziff. 5.2.2.3., in der dies für Stiftungsbegünstigte beschrieben wird, was jedoch ebenso uneingeschränkt auf Begünstigte eines Trusts anwendbar sein sollte.
93 BaFin AuA zum GwG AT (03/2025), S. 48, Ziff. 5.2.1.

schaftsform grundsätzlich auf die Erfassung eines wirtschaftlich Berechtigten **verzichtet** werden,[94] wenn dem Verpflichteten keine Hinweise darauf vorliegen, dass eine natürliche Person innerhalb des Vereins eine besonders exponierte Position innehat, die eine Qualifizierung als wirtschaftlich Berechtigter rechtfertigt.

hh) Publikumsfonds

Bei **Publikumsfonds** liegt das Eigentum am **Sondervermögen** bei den Anleger-/innen. 231
Diese sind folglich als potenzielle wirtschaftlich Berechtigte anzusehen.[95] Vor diesem Hintergrund ist die **Struktur der Anlegenden** mit geeigneten Mitteln festzustellen, wobei hinsichtlich **offener Publikumsfonds** und sonstigen Investmentvermögen, bei denen naturgemäß eine Vielzahl unmittelbarer und mittelbarer Anlegerinnen/Anleger vorhanden sind, vom Verpflichteten angenommen werden kann, dass kein wirtschaftlich Berechtigter vorhanden ist.[96] In diesem Fällen ist kein Ausweis eines wirtschaftlich Berechtigten erforderlich.

Ebenso ist ein **Rückgriff** auf einen **fiktiven wirtschaftlich Berechtigten**, etwa in 232
Gestalt der Mitgliederinnen/Mitglieder der Leitungsebene der Kapitalverwaltungsgesellschaft, **entbehrlich**.[97] Die **Kapitalverwaltungsgesellschaft** selbst handelt im Interesse der Anlegenden und ist deshalb weder als echter noch fiktiver wirtschaftlich Berechtigter zu betrachten.[98] Natürlich kann es Ausnahmen geben; diese sind aber nur zu beachten, wenn es konkrete Hinweise dafür gibt.

Die vorstehenden **Annahmen** sind grundsätzlich **anwendbar**, wenn das Sonder- 233
vermögen oder die Kapitalverwaltungsgesellschaft in Deutschland oder in einem anderen EU-/EWR-Mitgliedsstaat **reguliert** ist. Gleiches kann gelten, wenn die Kapitalverwaltungsgesellschaft oder das Sondervermögen in einem (nicht-EU/EWR-) **Drittstaat** reguliert ist.[99] Dies setzt jedoch voraus, dass in diesem Drittstaat ein angemessener Rahmen für die Verhinderung, Aufdeckung und Bekämpfung von Geldwäsche und Terrorismusfinanzierung gegeben ist, wobei der Maßstab der Angemessenheit in diesem Fall die Berücksichtigung der FATF-Empfehlungen bildet.

Liegt **keine Regulierung** vor, ist gegebenenfalls von einem erhöhten Risiko auszu- 234
gehen, was zur Pflicht führt, verstärkte Sorgfaltspflichten einzuhalten.

94 BaFin AuA zum GwG AT (03/2025), S. 48, Ziff. 5.2.1.
95 BaFin AuA BT KI, S. 7f., Ziff. 3.
96 BaFin AuA BT KI, S. 7f., Ziff. 3.
97 BaFin AuA BT KI, S. 7f., Ziff. 3.
98 BaFin AuA BT KI, S. 7f., Ziff. 3.
99 BaFin AuA BT KI, S. 7f., Ziff. 3.

ii) Börsennotierte Unternehmen nach § 2 Abs. 11 WpHG

235 Auf den ersten Blick erscheint die Abklärung des wirtschaftlich Berechtigten bei **börsennotierten Unternehmen** im Sinne von § 2 Abs. 11 WpHG aufgrund des bereits beschriebenen Wortlautes des § 3 Abs. 2 S. 1 GwG abschließend geregelt.[100] Demnach findet die bekannte Gesetzmäßigkeit (25 % +1 Kapitalanteile oder Stimmrechte oder Kontrolle auf vergleichbare Weise) auf börsennotierte Unternehmen keine Anwendung.

236 Die **herrschende Meinung** in der Literatur und, soweit bekannt, auch **Abschlussprüfer/-innen** schließen aus dieser Formulierung, dass börsennotierte Unternehmen deshalb in Gänze vom **Anwendungsbereich** des **§ 3 GwG ausgeschlossen** und bei diesen Gesellschaften als Vertragspartner weder echte noch fiktive wirtschaftlich Berechtigten zu ermitteln sind.[101]

237 Dieser Auslegung steht jedoch entgegen, dass nach der hier vertretenen Auffassung bereits der **Wortlaut** der Vorschrift darauf **hindeutet**, dass der Gesetzgeber mit § 3 Abs. 2 S. 1 GwG lediglich eine **Ausnahme** für die Anteils- bzw. Stimmrechtsschwelle von 25 % schaffen wollte, **nicht** jedoch von der gesetzlichen Definition des wirtschaftlich Berechtigten in § 3 GwG insgesamt.

238 Dieses Verständnis von § 3 Abs. 2 S. 1 GwG ist auch gesetzesdogmatisch trefflich, da andernfalls verschiedene im GwG definierte Pflichten leerlaufen würden. Dies betrifft zunächst die in **§ 20 Abs. 1 GwG** begründete und an juristische Personen des Privatrechts und eingetragenen Personengesellschaften adressierte **Pflicht zur Meldung** ihrer wirtschaftlich Berechtigten an die registerführende Stelle. Diese Obliegenheit wurde mit dem Inkrafttreten des TraFinG am 1.8.2021 auch auf die zuvor mittels Meldefiktion ausgenommenen **börsennotierten Unternehmen** ausgeweitet.

239 Bei der Annahme, dass § 3 GwG auf börsennotierte Unternehmen keine Anwendung findet, würde es den Verantwortungsträgern dieser Unternehmen schlichtweg an einer **Definition** eines wirtschaftlich Berechtigten fehlen. Eine Erfüllung der ihnen obliegenden **Pflicht** zur Abklärung und Meldung ihrer wirtschaftlich Berechtigten wäre somit **unmöglich**. Eine alternative Definition des wirtschaftlich Berechtigten für meldepflichtige Unternehmen sieht der Gesetzgeber nämlich weder an anderer Stelle im GwG noch in einem abweichenden Gesetz vor.[102]

240 Weiterhin würde die Nichtanwendbarkeit des § 3 GwG auf börsennotierte Unternehmen dazu führen, dass Verpflichtete ihrer **Pflicht** nach **§ 12 Abs. 3 GwG** nicht vollständig nachkommen und der eigentliche Sinn und Zweck der Regelung ad absurdum geführt wird. Denn § 12 Abs. 3 GwG statuiert die Pflicht, dass Verpflichtete bei der Begründung einer neuen Geschäftsbeziehung einen **Auszug aus dem Transparenzregister** oder zumindest einen Registrierungsnachweis ihres Vertragspartners einholen und die Registerinhalte mit den ihnen vorliegenden Erkenntnissen über die wirtschaft-

---

100 Siehe hierzu Kap. 4 A V 2 e) ii).

101 So z.B. Herzog/*Figura* GwG § 3 Rn. 14; Zentes/Glaab/*Kaetzler* GwG § 3 Rn. 53; BeckOK GwG/Frey/*Kertesz* GwG § 3 Rn. 40; *John* NZG 2021, 957, 958f.

102 BT-Drucks. 19/28164, S. 42, zu Nummer 5 (§ 3).

lich Berechtigten abgleichen müssen. Bei der Annahme, § 3 Abs. 2 S. 1 GwG würde dazu führen, dass Verpflichtete bei börsennotierten Unternehmen als Vertragspartner keinen wirtschaftlich Berechtigten zu ermitteln haben, könnten sie dieser Pflicht einerseits in **Ermangelung** eigener **Ermittlungsergebnisse** nicht nachkommen. Zum anderen würden sie bei jeder Neubegründung einer Geschäftsbeziehung mit dieser Gesellschaftsform ggfs. einen kostenpflichtigen Registerauszug anfordern, nur, um diesen unverrichteter Dinge im System abzulegen.

Es ist zweifelhaft, dass dies im Sinne des Gesetzgebers ist, wenngleich es zumindest für Verpflichtete nach dem GwG aufgrund des Minderaufwandes die praktikabelste und nach hiesigem Kenntnisstand auch von der Aufsicht und Abschlussprüfern nicht beanstandete **Lösung** ist, bei börsennotierten Unternehmen nach § 2 Abs. 11 WpHG als Vertragspartnern auf die Ermittlung wirtschaftlich Berechtigter zu **verzichten**. 241

Häufig außer Acht gelassen wird sodann die Frage, wie börsennotierten Unternehmen ihrer Pflicht nach **§ 20 Abs. 1 GwG** nachkommen können, wenn davon ausgegangen werden muss, dass § 3 GwG auf diese Gesellschaftsform nicht anwendbar ist. 242

Den **meldenden Personen** dieser Unternehmen ist zu empfehlen, sich bei der Ermittlung ihrer wirtschaftlich Berechtigten nach **§ 3 Abs. 1 GwG** in Verbindung mit **§ 290 Abs. 2 bis 4 HGB** zu richten. 243

Demnach sind die natürlichen Personen als wirtschaftlich Berechtigte anzusehen, die über einen **beherrschenden Einfluss** (Stimmrechte oder Kapitalanteile in Höhe von mehr als 50 %) verfügen oder auf vergleichbare, in § 290 Abs. 2 bis 4 HGB beschriebene Weise Einfluss auf die Unternehmung ausüben können. 244

Soweit diese Prüfung ohne Erfolg bleibt, was bei börsennotierten Unternehmen naturgemäß regelmäßig der Fall sein wird, sollte auf den **fiktiven wirtschaftlich Berechtigten** nach § 3 Abs. 2 S. 5 GwG abgestellt werden. 245

Die Regelung zum fiktiven wirtschaftlich Berechtigten ist nämlich ausweislich des Wortlautes in § 3 Abs. 2 S. 5 GwG immer dann zur **Anwendung** zu bringen, wenn *„nach Durchführung umfassender Prüfungen […] von der meldepflichtigen Vereinigung nach § 20 Absatz 1 kein wirtschaftlich Berechtigter nach Absatz 1 oder nach den Sätzen 1 bis 4 ermittelt werden kann“*. Somit ist die Vorschrift auch **anwendbar**, wenn die Ermittlung des wirtschaftlich Berechtigten nach Maßgabe des § 3 Abs. 2 S. 1 GwG zwar ausscheidet, wie es bei börsennotierten Unternehmen gegeben ist, die Ermittlung sich sodann jedoch nach der allgemeineren Vorschrift in § 3 Abs. 1 GwG richtet. 246

Ausblick auf die EU-Geldwäsche-Verordnung i

Indes ist nicht zu erwarten, dass der Gesetzgeber den vorbeschriebenen Regelungskonflikt in der Übergangszeit bis zum Geltungsbeginn der EU-Geldwäsche-Verordnung noch auflöst. Die aktualisierten AuA der BaFin enthalten diesbezüglich keine Änderungen,[103] was darauf hindeutet, dass zumindest die Bankenaufsicht mit dem aktuell etablierten Ansatz einverstanden ist. Die Halbwertzeit dieser Lösung (sowie auch des Problems) ist ohnehin begrenzt. Mit dem Geltungsbeginn der EU-Geldwäsche-Verordnung folgt ein Regimewechsel,

103 Vgl. hierzu BaFin AuA zum GwG AT (03/2025), S. 49 f., Ziff. 5.2.2.1.

wonach börsennotierte Unternehmen, aufgrund ihrer umfangreichen Transparenzpflichten, die eigenen wirtschaftlich Berechtigten (dann „wirtschaftlichen Eigentümer“) nicht mehr ermitteln müssen.[104]
Diese vermeintliche Herstellung einer längst überfälligen Rechtsklarheit im Umgang mit börsennotierten Unternehmen erweist sich jedoch schnell als Trugschluss, da die Erleichterung nur für börsennotierte Unternehmen gilt, Verpflichtete hingegen nicht von ihrer Pflicht entbunden werden, bei diesen Gesellschaften als Vertragspartner einen wirtschaftlich Berechtigten zu ermitteln.[105]
Da die bestehenden Regelungen zur **Meldung** der wirtschaftlich Berechtigten an das **Transparenzregister nach § 20 Abs. 1 GwG**, wenn auch vermutlich in abgeänderter Form, **aufrechterhalten** werden, stellt sich unweigerlich die Frage, wie sich dies mit der zukünftigen Erleichterung zugunsten börsennotierter Unternehmen in der EU-Geldwäsche-Verordnung vereinbaren lässt. Es bleibt zu hoffen, dass die **AMLA** diese Fragestellung mit ihren noch zu veröffentlichen technischen Regulierungsstandards beantworten wird.

jj) Stiftung als Obergesellschaft

247 Während die Sachverhaltskonstellation, dass eine Vereinigung Mitglied des Vorstandes oder Begünstigte einer Stiftung ist, mit § 3 Abs. 3 Nr. 6 GwG, in Hinblick auf die Abklärung des wirtschaftlich Berechtigten abschließend geregelt wurde,[106] fehlt es an einer gesetzgeberischen Vorgabe, wie die wirtschaftlich Berechtigten zu bestimmen sind, wenn der Vertragspartner eine juristische Person des Privatrechts oder sonstige Gesellschaft ist, deren **Muttergesellschaft eine Stiftung** darstellt.

248 Grundsätzlich ist bei der Abklärung des wirtschaftlich Berechtigten bei einer Stiftung als Muttergesellschaft der Regelungsinhalt des **§ 3 Abs. 3 GwG maßgeblich**, da die Vorschrift einen unwiderlegbaren Kreis natürlicher Personen ausweist, die bei Stiftungen als wirtschaftlich Berechtigte anzusehen sind. Gleichwohl bedarf es in Hinblick auf juristische Personen des Privatrechts und sonstiger Gesellschaften gem. § 3 Abs. 2 GwG eines **beherrschenden Einflusses** einer natürlichen Person, um diese als wirtschaftlich Berechtigten zu qualifizieren.

249 Zu denken ist bei dieser **Einflussnahmemöglichkeit** lediglich an den Stiftungsvorstand (§ 3 Abs. 3 Nr. 2 GwG).[107] Die Begünstigten und die Gruppe von Begünstigten einer Stiftung (§ 3 Abs. 3 Nr. 3 und 4 GwG) scheiden als wirtschaftlich Berechtigte aus, da sich ihre rechtliche Stellung in der Regel auf eine Partizipation am Vermögen und den Erträgen der Stiftung beschränkt.[108]

250 Ebenso wird anzunehmen sein, dass natürliche Personen mit **beherrschendem Einfluss** auf die Vermögensverwaltung und Ertragsverteilung der Stiftung (§ 3 Abs. 3 Nr. 5 GwG) über **keine Steuerungsmöglichkeit** in Bezug auf die **Tochtergesellschaften** verfügen und entsprechend auch nicht als wirtschaftlich Berechtigte zu erfassen sind.

104 EU-Geldwäsche-Verordnung, EG 127.
105 EU-Geldwäsche-Verordnung, EG 127.
106 S. hierzu Kap. 4 A V 2 d).
107 BVA FAQ zum Transparenzregister, S. 50.
108 BVA FAQ zum Transparenzregister, S. 50.

Über natürliche Personen im Stiftungsvorstand hinaus, kommen damit nur noch natürliche Personen in Betracht, die einen beherrschenden Einfluss auf Vereinigungen ausüben können, die wiederum Mitglieder des Vorstandes sind (§ 3 Abs. 3 Nr. 6 Buchst. a) GwG. **Vereinigungen im Stiftungsvorstand** sind jedoch selten, sodass sich wirtschaftlich Berechtigte bei Stiftungen als Obergesellschaft in der Regel allein aus dem Stiftungsvorstand ableiten lassen. 251

kk) Eigenbeteiligungen und „Circular-Ownership"

In der Praxis kann es vorkommen, dass eine Gesellschaft Kapitalanteile an sich selbst hält. Dabei gilt es zwischen einer unmittelbaren **Eigenbeteiligung** und einer mittelbaren, über Tochter- oder Enkelgesellschaften gehaltenen Beteiligung an sich selbst (eine sog. „**Circular-Ownership**") zu unterscheiden, wobei die **Auswirkungen** auf die Abklärung des wirtschaftlich Berechtigten in beiden Fällen **identisch** sind. 252

Verfügt eine Gesellschaft über Anteile an sich selbst, egal ob unmittelbar, oder mittelbar über Tochter- oder Enkelunternehmen, sind diese bei der Berechnung der Kapitalanteile im Rahmen der Abklärung des wirtschaftlich Berechtigten **herauszurechnen**.[109] Dies folgt der Annahme, dass die Gesellschaft selbst nicht die mit den Anteilen verbundenen Rechte, wie etwa Stimmrechte, ausübt. Insofern ist das „**verbleibende**" **Kapital** bzw. sind die verbleibenden **Stimmrechte**, bei der Ermittlung des wirtschaftlich Berechtigten, wie die Gesamtsumme der an der Gesellschaft bestehenden Anteile und Stimmrechte zu behandeln. 253

Beispiel

Die B-GmbH hat zwei Gesellschafter/-innen, A und B, und verfügt über ein Stammkapital in Höhe von 200.000 Euro. Davon werden Kapitalanteile im Umfang von 50.000 Euro durch die Gesellschaft gehalten. Die übrigen 150.000 Euro entfallen zu gleichen Teilen auf die Gesellschafter/-innen A und B.

Im Rahmen der Ermittlung des wirtschaftlich Berechtigten sind A und B jeweils 50 % zuzurechnen, obwohl ihr realer Anteil am Gesamtkapital nur 66,6 % beträgt.

---

3. Identifizierung des wirtschaftlich Berechtigten

Soweit die Abklärung die Existenz eines vom Vertragspartner abweichenden wirtschaftlich Berechtigten ergibt, ist dieser gem. **§ 12 Abs. 3 GwG** zu **identifizieren**. Wie bereits bei der **Identifizierung** des Vertragspartners oder der handelnden Person, besteht die Identifizierung eines **wirtschaftlich Berechtigten** aus **zwei Schritten**; einer initialen **Erhebung** relevanter Daten und einer anschließenden **Überprüfung** dieser Daten mit risikoangemessenen Maßnahmen. 254

---

109 BVA FAQ zum Transparenzregister, S. 11f.

a) Erhebung von Angaben zur Identifizierung des wirtschaftlich Berechtigten

255 Zunächst bedarf es der **Erhebung maßgeblicher** personenbezogener **Daten** des wirtschaftlich Berechtigten. Welche Daten **konkret** zu erheben sind (und vor dem Hintergrund des Schutzes personenbezogener Daten auch erhoben werden dürfen!), ergibt sich aus **§ 11 Abs. 5 GwG**, wonach zur Feststellung der Identität zumindest dessen **Vor- und Nachname** und, soweit dies in Ansehung des im Einzelfall bestehenden Risikos der Geldwäsche oder der Terrorismusfinanzierung angemessen ist, **weitere Identifizierungsmerkmale** erfasst werden müssen.

256 Unabhängig vom festgestellten Risiko dürfen Verpflichtete zudem den **Geburtsort**, das **Geburtsdatum** und die **Anschrift** des wirtschaftlich Berechtigten erheben. Die **risikounabhängige Erhebung** der zweitgenannten Informationen ist in der **Praxis** zu **empfehlen**,[110] da diese Daten im Falle einer Übereinstimmung mit einem Eintrag in einer **PeP**- oder **Sanktionsliste** zur **Bestimmung** der Werthaltigkeit des **Treffers** regelmäßig ohnehin abgefragt werden müssen. Spätestens jedoch, wenn ein **erhöhtes Risikopotenzial** in Hinblick auf den Vertragspartner, die Geschäftsbeziehung oder die auszuführende Transaktion festgestellt wird, ist eine Erhebung der weiteren Informationen geboten.[111]

257 Zu beachten ist auch, dass Verpflichtete nach **§ 10 Abs. 2 GwG** stets der **Pflicht** unterliegen, die **Angemessenheit** des von ihnen gewählten Umfangs der anzuwendenden Sorgfaltspflichten gegenüber Aufsichtsbehörden auf Anfrage nachzuweisen. Soweit die risikounabhängig erhobenen Daten im Rahmen einer Risikobewertung verarbeitet werden, kann dies bereits als **Beleg** einer fundierten Risikoeinschätzung durch den Verpflichteten und damit als Nachweis einer risikobasierten Vorgehensweise in Hinblick auf die ergriffenen Sorgfaltspflichten verstanden werden.

258 Die Auswahl **risikoabhängiger** Identitätsmerkmale findet ihre Grenze in § 11 Abs. 4 Nr. 1 GwG. Somit kann vom Verpflichteten über die bereits in § 11 Abs. 5 S. 1 GwG benannten und **risikounabhängig** erhebbaren Informationen hinaus lediglich die **Staatsangehörigkeit** des wirtschaftlich Berechtigten erfasst werden. Die Erhebung **muss** unter Berücksichtigung des Wortlautes der Vorschrift nur erfolgen, wenn ein erhöhtes Risiko festgestellt wird.[112]

259 Wenngleich die **Staatsangehörigkeit** als Attribut bei der Bewertung des individuellen Geldwäsche- und Terrorismusfinanzierungsrisikos ohnehin von **untergeordneter Bedeutung** ist, nicht zuletzt, weil die bloße Risikoeinschätzung anhand einer Staatsangehörigkeit Potenzial zur Stigmatisierung hat, ist die Deklaration dieses Identitätsmerkmals als risikoabhängig zu erhebendes Datum in der Gesamtschau des Gesetzes **inkonsistent**. Denn seit dem Geltungsbeginn des TraFinG[113] am 1. August 2021 sind alle Staatsangehörigkeiten der wirtschaftlich Berechtigten an das Transparenzregister zu

---

110 DK, Auslegungs- und Anwendungshinweise 2014, Rn. 30.
111 BaFin AuA zum GwG AT (03/2025), S. 57ff., Ziff. 5.2.3.2.
112 BeckOK GwG/*Brian*, 20. Ed. 1.12.2024, GwG § 11 Rn. 70.
113 Transparenzregister- und Finanzinformationsgesetz.

melden. Durch die Pflicht zur Abfrage der Registerinhalte nach § 12 Abs. 3 GwG im Rahmen der Begründung einer Geschäftsbeziehung geht Verpflichteten diese Information somit ohnehin – völlig risikounabhängig – zu.

Abseits der Widersprüchlichkeit dieser gesetzlichen Regelungen steht es den Verpflichteten in Anbetracht des **risikobasierten Ansatzes** frei, die **Risikoschwelle** für die Erhebung der Staatsangehörigkeit selbst zu bestimmen. Somit **kann** die Staatsangehörigkeit grundsätzlich auch bei einem festgestellten mittleren Risiko erfasst werden,[114] wenn der Verpflichtete dies in begründeter Form festlegt und eine solche Erhebung als Datenbasis für die Risikobewertung erforderlich ist. 260

b) Mitwirkungspflicht des Vertragspartners

Die **Erhebung** der Daten hat nur bei dem Vertragspartner oder den handelnden Personen zu erfolgen.[115] Wie bereits in Hinblick auf die Abklärung des wirtschaftlich Berechtigten, dürfen die Angaben nach § 11 Abs. 5 GwG nicht ausschließlich aus öffentlich zugänglichen Quellen, **Auskunfteien** oder aus dem **Transparenzregister** bezogen werden.[116] Insoweit ist eine **Befragung** des Vertragspartners oder der handelnden Person unumgänglich. 261

Die Pflicht des Vertragspartners bei einer Befragung **mitzuwirken** ist erforderlich, da ein Verpflichteter andernfalls die ihm obliegenden Sorgfaltspflichten bei Begründung einer Geschäftsbeziehung sowie im Rahmen von Transaktionen über dem jeweiligen Schwellenwert in der Praxis regelmäßig, in Ermangelung hinreichender Informationen, nicht ordnungsgemäß erfüllen könnte. 262

Dem jeweiligen Vertragspartner werden daher über **§ 11 Abs. 6 GwG**[117] entsprechende **schuldrechtliche Mitwirkungs- und Offenlegungspflichten** auferlegt, ohne dass dieser damit selbst zum Verpflichteten im Sinne dieses Gesetzes wird. Mit dieser Ergänzung werden auch Personen **außerhalb des Kreises der GwG-Verpflichteten** (§ 2 Abs. 1 GwG) gesetzlich dazu verpflichtet, Informationen und Unterlagen zur Verfügung zu stellen, die Verpflichtete zur Erfüllung der ihnen nach dem GwG obliegenden Pflichten benötigen. 263

Dies umfasst einerseits die im Rahmen der Abklärung des wirtschaftlich Berechtigten erforderliche **Offenlegung**, ob der Vertragspartner für einen Dritten handelt oder eine Transaktion zugunsten eines abweichenden wirtschaftlich Berechtigten ausführt. Zum anderen aber auch die **Bereitstellung** der notwendigen Informationen und Unterlagen, die Verpflichteten eine Identifizierung des wirtschaftlich Berechtigten ermöglicht. 264

---

114 BeckOK GwG/Brian, 20. Ed. 1.12.2024, GwG § 11 Rn. 70.

115 BaFin AuA zum GwG AT (03/2025), S. 57 ff., Ziff. 5.2.3.2.

116 BaFin AuA zum GwG AT (03/2025), S. 57 ff., Ziff. 5.2.3.2.

117 Für sonstige Rechtsgestaltungen nach § 3 Abs. 3 GwG (etwa Trusts und Stiftungen) gilt § 11 Abs. 7 GwG entsprechend.

265 Die **Mitwirkungspflicht** nach § 11 Abs. 6 GwG beschränkt sich überdies nicht auf eine initiale Bereitstellung von Informationen und Unterlagen im Rahmen der Begründung einer Geschäftsbeziehung, sondern umfasst auch die Obliegenheit des Vertragspartners, dem Vertragspartner sich im **Laufe der Geschäftsbeziehung** ergebende Änderungen unverzüglich anzuzeigen.

266 Zu beachten ist jedoch, dass, soweit nicht Personenidentität mit dem Vertragspartner besteht, der **wirtschaftlich Berechtigte** keine Vertragspartei und dementsprechend auch nicht von der **Mitwirkungspflicht des § 11 Abs. 6 GwG** erfasst ist.

c) Überprüfung der Angaben bei der Identifizierung des wirtschaftlich Berechtigten

aa) Grundsätzliches

267 Nach der Erhebung der Daten zum wirtschaftlich Berechtigten i.S.v. § 11 Abs. 5 GwG sind diese nach Maßgabe des § 12 Abs. 3 GwG zu **überprüfen**. Erst nach Abschluss der Überprüfung, ob die erhobenen Angaben zum wirtschaftlich Berechtigten zutreffend sind, gilt die **Identifizierung** des wirtschaftlich Berechtigten als **vollständig** durchgeführt.

268 Etwas **unglücklich** und der Rechtsklarheit in der Praxis nicht zuträglich, ist der Umstand, dass der Gesetzgeber den Terminus „ Identifizierung“ sowohl in Hinblick auf die Feststellung der Identität von Vertragspartnern und handelnden Personen, als auch bei wirtschaftlich Berechtigten verwendet, wenngleich die **qualitativen Ansprüche** an die jeweiligen Vorgänge unterschiedlich sind.

269 Bei der Überprüfung der Angaben zum wirtschaftlich Berechtigten bedarf es der **strengen Form** des § 12 Abs. 1 und 2 GwG nämlich gerade nicht. Stattdessen haben Verpflichtete gem. § 12 Abs. 3 GwG die erhobenen Angaben durch „risikoangemessene Maßnahmen“ zu überprüfen.

bb) Risikoangemessenheit der Überprüfung i.S.v. § 12 Abs. 3 GwG

270 Da der Gesetzgeber keine Konkretisierung vornimmt, wann eine Maßnahme als **„risikoangemessen“** anzusehen ist, bedarf es einer begrifflichen Einordnung. Aus dem Wortlaut lässt sich ableiten, dass Verpflichteten zwar nicht in Hinblick auf die allgemeine Verpflichtung zur Überprüfung der erhobenen Angaben,[118] jedoch zumindest in Bezug auf den **Umfang** und die **Qualität** der erforderlichen Maßnahmen ein **Beurteilungsspielraum** zukommt.

271 Eine vollständige Freiheit bei der Auswahl der Maßnahmen eröffnet sich den Verpflichteten hierdurch allerdings nicht. Vielmehr ist **„risikoanagemessen“** dergestalt zu

118 BT-Drucks. 17/6804, S. 27f.: selbst bei der Annahme eines geringen Risikos und der Anwendung vereinfachter Sorgfaltspflichten darf eine Identifizierung nicht entfallen; Vgl. auch BaFin AuA zum GwG AT (03/2025), S. 57ff., Ziff. 5.2.3.2.

verstehen, dass Verpflichtete den **Umfang** und die **Qualität** ihrer Überprüfung an dem individuellen Geldwäsche- oder Terrorismusfinanzierungsrisiko ausrichten müssen, das mit der betrachteten Geschäftsbeziehung oder Transaktion einhergeht.[119]

Dabei ist eine **Einzelfallbetrachtung**, wie sie gesetzgeberisch angedacht war,[120] in der Praxis für ein Gros der Verpflichteten, aufgrund der Vielzahl von ihnen unterhaltener Geschäftsbeziehungen und ausgeführter Transaktionen, nicht darstellbar. Deshalb empfiehlt es sich, den Umfang der Maßnahmen nicht kundenindividuell, sondern in Hinblick auf in der Regel im Rahmen der Risikoanalyse festgelegter **standardisierter Risikostufen**[121] zu bestimmen. 272

Die **Festlegung** der **Qualität** der ergriffenen Maßnahmen umfasst insbesondere eine schriftlich fixierte **Auswahl** der **Informationsquellen**, Dokumente und Unterlagen, die zur Verifizierung der Angaben zum wirtschaftlich Berechtigten geeignet sind. 273

cc) Transparenzregisterauszug zur Überprüfung nach § 12 Abs. 3 GwG

Nach § 12 Abs. 3 S. 3 GwG ist es grundsätzlich möglich, die **Überprüfung** anhand eines **Transparenzregisterauszuges** durchzuführen.[122] Dieser ist nach **§ 12 Abs. 3 S. 2 GwG** im Rahmen einer Begründung einer neuen Geschäftsbeziehung mit einer Vereinigung nach § 20 Abs. 1 GwG oder einer Rechtsgestaltung nach § 21 GwG zwingend einzuholen und liegt somit, zumindest zu Beginn einer neuen Geschäftsbeziehung, ohnehin vor. Die Zulässigkeit einer Verwendung eines Transparenzregisterauszuges zur Überprüfung der Angaben zum wirtschaftlich Berechtigten steht jedoch unter einer Reihe einschränkender Bedingungen. 274

Demnach müssen die Registerinhalte zunächst mit den bei dem Verpflichteten **vorliegenden Informationen** zu den wirtschaftlich Berechtigten übereinstimmen. Weiterhin dürfen beim Verpflichteten **keine Zweifel** an der Identität des wirtschaftlich Berechtigten, den zu seiner Person gemachten Angaben und an seiner Stellung als wirtschaftlich Berechtigter bestehen. 275

Abschließend ist die Verwendung des Transparenzregisterauszuges zum Zweck der Identifizierung ausgeschlossen, wenn **risikoerhöhende Faktoren** eine Anwendung verstärkter Sorgfaltspflichten im Sinne von § 15 Abs. 2 GwG gebieten – also die Geschäftsbeziehung oder eine Transaktion einem erhöhten oder hohen Geldwäsche- oder Terrorismusfinanzierungsrisiko unterliegt. 276

---

119 BT-Drucks. 17/6804, S. 27f.

120 BT-Drucks. 17/6804, S. 27f.

121 Eine Risikobewertung besteht regelmäßig aus drei Stufen, hoch, mittel, niedrig, kann jedoch auch um weitere Stufen ergänzt werden, vgl. hierzu BaFin AuA zum GwG AT (03/2025), S. 16f., Ziff. 2.2.3.

122 Auf die Aufzählung des im Gesetzeswortlaut genannten „Nachweises einer Registrierung“ wird verzichtet, weil ein solcher in Deutschland zum Zeitpunkt der Erstellung dieses Buches nicht ausgestellt wird, BaFin AuA zum GwG AT (03/2025), S. 57ff., Ziff. 5.2.3.2.

277 Sind keine der genannten **Hinderungsgründe** einschlägig, darf ein Transparenzregisterauszug zur Überprüfung im Rahmen der Identifizierung von wirtschaftlich Berechtigten verwendet werden, wenngleich durchaus fraglich ist, wie substantiiert eine Identifizierung mit diesem Dokument unter Berücksichtigung der gesetzlichen Konzeption zum Transparenzregister tatsächlich ist.

278 Bei neu gegründeten oder eingetragenen Gesellschaften bilden die Registerinhalte regelmäßig lediglich die initiale Meldung der Vereinigungen selbst ab. Zwar geht der Identifizierung die Abklärung des wirtschaftlich Berechtigten voraus, in dessen Rahmen der Verpflichtete zumindest etwaige Unstimmigkeiten in Bezug auf die Stellung des vom Vertragspartner ausgewiesenen wirtschaftlich Berechtigten feststellen kann. Bei der sich anschließenden Identifizierung werden sodann jedoch ausschließlich die an verschiedene Adressaten gerichteten Angaben des Vertragspartners miteinander verglichen. Das Aufkommen von **Zweifeln** an den gemachten Angaben oder der **Identität** des wirtschaftlich Berechtigten, wie sie als Hinderungsgründe in § 12 Abs. 3 S. 3 GwG aufgeführt werden, ist bei einem bloßen Abgleich zwischen den Daten im Transparenzregister und den vorliegenden, ebenfalls vom Vertragspartner bekanntgegebenen Informationen, insoweit unwahrscheinlich.

Hinweis

Das Vorstehende gilt insbesondere, wenn auf Seiten des Vertragspartners eine Täuschungsabsicht besteht und bewusst sowohl dem Register als auch dem Verpflichteten unwahre Informationen bekanntgegeben werden. Insoweit ist Verpflichteten anzuraten, die vom Vertragspartner bereitgestellten Unterlagen stets mittels aus abweichenden Quellen, wie etwa dem Handelsregister, bezogenen Dokumenten zu validieren.

279 Ohnehin kommt dem Transparenzregisterauszug als Instrument zur Überprüfung der Angaben vornehmlich bei der **Begründung einer neuen Geschäftsbeziehung Bedeutung** zu, da über diesen Geschäftsvorfall hinaus keine Pflicht nach § 12 Abs. 3 S. 2 GwG besteht, das Transparenzregister einzusehen. Stattdessen müssen bei einer erneuten Einsichtnahme in das Register, auch wenn sie „freiwillig" erfolgt, etwaige **Unstimmigkeiten** der registerführenden Stelle nach **§ 23a GwG** angezeigt werden.[123]

280 Dieses Mehr an Aufwand und Kosten, da eine Einsichtnahme in das Register entgeltpflichtig ist, führt dazu, dass die Identifizierung von wirtschaftlich Berechtigten, zumindest im Rahmen bestehender Geschäftsbeziehungen, überwiegend anhand **alternativer Informationsquellen** und Dokumente durchgeführt werden sollte.

dd) Alternative Informationsquellen zur Überprüfung nach § 12 Abs. 3 GwG

281 In Ermangelung formaler Vorgaben ist die Auswahl an alternativen Dokumenten zur Überprüfung der Angaben zum wirtschaftlich Berechtigten mannigfaltig. Insbesondere

123 BT-Drucks. 19/13827, 91 f.

zur **Abklärung der Existenz** der als wirtschaftlich Berechtigte angegebenen natürlichen Person, bietet sich ein **Anschriftenabgleich** an. Dieser könnte etwa mittels einer Telefonbuchsuche erfolgen. Da sich jedoch immer weniger Personen in Telefonbüchern eintragen lassen, wird diese Suche überwiegend ergebnislos enden.

Denkbar wäre auch die Eingabe des Namens und des angegebenen Wohnorts in **Suchmaschinen**, wobei auch diese Methode nur bedingt Auskunft über die Existenz eines wirtschaftlich Berechtigten erteilt. 282

Eine Abfrage bei einer **Auskunftei**, etwa der Schufa, scheidet in der Regel aus, da zu dieser ein Einverständnis des wirtschaftlich Berechtigten erforderlich wäre, die dem Verpflichteten im Normalfall nicht vorliegt. 283

Deshalb bietet es sich an, für die Überprüfung der vom Vertragspartner gemachten Angaben **gesellschaftsrechtliche Dokumente** wie Unterlagen über Unternehmensverschmelzungen, Jahresabschlüsse, Registerauszüge, Gesellschaftsverträge oder Gesellschafterlisten zu verwenden, da testierten Jahresabschlüssen, amtlichen Registerinhalten und gesellschaftsrechtlichen Dokumenten gemeinhin eine hohe Glaubwürdigkeit zuteilwird. 284

Letztgenannte Dokumente sind seit dem Geltungsbeginn der DiRUG[124], am 1. August 2022, weitgehend im **gemeinsamen Registerportal der Länder**[125] kostenfrei einsehbar. Zu beachten ist allerdings, dass im Register nicht zu jedem Unternehmen gesellschaftsrechtliche Dokumente zur Verfügung stehen und dem Register nur Informationen zu in deutschen amtlichen Registern eingetragenen Gesellschaften entnommen werden können. 285

Soweit also gleichartige Dokumente zu in **Drittstaaten eingetragenen Gesellschaften** benötigt werden und die Register des jeweiligen Landes nicht ohne Registrierung oder kostenfrei einsehbar sind, bedarf es einer **Bereitstellung** der Unterlagen durch den Vertragspartner. 286

Welche Dokumente für die **Überprüfung** im Rahmen der Identifizierung des wirtschaftlich Berechtigten geeignet sind, richtet sich schlussendlich auch nach den **internen Bestimmungen** der jeweiligen Verpflichteten über die zu erhebenden Daten. 287

Anders als etwa standardisierte amtliche Lichtbildausweise enthalten die vorgenannten Dokumente zudem überwiegend nicht alle in § 11 Abs. 5 GwG aufgeführten personenbezogenen Daten. Demzufolge kann es zur Überprüfung der erhobenen Daten erforderlich sein, einzelne Informationen mittels verschiedener Quellen zu verifizieren. Spätestens jedoch bei der Überprüfung der **Staatsangehörigkeit** verbleibt den Verpflichteten in der Regel nur ein Abgleich mit Pass- oder Ausweisinformationen. 288

124 Gesetz zur Umsetzung der Digitalisierungsrichtlinie (DiRUG).
125 www.handelsregister.de.

ee) Kopien von Lichtbilddokumenten zur Überprüfung nach § 12 Abs. 3 GwG

289 Weitgehend **unbeleuchtet** ist, ob **Pass- und Ausweiskopien des wirtschaftlich Berechtigten**, unter Berücksichtigung des risikobasierten Ansatzes, bereits bei einer niedrigeren Risikoeinstufung, etwa einem festgestellten mittleren oder Standard-Geldwäsche- und Terrorismusfinanzierungsrisiko, zur **Überprüfung** der erhobenen Angaben verwendet werden dürfen. Weder das Gesetz noch die aufsichtlichen Auslegungen geben hierüber Auskunft.

290 Aus der Trennung zwischen den Vorgaben zu der Identifizierung von Vertragspartnern und auftretenden Personen in § 12 Abs. 1 GwG einerseits und den wirtschaftlich Berechtigten in § 12 Abs. 3 GwG andererseits, geht hervor, dass hinsichtlich wirtschaftlich Berechtigter zumindest **keine Verpflichtung** besteht, **qualifizierte Dokumente** wie einen Personalausweis oder einen Reisepass (auch als Kopie) zur Identitätsfeststellung zu verwenden.

291 Gleichwohl lässt sich der Vorschrift **kein** derartiges **Verbot** entnehmen. Vielmehr müssen die zur Überprüfung ergriffenen Maßnahmen „**risikoangemessen**" sein, wobei die Bestimmung der Risikoangemessenheit, unter **Berücksichtigung des § 10 Abs. 2 GwG**, grundsätzlich den Verpflichteten obliegt. Der Gesetzgeber spricht den Verpflichteten insoweit einen **Ermessensspielraum** hinsichtlich der zu ergreifenden Maßnahmen zu, wobei die eingeräumte Freiheit ihre **Grenze** in einer **unverhältnismäßigen Härte** bei der Auswahl der zur Identifizierung verwendenden Dokumente finden wird.

292 Im Lichte der **Zielsetzung** einer Identifizierung, durch die Erhebung und Überprüfung personenbezogener Daten neben der Identität auch die bloße Existenz eines wirtschaftlich Berechtigten festzustellen, erscheint es jedoch zweifelhaft, dass die Einholung von Kopien amtlicher Ausweis- oder Passdokumente zu diesem Zweck unverhältnismäßig ist. Insbesondere vor dem Hintergrund, dass alternative Dokumente in der Regel ausschließlich auf Angaben des Vertragspartners oder der jeweiligen Vertragsparteien beruhen, jedenfalls, soweit sie nicht testiert oder beglaubigt sind, ist die Erreichung der angedachten Identitätsfeststellung mittels dieser Dokumente fraglich.

293 Dem kann auch nicht entgegengehalten werden, dass der Gesetzgeber ausweislich des § 12 GwG gerade eine **Abstufung in der Qualität** der zur Identifizierung vom Vertragspartner und des wirtschaftlich Berechtigten verwendeten Dokumente herbeiführen wollte. Eine derartige Abstufung ergibt sich nach hiesiger Auffassung nämlich bereits unter qualitativen Gesichtspunkten aus der **Systematik des Gesetzes**, da Vertragspartner sowie auftretende Personen, außer bei der Feststellung eines geringen Risikos und einer daraus folgenden Anwendung vereinfachter Sorgfaltspflichten gem. § 14 Abs. 2 S. 1 Nr. 2 GwG, ausnahmslos mittels qualifizierter Verfahren und Dokumenten identifiziert werden müssen, was für wirtschaftlich Berechtigte gerade nicht gilt. Insofern stellt die Hereinnahme einer Kopie eines Lichtbilddokumentes, im Verhältnis zum qualifizierten Verfahren nach § 13 GwG, bereits eine Abstufung und damit eine Würdigung des risikobasierten Ansatzes und des Grundsatzes der Verhältnismäßigkeit dar.

294 Ebenso ist nicht ersichtlich, dass der Wortlaut, wonach „risikoangemessene" Maßnahmen zu ergreifen sind, impliziert, dass zunächst alternative Dokumente zur Identi-

tätsfeststellung hereinzunehmen sind und Lichtbilddokumente erst als **Ultima Ratio**, also als letztes verfügbares oder geeignetes Mittel zum Erreichen der Zielsetzung, eingesetzt werden dürfen. Dies würde den risikobasierten Ansatz und damit die vom Gesetzgeber vorgesehene Systematik des GwG infrage stellen. In diesem Fall müssten die zuständigen Aufsichtsbehörden, im Falle eines hohen Risikos, nach § 15 Abs. 5a S. 1 GwG zunächst die mildesten der dort kataloghaft aufgeführten Maßnahmen anordnen und dürften erst bei einer verfehlten Zielerreichung dieser Anordnung auf das nächststärkere Mittel zurückgreifen.

Ähnliches gilt für die **Abklärung des wirtschaftlich Berechtigten einer GbR**, bei der, in Anbetracht des erhöhten mit dieser Gesellschaftsform einhergehenden Risikos, „risikoangemessen" entschieden werden muss, welche Gesellschafter als wirtschaftlich Berechtigte anzusehen und folglich zu identifizieren sind.[126] Würde der Terminus so ausgelegt, dass zunächst das mildeste Mittel zu ergreifen ist, hätte dies zur Konsequenz, dass in einem ersten Schritt die Identifizierung nur eines Gesellschafters zulässig ist. Das kann vom Gesetzgeber nicht gewollt sein, zumal unklar wäre, welche risikoverändernden Umstände letztlich zu einer erweiterten Erfassungspflicht führen würden. 295

Insoweit spricht vieles dafür, dass **„risikoangemessen"** als dem jeweiligen Risiko in Art und Umfang entsprechend verstanden werden muss und es den **Verpflichteten** somit **anheimgestellt ist**, bereits ab einem normalen/mittleren Risiko Kopien von Lichtbilddokumenten als Dokument zur Identifizierung von wirtschaftlich Berechtigten einzuholen, soweit ihre interne **Risikoeinschätzung** zu dem Ergebnis kommt, dass dies als risikoangemessenes Mittel angesehen werden kann. Bei einem festgestellten **geringen Geldwäsche- und Terrorismusfinanzierungsrisiko** wird eine Risikoangemessenheit dieser Maßnahme wohl jedoch nicht mehr anzunehmen sein. 296

Soweit ein Verpflichteter zur Überprüfung der erhobenen Daten beabsichtigt **Ausweiskopien** des wirtschaftlich Berechtigten einzuholen, ist jedoch zwingend und unabhängig vom festgestellten Risiko, **§ 20 Abs. 2 S. 2 PAuswG** zu beachten. Demnach dürfen Kopien des Ausweises ausschließlich vom Ausweisinhaber weitergegeben werden. Insofern muss die Anforderung von Ausweisdokumenten zum Zweck der Identifizierung nach § 12 Abs. 3 GwG an den Vertragspartner adressiert und anschließend von diesem an den wirtschaftlich Berechtigten herangetragen werden, der die Ablichtung sodann unmittelbar an den Verpflichteten übersendet. 297

ff) Ausblick auf die Überprüfung der erhobenen Angaben gem.

Im Zuge des Geltungsbeginns der **EU-Geldwäsche-Verordnung** weicht der vorstehend beschriebene risikobasierte Ansatz aller Voraussicht nach einer **regelbasierten Methodik**. Nach **Art. 22 Abs.** 7 **Buchst. a) EU-Geldwäsche-Verordnung** sind wirtschaftlich Berechtigte ab dem 10.7.2027 im Einklang mit den Vorgaben zu Vertragspartnern und 298

126 BT-Drucks. 16/9038, S. 30.

handelnden Personen, das heißt vollständig und unter Verwendung **qualifizierter Dokumente und Verfahren**, zu identifizieren.

299 Nicht zuletzt erübrigt sich im Zuge dieser Neuregelung auch die nach geltendem Recht **unbeantwortete Frage**, ob die Einholung von Kopien amtlicher Lichtbilddokumente zur Überprüfung von Angaben zu wirtschaftlich Berechtigten auch bei Vorliegen eines geringeren Risikos zulässig ist, da sodann eine Identifizierung des wirtschaftlich Berechtigten mittels Vorlage eines amtlichen Lichtbilddokumentes oder alternativer **qualifizierter Identifizierungsmittel gesetzlich explizit vorgesehen** ist.

4. Das Transparenzregister

a) Grundsätzliches

300 Mit dem Geltungsbeginn des novellierten Geldwäschegesetzes zur Umsetzung der 4. EU-Geldwäscherichtlinie am 26.6.2017 wurde in Deutschland erstmals ein zentrales elektronisches **Transparenzregister** eigeführt. Der **Aufbau** und **Betrieb** des Transparenzregisters erfolgten von Beginn an durch einen im Wege der Beleihung beauftragten privatrechtsförmigen Träger als hoheitliche Aufgabe, der hierfür Gebühren erheben darf.[127] Diese Aufgabe wurde dem privat geführten **Bundesanzeiger Verlag** übertragen, der wiederum zu der privaten DuMont-Gruppe mit Sitz in Köln gehört.

301 Das **Ansinnen des Gesetzgebers** war es, durch die Schaffung eines elektronisch geführten Registers, das die wirtschaftlich Berechtigten von juristischen Personen des Privatrechtes, eingetragenen Personengesellschaften und sonstigen Rechtsgestaltungen ausweist, die **Transparenz** in Hinblick auf darin eingetragene Gesellschaften zu **erhöhen** und auf diesem Weg dessen Missbrauch zum Zweck der Geldwäsche und Terrorismusfinanzierung zu verhindern.[128]

302 Ausweislich der Gesetzesbegründung zur Erfüllung der ihnen obliegenden Sorgfaltspflichten,[129] in der Praxis jedoch insbesondere, da es der registerführenden Stelle allein nicht möglich ist, die Registerinhalte auf Vollständigkeit und Richtigkeit zu überprüfen, ist das **Recht** der **Verpflichteten** vorgesehen die **Registerinhalte** bei berechtigtem Interesse **einzusehen**. In diesem Zuge haben Verpflichtete die nach § 11 Abs. 5 GwG zu erhebenden Daten sowie **Typ, Art und Umfang** des **wirtschaftlichen Interesses** der jeweiligen wirtschaftlich Berechtigten an den eintragungspflichtigen Gesellschaften nach §§ 20ff. GwG mit den ihnen vorliegenden Informationen **abzugleichen**.

303 Eine solches **Recht** zur Einsichtnahme aber auch die **Pflicht** zum Abgleich der Verpflichteten ist bereits deshalb **erforderlich**, weil die Eintragung in das Transparenzregister im Gegensatz zur Meldung an andere, amtlich geführte Register, wie z.B. dem Handelsregister, **keiner Bestätigung** bedarf. Das bedeutet, dass jede eintragungspflich-

---

127 BT-Drucks. 18/11555, S. 99.

128 BT-Drucks. 18/11555, S. 89.

129 BT-Drucks. 18/11555, S. 89.

tige Vereinigung die **Angaben** zu ihren wirtschaftlich Berechtigten gegenüber der registerführenden Stelle tätigen kann, **ohne**, dass zuvor eine **notarielle Beglaubigung** und damit eine Validierung der für die Eintragung vorgesehenen Daten erforderlich wäre.

Eine **Ausnahme** von dieser Systematik bilden nur **eingetragene Vereine**, deren 304
(fiktive) wirtschaftlich Berechtigte nach § 20a GwG grundsätzlich automatisiert aus den im Vereinsregister eingetragenen Vorstandsmitgliedern abgeleitet an das Transparenzregister übertragen werden.

Dem Gesetzgeber war diese **Schwachstelle** bekannt. Aus diesem Grund wurde zeit- 305
gleich mit der Inbetriebnahme des Registers in § 11 Abs. 5 S. 4 Hs. 2 GwG (§ 11 Abs. 5 S. 3 Hs. 2 GwG a.F.) geregelt, dass sich Verpflichtete nicht ausschließlich auf die Angaben im Transparenzregister verlassen dürfen.

Es war der Systematik des Transparenzregisters in den ersten Jahren des Betriebs 306
geschuldet, dass die von der registerführenden Stelle erteilten Auskünfte, trotz grundsätzlich bestehender Pflicht zur Eintragung, in den allermeisten Fällen **keine Informationen** bekanntgaben.

Bis zum 31.7.2021 galt nach § 20 Abs. 2 GwG (a.F.) für eine Vielzahl eintragungs- 307
pflichtiger Vereinigungen eine **Mitteilungsfiktion**, die einen eigenen Eintrag der (grundsätzlich) eintragungspflichtigen Vereinigung im Transparenzregister ersetzte. Danach galt die **Pflicht zur Eintragung** im Transparenzregister bereits als **erfüllt**, wenn sich die eintragungspflichtigen Angaben aus einem anderen (in § 20 Abs. 2 GwG a.F. kataloghaft aufgeführten) Register wie dem Handelsregister, dem Partnerschaftsregister, dem Genossenschaftsregister, dem Vereinsregister oder dem Unternehmensregister ergaben.

Da § 18 Abs. 4 S. 1 GwG vorschreibt, dass die registerführende Stelle auf Antrag 308
sowohl Ausdrucke von Daten, die im Transparenzregister gespeichert sind, erstellt aber auch Bestätigungen, dass im Transparenzregister **keine** aktuelle Eintragung aufgrund einer Mitteilung nach § 20 Abs. 1 oder § 21 GwG vorliegt, kam die registerführende Stelle ihrem gesetzlichen Auftrag aufgrund der Mitteilungsfunktion zudem bereits dergestalt nach, dass ausgestellte Auszüge lediglich auf eine fehlende Eintragung verwiesen.

Entsprechende Auszüge besagten zu wirtschaftlich Berechtigten Folgendes: 309

> *„Zu diesem Unternehmen liegt für den beantragten Zeitraum keine Eintragung eines wirtschaftlich Berechtigten aufgrund einer Mitteilung nach § 20 Abs. 1 oder § 21 GwG vor. Dies stellt eine Bestätigung nach § 18 Abs. 4 Satz 1 GwG dar.“*

Diese sogenannte **„Leermeldung“** führte dazu, dass immer weniger Verpflichtete die 310
Möglichkeit einer kostenpflichtigen Abfrage nutzten, insbesondere weil sie dafür in den meisten Fällen keine werthaltigen Daten erhielten.

Da das Transparenzregister infolge der überwiegenden Leermeldungen und einer 311
daraus resultierenden geringen Nachfrage der Verpflichteten Gefahr lief, in der **Bedeutungslosigkeit** zu verschwinden, änderte der Gesetzgeber ab dem 1.1.2020 sukzessive die entsprechenden Vorschriften im GwG.

312 Seitdem[130] besteht gem. § 12 Abs. 3 S. 2 GwG eine **gesetzliche Pflicht**, nach der Verpflichtete bei der **Begründung einer neuen Geschäftsbeziehung** mit einer juristischen Person des Privatrechts (§ 20 GwG), einem Trust oder einer Rechtsgestaltung nach § 21 GwG entweder einen Nachweis über die Eintragung des Vertragspartners in das Transparenzregister oder einen Auszug der im Register über den wirtschaftlich Berechtigten des Vertragspartners zugänglichen Daten einzuholen haben.

Wichtig
Der Abruf der Transparenzregisterinhalte ist nach § 12 Abs. 3 S. 2 GwG ausschließlich bei der Begründung einer neuen Geschäftsbeziehung verpflichtend. Im Rahmen laufender Geschäftsbeziehungen besteht weder eine gleichgeartete Verpflichtung noch müssen die vorgehaltenen Transparenzregisterinformationen in bestimmten Turnussen aktualisiert werden.

313 Einen **Nachweis der Eintragung**, wie er **in § 12 Abs. 3 S. 2 GwG** benannt wird, stellt die registerführende Stelle in Deutschland jedoch nach wie vor nicht aus. Die in der Praxis regelmäßig verwendete **Eingangsmitteilung** des Bundesanzeigers erfüllt die Anforderung an einen „Nachweis" im Sinne von § 12 Abs. 3 S. 2 GwG nicht,[131] da sie eine bloße Bestätigung des Datenempfangs der registerführenden darstellt jedoch keine Auskunft über die tatsächliche Eintragung erteilt.

314 Daher bleibt nur die **Alternative**, dass der Verpflichtete die Registerinhalte zu seinem Vertragspartner bei der Begründung einer neuen Geschäftsbeziehung durch einen selbst initiierten Registerabruf bezieht. Infolge dieser Abfrage erhält der Verpflichtete einen Auszug aus dem Transparenzregister, der aus personenbezogenen Angaben zu den wirtschaftlich Berechtigten sowie Art und Umfang des wirtschaftlichen Interesses der natürlichen Person, die als wirtschaftlich Berechtigter gemeldet wurde, besteht.

315 Die dem Verpflichteten auf diesem Weg bekanntgewordenen Informationen über den wirtschaftlich Berechtigten ersetzen zwar keine **Erhebung** von Daten im Sinne von § 11 Abs. 5 GwG. Diese muss beim Vertragspartner selbst erfolgen. Der Registerauszug kann jedoch, unter bestimmten Voraussetzungen, zur **Überprüfung** der Angaben über den wirtschaftlich Berechtigten gem. § 12 Abs. 3 S. 3 GwG, also für den zweiten Schritt der Identifizierung verwendet werden.[132]

316 Wenngleich es der Gesetzgeber unterlassen hat, für eine unterlassene Abfrage nach § 12 Abs. 3 S. 2 GwG einen eigenen **Bußgeldtatbestand** in § 56 GwG zu schaffen, sollte die Pflicht zur Abfrage beachtet und eine Abfrage in jedem Fall durchgeführt werden.

---

130 Gesetz zur Umsetzung der Änderungsrichtlinie zur Vierten EU-Geldwäscherichtlinie (GwRLÄndG) vom 12.12.2019.

131 BaFin AuA zum GwG AT (03/2025), S. 57ff., Ziff. 5.2.3.2.

132 Zu den Voraussetzungen s. Kap. 4 A 3 b) cc).

b) Eintragungspflichte Vereinigungen und sonstige Rechtgestaltungen

Nach **§ 20 Abs. 1 GwG** sind alle juristische Personen des Privatrechts (z.B. GmbH oder Aktiengesellschaften) sowie eingetragene Personengesellschaften, wie bspw. Kommanditgesellschaften und seit 1. Januar 2024 auch eingetragene Gesellschaften bürgerlichen Rechts, als sogenannte „**Vereinigungen**" verpflichtet, ihre jeweiligen wirtschaftlich Berechtigten elektronisch an das Transparenzregister bzw. die registerführende Stelle zu **melden**. Die Abklärung der wirtschaftlich Berechtigten muss, wie auch bei den Verpflichteten, nach Maßgabe von § 3 GwG erfolgen. Für **Trusts und rechtsfähige Stiftungen** gilt nach **§ 21 GwG** eine gleichlautende Meldepflicht. 317

Einzutragen sind gem. § 19 Abs. 1 GwG **folgende Daten** zum wirtschaftlich Berechtigten: 318

- Vor- und Nachname,
- Geburtsdatum,
- Wohnort,
- Art und Umfang des wirtschaftlichen Interesses und die
- alle Staatsangehörigkeiten.

Die Angabe der Art und des Umfangs des wirtschaftlichen Interesses nach § 19 Absatz 1 Nr. 4 GwG richtet sich nach § 19 Abs. 3 GwG, wonach zu benennen ist, woraus sich die **Qualifizierung** als wirtschaftlich Berechtigter ergibt. 319

Diese Angaben setzen voraus, dass die eintragungspflichtigen Vereinigungen zuvor die natürliche Person ermittelt haben, die diese Stellung einnimmt. Insofern beschränkt sich **§ 20 Abs. 1 GwG nicht** auf eine **bloße Meldepflicht** sondern umfasst darüber hinaus auch die **Obliegenheit** der meldepflichtigen Rechtseinheiten, die Informationen zu ihren wirtschaftlich Berechtigten einzuholen, diese aufzubewahren und bedarfsgerecht zu aktualisieren. 320

Wurden ihnen die zu diesem Zweck **erforderlichen Daten** nicht bereits vom wirtschaftlich Berechtigten mitgeteilt, sind die Vereinigungen gem. § 20 Abs. 3a S. 1 GwG dafür verantwortlich, die entsprechenden Angaben von ihren Anteilseignern einzufordern. Diese sind sodann zur **Mitwirkung** und Beantwortung der Anforderung in angemessener Zeit verpflichtet. 321

Wie es sich bereits aus der Pflicht zur Aktualisierung der vorgehaltenen Daten ergibt, beschränkt sich § 20 GwG nicht auf eine einmalige Meldung der Daten. Vielmehr sind **Änderungen**, soweit sich zu einem späteren Zeitpunkt ergeben und die bereits gemeldeten Informationen zum wirtschaftlich Berechtigten betreffen, der registerführenden Stelle nach § 20 Abs. 3 S. 1 bzw. § 21 Abs. 1 S. 1 GwG **unverzüglich anzuzeigen**. 322

c) Unstimmigkeitsmeldungen nach § 23a GwG

Seit dem 1.1.2020 besteht die Pflicht für Verpflichtete nach § 2 Abs. 1 GwG, dem Transparenzregister auf dessen Webseite **Unstimmigkeiten** unverzüglich zu melden, die sie zwischen den Angaben über die wirtschaftlich Berechtigten, die im Transparenzregister 323 zugänglich sind, und den ihnen zur Verfügung stehenden Informationen und Erkenntnissen über den wirtschaftlich Berechtigten ihres Vertragspartners feststellen.

324 Eine derartige Verpflichtung zur Meldung von Unstimmigkeiten ist aufgrund der beschriebenen Systematik der Registereintragung und -führung[133] erforderlich, um die **Qualität der Registerinhalte**[134] und, daraus folgend, den praktischen Nutzen des Registers zu erhöhen.

325 Irrtümlicherweise wird in der Praxis häufig angenommen, dass eine **Meldung** im Sinne von § 23a Abs. 1 GwG ausschließlich **anlässlich** der Begründung einer **neuen Geschäftsbeziehung** abgegeben werden muss, da das Gesetz in § 12 Abs. 3 S. 2 GwG nur für diesen Geschäftsvorfall eine Pflicht zum Abruf der Registerinhalte vorsieht.

326 Jedoch ergibt sich weder aus § 12 Abs. 3 S. 2 GwG noch aus § 23a Abs. 1 GwG eine Prüfpflicht. Stattdessen sieht der Gesetzgeber in § 23a Abs. 1 GwG eine Meldepflicht,[135] was zur Folge hat, dass die entsprechende **Verpflichtung** zur **Mitteilung von Unstimmigkeiten** wohl bereits bei einer positiven **Kenntnisnahme von Divergenzen** zwischen den Registerinhalten und den dem Verpflichteten vorliegenden Informationen entsteht.[136]

327 Das führt im Ergebnis dazu, dass auch etwa innerhalb **bestehender Geschäftsbeziehungen** und ohne gesetzliche Anordnung durchgeführte **Einsichtnahmen** in das Register eine Pflicht zur **Meldung** auslösen können, soweit Verpflichtete im Rahmen dieses Vorgangs **Unstimmigkeiten** feststellen. Dieser Umstand sollte in der **Praxis** stets berücksichtigt werden, da den Verpflichteten hieraus (unnötige) Bußgeldrisiken erwachsen können, wenn eine in diesem Zuge festgestellte Unstimmigkeit nicht oder nicht unverzüglich angezeigt wird.

328 **„Unstimmigkeiten“** im Sinne von **§ 23a Abs. 1 GwG** können sich in Bezug auf alle im Register nach § 19 GwG enthaltenen Daten ergeben.

Neben **„ganzheitlichen“ Abweichungen** wie die Meldung einer natürlichen Person, die nach Maßgabe des § 3 GwG jedoch nicht die Voraussetzungen für eine Stellung als wirtschaftlich Berechtigter erfüllt, können auch bereits **kleinere Differenzen**, etwa hinsichtlich der im Register eingetragenen Namen oder der ausgewiesenen Höhe der Kapitalanteile oder Stimmrechte, zu einer Unstimmigkeit führen und somit die Meldepflicht nach § 23a Abs. 1 GwG auslösen.

329 Welche Unstimmigkeiten im Detail meldepflichtig sind, ist den jeweils aktuellen **FAQ des Bundesverwaltungsamts** zu entnehmen.[137]

330 Ungeklärt ist, wie Verpflichtete zu verfahren haben, wenn sich zwischen der **Auslegung** des **Bundesverwaltungsamtes** in ihren FAQ und der **aufsichtlichen Auslegung**

133 S. zur Systematik des Transparenzregisters: Kapitel 4 A V 4.

134 BT-Drucks. 19/13827, S. 91.

135 BT-Drucks. 19/13827, S. 91.

136 BT-Drucks. 19/13827, S. 50; so im Ergebnis auch BeckOK GwG/*Korte*, 20. Ed. 1.12.2024, GwG § 23a Rn. 23ff.

137 Zum Zeitpunkt der Drucklegung des Buches waren die FAQ des BVA vom 5.5.2023.

ihrer zuständigen Aufsichtsbehörde **Unterschiede** ergeben, was bedauerlich, in der Praxis jedoch etwa hinsichtlich **Insolvenzverwaltern** der Fall ist.[138]

Nach hiesiger Meinung sind Verpflichtete gut beraten, wenn sie sich bei Vorliegen einer solchen **Divergenz** an der aufsichtlichen Praxis ihrer **zuständigen Aufsichtsbehörde** orientieren und nach dieser sowohl ihre **Methodik** zur Abklärung des wirtschaftlich Berechtigten ausrichten als auch daraus folgend ihre **Meldeschwellen** im Sinne von § 23a Abs. 1 GwG bestimmen. 331

Wichtig

Die in § 59 Abs. 10 GwG vorgesehene Ausnahme von der Meldepflicht nach § 23a Abs. 1 GwG, wonach Unstimmigkeitsmeldungen wegen des Fehlens einer Eintragung nach § 20 nicht abzugeben sind, soweit sich die mitteilungspflichtige Rechtseinheit auf die Mitteilungsfiktion des § 20 Abs. 2 GwG in der bis einschließlich zum 31.7.2021 geltenden Fassung berufen durfte, ist zum 1.4.2023 abgelaufen.

Unabhängig von der Art der festgestellten Unstimmigkeit ist die **Nichterfüllung** der Pflicht zu deren Meldung an die registerführende Stelle gem. § 56 Abs. 1 S. 1 Nr. 65 GwG, im Gegensatz zu einer ausgelassenen Einsichtnahme nach § 12 Abs. 2 S. 2 GwG, **bußgeldbewehrt**. Ein Verstoß gegen die Meldepflicht als solche, aber auch gegen die erforderliche **Unverzüglichkeit** der Meldung, kann, bei einer leichtfertigen Begehung im Einzelfall mit bis zu 100.000 Euro, bei Vorsatz sogar mit bis zu 150.000 Euro geahndet werden. 332

d) Umwandlung des Transparenzregister vom Auffang- in ein Vollregister

Der Gesetzgeber hat das Transparenzregister zum 1.8.2021 durch das das so genannte Transparenzregister- und Finanzinformationsgesetz[139] (TraFinG) von einem **Auffang-** in ein **Vollregister** umgewandelt. Damit sollte eine **Vernetzung** mit anderen Transparenzregistern ermöglicht werden,[140] was in der bis zu diesem Zeitpunkt geltenden Form eines Auffangregisters, nicht möglich gewesen ist. 333

Im Zuge der Gesetzesänderung wurde auch die sogenannte **Mitteilungsfiktion**[141] aufgehoben,[142] in dessen logischer Folge seither alle nach §§ 20 und 21 GwG eintragungspflichtigen Vereinigungen ausnahmslos verpflichtet sind, ihre wirtschaftlich Berech- 334

---

138 Das BVA nimmt an, dass Insolvenzverwalter als wirtschaftlich Berechtigte zu betrachten sind (vgl. BVA FAQ zum Transparenzregister, S. 17 Rn. 6) wohingegen die BaFin ebenjenes verneint (BaFin AuA BT KI, S. 20f. Ziff. 7.2.2).

139 Die offizielle Bezeichnung lautet: Entwurf eines Gesetzes zur europäischen Vernetzung der Transparenzregister und zur Umsetzung der Richtlinie 2019/1153 des Europäischen Parlaments und des Rates vom 20. Juni 2019 zur Nutzung von Finanzinformationen für die Bekämpfung von Geldwäsche, Terrorismusfinanzierung und sonstigen schweren Straftaten.

140 Referentenentwurf zur Umsetzung der EU-RL 2019/1153, Seite 2.

141 S. zur Mitteilungsfiktion Kap. 4 A V 4 a).

142 BT-Drucks. 19/28164, S. 2.

tigten nicht nur zu **ermitteln**, sondern ihre Ergebnisse dem Transparenzregister überdies aktiv zur Eintragung **mitzuteilen**.

335 Damit wurde die nach § 56 Abs. 1 S. 1 Nr. 56 GwG bußgeldbewährte **Verantwortlichkeit** für die **Richtigkeit** und **Aktualität** der Daten im Transparenzregister abschließend geklärt. Diese liegt klar abgrenzbar bei den Rechtseinheiten nach §§ 20 und 21 GwG.

VI. Zweck der Geschäftsbeziehung

336 Die Regelung in § 10 Abs. 1 Nr. 3 GwG verlangt als weitere allgemeine Sorgfaltspflicht von den Verpflichteten, sich Klarheit über die **Art und den Zweck** der angestrebten Geschäftsbeziehung zu verschaffen. Diese **Abklärungspflicht** ist Teil des **„Know-your-customer-Prinzipes“** („KYC“), welches das Kernstück der unternehmensinternen **Customer Due Diligence-Maßnahmen** („CDD“) darstellt und soll Verpflichtete in die Position versetzen, ein **Risikoprofil** über ihre jeweiligen Vertragspartner entwickeln zu können.[143]

337 Die **„Art“** der Geschäftsbeziehung ergibt sich dabei häufig bereits aus dem vom Verpflichteten angebotenen **Produkt** oder der **Dienstleistung**, die dem Vertragspartner in Aussicht gestellt wird.

338 Zu den (meist im sog. **„Massengeschäft“** eingesetzten) Produkten, deren Ausgestaltung bereits die **Art und Zweck** der Geschäftsbeziehung indiziert,[144] zählen insbesondere:

- Kontokorrentkonto zur Abwicklung des Zahlungsverkehrs (Privat-/Geschäftskonto)
- Klassische Anlageprodukte zur Vermögenssicherung/-bildung
- Depotkonten zur Verwaltung und Verwahrung von Wertpapieren
- Kredit/Kreditkonto
- Lebensversicherungen
- Verträge nach dem Bausparkassengesetz.[145]

339 Aus dieser nicht-abschließenden Aufzählung wird ersichtlich, dass bei Geschäftsbeziehungen mit **natürlichen Personen** und nicht-geschäftlicher Nutzung grundsätzlich angenommen werden kann, dass der **Zweck** die allgemeine private bzw. die mit der Produktausgestaltung und dem Produktzweck im Einklang stehende Nutzung ist.[146] Demzufolge besteht hinsichtlich von Geschäftsbeziehungen, deren Inhalt auf die Bereitstellung derartiger Produkte oder ebenso eindeutig gearteter Dienstleistungen gerichtet ist, in der Regel kein **Erfordernis**, eine aktive Befragung des Vertragspartners zum angestrebten Geschäftszweck vorzunehmen.

---

143 BT-Drucks. 16/9038, S. 33.
144 *Ackmann/Reder* WM 2009, 158, 162.
145 BaFin AuA zum GwG AT (03/2025), S. 60, Ziff. 5.3.
146 Herzog/*Figura* GwG § 10 Rn. 24.

Gleiches ist etwa hinsichtlich der von **Notaren** angebotenen Leistungen anzunehmen, bei denen sich die Art und der Zweck des von ihnen ausgeführten Amtsgeschäftes regelmäßig eindeutig aus der von ihnen errichteten Urkunde ableiten lässt.[147] 340

Dies gilt jedoch nur insoweit, wie bei dem Verpflichteten im Rahmen der **Überwachung der Geschäftsbeziehung** und etwaige darüber durchgeführte Transaktionen nicht **Zweifel** an der allgemeinen privaten Nutzung aufkommen oder sich ihm sonstige Hinweise auf eine unsachgemäße Produktnutzung ergeben.[148] 341

Sind **Art und Zweck** der Geschäftsbeziehung **nicht selbsterklärend** oder bestehen Hinweise auf eine zweckentfremdete Produktnutzung, muss der Abklärungspflicht des § 10 Abs. 1 Nr. 3 GwG durch eine weitere **Informationsbeschaffung** nachgekommen werden.[149] Dies kann etwa durch **Befragung** des Vertragspartners zum Zweck der Geschäftsbeziehung geschehen. Insbesondere bei **Geschäftskunden** als Vertragspartner wird es regelmäßig erforderlich sein,[150] nicht zuletzt, um mehr über den Hintergrund der geschäftlichen Aktivitäten zu erfahren, den konkreten Geschäftszweck zu erfragen. 342

Unabhängig von vorstehend benannten Gründen kann es angezeigt sein, weitere Informationen zu der Art und dem Zweck der Geschäftsbeziehung einzuholen, wenn im Rahmen der **Risikobewertung** nach § 10 Abs. 2 GwG und/oder aufgrund der Komplexität der ausgewählten Produkte oder Dienstleistungen[151] ein **höheres Geldwäsche- oder Terrorismusfinanzierungsrisiko** festgestellt wird. 343

Praxistipp !

Auch wenn sich die Art und der Zweck der Geschäftsbeziehung regelmäßig aus den Produkten oder Dienstleistungen des Verpflichteten ergeben, sollte grundsätzlich immer zu Beginn einer neuen Geschäftsbeziehung eine Befragung sowie eine Dokumentation des Ergebnisses der Abfrage erfolgen. Die dabei gewonnenen Erkenntnisse über den Geschäftszweck können insbesondere im Rahmen der laufenden Überwachung (z.B. dem Monitoring durch Kreditinstitute) von Bedeutung sein.

Zu beachten ist, dass **unrichtige Angaben** des Vertragspartners über den Geschäftszweck bei Privat- wie auch Geschäftskunden eine **Beendigungspflicht** nach **§ 10 Abs. 9 GwG** begründen. 344

147 Bundesnotarkammer Auslegungs- und Anwendungshinweise zum GwG (2021), S. 41 Ziff. 3.
148 Zentes/Glaab/*Sonnenberg* GwG § 10 Rn. 66.
149 BaFin AuA zum GwG AT (03/2025), S. 60, Ziff. 5.3.
150 Herzog/*Figura* GwG § 10 Rn. 25.
151 BaFin AuA zum GwG AT (03/2025), S. 60, Ziff. 5.3.

Ausblick auf die EU-Geldwäsche-Verordnung
In der **EU-Geldwäsche-Verordnung** findet sich die inhaltlich gleichgeartete Pflicht zur Abklärung der **Art und des Zweckes** der Geschäftsbeziehung in **Art. 25 Buchst. a) EU-Geldwäsche-Verordnung**. Ob die aktuell geltende Auslegung der Aufsicht, wonach bestimmte Produkte oder Dienstleistungen den Zweck einer Geschäftsbeziehung bereits indizieren, auch im Aufsichtsregime der AMLA aufrechterhalten bleibt, wird erst den technischen Regulierungsstandards nach deren Veröffentlichung zu entnehmen sein.

VII. Abklärung einer Eigenschaft als „politisch exponierte Person"

1. Grundsätzliches

345 Nach **§ 10 Abs. 1 Nr. 4 GwG** zählt zu den allgemeinen Sorgfaltspflichten die Feststellung mit risikoorientierten und angemessenen Verfahren, ob es sich bei dem Vertragspartner selbst oder aber bei einem ggfs. bestehenden wirtschaftlich Berechtigten des Vertragspartners um eine **politisch exponierte Person** (**„PEP"**), ein F**amilienmitglied einer politisch exponierten Person** oder einer solchen **bekanntermaßen nahestehenden Person** handelt.

346 Demnach obliegt es Verpflichteten einerseits, eine **PEP-Eigenschaft** ihres Vertragspartners oder dessen wirtschaftlich Berechtigten zu **erkennen**. Zum anderen müssen sie in Hinblick auf die jeweilige Geschäftsbeziehung **verstärkte Sorgfaltspflichten** nach Maßgabe des **§ 15 Abs. 4 GwG** zur Anwendung bringen, wenn sich dem Verpflichteten im Rahmen der Durchführung des von ihm zur Erfüllung des § 10 Abs. 1 Nr. 4 GwG gewählten Verfahrens eröffnet, dass der Vertragspartner oder dessen wirtschaftlich Berechtigter eine politisch exponierte Person ist.

347 Der **Definition** einer **„PEP"** in **§ 1 Abs. 12 GwG** nach handelt es sich dabei um **natürliche Personen**, die ein **hohes öffentliches Amt** von **mindestens nationaler Bedeutung** ausüben. Dabei ist grundsätzlich unerheblich, ob es sich um die Betrachtung einer in- oder ausländischen Person handelt.

2. Politisch exponierte Person gem. § 1 Abs. 12 GwG

348 Nachfolgend werden alle **Ämter und Funktionen** aufgelistet, bei deren Ausübung eine Person gem. **§ 1 Abs. 12 S. 2 Nr. 1 GwG** zwingend als **PEP** zu behandeln ist:

a) Staatschefs, Regierungschefs, Minister, Mitglieder der Europäischen Kommission, stellvertretende Minister und Staatssekretäre,
b) Parlamentsabgeordnete und Mitglieder vergleichbarer Gesetzgebungsorgane,
c) Mitglieder der Führungsgremien politischer Parteien,
d) Mitglieder von obersten Gerichtshöfen, Verfassungsgerichtshöfen oder sonstigen hohen Gerichten, gegen deren Entscheidungen im Regelfall kein Rechtsmittel mehr eingelegt werden kann,
e) Mitglieder der Leitungsorgane von Rechnungshöfen,
f) Mitglieder der Leitungsorgane von Zentralbanken,

g) Botschafter, Geschäftsträger und Verteidigungsattachés,
h) Mitglieder der Verwaltungs-, Leitungs- und Aufsichtsorgane staatseigener Unternehmen,
i) Direktoren, stellvertretende Direktoren, Mitglieder des Leitungsorgans oder sonstige Leiter mit vergleichbarer Funktion in einer zwischenstaatlichen internationalen oder europäischen Organisation.

Bezogen auf **inländische Personen** ist somit etwa ein Mitglied des Bundestags, eine 349
Staatssekretärin oder ein Staatssekretär sowie ein Mitglied der Bundesregierung vom Begriff der politisch exponierten Person gem. § 1 Abs. 12 S. 2 Nr. 1 GwG erfasst. Mitglieder/-innen von Landtagen ebenso wie politische Funktionsträger/-innen auf regionaler Ebene zählen hingegen nicht zu den politisch exponierten Personen, da Länder- wie auch etwa Kommunalparlamente **keine nationale** Bedeutung haben.[152]

Eine **Ausnahme** gilt nur dann, wenn z.B. ein Mitglied eines Landesparlaments 350
gleichzeitig Mitglied des Bundesrates ist, da es sich hierbei um ein Bundesorgan handelt.[153] Demnach sind zumindest die Ministerpräsidentinnen und Ministerpräsidenten der Länder als politisch exponierte Personen anzusehen.

Neben den Kataloghaft in § 1 Abs. 12 S. 2 Nr. 1 GwG benannten Amts- und Funktions- 351
träger/-innen müssen Verpflichtete bei der Abklärung eines potenziellen PEP-Status des Vertragspartners nach **§ 1 Abs. 12 S. 2 Nr. 2 GwG** auch Ämter bzw. Funktionen berücksichtigen, welche in der **„Liste mit wichtigen öffentlichen Ämtern auf nationaler Ebene, in internationalen Organisationen und in Organen und Einrichtungen der EU“** der Europäischen Kommission enthalten sind.[154]

Diese **Liste**[155], die am 10.11.2023 erstmalig und mit vielen Jahren Verzug[156] veröffent- 352
licht wurde, enthält eine **konsolidierte Aufstellung** der politischen, wirtschaftlichen und gesellschaftlichen Amts- und Funktionsträger/-innen aller **Mitgliedsstaaten der EU**, die nach dem jeweiligen nationalen Recht unter den Begriff der politisch exponierten Personen gefasst und damit als solche eingestuft wurden.

Für Verpflichtete nach dem GwG besteht in Hinblick auf § 1 Abs. 12 S. 2 Nr. 2 GwG 353
die **Herausforderung**, dass die **mitgliedsstaatlichen Auslegungen** ausweislich der Europäischen PEP-Liste zum Teil maßgebliche **Unterschiede** in der Reichweite des PEP-Begriffs aufweisen. Demnach werden von der PEP-Definition einiger Mitgliedsstaaten Amts- und Funktionsträger/-innen erfasst, die sich nicht in der vom deutschen Gesetzgeber herausgegebenen Funktionsbeschreibungsliste wiederfinden. Dies gilt z.B.

---

152 BT-Drucks. 18/11555, S. 103f.
153 BT-Drucks. 18/11555, S. 103f.
154 Abrufbar auf der Internetseite der Europäische Kommission – C/2023/724.
155 C/2023/724.
156 Vgl.: BeckOK GwG/*Kertesz*, 20. Ed. 1.3.2024, GwG § 1 Abs. 12 Rn. 5., wonach das BMF die nationale Funktionsbeschreibungsliste der Europäischen Kommission bereits im Frühjahr 2020 zur Verfügung gestellt, die finale Liste jedoch erst am 10.11.2023 veröffentlicht wurde.

für die polnische Auslegung des PEP-Begriffes, wonach auch Regionalpolitiker/-innen wie Bürgermeister/-innen bestimmter Städte in den Kreis der politisch exponierten Personen einbezogen werden, was entsprechend der Regelung des § 1 Abs. 12 S. 2 Nr. 1 GwG gerade nicht angedacht ist.

! **Wichtig**

Ausweislich des deutschen Beitrags zur Liste mit wichtigen öffentlichen Ämtern auf nationaler Ebene, in internationalen Organisationen und in Organen und Einrichtungen der EU und des § 1 Abs. 12 S. 2 Nr. 1 Buchst. h) GwG sind **Mitglieder der Verwaltungs-, Leitungs- und Aufsichtsorgane sog. „staatseigener Unternehmen"** als politisch exponierte Personen zu betrachten. Allerdings lässt sich weder der EU-Liste noch dem GwG eine terminologische Einordnung für „staatseigene Unternehmen" entnehmen, was Fragen zur begrifflichen Reichweite aufwirft.

Zunächst ist unklar, ob nur Gesellschaften des öffentlichen Rechts vom Terminus der „staatseigenen Unternehmen" erfasst werden oder auch solche Unternehmen, auf die der Bund mittels Kapitalanteile oder Stimmrechte einwirken kann.

Zumindest eine streng am Wortlaut des § 1 Abs. 12 S. 2 Nr. 1 Buchst. h) GwG orientierte Auslegung lässt den Schluss zu, dass die Gesellschaftsform für eine Qualifizierung als „staatseigenes Unternehmen" nicht maßgeblich ist. Stattdessen sind nach hiesiger Auffassung die Eigentumsverhältnisse des jeweiligen Unternehmens der wesentliche Anknüpfungspunkt für die Bestimmung des „Staatseigentums", was zur sich anschließenden Frage führt, ob ausschließlich eine Bundesbeteiligung an einer Gesellschaft den Anwendungsbereich des § 1 Abs. 12 S. 2 Nr. 1 Buchst. h) GwG eröffnet oder auch Beteiligungen von Ländern oder Kommunen ein „Staatseigentum" i.S.d. Vorschrift begründen.

In der Gesamtschau des § 1 Abs. 12 GwG und unter Berücksichtigung der im Übrigen – mit wenigen Ausnahmen – hinsichtlich der PEP-Definition geltenden Beschränkung auf Ämter und Funktionen auf Bundesebene, ist anzunehmen, dass Beteiligungen der Länder oder Kommunen kein Qualifizierungsmerkmal des § 1 Abs. 12 S. 2 Nr. 1 Buchst. h) GwG darstellen, sondern ausschließlich Unternehmen mit Bundesbeteiligung in den Anwendungsbereich der Vorschrift fallen.

Im Gesetz ist jedoch ebenso wenig festgelegt, ab welcher Beteiligungs- oder Stimmrechtshöhe ein Unternehmen im Bundeseigentum steht, wie diesem eine konkrete Antwort auf die Frage zu entnehmen ist, ob auch mittelbare Beteiligungen oder eine indirekte Verfügung über Stimmrechte in bestimmten Umfang einen Status als „staatseigenes Unternehmen" begründen.

In Anbetracht des Fehlens konkreter Vorgaben des Gesetzgebers oder erhellender Ausführungen der Aufsicht hinsichtlich maßgeblicher Schwellenbeträge zur Bestimmung eines „Staatseigentums", verbleibt neben der Möglichkeit zur individuellen Festsetzung von qualifizierenden Anteilsschwellen durch die Verpflichteten insbesondere ein Rückgriff auf die Regelungen des § 3 Abs. 2 S. 3 und 4 GwG zum wirtschaftlich Berechtigten. Demnach wäre ein Unternehmen zumindest dann als „staatseigen" i.S.v. § 1 Abs. 12 S. 2 Nr. 1 Buchst. h) GwG anzusehen, wenn der Bund an diesem unmittelbar oder mittelbar mit mehr als 50 % der Kapitalanteile beteiligt ist oder über Stimmrechte im entsprechenden Umfang verfügt – er also einen beherrschenden Einfluss i.S.v. § 290 Abs. 2 bis 4 HGB auf das Unternehmen ausüben kann.

---

354 Von dieser Inkonsistenz unbeschadet verbleibt für Verpflichtete nach dem GwG die **Pflicht**, die **Listeneinträge anderer Mitgliedsstaaten** aufgrund der EU-weiten Verbindlichkeit der konsolidierten Liste zu **berücksichtigen**.[157] Insoweit muss die Liste der Euro-

157 BaFin AuA zum GwG AT (03/2025), S. 60ff., Ziff. 5.4.; so auch: BeckOK GwG/*Kertesz*, 20. Ed. 1.3.2024, GwG § 1 Abs. 12 Rn. 6.

päischen Kommission als Ergänzung der Amts- und Funktionsauflistung in § 1 Abs. 12 S. 2 Nr. 1 GwG verstanden werden.

Stellt ein Verpflichteter im Rahmen der sogenannten PEP-Prüfung positiv eine **Übereinstimmung** mit einem **Listeneintrag** in der PEP-Liste der **EU-Kommission** fest, unabhängig davon, ob der Eintrag in der deutschen Funktionsbeschreibungsliste oder der eines anderen Mitgliedsstaates der EU enthalten ist, ist die betroffene Person als politisch exponiert zu klassifizieren und nach Maßgabe des § 15 Abs. 3 Nr. 2 GwG mit verstärkten Sorgfaltspflichten zu belegen. 355

Ausblick auf die EU-Geldwäsche-Verordnung

Ein EU-weit einheitliches Verständnis des Kreises politisch exponierter Personen wird erst mit dem Geltungsbeginn der **EU-Geldwäsche-Verordnung** durch eine in **Art. 2 Abs. 1 Nr. 34 EU-Geldwäsche-Verordnung** enthaltene und damit in allen Mitgliedsstaaten der EU gleichermaßen **verbindliche Definition** herbeigeführt. Die in der Vorschrift benannten Ämter und Funktionen gleichen der de lege lata in **§ 1 Abs. 12 GwG** enthaltenen kataloghaften Amts- und Funktionsauflistung im Wesentlichen, ergänzen diese jedoch insbesondere um die bereits aus der konsolidierten Liste der EU-Kommission bekannte regionale Ebene.

---

3. Angehörige einer politisch exponierten Person gem. § 1 Abs. 13 GwG

Nicht unmittelbar von dem Begriff einer politisch exponierten erfasst, jedoch in dessen Wirkungsradius, sind gem. **§ 1 Abs. 13 GwG** auch unmittelbare **Familienmitglieder**. Nach § 1 Abs. 13 GwG ist ein **„Familienmitglied“** ein naher Angehöriger einer politisch exponierten Person, also **insbesondere** 356

1. der Ehepartner oder eingetragene Lebenspartner,
2. ein Kind und dessen Ehepartner oder eingetragener Lebenspartner sowie
3. jeder Elternteil.

Insofern beschränkt sich der **Wirkbereich** der Definition der **politisch exponierten Person** nicht ausschließlich auf Personen, die selbst ein Amt oder eine Funktion im Sinne von § 1 Abs. 12 S. 2 Nr. 1 oder 2 GwG ausüben, sondern erstreckt sich auch auf deren nahe Angehörige wie **Ehegatten, gleichgestellte Partner, Kinder und Eltern**, die sodann behandelt werden müssen, als wären sie selbst politisch exponierte Personen. 357

Nicht explizit aufgeführt sind **Geschwister** von politisch exponierten Personen. Für diese gilt somit nicht die unwiderlegbare gesetzliche Vermutung des § 1 Abs. 13 GwG. Gleichwohl bedeutet das nicht, dass Geschwister per se aus dem Kreis der Familienangehörigen ausgeschlossen sind, was sich daraus ergibt, dass die Aufzählung der Familienmitglieder in § 1 Abs. 13 GwG nicht abschließend ist. Demzufolge kann es im Einzelfall auf **risikoorientierter Basis** geboten sein, auch Geschwister in den **Anwendungsbereich** der Definition in **§ 1 Abs. 13 GwG** einzubeziehen und auf die mit diesen unterhaltenen Geschäftsbeziehungen, analog zu den dort genannten Familienmitglie- 358 dern, nach Maßgabe des **§ 15 Abs. 3 Nr. 1 GwG verstärkte Sorgfaltspflichten** anzuwenden.[158]

Ausblick auf die EU-Geldwäsche-Verordnung
In der ab 10. Juli 2027 geltenden Rechtsordnung sind **Geschwister** nach **Art. 2 Abs. 1 Nr. 35 Buchst. d) EU-Geldwäsche-Verordnung** indes unwiderlegbar vom Begriff der **Familienmitglieder** von politisch exponierten Personen erfasst. Die Möglichkeit einer risikobasierten Entscheidung der Verpflichteten über deren Einbeziehung in den Kreis der Familienmitglieder, wie sie derzeit noch möglich ist, entfällt somit.

---

4. Nahestehende Personen einer politisch exponierten Person gem. § 1 Abs. 14 GwG

359 In **§ 1 Abs. 14 GwG** werden zusätzlich **„bekanntermaßen nahestehende Personen"** aufgeführt. Wird eine Geschäftsbeziehung mit einer solchen begründet oder unterhalten, handelt es sich bei dem Vertragspartner oder dessen wirtschaftlich Berechtigten folglich um eine einer PEP „bekanntermaßen nahestehende Person", sind auf die Geschäftsbeziehung gem. **§ 15 Abs. 3 Nr. 1 GwG verstärkte Sorgfaltsmaßnahmen** anzuwenden.

360 Eine **„bekanntermaßen nahestehende Person"** ist nach dem **Verständnis** des Gesetzgebers dabei eine natürliche Person, bei der der Verpflichtete Grund zu der Annahme haben muss, dass diese Person

1. gemeinsam mit einer politisch exponierten Person
   a) wirtschaftlich Berechtigter einer Vereinigung nach § 20 Absatz 1 ist oder
   b) wirtschaftlich Berechtigter einer Rechtsgestaltung nach § 21 ist,
2. zu einer politisch exponierten Person sonstige enge Geschäftsbeziehungen unterhält oder
3. alleiniger wirtschaftlich Berechtigter
   a) einer Vereinigung nach § 20 Absatz 1 ist oder
   b) einer Rechtsgestaltung nach § 21 ist,

bei der der Verpflichtete Grund zu der Annahme haben muss, dass die Errichtung faktisch zugunsten einer politisch exponierten Person erfolgte.

361 Unter nahestehenden Personen sind **keine** Angehörigen oder Personen mit einer besonderen **persönlichen Beziehung zu der PEP** zu verstehen. Stattdessen erfasst der Terminus solche natürlichen Personen, die mit dieser politisch exponierten Person enge gemeinsame **wirtschaftliche Beziehungen** unterhalten.[159]

362 Denkbar ist auch, dass diese Person mit der PEP gemeinsam Eigentümer einer Vereinigung nach § 20 Abs. 1 GwG[160] oder Rechtsgestaltung im Sinne von § 21 GwG[161] ist. Unter die Definition des § 1 Abs. 14 Nr. 3 GwG fällt diese Person jedoch nur, wenn die

158 BeckOK GwG/*Kertesz*, 20. Ed. 1.3.2024, GwG § 1 Abs. 13 Rn. 1c.
159 Zentes/Glaab/*Kaetzler* GwG § 1 Rn. 157.
160 Gemeint ist eine juristische Person des Privatrechts oder eingetragene Personengesellschaft.
161 Hiervon umfasst sind insbesondere Trusts aber auch Treuhandkonstellationen, BaFin AuA zum GwG AT (03/2025), S. 60 ff., Ziff. 5.4.

gemeinsame wirtschaftliche Beziehung **offenkundig** und dem Verpflichteten **bekannt** ist.[162] Eine „Offenkundigkeit" wird dabei wohl so zu verstehen sein, dass die enge wirtschaftliche Verflechtung mit der PEP gemeinhin bekannt ist oder aus den Unterlagen zur Abklärung des wirtschaftlich Berechtigten des Vertragspartners unmittelbar hervorgeht.[163] Demgegenüber besteht keine Pflicht, in Hinblick auf eine etwaige Verflechtung mit einer politisch exponierten Person Nachforschungen anzustellen.[164]

Ausblick auf die EU-Geldwäsche-Verordnung

Eine § 1 Abs. 14 GwG inhaltlich gleichende Regelung ergibt sich auch aus **Art. 2 Abs. 1 Nr. 36 EU-Geldwäsche-Verordnung**. Insoweit ist mit dem Geltungsbeginn der Verordnung diesbezüglich keine Veränderung, insbesondere keine Ausweitung der Reichweite des Begriffs der „bekanntermaßen nahestehenden Person" zu erwarten.

---

5. Verfahren zur Abklärung einer Eigenschaft als politisch exponierte Person

Nach § 10 Abs. 1 Nr. 4 GwG müssen Verpflichtete mittels **risikoangemessener Verfahren feststellen**, ob der Vertragspartner oder der wirtschaftlich Berechtigte des Vertragspartners eine PEP-Eigenschaft aufweist oder Familienmitglied bzw. bekanntermaßen nahestehende Person einer PEP ist. 363

Hieraus ergibt sich eine **Abklärungspflicht** des Verpflichteten. Dabei ist die Ausgestaltung des **Verfahrens** zur Feststellung einer PEP-Eigenschaft, in Ermangelung konkreter gesetzlicher Vorgaben, grundsätzlich den Verpflichteten überlassen.[165] 364

Ein mögliches Verfahren ist etwa jeden Vertragspartner zu Beginn der Geschäftsbeziehung hinsichtlich einer Amts- oder Funktionsausübung im Sinne der PEP Definition zu **befragen**.[166] Diese **Befragung** ist als alleiniges Verfahren jedoch nicht belastbar, da mit dieser stets das Risiko einhergeht, dass der Vertragspartner die Frage (ggfs. sogar bewusst) falsch beauskunftet. Zudem besteht das Risiko, dass die Frage von dem Vertragspartner nicht richtig verstanden wird oder dieser nicht als politisch exponierte Person erkannt werden möchte. Der Verpflichtete muss sich dieses **Risikos** bewusst sein und sollte daher nur im **Einzelfall** (ausschließlich) auf die Aussagen des Vertragspartners vertrauen. 365

Insofern ist Verpflichteten anzuraten, die Befragung des Vertragspartners stets mittels Anstrengung **weiterer Quellen** anzureichern und die Antworten des Vertragspartners in diesem Rahmen zu validieren. Eine **Validierung** der Angaben des Vertragspartners kann dabei etwa durch Internetrecherchen über Suchmaschinen erfolgen. 366

---

162 BaFin AuA zum GwG AT (03/2025), S. 60 ff., Ziff. 5.4.
163 In diese Richtung auch Zentes/Glaab/*Kaetzler*, GwG § 1 Rn. 158.
164 BaFin AuA zum GwG AT (03/2025), S. 60 ff., Ziff. 5.4.
165 BaFin AuA zum GwG AT (03/2025), S. 63, Ziff. 5.4.2.
166 BaFin AuA zum GwG AT (03/2025), S. 63, Ziff. 5.4.2.

367 Insbesondere bei Verpflichteten mit einer Vielzahl an Vertragspartnern wird dieses Verfahren jedoch einen **unverhältnismäßigen Aufwand** zur Folge haben. Dies gilt insbesondere vor dem Hintergrund, dass die **Pflicht zur Abklärung einer Eigenschaft als politisch exponierte Person** nicht nur initial bei der Begründung einer Geschäftsbeziehung oder der erstmaligen Durchführung einer Transaktion, sondern auch **fortlaufend** in regelmäßigen Abständen innerhalb bestehender Geschäftsbeziehungen zu erfüllen ist.[167]

368 Deshalb und weil das Verfahren grundsätzlich eine erforderliche **Risikoangemessenheit** indiziert,[168] nutzen viele Verpflichtete zur Erfüllung der Abklärungspflicht nach § 10 Abs. 1 Nr. 4 GwG am Markt angebotene **PEP-Datenbanken**, die sich aus einer Vielzahl internationaler PEP-Listen speisen. In der Regel wird die PEP-Datenbank des jeweiligen Anbieters, soweit diese Dienstleistung eingekauft wird, an das vom Verpflichteten betriebene System[169] angebunden.

369 Die eigentliche **Abklärung** einer potenziellen **PEP-Eigenschaft** der Vertragspartner und wirtschaftlich Berechtigten erfolgt häufig erst im Rahmen einer über Nacht durchgeführten **Datenverarbeitung**,[170] in deren Zuge ein Abgleich zwischen dem Personenbestand im System des Verpflichteten auf der einen Seite, und den Datenbankeneinträgen des Listenanbieters auf der anderen Seite durchgeführt wird. Soweit eine Namensübereinstimmung festgestellt wird, erhält der Verpflichtete eine entsprechende Mitteilung hierüber.

370 In Ermangelung gesetzlicher oder aktueller aufsichtlicher Regelungen zur Verfahrensweise bei einer festgestellten **Namensübereinstimmung**, können die den im Februar 2014 von der BaFin und der Deutsche Kreditwirtschaftlich (DK) gemeinsam entwickelten **Auslegungs- und Anwendungshinweise zur Verhinderung von Geldwäsche, Terrorismusfinanzierung und „sonstigen strafbaren Handlungen" („DK-Hinweise 2014")** zu entnehmenden Umsetzungshinweise, grundsätzlich weiter als Maßgabe für das Vorgehen der Verpflichteten verwendet werden.

371 Dies gilt jedoch nur insoweit, wie die darin enthaltenen Verfahrensbeschreibungen mit den Regelungen der aktuellen Fassung des GwG weiterhin in Einklang stehen. Demnach ist bei Vorliegen einer **Namensgleichheit** eine weitergehende **Prüfung** vorzunehmen, ob die PEP-Listen-übereinstimmung zutreffend ist oder es sich um einen sogenannten „false-positive" handelt. Zu denken ist in diesem Fall an eine Validierung des Listentreffers mittels Internetrecherche.

372 Dahingegen wird die ebenfalls von der DK vorgesehene **Einschränkung** der **weitergehenden Prüfpflicht**, wonach eine solche erst dann erforderlich wird, wenn zur Namensübereinstimmung **weitere Risikofaktoren**, wie etwa außergewöhnlich große

---

167 BaFin AuA zum GwG AT (03/2025), S. 62f., Ziff. 5.4.1.

168 Gemäß BaFin AuA zum GwG AT (03/2025), S. 63, Ziff. 5.4.2. gilt dies jedenfalls insoweit, wie keine Zweifel an der Datenqualität oder Funktionalität der Datenbank bestehen.

169 Bei Kreditinstituten häufig das Kernbankensystem.

170 Auch als „Batchverarbeitung" bezeichnet.

Transaktionen, hinzutreten,[171] nach dem heute geltenden Recht wohl **keine Gültigkeit mehr** besitzen. Dies zeigt sich bereits in der gesetzlichen Konzeption des Mitte 2017 novellierten GwG. Denn in der zum Zeitpunkt der Veröffentlichung der DK-Hinweise 2014 geltenden Fassung des GwG war die Abklärung eines potenziellen PEP-Status eine Maßnahme im Sinne der verstärkten Sorgfaltspflichten.[172] Hieraus ergab sich auch die **Auslegung der DK**, wonach es zum Entstehen einer Pflicht zur Abklärung einer potenziellen PEP-Eigenschaft erst weiterer **risikoerhöhender Faktoren bedurfte**, da ohne ein Vorliegen dieser kein höheres Risiko angenommen werden musste und demnach auch keine Pflicht zur Anwendung verstärkter Sorgfaltspflichten und damit zur Abklärung einer potenziellen PEP-Eigenschaft bestand.

Demgegenüber ist die **Abklärung** einer potenziellen **PEP-Eigenschaft seit** der 373
Novellierung des GwG im Zuge der Umsetzung der 4. EU-Geldwäscherichtlinie ein Bestandteil des Pflichtenkanons der **allgemeinen Sorgfaltspflichten**.[173] Dies hat zur Folge, dass bei jedem Vertragspartner und wirtschaftlich Berechtigten, **unabhängig** von einem etwaigen Vorliegen von Risikofaktoren, abzuklären ist, ob dieser entweder eine politisch exponierte Person oder ein Familienmitglied ist oder aber einer politisch exponierten Person bekanntermaßen nahesteht.

Soweit im Rahmen dieser Abklärung eine der vorstehenden Eigenschaften positiv 374
bestätigt wird, gilt nach § 15 Abs. 3 Nr. 1 GwG die **unwiderlegbare Vermutung**, dass der mit der Person bestehenden Geschäftsbeziehung oder der von der Person angedachten Transaktion ein höheres Geldwäscherisiko inhärent ist, wodurch wiederum die Pflicht zur Anwendung **verstärkter Sorgfaltspflichten** nach Maßgabe von § 15 Abs. 4 GwG ausgelöst wird.

Dementsprechend muss **allein** das **Vorhandensein** einer Eigenschaft i.S.v. § 10 375
Abs. 1 Nr. 4 GwG bereits als Maßnahmen nach § 15 Abs. 4 GwG auslösender Tatbestand betrachtet werden.[174]

Wäre es jedoch erst erforderlich, dass **weitere risikoerhöhende Faktoren** hinzu- 376
treten, um die Pflicht eines Verpflichteten zu begründen, dem durch die PEP-Listen-Übereinstimmung vorliegenden Hinweis auf eine PEP-Eigenschaft weiter nachzugehen, wäre eine Anwendung verstärkter Sorgfaltspflichten, auf **alleiniger Grundlage eines PEP-Status**, nahezu **ausgeschlossen**. Denn Verpflichtete würden bei einem Datenbanktreffer stets erst einmal das Aufkommen weiterer Risikofaktoren, wie besonders hohe Transaktionen oder etwa ein Bezug zu einem Hochrisikostaat, abwarten, bis sie weitergehende Maßnahmen ergreifen, um zu überprüfen, ob der Vertragspartner oder der wirtschaftlich Berechtigte tatsächlich ein hohes politisches, gesellschaftliches oder wirt-

171 AuA der DK (2014), S. 36 Rn. 46.

172 Vgl. hierzu § 6 Abs. 2 Nr. 1 GwG (a.F.); BT-Drucks.11/11555, 116; BeckOK GwG/*Krais*, 20. Ed. 1.12.2024, GwG § 10 Rn. 25.

173 BaFin AuA zum GwG AT (03/2025), S. 60ff., Ziff. 5.4.

174 BT-Drucks. 18/11555, S. 121.

schaftliches Amt im Sinne von § 1 Abs. 12 GwG ausübt, Familienmitglied einer politischer exponierten Person ist oder einer solchen bekanntermaßen nahe steht.

377 Dieser Überprüfung bedürfte es sodann im Zweifel jedoch gar nicht mehr, weil die Ergreifung verstärkter Sorgfaltspflichten ggfs. bereits durch einen anderen Hochrisikofaktor im Sinne des § 15 Abs. 3 GwG oder der Anlage 2 zum GwG angezeigt wäre. Eine **Ausnahme** hiervon würden lediglich besonders offenkundige PEP-Eigenschaften bilden, da es bei diesen keiner weitergehenden Nachforschung zur Validierung der Übereinstimmung mit einem PEP-Listen-Eintrag bedürfte.

378 Zwar enthalten auch die **aktuellen AuA der BaFin** eine **Einschränkung** hinsichtlich einer **Nachforschungspflicht** bei fehlender **Offenkundigkeit** einer PEP-Eigenschaft. Diese Einschränkung ist jedoch nicht mehr allgemeingültig, sondern ausschließlich auf die Beziehung einer **„bekanntermaßen nahestehenden Person“** zu einer PEP bezogen,[175] was bereits aufgrund der Bezeichnung „bekanntermaßen“ letztlich nur die Verschriftlichung des Offensichtlichen ist.

379 Insofern kann die in den **DK-Hinweisen 2014** vorgesehene **Einschränkung** hinsichtlich der weitergehenden Prüfpflicht bei Namensübereinstimmungen **keine Gültigkeit** mehr besitzen. Verpflichtete sollten vielmehr bei jedem Hinweis darauf, dass der Vertragspartner oder dessen wirtschaftlich Berechtigter eine der in § 10 Abs. 1 Nr. 4 GwG genannten Eigenschaften aufweist, eine **weitergehende Überprüfung** durchführen, um diesen entweder zu bestätigen oder als unbegründet zu verwerfen.

380 Etwas anderes gilt für die Frage, wie Verpflichtete zu verfahren haben, wenn eine entsprechende Nachforschung zu **keinem eindeutigen Ergebnis** führt, also die Eigenschaft weder bestätigt noch verneint werden kann. In diesem Fall besteht für Verpflichtete wohl weiterhin ein **Wahlrecht**, ob sie den Vertragspartner oder den wirtschaftlich Berechtigten als politisch exponierte Person einstufen oder sie auf eine entsprechende Einstufung verzichten.[176]

381 Es gilt dabei, sowie in Bezug zu § 10 Abs. 1 Nr. 4 GwG insgesamt, zu beachten, dass die **Risikoangemessenheit** der ergriffenen Maßnahmen zur Abklärung einer PEP-Eigenschaft der **Aufsichtsbehörde** auf Nachfrage grundsätzlich **nachgewiesen** werden muss.[177] Deshalb sollten die sich an eine Namensübereinstimmung anschließenden **Nachforschungen** des Verpflichteten sowie die Ergebnisse der Bewertung stets hinreichend, das heißt in einer für Dritte nachvollziehbaren Form, **dokumentiert** und **aufbewahrt** werden.

382 Wird die Dienstleistung von Datenbankanbietern zur Erfüllung der Pflicht nach § 10 Abs. 1 Nr. 4 GwG in Anspruch genommen, obliegt es Verpflichteten sicherzustellen, dass der **Abgleich mittels aktueller Listen** erfolgt.[178]

---

175 BaFin AuA zum GwG AT (03/2025), S. 60 ff., Ziff. 5.4.

176 Vgl. AuA der DK (2014), S. 36 Rn. 46.

177 BaFin AuA zum GwG AT (03/2025), S. 63, Ziff. 5.4.2.

178 BaFin AuA zum GwG AT (03/2025), S. 63, Ziff. 5.4.2.

Wie diese Anforderung zu verstehen ist und in der Praxis umgesetzt werden soll, ist indes unklar. Zunächst stellt sich dahingehend die Frage, worauf die „**Aktualität**" bezogen ist. Dies kann sowohl so verstanden werden, dass Verpflichtete ausschließlich die **aktuelle** vom Datenbankanbieter angebotene und bereitgestellte Liste nutzen dürfen oder aber dergestalt, dass sie die Aktualität und Vollständigkeit der verwendeten Liste in Hinblick auf nationale und internationale Funktionsbeschreibungen sicherzustellen haben. Hier ist von Ersterem auszugehen, da es bei einer etwaigen Pflicht zur Sicherstellung, dass die Listen komplett sind und den aktuellen nationalen Funktionsbeschreibungen entsprechen (2. Alternative), keiner Dienstleistung von einem PEP-Datenbank-Anbieter mehr bedürfte. Verpflichtete müssten sodann ohnehin stets eine Liste aller aktueller PEP vorhalten, um die Vollständigkeit der PEP-Datenbank beurteilen zu können. 383

Weiterhin stellt sich jedoch die Frage, wie die Anforderung, wonach der **Abgleich mittels aktueller Listen** erfolgen muss, **praktisch umgesetzt** werden kann. 384

Soweit über eine **Schnittstelle** zum Datenbankanbieter ein **automatisierter Abruf** der aktuellen PEP-Listen erfolgt, werden wohl keine weitergehenden Schritte zur Erfüllung der Anforderung erforderlich sein. Denkbar ist in diesem Fall lediglich eine regelmäßige, z.B. jährliche Kontrollhandlung, in deren Rahmen die Funktionalität der Schnittstelle oder des automatischen Abrufs im Betrachtungszeitraums auf technischer Ebene kontrolliert wird. 385

Wird die PEP-Liste vom Verpflichteten dagegen **manuell** beim Listenanbieter **abgerufen**, sollte werktäglich der Listenabruf durchgeführt oder zumindest die Aktualität der vorgehaltenen Liste überprüft werden. Eine Prüfung der Wirksamkeit des Prozesses kann sodann ebenso mittels z.B. jährlicher Kontrollhandlungen erfolgen. 386

6. Maßnahmen bei einer Geschäftsbeziehung mit einer politisch exponierten Person gem. § 15 Abs. 4 GwG

Wird ein Vertragspartner oder wirtschaftlich Berechtigter als politisch exponierte Person, Familienmitglied einer politisch exponierten Person oder als eine einer solchen nahestehende Person identifiziert, ist gem. § 15 Abs. 4 S. 1 GwG Folgendes zu veranlassen: 387

1. die Begründung oder Fortführung einer Geschäftsbeziehung bedarf der **Zustimmung eines Mitglieds der Führungsebene**,
2. es sind angemessene Maßnahmen zu ergreifen, mit denen die **Herkunft der Vermögenswerte** bestimmt werden kann, die im Rahmen der Geschäftsbeziehung oder der Transaktion eingesetzt werden, und
3. die Geschäftsbeziehung ist einer verstärkten **kontinuierlichen Überwachung** zu unterziehen.

a) Zustimmung eines Mitglieds der Führungsebene (§ 15 Abs. 4 S. 1 Nr. 1 GwG)

388 Es ist die Zustimmung der **„Führungsebene“**, nicht jedoch der Leitungsebene, also etwa des Vorstandes oder der Geschäftsführung, erforderlich. Da Führungsebenen in Unternehmen verschieden definiert werden, sollte die für die Zustimmung zuständige fachlich übergeordnete Organisationseinheit durch **interne Regelungen bestimmt** werden. Sinnvoll wäre etwa die Einholung der Zustimmung der **Rechtsabteilung** oder des **Compliance-Bereiches** in Person des Geldwäschebeauftragten. Als Ansprechpartner sind jedoch z. B. auch Abteilungs- oder Fachbereichsleitungen denkbar.

b) Bestimmung der Herkunft der Vermögenswerte (§ 15 Abs. 4 S. 1 Nr. 2 GwG)

389 Bei jeder politisch exponierten Person ist die **„Herkunft der Vermögenswerte“** mittels angemessener Maßnahmen abzuklären. Wie diese Abklärungsmaßnahmen ausgestaltet sein müssen, lässt der Gesetzgeber offen. Maßgeblich zur **„Abklärung der Mittelherkunft“** ist jedoch die **Befragung** der politisch exponierten Person, die diesbezüglich eine **Mitwirkungspflicht** und entsprechende Nachweise vorzulegen bzw. Informationen zu übermitteln hat. Zu denken ist hierbei bspw. an eine Abfrage des monatlichen Einkommens, des zu erwartenden Transaktionsvolumens oder des geplanten Zahlungsverkehrs mit Drittstaaten.[179] Ebenso kann die den Vermögenswerten des Vertragspartners zugrundeliegende berufliche Tätigkeit erfragt werden.[180]

390 Die auf diesem Weg erlangten Informationen dienen dem Verpflichteten sodann im Rahmen der **kontinuierlichen Überwachung** der Geschäftsbeziehung als **Ausgangspunkt** für die Überprüfung der Plausibilität von Transaktionen.[181]

391 Die **„Plausibilitätsprüfung“** stellt ein **Abgleich** zwischen den vorgehaltenen Informationen und den tatsächlichen Vermögensbewegungen des Vertragspartners dar.[182] Im **Ergebnis** dieses **Abgleichs** sollten Faktoren wie etwa die Höhe der eingesetzten Vermögenswerte und der wirtschaftliche Zweck von im Rahmen einer Geschäftsbeziehung durchgeführten Transaktionen vom Verpflichteten nachvollzogen werden können. Insoweit gilt, dass eine höhere Dichte an bereits eingeholten Informationen zu den wirtschaftlichen Verhältnissen des Vertragspartners eine zuverlässigere Plausibilitätsprüfung zulässt.[183] Gleichsam können es im Laufe einer Geschäftsbeziehung durchgeführte Transaktionen erforderlich machen, den Vertragspartner erneut zu befragen oder, sofern die Plausibilität einer einzelnen Transaktion nicht zweifelsfrei bestätigt werden kann, **dezidierte Nachweise** anzufordern.

---

179 BeckOK GwG/*Gabriel*, 20. Ed. 1.12.2024, GwG § 15 Rn. 46.
180 Herzog/*Achtelik* GwG § 15 Rn. 23.
181 BeckOK GwG/*Gabriel*, 20. Ed. 1.12.2024, GwG § 15 Rn. 46.
182 BeckOK GwG/*Gabriel* aaO.
183 BeckOK GwG/*Gabriel* aaO.

c) Kontinuierliche Überwachung der Geschäftsbeziehung (§ 15 Abs. 4 S. 1 Nr. 3 GwG)

Während der gesamten laufenden Geschäftsbeziehung ist diese **verstärkt** (im Verhältnis zu sonstigen Geschäftsbeziehungen) zu **überwachen**. 392

Dies bedeutet einerseits, dass die **Sensitivität** des **Monitorings** bei einer Geschäftsbeziehung mit einer politischen exponierten Person **ausgeprägter** sein sollte als etwa bei Vertragspartnern mit einem normalen oder mittleren Risiko. Dem kann zum Beispiel durch niedrigere **Schwellenwerte** Rechnung getragen werden, bei deren Überschreiten das zur Transaktionsüberwachung eingesetzte System Transaktionen zur manuellen Prüfung aussteuert.[184] Ebenso ist die Implementierung individualisierter Indizien und Typologien denkbar, mit denen außergewöhnliche oder nicht zur Kundengruppe passende Transaktionen identifiziert werden können. 393

Andererseits erfordert eine **verstärkte Überwachung** auch eine erhebliche Kürzung der **Aktualisierungsperioden** im Sinne **von § 10 Abs. 1 Nr. 5 GwG**, innerhalb derer die vom Verpflichteten zum Vertragspartner vorgehaltenen Daten, Informationen und Dokumente auf ihre **Aktualität** überprüft und bedarfsgerecht **aktualisiert** werden müssen.[185] Demnach muss die **Datenaktualisierung** nach § 10 Abs. 1 Nr. 5 GwG, bei einer Geschäftsbeziehung mit einem **Hochrisikokunden**, wie sie im Falle einer politisch exponierten Person als Vertragspartner unwiderlegbar vorliegt, nach spätestens **zwei Jahren** abgeschlossen sein. 394

Die **BaFin** ordnet in der im Jahr 2024 aktualisierten Fassung ihrer AuA zum GwG zwar nunmehr[186] eine **Aktualisierungsfrist** von **einem Jahr** an.[187] Im Rahmen ihrer Fachtagung im Dezember 2024 hat die Aufsichtsbehörde jedoch klargestellt, dass es sich hierbei lediglich um eine **vorbereitende Regelung** in Hinblick auf die **EU-Geldwäsche-Verordnung** handelt, die erst mit deren Geltungsbeginn am 10. Juli 2027 umzusetzen ist. Insofern ist die Aufnahme dieser verkürzten Aktualisierungsfrist in die aktualisierten AuA der BaFin weder erforderlich noch sinnhaft gewesen. 395

Ausblick auf die EU-Geldwäsche-Verordnung i

Mit dem Geltungsbeginn der **EU-Geldwäsche-Verordnung** endet der gesetzliche Auftrag der BaFin zur Auslegung des Geldwäschegesetzes, da dieser mit der weitgehenden Ablösung des deutschen durch europäisches Recht auf die AMLA, also die europäische Geldwäscheaufsichtsbehörde übergeht. Somit hat die BaFin eine Regelung in ihre aufsichtliche Auslegung aufgenommen, die Zeit ihrer Auslegungsbefugnis **ohne Bestand** und nicht (verpflichtend) anzuwenden ist, da die auf ein Jahr verkürzte Aktualisierungsfrist erst ab dem 10. Juli 2027 gilt. Dann jedoch nicht auf Grundlage der BaFin AuA AT, sondern nach Maßgabe von **Art. 26 Abs. 2 S. 2 Buchst.a) EU-Geldwäsche-Verordnung**.

---

184 Zentes/Glaab/*Glaab* GwG § 15 Rn. 37.

185 Zentes/Glaab/*Glaab* GwG § 15 Rn. 37.

186 Bis zur Aktualisierung lautete die von der BaFin angeordnete Aktualisierungsfrist auf zwei Jahre, vgl. BaFin AuA AT (a.F.) Ziff. 5.5.2.

187 BaFin AuA zum GwG AT (03/2025), S. 65f., Ziff. 5.5.2.

Im Übrigen gelten die aus **§ 15 Abs. 4 GwG** bekannten **verstärkten Sorgfaltspflichten** bei Geschäftsbeziehungen mit politisch exponierten Personen nach **Art. 42 EU-Geldwäsche-Verordnung** unverändert fort.

7. Auslaufen der Eigenschaft als politisch exponierte Person

396 Der **PEP-Status** einer Person hält über die gesamte Dauer ihrer Amts- oder Funktionsausübung an und **entfällt gem. § 10 Abs. 4 S. 3 GwG** frühestens, wenn der Vertragspartner oder der wirtschaftlich Berechtigte seit mindestens zwölf Monate **kein** wichtiges öffentliches **Amt** mehr **ausgeübt hat. Nach Ablauf** der zwölf Monate ist die Person einer erneuten Risikobewertung zu unterziehen.

397 Die Aufhebung der PEP-Eigenschaft und damit ein Absehen von der Anwendung verstärkter Sorgfaltspflichten im Sinne von § 15 Abs. 4 GwG auf die Geschäftsbeziehung ist sodann zulässig, wenn vom Verpflichteten im Rahmen der erneuten **Risikobewertung** keine **risikoerhöhenden Faktoren** mehr festgestellt werden. Bei dieser sowie auch bei zukünftigen Risikobewertungen ist die vorangegangene PEP-Eigenschaft stets angemessen, das heißt als risikoerhöhender Faktor, zu berücksichtigen.[188] Aufgrund dieses Erfordernisses ist die Information über die ehemalige PEP-Eigenschaft nach **§ 8 GwG** über die gesamte Dauer der Geschäftsbeziehung aufzubewahren.

398 Soweit abseits der vormaligen Qualifizierung als politisch exponierte Person keine risikoerhöhenden Faktoren erkannt werden, kann die Geschäftsbeziehung aus der verstärkten Überwachung entlassen und den **allgemeinen Sorgfaltspflichten** nach § 10 GwG unterworfen werden.

399 Es steht den Verpflichteten jedoch auch frei, die **PEP-Eigenschaft**, trotz Amts- oder Funktionsniederlegung, auf **unbestimmte Zeit** fortgelten zu lassen. Die FATF empfiehlt dies zumindest für hochrangige öffentliche Personen.[189] Eine Verpflichtung hierzu gibt es jedoch weder im nationalen Recht noch perspektivisch im Regelungskreis der EU-Geldwäsche-Verordnung.

VIII. Kontinuierliche Überwachung

400 Nach § 10 Abs. 1 Nr. 5 GwG haben Verpflichtete bestehende Geschäftsbeziehungen und die in diesem Rahmen durchgeführten Transaktionen **kontinuierlich zu überwachen**. Aus dem Wortlaut der Vorschrift ergibt sich bereits, dass die kontinuierliche Überwachung des Verpflichteten auf von ihm unterhaltene Geschäftsbeziehungen sowie alle im Rahmen dieser Geschäftsbeziehungen durchgeführte Transaktionen gerichtet sein

188 BaFin AuA zum GwG AT (03/2025), S. 60ff., Ziff. 5.4.
189 FATF Guidance Politically Exposed Persons, Rn. 44.

muss. Im Umkehrschluss besteht keine Pflicht zur kontinuierlichen Überwachung in Hinblick auf **Gelegenheitstransaktionen**.[190]

Zur Erfüllung dieser Pflicht nutzen Verpflichtete regelmäßig spezielle **EDV-Systeme**, deren Kernfunktion in der Überwachung von Transaktionen und Erkennung suspekter Geschäftsvorgänge liegt.[191] Die Identifizierung suspekter Geschäftsvorgänge erfolgt dabei überwiegend auf der Grundlage von sogenannten **Typologien und Indizien**. 401

Typologien und Indizien bilden ungewöhnliche Sachverhaltskonstellation in Gestalt von technischen Regeln ab, bei deren Vorliegen Geschäftsvorgänge entweder angehalten und/oder als suspekt gekennzeichnet werden. Die risikoangemessene Modellierung und Implementierung der Typologien und Indizien obliegt den Verpflichteten. Hierbei sind stets auch behördliche Anordnungen wie etwa **Typologienpapiere der FIU** zu berücksichtigen. 402

Für die Risikoangemessenheit des Überwachungsverfahrens ist es wiederum maßgeblich, dass die vorgesehenen Typologien und Indizien dem jeweiligen mit einer Geschäftsbeziehung einhergehenden **Risiko** entsprechend **ausgestaltet** sind. Von zentraler Bedeutung ist hierbei insbesondere die **Risikobewertung**[192] i.S.v. **§ 10 Abs. 2 GwG**. 403

Demnach sollten Verpflichtete grundsätzlich, unter Berücksichtigung der jeweiligen Risikoklasse, **Abstufungen** hinsichtlich der **Parameter** vorsehen, die den Typologien und Indizien zugrunde gelegt werden. Zu denken ist hierbei insbesondere an die Herabsetzung oder die Erhöhung der **Schwellenwerte**, bei deren Überschreiten eine Transaktion systemseitig als ungewöhnlich eingestuft wird. 404

Eine derartige **Abstufung** ist jedoch nicht bei allen Typologien und Indizien angezeigt. Bestimmte (auffällige) Geschäftsvorgänge sollten Risikoklassen-übergreifend zu einer systemseitigen Aussteuerung und weitergehenden Überprüfung führen. Das gilt bspw. für **ungewöhnliche Verhaltensmuster** wie etwa die offensichtlich gewollte Unterschreitung von Nachweisgrenzen bei Bareinzahlungen oder für den Zahlungsverkehr mit Ländern, die gemäß delegierter Verordnung der Europäischen Kommission als sogenannte Risikostaaten eingestuft wurden. 405

Bereits aufgrund der vorstehend nur angedeuteten Komplexität der Überwachungspflicht nach § 10 Abs. 1 Nr. 5 GwG, empfiehlt sich für Verpflichtete in der Regel die Verwendung eines entsprechenden **EDV-Systems**. Eine allgemeingültige Pflicht hierzu besteht allerdings nicht. 406

Eine Ausnahme gilt nach § 25h Abs. 2 KWG für **Kreditinstitute** (jedoch nicht für Bausparkassen), wonach diese ein entsprechendes System vorhalten müssen, ebenso wie **Anbieter von Glücksspielen im Internet** gem. § 6 Abs. 4 GwG. 407

---

190 Zentes/Glaab/*Sonnenberg* GwG § 10 Rn. 76.

191 Sogenannte „Monitoring- und Screening-Systeme".

192 Zur Risikobewertung im Allgemeinen, s. Kap. 4 B I; Risikobewertung im Kontext vereinfachter Sorgfaltspflichten, s. Kap. 4 C II; verstärkte Sorgfaltspflichten, Kap. 4 D II.

408 Soweit für einzelne Verpflichtete i.S.v. § 2 Abs. 1 GwG keine Verpflichtung besteht, ein elektronisches System zur kontinuierlichen Überwachung zu unterhalten, müssen sie dennoch über **Sicherungssysteme zur Verhinderung von Geldwäsche** und Terrorismusfinanzierung verfügen. Denkbar ist in diesem Fall etwa eine **listenbasierte manuelle Überprüfung** der Geschäftsvorgänge.

409 Das **EDV-gestützte Monitoring** stellt in der Regel jedoch nur den ersten **Teil** des gesamten **Prozesses** nach § 10 Abs. 1 Nr. 5 GwG dar. Monitoringsysteme sollen es dem Verpflichteten ermöglichen, aus einer Vielzahl von Geschäftsvorfällen, anhand abstrakter Kriterien, solche Vorgänge herauszufiltern, die nicht dem von einer Risikogruppe i.S.v. § 10 Abs. 2 GwG erwarteten Geschäfts-, Nutzungs- oder Transaktionsverhalten entsprechen. Eine Bestimmung, ob der jeweilige Vorgang tatsächlich Grund zur Annahme eines rechtswidrigen Verhaltens gibt oder zumindest ein Verdachtsmoment für ein solches begründet, erfordert zumeist eine anschließende manuelle Überprüfung durch Mitarbeitende des Verpflichteten. Nur die wenigsten EDV-Systeme können auch eine anschließende **Plausibilitätsüberprüfung** durchführen. Insoweit erfolgt an dieser Stelle ein prozessualer **Übergang** von einer abstrakten- systemgestützten zu einer individuellen manuellen Betrachtungsweise.

410 Denn im Rahmen dieser **manuellen Überprüfung** erfolgt eine **Bewertung der Plausibilität** des jeweiligen Vorgangs anhand der dem Verpflichteten über den Vertragspartner vorliegenden Informationen, Daten und Dokumente.

411 **Ziel** dieser **Plausibilitätsprüfung** ist es, dem EDV-gestützten Anfangsverdacht auf eine rechtswidrige Handlung des Vertragspartners mittels einer individuellen Untersuchung des Sachverhalts auf der Grundlage bekannter Informationen, wie etwa zu den wirtschaftlichen Verhältnissen, geschäftlichen Aktivitäten oder persönlichen Beziehungen, oder basierend auf im Zuge der Prüfung einzelfallbezogen eingeholter Nachweise, nachzugehen.

412 Im **Ergebnis der Plausibilitätsprüfung** sollten Verpflichtete in der Lage sein, das durch ein untypisches Verhalten hervorgerufene Verdachtsmoment entweder in dokumentierter Form auszuräumen oder zu bestätigen und eine Meldung an die FIU nach § 43 GwG abzugeben.

413 In logischer Konsequenz sind sowohl die Überwachung als auch die anschließende Plausibilitätsprüfung als **dynamische Vorgänge** zu betrachten.[193] Das bedeutet, dass neben den initial, etwa im Zuge der Begründung einer Geschäftsbeziehung eingeholten Informationen, auch solche **Erkenntnisse** Berücksichtigung finden müssen, die der Verpflichtete im **Laufe einer Geschäftsbeziehung** über den Vertragspartner erlangt hat.[194] Bei derartigen Erkenntnissen kann es sich zum Beispiel um veränderte Einkommensverhältnisse oder um das Bekanntwerden des geschäftlichen Eintritts des Vertragspartners in neue geografische Regionen handeln.

193 BaFin AuA zum GwG AT (03/2025), S. 64, Ziff. 5.5.1.
194 BaFin AuA zum GwG AT (03/2025), S. 64, Ziff. 5.5.1.

Ausblick auf die EU-Geldwäsche-Verordnung
Die Pflicht zur kontinuierlichen Überwachung ist in **Art. 26 EU-Geldwäsche-Verordnung** geregelt. Eine **inhaltliche** Änderung geht mit dem Geltungsbeginn der EU-Geldwäsche-Verordnung jedoch nicht einher.

IX. Pflicht zur Aktualisierung

1. Allgemeines

Um eine effektive und aussagekräftige kontinuierliche Überwachung sicherzustellen,[195] müssen Verpflichtete die vorgehaltenen Dokumente, Daten und Informationen über den Vertragspartner sowie ggf. wirtschaftlich Berechtigten gem. **§ 10 Abs. 1 Nr. 5 2. HS GwG** in angemessenen zeitlichen Abständen **aktualisieren**. 414

Eine **Aktualisierung** von Dokumenten, Daten und Informationen ist zum einen für die Bestimmung der Risikoklasse im Sinne von § 10 Abs. 2 GwG und damit für die Auswahl der im Rahmen der kontinuierlichen Überwachung auf die jeweilige Geschäftsbeziehung risikobasiert anzuwendenden **Typologien und Indizien** erforderlich. 415

Zum anderen besteht das Risiko, dass der **Plausibilitätsprüfung**, wie sie vom Gesetzgeber in § 10 Abs. 1 Nr. 5 GwG angeordnet wird, in Ermangelung hinreichender Informationen **nicht** (mehr) **zutreffende Annahmen**, etwa über den Wohnort, die Geschäftstätigkeit oder die wirtschaftlichen Verhältnisse des Vertragspartners zugrunde gelegt werden und dies zu einer inkorrekten Bewertung und ggfs. zu einer substanzlosen Meldung an die FIU nach § 43 GwG führt. 416

Zwar ist der Vertragspartner zur **Mitwirkung** und damit auch zur Mitteilung von maßgeblichen Änderungen verpflichtet. In Bezug auf die Person des wirtschaftlich Berechtigten betreffende Änderungen ergibt sich die **Mitwirkungspflicht** des Vertragspartners aus **§ 11 Abs. 6 bzw. Abs. 7 GwG**. Im Übrigen, also hinsichtlich maßgeblicher Änderungen beim Vertragspartner selbst, in der Regel aus den allgemeinen Geschäftsbedingungen (AGB). Insofern bräuchte es eine Aktualisierungspflicht, wie sie in § 10 Abs. 1 Nr. 5 2. HS GwG gesetzlich statuiert ist, in der **Theorie** nicht. 417

In der **Praxis** zeigt sich jedoch, dass Verpflichteten etwaige für ihre risikobasierten Prozesse relevante Änderungen häufig nicht oder nur mit einer erheblichen Verzögerung von dem Vertragspartner angezeigt werden. Vor diesem Hintergrund ist eine solche Verpflichtung zur Aktualisierung sinnhaft und **essenziell** für die Wirksamkeit der risikobasierten Maßnahmen. 418

Unter „**Daten**", die gem. § 10 Abs. 1 Nr. 5 2.HS GwG vom Verpflichteten regelmäßig aktualisiert werden müssen, sind vornehmlich **Kundendaten i.S.v. § 11 Abs. 4 und 5 GwG** zu verstehen.[196] Im Rahmen des Aktualisierungsprozesses sind somit zumindest 419

195 BT-Drucks. 16/9038, S. 34.
196 Zentes/Glaab/*Sonnenberg* GwG § 10 Rn. 84.

der **Vor- und Nachname** sowie die **Anschrift** des Vertragspartners auf ihre Gültigkeit zu überprüfen.[197] Ebenso müssen die nach § 11 Abs. 6 oder Abs. 7 GwG vom **wirtschaftlich Berechtigten** erhobenen Daten aktualisiert werden.

! **Wichtig**

Es besteht keine Pflicht zur Aktualisierung von **Ausweisdaten**. Wenn ein Vertragspartner zu einem früheren Zeitpunkt anhand eines gültigen Ausweises identifiziert und dies entsprechend dokumentiert wurde, bedarf es im Rahmen einer Aktualisierungsmaßnahme weder einer erneuten Identifizierung, noch der Einholung eines Ersatzdokumentes wie einer Kopie von einem Ausweisdokument. Dies gilt auch, wenn der zu einem früheren Zeitpunkt als Instrument zur Identifizierung genutzte Ausweis durch Zeitablauf bereits ungültig geworden ist und das neue Ausweisdokument formelle Abweichungen, etwa hinsichtlich der ausstellenden Behörde aufweist.

420 Neben Daten sind ausweislich des § 10 Abs. 1 Nr. 5 2. HS GwG zudem „**Informationen**“ oder „**Dokumente**“ zu aktualisieren. Damit dürften wohl insbesondere jene Informationen gemeint sein, die für eine **Risikobewertung** i.S.v. § 10 Abs. 2 GwG erforderlich sind, worunter entsprechend des Wortlautes der Vorschrift etwa **Informationen zum Zweck und der Art** der Geschäftsbeziehung, über die Höhe der eingezahlten **Vermögenswerte** sowie über die Regelmäßigkeit und die Dauer der Geschäftsbeziehung fallen.

421 Die Pflicht zur **periodischen Aktualisierung** des gesamten Datenbestandes hat entsprechend der Vorgaben der **BaFin**, zumindest bei von ihr beaufsichtigten Verpflichteten, nach einem festen **Zeitplan** zu erfolgen.[198]

2. Einzelfälle

a) umsatzlose Konten

422 Bei über einen längeren Zeitraum umsatzlosen Konten mit geringem Umsatz ist eine Aktualisierungsmaßnahme nicht erforderlich.

423 Mit Wiederaufleben der Geschäftsbeziehung, also etwa der Durchführung von Transaktionen über die zuvor umsatzlosen Konten, sind diese nicht mehr als umsatzlos zu klassifizieren und entsprechende Maßnahmen zur Aktualisierung angezeigt. Ein Wiederaufleben der Geschäftsbeziehung liegt jedoch wohl nicht vor, wenn die Buchungen ausschließlich bankseitig initiiert werden, wie z.B. bei Zinsgutschriften oder dem Einzug von Kontoführungsgebühren von dem sonst umsatzlosen Konto. In Ermangelung von Transaktionen oder Vermögensverschiebungen seitens des Vertragspartners kann hier kein Geldwäsche- oder Terrorismusfinanzierungsrisiko bestehen.

---

197 Zentes/Glaab/*Sonnenberg* GwG § 10 Rn. 84.

198 BaFin AuA zum GwG AT (03/2025), S. 65f., Ziff. 5.5.2.

b) Geringes Risiko (aufgrund der Risikoanalyse)

Bisher musste bei Geschäftsbeziehung mit einem festgestellten geringen Risiko eine Aktualisierung spätestens nach 15 Jahren erfolgt sein.[199] In der aktualisierten Fassung der AuA zum GwG sieht die BaFin einen risikobasierten Ansatz bei geringem Risiko vor. Demnach kann eine Aktualisierung bis auf Weiteres risikobasiert erfolgen. Das heißt, nur bei Bekanntwerden von Änderungen oder risikoerhöhenden Faktoren sind Aktualisierungsmaßnahmen von Verpflichteten zu ergreifen.[200] Wenn kundenseitig keine Reaktion z.B. auf ein Anschreiben erfolgen würde, muss eine risikobasierte Entscheidung über weitere Maßnahmen getroffen werden. 424

c) Normales Risiko (aufgrund der Risikoanalyse)

Geschäftsbeziehungen, die ausweislich der vom Verpflichteten durchgeführten Risikoklassifizierung ein normales Risiko aufweisen, musste die Aktualisierung bisher nach spätestens 10 Jahren abgeschlossen sein.[201] In der aktualisierten Fassung der AuA zum GwG ordnet die BaFin bei Geschäftsbeziehungen, die einem normalen Geldwäsche- und Terrorismusfinanzierungsrisiko unterliegen, einen Aktualisierungsturnus von 5 Jahren an.[202] Die neue Aktualisierungsfrist von 5 Jahren ist jedoch bis zum Geltungsbeginn der EU-Geldwäsche-Verordnung ausgesetzt, sodass weiterhin der bereits bekannte Aktualisierungsturnus von 10 Jahren maßgeblich ist. 425

Bei einer Erfolglosigkeit der Aktualisierung oder bei Unklarheiten sollte das Risiko des Vertragspartners neu bewertet werden. Soweit der Vertragspartner nicht reagiert, ist auch bei einem normalen Risiko eine risikoorientierte Entscheidung über weitere Maßnahmen zu treffen. 426

d) Hohes Risiko (aufgrund einer gesetzlicher Vorgabe oder der Risikoanalyse)

Ist einer Geschäftsbeziehung ein hohes Risiko inhärent, musste eine Aktualisierung i.S.v. § 10 Abs. 1 Nr. 5 GwG bisher spätestens nach 2 Jahren abgeschlossen sein.[203] Im Rahmen der Aktualisierung der AuA zum GwG wurde die Frist auf 1 Jahr verkürzt.[204] Die BaFin hat jedoch im Rahmen ihrer Fachtagung im Dezember 2024 klargestellt, dass die Anpassung der AuA lediglich zur Vorbereitung auf die neuen Regelungen gem. EU-Geldwäsche-Verordnung erfolgt ist und bis zu deren Geltungsbeginn die bekannte 2 Jahresfrist weiterhin Gültigkeit besitzt. Soweit eine Geschäftsbeziehung ein hohes Risiko aufweist, müssen geeignete Maßnahmen zur Dokumentierung der Aktualisierung bzw. Bestätigung der 427

199 BaFin AuA AT (a.F.), S. 55f. Ziff. 5.5.2.
200 BaFin AuA zum GwG AT (03/2025), S. 65f., Ziff. 5.5.2.
201 BaFin AuA AT (a.F.), S. 55f. Ziff. 5.5.2.
202 BaFin AuA zum GwG AT (03/2025), S. 65f., Ziff. 5.5.2.
203 BaFin AuA AT (a.F.), S. 55f. Ziff. 5.5.2.
204 BaFin AuA zum GwG AT (03/2025), S. 65f., Ziff. 5.5.2.

Aktualität ergriffen werden. Wenngleich die BaFin zu möglichen Eskalationsprozessen keine Aussage trifft, sollten auch, oder gerade bei Hochrisiko-Geschäftsbeziehungen risikoorientierte Entscheidungen über weitere Maßnahmen erfolgen, soweit der Vertragspartner im Rahmen einer Aktualisierung nicht mitwirkt bzw. keine Reaktion zeigt.

Ausblick auf die EU-Geldwäsche-Verordnung
Die im Dezember 2024 aktualisierten AuA AT der BaFin enthalten neue Regelungen hinsichtlich der von Verpflichteten einzuhaltenden Aktualisierungsturnusse. Diese entsprechen zu weiten Teilen den in Art. 26 EU-Geldwäsche-Verordnung vorgesehenen Aktualisierungsintervallen. Ausweislich der Ausführungen der BaFin im Rahmen ihrer Fachtagung im Dezember 2024, ist diese Angleichung der AuA AT an die Regelungen der EU-Geldwäsche-Verordnung nur formeller Natur. Demnach sei die Aufnahme der neuen Aktualisierungsfristen als Vorbereitung auf die neuen Turnusse gem. Art. 26 EU-Geldwäsche-Verordnung verstehen, inhaltlich jedoch bis zum Geltungsbeginn der Verordnung am 10. Juli 2027 für die Verpflichteten nicht bindend.

X. Nichterfüllung der Sorgfaltspflichten (§ 10 Abs. 9 GwG) – Beendigung bzw. Nichtaufnahme von Geschäftsbeziehungen

428 In Hinblick auf die allgemeinen Sorgfaltspflichten enthält **§ 10 Abs. 9 GwG** eine zentrale Regelung. Darin sieht der Gesetzgeber vor, dass eine **Geschäftsbeziehung** in bestimmten Fällen **nicht eingegangen**, eine bestehende Geschäftsbeziehung **nicht fortgesetzt** und eine angedachte **Transaktion nicht durchgeführt** werden darf.

429 Zu beachten ist das **faktische Verbot** des § 10 Abs. 9 GwG bei einer **Nichterfüllbarkeit** der **allgemeinen Sorgfaltspflichten** nach § 10 Abs. 1 Nr. 1 bis 4 GwG. Das bedeutet, dass entweder

- die Identifizierung des Vertragspartners,
- die Abklärung des wirtschaftlich Berechtigten oder
- die Abklärung des Zwecks der Geschäftsverbindung,
- die Abklärung eines PEPs

im Einzelnen oder kumulativ nicht erfüllt werden können. Die Gründe und die Verantwortung für die Nichterfüllbarkeit sind dabei **unerheblich**.

430 Dieser Eingriff in die Vertragsfreiheit ist durch die Vorgaben der 4. EU-Geldwäscherichtlinie bedingt. Die Vorschrift soll dem wichtigen Ziel einer effektiven Bekämpfung der Geldwäsche und der Terrorismusfinanzierung dienen.

431 Allerdings gesteht der Gesetzgeber den Verpflichteten bei der Entscheidung über die Anwendung einer der in § 10 Abs. 9 GwG genannten Maßnahmen einen **Ermessensspielraum** zu. Demnach kann die **Beendigung** einer Geschäftsbeziehung in Einzelfällen **ausbleiben**, wenn eine solche, nach **Abwägung** des wirtschaftlichen Interesses des Verpflichteten mit dem Geldwäsche- oder Terrorismusfinanzierungsrisiko der jeweiligen Geschäftsbeziehung und der jeweiligen Transaktion, unverhältnismäßig wäre.[205] Inso-

205 BT-Drucks. 18/11555, S. 117.

fern bedarf es einer einzelfallbezogenen Interessenabwägung unter Berücksichtigung des Grundsatzes der Verhältnismäßigkeit.[206]

Beispiel
Ein Fall von Unverhältnismäßigkeit aufgrund tatsächlicher Unmöglichkeit liegt vor, wenn im Rahmen der Abklärung des wirtschaftlich Berechtigten festgestellt wird, dass über 25 % der Anteile an dem Vertragspartner von einer Gesellschaft kontrolliert werden, die an einer Börse notiert ist, die nicht den Transparenzanforderungen genügt, und sich die Anteilsinhaber deshalb nicht ermitteln lassen, darüber hinaus jedoch keine Hinweise auf ein konkretes Geldwäsche-/ Terrorismusfinanzierungsrisiko bestehen.[207]

Ebenso besteht einzelfallbezogen keine Pflicht zur Beendigung nach § 10 Abs. 9 GwG, 432 wenn die Verletzung der Sorgfaltspflicht nur **geringfügiger Natur** ist, ggf. auf einem Missverständnis des Vertragspartners beruht und kurzfristig behoben werden kann. Im Umkehrschluss gilt die **Beendigungspflicht** unverändert auch in diesen Fällen, soweit die Sorgfaltspflichtverletzung nachhaltig und andauernd ist.[208] Zu denken ist hierbei etwa an solche **Sachverhaltskonstellationen**, in deren Rahmen sich ein ansonsten unauffälliger Vertragspartner endgültig weigert, den wirtschaftlich Berechtigten zu benennen oder ein Vertragspartner keinen gültigen, den Anforderungen des § 12 Abs. 1 GwG entsprechenden Ausweis vorlegt.

Eine **weitere Ausnahme**, die jedoch keiner Interessenabwägung bedarf, gilt nach 433 § 10 Abs. 9 S. 3 GwG für Angehörige **rechtsberatender Berufe**, **Wirtschaftsprüfer/-innen, vereidigte Buchprüfer/-innen, Steuerberater/-innen und Steuerbevollmächtigte**, soweit sie rechtsberatend oder prozessvertretend tätig sind und nicht über positive Kenntnis darüber verfügen, dass die Inanspruchnahme ihrer Dienstleistung gerade erst dem Zweck einer Geldwäsche oder Terrorismusfinanzierung dient oder gedient hat.

Ebenso vom Anwendungsbereich des § 10 Abs. 9 GwG **ausgenommen** ist das Ab- 434 stellen auf den **fiktiven wirtschaftlich Berechtigten**,[209] da es sich bei § 3 Abs. 2 S. 5 GwG um einen Auffangtatbestand handelt, der eine Nichterfüllbarkeit gerade abwendet.

Schließlich besteht auch **keine Beendigungspflicht** i.S.v. § 10 Abs. 9 GwG, wenn 435 es dem Verpflichten nicht möglich ist, die **Steuer- oder Wirtschaftsidentifikationsnummer** nach **§ 154 Abs. 2a AO** zu erheben, oder die Gründe für die Nichterfüllbarkeit der Sorgfaltspflichten in der Verantwortungssphäre des Verpflichteten selbst liegen, etwa bei einem Scheitern einer angedachten Videoidentifizierung aufgrund technischer Unzulänglichkeiten beim Verpflichteten oder bei seinem Dienstleister.[210]

Die Pflicht des § 10 Abs. 9 GwG wäre jedoch praktisch nicht zu erfüllen, wenn aus 436 ihr nicht zugleich ein Recht zur Kündigung einer Geschäftsbeziehung erwachsen würde.

206 BT-Drucks. 16/9038, S. 35f.
207 DK-Hinweise vom 1.2.2014, Rn. 63.
208 BT-Drucks. 16/9038, S. 35f.
209 BaFin AuA zum GwG AT (03/2025), S. 68f., Ziff. 5.8.1.
210 BaFin AuA zum GwG AT (03/2025), S. 68f., Ziff. 5.8.1.

Vor diesem Hintergrund hat der Gesetzgeber klargestellt, dass die Regelung des § 10 Abs. 9 GwG auch als **außerordentliches Kündigungsrechts** zu verstehen ist.[211]

437 Das **außerordentliche Kündigungsrechts** dürfte dabei in der Praxis genügen, um bestehende Geschäftsbeziehungen gegenüber Vertragspartnern, die bereits zu Beginn der Geschäftsbeziehung unrichtige Angaben, etwa zum Zweck der Geschäftsbeziehung oder zu dem eigentlichen wirtschaftlich Berechtigten, gemacht haben, außerordentlich und mit sofortiger Wirkung zu kündigen. Dies gilt insbesondere für Vertragspartner, deren Konten erkennbar auffällige Umsätze oder sogar Transaktionen aufweisen, die aus strafbaren Handlungen resultieren (könnten).

438 Obwohl der Gesetzgeber grundsätzlich von einer außerordentlichen Kündigung im Falle der Nichterfüllbarkeit der allgemeinen Sorgfaltspflichten ausgeht, empfiehlt es sich, außer in den Fällen eigener aktiver Gefährdung oder bei der Gefahr einer Rufschädigung, z. B. durch Anlagebetrüger, zumindest hilfsweise auch **ordentlich zu kündigen**. Der Vorteil ist, dass selbst bei einer Gerichtsentscheidung zulasten des Verpflichteten wegen Unzulässigkeit einer außerordentlichen Kündigung zumindest die ordentliche Kündigung Bestand hätte.

Wichtig
Aus einer solchen gesetzlich vorgesehenen Beendigungspflicht erwachsen dem Vertragspartner keine Ansprüche auf Schadensersatz gegenüber dem Verpflichteten.[212]

439 Bei der Kündigung kann und sollte stets auf die gesetzliche Verpflichtung gem. § 10 Abs. 9 GwG und die fehlende Mitwirkung durch den Vertragspartner **hingewiesen** werden. Ein solcher **Hinweis** kann **nicht** als Verstoß gegen **§ 47 Abs. 1 GwG (Tipping-Off-Verbot)** gewertet werden, solange in der schriftlichen Kündigungserklärung ein möglicher Geldwäscheverdacht nicht erwähnt wird.

440 Erfolgt eine Kündigung nach Maßgabe von § 10 Abs. 9 GwG, ist von den Verpflichteten ausnahmslos auch das Erfordernis einer **Meldung nach § 43 Abs. 1 S. 1 GwG** zu überprüfen.[213] Umgekehrt kann davon ausgegangen werden, dass in den Fällen, in denen **Tatsachen** auf eine **Geldwäsche oder Terrorismusfinanzierung** hindeuten und den Verpflichteten zu einer Meldung nach § 43 Abs. 1 S. 1 GwG veranlassen, regelmäßig auch ein Fall des § 10 Abs. 9 GwG erfüllt oder zumindest die Pflicht zur Prüfung einer Beendigung der Geschäftsbeziehung gegeben sein dürfte.

441 Das korrespondiert mit der Gesetzesbegründung zu § 10 Abs. 9 GwG, wonach „[…] *es zur ordnungsgemäßen Geschäftspolitik eines Unternehmens gehört, sich von Transaktionen mit kriminellem Hintergrund, und dabei insbesondere von Geldwäschevorgängen, fernzuhalten und zu ihrer Verhinderung, Aufdeckung und Bekämpfung beizutragen.*“[214]

---

211 BT-Drucks. 16/9038, S. 35 f.

212 BT-Drucks. 16/9038, S. 35 f.

213 BaFin AuA zum GwG AT (03/2025), S. 68 f., Ziff. 5.8.1.

214 BT-Drucks. 16/9038, S. 36.

Ausblick auf die EU-Geldwäsche-Verordnung
Nach dem Geltungsbeginn der **EU-Geldwäsche-Verordnung** richtet sich die Beendigungspflicht im Falle einer Nichterfüllbarkeit von Sorgfaltspflichten nach dem inhaltlich nahezu identischen **Art. 21 EU-Geldwäsche-Verordnung**.

B. Anwendung des „risikobasierten Ansatzes“ und Risikobewertung

I. Grundsätzliches

Das **Leitprinzip** des GwG und damit der Verhinderung und Bekämpfung von Geldwäsche und Terrorismusfinanzierung ist ausweislich des § 3a Abs. 1 GwG der sog. **„risikobasierte Ansatz“** (auch „risk-based-approach“, RBA). Der **Grundgedanke** dieses Prinzips, das in den Vorschriften des GwG durch verschiedene Termini wie etwa „risikoorientierte Verfahren“ oder „risikoangemessene Verfahren“ Erwähnung findet, liegt darin, dass Verpflichtete nicht auf jeden geschäftlichen Vorgang das gesamte durch das GwG zur Verfügung gestellte Arsenal von Maßnahmen zur Verhinderung und Bekämpfung von Geldwäsche und Terrorismusfinanzierung anwenden müssen, sondern die Ausgestaltung ihrer Strategien, Verfahren sowie den Umfang der von ihnen ergriffenen Maßnahmen an der individuellen Risikosituation des eigenen Unternehmens und dem Risiko einzelner Geschäftsbeziehungen oder Transaktionen zu bemessen haben. **442**

Zur Verwirklichung dieses Leitgedankens sieht der Gesetzgeber im GwG ein aufeinander **aufbauendes System** von Pflichten vor. Dessen **Ausgangspunkt** stellt die Verpflichtung nach **§ 4 GwG** zur Implementierung eines **Risikomanagements** dar, das ausweislich des § 4 Abs. 2 GwG aus einer **Risikoanalyse (§ 5 GwG)** und **internen Sicherungsmaßnahmen (§ 6 GwG)** besteht. **443**

II. Risikomanagement nach § 4 GwG

1. Beitrag der Risikoanalyse nach § 5 GwG zur risikobasierten Vorgehensweise

Die **Risikoanalyse** dient dem **Zweck**, dass Verpflichtete im Rahmen von deren Durchführung ein Bewusstsein für ihre Risikosituation und damit das erforderliche Rüstzeug für die Festlegung und Ergreifung angemessener Sicherungsmaßnahmen erlangen. Unter Berücksichtigung dieser übergeordneten Zielsetzung erschließt sich auch die von der Aufsicht beschriebene **fünfstufige Verfahrensweise**[215] der Durchführung der Risikoanalyse, in deren Zuge Verpflichtete schrittweise **444**

215 BaFin AuA zum GwG AT (03/2025), S. 14, Ziff. 2.2.

1. Ihre unternehmensspezifische Situation analysieren,
2. die mit ihren geschäftlichen Aktivitäten einhergehenden Risiken anhand diverser Quellen wir den Anlagen 1 und 2 zum GwG, den EBA-Leitlinien zu Risikofaktoren für Geldwäsche oder Terrorismusfinanzierung[216] oder der nationalen Risikoanalyse[217] identifizieren,
3. die identifizierten Risiken bewerten,
4. aus dem Bewertungsergebnissen angemessene Sicherungsmaßnahmen (§ 6 GwG) ableiten, und
5. diese Sicherungsmaßnahmen in Hinblick auf ihre Angemessenheit und Wirksamkeit überwachen sowie bedarfsgerecht aktualisieren.

445 Für die Bewertung der Risiken sowie auch zur Erfüllung der Folgepflichten aus dem GwG, empfiehlt es sich **Risikostufen** zu bestimmen. Die BaFin geht grundsätzlich von **drei Risikostufen** aus (hoch, mittel und gering),[218] wobei ist es den Verpflichteten anheimgestellt ist, sowohl eine weitere Spreizung oder Abstufung mit mehr Risikostufen als auch eine Reduzierung auf weniger Stufen (z. B. ausschließlich mittlere und erhöhte Risikostufen) vorzusehen.

2. Sicherungsmaßnahmen nach § 6 GwG

446 Welche **internen Sicherungsmaßen** grundsätzlich geeignet sind, den im Rahmen der Durchführung der Risikoanalyse identifizierten Risiken mitigierend zu begegnen, ergibt sich aus der kataloghaften jedoch nicht abschließenden Aufzählung des **§ 6 Abs. 2 GwG**.

447 In Hinblick auf das **KYC-Prinzip** kommt der in § 6 Abs. 2 Nr. 1 Buchst. b) GwG genannten Sicherungsmaßnahme, die in einer Pflicht zur **Ausarbeitung von internen Grundsätzen, Verfahren und Kontrollen** in Bezug auf die Kundensorgfaltspflichten nach den §§ 10 bis 17 GwG besteht, eine hervorzuhebende Bedeutung zu.

448 Gemeint ist hiermit, dass Verpflichtete ihre internen Anweisungen, wie z. B. **Richtlinien** oder **Leitfäden, Prozesse** bzw. **Prozesslandschaften** und **Kontrollen** in Hinblick auf die in den §§ 10 ff. GwG aufgeführten Sorgfaltspflichten unter Berücksichtigung ihrer **individuellen Risikosituation ausgestalten** und im eigenen Unternehmen etablieren müssen. Das heißt in der Praxis, dass etwa eine Identifizierung des Vertragspartners gem. § 10 Abs. 1 Nr. 1 GwG oder die Abklärung des wirtschaftlich Berechtigten nach § 10 Abs. 1 Nr. 2 GwG im **Anweisungswesen** sowohl angeordnet als auch prozessual unterlegt sein muss.

449 Dies gilt gleichermaßen für eine schriftlich niedergelegte und für die Mitarbeitenden des Unternehmens anweisende Zuordnung der zu **erfüllenden Sorgfalts-**

216 EBA/GL/2021/02.
217 Erste Nationale Risikoanalyse – Bekämpfung von Geldwäsche und Terrorismusfinanzierung 2018/2019, BMF 50300.
218 BaFin AuA zum GwG AT (03/2025), S. 16 f., Ziff. 2.2.3.

pflichten i.S.d. §§ 10ff. GwG zu den jeweiligen von Verpflichteten im Rahmen der Risikoanalyse festgelegten **Risikostufen**.

Hierdurch wird auch das eingangs angedeutete aufeinander **aufbauende System** des GwG deutlich, denn der Gesetzgeber bestimmt in § 10 Abs. 2 GwG, dass sich der Umfang der Sorgfaltsmaßnahmen stets an dem einer Geschäftsbeziehung oder einer Transaktion inhärenten Risiko bemessen muss. Demnach setzt § 10 Abs. 2 GwG voraus, dass jede Geschäftsbeziehung oder Transaktion individuell hinsichtlich ihres Risikos, für eine Geldwäsche oder Terrorismusfinanzierung missbraucht zu werden, bewertet wird.[219] Im Ergebnis der Bewertung werden die Geschäftsbeziehungen oder Transaktionen einer Risikostufe zugewiesen und den bereits im Rahmen der Risikoanalyse festgelegten bzw. nach § 6 Abs. 2 Nr. 1 Buchst. b) GwG im internen Anweisungswesen fixierten Sorgfaltsmaßnahmen unterworfen. 450

Die **Verschriftlichung** der für die jeweiligen **Risikostufen** zu ergreifenden Sorgfaltsmaßnahmen im Anweisungswesen ist insbesondere im sog. **Massengeschäft** geboten, da andernfalls stets der Umfang der zu erfüllenden Sorgfaltspflichten nebst individuellen Maßnahmen für Geschäftsbeziehungen oder Transaktionen einzelfallbezogen bestimmt werden müssten, was zumindest bei Vertragsbeziehungen oder Vorgängen mit festgestelltem „normalen“ bzw. „mittleren“ Risiko, bei denen grundsätzlich die Anwendung der allgemeinen Sorgfaltspflichten gem. § 10 GwG genügt, nicht erforderlich ist. 451

III. Weitere Auswirkungen des risikobasierten Ansatzes

Das **Resultat der Risikobewertung** nach § 10 Abs. 2 GwG ist demzufolge das entscheidende Kriterium für die Beantwortung der Frage, ob verstärkte Sorgfaltspflichten gem. § 15 GwG angewendet werden müssen, die Erfüllung der allgemeinen Sorgfaltspflichten ausreicht oder gar die Möglichkeit zur Vereinfachung der Sorgfaltsmaßnahmen nach § 14 GwG besteht. 452

Jedoch erschöpft sich darin nicht der **Wirkungsradius** des **risikobasierten Ansatzes**. Einerseits kann und muss etwa die **Intensität** einzelner Maßnahmen zur Abklärung und Identifizierung von wirtschaftlich Berechtigten an dem spezifischen Geldwäsche- und Terrorismusfinanzierungsrisiko einer Geschäftsbeziehung oder Transaktion bemessen werden. Dies gilt für die Prüftiefe bei der Abklärung der wirtschaftlich Berechtigten[220] sowie hinsichtlich des Umfangs der nach § 11 Abs. 5 GwG von einem wirtschaftlich Berechtigten zu erhebenden Daten und die zur Identifizierung gem. § 12 Abs. 3 GwG verwendeten Dokumente. Andererseits folgt auch die behördliche Vorgehensweise der **FIU** seit dem Inkrafttreten des „Gesetzes zur risikobasierten Arbeitsweise 453

219 Zur Risikobewertung im Einzelnen, siehe: Kap. 4 C 2 und D 2.
220 BaFin AuA zum GwG AT (03/2025), S. 59f., Ziff. 5.2.3.3.

der Zentralstelle für Finanztransaktionsuntersuchung" am 18.11.2023 überwiegend dem risikobasierten Ansatz.

Ausblick auf die EU-Geldwäsche-Verordnung
Dieser Ansatz bleibt den Verpflichteten und Behörden indes auch nach dem Geltungsbeginn der **EU-Geldwäsche-Verordnung** erhalten. Zwar wird dem risikobasierten Ansatz in der Verordnung kein eigener Artikel gewidmet. Jedoch ergibt sich insbesondere aus den Erwägungsgründen[221] der EU-Geldwäsche-Verordnung, dass der europäische Gesetzgeber an diesem Leitprinzip bei der Verhinderung und Bekämpfung von Geldwäsche Terrorismusfinanzierung festhält.

C. Vereinfachte Sorgfaltspflichten (§ 14 GwG/Anlage 1 zum GwG) – risikobasierter Ansatz

I. Grundsätzliches

454 Der Gesetzgeber ermöglicht nach § 14 GwG, unter engen Voraussetzungen, gewisse **Erleichterungen** bei der Erfüllung der allgemeinen Sorgfaltspflichten. Das wesentliche **Kriterium** für die Anwendbarkeit der sog. **„vereinfachten Sorgfaltspflichten"** ist das Vorliegen eines der jeweiligen Geschäftsbeziehung oder Transaktion inhärenten, geringen Geldwäsche- und Terrorismusfinanzierungsrisikos.

II. Risikobewertung zur Feststellung eines geringen Risikos

455 Zur Bestimmung des Risikos muss der Verpflichtete gem. **§ 10 Abs. 2 GwG einzelfallbezogen** eine Bewertung vornehmen, in deren Rahmen er zu dem Ergebnis kommt, dass bei der in Rede stehenden Geschäftsbeziehung oder Transaktion einschlägige **Faktoren für ein geringes Risiko** vorliegen und der Annahme eines geringen Risikos keine Hochrisikofaktoren entgegenstehen.

456 Die bei der Risikobewertung zu berücksichtigenden **Faktoren für ein potenziell geringes Risiko** ergeben sich insbesondere aus der **Anlage 1 zum GwG** und umfassen:

1. **Faktoren bezüglich des Kundenrisikos:**
   a) öffentliche, an einer Börse notierte Unternehmen, die (aufgrund von Börsenordnungen oder von Gesetzes wegen oder aufgrund durchsetzbarer Instrumente) solchen Offenlegungspflichten unterliegen, die Anforderungen an die Gewährleistung einer angemessenen Transparenz hinsichtlich des wirtschaftlichen Eigentümers auferlegen,

221 So etwa grundlegend: VO (EU) 2024/1624, Erwägungsgrund 28; für aufsichtliche Kontrollen: VO (EU) 2024/1624, Erwägungsgrund 148.

   b) öffentliche Verwaltungen oder Unternehmen,
   c) Kunden mit Wohnsitz in geografischen Gebieten mit geringerem Risiko nach Nummer 3.
2. Faktoren bezüglich des Produkt-, Dienstleistungs-, Transaktions- oder Vertriebskanalrisikos:
   a) Lebensversicherungspolicen mit niedriger Prämie,
   b) Versicherungspolicen für Rentenversicherungsverträge, sofern die Verträge weder eine Rückkaufklausel enthalten noch als Sicherheit für Darlehen dienen können,
   c) Rentensysteme und Pensionspläne oder vergleichbare Systeme, die den Arbeitnehmern Altersversorgungsleistungen bieten, wobei die Beiträge vom Gehalt abgezogen werden und die Regeln des Systems es den Begünstigten nicht gestatten, ihre Rechte zu übertragen,
   d) Finanzprodukte oder -dienste, die bestimmten Kunden angemessen definierte und begrenzte Dienstleistungen mit dem Ziel der Einbindung in das Finanzsystem („financial inclusion“) anbieten,
   e) Produkte, bei denen die Risiken der Geldwäsche und der Terrorismusfinanzierung durch andere Faktoren wie etwa Beschränkungen der elektronischen Geldbörse oder die Transparenz der Eigentumsverhältnisse gesteuert werden (z.B. bestimmten Arten von E-Geld).
3. Faktoren bezüglich des geografischen Risikos – Registrierung, Niederlassung, Wohnsitz in
   a) Mitgliedstaaten,
   b) Drittstaaten mit gut funktionierenden Systemen zur Verhinderung, Aufdeckung und Bekämpfung von Geldwäsche und von Terrorismusfinanzierung,
   c) Drittstaaten, in denen Korruption und andere kriminelle Tätigkeiten laut glaubwürdigen Quellen schwach ausgeprägt sind,
   d) Drittstaaten, deren Anforderungen an die Verhinderung, Aufdeckung und Bekämpfung von Geldwäsche und von Terrorismusfinanzierung laut glaubwürdigen Quellen (z.B. gegenseitige Evaluierungen, detaillierte Bewertungsberichte oder veröffentlichte Follow-up-Berichte) den überarbeiteten FATF-Empfehlungen entsprechen und die diese Anforderungen wirksam umsetzen.

Aufgrund der nicht abschließenden Aufzählung in Anlage 2 zum GwG ist es Verpflich- 457
teten grundsätzlich anheimgestellt, im Rahmen der eigenen Risikoanalyse **zusätzliche Faktoren** zu bestimmen, die bei der Risikobewertung einer Geschäftsbeziehung risikomindernd berücksichtigt werden können. **Wichtig** ist hierbei, dass die Begründung für eine risikomindernde Wirkung des jeweiligen Faktors vom Verpflichteten hinreichend, das heißt in einer für Dritte nachvollziehbarer Form, **dokumentiert** ist.

Weitere **Anhaltspunkte** für ein verringertes Geldwäsche und Terrorismusfinanzie- 458
rungsrisiko können zudem den „EBA-Leitlinien zu den Risikofaktoren für Geldwäsche

und Terrorismusfinanzierung“[222] und dem allgemeinen –[223] wie auch dem besonderen Teil für Kreditinstitute[224] der BaFin AuA entnommen werden.

459 Allen Anknüpfungspunkten für ein geringes Risiko ist gemein, dass sie im Ergebnis einer Risikobewertung nur zur **Anwendbarkeit vereinfachter Sorgfaltspflichten** nach § 14 GwG führen, wenn diesen kein höheres oder hohes Geldwäsche- und Terrorismusfinanzierungsrisiko entgegensteht.

460 Insofern scheidet die Anwendung vereinfachter Sorgfaltspflichten aus, wenn eine Geschäftsbeziehung einen der in **§ 15 Abs. 3 GwG benannten Hochrisikofaktoren** aufweist, es sich also bei dem Vertragspartner etwa um eine politisch exponierten handelt oder dieser seinen Sitz in einem Hochrisikostaat hat, da jenen geschäftlichen Verbindungen unwiderlegbar ein hohes Risiko anhaftet.[225]

461 Anders verhält es sich bei den **übrigen Risikofaktoren**, etwa aus der **Anlage 2 zum GwG** oder den **„EBA-Leitlinien zu den Risikofaktoren für Geldwäsche und Terrorismusfinanzierung**“. Diese müssen „nur“ in angemessenem Maße in die **Risikobewertung** nach § 10 Abs. 2 GwG **einbezogen** werden. Das bedeutet, dass diese risikomindernden und risikoerhöhenden Faktoren im Rahmen der Risikoevaluation einander gegenüberzustellen sind und der Verpflichtete aus der Gesamtheit der Faktoren ein Risiko abzuleiten hat.

462 Die **Durchführung** sowie das **Ergebnis** der **Risikobewertung** sind zu **dokumentieren** und nach Maßgabe von § 8 Abs. 1 Nr. 2 i.V.m. § 8 Abs. 4 GwG **aufzubewahren**. Es ist dringend zu empfehlen, die Dokumentation ordnungsgemäß und in einer für Dritte nachvollziehbaren Form durchzuführen, da den Verpflichteten in Hinblick auf die Risikobewertung und die Angemessenheit der Anwendung von vereinfachten Sorgfaltspflichten eine **Nachweispflicht** trifft.[226]

III. Vereinfachte Sorgfaltsmaßnahmen nach § 14 GwG

463 Soweit die Risikobewertung des Verpflichteten zu dem Ergebnis gelangt, dass einer Geschäftsbeziehung nur ein geringes Risiko inhärent ist, kann der **Umfang** der allgemeinen Sorgfaltspflichten in angemessenen Maße **reduziert** werden.[227] Unter „**Reduzierung in angemessenen Maße**“ ist jedoch nicht der Wegfall einzelner Sorgfaltsmaßnahmen des § 10 Abs. 1 GwG zu verstehen.[228] Insbesondere darf die Herabsetzung des Maßnahmenumfangs gem. § 14 Abs. 2 S. 2 GwG nicht dazu führen, dass die Fähigkeit des

222 EBA/GL/2021/02.
223 BaFin AuA zum GwG AT (03/2025), S. 69 f., Ziff. 6.1.
224 BaFin AuA BT KI, S. 20 f. Ziff. 7.
225 BaFin AuA zum GwG AT (03/2025), S. 69 f., Ziff. 6.1.
226 BaFin AuA zum GwG AT (03/2025), S. 69, Ziff. 6.
227 BaFin AuA zum GwG AT (03/2025), S. 71, Ziff. 6.2.
228 BaFin AuA zum GwG AT (03/2025), S. 71, Ziff. 6.2.

Verpflichteten beeinträchtigt wird, im Rahmen der kontinuierlichen Überwachung ungewöhnliche oder verdächtige Transaktionen zu erkennen und zu melden.

464 Stattdessen kann der Verpflichtete etwa eine **Überprüfung** der Angaben zur Identifizierung einer natürlichen Person auf der Grundlage von **sonstigen Dokumenten, Daten oder Informationen** durchführen, die von einer glaubwürdigen und unabhängigen Quelle stammen und für die Überprüfung geeignet sind. Diese Dokumente müssen nicht nach § 12 GwG zugelassen sein oder in qualifizierter Form vorgelegt werden.[229]

Beispiel

Eine Behörde möchte mit einem Verpflichteten eine Vertragsbeziehung eingehen. Die Risikobewertung des Verpflichteten hat ergeben, dass von einer Geschäftsbeziehung mit einer Behörde nur ein geringes Risiko ausgeht und eine Anwendung vereinfachter Sorgfaltspflichten deshalb zulässig ist. Die für die Behörde handelnde Person kann aufgrund der Risikobewertung mittels Dienstausweis identifiziert werden.

465 Ebenso ist es zulässig, bei der Annahme eines geringen Geldwäsche- und Terrorismusfinanzierungsrisikos, der Pflicht zur **Abklärung** des wirtschaftlich Berechtigten mittels **vereinfachter Verfahren** nachzukommen. Demnach kann etwa bei (Sammel-) **Treuhandkonten**, denen gemäß Risikoeinschätzung des Verpflichteten nur ein geringes Risiko anhängig ist, mit dem Treuhänder vereinbart werden, dass die Mitteilung über den oder die wirtschaftlich Berechtigten des Kontos erst auf Nachfrage und sodann in Listenform erfolgen muss.[230]

IV. Ausblick auf die vereinfachten Sorgfaltspflichten gem. EU-Geldwäsche-Verordnung

466 Von dem Geltungsbeginn der **EU-Geldwäsche-Verordnung** bleibt die vorstehend beschriebene Systematik weitgehend unberührt. Vereinfachte Sorgfaltspflichten können auch weiterhin, dann allerdings nach **Art. 33 Abs. 1 EU-Geldwäsche-Verordnung**, zur Anwendung gebracht werden, wenn die Abwägung bestehender Risikofaktoren, die sich sodann aus den **Anhängen 2 und 3 zur EU-Geldwäsche-Verordnung** ergeben, ein geringes Risiko einer Geschäftsbeziehung oder Transaktion zum Ergebnis hat.

467 Neu hinzutreten wird allerdings gem. **Art. 33 Abs. 1 Buchst. a) EU-Geldwäsche-Verordnung** eine Möglichkeit, die Identifizierung des Vertragspartners im Falle eines geringen Risikos bis zu 60 Tage **nach der Begründung der Geschäftsbeziehung** durchzuführen, soweit ein solcher Aufschub gerechtfertigt ist. Hierfür ausweislich der Norm erforderliche **Rechtfertigungsgründe** sind im Gesetz jedoch bisher nicht ersichtlich, weshalb abzuwarten bleibt, ob die AMLA noch eine Einordnung des Begriffes vornimmt,

229 BaFin AuA zum GwG AT (03/2025), S. 71, Ziff. 6.2.
230 BaFin AuA BT KI, S. 20 Ziff. 7.2.1.

oder es der Praxis überlassen bleibt, potenzielle Rechtfertigungsgründe herauszuarbeiten.

468 Zudem dürfen Verpflichtete gem. **Art. 33 Abs. 1 Buchst. c) EU-Geldwäsche-Verordnung** im Rahmen der Anwendung vereinfachter Sorgfaltsmaßnahmen den Umfang der eingeholten Informationen zur **Art und zum Zweck** der Geschäftsbeziehung reduzieren. Vor dem Hintergrund, dass sich Art und Zweck einer Geschäftsbeziehung jedoch de lege lata zumeist bereits unmittelbar aus dem Produkt oder der Dienstleistung der Verpflichteten ergeben und eine weitere Nachforschung deshalb obsolet ist, stellt diese Neuerung, zumindest für von der BaFin beaufsichtigte Verpflichtete, keine praktische Erleichterung dar.

469 In der **Gesamtschau** sind die Neuerungen mit der EU-Geldwäsche-Verordnung in Hinblick auf vereinfachte Sorgfaltspflichten mithin überschaubar und werden für die Verpflichteten weder nennenswerte erweiterte Anwendungsgebiete noch einen Anpassungsbedarf schaffen.

D. Verstärkte Sorgfaltspflichten (§ 15 GwG/Anlage 2 zum GwG) – Risikobasierter Ansatz

I. Grundsätzliches

470 Stellen Verpflichtete in Hinblick auf eine Geschäftsbeziehung oder Transaktion ein **hohes Geldwäsche- oder Terrorismusfinanzierungsrisiko** fest, muss diesen mit der Erfüllung **verstärkter Sorgfaltspflichten** entgegengetreten werden. Insofern ist in verstärkten Sorgfaltspflichten nach **§ 15 GwG** das Pendant zu vereinfachten Sorgfaltsmaßnahmen zu sehen, deren **Anwendung** allerdings, im Gegensatz zur fakultativen Anwendbarkeit vereinfachter Verfahren nach § 14 GwG bei einem geringen Risiko, **obligatorisch** ist.

471 Ein weiterer Unterschied zu den vereinfachten Sorgfaltspflichten ergibt sich daraus, dass die verstärkten Sorgfaltsmaßnahmen die allgemeinen Sorgfaltspflichten weder modifizieren noch ersetzen, sondern ausnahmslos zum Pflichtenkanon des § 10 Abs. 1 GwG **hinzutreten**, also zusätzlich zu erfüllen sind.

II. Risikobewertung zur Feststellung eines hohen Risikos

472 Die Ermittlung eines einer Geschäftsbeziehung oder Transaktion inhärenten höheren Geldwäsche- oder Terrorismusfinanzierungsrisikos und damit einer Pflicht zur Erfüllung verstärkter Sorgfaltspflichten erfolgt grundsätzlich im Rahmen der **Risikobewertung** nach § 10 Abs. 2 GwG.

473 Die bei der **Risikobewertung** zwingend einzubeziehenden **Anhaltspunkte** für ein höheres Risiko ergeben sich zunächst aus der kataloghaften jedoch nicht abschlie-

ßenden Auflistung von „**Faktoren für ein potenziell höheres Risiko**" in **Anlage 2 zum GwG**:

1. **Faktoren bezüglich des Kundenrisikos:**
   a) außergewöhnliche Umstände der Geschäftsbeziehung,
   b) Kunden, die in geografischen Gebieten mit hohem Risiko gemäß Nummer 3 ansässig sind,
   c) juristische Personen oder Rechtsvereinbarungen, die als Instrumente für die private Vermögensverwaltung dienen,
   d) Unternehmen mit nominellen Anteilseignern oder als Inhaberpapieren emittierten Aktien,
   e) bargeldintensive Unternehmen,
   f) angesichts der Art der Geschäftstätigkeit als ungewöhnlich oder übermäßig kompliziert erscheinende Eigentumsstruktur des Unternehmens,
   g) der Kunde ist ein Drittstaatsangehöriger, der Aufenthaltsrechte oder die Staatsbürgerschaft eines Mitgliedstaats im Austausch gegen die Übertragung von Kapital, den Kauf von Immobilien oder Staatsanleihen oder Investitionen in Gesellschaften in diesem Mitgliedstaat beantragt.
2. **Faktoren bezüglich des Produkt-, Dienstleistungs-, Transaktions- oder Vertriebskanalrisikos:**
   a) Betreuung vermögender Privatkunden,
   b) Produkte oder Transaktionen, die Anonymität begünstigen könnten,
   c) Geschäftsbeziehungen oder Transaktionen ohne persönliche Kontakte und ohne bestimmte Sicherungsmaßnahmen wie elektronische Mittel für die Identitätsfeststellung, einschlägige Vertrauensdienste gemäß der Definition in der Verordnung (EU) Nr. 910/2014 oder andere von den einschlägigen nationalen Behörden regulierte, anerkannte, gebilligte oder akzeptierte sichere Verfahren zur Identifizierung aus der Ferne oder auf elektronischem Weg,
   d) Eingang von Zahlungen unbekannter oder nicht verbundener Dritter,
   e) neue Produkte und neue Geschäftsmodelle einschließlich neuer Vertriebsmechanismen sowie Nutzung neuer oder in der Entwicklung begriffener Technologien für neue oder bereits bestehende Produkte,
   f) Transaktionen in Bezug auf Öl, Waffen, Edelmetalle, Tabakerzeugnisse, Kulturgüter und andere Artikel von archäologischer, historischer, kultureller oder religiöser Bedeutung oder von außergewöhnlichem wissenschaftlichem Wert sowie Elfenbein und geschützte Arten.
3. **Faktoren bezüglich des geografischen Risikos – Registrierung, Niederlassung, Wohnsitz in:**
   a) unbeschadet des Artikels 9 der Richtlinie (EU) 2015/849 ermittelte Länder, deren Finanzsysteme laut glaubwürdigen Quellen (z. B. gegenseitige Evaluierungen, detaillierte Bewertungsberichte oder veröffentlichte Follow-up-Berichte) nicht über hinreichende Systeme zur Verhinderung, Aufdeckung und Bekämpfung von Geldwäsche und Terrorismusfinanzierung verfügen,

b) Drittstaaten, in denen Korruption oder andere kriminelle Tätigkeiten laut glaubwürdigen Quellen signifikant stark ausgeprägt sind,
c) Staaten, gegen die beispielsweise die Europäische Union oder die Vereinten Nationen Sanktionen, Embargos oder ähnliche Maßnahmen verhängt hat/haben,
d) Staaten, die terroristische Aktivitäten finanziell oder anderweitig unterstützen oder in denen bekannte terroristische Organisationen aktiv sind.

474 Bereits der Bezeichnung der Anlage 2[231] lässt sich entnehmen, dass die aufgelisteten Faktoren lediglich Anhaltspunkte für ein höheres Risiko darstellen. Maßgeblich für die Feststellung, ob mit der Geschäftsbeziehung tatsächlich ein hohes Geldwäsche- oder Terrorismusfinanzierungsrisiko einhergeht oder dies zumindest angenommen werden muss, ist einmal mehr die **Risikobewertung** des Verpflichteten i.S.v. § 10 Abs. 2 GwG, die sich aus einer **Gesamtschau** aller bei der Risikobewertung einzubeziehenden Faktoren ergibt.[232]

475 Da es an dem Verpflichteten ist, die **Gewichtung** individuell festzusetzen, die einzelnen Faktoren im Rahmen der **Risikobewertung** zugesprochen wird,[233] muss auch bei Vorliegen ausgewählter Attribute der Anlage 2 in einer Geschäftsbeziehung oder Transaktion, nicht zwingend ein höheres Geldwäscherisiko angenommen werden. Insofern können einer zu bewertenden Geschäftsbeziehung oder Transaktion einzelne in der Anlage 2 genannte Hochrisikofaktoren anhaften, ohne insgesamt die Annahme eines hohen Risikos und damit die Pflicht zur Erfüllung verstärkter Sorgfaltspflichten zu begründen.

! Hinweis

Wenngleich dies in der Anlage 2 nicht benannt wird, sollte in die Risikobewertung stets auch der Erfahrungswert des Verpflichteten als Indikator einbezogen werden. Erfahrungswerte können aus verschiedenen Quellen resultieren. Denkbar ist es etwa, dass im Zuge der Durchführung der Risikoanalyse eine besondere Eignung von Produkten oder in Hinblick auf Kundengruppen eine außergewöhnliche Affinität für Geldwäsche oder Terrorismusfinanzierung festgestellt wird. Ebenso sollte bei der Risikobewertung Berücksichtigung finden, wenn Verpflichtete im Zusammenhang mit ihren Kunden, von ihnen angebotenen Produkten oder mit bestimmten Ländern eine übermäßige Häufung von Auffälligkeiten feststellen, die zu Meldungen an die FIU nach § 43 Abs. 1 GwG führen.

---

476 **Weitere Faktoren** die auf ein höheres Risiko hindeuten und dementsprechend in der Risikobewertung des Verpflichteten zu berücksichtigen sind, lassen sich insbesondere den „EBA Leitlinien zu den Risikofaktoren für Geldwäsche und Terrorismusfinanzierung“[234]

231 Faktoren für ein „potenziell“ höheres Risiko.
232 Zentes/Glaab/*Sonnenberg* GwG § 10 Rn. 105; *Krais*, CCZ 2015, 251, 253.
233 Herzog/*Figura* GwG § 10 Rn. 42.
234 EBA/GL/2021/02.

sowie der nationalen Risikoanalyse[235] und der subnationalen Risikoanalyse[236] entnehmen.

III. Fälle eines unwiderlegbar hohen Risikos nach § 15 Abs. 3 GwG

1. Verhältnis von § 15 Abs. 3 GwG zur Risikobewertung

Eine Abwägung von risikoerhöhenden und risikomindernden Faktoren im Rahmen 477
einer Risikobewertung nach § 10 Abs. 2 GwG ist jedoch nur insoweit erforderlich und zulässig, wie die Geschäftsbeziehung oder Transaktion nicht bereits aufgrund der in **§ 15 Abs. 3 GwG** genannten **Tatbestände** unwiderlegbar einem **hohen Risiko** unterliegt. In § 15 Abs. 3 GwG sind vier **Fallkonstellationen** aufgelistet, bei deren Vorliegen für den Verpflichteten aufgrund der gesetzlichen Vermutung eines hohen Risikos **kein Ermessensspielraum** hinsichtlich der Risikoeinstufung besteht und stets verstärkte Sorgfaltspflichten einzuhalten sind.

2. Politisch exponierte Personen als Auslöser der Pflicht zur Anwendung verstärkter Sorgfaltsmaßnahmen gem. § 15 Abs. 3 Nr. 1 GwG

Der in **§ 15 Abs. 3 Nr. 1 GwG** beschriebene erste Fall betrifft **politisch exponierte Per-** 478
sonen. Die Bestimmung einer politisch exponierten Person wird in **Ziffer VII** beschrieben.

3. Bezug zu einem Risikostaat als Auslöser der Pflicht zur Anwendung verstärkter Sorgfaltspflichten gem. § 15 Abs. 3 Nr. 2 GwG

Der 2. Fall eines zwingend anzunehmenden hohen Risikos ist in § 15 Abs. 3 Nr. 2 GwG 479
beschrieben und liegt demnach vor, wenn eine Geschäftsbeziehung oder Transaktion einen Bezug zu einem **Risikostaat** aufweist.

Unter „**Risikostaaten**" sind Länder zu verstehen, die gemäß Delegierte Verord- 480
nung[237] der Europäischen Kommission, aufgrund festgestellter oder angenommener **Defizite** in der Effektivität und Effizienz bei der Bekämpfung von Geldwäsche und/oder Terrorismusfinanzierung, als **Hochrisikoländer** eingestuft werden.

Die ggfs. darüber hinaus von der **FATF** als „**high-risk-jurisdictions**" geführten 481
Staaten werden ausweislich des Wortlautes von § 15 Abs. 3 Nr. 2 GwG nicht erfasst.

---

235 Erste Nationale Risikoanalyse – Bekämpfung von Geldwäsche und Terrorismusfinanzierung 2018/2019, BMF 50300.

236 Subnationale Risikoanalyse 2021/2022 der BaFin.

237 Delegierte Verordnung (EU) 2016/1675 der Kommission vom 14. Juli 2016 zur Ergänzung der Richtlinie (EU) 2015/849 des Europäischen Parlaments und des Rates durch Ermittlung von Drittländern mit hohem Risiko, die strategische Mängel aufweisen.

Die Vorschrift referenziert ausschließlich auf solche Länder, die von der Europäischen Kommission als Risikostaaten eingestuft werden. Insofern sind bei einem festgestellten Bezug einer Geschäftsbeziehung oder Transaktion zu einer „high-risk-jurisdiction" gem. FATF-Liste grundsätzlich auch **nicht zwingend verstärkte Sorgfaltspflichten** anzuwenden, soweit diese nicht zugleich von der Europäischen Kommission als **Risikostaat** eingestuft wurde.

482 Eine Ausnahme hiervon gilt in Bezug auf solche von der FATF als „high-risk-jurisdictions" eingestuften Länder, gegenüber denen die zuständigen nationalen Aufsichtsbehörden nach Maßgabe von **§ 15 Abs. 8 GwG** die Anwendung verstärkter Sorgfaltspflichten anordnen.[238]

483 Die Verpflichtung nach **§ 15 Abs. 3 Nr. 2 GwG** zur Anwendung verstärkter Sorgfaltspflichten bedingt darüber hinaus einen **„Bezug"** einer Geschäftsbeziehung oder Transaktion zu einem solchen Hochrisikostaat. Ein **„Bezug"** ist gegeben, wenn ein Risikostaat selbst oder eine natürliche oder juristische Person, die ihren **(Wohn-)Sitz** einem solchen Staat hat, an einer Geschäftsbeziehung oder Transaktion beteiligt ist.[239] Verfügt ein Vertragspartner also etwa über einen Wohnsitz in einem Staat, der auf der Risikoländerliste der europäischen Kommission geführt ist, weist die Geschäftsbeziehung einen Bezug zu einem **Risikostaat** auf und ist nach § 15 Abs. 3 Nr. 2 GwG mit **verstärkten Sorgfaltspflichten** zu belegen.

4. Auffällige Transaktionen als Auslöser der Pflicht zur Anwendung verstärkter Sorgfaltsmaßnahmen gem. § 15 Abs. 3 Nr. 3 GwG

484 Der **dritte Fall** einer unabdingbaren Pflicht zur Anwendung verstärkter Sorgfaltspflichten ergibt sich aus **§ 15 Abs. 3 Nr. 3 GwG**. Danach ist zwingend von einem hohen Risiko auszugehen, wenn eine **Transaktion** im Vergleich zu ähnlich gearteten Fällen **„suspekt"** erscheint.

485 Wann eine Transaktion als **„suspekt"** einzustufen ist, bestimmt sich vornehmlich nach den in § 15 Abs. 3 Nr. 3 GwG aufgeführten Anhaltspunkten, wonach dies jedenfalls dann anzunehmen ist, wenn eine Transaktion durch eine besondere **Komplexität** oder **Größe, ein ungewöhnliches Transaktionsmuster** oder das **Fehlen eines offensichtlichen wirtschaftlichen** oder **rechtlichen Zweckes auffällt.** Bei der Beurteilung, ob eine Transaktion auffällig ist, soll ausweislich des Wortlautes des § 15 Abs. 3 Nr. 3 GwG ein **„Vergleich zu ähnlichen Fällen"** vorgenommen werden. Was **„ähnliche Fälle"** sind, lässt der Gesetzgeber jedoch offen.

486 Gleiches gilt für die unbestimmten Termini **„besonders komplex"** und **„ungewöhnlich groß"**, die weder im Gesetz noch in der aufsichtlichen Auslegung präzisiert werden. Insofern ist es den Verpflichteten überlassen, intern eine Vergleichsgruppe und

238 BeckOK GwG/*Gabriel*, 20. Ed. 1.12.2024, GwG § 15 Rn. 19 f.
239 BeckOK GwG/*Gabriel*, 20. Ed. 1.12.2024, GwG § 15 Rn. 23.

einen Maßstab für eine besondere Komplexität und Größe einer Transaktion festzusetzen. Denkbar ist wohl ein Vergleich der Höhe nach mit zurückliegenden **Transaktionen** des gleichen Vertragspartners. Alternativ kann auch ein Abgleich mit Vermögensbewegungen abweichender jedoch in derselben Branche tätiger Kontrahenten in Erwägung gezogen werden.

Unter welchen Voraussetzungen ein „**ungewöhnliches Transaktionsmuster**" 487
angenommen werden muss, wie es in **§ 15 Abs. 3 Nr. 3 Buchst. b) GwG** als Kriterium für eine **suspekte Transaktion** aufgeführt ist, lässt sich dem Gesetz ebenfalls nicht entnehmen. Demzufolge obliegt es auch hier wieder dem Verpflichteten, **Anhaltspunkte** für ein ungewöhnliches Transaktionsmuster **festzulegen**, wobei zumindest grob unwirtschaftliche Vermögensbewegungen, also etwa das Inkaufnehmen des Vertragspartners von unnötigen Gebühren oder eine Nutzung von Intermediären ohne erkennbaren Zweck, ein solches indizieren sollten.[240]

Fernab einer praktischen Umsetzbarkeit, zumindest bei einer streng am gesetz- 488
geberischen Wortlaut orientierten Auslegung, ist der Vorgang des **§ 15 Abs. 3 Nr. 3 Buchst. c) GwG**, wonach verstärkte Sorgfaltspflichten anzuwenden sind, wenn eine Transaktion „**keinen offensichtlichen wirtschaftlichen oder rechtmäßigen Zweck**" erkennen lässt.

Aufgrund der geforderten „**Offenkundigkeit**" müsste sich Verpflichteten bei jeder 489
von ihnen durchgeführten Transaktion dessen Wirtschaftlichkeit und Rechtmäßigkeit aus der Geschäftsbeziehung oder dem Vorgang selbst erschließen. Andernfalls wäre nach Maßgabe des § 15 Abs. 3 Nr. 3 GwG die Ergreifung verstärkter Sorgfaltspflichten angezeigt.

Davon abgesehen, dass eine solche „**Offenkundigkeit**" bei einem überwiegenden 490
Teil aller Transaktionen nicht gegeben sein wird, wäre selbst bei der Annahme, etwa der Verwendungszweck eines Überweisungseingangs gäbe Auskunft über die wirtschaftlichen Beweggründe einer Transaktion, bspw. über den Eingang von Gehalt oder Lohn, die **Rechtmäßigkeit** der Zahlung weiterhin unbelegt. Diese könnte erst mit einem entsprechenden Nachweis, im vorgebrachten Fallbeispiel etwa ein Arbeitsvertrag oder eine Gehaltsabrechnung, bewertet werden.

Bei strenger Auslegung und Anwendung der Vorschrift müssten somit weite Teile der 491
durchgeführten Transaktion aufgrund einer **fehlenden Offenkundigkeit der Rechtmäßigkeit** zunächst ausgesteuert und als suspekt gekennzeichnet werden. Die abschließende Beurteilung der Rechtmäßigkeit einer bereits als ungewöhnlich gekennzeichneten Transaktion bedürfte dann eines konkreten **Nachweises**.

Es ist fraglich, wie Verpflichtete derartige Transaktionen auf anderem Weg als der 492
weitgehenden Aussteuerung von Vorgängen zur manuellen Prüfung, überhaupt **erkennen** sollten.

---

240 BeckOK GwG/*Gabriel*, 20. Ed. 1.12.2024, GwG § 15 Rn. 33.

493 Moderne **Screening- und Monitoring-Systeme**, über die, in Ermangelung einer allgemeingültigen Pflicht zum Führen eines solchen Systems, nicht alle Verpflichteten verfügen, arbeiten in der Regel auf der Grundlage von festgelegten **Typologien und Indizien**. Es ist in der Praxis unmöglich, schon vor dem Hintergrund der Vielzahl von Geschäftsbeziehungen und Transaktionen, die von Verpflichteten unterhalten bzw. durchgeführt werden, diese Typologien und Indizien auf Ebene einzelner Geschäftsbeziehungen derart zu individualisieren, dass die dahinterliegenden Monitoring-Systeme Vertragspartner-spezifische Transaktionen ohne offenkundigen wirtschaftlichen oder rechtmäßigen Zweck herausstellen können.

494 Zum einen würde dieses Vorhaben bereits daran scheitern, dass unklar wäre, anhand welcher konkreten **Anknüpfungspunkte** oder Daten das Monitoring-System „offenkundig unwirtschaftliche oder unrechtmäßige Transaktionen" erkennen sollte. Wie bereits vorangestellt beschrieben, gibt auch etwa ein Verwendungszweck nur bedingt Auskunft über die Rechtmäßigkeit einer Vermögensbewegung, weshalb unklar ist, welche Daten im Rahmen einer Transaktion zur systemgestützten Bewertung verwendet werden könnten.

495 Zum anderen müsste ein **Monitoring-System** darüber hinaus in der Lage sein, einen **Vergleich** mit **ähnlichen** (vom Verpflichteten zu definierenden) **Fällen** und auf dieser Grundlage eine Beurteilung darüber durchzuführen, ob sich die Wirtschaftlichkeit und Rechtmäßigkeit aus dem Vorgang ergibt, was selbst modernste Anwendungen nicht zu leisten vermögen.

496 Da es nicht im **Interesse** des **Gesetzgebers** gelegen haben kann, dass der reibungslose Ablauf des Zahlungsverkehrs durch ein uferloses Anhalten von Transaktionen zur Bestimmung von dessen Rechtmäßigkeit beeinträchtigt wird, beschränkt sich die Anwendbarkeit von **§ 15 Abs. 3 Nr. 3 GwG** in der **Praxis** auf solche Transaktionen, die vom Monitoring-System anhand von Typologien und Indizien als untypisch eingestuft und zur manuellen Prüfung ausgesteuert werden.

497 Es ist denkbar, dass der Gesetzgeber mit § 15 Abs. 3 Nr. 3 Buchst. c) GwG gerade auf ein derartiges **Vorgehen** der Verpflichteten abgezielt hat. Soweit dies jedoch sein Ansinnen gewesen sein sollte, hätte die Vorschrift, insbesondere in Hinblick auf die erforderliche „offenkundige Rechtmäßigkeit" einer Transaktion, präziser formuliert bzw. in ihrer Reichweite deutlich eingeschränkt werden müssen. In der aktuellen Form ist § 15 Abs. 3 Nr. 3 Buchst. c) GwG jedenfalls eine Vorschrift, die in der Praxis nicht zielgerichtet umzusetzen ist.

5. Korrespondenzbeziehungen als Auslöser der Pflicht zur Anwendung verstärkter Sorgfaltspflichten gem. § 15 Abs. 3 Nr. 4 GwG

Abschließend findet sich in **§ 15 Abs. 3 Nr. 4 GwG** ein letzter **Anwendungsfall**, der jedoch nur Verpflichtete nach § 2 Abs. 1 Nr. 1 bis 3 GwG[241] und § 2 Nr. 6 bis 8 GwG[242] betrifft, soweit diese **grenzüberschreitende Korrespondenzbeziehung** mit Respondenten mit Sitz in einem Drittstaat oder, vorbehaltlich einer Beurteilung durch die Verpflichteten als erhöhtes Risiko, in einem Staat des Europäischen Wirtschaftsraums unterhalten. 498

IV. Folgen eines festgestellten hohen Risikos

In allen vorgenannten Fällen, bei solchen, bei denen der Verpflichtete aufgrund eigener Erfahrungswerte mit bestimmten Personengruppen oder Produktarten von einem hohen Risiko ausgehen muss oder wenn der Verpflichtete von einer konkreten Gefährdung durch Geldwäsche oder Terrorismusfinanzierung ausgeht und eine Meldung an die FIU nach § 43 Abs. 1 GwG abgesetzt hat, sind **verstärkte Sorgfaltspflichten** anzuwenden. 499

Welche **Maßnahmen im Einzelnen** zur Anwendung zu bringen sind, ergibt sich für jeden der in § 15 Abs. 3 GwG genannten Sachverhalte aus **§ 15 Abs. 4 bis 7 GwG**, wobei das **Mindestmaß** stets die Pflicht zur **verstärkten Überwachung** der Geschäftsbeziehung ist. Dies bedeutet, dass eine Geschäftsbeziehung mit hohem Risiko **ununterbrochen** auf deren Gefährdung zum Zweck einer Geldwäsche oder Terrorismusfinanzierung missbraucht zu werden, **überwacht** werden muss. 500

Weitere verstärkte Sorgfaltspflichten bestehen für die jeweiligen Verpflichteten aus **§ 25k KWG** sowie aus **§ 54 VAG**, soweit diese auch nach diesen Gesetzen dort Verpflichtete sind. 501

Kann ein Verpflichteter den verstärkten Sorgfaltspflichten **nicht** nachkommen, gilt für diesen nach **§ 15 Abs. 9 GwG** die Pflicht zur **Beendigung**, Nicht-Begründung und Nichtdurchführung des **§ 10 Abs. 9 GwG** zu beachten. 502

V. Ausblick auf die verstärkten Sorgfaltspflichten gem. der EU-Geldwäsche-Verordnung

Ein Blick in den Regelungskreis der **EU-Geldwäsche-Verordnung** lässt keine Änderungen im Vergleich zur bisherigen Systematik erkennen. Stellt ein Verpflichteter unter Berücksichtigung der nunmehr in **Anhang 3** der EU-Geldwäsche-Verordnung aufge- 503

241 Kreditinstitute, Finanzdienstleistungsinstitute und Zahlungsinstitute.

242 Finanzunternehmen, Versicherungsunternehmen und Versicherungsvermittler.

führten **„Faktoren für ein potenziell höheres Risiko"** im Rahmen seiner Risikobewertung ein hohes Geldwäsche und/oder Terrorismusfinanzierungsrisiko fest, oder haften der betrachteten Geschäftsbeziehung oder Transaktion Faktoren an, die aufgrund gesetzlicher Vermutung unwiderlegbar zu einem hohen Risiko führen, besteht nach **Art. 34 Abs. 1 EU-Geldwäsche-Verordnung** die Pflicht zur Erfüllung **verstärkter Sorgfaltspflichten**.

504 **Änderungen** ergeben sich jedoch in Hinblick auf die Faktoren, die zu einem hohen Risiko führen. **Über** die bereits in **§ 15 Abs. 3 GwG** benannten Hochrisikofaktoren

- einer PEP-Eigenschaft (Art. 42 EU-Geldwäsche-Verordnung),
- eines Bezuges zu einem Risikostaat (Art. 29ff. EU-Geldwäsche-Verordnung),
- einer suspekten Transaktion (Art. 34 Abs. 2 EU-Geldwäsche-Verordnung), und
- einer grenzüberschreitenden Korrespondenzbankbeziehung (Art. 36 und 38 EU-Geldwäsche-Verordnung)

hinaus werden vom europäischen Gesetzgeber nachfolgende **Faktoren** ausgewiesen, bei deren Vorliegen die Annahme eines hohen Risikos **unwiderlegbar** und die Anwendung verstärkter Sorgfaltsmaßnahmen auf eine Geschäftsbeziehung oder Transaktion zwingend ist:

1. Korrespondenzbeziehungen in deren Rahmen Krypto-Dienstleistungen ausgeführt werden (Art. 37 EU-Geldwäsche-Verordnung),[243]
2. (Kryptowerte-)Transfers mit selbst gehosteten Adressen (Art. 40),[244]
3. Antragsstellende, die Aufenthaltsrechte in der EU anstreben und im Gegenzug Investitionen anbieten (Art. 41 EU-Geldwäsche-Verordnung).

505 Ebenso einer **Änderung** unterzogen, respektive im Vergleich zur Anlage 2 zum GwG um **weitere Anhaltspunkte** ergänzt, wurden die bei der Risikobewertung zu berücksichtigenden, jedoch nicht unwiderlegbar zu einem hohen Risiko führenden Faktoren des **Anhang 3 der EU-Geldwäsche-Verordnung**.

506 Hierbei wurden zum einen (nur) teilweise die bereits **unwiderlegbar** zu einem hohen Risiko führenden Faktoren in die **kataloghafte Aufzählung** mit aufgenommen, was sich in Hinblick auf die Systematik der EU-Geldwäsche-Verordnung jedoch nicht erschließt, da deren Einbeziehung in eine Risikobewertung aufgrund der gesetzlichen Vermutung eines hohen Risikos ohnehin nicht mehr erforderlich sein dürfte.

507 Zudem enthalten die **geografischen Faktoren** für ein potenziell höheres Risiko nun mehr Anknüpfungspunkte und einen expliziten Bezug zur **FATF-Einschätzung**.

508 Zum anderen, und dies bedarf dringend einer spezifischen Einordnung durch die AMLA, wurde unter **Anhang 3 Abs. 2 Buchst. a) der EU-Geldwäsche-Verordnung „Banken mit Privatkundengeschäft"** als **Hochrisikofaktor** aufgenommen, was, soweit

243 Gilt nur für solche Verpflichtete, die auch Krypto-Dienstleistungen anbieten, vgl. Art. 3 Nr. 3 EU-Geldwäsche-Verordnung.

244 Gilt nur für solche Verpflichtete, die auch Krypto-Dienstleistungen anbieten, vgl. Art. 3 Nr. 3 EU-Geldwäsche-Verordnung.

dies nicht näher spezifiziert wird, erhebliche negative Auswirkungen auf die Risikobewertungen im **Interbankenverkehr** haben könnte. Damit würden viele **Kreditinstitute** bereits aufgrund ihrer Kernfunktion, der Bereitstellung von Bankdienstleistungen für Privatkunden, einen **Hochrisikofaktor** aufweisen, der zwar in der Gesamtschau der **Risikobewertung** mit anderen auch risikomindernden Faktoren ins Verhältnis gesetzt werden müsste. Aufgrund der **Systematik** der Ermittlung von Risikoeinstufungen könnten diese Kreditinstitute jedoch trotz der hohen Regulierungsstandards und Transparenzpflichten, denen sie unterliegen, niemals den **vereinfachten Sorgfaltspflichten** unterworfen werden. Es bleibt deshalb zu hoffen, dass die AMLA den Risikofaktor im Rahmen ihrer technischen Regulierungsstandards auf bestimmte Fallgruppen, etwa dem englischen „Private Banking" entsprechend auf vermögende Privatkunden, eingrenzt.

Liegt einer der vorgenannten Risikofaktoren in einer Geschäftsbeziehung oder **509**
einer Transaktion vor, sind diesen unverändert der jeweiligen Risikosituation entsprechende **verstärkte Sorgfaltsmaßnahmen** entgegenzusetzen.

Die individuell zur Anwendung zu bringenden **Sorgfaltsmaßnahmen** ergeben **510**
dabei in der Gesamtschau ein weitgehend bereits aus § 15 Abs. 4 bis 7 GwG bekanntes Bild ohne tiefgreifende Neuerungen. Maßgeblich sind weiterhin etwa die **Einholung weiterer Informationen** und (nun nicht mehr der Zustimmung, sondern) des **Einverständnisses**[245] der **Führungsebene** sowie eine **verstärkte Überwachung**.

Welche **Sorgfaltsmaßnahmen** im Einzelnen anlässlich der jeweiligen risikoerhö- **511**
henden Parameter anzuwenden sind, ist den vorgenannten Vorschriften der EU-Geldwäsche-Verordnung zu den Risikofaktoren zu entnehmen.

E. Einschaltung zuverlässiger Dritter nach § 17 GwG

I. Grundsätzliches

Der Gesetzgeber eröffnet Verpflichteten in § 17 GwG die Möglichkeit, **zuverlässige** **512**
Dritte mit der Erfüllung der ihnen obliegenden allgemeinen Sorgfaltspflichten zu beauftragen („**Auslagerung**" oder „**Outsourcing**"). Auslagerungsfähig sind grundsätzlich alle **allgemeinen**, nicht jedoch verstärkten **Sorgfaltspflichten**. Voraussetzung hierfür ist, dass der Dritte als „zuverlässig" eingestuft wird.

Der Gesetzgeber unterscheidet in § 17 GwG zwischen zwei **Arten zuverlässiger** **513**
Dritter:
- Gesetzlich zuverlässige Dritte (§ 17 Abs. 1 GwG) und
- vertraglich zuverlässige Dritte (§ 17 Abs. 5 GwG).

245 Aktuell ist nicht davon auszugehen, dass mit der Pflicht zur Einholung des Einverständnisses im Vergleich zur etwa in § 15 Abs. 4 Nr. 1 GwG geforderten Einholung einer Zustimmung eine Änderung einhergeht. Sowohl das Einverständnis als auch die Zustimmung müssen vor der Begründung bzw. Fortführung einer Geschäftsbeziehung oder vor der Durchführung einer Transaktion eingeholt werden.

514 Die **Differenzierung** ist wichtig, da der Verpflichtete bei der Auswahl von **vertraglich** zuverlässigen Dritten zur Übernahme von bestimmten allgemeinen Sorgfaltspflichten Bedingungen erfüllen muss, die es bei einer Auslagerung an **gesetzlich** zuverlässige Dritte nicht zu beachten gilt. Dies umfasst etwa eine vorab durchzuführende **Zuverlässigkeitsprüfung** und die Durchführung regelmäßiger **Stichprobenkontrollen** im Rahmen der bestehenden Auslagerung.

Ausblick auf die EU-Geldwäsche-Verordnung

Mit dem Geltungsbeginn der **EU-Geldwäsche-Verordnung** erfolgt unverändert eine Unterscheidung zwischen gesetzlich und vertraglich zuverlässigen Dritten. Die Auslagerung von Sorgfaltsmaßnahmen an einen gesetzlich zuverlässigen Dritten, also an einen Dritten, der selbst Verpflichteter nach Art. 3 EU-Geldwäscheverordnung ist, richtet sich dabei nach Art. 48f. EU-Geldwäsche-Verordnung und setzt fortan eine schriftliche Vereinbarung zwischen den Verpflichteten voraus, in der die erforderliche Informationsübermittlung zwischen den Beteiligten geregelt ist. Dies gilt gem. Art. 49 Abs. 5 EU-Geldwäsche-Verordnung jedoch nur insoweit, wie die Verpflichteten nicht derselben Gruppe angehören.

Damit ähnelt die für Auslagerungen an gesetzlich zuverlässige Dritte geltende Anforderung mit dem Geltungsbeginn der Verordnung dem bereits aus § 17 Abs. 5 GwG bekannten und gem. Art. 18 Abs. 4 EU-Geldwäsche-Verordnung fortbestehenden Erfordernis, dass bei der Inanspruchnahme eines sonstigen nicht-verpflichteten Dritten ein **Auslagerungsvertrag** zwischen den Parteien geschlossen werden muss, in dem die wesentlichen Bedingungen der auszuführenden Aufgaben festgehalten sind.

Eine weitere Veränderung ergibt sich ferner aus **Art. 18 Abs. 3 S. 2 EU-Geldwäsche-Verordnung**, wonach die Erfüllung ausgewählter dem Verpflichteten obliegender Sorgfaltsmaßnahmen nicht (mehr) im Wege der vertraglichen Auslagerung an Dritte übertragen werden darf. Unter keinen Umständen auslagerungsfähig sind demgemäß:

- die Billigung der Risikoanalyse,
- die Billigung interner Strategien, Verfahren und Kontrollen,
- die Entscheidung über die Risikoeinstufung eines Kunden (Risikobewertung),
- die Entscheidung über die Fortführung einer Geschäftsbeziehung oder Durchführung einer Transaktion (insbesondere wohl im Zuge einer Meldung an die FIU), und
- die Meldung einer auffälligen Geschäftsbeziehung oder Transaktion an die FIU.

Eine ähnlich geartete Einschränkung besteht, zumindest ausweislich des Wortlautes des Art. 48 Abs. 1 S. 1 EU-Geldwäsche-Verordnung, auch für eine Auslagerung von Sorgfaltsmaßnahmen auf gesetzlich zuverlässige Dritte. Entsprechend dem Wortlaut der Vorschrift dürfen Verpflichtete die in Art. 20 Abs. 1 Buchst. a) bis c) EU-Geldwäsche-Verordnung benannten Sorgfaltsmaßnahmen von anderen Verpflichteten ausführen lassen, wohingegen die weiteren in den Art. 20 Abs. 1 lit d) bis i) EU-Geldwäsche-Verordnung aufgeführten Sorgfaltsmaßnahmen keine Erwähnung finden. Damit würde die Reichweite der Auslagerung nach Art. 48 Abs. 1 EU-Geldwäscheverordnung auf

- die Identifizierung des Kunden (Art. 20 Abs. 1 Buchst. a) EU-Geldwäsche-Verordnung),
- die Abklärung und Identifizierung des wirtschaftlichen Eigentümers (Art. 20 Abs. 1 Buchst. b) EU-Geldwäsche-Verordnung), und
- die Bestimmung der Art und des Zweckes der Geschäftsbeziehung (Art. 20 Abs. 1 Buchst. c) EU-Geldwäsche-Verordnung)

beschränkt.

Ob dies der Absicht des Gesetzgebers entspricht oder die fehlende Nennung der weiteren Sorgfaltsmaßnahmen des Art. 20 Abs. 1 EU-Geldwäsche-Verordnung lediglich auf ein redaktionelles Versehen zurückzuführen ist, wird aller Voraussicht nach bis zur Veröffentlichung der Technischen Regulierungsstandards der AMLA unklar bleiben. Diese sollen nach Art. 50 EU-Geldwäsche-Verordnung bis zum 10. Juli 2027 an die Ver-

pflichteten herausgegeben werden und konkretisierende Ausführungen zur Inanspruchnahme anderer Verpflichteter enthalten.
Mit Ausnahme der vorstehend beschriebenen und zwingend zu berücksichtigen Veränderungen sind Auslagerungen jedoch auch im Rahmen der EU-Geldwäsche-Verordnung weitgehend nach denselben Anforderungen möglich, wie sie de lege lata bei einer Beauftragung zuverlässiger Dritter an den Verpflichteten und den Auslagerungsvorgang selbst gestellt werden.

II. Gesetzlich zuverlässige Dritte i.S.d. § 17 Abs. 1 GwG

Wer als **gesetzlich zuverlässig** gilt, richtet sich nach **§ 17 Abs. 1 GwG**. Demnach fallen hierunter andere Verpflichtete i.S.v. § 2 Abs. 1 GwG, unabhängig davon, ob sie im Inland, im EU-Ausland oder innerhalb des EWR ansässig sind. Damit können z.B. **Kreditinstitute**, **Versicherungen** oder **Rechtsanwälte** aber auch **Güterhändler** oder **Immobilienmakler** in jedem Land der EU zur Erfüllung von allgemeinen Sorgfaltspflichten herangezogen werden. 515

Als gesetzlich zuverlässige Dritte sind nach **§ 17 Abs. 1 Nr. 3 GwG** zudem auch **Institute** und **Personen** anzusehen, deren Sitz in einem **Drittstaat**[246] liegt, soweit diese Sorgfaltspflichten und Aufbewahrungspflichten zu beachten haben und in einer Weise beaufsichtigt werden, die mit den Regelungen und Anforderungen der EU-Geldwäscherichtlinie[247] im Einklang steht. 516

Eine Auslagerung von allgemeinen Sorgfaltspflichten auf gesetzlich zuverlässige Dritte in **Risikostaaten** gemäß delegierte Verordnung der Europäischen Kommission ist nach § 17 Abs. 2 GwG dagegen grundsätzlich **ausgeschlossen**. Eine **Ausnahme** hiervon gilt nur, wenn es sich bei dem Auslagerungspartner um eine Zweigstelle oder ein Tochterunternehmen eines in der EU ansässigen Verpflichteten handelt und dieser uneingeschränkt gruppenweite Vorgaben und Strategien, also folglich die europäischen Regelungen zur Verhinderung von Geldwäsche und Terrorismusfinanzierung, einhält. 517

III. Vertraglich zuverlässige Dritte i.S.v. § 17 Abs. 5 GwG

Eine Qualifizierung als zuverlässiger Dritter nach **§ 17 Abs. 5 GwG** erfolgt nicht Kraft Gesetz, sondern durch eine **vertragliche Vereinbarung** zwischen einem Verpflichteten und einem Dritten. Grundsätzlich kann eine **Vereinbarung** über die **Auslagerung** von allgemeinen Sorgfaltspflichten mit jedem Unternehmen und jeder Person getroffen werden. Verpflichtete müssen gem. **§ 17 Abs. 6 Nr. 1 GwG** jedoch sicherstellen, dass die 518

246 Zur Definition des Drittstaates, siehe: § 1 Abs. 17 GwG.
247 RL (EU) 2015/849.

ihnen nach dem GwG und KWG obliegenden und an einen Auslagerungspartner übertragenen Pflichten **zuverlässig** durch den Dritten erfüllt werden.

519 Zu diesem Zweck ist die **Zuverlässigkeit** eines Dritten gem. § 17 Abs. 7 GwG im **Vorfeld** der Auslagerung zu **überprüfen**.

Die Pflicht zur Prüfung der Zuverlässigkeit erschöpft sich jedoch nicht in einer einmaligen Ausführung vor Beginn der Auslagerung, sondern umfasst gem. **§ 17 Abs. 7 S. 2 GwG** auch die Anforderung einer stichprobenhaften **Kontrolle** der Ordnungsmäßigkeit der vom Dritten ergriffenen Maßnahmen im Rahmen des **bestehenden Auslagerungsverhältnisses**.

520 Eine gesetzliche Vorgabe, wie eine initiale oder stichprobenbasierte **Zuverlässigkeitsprüfung** i. S. v. § 17 Abs. 7 GwG zu erfolgen hat, findet sich indes weder im GwG noch an anderer Stelle. Demzufolge besteht für Verpflichtete ein **Gestaltungsspielraum**, die Verfahren und Prozesse zur Überprüfung der Zuverlässigkeit selbst zu bestimmen und inhaltlich auszugestalten. Ein in der Praxis hierfür regelmäßig eingesetztes Instrument ist die jährliche Einholung einer **Erklärung** des Auslagerungspartners über die **Zuverlässigkeit** jener Mitarbeitenden, die er zur Erfüllung der ihm vom Verpflichteten übertragenen Aufgaben einsetzt.

521 Die Einholung einer **Zuverlässigkeitsbestätigung** wird allein jedoch in der Regel nicht den Anforderungen an eine stichprobenhafte Überprüfung der Ordnungsmäßigkeit der Maßnahmen des Dritten genügen. Deshalb empfiehlt es sich für Verpflichtete, in Ergänzung der Zuverlässigkeitserklärung des Dritten, **turnusmäßige Kontrollhandlungen** vorzusehen. Das **Kontrollziel** sowie die Auswahl der **Kontrollelemente** sollten an der ausgelagerten Tätigkeit ausgerichtet sein und verschiedene, für die Beurteilung einer Zuverlässigkeit maßgebliche Faktoren umfassen. Zu denken ist hierbei insbesondere an eine Überprüfung der Arbeitsergebnisse des Auslagerungspartners. Bei einem ausgelagerten **Identifizierungsprozess** bietet es sich demzufolge etwa an, die vollständige und korrekte Erhebung der Daten i. S. v. § 11 GwG sowie die Nutzung eines nach § 12 GwG zulässigen Identifizierungsdokumentes und dessen mit § 8 Abs. 2 GwG im Einklang stehende Ablichtung stichprobenhaft zu kontrollieren.

522 Daneben können aber auch **statistische** oder **inhaltliche** Überprüfungen der **Schulungsaktivität** des Dritten Gegenstand von Kontrollhandlungen und damit zur Erfüllung der Pflicht des § 17 Abs. 7 S. 2 GwG geeignet sein.

523 In der Gesamtschau sollte sich den Verpflichteten aus den angedachten oder durchgeführten **Kontrollen** ein für die Beurteilung der Zuverlässigkeit des Dritten hinreichendes **Bild ergeben**. Reichen die bereits ergriffenen Maßnahmen dazu nicht aus, müssen vom Verpflichteten weitere Schritte zur Erreichung dieses übergeordneten Zieles ergriffen werden. Dies ist nicht zuletzt vor dem Hintergrund des **§ 17 Abs. 1 S. 3 GwG**, wonach die Maßnahmen (also auch **Fehler**) des Dritten stets dem **Verpflichteten zugerechnet** werden, also für den Verpflichteten keine Möglichkeit besteht, sich unter Berufung auf einen Fehler des Dritten zu exkulpieren, auch dringend zu empfehlen.

524 Eine **Ausnahme** von der vorstehend beschriebenen Pflicht zur Überprüfung der Zuverlässigkeit besteht nach § 17 Abs. 8 GwG für **deutsche Auslandsvertretungen** wie

Botschaften und Konsulate, die zwar im Gegensatz zu der früheren Rechtslage **nicht** mehr als „gesetzlich zuverlässige Dritte" gelten und damit „nur" im Rahmen einer vertraglichen Vereinbarung mit den jeweiligen Verpflichteten mit der Erfüllung allgemeiner Sorgfaltspflichten beauftragt werden können. Einer vorherigen Prüfung der Zuverlässigkeit und einer fortwährenden Überwachung mittels Stichproben bedarf es nach § 17 Abs. 8 GwG bei einer Auslagerung von Sorgfaltspflichten auf deutsche Auslandsvertretungen allerdings nicht, da diese bereits auf der Grundlage der geschlossenen Vereinbarung als geeignet anzusehen sind.

Über die pflichtmäßige Gewährleistung einer beeinträchtigungsfreien Erfüllung der Anforderungen des GwG im Rahmen einer Auslagerung hinaus, woraus das vorangestellt beschriebene Erfordernis einer Zuverlässigkeitsprüfung erwächst, ordnet der Gesetzgeber in § 17 Abs. 6 Nr. 2 und 3 GwG an, dass die **Steuerungs- und Kontrollmöglichkeiten** der Geschäftsleitung sowie die **Prüfungs- und Kontrollrechte** der Aufsicht infolge einer Auslagerung nicht eingeschränkt werden dürfen. 525

Insoweit sollten vertragliche Auslagerungsvereinbarungen stets hinreichende **Informations-, Zugangs-, Einsichtnahme- und Kontrollrechte** des Verpflichteten und demgegenüber gleichlautende Pflichten des Dritten vorsehen. 526

IV. Auslagerung der Pflicht zur Identifizierung nach § 17 GwG

Das wohl prominenteste Beispiel für eine **Auslagerung** allgemeiner Sorgfaltspflichten i.S.v. **§ 17 Abs. 1 GwG** ist die Beauftragung eines Dritten mit der **Identifizierung** (potenzieller) Vertragspartner oder handelnder Personen. Machen Verpflichtete von der Möglichkeit zur Beauftragung eines Dritten zum Zwecke der Identifizierung von Vertragspartnern oder handelnden Personen Gebrauch, unabhängig davon, ob es sich bei dem Auslagerungspartner um einen gesetzlich oder vertraglich zuverlässigen Dritten handelt,[248] müssen sie die vom Gesetzgeber in § 17 Abs. 3 und Abs. 3a GwG kataloghaft aufgeführten **Zulässigkeitsvoraussetzungen** beachten. 527

Von dieser Regel kann allerdings **abgewichen** werden, wenn der mit der Identifizierung beauftragte Dritte ein **gruppenangehöriges Unternehmen** ist, das denselben geldwäscherechtlichen Anforderungen unterliegt, wie der auslagernde Verpflichtete. In diesem Fall gelten die Zulässigkeitsvoraussetzungen des **§ 17 Abs. 3 GwG**, **nicht** jedoch des § 17 Abs. 3a GwG, kraft Gesetzes als erfüllt.[249] 528

Handelt es sich bei dem zuverlässigen Dritten nicht um ein gruppenangehöriges Unternehmen, müssen Verpflichtete ausweislich des **§ 17 Abs. 3 S. 1 Nr. 1 GwG** zunächst **sicherzustellen**, dass der Auslagerungspartner die Identifizierung von in Deutschland ansässigen Personen unter Berücksichtigung der Regelungen und **Anforderungen des** 529

248 BeckOK GwG/*Brian*, 20. Ed. 1.12.2024, GwG § 17 Rn. 36.
249 § 17 Abs. 4 GwG.

GwG durchführt. Das heißt, auch im Falle einer Identifizierung durch einen beauftragten Dritten sind die allgemeinen **Anforderungen** der §§ **11ff. GwG zu beachten** und es ist von ihm eine **Kopie des zur Identifizierung verwendeten Dokumentes** nach Maßgabe des § **8 Abs. 2 GwG** zu erstellen.

530 Das zur Erstellung einer Ausweiskopie erforderliche **Recht** ergibt sich grundsätzlich aus **§ 8 Abs. 2 GwG**. Ausweislich des Wortlautes der Vorschrift wird dieses jedoch grundsätzlich nur Verpflichteten i.S.v. § 2 Abs. 1 GwG zugesprochen. Da hierdurch eine Identifizierung durch einen Auslagerungspartner nicht möglich wäre, wird das Recht zur Erstellung von Ausweiskopien zum Zwecke der Identifizierung mit § 17 Abs. 3 S. 3 GwG auf **zuverlässige Dritte** ausgeweitet.

531 Weiterhin sind von dem Dritten nach **§ 17 Abs. 3 S. 1 Nr. 2 GwG** auch jene **Informationen einzuholen**, die zur Durchführung der allgemeinen Sorgfaltspflichten erforderlich sind. Diese sind dem Verpflichteten ausweislich des § 17 Abs. 3 S. 1 Nr. 3 GwG **unmittelbar** und **unverzüglich** zu übermitteln.

532 In Bezug auf eine Identifizierung umfasst dies insbesondere die Pflicht des Dritten, dem Verpflichteten die gem. § 11 Abs. 4 GwG zu erhebenden **Angaben** sowie die nach § 8 Abs. 2 S. 1 GwG aufzuzeichnende **Art, Nummer und ausstellende Behörde** des zur Identifizierung verwendeten Dokumentes mitzuteilen. Diese Übermittlung muss dabei unverzüglich, das heißt **ohne schuldhaftes Zögern** sowie unmittelbar, also auf **direktem Wege** vom Auslagerungspartner an den Verpflichteten erfolgen. Die **„Unmittelbarkeit“** der Übertragung soll dabei insbesondere möglichen Manipulationsmöglichkeiten vorbeugen, die sich ergeben könnten, wenn etwaige Intermediäre oder die identifizierten Personen selbst die Informationen an den Verpflichteten herantragen.[250]

533 Für eine ordnungsgemäße Aufzeichnung der Identifizierung ist gem. § 8 Abs. 2 GwG die Erstellung einer **Kopie** des zur Identifizierung genutzten Dokumentes erforderlich. Anders als die erhobenen Informationen müssen etwaige Kopien allerdings nicht bereits anlässlich der erfolgten Identifizierung, sondern nach Maßgabe des § 17 Abs. 3 S. 2 GwG erst auf **Anfrage**, sodann jedoch **unverzüglich** und **unmittelbar** an den Verpflichteten übermittelt werden.

534 Soweit der zuverlässige Dritte die zu identifizierende Person bereits zu einem früheren Zeitpunkt ordnungsgemäß identifiziert hat, dürfen die vorgehaltenen Informationen gem. **§ 17 Abs. 3a GwG** grundsätzlich erneut verwendet werden. Das heißt, es bedarf in diesem Fall **keiner erneuten Identifizierung**, soweit die in § 17 Abs. 3a GwG enumerativ benannten Voraussetzungen erfüllt sind.

535 Danach gilt es zu beachten, dass:

1. die zu einem früheren Zeitpunkt erfolgte Identifizierung im Zuge der Begründung einer eigenen Geschäftsbeziehung des Dritten mit der zu identifizierende Person erfolgt sein muss und nicht unter Anwendung der vereinfachten Sorgfaltspflichten erfolgt sein darf,

---

250 BaFin AuA zum GwG AT (03/2025), S. 77f., Ziff. 8.; Herzog/*Achtelik* GwG § 17 Rn. 15.

2. der Abschluss der früheren Identifizierung oder letzten Aktualisierung nicht länger als 24 Monate zurückliegen darf,
3. bei dem Verpflichteten keine Zweifel aufgrund äußerer Umstände an der Richtigkeit der vorgehaltenen Informationen bestehen dürfen, und
4. das Gültigkeitsdatum des Ausweisdokumentes, das bei der zu einem früheren Zeitpunkt durchgeführten Identifizierung verwendet wurde, zum Zeitpunkt des Rückgriffs nicht abgelaufen sein darf.

Bei der Betrachtung des strengen Anforderungskatalogs des § 17 Abs. 3a GwG ist offenkundig, dass ein Rückgriff des Dritten auf **Altlegitimation** in der Praxis überwiegend ausscheidet. 536

Zumindest **vertragliche Auslagerungen** erfolgen in den meisten Fällen an auf Identifizierungen für Verpflichtete spezialisierte Unternehmen, die, Abseits von Dienstleistungsbeziehungen, nur in den seltensten Fällen **eigene Geschäftsbeziehungen** unterhalten. 537

Deshalb ist bei der Möglichkeit der Verwendung von Informationen aus früheren Identifizierungen i.S.v. § 17 Abs. 3a GwG insbesondere an **Portfolioübertragungen** von Verpflichteten an andere Verpflichtete zu denken. Aber auch diese scheitern regelmäßig an den hohen Hürden der Vorschrift, da etwa das **Gültigkeitsdatum von Ausweisdokumenten**, wie es bei § 17 Abs. 3a Nr. 4 GwG zum Tragen kommt, in Ermangelung eines Erfordernisses zur Neuidentifizierung bei dessen Ablauf, gar nicht erst systemseitig erfasst wird. Gerade bei großen Portfolioübertragungen wäre somit eine manuelle Auswertung der Gültigkeitsdaten von Ausweisdokumente aller zur Übernahme vorgesehenen Vertragspartner anhand von Dokumentenkopien erforderlich, was in den meisten Fällen unter Wirtschaftlichkeitsgesichtspunkten nicht vertretbar ist. In der Gesamtschau werden Identifizierungen durch dafür beauftragte Dritte deshalb nahezu ausnahmslos neu durchgeführt. 538

In der Praxis haben sich dabei im Wesentlichen zwei **Verfahren** etabliert, die in großem Umfang zur Identifizierung von Vertragspartnern und handelnden Personen für Verpflichtete eingesetzt werden. 539

Eines davon ist das sog. „**Post-Ident-Verfahren**“, bei dem die Identifizierung des (potenziellen) Vertragspartners durch Mitarbeitende der Deutschen Post AG erfolgt. Diese prüfen unter Vorlage eines gültigen Ausweisdokumentes in einer ihrer Filialen oder der angebundener Partner die Identität der zu identifizierenden Person. Anschließend wird der ausgefüllte Identifizierungsbogen nebst Kopie von dem bei der Identifizierung verwendeten Ausweisdokumentes an den Verpflichteten übermittelt. 540

Das andere Identifizierungsverfahren betrifft die sog. „**Videoidentifizierung**“, die, in Anbetracht der großen Nachfrage, mittlerweile von verschiedenen Unternehmen am Markt angeboten wird. 541

V. Die Videoidentifizierung

542 Die BaFin hat im Jahr 2014 unter Verweis auf eine geänderte Verwaltungspraxis des BMF erstmals eine **Fernidentifizierung** mittels **Videokontakt** für von ihr beaufsichtigte Unternehmen zugelassen.[251] Eine **Konkretisierung** der Voraussetzungen für eine Videoidentifizierung erfolgte rund drei Jahre später mit einem bis heute gültigen Rundschreiben.[252] In dem Rundschreiben stellt die BaFin zentrale **technische und organisatorische Anforderungen** heraus, die bei der Durchführung des Videoidentifizierungsverfahrens zu beachten bzw. zu befolgen sind.

543 Hinsichtlich des Prozesses einer Videoidentifizierung ist hierbei die **Grundvoraussetzung**, dass sich die zu identifizierende Person und die oder der Mitarbeitende des identifizierenden Unternehmens im Rahmen einer Videoübertragung „von Angesicht zu Angesicht" gegenübersitzen und in Echtzeit miteinander kommunizieren.[253] Dies erfordert eine **unterbrechungsfreie** gegenseitige audiovisuelle Kommunikation zwischen den beteiligten Parteien.[254]

544 Noch **vor Beginn** des Identifizierungsprozesses ist von der zu identifizierenden Person eine **Einwilligung** darüber einzuholen, dass das Verfahren durchgeführt und das identifizierende Unternehmen zu diesem Zweck Screenshots des vorgelegten Ausweisdokumentes sowie von der zu identifizierenden Person erstellen darf.[255] Sowohl die erteilte Einwilligung als auch die im Rahmen des Identifizierungsvorgangs angefertigten Screenshots sind nach § 8 GwG aufzubewahren.

545 Anschließend sollte eine Abfrage über den Zweck der Durchführung der Identifizierung erfolgen.[256] Dieser Abfrage kommt insbesondere bei der **Prävention** von **Typologien** wie dem **„App-Testing"** eine wesentliche Bedeutung zu, bei dem Personen unter Vortäuschung eines Auftragsverhältnisses und gegen Bezahlung eines „Entgeltes" dafür angeworben werden, dass sie Systeme, wie etwa ein Videoidentifizierungsverfahren, technisch und organisatorisch austesten, dabei jedoch unwissend darüber sind, dass dies ausschließlich dem Ausspähen des Prüfverfahrens und der Eröffnung von Konten zugunsten krimineller Dritter dient, die diese im Namen der eröffnenden Personen weiterbetreiben und für **Geldwäsche** nutzen.

546 **Während** des **Identifizierungsprozesses** muss die **Identität** der zu identifizierenden Person mittels zugelassener **Identitätsnachweise** überprüft werden, wobei sich die Geeignetheit grundsätzlich nach **§ 12 Abs. 1 GwG** richtet. Das heißt, dass nur Ausweisdokumente, die über **optische Sicherheitsmerkmale** verfügen, welche holographischen Bildern gleichwertig sind, im Rahmen dieses Verfahrens als **Identifikationsnach-**

251 BaFin-RS 1/2014 (GW) vom 5.3.2014.
252 BaFin-RS 3/2017 (GW) vom 10.4.2017.
253 BaFin-RS 3/2017 (GW) vom 10.4.2017.
254 BaFin-RS 3/2017 (GW) vom 10.4.2017.
255 BaFin-RS 3/2017 (GW) vom 10.4.2017.
256 So auch Zentes/Glaab/*Sonnenberg*, GwG § 13 Rn. 20.

weis dienen können. Über das Vorhandensein dieser optischen Sicherheitsmerkmale und damit der Authentizität des Identitätsnachweises hat sich die identifizierende Partei visuell zu überzeugen.

Hierzu muss die zu identifizierende Person das Dokument auf Anweisung vor der Kamera horizontal bzw. vertikal kippen[257] und Wischbewegungen davor sowie dahinter durchführen. 547

Diese Maßnahmen dienen insbesondere auch der Feststellung von sog. „**Deep-Fakes**“, bei denen die äußere Erscheinung der auftretenden Person oder des gezeigten Dokumentes, häufig mittels KI, durch ein computergeneriertes Bild überspielt wird. Durch Neigungen und Wischbewegungen können Unstimmigkeiten wie Artefakte, also Verzerrungen im Bild, und damit auch Manipulationen erkannt werden. 548

Weitere im Rahmen des Identifizierungsvorgangs zwingend durchzuführende **Prüfschritte** betreffen einen **Abgleich** des äußeren Erscheinungsbildes der zu identifizierenden Person mit dem Lichtbild auf dem Ausweisdokument und der darin enthaltenen Personenbeschreibung, eine **Untersuchung** der Ausweisdaten auf etwaige Inkonsistenzen untereinander und einer Übereinstimmung mit den bereits vorhandenen Kundendaten und eine Sichtung der Ziffernorthographie, der Behördenkennziffer und der verwendeten Schriftart hinsichtlich potenzieller Abweichungen von bestehenden Normierungen für Ausweisdokumente.[258] Vor diesem Hintergrund muss auch eine automatisierte Berechnung der in der maschinenlesbaren Zone enthaltenen Prüfziffern sowie ein Kreuzvergleich der in ihr enthaltenen Angaben mit den Angaben im Sichtfeld des Ausweisdokumentes erfolgen.[259] 549

Der gesamte Prozess der **Videoidentifizierung** ist von dem Verpflichteten oder einem Dritten i.S.d. § 17 GwG nachprüfbar in allen Einzelschritten nach Maßgabe von **§ 8 Abs. 2 GwG** als Video **aufzuzeichnen** und **aufzubewahren**. 550

Kann die Überprüfung der Identität mittels Videoidentifizierungsverfahren – etwa aufgrund von schlechten Lichtverhältnissen oder einer schlechten Bildqualität/-übertragung – **nicht abgeschlossen** werden und/oder ist eine unterbrechungsfreie sprachliche Kommunikation nicht möglich, muss der Identifizierungsprozess **abgebrochen** werden. Gleiches gilt bei sonstigen vorliegenden **Unstimmigkeiten** und **Unsicherheiten** oder wenn der Betroffene seine zuvor erteilte Einwilligung widerruft. In diesen Fällen muss die Identifizierung mittels eines anderen nach dem GwG zulässigen Verfahrens vorgenommen werden. Etwaige bis dahin erfolgte Aufzeichnungen sind unverzüglich zu löschen. 551

Ist die Identitätsfeststellung dagegen **abgeschlossen** und es besteht weder ein Zweifel an der Identität der zu identifizierenden Person noch ein Hinweis auf eine Manipulation des zur Identifizierung vorgezeigten Dokumentes, muss die nunmehr identifi- 552

257 BaFin-RS 3/2017 (GW) vom 10.4.2017.

258 BaFin-RS 3/2017 (GW) vom 10.4.2017.

259 BaFin-RS 3/2017 (GW) vom 10.4.2017.

zierte Person während der Videoübertragung eine eigens für diesen Zweck gültige, zentral generierte und an ihn (per E-Mail oder SMS) übermittelte Ziffernfolge (**TAN**) unmittelbar online eingeben und elektronisch zurücksenden. Diese **TAN-Eingabe** muss auf einem gesonderten Weg als dem der Videoübertragung erfolgen. Mit der Eingabe dieser TAN durch den Vertragspartner ist das **Identifizierungsverfahren** – einen erfolgreichen systemseitigen Abgleich der TAN vorausgesetzt – grundsätzlich **abgeschlossen**.[260]

553 Aufgrund der Vielzahl erforderlicher Prüfschritte sowie den hohen fachlichen und technischen Anforderungen, darf die Überprüfung der Identität im Rahmen des Videoidentifizierungsverfahrens ausschließlich von entsprechend **geschulten** und hierfür **ausgebildeten Mitarbeitenden** des Verpflichteten oder eines zuverlässigen Dritten durchgeführt werden.[261]

554 Vor dem gleichen Hintergrund ist auch eine sog. „**Subauslagerung**" im Kontext der Videoidentifizierung grundsätzlich untersagt.[262] Eine „**Subauslagerung**" liegt vor, wenn ein zuverlässiger Dritter, der durch einen Verpflichteten mit der Durchführung von Identifizierungen nach Maßgabe der §§ 10 ff. GwG beauftragt wurde, diese Tätigkeit durch abweichende Dritte durchführen lässt, also seinerseits eine erneute **Auslagerung** vornimmt.

555 Abweichend hiervon ist nach hiesigem Kenntnisstand eine solche **Weiterverlagerung zulässig**, wenn das vom zuverlässigen Dritten beauftragte Drittunternehmen dem Verpflichteten gegenüber unmittelbar eine **Verpflichtungserklärung** abgibt, in deren Rahmen dem Verpflichteten Steuerungs-, Informations- und Durchgriffsrechte eingeräumt werden.

556 Soweit die vorstehend beschriebenen Verfahrens- und Prozessschritte eingehalten werden, erhält das Videoidentifizierungsverfahren seine **Legitimität** als **Instrument zur geldwäscherechtlichen Überprüfung der Identität** durch **§ 13 Abs. 1 Nr. 2 GwG**, wonach auch solche Verfahren zur Identifizierung zugelassen sind, die ein mit einer Vor-Ort-Prüfung eines Ausweisdokumentes vergleichbares Sicherheitsniveau aufweisen.

---

260 BaFin-RS 3/2017 (GW) vom 10.4.2017.

261 BaFin-RS 3/2017 (GW) vom 10.4.2017.

262 BaFin-RS 3/2017 (GW) vom 10.4.2017.

Kapitel 5
Ergänzende Pflichten aus dem KWG, VAG und ZAG

A. Pflichten aus dem KWG

I. Pflichten aus § 25h) KWG für Institute

1. Allgemeines

Neben den grundsätzlichen Pflichten aus dem GwG unterliegen manche Verpflichtete auch noch weiteren, teilweise strengeren Vorgaben aus anderen Gesetzen. So sieht das Kreditwesengesetz (KWG) in § 25h Abs. 1 vor, dass 1

> *„Institute sowie Finanzholding-Gesellschaften und gemischte Finanzholding- Gesellschaften nach § 25l müssen unbeschadet der in § 25a Absatz 1 dieses Gesetzes und der in den §§ 4 bis 6 des Geldwäschegesetzes aufgeführten Pflichten über ein angemessenes Risikomanagement sowie über interne Sicherungsmaßnahmen verfügen, die der Verhinderung von strafbaren Handlungen, die zu einer Gefährdung des Vermögens des Instituts führen können, dienen."*

Hier gilt für die in § 25h Abs. 1 KWG genannten Unternehmen neben der aus dem GwG resultierenden Pflicht zur Verhinderung von Geldwäsche und Terrorismusfinanzierung auch noch die erweiterte Pflicht zur Verhinderung von strafbaren Handlungen, die zu einer Vermögensgefährdung des Instituts führen können. 2

2. Verhinderung strafbarer Handlungen

Der Begriff **„strafbare Handlungen"** findet sich in § 25h Abs. 1 KWG und verpflichtet ausschließlich **Institute** nach dem Kreditwesengesetz. Eine eindeutige Definition, wie dieser Begriff auszulegen ist, existiert **nicht**. Nach Sinn und Zweck der Vorschrift umfasst dieser Begriff alle **vorsätzlich begangenen strafbaren Handlungen** im Inland oder in einem anderen Rechtskreis, in dem das Kreditinstitut durch Tochtergesellschaften, Filialen oder Niederlassungen vertreten ist oder in sonstiger Weise seine Dienstleistungen aktiv erbringt, die zu einer **Gefährdung des Vermögens** des Instituts führen können. Die Gefährdung kann dabei durch Mitarbeiter aber auch durch Externe erfolgen. Es muss noch kein tatsächlicher Vermögensschaden eingetreten sein; es reicht die bloße Gefährdung durch eine gewisse Eintrittswahrscheinlichkeit.[1] Da der Gesetzgeber bewusst **keine** Betragsgrenze vorgegeben hat, steht es jedem Institut frei, hier eigene Bewertungsgrenzen einzuführen, ab dem die zentrale Stelle zuständig sein soll. Zu bedenken ist, dass auch Straftaten mit einem verhältnismäßig kleinen Betrag großen Schaden anrichten können (man denke an Korruptionsstraftaten mit kleinen Geschen- 3

---

1 Zentes/Glaab/*Scherp-Wrocklage*, § 25h KWG, Rn 29.

https://doi.org/10.1515/9783111510545-005

ken und Gefälligkeiten für Mitarbeiter). Aber auch kleinere Diebstähle von z. B. Büromaterialien durch eine Vielzahl von Mitarbeiter machen im Einzelfall sicher keinen hohen Betrag aus, können in der Summe jedoch durchaus einen hohen Schaden verursachen. Setzt man einen Betrag, ab dem die zentrale Stelle sich verantwortlich fühlen soll, zu hoch an, besteht die Gefahr, dass betragsmäßig kleinere Straftaten nicht weiter beachtet und damit auch nicht verfolgt werden.

4 Sinnvoll wäre es daher, **ohne** jegliche Betragsbegrenzung zu operieren, insbesondere da auch der Gesetzgeber auf die Festlegung einer wesentlichen Gefährdung des Vermögens in § 25h Abs. 1 KWG bis heute bewusst verzichtet hat. Demgegenüber hielt es die „Deutsche Kreditwirtschaft" (DK) 2014 in Abstimmung mit der BaFin bislang für geboten, den Begriff „wesentlich" einzuführen[2], obwohl es dafür weder im Gesetz dem Wortlaut nach noch in der Gesetzesbegründung eine Grundlage gibt. Auch die im Zuge der Umsetzung der Änderungen zur Vierten Geldwäscherichtlinie erfolgten Änderungen auch bei § 25h KWG haben den Gesetzgeber im Jahr 2017 und auch bis heute **nicht** dazu bewogen, der Ansicht der DK und der BaFin zu folgen und hier eine „Wesentlichkeitsgrenze" einzuführen. Aus diesem Grund sollte intern auf eine Betragsbegrenzung verzichtet werden und die zentrale Stelle grundsätzlich zuerst einmal für sämtliche „strafbaren Handlungen" im Institut für zuständig zu erklären. Das bedeutet nicht, dass der Geldwäschebeauftragte jedem kleinsten Vergehen persönlich nachzugehen hat. Es geht in erster Linie darum, überhaupt festzustellen, ob aus strafbaren Handlungen, so gering der Vermögensschaden im Einzelfall auch sein mag, eine Eintrittswahrscheinlichkeit besteht, dass eine Vermögensgefährdung für das Institut entstehen kann. Allerdings sollten auch für diese Fälle die Zuständigkeiten geregelt werden, bevor es zu einem Vakuum kommt und bestimmte Straftaten sozusagen straffrei begangen werden können.

5 **Nicht** umfasst von dem Begriff der strafbaren Handlungen sind folgende Handlungen:
- Geldwäsche,
- Terrorismusfinanzierung sowie
- Insiderhandel und Marktmanipulation.

6 Für die letztgenannten Delikte ist die Wertpapier-Compliancestelle zuständig. Es muss jedoch gewährleistet sein, dass die zentrale Stelle informiert wird, sobald diese Delikte im Institut festgestellt werden, da sowohl der Insiderhandel als auch die Marktmanipulation auch zu den in § 261 StGB genannten Vortaten gehören. Eine strafbare Handlung ist gegenüber den oben genannten Straftaten eine Handlung, die
- durch einen oder mehrere Externe und/oder Interne
- vorsätzlich, wissentlich oder absichtlich begangen wird,

2 DK-Hinweise vom 01.02.2014, Zeile 88 b), S. 79.

- um sich oder einem Dritten rechtswidrige oder sonstige ungerechtfertigte Vorteile zu verschaffen,
- die zu vermeidbaren Vermögens-, Reputations- oder sonstigen Schäden für das Institut führen kann und
- im weiteren Sinne im Zusammenhang mit den erbrachten Dienstleistungen steht

(erfasst werden auch außerhalb des Bankgeschäfts stehende Aktivitäten wie bei z.B. die Bautätigkeit oder der Einkauf des Instituts).

Zu berücksichtigen sind dabei **strafbare Handlungen**, die zu einer **Gefährdung** 7
des Vermögens des Instituts führen können, insbesondere aus den nachstehenden elf Deliktsgruppen:
- Geld- und Wertzeichenfälschung (§§ 146–152b StGB);
- Verletzung des persönlichen Lebens- und Geheimnisbereichs (§§ 201–204 StGB);
- Diebstahl, Unterschlagung (§§ 242–246 StGB);
- Raub, Erpressung (§§ 249–256 StGB);
- Betrug, Untreue (§§ 263–266 StGB);
- Wirtschaftsstraftaten gegen Allgemeininteressen (§§ 264a, 266b StGB);
- Urkundenfälschung (§§ 267–282 StGB);
- Insolvenzstraftaten (§§ 283–283d StGB);
- Straftaten gegen den Wettbewerb (§§ 298–302 StGB);
- Korruption (§§ 331–336 StGB);
- Steuerstraftaten (§§ 369–376 AO).

Allerdings können auch andere Straftaten einen **Vermögensschaden** nach sich ziehen. 8
Zu denken ist dabei an rufschädigende verleumderische Äußerungen, die direkt Einfluss auf das Kundenverhalten haben und damit einen Vermögensschaden zur Folge haben können. Aber auch vorsätzlich begangene Sachbeschädigungen und Vandalismusschäden können eine Vermögensschädigung zur Folge haben. Insgesamt empfiehlt es sich, jede mögliche Straftat vorab ins Kalkül zu ziehen, um darauf basierend Präventionsmaßnahmen zu ergreifen. Sollte es sich um selten vorkommende Straftaten mit einem geringen Schaden handeln, so stehen die möglichen Gegenmaßnahmen in keinem Verhältnis zu dem Nutzen, sodass es in der Abwägung besser sein kann, hier nichts zu veranlassen. So wäre es z.B. unzweckmäßig, verstärkt Sicherheitspersonal und Hundestaffeln einzusetzen, wenn es nur einmal im Jahr zu einem Vandalismusschaden an Gebäuden oder Geräten kommen sollte. In Fällen, die nicht oder nur mit unverhältnismäßig großem Aufwand verhindert werden können, empfiehlt es sich, eine Versicherung abzuschließen, um einen Vermögensschaden zu vermeiden. Nur in den Fällen, in denen eigene Maßnahmen vielversprechend erscheinen, kann und sollte man mit geringen Mitteln Vorkehrungen treffen. So kann die Einführung bzw. konsequente Durchführung des Vier-Augen-Prinzips eine wirksame Maßnahme sein, um Unregelmäßigkeiten eigener Mitarbeiter zu begegnen.

3. Pflichten aus § 25h Abs. 2 KWG zum Einsatz von Datenverarbeitungsprogrammen/ Monitoring

a) Einleitung

9 In § 10 GwG finden sich die Regelungen zu den allgemeinen Sorgfaltspflichten. Dazu zählt u. a. gem. § 10 Abs. 1 Nr. 5 GwG. „die **kontinuierliche Überwachung**[3] der Geschäftsbeziehung **einschließlich der Transaktionen**, die in ihrem Verlauf durchgeführt werden". Nach § 25h Abs. 2 KWG, § 27 Abs. 1 Satz 2 Nr. 5 ZAG sowie §§ 28 Abs. 1 S. 4, 51 Abs. 8 und 54 Abs. 6 KAGB ist dazu die Einrichtung und das Betreiben von **Datenverarbeitungssystemen** empfohlen bzw. erforderlich. Dazu heißt es z. B. in § 25h Abs. 2 KWG

> *„**Kreditinstitute** haben unbeschadet von § 10 Abs. 1 Nr. 5 GwG Datenverarbeitungssysteme zu betreiben und zu aktualisieren, mittels derer sie in der Lage sind, Geschäftsbeziehungen und einzelne Transaktionen im Zahlungsverkehr zu erkennen, die auf Grund des öffentlich und im Kreditinstitut verfügbaren Erfahrungswissens über die Methoden der Geldwäsche, der Terrorismusfinanzierung und über die sonstigen strafbaren Handlungen im Sinne von Absatz 1 im Verhältnis zu vergleichbaren Fällen **besonders komplex** oder **groß** sind, **ungewöhnlich ablaufen** oder **ohne offensichtlichen wirtschaftlichen oder rechtmäßigen Zweck** erfolgen.[4]"*

10 Auf Basis von § 51 Abs. 8 S. 1 GwG hat die BaFin im Juni 2021 Auslegungs- und Anwendungshinweise „Besondere Teil: Kreditinstitute", kurz BaFin AuA BT (06/2021) veröffentlicht[5]. Sie enthalten in ihrer Ziff. 6 ausführliche Vorgaben zum „Monitoring". Genauer genommen wird in den Ausführungen unter dieser Ziffer von dem „Betreiben von Datenverarbeitungssystemen" gesprochen. Ziffer 6.1 beinhaltet eine Unterscheidung zwischen **Monitoringsystemen** (einer **nachgeschalteten** Überwachung für das Auffinden von ungewöhnlichen Transaktionen) und **Screeningsystemen** (das Herausfiltern schwerpunktmäßig von Zahlungsverkehrstransaktionen noch **vor** Ausführung). Die Screeningsysteme dienen dazu, Nichteinhaltung von Sanktionen und Embargos aufzudecken, u. a. um zu verhindern, dass Geldmittel zur Terrorismusfinanzierung fließen bzw. Vorschriften umgangen werden. Dazu erfolgt ein Abgleich der an Transaktionen beteiligten Parteien, aber auch der Kundenstammdaten, mit diversen Sanktions- und Embargolisten[6] (u. a. der FATF-Liste, EU-Sanktionslisten, UN-Sanktionslisten u.v.m.), die laufend aktualisiert werden. Das Vorhandensein aller Listen, die den gesetzlichen Vorgaben entsprechen, muss gewährleistet sein.[7]

Exkurs „Adverse Media Screening"

Unter Adverse Media Screening wird ein Prozess verstanden, der Informationen aus verschiedenen Medienquellen überprüft und analysiert.

3 S. auch Kap. 4 A VIII.

4 Hervorhebung durch die Verfasserin.
Ergänzende Ausführung zu den Grenzen der Systeme s. Kap. 4 D III 4. Rn. 493ff.

5 www.bafin.de.

6 S. ausführlich dazu Kap. 7 C XVI.

7 BaFin AuA BT (06/2021), Ziff. 6.2.2.

Aufgrund des steigenden Risikos zur Terrorismusfinanzierung hat die BaFin in einer Veröffentlichung im Februar 2024[8], ausgelöst durch den „Crowdfunding for Terrorism Financing" Report der FATF von Oktober 2023, die Bedeutung von Adverse Media Screening hervorgehoben. In dem Bericht stellt die FATF dar, wie insbesondere Social Media Plattformen zum Werkzeug der Terrorismusfinanzierung werden. Zwar diene die Veröffentlichung der BaFin laut eigener Aussage nur einer Sensibilisierung der Verpflichtete, es lässt sich darin jedoch eine klare Erwartungshaltung erkennen. Die BaFin-AuA AT zum GwG (03/2025), Ziff. 2.2.2 spiegeln dies ebenfalls wider. Auf dieser Basis ist es unumgänglich, ergänzend zum PEP- und Sanktionsscreening, auch Informationen aus z.B. Verfassungsschutzberichten, Presseveröffentlichungen, Berichten der FATF und weiteren öffentlich zugänglichen Medien heranzuziehen. Manuelle Internetrecherchen vervollständigen/ergänzen die Erkenntnisse.[9] Zukünftig wird KI-Unterstützung hier eine Rolle spielen (s. auch Punkt g) „Tipp")

Zu beachten: Im weiteren Verlauf dieses Kapitels wird der Schwerpunkt auf die fortlaufende Überwachung der Geschäftsbeziehungen/Transaktionen durch Monitoringsysteme gelegt. Einzelne der folgenden Ausführungen haben ebenfalls für das Screening Gültigkeit. Näheres zur Praxis des Screenings speziell für Sanktionen findet sich in Kapitel 7 C XVI. 11

Ausblick auf die EU-Geldwäsche-Verordnung i

Art. 20 der EU-Geldwäsche-Verordnung beinhaltet die Sorgfaltsmaßnahmen gegenüber den Kunden, dazu zählen auch wie bisher die kontinuierliche Überwachung der Geschäftsbeziehung einschließlich der durchgeführten Transaktionen (Abs. 1 Buchst. f) zu dem Zweck, diejenigen Transaktionen aufzudecken, die einer eingehenderen Bewertung nach Art. 69 Abs. 2 zu unterziehen sind (zur Einrichtung von Überwachungssystemen s. a. Erwägungsgrund 72). Ergänzungen dazu finden sich zukünftig unter Art. 26 Abs. 1 der EU-Geldwäsche-Verordnung. Gemäß Art. 26 Abs. 5 gibt die AMLA bis zum 10. Juli 2026 hierzu entsprechende Leitlinien heraus.

b) Monitoring – Allgemeines

Entsprechend den eingestellten Vorgaben werden durch die Monitoringsysteme (auch Transaktionsmonitoring/ (Engl.) transaction monitoring genannt) insbesondere bei Kreditinstituten sämtliche Geschäftsverbindungen und Transaktionen/Kontobewegungen kontinuierlich überwacht. Dieses *IT-gestützte* Monitoring ist dabei von dem *manuellen* Monitoring zu unterscheiden. 12

Dies ist z.B. in Verdachtsfällen durch den Geldwäschebeauftragten vorzunehmen, gerade wenn ein Kunde auffällig erscheint und evtl. sogar gemeldet wurde. Bei den für die Überwachung eingesetzten Bewertungsparametern handelt es sich um sog. **Indizien/Indizienmodelle**, Szenarien, Parameter oder Peergroup-Vergleiche, die das Institut im Vorfeld bestimmen muss (Bildung sog. **Red Flags**). Verantwortlich für die **fachliche** Entwicklung und Weiterentwicklung des Monitoringsystems sind die Geldwäschebeauf- 13

8 Unter www.bafin.de, Rubrik „Prävention von Geldwäsche und Terrorismusfinanzierung".

9 BaFin-AuA AT zum GwG (03/2025), Ziff. 2.2.2.

tragten.[10] Das umfasst die Festlegung und Änderung der Indizien, Regeln oder Szenarien, Schwellenwerte und Scorewerte. Die dazu entsprechenden Kenntnisse müssen vorhanden sein. Die Geldwäschebeauftragten müssen die Möglichkeiten und Grenzen des Datenverarbeitungssystems kennen, um beurteilen zu können, ob und wie neue Anforderungen umgesetzt werden können. Wichtig ist hierbei, dass die Definition anhand der institutsspezifischen Risikolage erfolgt. Die Parameter müssen sich somit aus der Risikoanalyse (für Dritte nachvollziehbar) herleiten lassen[11] (konkret berücksichtigt werden muss vor allem das Kunden-/ Produkt-/Transaktionsrisiko, aber auch ein mögliches Vertriebswegrisiko, sowie ein geographisches Risiko[12]). Bei den Einstellungen müssen die **einschlägigen** Typologien im Bereich Geldwäsche, Terrorismusbekämpfung und sonstiger strafbarer Handlungen[13] zugrunde gelegt werden, die entsprechend kenntlich zu machen sind. Ergänzend dazu sind geeignete Szenarien vorzuweisen, die mindestens die **aktuellen** Erkenntnisse und Veröffentlichungen der FIU und der BaFin/ AMLA abbilden sowie weiteres öffentliches Wissen über Geldwäsche, Terrorismusfinanzierung und sonstige strafbare Handlungen. Das bedeutet auch, dass wesentliche Änderungen in der Risikoanalyse stets eine Kalibrierung des Monitoringsystems[14] zur Folge haben. Gemäß den BaFin AuA BT (06/2021), Ziff. 6.2.3 muss „die Richtigkeit und Aktualität der Indizien, Regeln, Schwellenwerte, Scores und Risikoklassifizierungen unter besonderer Berücksichtigung aller relevanten gesetzlichen Vorgaben, Warnungen und Informationen **regelmäßig** und **anlassbezogen** überprüft werden". Mittlerweile wird dafür in der Praxis der Begriff „**Backtesting**" verwendet (Näheres s.u. Buchstabe h). Die rein technische Umsetzung kann durch spezialisierte Mitarbeitende (anderer interner oder externer Einheiten) oder aber auch durch Dienstleister erfolgen.[15]

! **Hinweis**

Soweit keine entsprechenden Monitoringprogramme vorgehalten werden (müssen), hat auf anderen Wegen eine entsprechende Überwachung der Geschäftsbeziehung durch die in § 25h Abs. 1 KWG genannten Institute und Finanzholding-Gesellschaften zu erfolgen. In welcher Form das erfolgen soll, obliegt entsprechend der individuellen Risikolage dem jeweiligen Verpflichteten. Bei geringeren Risiken kann z.B. eine wöchentliche Aufstellung von Transaktionen in einer Excel-Tabelle erfolgen.

10 BaFin AuA BT (06/2021), Ziff. 6.2.5.
11 BaFin AuA BT (06/2021), Ziff. 6.2.1.
12 Zu Faktoren zur Bewertung der Risikoarten s. ausf. Kap. 4 D II.
13 BaFin AuA BT (06/2021), Ziff. 6.2.2.
14 BaFin AuA BT (06/2021), Ziff. 6.2.2.
15 BaFin AuA BT (06/2021), Ziff. 6.2.5.

c) Monitoring – Beispiele für Indizien

Wie bereits oben beschrieben bilden die Grundlage der Verarbeitung die Indizien/das Indizienmodell, mit denen unterschiedlichste Sachverhalte berücksichtigt werden. Je nachdem, in welche Risikoklasse Kunden durch die regelmäßige Kundensegmentierung zugeordnet werden, gelten je Risikoklasse u.U. unterschiedliche Indizien bzw. unterschiedliche Schwellenwerte. Dies trifft auch bei z.B. Branchen, Altersgruppen oder Dauer der Geschäftsbeziehung zu. Spezielle Kundengruppen. Z.B. PEP (politisch exponierten Personen) werden u.U. mit speziellen Indizien überwacht. Auch bei den Produkten wird entsprechend differenziert. 14

Beispiele möglicher Indizien (es sind die Indizbezeichnungen bzw. der Indizname genannt): 15

- Allgemeingültige Indizien = „Hohe Anzahl und Summe Bareinzahlungen auf Geschäftsgirokonten Neukunde", „Privatgirokonten mit kurzer aktiver Nutzung", „Hoher Eingang auf Darlehen mit erst kurzer Bestandsdauer", „Erwerbslose mit hohen unbaren Eingängen in den letzten 30 Tagen".
- Indizien auf Basis der Typologien = „Verdächtige Immobilientransaktionen mit Auslandsbezug", „Hohe Umsatzsteuererstattung", „Kettenbetrug im Baugewerbe", „Teilnahme am unerlaubten Glücksspiel".
- Anlassbezogenes Indiz = „Devisenbeschaffung in Belarus"
- Indiz mit Bezug Terrorismusfinanzierung = „Geldautomatenverfügungen in terroristischen Konfliktzonen".
- Indiz mit Bezug zu Sanktionen = „Hohe Auslandstransaktionen KFZ-Händler mit Umgehungsländern Russland".
- Indiz mit Betrugsbezug = „Hohe Summe an Lastschrifteinzügen mit direkten Barverfügungen".

Es besteht aber auch die Möglichkeit bestimmte Fallkonstellationen auszuschließen, wenn keine geldwäscherechtlichen Risiken entgegenstehen.[16] Als Beispiel werden interne Buchungen ohne Kundenbezug genannt. Ausschlüsse müssen aber mindestens jährlich auf ihre Angemessenheit überprüft werden. 16

d) Monitoring – die Bearbeitung

Die Bearbeitung aus den durch das Monitoringsystem generierten **Treffern** hat regelmäßig zeitnah (grundsätzlich **täglich**) zu erfolgen um eine (gem. § 10 Abs. 1 Nr. 5 GwG) laufende (kontinuierliche) und dynamische Überwachung der Geschäftsbeziehung und der Transaktionen zu gewährleisten. 17

Grob skizziert umfasst die Bearbeitung eine Reihe von Abläufen, wie die **Sichtung der Treffer** und **inhaltliche Zuordnung** zu den Indizien, die die jeweiligen Treffer aus- 18

16 BaFin AuA BT (06/2021), Ziff. 6.2.1.

gelöst haben (s.o. Buchstabe c). Wichtig ist auch die **Zuordnung** zu einem der Schwerpunkte Geldwäsche, Terrorismusfinanzierung oder sonstige strafbare Handlung. Es folgt die entsprechende **Sachverhaltsklärung**, u.U. unter Sammlung von weiteren Informationen. Dabei müssen u.a. nachfolgende Fragen geklärt werden:

- Passt die hier ausgewiesene Transaktion zu dem gewöhnlichen Transaktionsverhalten des Kunden? Passt sie überhaupt zu dem, was über den Kunden bekannt ist oder zum Zweck des Kontos?
- Handelt es sich um einen Neukunden?
- Gehört der Kunde einer Risikobranche an?
- Spiegelt sich in dem ausgewiesenen Treffer u.U. eine Typologie der FIU wider oder gibt es weitere Hinweise, die auf Aktivitäten hinweisen, die für Geldwäscher bekannt sind?
- Gibt es eine mögliche Erklärung für das geänderte Verhalten / die ungewöhnliche Transaktion?

Kurz gesagt:

19 Lässt sich alles abklären oder handelt es sich um einen sog. „**false positive**" Treffer, ergibt sich außer der Dokumentation (s.u. Buchstabe e) im Normalfall kein weiterer Handlungsbedarf.

20 Lassen sich die aufkommenden Fragen **nicht** klären oder geben die Treffer **Anlass für einen Verdacht**, so ist die Entscheidung zu treffen, ob bei diesem Verdachtsfall eher eine Verdachtsmeldung zu erstattet ist oder, im Falle sonstiger strafbarer Handlungen oder eines „einfachen Betruges", eine Strafanzeige die richtige Wahl wäre (vgl. Kap. 7 A II). Bei Treffern mit Bezug zur **Terrorismusfinanzierung**[17] ist besondere Eile geboten.

21 Aus den o.g. Bearbeitungsschritten können sich dann beispielhaft folgende Bearbeitungsstatus ergeben:

- Der Vorgang befindet sich in Bearbeitung, ist aber z.B. aufgrund fehlender Rückmeldung noch nicht abgeschlossen. Dies wird entsprechend mit dem Hinweis auf das weitere Vorgehen dokumentiert.
- Der Vorgang wurde bearbeitet und unter Eingabe einer entsprechenden Begründung abgeschlossen und somit beendet.
- Der Vorgang wurde bearbeitet, ein entsprechender Verdacht wurde verifiziert und dargelegt. Die Bearbeitung erfolgt dann gem. dem **interne Meldeweg / Meldeverfahren** des Verpflichteten (vgl. Kap. 7 B).

22 Sieht man die o.g. Auszüge aus der Beschreibung zur Trefferbearbeitung, so kann man gut nachvollziehen, dass die mit der Bearbeitung betrauten Mitarbeitenden allein schon

17 Zum Thema Terrorismusfinanzierung s. ausf. Kap. 7 A III.

für die Nutzung der Datenverarbeitungssysteme die entsprechende **Qualifikation** aufweisen müssen und eine **fachliche Weiterbildung** erforderlich ist.[18]

e) Monitoring – die Dokumentation

Die Dokumentation spielt auch bei der Bearbeitung der Treffer, wie insgesamt bei allen Handlungen im Zusammenhang mit der Bekämpfung von Geldwäsche, Terrorismusfinanzierung und sonstigen strafbaren Handlungen, eine wichtige Rolle. Hierbei liegt der Fokus darauf, dass sich in der Dokumentation, die in der Monitoring-Anwendung **selbst** erfolgen muss, die **inhaltliche Auseinandersetzung** mit dem Einzelfall[19] widerspiegelt. Änderungen in der Dokumentation sind nicht gewollt (i.d.R. technisch auch nicht möglich) und wenn, nur wenn sie erkennbar und für Dritte nachvollziehbar begründet sind. Eine Begründung wird ebenfalls gefordert, wenn eine verstärkte Überwachung gem. § 15 Abs. 6 Nr. 2 GwG beendet wurde. Die Aufbewahrung der Dokumentationen und evtl. dazugehörenden Unterlagen wird durch § 8 GwG[20] bestimmt (zukünftig zu finden in Art. 77 der EU-Geldwäsche – Verordnung). 23

f) Monitoring – Auslagerung

Die in § 6 Abs. 7 GwG gegebene Möglichkeit zur Auslagerung einzelner Sicherungsmaßnahme, speziell auch der Datenverarbeitungssysteme (unter vorheriger rechtzeitiger Anzeige mit Erstellung einer Risikoanalyse und genauer Dokumentation, da es sich um eine wesentliche Auslagerung u.a. im Sinne des § 25b KWG handelt), wird in den BaFin AuA zum GwG (03/2025), Ziffer 3.10 thematisiert. Dazu finden sich für Kreditinstitute in den BaFin AuA BT (06/2021), Ziff. 6.2.8, ebenfalls Aussagen, u.a., dass die Bearbeitung der Treffer aus dem Monitoring durch Dritte im Inland und Ausland zulässig ist. Untersagt ist aber das Zurückgreifen auf einen Dritten, der in einem Drittstaat mit hohem Risiko niedergelassen ist. Die Verantwortung für die Erfüllung der Sicherungsmaßnahmen bleibt beim Verpflichteten. Es muss sichergestellt sein, dass die Geldwäschebeauftragten Zugriff auf alle Treffer haben und unverzüglich über relevante Treffer informiert werden, so dass die Bestimmungen für die Abgabe von Verdachtsmeldungen eingehalten werden[21]. 24

Ausblick auf die EU-Geldwäsche-Verordnung i

Auslagerungen werden gem. Artikel 18 nach wie vor möglich sein, bedürfen aber einer Genehmigung. Die Finanzinstitute werden unter strikteren Haftungsanforderungen nach wie vor die volle Verantwortung tragen und unterliegen erweiterte Dokumentations- und Nachweispflichten. Hierzu gibt die AMLA (bis zum 10. Juli 2027) Leitlinien für die Verpflichteten heraus.

---

18 BaFin AuA BT (06/2021), Ziff. 6.2.5.
19 BaFin AuA BT (06/2021), Ziff. 6.2.4.
20 S. Kap. 3 C. II.
21 S. Kap. 7 E I.

g) Die Datenverarbeitungssysteme

25 Für alle Datenverarbeitungssysteme, egal ob nachgeschaltet oder in Echtzeit, gibt es eine Reihe von Vorgaben in den BaFin AuA BT (06/2021), Ziffer 6.2 unter der Überschrift „Angemessenheit". Unter Ziffer 6.2.2 findet sich eine Auflistung von Punkten, die definieren, was die Software für ihre Eignung zwingend aufweisen muss, und zwar sowohl für das Monitoring wie auch für das Screening. Dazu zählen u.a.

- Die Abdeckung der erhöhten Risiken im Sinne des § 15 Abs. 3 GwG,
- die Bereitstellung eines Indizienmodells, das individuell Konfigurierungen möglich macht,
- die Einbindung von Kunden-, Produkt-, Länder und Terrorismusfinanzierungsrisiken,
- die Erkennung von Transaktionsmustern, Auffälligkeiten und Abweichungen,
- die Einbindung von Auswertungs- und Statistikfunktionen.

26 Die Verpflichteten können grundsätzlich die Systeme selbst auswählen[22], wenn diese alle Kriterien aus den BaFin AuA BT (06/2021) und die gesetzlichen Vorgaben erfüllen. In der Praxis nutzen die einzelnen Institute einer Verpflichtetengruppe/ Bankengruppe i.d.R. einheitliche Systeme je Gruppe, u.U. auch über ihre jeweiligen IT-Dienstleister getrieben. Es ist ferner zulässig für die **verschiedenen** Aufgaben (z.B. Monitoring, Screening) **verschiedene** Systeme einzusetzen.

! **Wichtige Hinweise!**

Funktionalität:

Ziffer 6.2.3 der AuA BT (06/2021) weist ausdrücklich darauf hin, dass die ordnungsgemäße Funktionalität der Datenverarbeitungssysteme laufend durch den Verpflichteten überprüft werden muss. Darüber hinaus muss regelmäßig eine Qualitätskontrolle durch einen unabhängigen Prüfer erfolgen. Der Zusatz „kann im Rahmen der Jahresabschlussprüfung erfolgen" lässt hier den Schluss zu, dass das „regelmäßig" als **mindestens jährlich** zu verstehen ist. Einige IT-Dienstleistern habe selbst eine Prüfungsstelle mit der entsprechenden Prüfung beauftragt und das Prüfungsergebnis der internen Revision der Verpflichteten zu Verfügung gestellt. Im Allgemeinen ist diese Thematik zuletzt verstärkt in die Prüfungen eingeflossen.

Berücksichtigung MaRisk:

Im Fall einer **Störung oder eines Ausfalls des Datenverarbeitungssystems** muss das Notfallkonzept gemäß AT 7.3 **MaRisk** berücksichtigt werden.

Die IT-Berechtigungsvergabe hat im Sinne des AT 7.2. zu erfolgen.

Die mit Zugangsberechtigungen ausgestatteten Personen haben die erforderliche fachliche Qualifikation und nötige Expertise aufzuweisen., vgl. AT 7.1 Nr. 2 MaRisk.

Datenschutz:

Ausweislich § 25h Abs. 2 S. 2 KWG dürfen Kreditinstitute beim Betreiben von den Datenverarbeitungssystemen personenbezogene Daten verarbeiten, soweit es zur Erfüllung ihrer Pflichten erforderlich ist.

---

22 BaFin AuA BT (06/2021), Ziff. 6.2.6, BaFin AuA zum GwG (03/2025), Ziff. 5.5.1.

Aktuell ist ein großer Teil der am Markt befindlichen Systeme in einer „technischen Entwicklungsphase“. Hier werden in den nächsten Jahren noch zahlreiche Kreditinstitute vor die Herausforderung gestellt werden, mit den wachsenden gesetzlichen Anforderungen und der weiterentwickelten Welt der **„selbstlernenden / Machine Learning“ Systeme** und **KI-Systeme** Schritt zu halten. In dem Zusammenhang von Bedeutung erscheint die Ausführung der BaFin AuA BT (06/2021) in Ziffer 6.2.1 „Auswahl und Beschaffenheit“, die besagen „IT-basierte Entscheidungen des Datenverarbeitungssystems müssen erklärbar und nachvollziehbar sein. Es müssen die für das System und die generierten Treffer wesentlichen Einflussfaktoren aufgezeigt werden können und das Zustandekommen des Trefferergebnisses muss plausibel sein (Verbot von Blackboxen)“. 27

TIPP! !

Spannend zu diesem Thema ist die Arbeit eines Forschungsverbunds (gefördert vom BMBF) der sich unter dem Akronym „MaLeFiz“ = *Maschinelles Lernen zur effizienten Identifikation auffälliger Finanztransaktionen* mit technischen Lösungsansätze und rechtlichen Bewertungen dieser Ansätze befasst. Die menschlichen Analysten sollen damit nicht ersetzt, sondern effizient in ihrer Arbeit unterstützt werden. Auch da ist ein Element des Projektes, dass sowohl für Anwender, Prüfer, wie auch Strafverfolgungsbehörden die Entscheidungsfindung der untersuchten KI-Verfahren jederzeit nachvollziehbar sein muss. Im Herbst 2025 sollen die Forschungsergebnisse veröffentlicht werden[23]. Auch die AFCA hat in einer Unterarbeitsgruppe „Digitalisierung“ (Teil der AG 2 „Risiken und Trends im Finanzsektor“) zum Thema rund um die KI einen gut aufgearbeiteten High-Level-Leitfaden und einer Präsentation dazu mit interessanten Punkten und Informationen zusammengetragen, die auf der geschützten Seite der FIU veröffentlicht wurden.

---

h) Backtesting

Wie bereits unter Buchstabe b aufgeführt, muss die Richtigkeit und Aktualität aller im Monitoringsystem hinterlegten Parameter **regelmäßig** und anlassbezogen überprüft werden.[24] Die Notwendigkeit eines institutsindividuellen Backtesting ergibt sich aus der gleichen Ziffer der BaFin AuA BT (06/2021), Ziff. 6.2.3, im Zusammenspiel mit den Anforderungen aus den MaRisk, Ziffern 4 bzw. 7 und ist in **regelmäßigen** Abständen zu wiederholen (z. B. in einem ein- bis dreijährigen Turnus, ergänzend zu den anlassbezogenen Überprüfungen). 28

Die Verpflichteten müssen dazu ein angemessenes **Backtesting-Konzept** entwickeln, in dem alle Funktionalitäten des vom Verpflichteten eingesetzten Systems bei der Prüfung berücksichtigt werden. Auch empfiehlt es sich, im Konzept die grundsätzliche Vorgehensweise bei der Festlegung von Schwellenwerten klar zu definieren. 29

In dem Prozess sollte u. a. überprüft werden:

- Ist der Zweck des Indizes klar erkennbar?

---

23 Informationen unter https://www.sit.fraunhofer.de/malefiz/, s. dazu auch Forschungsverbund MaLeFitz in „Geldwäsche & Recht 01/2024, S. 22 bis 24.

24 BaFin AuA BT (06/2021), Ziff. 6.2.3.

- Werden alle Risikoszenarien der Risikoanalyse, wenn technisch möglich, auch abgebildet?
- Sind die definierten Parameter technisch überhaupt geeignet, das Indiz zur Auffälligkeit zu führen?
- Ist die Relevanzschwelle, ab der Transaktionen als auffällig anzusehen sind, angemessen?
- Sind alle relevanten Kundengruppen, Risikobranchen abgebildet?
- Finden sich die Typologien der FIU, soweit darstellbar, in den Indizienmodellen wieder?
- Wurden Sachverhalte aus Verdachtsmeldungen auch über ein oder mehrere Indizien erkannt bzw. wären erkennbar gewesen.

30 Das Ergebnis des Backtesting der Indizien, d.h. die Trefferstatistik der Indizien, ist kritisch zu würdigen. Wird über einen längeren Zeitraum bei Indizien kein Treffer generiert, so ist das jeweilige Indiz genauer zu analysieren, um den Grund dafür erkennbar zu machen. Dies gilt auch für Indizien, bei denen es der Erwartungshaltung entspricht, keine Treffer aufzuweisen. Hier wäre eine Möglichkeit, die Funktionalität durch Simulation von Variationen der **Schwellenwerte** oder der sog. **Scorewerten** zu testen. Nach erforderlichen Anpassungen ist ein Zusammenspiel mit der Risikoanalyse erneut erforderlich. Das Backtesting-Konzept mit den sich u.U. ergebenen Anpassungen der Parameter liegt ebenfalls fachlich in der Verantwortung der Geldwäschebeauftragten. Die Vorgehensweise und die Ergebnisse sind **nachvollziehbar** zu dokumentieren. Daneben muss im Rahmen einer Bewertung die Geldwäschebeauftragten eine Aussage treffen, ob sie die Einstellungen in Bezug auf die individuellen Risiken des Verpflichteten für angemessen erachten. Am Schluss soll ein **Fazit** und ein **Ausblick** stehen.

! **Praxistipp**

Da die Systeme immer komplexer und die inhaltlichen und technischen Anforderungen, u.a. gesetzlich und aufsichtsrechtlich, immer höher werden (ergänzt durch die Vorgaben aus den MARisk), und dazu die Prüfungsrelevanz mit Vorgaben und Dokumentationen immer weiter steigt, ist die Ergänzung in den AuA BT (06/2021) unter Ziffer 6.2.5, dass die technische Umsetzung auch durch einen Dienstleister erfolgen kann, sehr sinnvoll. War es bis vor einigen Jahren den Geldwäschebeauftragten noch möglich, die fachlich entwickelten Vorgaben eigenständig in das Monitoringsystem einzupflegen, fehlen mittlerweile häufig die benötigten Ressourcen und Qualifikationen die Systeme korrekt zu parametrisieren, zu kontrollieren und weiterzuentwickeln. So ist es zu empfehlen, sich auf das Fachliche zu konzentrieren und die Umsetzung des Backtestings einem fachkundigen Dienstleister zu überlassen, inklusive der notwendigen **nachvollziehbaren Dokumentation** zur Vorgehensweise, der Ergebnisse mit einer Bewertung, eines Fazits und eines Ausblicks. Das Thema Data Analytics spielt hierbei eine immer größere Rolle, gerade auch im oben erwähnten Zusammenspiel mit der Risikoanalyse

Abschließender Hinweis

!

Dass das Monitoring verstärkt im Fokus der Aufsicht steht, zeigt auch die BaFin Bekanntmachung vom 19.7.2024.[25]

Die BaFin hatte gegen die VR Payment GmbH zwei Bußgelder in Höhe von jeweils 20.000 EUR festgesetzt. In der Meldung heißt es u.a. „Außerdem wies das EDV-Monitoring-System der VR Payment GmbH Mängel auf".

II. Zentrale Stelle

Gemäß § 25h Abs. 7 KWG haben Institute im Sinn des KWG eine **zentrale Stelle** einzurichten. Diese Pflicht trifft nicht nur wie in § 25h Abs. 2 KWG Kreditinstitute, sondern alle Institute im Sinn des § 1 Abs. 1 b) KWG. Dabei müssen die Funktion des Geldwäschebeauftragten im Sinne des § 7 GwG und die Pflichten zur Verhinderung strafbarer Handlungen im Sinne des § 25 h Abs. 1 Satz 1 KWG in einem Institut von einer (einzigen) Stelle wahrgenommen werden. Mit dieser Regelung werden diese Aufgaben unter einem einheitlichen Risikomanagement zusammengefasst. In dieser zentralen Stelle muss zwingend auch der Geldwäschebeauftragte leitend tätig sein. Dieser ist daher neben der Verhinderung von Geldwäsche und Terrorismusfinanzierung auch zuständig, strafbare Handlungen zu verhindern, wobei diese Pflicht von ihm nicht persönlich ausgeübt werden muss, sondern auch delegiert werden kann. Die Verpflichtung zur Einrichtung einer zentralen Stelle bezieht sich ausdrücklich nur auf Institute im Sinne des KWG; andere Verpflichtete unterliegen **nicht** der gesetzlichen Pflicht, eine zentrale Stelle einzurichten. 31

III. Weitere Pflichten für Institute gemäß § 25k KWG

Institute im Sinne des KWG haben über § 15 GwG hinaus auch nach § 25k KWG zusätzliche Sorgfaltspflichten zu erfüllen. Trotz der Überschrift „verstärkte Sorgfaltspflichten" handelt es sich zumindest in Bezug auf § 25k KWG um die Anwendung **allgemeiner Sorgfaltspflichten** im Sinne des § 10 Abs. 1 GwG. Dabei handelt es sich um anonyme Sortengeschäfte und Factoring. 32

1. Sortengeschäfte

Institute (Kreditinstitute und Finanzdienstleistungsinstitute i.S.d. § 1 Abs. 1a KWG) haben ungeachtet des in § 10 Abs. 3 Nr. 2 lit. B GwG genannten Schwellenbetrages von 15.000 Euro oder mehr gem. § 25k Abs. 1 KWG bei einem Sortengeschäft, das nicht über ein bei ihnen eröffnetes Konto des Kunden abgewickelt wird und einen Wert von 33

25 https://www.bafin.de/SharedDocs/Veroeffentlichungen/DE/Massnahmen/60b_KWG_84_WpIG_und_57_GwG/meldung_240719_VR_Payment_GmbH.html?cms_expanded=true.

2.500 € oder mehr aufweist, ebenfalls die Sorgfaltspflichten des § 10 Abs. 1 Nr. 1,2 und 4 GwG anzuwenden. Das bedeutet, dass der Kunde vollständig und dokumentenmäßig zu identifizieren ist, abgeklärt werden muss, ob er für einen wirtschaftlich Berechtigten handelt und diesen zu identifizieren hat. Ferner ist festzustellen, ob es sich bei der handelnden Person oder dem ggf. abweichenden wirtschaftlich Berechtigten um eine politisch exponierte Person, oder um sein Familienmitglied bzw. eine bekanntermaßen nahestehende Person handelt.

2. Factoring

34 Institute, die das **Factoring** betreiben, haben gem. § 25k Abs. 2 KWG zusätzlich zu den Pflichten aus dem Geldwäschegesetz angemessene Maßnahmen zu ergreifen, um einem **erkennbar erhöhten Geldwäscherisiko** bei der Annahme von Zahlungen von Debitoren zu begegnen, die bei **Abschluss des Rahmenvertrags** unbekannt sind. Factoring bedeutet gem. § 1 Abs. 1a S. 2 Nr. 9 KWG der laufende Ankauf von Forderungen auf der Grundlage von Rahmenverträgen mit oder ohne Rückgriff. Dabei ist darauf abzustellen, ob es ein erkennbar erhöhtes **Geldwäscherisiko** bei der Annahme von Zahlungen von Debitoren gibt, die bei Abschluss des Rahmenvertrags unbekannt waren. Es liegt in der Natur der Sache, dass bei dem Abschluss von Rahmenverträgen die jeweiligen Debitoren (also Personen, die zu der Zahlung verpflichtet sind) unbekannt sind. Deswegen handelt es sich hier aber in den meisten Fällen um keine riskanten Geschäfte. Man denke dabei nur an Privatrechnungen von Ärzten, die von Patienten beglichen werden müssen, auch wenn diese bei Abschluss des Rahmenvertrags unbekannt sind. Vielmehr meint der Gesetzgeber die Fälle, bei denen ein erkennbar erhöhtes Risiko der Geldwäsche bestehen könnte. Das könnte z.B. der Fall sein, sofern es **Debitoren** in Risikoländern betrifft. Das Länderrisiko dürfte immer dann hoch sein, wenn Länder betroffen sind, die auf der in § 15 Abs. 3 Nr. 2 GwG genannten Liste der Delegierten-Verordnung der EU genannt sind, sowie Länder, die von der FATF als Risikoländer bezeichnet werden. Zusätzlich sollten auch die Länder im Fokus stehen, die im Rahmen der Nationalen Risikoanalyse als risikobehaftet genannt werden. Daneben können auch Länder betroffen sein, bei denen das Institut selbst ein höheres Risiko annimmt.

B. Pflichten für Versicherungen aus den §§ 52ff. VAG sowie den BaFin-AuA (BT für Versicherungen)

35 Für Versicherungen im Sinne von § 2 Abs. 1 Nr. 7 GwG ergeben sich aus den §§ 53–55 VAG weitere Pflichten, die neben dem GwG zu erfüllen sind. Betroffen sind Versicherungen nach § 2 Abs. 1 Nr. 7 GwG, wenn sie **Lebensversicherungen** und **Unfallversicherungen mit Prämienrückgewähr** anbieten. Nichtlebensversicherungen können auch Verpflichtete sein, soweit sie **Darlehen** i. S. von § 1 Abs. 1 S. 2 Nr. 2 KWG oder **Kapitalisierungsprodukte** anbieten. Ein verpflichtetes Versicherungs-Unternehmen ist unbeschadet von § 10

Abs. 1 Nr. 2 GwG gem. § 54 Abs. 1 VAG bei **Begründung** der Geschäftsbeziehung auch zur Feststellung der Identität eines vom Versicherungsnehmer abweichenden Bezugsberechtigten aus dem Versicherungsvertrag nach Maßgabe des § 11 Abs. 5 GwG verpflichtet. Das bedeutet, dass zwar eine Identifizierung des Bezugsberechtigten erfolgen muss.

Der Verweis auf § 11 Abs. 5 GwG zeigt aber auf, dass eine Identifizierung wie bei einem wirtschaftlich Berechtigten vorzunehmen ist. Damit braucht keine dokumentenmäßige Überprüfung wie bei einem Vertragspartner erfolgen. Es genügt vielmehr die Erfassung des Vor- und Nachnamens und ggf. weiterer in § 11 Abs. 5 S. 2 GwG aufgeführter Merkmale zur Identifizierung, wie das Geburtsdatum, der Geburtsort und die Anschrift des Bezugsberechtigten. Aus § 54 Abs. 2 VAG ergibt sich die Pflicht, gem. § 10 Abs. 1 Nr. 4 GwG festzustellen, ob ein vom Versicherungsnehmer abweichender Bezugsberechtigter einer Versicherung eine politisch exponierte Person ist. Soweit dies der Fall sein sollte, ist zu prüfen, ob ein höheres Risiko der Geldwäsche oder der Terrorismusfinanzierung vorliegt. Allein die PEP-Eigenschaft für sich begründet kein höheres Risiko der Geldwäsche oder der Terrorismusfinanzierung, da ansonsten die Prüfpflicht ins Leere laufen würde. Sollte sich dabei ergeben, dass ein höheres Risiko der Geldwäsche oder Terrorismusfinanzierung vorliegt, sind gem. § 55 VAG **verstärkte Sorgfaltspflichten** anzuwenden. Dies bedeutet einerseits, dass die Vorgaben aus § 15 Abs. 4 GwG einzuhalten sind, aber zusätzlich auch die Pflichten aus § 55 VAG zu erfüllen sind. 36

Damit muss in einem solchen Fall des § 55 VAG auch ein Mitglied der Führungsebene des Versicherungsunternehmens vor der Auszahlung an den abweichenden Bezugsberechtigten informiert werden, die gesamte Geschäftsbeziehung zu dem Versicherungsnehmer noch einmal verstärkt auf Auffälligkeiten hin überprüft werden und auch geprüft werden, ob die Voraussetzungen für eine Meldung nach § 43 Abs. 1 GwG gegeben sind. 37

Die BaFin hatte im Januar 2020 Auslegungs- und Anwendungshinweise (BT für Versicherungen) veröffentlicht. Hierin hat die BaFin Ausführungen zur Darlehensvergabe gem. § 2 Abs. 1 Nr. 7 lit. c) GwG getätigt, aber insbesondere, wann ein solcher Fall nicht vorliegt. Das wäre bei Darlehen an eigene Mitarbeitende gegeben, soweit die Darlehen 15.000 Euro nicht übersteigen. Auch der Erwerb von bereits bestehenden Darlehensforderungen am Sekundärmarkt stellt keine Darlehensvergabe dar. Das Gleiche gilt für Vorschüsse an Versicherungsvermittler, soweit ebenfalls nicht 15.000 Euro überschritten werden.[26] 38

Bei der Erstellung der Risikoanalyse sind die Darlehensvergaben (Anzahl, Volumina, Hintergrund und Kategorien der Darlehensnehmer) ebenfalls zu berücksichtigen.[27] Hier können **vereinfachte Sorgfaltspflichten** angewendet werden, soweit es sich um Darlehen an Mitarbeiter oder an gebundene Versicherungsvermittler unter 39

26 BaFin-AuA (BT für Versicherungen) vom Januar 2020, Ziffer 2 a), S. 4f.
27 BaFin-AuA (BT für Versicherungen) vom Januar 2020, Ziffer 2 a), S. 6.

25.000 Euro handelt.[28] Das Gleiche gilt (ohne Begrenzung) bei Darlehen an juristische Personen des Öffentlichen Rechts.[29]

40 Ebenfalls können vereinfachte Sorgfaltspflichten bei Lebensversicherungsverträgen zur betrieblichen Altersvorsorge angewendet werden.[30] Hier bedarf es zur Identifizierung des Bezugsberechtigten nur vereinfachter Sorgfaltspflichten, sodass auf die Identifizierung mittels Vorlage eines zugelassenen Ausweises verzichtet werden kann.[31] Für die Identifizierung des wirtschaftlich Berechtigten wird darauf verwiesen, dass dies bei einer bAV ausschließlich der Mitarbeitende ist und somit keine weitere Abklärung erfolgen muss.[32] Soweit ein abweichender Bezugsberechtigter genannt wird, ist dieser entsprechend § 11 Abs. 5 GwG zu identifizieren. Dies muss aber erst bei Auszahlung oder soweit der Berechtigte seine Rechte aus dem Versicherungsvertrag wahrzunehmen beabsichtigt, erfolgen.[33] Sollte ein Mitarbeitender vorzeitig aus dem Unternehmen ausscheiden, aber den Vertrag privat fortführen, sollte eine ordnungsgemäße Identifizierung entsprechend § 10 Abs. 1 Nr. 1 i.V.m. § 11 Abs. 4 GwG nach der ersten Prämienzahlung zu erfolgen.[34]

41 Sollte ein Versicherungsnehmer seinen Vertrag zur Absicherung eines Darlehens an einen Verpflichteten gem. § 2 Abs, 1 Nr. 1,2,6 oder 7 GwG abtreten oder zur Tilgung verwenden, stellt die BaFin klar, dass es sich dabei nicht um einen Wechsel des wirtschaftlich Berechtigten handelt. Damit bleibt der Versicherungsnehmer auch bei einer Abtretung der Lebensversicherung der wirtschaftlich Berechtigte.[35] Hinsichtlich der Aktualisierungspflichten verweist die BaFin auf die Regelungen in § 10 Abs. 1 Nr. 5 GwG. Hier galt bislang, dass eine periodische Identifizierung spätestens alle 15 Jahre zu erfolgen habe.[36] Nicht geklärt ist, ob und wie die neuen kürzeren Fristen, die von der BaFin in ihren aktuellen AuA (AT) im März 2025 genannt wurden, mit diesen hier genannten Erleichterungen in Einklang gebracht werden können. Da die BaFin aber bei Versicherungsverträgen davon ausgeht, dass – auf gesetzlichen Vorgaben beruhend – ein regelmäßiger Kontakt zu Versicherungsnehmern besteht, ist nur bei Postrückläufern, Namensänderungen, Wechsel des Versicherungsnehmers oder erhöhten Beitragszahlungen anlassbezogen eine Aktualisierung der Kundendaten erforderlich.[37] Eine Beendigung einer Geschäftsbeziehung bei einer Versicherung nur aufgrund der Nichterfüllung von Sorgfaltspflichten wird von Seiten der BaFin als unangemessen angesehen.[38]

28 BaFin-AuA (BT für Versicherungen) vom Januar 2020, Ziffer 2 d) lit. bb), S. 6.
29 BaFin-AuA (BT für Versicherungen) vom Januar 2020, Ziffer 2 d) lit. cc), S. 6.
30 BaFin-AuA (BT für Versicherungen) vom Januar 2020, Ziffer 4 b), S. 7.
31 BaFin-AuA (BT für Versicherungen) vom Januar 2020, Ziffer 4 b), S. 7.
32 BaFin-AuA (BT für Versicherungen) vom Januar 2020, Ziffer 4 c), S. 7.
33 BaFin-AuA (BT für Versicherungen) vom Januar 2020, Ziffer 4 f), S. 7.
34 BaFin-AuA (BT für Versicherungen) vom Januar 2020, Ziffer 4 e), S. 9.
35 BaFin-AuA (BT für Versicherungen) vom Januar 2020, Ziffer 5, S. 10.
36 BaFin-AuA (BT für Versicherungen) vom Januar 2020, Ziffer 8 a), S. 10.
37 BaFin-AuA (BT für Versicherungen) vom Januar 2020, Ziffer 8 b), S. 11f.
38 BaFin-AuA (BT für Versicherungen) vom Januar 2020, Ziffer 10, S. 12.

C. Pflichten aus dem Zahlungsdiensteaufsichtsgesetz-ZAG

Zahlungsinstitute sind Verpflichtete gemäß § 2 Abs. 1 Ziff. 3, d.h. sie unterliegen den grundsätzlichen Pflichten aus dem GwG. Darüber hinaus enthält das Zahlungsdiensteaufsichtsgesetz (ZAG) weitere Regelungen zur Verhinderung von Geldwäsche und Terrorismusfinanzierung. In § 27 ZAG sind weitere Organisationspflichten geregelt. Hier heißt es: 42

> *(1) Ein Institut muss über eine ordnungsgemäße Geschäftsorganisation verfügen; die Geschäftsleiter sind für die ordnungsgemäße Geschäftsorganisation des Instituts verantwortlich. Eine ordnungsgemäße Geschäftsorganisation umfasst insbesondere gemäß Ziff. 5 unbeschadet der Pflichten der §§ 4 bis 7 des Geldwäschegesetzes angemessene Maßnahmen, einschließlich Datenverarbeitungssysteme, die die Einhaltung der Anforderungen des Geldwäschegesetzes und der Verordnung (EU) 2015/847 zu gewährleisten;*

Zahlungsdienstleister, die unter das ZAG fallen, müssen daher entsprechende Datenverarbeitungssysteme zur Verhinderung von Geldwäsche und Terrorismusfinanzierung vorhalten. Dies ergibt sich auch aus dem Verweis auf § 24c in § 27 Abs. 2 ZAG. Eine Erläuterung dazu enthalten auch die BaFin-AuA (AT) in Kap. 3: 43

> *§ 6 Abs. 2 GwG enthält nachfolgende Regelbeispiele für die nach Abs. 1 zu schaffenden Sicherungsmaßnahmen. Aufgrund ihres nicht abschließenden Charakters gehören auch die für den jeweiligen Verpflichteten geltenden in Fachgesetzen aufgeführten internen Sicherungsmaßnahmen (z.B. § 25h Abs. 2 KWG, § 27 Abs. 1 Satz 2 Nr. 5 ZAG) zu den in § 6 Abs. 1 GwG genannten Maßnahmen.*

ebenso wie in Kap 3.1:

> *Kreditinstitute, Zahlungsinstitute, E-Geld-Institute und Anbieter von Kryptowerte-Dienstleistungen müssen außerdem angemessene interne Verfahren einrichten, um die Einhaltung der Pflichten aus der GTVO 2023 zu gewährleisten (§ 25g Abs. 2 KWG, § 27 Abs. 1 Nr. 4 ZAG, § 6 Abs. 4a GwG). Zusätzlich zu den bekannten Regeln für Geldtransfers statuiert die Geldtransferverordnung ab dem 30. Dezember 2024 zusätzlich eigene Regeln für Transfers von Kryptowerten.*

Allerdings sind neben den in § 6 Abs. 2 GwG beispielhaft genannten Sicherungsmaßnahmen auch sämtliche anderen internen Sicherungsmaßnahmen ganz oder teilweise auslagerungsfähig. Hierzu gehören insbesondere auch Datenverarbeitungssysteme gemäß § 25h Abs. 2 KWG sowie § 27 Abs. 1 Satz 2 Nr. 5 ZAG. Ab welchem Maße eine Inanspruchnahme der Leistungen Dritter bei internen Sicherungsmaßnahmen eine (teilweise) Auslagerung darstellt und somit anzeigepflichtig ist, hat das Institut unter Beachtung der Vorgaben der MaRisk BA, AT 9, MaGo, 13.4, ZAG MaRisk, AT 9, KAMaRisk Ziffer 10 sowie der dortigen Erwägungen für jeden konkreten Einzelfall zu entscheiden. Die Entscheidung und ihre Gründe sind zu dokumentieren[39]. 44

39 BaFin-AuA zum GwG AT (03/2025), Ziff. 3.10, S. 32.

45 Gemäß § 13 Abs. 2 Ziff. 5 ZAG kann die BaFin die Erlaubnis (§§ 10 und 11 ZAG) außer nach den Vorschriften des Verwaltungsverfahrensgesetzes aufheben, wenn

> *schwerwiegend, wiederholt oder systematisch gegen § 27, gegen das Geldwäschegesetz, gegen die Verordnung (EU) 2015/847 des Europäischen Parlaments und des Rates vom 20. Mai 2015 über die Übermittlung von Angaben bei Geldtransfers und zur Aufhebung der Verordnung (EU) Nr. 1781/2006 (ABl. L 141 vom 5.6.2015, S. 1) oder gegen die zur Durchführung dieser Vorschriften erlassenen Verordnungen oder vollziehbaren Anordnungen verstoßen wurde.*

46 Allerdings kann die Bafin gemäß § 20 Abs. 1 und 2a ZAG auch „mildere" Maßnahmen treffen:

> (1) *In den Fällen des § 13 Absatz 2 Nummer 3 bis 5 kann die Bundesanstalt, statt die Erlaubnis aufzuheben, die Abberufung der verantwortlichen Geschäftsleiter verlangen und diesen Geschäftsleitern auch die Ausübung ihrer Tätigkeit bei Instituten untersagen. In den Fällen des § 13 Absatz 2 Nummer 5 kann die Bundesanstalt auch die vorübergehende Abberufung der verantwortlichen Geschäftsleiter verlangen und ihnen vorübergehend die Ausübung einer Geschäftsleitertätigkeit bei dem Institut und bei einem anderen Verpflichteten nach § 2 Absatz 1 des Geldwäschegesetzes untersagen. Die Anordnung nach Satz 2 kann die Bundesanstalt auch gegenüber jeder anderen Person treffen, die für den Verstoß verantwortlich ist.*
>
> (2a) *Die Aufsichtsbehörde kann einen Geschäftsleiter verwarnen, wenn dieser gegen die Bestimmungen dieses Gesetzes, des Geldwäschegesetzes oder die zur Durchführung dieser Gesetze erlassenen Verordnungen oder gegen Anordnungen der Bundesanstalt verstoßen hat. Gegenstand der Verwarnung ist die Feststellung des entscheidungserheblichen Sachverhaltes und des hierdurch begründeten Verstoßes.*

47 **§ 24 ZAG** sieht besondere Pflichten des Prüfers hinsichtlich der Einhaltung des GwG von Zahlungsdienstleistern, die dem ZAG unterliegen, vor:

> (1) *Als Teil der Prüfung des Jahresabschlusses sowie eines Zwischenabschlusses hat der Prüfer auch die wirtschaftlichen Verhältnisse des Instituts zu prüfen. Bei der Prüfung des Jahresabschlusses hat er insbesondere festzustellen, ob das Institut die Anzeigepflichten nach § 10 Absatz 5, § 11 Absatz 4, § 21 Absatz 4 Satz 1, § 28 Absatz 1, auch in Verbindung mit einer Rechtsverordnung nach § 28 Absatz 4, erfüllt hat. Der Prüfer hat auch zu prüfen, ob das Institut seinen Verpflichtungen 1. nach dem Geldwäschegesetz und der Verordnung (EU) 2015/847 nachgekommen ist (§ 24 Abs. 1 Ziff. 1 ZAG).*

48 Beabsichtigt ein ZAG-Institut Zahlungsdienste über einen Agenten zu erbringen, muss es gemäß § 25 Abs. 1 Ziff. 2

> 2. *eine Beschreibung der internen Kontrollmechanismen, die der Agent anwendet, um die Anforderungen des Geldwäschegesetzes zu erfüllen; diese ist bei sachlichen Änderungen der zuvor übermittelten Angaben unverzüglich zu aktualisieren;*

49 Zusätzlich zu den Bußgeldregelungen des GwG enthält das ZAG weitere Bußgeldvorschriften bei Verstößen gegen das GwG. Diese sind in **§ 64 Abs 3 ZAG** geregelt:

(3) *Ordnungswidrig handelt, wer vorsätzlich oder fahrlässig*

5a. entgegen § 27 Absatz 1 Satz 1 und 2 Nummer 5 über keine angemessenen Maßnahmen, einschließlich Datenverarbeitungssysteme, zur Gewährleistung der Einhaltung der Anforderungen des Geldwäschegesetzes und der Verordnung (EU) 2015/847 verfügt,

...

9. entgegen § 27 Absatz 2 Satz 1 in Verbindung mit § 25i Absatz 1 des Kreditwesengesetzes die Sorgfaltspflichten nach § 10 Absatz 1 des Geldwäschegesetzes nicht erfüllt

...

12. entgegen § 27 Absatz 2 Satz 1 in Verbindung mit § 8 Absatz 1 des Geldwäschegesetzes erhobene Angaben oder eingeholte Informationen nicht, nicht richtig oder nicht vollständig aufzeichnet.

Ausblick auf die EU-Geldwäsche-Verordnung

Zahlungsdienstleister werden auch weiterhin Verpflichtete im Sinne der neuen EU-Verordnung sein. Gemäß Art, 2 Abs. 1 Nr. 6a **EU-AML-VO 2024/1624 vom 31. Mai 2024** zählen sie zu den Finanzinstituten und sind dann Verpflichtete nach Art. 3 Nr. 2 **EU-AML-VO 2024/1624 vom 31. Mai 2024.**

Kapitel 6
Leasing und Factoring

A. Vorbemerkung

Innerhalb dieses Kapitels wird auf die Geldwäschebekämpfung nur insoweit eingegangen, wie sich nach Ansicht des Verfassers für Leasing- oder Factoringinstitute Besonderheiten ergeben. Im Übrigen sei an dieser Stelle pauschal auf die entsprechenden Kapitel dieses Buches verwiesen. Besonderheiten können sich aufgrund tatsächlicher oder rechtlicher Unterschiede, aber auch aufgrund von aufsichtlichen Vorgaben, wie zum Beispiel Risikoanalysen, ergeben. 1

B. Leasing

I. Allgemeines Geldwäscherisiko durch Leasinggeschäfte

Die BaFin stuft – ohne nähere Begründung – in ihrer **Subnationalen Risikoanalyse** das Risiko, dass Leasing zum Zwecke der Geldwäsche missbraucht wird, als **mittel – niedrig** ein[1]. 2

Dieses Ergebnis bestätigt die Ausführungen des Bundesverbands Deutscher Leasing-Unternehmer von 2012. Schon damals erläutert er dies mit der Bindung der Leasingnehmer an lange Vertragslaufzeiten und damit, dass die Zahlung der Leasing-Raten bargeldlos erfolgt. Die langen Vertragslaufzeiten würden dazu führen, dass die „Fungibilität der angelegten Gelder“ gering sei. Gemeint ist, dass es schwierig sei, das Leasingobjekt wieder in einen anderen Vermögensgegenstand oder in Geld zu tauschen. Der potenzielle Geldwäscher müsste damit rechnen, dass das Leasinginstitut zur Vermeidung von Betrugsschäden überprüft, ob das Objekt noch vorhanden ist. 3

Die damaligen Erläuterungen wurden 2024 anlässlich der Überarbeitung der BaFin-AuA 2024 bekräftigt und dahingehend präzisiert[2], dass der Leasingnehmer in der Regel kein Anrecht auf Kauf hat und der potenzielle Geldwäscher somit riskiert, sein eingesetztes Geld nach Ablauf des Vertrags zu verlieren. Für Leasing-Verträge mit Kaufoption am Ende wird erläutert, dass diese für Geldwäscher wegen der langen Laufzeiten von durchschnittlich vier Jahren unattraktiv sind. Schließlich wird auf die Unüblichkeit von Barzahlungen verwiesen. 4

---

1 Subnationale Risikoanalyse 3.0, Seite 9.

2 Stellungnahme Bundesverband Deutscher Leasing-Unternehmen e.V. zur Konsultation 06/2024 der Auslegungs- und Anwendungshinweise zum Geldwäschegesetz vom 25.07.2024.

https://doi.org/10.1515/9783111510545-006

5 Eine Ausnahme wird inzwischen in dem Leasing von Luxusgegenständen wie teuren PKWs, Luxusyachten und Schmuck gesehen. Kriminelle gehen nunmehr dazu über, derartige Gegenstände nicht mehr zu kaufen, um zu verhindern, dass diese im Falle einer Verhaftung als Gewinne aus Straftaten abgeschöpft werden.[3]

6 Obwohl diese Leasingverträge mit inkriminierten Geldern bezahlt werden und somit ein Fall von § 261 StGB vorliegt, handelt es sich nicht um Geldwäsche in dem Sinn, die Herkunft der Gelder zu verschleiern, sondern es geht darum den Konsum der Kriminellen kostengünstig zu halten und sich vergebliche Ausgaben für den Fall einer Verhaftung und Vermögensabschöpfung zu ersparen. Das hat das Ziel, das nicht durch den Kauf in voller Höhe verbrauchte, inkriminierte Vermögen vor den Strafverfolgungsbehörden zu verstecken. Die klassische Geldwäsche versucht dagegen die inkriminierten Gelder als legal erworben erscheinen zu lassen und einer dauerhaften Nutzung zuzuführen.

II. Geschäftsbeziehung

7 Die Geschäftsbeziehung im Sinne des Geldwäschegesetzes besteht beim Leasing nur zwischen Leasingnehmer und der Leasinggesellschaft, § 2 Abs. 4 GwG.[4] Dies ist darauf zurückzuführen, dass das GwG auf § 1 Abs. 1a Nr. 10 verweist und dort ausdrücklich nur auf den Abschluss des Finanzierungsleasingvertrages abgestellt wird. Dies ist insofern von Bedeutung, da Leasingunternehmer häufig auch in einer vertraglichen Beziehung zu dem Verkäufer von den Wirtschaftsgütern stehen, welche dann Gegenstand des Leasingvertrages sind. Nachdem es dabei aber nicht um den Abschluss des Finanzierungsleasingvertrages geht, sind diese Verträge auch keine Geschäftsbeziehung im Sinne des GwG. Diese Vertragspartner unterliegen mangels geldwäscherechtlicher Geschäftsbeziehung nicht den Kundensorgfaltspflichten[5]. Allerdings gilt dennoch die sanktionsrechtliche Jedermannspflicht und die Verkäufer sollten, wie andere Lieferanten auch, in das Sanktionsscreening aufgenommen werden. Siehe hierzu auch den Abschnitt zu Listentreffern in Kapitel 7, Rn. 262ff.

8 Die Auslegungs- und Anwendungshinweise des Bundesverbandes Deutscher Leasing-Unternehmen vom Dezember 2012 stellen aber klar, dass sich die Verwertung des Leasingobjektes als Fortwirkung der Vertragsbeziehung darstellen kann. Insbesondere gilt dies, wenn der Leasingnehmer in die Verwertungshandlung eingebunden ist.

---

3 BaFin Journal vom Mai 2021, Seite 26.

4 Anwendungsempfehlungen zur Geldwäschebekämpfung bei Leasing-Unternehmen vom Dezember 2012 Seite 4.

5 A.a.O.

III. Potenziell risikobehaftete Situationen im Leasing

1. Mietsonderzahlungen

Bei Mietsonderzahlungen muss zwischen solchen Zahlungen differenziert werden, die der Leasingnehmer von sich aus leistet und solchen die von dem Leasinginstitut angefordert werden, um das Kreditrisiko zu reduzieren[6]. Die freiwillig geleisteten Zahlungen an sich begründen aber noch nicht einen Geldwäscheverdacht, insbesondere dann nicht, wenn sich Gründe für eine Sonderzahlung aufdrängen. Solche Zahlungen können aber Anlass sein, beim Leasingnehmer nach seiner Motivation für die Zahlung und nach der Herkunft der Mittel zu fragen. Eine pauschale Bewertung von solchen Situationen als riskant oder im Gegenteil als „mit keinen besonderen Geldwäscherisiken verbunden, sofern sie nicht als Barzahlung geleistet werden“[7] verbietet sich aber. Es kommt immer auf die Umstände des Einzelfalles, insbesondere die Nachvollziehbarkeit der Begründung, die für eine Zahlung angegeben wird, welche nicht geschuldet war. Die Risikoklasse des Kunden und die Angaben zur Herkunft der Mittel müssen ebenfalls berücksichtigt werden. Zutreffend ist, dass die Leistung als Barzahlung ein starkes Risikokriterium ist. In einem solchen Fall sollte eine Verdachtsmeldung nur dann unterbleiben, wenn die Mittelherkunft zweifelsfrei geklärt ist. 9

2. Kautionsverrechnungswünsche

Auch bei dem Wunsch des Leasingnehmers anstehende Leasingraten mit der Kaution zu verrechnen, ist zu differenzieren. In Verbindung mit einer ungewöhnlich hohen Kaution, die eventuell auch noch vom Leasingnehmer angeboten wurde und nicht von dem Leasinginstitut verlangt wurde, kann dies ein Indiz für Geldwäsche sein[8]. Eine Barzahlung der Kaution ist ohnehin ein Risikoanzeiger, wie Barzahlungen grundsätzlich als riskant zu bewerten sind. Auch hier sind die Gründe für den Verrechnungswunsch zu hinterfragen. 10

3. Sale and Lease Back

Unter den verschiedenen Varianten des Finanzierungsleasing birgt Sale and Lease Back am ehesten Geldwäscherisiken, denn eine solche Transaktion ermöglicht es Vermögen in das Finanzsystem einzuschleusen. Ein mit inkriminierten Geldern bar erworbenes Wirtschaftsgut, z.B. eine Baumaschine oder ein KFZ kann an die Leasinggesellschaft veräußert werden, die den Kaufpreis sodann unbar begleicht. Als Sicherungsmaß- 11

6 *Tönnes, Celik* in FLF 1/2018 Seite 19.
7 A.a.O.
8 A.a.O.

nahme bietet sich an, einen Bezahlt-Nachweis zu verlangen und bar bezahlte Wirtschaftsgüter vom Sale and Lease back auszuschließen.

4. Zahlungen von Dritter Seite

12 Wenn Dritte die Leasingraten begleichen, ist das eine weitere Risikosituation, nicht nur beim Leasing, sondern bei allen Geschäften, bei denen dies grundsätzlich möglich ist. Allerdings erfolgt dies regelmäßig durch Überweisung, so dass auch hier nur eingeschränkt ein erhöhtes Geldwäscherisiko besteht. Bei einer Barzahlung dagegen wäre der Vorgang sehr sorgfältig zu hinterfragen und ggf. eine Meldung zu erstatten.

5. Geldwäsche bei Vertragsbeendigung

13 Bereits eingangs wurde skizziert, dass der Rückkauf eines Leasinggegenstandes bei Vertragsende grundsätzlich zur Geldwäsche genutzt werden könnte, ohne nähere Begründung wird vertreten, dass das nur bei Ausübung des Rechtes an einen Dritten denkbar sein soll[9]. Das wäre jedoch eine sehr aufwändige und langwierige Methode mit relativ geringer Verschleierungswirkung, sowohl bei Verkauf an den Dritten als auch an den Leasingnehmer. Beide wären an der Transaktion beteiligt und damit nicht mehr anonym.

14 Auch eine vorzeitige Vertragsauflösung des Leasingvertrages wäre für Geldwäsche geeignet. Dem wird aber entgegengehalten, dass dies mit hohen Kosten verbunden wäre. Die Kosten allein würden einen potenziellen Geldwäscher sicher nicht aufhalten, jedoch wäre auch hier die Verschleierung nicht gegeben.

6. Kundenidentifikation

15 Häufig werden Leasingverträge zur Vertriebsunterstützung eingesetzt. Dem Kaufinteressenten eines Wirtschaftsgutes wird die Finanzierung über einen Leasingvertrag angeboten. Dabei ist es für den Vertriebserfolg des Verkäufers des Wirtschaftsgutes wichtig, dass das Leasinginstitut direkt vor Ort am Verkaufspunkt eine verbindliche Entscheidung über das Angebot eines Leasingvertrages abgeben kann. Der gesamte Vorgang vom Verkauf des Wirtschaftsgutes an das Leasinginstitut und der Abschluss des Leasingvertrages soll für den Endkunden (Leasingnehmer) ein einziger Vorgang sein.

16 Um die dafür erforderliche Verbindlichkeit des Leasinginstitutes im Einklang mit dem Geldwäschegesetz herzustellen, wird die Identifizierung des Leasingnehmers an den Verkäufer des Wirtschaftsgutes ausgelagert. Hierbei handelt es sich um eine vertragliche Auslagerung im Sinne des § 17 Abs. 5 GWG. Siehe hierzu auch Kapitel 4, Randnummer 536 ff.

---

9 *Tönnes, Celik* in FLF 1/2018 Seite 19.

IV. Die kontinuierliche Überwachung der Geschäftsbeziehung

Es reicht nicht aus, die Geschäftsbeziehung nur „anlassbezogen“ zu überwachen[10]. Die 17
Geschäftsbeziehung muss daher laufend überwacht werden, wie schon der Gesetzeswortlaut in § 10 Abs. 1 S. 1 Nr. 5 GwG zweifelsfrei festlegt. Dennoch wurden schon in den Anwendungshinweisen von 2012 Hinweise gegeben, auf welche Umstände bei der laufenden Überwachung geachtet werden muss. „Als Beispiele sind zu nennen: Zahlungseingänge von einem ausländischen Konto, Wechsel der Vertragsparteien, hohe Einmalzahlungen, vorzeitige Ablösung.“[11]

V. Verdachtsmeldungen

Auch beim Leasing haben sich im Laufe der Zeit Typologien herausgebildet, die eine 18
Verdachtsmeldung nahelegen.

> *„Leasing-Nehmer verlangt Anonymität oder versucht bewusst, persönliche Kontakte zur Leasing-Gesellschaft oder dem Händler zu vermeiden;*
> *Einschaltung von Dritten („Strohmanngeschäfte“);*
> *Mehrfach korrigierte Angaben zu Identitäten, wirtschaftlich Berechtigten, Zahlungsmodalitäten (abweichende Kontoverbindungen u. ä.);*
> *Verwendung von „Briefkastenunternehmen“ als Firmenmäntel oder Nutzung von Anschriften von Unternehmen mit keinen oder unüblich wenigen Beschäftigten;*
> *Leasing-Nehmer verweigert die Übergabe notwendiger, für den Leasing-Vertrag typischer Unterlagen wie Selbstauskünfte etc.;*
> *bekannte Strafverfahren, insbesondere zu Katalogtaten gem. § 261 StGB;*
> *wirtschaftlich „unsinnige“ Geschäftsinhalte [Beispiel: Leasing-Nehmer will Leasing-Objekt bereits kurze Zeit nach Vertragsschluss ohne Angabe eines plausiblen Grundes ablösen („Fälle vorzeitiger Ablösung“)];*
> *sale-and-lease-back-Verträge, in welchen Leasing-Nehmer keinen Bezahltnachweis (Kontoauszug) für die Anschaffung des Leasing- Objektes vorlegen kann oder will;*
> *nicht plausibler Vertragspartnertausch auf Leasing-Nehmer-Seite, insbesondere zeitnah nach Vertragsschluss;*
> *Leasing-Nehmer hat seinen Sitz in einem der nicht kooperativen Länder der FATF-Liste oder nutzt Off-Shore-Unternehmen, ausländische Firmensitze etc.*
> *„Leasing-Vertrag über Immobilien, obwohl die angegebene Vermögenssituation eine Finanzierung überflüssig erscheinen lässt;“*
> *Leasing-Raten werden ohne erkennbaren Grund aus dem Ausland gezahlt.“*[12]

---

10 So *Tönnes, Celik* in FLF 1/2018 Seite 21, unter Verweis auf § 10 Abs. 3 S. 2 KWG; gemeint war vermutlich der heutige § 10 Abs. 3a S. 3 Nr. 1 GWG.

11 Anwendungsempfehlungen zur Geldwäschebekämpfung bei Leasing-Unternehmen des Bundesverbandes Deutscher Leasingunternehmen, Seite 10.

12 A. a. O.

C. Factoring

I. Was ist Factoring

19 Die Aufsicht über Factoringinstitute wurde mit dem Jahressteuergesetz 2009 (JStG 2009) zum 25.12.2008 in das KWG eingeführt. Damit wurden Factoringinstitute auch gleichzeitig gem. § 2 Abs. 1 Nr. 2 GwG Verpflichtete nach dem Geldwäschegesetz.

20 Gem. § 1 Abs. 1a Satz 2 Nr. 9 KWG ist Factoring als der laufende Ankauf von Forderungen auf der Grundlage von Rahmenverträgen mit oder ohne Rückgriff legaldefiniert. Das Geldwäschegesetz enthält keine eigene Definition des Factorings. Stattdessen wird auf das KWG verwiesen.

21 In der Praxis handelt es sich bei den im Gesetz genannten Forderungen, um Forderungen aus Lieferungen und Leistungen, die durch die Ausführung des Gewerbes eines Unternehmens entstehen.

22 Factoring ist demnach durch ein Drei-Personen-Verhältnis gekennzeichnet: Der Factor erwirbt Forderungen seines Kunden gegen dessen Kunden. Letztere werden im Kontext des Factorings als Debitoren bezeichnet.

23 Die oben wiedergegebene Legaldefinition des Factorings muss teleologisch erweitert werden, denn es handelt sich eben nicht immer um einen Forderungsankauf (nach deutschem Recht), obwohl das KWG vom „Ankauf von Forderungen" spricht. Der Forderungserwerb ist je nach Rechtsordnung zivilrechtlich auf andere Weise ausgestaltet und das internationale Privatrecht[13] legt fest, dass das Recht der Abtretung dem Recht der Forderung folgt. Auch die Unterscheidung zwischen Verpflichtungs- und Verfügungsgeschäft, so wie in Deutschland, gibt es nicht überall.

Beispiel:
Im deutschen Recht handelt es sich um einen Rechtskauf, wobei zwischen dem Verpflichtungs- und dem Verfügungsgeschäft in Gestalt einer Abtretung unterschieden wird. In den Niederlanden handelt es sich nur um einen Rechtsakt in Gestalt einer Verpfändung.
Handelt es sich also um eine Forderung nach niederländischem Recht, so erfolgt auch die Übertragung dieser Forderung vom Anschlusskunden an den Factor nach niederländischem Recht, selbst wenn der Factoring Rahmenvertrag sich nach deutschem Recht richtet und mit einem deutschen Factoringinstitut besteht.

---

24 Es muss sich also nicht unbedingt um einen Forderungskauf im Sinne des deutschen Rechts handeln, damit die Tatbestandsvoraussetzung „Ankauf von Forderungen" erfüllt ist. Ein Forderungserwerb im wirtschaftlichen Sinne ist ausreichend. Im Interesse einer einfachen Lesbarkeit wird im Folgenden aber stets vom Forderungskauf die Rede sein, wenn es nicht um den Factoring-Rahmenvertrag geht, sondern um das Einzelgeschäft gemäß den Regeln des Rahmenvertrages. Ferner werden die Überlegungen immer auf

13 Art 14 Rom I VO.

Basis des deutschen Rechtes dargestellt, da es für die Geldwäscheprävention letztendlich unerheblich ist, nach welchem Recht die Forderung übertragen wird.

Kennzeichnend für Factoring ist jedenfalls das Drei-Personen-Verhältnis, in dem die Forderungen des Anschlusskunden rechtlich dem Factor zugeordnet werden, der dafür den (Kauf-)preis bezahlt, evtl. noch verschiedene Dienstleistungen an den Anschlusskunden erbringt und Gebühren und oder Zinsen berechnet. 25

1. Wirtschaftliche Bedeutung des Factorings

In Deutschland nutzten Ende 2023 mehr als 100.000 Unternehmen Factoring und diese verkauften Forderungen in Höhe von mehr als 384 Milliarden Euro[14] an die jeweiligen Factoringinstitute. Die Marktdurchdringung, auch Factoring-Quote genannt, beträgt damit mehr als 9 Prozent des gesamten deutschen Brutto-Inlands-Produkts. Damit liegt Deutschland im europäischen Vergleich aber keineswegs an der Spitze. In Belgien und Spanien ist die Marktdurchdringung mit 22,5 und 19,4 Prozent mehr als doppelt so hoch, und auch Portugal, die Niederlande und Frankreich haben eine deutlich höhere Factoringquote. Jedenfalls hat Factoring eine erhebliche gesamtwirtschaftliche Bedeutung und dies gilt umso mehr, wenn man bedenkt, dass Factoring als Finanzierungsform auch Unternehmen zur Verfügung steht, deren Bonität nicht optimal beurteilt wird. Factoring finanziert (mit anderen Finanzierungsformen) dementsprechend oft die Restrukturierung und Sanierung von Unternehmen und stabilisiert damit die Wirtschaft insgesamt. Anstehende Strukturveränderungen in der Volkswirtschaft profitieren vom Factoring aber auch deswegen, weil es sich sehr gut für Wachstumsfinanzierung eignet. 26

2. Das Factoringdreieck

Grundlegend für das Verständnis des Factorings ist, wie oben erwähnt, das Drei-Personen-Verhältnis und die jeweiligen Rechtsbeziehungen. Das sogenannte Factoringdreieck besteht aus dem Factor (Factoringinstitut), dem Kunden (Anschlusskunde des Factoringinstituts) und dem Debitor (Kunde des Anschlusskunden).[15] Zwischen dem Factor und dem Kunden besteht zum einen der Factoringvertrag (der Vertrag, der im KWG als Rahmenvertrag bezeichnet wird) und darüber hinaus die einzelnen Forderungskaufverträge mit der jeweiligen Abtretung als Realakt, bzw. die in den verschiedenen Rechtsordnungen an diese Stelle tretenden Rechtskonstrukte. 27

---

14 Jahresbericht des deutschen Factoringverbandes 2023. Die Mitglieder des deutschen Factoringverbands repräsentieren einen Marktanteil von 98 Prozent des gesamten verbandlich organisierten deutschen Factoring Marktes. Nach Meinung des Verfassers ist der Marktanteil von Factoringunternehmungen, die nicht im deutschen Factoringverband organisiert sind, unerheblich für statistische Betrachtungen, soweit diese im Kontext der Geldwäschebekämpfung stehen.

15 Siehe auch den Überblick im „Factoring Handbuch“ von Hartmann-Wendels u.A. Seite 1 bis 32.

Zwischen dem Kunden und dem Debitor besteht ein Vertrag über eine Lieferung oder eine Leistung.

28 Die daraus resultierende Forderung des Kunden an den Debitor wird an den Factor übertragen. Der Debitor zahlt schließlich im Normalfall an den Factor. Es kommt aber auch vor, dass der Debitor an den Kunden bezahlt, der sodann die Zahlung an den Faktor weiterleitet. Die Zahlung des Debitors kann auf ein eigenes Konto des Factors erfolgen. Sie kann aber auch auf ein Konto des Kunden gehen, welches an den Factor abgetreten oder verpfändet wurde. Nur bei Kunden mit sehr guter Bonität wird der Factor auf den Zugriff auf das Zahlungseingangskonto unter Ausschluss einer eigenen Verfügungsmöglichkeit des Kunden verzichten.

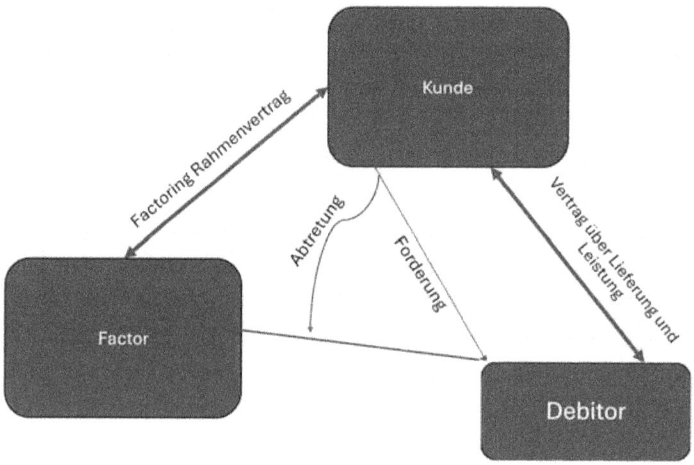

29 Die Lieferung des Kunden muss nicht unbedingt an den Debitor erfolgen und sie muss nicht unbedingt vom Kunden durchgeführt werden. Im Falle von Streckengeschäften kann es z.B. sein, dass der Kunde die Ware nicht liefert und/oder der Debitor die Ware nicht an sich, sondern an eine Dritte Partei liefern lässt. Verbreitet sind solche Konstellationen zum Beispiel in der Modeindustrie, oft werden dann auch mehrfach grenzüberschreitende Sachverhalte realisiert. Solche Konstellationen sind nicht allein deswegen verdächtig, weil der Zahlungsweg vom Weg der Ware abweicht.

II. Verschiedene Arten von Factoring

30 Im Lauf der Jahre haben sich verschiedene Formen des Factoringvertrages entwickelt. Im Rahmen der Risikoanalyse ist das Factoringinstitut gehalten, sich mit den eigenen Produkten auseinanderzusetzen. Diese unterscheiden sich im Detail von Institut zu Institut. Im Großen und Ganzen haben sich am Markt aber bestimmte Produktmerkmale durchgesetzt. Diese Produktmerkmale werden im Nachfolgenden vorgestellt.

In der praktischen Auseinandersetzung zwischen Prüfer und Geldwäschebeauftragtem zeigt sich gelegentlich eine strukturelle Dysbalance. Dies ist besonders dann der Fall, wenn der Prüfer das Factoringinstitut mit Fragestellungen und Themen konfrontiert, die eigentlich für die Prüfung des klassischen Bankgeschäfts erdacht wurden, und nicht unbedingt auf die Situation des Factoringgeschäftes passen. Prüfer und Geldwäschebeauftragter stehen also vor der Herausforderung diese Themen für das Factoring mit neuem Sinn zu füllen. Voraussetzung dafür ist die Bereitschaft der Prüfer, sich in die Besonderheiten des Factoringgeschäftes einzuarbeiten. 31

Die Anmerkungen zur Risikoeinstufung stellen grundsätzlich die persönliche Meinung des Autors dar und sollten mit der tatsächlichen Situation im Institut abgeglichen werden. Die Ausführungen sind als Anregung für die konkrete Risikoeinwertung und als Anregung für einen sinnvollen Prüfungsdialog sowohl für das geprüfte Institut als auch für den Wirtschaftsprüfer gedacht. 32

1. Offenes vs. Stilles Factoring

Ein für die Risikobewertung sehr wesentlicher Unterschied betrifft die Frage, ob der Debitor Kenntnis von der Forderungsabtretung hat. Wenn der Debitor über die Einbindung des Factors informiert ist, spricht man vom offenen Verfahren oder vom offenen Factoring. Andernfalls spricht man vom stillen Factoring oder vom stillen Verfahren. Relevant ist dies vor allem für das Risikomanagement des Factors und für die Beziehung des Kunden zu seinem Debitor. 33

Der Debitor wird bei Kenntnis der Abtretung nicht von seiner Forderung frei, wenn er an den Kunden (seinen Lieferanten) bezahlt. Von der Forderung wird er dann nur noch durch Zahlung an den Faktor frei. Auch etwaige Aufrechnungslagen, die der Debitor gegenüber dem Kunden geltend machen könnte, kann er gegenüber dem Factor dann nicht geltend machen. Manche Debitoren, beispielsweise die großen Supermarkt- und Discounterketten, akzeptieren die Einbindung eines Factors daher auch nicht. Für den Factor ist das Risiko des Nicht-Bestehens der Forderung – man spricht auch vom Veritätsrisiko – bei der Offenlegung der Forderungsabtretung allerdings erheblich reduziert, und zwar nicht nur, wie oben dargestellt, weil der Debitor an den Faktor zahlen muss, sondern auch weil der Faktor dann die Verität der Forderung direkt beim Debitor überprüfen kann. Das Risiko für die Verität ist deshalb reduziert, weil der Factor eine bessere Ausgangsposition hat, um sich von der Verität der Forderung zu überzeugen. Wenn der Factor dies unterlässt, dann ist das Veritätsrisiko natürlich nicht geringer als beim stillen Verfahren. Nicht nur das Veritätsrisiko ist geringer, auch das Geldwäscherisiko ist reduziert, wenn der Factor mehr Kenntnisse hat. Siehe dazu auch unten, unter der Überschrift § 25k KWG. 34

Auch wenn zwischen Kunde und Factor das stille Verfahren vereinbart wurde, behalten sich die Factoringinstitute grundsätzlich immer das Recht zurück, jederzeit die Abtretung offenzulegen und somit zum offenen Factoring zu Wechseln. Weil dies aber dazu führen kann, dass ein Debitor seine Geschäftsbeziehung mit dem Kunden beendet, wird dies nur beim Vorliegen von triftigen Gründen getan. 35

2. Full vs. Inhouse

36 Eine weitere Unterscheidung betrifft die Frage, ob das Debitorenmanagement inklusive Mahnwesen beim Kunden verbleibt (Inhousefactoring oder Bulkfactoring), oder ob das Factoringunternehmen dies als zusätzlichen Service für den Kunden übernimmt. Das Full-Factoring wird daher auch Full-Service-Factoring genannt. Bei dieser Form des Factorings hat der Factor natürlich nicht nur potenziell, sondern notwendigerweise tatsächlich, unmittelbaren Zugriff auf alle Informationen im Zusammenhang mit der Forderung und deren Erfüllung. Beim Inhousefactoring dagegen ist der Informationszugriff weniger unmittelbar. Dies gilt umso mehr, wenn, wie üblich, Full-Factoring auch im offenen Verfahren durchgeführt wird und Inhouse, wie häufig, im stillen Verfahren. Das Inhouse Factoring ist also potenziell mit einem höheren Risiko verbunden als das Full-Service-Factoring. Daher wird es üblicherweise nur Unternehmen angeboten, die eine ausreichend hohe Qualität bei der Debitorenbuchhaltung und beim Mahnwesen gewährleisten können. Das trifft nicht nur auf das Debitorenrisiko zu, sondern auch für das Geldwäsche-Risiko. Siehe hierzu unten, unter der Überschrift § 25k KWG.

3. B2B vs. B2C

37 Unterschieden wird auch danach, ob die Debitoren des Factoringkunden ihrerseits Unternehmen (B2B Factoring) oder ob es Verbraucher (B2C Factoring) sind. Die Unterscheidung ist zum einen wegen der Struktur der Debitoren und Forderungen relevant und zum anderen wegen der Verbraucherschutzvorschriften, die der Forderung ganz oder teilweise entgegenstehen können.

a) Debitorenstruktur

38 Beim B2C Factoring ist die Debitorenstruktur oft durch eine hohe Zahl von Debitoren gekennzeichnet, wobei die jeweiligen Einzelforderungen eher gering sind. Beim B2B Factoring verhält es sich typischerweise genau umgekehrt. Das B2C Factoringgeschäft ist daher ein Massengeschäft, welches überhaupt nur möglich ist, wenn ein hoher Automatisierungsgrad erreicht ist. Ein typisches Beispiel sind hier die Angebote von Zahlungsdienstleistern wie z.B. Paypal, die es Onlinehändlern ermöglichen, ohne eigene Bonitätsprüfungen Zahlung auf Rechnung anzubieten.

b) Spezielle Branchenlösungen

39 Des Weiteren ist B2C Factoring auch eine Lösung für bestimmte Branchen. Die Unternehmer in diesen Branchen sind häufig keine Betriebswirte bzw. reine Manager, sondern Fachleute für eine bestimmte Aufgabe. Die Unternehmer führen diese Aufgabe auch selbst aus, ggf. mit Hilfe von Mitarbeitern und darin liegt der Schwerpunkt der Wertschöpfung. Teils sind die Preise für die Dienstleistungen und die Art der Abrechnung reguliert und erfordern neben Sonderwissen auch noch Branchensoftware. Bei-

spiele für solche Branchen sind Heilberufe, Bestatter, bestimmte Handwerker, Rechtsanwälte oder Steuerberater. Da die Unternehmer ihre Arbeitskraft für Aufgaben einsetzen wollen, welche den größten Beitrag zum Unternehmerlohn bringen, bietet es sich an, nicht nur die Abrechnung, sondern auch das Forderungsmanagement und das Delkredererisiko (Risiko, dass der Debitor die Rechnung nicht bezahlt) auszulagern.

Der Vertrieb von solchen Factoring Produkten wird oft auch von Anbietern der Branchensoftware übernommen, indem in die Softwareprodukte Schnittstellen zu den Abrechnungsdienstleistern und Factoringdienstleistern eingebaut werden. 40

Eine pauschale Bewertung des Geldwäscherisikos für all diese Sonderlösungen bestimmter Branchen verbietet sich genau wie eine pauschale Bewertung für einzelne Branchen. Das betrifft das Geldwäscherisiko auf Ebene der Debitoren, als auch das Geldwäscherisiko auf Ebene der Kunden. 41

c) Healthcare

Ausnahmen von diesem Grundsatz sind denkbar wie zum Beispiel bei Anbietern von Gesundheitsdienstleistungen. Soweit die Debitoren direkt die gesetzlichen Krankenkassen und nicht die Patienten sind, kann der Factoringanbieter guten Gewissens ohne Weiteres von einem geringen Geldwäscherisiko ausgehen. Auch bei privat zahlenden Patienten ist es, soweit es sich um medizinisch notwendige Dienstleistungen handelt, unmöglich, systematisch zu erkennen, ob die Zahlung mit inkriminierten Geldern erfolgt. Sowohl der behandelnde Therapeut, als auch der Factor dürfen davon ausgehen, dass der Patient sich Kosten für medizinisch notwendige, bzw. bei IGEL Leistungen, zumindest sinnvolle Maßnahmen von seiner Krankenversicherung erstatten lässt. Typologien für Geldwäsche durch Gesundheitsleistungen sind nicht bekannt. Tendenziell handelt es sich um einen Markt mit erhöhten Zugangsvoraussetzungen in Form von aufwändigen Berufsausbildungen, Kassenzulassungen etc. Typologien sind eher aus Märkten mit geringen Zugangsvoraussetzungen bekannt, wie z. B. Handel mit gebrauchten KFZ oder der Gastronomie. 42

Eine Ausnahme von der Ausnahme ist ebenso denkbar, wenn es sich um medizinische, bzw. Gesundheitsdienstleistungen mit Konsum bzw. Lifestylecharakter handelt. Ein Beispiel wäre ein plastischer Chirurg, der Dienstleistungen an Kunden aus dem Rotlicht-Milieu anbietet. Auch wenn Prostitution derzeit in Deutschland legal ist, besteht hier immer das Risiko, dass ein Fall von Zwangsprostitution vorliegt und die Leistungen des Arztes mit Einnahmen aus derselben bezahlt werden. 43

4. Internationales Factoring in Form des direkten Verfahrens vs. Zwei-Factor-Verfahren

Durch die Exportorientierung der deutschen Wirtschaft sind grenzüberschreitende Sachverhalte im klassischen B2B Factoring alltäglich. Denkbar sind dabei unterschiedliche Konstellationen. Zum einen kann ein deutsches Factoringinstitut direkt einen Factoring- 44 vertrag mit einem Unternehmen im Ausland abschließen und dessen Forderungen ankaufen. Häufig ist dies der Fall, wenn ein ausländisches Tochterunternehmen eines deutschen Konzerns in das Factoring des Konzerns eingebunden werden soll. Ferner werden unter einem Factoringvertrag üblicherweise Forderungen gegen Debitoren im Ausland angekauft, wenn der Anschlusskunde Waren oder Dienstleistungen exportiert.

45 Im Gegensatz zu den oben dargestellten Möglichkeiten Internationale Geschäfte der Anschlusskunden direkt zu begleiten, besteht auch die Möglichkeit auf das sogenannte Zwei-Faktor-Verfahren zurückzugreifen. Dabei überträgt der Factor die Forderung seines Anschlusskunden an einen Cofactor im Ausland, üblicherweise an einen Cofactor in dem Land, in dem der Debitor sitzt. Der Cofactor macht die Forderung sodann beim Debitor geltend. Auch hier sind Konstellationen mit oder ohne Ausfallschutz bzw. mit oder ohne Finanzierung möglich.

5. Reverse Factoring

46 Beim Reverse Factoring handelt es sich um eine Einkaufsfinanzierung. Das Factoringunternehmen schließt auf Bitte des Reversekunden, eigentlich dem Debitor, da es sich um das einkaufende Unternehmen handelt, einen Factoringvertrag nur für die Forderungen gegen den Reversekunden ab. In diesem Fall hat das Factoringinstitut also ausnahmsweise eine Geschäftsbeziehung mit dem Debitor und dem Lieferanten und für die Anwendung des § 25k Abs. 2 KWG ist kein Raum mehr. Der Debitor (Reverse-Kunde) und der Lieferant (Reverse-Seller) unterliegen dann den Kundensorgfaltspflichten des § 10 GWG. Reversefactoring wird nur Kunden mit guter Bonität angeboten. Die Gefahr von Luftrechnungen ist gering, da der Factor die Rechnungen nach Bestätigung des Reversekunden ankauft.

47 Obwohl theoretisch ein kollusives Zusammenwirken zwischen Reversekunden und dem Lieferanten denkbar ist, ist das Betrugs- und Geldwäscherisiko eher gering, solange diese Form des Factorings nur größeren Unternehmen mit guter Bonität angeboten wird. Die Bonität des Unternehmens ermöglicht es, Rückgriff beim Reversekunden zu nehmen, wenn sich das Restrisiko verwirklicht. Der Anteil des Reversefactorings an der Gesamtfinanzierung ist meist gering. Das Restrisiko besteht hauptsächlich in einer korrupten Einkaufsabteilung beim Reversekunden, die mit dem Lieferanten kollusiv zusammenwirkt, um Scheinrechnungen bezahlen zu lassen. Dieser Fall ist allerdings sehr selten.

6. Factoring mit oder ohne Rückgriff

48 Unterschieden wird schließlich noch zwischen Factoring mit und ohne Rückgriff beim Anschlusskunden. „Rückgriff" bedeutet in diesem Zusammenhang die Frage, wer das Risiko des Zahlungsausfalls des Debitors trägt. Bei Factoring mit Rückgriff trägt dieses Risiko der Anschlusskunde.

49 In Deutschland findet hauptsächlich Factoring ohne Rückgriff (echtes Factoring) statt, da nur bei dieser Art des Factoring Vertragsbruchtheorie des BGH nicht gilt und

die Abtretung der Forderung an den Factor Vorrang vor einer eventuell zeitlich vorhergehenden Abtretung der Forderung an den Vorlieferanten im Rahmen des von diesem ausbedungenen verlängerten Eigentumsvorbehalt hat. Dies gilt allerdings nur, wenn der Erlös vom Factor ausreicht, um den Vorlieferanten zu bezahlen[16].

Für das Geldwäscherisiko ergibt sich allein durch die Unterscheidung mit oder ohne Rückgriff kein Unterschied. 50

7. Warum Factoring?

Mit Factoring können verschiedene Ziele gleichzeitig erreicht werden. Die drei Hauptmotive für Factoring sind Bilanzoptimierung, Absicherung gegen Zahlungsausfall und die Finanzierungsfunktion. 51

Die Bilanzoptimierung ergibt sich durch den Aktivtausch der automatisch beim Factoring eintritt: tendenziell unsichere Forderungen werden in liquide Mittel umgewandelt, was im Rahmen einer Bilanzanalyse positiv bewertet wird. Aus diesem Grund wird Factoring teils auch von Unternehmen genutzt, die eigentlich Factoring als Finanzierungsform überhaupt nicht benötigen. Für diese Unternehmen lohnt sich Factoring schon durch die damit eventuell bessere Bonitätsbewertung. 52

Die Absicherung gegen den Zahlungsausfall ergibt sich beim Factoring ohne Rückgriff ohne Weiteres dadurch, dass grundsätzlich der Gläubiger das Zahlungsausfallrisiko trägt und der Factor nach dem Ankauf der Forderung der Gläubiger ist. 53

Finanzierung bei Bonitätsproblemen und in der Restrukturierung: Da beim Factoring hauptsächlich die Bonität der Debitoren eine Rolle spielt, steht es als Finanzierungsform auch Anschlusskunden zur Verfügung, die selbst eine weniger gute Bonität haben, solange ausreichend Debitoren mit guter Bonität vorhanden sind. Auf die Bonität des Anschlusskunden kommt es um so mehr an, je größer die Gefahr von sogenannten Nonvalues sind. Dabei handelt es sich um die Gefahr, dass eine Forderung nicht werthaltig ist, weil der Debitor Gegenrechte wie z.B. eine Aufrechnung geltend machen kann. 54

Factoring eignet sich sehr gut zur Finanzierung von Unternehmen mit wachsendem Umsatz, da umso mehr Liquidität bereitgestellt wird, je mehr Waren und Dienstleistungen an die Kunden des Unternehmens verkauft werden. 55

Für kleine Unternehmen spielt auch die Servicefunktion und die Auslagerung des Debitorenmanagements eine Rolle. Ein typisches Beispiel sind hier z.B. Heilberufe, bei denen der Unternehmer hauptsächlich durch seine eigene Arbeit am Patienten wertschöpfend tätig ist. 56

16 Factoring Handbuch, 3. Auflage 2024, Seite 63 ff.

8. Abgrenzungsfragen

57 In der gebotenen Kürze soll noch auf ähnliche Finanzierungsformen eingegangen werden, um das Verständnis des Factorings abzurunden.

a) Forfaitierung

58 Mit der Forfaitierung hat das Factoring gemein, das Forderungen verkauft werden. Im Unterschied zum Factoring geht es bei der Forfaitierung hauptsächlich um die Refinanzierung von Finanzprodukten. Zudem werden einzelne Forderungen/Forderungen verkauft und nicht die Gesamtheit von Forderungen aus Lieferungen und Leistungen abgetreten.

b) Finetrading

59 Beim Finetrading handelt es sich um eine Form der Wareneinkaufsfinanzierung. Im Unterschied zum Reversefactoring wird hier nicht die Forderung des Lieferanten an den Factor verkauft, sondern die Waren des Lieferanten werden an den Finetrader verkauft, der diese dann mit Zahlungsziel an den Kunden verkauft.

c) Konsignationslager

60 Konsignationslager sind Warenlager im Betrieb des Kunden, deren Inhalte aber nicht dem Kunden gehören, sondern dem Lieferanten. Der Kunde kauft die Ware erst mit der Entnahme aus dem Lager. Auf diese Weise erspart sich der Kunde die Kosten, welche anfallen würden, müsste er den Warenbestand selbst vorhalten. Der Lieferant sichert sich so eine langfristige Kundenbeziehung. Das Konsignationslager kann durch Einräumung von Zahlungszielen auch der Einkaufsfinanzierung dienen. In diesem Fall kann der Lieferant sich unter Umständen durch einen Factoringvertrag refinanzieren.

d) Kreditversicherung

61 Die Kreditversicherung ist keine Finanzierungsform, sondern eine Versicherung, welche das Debitorenrisiko übernimmt. Factoringinstitute übernehmen das Delkredererisiko für Ihre Anschlusskunden in der Regel nur, wenn sie dieses Risiko zu einem großen Teil bei einer Warenkreditversicherung versichern können. Es ist auch möglich eine Warenkreditversicherung des Anschlusskunden an das Factoringinstitut abzutreten. Jedenfalls ist es unerlässlich für das Risikomanagement des Factoringinstituts, dass die Bedingungen der Warenkreditversicherung eingehalten werden, was auch im Hinblick auf § 25k Abs. KWG eine große Rolle spielt. Dazu unten unter 9. d) mehr.

9. Regulierung des Factorings in Deutschland

a) Anwendbarkeit der deutschen GwG-Regulatorik auf ausländische Institute

Gem. § 2 Abs. 1 Nr. 1 und Nr. 2 sind ausländische Institute Verpflichtete nach dem deutschen Geldwäschegesetz, soweit diese durch im Inland gelegene Zweigstellen und Zweigniederlassungen handeln. Im Umkehrschluss sind ausländische Institute, die nicht über Zweigstellen und Zweigniederlassungen in Deutschland handeln, keine Verpflichteten. Die Frage, inwieweit ein Handeln im Zusammenhang mit Factoring in Deutschland in solchen Fällen erlaubt ist, ist eine Frage des KWG und nicht des Geldwäscherechtes. Jedenfalls ist das deutsche Geldwäschegesetz nicht anwendbar, wenn beispielsweise ein Institut im europäischen Ausland über die dortige Niederlassung einen Vertrag mit einem deutschen Anschlusskunden abschließt, selbst wenn sich der Factoringvertrag ganz oder teilweise nach deutschem Recht richtet und deutsche Gerichte für Ansprüche aus diesem Vertrag zuständig wären. 62

b) Der unbekannte Debitor – § 25k Abs. 2 KWG

Der § 25k Abs. 2 KWG ist im Rahmen der Geldwäscheprävention die einzige speziell für das Factoring geschaffene Norm. Sie wurde als § 25f Abs. 4 KWG mit Gesetz zur Umsetzung der zweiten E-Geld-Richtlinie eingefügt. Ausweislich der Gesetzesbegründung wurden mit dem Gesetz auch zahlreiche Monita aus dem FATF-Report vom 18. Februar 2010 über die FATF-Deutschlandprüfung, die vom 15. Mai 2009 bis zum 5. Juni 2009, in Deutschland stattfand, behoben. Bei den Gesetzesänderungen, die zu diesem Zweck vorgeschlagen wurden, ist dies jeweils in der Begründung des Entwurfes der Bundesregierung erwähnt[17]. Auch im FATF-Bericht selbst ist die vermeintliche Gesetzeslücke nicht erwähnt. Es ist daher davon auszugehen, dass die Einführung des § 25k Abs. 2 KWG nicht auf eine FATF-Empfehlung zurückgeht. Auch ist die Norm systematisch falsch in das KWG eingeordnet. Sie gehört eigentlich in das Geldwäschegesetz. 63

Nachdem Factoring auch erst weniger als ein halbes Jahr vor der Prüfung und zwei Jahre vor der Einführung des § 25f Abs. 4 KWG unter Aufsicht gestellt wurde, ist es nicht verwunderlich, dass seinerzeit noch keine klaren Vorstellungen über die Geldwäscherisiken beim Factoring bestanden. Teilweise ist das noch heute so. Selbst 15 Jahre, nachdem Factoringinstitute unter Aufsicht gestellt wurden, finden sich beispielsweise widersprüchliche Angaben in der nationalen und subnationalen Risikoanalyse. Factoring gilt als exotisches Finanzprodukt und die wissenschaftlichen Veröffentlichungen zum Thema Geldwäsche und Factoring sind überschaubar. Das spiegelt sich auch auf internationaler Ebene wider. Typologien, die eine spezifische Schwäche von Factoring ausnutzen, sind nicht bekannt. Es sind lediglich drei Typologiepapiere bekannt, die sich überhaupt mit Geldwäscherisiken durch Factoring auseinandersetzen. Diese Ausführungen erweisen sich aber nach näherer Prüfung als Fälle von handelsbasierter Geld- 64

17 BT-Drucksache 482/10 Seite 106, Entwurf eines Gesetzes zur Umsetzung der Zweiten E-Geld- Richtlinie.

wäsche, bei denen Factoring eine Rolle spielt, die aber grundsätzlich auch ohne Involvierung eines Factors funktionieren würden.

65 In einem Typologiepapier[18] wurde ein Fall präsentiert, in dem der Factor eine Luftrechnung vor Gericht gegen einen Regionalregierung durchsetzen konnte. Anscheinend hatte die Regionalregierung die Rechnung zuvor anerkannt. Dies ist nicht direkt Geldwäsche mittels Factoring, sondern ein Betrug mittels Factoring bzw. am Factor.

66 In einem Report der Asia Pacific Group on Money Laundry von 2013 wird schlicht in einem Satz darauf verwiesen, dass es wohl Fälle von „trade based money laundering, including factoring businesses" gab.[19]

67 In einem speziellen Bericht der Asia Pacific Group on Money Laundering vom 20. Juli 2012[20] zu Trade based money laundering (TBML) wird zwar an verschiedenen Stellen auf Factoring eingegangen, jedoch handelt es sich stets um Fälle, bei denen das Factoringunternehmen Opfer eines Betruges geworden ist.

68 Die BaFin hat sich dem Thema aber angenommen und die zutreffende Feststellung in die AuAs 11/2024 aufgenommen, dass unbekannte Debitoren solche sind, für die keine Bonitätsprüfung vorgenommen wurde[21]. Bemerkenswert ist, dass auch die BaFin nicht auf die eigentlich unnötige Differenzierung eingegangen ist, ob ein Debitor bei Abschluss des Rahmenvertrages unbekannt war. Insgesamt sind die Ausführungen zum Factoring zwar sehr kurz aber die dargestellten Auslegungsergebnisse sind mit den nachfolgend dargestellten Ergebnissen kompatibel.

69 Die Betrugsrisiken beim Factoring sind erheblich. Daraus kann aber keineswegs auf erhebliche Geldwäscherisiken geschlossen werden. Im Gegenteil erschweren die Kenntnisse, die der Factor durch die Betrugsprävention gewinnt, die Geldwäsche sogar.

c) Inwieweit ist Factoring zur Geldwäsche geeignet?

70 Das Gesetz geht im Zusammenhang mit Factoring von einer Gefahr durch **unbekannte Debitoren** aus. Es ist aber fraglich, ob bzw. inwieweit diese Gefahr durch unbekannte Debitoren wirklich besteht oder Risiko erhöhend wirkt. Darüber hinaus ist es fraglich, ob die **beaufsichtigten** Factoringinstitute in der Praxis überhaupt gefahrerhöhend wirken oder stattdessen nicht eher gefahrmindernd.

71 Um zu der Feststellung zu kommen, dass Factoring diese Gefahr in irgendeiner Weise fördert oder erhöht, muss man ein und dasselbe Geschäft mit und ohne Einschaltung eines Factors vergleichen, und zwar gesondert für die verschiedenen Arten des Factorings. Letztendlich kann dies auch jedes Institut in seiner Risikoanalyse für die verschiedenen angebotenen Produkte tun.

---

18 GAFISUD- EGMONT TYPOLOGIES JOINT MEETING 8–11 May, 2012 Quito, Ecuador, Seite 31.

19 Yearly Report of The Asia/Pacific Group on Money Laundering (APG) 2013, Seite 14.

20 APG Typology Report on Trade Based Money Laundering adopted by AGP Members at the 15th Annual Meeting, Seiten 6, 46, 52–55.

21 BaFin AuA AT vom März 2025, Ziff. 7, Seite 72.

Um diese Gefahr durch den unbekannten Debitor beurteilen zu können, muss zunächst einmal analysiert werden, welche die Gefahr ist, von der hier gesprochen wird. Dazu ergibt die Gesetzesbegründung Aufschlüsse. Es wird erläutert, dass das Geldwäschegesetz davon ausgeht, dass die Zahlungen zwischen dem Verpflichteten und dessen Kunden erfolgen. 72

Sodann fährt die Gesetzesbegründung wörtlich (!) wie folgt fort: „Hingegen erfolgt die tatsächliche Zahlung regelmäßig durch die Debitoren, bezüglich derer das Geldwäschegesetz und das Kreditwesengesetz die Anwendung von Sorgfaltspflichten nicht ausdrücklich Sorgfaltspflichten statuieren.“[22] 73

Dieser Satz ist so zu verstehen, dass das erhöhte Risiko des Factorings nach Vorstellung des Gesetzgebers des Jahres 2010 dadurch entsteht, dass Zahlungsflüsse zwischen dem Debitor und dem Factor erfolgen und eben nicht zwischen Debitor und Kunde wie das der Fall wäre, wenn kein Factor in die Transaktion eingebunden wäre, sondern eine Bank oder ein anderer Zahlungsdienstleister oder wenn es sich gar um eine Barzahlung ohne irgendeinen Verpflichteten handeln würde. 74

Selbst dann, wenn man dieser Argumentation folgt, wäre es folgerichtig, all' diese Arten von Factoring aus dem Anwendungsbereich des § 25k Abs. 2 KWG auszuschließen, bei denen die Zahlung tatsächlich direkt von Debitor zu Kunde erfolgt, so als ob der Factor nicht in das Geschäft eingebunden wäre. 75

Dies wäre insbesondere dann der Fall, wenn die Zahlungen nicht auf das Konto des Factors geleistet werden, sondern auf ein Konto des Kunden, was gerade in Deutschland zumindest im B2B-Factoring der am häufigsten vorkommende Fall sein dürfte. Es gibt verschiedene Konstellationen, in denen der Debitor nicht auf ein Konto des Factors bezahlt. Dies kommt vor, wenn der Kunde sein Konto an den Factor abgetreten hat oder wenn er es an den Factor verpfändet hat. Es ist bei Kunden mit herausragend guter Bonität und sehr hoher Prozessqualität in der Debitorenbuchhaltung auch denkbar, dass der Kunde die volle Verfügungsgewalt über sein Konto behält. 76

Es wäre auch verfehlt, im Rahmen der Geldwäschebekämpfung auf die zivilrechtliche Wirkung der Zahlung abzustellen. Natürlich führt auch eine Zahlung auf das Konto des Kunden spätestens bei Weiterleitung an den Factor dazu, dass die Forderung erlischt. Für die Geldwäschebekämpfung ist völlig irrelevant, wann dies geschieht. Für die Geldwäschebekämpfung ist jedoch relevant, woher das Geld bzw. das Vermögen stammt, mit dem die Zahlung geleistet wird. Auch das der Zahlung zugrundeliegende Geschäft ist relevant. Schließlich ist auch relevant, inwiefern ein Geschäft bzw. eine Transaktion zur Verschleierung, also zur Unterdrückung oder Verfälschung von Informationen beitragen kann, oder inwieweit gerade umgekehrt aus einem Geschäft Informationen gewonnen werden können. 77

22 Drucksache 482/10, Alleine diese sonderbare Formulierung und die falsche Grammatik lassen vermuten, dass nicht gerade sehr intensiv über Geldwäschegefahren beim Factoring nachgedacht wurde, sondern vielleicht eher nach dem Motto gehandelt wurde: Lieber eine Regel zuviel, als eine zuwenig.

78 In diesem Sinne führt die Gesetzesbegründung[23] zutreffend aus: „Für die Abklärung der Herkunft der Gelder kann die Bonitätsprüfung allemal keine verlässlichen Aussagen treffen."

79 In den eben dargestellten Fällen, bei denen die Zahlung des Debitors auf ein Konto des Factoringkunden erfolgt, entspricht der Sachverhalt aus Sicht der die Zahlung durchführenden Bank, jeweils des Factoringkunden und des Debitors jedenfalls exakt derselben Situation, die ein entsprechendes Geschäft ohne Einbindung eines Factors darstellen würde. Von einer Risikoerhöhung hinsichtlich Geldwäsche und Terrorismusfinanzierung kann in diesen Fällen also nicht die Rede sein. Das Risiko ist im schlimmsten Fall identisch.

80 Ein theoretisch denkbarer, aber praktisch wohl kaum relevanter Fall des Risikos, welches die Gesetzesbegründung meint, wäre folgender Fall: Der Factoringkunde erbringt eine Leistung und der Debitor bezahlt die Rechnung in bar oder mit Kryptowährungen an den Factor. Ein solcher Fall wäre geradezu prädestiniert, um Gelder unauffällig in den Finanzkreislauf einzuschleusen und Bargeld in Buchgeld zu verwandeln.

81 Ein weiterer Fall, der praktisch tatsächlich vorkommt, wäre der Fall, dass der Debitor nicht auf ein Konto des Factoringkunden überweist, sondern auf ein Konto des Factors. Dieser hat bereits zuvor den Forderungskaufpreis an seinen Kunden überwiesen, was typischerweise in einer einzigen Überweisung pro Kalendertag, für alle wechselseitigen Forderungen saldiert, geschieht. In dieser Konstellation wird aber nicht Bargeld in Buchgeld umgewandelt. Es wird lediglich verhindert, dass die Bank des Anschlusskunden erfährt, von wem, welche Zahlung in welcher Höhe und zu welchem Zeitpunkt erfolgt.

82 Die Bank des (ggf. unbekannten) Debitors hat aber all diese Daten und dazu noch eine vollständige, aktuelle und korrekte KYC-Akte. Die KYC-Informationen über den Debitor hat die Bank des Anschlusskunden regelmäßig nicht, es sei denn es handelt sich zufälligerweise um dieselbe Bank. Für die Bank des Factoringkunden sind die Debitoren also immer „unbekannt", denn sie hat typischerweise nur die Informationen, die sich aus der elektronischen Nachricht ergeben. Diese Informationen bekommt der Factor aber auch bei einem Zahlungseingang. Dennoch geht die Gesetzesbegründung von einer Gefahr durch unbekannte Debitoren aus.

83 Aus all dem ergibt sich, dass eine Risikoerhöhung durch unbekannte Debitoren und Factoring nur dann eintritt, wenn der Factor Zahlungsarten akzeptiert, die **keiner** Kontrolle durch andere Verpflichtete nach dem GWG unterliegen. In Betracht kommen hier vor allem Barzahlungen und die Annahme von Kryptowerten. Praktisch relevant sind diese Fälle eher nicht, insbesondere nicht im klassischen B2B Factoring.

23 BT-Drucksache 482/10.

Ganz im Gegenteil wirkt Factoring tendenziell risikomindernd, unter der Voraussetzung, dass sich das Factoringinstitut gewissenhaft von der Verität der Forderungen überzeugt. 84

d) Zweck des § 25k Abs. 2 KWG

Laut der Gesetzesbegründung liegt der Zweck des § 25k Abs. 2 KWG darin, dass die Regelungslücke geschlossen werden soll, die dadurch entsteht, dass gegenüber dem Debitor keine Sorgfaltspflichten erfüllt werden müssen, da zum Debitor keine Geschäftsbeziehung besteht. 85

Nachdem aber Verpflichtete grundsätzlich eine Risikoanalyse durchführen müssen, bei der die Geldwäscherisiken umfassend untersucht werden müssen, stellt sich die Frage, ob es wirklich überhaupt (noch) eine Regelungslücke gibt. Denn in Folge der Risikoanalyse müssen die dort ermittelten Risiken durch risikominimierende Maßnahmen eingedämmt werden. Zahlungen von unbekannten Personen stellen grundsätzlich immer ein Geldwäscherisiko dar, egal ob es sich um Debitoren beim Factoring handelt oder andere Konstellationen. 86

Ferner heißt es in der Gesetzesbegründung[24]: *„Nach dem Vertragsschluss über unbekannte Debitoren besteht für das pflichtige Factoringinstitut kein, oder allenfalls ein geringes Interesse an aussagekräftigen Informationen über die Bonität des konkreten Einzeldebitoren, insbesondere wenn das Factoringinstitut kein Forderungsausfallrisiko übernimmt oder die vertragsgegenständliche Debitorengruppe statistisch als liquide gilt. Sofern bei derartigen Konstellationen ein erhöhtes Geldwäscherisiko erkennbar ist, soll das Factoringinstitut verpflichtet sein, diesen erhöhten Risiken durch angemessene Maßnahmen gegenzusteuern, damit insbesondere die Papierspur des Geldflusses sichergestellt wird.“* 87

Richtig ist, dass ein Factoringinstitut ein besonders hohes Interesse an der Bonität von Debitoren hat, die in das Factoring eingebunden sind. Man müsste auch noch ergänzen, dass das Interesse an der Bonität der Debitoren insbesondere dann hoch ist, wenn das Ausfallrisiko nicht über eine Warenkreditversicherung abgedeckt ist. 88

Das Zitat aus der Gesetzesbegründung verkennt aber das eigentliche Hauptrisiko des Factors, welches nicht beim Debitor, sondern beim Kunden liegt. Es handelt sich um das Risiko, Luftrechnungen vom Kunden anzukaufen. Das Debitorenrisiko verteilt sich auf viele Debitoren. Wenn die vom Factor angekauften Forderungen überhaupt nicht existieren, dann nutzt eine Warenkreditversicherung nichts und selbst bei solventen Debitoren kann nicht vollstreckt werden. Derartige Fälle sind in der Branche berüchtigt, weil sie Factoringunternehmen schon in schwere Krisen gestürzt haben. Zwei der bekanntesten Fälle sind die Betrugsfälle durch den Stofftierhersteller Nicci und den Hallenboden Fabrikanten Balsam AG. 89

24 BT-Drucksache 482/10.

90 Letztendlich muss der Faktor sicherstellen, dass die angekauften Forderungen tatsächlich existieren, um dieses zentrale Risiko zu beherrschen. Zu diesem Zweck muss sich der Factor mehr als andere Verpflichtete mit den Geschäftsprozessen seines Anschlusskunden auseinandersetzen. Insbesondere muss er aber auch sicherstellen, dass die Debitoren existieren und dass das der Forderung zugrundeliegende Geschäft tatsächlich durchgeführt wurde. Der Factor kauft sich in eine bereits begonnene Transaktion ein. Er analysiert und überwacht diese Transaktionen hauptsächlich im eigenen Interesse, und nicht „nur" im Interesse der Geldwäscheprävention. Nur eine legitime Transaktion kann auch im Zweifel vor Gericht durchgesetzt werden. Das Geldwäschegesetz verlangt in § 10 Abs. 1 Nr. 5 GWG zwar ebenfalls dass die Transaktionen innerhalb der Geschäftsbeziehung überwacht werden, aber das heißt nicht, dass der Factor noch eine zusätzliche Überwachung der Transaktion vornehmen muss. Schon die AuA des DFV und des BVM von 2012 stellen klar, dass „Präventions- bzw. Sicherungsmaßnahmen verschiedenen Factoring-Arten [...] bereits immanent sind".[25]

91 Die Bonitätsprüfung mag wenig über die Herkunft der Mittel sagen, aber die Verifizierung des der Forderung zugrundeliegenden Geschäftes gibt zuverlässige Informationen über den Zweck der Transaktion des Debitors. Für die Prüfung der Mittelherkunft des Debitors ist die Bank des Debitors zuständig.

92 Es macht insofern auch keinen Unterschied, ob Debitoren beim Abschluss des Rahmenvertrages unbekannt waren oder nicht. Jeder Debitor muss identifiziert (nicht verifiziert im Sinne des GWG) werden, bevor Forderungen gegen diesen angekauft werden.

e) Anwendung des § 25k Abs. 2 KWG in der Praxis

93 Nachdem zuvor dargestellt wurde, dass die Gesetzesbegründung des § 25k Abs. 2 KWG nicht mit der tatsächlichen Risikosituation übereinstimmt, stellt sich die Frage wie mit der Norm sinnvoll umgegangen werden kann. Insbesondere ist die Norm auch Gegenstand der PrüfBV, so dass Verpflichtete regelmäßig erklären müssen, wie die Norm in ihren Häusern eingehalten wird.

f) Normauslegung

94 Die Auslegung des § 25k Abs. 2 KWG der BaFin ist für Factoringinstitute verbindlich.

95 „Gemäß § 25k Abs. 2 KWG sind auch bei Debitoren, bei denen das Factoring-Institut auf Bonitätsanalysen vollständig verzichtet (= bei Vertragsschluss unbekannte Debitoren), dennoch verstärkte Sorgfaltspflichten anzuwenden, sofern erhöhte Geldwäscherisiken erkennbar sind."[26]

---

25 AuAs Factoring 2012, Seite 5.

26 BaFin-AuAs AT vom März 2025, Ziff. 7, Seite 72.

Es ist festzuhalten, dass die Tatbestandsmerkmale kumulativ vorliegen müssen, um die Rechtsfolge des § 25k Abs. 2 KWG auszulösen. Dies führt im Ergebnis zu einem recht engen Anwendungsbereich. Verpflichtete können sich auf diesen engen Anwendungsbereich berufen, was aber nicht davor bewahrt, in der Risikoanalyse auch Geldwäscherisiken zu betrachten, die sich außerhalb des Anwendungsbereich des § 25k Abs. 2 KWG ergeben. Insbesondere die Allgemeine Sorgfaltspflicht zur Überwachung der Geschäftsbeziehung muss unabhängig von der Anwendbarkeit des § 25k Abs. 2 WG erfüllt werden. 96

aa) Tatbestandsmerkmal „Annahme von Zahlungen von Debitoren"

Zahlungseingänge von sonstigen Dritten sind ausdrücklich nicht erfasst. Es geht ausschließlich um Debitoren, also um Schuldner einer Lieferung oder Leistung des Anschlusskunden. 97

bb) Tatbestandsmerkmal „Unbekannt bei Abschluss des Rahmenvertrages"

Die BaFin stellt in den AuAs AT klar, dass unbekannte Debitoren solche sind, bei denen keine Bonitätsanalyse vorliegt. Auf das Merkmal „bei Abschluss des Rahmenvertrages" kommt es für die BaFin nicht an. Die BaFin erweitert in Übereinstimmung mit dem oben Ausgeführten die Norm teleologisch. 98

cc) Tatbestandsmerkmal „Erkennbar erhöhtes Geldwäscherisiko"

Sodann wird der Anwendungsbereich weiter reduziert, indem unter den unbekannten Debitoren, noch die ausgewählt werden sollen, die ein erhöhtes Geldwäscherisiko aufweisen. Noch weiter wird der Anwendungsbereich eingeschränkt, indem dieses erhöhte Geldwäscherisiko auch noch erkennbar sein muss. Welche Debitoren ein erkennbar erhöhtes Geldwäscherisiko haben, muss der Verpflichtete in seiner Risikoanalyse ausarbeiten. Es bietet sich an, das Länderrisiko, die Branche des Debitors, die Höhe der Zahlung, das Alter der Debitorenbeziehung, eigene Erfahrungen mit dem Debitor und den Zahlungsmodalitäten, wie z. B. Zahlungen durch Dritte, zu berücksichtigen. 99

dd) Rechtsfolge: Ergreifen von angemessenen Maßnahmen

Die angemessenen Maßnahmen richten sich nach der Art der Kriterien, die zur Ermittlung eines erhöhten Risikos herangezogen wurden. Hier bietet es sich vor allem an, vom Kunden die Rechnungsdokumentation anzufordern, wenn diese nicht ohnehin schon im Hause vorhanden ist, und diese zu überprüfen. Dies kann in Abhängigkeit von Schwellenwerten, oder stichprobenartig unter Berücksichtigung von weiteren Risikofaktoren geschehen. 100

ee) Das Verhältnis von § 25k Abs. 2 KWG zu § 15 GWG

101 Teilweise wird vertreten, dass § 15 Abs. 3 Nr. 2 GWG keine direkte Anwendung auf den Debitor finden soll, da sich § 15 GWG auf ein Zwei-Parteien-Verhältnis bezieht. Dem steht aber der Wortlaut entgegen: „...um eine Geschäftsbeziehung oder Transaktion handelt...". Die Alternative „Geschäftsbeziehung" ist in der Tat nicht gegeben, denn die Geschäftsbeziehung besteht nur zum Anschlusskunden. Allerdings ist die Alternative „Transaktion" einschlägig, denn bei einer Zahlung von einem Debitor oder einem anderen Dritten handelt es sich um eine Transaktion innerhalb einer Geschäftsbeziehung[27].

102 Auf die Frage, ob es zutrifft, dass § 15 GWG sich nur auf ein Zwei-Parteien Verhältnis bezieht, oder nicht, kommt, es nicht an, da die Zahlung Teil einer Transaktion im Sinne des § 10 Abs. 1 Nr. 1 GWG ist, in welche der Faktor durch seine Geschäftsbeziehung zum Anschlusskunden einbezogen wird.

103 Zwar beziehen sich die allgemeinen Sorgfaltspflichten des § 10 GWG auf die Geschäftsbeziehung mit dem Kunden, allerdings bezieht das ausdrücklich die Transaktionen ein, die im Verlauf der Geschäftsbeziehung durchgeführt werden, § 10 Abs. 1 Nr. 5 GwG. Der Begriff der Geschäftsbeziehung ist in § 1 Abs. 4 GWG legaldefiniert und dient zur Abgrenzung von Gelegenheitstransaktionen[28]. Die Transaktion kann gemäß der Definition in § 1 Abs. 5 S. 1 GWG eine oder mehrere Handlungen umfassen, die verbunden zu sein scheinen. Der Gesetzeswortlaut schließt gerade nicht aus, dass hier auch Dritte involviert sind. Auch der Wortlaut des § 10 Abs. 1 Nr. 5 GWG „im Verlauf durchgeführt werden" schließt dies nicht aus. Im Gegenteil, es wird durch § 10 Abs. 1 Nr. 5 lit b) klargestellt, dass nicht nur der Ankauf der Forderung, also die Transaktion im engeren Sinn, gemeint ist, sondern auch die Herkunft der Forderung, also das der Forderung zugrundeliegende Geschäft mit dem Debitor.

104 Eine analoge Anwendung des 15 Abs. 2 GWG auf Debitoren ist mangels Regelungslücke nicht möglich und diese ist auch nicht erforderlich, da die Transaktionen von Debitoren direkt erfasst werden. Diese Transaktionen der Kundenbeziehung (nicht die gesamte Kundenbeziehung) müssen verstärkt überwacht werden. Dabei bestimmen die verpflichteten Factoringinstitute den konkreten Umfang der Maßnahmen angemessen zum jeweiligen Risiko der Geldwäsche gemäß § 10 Abs. 2 Satz 4 GWG entsprechend, wie sich aus § 15 Abs. 2 Satz 4 GWG ergibt.

105 Factoringinstitute müssen letztendlich ähnlich einer Bank agieren, die eine Zahlung gemäß § 15 Abs. 3 Nr. 2 GWG feststellt.

---

27 Glaab in Zentes/Glaab § 15 Rn. 17 unterscheidet dementsprechend zwischen Geschäftsbeziehungen „und/oder Beteiligungen" zu Ländern. Jedenfalls wird der Anwendungsbereich nicht auf Geschäftsbeziehungen beschränkt.

28 Sonnenberg in Zentes/Glaab § 10 Rn. 76.

10. Bewertung des Risikos im Factoring

a) Anwendung der Auslegungs- und Anwendungshinweise des DFV und des BFM von 2012

Die im Oktober 2012 veröffentlichen Auslegungshinweise des Deutschen Factoring Ver- 106
bandes und des Bundesverband Factoring für den Mittelstand sind insoweit aktuell, als diese die dem Factoring inhärenten Geldwäscherisiken beschreiben. Es bietet sich an, diese Hinweise im Rahmen der Risikoanalyse auszuwerten. Dabei muss die aktuelle Rechtslage abgeglichen werden.

Allerdings ist der Satz „Hierzu ist zu beachten, dass die Finanzdienstleistung Facto- 107
ring grundsätzlich nicht mehr oder weniger risikoträchtig in Bezug auf Geldwäsche und Terrorismusfinanzierung ist als andere Finanzdienstleistungen.“ so nicht mehr haltbar. Wenn dem so wäre, stellte sich die Frage, wieso in all den Jahren keine Fälle bekannt geworden sind, bei denen eine spezifische Schwäche des Factorings zum Zwecke der Geldwäsche ausgenutzt wurde.

b) Nationale Risikoanalyse (NRA)

Natürlich sind für die Factoringinstitute die Wertungen aus der nationalen und subna- 108
tionalen Risikoanalyse defacto verbindlich. Möglicherweise wurde die Wertung „mittleres Risiko“ in der nationalen Risikoanalyse aber aus den Auslegungs- und Anwendungshinweisen des DFV und des BFM übernommen. Bei der Einführung zu den Finanzdienstleistungen in der NRA wird ausgeführt, das Factoring besonders anfällig für Geldwäsche sei. Im eigentlichen Abschnitt ist dann nur noch von einem mittleren Risiko die Rede. Ferner mutet es merkwürdig an, dass zunächst ausgeführt wird „Die Bedrohung des Sektors, für Geldwäsche missbraucht zu werden, wird von den beteiligten Behörden insgesamt als mittel eingestuft. Ein zu- oder abnehmender Trend wird nicht gesehen. Die Anfälligkeit des Factorings, für Geldwäsche missbraucht zu werden, wird als mittel eingestuft.“, um sodann sofort die üblicherweise unbare Zahlungsweise zu betonen, welche ja eher für ein niedriges Risiko spricht. Es folgen Ausführungen über den unbekannten Debitor des § 25k KWG, mit denen ohne nähere Erläuterung ein erhöhtes Risiko begründet wird. Die Gesetzesbegründung zum § 25k Abs. 2 KWG geht übrigens nicht von einem allgemein erhöhten Risiko beim Factoring aus, sondern will nur eine vermeintliche Lücke schließen. Das Beispiel Factoring von Juwelenhändlern scheint nicht sonderlich praxisnah. Es handelt sich um Beispiele, bei denen die Risikoerhöhung nicht durch das Factoring eintritt, sondern durch den Geschäftsgegenstand der Anschlusskunden. Durch Einschaltung eines Factors wird das Risiko von Trade Based Money Laundering eher reduziert. Grenzüberschreitendes Factoring wird gesondert erwähnt, wobei eine gesonderte Beurteilung des Risikos unterbleibt. Für die Verpflichteten dürfte sich daraus eher wenig Honig für die Risikoanalyse saugen lassen. Konkrete Maßnahmen können jedenfalls daraus nicht abgeleitet werden.

c) Subnationale Risikoanalyse

109 Das Geldwäscherisiko für Factoring wird hier ebenfalls ohne Begründung als „medium“ eingestuft.

d) Typologien

aa) Missbrauch von Factoring zum Zwecke der Geldwäsche

110 Echte Typologien, in denen eine spezifische Schwäche des Factorings ausgenutzt wurde, sind nicht bekannt. Wenn Factoring in Typologien erwähnt wird, dann geht es meist um handelsbasierte Geldwäsche, so dass an dieser Stelle auf die dortigen Ausführungen, insbesondere auf die Über- oder Unterfakturierung verwiesen wird. Ebenso wird auf die Umsatzsteuerkarusselle verwiesen, die für Factoringinstitute insofern problematisch sein können, weil Factoringinstitute für nicht abgeführte Umsatzsteuer ihrer Kunden nach § 13c UstG haften.

bb) Nützlichkeit der Factoringinstitute für die Geldwäschebekämpfung

111 Factoring ist tatsächlich nützlich für die Bekämpfung der Geldwäsche, da ein Factoringinstitut, zumindest im B2B Bereich, gezwungen ist, sich intensiv mit den zugrundeliegenden Geschäften auseinander zu setzen. Kaum ein Finanzdienstleister weiß so viel über einzelne Transaktionen des Kunden wie ein Factor. Auch hat der Factor ein eigenes Interesse an der korrekten Abführung der Umsatzsteuer seiner Anschlusskunden.

e) Pflichten bei Beginn der Vertragsbeziehung zum Anschlusskunden – Besonderheiten bei der KYC

112 Aufgrund der Tatsache, dass Factoring häufig bei der Restrukturierung von Unternehmen als Finanzierungsquelle herangezogen wird, tritt gelegentlich die Situation ein, dass Factoringunternehmen einen Kunden onboarden, dessen Gesellschafterstruktur noch nicht in offiziellen Registern und Datenbanken hinterlegt ist. Oft beginnt die Anbahnung des Factoringvertrages schon, wenn die zukünftige Struktur erst geplant ist. Die KYC-Akte muss sich natürlich dann auf die zukünftige Struktur beziehen.

113 Auch wird Factoring von Private Equity Fonds gerne als Finanzierungsform eingesetzt. Auf die diesbezüglichen Ausführungen im Kapitel zu KYC wird verwiesen siehe auch Kapitel 4 A Rn. 187 (Seite 275).

f) Risiken im Zusammenhang mit der Weiterleitung von Zahlungen nach dem Ende der Vertragsbeziehung

114 Nach Ende des Factoringvertrages und im Fall der Zahlung der Debitoren auf ein Konto des Factors, statt auf ein abgetretenes oder verpfändetes Konto des Kunden, ist es üblich, dass man mit dem Kunden eine Weiterleitungsvereinbarung trifft. Die noch auf

dem Konto des Factors eingehenden Zahlungen von Debitoren werden dann für eine gewisse Zeit an den ehemaligen Anschlusskunden oder den neuen Factor weitergeleitet. Zumeist handelt es sich dabei um bekannte Debitoren. Denkbar ist aber auch, dass unbekannte Debitoren oder Dritte auf das Konto zahlen. Insbesondere für diesen Fall empfiehlt es sich die Weiterleitungspflicht unter den Vorbehalt der Prüfung der Zahlungseingänge zu stellen.

g) „Argumentationsbaukasten"

Nachfolgend werden einige Risikomerkmale tabellarisch und ohne Anspruch auf Vollständigkeit dargestellt. Die Wertungen müssen auf das spezifische Risiko des einzelnen Factoringinstitut abgestimmt werden und haben nicht den Anspruch pauschal zu gelten. 115

aa) Übersichtstabelle Inhärentes Produktrisiko

Produktmerkmale	Bewertung	Argumente	Aussagekraft
Offen	Niedriges Risiko	Leichter Zugang zu Information. Kontakt mit Debitor möglich. Tendenziell Abschreckend für Geldwäsche. Anreicherung der Papierspur gegeben.	Hoch
Still	Mittleres Risiko	Zugang zu Informationen möglich, aber Kontakt zu Debitor nicht möglich. Auswertung von Dokumentation notwendig. Keine Abschreckende Wirkung auf Debitorenseite. Anreicherung der Papierspur gegeben.	Mittel
Rückgriff	Mittleres Risiko	Typischerweise weniger Veritätskontrollen.	Gering
Ohne Rückgriff	Mittleres Risiko	Eher mehr Veritätskontrollen	Gering
Inhouse	Mittleres Risiko	Anreicherung der Papierspur erschwert. Typischerweise müssen Informationen erst beim Kunden angefordert werden	Mittel
Fullservice	Niedriges Risiko	Anreicherung der Papierspur gegeben. Informationen zur Forderung sind normalerweise ohnehin vorhanden. Mahnwesen wird vom Factor betrieben. Kollusion Debitor und Kunde erschwert.	Hoch
Reverse	Niedriges Risiko	Verträge mit Kunde und Debitor, daher Informationsansprüche auf beide Seiten. Anreicherung Papierspur gegeben.	Hoch

Produktmerkmale	Bewertung	Argumente	Aussagekraft
B2B	Mittleres Risiko	Typischerweise höhere Beträge, aber Informationen über Unternehmen sind leichter über offizielle Register und Dienstleister zu erhalten	Mittel
B2C	Mittleres Risiko	Kleinere Rechnungsbeträge aber erschwerte Informationsbeschaffung über Debitoren aufgrund Datenschutzbestimmungen	Gering
Healthcare – Gesetzlich Versichert	Niedriges Risiko	Debitoren sind Körperschaften des Ö-Rechts. Informationen über Forderungsbegründung kaum zu erhalten aufgrund Patientendatenschutz. Allerdings stark regulierter Sektor. Branche eignet sich schwerlich für Geldwäsche, da seitens der Debitoren systematisch die Verität kontrolliert wird.	Hoch
Healthcare – Privat versichert	Mittleres Risiko	Debitoren willigen in Informationsweitergabe ein. Debitoren sind aber natürliche Personen. Weniger Kontrolle im Vergleich zu ges. Kassen.	Mittel
2-Factor-Export	Mittleres bis hohes Risiko	Kein Direkter Kontakt zu Debitor, Vertrauen auf Cofactor notwendig. Zusätzliches Länderrisiko wahrscheinlich. U.U. Verständigungsschwierigkeiten. Bewertung aber letztendlich je nach Land und Angaben des Cofactors im Wolfsberg Questionnaire unterschiedlich. Erhöhte Wahrscheinlichkeit einer Einbindung von PEPs.	Mittel
2-Factor-Import	Mittleres bis hohes Risiko	Kein Direkter Kontakt zu Verkäufer Vertrauen auf Cofactor notwendig. Zusätzliches Länderrisiko wahrscheinlich. U.U. Verständigungsschwierigkeiten. Gefahr kollusivem Zusammenwirkens von Debitor und Seller. Bewertung aber letztendlich je nach Land und Angaben des Cofaktors im Wolfsberg Questionnaire unterschiedlich. Erhöhte Wahrscheinlichkeit einer Einbindung von PEPs.	Mittel
Fälligkeitsfactoring	Nicht reguliert	Nicht Gegenstand des Geldwäschegesetzes	Gering

bb) Übersichtstabelle Inhärentes Debitoren Risiko

Risikofaktor	Bewertung	Relevanz für Geldwäsche und Terrorismusfinanzierung
Debitoren Land	Bei der Bewertung des Länderrisikos in Bezug auf den Debitor können die gleichen Überlegungen angewendet werden wie bei der Bewertung des Länderrisikos in Bezug auf den Kunden.	Hohe Relevanz
Debitoren Branche	Die aus den FIU-Typologien bekannten riskanten Branchen können auch oder insbesondere bei den Debitoren Berücksichtigung finden. Ein informeller Austausch mit den Betrugsbeauftragten von Warenkreditversicherungen ist nützlich.	Mittel. Aufschlussreich kann es sein, wenn Branche des Kunden und des Debitors nicht zusammenpassen. (Fiktives Beispiel: Lieferung von großen Mengen Tierfutter an Büroartikelhändler)
Kreditorische Debitoren (-gruppen)	Insbesondere bei Händlern als Factoringkunden besteht die Gefahr, dass der Händler ohne Wissen und Wollen in ein Umsatzsteuerkarusell eingebunden ist. Debitorengruppen sind u. U. schwer zu erkennen. Noch schwerer sind lose Verbindungen zwischen Debitoren und Creditoren. Siehe auch unter dem Abschnitt „Umsatzsteuerkaruselle". Relevant sind Creditorische Debitoren auch außerhalb des Geldwäscherisikos aufgrund des Aufrechnungspotentials	Geringe Relevanz, da Kreditorischer Debitoren i. d. R. ohnehin ausgeschlossen werden. Zahlungseingänge beim Factor können dennoch auftreten.
Kürzliche Sitzverlegung oder Wechsel des Geschäftsführers	Erhöhtes Betrugsrisiko, und/oder Hinweis auf Firmenbestattung. Übernahme von kleineren seriösen Unternehmen, um Bonität oder bestehende Bankverbindungen auszunutzen	Hohe Relevanz, aber automatisierte Auswertung aufwändig und u. U teuer.

cc) Übersichtstabelle Inhärentes Kundenrisiko

Hier werden nur Kriterien dargestellt, die insbesondere im Factoring eine Rolle spielen.

Risikofaktor	Bewertung	Relevanz für Geldwäsche und Terrorismusfinanzierung
Produktion oder Vertrieb von Dual Use Produkten	Ob der Kunde derartige Produkte verkauft, kann im Rahmen des KYC-Prozesses oder eines Audits abgefragt werden.	Mittel. Dual Use Produkte sind meist High-Tech Produkte von seriösen Unternehmen. Die Gefahr liegt auf der Abnehmerseite.
Transportgewerbe	Insbesondere wenn der Kunde Aufträge an Frachtbörsen als Unterauftragnehmer annimmt.	Niedrig-Hoch

Risikofaktor	Bewertung	Relevanz für Geldwäsche und Terrorismusfinanzierung
Branchen mit Gefährdung für Umsatzsteuer-karusselle	Es besteht die Gefahr, das Kunden unbemerkt und ungewollt in Karusselle eingebunden werden.	
Bunkering	Das Compliance-Risiko ist im Grunde nur mit Spezial-Software zu managen, welche Ship2Ship-Transfers erkennen kann.	Mittel-Hoch

dd) Übersichtstabelle Transaktionsrisiko

Risikofaktor	Bewertung	Relevanz für Geldwäsche und Terrorismusfinanzierung
Streckengeschäft	In Bestimmten Branchen absolut üblich (z. B. Textilhandel); Gefahr resultiert daraus, dass nicht nur Kunde und Debitor in die Transaktion involviert sind und so übersehen werden kann, dass Lieferant oder Endkunde z. B. sanktioniert sind. Auch Länderrisiken können dabei übersehen werden.	Mittel. Wenn derartige Geschäfte bei den Stichprobenkontrollen auffallen, sollten die zusätzlichen Parteien anhand von Compliance Datenbanken geprüft werden.
Vermittelte Geschäfte	Compliance-Risiken in der Person des Übermittlers könnten übersehen werden.	Siehe oben
Barzahlung oder Kryptozahlung	Unüblich im Factoring, aber wenn das akzeptiert wird, dann besteht sehr hohe Einschleusungsgefahr.	Hoch, derartige Geschäfte sollten ausgeschlossen werden.
Rechnungs-charakteristika	Charakteristika für Luftrechnungen können auch ein Indiz für Geldwäsche sein.	Für derartige Kontrollen werden bei Factoring Gesellschaften üblicherweise spezielle Softwareprodukte eingesetzt.
Zahlung durch Dritte	Geldwäsche, Sanktions- und Compliance-risiken in der Person des Dritten können übersehen werden	Mittel, die Dritten sollten anhand von Compliance Datenbanken geprüft werden.
Zahlung durch eine Bank aus einem Land in dem der Debitor nicht sitzt	Beispiel: eine Lieferung nach Kolumbien wird von einem Bankkonto des Debitors in Panama bezahlt	Mittel bis Hoch. Wenn keine nachvollziehbare Erklärung geliefert wird, dann ist eine Verdachtsmeldung veranlasst.
Ungewöhnliche Transaktionshöhe	Dies kann durch Spezialsoftware ermittelt werden, die typische Transaktionshöhen von Kunden und Debitoren ermitteln kann.	Mittel

Risikofaktor	Bewertung	Relevanz für Geldwäsche und Terrorismusfinanzierung
Auffällig viele nachträgliche Zahlungszieländerungen und Gutschriften	Kann ein Indiz für Veritätsrisiko sein. Wahrscheinlich eher ein Betrugsrisiko als ein Geldwäscherisiko.	Gering
Direktzahlungen	Es kann auch eine vom Factor nicht akzeptierte Zahlungsform sein, wie z. B. Barzahlung oder Kryptozahlung. Kann auch ein Indiz für steigende Betrugsgefahr sein.	Gering bis Mittel
Compliance relevante Rückfragen von Banken	Die konkreten Gefahren ergeben sich aus den Rückfragen.	Mittel, Interne Ordnungen sollten sicherstellen, dass solche Rückfragen an Geldwäsche- und Complianceverantwortliche zumindest zur Kenntnisnahme weitergeleitet werden.

h) Fazit

Mangels echter Typologien bleibt im Rahmen des Factorings nur, das Risiko für Geldwäsche und Terrorismusfinanzierung ausgehend vom Inhärenten Risiko der Transaktion dahingehend zu beurteilen, ob ein Merkmal dem möglichen Geldwäscher nutzt oder schadet. Das kann anhand der Frage beurteilt werden, ob eine bestimmte Konstellation bzw. ein bestimmtes Merkmal im Factoring die Wahrscheinlichkeit Geldwäsche oder Terrorismusfinanzierung aufzudecken, erhöht oder senkt. Grundsätzlich gilt dabei das sich mehr, bessere, leicht verfügbare und vielfältigere Informationen günstig auf die Erkennungswahrscheinlichkeit auswirken. Ferner gilt grundsätzlich, dass sich Kontrollen, Ausbildung und Risikobewusstsein der Mitarbeiter günstig auswirken. Das inhärente Gesamtrisiko einer Transaktion ergibt sich aus dem inhärenten Risiko der Beteiligten, nämlich Kunde und Debitor sowie dem Transaktionsrisiko. 116

Durch die im Factoring üblichen Kontrollen, die hauptsächlich der Beherrschung des Betrugsrisikos dienen, kann es sein, dass die Beteiligung von Dritten entdeckt wird, die weder Kunde noch Debitor sind. Dies können beispielsweise Makler, Handelsvertreter, Lieferanten oder Endkunden sein. Der Umstand, dass dies festgestellt wird, ist aber gerade keine Eigenschaft von Factoring, die es dem Geldwäscher erleichtert, sondern es ist eine Eigenschaft von Factoring, die es dem Geldwäscher erschwert Geld zu waschen. 117

Wenn solche Personen bzw. Transaktionen festgestellt werden, dann sollten folgende Schritte unternommen werden: alle Beteiligten sollten über Compliance Datenbanken insbesondere zu Adverse Media und Sanktionen abgefragt werden und es sollte hinterfragt werden, aus welchem wirtschaftlichen Zweck die Transaktion so und nicht anders durchgeführt wird. Letzteres kann natürlich unterbleiben, wenn dies schon für 118 die Branche oder den Kunden bekannt ist. Um den Zweck der Transaktion zu verstehen, kann und sollte mit dem Kunden gesprochen werden.

Kapitel 7
Pflichten im Zusammenhang mit Meldungen von Sachverhalten

A. Die Meldepflicht nach § 43 Abs. 1 S. 1 GwG

I. Vorbemerkungen zu § 43 Abs. 1 GwG

1. Zweck und Hintergrund der Vorschrift

§ 43 Abs. 1 (S. 1) GwG ist vielleicht ***die* zentrale Vorschrift des Geldwäschegesetzes**. Es handelt sich bei der Meldepflicht nicht um eine klassische geldwäscherechtliche Sorgfalts- oder Organisationspflicht mit präventivem Charakter, sondern um eine Verpflichtung eigener Art, die primär den Belangen der Verbrechensbekämpfung dient.[1] Die Vorschrift geht dabei weit über die allgemein bestehende Verpflichtung für jeden Bürger nach § 138 StGB hinaus, geplante Verbrechen (wozu Geldwäsche und Terrorismusfinanzierung nicht gehören) zur Anzeige zu bringen. 1

Hauptzweck der Meldepflicht ist es nicht, in jedem Einzelfall möglicherweise inkriminierte Gelder bis zur endgültigen Klärung des Verdachts festzuhalten, sondern vielmehr **sachdienliche Hinweise für die Strafverfolgungsbehörden** zu erlangen[2], auch wenn mittlerweile die als administrative Behörde ausgestaltete FIU zwischengeschaltet wurde. 2

Nach Ansicht des Gesetzgebers handelt es sich bei den **in § 2 GwG genannten Verpflichteten** um Personen und Institutionen, die **beruflich an der Schnittstelle** tätig sind, wo Kriminelle versuchen, inkriminierte Vermögenswerte in den legalen Wirtschaftskreislauf einzuschleusen. Der Gesetzgeber hat ihnen daher die Rechtspflicht nach § 43 Abs. 1 S. 1 GwG auferlegt[3] und sie zur Unterstützung der Strafverfolgungsbehörden verpflichtet.[4] 3

---

1 Vgl. Schreiben des BMF v. 20.9.2013 – VII A 3 – WK 5023/10/10011 – DOK 2013/0882921; zur Rechtsnatur von Verdachtsmeldungen vgl. Herzog/*Barreto da Rosa* Vor Abschnitt 6 Rn. 7f.; ausführlich auch *Degen*, S. 120ff., der sich für eine Zugehörigkeit zur Repression ausspricht; die BaFin-AuA zum GwG AT (11/2024) Ziff. 10.7 sprechen von einer gewerberechtlichen Pflicht, ebenso BT-Drucks. 18/11928, S. 26.

2 BT-Drucks. 12/2747, S. 4; BGH, Urt. v. 6.5.2008 – XI ZR 56/07 – NJW 2008, 2245ff.

3 Verpflichtete können bei Erfüllung der Meldepflicht entsprechend § 6 Abs. 7 GwG auf Dritte zurückgreifen (§ 45 Abs. 4 GwG), dies ändert aber nichts an der Verantwortlichkeit des Verpflichteten.

4 *Körner/Dach*, S. 53 Rn 1; *Degen* zufolge seien Adressaten des GwG in Anlehnung an verwaltungsrechtliche Maßstäbe in die Pflicht genommene Private, die hoheitliche Aufgaben ausführen (S. 128ff., 137).

https://doi.org/10.1515/9783111510545-007

Ausblick auf die EU-Geldwäsche-Verordnung

Ab dem 10.7.2027 wird die Meldepflicht unmittelbar durch Art. 69 (und 70) der EU-Geldwäsche-Verordnung geregelt – § 43 GwG (bzw. jedenfalls Abs. 1 S. 1 und Abs. 2) wird ab dem Zeitpunkt gegenstandslos (und gestrichen werden), wie jede Regelung im nationalen Recht der Mitgliedstaaten, da konkurrierende nationale Regelungen unzulässig sind. Bis zu diesem Zeitpunkt ist ein nationales Gesetz zur Durchführung der EU-Geldwäsche-Verordnung (und Umsetzung der 6. EU-Geldwäsche-Richtlinie) zu erlassen, das diese Streichungen vornimmt und nationale Regelungen ergänzt oder anpasst.

Der wohl auffälligste inhaltliche **Unterschied von Art. 69 Abs. 1 und 2 EU-Geldwäsche-Verordnung im Vergleich zu § 43 Abs. 1 S. 1 GwG** ist, dass gemäß Art. 69 Abs. 1 EU-Geldwäsche-Verordnung künftig ausreicht, „dass **Gelder oder Tätigkeiten** — unabhängig von der Höhe des jeweiligen Betrags — **mit** Erträgen aus kriminellen Tätigkeiten oder mit Terrorismusfinanzierung oder **kriminellen Tätigkeiten in Verbindung stehen**". Die Norm verzichtet gänzlich auf den Begriff (und Bezug zur) „Geldwäsche", sondern stellt auf jegliche Verbindung von Geldern oder Tätigkeiten mit kriminellen Tätigkeiten ab. Welche Auswirkungen dies künftig haben wird, lässt sich aktuell schwer abschätzen, da dies v.a. von diesbezüglichen Hinweisen der AMLA und/oder nationalen Aufsichtsbehörden/FIUs abhängen wird.

Hinzuweisen ist ferner auf weitere **(neue) schwellenwertbasierte Meldepflichten** in Art. 74 und 80 Abs. 4 S. 2 EU-Geldwäsche-Verordnung (s. unten Gliederungspunkt V. 4.).

2. Anforderungen an den Verdachtsgrad

4 Früher wurde verbreitet die Meinung vertreten, bei Verdachtsmeldungen nach dem GwG handle es sich um Anzeigen gemäß § 158 Abs. 1 StPO, d.h. Strafanzeigen.[5] Diese Ansicht ist heute überholt.[6] Bereits in der Begründung zum Gesetz zur Optimierung der Geldwäscheprävention[7] wird deutlich klargestellt: Eine **Verdachtsmeldung** stellt *„unzweifelhaft keine Strafanzeige im Sinne des § 158 Abs. 1 S. 1 StPO dar. [...] Sie erfordert daher auch keinen Anfangsverdacht im Sinne des § 152 Abs. 2 StPO. Die FATF-Empfehlung 13 fordert die Erstattung einer Meldung dann, wenn der Verpflichtete Grund zu der Annahme hat, dass es sich bei Vermögenswerten um Erträge krimineller Aktivitäten handelt oder die Vermögenswerte im Zusammenhang mit Terrorismusfinanzierung stehen (‚If a financial institution suspects or has reasonable grounds to suspect that funds are the proceeds of a criminal activity, or are related to terrorist financing, [...]'). Diese Voraussetzungen sind immer dann erfüllt, wenn objektiv Tatsachen vorliegen, die auf einen solchen Sachverhalt hindeuten."*

5 Die **Umbenennung von „Verdachts*anzeige*" in „Verdachts*meldung*"** zum 29.12. 2011 durch das Gesetz zur Optimierung der Geldwäscheprävention – das heutige GwG verwendet nur noch den Begriff „Meldung"[8] – sollte keine inhaltliche Änderung, sondern lediglich eine Klarstellung in Bezug auf die Verdachtsschwelle bewirken,[9] die in der prak-

5 U.a. Fülbier/Aepfelbach/Langweg/*Fülbier*, § 11 GwG a.F. Rn 46.

6 Vgl. ausführlich zur Rechtsnatur von Verdachtsmeldungen Herzog/*Barreto da Rosa*, § 43 Rn. 5ff.

7 BT-Drucks. 17/6804, S. 35; damals war die Meldepflicht noch in § 11 GwG a.F. verortet.

8 Seit dem Gesetz zur Umsetzung der 4. EU-Geldwäscherichtlinie (BGBl 2017 I S. 1822), das am 26.6.2017 in Kraft getreten ist.

9 BT-Drucks. 17/6804, S. 21.

tischen Anwendung in vielen Fällen zu hoch angesetzt wurde, was im Deutschland-Evaluationsbericht der FATF vom Februar 2010 kritisiert worden war.[10]

Es müssen also **keine Verdachtsmomente** gegeben sein, **wie sie für die Erstattung einer Strafanzeige erforderlich wären**.[11] Der Gesetzgeber formuliert hier klar: *„Im Gegensatz zur Strafanzeige braucht der nach dem Geldwäschegesetz Verpflichtete nicht die Vorstellung zu haben, dass eine Straftat begangen wird oder wurde. Es genügt, wenn die nach dem Geldwäschegesetz geforderten Tatsachen vorliegen. Es handelt sich bei den die Meldepflicht auslösenden Fällen um gesetzlich typisierte Verdachtssituationen, die eine eigene Schlussfolgerung oder gar rechtliche Subsumtion des Verpflichteten nicht erfordern. Der Verpflichtete braucht nicht damit zu rechnen, dass der meldepflichtige Sachverhalt in Zusammenhang mit einer Straftat steht. Der Gesetzgeber selbst bejaht mit dieser Typisierung eine gewisse Wahrscheinlichkeit für einen solchen Zusammenhang.“*[12] 6

Geldwäsche ist primär an ungewöhnlichen Transaktionen zu erkennen.[13] Jeder Sachverhalt, der als zweifelhaft oder ungewöhnlich anzusehen ist, ist von den Verpflichteten zu untersuchen, um das Risiko der jeweiligen Geschäftsbeziehung oder Transaktionen überwachen, einschätzen und ggf. das Vorliegen einer Pflicht zur Meldung nach § 43 Abs. 1 S. 1 GwG prüfen zu können (vgl. auch § 15 Abs. 6 Nr. 1 i.V.m Abs. 3 Nr. 3 GwG). Bloße Warnmeldungen durch ein eingesetztes technisches **Monitoring-System** (gemäß § 25h Abs. 2 S. 1 KWG sind Kreditinstitute verpflichtet, Datenverarbeitungssysteme zu betreiben und zu aktualisieren, mittels derer sie in der Lage sind, Geschäftsbeziehungen und einzelne verdächtige Transaktionen im Zahlungsverkehr zu erkennen) sind hingegen aufgrund der Breite und Fehleranfälligkeit der verwendeten Parameter und „Scores“ ohne weitere Abklärung des Fachpersonals des Instituts noch nicht per se auffällig oder ungewöhnlich.[14] **Ungewöhnlichkeiten und Auffälligkeiten** liegen bereits dann vor, wenn für den Verpflichteten aufgrund seines Erfahrungswissens ohne Weiteres, d.h. ohne weitere Aufbereitung, Abklärung oder Anreicherung des Sachverhalts erkennbar ist, dass Abweichungen vom üblichen Verhalten oder Geschäftsmustern eines Kunden oder Dritten vorliegen.[15] Der Verpflichtete soll den Sachverhalt nach allgemeinen **Erfahrungen** und seinem **beruflichen Erfahrungswissen** unter dem Blick- 7

---

10 Siehe Key Findings 5, 22 sowie Ziff. 691, 692, 718, 722, 723; vgl. auch BR-Drucks. 317/11, S. 49.

11 Wobei auch die einschlägigen Beschreibungen des strafprozessualen Anfangsverdachts keine umfassend trennscharfe Definition bieten (vgl. *Höche/Rößler*, WM 2012, 1509); überholt ist mittlerweile ferner die Auffassung, es müsse ein sog. doppelter Tatverdacht vorliegen in dem Sinne, dass einerseits der Verdacht bestehen müsse, dass der betreffende Vermögensgegenstand aus einer in § 261 Abs. 1 S. 2 StGB a.F. genannten Vortat herrühre, und andererseits (zusätzlich) die Finanztransaktion im Falle ihrer Durchführung der Geldwäsche dienen müsse (s. OLG Frankfurt a.M., Beschl. v. 13.2.2013 – 19 U 210/12 – PStR 2013, 220).

12 BT-Drucks. 17/6804, S. 21.

13 OECD, Handbuch „Geldwäsche“ für den Innen- und Außendienst der Steuerverwaltung, S. 16.

14 Begründung zum Gesetz zur Umsetzung der 2. E-Geld-Richtlinie v. 27.9.2010, BT-Drucks. 17/3023, S. 60 f., zum damaligen § 25c Abs. 3 KWG.

15 BT-Drucks. 17/3023, S. 61.

winkel seiner Ungewöhnlichkeit und Auffälligkeit im jeweiligen geschäftlichen Kontext würdigen.[16] Wenn eine Geldwäsche oder Terrorismusfinanzierung aufgrund dieser Erfahrungen naheliegt oder ein Sachverhalt darauf schließen lässt, besteht demnach eine solche Meldepflicht.[17] Die Meldepflicht ist insofern an **geringe Voraussetzungen** geknüpft. Die Verpflichteten stehen ohnehin vor der heiklen Aufgabe, mit kriminalistisch nicht ausgebildeten Mitarbeitern die schwierige Frage entscheiden zu müssen, ob eine Finanztransaktion der Geldwäsche oder Terrorismusfinanzierung dient.[18]

8 Wie das **BVerfG** feststellt, können Verdachtsmeldungen ihren Zweck auch dann erfüllen, wenn keine konkreten Anhaltspunkte für eine Vortat der Geldwäsche vorliegen, indem sie einen Anstoß für Ermittlungen geben, durch die das Vorliegen eines Anfangsverdachts erst geprüft werden soll.[19]

! **Zur Verdachtsschwelle formulieren die BaFin-AuA zum GwG AT (03/2025) unter Ziff. 10.3:**
„Für den Verpflichteten und die für ihn handelnden Beschäftigten muss keine Gewissheit darüber bestehen, dass ein entsprechender Vermögensgegenstand aus einer Straftat stammt oder im Zusammenhang mit Terrorismusfinanzierung steht. Für das Vorliegen eines meldepflichtigen Sachverhalts ist erforderlich, aber auch ausreichend, dass Tatsachen vorliegen, die auf das Vorliegen der in § 43 Abs. 1 S. 1 GwG genannten Sachverhalte hindeuten. Soweit dies in Bezug auf die Fälle der Nr. 1 und Nr. 2 gegeben ist, kann insoweit ein krimineller Hintergrund einer Terrorismusfinanzierung oder gemäß § 261 StGB nicht ausgeschlossen werden. Im Zweifel ist daher eine Meldung nach § 43 Abs. 1 S. 1 GwG zu erstatten."

---

9 **Bloße Vermutungen** oder ein **„ungutes Gefühl"** reichen zwar noch nicht aus, können aber natürlich Anlass für erhöhte Aufmerksamkeit, weitere Fragen oder Abklärungen sein. Eine Meldung „ins Blaue", d.h., ohne dass hinreichend aussagekräftige Anhaltspunkte vorliegen, ist unzulässig.[20]

! **Wichtiger Hinweis!**
Für den Verpflichteten ist es – insbesondere soweit nach interner Vorprüfung von einer externen Meldung abgesehen wird – von entscheidender Bedeutung, den Entscheidungsprozess und sein Ergebnis immer **nachvollziehbar zu dokumentieren**. Das Ergebnis der Beurteilung unterliegt der retrospektiven Überprüfung durch die zuständige Aufsichtsbehörde! Geprüft wird, ob bei der Beurteilung sachfremde Erwägungen oder offenkundig unrichtige Tatsachen zugrunde gelegt oder keine allgemein gültigen Bewertungsmaßstäbe angewandt worden sind.[21]

---

16 BaFin-AuA zum GwG AT (03/2025) Ziff. 10.3; ebenso BT-Drucks. 17/6804, S. 35 und BR-Drucks. 317/11, S. 49, mit Verweis auf die FATF-Empfehlung Nr. 13.

17 BT-Drucks. 17/6804, S. 35.

18 Siehe auch *Oswald*, S. 86; Herzog/*Herzog*/*Achtelik*, GwG, 2. Aufl., § 11 Rn. 6.

19 Kammerbeschluss vom 31.1.2020, 2 BvR 2992/14.

20 BT-Drucks. 17/6804, S. 35/36; BR-Drucks. 317/11, S. 49.

21 BaFin-AuA zum GwG AT (03/2025) Ziff. 10.6.

Das **Meldeverhalten** der Verpflichteten ist in der Praxis von **mehreren Einflussfaktoren** abhängig – den gesetzlichen Vorschriften, dem Erkennen verdächtiger Transaktionen und dem Willen, solche Transaktionen zu melden, worauf letztlich auch die Entdeckungs- und Sanktionswahrscheinlichkeit unterlassener Meldungen sowie die Sanktionshöhe Einfluss haben. 10

Zwischen dem Erkennen einer verdächtigen Transaktion und dem Entschluss zur Meldung steht in jedem Fall eine gründliche Sachverhaltsaufklärung[22], die in der Praxis allerdings durch die Pflicht zur unverzüglichen Abgabe limitiert wird.[23] Im Falle einer vorausgegangenen **internen Meldung** (s. hierzu ausführlich in diesem Kap. Buchst. B) darf sich der/die Geldwäschebeauftragte (oder sonstige Verantwortliche für die Erstellung der Meldung) nicht allein auf die Aussagen des meldenden Mitarbeiters / der meldenden Mitarbeiterin verlassen. Es geht darum, die mitgeteilten Unterlagen zu sichten, zu prüfen und nach Möglichkeit weitere Informationen einzuholen. 11

Allgemein können folgende **Quellen** bei der Entscheidungsfindung hilfreich sein:[24] 12

- Erfahrungsschatz;
- Anhaltspunktepapiere/Typologiepapiere und sonstige Informationen der FIU;
- Typologiepapiere der FATF oder ihrer FSRB;
- supranationale Risikoanalyse der EU-Kommission und nationale Risikoanalyse Deutschlands;
- Hinweise der BaFin oder sonstigen Aufsichtsbehörden;
- Research-Ergebnisse;
- unternehmensinterne Gefährdungsanalyse/Risikoanalyse;[25]
- Medienauswertung „Adverse Media Screening" (Internet etc.);
- Austausch mit KollegInnen, KundenbetreuerIn und/oder Vorgesetzten, Einsicht in die elektronischen Akten zum Kunden / zur Kundin (Kundennotizen, archivierte Unterlagen etc.) (intern);
- Austausch mit anderen Geldwäschebeauftragten (extern);
- Rücksprache mit der FIU (Hotline für Verpflichtete: +49 (0) 228 303-26070)

Fallbeispiel aus einer Verdachtsmeldung

„Über eine Öffentlichkeitsfahndung von Interpol stießen wir auf unseren aserbaidschanischen Kunden Herrn ■■■, siehe Anlage. Die aserbaidschanischen Strafverfolgungsbehörden ermitteln wegen Steuerhinterziehung in großem Ausmaß.".

---

22 Vgl. auch *Diergarten*, Verdachtsmeldung, S. 131ff.

23 Vgl. hierzu ausführlich Ziff. E I 1. in diesem Kapitel.

24 Ausführlich auch *Suendorf*, S. 325.

25 Zur Erstellung einer Gefährdungsanalyse/Risikoanalyse s. § 5 GwG sowie die Anlagen 1 und 2 zum GwG, in denen das vormalige BaFin-Rundschreiben 8/2005 (GW) v. 23.3.2005 aufgegangen ist; manche Aufsichtsbehörden (vgl. bspw. die BRAK) geben ihren Verpflichteten weitere spezifische Muster zur Hand.

3. Die Fallgruppen des § 43 Abs. 1 S. 1 GwG

13 Eine unverzügliche Meldung ist gem. § 43 Abs. 1 S. 1 GwG in **drei Fallkonstellationen** zu erstatten, und zwar beim Vorliegen von Tatsachen, die darauf hindeuten, dass

1. ein Vermögensgegenstand, der mit einer Geschäftsbeziehung, einem Maklergeschäft oder einer Transaktion im Zusammenhang steht, aus einer strafbaren Handlung stammt, die eine Vortat der **Geldwäsche** darstellen könnte,[26]
2. ein Geschäftsvorfall, eine Transaktion oder ein Vermögensgegenstand im Zusammenhang mit **Terrorismusfinanzierung** steht oder
3. der Vertragspartner seine **Offenlegungspflicht nach § 11 Abs. 6 S. 3 nicht erfüllt** hat.

14 Diese drei Fallgruppen sollen im Folgenden einer detaillierten Betrachtung unterzogen werden.

! **Hinweis:**
Die von der FIU definierten **Risikoschwerpunkte** (vgl. zuletzt im FIU-Jahresbericht 2022, S. 32f.)[27] haben **keine Auswirkungen auf die Meldepflicht** nach § 43 Abs. 1 S. 1 GwG!

---

15 Zuvor sind jedoch noch in aller Kürze die Begriffe „**Transaktion oder Geschäftsbeziehung**" zu erläutern, die in § 43 Abs. 1 S. 1 GwG genannt werden.[28]

16 Eine **Transaktion** im Sinne des GwG ist oder sind eine oder, soweit zwischen ihnen eine Verbindung zu bestehen scheint, mehrere Handlungen, die eine Geldbewegung oder eine sonstige Vermögensverschiebung bezweckt oder bezwecken oder bewirkt oder bewirken (§ 1 Abs. 5 S. 1 GwG). Der Begriff ist weit zu verstehen, erfasst sind u. a.: –

- unbare Transaktionen einschließlich elektronisch durchgeführter Transaktionen;
- Bartransaktionen (unabhängig von einem bestimmten Betrag!);
- sonstige Vermögensverschiebungen wie z. B. Inzahlungnahmen von Wertgegenständen, Sicherungsübereignungen, Schenkungen.[29]

17 Eine **Geschäftsbeziehung** im Sinne des GwG ist jede Beziehung, die unmittelbar in Verbindung mit den gewerblichen oder beruflichen Aktivitäten der Verpflichteten steht und bei der beim Zustandekommen des Kontakts davon ausgegangen wird, dass sie von

---

26 Der Entwurf der BReg zum Finanzkriminalitätsbekämpfungsgesetz (BT-Drs. 20/9648, Art. 18 Nr. 30, S. 63), das nach dem Bruch der Regierungskoalition der Diskontinuität anheimfiel (nicht mehr beschlossen wurde), hatte vorgesehen, die Wörter „strafbaren Handlung stammt, die eine Vortat der Geldwäsche darstellen" durch die Wörter „rechtswidrigen Tat im Sinne des § 261 des Strafgesetzbuches stammen" zu ersetzen, um die Norm an die Änderung des § 261 StGB aus 2021 anzupassen (aaO S. 154).

27 S. Kap. 8 A II Rn. 6.

28 Zum Begriff des Gegenstands s. unten Ziffer A II 2.

29 BaFin-AuA zum GwG AT (03/2025) Ziff. 10.3.

gewisser Dauer sein wird (§ 1 Abs. 4 GwG).[30] Auch eine Geschäftsbeziehung muss nicht bereits bestehen; die Anbahnung einer Geschäftsbeziehung reicht aus.[31] (Grundsätzlich wird zwischen Transaktionen innerhalb und außerhalb einer Geschäftsbeziehung (Bestands- und Gelegenheitskunden) differenziert: bei Letzteren liegen weniger Informationen zu dem Kunden vor, weshalb ein von einem tendenziell höheren Grundrisiko auszugehen ist).

Hinweis

!

In der Praxis war bisweilen festzustellen, dass Verpflichtete (insbesondere unerfahrenere Verpflichtete aus dem Bereich der Güterhändler) die **Obliegenheit zur Erfüllung von Sorgfaltspflichten mit der Verdachtsmeldepflicht nach § 43 Abs. 1 S. 1 GwG verwechseln** und bspw. jeden Barkauf eines Gebraucht-Kfz über 10.000 Euro meldeten.

Diese Verpflichtungen sind streng voneinander zu trennen! Während Güterhändler bspw. bei Transaktionen, bei welchen sie Barzahlungen über mindestens 10.000 € tätigen oder entgegennehmen, gemäß § 10 Abs. 6a Nr. 1 Buchst. c GwG verschiedene Sorgfaltspflichten zu erfüllen haben wie die Identifizierung des Vertragspartners (§ 11 GwG), besteht hier zunächst noch **keine Verpflichtung** zur Erstellung einer Verdachtsmeldung. Eine Verdachtsmeldung nach § 43 Abs. 1 S. 1 GwG setzt – wie der Name bereits sagt – einen Verdacht im Hinblick auf eine Straftat (Geldwäsche oder Terrorismusfinanzierung) voraus oder einen Verstoß gegen die Offenlegungspflicht gem. § 43 Abs. 1 S. 1 Nr. 3 GwG – und dabei spielt die Höhe des Geldbetrages oder Wertes des betreffenden Vermögensgegenstandes keine Rolle (s. auch die ausdrückliche Formulierung in § 43 Abs. 1 S. 1 GwG am Ende *„unabhängig vom Wert des betroffenen Vermögensgegenstandes oder der Transaktionshöhe“*).

---

4. Meldepflicht auch in Fällen des Versuchs

Die Pflicht zur Erstattung einer Verdachtsmeldung besteht auch in Fällen des Versuchs 18
der Durchführung einer Transaktion oder der Begründung einer Geschäftsbeziehung. Obgleich dies in **Art. 33 Abs. 1 S. 2 der 4. EU-Geldwäscherichtlinie** explizit niedergelegt ist (*„Alle verdächtigen Transaktionen einschließlich versuchter Transaktionen müssen gemeldet werden.“*) – s. auch **Interpretive Note 3 zu Empfehlung 20 der FATF** (*„All suspicious transactions, including attempted transactions, should be reported regardless of the amount of the transaction.“*) sowie die Interpretive Note (dort lit. A) zu Empfehlung 10 – **fehlt in § 43 GwG** eine solche Klarstellung. Für den ihr aufsichtsrechtlich unterstehenden Finanzbereich hatte die **BaFin** bereits in ihrem **Rundschreiben 3/2012 (GW)** vom 6.7.2012 betont:

> *„Die Pflicht zur Erstattung einer Verdachtsmeldung besteht wie bisher* ***auch in Fällen des Versuchs*** *der Durchführung einer Transaktion oder der Begründung einer Geschäftsbeziehung. Dies erfasst insbesondere die Konstellation, dass ein potentieller Kunde zunächst einem Verpflichteten die Durchführung einer Transaktion oder die Aufnahme einer Geschäftsbeziehung mit ihm anträgt, dann aber von*

---

30 Vgl. auch Art. 3 Ziff. 13 der 4. EU-Geldwäscherichtlinie.

31 BaFin-AuA zum GwG AT (03/2025) Ziff. 10.3.

diesem Vorhaben ohne erkennbaren oder plausiblen Grund und vor allem im Rahmen der Durchführung der Sorgfaltspflichten wieder Abstand nimmt.
Auch in diesen Fällen besteht die Pflicht zur Abgabe einer Verdachtsmeldung, ***sofern*** *Tatsachen vorliegen, die darauf hindeuten, dass es sich bei den Vermögenswerten, die mit der beabsichtigten Transaktion oder Geschäftsbeziehung im Zusammenhang stehen, um den Gegenstand einer Straftat nach § 261 StGB handelt oder die Vermögenswerte im Zusammenhang mit einer Terrorismusfinanzierung stehen."*

19 In den BaFin-AuA zum GwG AT (03/2025), Ziff. 10.3, worauf auch das Eckpunktepapier der FIU (03/2025) auf S. 2 verweist, wird gleichfalls festgestellt, dass auch **bevorstehende, laufende, abgelehnte oder noch nicht ausgeführte Transaktionen von der Meldepflicht erfasst** sein können, ebenso wie bereits durchgeführte Transaktionen, wenn der Verpflichtete im Nachhinein im Rahmen einer Recherche Kenntnis von dem Verdachtsfall erhält. Es sind keine Gründe ersichtlich, weshalb für den **Nichtfinanzbereich** etwas anderes gelten sollte.

20 **Art. 69 der EU-Geldwäsche-Verordnung**, der die Meldepflicht künftig regeln wird, enthält in seinem Absatz 1 Satz 2 die ausdrückliche Feststellung *„Alle verdächtigen Transaktionen, einschließlich von Versuchen und Verdachtsfällen, die sich aus der Unmöglichkeit ergeben, Sorgfaltsmaßnahmen gegenüber Kunden anzuwenden, unterliegen gemäß Unterabsatz 1 der Meldepflicht."*, womit künftig für alle Verpflichteten Klarheit geschaffen ist.

Hinweis
Im **Eckpunktepapier der FIU** zur Bestimmung solcher Sachverhalte, die grundsätzlich nicht die Meldepflicht des § 43 Absatz 1 GwG auslösen (03/2025) wird auf S. 4 darauf hingewiesen, dass versuchte Kontoeröffnung ohne jegliche Transaktion seitens des potenziellen Kunden, die durch den Verpflichteten – ohne dass irgendwelche verdächtige Begleitumstände vorliegen – aus anderen Gründen als den in § 10 Absatz 9 GwG genannten abgelehnt wurde, nicht meldepflichtig sei; hier fehle es sowohl an einer Transaktion als auch an einem Vermögensgegenstand.

---

21 Selbstverständlich ist es auch **nicht Voraussetzung** für die Erstellung einer Meldung nach § 43 Abs. 1 S. 1 GwG, dass bereits (irgendjemandem) ein **Schaden** entstanden ist.

Fallbeispiel 1 aus einer Verdachtsmeldung
„Herr █████ kam mit seiner Mutter, Frau █████, in unsere Filiale █████, um dort ein Girokonto zu eröffnen. Auf das neu zu eröffnende Girokonto sollten 300.000,00 € eingezahlt werden, die Frau █████ bereits dabeihatte. Auf die Nachfrage, woher das Geld stamme, wurde nur angegeben, dass etwas verkauft wurde. Eine nähere Beschreibung des verkauften Gegenstandes sowie eine Kopie des Vertrages wurde uns nicht vorgelegt. Die Kontoverbindung wurde abgelehnt."
Freilich wird in der Praxis in derartigen Fällen häufig das Problem bestehen, dass – wenn der/die abgelehnte Kunde/Kundin noch nicht identifiziert wurde – weitere Ermittlungen schwierig werden. Das heißt aber nicht, dass eine derartige Meldung sinnlos wäre. Durch sonstige Umstände (Art und Weise des Geschäfts oder der Transaktion, ähnliche Transaktionsversuche in anderen Filialen, wo der/die Betreffende persönlich bekannt ist, Fotos von Überwachungskameras, abgelesene Kfz-Kennzeichen o. ä.) können sich auch in derartigen Fällen Ermittlungsansätze ergeben.

Fallbeispiel 2 aus einer Verdachtsmeldung

„Wir erhielten eine Meldung von einer Geschäftsstelle. Dort erschien Frau ■■■ (Nichtkundin) in Begleitung von 3 ‚dominanten' Herren. Man wollte für die ■■■Bau GmbH ganz dringend ein Geschäftskonto eröffnen. Frau ■■■ geschäftsführende Gesellschafterin, die so gut wie kein Deutsch spricht/versteht, müsse zügig zurück nach Bulgarien. Einer der Herren trat als Dolmetscher auf, Herr ■■■. Dieser ist uns im Zusammenhang mit diversen Baufirmen bekannt (Geldwäschemeldungen in ■■■). Ein weitere der Begleiter war Herr ■■■, ebenfalls Baufirma ■■■ GmbH. Die Eröffnung wurde abgelehnt. Es stellte sich heraus, dass bereits eine Ablehnung in unserer Geschäftsstelle in ■■■ erfolgt war und Frau ■■■ dort ein zweites Mal mit einer Bekannten erschien, die dolmetschen sollte. Diese gab die Info, dass Frau ■■■ wohl von ihrem Mann gezwungen wurde, alle Verträge für die Firmengründung zu unterschreiben, obwohl sie keine Ahnung hat. Frau ■■■ ist unter der Adresse ■■■ gemeldet. Unter dieser Anschrift kennen wir diverse Namen (s. Anlage) zu denen es auch bereits Ermittlungen/ Geldwäschemeldungen gibt."

II. Straftat nach § 261 StGB – Geldwäsche (§ 43 Abs. 1 S. 1 Nr. 1 GwG)

1. Vorbemerkung

§ 43 Abs. 1 S. 1 GwG verpflichtet den Personen- und Institutionenkreis des § 2 GwG in seiner ersten Alternative (Nr. 1) zu einer Meldung, wenn Tatsachen vorliegen, die darauf hindeuten, dass ein Vermögensgegenstand, der mit einer Geschäftsbeziehung, einem Maklergeschäft oder einer Transaktion im Zusammenhang steht, aus einer strafbaren Handlung stammt, die eine Vortat der **Geldwäsche** darstellen könnte. Geldwäsche im Sinne des GwG ist eine Straftat nach § 261 des Strafgesetzbuchs (§ 1 Abs. 1 GwG). 22

Wie bereits festgestellt, werden an die Meldepflicht geringe Voraussetzungen geknüpft. Es ist ausreichend, wenn es Hinweise auf eine Geldwäschehandlung oder Terrorismusfinanzierung gibt und eine **legale Herkunft des betroffenen Vermögenswertes nicht plausibel erscheint**. Umstände und auf Tatsachen beruhende Verdachtsmomente müssen eine Vortat der Geldwäsche **vermuten** lassen.[32] Ihre Feststellung ist ein Hauptermittlungsziel, jedoch nicht Voraussetzung für den Anfangsverdacht einer Geldwäsche.[33] **Der Nachweis der Geldwäsche oder der Vortat ist nicht Aufgabe des Verpflichteten, sondern die Aufgabe der Strafverfolgungsbehörden!** Ein Verpflichteter hat insbesondere weder das Vorliegen sämtlicher Tatbestandsmerkmale des § 261 StGB oder einer seiner Vortaten oder einer Terrorismusfinanzierung zu prüfen oder gar den Sachverhalt „auszuermitteln", noch den Sachverhalt juristisch irgendwelchen Straftatbeständen zuzuordnen. Der Handlungsspielraum der Verpflichteten bezieht sich ausdrücklich nicht darauf, Ermittlungshandlungen in Vertretung der Strafverfolgungsbehörden durchzuführen.[34] 23

32 LG München, Beschl. v. 13.7.2005 – 5 Qs 36/05 – wistra 2005, 398 f.

33 Gropp/Sinn/*Hofer*, S. 535.

34 S. auch BaFin-AuA zum GwG AT (03/2025), Ziff. 10.3, die auf den Beschluss des OLG Frankfurt a.M. v. 10.4.2018, 2 Ss-OWi 1059/17, verweisen (krit. hierzu *Barreto da Rosa / Diergarten*, NStZ 2019, 176 ff.).

24 Zumeist entsteht der Verdacht aufgrund von Anhaltspunkten, die nichts mit einer Straftat zu tun haben, sondern ergeben sich Verdachtsmomente aus **untypischen oder unerklärlichen Verhaltensweisen** (wie ungewöhnlichem Kundenverhalten im Vergleich zu vorangegangenem wirtschaftlichem Gebaren, widersprüchlichen Angaben des Kunden / der Kundin zu seiner/ihrer wirtschaftlichen Situation, abweichendem Verhalten im Vergleich zu Kunden aus dem gleichen Kundensegment oder Geldverkehr über Hochrisikoländer).

25 Obgleich es nicht Aufgabe des Verpflichteten ist, eine genaue rechtliche Prüfung vorzunehmen, ob der Tatbestand der Geldwäsche erfüllt ist oder nicht, soll im Folgenden die Vorschrift des § 261 StGB kurz etwas genauer betrachtet werden – allein, um ein wenig ein **Gefühl zu vermitteln**, was der Gesetzgeber genau mit „Geldwäsche" gemeint hat und was die Hintergründe und Beweggründe für die Vorschrift waren.

26 § 261 StGB wurde durch das Gesetz zur Bekämpfung des illegalen Rauschgifthandels und anderer Erscheinungsformen der Organisierten Kriminalität (OrgKG) vom **15.7.1992**[35] in das Strafgesetzbuch eingefügt, um einem bis dahin strafrechtlich nicht bekämpften Phänomen organisierter Kriminalität entgegenzuwirken[36] (bis dahin war zumeist versucht worden, über den Hehlerei-Tatbestand (§ 259 StGB) einzelne Sachverhalte zu erfassen – da § 259 StGB jedoch nur Sachen erfasst und als taugliche Vortaten nur Vermögensdelikte kennt, war die Vorschrift auf viele Fälle wie bspw. Betäubungsmitteldelikte nicht anwendbar). Die seither vielfach geänderte Norm erfuhr zuletzt zum 18.3.2021 im Rahmen der Umsetzung der EU-Richtlinie zur Verbesserung der strafrechtlichen Bekämpfung der Geldwäsche ihre wohl umfangreichste Überarbeitung (wobei der deutsche Gesetzgeber über die reine Umsetzung der EU-Richtlinie hinausgegangen ist und diese vielmehr zum Anlass einer grundlegenden Reform genommen hat).

27 Zunächst fällt beim Lesen der sehr umfangreichen und nicht einfach verständlichen[37] Norm auf, dass die Vorschrift den **Begriff der Geldwäsche** selbst **nicht definiert** (auch § 1 GwG verweist in seiner Definition nur auf § 261 StGB), sondern vielmehr Handlungsweisen beschreibt, die als Geldwäsche strafbar sein sollen.[38] Ganz allgemein könnte man sagen, dass der Gesetzgeber als Geldwäsche jede Art des Umgangs mit Vermögensgegenständen bestrafen will, die unmittelbar oder mittelbar aus Straftaten stammen.

28 Das von § 261 StGB **geschützte Rechtsgut** ist (wie die gesamte Norm)[39] umstritten.[40] Ausweislich der Gesetzesbegründung soll § 261 StGB die staatliche Rechtspflege und das

35 BGBl. 1992 I S. 1302, in Kraft getreten zum 22.9.1992.

36 *Kühl*, § 261 Rn 1.

37 BGH, Urt. v. 24.6.2008 – 5 StR 89/08 – NJW 2008, 2516ff.: Der Straftatbestand des § 261 bewegt sich an der Grenze der Verständlichkeit.

38 Zum Begriff der „Geldwäsche" siehe Kap. 1.

39 Sehr deutliche Kritik am gesamten Konzept der Norm formuliert *Fischer*, § 261 Rn 5ff.; u.a. SSW/*Jahn* bezeichnet die Vorschrift als „enfant terrible" des StGB (§ 261 Rn 9).

40 Ausführlich hierzu *Ma*, S. 114ff.

Ermittlungsinteresse der Strafverfolgungsbehörden schützen und darüber hinaus das durch die Vortat verletzte Rechtsgut (wie beispielsweise das Vermögen beim (gewerbsmäßigen) Betrug).[41] Das Bundesverfassungsgericht hat das Rechtsgut des Straftatbestands der Geldwäsche als „vage" bezeichnet.[42]

Ziel von § 261 StGB ist es, vereinfacht ausgedrückt, die **Verwertung deliktisch erworbener Vermögenswerte möglichst zu unterbinden.**[43] Oder ausführlicher: § 261 StGB soll die Nahtstelle zwischen illegalem und legalem Wirtschaftskreislauf erfassen, um die Einschleusung von inkriminierten Vermögensgegenständen aus Katalogtaten in den legalen Finanz- und Wirtschaftskreislauf zu erschweren[44] sowie kriminelle Gewinne abschöpfen und Vortäter in finanzieller Hinsicht gegenüber der Umwelt isolieren, indem inkriminierte Gegenstände praktisch ihre Verkehrsfähigkeit verlieren.[45] 29

§ 261 Abs. 3 StGB stellt bereits den **Versuch** der Geldwäsche unter Strafe, was zur wirksamen Bekämpfung der Geldwäsche erforderlich ist.[46] 30

2. Gegenstand der Geldwäsche

Als Objekt der Geldwäsche kommen **alle Vermögensgegenstände** in Betracht, die unmittelbar oder mittelbar aus einer strafbaren Handlung „herrühren" – jeder Tatertrag oder an dessen Stelle getretene andere Vermögensgegenstand. Der Begriff „Gegenstand" ist sehr weit zu verstehen und umfasst alles, was – juristisch formuliert – „Objekt von Rechten" sein kann.[47] Dazu gehören insbesondere bewegliche und unbewegliche Sachen sowie Forderungen und andere Vermögensrechte, also beispielsweise neben Bargeld auch Buchgeld, Immobilien, Edelmetalle, Edelsteine, Wertpapiere, Forderungen, Unternehmensbeteiligungen, elektronische Zahlungsmittel wie „Paysafe"-Codes[48], virtuelle Währungen (Kryptowerte) sowie andere Wertgegenstände. Auch der Erwerb eines gefälschten Impfzertifikats im Darknet wurde bereits als Geldwäsche bestraft.[49] 31

Dient ein Gegenstand der Geldwäsche, kann er gem. § 261 Abs. 10 S. 1 StGB **eingezogen** werden, ebenso wie das, was der Täter oder Teilnehmer an der Geldwäsche für die Geldwäsche (als Tatlohn) oder durch sie (als Beute) erlangt hat (§§ 73 ff. StGB). 32

---

41 BT-Drucks. 12/989, S. 27; BT-Drucks. 12/3533, S. 11; BGH, Urt. v. 19.12.2012 – VIII ZR 302/11 – NJW 2013, 1158 f.; eine ausführliche Rechtsgutsanalyse mit zahlreichen Nachweisen findet sich bei *Voß*, S. 8 ff.

42 BVerfG, Urt. v. 30.3.2004 – 2 BvR 1520/01, 2 BvR 1521/01 – Rn 97, NJW 2004, 1305 ff.

43 *Herzog/Mika/Coppi*, Risiko Manager 2008, S. 22.

44 Vgl. BT-Drucks. 12/989, S. 26 f.

45 BT-Drucks. 12/989, S. 27; BT-Drucks. 12/3533, S. 11.

46 BT-Drucks. 12/989, S. 27; zur Abgrenzung zur Hehlerei vgl. BGH, Beschl. v. 31.10.2018, 2 StR 281/18, NJW 2019, 1311 ff.

47 BGH, Beschl. v. 20.5.2015 – 1 StR 33/15 – NJW 2015, 3254.

48 BGH, Urt. v. 23.1.2019 – 5 StR 479/18.

49 S. Bericht der SZ vom 14.12.2022 „Dachauerin kauft falsche Impf-Zertifikate im Darknet".

Hinweise

Die **4. EU-Geldwäscherichtlinie** definiert den Begriff „Vermögensgegenstand" in Art. 3 Ziff. 3 umfassend als *„Vermögenswerte aller Art, ob körperlich oder nichtkörperlich, beweglich oder unbeweglich, materiell oder immateriell, und Rechtstitel oder Urkunden in jeder – einschließlich elektronischer oder digitaler – Form, die das Eigentumsrecht oder Rechte an solchen Vermögenswerten belegen"*. Die **EU-Geldwäsche-Verordnung** verwendet den Begriff „Gelder oder andere Vermögenswerte" (Art. 2 Abs. 1 Nr. 48).

Durch das **Gesetz zur Verbesserung der strafrechtlichen Bekämpfung der Geldwäsche** wurde der vormalige § 261 Abs. 1 S. 3 StGB – *„Satz 1 gilt in den Fällen der gewerbsmäßigen oder bandenmäßigen Steuerhinterziehung nach § 370 der Abgabenordnung für die durch die Steuerhinterziehung ersparten Aufwendungen und unrechtmäßig erlangten Steuererstattungen und -vergütungen sowie in den Fällen des Satzes 2 Nr. 3 auch für einen Gegenstand, hinsichtlich dessen Abgaben hinterzogen worden sind."* – zum 18.3.2021 gestrichen, was insbesondere von vielen Praktikern heftig kritisiert worden war.[50]

3. Vortat der Geldwäsche (aus welcher der Vermögensgegenstand stammt)

33 § 261 StGB ist ein sog. **Anschlussdelikt**, d.h., Geldwäsche wird immer im Anschluss an eine andere Straftat begangen (wie auch die Hehlerei, die beispielsweise auf einen Diebstahl folgt). Diese vorhergehende Straftat bezeichnet man als Vortat. Eine „rechtswidrige Tat" wie es in § 261 Abs. 1 S. 1 StGB heißt, ist eine Tat, die den Tatbestand eines Strafgesetzes verwirklicht (§ 11 Abs. 1 Nr. 5 StGB); diese kann aus dem StGB oder aus sonstigen Nebengesetzen stammen, eine Ordnungswidrigkeit ist davon umgekehrt also nicht erfasst.[51]

Hinweis

Durch das Gesetz zur Verbesserung der Bekämpfung der Organisierten Kriminalität vom 4.5.1998[52] war das Erfordernis, dass die Vortat von einem anderen begangen worden sein musste, abgeschafft worden, was dazu führt, dass seitdem auch ein Beteiligter an der Vortat Täter der Geldwäsche sein kann (beachte hierzu die mittlerweile in § 261 Abs. 7 StGB verortete Regelung zur Selbstgeldwäsche).

34 § 261 StGB enthielt bis zum 17.3.2021 in seinem Absatz 1 Satz 2 einen über die Jahre sehr umfangreich gewordenen Katalog von **Vortaten**, aus denen die betreffenden Vermögenswerte stammen mussten, damit der Umgang mit ihnen als Geldwäsche strafbar war. Die FATF hatte bereits in ihrem Deutschland-Evaluationsbericht vom Februar 2010 Schwächen im Vortatenkatalog erkannt und eine Regelung empfohlen, die alle schweren Straftaten als taugliche Geldwäschevortaten umfasst (sog. **all-serious-crimes-Ansatz**)[53] und empfiehlt mittlerweile sogar allgemein den weiteren **all-crimes-**

50 Vgl. bspw. die Stellungnahme des BDK im Gesetzgebungsverfahren; allg. zum Hintergrund Herzog/*El-Ghazi*, § 261 StGB, Rn. 89 ff.

51 Die Tat muss insofern auch lediglich rechtswidrig sein, d.h. es dürfen keine Rechtfertigungsgründe vorliegen, sie muss nicht zwingend schuldhaft begangen worden sein.

52 BGBl. 1998 I, S. 845.

53 FATF Evaluationsbericht, S. 10 Ziff. 5.

Ansatz, demzufolge alle Straftaten geeignete Vortaten der Geldwäsche sein können („*Investigating and prosecuting money laundering (ML) offences presents a distinct set of challenges for jurisdictions. The overall results of the assessments conducted to date demonstrate the significant challenges that countries face in obtaining convictions. Among the good practices mentioned in the report, some that could be highlighted are: Properly criminalising the offence: expand the scope of predicate offences to the broadest list of serious offences or to adopt an all-crimes approach, which may provide clarity and more flexibility for the prosecutors, especially when combined with a system that also incorporates the principle of opportunity.*“).[54] Mit dem Gesetz zur Verbesserung der strafrechtlichen Bekämpfung der Geldwäsche, das am 18.3.2021 in Kraft getreten ist, entschloss sich der deutsche Gesetzgeber schließlich, dieser Empfehlung zu folgen.

Umstritten ist, ob die **Verjährung der Vortat** Auswirkungen auf die Tatbestands- 35
mäßigkeit des § 261 StGB hat, d.h. ob das „Waschen“ von Vermögenswerten aus verjährten Vortaten noch strafbare Geldwäsche sein kann. Die überwiegende Ansicht hält die Verjährung für **irrelevant.**[55]

Laut § 261 Abs. 9 StGB können auch aus **Auslandstaten** herrührende Gegenstände 36
Objekt einer im Inland begangenen Geldwäsche sein, wenn die Tat nach deutschem Strafrecht eine rechtswidrige Tat wäre oder nach einer der in § 261 Abs. 9 StGB genannten Vorschriften und Übereinkommen der Europäischen Union mit Strafe zu bedrohen ist[56], womit (insbesondere auch) die internationale Verflechtung der Finanzmärkte berücksichtigt wird.[57]

Beispiel

A zahlt Bestechungsgelder an einen Amtsträger im georgischen Transportministerium, der aufgrund dieser Zahlungen pflichtwidrig auf die Vergabe von georgischen CEMT-Genehmigungen Einfluss nimmt, die dem Unternehmen des A im internationalen Straßentransport nutzen und wodurch er Wettbewerbsvorteile erzielt. Die Bestechung des georgischen Amtsträgers nach §§ 334 Abs. 1, 335 Abs. 2 Nr. 1 StGB i.V.m. Art. 2 § 1 Nr. 2 und § 4 IntBestG ist geeignete Vortat i.S.v. § 261 StGB, da die Tat auch am Tatort mit Strafe bedroht ist (Art. 338 Criminal Code of Georgia).[58]

Die Anforderungen daran, **wie sicher eine der genannten Vortaten feststehen muss,** 37
damit der Straftatbestand der Geldwäsche erfüllt ist, sind heftig diskutiert. Während eine Extremposition in dem Meinungsstreit in der Literatur eine sehr klare Bestimmung

54 FATF president's paper „Anti-money laundering and counter terrorist financing for judges & prosecutors“ vom Juni 2018, S. 5.

55 Ausführlich hierzu Herzog/*El-Ghazi*, § 261 StGB, Rn 54f.

56 Vgl. auch Art. 1 Abs. 4 der 4. EU-Geldwäscherichtlinie; zur Frage ausländischer Steuerhinterziehung als Geldwäschevortat (zugleich Anm. zu OLG Koblenz v. 7.12.2023 – 1 W 22/23) *Bülte*, Neue Strafrechtswissenschaft, 2024, S. 337ff.

57 BT-Drucks. 12/3533, S. 14f.

58 Vgl. den Beschluss des BGH v. 18.2.2009 – 1 StR 4/09 – NJW 2009, 1617f.

der Vortat verlangt,[59] was in der Praxis nur in den seltensten Fällen umzusetzen / zu beweisen wäre, lässt die Rechtsprechung hier deutlich geringere Anforderungen an ihre Konkretisierung genügen. Gemäß **BGH** reicht es aus, wenn sich aus den festgestellten Umständen in groben Zügen bei rechtlich richtiger Bewertung eine Katalogtat des Geldwäschetatbestandes als Vortat ergibt. Es muss nicht nur ohne vernünftigen Zweifel ausgeschlossen werden können, dass das Geld legal erlangt wurde, sondern auch, dass es bspw. aus einer Ordnungswidrigkeit stammt, die keine taugliche Vortat der Geldwäsche darstellt. Täter und Teilnehmer der Vortat müssen hingegen nicht bekannt sein, ebenso wenig Tatort oder Tatmodalität.[60] Die „gewaschenen" Gelder müssen den festgestellten Vortaten auch nicht konkret zugeordnet werden können.[61]

! **Beschluss LG München vom 13.7.2005**

Sehr markant äußerte sich das LG München[62] in einem Beschluss vom 13.7.2005 zu den **Voraussetzungen des Anfangsverdachts einer Geldwäsche im Rahmen von Verdachtsmeldungen**, weshalb die Orientierungssätze der Entscheidung hier wörtlich zitiert werden sollen:

„1. *Für einen Anfangsverdacht einer Geldwäschehandlung i.S.v. § 261 StGB als Voraussetzung einer Durchsuchungsanordnung ist es nicht erforderlich, dass eine der in § 261 Abs. 1 StGB genannten Vortaten „sicher feststeht". Ausreichend ist vielmehr, dass eine auf kriminalistische Erfahrung gestützte Vermutung dafür spricht, dass jedenfalls eine verfolgbare Straftat begangen wurde, und die Durchsuchung zum Auffinden von Beweismitteln führen wird. Hierbei ist nicht einmal erforderlich, dass der Verdacht schon so weit konkretisiert werden kann, dass er die Beschuldigteneigenschaft des Betroffenen begründet.*

2. *Deuten außergewöhnlich massive Verdachtsanzeichen auf dolose Motive des Betroffenen bei den Geldtransaktionen hin (hier: nicht nachvollziehbar begründeter plötzlicher Eingang von Millionensummen auf dem Konto einer Kleinfirma aus einschlägig bekannten Ländern unter Beteiligung einer einschlägig in Erscheinung getretenen Bank u.a.m.), so ist zu vermuten, dass jedenfalls eine Vortat im Sinne von § 261 StGB begangen worden ist, und der Verdacht einer strafbaren (auch versuchten) Geldwäschehandlung nahe liegt.*

3. *§ 11 GWG [Anm.: jetzt § 43 GwG] ist dahin auszulegen und anzuwenden, dass die aus der Transaktion selbst resultierenden, auf Tatsachen beruhenden Verdachtsmomente ausreichen, eine ihr zu Grunde liegende Vortat i.S.d. § 261 StGB zu vermuten, ohne dass die Voraussetzungen des § 261 StGB im Einzelnen zu prüfen wären.*"

---

38 Der **Geldwäscher** selbst muss nur davon ausgehen, dass der Geldwäschegegenstand **aus irgendeiner Straftat stammt** (eine vorgestellte Ordnungswidrigkeit reicht nicht). Er muss weder den Vortäter kennen, noch braucht er die Art der Vortat in allen Einzelheiten erfasst haben. Vorsatz scheidet jedoch aus, wenn sich der Täter überhaupt keine klaren Vorstellungen von irgendeiner Straftat gemacht hat.[63]

---

59 Z.B. *Bernsmann* StV 1998, S. 46.

60 BGH, Beschl. v. 21.1.2016, Az. 4 StR 384/15; ähnl. BGH, Beschl. v. 10.11.1999 – 5 StR 476/99 – wistra 2000, 67 – beide allerdings noch abstellend und differenzierend im Hinblick auf vormalige Katalogtaten.

61 LG Berlin, Urt. v. 21.12.2007, Az. (534) 83 Js 259/05 KLs (6/07) – n.v.

62 Az. 5 Qs 36/05, wistra 2005, 398f.

63 BT-Drucks. 19/24180 S. 37f. m.V.a. auf OLG Düsseldorf (zu § 257 StGB), Urt. v. 12.3.1964 – (1) Ss 57/64, NJW 1964, 2123.

4. Herrühren der Vermögensgegenstände aus einer rechtswidrigen Vortat

Um die Einschleusung kriminell erlangter Vermögenswerte in den legalen Wirtschaftskreislauf möglichst effektiv zu erfassen, hat sich der Gesetzgeber bewusst dafür entschieden, durch die Verwendung des Begriffs des „Herrührens" auch solche Vermögensgegenstände in den Kreis geldwäschetauglicher Gegenstände einzubeziehen, welche erst durch eine Verwertung des vom Vortäter ursprünglich Erlangten erworben werden und daher **nur mittelbar aus der Vortat stammen.**[64] 39

Maßgeblich ist eine wirtschaftliche Betrachtungsweise, wonach Gegenstände als bemakelt anzusehen sind, wenn sie sich im Sinne eines Kausalzusammenhangs auf die Vortat zurückführen lassen.[65] Ein Gegenstand rührt insofern **auch nach mehrfachen Austausch- und Umwandlungsprozessen** immer noch aus der Tat her.[66] Auch Ersatzgegenstände/Surrogate, die aus Umwandlungsprozessen hervorgegangen sind, in welche nur zum Teil inkriminierte Vermögenswerte Eingang gefunden haben, sind erfasst, sofern der in den Ersatzgegenstand eingegangene inkriminierte Anteil aus wirtschaftlicher Sicht nicht völlig unerheblich ist.[67] Auch bei **Vermischung** „sauberer" mit „schmutzigen" Vermögenswerten wird mit der Formulierung gearbeitet, dass der illegale Anteil „aus wirtschaftlicher Sicht nicht völlig unerheblich" sein darf,[68] was vom BGH bereits bei einem deliktischen Anteil von 5,9 % bejaht wurde.[69] Ein „Herrühren" bzw. die Bemakelung soll erst entfallen, wenn der Wert des Gegenstands auf die selbstständige Leistung eines Dritten zurückzuführen ist.[70] 40

Beispiele

Zahlt ein Täter den „Gewinn" aus Betäubungsmittelgeschäften bar auf sein Bankkonto ein, so rührt das Bankguthaben aus der Vortat her. Bezahlt er mit dem Bankguthaben Schmuck oder Wertpapiere, dann rühren auch diese Gegenstände aus der Vortat her. Nimmt der Täter anschließend bei der Bank ein Darlehen auf und gibt er die Wertpapiere als Sicherheit, dann hat das ausgezahlte Darlehen seine Ursache ebenfalls in der Vortat. Erwirbt er mit diesem Darlehen z.B. ein Grundstück, rührt auch dieses aus der Vortat her.

---

64 Vgl. u.a. BT-Drucks. 12/989, S. 27; BT-Drucks. 12/3533, S. 12; im Rahmen des Gesetzgebungsverfahrens des Gesetzes zur Verbesserung der strafrechtlichen Bekämpfung der Geldwäsche war zunächst beabsichtigt, den Begriff des „Herrührens" zu ersetzen durch eine Aufteilung in Taterträge und Tatprodukte einerseits sowie deren Surrogate (d.h. Gegenstände, die an die Stelle des ursprünglichen Gegenstands getreten sind) andererseits (vgl. RegE BT-Drucks. 19/24180 S. 7), was letztlich jedoch verworfen wurde.

65 BGH, Beschl. v. 14.8.2024 – 4 StR 260/24 wistra 2024, 510ff.

66 OLG Karlsruhe, Beschl. v. 20.1.2005 – 3 Ws 108/04 – NJW 2005, 767ff. m.w.N.

67 OLG Karlsruhe aaO.

68 Vgl. bspw. BGH NZWiSt 2019, 148.

69 BGH NStZ 2017, 167; nach Auffassung des Gesetzgebers kann auf die vom BGH für die Hehlerei entwickelten Grundsätze über die Vermischung von Geld (z.B. BGH, Urt. v. 22.5.1958 – 4 StR 112/58 – NJW 1958, 1244) zurückgegriffen werden, vgl. BR-Drucks. 507/92, S. 28.

70 BT-Drucks. 12/989, S. 27; zur Frage des Herrührens bei gutgläubigem Zwischenerwerb siehe OLG Karlsruhe, Beschl. v. 20.1.2005 – 3 Ws 108/04 – NJW 2005, 767ff.

Erwirbt der Täter dagegen mit illegal erlangtem Geld Unternehmensanteile, so rühren zwar diese Anteile, nicht aber bspw. die von dem Unternehmen produzierten Waren aus der Vortat her.[71]

5. Geldwäschehandlungen

a) Tathandlungen nach § 261 Abs. 1 Satz 1 StGB

41 § 261 Abs. 1 StGB stellt verschiedene Handlungen unter Strafe, die den Zugriff der Strafverfolgungsorgane auf inkriminierte Gegenstände verhindern oder erschweren:

„(1) Wer einen Gegenstand, der aus einer rechtswidrigen Tat herrührt,
1. *verbirgt,*
2. *in der Absicht, dessen Auffinden, dessen Einziehung oder die Ermittlung von dessen Herkunft zu vereiteln, umtauscht, überträgt oder verbringt,*
3. *sich oder einem Dritten verschafft oder*
4. *verwahrt oder für sich oder einen Dritten verwendet, wenn er dessen Herkunft zu dem Zeitpunkt gekannt hat, zu dem er ihn erlangt hat,*

wird mit Freiheitsstrafe bis zu fünf Jahren oder mit Geldstrafe bestraft.“[72]

42 **„Verbergen“** (§ 261 Abs. 1 Satz 1 **Nummer 1** StGB) wird definiert als das **Abschirmen vor Entdeckung** durch eine Ortsveränderung oder dadurch, dass der Gegenstand an dem Ort, an dem er sich befindet, durch besondere Vorkehrungen vor einer sofortigen Wahrnehmung geschützt wird.[73] Hierunter fällt beispielsweise das Verstecken in einem ausgehöhlten Buch,[74] das Vergraben oder die Vermischung mit legal erlangtem Bargeld in Unternehmen mit hohem Bargeldaufkommen.[75] Es ist ein zielgerichtetes (nicht zwingend heimliches) und konkret geeignetes Handeln erforderlich, das den Zugang zum Objekt erschweren kann, ohne dass diese Bemühungen aus der Sicht der Strafverfolgungsbehörden zum Erfolg geführt haben müssen.[76]

43 Als weitere Tathandlungen sind unter **Nummer 2** das **Umtauschen, Übertragen oder Verbringen** eines bemakelten Gegentands aufgeführt, sofern diese in der Absicht vorgenommen werden, das Auffinden des Gegenstands, seine Einziehung oder die Ermittlung von seiner Herkunft zu vereiteln. Mit **Umtausch** ist die Weggabe des ursprünglichen Gegenstands und die gleichzeitige oder auch zeitlich versetzte Erlangung einer Gegenleistung gemeint, wobei zwischen Weggabe und Erlangung eine kausale Verknüp-

71 Vgl. BT-Drucks. 12/3533, S. 13.

72 In besonders schweren Fällen ist die Strafe Freiheitsstrafe von sechs Monaten bis zu zehn Jahren (ein besonders schwerer Fall liegt in der Regel vor, wenn der Täter gewerbsmäßig oder als Mitglied einer Bande handelt, die sich zur fortgesetzten Begehung einer Geldwäsche verbunden hat), vgl. § 261 Abs. 5 StGB; wer eine Tat nach Absatz 1 oder Absatz 2 als Verpflichteter nach dem GwG begeht, wird mit Freiheitsstrafe von drei Monaten bis zu fünf Jahren bestraft (vgl. § 261 Abs. 4 StGB).

73 Herzog/*El-Ghazi*, § 261 StGB, Rn. 101ff.

74 BGH, Urt. v. 8.10.1998 – 1 StR 356/98 – NJW 1999, 436.

75 NK-*Altenhain* § 261 Rn 48.

76 BT-Drucks. 19/24180 S. 30 m.V.a. BGH, Urt. v. 27.7.2016 – 2 StR 451/15, NStZ 2017, 28f.

fung bestehen muss. Ausweislich der Gesetzesbegründung soll sich die **Übertragung** schwerpunktmäßig auf Rechte, die **Verbringung** überwiegend auf körperliche Gegenstände beziehen.[77] Diese drei Handlungen müssen zielgerichtet vorgenommen werden, um die staatlichen Ermittlungen oder die Einziehung (§§ 73ff. StGB) zu vereiteln. Eine konkrete Gefährdung der Ermittlungen oder der Einziehung ist dabei nicht erforderlich – es handelt sich bei Nummer 2 insofern um ein sog. abstraktes Gefährdungsdelikt.[78]

Die in § 261 Abs. 1 Satz 1 **Nummern 3 und 4** StGB genannten Tathandlungen fanden sich bereits in der vormaligen Fassung der Norm im damaligen Absatz 2 (sog. **„Isolierungstatbestand“**[79]). Ziel des Isolierungstatbestands ist es zu verhindern, dass die Erlöse und Gewinne aus Straftaten Gegenstand des Rechtsverkehrs werden; der Täter soll auf ihnen „sitzenbleiben“.[80] Für ihn entfällt dann der Anreiz zur Begehung von Taten, weil die Tat sich für ihn nicht mehr lohnt.[81] 44

Die Formulierung **„sich verschaffen“** erfasst im Prinzip jedes Geschäft des täglichen Lebens, das mit kontaminierten Vermögenswerten getätigt wird.[82] Juristisch formuliert bedeutet das Sich-Verschaffen die Herstellung tatsächlicher eigener Herrschaftsgewalt/Verfügungsgewalt über die Sache im Einverständnis mit dem Vortäter auf abgeleitetem Weg.[83] Damit liegt (mangels Einverständnisses) bspw. kein strafbares „sich Verschaffen“ vor, wenn der Täter einen aus einer Vortat stammenden Gegenstand stiehlt oder raubt.[84] Unter den Begriff „sich verschaffen“ fallen beispielsweise die Hinterlegung von Tatbeute des Vortäters durch einen Strafverteidiger im eigenen Namen,[85] der Ankauf von Diebesgut oder die Entgegennahme von Geld, das aus betrügerischen Handlungen erlangt ist, zur Investition in das eigene Unternehmen.[86] 45

„Verwahren“ bedeutet, einen geldwäschetauglichen Gegenstand in Gewahrsam zu nehmen oder zu halten, um ihn für einen Dritten oder für seine spätere Verwendung zu erhalten.[87] Eine Einbeziehung des Verwahrens in die Tathandlungen des § 261 StGB erschien dem Gesetzgeber geboten, um Strafbarkeitslücken für den Fall zu schließen, dass der Täter einen inkriminierten Gegenstand in Gewahrsam hat, ohne zugleich die 46

77 BT-Drucks. 19/24180 S. 31.

78 BT-Drucks. 19/24180 S. 31.

79 Teils auch bezeichnet als „Erwerbs-, Besitz- und Verwendungstatbestand“, vgl. etwa den Entwurf eines Gesetzes zur Ausführung des Übereinkommens der Vereinten Nationen vom 20.12.1988 gegen den unerlaubten Verkehr mit Suchtstoffen und psychotropen Stoffen, BT-Drucks. 12/3533, S. 11.

80 Siehe auch BT-Drucks. 12/989, S. 27.

81 BT-Drucks. 12/3533, S. 11.

82 Herzog/*El-Ghazi*, § 261 StGB, Rn. 112ff.; BGH, Urt. v. 24.6.2008 – 5 StR 89/08 – NJW 2008, 2516ff.

83 BGH NJW 2010, 3730; BVerfG NJW 2004, 1305.

84 U.a. BGH, Urt. v. 29.10.2009 – 4 StR 239/09 – NStZ 2010, 222f.

85 OLG Frankfurt a.M., Beschl. v. 10.3.2005 – 2 Ws 66/04 – NJW 2005, 1727ff.

86 BGH, Urt. v. 17.7.1997 – 1 StR 208/97 – NJW 1997, 3322f.

87 BGH, Beschl. v. 31.10.2018 – 2 StR 281/18 – NJW 2019, 1311ff. m.w.N.; zur Abgrenzung bzw. den Anforderungen an ein „Verwahren“: BGH, Beschl. v. 26.1.2012 – 5 StR 461/11 – NStZ 2012, 321f.

vormaligen Voraussetzungen des Abs. 1 (Vereitelung oder konkrete Gefährdung des staatlichen Zugriffs) oder der anderen Merkmale des vormaligen Abs. 2 (sich oder einem Dritten verschaffen oder für sich oder einen Dritten verwenden) nachweisbar zu erfüllen.[88]

47 Unter **„Verwenden"** ist jede wirtschaftliche Verfügung über den Gegenstand als eigenen oder zu eigenen Zwecken zu verstehen. Es ist dabei nicht erforderlich, dass der Täter im Einverständnis mit dem Vortäter, in dessen Interesse oder gegen Entgelt handelt. Verwenden umfasst die Veräußerung und Weitergabe von Gegenständen an Dritte,[89] aber auch jede Verarbeitung oder nur kurzfristige Gebrauchsüberlassung bzw. Ingebrauchnahme.[90]

b) Das Verheimlichen oder Verschleiern von Tatsachen nach § 261 Absatz 2 StGB

48 Nach § 261 Abs. 2 StGB wird ebenso bestraft, wer Tatsachen, die für das Auffinden, die Einziehung oder die Ermittlung der Herkunft eines Gegenstands nach Absatz 1 von Bedeutung sein können, verheimlicht oder verschleiert. Verheimlichen und Verschleiern sind für sich genommen schon **manipulative Handlungen**. Erforderlich sind konkret irreführende und aktiv unterdrückende Machenschaften bezogen auf alle Tatsachen, die den Ermittlungsbehörden bei den Ermittlungen und der Einziehung von Bedeutung sein können. Es muss nicht festgestellt werden, dass die konkret in Rede stehenden Tatsachen und Informationen für die Ermittlungen und die Einziehung im Einzelfall erforderlich waren. Es reicht aus, dass ihre Kenntnis hilfreich gewesen wäre.[91]

49 Während sich **„Verheimlichen"** laut Duden begrifflich definieren lässt als *„jemanden von etwas, was man mitzuteilen verpflichtet wäre, bewusst nicht in Kenntnis setzen"*, bezeichnet **„Verschleiern"** jedes irreführende Verhalten, durch das das Auffinden, die Einziehung oder die Ermittlung der Herkunft der Gegenstände für die Strafverfolgungsbehörden erschwert wird,[92] wie beispielsweise das Manipulieren von Akten in der Buchführung oder auch das Führen von Konten unter falschem Namen.

c) Ausnahme: strafloser Zwischenerwerb (§ 261 Abs. 1 Satz 2 StGB)

50 Wie bereits festgestellt, werden von § 261 StGB auch Gegenstände erfasst, die am Ende einer langen Kette von Verwertungshandlungen (nach mehrfachen Austausch- und Umwandlungsprozessen) stehen, wenn sie sich denn nur kausal auf die Vortat zurückführen lassen. Wenn nun durch die sehr weit gefassten strafbaren Tathandlungen nahezu jeglicher Umgang mit diesen Gegenständen verboten wird, hätte dies irgend-

---

88 BT-Drucks. 12/3533, S. 13.
89 BT-Drucks. 12/3533, aaO.
90 OLG Frankfurt a.M., Beschl. v. 10.3.2005 – 2 Ws 66/04 – NJW 2005, 1727ff.
91 BT-Drucks. 19/24180, S. 33.
92 Vgl. BT-Drucks. 12/3533, S. 11.

wann nahezu eine **vollständige Blockade des Wirtschaftsverkehrs** zur Folge. Um dies zu verhindern (zum Schutz des allgemeinen Rechtsverkehrs vor sonst unangemessen langen Geldwäscheketten)[93] hat der Gesetzgeber die Notwendigkeit erkannt, die Handlungen nach Absatz 1 Satz 1 Nummern 3 und 4 („*sich oder einem Dritten verschafft*" sowie „*verwahrt oder für sich oder einen Dritten verwendet, wenn er dessen Herkunft zu dem Zeitpunkt gekannt hat, zu dem er ihn erlangt hat*") von der Strafbarkeit ausnehmen zu müssen.[94] Diese Ausnahme hat er in nicht leicht zu verstehenden Worten in § 261 Abs. 1 Satz 2 StGB gepackt:

> *„In den Fällen des Satzes 1 Nummer 3 und 4 gilt dies nicht in Bezug auf einen Gegenstand, den ein Dritter zuvor erlangt hat, ohne hierdurch eine rechtswidrige Tat zu begehen."*

Die Vorschrift hat zur Folge, dass ein Gegenstand, den ein Dritter erworben hat, ohne sich 51
strafbar zu machen – wenn er also beispielsweise nicht wusste, dass der Gegenstand aus einer Straftat stammt, als er ihn erlangt hat (man spricht hier von einem **„gutgläubigen" Erwerber**) –, auch von anderen Personen jeweils straffrei erworben werden kann.[95] Dadurch soll erreicht werden, dass ein gutgläubiger Erwerber eines Gegenstandes, der aus einer tauglichen Vortat herrührt, diesen weiterveräußern kann.[96] Die Regelung kann jedoch nicht zu einer „legalen Geldwäsche" genutzt werden, indem der Vortäter beispielsweise seine Drogengelder bei dem gutgläubigen Mitarbeiter einer Bank einzahlt und anschließend einem bösgläubigen Dritten Geld aus dem Bankguthaben überweist. Zwar führt die straflose Besitzerlangung durch den Bankmitarbeiter dazu, dass das eingezahlte Bargeld nicht mehr geldwäschetauglich ist, zugleich erhält der Vortäter und Einzahler aber einen Auszahlungsanspruch gegen die Bank, der als Surrogat aus der Vortat herrührt. Mit der Überweisung verfügt der Vortäter über diese Forderung, deren bösgläubiger Empfänger sich daher weiterhin nach § 261 StGB strafbar machen kann.[97]

d) Sonderregelung für Strafverteidiger bei Annahme von Honorar

Durch § 261 Abs. 1 Satz 3 StGB wird die Strafbarkeit von Strafverteidigern im Zusammen- 52
hang mit der Annahme von Honoraren – entsprechend den Vorgaben des BVerfG[98] – bei

93 BT-Drucks. 12/989, S. 28.

94 Eines weitergehenden Strafausschlusses bei Tathandlungen mit manipulativen Tendenzen, wie in Absatz 1 Nummern 1 und 2, bedarf es hingegen nicht, vgl. Ausschuss-Drucks. 19(6)213, S. 5.

95 BT-Drucks. 12/3533, S. 14f.; zur Frage des Herrührens bei gutgläubigem Zwischenerwerb siehe auch OLG Karlsruhe, Beschl. v. 20.1.2005 – 3 Ws 108/04 – NJW 2005, 767ff.; vgl. auch BGH, Beschl. v. 23.8.2012 – 2 StR 42/12 – wistra 2013, 19.

96 Gemäß OLG Karlsruhe wird der für die Eigenschaft als Tatobjekt des § 261 StGB erforderliche Bemakelungszusammenhang durch einen zivilrechtlich wirksamen Eigentums- oder Rechtserwerb nicht aufgehoben, der zivilrechtlich wirksame Erwerb eines Vermögensgegenstandes lässt dessen Herrühren aus einer Vortat unberührt (Beschl. v. 20.1.2005 – 3 Ws 108/04 – NJW 2005, 767ff. m.w.N.).

97 Schönke/Schröder/*Hecker*, § 261 Rn 21.

98 BVerfG, Urt. v. 30.3.2004 – 2 BvR 1520/01 – BVerfGE 110, 226, 245ff.

Handlungen nach § 261 Absatz 1 Satz 1 Nummer 3 und 4 StGB auf die Fälle beschränkt, in denen sie **zum Zeitpunkt der Annahme des Honorars sichere Kenntnis von der deliktischen Herkunft des Honorars** haben. Hintergrund ist, dass gerade bei Strafverteidigern das Risiko einer Verwirklichung des objektiven Tatbestandes der Geldwäsche bei der Honorarannahme ganz besonders hoch ist. Man stelle sich einen Strafverteidiger vor, der einen Drogenhändler verteidigt, der soweit erkennbar nie legaler Arbeit nachgegangen ist. Die Wahrscheinlichkeit, dass das Anwaltshonorar aus Drogengeschäften stammt, ist hier naturgemäß sehr hoch. Strafbar macht sich der Strafverteidiger in solchen Fällen jedoch nur, wenn er bei der Annahme sicher weiß, dass es sich bei dem als Honorar übergebenen Vermögensgegenstand um Drogengeld handelt; die bloße Vermutung reicht insofern noch nicht aus. Begründet wird diese Privilegierung vom BVerfG damit, dass ein zu befürchtendes strafrechtliches Ermittlungsverfahren gegen den Strafverteidiger geeignet wäre, das Vertrauensverhältnis zwischen Verteidiger und Mandant, das einen hohen verfassungsrechtlichen Schutz genießt, zu stören.[99]

53 Der besondere Schutz der Strafverteidiger vor strafrechtlicher Verfolgung **gilt jedoch nicht in den Tatvarianten nach § 261 Abs. 1 S. 1 Nummern 1 und 2 sowie Abs. 2 StGB** – wer also einen Gegenstand, dessen kriminelle Herkunft er für möglich hält und sie billigt, verbirgt, in Vereitelungsabsicht umtauscht, überträgt oder verbringt oder relevante Tatsachen verheimlicht oder verschleiert, ist strafbar, selbst wenn er Strafverteidiger ist.[100]

54 Die gleiche Privilegierung findet sich auch in § 261 Abs. 6 Satz 2 StGB im Hinblick auf die **Strafbarkeit bei leichtfertigem Handeln**. Strafverteidiger machen sich durch die Annahme eines Honorars – wiederum nur in den Fällen des Absatzes 1 Satz 1 Nummer 3 und 4! – nicht wegen Geldwäsche strafbar, wenn sie leichtfertig nicht erkannt haben, dass das Honorar aus Straftaten stammt.

6. Leichtfertige Geldwäsche gem. § 261 Abs. 6 StGB

55 Eine Besonderheit im Zusammenhang mit § 261 StGB ist die Möglichkeit der Strafbarkeit wegen Geldwäsche bei nur leichtfertigem Handeln:

> *„(6) Wer in den Fällen des Absatzes 1 oder 2 leichtfertig nicht erkennt, dass es sich um einen Gegenstand nach Absatz 1 handelt, wird mit Freiheitsstrafe bis zu zwei Jahren oder mit Geldstrafe bestraft. Satz 1 gilt in den Fällen des Absatzes 1 Satz 1 Nummer 3 und 4 nicht für einen Strafverteidiger, der ein Honorar für seine Tätigkeit annimmt."*

56 **Leichtfertig handelt**, wer grob fahrlässig nicht erkennt, dass der Gegenstand aus einer Katalogtat herrührt, weil er sich aus **besonderer Gleichgültigkeit** oder **grober Unacht-**

99 BVerfG aaO.

100 Vgl. auch BT-Drucks. 19/24180 S. 33 und den dort auch zitierten Beschluss der 2. Kammer des Zweiten Senats des BVerfG vom 28.7.2015 – 2 BvR 2558/14.

samkeit keine oder unzutreffende Gedanken über die Herkunft des Gegenstandes macht, obwohl sich die wahre Herkunft nach der Sachlage geradezu aufdrängt.[101] Der Begriff entspricht weitgehend der „groben Fahrlässigkeit" im Sinne des bürgerlichen Rechts, wobei allerdings für die Vorhersehbarkeit des Taterfolges bei der Leichtfertigkeit subjektive Kriterien (persönliche Kenntnisse und Fähigkeiten des Täters) maßgebend sind.[102] Indiziell kann hier beispielsweise bereits die Unüblichkeit des Geschäftsvorgangs sein.[103]

Aus **Sicht der BaFin** liegt ein „leichtfertiges Nichterkennen" im Sinne des § 261 57
Abs. 6 StGB für einen Verpflichteten (bzw. für diesen handelnde Personen) als Täter nicht vor, wenn er/sie ordnungsgemäß eine den Anforderungen des § 43 Abs. 1 S. 1 GwG entsprechende Verdachtsmeldung an die dafür intern zuständige Stelle weitergeleitet bzw. (im Falle des/der Geldwäschebeauftragten) eine Meldung an die FIU erstattet hat.[104]

Der Gesetzgeber sah eine Ausdehnung des Straftatbestandes in den Bereich der 58
Leichtfertigkeit als unabdingbar an, um auftretende **Beweisschwierigkeiten zu vermeiden** und eine wirksame Strafverfolgung der Geldwäscher sicherzustellen,[105] denen es ansonsten zu leicht gemacht werden würde, sich unter Berufung auf Unkenntnis von der Herkunft der erlangten Gegenstände der Bestrafung zu entziehen. Gegenüber solchen Behauptungen wäre ein Beweis der Kenntnis als Voraussetzung für den Vorwurf einer vorsätzlichen Begehung vielfach kaum zu führen.[106]

Die Strafbarkeit leichtfertigen Handels ist in der **Praxis** von großer Bedeutung. Aus- 59
weislich der Strafverfolgungsstatistik erfolgt seit Jahren jeweils über die Hälfte aller Verurteilungen wegen Geldwäsche wegen leichtfertiger Geldwäsche. Ein Großteil dieser Verurteilungen wegen leichtfertiger Geldwäsche betrifft sog. Finanzagenten[107], bei denen direkter oder bedingter Vorsatz meist nicht nachgewiesen werden kann, so dass alleine die Leichtfertigkeitsstrafbarkeit eine Sanktionsmöglichkeit bietet. Hieran hängt ferner auch die Durchsetzung zivilrechtlicher Ansprüche der Opfer von Phishing-Attacken, Warenbetrug etc. gegen den in die Tat eingebundenen Finanzagenten, da sich das Opfer bzw. auch der Richter im Zivilprozess (der zu aufwändigerer „strafrechtlich orientierter" Beweiserhebung gezwungen ist) auch nicht mehr auf die Verurteilung im Strafverfahren beziehen kann. In vielen Fällen gelingt überdies ein Einstieg in die Ermittlungen gegen organisierte Täterstrukturen nur über Ermittlungen wegen leicht-

101 BT-Drucks. 12/989, S. 28; BGH, Urt. v. 24.6.2008 – 5 StR 89/08 – NJW 2008, 2516 ff.; der Betreffende muss die Vortat (bspw. Phishing-Straftaten) jedoch zumindest in den wesentlichen Grundzügen erkennen können (BGH, Beschl. v. 11.9.2014 – 4 StR 312/14 – NJW 2015, 1035).

102 BT-Drucks. 12/989, S. 27.

103 OLG Köln, Urt. v. 13.9.2012 – 2 Ws 524/12 – BeckRS 2013, 01466.

104 BaFin-AuA zum GwG AT (03/2025) Ziff. 10.8.3.

105 BT-Drucks. 12/989, S. 27.

106 BT-Drucks. 12/3533, S. 14.

107 S. hierzu ausführlich Kap. 1 B II 2 c).

fertiger Geldwäsche gegen Organisationsmitglieder oder eingesetzte Personen auf der untersten Ebene.

Formulierungsbeispiel aus einem Urteil des AG Ingolstadt vom 21.9.2010[108]

„Die Vorgehensweise widerspricht allen buchhalterischen Pflichten und Sorgfaltspflichten, die auch Laien bekannt sind. All diese Umstände erzeugen bei jedem vernünftigen Dritten ein erhebliches Maß an Misstrauen, wobei man es für möglich halten muss und wenn nicht sogar billigend in Kauf nehmen, dann zumindest in grob fahrlässiger Art und Weise darauf ankommen lassen, dass hier etwas nicht mit rechten Dingen zugeht. Bei der Parallelwertung aus der Laiensphäre müssen alle Alarmglocken bei derartigen Vorfällen bei dieser Häufung und diesen Beträgen und dieser Vorgehensweise aufschrillen. Solchermaßen ist das Verhalten der Angeklagten mindestens leichtfertig im Sinne des § 261 Absatz 5 [jetzt: 6] StGB, wenn nicht ohnehin Eventualvorsatz vorliegt. Da es darauf nicht ankam, geht das Gericht zumindest von Leichtfertigkeit aus.“ Formulierungsbeispiel aus einem Urteil des AG Ingolstadt vom 21.9.2010[109]

„Die Vorgehensweise widerspricht allen buchhalterischen Pflichten und Sorgfaltspflichten, die auch Laien bekannt sind. All diese Umstände erzeugen bei jedem vernünftigen Dritten ein erhebliches Maß an Misstrauen, wobei man es für möglich halten muss und wenn nicht sogar billigend in Kauf nehmen, dann zumindest in grob fahrlässiger Art und Weise darauf ankommen lassen, dass hier etwas nicht mit rechten Dingen zugeht. Bei der Parallelwertung aus der Laiensphäre müssen alle Alarmglocken bei derartigen Vorfällen bei dieser Häufung und diesen Beträgen und dieser Vorgehensweise aufschrillen. Solchermaßen ist das Verhalten der Angeklagten mindestens leichtfertig im Sinne des § 261 Absatz 5 [jetzt: 6] StGB, wenn nicht ohnehin Eventualvorsatz vorliegt. Da es darauf nicht ankam, geht das Gericht zumindest von Leichtfertigkeit aus.“

Formulierungsbeispiel aus einem Beschluss des OLG Karlsruhe[110]

„Der Angeklagte, der mit den Anbietern zusammenarbeiten wollte und seine Bankverbindung bewusst zur Verfügung stellte, um die versprochenen Provisionen zu verdienen, hätte bei gehöriger Anstrengung erkennen können und müssen, dass die angekündigten Gelder, die auf seinem Konto eingehen sollten und eingingen, aus Straftaten stammten. Ihm musste sich angesichts der geführten Korrespondenz aufdrängen, dass es hierbei nicht mit rechten Dingen zugehen konnte. Über solche Bedenken setzte sich der Angeklagte um des von ihm erwarteten Gewinns leichtfertig hinweg.“

---

60 Markant formuliert auch folgender **Pressetext** zur Verurteilung einer Warenagentin:[111]

> *„Wenn etwas zu schön ist, um wahr zu sein – dann ist es auch nicht wahr. Insofern war die Urteilsbegründung der Bad Hersfelder Strafrichterin nachvollziehbar, als sie der Angeklagten ihre völlige Ahnungslosigkeit nicht abnahm.*
> *Wer Päckchen mit einem Wert von um die hundert Euro weiterleitet und dafür 30 Euro Provision plus ein Festgehalt erwartet, der muss den Braten riechen oder in Kauf nehmen, dass auch Dummheit nicht vor Strafe schützt.“*

---

108 AG Ingolstadt, Urt. v. 21.9.2010 – 1 Cs 25 Js 6083/10 – n.v.

109 AG Ingolstadt, Urt. v. 21.9.2010 – 1 Cs 25 Js 6083/10 – n.v.

110 OLG Karlsruhe, Beschl. v. 21.11.2008 – 3 Ss 100/08 – NStZ 2009, 269 f.

111 Abrufbar unter http://www.hna.de/lokales/rotenburg-bebra/perfide-methoden-2777692.html?utm_source=feedburner&utm_medium=feed&utm_campaign=Feed%3A+hna%2Frotenburg+(HNA.de+-+News+aus+Rotenburg.

Ergänzender Hinweis !
Wer anderen sein Bankkonto leichtfertig für die Abwicklung betrügerischer Internetgeschäfte zur Verfügung stellt, ist ferner den durch den Betrug Geschädigten zivilrechtlich zum **Schadensersatz** verpflichtet, denn der Straftatbestand der Geldwäsche bezweckt auch den Schutz des Vermögens der durch die Vortat – im Fall: den gewerbsmäßigen Betrug – Geschädigten und ist daher ein Schutzgesetz i. S. d. § 823 Abs. 2 BGB.[112]

7. (Teilweise) Strafbarkeit der „Selbstgeldwäsche" (§ 261 Abs. 7 StGB)

Laut § 261 Abs. 7 StGB wird derjenige, der wegen Beteiligung an der Vortat strafbar ist, 61
nach den Absätzen 1 bis 6 nur dann bestraft, *„wenn er den Gegenstand in den Verkehr bringt und dabei dessen rechtswidrige Herkunft verschleiert"*.[113] Die Regelung zur Strafbarkeit der Selbstgeldwäsche (Englisch: „self-laundering") war zum 26.11.2015 durch das Gesetz zur Bekämpfung der Korruption[114] eingefügt worden (zunächst als § 261 Abs. 9 S. 3 StGB a. F.). Bis dahin konnte beispielsweise ein Drogenhändler, der seine Drogengelder anschließend wusch, nur wegen illegalen Betäubungsmittelhandels verurteilt werden, nicht aber wegen Geldwäsche.[115] Diese damalige Rechtslage der Straffreiheit der Selbstgeldwäsche war von der FATF in ihrem Deutschland-Evaluationsbericht vom Februar 2010 kritisiert worden.[116]

Es bestehen **erhebliche Zweifel**, ob es tatsächlich zu einer relevanten Zahl an Ver- 62
urteilungen wegen Selbstgeldwäsche kommen wird.[117] Ein Hauptgrund für diese Zweifel ist das Erfordernis des **Inverkehrbringens** der inkriminierten Vermögenswerte durch den Vortäter (der Vortäter, der diese Gegenstände insofern lediglich verwahrt oder sozial adäquat benutzt, soll nach wie vor straffrei bleiben). Nur soweit Selbstgeldwäschehandlungen einen eigenen spezifischen Unrechtsgehalt aufweisen, sollen sie auch neben der Vortat bestraft werden können.[118] Das Inverkehrbringen der aus Straftaten erlangten Gegenstände enthält einen solchen zusätzlichen Unrechtsgehalt dadurch, dass inkriminiertes Vermögen in den legalen Wirtschaftskreislauf gelangt und dort u. a. zu Wettbewerbsverzerrungen führen kann.[119] Es ist ausweislich der Gesetzesbegründung an die § 146 StGB (Geldfälschung) zugrunde liegende Definition angelehnt.[120] Erfasst werden sollen sämtliche Handlungen, die dazu führen, dass der Täter den inkrimi-

112 S. u. a. BGH, Urt. v. 19.12.2012 – VIII ZR 302/11 – NJW 2013, 1158 f.
113 Ist ungewiss, ob der Angeklagte (auch) an der Vortat beteiligt war, ist eine eindeutige Verurteilung (sog. Postpendenzfeststellung) zu treffen, BGH, Urt. v. 21.6.1995 – 2 StR 157/95 – NStZ 1995, 500.
114 BGBl 2015 I S. 2025.
115 Vgl. auch BGH, Beschl. v. 18.2.2009 – 1 StR 4/09 – NJW 2009, 1617 f.; BGH, Urt. v. 20.9.2000 – 5 StR 252/00 – NJW 2000, 3725.
116 Dort S. 10, Ziff. 6 und 7 sowie Ziff. 147 und insbesondere Ziff. 151 bis 153.
117 S. Beschluss des BGH v. 27.11.2018 – 5 StR 234/18; zur Kritik daran s. *Barreto da Rosa* JR 2019, 585 ff.
118 Vgl. Beschlussempfehlung und im Bericht des Ausschusses für Recht und Verbraucherschutz vom 14.10.2015, BT-Drucks. 18/6389, S. 11 f.
119 BT-Drucks. 18/6389, S. 13.
120 BT-Drucks. 18/6389, S. 14.

nierten Gegenstand aus seiner tatsächlichen Verfügungsgewalt entlässt und ein Dritter die tatsächliche Verfügungsgewalt über den Gegenstand erlangt.[121] Da die Übergabe an Mittäter als interner Vorgang gemäß ständiger BGH-Rechtsprechung jedoch kein Inverkehrbringen darstellt[122], was auch im Kontext von § 261 Abs. 7 StGB gilt,[123] scheint hier höchst fraglich, ob Geldwäschehandlungen einer organisierten kriminellen Vereinigung, von Mittätern oder auch nur eines einzelnen Täters hierdurch ausreichend erfasst werden. Zahlreiche aufeinanderfolgende Überweisungen zwischen tätereigenen Konten[124] einschließlich Barabhebungen etc., die zur Verschleierung der Herkunft der Vermögenswerte vorgenommen werden, wären womöglich nicht strafbar.[125]

63 Hinzu kommen muss eine Verschleierung der rechtswidrigen Herkunft des Vermögensgegenstands. Verschleiern meint das zielgerichtete Erschweren der Entdeckung der in Frage stehenden Tatsache durch täuschende oder sonstige irreführende Maßnahmen[126], so dass bloßes Schweigen regelmäßig nicht ausreichen wird.

! **Hinweis**

Im Kontext der Erstattung von Verdachtsmeldungen ist die Frage einer möglichen Strafbarkeit des Vortäters wegen Selbstgeldwäsche nicht entscheidend – derartige Überlegungen sollen Verpflichtete explizit nicht anstellen, es genügen Tatsachen, die darauf hindeuten, dass Geldwäschehandlungen oder Vortaten zur Geldwäsche im Raum stehen.

8. Die Strafausschließungsgründe des § 261 Abs. 8 StGB

a) Strafausschließung bei freiwilliger Anzeige

64 Ausweislich § 261 Abs. 8 StGB wird nach den Abs. 1 bis 6 nicht bestraft,

> „1. *wer die Tat freiwillig bei der zuständigen Behörde anzeigt oder freiwillig eine solche Anzeige veranlasst, wenn nicht die Tat zu diesem Zeitpunkt bereits ganz oder zum Teil entdeckt war und der Täter dies wusste oder bei verständiger Würdigung der Sachlage damit rechnen musste, und*
>
> 2. *in den Fällen des Absatzes 1 oder des Absatzes 2 unter den in Nummer 1 genannten Voraussetzungen die Sicherstellung des Gegenstandes bewirkt.*“

65 Die in § 261 Abs. 8 StGB enthaltenen Vergünstigungen sollen zur wirksameren Bekämpfung der organisierten Kriminalität beitragen, indem sie einen **Anreiz für die Anzeige strafbarer Geldwaschvorgänge** schaffen. Die Erstattung einer solchen Anzeige kann nicht nur zur Aufklärung der Geldwäsche selbst, sondern auch der Vortat (z.B. eines

121 BT-Drucks. 18/6389, aaO.

122 BGH, Beschl. v. 8.5.2002 – 2 StR 138/02, NStZ-RR 2002, 302f.; BGH, Urt. v. 29.8.1984 – 3 StR 336/84.

123 Vgl. u.a. BGH, Beschl. v. 8.12.2022 – 2 StR 395/22, BGH, Urt. v. 19.11.2024 – 5 StR 401/24 m.w.N.

124 Inkl. Konten von Unternehmen, die ausschließlich von ihm und/oder Mittätern kontrolliert werden.

125 Zur Kritik an der Regelung ausführlich *Barreto da Rosa*, JR 2017, 101ff.; ausführlich hierzu mit Rechtsprechungsnachweisen Herzog/*El Ghazi*, § 261 StGB Rn. 199.

126 Herzog/*El Ghazi*, § 261 StGB Rn. 199 m.V.a. Rn. 127.

Betäubungsmitteldelikts) und darüber hinaus zur Sicherstellung des „gewaschenen" Gegenstandes (z.B. des Erlöses aus illegalem Betäubungsmittelhandel) führen.[127]

Vorausgesetzt ist, dass der Betreffende die Anzeige **freiwillig** bei der zuständigen Behörde (Staatsanwaltschaft, Polizei oder Amtsgericht, vgl. § 158 Abs. 1 S. 1 StPO) erstattet oder veranlasst. Um einer missbräuchlichen Ausnutzung eines an die Strafanzeige anknüpfenden Strafaufhebungsgrundes entgegenzutreten, wird in § 261 Abs. 8 Nr. 1 StGB, der insoweit der strafbefreienden Selbstanzeige bei Steuerhinterziehung (§ 371 Abs. 2 Nr. 2 AO) nachgebildet ist, zudem zusätzlich verlangt, dass die **Geldwäsche noch nicht entdeckt** und dem Täter dies bewusst war. 66

Während bei **leichtfertigem Handeln** zur Straflosigkeit des Täters genügt, dass die Voraussetzungen des § 261 Abs. 8 Nr. 1 StGB erfüllt sind, wird die Vergünstigung einer Strafaufhebung bei **vorsätzlicher Geldwäsche** nur unter der weiteren Voraussetzung gewährt, dass der Täter durch die freiwillig erstattete oder veranlasste Anzeige die Sicherstellung des bemakelten Gegenstandes herbeigeführt hat (vgl. § 261 Abs. 8 Nr. 2 StGB). Erforderlich ist hier, dass der Gegenstand tatsächlich sichergestellt wird und die Anzeige hierfür mitursächlich ist. Unerheblich ist, aus welchem Grund eine Sicherstellung scheitert, d.h., selbst wenn die Strafverfolgungsbehörden die Sicherstellung unterlassen haben, obwohl diese ihnen aufgrund der Anzeige möglich gewesen wäre, scheidet die Anwendung von § 261 Abs. 8 Nr. 2 StGB aus.[128] Hier wird dann aber regelmäßig § 46b (Abs. 1 S. 4) StGB anwendbar sein, demzufolge das Gericht in derartigen Fällen von einer Strafe absehen kann. Da eine Bestrafung des Betreffenden in derartigen Fällen dem Gerechtigkeitsempfinden erheblich zuwiderlaufen würde, wird hier das Gericht regelmäßig von Strafe absehen müssen. 67

b) Strafausschließung für Verpflichtete bei Verdachtsmeldung

Nach § 43 Abs. 4 S. 1 GwG gilt eine **Verdachtsmeldung nach § 43 Abs. 1 S. 1 GwG zugleich als strafbefreiende Selbstanzeige** im Sinne des § 261 Abs. 8 StGB, wenn der gemeldete Sachverhalt die hierfür erforderlichen Angaben enthält. Die Anzeige nach § 261 Abs. 8 StGB muss die vollständige Mitteilung aller dem Täter oder Teilnehmer bekannten Umstände der begangenen rechtswidrigen Tat enthalten. Die Frage, ob ein Meldender auch die Anforderungen an eine Selbstanzeige erfüllt hat, ist allein von den Strafverfolgungsbehörden bei der Beurteilung der Strafbarkeit im Einzelfall zu bewerten.[129] 68

Die Vergünstigung der Strafausschließung kann dabei nicht nur dem „Anzeigeerstatter" (z.B. **Geldwäschebeauftragten**), sondern auch dem „Veranlasser"[130] (z.B. dem/ 69

127 BT-Drucks. 12/3533, S. 15.

128 NK-*Altenhain*, § 261 Rn. 128, BeckOK StGB-*Ruhmannseder* § 261 Rn. 72 m.w.N.

129 BT-Drucks. 19/15196, S. 49, m.w.N.

130 Veranlassen einer Anzeige erfordert (Mit-)Ursächlichkeit für deren Erstattung durch einen anderen, vgl. Lackner/Kühl/Heger, § 261 StGB, Rn 17.

der **MitarbeiterIn, der/die den Verdacht intern meldet**) zugutekommen. Aus Sicht der BaFin liegt ein „leichtfertiges Nichterkennen" im Sinne des § 261 Abs. 6 StGB für den Täter nicht vor, wenn er ordnungsgemäß eine den Anforderungen des § 43 Abs. 1 S. 1 GwG entsprechende Meldung an die dafür intern zuständige Stelle weitergeleitet bzw. (im Falle des/der Geldwäschebeauftragten) eine Meldung an die FIU erstattet hat.[131] Sieht die für die Erstattung einer Meldung beim Verpflichteten zuständige Stelle – egal aus welchen Gründen – von einer Meldung ab, hat der/die intern meldende Beschäftigte keine eigene Meldung nach § 43 Abs. 1 S. 1 GwG zu erstatten. Ihm/ihr steht es frei, ggf. mittels des beim Verpflichteten bzw. bei der BaFin eingerichteten Hinweisgebersystems eine aus seiner/ihrer Sicht unzutreffende Behandlung seiner Meldung zu kommunizieren.

! **Hinweis**

Die Verwendung eines Hinweissatzes in der Meldung wie folgt ist zwar nicht nötig, aber unschädlich:
„Vorsorglich weisen wir darauf hin, dass es sich bei dieser Meldung gleichzeitig um eine Anzeige im Sinne des § 261 Abs. 8 StGB handelt."

---

70 Das Bestehen einer **Pflicht** zur Meldung nach § 43 Abs. 1 S. 1 GwG bedeutet eigentlich, dass die Meldung gerade **nicht „freiwillig"** erfolgt. Da für Verpflichtete dennoch die Möglichkeit der „freiwilligen" strafbefreienden Anzeige nach § 261 Abs. 8 StGB bestehen soll – andernfalls bestünde die Gefahr, dass Verpflichtete in der Hoffnung darauf, selbst unentdeckt zu bleiben, von einer Meldung absehen würden, was kriminalpolitisch nicht erwünscht wäre[132] – stellt § 43 Abs. 4 S. 2 GwG in etwas sperrigen juristischen Worten klar, dass die Pflicht zur Meldung nach § 43 Abs. 1 S. 1 GwG die Freiwilligkeit einer Anzeige im Sinne des § 261 Abs. 8 StGB nicht ausschließt. Das heißt: Es ist egal, dass für Verpflichtete eine Pflicht nach § 43 Abs. 1 S. 1 GwG besteht, sie werden bei einer Meldung so behandelt, wie wenn die Meldung/Anzeige freiwillig erfolgt wäre.

9. Anhaltspunkte für Geldwäsche

a) Vorbemerkung

71 Weder das Geldwäschegesetz selbst noch seine Gesetzesbegründung enthalten einen Katalog von verdachtsbegründenden Umständen. Die Möglichkeiten und Erscheinungsformen der Geldwäsche sind derart zahlreich und vielgestaltig, und die Methoden der Geldwäsche wandeln sich in Reaktion auf gegen sie ergriffene Bekämpfungsmaßnahmen so rasch, dass eine (abschließende) Aufzählung der Konstellationen, in denen ein Verdacht im Sinne der Vorschrift zu bejahen ist, nicht möglich ist.[133] Ein solcher Katalog sähe sich auch dem Problem gegenüber, dass er zeitlich schnell überholt und anzu-

---

131 BaFin-AuA zum GwG AT (03/2025) Ziff. 10.8; vgl. ausführlich auch Herzog/*Barreto da Rosa* § 43 Rn. 80.
132 BT-Drucks. 12/2704, S. 18.
133 Vgl. auch BT-Drucks. 12/2704, S. 15.

passen wäre (außerdem kann ein derartiger Katalog umgekehrt auch immer Geldwäschern helfen, Fehler zu vermeiden im Sinne einer „Anleitung“ zur Vermeidung von Verdachtsmeldungen – eine Schwierigkeit und stete Gratwanderung, die jedoch nicht umgangen werden kann). Hilfestellungen mit Anhaltspunkten für Geldwäsche finden sich beispielsweise in **FATF-Typologiepapieren** oder **FIU-Veröffentlichungen**.

Der Verpflichtete bzw. die für ihn handelnden Beschäftigten besitzen bei der Frage, 72
ob vorliegende transaktions-, geschäfts- oder personenbezogenen Umstände Tatsachen i.S.d. § 43 Abs. 1 S. 1 Nr. 1 oder Nr. 2 GwG darstellen, laut BaFin einen eng begrenzten Beurteilungsspielraum.[134]

Zu jedem dieser Anhaltspunkte gibt es seitens der Täter vielfältige Legendierungen 73
und Begründungen, die das unübliche/verdächtige Verhalten verdecken sollen, ständig variieren und ggf. gewissen „Trends“ unterliegen. Seitens der Verpflichteten ist ein bedeutsamer Schritt zum Erkennen geldwäscherelevanter Sachverhalte, **das „übliche“ vom „unüblichen“ Kundenverhalten zu trennen**. Voraussetzung dafür ist eine genaue Anwendung des Know-your-customer-Prinzips. Eine Meldung kann daher auch dann zu erstellen sein, wenn keiner der aufgeführten Anhaltspunkte vorliegt. Grundsätzlich gilt jedoch: „Je mehr Anhaltspunkte zutreffen, desto höher dürfte die Wahrscheinlichkeit sein, dass tatsächlich eine Geldwäschehandlung gem. § 261 StGB vorliegt.“ Seitens des Verpflichteten ist dann zwecks Verifizierung eine intensivere Prüfung vorzunehmen.[135]

Die folgenden Aufzählungen bezwecken in erster Linie die **Sensibilisierung** der 74
Verpflichteten des GwG. Die Anhaltspunkte können und sollen auch nicht die durch Berufs- und Lebenserfahrung gewachsene Sicht auf Kundenbeziehungen einschränken. Umgekehrt muss nicht jeder Anhaltspunkt ein Indikator für Geldwäsche sein, da auch plausible Erklärungen für die Verhaltensweisen vorliegen können. Soweit nach dem GwG Verpflichtete jedoch entsprechende Anhaltspunkte feststellen, sollten diese dahingehend überprüft werden, ob es sich um ein verdächtiges Verhalten handelt.[136]

Die im Folgenden angeführten Anhaltspunkte beschränken sich als Ausschnitt auf 75
die in der Praxis am häufigsten anzutreffenden Indizien für Geldwäschehandlungen.

b) Allgemeine Anhaltspunkte in der Person

Die Person, d.h. das Auftreten des Kunden, bietet in der Praxis bereits häufig Anhalts- 76
punkte dafür, dass hinter der angetragenen Transaktion oder Geschäftsbeziehung womöglich doch illegale Aktivitäten stehen. Weicht das Kundenverhalten vom normalen Verhalten der sonstigen Kundschaft aus unerklärlichen Gründen ab, sollte das zumindest schon zum Anlass genommen werden, die Person mitsamt der angetragenen Transaktion/Geschäftsbeziehung näher zu betrachten.

134 BaFin-AuA zum GwG AT (03/2025) Ziff. 10.3.
135 Vgl. bereits BKA, FIU-Newsletter 11, S. 3f.
136 Bereits BKA, FIU-Newsletter 3, S. 6.

77 **Folgende Punkte können hier auf eine Geldwäschehandlung hindeuten**:
- unerklärliche **Nervosität**;
- das **äußere Erscheinungsbild** passt nicht zum angetragenen Geschäft (etwa „heruntergekommene Kleidung und ungepflegtes Erscheinungsbild" bei einem Kunden, der über erhebliche Vermögenswerte (viel Bargeld) verfügt oder zu verfügen vorgibt);
- Zweifel an der **Identität** oder an Angaben in Bezug auf seine Person oder den wirtschaftlich Berechtigten (falsche, vage oder nur schwer verifizierbare Angaben);
- der Kunde verlangt besondere **Anonymität** oder versucht, seine wahre Identität oder die des wirtschaftlich Berechtigten zu verschleiern;
- der Kunde **vermeidet** in auffälliger Weise **persönlichen Kontakt**;
- der Kunde ist auffallend gut vertraut mit dem **Geldwäschegesetz** oder erkundigt sich ungewöhnlich intensiv nach entsprechenden Vorschriften;
- Versuch des Aufbaus eines über das normale Maß hinausgehenden **Vertrauensverhältnisses;**
- unklarer **wirtschaftlicher Hintergrund** bzw. unklare Erwerbstätigkeit des Kunden (bspw. im Sachverhalt zum Beschluss des OLG Frankfurt am Main vom 13.2.2013 hatte der Bankkunde innerhalb eines halben Jahres mindestens 44.000 EUR in bar auf ein Anlagekonto bzw. Privatgirokonto einzahlt, über die Herkunft der Beträge sowie über Einkünfte des Kunden aus selbstständiger und unselbstständiger Tätigkeit oder sonstigen Quellen war nichts bekannt)[137];
- **Abweichungen vom gewöhnlichen Geschäftsgebaren** der Wirtschaftsbeteiligten;[138]
- Zweifel daran, dass die Parteien nicht für sich selbst handeln, sondern versuchen, die Identität des wahren Kunden zu verbergen (**Strohmanngeschäfte**);
- auffällige **Anwesenheit weiterer Personen,** die die tatsächlichen Entscheidungsträger/wirtschaftlich Begünstigten zu sein scheinen;
- die Angaben des Kunden stehen im **Widerspruch** zu den im Institut oder anderweitig bekannt gewordenen Erkenntnissen über den Kunden;
- an Transaktionen beteiligte **Personen, die wegen krimineller Handlungen bekannt sind** oder verurteilt wurden, oder in Transaktionen involvierte Personen, die in irgendeiner Weise mit Personen in Verbindung stehen, die kriminelle Handlungen durchführen (Familienmitglieder, Geschäftsbeziehungen, gemeinsame Herkunft, Personen mit gleichen Adressen oder mit gleichen Vertretern oder Rechtsanwälten);
- Personen (oder Unternehmen) aus **Risikoländern**;
- Kunden aus **Branchen**, aus denen bisher häufiger Geldwäschefälle bekannt wurden (beispielsweise Rotlichtmilieu);

137 Beschl. v. 13.2.2013 – 19 U 210/12 – PStR 2013, 220.
138 OLG Frankfurt a.M., Beschl. v. 13.2.2013 – 19 U 210/12 – PStR 2013, 220.

- Kunde nutzt eine Vielzahl von ähnlichen **Adressen**, Sammeladressen oder Briefkastenfirmen oder Postfächer und vermeidet Adressangaben, oder es werden Adressen/Erreichbarkeiten vom Kunden angegeben, die mit denen anderer an den Transaktionen beteiligten Personen oder Unternehmen identisch sind, ohne dass hierfür ein plausibler Grund besteht;
- Kunde drängt auffällig auf **sofortige Durchführung** einer ungewöhnlichen Transaktion.

Beispiel aus einer Verdachtsmeldung (Bareinzahlungen passen nicht zu Einkommen)

„Herr ■■■ wurde bei uns durch seine häufigen Bareinzahlungen auffällig. Seit Januar ■■■ zahlte er insgesamt ca. 10.700 € auf sein Girokonto ein. Herr ■■■ macht eine Ausbildung zum Lageristen bei ■■■ und verdient dort ca. 740 €. Nebenbei ist er bei ■■■ als Paketfahrer angestellt.
Woher die Bareinzahlungen stammen, ist auch unserem Kundenberater nicht bekannt."
(Die polizeilichen Ermittlungen ergaben, dass der Gemeldete einen regen Handel mit Rauschgift betrieb.)

Beispiel aus einer Verdachtsmeldung (nicht altersgemäße Kontonutzung und „zu jugendliche" Stimme)

„Im Zuge der Ausübung der Sorgfaltspflichten ist der Kunde anhand seiner Kontoumsätze und der für sein Alter ungewöhnlichen Kontonutzung auffällig geworden.
Zu dem Kunden wurde telefonisch Kontakt aufgenommen. Während des Gesprächs ist die jugendliche Stimme, die dem Alter des Kunden nicht entsprechen würde, aufgefallen."

Beispiel aus einer Verdachtsmeldung (vollständige Identitätsänderung)

„Im Rahmen der Überprüfung der Kundenverbindung haben wir weitere Informationen angefordert:
- *Unterlagen zur Identifizierung des Versicherungsnehmers*
- *Bestätigung der Bank, dass Kontoinhaber = Versicherungsnehmer*

Es kam die Rückmeldung, dass der Versicherungsnehmer zum 27. März ■■■ seine Identität geändert hat: von „G... A..." (bzw. A...) nach H..., K....
Der Versicherungsnehmer fordert nun – teilweise mehrfach täglich – die Auszahlung seiner Versicherungssumme. Herr G.../H... hat uns eine aktuelle Telefonnummer hinterlassen, unter der er zum Sachstand zurückgerufen werden wollte. Die angegebene Nummer wurde mehrfach umgeleitet. Nachdem er dort nicht erreichbar war, hat er uns (wenige Tage später) eine neue Telefonnummer gemeldet."
(Die polizeilichen Ermittlungen ergaben, dass der Gemeldete bundesweit zur Fahndung wegen Verstoßes gegen die AO ausgeschrieben war; es bestanden offene Forderungen eines Finanzamts in Höhe von mehreren Millionen Euro, in Folge der Verdachtsmeldung konnte die gesamte Versicherungssumme gepfändet werden.)

Sind **Unternehmen (juristische Personen)** an der Transaktion oder Geschäftsbezie- 78
hung beteiligt, können sich aus den nachstehenden Punkten Anhaltspunkte für Geldwäschehandlungen ergeben:

- in Transaktionen involvierte **kürzlich gegründete Unternehmen**, die sofort über enorme finanzielle Mittel verfügen, deren Herkunft unklar ist;

- Transaktionen, die durch **Stiftungen** oder durch **Non-Profit-Organisationen** durchgeführt werden, die aber nicht mit den Zielen der jeweiligen juristischen Person übereinstimmen;
- Unternehmen, die nur **zum Schein gegründet** worden zu sein scheinen oder die ohne wirtschaftlich nachvollziehbaren Grund zwischen andere Transaktionsbeteiligte geschalten wurden;
- Unternehmen aus **Risiko- und/oder Offshore-Destinationen**;
- auffälliger und **nicht nachvollziehbarer wirtschaftlicher Hintergrund** des Unternehmens (z.B. unverhältnismäßig hoher Gewinn im Vergleich zu Umsatz, Mitarbeiterzahl, vorhandener Logistik etc.);
- schwer nachvollziehbare komplexe **Unternehmens- oder Beteiligungsstrukturen**;
- die Ausübung von Tätigkeiten, die sich außerhalb des im Gesellschaftervertrag angegebenen **Geschäftszwecks** bewegen;
- die **unverzügliche Zahlung** von in Rechnung gestellten Beträgen, die in keinem Verhältnis zu den sonstigen finanziellen Möglichkeiten des Unternehmens stehen;
- das **Unternehmen erwirbt Privatvermögen und Konsumgüter** im großen Umfang (z.B. Schiffe, Luxusautos, Privathäuser).

Beispiel aus einer Verdachtsmeldung (hohe Umsätze einer abgelegenen Eisdiele)
„Herr ■■■ betreibt in ■■■ eine Eisdiele (■■■).
Aus dieser Gewerbetätigkeit resultieren insbesondere die Barumsätze auf dem Konto.
Diese beliefen sich im Jahr ■■■ auf rund 106.000 Euro und im Jahr ■■■ bisher auf rund 100.000 Euro.
Laut Erkenntnissen der Bank erscheinen die Bareinzahlungen jedoch vor dem Hintergrund des Geschäftsstandortes und der mutmaßlichen Kundenfrequentierung vergleichsweise hoch.
Die Bareinzahlungen wurden fast ausschließlich am Einzahlungsautomaten vorgenommen. Dabei erscheinen die Uhrzeiten der Einzahlungen zumindest teilweise ungewöhnlich.

---

c) Allgemeine Anhaltspunkte in der Art des Geschäfts

79 In vielen Fällen bietet auch die Art des angestrebten/angetragenen oder bereits durchgeführten Geschäfts erste Anhaltspunkte für eine nähere Prüfung des Sachverhalts auf Geldwäscherelevanz. Indizien können hier sein:

- **Zweifel an der (wirtschaftlichen) Sinnhaftigkeit** der veranlassten Transaktionen;
- **auffälliges Unterschreiten des Schwellenwertes** zur Vermeidung einer Identifizierung;
- auffälliges Verhalten im Zusammenhang mit **Bargeschäften** (z.B. große Beträge in kleinen Scheinen, Geld in Plastiktüten);
- ungewöhnlich hohe **Barzahlungen** durch eine Einzelperson oder Gesellschaft, deren vorgetragene **Geschäftsaktivitäten in der Regel unbar** abgewickelt werden;
- Erbringen von **Leistungen (z.B. Beratungen) ohne erkennbaren Grund**;

- der Kunde ist an einer Aufklärung über **Kosten**, die mit der Durchführung des Geschäfts verbunden sind, **nicht interessiert**.

Beispiel aus einer Verdachtsmeldung (Vorlage gefälschter Dokumente)
„Nachdem die Kundenberaterin sagte, dass sie gerne Rechnungsnachweise für die Gutschriften vom 24.2.█████ hätte, lieferte der Kunde in Begleitung seiner Bekannten am Nachmittag 2 Rechnungsbelege ab. Auffällig ist, dass die Rechnungen auf den 30.11.█████ datiert sind und die Kontonummer angegeben ist, die allerdings erst am 20.1.█████ bei der Kontoeröffnung vergeben wurde."

Beispiel aus einer Verdachtsmeldung (ungewöhnliche Transaktions- und Lieferwege)
„Die Fa. █████ soll eine Maschine [Anm.: diese war in Japan produziert worden] in einem Wert von 88.651,60 € an eine Fa. Auf den Britischen Jungferninseln verkaufen. Diese Firma hat ein Bankkonto auf Zypern. Geliefert soll die Maschine nach Berlin werden wobei als Endabnehmer eine Fa. In Moskau angegeben wurde. Der anzeigenden Fa. Scheint der Vorgang ungewöhnlich, da Käufer, Bank und Endabnehmer so sehr voneinander abweichen."

Beispiel aus einer Verdachtsmeldung (verdächtige Wahl teuren Transaktionswegs)
„█████ trat im Zeitraum vom 1.1.–9.6. als Auftraggeber von 18 innerdeutschen Finanztransfers in Höhe von EUR 17.478,00 in Erscheinung. Auffällig ist die Höhe der Gesamtsumme innerhalb von zwei Monaten, sowie die gewählt Versandform aufgrund der anfallenden Mehrkosten für diesen Weg des Geldtransfers innerhalb Deutschlands."
(Hintergrund war – wie die anschließenden Ermittlungen ergaben – die Bezahlung von Drogenlieferungen; die in Berlin ansässigen Drogenhändler wurden zu 6 bzw. 8 Jahren Freiheitsstrafe verurteilt, der drogensüchtige Empfänger blieb über die Kronzeugenregelung des § 31 BtMG straffrei.)

Beispiel aus einer Verdachtsmeldung (wirtschaftlich unsinnige/nachteilige Vermögensanlage)
„Bei der gewünschten Vertragskonstellation mit laufender Prämienzahlung ergibt sich nach unseren Berechnungen zum Ablauf der Ansparphase ein garantierter Kapitalwert von 790.122,11 Euro sowie ein mögliches Überschussguthaben von 60.530,39 Euro. Der Summe aus diesen Werten von 850.652,50 Euro steht ein zu zahlendes Prämienvolumen von 864.000,– Euro gegenüber. Dieser Umstand wird nach Aussage der Vermittlungsgesellschaft in Kauf genommen."

---

d) Besondere Anhaltspunkte für Geldwäsche im Bereich der Kreditinstitute

Besondere Anhaltspunkte im Bereich der Kreditinstitute können sein:[139] 80

- auffälliges **Desinteresse** des Kunden **an Rendite** oder **wirtschaftlich sinnloses Transaktions-/Anlageverhalten** (nimmt beispielsweise hohe, unnötige Kosten in Kauf),

139 S.a. die diesbezüglichen Typologien der FIU.

- die **Wahl der Filiale** lässt keinen Zusammenhang mit Wohn- oder Geschäftsort des Kunden erkennen,
- nicht nachvollziehbare Nutzung eines Kontos als **Durchlauf- oder Sammelkonto**,
- Kunde drängt in ungewöhnlicher Weise auf die **sofortige Durchführung einer Transaktion**,
- Eröffnung von Konten für mehrere Unternehmen mit **ähnlich klingenden Namen** oder für Unternehmen, deren Namen bekannten/renommierten Unternehmen ähneln,
- unerklärliche und/oder **plötzlich ansteigende Umsatzsteigerungen**,
- **Umsätze passen nicht** zu den vom Kunden angegebenen geschäftlichen Aktivitäten,
- ungewöhnliche **periodische Kontoführung**,
- **Erhöhung der Kapitaleinlage von Unternehmen** ohne nachvollziehbaren wirtschaftlichen Grund (insbesondere nach Überweisungseingang aus dem Ausland),

81 Im Hinblick auf **Bargeschäfte**:
- häufige hohe Bareinzahlungen (ggf. mehrmals täglich an verschiedenen Geldautomaten), die nicht zu der bekannten geschäftlichen Tätigkeit des Kunden passen,
- Bareinzahlungen werden innerhalb kurzer Zeit vom Konto wieder abverfügt (insbesondere durch Auslandsüberweisungen),
- Überweisungseingänge auf einem Konto (ggf. aus dem Ausland) werden unmittelbar im Anschluss bar abgehoben,
- **Eintauschen großer Mengen von Banknoten** niedrigen Nennwertes gegen solche höheren Nennwertes ohne plausiblen Grund,
- Wechsel von hohen Barbeträgen von kleinen Scheinen in große Scheine (**Sortengeschäfte**) ohne plausiblen Grund,

82 Im Hinblick auf **Auslandstransaktionen**:
- **Überweisung ins Ausland und anschließende Rücküberweisung** des gleichen oder eines ähnlichen Betrages (ggf. aufgeteilt auf mehrere Einzelbeträge) auf das gleiche Konto oder andere Konten, die gleichfalls dem Kunden oder ihm nahestehenden Personen zuzurechnen sind,
- ungewöhnliche Transaktionswege im Auslandszahlungsverkehr,
- häufige Transaktionen in **Risikoländer** oder aus solchen,
- plötzliche, wiederholte Überweisungseingänge von unterschiedlichen Privatpersonen (häufig im vierstelligen Bereich) mit unmittelbar folgender Barverfügung durch den Kontoinhaber oder Weitertransfer an einen Empfänger im Ausland ggf. über Finanztransferdienstleister (Hinweise auf Tätigkeit als sog. **Finanzagent**),

83 Im Hinblick auf **Darlehen/Kreditgeschäfte**:
- in Bezug auf bekannte vorhandene Vermögenswerte nicht nachvollziehbare **Kreditaufnahme**,

- nicht nachvollziehbare, **frühzeitige Kreditrückzahlung** oder hohe Sondertilgung (en) ohne plausiblen Grund oder mit Mitteln unbekannter Herkunft,
- **Darlehensgewährung** durch den Kunden, die nicht zu seinen bekannten wirtschaftlichen Verhältnissen passt,
- unerklärliche Gewährung von **Kreditsicherheiten** durch Dritte,
- Darlehen von oder für Unternehmen aus **Offshore-Ländern**, die ggf. zusätzlich über Offshore-Banken abgesichert werden.

Im Bereich **Wertpapierhandel**: 84
- Kauf von Wertpapieren mit **Mitteln unklarer Herkunft** oder in einem Umfang, der nicht zum wirtschaftlichen Hintergrund des Kunden passt,
- Wunsch der **physischen Auslieferung von Wertpapieren ins Ausland** ohne ersichtlichen Grund,
- ggf. verlustreiche Veräußerung von Wertpapieren zu einem nicht nachvollziehbaren Zeitpunkt ohne ersichtlichen Grund,
- das ausstellende Unternehmen lässt keine Geschäftstätigkeit erkennen oder hat seine Geschäftsstruktur/Namen/Geschäftszwecke in der Vergangenheit mehrfach geändert.

Hinweis !

Die **EU-Kommission** hat bereits am 4.10.2011 ein sog. „Commission Staff Working Paper on Anti-money laundering supervision of and reporting by payment institutions in various cross-border situations" veröffentlicht, das Zahlungsinstituten Antworten und **Hilfestellungen** (auch im Zusammenhang mit den Verdachtsmeldepflichten) **bei grenzüberschreitenden Sachverhalten** geben soll. Dem Dokument sind gleichfalls für Finanzdienstleister hilfreiche Informationen zu entnehmen.

Zahlreiche Fallbeispiele und Indikatoren für die Nutzung von Finanztransfer- und Geldwechselsystemen für Geldwäsche und Terrorismusfinanzierung sind im Bericht von **FATF** und **Moneyval** vom Juni 2010 – **„Money Laundering through Money Remittance and Currency Exchange Providers"** – enthalten.

III. Terrorismusfinanzierung (§ 43 Abs. 1 S. 1 Nr. 2 GwG)

1. Hintergrund und Begriff

§ 43 Abs. 1 S. 1 Nr. 2 GwG enthält eine weitere Meldepflicht bei Vorliegen von Tatsachen, 85
die darauf hindeuten, dass ein Geschäftsvorfall, eine Transaktion oder ein Vermögensgegenstand im Zusammenhang mit Terrorismusfinanzierung stehen. Der Gesetzeszweck der Bekämpfung der Terrorismusfinanzierung wurde nach den Terroranschlägen vom 11.9.2001 mit dem Geldwäschebekämpfungsgesetz[140] zum 14.8.2002 im GwG aufgenommen, da sich Hinweise darauf ergeben hatten, dass **im Rahmen der Terrorismusfinan-**

140 BGBl. 2002 I S. 3105; BR-Drucks. 217/02.

zierung täterseitig gleichsam auf Geldwäschetechniken (wie insbesondere Schmuggel von Bargeld sowie Structuring/Smurfing, Hawala oder handelsbasierte Geldwäschetechniken) **zurückgegriffen** worden waren, um finanzielle Mittel rund um die Welt zu bewegen und die Herkunft oder den Empfänger von Vermögenswerten zu verschleiern.[141]

86 Vor der näheren Betrachtung der Terrorismusfinanzierung sind zunächst **Begrifflichkeiten** zu klären, womit die Schwierigkeiten bereits beginnen: Der bekannte Ausspruch **„One mans terrorist is another mans freedom-fighter“**[142] bringt ein zentrales Problem der Begriffsbestimmung markant auf den Punkt: Der **Begriff des Terrorismus** ist stark von politischen und moralischen Einstellungen geprägt. Je nach Herangehensweise gibt es unterschiedliche Definitionen und Abgrenzungen, die hier jedoch nicht weiter vertieft werden müssen.[143] Unterschieden wird im Allgemeinen zwischen verschiedenen Typologien wie revolutionärem/linksrevolutionärem Terrorismus, Staatsterrorismus, separatistischem Terrorismus, nationalistisch, rassistisch, religiös motiviertem Terrorismus sowie Terrorismus zur Absicherung illegaler Oligopole. Zu unterscheiden ist ferner zwischen **Radikalismus** (Bestrebungen innerhalb des Rahmens der freiheitlich demokratischen Grundordnung zur Systemveränderung von einem deutlich von der herrschenden Meinung abweichenden Standpunkt aus), **Extremismus** (Bestrebungen zur Systemüberwindung, die sich – auch unter Anwendung von Gewalt – gegen die freiheitlich demokratische Grundordnung richten) und **Terrorismus** (Bestrebungen zur Systemüberwindung durch nachhaltig geführten, gewaltsamen Kampf).

87 Exemplarisch sei nur die **Definition der Vereinten Nationen** angeführt, der zufolge Terrorismus als Handlung gilt, *„die den Tod oder eine schwere Körperverletzung einer Zivilperson oder einer anderen Person, die in einem bewaffneten Konflikt nicht aktiv an den Feindseligkeiten teilnimmt, herbeiführen soll, wenn diese Handlung auf Grund ihres Wesens oder der Umstände darauf abzielt, eine Bevölkerungsgruppe einzuschüchtern oder eine Regierung oder eine internationale Organisation zu einem Tun oder Unterlassen zu nötigen.“*[144]

88 Der deutsche Gesetzgeber erfasst **„Terrorismus“** gesetzlich über die Straftatbestände der §§ 129a und 129b StGB (Bildung terroristischer Vereinigungen), ohne den Begriff selbst konkret zu definieren. Der Katalog der in § 129a StGB aufgezählten Straftaten unterstreicht lediglich die Zielsetzung des Gesetzgebers, schwerste Gewaltkriminalität im Allgemeinen und Terrorismus im Besonderen mit besonderer Härte und

---

141 Vgl. auch Europol, EU Terrorism Situation and Trend Report (TESAT) 2023, S. 20 ff.; ebenso bereits der UN-Bericht der CTITF-Arbeitsgruppe „Bekämpfung der Terrorismusfinanzierung“ vom Oktober 2008, S. 12.

142 Übersetzt: Des einen Terrorist ist des anderen Freiheitskämpfer.

143 Hierzu ausführl. *Degen*, S. 59 ff.; zu Begriff, Entwicklungen und Formen des Terrorismus *Görg*, S. 10 ff.

144 Art. 2 Abs. 1b des Übereinkommens zur Bekämpfung der Finanzierung des Terrorismus vom 9.12.1999 (UN Dok. A/RES/54/109); eine weitere findet sich im Rahmenbeschluss des Rates v. 13.6.2002 (2002/475/JI).

Unnachgiebigkeit zu bekämpfen.[145] Zugleich drückt der Katalog aus, dass der Gesetzgeber die darin aufgenommenen Straftaten als „an sich charakteristische Erscheinungsformen“[146] terroristischer Aktivitäten begreift. Als Reaktion auf die Ereignisse des 11.9.2001 wurde mit dem 34. Strafrechtsänderungsgesetz vom 22.8.2002[147] § 129b StGB eingeführt. Er erweitert im Wesentlichen den Anwendungsbereich der §§ 129 ff. StGB auf internationale kriminelle bzw. terroristische Vereinigungen, die keinen organisatorischen Schwerpunkt im Inland aufweisen.

Der Begriff der **„Terrorismusfinanzierung“** ist hingegen in § 1 Abs. 2 GwG definiert:[148] 89

„Terrorismusfinanzierung im Sinne dieses Gesetzes ist

1. *die Bereitstellung oder Sammlung von Vermögensgegenständen mit dem Wissen oder in der Absicht, dass diese Vermögensgegenstände ganz oder teilweise dazu verwendet werden oder verwendet werden sollen, eine oder mehrere der folgenden Straftaten zu begehen:*
   a) *eine Tat nach § 129a des Strafgesetzbuchs, auch in Verbindung mit § 129b des Strafgesetzbuchs, oder*
   b) *eine andere der in den Artikeln 3, 5 bis 10 und 12 der Richtlinie (EU) 2017/541 des Europäischen Parlaments und des Rates vom 15. März 2017 zur Terrorismusbekämpfung und zur Ersetzung des Beschlusses 2005/671/JI des Rates (ABl. L 88 vom 31.3.2017, S. 6) umschriebenen Straftaten,*
2. *die Begehung einer Tat nach § 89c des Strafgesetzbuchs oder*
3. *die Anstiftung oder Beihilfe zu einer Tat nach Nummer 1 oder 2.“*

Durch das Gesetz zur Änderung der Verfolgung der Vorbereitung von schweren staatsgefährdenden Gewalttaten[149] vom 12.6.2015 wurde **§ 89c StGB (Terrorismusfinanzierung)** geschaffen (und in § 261 Abs. 1 S. 2 Nr. 5 StGB a.F. als geeignete Vortat aufgenommen). Gemäß § 89c StGB macht sich strafbar, wer Vermögenswerte sammelt, entgegennimmt oder zur Verfügung stellt mit dem Wissen oder in der Absicht, dass diese von einer anderen Person zur Begehung einer in § 89c Abs. 1 S. 1 StGB genannten schweren Katalogstraftat verwendet werden sollen (oder um selbst eine dieser Katalogtaten zu begehen). 90

Zu sog. **Foreign Terrorist Fighters (FTF)** wird auf die Ausführungen in diesem Kapitel unter Gliederungspunkt C XVII. verwiesen. 91

145 *Degen*, S. 65 m.w.N. in Fn 307.

146 *Degen*, S. 65 m.w.N. in Fn 308.

147 BGBl. 2002 I S. 3390 ff.

148 Die **EU-Geldwäsche-Verordnung** definiert den Begriff in ihrem Art. 2 Abs. 1 Nr. 2 als *„die in Artikel 11 der Richtlinie (EU) 2017/541 genannten Handlungen einschließlich Beihilfe und Anstiftung zu diesen Handlungen und des Versuchs, unabhängig davon, ob sie im Hoheitsgebiet eines Mitgliedstaats oder im Hoheitsgebiet eines Drittlands begangen werden; ob Kenntnis, Vorsatz oder Zweck, die ein Merkmal dieser Handlungen sein müssen, vorliegen, kann aus den objektiven Tatumständen abgeleitet werden“.*

149 BGBl. 2015 I S. 926; BT-Drucks. 18/4087 v. 24.2.2015 bzw. BT-Drucks. 18/4279 v. 11.3.2015.

2. Besonderheiten der Terrorismusfinanzierung

a) Übersichtsschema: strukturelle Unterschiede Geldwäsche – Terrorismusfinanzierung

92 Das folgende **Übersichtsschaubild** soll die strukturellen Unterschiede zwischen Geldwäsche und Terrorismusfinanzierung verdeutlichen. Auf einzelne Aspekte wird im Folgenden eingegangen.

	Geldwäsche	Terrorismusfinanzierung
primäre Motivation	• Gewinnstreben	• Geheimhaltung/Ideologie
Vermögensherkunft	• kriminelle Vortaten	• illegale und legale Quellen
Fokus zur Erkennung	• verdächtige Transaktionen, nicht erklärliches Vermögen etc.	• verdächtige Verbindungen zwischen Personen/Firmen
Transaktionshöhen	• Structuring großer Summen	• oft nur geringe Beträge
Transaktionswege	• zirkuläre Transaktionswege	• lineare Transaktionswege
Besonderheiten	• vorrangig Nutzung formeller Finanzsysteme	• oft informelle Systeme (Hawala)

b) Besonderes Bemühen um Geheimhaltung

93 Während kriminelle Organisationen primär auf Gewinnmaximierung abzielen, steht bei terroristischen Organisationen vor allem das **Bemühen um Geheimhaltung** der Herkunft von Vermögenswerten, von Transaktionswegen und der Verwendung im Vordergrund.[150] Viele der Transaktionen im Bereich der Terrorismusfinanzierung unterscheiden sich aufgrund der eher geringen Betragshöhe nur wenig oder überhaupt nicht von gewöhnlichen Transaktionen und erregen daher im Vorfeld von Terroranschlägen wenig Aufmerksamkeit – unabhängig vom genutzten Zahlungsmittel.[151]

94 Das **Erkennen** einer möglichen Verwendung von – zunächst einmal völlig neutralen – Vermögenswerten für terroristische Zwecke ist ungleich **schwieriger** und für die Verpflichteten nach dem Geldwäschegesetz kaum noch zu bewerkstelligen.[152] Die **Zahl der Verdachtsmeldungen** mit Bezug zur Terrorismusfinanzierung bewegt sich dementsprechend auch in einem höchst überschaubaren Bereich: Laut FIU-Jahresbericht 2023 (S. 15) standen rund 5.500 Meldungen, das sind ca. 2 % aller Verdachtsmeldungen, im Zusammenhang mit Terrorismusfinanzierung, Staatsschutz oder Sanktionen.[153]

150 Modelle zur Schätzung der Finanzströme von islamistischen Terror-Organisationen finden sich beispielsweise bei *Schneider/Dreer/Riegler*, S. 31 ff. und Herzog/*Achtelik*, Einleitung Rn. 136 ff.

151 Deutsche Bundesbank, Monatsbericht März 2019, S. 49.

152 Ähnlich Gropp/Sinn/*Hofer*, S. 536 ff.; BKA, FIU-Jahresbericht 2011, S. 36.

153 Da in früheren FIU-Jahresberichten Meldungen mit Sanktionsbezug in dieser Zahl nicht enthalten waren, ist kein Vergleich mit den diesbezüglichen Zahlen möglich; ausweislich des Europol-Berichts

c) Geringer finanzieller Aufwand für Anschläge

Allgemein ist zunächst festzuhalten, dass der Nachweis der **Finanzierung einzelner Terrorakte** kaum je möglich ist – bspw. in den 102 Fallstudien des FATF-Berichts „Risk of Terrorist Abuse in Non-Profit Organisations" vom Juni 2014 (S. 42, 87 ff.) findet nur ein einziger Hinweis auf die Finanzierung eines konkreten Terroranschlags, in ca. 40 % der Fälle scheinen **terroristische Strukturen finanziert** worden zu sein und in ca. 60 % **Personen oder Organisationen, die mit solchen Strukturen verdächtige Beziehungen unterhielten**. Allgemein ist festzustellen, dass die Bekämpfung der Terrorismusfinanzierung weit mehr ist als die bloße Verhinderung von terroristischen Anschlägen hierzulande.[154] 95

Grundsätzlich ist schließlich zu berücksichtigen, dass der **finanzielle Aufwand für terroristische Anschläge** meist sehr gering ist. Die Anschläge vom 11. September 2001 auf das Word-Trade-Center in New York erforderten mit geschätzt 300.000-500.000 USD mit großem Abstand den größten Finanzierungsaufwand. Die geschätzten Kosten der Anschläge von Madrid am 11.3.2004 (ca. 10.000 USD), in London am 7.7.2005 (ca. 7.240 Pfund), von Oslo/Utøya am 22.7.2011 (ca. 1.000 USD), auf den Boston-Marathon vom 15.4.2013 (ca. 900 USD), in Paris (Charlie Hebdo) am 7.1.2015 (ca. 200 USD), Brüssel am 22.3.2016 (ca. 500 USD) oder auf den Berliner Breitscheidplatz am 16.12.2016 (ca. 100 USD) waren dagegen vergleichsweise verschwindend gering.[155] 96

d) Uneinheitliche Strukturen terroristischer Netzwerke

Ausgehend von der Erkenntnis, dass in der Praxis wie ausgeführt zumeist lediglich die Finanzierung einer terroristischen Struktur oder von einzelnen Personen nachvollzogen werden kann, wurde näher untersucht, ob sich hieraus Erkenntnisse gewinnen lassen, die ein Erkennen ermöglichen oder zumindest Hinweise hierauf liefern. Im Rahmen derartiger Untersuchungen hat sich jedoch gezeigt, dass **terroristische Gruppen höchst unterschiedlich strukturiert** sind. Moderne terroristische Netzwerke bestehen aus lose verbundenen transnationalen Netzwerken autonomer Zellen, einige bilden sich um soziale Gruppen, Freundschaften oder familiäre Beziehungen, es gibt Einzeltäter, die aus eigenwilligen persönlichen und ideologischen Gründen heraus handeln, usw.[156] 97

Die Aufdeckung von Terrorismusfinanzierung anhand von Geldströmen durch Verpflichtete wird schließlich nahezu unmöglich, sobald Unterstützungsgelder das betreffende Land verlassen haben und in den Geldkreislauf einer terroristischen Organisation 98

„From Suspicion to Action" (2017, S. 23) standen europaweit weniger als 0,5 % aller Meldungen im Zusammenhang mit Terrorismusfinanzierung.

154 Ebenso die Erste Nationale Risikoanalyse Deutschlands, S. 45.

155 Zu Kosten weiterer Anschläge s. http://www.geldwaeschecompliance.de/terroranschlaege.html.

156 *Normark/Ranstorp* S. 5; eine spezifische Auswertung zu terroristischen Einzeltätern und kleinen terroristischen Zellen wurde seitens der Egmont Group durchgeführt: *„Projekt zur Bekämpfung der Terrorismusfinanzierung (Einzeltäter und kleine Zellen)"* vom Juli 2019.

eingegangen sind[157] und erst Recht bei Einzeltätern und selbst-finanziertem Terrorismus – Erscheinungsformen, die immer häufiger festzustellen sind (von dschihadistischen Zellen, die zwischen 1994 und 2014 in Europa Anschläge planten, waren 47 % vollständig selbstfinanziert und in 90 % der Fälle gab es einen signifikanten Anteil an Eigenfinanzierung).[158]

Hinweis
Das zentrale finanzielle Problem für Terrororganisationen sind regelmäßig die laufenden Kosten wie Rekrutierung, Training, Bewaffnung, sonstige Versorgung, Saläre, Alimentation von Märtyrer-Familien usw.; bspw. beliefen sich die laufenden Kosten von al-Qaida ausweislich des Untersuchungsberichts der Anschläge vom 11. September 2001 im Vorfeld der Anschläge auf rund 30 Mio. USD jährlich.[159]

e) Herkunft der zur Terrorismusfinanzierung eingesetzten Vermögenswerte

99 Generell hat sich gezeigt, dass sich terroristische Vereinigungen **sowohl aus illegalen Aktivitäten** (Produkt-/Markenpiraterie, Drogenhandel[160], Entführungen, illegaler Handel mit Kulturgütern[161], illegaler Artenhandel[162] etc.) **als auch aus legalen Quellen** (Autohandel, Gastronomiebetriebe etc.)[163] und Spenden[164] sowie staatlicher Unterstützung finanzieren.[165] Vor allem bei Herkunft der Gelder aus kriminellen Handlungen können Verdachtsmeldungen ein Mittel zur Aufdeckung terroristischer Strukturen sein.[166] Meldungen nach § 43 Abs. 1 GwG werden von den Strafverfolgungsbehörden daher immer auch auf staatsschutzrelevante Hinweise überprüft.

100 Laut einer Studie von *Oftedal,* die **40 dschihadistische Terrorzellen untersucht** hat, die in den Jahren von 1994 bis 2014 Anschläge in West-Europa geplant hatten, finanzierten sich die Terrorzellen zu 73 % aus legalen Quellen (zumeist Gehälter und Ersparnisse der Zellenmitglieder), gefolgt vom illegalen Handel mit Drogen, Waffen und anderen Waren sowie Diebstahl und Raub. Nur 25 % der untersuchten Zellen erhielten

157 KGGT-Bericht Schweiz über die Risiken im Bereich der Geldwäscherei und Terrorismusfinanzierung bei Non-Profit-Organisationen v. 28.6.2018, S. 21.
158 *Oftedal* S. 45.
159 *Shelley* (2014) S. 177 f.
160 S. hierzu näher Kap. 1 A IV. 3.
161 S. bspw. den Aktionsplan der EU-Kommission für ein intensiveres Vorgehen gegen Terrorismusfinanzierung vom 2.2.2016 (COM(2016) 50 final), S. 14; Resolution 2462 (2019) des Sicherheitsrats der Vereinten Nationen vom 28.3.2019, S. 2; Art. 1 der VO (EU) 2019/880 über das Verbringen und die Einfuhr von Kulturgütern vom 17.4.2019, ABl. EU L 151/1 vom 7.6.2019.
162 S. hierzu näher Kap. 1 A IV. 7.
163 Vgl. bereits FATF, „Emerging Terrorist Financing Risks", 2015, S. 19.
164 Hierauf verweist neben der BReg (BT-Drucks. 18/2888, S. 2) auch Europol, TESAT 2023, S. 20.
165 Vgl. bereits den UN-Bericht der CTITF-Arbeitsgruppe „Bekämpfung der Terrorismusfinanzierung" vom Oktober 2008, S. 3; *Bräuning* S. 102 m. w. N.; Erste Nationale Risikoanalyse Deutschlands S. 46.
166 UN, Bericht der CTITF-Arbeitsgruppe „Bekämpfung der Terrorismusfinanzierung", S. 3.

Unterstützung von internationalen Terrornetzwerken.[167] Letztlich orientieren sich terroristische Gruppierungen an den ihnen jeweils zur Verfügung stehenden Möglichkeiten.[168]

Eine **Untersuchung von in der BRD von 2015 bis 2017 geführten Verfahren wegen Terrorismusfinanzierung** durch *KPMG* und die *LMU München* ergab, dass in 110 von 267 auswertbaren Verfahren die betroffenen Vermögenswerte aus Spenden Dritter stammten und in 119 dieser Verfahren aus Eigenmitteln der Tatbeteiligten, in 119 der 267 hierzu auswertbaren Verfahren. Ferner wurde festgestellt: *„Sofern Geldmittel transferiert wurden, überwogen Einzelspenden im Sinne einer Vielzahl kleinerer Geldbeträge sowie nicht näher konkretisierbare Spenden. Sozialleistungen, kriminelle oder legale wirtschaftliche Aktivitäten waren in insgesamt 79 von 267 Verfahren, und damit vergleichsweise selten, als Quellenart einschlägig. Entstammten die betroffenen Vermögenswerte kriminellen Aktivitäten, wie für 38 der 267 Verfahren erfasst, handelte es sich dabei zumeist um Eigentums- und Vermögensdelikte. In Einzelfällen war auch der Handel mit Betäubungsmitteln oder Sozialleistungsbetrug angegeben.“*[169] Der Transfer der Vermögenswerte fand zumeist über Banküberweisungen statt. 101

Beispiel „Islamischer Staat (IS)“:
Der IS finanzierte sich zur Zeit seiner maximalen territorialen Okkupation laut einer Untersuchung der FATF[170] v. a. aus folgenden Quellen:

1. Illegale Erlöse aus der Besetzung von Territorium einschließlich Erpressung und Diebstahl (Bankraub, Erpressung und Menschenhandel; durch Zugriff auf Erdgas- und Erdölindustrie[171]; Ausbeutung/Erpressung der Landwirtschaft; illegaler Kulturguthandel (anhand der Identifizierung von einzelnen Objekten, die zuvor wissenschaftlich registriert worden waren, konnte u. a. nachgewiesen werden, dass der IS Museen in okkupierten Gebieten (wie das Museum von Mossul) nicht wie kolportiert zerstört, sondern die Kunstgegenstände verkauft hatte);[172] illegale Besteuerung von Waren und Bargeld im Transitgebiet, in dem der IS tätig war; Besteuerung der Gehaltszahlungen irakischer Staatsbediensteter)
2. Entführung zum Zwecke der Lösegelderpressung
3. Spenden, einschließlich von oder über gemeinnützige Organisationen (NPOs)
4. materielle Unterstützung durch Foreign Terrorist Fighters
5. Fundraising durch moderne Kommunikationsnetze (Spendensammlung über soziale Netzwerke etc.)

---

167 *Oftedal* S. 3 und 45.
168 Normark/Ranstorp S. 5ff.
169 Abschlussbericht vom 16.1.2020, S. 20.
170 FATF, „Financing of the terrorist organization Islamic State in Iraq and the Levant (ISIL)“, 2015, S. 12ff.; Shelley (2018) S. 131; Schwind S. 706.
171 Schätzungen gehen in der Spitze von Erlösen durch den Verkauf von Roh-Öl für das Jahr 2015 in Höhe von 550 Mio. USD aus (*Groß* JAC 2018, S. 52).
172 S. https://eca.state.gov/files/bureau/isil_leader_loot.pdf.

Beispiel „Anschläge vom 11. September 2001 in den USA":
Der spätere Attentäter der Anschläge vom 11. September 2001 in den USA, Mohammed Atta, soll 1999 einem deutschen Professor afghanische Antiken zum Kauf angeboten haben, Angabe gemäß, um sich von dem Erlös ein Flugzeug zu kaufen.[173]

3. Anhaltspunkte für Terrorismusfinanzierung

102 Die Besonderheiten, die sich im Bereich der Terrorismusfinanzierung wie zuvor ausgeführt zeigen (wie insbesondere die häufige Herkunft der zur Finanzierung terroristischer Organisationen eingesetzten Mittel aus legalen Quellen), machen deutlich, dass es nicht nur schwieriger ist, Terrorismusfinanzierung zu erkennen, sondern dass es in der Folge auch schwieriger ist, prägnante Anhaltspunkte für Terrorismusfinanzierung zu formulieren, die den Verpflichteten an die Hand gegeben werden (können). Am leichtesten greifbar sind hier noch die „Sanktionslisten" oder „Terrorlisten", die Namen von terrorverdächtigen Personen und Organisationen enthalten, welche die BaFin den verpflichteten Kreditinstituten regelmäßig übermittelt, die ihrerseits jedoch teils sehr umstritten sind.[174]

Fallbeispiel aus einer Verdachtsmeldung („Listentreffer")
„Fr. ■■■ hat am ■■.■■.■■■ EUR 100,00 an ■■■■ ■■■ überwiesen, dieser Name ist auf der OFAC Liste für Terror aufgeführt.
Bei der Kundin fielen im Rahmen der nun durchgeführten Recherche weitere kleinere Zahlungen an ausländische Empfänger auf. Diese führen wir in der Meldung auf.
Gründe für die Meldung:
Listentreffer in Sanktionslisten Terrorismus VO (EG) Nr. 2580/2001 oder Nr. 881/2002."

103 Wenn es keinen „face-to-face"-Kontakt zum Kunden gibt, der Kunde dem Verpflichteten also nie persönlich gegenübertritt, verbleibt nur die Möglichkeit, vage Kriterienschablonen über die vorhandenen, nüchternen Daten zu legen, um Ansatzpunkte zu gewinnen. Beispielsweise zu Überweisungsempfängern, die ihr Konto bei einem fremden Institut haben, ist auch dieser Datenbestand sehr gering.

104 Allgemein lässt sich feststellen, dass terroristische Organisationen zur Finanzierung häufig auf **Geldwäschetechniken** zurückgreifen wie Bargeldkuriere, Nutzung informeller Transfersysteme (z.B. Hawala) und von Finanzdienstleistungsunternehmen, handelsbasierte Geldwäsche und Handel mit hochwertigen Gütern[175], um finanzielle

173 Vgl. *Shelley* (2014) S. 262.
174 UN, Bericht der CTITF-Arbeitsgruppe „Bekämpfung der Terrorismusfinanzierung", S. 12f. und 23ff.
175 S.a. Normark/Ranstorp S. 5.

Mittel rund um die Welt zu bewegen und die Herkunft oder den Empfänger von Vermögenswerten zu verschleiern.[176]

Bei den nachfolgenden (nicht abschließenden) Anhaltspunkten[177] sind die Grundannahmen zu beachten, dass alle Finanzierungsquellen (legale und illegale) und Transfermöglichkeiten (offizielle und inoffizielle) genutzt werden und **feste Verhaltensmuster nicht existieren.**[178] Aussagen über klassische Typologien können im Bereich der Terrorismusfinanzierung kaum getroffen werden[179], zudem sind – wie bereits ausgeführt – für die Durchführung terroristischer Anschläge nicht zwingend große Geldsummen erforderlich. 105

Darauf hinzuweisen ist, dass die aufgeführten Anhaltspunkte nicht zwangsläufig vorliegen müssen, um eine Verdachtsmeldung zu begründen. Unabhängig davon gilt auch hier der Grundsatz: **„Je mehr Anhaltspunkte zutreffen, desto höher dürfte die Wahrscheinlichkeit sein, dass der Verdacht einer Terrorismusfinanzierung gegeben ist"**. Da sich Terroristen wie ausgeführt nicht nur legaler, sondern auch illegaler Finanzierungsmöglichkeiten bedienen, sollten die Anhaltspunkte für Terrorismusfinanzierung und Geldwäsche grundsätzlich immer gemeinsam in die Sachverhaltsprüfung einbezogen werden.[180] 106

Unter anderem folgende Anhaltspunkte können auf Terrorismusfinanzierung hindeuten: 107

– **„Listentreffer"**:[181] Das Bundesamt für Wirtschaft und Ausfuhrkontrolle (**BAFA**) hat ein „Merkblatt zu den länderunabhängigen Embargomaßnahmen zur Bekämpfung des Terrorismus" herausgegeben, in dem **Handlungsempfehlungen im Umgang mit Sanktionslisten** sowie weitere informative Hinweise enthalten sind. Ferner werden sog. Best Practices der EU für den Umgang mit internationalen Sanktionen laufend aktualisiert. Sie dazu weiter unten in diesem Kapitel unter C XVI. Die Sanktionslisten (national, EU oder UN) sind im Internet frei zugänglich unter:

---

176 Europol, TESAT 2023, S. 20f.; *Degen* S. 68; UN, Bericht der CTITF-Arbeitsgruppe „Bekämpfung der Terrorismusfinanzierung", S. 12; Erste Nationale Risikoanalyse Deutschlands, S. 47f.

177 Eine ausführlichere Auflistung von Anhaltspunkten ist gleichfalls im BKA-FIU-Newsletter 11 vom August 2014 oder in neueren FIU-Typologiepapieren zu finden.

178 BKA, FIU-Newsletter 11, S. 23: Anhaltspunkte, die auf die Finanzierung des Terrorismus im Phänomenbereich der politisch motivierten Ausländerkriminalität hindeuten können; Europol, TESAT 2023, S. 21.

179 BKA, FIU-Jahresbericht 2013, S. 43; FIU, Typologien der Geldwäsche und Terrorismusfinanzierung (4/2021), Ziff. 1.4.

180 BKA, FIU-Newsletter 3, S. 25.

181 S. hierzu in diesem Kap. C XVI; zur Kritik an den Listings ausführlich Herzog/*Achtelik*, Einleitung Rn. 142ff.; vereinzelte Klagen gegen die Aufnahme in „Terrorlisten" führten auch zum Erfolg: vgl. u.a. EuG, Urt. v. 3.9.2008 – C-402/05 P und C-415/05 P („Yassin Abdullah Kadi und Al Barakaat International Foundation") – oder EuGH, Urt. v. 28.5.2013 – T-187/11 („Trabelsi") –; eine vom BKA angeregte Streichung von gelisteten Personen ohne Geburtsdatum konnte seinerzeit nicht erreicht werden (BKA, FIU-Jahresbericht 2012, S. 43 und 2013, S. 42).

- https://www.finanz-sanktionsliste.de/fisalis/
- https://www.sanctionsmap.eu/#/main
- https://main.un.org/securitycouncil/en/content/un-sc-consolidated-list

---

! **Hinweis**
Wer einer Person, die auf einer EU-Terroristenliste aufgeführt ist, die tatsächliche Verfügungsbefugnis über ein Bankkonto einräumt, macht sich strafbar im Sinne des Außenwirtschaftsgesetzes.[182]

- Beteiligung von **Personen/Unternehmen, die in Verfassungsschutzberichten** genannt werden;
- Beteiligung von Personen/Unternehmen aus **Ländern**, die im Verdacht stehen, terroristische Aktivitäten und Organisationen zu unterstützen;
- **auffallende Wesensveränderung des Kunden** (beispielsweise Wandel in der Kleidung weg von westeuropäischem Outfit, Ablehnung von Bankgeschäften mit Zinserträgen (sog. Islamic Banking));
- Guthaben werden meist in **bar abverfügt**;
- Eingang ungewöhnlich **vieler Kleinbeträge** einer Vielzahl von Personen (**„Many-to-one“**) und anschließende Auslandsüberweisungen über Sammelkonten;
- Überweisung – teils auch nur geringer Einzelbeträge – von einer Person an eine Vielzahl von Personen, sog. **„One-to-many“-Schema,** (häufig in unterschiedlichen Ländern, häufig in kurzen zeitlichen Abständen);
- hohe Kontoumsätze, die nicht im Einklang mit den **wirtschaftlichen Verhältnissen des Kunden** stehen;
- Transaktionen stets unter **Schwellenbeträgen** (auch Überweisungen eines größeren Geldbetrages in Teilbeträgen oder über eine Vielzahl von Konten am selben Tag);
- häufige Überweisungen außergewöhnlich hoher Beträge an angeblich **humanitäre Organisationen** (NPO/NGO) im In- und Ausland oder von solchen;[183]
- **häufiger Wechsel des Verfügungsberechtigten** und/oder Kontovollmachten für im Ausland lebende Personen;
- **Kontoführung für Dritte** (auffällige Geldtransfers an Dritte); Kreditgewährung bei vorliegenden **Hinweisen auf ein Absetzen der Person ins Ausland**;
- Eröffnung von Konten für Personen und Institutionen mit **gleicher Anschrift** ohne plausiblen Grund;
- auffälliges **Vermeiden des persönlichen Kontakts** des Kunden mit dem Institut;
- häufige Vorlage **auffällig neuer Ausweisdokumente**;
- bei Erfordernis weitergehender Auskünfte werden **Anträge zurückgenommen**;

---

182 Vgl. OLG Düsseldorf, Beschl. v. 4.4.2014 – II-3 RVs 154/13, 3 RVs 154/13 – openJur 2014, 8856.
183 S. hierzu näher Kap. 1 A III 9.

- unerklärliche **Wahl der Filiale** (vor allem bei Neukunden);
- Hinweise auf Unterstützung von Personen/Gruppierungen, die (bspw. in Verfassungsschutzberichten) als **fundamentalistisch/extremistisch** anzusehen sind.[184]

Ergänzende Hinweise !

Die FIU hat am 14.11.2023 ein Informationsschreiben an die Verpflichteten zur Identifizierung auffälliger Sachverhalte im Zusammenhang mit dem Angriff der **Hamas und dem sog. Palästinensischen Islamischen Jihad** auf Israel verschickt, das gleichfalls zahlreiche Anhaltspunkte auflistet, die auch nicht ausschließlich auf die Hamas bezogen gelesen werden können. (Die im FIU-internen Bereich ferner bereitgestellten vier **Listen** u.a. mit natürlichen und juristischen Personen, die von den israelischen Behörden als mit der Hamas im Zusammenhang stehend bezeichnet werden, sind – unabhängig von der Fragwürdigkeit dieses Vorgehens, und dass die Gründe für die Listungen nicht transparent sind – nicht gleichzusetzen mit den im Rahmen der Embargo-Prüfung zwingend zu berücksichtigenden UN- bzw. EU-Finanzsanktionen; de facto sind den Verpflichteten indessen die Hände so weit gebunden, dass sie nicht ignoriert werden können.)

Auf der Seite des **Counter Extremism Projects** (https://www.counterextremism.com/de/regional/cep-germany/publication) finden sich spezifische Hinweise bspw. zur **Finanzierung rechtsextremistischer Gruppierungen** (mit Ausführungen zu „typischen“ rechtsextremen Unternehmen etc.).

Die **FATF** hat im Jahr 2023 drei Berichte zu spezifischen Themen im Kontext der Terrorismusfinanzierung veröffentlicht: im Februar 2023 den Bericht **„Money Laundering and Terrorist Financing in the Art and Antiquities Market“**, im Oktober 2023 einen Bericht zu **„Crowdfunding zur Terrorismusfinanzierung“** und im November 2023 einen Bericht **„Combating the terrorist financing abuse of non-profit organisations“**.

Im Bericht **„FIUs and terrorist financing analysis – A review by the Egmont Group of sanitised cases related to Terrorist Financing“** findet sich eine Auswertung von 22 Fällen der Terrorismusfinanzierung.

Einen Überblick über die Entwicklungen im Bereich Terrorismus(finanzierung) gibt auch der jährlich erscheinende **Europol-„Terrorism Situation and Trend Report“ (TESAT)**, der im Internet veröffentlicht wird.

Der **BKA-FIU-Sondernewsletter (02/2016)** enthält besondere Hinweise zu Foreign Terrorist Fighters und der **BKA-FIU-Newsletter 11 (08/2014)** allgemeine Anhaltspunkte für Terrorismusfinanzierung. Die **FIU** hat im April 2021 ein **Typologiepapier** „Besondere Anhaltspunkte für das Erkennen einer möglichen Terrorismusfinanzierung“[185] veröffentlicht.

Die **Wolfsberg-Group** hat 2024 ihr Statement „The Wolfsberg Group on Countering Terrorist Financing“ aktualisiert, in dem sie speziell auf die Rolle der Kreditinstitute bei der Terrorismusfinanzierung eingeht.

---

184 Die Antworten auf zahlreiche Fragen der Fraktion DIE LINKE in einer Kleinen Anfrage unter der Überschrift „Finanzermittlungen in der extremen Rechten“ sowie „Finanzermittlungen im Zusammenhang mit islamistischen Bestrebungen seit 2022“ wurden von der Bundesregierung bedauerlicherweise fast vollständig als „VS – Vertraulich“ eingestuft (BT-Drucks. 20/6248 v. 29.3.2023 und BT-Drucks. 20/9443 v. 21.11.2023).

185 Der seinerzeit auf S. 7 genannte Anhaltspunkt *„Die Kundin bzw. der Kunde äußert Kritik an der Regierung, an aktuellen staatlichen oder polizeilichen Maßnahmen.“* wurde nach Kritik (vgl. Plenarprot. zur 190. Sitzung des BT, S. 24771) zurückgezogen.

IV. Zuwiderhandlung gegen Offenlegungspflicht (§ 43 Abs. 1 S. 1 Nr. 3 GwG)

1. Hintergrund der Regelung

108 Nach **§ 43 Abs. 1 S. 1 Nr. 3 GwG**[186] besteht für den Verpflichteten die Pflicht zur Meldung, wenn der Vertragspartner seine Pflicht nach § 11 Abs. 6 S. 3 GwG, gegenüber dem Verpflichteten offenzulegen, ob er die Geschäftsbeziehung oder die Transaktion für einen wirtschaftlich Berechtigten begründen, fortsetzen oder durchführen will, nicht erfüllt hat.

109 Der nach dem GwG Verpflichtete ist nur in der Lage, seiner Abklärungspflicht nachzukommen, wenn er von seinem Vertragspartner die erforderlichen Informationen erhält.[187] Daher verpflichtet § 11 Abs. 6 S. 3 GwG den Vertragspartner, gegenüber dem Verpflichteten offenzulegen, ob er die Geschäftsbeziehung oder die Transaktion **für einen wirtschaftlich Berechtigten** (s. § 3 GwG) **begründen, fortsetzen oder durchführen** will. Mit der Offenlegung hat er dem Verpflichteten auch die Identität des wirtschaftlich Berechtigten nachzuweisen (§ 11 Abs. 6 S. 4 GwG). Die Offenlegungspflicht umfasst ausschließlich Fälle der Veranlassung gem. § 3 Abs. 1 Nr. 2 GwG („*Wirtschaftlich Berechtigter im Sinne dieses Gesetzes ist … die natürliche Person, auf deren Veranlassung eine Transaktion letztlich durchgeführt oder eine Geschäftsbeziehung letztlich begründet wird.*“).[188] Laut § 11 Abs. 6 S. 1 GwG hat der Vertragspartner bezüglich der Durchführung der Identifizierung eine **Mitwirkungspflicht**, d.h., er muss dem Verpflichteten die zur Erfüllung der Identifizierungspflicht notwendigen Informationen und Unterlagen zur Verfügung stellen.

2. Erforderlichkeit zusätzlicher Anhaltspunkte auf Straftaten?

110 In der **Begründung zum Entwurf eines Gesetzes zur Optimierung der Geldwäscheprävention** der Bundesregierung wurde zur Vorgängernorm des § 43 Abs. 1 S. 1 Nr. 3 GwG (§ 11 Abs. 1 S. 2 GwG a.F.) deutlich ausgeführt, dass „*auf Grund der Verschleierungsmöglichkeiten und der damit verbundenen, gesteigerten Risiken des Missbrauchs zu Geldwäsche und Terrorismusfinanzierung in einem solchen Falle* ***die Verpflichteten*** *des § 2 Absatz 1* ***auch ohne weitere Anhaltspunkte*** *für das Vorliegen einer strafbaren Handlung nach § 261 StGB* ***und unabhängig von der Beendigungsverpflichtung nach § 3 Absatz 6*** *[Anm.: jetzt § 10 Abs. 9 GwG] dieses Gesetzes in Bezug auf eine Geschäftsbeziehung oder Transaktion* ***eine Meldung an die FIU erstatten [müssen], wenn*** *der Vertragspartner gegenüber dem Verpflichteten nicht offenlegt, ob er die Geschäftsbeziehung oder die Transaktion für einen wirtschaftlichen Berechtigten begründen, fortsetzen oder durchführen will oder mit der Offenlegung dem Verpflichteten auch die Identität des wirt-*

186 Die Norm entspricht § 11 Abs. 1 S. 2 GwG a.F., der erst zum 28.12.2011 durch das Gesetz zur Optimierung der Geldwäscheprävention (BGBl. 2011 I S. 2959) im Geldwäschegesetz eingefügt worden war.
187 BT-Drucks. 17/6804, S. 28.
188 BaFin-AuA zum GwG AT (03/2025) Ziff. 5.2.1.

schaftlich Berechtigten nicht nachweist.“[189] Dadurch entfernte sich diese Verdachtsmeldepflicht von jeglichem Bezug zu einem mutmaßlich strafbaren Vorverhalten des Gemeldeten.[190]

Die Auffassung wurde u.a. von der **Deutschen Kreditwirtschaft (DK)** in ihren **Auslegungs- und Anwendungshinweisen** (S. 4) zur Umsetzung der neuen Regelungen des GwOptG kritisiert und die Auffassung vertreten, in Fällen nicht offengelegter Veranlassung bestünde **keine automatische Pflicht** zur Meldung; der Verpflichtete habe vielmehr auch in den Fällen, in denen Anhaltspunkte dafür vorliegen, dass der Vertragspartner seiner Offenlegungspflicht nicht nachgekommen ist, das **Recht, eine Bewertung des Sachverhalts durchzuführen** (hierzu gehören neben dem objektiven Vorliegen einer Zuwiderhandlung, die im Regelfall gegeben ist und deshalb keiner gesonderten Beurteilung unterworfen sein kann, in erster Linie innere Tatsachen, d.h. die Motive des Vertragspartners). **Maßstab** hierfür sei eine Beurteilung des äußeren und inneren Sachverhalts nach allgemeinen Erfahrungen unter dem Blickwinkel seiner Ungewöhnlichkeit und Auffälligkeit im jeweiligen Kontext der Geschäftsbeziehung mit dem Vertragspartner. 111

Es bestand somit die ungewöhnliche Situation, dass die (sicherlich praxisgerechtere) Lösung der Deutschen Kreditwirtschaft zwar gegen den klaren Willen des Gesetzgebers stand, aber mit der BaFin abgestimmt war und die BaFin sie zu ihrer Verwaltungspraxis erklärt hatte.[191] Sie hatte sich letztlich auch durchgesetzt. Auch die aktuellen **BaFin-AuA** zum GwG AT (03/2025), Ziff. 10.4, ausdrücklich klar, dass in Fällen nicht offengelegter Veranlassung – anders als in den Fällen nach § 43 Abs. 1 S. 1 Nr. 1 und Nr. 2 GwG – keine automatische Pflicht zur Meldung besteht, sondern der Verpflichtete in den Fällen, in denen Anhaltspunkte dafür vorliegen, dass der Vertragspartner seiner Offenlegungspflicht nicht nachgekommen ist, das Recht hat, eine Bewertung des Sachverhalts durchzuführen. Gleichzeitig ermöglicht das Gesetz in Fällen, in denen der Vertragspartner seiner Offenlegungspflicht gemäß § 11 Abs. 6 Satz 2 GwG zuwidergehandelt hat, die Abgabe einer Verdachtsmeldung auch ohne weitere Bewertung des Sachverhalts. 112

3. Weitere Folgen

Ist der Verpflichtete nicht in der Lage, die allgemeinen Sorgfaltspflichten nach § 10 Abs. 1 Nr. 1 bis 4 GwG (u.a. die Identifizierung des Vertragspartners und gegebenenfalls der für ihn auftretenden Person, die Abklärung des wirtschaftlich Berechtigten und dessen Identifizierung, die Einholung und Bewertung von Informationen über den Zweck und über die angestrebte Art der Geschäftsbeziehung sowie die PEP-Prüfung) zu 113

189 BT-Drucks. 17/6804, S. 36; Hervorhebungen durch den Verfasser.

190 Vgl. auch *Höche/Rößler* WM 2012, 1510, die Zweifel äußern, ob insofern auch eindeutig nicht geldwäscherelevante Fälle gemeldet werden müssen.

191 S. Rundschreiben 4/2012 (GW), 1-GW 2001-2008/0003.

erfüllen, so darf die Geschäftsbeziehung gemäß **§ 10 Abs. 9 GwG** nicht begründet oder nicht fortgesetzt werden und darf keine Transaktion durchgeführt werden. Soweit eine Geschäftsbeziehung bereits besteht, ist sie vom Verpflichteten ungeachtet anderer gesetzlicher oder vertraglicher Bestimmungen durch Kündigung oder auf andere Weise zu beenden (eine Sonderregelung gibt es hier nur für Angehörige der rechtsberatenden Berufe, wenn der Mandant eine Rechtsberatung oder Prozessvertretung erstrebt, vgl. § 10 Abs. 9 S. 3 GwG).

Beispiel aus einer Verdachtsmeldung

„Da die Einholung der Unterlagen zur Erfüllung der erhöhten Sorgfaltspflichten nicht möglich ist, muss die Geschäftsbeziehung beendet werden. Eine konkrete Transaktion liegt der Meldung nicht zugrunde.“

Hinweise

Das **OLG Hamburg** entschied in seinem Beschluss vom 1.8.1995, dass bei einer Barabhebung des Kontoinhabers vom eigenen Konto in Höhe von damals 50.000 DM das Kreditinstitut die Auszahlung von der Beantwortung der Frage abhängig machen kann, ob der Kunde für eigene oder für fremde Rechnung handelt. Bei Verweigerung der Angabe durch den Kunden darf die Finanztransaktion nicht durchgeführt werden.[192]

---

114 Führt im Weiteren ein Verstoß gegen die Offenlegungspflichten des Vertragspartners hinsichtlich des wirtschaftlich Berechtigten (ohne erforderliche weitere Verdachtsmomente – siehe oben) zu einer Meldepflicht, so muss dies **erst recht** für einen **Verstoß des Vertragspartners gegen die Pflicht zur eigenen Identifizierung** gem. § 11 Abs. 6 S. 1 GwG gelten.[193] Hinweise auf bewusste Falschangaben zur Identität des wirtschaftlich Berechtigten oder des Vertragspartners selbst sind Indizien auf gezielte Verschleierungshandlungen, die in aller Regel eine Meldung erforderlich machen werden.

Beispiel aus einer Verdachtsmeldung (Verweigerung der Vorlage von Unterlagen)

„Wir führen für die Firma ■■■■ GmbH seit 15.10.■■■■ ein Girokonto. Im Rahmen unserer regelmäßigen Kundendatenaktualisierungen im Rahmen des KYC (Know-Your-Customer) Prozesses wurde am 17.10.■■■■ vom Kunden ein aktueller HR-Auszug mit einer aktuellen Gesellschafterliste eingefordert.

Nach Eingang der Unterlagen ist aufgefallen, dass sich der Gesellschafter und Geschäftsführer im Mai ■■■■ geändert hatten. Neuer geschäftsführender Gesellschafter ist nun ■■■■ aus ■■■■.

Als neuer Sitz der Gesellschaft ist im HR-Auszug eine Steuerkanzlei in ■■■■ angegeben: <<c/o ■■■■ GmbH, ■■■■ ■■■■>>. Am 17.10., 19.11., 29.11., 04.12., 10.12. und 19.12. wurden bei der Steuerkanzlei Legitimationsun-

---

192 OLG Hamburg, Beschl. v. 1.8.1995 – 1 W 51/95 – ZIP 1995, 1578f.

193 So auch die Begründung zum Entwurf eines Gesetzes zur Optimierung der Geldwäscheprävention (BT-Drucks. 17/6804, S. 2, 20 und 29) zur identischen vorherigen Rechtslage, demzufolge mit dem Gesetz eine *„Ergänzung der Meldepflicht für den Fall, dass eine Identifizierung des Vertragspartners oder des ‚wirtschaftlich Berechtigten‘ nicht möglich ist.“* bezweckt wurde; vgl. näher Herzog/*Barreto da Rosa* § 43 Rn. 48ff.

terlagen angefordert. Da diese nicht vorgelegt wurden, wurde das Konto am 10.1.■■■ mit ordentlicher Frist gekündigt.
Wir können einen deliktischen Hintergrund nicht ausschließen und melden den Vorgang.“

Beispiel aus einer Verdachtsmeldung (Strohmannkonto)
„Frau ■■■ eröffnete am ■■.■■.■■■ ein Privatgirokonto Nr. ■■■■■. Aktuell stellten wir beim Konto von Frau ■■■ fest, dass über das Konto Umsätze von Herrn ■■■ gebucht werden bzw. das Konto fast ausschließlich von Herrn ■■■ genutzt wird.
Herr ■■■ ist nicht zeichnungsberechtigt.
Laut Adressangabe wohnt Frau ■■■ bei Herrn ■■■.
Umsätze siehe Anlage. Das Konto wurde fristlos gekündigt.
Da es sich um ein sog. Strohmannkonto handelt, können wir einen Geldwäscheverdacht nicht ausschließen und erstatten diese Meldung.“

V. Weitere Meldepflichten

1. Meldepflicht bei Verdacht auf Marktmanipulation/Insiderhandel/Leerverkäufe

In der Praxis werden häufig Sachverhalte, die entweder Straftaten des **Insiderhandels** 115
oder Marktmanipulation (§ 119 Wertpapierhandelsgesetz (WpHG), Art. 14 und 15 Marktmissbrauchs-VO[194]) zum Gegenstand haben, gem. **Art. 16 Abs. 1 und 2 MAR** bzw. strafbare **Leerverkäufe** nach Art. 12 (Beschränkungen ungedeckter Leerverkäufe in Aktien), 13 (Beschränkung ungedeckter Leerverkäufe von öffentlichen Schuldtiteln) oder 14 (Beschränkungen für ungedeckte Credit Default Swaps auf öffentliche Schuldtitel) der Verordnung (EU) Nr. 236/2012[195] gem. **§ 23 Abs. 1 S. 1 WpHG** sowohl an die BaFin und zusätzlich als Verdachtsmeldung nach § 43 GwG an die FIU gemeldet.

Hintergrund
Ausweislich des BaFin-Jahresberichts 2023 (Ziff. 2.2.4) führte die BaFin im Jahr 2023 insgesamt 1.694 Marktmissbrauchsanalysen durch (sie erhielt diesbezüglich 2.726 Verdachtsmeldungen und 352 Eingaben). 990 Sachverhalte prüfte sie auf Marktmanipulation und 704 auf verbotenen Insiderhandel (der BaFin-Jahresbericht 2024 enthält diese Zahlen nicht mehr). Von den im Jahr 2023 abgeschlossenen 49 Marktmanipulationsuntersuchungen (BaFin-Jahresbericht 2024: 47) wurden indessen 47 (2024: 26) mangels Tatverdachts eingestellt, eine gegen Zahlung einer Geldauflage eingestellt (2024: 14) und nur eines mit einem Bußgeldverfahren abgeschlossen (in 2024 kam es zu 7 Verurteilungen zu einer Geld- oder Freiheitsstrafe); von den 21 (2024: 37) abgeschlossenen Insiderverfahren endeten 18 mit Einstellung mangels Tatverdachts (2024: 21) und

---

194 VO (EU) 596/2014 vom 16.4.2014 über Marktmissbrauch (Marktmissbrauchsverordnung, Englisch: Market Abuse Regulation (**MAR**)), ABl. EU L 173/I vom 12.6.2014.
195 VO (EU) Nr. 236/2012 vom 14.3.2012 über Leerverkäufe und bestimmte Aspekte von Credit Default Swaps (ABl. EU L 86/1 vom 24.3.2012).

3 mit Einstellungen gegen Zahlung einer Geldauflage (2024: 10; darüber hinaus kam es zu 4 Verurteilungen wegen zu einer Freiheitsstrafe und 2 Freisprüchen). Insgesamt mithin eine eher magere Bilanz.

(Negativ-)Fallbeispiel „Marktmanipulation"

„Am 24.11.■■■ wurde von unserem Compliance-Beauftragten eine Verdachtsmeldung bezüglich Verdachts auf Marktmanipulation nach Artikel 16 MAR (EU-Marktmissbrauchsverordnung – Market Abuse Regulation) bei der BaFin abgegeben. Diese Verdachtsmeldung bei der BaFin zieht eine Verdachtsmeldung nach GwG nach sich, da ein solcher Verdacht eine Vortat zur Geldwäsche darstellen könnte (§ 38 WpHG).

Der Sachverhalt ist in der Verdachtsmeldung der BaFin dargestellt, die wir Ihnen als Anlage zu dieser Meldung beifügen."

116 Die Pflicht zur Meldung von Geschäften und Aufträgen, die potenziell gegen das **Verbot des Insiderhandels und der Marktmanipulation** verstoßen, ergibt sich unmittelbar aus **Art. 16 Abs. 1 und Abs. 2 Marktmissbrauchsverordnung**.[196] Ein Verstoß gegen die Meldepflicht/Unterrichtungspflicht (wer eine Meldung/Unterrichtung nicht, nicht richtig, nicht vollständig, nicht in der vorgeschriebenen Weise oder nicht rechtzeitig vornimmt) ist bei vorsätzlichem oder fahrlässigem Handeln gemäß § 120 Abs. 15 Nr. 4 bzw. 5 WpHG **bußgeldbewehrt**.

117 Die für Wertpapierdienstleistungsunternehmen, andere Kreditinstitute, Kapitalverwaltungsgesellschaften und Betreiber von außerbörslichen Märkten, an denen Finanzinstrumente gehandelt werden (das sind sowohl Börsenträgergesellschaften als auch Betreibergesellschaften außerbörslicher Handelsplattformen)[197], haben bei der Feststellung von Tatsachen, die den Verdacht begründen, dass mit einem Geschäft über Finanzinstrumente, für die die Bundesanstalt die zuständige Behörde im Sinne des Art. 2 Abs. 1j der Verordnung (EU) Nr. 236/2012 ist, gegen die Art. 12, 13 oder 14 der Verordnung (EU) Nr. 236/2012 verstoßen wird **(Leerverkäufe)**, diese gemäß **§ 23 Abs. 1 S. 1 WpHG**[198] unverzüglich der BaFin mitzuteilen. Die Verdachtsanzeigepflicht nach § 23 Abs. 1 S. 1 WpHG war derjenigen nach § 11 Abs. 1 GwG a.F. (heutiger § 43 Abs. 1 S. 1 GwG) nachgebildet worden. Hier gelten gleichgelagerte Regelungen wie im GwG (vgl. § 23 Abs. 1 S. 2 WpHG[199], der § 47 GwG entspricht, oder die dem § 48 GwG entsprechende Haftungsfreistellungsklausel in § 23 Abs. 3 WpHG) und insbesondere auch der gleiche Verdachtsgrad an eine Meldung, d.h. auch hier reichen bloße Vermutungen für eine Anzeigepflicht

196 Vgl. auch Beschlussempfehlung und Bericht des Finanzausschusses zu dem Entwurf der Bundesregierung – BT-Drucks. 18/7482, 18/7826, 18/7918 Nr. 3 – vom 13.4.2016 des Ersten Finanzmarktnovellierungsgesetzes (1. FiMaNoG), BT-Drucks. 18/8099, S. 106.

197 Vgl. Begründung zum Entwurf des Anlegerschutzverbesserungsgesetzes, BT-Drucks. 15/3174, S. 32.

198 Durch das Zweite Finanzmarktnovellierungsgesetz (BGBl. 2017 I S. 1693; BT-Drucks. 18/10936, S. 46, Ziff. 21) wurde die vormals in § 10 WpHG enthaltene Meldepflicht in § 23 WpHG neu verortet, eine inhaltliche Änderung hat sich hierdurch nicht ergeben.

199 Ein vorsätzlicher oder fahrlässiger Verstoß ist gemäß § 120 Abs. 2a WpHG gleichfalls bußgeldbewehrt.

nicht aus, es *„muss vielmehr ein durch Tatsachen begründeter Verdacht auf einen Verstoß gegen eines der Verbote vorliegen, damit die Anzeigepflicht entsteht".*[200] Wer vorsätzlich oder fahrlässig eine Mitteilung nicht, nicht richtig, nicht vollständig, nicht in der vorgeschriebenen Weise oder nicht rechtzeitig macht, handelt gemäß § 120 Abs. 2 Nr. 2c WpHG **ordnungswidrig**.

Hinweise: !

Für (gleichfalls unverzüglich zu erstattende)[201] Meldungen nach Art. 16 Abs. 1 und 2 MAR (sogenannte Suspicious Transaction and Order Reports – „STORs") ist das **EU-weit einheitliche Formular für Verdachtsmeldungen** zu verwenden, das von der BaFin inkl. weiterer Hinweise zur Erstattung auf ihrer Homepage zur Verfügung gestellt wird. Für Rückfragen steht die E-Mail-Adresse **stor-support@bafin.de** zur Verfügung.

Für eine **Anzeige wegen Verdachts auf Leerverkäufe** stellt die BaFin ein Formular auf ihrer Homepage https://www.bafin.de zur Verfügung.

Die BaFin hat auf ihrer Homepage zudem eine **Hinweisgeberstelle** eingerichtet zur Entgegennahme von (auch anonymen) Hinweisen zu tatsächlichen oder möglichen Verstößen gegen aufsichtsrechtliche Vorschriften (**„Whistleblowing"**).

Der Inhalt einer Verdachtsanzeige nach § 23 Abs. 1 S. 1 WpHG darf von der BaFin (§ 6 **118**
WpHG) nur zur Erfüllung ihrer Aufgaben verwendet werden (§ 23 Abs. 2 S. 1 WpHG), bei einer Straftat nach § 119 WpHG (Marktmanipulation, Insiderhandel) leitet die BaFin ihre Erkenntnisse an die zuständige **Staatsanwaltschaft** weiter (§ 11 S. 1 WpHG).

Fraglich ist, ob es bei einem Verdacht auf Marktmanipulation/Insiderhandel oder **119**
strafbare Leerverkäufe neben der Meldung/Verdachtsanzeige nach der MAR bzw. dem WpHG **zusätzlich einer Meldung nach § 43 Abs. 1 S. 1 GwG bedarf**. Nach Auffassung der BaFin, die dem Verfasser auf schriftliche Anfrage mitgeteilt wurde, sei in derartigen Fällen der Marktmanipulation / des Insiderhandels bzw. bei strafbaren Leerverkäufen neben der Verdachtsanzeige nach Art. 16 MAR bzw. § 23 Abs. 1 S. 1 WpHG eine zusätzliche **Meldung** nach § 43 GwG erforderlich, soweit die Voraussetzungen des § 43 GwG vorlägen.[202] Begründet wurde diese Ansicht mit dem Argument, dass die BaFin keine Strafverfolgungsbehörde, sondern Gewerbeaufsichtsbehörde sei, den Strafverfolgungsbehörden insofern zunächst kein Sachverhalt doppelt gemeldet werde. Die BaFin übermittele die Ergebnisse ihrer Überprüfungen an die zuständigen Strafverfolgungsbehörden (vgl. auch § 11 S. 1 WpHG) – erst wenn dies erfolgt ist, könnte man daran denken, dass die Institute keine erneute Verdachtsmeldung an die (damals noch) Strafverfolgungsbehörden erstatten müssen.

Der Argumentation der BaFin-AuA zum GwG AT (03/2025), Ziff. 10.6, zur Frage der **120**
Meldepflicht bei staatsanwaltschaftlichen Auskunftsersuchen folgend, könnte hier indessen argumentiert werden, dass auch in diesen Fällen, in denen den bereits eine

---

200 BT-Drucks. 15/3174, S. 32.

201 S. Art. 16 Abs. 2 S. 2 MAR.

202 So auch *Weferling/Engelbrecht* ZRFC 2016, 218 (223), wenn ein Marktmissbrauchsfall gleichzeitig eine versuchte Geldwäschevortat darstellt (noch zur alten Rechtslage vor dem 26.6.2017).

Anzeige nach Art. 16 MAR / § 23 WpHG erfolgt ist, den Strafverfolgungsbehörden (über die FIU) durch Übersendung des identischen Sachverhalts keine neuen Informationen mitgeteilt werden und damit eine Meldung nach § 43 GwG entbehrlich wäre.

121 Im BaFin-Journal 4/2015 vom 15.4.2015 schreibt die BaFin dementgegen auf Seite 15:

> *„Führen diese Handlungen dazu, dass ein manipulierter Börsenpreis entsteht, liegt gemäß § 38 Absatz 2 WpHG [Anm.: jetzt § 119 WpHG] eine Straftat vor. Erhält die BaFin entsprechende Anhaltspunkte,* ***so ist sie verpflichtet, diese bei der zuständigen Staatsanwaltschaft anzuzeigen****. Zusätzlich ergreift sie gegebenenfalls aufsichtsrechtliche Maßnahmen nach dem Kreditwesengesetz (KWG) oder dem WpHG, wenn der Vermögensverwalter ihrer Überwachung unterliegt."*

122 Aus hiesiger Sicht ist eine doppelte Verdachtsanzeige/Meldung in den gegenständlichen Fällen überflüssig. Es drängt sich die Frage auf, warum Verpflichtete neben der Anzeige nach Art. 16 MAR / § 23 WpHG auch noch eine Meldung nach § 43 GwG erstellen müssen, wenn sich die BaFin selbst in der Pflicht sieht, bei der zuständigen Staatsanwaltschaft anzuzeigen. Ein gesondertes zusätzliches Interesse der FIU an derartigen Meldungen ist nicht erkennbar.

2. Meldepflichten bei typisierten Transaktionen durch die FIU

123 Von der FIU können im Benehmen mit den jeweils zuständigen Aufsichtsbehörden gemäß § 43 Abs. 5 S. 1 GwG typisierte Transaktionen bestimmt werden, die eine generelle Meldepflicht nach § 43 Abs. 1 S. 1 auslösen (wie umgekehrt auch solche, die keine Meldepflicht auslösen, vgl. § 43 Abs. 5 S. 2 GwG). Den Verpflichteten sollen derartige Typisierungen helfen, geldwäscherechtliche Anhaltspunkte zu erkennen, die eine Meldepflicht auslösen.[203]

124 Von dieser Möglichkeit der Bestimmung typisierter Transaktionen wurde in der Praxis **bislang kein Gebrauch gemacht**, wohl auch deshalb, weil eine Typisierung zum einen dazu führen dürfte, dass dieser Transaktionstyp für kriminelle Handlungen kaum mehr genutzt werden würde, und zum anderen dazu, dass eine große Anzahl von Meldungen ausgelöst werden würde, die im Kern womöglich wenig gewinnbringend wären.

125 Typisierte Sachverhalte, die stets zu melden sind, finden sich bspw. in der **GwG-MeldV-Immobilien** (die über § 43 Abs. 6 GwG erlassen wurde, nicht gemäß § 43 Abs. 5 GwG).[204]

---

203 BT-Drucks. 18/11555, S. 157.

204 Die Konsultationsfassung des Besonderen Teils der BaFin-AuA für Kreditinstitute vom Januar 2021 sah unter Ziff. 2, S. 4, noch vor, dass Verpflichtete eine Verdachtsmeldung abzugeben hätten, wenn eine Immobilientransaktion vollständig oder teilweise mittels Barmitteln bezahlt wird oder bezahlt werden soll, sofern der Betrag mehr als 10.000 Euro beträgt und die Herkunft der Vermögenswerte nicht plausibel nachgewiesen werden kann; dieser Passus findet sich in der finalen Version nicht mehr.

Hinweis:
Durch das Gesetz zur Stärkung der risikobasierten Arbeitsweise der FIU wurde im GwG § 43 Abs. 5 S. 2 GwG eingefügt: Demzufolge kann die FIU im Benehmen mit Strafverfolgungsbehörden, Aufsichtsbehörden und sonstigen Behörden nach diesem Gesetz auch **typisierte Transaktionen** bestimmen, **die nicht von der Meldepflicht nach § 43 Abs. 1 GwG erfasst** sind. Dies war bereits etwa ein halbes Jahr zuvor mit dem **Eckpunktepapier der FIU** vom 30.5.2023 zur Bestimmung solcher Sachverhalte, die grundsätzlich nicht die Meldepflicht des § 43 Absatz 1 GwG auslösen, vorgenommen worden (zuletzt aktualisiert 03/2025).

3. Behördliche Meldepflichten

a) Die Meldepflicht von Behörden gemäß § 44 GwG

Die nach **§ 50 GwG** jeweils zuständige Aufsichtsbehörde ist aufgrund ihrer Aufsichtsaufgaben (z.B. Betriebsprüfungen) in besonderem Maße in der Lage, Anhaltspunkte zu finden, die auf Geldwäsche im Zusammenhang mit dem Geschäftsbetrieb der ihrer Aufsicht unterstehenden Unternehmen und Personen hindeuten. Gleiches gilt für die Behörden, die für die **Überwachung der Aktien-, Devisen- und Finanzderivatmärkte zuständig sind (§ 44 Abs. 2 GwG)**, d.h. die entsprechenden Börsenaufsichtsbehörden der Länder.[205] Ihre Erkenntnisse sind daher für die FIU und die Strafverfolgungsbehörden von großer Bedeutung und der FIU deshalb gleichfalls unverzüglich zuzuleiten.[206] 126

Die Besonderheiten der **Rechtsberatungsberufe** werden auch hier dergestalt berücksichtigt, dass die Rechtsanwaltskammern, die Patentanwaltskammer, der/die über die Notare die Aufsicht ausübende jeweilige LandgerichtspräsidentIn, die Wirtschaftsprüferkammer und die Steuerberaterkammern gleichfalls nur zur Meldung verpflichtet sind, wenn sie wissen, dass die Rechtsberatung des ihrer Aufsicht unterliegenden Berufsgeheimnisträgers für den Zweck der Geldwäsche oder der Terrorismusfinanzierung in Anspruch genommen wurde oder wird (vgl. auch § 44 Abs. 1 S. 2 GwG).[207] 127

Für Aufsichtsbehörden gelten die oben gemachten Ausführungen im Zusammenhang mit der Abgabe von Meldungen – insbesondere zu Adressaten der Meldung (FIU), Verdachtsgrad und Unverzüglichkeit – gleichermaßen (eine dem § 43 Abs. 1 S. 1 Nr. 3 GwG entsprechende Meldepflicht gibt es nicht). 128

b) Die Meldepflicht für Gerichte und Behörden sowie Körperschaften und Anstalten des öffentlichen Rechts, die öffentliche Versteigerungen durchführen (§ 2 Abs. 3 und 4 GwG)

Für Gerichte, die öffentliche Versteigerungen durchführen, gilt im Rahmen der Zwangsversteigerung – von Grundstücken, von im Schiffsregister eingetragenen Schiffen, von 129

205 Vgl. auch § 3 Abs. 1 BörsG; eine Auflistung findet sich unter www.boersenaufsicht.de.
206 Vgl. bereits den Entwurf eines Gesetzes über das Aufspüren von Gewinnen aus schweren Straftaten (Gewinnaufspürungsgesetz – GewAufspG), BT-Drucks. 12/2704, S. 19.
207 Ausführlich Herzog/*Barreto da Rosa* § 44 Rn. 4.

Schiffsbauwerken, die im Schiffsbauregister eingetragen sind oder in dieses Register eingetragen werden können, und Luftfahrzeugen – im Wege der Zwangsvollstreckung die Meldepflicht gemäß § 2 Abs. 3 Satz 1 GwG entsprechend, soweit Transaktionen mit Barzahlungen über mindestens 10.000 Euro getätigt werden.

130 Für Behörden sowie Körperschaften und Anstalten des öffentlichen Rechts, die öffentliche Versteigerungen durchführen, gilt die Meldepflicht gemäß § 2 Abs. 4 Satz 1 GwG ebenfalls entsprechend, soweit Transaktionen mit Barzahlungen über mindestens 10.000 Euro getätigt werden (es sei denn, es werden im Rahmen der Zwangsvollstreckung gepfändete Gegenstände verwertet). Die genannten Behörden sowie Körperschaften und Anstalten des öffentlichen Rechts können bei der Erfüllung ihrer Meldepflicht ausweislich § 2 abs. 4 S. 4 GwG auf Dritte zurückgreifen.

c) Mitteilungen zur Bekämpfung der Geldwäsche und der Terrorismusfinanzierung durch die Finanzbehörden nach § 31b AO

131 § 31b AO wurde durch das 4. Finanzmarktförderungsgesetz vom 21.6.2002[208] in der Abgabenordnung eingefügt. Die Vorschrift ermöglicht den Finanzbehörden nicht nur die Mitteilung von Informationen, die eigentlich dem **Steuergeheimnis** unterliegen, an die FIU und die zuständige Strafverfolgungsbehörde, sondern **verpflichtet** sie dazu, die nach § 30 AO geschützten Daten des Betroffenen an diese Behörden zu melden, soweit sie zur Durchführung eines Strafverfahrens wegen Geldwäsche, zur Bekämpfung der Terrorismusfinanzierung oder der Durchführung eines Bußgeldverfahrens nach § 56 GwG sowie von Maßnahmen und Anordnungen gegen Verpflichtete i.S.v. § 2 Abs. 1 Nr. 13 bis 16 GwG dienen.

132 Für die Finanzbehörden gelten hier die **gleichen Maßstäbe** wie für die Verpflichteten nach dem GwG im Zusammenhang mit der Meldepflicht nach § 43 Abs. 1 S. 1 GwG.[209] Die zur Meldung verpflichtete Finanzbehörde muss gleichfalls nicht das Vorliegen sämtlicher Tatbestandsmerkmale des § 261 StGB prüfen, sondern hat den Sachverhalt ebenso nach allgemeinen Erfahrungen und beruflichem Erfahrungswissen unter dem Blickwinkel seiner Ungewöhnlichkeit und Auffälligkeit im jeweiligen geschäftlichen Kontext zu würdigen. Wenn eine Geldwäsche aufgrund dieser Erfahrungen nahe liegt oder ein Sachverhalt darauf schließen lässt, besteht demnach eine solche Meldepflicht. Es reicht der Verdacht auf die illegale Herkunft der Gelder schlechthin aus.[210]

133 Tatsachen, die auf eine **Ordnungswidrigkeit** i.S.v. § 56 GwG schließen lassen, sind **nur** mitzuteilen, wenn die Ordnungswidrigkeit **nicht bereits offensichtlich verjährt** ist. Die Ordnungswidrigkeiten nach § 56 GwG verjähren nach § 31 Abs. 2 Nr. 1 OWiG regelmäßig nach drei Jahren.[211]

---

208 BGBl. 2002 I S. 2010.

209 Vgl. AEAO zu § 31b AO, Ziff. 2.

210 AEAO aaO.

211 AEAO zu § 31b AO, Ziff. 3.

Zumeist werden den Finanzbehörden geldwäsche- oder terrorismusfinanzierungsverdächtige Umstände im Rahmen von Außen- und Fahndungsprüfungen bekannt. Viele Meldungen nach § 31b AO werden erstellt, weil im Rahmen einer Prüfung festgestellt wird, dass ein Steuerpflichtiger steuerliche Gewinne ausweist, die durch seine Geschäftstätigkeit nicht plausibel erklärbar sind. 134

4. Neue Meldepflichten nach der EU-Geldwäsche-Verordnung

a) Schwellenwertbasierte Meldepflicht zu Transaktionen i.Z.m. bestimmten hochwertigen Gütern (Art. 74 EU-Geldwäsche-Verordnung)

Die EU-Geldwäsche-Verordnung sieht künftig in ihrem Art. 74 schwellenwertbasierte Meldungen von Transaktionen im Zusammenhang mit bestimmten hochwertigen Gütern vor. Demzufolge müssen **Personen, die mit hochwertigen Gütern handeln,** der FIU alle Transaktionen im Zusammenhang mit dem Verkauf von Kraftfahrzeugen zu einem Preis von mindestens 250.000 EUR sowie Wasser- und Luftfahrzeugen von mindestens 7.500.000 EUR melden, **wenn diese Güter für nichtgewerbliche Zwecke erworben werden**. Kredit- und Finanzinstitute, die Dienstleistungen im Zusammenhang mit dem Verkauf oder der Übertragung von Eigentum von diesen hochwertigen Gütern erbringen, müssen der FIU auch alle Transaktionen melden, die sie für ihre Kunden im Zusammenhang mit diesen Gütern ausführen. Die FIU wird hierfür Fristen festlegen. 135

Da sich die mit hochwertigen Gütern verbundenen Risiken auch auf andere hochwertige Güter erstrecken können, wie etwa Kleidungsstücke und Bekleidungszubehör, soll die EU-Kommission ausweislich Erwägungsgrund 166 im Weiteren prüfen, ob es notwendig ist, den Kreis der Verpflichteten auf Händler solcher hochwertigen Güter und ggf. weitere Waren auszuweiten. 136

b) Schwellenwertbasierte Meldepflicht von Zahlungen oder Einlagen ab 10.000 EUR, die in den Räumlichkeiten von Kreditinstituten, E-Geld-Emittenten und Zahlungsdienstleistern vorgenommen werden (Art. 80 Abs. 4 S. 2 EU-Geldwäsche-Verordnung)

Gemäß Art. 80 Abs. 4 S. 2 der EU-Geldwäsche-Verordnung sind Zahlungen oder Einlagen, die in den Räumlichkeiten von Kreditinstituten, E-Geld-Emittenten und Zahlungsdienstleistern vorgenommen werden, die über die Barzahlungsobergrenze von 10.000 EUR bzw. die jeweils national geltende Barzahlungsobergrenze nach Art. 80 Abs. 1 (i.V.m. 2) hinausgehen, der FIU innerhalb der von ihr noch festzulegenden Fristen zu melden (was auch die regelmäßige Übermittlung in aggregierter Form beinhalten könnte). Derartige Barzahlungen oder Einzahlungen sollten ausweislich Erwägungsgrund 162 nicht standardmäßig als Indikator oder Verdachtsmoment für Geldwäsche, damit zusammenhängende Vortaten oder Terrorismusfinanzierung betrachtet werden, die Meldung solcher Transaktionen ermöglicht es der FIU jedoch, Muster in Bezug auf die Bewegung von Barmitteln zu bewerten und zu ermitteln. Solche Informationen 137 können zu den operativen oder strategischen Analysen der zentralen Meldestelle beitragen.

B. Das interne Meldeverfahren (= der interne Meldeweg)

I. Einleitung

138 Ein Anstoß für eine Prüfung der Verdachtsmeldepflicht gem. § 43 Abs. 1 S. 1 GwG kann aus ganz verschiedenen Bereichen/Quellen kommen (auch abhängig davon, ob es sich um Verpflichtete aus dem Nichtfinanzsektor oder dem Finanzsektor handelt):

- Auffälligkeiten aus dem jeweiligen Monitoringsystem[212] (wenn vorhanden),
- Treffer aus einer u.U. genutzten Embargoanwendung/Transaktionsscreening,[213],
- u.U. aus Hinweisen auf Basis § 53 GwG (Hinweisgeber),[214],
- aus behördlichen Auskunftsersuchen,[215], BaFin/FIU,
- aus diversen externen Quellen (z.B. aus Adverse Media Screening, Hinweise anderer Verpflichteter) oder
- aus intern gemeldeten Sachverhalten von Beschäftigten.

139 Laufen die ersten fünf Punkte i.d.R. direkt bei den Geldwäschebeauftragten oder den Beschäftigten aus dem zuständigen Bereich auf (es kann sich hierbei auch um einen dafür zuständigen Dienstleister handeln), so geht dem letzten Punkt in den meisten Fällen ein internes Meldeverfahren voraus.

! **Hinweis:**
Viele Auslegungs- und Anwendungshinweise im Kontext des GwG im Nichtfinanzsektor enthalten keine Ausführungen zu einem „internen Meldeverfahren“.[216] Im Folgenden wird primär auf die Auslegungs- und Anwendungshinweise der BaFin Bezug genommen – die dortigen Ausführungen lassen sich jedoch auf alle Verpflichtetengruppen übertragen und können mithin allen Verpflichteten als Anhalt dienen.[217]

---

140 Die Notwendigkeit zur Schaffung eines internen Meldeverfahrens leitet sich aus § 6 GwG, Interne Sicherungsmaßnahmen, ab. Heißt es in § 6 Abs. 1 GwG „Verpflichtete haben angemessene geschäfts- und kundenbezogene interne Sicherungsmaßnahmen zu

212 S. Kap. 5 A. I.3.
213 S. Kap. 7 C. XV.
214 S. Kap. 3 D.
215 S. Kap. 7 A. 1.
216 Z.B. die AuA Geldwäsche für Güterhändler, Immobilienmakler und andere Nichtfinanzunternehmen der Regierungspräsidien Baden-Württemberg (05/2023) oder die AuA zum GwG der BRAK vom Juni 2024.
217 Vgl. Herzog/*Barreto da Rosa* Vor Abschnitt 6 Rn. 14.

schaffen…“, so findet sich unter § 6 Abs. 2 Nr. 1 GwG eine exemplarische Auflistung an solchen internen Sicherungsmaßnahmen. Unter Nr. 1 Buchst. c) ist die Erfüllung der Meldepflicht nach § 43 Abs. 1 S. 1 GwG aufgeführt. Die Schaffung eines internen Meldeverfahrens ist dementsprechend ein Teil dieser benannten internen Sicherungsmaßnahmen[218]. Wie bei allen Sicherungsmaßnahmen gelten diese für alle Verpflichteten und das gewählte Verfahren **muss der jeweiligen Risikosituation des Verpflichteten entsprechen!**[219]

Eine genaue gesetzliche Vorgabe, wie interne Meldungen organisatorisch ihren Weg gehen sollen, gibt es nicht. Somit finden sich die unterschiedlichsten internen Verfahren, nicht nur im Vergleich zwischen den verschiedenen Verpflichteten, sondern auch innerhalb einer Verpflichtetengruppe. Der Trend ist bzw. bewegt sich auch bei der Einrichtung eines internen Meldeverfahrens immer mehr von analogen Verfahren hin zu digitalen Anwendungen (vielleicht künftig auch unter Einsatz von „KI“). Mittlerweile gibt es hier zahlreiche Anbieter von entsprechenden Dienstleistungen bzw. individuelle Anwendungsentwicklungen (s. II. Tipps für die Ausgestaltung). **141**

II. Tipps für die Ausgestaltung des Verfahrens

Egal, ob es sich um ein einfaches Verfahren per E-Mail handelt, eine Datenbank, die zu befüllen ist, oder andere technische Lösungen, eine standardisierte Vorgehensweise führt zu entsprechender Steigerung der Qualität. So empfiehlt sich: **142**

- von den Beschäftigten anhand eines Vordruckes, von Eingabefeldern o. ä. Informationen abzufragen, die zwingend notwendig sind und so bereits für eine eventuelle Verdachtsmeldung zu Verfügung stehen, wie
  - Informationen zum Vertragspartner / zu weiteren Beteiligten,
  - bei welchem Kunden / welchen Konten treten die Auffälligkeiten auf,
  - um welche Transaktion / welche Art Transaktionen / Geschäft handelt es sich,
  - nähere Angaben zu den auffälligen Vorgängen / Sachverhaltsdarstellung,
  - ggf. vorliegende Unterlagen zum Sachverhalt,
  - Name des Meldenden und (wenn vorhanden) die „Betriebsstelle“ / das Unternehmen o. ä. und
- weitere Hinweis zu integrieren
  - im Hinblick auf die Bedeutung Unverzüglichkeit[220] und
  - darauf, dass der Kunde / die Kundin und Dritte nicht über die Meldung unterrichtet werden dürfen („Tipping-Off“ Verbot, § 47 GwG)[221] sowie,

---

218 S. Kap. 3. C.II.

219 BaFin-AuA AT zum GwG (03/2025), Ziff. 3; Art. 8 Abs. 4 der 4. EU-Geldwäscherichtlinie.

220 S. Kap. 7 E.

221 BaFin-AuA AT zum GwG (03/2025), Ziff. 10.9; s. Kap. 7 E.

– dass die Meldung **nicht** von einem/einer Vorgesetzen genehmigt werden muss/darf.[222]

Praxistipp:
Bei einer technischen Lösung empfiehlt es sich darauf zu achten, dass diese für die u. U. große Bandbreite von meldenden Beschäftigten so einfach und selbsterklärlich/transparent wie möglich gestaltet ist (aus der Perspektive der Meldenden gesehen!). So erhöhen sich die Akzeptanz und damit die Meldebereitschaft.

143 Auch wenn es keine gesetzliche Regelung zur Gestaltung des internen Meldeverfahrens gibt, so gibt es organisatorische Vorgaben in den AuA der BaFin zum GwG[223], die u.a. besagen: *„Der Verpflichtete* ***muss durch innerorganisatorische Maßnahmen*** *sicherstellen, dass im Falle der Bejahung des Vorliegens von Tatsachen im Sinne des § 43 Abs. 1 S. 1 GwG die entsprechenden Sachverhalte unverzüglich*
- *registriert,*
- *an die intern für die Meldung zuständige Stelle weitergeleitet sowie*
- *von dort, bei Bejahung eines meldepflichtigen Sachverhalts, an die FIU gemeldet werden.*

144 *Wird das Vorliegen entsprechender Tatsachen und damit der Voraussetzungen des § 43 Abs. 1 S. 1 GwG als Ergebnis der Bewertung durch den Verpflichteten bzw. seine Beschäftigten bejaht (auch soweit im Nachhinein keine Meldung an die FIU erfolgt), hat der Verpflichtete durch die Erstellung von Arbeits- und Organisationsanweisungen sicherzustellen, dass die Ergebnisse der Untersuchung in* ***nachvollziehbarer Art und Weise dokumentiert*** *werden (vgl. § 8 Abs. 1 Nr. 3 GwG).“*

145 Die Unverzüglichkeit aus § 43 Abs. 1 Satz 1 GwG wird in den AuA der BaFin zum GwG[224] auch für ein internes Meldeverfahren gefordert: *„Im Hinblick auf das* ***Unverzüglichkeitsgebot*** *für die Verdachtsmeldung in § 43 Abs. 1 S. 1 GwG muss eine* ***einer internen Meldung vorgelagerte Beurteilung*** *von Sachverhalten durch die Beschäftigten ebenfalls* ***ohne schuldhafte Verzögerungen*** *erfolgen.“*

Gut zu wissen:
Gemäß § 48 Abs. 2 Nr. 1 GwG sind auch die Beschäftigten, die einen Sachverhalt nach § 43 Abs. 1 S. 1 GwG der Stelle melden, die unternehmensintern für die Entgegennahme einer solchen Meldung zuständig ist, **von jeglicher Verantwortlichkeit freigestellt**. Gemäß § 49 Abs. 4 GwG dürfen ihnen auch aus der internen Meldung keine benachteiligenden oder diskriminierenden Folgen im Beschäftigungsverhältnis entstehen.[225]
Folgt aus der internen Meldung keine Verdachtsmeldung und ist der/die Beschäftigte damit nicht einverstanden, so besteht die Möglichkeit, das beim Verpflichteten bzw. bei der BaFin eingerichtete Hinweisgeber-

222 BaFin-AuA AT zum GwG (03/2025), Ziff. 10.6.
223 BaFin-AuA AT zum GwG (03/2025), Ziff. 10.6.
224 BaFin-AuA AT zum GwG (03/2025), Ziff. 10.3.
225 BaFin-AuA AT zum GwG (03/2025), Ziff. 10.8.2 / s. Kap. 7 E.

system[226] zu nutzen. Dies dient aber nur als Hinweis zu tatsächlichen oder möglichen Verstößen gegen aufsichtsrechtliche Vorschriften (Whistleblowing) und ist **keine** Alternative zur Meldung an die FIU.[227]

III. Die weiteren Schritte nach der internen Meldung

Die weiteren Schritte liegen dann in der Verantwortung der für die Meldung zuständigen Stelle, im Regelfall der Geldwäschebeauftragten oder Stellvertretung[228] oder demjenigen, „der die geldwäscherechtliche Verpflichtung für den Verpflichteten wahrnimmt".[229]. Diese müssen nicht unbedingt beim Verpflichteten selbst angesiedelt sein. Gemäß § 6 Abs 7 GwG ist eine Auslagerung der Funktion zum jetzigen Zeitpunkt noch möglich.[230] **146**

Was sind die weiteren Schritte? Die für die Meldung zuständige Stelle muss bei Eingang der internen Meldung **unverzüglich** (= ohne schuldhaftes Verzögern) prüfen und beurteilen, ob der dort geschilderte Sachverhalt die Voraussetzungen gem. § 43 Abs. 1 S. 1 GwG erfüllt. Bei größeren Unternehmen werden die Entscheidungen bzw. die Vorbereitungen für die Entscheidung häufig auf weitere Beschäftigte der verantwortlichen Stelle delegiert. Sind die Voraussetzungen für eine Verdachtsmeldung an die FIU erfüllt, so muss diese unverzüglich[231] erstellt werden. Wie und in welcher Form die Verdachtsmeldung erstellt werden muss, wird in Kapitel 7 E II „Form und inhaltliche Anforderungen" (= der Weg zur FIU) beschrieben. Wie oben bereits aufgeführt, müssen **147**

- die **Ergebnisse der Untersuchung** in nachvollziehbarer Art und Weise dokumentiert werden (vgl. § 8 Abs. 1 Nr. 3 GwG)[232], das gilt auch für die Erwägungsgründe und eine nachvollziehbare Begründung des Bewertungsergebnisses, wenn sich gegen die eine Verdachtsmeldung entschieden wurde, und es sind
- die **Dokumentationen** gemäß § 8 Abs. 4 GwG fünf Jahre lang aufzubewahren.[233]

Hinweis: !
Ausführliche Erläuterungen „wann melden und wann nicht" finden sich in Kap. 7 A. Dort finden sich auch die Meldevoraussetzungen für die zu prüfenden Sachverhalte aus den weiteren Auslösern/Quellen. Für diese gelten ebenfalls die o.g. **„weiteren Schritte".**

226 S. Kap. 3 D.
227 BaFin-AuA AT zum GwG (03/2025), Ziff. 10.8.3.
228 Gem. § 7 GwG.
229 BaFin-AuA AT zum GwG (03/2025), Ziff. 10.6.
230 BaFin-AuA AT zum GwG (03/2025), Ziff. 3.2.6 i.V.m. Ziff. 3.10 / s. Kap. 3 C.
231 Ausführlich dazu s. Kap. 7 E.
232 BaFin-AuA AT zum GwG (03/2025), Ziff. 10.6.
233 BaFin-AuA AT zum GwG (03/2025), Ziff. 10.6 / s. Kap. 3. C.II.

148 Die Voraussetzungen für ein reibungsloses Ablaufen des internen Meldeverfahrens sind damit **zusammengefasst** vornehmlich:

- die Schaffung eines effizienten Weges zur Übermittlung der internen Meldung,
- die ausführliche Darstellung des Verfahrens in den Arbeits- und Organisationsanweisungen und damit transparente Information, welches Verfahren im Haus zu nutzen ist,
- die Unterrichtung der Mitarbeitenden[234] (§ 6 Abs. 2 Nr. 6 GwG) zum Erhalt der für die Abgabe der internen Meldung erforderlichen Kenntnisse (sie müssen vertraut sein mit den Voraussetzungen der Meldepflicht gem. § 43 Abs. 1 und 2 GwG),
- die Aufmerksamkeit und Erfahrungen der Initiatoren/-innen einer internen Meldung und
- für alle Mitarbeitenden muss erkennbar sein, dass von „ganz oben" nach „unten" heruntergebrochen die Ernsthaftigkeit und der echte Wille zur aktiven Prävention von Geldwäsche und Terrorismusfinanzierung kommuniziert, gelebt und gefördert wird.

! Ausblick auf die EU-Geldwäsche-Verordnung

In Art. 9 der EU-Geldwäsche-Verordnung finden sich die Pflichten zu „Umfang interner Strategien, Verfahren und Kontrollen". Vorgaben für die Ausgestaltung eines internen Meldeverfahren sind aktuell nicht ersichtlich. Wichtige Regelungen wie sie oben beschrieben sind (z. B. die Unverzüglichkeit auch bei internen Meldungen), aktuell noch basierend auf den BaFin-AuA AT zum GwG (03/2025), werden vermutlich nach wie vor in ähnlicher Form ihre Gültigkeit haben. Gemäß Art. 69 Abs. 1 der EU-Geldwäsche-Verordnung hat die AMLA technische Durchführungsstandards auszuarbeiten, in denen sich auch Vorgaben für ein internes Meldeverfahren wiederfinden könnten. Je nach gewählter Organisation bei den Verpflichteten kann es Änderungen, was die Ansiedlung der empfangenden Stelle angeht, geben. In Art. 69 Abs. 6 EU-Geldwäsche-Verordnung werden diejenigen Personen, die die Meldung abgeben, als die gem. Art. 11 Abs. 2 EU-Geldwäsche-Verordnung benannten Personen bezeichnet. Das wären die Compliance Officer (= Geldwäschebeauftragten). Damit wäre ein Outsourcing dieser Funktion u. U. nicht mehr möglich (wohl aber nach wie vor das Delegieren auf weitere Mitarbeitende).

Auch organisatorisch wird es nach wie vor, wie z. Z. in § 8 GwG geregelt, Dokumentationspflichten und Aufbewahrungspflichten geben (s. Art. 77 EU-Geldwäsche-Verordnung).

Ein wichtiger Punkt wird sein, den Initiatoren/-innen der internen Meldungen die neuen Meldevoraussetzungen zu vermitteln (Erwägungsgrund 40, Art. 12 EU-Geldwäsche-Verordnung).

---

234 BaFin-AuA AT zum GwG (03/2025), Ziff. 3.6.

C. Zur Meldepflicht in einzelnen Fallkonstellationen

I. Grundfrage: Meldung oder Strafanzeige?

Im Folgenden sollen – in Ergänzung zu den dargestellten **Methoden und Erscheinungsformen in Kapitel 1 A III** – einige Fallkonstellationen näher beleuchtet werden, die in der Praxis von besonderer Bedeutung sind, d.h. zu denen auch viele Verdachtsmeldungen erstattet werden – teils, obwohl keine Meldung erforderlich gewesen wäre. Eine der zentralen Fragen ist hierbei häufig (insbesondere bei klaren Hinweisen auf Straftaten), ob eine **Strafanzeige oder** eine **Meldung** nach dem GwG zu erstatten ist. Eine Strafanzeige kann jedermann erstatten, selbst wenn weder eine mittelbare noch eine unmittelbare Betroffenheit von der angezeigten Straftat vorliegt.[235] Strafanzeigen können bei der Staatsanwaltschaft, den Behörden und Beamten des Polizeidienstes und den Amtsgerichten mündlich oder schriftlich angebracht werden (§ 158 Abs. 1 StPO), nicht hingegen bei der FIU. Für die Entgegennahme von Meldungen nach dem GwG ist demgegenüber ausschließlich die FIU zuständig (§ 43 Abs. 1 S. 1 GwG). Zumindest aus Sicht der Strafverfolgungsbehörden kann hier in aller Regel geantwortet werden: **Sofern für den Verpflichteten die Möglichkeit besteht, Strafanzeige zu erstatten, ist dies meist der vorzugswürdige Weg.** Bereits der **FIU-Newsletter 3 des BKA aus 2006**, der bis heute nicht widerrufen oder sonst für ungültig erklärt wurde, stellte (auf Seite 8) fest: 149

> *„In der Vergangenheit häuften sich Verdachtsanzeigen zu Transaktionen, bei denen eindeutig der Kunde des anzeigenden Instituts bzw. das Institut selbst Geschädigter war (z.B. ‚ebay-Betrügereien'/Anlagebetrug/Kontoeröffnungsbetrug/Kreditbetrug, Untreue durch Institutsmitarbeiter) oder Verdachtsmeldungen zu ‚Phishing' bzw. Anwerbungsversuchen als sog. ‚Finanzagent'.*
> **In solchen Fällen sollte der Kunde bzw. das Institut eher bei der örtlichen Polizeidienststelle oder Staatsanwaltschaft eine Strafanzeige erstatten.**
> *Liegen allerdings Hinweise auf Weiterverfügungen inkriminierter Vermögenswerte vor (z.B. die ‚Empfängerkonten'), ist eine Verdachtsanzeige nach dem GwG gerechtfertigt, da diese Erkenntnisse erfolgversprechende Ansätze für die Ermittlung und Aufklärung der geldwäscherelevanten Sachverhalte darstellen."*[236]

Derartige Sachverhalte werden von der FIU und der Strafverfolgungsbehörde, an welche die FIU die Meldung (wenn überhaupt) weiterleitet, ohnehin **nur in einem verkürzten Verfahren bearbeitet**. Die FIU wird die Meldung nach Erhalt schnellstmöglich an die örtlich zuständige (kriminal-)polizeiliche Fachdienststelle weiterleiten.[237] Die direkte Strafanzeigenerstattung erspart insofern die Zwischenschritte über die FIU und die Strafverfolgungsbehörde nach § 32 Abs. 2 S. 1 GwG (und damit dort unnötige Arbeit). Zudem ist gewährleistet, dass der Sachverhalt auch **tatsächlich eine Strafverfolgungsbehörde** 150

235 Vgl. u.a. Beck-OK StPO-Goers, 50. Ed. 1.1.2024, StPO, § 158 Rn. 8.
236 Hervorhebung durch den Verfasser.
237 Mit Ausnahme von NRW, wo die FIU die Meldungen an die örtlich zuständige StA leitet.

erreicht und dort ermittelt wird – dazu sind Polizei und Staatsanwaltschaft nach dem Legalitätsprinzip verpflichtet – und dass der Anzeigeerstatter auch eine **Rückmeldung zum Ausgang des Verfahrens** von der Staatsanwaltschaft erhält (gemäß § 475 StPO).

151 **Auszunehmen** wären hiervon allenfalls Sachverhalte, in denen eine Meldung im Rahmen der Fristfallregelung nach § 46 Abs. 1 GwG für den Verpflichteten die einzige Möglichkeit eröffnet, eine Transaktion anzuhalten.

152 Eine **gesetzliche Pflicht zu Erstattung einer Strafanzeige** – bzw. eine Strafandrohung für die Nichtanzeige geplanter Straftaten – **gibt es nur in den Fällen des § 138 StGB**: Demnach wird mit Freiheitsstrafe bis zu fünf Jahren oder mit Geldstrafe bestraft, wer von dem Vorhaben oder der Ausführung bestimmter schwerer Straftaten, die dort einzeln aufgeführt sind, zu einer Zeit, zu der die Ausführung oder der Erfolg noch abgewendet werden kann, glaubhaft erfährt und es unterlässt, der Behörde oder dem Bedrohten rechtzeitig Anzeige zu machen.[238]

! Ergänzender Hinweis für Kreditinstitute

Gemäß **§ 25h Abs. 3 KWG** besteht ferner die **Pflicht für Institute** i. S. v. § 25h Abs. 1 KWG jede Transaktion, die im Verhältnis zu vergleichbaren Fällen besonders komplex oder groß ist, ungewöhnlich abläuft oder ohne offensichtlichen wirtschaftlichen oder rechtmäßigen Zweck erfolgt, unbeschadet des § 15 GwG mit angemessenen Maßnahmen zu untersuchen, um das Risiko der Transaktion im Hinblick auf strafbare Handlungen im Sinne von Absatz 1 Satz 1 überwachen, einschätzen und **gegebenenfalls die Erstattung einer Strafanzeige gemäß § 158 StPO prüfen zu können.**[239]

---

153 Die **gleichzeitige Erstattung einer Verdachtsmeldung und einer Strafanzeige macht keinen Sinn**, da hier lediglich unterschiedlichen Behörden zweimal der identische Sachverhalt gemeldet wird. Bei bereits erstatteter Strafanzeige ist eine zusätzliche (den gleichen Sachverhalt meldende) Meldung entbehrlich – jedenfalls sofern eine **Strafanzeige gleichsam unverzüglich** erstattet wird, kann keine zusätzliche Meldepflicht mehr bestehen. Sollte – aus welchen Gründen auch immer – dennoch *zum Zeitpunkt der Meldung* bereits eine Strafanzeige erstattet (oder Strafantrag gestellt) worden sein, ist dies gemäß § 43 Abs. 1 S. 2 GwG der FIU mitzuteilen. Entscheidet sich der Verpflichtete erst *nach* der Meldung zu einer Strafanzeige zu dem Sachverhalt, besteht keine Nachmeldepflicht nach § 43 Abs. 1 S. 2 GwG; ein Verstoß gegen die Norm ist ferner nicht bußgeldbewehrt.

! Hinweise der FIU „Meldungsabgabe und Sonstiges in goAML Web"

In den Hinweisen der FIU „Meldungsabgabe und Sonstiges in goAML Web" unter Ziff. 1 Buchst. E wird darauf hingewiesen, dass Hinweise auf eine zu dem Sachverhalt bereits erstattete Strafanzeige helfen könnten, „eine sachgerechte Behandlung derlei Sachverhalte" zu gewährleisten und „eine Doppelbefassung" zu vermeiden

238 Vgl. auch die BaFin-AuA zum GwG AT (03/2025) Ziff. 10.8.3.
239 Vgl. hierzu ausführlich Herzog/*Achtelik* Rn. 20 zu § 25h KWG.

(eine Doppelbefassung kann aber vor allem – und viel einfacher – dadurch vermieden werden, dass keine Doppelmeldung erfolgt, sh. zuvor).
Wichtig ist in dem Fall selbstredend die Angabe der mit der Strafanzeige befassten Strafverfolgungsbehörde, des dortigen Aktenzeichens (sofern vorhanden) sowie der Anschrift im Feld der besonderen Hinweise an die FIU. Die FIU wünscht zudem den Hinweis *„Gemäß § 43 Abs. 1 S. 2 GwG wird mitgeteilt, dass zu diesem Sachverhalt auch eine Strafanzeige / ein Strafantrag erstattet wurde."*

Die **Sicht des Bundesministeriums der Finanzen bzw. der BaFin** als Aufsichtsbehörde über den Finanzsektor ist in diesem Punkt leider nicht völlig eindeutig. Auf Seite 7 der Auslegungshinweise des Bundesministeriums der Finanzen zur Handhabung des Verdachtsmeldewesens (§ 11 GwG) vom 6.11.2014 hieß es zunächst: *„Jede Verdachtsmeldung kann den Strafverfolgungsbehörden wichtige Informationen liefern. Die Pflicht zur Erstattung einer Meldung gemäß § 11 Abs. 1 GwG im Verdachtsfall besteht deshalb auch dann, wenn dem Verpflichteten bekannt ist, dass ein anderer Verpflichteter oder ein Dritter wegen desselben Sachverhalts bereits eine Meldung bzw. eine Anzeige nach § 158 StPO erstattet hat oder der Verpflichtete weiß, dass die Strafverfolgungsbehörden schon anderweitig Kenntnis vom Sachverhalt erlangt haben."* Im nächsten Satz folgte dann jedoch: *„Eine Verdachtsmeldung nach Erhalt eines staatsanwaltschaftlichen Auskunftsersuchens ist nur dann vorzunehmen, wenn den Strafverfolgungsbehörden zusätzliche, ihnen bisher nicht bekannte oder nicht vom Auskunftsersuchen umfasste Informationen übermittelt werden."* Die aktuellen BaFin-AuA zum GwG AT (03/2025), Ziff. 10.6, beziehen sich gleichfalls zentral auf „neue Informationen", die vorliegen müssen, um eine Meldepflicht auszulösen, klären die Ausgangsfrage jedoch wiederum nicht in der wünschenswerten Deutlichkeit (s. zum Umgang mit behördlichen Auskunftsersuchen ausführlich in diesem Kapitel unter C XII). 154

Letztlich kann aus **Sicht der Strafverfolgungsbehörden** festgehalten werden: Eine weitere Verdachtsmeldung zu einem Sachverhalt, der den Strafverfolgungsbehörden bereits bekannt ist, und die keine zusätzlichen, ihnen bisher nicht bekannte Informationen übermittelt, macht keinen Sinn, sondern verursacht lediglich sowohl beim Verpflichteten als auch bei (der FIU und) den Strafverfolgungsbehörden unnötige Mehrarbeit. 155

Eine pauschale Erstellung einer Verdachtsmeldung bei Hinweisen auf eine Straftat wird auch von der **BaFin** nicht verlangt. Hier kann auf das **Rundschreiben 1/2014** (GW) hingewiesen werden, aus dem sich nicht nur ergibt, dass die Verdachtsmeldepflicht losgelöst von eventuell erstatteten Strafanzeigen besteht, sondern dass **stets die Voraussetzungen des § 43 Abs. 1 S. 1 GwG gegeben sein müssen**. 156

Hinweise !

Meldungen nach § 43 GwG sollen bei der Meldung in goAML nicht zusätzlich als „Strafanzeige" bezeichnet werden. Verdachtsmeldungen und Strafanzeigen sind grundsätzlich verschiedene Instrumente. Der besondere Weg der Verdachtsmeldungen, der im GwG festgelegt ist, darf nicht für die Erstellung von Strafanzeigen missbraucht werden – etwa, weil er „bequemer" ist, um den Sachverhalt den Behörden zur

Kenntnis zu geben als eine Strafanzeigenerstattung bei der örtlichen Polizeidienststelle oder Staatsanwaltschaft. Derartiger **Missbrauch** kann seitens der FIU an die jeweilige **Aufsichtsbehörde weitergemeldet** werden.
Auch wer eine Strafanzeige erstattet, kommt in den Genuss der **Freistellung von der Verantwortlichkeit gemäß § 48 GwG.** Jeder, der den Verdacht einer Straftat nach § 261 StGB anzeigt, soll die gesetzlich begründete Gewissheit haben, dass er nur bei vorsätzlicher oder grob fahrlässiger Unwahrheit zur Rechenschaft gezogen werden kann.[240]
Zum **Verhältnis von Meldungen nach § 43 Abs. 1 S. 1 GwG zur Selbstanzeige nach § 261 Abs. 8 StGB** vgl. oben Ziffer A II 8 b).
Verwiesen werden kann schließlich auf das **Eckpunktepapier der FIU** (03/2025) zur Bestimmung solcher Sachverhalte, die grundsätzlich nicht die Meldepflicht des § 43 Absatz 1 GwG auslösen, enthält – wie der Name bereits sagt – verschiedene Fallkonstellationen, die grundsätzlich nicht zu melden sind.
Zu beachten ist, dass gemäß Art. 69 Abs. 1 der **EU-Geldwäsche-Verordnung** künftig ausreicht, *„dass **Gelder oder Tätigkeiten** – unabhängig von der Höhe des jeweiligen Betrags — **mit** Erträgen aus kriminellen Tätigkeiten oder mit Terrorismusfinanzierung oder **kriminellen Tätigkeiten in Verbindung stehen**“*. Welche Auswirkungen es künftig haben wird, wenn jegliche Anhaltspunkte auf Verbindungen mit kriminellen Tätigkeiten bereits eine Meldepflicht nach der Verordnung auslösen (also auch, ob perspektivisch überhaupt noch Raum für alternative Strafanzeigen besteht), lässt sich aktuell schwer abschätzen, da dies v. a. von diesbezüglichen Hinweisen der AMLA und/oder nationalen Aufsichtsbehörden/FIUs abhängen wird.

II. Betrugsstraftaten

1. Vorbemerkung

157 In den nachfolgenden Ziffern werden verschiedene Sachverhalte aufgezeigt, die im Zusammenhang mit betrügerischem Verhalten stehen und in der Praxis der Verpflichteten hohe Relevanz haben. Tatsächlich ist es Verpflichteten **in zahlreichen Fällen nicht möglich sicher festzustellen**, ob es sich bei dem Kunden / der Kundin um das Opfer, den Täter / die Täterin oder Tatbeteiligte/n der Vortat oder einen Finanzagenten / eine Finanzagentin handelt (allein aus diesem Grund empfehlen sich in einer Meldung oder Strafanzeige überlegte und vorsichtige Formulierungen), wie bspw. folgende Meldung zeigt:

Fallbeispiel aus einer Verdachtsmeldung
„Wir führen seit dem ■■.■■.■■■ das Privatgirokonto mit der IBAN ■■■■■■■■■■ für Herrn ■■■. Das Konto wurde auffällig durch eine angehaltene Zahlung. Ausgeführt werden sollte eine Überweisung über 950,00 EUR an den Kryptodienstleister Bifinity UAB. Der Buchung ging eine Gutschrift in gleicher Höhe von einem Herrn ■■■ voraus. Bei der Vorgangsprüfung stellten wir fest, dass es sich hierbei nicht um einen Einzelfall handelt. Seit dem ■■.■■.■■■ verzeichnen wir insgesamt fünf Gutschriften (Gesamtbetrag 9.000,00 EUR) von verschiedenen Privatpersonen im Inland und Europäischen Ausland, die nach Eingang an den Kryptodienstleister Bifinity UAB sowie an ein Konto lautend auf unseren Kunden bei der C24 Bank überwiesen werden.
Auf Befragung gab Herr ■■■ uns gegenüber an, dass er für besagte Privatpersonen Geldanlagen tätigen würde. Über die Richtigkeit dieser Angaben können wir keine Aussage treffen. Im Raum steht die Kontonutzung für Dritte.

240 BT-Drucks. 12/2704, S. 19.

Weitere Recherchen ergaben, dass Herr ■■■ in der Vergangenheit zahlreiche Überweisungen an Anlageplattformen wie Trade Republic und Capital.com tätigte. Die Buchungen erfolgten zunächst aus eigenen Mitteln. Wir verzeichneten auch zwei Gutschriften aus Darlehensauszahlungen (insgesamt 33.000,00 EUR). Das daraus resultierende Guthaben wurde in mehreren Tranchen an das Konto lautend auf Herrn ■■■ bei der C24 Bank überwiesen. Nach unseren Informationen ist das dortige Konto inzwischen gesperrt. Der Sperrgrund liegt uns nicht vor. Besonders der Anstieg der Summen der vom Kunden getätigten Überweisungen sowie, dass zunächst eigene Gelder, gefolgt von Darlehen und letztlich Gelder von Dritten überwiesen werden. Hinzu kommen monatlich wechselnde Bankverbindungen. Wir können nicht ausschließen, dass der Kunde Opfer von Anlagebetrug ist. Wir können weiterhin nicht ausschließen, dass der Kunde sich als Finanzagent betätigt, nachdem seine eigenen finanziellen Möglichkeiten ausgeschöpft sind."

2. Warenbetrug/„eBay-Betrug"/Fake-Shops

Bei Hinweisen auf Betrug über Internet-Auktionsportale wie eBay – der Kontoinhaber 158
erhält Zahlungseingänge auf seinem Konto für verkaufte Produkte über eBay, liefert diese jedoch augenscheinlich nicht – sollte **vorzugsweise Strafanzeige** erstattet werden. Das Handeln des Kontoinhabers, auf dessen Konto die Überweisungen der Betrugsopfer eingehen, dürfte zwar regelmäßig den Straftatbestand des (gewerbsmäßigen) (Computer-)Betrugs verwirklichen, eine darüberhinausgehende Geldwäschehandlung ist aber meist noch nicht erkennbar – wir befinden uns noch auf der Stufe der Vortat.[241] Liegen Hinweise darauf vor, dass der Kontoinhaber selbst nicht der Betrüger ist, sondern als Finanzagent (ergo: Geldwäscher) eingesetzt wird, kann wiederum eine Verdachtsmeldung gerechtfertigt sein.

Eine Meldung ist insbesondere dann in Betracht zu ziehen, wenn auf dem Konto 159
noch (nicht völlig unerhebliches) **Guthaben vorhanden** ist, das der Täter aller Voraussicht nach zeitnah abverfügen will. Um den Weitertransfer zu verhindern, kann – bei bereits angetragenen Transaktionen – auch ein Fristfall i.S.v. § 46 Abs. 1 GwG erforderlich sein.

Fallbeispiele aus Verdachtsmeldungen

„Laut telefonischer Reklamationen werden über eBay Waren zum Verkauf angeboten, ohne dass nach geleisteter Bezahlung eine Lieferung erfolgt. Ebenso liegen Überweisungsrückrufe vor.
Über einen Teil der Zahlungseingänge wurde bereits verfügt.
Eine der reklamierenden Personen hat laut eigener Aussage bereits Anzeige erstattet."
„Im Rahmen unseres täglichen Transaktions-Monitorings ist das Konto von ■■■ am 23.03.■■■
aufgrund verdächtiger Transaktionen auffällig geworden, so dass wir die Umsätze des Kontos geprüft haben.
Folgende Risikomerkmale konnten wir zunächst auf dem Konto feststellen:

241 Gemäß BGH (Beschl. v. 11.9.2014 – 4 StR 312/14 m.w.N.) ist von der materiellen Beendigung einer Tat des Computerbetruges i.S.v. § 263a StGB, bei der auf Grund einer Manipulation von Datenverarbeitungsvorgängen ein Geldbetrag vom Konto des Geschädigten auf ein Empfängerkonto geleitet wird, erst auszugehen, wenn entweder das überwiesene Geld vom Empfängerkonto abgehoben oder auf ein zweites Konto weiterüberwiesen worden ist – bis dahin ist noch **Beihilfe zum Computerbetrug** möglich.

- *Das Konto ist mit einer nicht zum Namen passenden und generisch wirkenden Mail Adresse verknüpft.*
- *Das Konto wurde erst kürzlich eröffnet.*
- *Auf dem Konto sind keine alltäglichen Zahlungen, wie Mietzahlungen, Gehaltseingänge oder Zahlungen des alltäglichen Lebens festzustellen.*
- *Die Bankkarte des Kontoinhabers ist bisher nicht aktiviert worden.*
- *Wir haben eine verdächtige IP-Geolokalisierung unseres Kunden festgestellt. Auf das Konto wird hauptsächlich aus Deutschland und Benin zugegriffen.*

Bei der Betrachtung der Kontoaktivität ist uns ein insgesamt auffälliges und ungewöhnliches Verhalten aufgefallen. Der Kunde erhielt hohe Guthaben von Privatkonten, die im Verhältnis zum bestimmungsgemäßen Gebrauch aus dem Verkauf von Waren stammen könnten. Die Gelder wurden sofort nach Eingang in Litauen überwiesen."

---

160 Gestiegen ist in den letzten Jahren auch die Zahl gefälschter Online-Verkaufsplattformen, sog. **Fake-Shops**, die in der Regel attraktive Ware zu günstigen Preisen anbieten. Fake-Shops sind auf den ersten Blick schwer zu erkennen. Sie wirken seriös, teilweise sind sie auch Kopien real existierender Websites. Als Zahlungsmethode ist i.d.R. nur Vorauskasse möglich. Geliefert wird die versprochene Ware nicht oder nur minderwertige Ware. Die betrogenen Kunden erstatten in derartigen Fällen regelmäßig Strafanzeige. Wie bereits zuvor beschrieben ist auf der Seite des Kontoinhabers, bei dem die Gelder eingehen, noch nicht zwingend eine Geldwäschehandlung erkennbar, sondern zunächst nur der Straftatbestand des (gewerbsmäßigen) Betrugs. Die obigen Ausführungen gelten hier insofern entsprechend.

! **Medienbericht zu Prozess um Fake-Shop Betrug**

Einen interessanten Einblick „hinter die Kulissen" eines Fake-Shop-Verfahrens wird durch den Artikel des WDR „Prozess um Betrug mit falschen Online-Shops in Bonn" vom 2.2.2024[242] gegeben:

Der 54-jährige Angeklagte soll Teil einer Bande gewesen sein, die laut Anklage unter anderem von Troisdorf aus mit gefälschten Online-Shops weit mehr als 500 Käufer um insgesamt 230.000 Euro geprellt haben soll. Die von den Käufern über das Internet bestellten Elektronikartikel wurden nie ausgeliefert.

Der Angeklagte soll innerhalb der Organisation die Aufgabe gehabt haben, in Deutschland in Betracht kommende Unternehmen aufzuspüren und zu falschen Versandhäusern umzubauen. So wie 2017 das Troisdorfer Unternehmen „UpYou", dessen Internet-Auftritt damals einen seriösen Eindruck machte und das im Sommer 2017 noch positive Bewertungen hatte: Außerdem warb die Troisdorfer Firma mit einem professionellen Hochglanz-Werbevideo mit bis zu 30 Prozent Rabatt auf die angebotenen Elektronikartikel wie Smartphones, Computer oder Kaffeevollautomaten. Um möglichst seriös zu wirken, hatten die Betreiber sogar in Hennef ein Ladenlokal gemietet und eine Sekretärin eingestellt. Ende August 2017 brach der Handel nach einer Flut von Strafanzeigen und Beschwerden zusammen.

Im Frühjahr 2018 nahm die Polizei schließlich vier türkischstämmige Männer fest. Alle wurden zwischenzeitlich verurteilt, sie hatten mit gefälschten griechischen Pässen versucht, ihre Identitäten zu verschleiern. Dem 54-jährigen in Duisburg lebenden Angeklagten gelang es damals, sich in die Türkei abzusetzen. Im August 2023 konnte er aber verhaftet werden. Da er bereits vom Landgericht Osnabrück in einem identischen Parallelfall wegen gemeinschaftlichen besonders schweren Betrugs zu sechseinhalb Jahren Haft verurteilt worden war, wurde das Bonner Verfahren schließlich eingestellt.

---

242 https://www1.wdr.de/nachrichten/rheinland/fakeshop-online-betrug-prozess-100.html.

3. WhatsApp-Betrug / Messenger-Betrug

„Hallo Mama, hallo Papa, das ist meine neue Nummer. Kannst du mir eine Nachricht auf 161 *WhatsApp schicken."* – mit derartigen SMS geben sich Betrüger als Kind der Empfänger aus und fingieren in der anschließenden Kommunikation über WhatsApp, die vermeintlich mit dem eigenen Kind geführt wird, eine finanzielle Notlage und bitten um Geld. Die Opfer überweisen in der Folge regelmäßig drei- bis hohe vierstellige Beträge, meist an Privatpersonen im Inland und Ausland (i. d. R. Finanzagenten, die die Gelder sofort weitertransferieren). Hier sollten die **Kunden Strafanzeige** erstatten und möglichst schnell über das eigene Kreditinstitut einen Überweisungs-Recall initiieren. Bei den Empfängern hat sich in der Praxis herausgestellt, dass es sich in vielen Fälle um Konten von recht jungen Kontoinhabern handelt. Diese werden auf unterschiedlichste Art und Weise angeworben – über persönliche Ansprache im Fitnessstudio, in Schnellrestaurants oder direkt auf der Straße.

Fallbeispiel aus einer Verdachtsmeldung

„Wir führen seit dem ■■.■■.■■■■ das Privatgirokonto mit der IBAN ■■■■■■■■ für Herrn ■■■ ■■■■. Am ■■.■■.■■■■ erhielten von einer Nichtkundin die Information über einen WhatsApp-Betrug, deren Empfänger unser Kunde werden sollte. Die Buchung wurde nicht zur Ausführung gebracht.

Es folgte daraufhin die Sperrung des Kontos, wodurch die unten aufgeführten später eintreffenden Gutschriften angehalten wurden.

Der Hintergrund dieser Buchungen ist für uns nicht nachvollziehbar.

Auf Befragung des Kunden gab dieser an, dass ein Freund im zugesichert habe, er könne sich Geld dazu verdienen, wenn er sein Konto für Gutschriften und deren Weiterleitung zur Verfügung stellt. Unser Kunde hat dem zugestimmt und darüber hinaus seine Kontokarte sowie Online-Banking Zugangsdaten ausgehändigt. Von dem betrügerischen Hintergrund habe er keine Kenntnis. Herr ■■■■ bat uns aus freien Stücken um Retournierung der per ■■.■■.■■■■ gutgeschriebenen Beträge."

---

4. Kontoeröffnungsbetrug

Der o.g. FIU-Newsletter 3 aus 2006 nennt unter den Sachverhalten, die vom Verpflich- 162 teten oder geschädigten Kunden besser als Strafanzeige zu erstatten sind, ferner die Fallgruppe der Kontoeröffnungsbetrügereien. Oft wird nach der Kontoeröffnung (mit gefälschten Ausweisdokumenten) und Aushändigung der dazugehörigen Girocard zeitnah bei diversen Einzelhändlern eingekauft, die beim Einkauf (teils bis zu einem bestimmten Betrag) auf die Eingabe einer PIN am POS-Terminal[243] verzichten und lediglich eine Unterschrift auf der Rückseite des ausgedruckten Belegs verlangen.

---

243 Die Abkürzung POS steht für (engl.) Point of Sale (dt.: Verkaufsort) – gemeint sind jene kleinen Geräte an vielen Kassen, in welche die Girocard eingesteckt werden muss: Entweder wird im Anschluss die Eingabe einer PIN verlangt oder ist eine Unterschrift zu leisten.

Fallbeispiele aus einer Verdachtsmeldung

„Kontoeröffnungsantrag über Online-Portal. Die notwendigen PostIdent Unterlagen gingen am 13.11.■■■ bei uns ein. Die Identifizierung erfolgte bei einer Poststelle in ■■■■ (Ruhrgebiet). Die beiliegenden Gehaltsabrechnungen sind auffällig (unterschiedl. Schriftart, Anrede „Herr"). Über ein Prüfverfahren zur Echtheitsprüfung von Ausweisdokumenten wurde festgestellt, dass der Pass gefälscht ist. Die weiteren Angaben sind somit ebenfalls fragwürdig."

163 Obgleich die vormalige **FIU beim BKA** in diesen Fällen also zu einer **Strafanzeige** riet, gibt es durchaus auch Gründe, die für die Erstattung einer Meldung nach dem GwG sprechen: In erster Linie wäre das Argument zu nennen, dass beim kontoführenden Kreditinstitut zentral die Informationen zum Kontoeröffner / zur Kontoeröffnerin vorliegen und die einzelne Strafanzeigenerstattung durch die Einzelhändler erst aufseiten der Strafverfolgungsbehörden zusammengeführt werden müssen. Bis es jeweils zu den Strafanzeigen bei den verschiedenen Polizeidienststellen kommt, die in Verbindung gebracht werden müssen, vergeht zudem erheblich mehr Zeit. Eine Verdachtsmeldung (und zeitnahe Weiterleitung derartiger Sachverhalte durch die FIU) kann hier insofern vorteilhaft sein.

5. Kreditbetrug / fingierte Rechnungen i.Z.m. Factoringvertrag

164 Die genannte Fallgruppe „Kreditbetrug" ist meist einfach zu bewerten: Hier kommt regelmäßig ausschließlich die Erstattung einer **Strafanzeige** infrage. Ausgereichte Kredite entstammen dem (legalen) Vermögen des Kreditinstituts, das vom Kreditbetrüger geschädigt werden soll. Geldwäschehandlungen sind durch die – meist nach Vorlage gefälschter Gehalts- oder Vermögensnachweise – betrügerisch veranlasste Ausreichung des Kreditbetrags (regelmäßig auf das eigene Konto des Betrügers) zunächst nicht erkennbar.

Fallbeispiel aus einer Verdachtsmeldung

„Herr ■■■ hat bei der ■■■-Bank ■■■■ einen Konsumentenkredit beantragt.
Als Gehaltsnachweis wurde ein Kontoauszug der VR Bank ■■■ vorgelegt (Gehaltseingang TE 1,4 im Monat).
Zum Zweck der Plausibilisierung der Kundenangaben fragte Herr ■■■ von der ■■■-Bank in unserem Hause nach, ob auf dem vorgenannten Girokonto ein monatlicher Gehaltseingang festzustellen ist. Ein Gehaltseingang war durch unser Haus nicht feststellbar. Somit ist anzunehmen, dass der Kontoauszug zur Vortäuschung eines Gehaltseingangs in betrügerischer Absicht erstellt wurde. Es handelt sich hier neben der betrügerischen Erlangung von Kreditmitteln auch um den Tatbestand der Urkundenfälschung."

165 Ähnlich verhält es sich in Fällen, in welchem im Rahmen von **Factoring-Vereinbarungen** dem Kreditinstitut **fingierte Rechnungen** vorgelegt werden – auch hier geht es ausschließlich um Betrug zum Nachteil des Kreditinstituts:

Fallbeispiel aus einer Verdachtsmeldung

„Per 10.07. wurde durch die Bank mit vorgenannter Firma ein Rahmenvertrag zum Ankauf von Rechnungsforderungen geschlossen. Im Zeitraum vom 19.07. bis 30.07. erfolgen die ersten Ankäufe von Rechnungsforderungen in Höhe von insgesamt 117.810,00 € (12 Stück) mit Zahlungsziel 90 Tage. Entgegen der vertraglichen Vereinbarung wurde im Anschluss festgestellt, dass alle diese Rechnungen ohne Erbringung einer Leistung gestellt und der Bank zum Ankauf vorgelegt wurden.

Somit beläuft sich der der Bank zugefügte Schaden auf oben genannte Summe."

6. Provisionsbetrug

Meldungen von Versicherungen haben bisweilen ein **verdächtiges Verhalten einge-** 166
bundener Versicherungsvermittler zum Gegenstand (häufig Provisionsbetrug, teils aufgebaut als „Schneeballsystem"). Derartige Sachverhalte sollten gleichfalls besser bei der örtlichen Polizeidienststelle oder Staatsanwaltschaft angezeigt werden.

Fallbeispiel aus einer Verdachtsmeldung

„Mehrere Lebensversicherungsverträge wurden durch den Vermittler Herrn █████ von der █████ durch dessen eigenes Konto bedient, obwohl in den Versicherungsanträgen der jeweilige Versicherungsnehmer als Kontoinhaber angegeben war. Es besteht der Verdacht, dass es sich hier um ein Provisionsmodell handelt.

Nach Angaben unseres Vertriebspartners █████ liegt scheinbar ein betrügerisches Schneeballsystem vor. Den dafür verantwortlichen Vermittlern █████ und █████ sei inzwischen fristlos gekündigt worden. Auch andere Versicherer seien dieser Betrugsmasche zum Opfer gefallen. Die Provisionen könnten teilweise dazu genutzt worden sein, um die Verträge mittels Beitragsüberweisungen durch den Vermittler künstlich am Leben zu halten."

7. Sozialleistungsbetrug

Eine nicht unerhebliche Zahl von Verdachtsmeldungen gibt Hinweise auf Sozialleis- 167
tungsbetrug, d.h. meist, dass auf dem Konto eines Kunden hohe Zahlungseingänge (womöglich aus mutmaßlich gewerblicher Tätigkeit) festgestellt wurden, obwohl der Kunde zeitgleich BAföG-Leistungen oder Bürgergeld erhält. Sofern hier die Möglichkeit der Erstattung einer Strafanzeige gesehen wird, wäre dies auch in diesen Fällen der vorzugswürdige Weg.

Fallbeispiel aus einer Verdachtsmeldung

„Eine rückwirkende Kontobetrachtung der Kundenverbindung von Frau █████ ergab, dass seit Jahresbeginn insgesamt EUR 52.639,46 von der Firma █████ erfolgt sind. Zusätzlich erhält Frau █████ monatlich Gutschriften der Bundesagentur für Arbeit (zwischen EUR █████ und EUR █████) und dem Landkreis München (VWZ: █████)."

Hinweis

Die **FIU** hat im Januar 2023 ein Typologiepapier „Besondere Anhaltspunkte für Geldwäsche im Zusammenhang mit Schwarzarbeit und illegaler Beschäftigung“ veröffentlicht, das auch Beispielmeldungen enthält.

8. (Versuchter) Überweisungsbetrug

168 Zahlreiche Meldungen betrafen in der Vergangenheit Betrugsversuche mittels **gefälschter Überweisungsträger** oder E-Mails.

Fallbeispiel aus einer Verdachtsmeldung (versuchter Überweisungsbetrug per E-Mail)

„Versuchter Überweisungsbetrug nach Bosnien per E-Mail (siehe Anlage). Keine Ausführung des Auftrags, unsere Mitarbeiterin fragte sofort beim Kunden telefonisch nach (keine Übereinstimmung der Unterschrift).
Der Anfangsverdacht gegen ███ bzw. Unbekannt auf eine Straftat ist vorhanden.“

Fallbeispiel aus einer Verdachtsmeldung (versuchter Überweisungsbetrug per Telefon)

„Eine unbekannte Person (Telnr. 0172-...) wollte telefonisch eine Überweisung in Höhe von 4.000 € vom Konto ███ unseres Kunden ███ zu Gunsten einer Sparkasse durchführen. Es sollte gem. Aussage des Unbekannten ein Zahlungseingang in dieser Höhe von Herrn ███ erfolgen. Dieser Betrag befand sich nicht auf dem Konto. Der Unbekannte fragte dann nach dem aktuellen Kontostand. Als diesem eine telefonische Auskunft über den Kontostand verwehrt wurde, legte der Anrufer auf.“

Fallbeispiele aus Verdachtsmeldungen (gefälschte Überweisungsträger)

„Am 2.3.███. wurde uns eine gefälschte Inlandsüberweisung durch Briefeinwurf (Standort in ███) in Höhe von EURO 9.998,00 zugunsten ███ ███ auf dessen o.g. Konto bei der ...███bank zu Lasten unseres Kunden ███ vorgelegt. Nach Unterschriftenprüfung und Rückfrage beim Kunden wurde uns mitgeteilt, dass die Überweisung nicht vom Kunden beauftragt und unterschrieben wurde. Die Überweisung wurde nicht ausgeführt.“

169 Hier wird wiederum „nur“ versucht, betrügerisch eine Transaktion zu veranlassen auf das Konto eines Betrügers oder meist eines zwischengeschalteten Finanzagenten. Damit ist besser eine Strafanzeige zu erstatten. Bei dem Vermögen, das überwiesen werden soll, handelt es sich um legales Bankguthaben des Kunden. Geldwäsche käme erst in einem zweiten Schritt (beim Finanzagenten) in Betracht. Meldepflichtig ist in diesen Konstellationen ausschließlich das Kreditinstitut des Finanzagenten – siehe hierzu ausführlich auch die Erläuterungen unter dem Punkt „Phishing/Finanzagenten“ (im Folgenden unter III).

Pressebericht !

Einen interessanten Blick „hinter die Kulissen" derartiger Einzeltaten gibt der Bericht des Kölner Stadtanzeigers vom 9.9.2024 „35-jähriger muss wegen Geldwäsche ins Gefängnis":[244]

Der Angeklagte soll wiederholt gezielt Rechnungen von Bauträgern aus dem Briefkasten gefischt, geöffnet, die IBAN zu seinen Gunsten geändert und wieder verschlossen eingeworfen haben. In seinem Geständnis hatte der 35-Jährige eingeräumt, dass er lediglich im Auftrag eines Landsmannes, der ihn in einem Trierer Fitnessstudio angesprochen haben soll, dreimal mit gefälschten Identitäten Konten eröffnet hatte. Dafür habe er pro Konto 1.500 Euro versprochen bekommen. Allein in den Fällen, in denen er durch die falschen Konten mitgeholfen hatte, das betrügerische Geld zu deponieren, war ein Schaden von 115.364 Euro entstanden. Den betrogenen Kunden war bei Bauträger-Rechnungen nicht aufgefallen, dass die Kontonummern, auf die überwiesen werden sollte, gefälscht waren. Erst als bald darauf die Mahnungen kamen, flog die Betrugsmasche auf. Im Grunde eine „analoge Art des digitalen Konto-Phishings", hieß es im Urteil.

Die Hintermänner konnten nicht ermittelt werden. Die einzige Fährte hatte der Angeklagte unfreiwillig gelegt, weil er bei dem ID-Verfahren für die Eröffnung eines Online-Kontos ein Foto hinterlegt hat. Mit diesem Porträt wurde erfolgreich gefahndet, eine Polizeistelle in Rheinland-Pfalz erkannte den 35-Jährigen mit Wohnsitz in Trier. Bei einer Hausdurchsuchung fand man einige gefälschte Ausweise.

Er wurde zu 2 1/2 Jahren wegen Geldwäsche in 3 Fällen und Urkundenfälschung verurteilt.

9. (Versuchter) Überzahlungsbetrug

Wer bereits einmal versucht hat, über ein Kleinanzeigenportal oder ähnliche Seiten im 170
Internet Waren zu verkaufen, wird mit an Sicherheit grenzender Wahrscheinlichkeit bereits nach dem Inserat Angebote von angeblichen Interessenten erhalten haben, die (meist in sehr schlechtem Deutsch formuliert) sehr großes Interesse an dem angebotenen Artikel vorgeben. Es werden verschiedenste Geschichten zum persönlichen besonderen Interesse an der Ware präsentiert – gemein ist allen der Wunsch um Übermittlung der Anschrift des Verkäufers, an die ein Scheck geschickt werden soll, und der Wunsch des Warenversands ins Ausland. Der eingehende (natürlich gefälschte) Scheck wird einen deutlich höheren Betrag ausweisen als den vereinbarten Kaufpreis und soll zusätzlich die anfallenden Versand-/Speditionskosten abdecken, der überschießende Betrag möge bitte (oft per Western Union oder ähnliche Zahlungsdienstleister) ins Ausland überwiesen werden. Wer darauf hereinfällt, hat am Ende seine Ware verschickt und den Betrügern zusätzlich den „überschießenden" Geldbetrag überwiesen.[245] Auch hier geht es rein um Betrugsstraftaten, die besser als **Strafanzeige** bei der örtlichen Polizeidienststelle zur Anzeige zu bringen sind.

244 Abrufbar unter: https://www.ksta.de/region/rhein-sieg-bonn/bad-honnef/bonn-35-jaehriger-muss-wegen-geldwaesche-ins-gefaengnis-855781.

245 Zu diesen und weiteren ähnlichen Betrugsmaschen kann verwiesen werden auf http://www.polizei-beratung.de/themen-und-tipps/betrug/scamming.html.

Fallbeispiel aus einer Verdachtsmeldung

„Wir haben am 14.10.■■■ ein Schreiben der ■■■... Bank erhalten, dass ein bei uns zur Gutschrift auf das Konto von Frau ■■■ eingereichter Auslandsscheck gefälscht sei. Ein Anruf bei der Kundin ergab, dass diese einen Gegenstand im Internet im Wert von ca. € 2.500,– verkaufen wollte und vom Käufer einen viel zu hoch ausgestellten Scheck erhalten habe. Die Kundin sollte den Differenzbetrag i.H.v. € 4649,64 wiederum nach Spanien überweisen, was die Kundin auch nach Buchung des Schecks am 08.10.■■■ bei uns in Auftrag gab."

10. Girocard-Missbrauch/Skimming

171 Auch Sachverhalte zu entwendeten oder auch durch Betrug erlangten Girocards – zu denken ist an die Fälle „falscher Bankmitarbeiter", die Senioren angeblich zur Überprüfung der Karte zur Herausgabe inkl. Nennung der PIN überreden –, mit denen anschließend eingekauft wird oder Barabhebungen an Geldautomaten vorgenommen werden, sollten besser als Strafanzeigen zur Anzeige gebracht werden. Geldwäschehandlungen sind hier zunächst noch keine erkennbar (jedenfalls, wenn man davon ausgeht, dass der anschließende Einkauf mit der entwendeten Girocard im Regelfall vom Dieb selbst getätigt wird).[246]

Fallbeispiel aus einer Verdachtsmeldung

„Beiden Personen wurden die Girocards entwendet und anschließend missbräuchlich genutzt.
Bei beiden Personen wurden Verfügungen an Geldausgabeautomaten und sog. EC-Terminals widerrechtlich getätigt. Die Verfügungen an den EC-Terminals erfolgten zu Gunsten einer Spielothek bei der Sparkasse ■■■ (Konto ■■■■■■)."

172 Nicht anders ist die Sachlage in Fällen des **„Skimming"**. Hierbei werden illegal Kartendaten von Bank- oder Kreditkarten erlangt, indem diese Daten vom auf der Originalkarte befindlichen Magnetstreifen ausgelesen und auf gefälschte Karten kopiert werden. (Die Daten können darüber hinaus über Schadsoftware auf dem Rechner/Smartphone des Opfers abgegriffen werden, wenn sie über ein infiziertes Gerät zur Bezahlung im Internet genutzt werden.)[247]

Fallbeispiel aus einer Verdachtsmeldung

„Im Zeitraum 07.01.–08.01. wurden mittels gefälschter/kopierter Kreditkartendaten (VISA-Card) vier Verfügungen über insgesamt 574,92 EUR missbräuchlich getätigt.
Anzeige wurde am 09.01.■■■ bei der PI ■■■ erstattet."

246 Wird die Girocard jedoch an eine dritte Person weitergegeben, die mit der Karte dann einkauft, macht sich diese dritte Person der Geldwäsche strafbar, vgl. BGH, Beschl. v. 14.8.2024, 4 StR 260/24.
247 Vgl. zur Verwirklichung der verschiedenen Straftatbestände beim Skimming ausführlich Seidl/Fuchs, „Zur Strafbarkeit des sog. ‚Skimmings'", HRRS 2011, S. 265ff.

11. „Nigeria-Schreiben", „Soldatenbriefe", „Love-Scam/ Romance Scam"

Auch die bereits in Kapitel 1 unter Randnummer 76 dargestellten sog. **Nigeria-Schreiben**[248] oder **Soldaten-Briefe** haben ausschließlich einen Betrug (des Kunden) zum Ziel. Der Empfänger soll zu Vorleistungen gebracht werden, ohne dass die versprochene Geldüberweisung je stattfindet (Vorleistungsbetrug). Das Opfer soll also sein (legales) Geld an die Betrüger überweisen, weshalb auf dieser Stufe noch kein inkriminiertes Geld gewaschen wird. Ähnliches gilt für die Fallgruppe „Love-Scam"/„Romance-Scam". 173

Fallbeispiel aus einer Verdachtsmeldung (erfolgreicher Betrug „Soldatenbrief")

„Wir führen für unsere Kundin ■■■ seit dem 01.02.■■■ unter der Kundennummer ■■■ ein Girokonto. In den Jahren ■■■ und ■■■ tätigte die Kundin mehrere Auslandsüberweisungen an verschiedene Personen nach Irland, Großbritannien, Dänemark und in die Niederlande. Als Verwendungszweck wurde vornehmlich der Name „David ■■■" angegeben. Nach Auskunft unserer Kundin hilft sie mit diesen Zahlungen Herrn David ■■■ ein hohes Vermögen, welches aktuell eingefroren ist „frei zu bekommen". Nach Kundenangabe hat Frau ■■■ Herrn David ■■■ im Urlaub in Portugal kennengelernt. Die Zahlungsinformationen erhält Frau ■■■ laut eigener Aussage per E-Mail in englischer Sprache. Es wurden der Kundin Rückzahlungen/Provisionen von Geldbeträgen versprochen, die bislang allerdings nicht erkennbar sind. Die Auslandsüberweisungen wurden zunächst aus Kontoguthaben getätigt. Seit Oktober ■■■ veräußerte Frau ■■■ für den Gegenwert der Überweisungen Teile ihrer Depotwerte. Im Betrachtungszeitraum ab 07.02.■■■ wurden von unserer Kundin bereits Zahlungen im Gegenwert von ca. 127.000 Euro geleistet. Aktuell sollen weitere 40.000 Euro überwiesen werden. Auf Hinweise und geäußerte Bedenken seitens der zuständigen Berater, dass die Gelder von den Empfängern möglicherweise in betrügerischer Absicht eingesammelt werden, zeigte die Kundin bislang keine Einsicht und besteht weiterhin auf die Ausführung der Zahlungsaufträge."

Kreditinstitute sollten bei Transaktionen mit offensichtlichem Bezug zu solchen betrügerischen Angeboten keine Verdachtsmeldung, sondern nach Möglichkeit eine **Strafanzeige** bei der örtlichen Polizei/Kriminalpolizei erstatten bzw. den Kunden dazu veranlassen und von jeglicher Vermögensverfügung abraten. In der Praxis zeigen sich jedoch immer wieder Fälle, in denen sich Opfer in hohem Maße einsichtsresistent zeigen und auch auf entsprechende Hinweise von Bankmitarbeitern sich nicht von der Betrugsabsicht ihres vermeintlichen Bekannten überzeugen lassen. Sollten derartige Kunden auf die Durchführung einer Überweisung bestehen, kann eine Anhaltung der Transaktion nur über den Weg einer Fristfallmeldung nach § 46 Abs. 1 GwG erfolgen. 174

---

248 Vgl. auch die Informationsbroschüre des Programms Polizeiliche Kriminalprävention, abrufbar unter http://www.polizei-beratung.de.

12. Seniorenbetrug[249] – u. a. Enkeltrickbetrug / falsche Polizeibeamte / Schockanrufe und betrügerische Gewinnversprechen

175 Die Betrugsmaschen zum Nachteil älterer Menschen, allgemein unter den Begriff Seniorenbetrug gefasst, stellen sich in den letzten Jahren als sehr vielgestaltig dar, so dass hier nur einige exemplarisch dargestellt werden.

176 Dazu gehört insbesondere der sog. **Enkeltrick**, bei dem sich der Betrüger als angeblicher Enkel /Enkelin (oder Neffe/Nichte etc.) des/der Betreffenden ausgibt, die sich aktuell in akuter Geldnot befinde und Geld benötige (vergleichbar mit dem sog. „WhatsApp" Betrug, vgl. oben unter der Ziffer 3).

177 In den letzten Jahren wurde diese Betrugsmasche u.a. ergänzt durch Anrufe **„falscher Polizeibeamter"**, bei denen sich Anrufer als Polizeibeamte ausgeben und den Opfern dramatische Geschichten über aktuelle Straftaten erzählen, wie z.B. Einbruchserien in der Nachbarschaft. Oftmals erscheint dabei im Display der/des Angerufenen auch die Rufnummer örtlicher Polizeidienststellen oder gar die Rufnummer 110. Die Opfer sollen zum vorgeblichen Schutz ihres Eigentums Geld oder Wertgegenstände aushändigen, die in sichere polizeiliche Verwahrung genommen werden würden.

178 Bei den sog. **„Schockanrufen"** gibt sich der Anrufer am Telefon als Verwandte/r (meist Tochter/Sohn oder Enkel/Enkelin) oder als ein mit einem Vorgang betrauter Polizeibeamter oder Rechtsanwalt aus und täuscht eine akute Notsituation vor. Bspw. berichten die Anrufer von einem Unfall eines Familienmitglieds, einer Notoperation oder einer Kautionszahlung für einen schuldhaften Unfall, wofür dringend Bargeldzahlungen erforderlich wären, die kurzfristig zu übergeben sind. Seitens der Anrufer wird erheblicher Druck auf die Opfer ausgeübt, z.B. durch wiederholte Anrufe. In den meisten Fälle ist die Summe so hoch, dass die Opfer unverzüglich zur Bank gehen, um die entsprechende Summe in bar zu verfügen.

179 Eine weitere Masche ist das **Versprechen angeblich hoher Gewinne** (aus Preisausschreiben, Verlosungen etc.). Damit der Gewinn zur Auszahlung kommen könne, wird eine Vorauszahlung z.B. für eine Gebühr gefordert, die i.d.R. auf ein Konto im Ausland zu überweisen ist.

Fallbeispiel aus einer Verdachtsmeldung (betrügerisches Gewinnversprechen)

„Die Kundin Fr. █████ (Geburtsjahr 1931) erschien vor ca. 14 Tagen in der Filiale █████ und wollte einen Kredit aufnehmen. Zum Hintergrund befragt gab Fr. █████ an, man hätte ihr telefonisch mitgeteilt, dass sie in der Türkei 96.000 Euro gewonnen hätte. Um die anfallenden Steuern zu bezahlen, müsse sie nun in Vorleistung gehen. Nur so käme es anschließend zu einer Gewinnausschüttung. Dem Wunsch der Kundin wurde nicht entsprochen. Sie wurde darauf hingewiesen, dass es sich um einen Betrugsversuch handelt."

---

249 https://www.bmi.bund.de/SharedDocs/schwerpunkte/DE/enkeltrick/artikel-enkeltrick.html.

Fallbeispiel aus einer Verdachtsmeldung („Enkeltrick")
„Sie hat am 11.02.████ von einem Mann einen Anruf erhalten „Hallo, wie geht es dir...". Für Frau ██████ klang die Stimme wie die des Sohnes ihres Cousins. Sie: „Klemens bist du es...?" und der Anrufer bejahte die Frage. Er forderte die Kundin auf, ihm kurzfristig EUR 12.000,00 zu leihen, da er gerade nicht an sein Geld rankomme. Nach einigem hin und her rief er wieder an und sagte, dass er nicht selber vorbeikommen könne und er würde einen Freund schicken. Dies lehnte die Kundin ab, sie würde das Geld nur dem Sohn ihres Cousins aushändigen.
Ihr kam die Angelegenheit seltsam vor und sagte dies auch dem Anrufer mit dem Hinweis, dass er nichts bekomme und ein Betrüger sei."

Auch hier stehen Bankmitarbeiter häufig vor der schwierigen Situation, dass ihr Kunde 180
bzw. ihre Kundin sich trotz eindringlicher Hinweise auf den bevorstehenden Betrug nicht von dem Vorhaben der Überweisung oder Geldabhebung abbringen lassen. Geldwäsche ist in diesen Fällen zunächst keine erkennbar, sondern es geht primär darum, den Kunden / die Kundin vor selbstschädigendem Verhalten zu bewahren und einen unmittelbar bevorstehenden Betrug zu verhindern. Wählen Sie in diesen Fällen die **Notrufnummer „110"** – viele Polizeibehörden haben auf diese Fälle spezialisierte Einheiten gegründet, die sehr schnell reagieren und in zahlreichen Fällen Täter noch im unmittelbaren Nahbereich des Kreditinstituts festnehmen konnten. Im Einzelfall kann – sofern sonst keine andere Möglichkeit besteht, um die Transaktion anzuhalten – notfalls auch eine Meldung im Rahmen der Fristfallregelung des § 46 Abs. 1 GwG in Betracht gezogen werden.

Hinweise
Das **Programm Polizeiliche Kriminalprävention** hat ein (auf ihrer Internetseite abrufbares) Merkblatt für Mitarbeiter von Banken und Geldinstituten veröffentlicht, das sehr gut die verschiedenen Betrugsmaschen einschließlich Erkennungsmöglichkeiten darstellt und Handlungsratschläge gibt.
Viele Kreditinstituten haben, neben der Sensibilisierung ihrer Mitarbeiter in den Filialen, in Zusammenarbeit mit den örtlichen Polizeibehörden (bzw. den dort angesiedelten Seniorenbeauftragten) auch eigene Infoblätter gestaltet, die sie Senioren bei Barverfügungen oder ungewöhnlichen Überweisungswünschen mit aushändigen. Dazu zählen auch Tipps oder Hinweisen auf den Umschlägen, in denen den Senioren bei den Auszahlungen die Geldscheine überreicht werden. In vielen Fällen werden die Kundinnen / Kunden dabei zudem persönlich angesprochen.

III. Phishing/Finanzagenten

1. Grundsätzliche Regel

Die „**Phishing**-Problematik"[250] betrifft in erster Linie Kreditinstitute. Wurde ein Bank- 181
kunde Opfer einer Phishing-Attacke und werden in der Folge Geldbeträge von seinem

250 S. hierzu ausführlich Kapitel 1 A III 8 b).

Konto abverfügt, ist das kontoführende Institut des Geschädigten **nicht** zu einer Verdachtsmeldung gem. § 43 Abs. 1 S. 1 GwG verpflichtet. Dem Kunden ist die unverzügliche Erstattung einer **Strafanzeige** zu raten.[251]

Fallbeispiel aus einer Verdachtsmeldung

„Unser Kunde ████ hat auf eine Phishing-Email geantwortet und seine Online-Banking-Daten weitergegeben. Zu Lasten des Girokontos von Herrn ████ IBAN ████, BIC ████, wurden insgesamt 58 Überweisungen an drei spanische Kontonummern getätigt (vollständige Aufstellung siehe Anlage, Gesamtschaden 48.046,74 €).“

---

182 **Meldepflichtig** nach dem GwG ist hier nur das **Kreditinstitut des Überweisungsempfängers**, der in vielen Fällen als **Finanzagent** fungiert und sich der zumindest leichtfertigen Geldwäsche (§ 261 Abs. 6 StGB) strafbar macht.

183 Eine **Ausnahme** hiervon ist allenfalls zu überlegen, wenn das Empfängerkonto bei einer Bank im Ausland geführt wird. In diesen Fällen ist nicht immer gewährleistet, dass der Vorfall im Ausland mittels Verdachtsmeldung an die dortigen Strafverfolgungsbehörden gelangt. Dies rechtfertigt die Erstellung einer Meldung im Inland.

184 Reine **Anwerbungsversuche** als Finanzagenten sind nicht zu melden. Hierbei handelt es sich nach herrschender Rechtsauffassung um noch straflose Vorbereitungshandlungen. Betreffende Anwerbe-E-Mails sollten schlicht gelöscht werden – Anhänge niemals öffnen und enthaltende Internet-Links niemals anklicken: Sie würden sich hierdurch mit an Sicherheit grenzender Wahrscheinlichkeit Schadsoftware herunterladen!

Checkliste bei Phishing

Am sinnvollsten bei Feststellung von **Phishing-Attacken** ist hier folgendes **Vorgehen**:
- sofortige Sperrung des Online-Kontos (keine Veränderungen am angegriffenen Computer vornehmen (lassen)!);
- schnellstmöglicher Rückruf des Überweisungsbetrags oder Anhaltung der Transaktion, wenn diese noch nicht durchgeführt wurde, durch das Kreditinstitut (ggf. Rückfrage beim Kunden) und
- unverzügliche Erstattung einer Strafanzeige bei der örtlichen Polizeidienststelle durch den Kunden.

---

2. Rücküberweisung auf das Konto des Phishing-Opfers?

185 Häufig wird mit Verweis auf zivilrechtliche Verpflichtungen der Kreditinstitute die Ansicht vertreten, ein dem Kundenkonto des Finanzagenten bereits gutgeschriebener Betrag könne nicht mehr an das Kreditinstitut des Phishing-Opfers zurücküberwiesen werden.

251 Ebenso BKA, FIU-Newsletter 3, S. 8.

Fallbeispiel aus einer Verdachtsmeldung)
„Geldeingang am 15.05.███ über 365,00 Euro von █████.
Der Überweisungsrückruf der ...bank wg. Überweisungsbetrug konnte nicht ausgeführt werden, da der Kunde dies abgelehnt hat."

Diese Auffassung verkennt Wesentliches: Wird das Empfängerinstitut (in persona meist der/die Geldwäschebeauftragte) von dem Kreditinstitut des Phishing-Opfers auf die Herkunft des Überweisungsbetrags aus Überweisungsbetrug hingewiesen, so hat er/sie positives Wissen bezüglich des kriminellen Ursprungs des Geldes aus einer Straftat. Im Bereich Phishing ist (wie insbesondere Geldwäschebeauftragten auch allgemein bekannt) regelmäßig von (banden- und gewerbsmäßigem) Computerbetrug auszugehen. Wird eine Auszahlung an den Überweisungsempfänger (meist Finanzagenten) vorgenommen bzw. ein Weitertransfer zugelassen, anstatt die von der Senderbank gewünschte Rücküberweisung zu veranlassen, so wird hierdurch der Tatbestand der **Geldwäsche (ggf. durch Unterlassen) bzw. strafbarer Beihilfe hierzu** verwirklicht. Darüber können auch zivilrechtliche oder bankinterne Vorschriften nicht hinweghelfen. 186

Praxishinweis
Besondere Schwierigkeiten bereitet in der Praxis die Fallkonstellation, wenn bereits von verschiedenen Geschädigten Geldbeträge eingegangen sind und das vorhandene Kontoguthaben keine Rücküberweisung sämtlicher betrügerischer Eingänge ermöglicht. Hier empfiehlt sich die Kontaktaufnahme mit der (sachbearbeitenden) Staatsanwaltschaft, um das konkrete Vorgehen zu besprechen bzw. von dort diesbezügliche Anweisungen zu erhalten. Häufig wird sich Reihenfolge am Eingangszeitpunkt der vorliegenden SEPA-Recalls orientieren („first come, first serve"), was sich gleichsam für Fälle anbietet, in denen keine Entscheidung der Staatsanwaltschaft zu erlangen ist.

In der Praxis hat sich hier der Weg über eine **Haftungsfreistellungserklärung** seitens des Instituts des Phishing-Opfers gegenüber dem Empfängerinstitut (des Finanzagenten) im Regelfall als gangbare **Lösung** erwiesen. Bei realistischer Betrachtung erscheint es höchst unwahrscheinlich, dass der Finanzagent seine kontoführende Bank verklagt, weil sie einen bereits gutgeschriebenen Betrag nach Hinweis auf die Straftat wieder zurückgebucht hat (viele der betroffenen Konten sind zudem sog. Bankdrops, d.h. Konten, die auf falsche Personalien eröffnet wurden (entweder frei erfundene oder auf Personalien real existenter Personen, die über Identitätsdiebstahl erlangt worden sind). Noch geringer erscheint die Wahrscheinlichkeit, dass er vor Gericht mit einer derartigen Klage Erfolg hätte. Im Falle einer vorliegenden Haftungsfreistellungserklärung der Bank des Phishing-Opfers sind Schadensersatzansprüche jedenfalls ausgeschlossen. 187

Formulierungsbeispiel
„Hiermit bestätigen wir, dass unser Kunde die vorstehend aufgeführte Überweisung nicht beauftragt hat. Für den Fall, dass aus der Rücküberweisung Ansprüche gegen Ihr Institut erhoben werden, verpflichtet sich die [Name des Kreditinstituts] Ihnen gegenüber, den zurücküberwiesenen Betrag auf erstes Anfordern unter Verzicht auf etwaige Einreden unverzüglich zurückzuzahlen und Ihnen den Schaden zu ersetzen. Bitte überweisen Sie den Betrag auf unser Bankkonto [IBAN].“

188 Im Falle einer erfolgreichen Rücküberweisung ist schließlich die Frage zu diskutieren, ob überhaupt noch die **Pflicht zur Erstellung einer Verdachtsmeldung** besteht. Erstens ist dann kein Schaden entstanden und zweitens wird mit der Rücküberweisung in aller Regel auch die Strafbarkeit des Finanzagenten aufgehoben, wenn dieser – wie meistens – (nur) leichtfertig handelte: Es käme hier nämlich in aller Regel mangels Vollendung der Tat nur noch der Versuch der Geldwäsche in Betracht. Der Versuch der leichtfertigen Geldwäsche ist jedoch nicht strafbar.[252] Liegt mithin kein außergewöhnlicher Fall vor, in welchem dem Finanzagenten zumindest bedingt vorsätzliche Geldwäsche vorgeworfen werden kann, wird die Staatsanwaltschaft das Verfahren einstellen (müssen).

189 Da die Hausbank des Finanzagenten die Feststellung, ob ihr Kunde leichtfertig oder vorsätzlich handelte, aber selbst häufig nicht treffen kann, ist hier dennoch **zur Meldung zu raten**. Durch Verdachtsmeldungen in diesen Fällen kann zudem festgestellt werden, ob ein Finanzagent sich mehrfach anwerben lässt, was wiederum neue Ermittlungsansätze eröffnen kann, die gerade auch für den Nachweis bedeutsam sein könne, ob der Betreffende vorsätzlich oder nur leichtfertig handelte.

Fallbeispiel aus einer Verdachtsmeldung)
„Da dieser Umsatz erheblich von den üblichen Umsätzen unseres Kunden abweicht, wurde Rücksprache mit dem Geldwäschebeauftragten der ████████ gehalten.
Nach seiner Aussage wurde diese Überweisung nicht von seinem Kunden in Auftrag gegeben.
Es handelt sich auch hier um einen Überweisungsbetrug mittels Phishing im Online Banking.
Der komplette Betrag konnte aufgrund einer vorliegenden Haftungsfreistellung an den Auftraggeber zurück überwiesen werden.
Dieser wird Angabe gemäß ebenfalls Anzeige erstatten.“

IV. Nutzung von Drittkonten bei Vorliegen von Pfändungsbeschlüssen

190 Eine nicht unerhebliche Zahl von Meldungen betrifft die Nutzung von Konten dritter Personen aufgrund vorliegender Pfändungsbeschlüsse bezüglich des Kontos des Gemeldeten (der Kontoinhaber eines gepfändeten Kontos lässt seine Umsätze über die Konten

252 Vgl. u.a. OLG Karlsruhe, Beschl. v. 21.11.2008 – 3 Ss 100/08 – NStZ 2009, 269f.

dritter Personen laufen). Dies erfüllt regelmäßig den Straftatbestand des **Vereitelns der Zwangsvollstreckung** gemäß § 288 StGB.

Fallbeispiele aus Verdachtsmeldungen (Vereiteln der Zwangsvollstreckung)

„Auf dem Konto der ■■■ GmbH gehen Umsätze ein, bei denen die angegebenen Empfängerdaten nicht mit dem Kontoinhaber übereinstimmen. Die angegebenen Empfängerdaten lassen vermuten, dass die Gutschriften der Firma YYY zustehen. Für das Konto der YYY liegt seit Oktober eine Pfändung vor."

„Das Jugendgirokonto wurde im Oktober ■■■ eröffnet. Seit Oktober ■■■ [Anm.: fünf Jahre später] nutzt Frau ■■■, die Mutter des Kunden, das Konto zur Abwicklung ihrer Geschäftsumsätze, da seit 15.10.■■■ eine Pfändung gegen Frau ■■■ vorliegt."

Hinweis

In der Praxis wurde bisweilen diskutiert, ob Pfändungsumgehungen innerhalb familiärer Beziehungsstrukturen gleichsam meldepflichtig seien. Diese Fragestellung irritiert angesichts des Zwecks von § 288 StGB, Einzelgläubiger in ihrem sachlich begründeten und vollstreckungsfähigen Recht auf Befriedigung aus dem Schuldnervermögen zu schützen[253] – familiäre Beziehungen spielen hier keine Rolle.

Durch den Wegfall der vormaligen Verwertungsbeschränkungen des vormaligen § 11 Abs. 6 GwG a.F. dürfen Hinweise auf Vereiteln der Zwangsvollstreckung vonseiten der Ermittlungsbehörden mittlerweile ohne Einschränkungen weiterverwendet werden. Ob ein Vereiteln der Zwangsvollstreckung (§ 288 StGB) oder eine **Insolvenzstraftat / Bankrott** (§ 283 StGB) vorliegt, ist vom Verpflichteten (insbesondere für Nicht-Juristen) kaum festzustellen, muss von ihm aber auch nicht festgestellt werden. 191

Fallbeispiel aus einer Verdachtsmeldung (Bankrott)

„Unser Kunde ist mit seiner Firma ■■■ in der Baubranche tätig. Auf seinem privaten Girokonto ■■■ hat er im Jahr ■■■ seine Gehaltszahlungen aus der Firma bekommen. Das Firmenkonto war bis Januar stark bewegt (gesamter Haben-Umsatz in ■■■: ■■■ Euro). Seit dem 05.02. gehen für die Firma diverse Pfändungen ein, die nicht bedient werden. Derzeit liegen uns 15 Pfändungen von 4 verschiedenen Gläubigern ■■■, ■■■, ■■■ und ■■■ über insgesamt ■■■ Euro vor. Aufgrund der nicht bezahlten Pfändungen ist das Konto seit Februar umsatzlos. Die ■■■ hat mittlerweile einen Antrag auf Insolvenz gestellt.

Aufgrund vorgenannter Pfändungen und dem Antrag auf Insolvenz wurde das private Girokonto des Kunden überprüft und dabei konnten folgende Zahlungseingänge festgestellt werde:

...

Diese Gutschriften wurden per Überweisung sowie in bar (Auszahlung vom 10.11.■■■ über 10.000,– Euro) verfügt.

Es ist davon auszugehen, dass der Kunde diese Firmenumsätze absichtlich auf das Privatkonto hat buchen lassen, damit die Pfändungen ins Leere laufen."

---

253 Schönke/Schröder/Heine/*Hecker*, 30. Aufl. 2019, StGB § 288 Rn. 1.

V. Untreue/Unterschlagung durch Mitarbeiter des Verpflichteten

192 Untreuehandlungen oder Unterschlagungen durch Mitarbeiter des Verpflichteten sind zunächst wiederum lediglich Straftaten zum Nachteil des Verpflichteten oder einzelner Kunden des Verpflichteten. Geschädigte Kunden können ggf. Schadensersatzansprüche gegen den Verpflichteten geltend machen. Derartige – auch aus Reputationsgesichtspunkten her unangenehme – Sachverhalte begründen keine Meldepflicht nach dem GwG. Geldwäsche ist hier wiederum zunächst nicht erkennbar. Häufig verzichten Verpflichtete in Abwägung auch mit möglichen Reputationsschäden gänzlich auf eine Strafanzeige gegenüber den Behörden und suchen außergerichtliche Lösungen (die meist auch arbeitsrechtliche Konsequenzen beinhalten).

Fallbeispiel aus einer Verdachtsmeldung

„Die Beschwerde einer Kundin über hohe Verfügungen auf ihrem Kundenkonto deckte die Unterschlagung von Kundengeldern durch einen Mitarbeiter der Bank, Herr ■■■■, auf. Recherchen ergaben, dass der Mitarbeiter oftmals „telefonisch“ erteilte Aufträge ausführte, die von der Kundin gar nicht angewiesen waren. Hierüber erstellte er die Belege selbst. Bei einer Befragung des Mitarbeiters durch den Vorstand und die interne Revision gab Herr ■■■■ den Betrug sofort zu. Er hatte die unterschlagenen Gelder auf den Kundenkonten belastet und an sein Konto bei ■■■■ übertragen. Sie dienten angeblich der Finanzierung von Glücksspielen und Online-Wetten. Zweimal wurden von den Kundenkonten auch Bargeld-Auszahlungen vorgenommen, hierzu hatte er die Kundenunterschrift gefälscht. In dem Gespräch gab er Unterschlagungen bei einem weiteren Kunden der Bank zu, die in den Jahren ■■■■ und ■■■■ stattfanden. Bisher werden vom Mitarbeiter sämtliche erbetenen Informationen offengelegt und Unterlagen ausgehändigt. Aktuell wird der Schadensbetrag auf rund 102.640,25 EUR geschätzt.“

VI. Steuer(straf)rechtlich relevante Sachverhalte

1. Vorbemerkung

193 Zahlreiche Meldungen werden von Verpflichteten erstattet, wenn ein vermeintlicher oder offensichtlicher steuer(straf)rechtlicher Hintergrund erkennbar ist. Schwere (Steuer-)Straftaten wie Umsatzsteuer-Karusselle sind ausweislich des FIU-Jahresberichts 2022 (S. 32f.) ein **Risikoschwerpunkt der FIU.**[254]

Hinweis

Die **gewerbs- oder bandenmäßige Steuerhinterziehung** war bereits seit dem 9.5.1998 geeignete Vortat der Geldwäsche (§ 261 Abs. 1 S. 2 Nr. 3 StGB a.F. war durch das Gesetz zur Verbesserung der Bekämpfung der Organisierten Kriminalität (BGBl. 1998 I S. 845) eingefügt worden, weder in der Gesetzesbegründung (BT-Drucks. 13/8651) noch in den weiteren Drucksachen zum Gesetzgebungsverfahren wurde indessen etwas zu diesem Teil des Gesetzes angemerkt). § 261 Abs. 1 S. 2 Nr. 3 StGB a.F. lautete damals *„3. Vergehen nach § 373 und, wenn der Täter gewerbsmäßig handelt, nach § 374 der Abgabenordnung, jeweils auch in Verbindung mit § 12 Abs. 1 des Gesetzes zur Durchführung der Gemeinsamen Marktorganisationen“*. Durch das Gesetz zur Neure-

254 S.a. FIU-Jahresbericht 2023, S. 49ff. „3.2. Kettenbetrug am Beispiel des Sozialversicherungsbetrugs“.

gelung der Telekommunikationsüberwachung und anderer verdeckter Ermittlungsmaßnahmen vom 21.12.2007 (BGBl. 2007 I S. 3198) wurden die Wörter *„wenn der Täter gewerbsmäßig handelt"* gestrichen (und nach der Angabe *„§ 374"* die Angabe *„Abs. 2"* eingefügt). Außerdem war in § 261 Abs. 1 S. 2 Nr. 4b StGB a.F. die Vorschrift des § 370 AO eingefügt worden. Die Beschränkung auf qualifizierte Steuerdelikte (auf banden- und gewerbsmäßige Begehung) trug nach Ansicht des Gesetzgebers der Tatsache Rechnung, *„dass Verdächtige und Täter, die der Organisierten Kriminalität zuzurechnen sind, in der Regel ihre steuerlichen Verpflichtungen in nicht ordnungsgemäßer Weise erfüllen. Systematisch, d.h. gewerbsmäßig oder bandenmäßig betriebene Steuerhinterziehung gehört schon wegen des Entdeckungsrisikos bei kriminellen Aktivitäten zum Funktionsmodus der Organisierten Kriminalität. Steuerhinterziehung ist auch Konsequenz des besonders hemmungslosen Bereicherungsstrebens im Bereich der Organisierten Kriminalität. Die hinterzogenen Steuern erhöhen die Finanzmacht der Organisierten Kriminalität und vergrößern damit ihre ohnehin schon bestehende außerordentliche Gefährlichkeit."* (BT-Drucks. 14/7471, S. 9).

Vor Inkrafttreten des Gesetzes zur Verbesserung der strafrechtlichen Bekämpfung der 194
Geldwäsche zum 18.3.2021 enthielt § 261 StGB in Absatz 1 Satz 3 die Regelung, dass sich das Verbot der Geldwäsche in den Fällen der gewerbsmäßigen oder bandenmäßigen Steuerhinterziehung nach § 370 AO auf die durch die Steuerhinterziehung ersparten Aufwendungen und unrechtmäßig erlangten Steuererstattungen und -vergütungen sowie in den Fällen des § 261 S. 2 Nr. 3 StGB a.F. (d.h. bei Vergehen nach § 373 und § 374 Abs. 2 AO, jeweils auch i.V.m. § 12 Abs. 1 des Gesetzes zur Durchführung der Gemeinsamen Marktorganisationen und der Direktzahlungen (MOG)) auch auf Gegenstände, hinsichtlich deren Abgaben hinterzogen worden sind, bezieht. Dies diente der Klarstellung, da bis dahin unklar war, ob im Fall unrechtmäßiger Steuerverkürzungen die „Ersparnis" des Steuerhinterziehers als Gegenstand im Sinne von § 261 Abs. 1 S. 1 StGB bestimmt werden kann. Diese Ersparnis ist zwar die Folge einer unterlassenen oder unvollständigen Steuererklärung. Da sich die eigentliche Steuerforderung aber gegen das gesamte Vermögen des Täters richtet, ist korrespondierend die Ersparnis des Täters ein integraler Bestandteil des Gesamtvermögens und lässt sich von diesem nicht trennen. Mit anderen Worten, die Ersparnis ist zwar konkret bezifferbar, ohne sich jedoch in einem bestimmten – vom sonstigen Vermögen abtrennbaren – Vermögensbestandteil niederzuschlagen. Durch § 261 Abs. 1 S. 3 StGB a.F. wurde verdeutlicht, dass auch die Vermögensbestandteile erfasst werden, die zwar nicht aus der Steuerstraftat selbst hervorgegangen sind, jedoch in einem klaren Zusammenhang mit dieser stehen.[255]

2. Meldungen im Zusammenhang mit steuerlichen Selbstanzeigen (§ 371 AO)

Durch das **BaFin-Rundschreiben 1/2014** vom 5.3.2014, in dem darauf hingewiesen wur- 195
de, *„dass soweit ein Verpflichteter Kenntnis davon erlangt, dass ein Kunde von ihm eine Selbstanzeige gemäß § 371 Abgabenordnung (AO) abgegeben hat oder die Abgabe einer solchen beabsichtigt und nicht auszuschließen ist, dass eine entsprechende Steuerhinterzie-*

255 BT-Drucks. 14/7471, S. 9.

hung im Zusammenhang mit der mit dem Kunden bestehenden Geschäftsbeziehung oder Vermögenswerten des Kunden steht, der Verpflichtete eine Verdachtsmeldung gemäß § 11 Abs. 1 Satz 1 GwG [Anm.: heute § 43 Abs. 1 S. 1 Nr. 1 GwG] zu erstatten hat, soweit die darin genannten Voraussetzungen vorliegen.“ wurde zunächst eine wahre Flut an Verdachtsmeldungen ausgelöst.

Fallbeispiel aus einer Verdachtsmeldung

„Herr ████ ist ein langjährig, gut bekannter Kunde unseres Hauses. Am 4.2.████ ist auf sein Girokonto Nr. ████████ ein Betrag von 313.227,51 € aus der Schweiz eingegangen. Das Absenderkonto bei der Züricher ██████ lautet ebenfalls auf Herrn ████. Bei einem Beratungsgespräch gab Herr ████ unserem Berater gegenüber an, dass er eine Selbstanzeige bei den Finanzbehörden abgegeben hat.

Aufgrund des geschilderten Sachverhalts können wir einen Verdacht auf eine Vortat zur Geldwäsche im Sinne des § 261 StGB nicht ausschließen. Hierzu möchten wir uns ferner auf das Rundschreiben 1/2014 (GW) vom 05.03.2014 der Bundesanstalt für Finanzdienstleistungsaufsicht zu dem Erfordernis einer Verdachtsmeldung auch bei Kenntnis von einer steuerlichen Selbstanzeige durch den Vertragspartner beziehen.“

---

196 Immer wieder erbitten Kunden von Kreditinstituten zunächst bei ihrer Bank Unterlagen aus zurückliegenden Jahren, um eine steuerliche Selbstanzeige vollständig abgeben zu können. Die Verpflichtung der Kreditinstitute zur Erstellung einer Meldung kann nun dazu führen, dass der FIU und unmittelbar danach dem zuständigen Finanzamt (ggf. auch auf dem Umweg über die Strafverfolgungsbehörden, wenn die FIU die Meldung zunächst nach § 32 Abs. 2 S. 1 GwG an die zuständige Strafverfolgungsbehörde weiterleitet) der Sachverhalt bekannt wird – ***bevor*** die Selbstanzeige dort eingeht. Folge ist, dass eine **straffreie Rückkehr in die Steuerehrlichkeit regelmäßig nicht mehr möglich** sein wird, da die Ermittlungsbehörden bereits durch die Meldung Kenntnis von der Steuerhinterziehung erlangen und der Eintritt der strafbefreienden Wirkung der Selbstanzeige nach § 371 Abs. 2 Nr. 2 AO damit ausgeschlossen wird.

197 Vor allem aufgrund der zum 1.1.2015 in Kraft getretenen gesetzlichen Verschärfungen im Zusammenhang mit den Regelungen zur steuerlichen Selbstanzeige, ist die **Zahl der steuerlichen Selbstanzeigen** und damit auch die Zahl der diesbezüglich erstatteten Verdachtsmeldungen **zurückgegangen**.

198 Den Verpflichteten sind in derartigen Fällen durch das BaFin-Rundschreiben 1/2014 weitestgehend die Hände gebunden und eine **Meldung** bei Bekanntwerden von steuerlichen Selbstanzeigen **fast immer zu erstellen**. **Ausgenommen** davon sind die Fälle, wenn eine steuerliche Selbstanzeige nachweislich erstattet wurde (sie liegt dem Verpflichteten vor oder ihm ist das diesbezügliche Aktenzeichen des Finanzamts bekannt). In diesen Fällen ist der Sachverhalt auch nach Auffassung von BMF und BaFin nicht mehr meldepflichtig.[256]

---

256 S. auch BKA, FIU-Sondernewsletter Februar 2016, S. 17.

3. Umsatzsteuerkarusselle

a) Allgemeines

Eine von der FIU beschriebene Typologie, die als Beispiel für eine „Schwere (Steuer) Straftat" aufgeführt wird, ist das **Umsatzsteuerkarussell**, auch **Mehrwertsteuerbetrug** oder **Karussellbetrug** genannt, bei dem die Mechanismen des Umsatzsteuersystems (Trennung von Vorsteuerabzugsberechtigung und Umsatzsteuerschuld) missbraucht werden. Der Gewinn entsteht dadurch, dass Unternehmen die Vorsteuer erstattet bekommen, ohne dass tatsächlich Umsatzsteuer an den Staat abgeführt wurde. Dieser Betrug betrifft vor allem den innergemeinschaftlichen Handel innerhalb der EU, da hier besondere Regelungen zur Umsatzsteuerbefreiung beim Handel zwischen Unternehmen verschiedener Mitgliedstaaten gelten (vgl. § 4 Nr. 1 Buchst. b UStG). Der Handel erfolgt zwischen den EU-Ländern, aber auch im Laufe des Karussells innerhalb eines EU-Staates, damit es auch zu Vorsteuererstattungen kommt. Man spricht von Karussell, da die Waren häufig mehrmals im Kreis über die Ländergrenzen hinweg von verschiedenen Unternehmen gekauft und verkauft werden. Dieses Modell kann beliebig viele Unternehmen umfassen. Zur effektiveren Verschleierung werden neben Scheinfirmen häufig auch Unternehmen eingebunden, die gutgläubig und ahnungslos sind. Die Finanzströme werden über die Konten der eingebundenen Firmen von einem Land in das nächste transferiert. 199

Eine beliebte Variante ist es, zwei oder mehrere Umsatzsteuerkarusselle miteinander zu kombinieren und die Warenströme miteinander zu vermischen. Die Ware wird dann einfach von einem Kreislauf in den anderen weitergegeben und umgekehrt. Das erschwert es den Verpflichteten, den Betrug an den bekannten Indikatoren (s. u.) zu erkennen. Kommt bei den Verpflichteten der Verdacht auf, dass ihr Kunde Teil eine Karussellbetruges sein könnte, ist eine Verdachtsmeldung zu erstatten. 200

Hinweis !

Der Steuerbetrug ist nicht nur mit allen umsatzsteuerpflichtigen Waren denkbar, sondern auch mit Dienstleistungen. Es gibt Karussellzweige, die nicht mit physischen Produkten handeln, sondern sich auf den Absatz von **Rechten und anderen virtuellen Gütern** spezialisiert haben. Ein interessantes Beispiel war ein großer Steuerbetrugsfall mit dem Handel von CO2-Zertifikaten (Emissionshandel) in den Jahren 2009 bis 2010. Dabei wurde durch das aufgebaute Umsatzsteuerkarussell ca. 136 Mio. EUR Umsatzsteuer hinterzogen.[257] Betroffen sind u. a. aber auch der Strommarkt sowie der Telefoniemarkt. Bei besonders anfälligen Branchen wurde als Sonderregelung im Umsatzsteuergesetz mittlerweile das sog. „Reverse Charge Verfahren" (vgl. § 13b UStG) eingeführt, in dem der Leistungsempfänger die Entrichtung der Umsatzsteuer übernimmt.

---

257 https://www.tagesspiegel.de/wirtschaft/bande-soll-136-millionen-umsatzsteuer-hinterzogen-haben-4663297.html.

Fallbeispiel aus einer Verdachtsmeldung (Umsatzsteuerkarussell)

„Die hohen Überweisungseingänge (Angabe von nicht nachvollziehbaren Rechnungsnummern im Überweisungszweck) und sofortigen Weiterleitungen kurz nach Eröffnung des Kontos sind für uns nicht nachvollziehbar. Sonstige Zahlungsausgänge sind nicht feststellbar. Die Webseite des Unternehmens erscheint ungepflegt."

201 Eine spezielle Variante des Umsatzsteuerkarussells ist das sog. **„Biersteuerkarussell"**. Hier nutzen die Täter die unterschiedlichen Verbrauchsteuern auf Bier in mehreren europäischen Ländern aus, die z.B. in Deutschland niedriger ist als in Frankreich. Oftmals bleibt das Bier tatsächlich im Ursprungsland, aber durch den Dokumentenhandel kann der Eindruck eines Exports erzeugt werden. Am Ende wird die fällige Biersteuer nie abgeführt. Das Bier ist häufig nicht existent bzw. auffindbar oder der Verkauf erfolgte auf dem Schwarzmarkt in Frankreich oder Großbritannien. Die Steuerhinterziehungen belaufen sich i.d.R. auch bei diesem Karussellbetrug in Millionenhöhe.[258]

Fallbeispiel aus einer Verdachtsmeldung (Biersteuerkarussell)

„Wir führen seit dem 1.1.■■■ das Geschäftskonto mit der IBAN ■■■■■■■■ für die Firma ■■■■ GmbH., Geschäftsführer ist Herr ■■■■, Verfügungsberechtigung hat Frau ■■■■. Gegenstand des Unternehmens gem. Handelsregisterauszug ist eine Ansammlung von unterschiedlichen Geschäftszweigen, u.a. Im- und Export von Lebensmitteln.

Das o.g. Konto der GmbH wurde auffällig durch einen Überweisungsrückruf. Bei der Überprüfung der Kontoumsätze in diesem Zusammenhang haben sich folgende Auffälligkeiten ergeben:

a) seit der Kontoeröffnung wurden 400.000,00 in BAR eingezahlt. Als Nachweis für eine Bareinzahlung wurde z.B. eine Rechnung für einen Getränkeverkauf über 20.000 EUR, zahlbar auf das o.g. Geschäftskonto, eingereicht. Der Käufer hat seinen Sitz in Frankreich. Den Betrag soll der Kunde lt. eigener Aussage aber BAR in Frankreich erhalten haben,

b) es erfolgen Weiterleitungen der Einzahlungen auf mehrere eigenen Konten der Firma ■■■■ GmbH bei anderen Kreditinstituten,

c) Rechnungseingänge in Summe rd. 2 Mio. EUR kommen aus dem Ausland: Belgien, Niederlande, Frankreich, Portugal,

d) Rechnungszahlungen rd. 2,5 Mio. gehen ebenfalls größtenteils ins Ausland: Niederlande, Belgien, Frankreich und Großbritannien,

e) keine Zahlungen von Steuern und Sozialversicherung/ kaum Lohnzahlungen

f) die beteiligten Personen führen keine eigenen Konten bei uns im Haus und ihre Wohnsitze steht nicht im räumlichen Zusammenhang mit der kontoführenden Filiale,

g) der Geschäftsführer soll sich angeblich im nichteuropäischen Ausland aufhalten.

Die Meldung erfolgt, da ein Steuerdelikt nicht ausgeschlossen werden kann. Durch die Auffälligkeiten im Gesamten besteht der Verdacht auf sog. Biersteuerbetrug/Biersteuerkarussell."

258 Ein spannender Bericht hierzu findet sich bspw. im Presseportal des Zoll vom 18.3.2019 unter https://www.presseportal.de/blaulicht/pm/116259/4220328.

b) Indikatoren

Allgemeine Anhaltspunkte für ein Umsatzsteuerkarussell können bspw. sein: 202

- schnelle Gründung von Gesellschaften mit gleich sehr hohen Umsätzen und baldiger Löschung,
- Rechnungsdurchläufe ohne echte Warenkäufe,
- keine Lohn- und Verwaltungskosten (Bürokosten, Telefon etc.),
- keine Versandkosten für Speditionen / kein Fuhrpark,
- wesentlich höhere Steuererstattungen als Umsatzvolumen auf dem Konto,
- keine oder keine individualisierte, aktuelle Website (mit funktionierenden Erreichbarkeiten) und
- Zahlungen aus einem EU-Mitgliedstaat werden in einen anderen EU-Mitgliedstaat weitergeleitet.

Hinweis !

Die **FIU** hat im April 2023 ein Typologiepapier „Besondere Anhaltspunkte zum Erkennen von Umsatzsteuerbetrug als mögliche Vortat der Geldwäsche" veröffentlicht, das weitere Anhaltspunkte – aufgeschlüsselt nach Auffälligkeiten i.Z.m. dem Betrieb und den BetriebsinhaberInnen, den Steuerzahlungen/Steuererstattungen und der Geschäftstätigkeit – sowie Beispielmeldungen enthält. Das Typologiepapier richtet sich somit nicht nur an Verpflichtete des Finanzsektors, sondern ist auch für die Verpflichteten des Nichtfinanzsektors von Interesse, insbesondere die steuerberatenden und -prüfenden Berufsgruppen und Güterhändler nach § 2 Abs. 1 Nr. 16 GwG.

Auf der Internetseite **www.umsatzsteuerkarussell.de** wird ausführlich und anschaulich dargestellt „Wie der Karussellbetrug funktioniert und welche Strafen drohen".

---

4. Kettenbetrug im Baugewerbe

a) Allgemeines

Bei dem sog. Kettenbetrug im Baugewerbe handelt es sich um ein Geschäftsmodell, bei dem mit fingierten Zahlungen von Scheinrechnungen Schwarzgeld generiert wird, um damit „Schwarzarbeitende" zu bezahlen. Dabei ist i.d.R. ein ganzes Geflecht von etlichen Firmen eingebunden. In vielen Fällen handelt es sich bei den Firmen um sog. „Servicefirmen". Diese besorgen u.a. Anmelde-Unterlagen für die Sozialversicherungen und erstellen Scheinrechnungen an die Subunternehmen. „Auf dem Papier" haben diese dann entsprechende Ausgaben, die in den Büchern verbucht werden. Die „Servicefirmen" verfügen die eingehenden Rechnungsbeträge bar und geben das Bargeld, unter Einbehalten einer Provision, an den Subunternehmer zurück. Dieser kann damit dann „schwarz", ohne Zahlung der Sozialversicherungsbeiträge, seine Arbeitenden bezahlen. Die Servicefirmen sind oft in Kette hintereinandergeschaltet und nach kurzer Zeit ohne Steuern und Sozialbeiträge abgeführt zu haben verschwunden. 203

Fallbeispiel aus einer Verdachtsmeldung (Kettenbetrug im Baugewerbe)

„Seit dem ███.███.2023 führen wir für die Baudienstleistungen ███ UG (haftungsbeschränkt) das Geschäftskonto ███.

Der Wirtschaftszweig der GmbH lautet „Baugewerbe“. Der Kunde wurde auffällig durch eine Bargeldbestellung in Höhe von EUR 50.000,00. In diesem Zusammenhang wurde festgestellt, dass das o.g. Konto der UG (haftungsbeschränkt) erst seit dem ███.███.2024 aktiv genutzt wird. Bis zu diesem Tag erfolgten kaum Buchungen, eine einzige Rechnungsgutschrift über EUR 850,00 kam am ███.███.2023 von einer ███ GmbH. Seit dem ███.███.2024 gingen innerhalb von 3 Tagen 10 Gutschriften von der o.g. ███ GmbH in Gesamthöhe von EUR 60.000,00 ein. Im Anschluss erfolgten mehrere Geldautomatenverfügungen in Summe EUR 9.000,00.

Für den ███.███.2024 wurde die o.g. Bargeldabhebung über EUR 50.000,00 avisiert. Auf Nachfrage gab der Geschäftsführer an, ausländische Subunternehmer in bar bezahlen zu müssen. Ungewöhnlich ist die Historie der ███ UG (haftungsbeschränkt). Diese wurde bereits mehrfach umbenannt bzw. der Gesellschafter und die Geschäftsführer haben gewechselt.:

- *███.███.2021 Eintragung unter dem Namen ███ UG (haftungsbeschränkt), Gesellschafter war die ███ UG (haftungsbeschränkt), Geschäftsführer ███. HRB ███ in ███.*
- *███.███.2022 Wechsel zum Amtsgericht ███. Änderung der Firma auf Baudienstleistungen ███ UG (haftungsbeschränkt), Gesellschafter und Geschäftsführer ███, HRB ███.*
- *███.███.2023 Umfirmierung auf den Namen ███ UG (haftungsbeschränkt), Gesellschafter und Geschäftsführer ███, HRB ███.*
- *███.███.2023 Wechsel zum AG ███ HRB ███ und Kontoeröffnung bei uns.*

Die Verdachtsmeldung erfolgt aus den oben genannten Gründen bezugnehmend auf das Typologiepapier der FIU (Geldwäsche und Terrorismusfinanzierung), Verdacht auf Kettenbetrug im Baugewerbe.“

b) Indikatoren

204 Anhaltspunkte für den Kettenbetrug (im Baugewerbe) können bspw. sein:

- Überweisungsgutschriften werden unmittelbar bzw. zeitnah wieder vollständig oder fast vollständig abgehoben (Durchlaufcharakter / Rechnungsdurchläufe ohne echte Warenkäufe),
- ungewöhnlich häufige Barauszahlungen,
- schnelles Eröffnen und Schließen von Konten (damit einhergehend sind die Unternehmen nur relativ kurz am Markt aktiv (Servicefirma)),
- nach firmeninternen Veränderungen (z.B. Gesellschafterwechsel, Wechsel Prokurist, etc.) wird der oder die Verfügungsberechtigte des Kontos nicht aktualisiert und
- sprunghafte und erhebliche Umsatzzuwächse.

Hinweis

Die FIU hat im Januar 2023 ein **Typologiepapier** „Besondere Anhaltspunkte für Geldwäsche im Zusammenhang mit Schwarzarbeit und illegaler Beschäftigung“ veröffentlicht. Darin sind mögliche Straftatbestände im Bereich der Schwarzarbeit als Vortat zur Geldwäsche aufgeführt. Der Kettenbetrug ist darin als Beispiel für eine organisierte Form der Schwarzarbeit und den damit einhergehenden Sozialleistungsbetrug beschrieben und eine große Anzahl von Indikatoren aufgezählt. Ebenfalls aufgezählt werden die besonders anfälligen Branchen. Die Baubranche ist nur eine von vielen Branchen mit diesen Beschäftigungspraktiken. Das gleichen Muster ist auch u.a. bei Speditionen, Schlachthöfen und Sicherheits- und Wachdiensten festzustellen.

Auch im **FIU-Jahresbericht 2023** findet sich unter Punkt 3.2 zu diesem Thema eine interessante Darstellung als besonderer Sachverhalt.

5. Sonstige Steuerstraftaten

Häufig werden auch **andere, rein steuerlich oder steuerstrafrechtlich relevante Sachverhalte** gemeldet – wie beispielsweise offensichtlich gewerbliche Umsätze, die über Privatgirokonten abgewickelt werden, ohne dass erkennbar (umsatz-)steuerlichen Pflichten nachgekommen wird.[259] Meldungen zu rein steuerlichen/steuerstrafrechtlichen Sachverhalten werden von der FIU in der Regel direkt an die zuständige Finanzbehörde weitergeleitet (s. auch § 32 Abs. 3 S. 2 Nr. 1 GwG). Derartige Meldungen führen beim Fiskus zu erheblichen Mehreinnahmen (durch Nachbesteuerung/Steuernachforderungen/Steuerstrafverfahren). 205

Fallbeispiel aus einer Verdachtsmeldung

„Unser Kunde führt ein Privatgirokonto. Auffällig sind die Rechnungseingänge der Fa. ████ und der Fa. ████. Der Hintergrund der Bareinzahlungen über 2 x 800 €, 1 x 5 T€, 1 x 3T€ ist uns nicht bekannt. Es wird vermutet, dass unser Kunde als selbstständiger ████ arbeitet. Eine Gewerbeanmeldung ist nach unserem Wissen nicht vorhanden. Ob Steuer- und Sozialversicherungsabgaben geleistet werden, ist uns nicht bekannt."

Hinweis

Die **FIU** hat im Januar 2023 ein Typologiepapier „Besondere Anhaltspunkte für Geldwäsche im Zusammenhang mit Schwarzarbeit und illegaler Beschäftigung" veröffentlicht, das auch Beispielmeldungen enthält.

VII. Geldfälschung

Vereinzelt wird – zusätzlich zu einer Strafanzeige – fälschlicherweise auch die Anhaltung von Falschgeld per Verdachtsmeldung gemeldet. 206

Fallbeispiel aus einer Verdachtsmeldung

„Unser Kunde zahlte am 07.10. die Umsätze der Kalenderwoche 40 auf sein Konto ████ ein. Dabei wurde ein falscher 50 EUR Schein der Serie ████ festgestellt. Der Schein wurde der Kriminalpolizei in ████ übergeben."

259 Das BaFin-Rundschreiben 26/2002 (Q) vom 15.11.2002, in welchem sich die BaFin zu Fragen im Zusammenhang mit Steuerhinterziehung als Vortat einer Geldwäsche geäußert hatte, hat sich aufgrund der Vielzahl der gesetzlichen Änderungen in der Zwischenzeit inhaltlich überholt.

207 Richtig ist hier ausschließlich die Erstattung der **Strafanzeige** bei der örtlichen Polizeidienststelle (zusammen mit der Übergabe des Falschgelds, das nach Möglichkeit vorsichtig behandelt und verpackt werden sollte, da es als Spurenträger (v.a. Fingerabdrücke) in Frage kommen kann). Geldwäsche ist hier zunächst keine erkennbar. Die zusätzliche Erstellung einer Verdachtsmeldung liefert der FIU und den Strafverfolgungsbehörden keine zusätzlichen Erkenntnisse, macht umgekehrt auf Seiten des Verpflichteten und auf Seiten von FIU, die diese Meldungen seit Mitte 2024 auch nicht mehr weiterleitet, Polizei und Staatsanwaltschaft nur unnötige Mehrarbeit und ist schlicht überflüssig.

VIII. Bestellung von Cannabis-Samen

208 Kreditinstitute haben bekannte IBAN von Grow-Shops / Cannabissamenhändlern etc. (vor allem in den Niederlanden, Spanien und Österreich) in ihren Monitoringsystemen hinterlegt, so dass Transaktionen an diese IBAN auffallen. In der Vergangenheit hatten diese Treffer zu einer Vielzahl an Meldungen geführt, die regelmäßig von der FIU auch an die zuständigen Strafverfolgungsbehörden weitergeleitet wurden.

Fallbeispiel aus einer Verdachtsmeldung

„Das Konto ██████████ unseres Kunden ████ ███████ ist aufgrund einer Überweisung über Euro 110,96 per ██.██.███ an Soma B.V. (Legal Highs Shop für Deine Entspannung) in unserem Monitoring – System auffällig geworden.

Es besteht der Verdacht auf einen Verstoß gegen das Betäubungsmittelgesetz.“

---

209 Seit Inkrafttreten des Konsumcannabisgesetzes zum 1.4.2024 stellt sich für Kreditinstitute nunmehr die Frage, ob derartige Feststellungen (weiterhin pauschal) zu melden sind oder nicht, zumal es in der Folge zahlreiche Verfahrenseinstellungen von Staatsanwaltschaften zu derartigen Verfahren kam.

Beispiel einer Einstellungsverfügung einer Staatsanwaltschaft

„Sehr geehrte Damen und Herren,

auf Ihre Verdachtsmitteilung hin habe ich von der Einleitung eines Ermittlungsverfahrens abgesehen, weil zureichende tatsächliche Anhaltspunkte für das Vorliegen einer Straftat aus dem gemeldeten Sachverhalt nicht ersichtlich sind.

Seit Inkrafttreten des Konsumcannabisgesetzes (KCanG) ist die Einfuhr (aus einem EU-Mitgliedstaat) und der Besitz von Cannabissamen zum privaten Eigenanbau erlaubt, § 4 Abs. 1 und 2 KCanG. Als das günstigere Gesetz findet § 4 Abs. 2 KCanG gemäß § 2 Abs. 3 StGB auch auf vor seinem Inkrafttreten begangene Handlungen Anwendung.“

(Unklar bleibt hier freilich, woher die Erkenntnis stammt, dass es sich um Einfuhr und Besitz von Cannabissamen zum privaten Eigenanbau handelt; dies dürfte sich regelmäßig nur nach weiteren Ermittlungen (Vernehmungen etc.) feststellen lassen.)

Einzelne Verpflichtete schränkten die Parameter der Monitoringsysteme auf **Minderjährige** ein und/oder meldeten nur minderjährige Kunden oder **ab bestimmten Überweisungsbeträgen**, die auf größere Bestellmengen schließen lassen. Tatsächlich ist der Erwerb von Cannabis bis zu einer bestimmten Menge nach dem Willen des Gesetzgebers nicht mehr (nach dem BtMG) strafbewehrt – problematisch ist jedoch, dass der **Erwerb von Cannabis aus strafbarem Anbau als Geldwäsche strafbar** sein kann.[260] Es sprechen insofern gute Gründe dafür, **weiterhin (schwellenwertunabhängig)** entsprechende festgestellte Transaktionen an Grow-Shops/Cannabissamenhändler zu **melden** – eine sichere Bewertung, ob sich der Kunde / die Kundin im legalen Bereich bewegt oder nicht, wird den Verpflichteten regelmäßig nicht möglich sein. 210

IX. Online-Glücksspiel

In Kapitel 1 A III. wird die Nutzung des gesamten Glücksspielsektors zum „Waschen" von Erträgen aus kriminellen Tätigkeiten ausführlich dargestellt. Für den Finanzsektor kam durch die Änderung des **Glücksspielstaatsvertrags** i.d.F. vom 1.7.2021 (GlüStV 2021) bezogen auf die Meldepflicht nach § 43 Abs. 1 S. 1 GwG[261] eine weitere Fallkonstellation dazu. Im GlüStV 2021 heißt es: *„Öffentliche Glücksspiele dürfen innerhalb Deutschlands nur mit staatlicher Erlaubnis veranstaltet oder vermittelt werden (§ 4 Abs. 1 S. 1 GlüStV 2021). Das Veranstalten und das Vermitteln ohne diese Erlaubnis (**unerlaubtes Glücksspiel**) sowie die Mitwirkung an Zahlungen im Zusammenhang mit unerlaubtem Glücksspiel sind verboten (§ 4 Abs. 1 S. 2 GlüStV 2021)."* 211

Werden demnach Erträge/Gewinne aus unerlaubtem Glücksspiel auf Kundenkonten gutgeschrieben, so handelt es sich um einen Vermögensgegenstand aus einer strafbaren Handlung (§ 285 StGB), die eine Vortat zur Geldwäsche darstellt. Für die betroffenen Verpflichteten führt dies dazu, dass bei **jedem** erkennbaren Ertrag (= ***„Vorliegen von Tatsachen"***), eine entsprechende Meldung gem. § 43 Abs. 1 S. 1 GwG erforderlich wird. Dementsprechend sind die Verpflichteten angehalten, risikobasierte Prozesse aufzusetzen, um die entsprechenden Gutschriften zu identifizieren. Dazu zählt u.a. die Definition von Indizien (soweit möglich) im Transaktions-Monitoring.[262] 212

Hieraus ergeben sich für die Verpflichteten einige **Problemstellungen**: 213

- Lässt sich erkennen, dass es sich um Spielgewinne (Taterträge) handelt?
- Lässt sich anhand des Zahlungsabsenders überhaupt erkennen, dass es sich um einen Glücksspielanbieter handelt?

---

260 S. *El-Ghazi*, NZWiSt 2024, 337ff.; *Weiß*, wistra 2024, 225ff; gem. OLG Hamburg, Urt. 12.12.2024 – 5 ORs 21/24, ist der Anwendungsbereich von § 261 StGB dahingehend einzuschränken, dass der Erwerb und Besitz von Cannabis unterhalb der Schwellenwerte von § 34 Abs. 1 Nr. 1, 12 KCanG nicht zu einer Geldwäschestrafbarkeit führt.

261 S. Kapitel 7 A.

262 Näheres zum Transaktions-Monitoring s. Kapitel 5 A.3.

– Wenn erkennbar, kommen die Erträge von einem Anbieter mit oder ohne staatliche Erlaubnis (Verbotstatbestand)?

214 Zum letzten Punkt hilfreich im Rahmen der Verdachtsfallbearbeitung ist, dass gemäß § 9 Abs. 8 GlüStV 2021 die **Gemeinsame Glücksspielbehörde der Länder (GGL)** im Internet eine amtliche Liste im pdf-Format (die sog. **„Whitelist“**[263]) veröffentlicht hatte, in der die Veranstalter und Vermittler von Glücksspielen (allein nur mit Firmennamen und Namen der Webseiten) aufgeführt wurden, die über eine Erlaubnis oder Konzession nach dem GlüStV 2021 verfügen. Mit der Aktualisierung zum 14.11.2024 erfolgte die Umstellung in eine interaktive Version. Zu jedem der Anbieter wurden die Anschrift, sowie Land und Datum der Lizenz ergänzt. Über die eingerichtete Filter-/Suchfunktion kann jetzt nach Anbietern, aber auch nach dem Namen der Webseite gezielt gesucht werden. Die Nutzung wurde dadurch komfortabler und der Erkenntniswert der Liste erhöht. Die Whitelist wird anlassbezogen, mindestens jedoch einmal monatlich, aktualisiert. Die jeweiligen Änderungen gegenüber der vorherigen Version werden extra ausgewiesen.

215 Bei den ersten beiden Punkten der o.g. Problemstellungen spielen die Transaktionsmodalitäten der Glücksspielanbieter eine erhebliche Rolle. So kommt der Begriff „Gewinn“ so gut wie nie im Verwendungszweck vor. Selten findet man die Namen der Glücksspielanbieter bzw. der jeweiligen Online-Casino Betreiber. Die Abwicklung erfolgt meist über Zahlungsverkehrsanbieter. Hilfreich in dem Zusammenhang war für die Verpflichteten das sog. **„Payment-Blocking“**[264] (Blockieren von der Abwicklung von Zahlungsverkehr zwischen den Spielenden und den jeweiligen Glücksspielanbietern). Damit kann die GGL allen am Zahlungsverkehr Beteiligten (Zahlungsdienstleistern) die Mitwirkung an Zahlungen für unerlaubtes Glücksspiel untersagen (§ 9 Abs. 1 S. 3 Nr. 4 GlüStV 2021). Bei einem Großteil der illegalen Glücksspielanbieter war damit seit Ende 2023 der Zahlungsverkehr über namhafte und allgemein bekannte Zahlungsdienstleister kaum mehr möglich. Die unerlaubten Glücksspielanbieter mussten auf weniger bekannte Zahlungsanbieter ausweichen. Vereinzelt finden sich auch Zahlungsdienstleister, die nur für bestimmte Glücksspielanbieter/Casinobetreiber die Zahlungen abwickeln. Diese Einschränkungen erleichtern wiederum eine Zuordnung zu unerlaubten Glücksspielanbietern.

216 Weitere Schwierigkeiten ergeben sich im Zusammenhang mit § 4 Abs. 1 S. 2 GlüStV 2021, wo es heißt ***„Mitwirkung an Zahlungen im Zusammenhang mit unerlaubtem Glücksspiel sind verboten“***. Dies betrifft die Finanzinstitute, über deren Kundenkonten die Einsätze abgebucht werden. Durch die Problematik, dass im Massenzahlungsverkehr die Erkennbarkeit von unerlaubtem Glücksspiel anhand von Transaktionsdaten nur schwer möglich ist, kann das Mitwirkungsverbot nicht wirklich

263 Zu finden unter www.gluecksspiel-behoerde.de/de/fuer-spielende/uebersicht-erlaubter-anbieter-whitelist.

264 S. GGL-Tätigkeitsbericht 2023, Ziff. 3.2, abrufbar unter www.gluecksspiel-behoerde.de.

umgesetzt werden. Die Problematik liegt auch darin, u.U. vertragliche und gesetzliche Verpflichtungen gegenüber dem Kunden zu verletzen, wenn das Kreditinstitut fahrlässig davon ausgeht, dass eine bestimmte Zahlung illegal ist. Die Deutsche Kreditwirtschaft befindet sich dazu im laufenden Dialog mit der GGL. Ziel ist es, eine Informationsbasis zu finden, die es den Instituten ermöglicht, entsprechende Transaktionen auszusteuern und dadurch die Ausführung der Zahlungen zu unterbinden. Von Seiten der GGL wurde dazu in Aussicht gestellt, den Kreditinstituten weitere Daten und Hinweise zu Glücksspielanbietern **ohne** in Deutschland gültige Lizenz zur Verfügung zu stellen. Dies soll im Rahmen eines „Information Sharing" umgesetzt werden. Diese Plattform wird durch die GGL aufgebaut und über entsprechende Schnittstellen (u.U. unter Einbindung der FIU) den Instituten eine Nutzung über Leserechte zu ermöglichen. Bis zu der Umsetzung wird die GGL auf die Möglichkeit zur Erhebung von Bußgeldern verzichten.

Hinweise

Unterstützung finden nicht nur die Verpflichteten aus dem Glücksspielsektor, sondern auch aus dem Finanzsektor, in den Veröffentlichungen aus der Arbeitsgruppe 5 „Glücksspiel" der **AFCA.**[265] Die GGL ist 2023 als Mitglied der AFCA beigetreten. Empfehlenswert ist die FAQ-Liste[266] „Umsetzung der Vorgaben an Kreditinstitute aus dem Glücksspielstaatsvertrag idF vom 1.7.2021 und Bekämpfung des unerlaubten Glücksspiels im Allgemeinen (aktuell Version 1.0)". Eine Unterarbeitsgruppe führt darin aufkommende Problemstellungen zusammen und erarbeitet Lösungsansätze. Regelmäßige Aktualisierungen und Fortschreibungen sind geplant.
Interessante Informationen und Fakten zum Thema Glücksspiel finden sich ferner im **GGL-Tätigkeitsbericht** 2023, abrufbar unter www.gluecksspiel-behoerde.de; auf der Seite der GGL zu finden sind auch die „Auslegungs- und Anwendungshinweise zum Geldwäschegesetz (GwG) für den Glücksspielsektor" (11/ 2020).
Sehr umfassend ist der im November 2023 erschienene **„Glücksspielatlas Deutschland 2023"**.

Obwohl (oder vielleicht weil) die Zuordnung für die Verpflichteten aus dem Finanz- 217
sektor nicht immer so eindeutig ist, führte die Änderung des GlüStV 2021 zu einem **erheblichen Anstieg des Meldeaufkommens** (von bis hin zur Verdreifachung der Anzahl der Meldungen war bei einigen Instituten die Rede). Mittlerweile sind indessen einige der beliebten Online-Casinos mit einer gültigen Lizenz auf der Whitelist zu finden. Leider wurden im FIU-Jahresbericht 2023 keinerlei Zahlen (die ja vorhanden sind!) veröffentlicht, anhand derer eine Größenordnung festgemacht werden könnte. Interessanten Zahlen über den Anteil der Meldungen zu unerlaubtem Glücksspiel seit 2020 finden sich in der DS 20/11496 (S. 61 und 62) des Deutschen Bundestages vom 22. Mai 2024. Von 5288 Meldungen in 2020 mit Glücksspielbezug erfolgte in 2021 ein Sprung auf 19.176! Der Höhepunkt lag in 2022 bei 29.933 Meldungen. In 2023 erwartungsgemäß ein Rückgang auf 20.981.

---

265 Näheres zur AFCA = Anti Financial Crime Alliance, s. Kapitel 1 B IV 3b).
266 Abrufbar auf der Website der FIU im geschützten Bereich der FIU, www.zoll.de/fiu-intern; die Zugangsdaten stehen allen in goAML registrierten Verpflichteten zu Verfügung.

Fallbeispiel aus einer Verdachtsmeldung

„Das Konto ist in unserem Monitoring System auffällig geworden durch mehrere Überweisungseingänge von Estolio Ltd. i.H.v. insgesamt ■■,■■ EUR seit dem ■■.■■.2024 über den Zahlungsdienstleister Zimpler AB.

Bei weiterer Durchsicht des Kontos und der Kreditkarte Nr. ■■■■ sind zahlreiche Transaktionen an Mirata Services LTD (Zahlungsdienstleister, der im Zusammenhang mit unerlaubtem Glückspiel steht) und Estolio Ltd. aufgefallen.

Laut White List (Stand vom ■■.■■.2024 ist Estolio Ltd. nicht als Veranstalter/Vermittler von Glücksspielen aufgeführt, die über eine Erlaubnis oder Konzession nach dem GlüStV verfügen."

218 Da es in den Strafvorschriften zum illegalen Glücksspiel (§§ 284ff. StGB) keine Schwellenwerte gibt und auch der Wortlaut von § 43 Abs. 1 S. 1 GwG zu einer Meldung „unabhängig vom Wert des betroffenen Vermögensgegenstands und der Transaktionshöhe" verpflichtet, wurden und werden **zahlreiche Meldungen mit Gewinnsummen in ein-/zweistelliger Höhe** erstattet. Dies führt nicht nur zu hohem Aufwand bei den Verpflichteten, der FIU und den Strafverfolgungsbehörden, sondern letztendlich wird ein großer Teil dieser Verfahren von der Staatsanwaltschaft eingestellt. Viele mit einem ähnlichem/identischem Tenor wie nachfolgende Beispiele:

Beispiel 1 einer Verfahrenseinstellung

„Das auf Ihre Verdachtsmitteilung hin wegen Beteiligung am unerlaubten Glücksspiel gegen den Kunden eingeleitete Ermittlungsverfahren habe ich eingestellt, weil – im Fall eines Tatnachweises – die Schuld gering wäre und ein öffentliches Interesse an der weiteren Verfolgung der Tat nicht ersichtlich ist."

Beispiel 2 einer Verfahrenseinstellung

„Das auf Ihre Verdachtsmeldung hin eingeleitete Verfahren habe ich gem. § 153 Abs. 1 der Strafprozessordnung eingestellt.

Bei der Teilnahme an illegalem Online-Glücksspiel handelt es sich um ein weit verbreitetes Phänomen und stellt eine Straftat dar, die sich am unteren Bereich strafwürdigen Verhaltens bewegt. Hinzukommend war das Volumen der mutmaßlich zum illegalen Glücksspiel eingesetzten Gelder vergleichsweise gering."

219 Die hohen Meldezahlen und die große Anzahl an Verfahrenseinstellungen führen immer wieder zu Diskussionen der Verpflichteten mit der BaFin und der FIU. Vorschläge, wie z.B. die Festsetzung von Schwellenwerten, Einräumung eines Ermessensspielraum oder die Möglichkeit der Abgabe von Sammelmeldungen fanden keine Berücksichtigung.[267]

267 Weder wurde das Thema in den Eckpunktepapieren der FIU aus Mai 2023 und der Aktualisieren aus März 2025 aufgegriffen noch eine entsprechende Typisierung nach § 43 Abs. 5 Satz 2 GwG vorgenommen. Die ursprünglich im „Eckpunktepapier des Bundesministeriums der Justiz zur Modernisierung des Strafgesetzbuchs" vom November 2023 enthaltene Intention des BMJ, die §§ 284ff. StGB zu streichen, wogegen u.a. die GGL in ihrem Tätigkeitsbericht 2023 (Ziff. 3.4) erhebliche Bedenken geäußert hatte, findet sich im RefE vom 14.10.2024 nicht mehr (das Gesetzesvorhaben fiel nach dem Bruch der Regierungs-Koalition in der Folge ohnehin der Diskontinuität anheim und wurde nicht mehr beschlossen).

Ausblick auf die EU-Geldwäsche-Verordnung

Gemäß Art. 69 Abs. 1 Buchst. a der EU-Geldwäsche-Verordnung besteht künftig eine (im Vergleich zur aktuellen Rechtslage weitergehende) Meldepflicht bei Verdacht, *„dass **Gelder** oder Tätigkeiten – unabhängig von der Höhe des jeweiligen Betrags – **mit** Erträgen aus kriminellen Tätigkeiten oder mit Terrorismusfinanzierung oder **kriminellen Tätigkeiten in Verbindung stehen**"*.[268] Dies könnte dazu führen, dass bereits die Teilnahme am unerlaubten Glücksspiel, d.h. die Einsätze, die von Kundenkonten abgebucht werden (und nicht erst eingehende mutmaßliche Gewinne aus unerlaubtem Glücksspiel) eine Meldepflicht auslösen. Es bleibt zu hoffen, dass seitens AMLA oder BaFin/FIU entsprechende praxistaugliche Regelungen gefunden werden, um Meldungen, die letztlich keinerlei Mehrwert haben, sondern für alle Beteiligten nur erheblichen Aufwand verursachen, zu vermeiden.

X. „Spaßüberweisungen"

Insbesondere durch Monitoring-Software können Überweisungen auffallen, die im Freitextfeld **Schlagworte wie „Mafia", „waffenfähiges Plutonium", „Anthrax", „Bombe", „IS-Mitgliedsbeitrag", „Koks"** oder Ähnliches enthalten. 220

Fallbeispiele aus Verdachtsmeldungen

„Die Sparkasse ■■■■ informierte uns, dass die dortige Kundin, Frau ■■■, zwei Gutschriften unseres Kunden ■■ ■■■ über je 6,50 EUR über dessen ■■■..bank Girokonto ■■■■■■ erhalten habe.
Als Verwendungszweck war bei beiden Gutschriften „Schutzgeld für den Mafiaboss" angegeben.
Wir melden diesen Sachverhalt als auffällig."[269]

„Auffällig erscheint uns bei diesem in unserem Hause seit 10/■■ geführten Privatkonto der Überweisungseingang vom 04.07. über EUR 3,94 bei dem im Verwendungszweck als wirtschaftlicher Hintergrund der Transaktion u. a. „Plutonium" angegeben ist."

„Am 07.03.■■ veranlasste unser Kunde eine Überweisung im Online-Banking an Frau ■■■ über 158,96 EUR auf das Empfängerkonto in der Schweiz mit der IBAN ■■■■■■. Als Verwendungszweck wurde dabei „GELDWAESCHE, DROGEN AN-/VERKAUF, NUKLEARER SPRENGKOPF, DANKE FUER DEINE UNTERSTUETZUNG FUER ISIS, AL-NUSRA UND AL-SHABAB ALLAH AKBAH" angegeben."

Derartige Meldungen gehören eher in die Kategorie „Humor" – die Einschätzung, es 221
handle sich um „auffällige Sachverhalte" im Hinblick auf Geldwäsche oder Terrorismusfinanzierung ist abwegig. Auch macht sich der Überweisende, der seine Transaktion mit derartigen Anmerkungen versieht, nicht etwa wegen Vortäuschens einer Straftat (§ 145d StGB) strafbar (die Vortäuschung erfolgt nämlich nicht – wie von § 145d Abs. 1 StGB vorausgesetzt – gegenüber einer Behörde oder einer zur Entgegennahme von Anzeigen zuständigen Stelle). Derartige Meldungen werden von der FIU nicht an Strafverfolgungsbehörden weitergeleitet.

268 Hervorhebungen durch die Verfasserin.

269 Für das meldende Kreditinstitut handelte es sich erkennbar um die Überweisung eines Vaters an seine Tochter.

XI. Korrespondenzbankgeschäfte

222 Das Korrespondenzbankensystem ermöglicht es Kreditinstituten, in Ländern tätig zu sein, in denen sie keine eigenen Filialen haben. Für diese Banken bieten Korrespondenzbanken einzelne Dienstleistungen an. Stellt eine lokale Bank einer ausländischen Bank ein Konto zur Verfügung, hat sie nur eingeschränkte Kenntnis, wer über dieses Konto Geschäfte tätigt, weshalb Korrespondenzbankgeschäfte aus Geldwäschegesichtspunkten als besonders risikoreich gelten.[270]

223 § 15 Abs. 3 Nr. 4, Abs. 7 GwG stellt aufgrund des erhöhten Risikos besondere Anforderungen[271] an Korrespondenzbeziehungen, die durch den Besonderen Teil der BaFin-AuA zum GwG für Kreditinstitute weiter präzisiert werden. § 25m KWG verbietet dementsprechend (bußgeldbewehrt, vgl. § 56 Abs. 2 Nr. 12 und 13 KWG)[272] die Aufnahme oder Fortführung einer Korrespondenzbeziehung (definiert in § 1 Abs. 21 GwG) oder sonstigen Geschäftsbeziehung mit einer Bank-Mantelgesellschaft nach § 1 Abs. 22 GwG[273] sowie die Errichtung und Führung von Konten auf den Namen des Instituts oder für dritte Institute, über die Kunden zur Durchführung von eigenen Transaktionen eigenständig verfügen können (sog. **payable through accounts** bzw. **Durchlaufkonten**). Das besondere Risiko[274] dieser Kontenarten liegt darin, dass ein Kunde über derartige Konten wie über ein eigenes Konto verfügen kann und Zahlungen an oder auf Rechnung dieses Kunden dadurch von den an der Zahlungskette Beteiligten nicht richtig zugeordnet werden können und deshalb anonym bleiben.[275]

Beispiele

Ein deutsches Kreditinstitut erstattete eine Verdachtsmeldung, der folgender Sachverhalt zugrunde lag:
Eine italienische Bank, zu der seitens des deutschen Instituts eine Korrespondenzbankbeziehung bestand, stellte Bankschecks zugunsten von drei Kunden aus. Informationen zum eigentlichen Grundgeschäft lagen nicht vor. Bezogener, d.h. Zahlstelle dieser Orderschecks, war das deutsche Kreditinstitut.
Die drei Kunden gaben die Bankschecks mit Indossament an eine Firma in Uruguay weiter, die wiederum die Orderschecks an ihre Bank in Uruguay zur Gutschrift einreichte. Diese Bank legte schließlich die Schecks dem deutschen Kreditinstitut zum Einzug vor. Zum Abschluss belastete die deutsche Bank nach Zahlung der

270 Begründung zum Geldwäschebekämpfungsergänzungsgesetz BT-Drucks. 16/9038, S. 52; Erste Nationale Risikoanalyse, S. 67.

271 S. auch die BaFin-AuA zum GwG AT (11/2024) Ziff. 5.2.

272 Entsprechend Art. 24 der 4. EU-Geldwäscherichtlinie; ebenso die EU-Geldwäsche-Verordnung, vgl. Erwägungsgrund 80 und Art. 39.

273 Unter einer Bank-Mantelgesellschaft, auch als „Briefkastenbank“ bezeichnet, ist danach ein Kreditinstitut oder ein gleichwertige Tätigkeiten ausübendes Institut zu verstehen, das in einem Land gegründet wurde, in dem es nicht physisch präsent ist, sodass eine echte Leitung und Verwaltung stattfinden könnte, und das keiner regulierten Finanzgruppe angeschlossen ist (Fischer/Schulte-Mattler-*Achtelik*, § 25m Rn 2; ausführlich Herzog/*Achtelik*, § 25m KWG Rn 2).

274 FATF-Empfehlung 7.

275 Begründung zum Geldwäschebekämpfungsergänzungsgesetz BT-Drucks. 16/9038, S. 54.

Schecks das Korrespondenzbankkonto der italienischen Bank. Da die italienische Bank nur die Scheckausstellung an ihre drei Kunden vornahm, hatte sie keinerlei Kenntnis von der Scheckübertragung an das Unternehmen in Uruguay. Das deutsche Kreditinstitut wiederum hatte keine Kenntnis vom Grund der Scheckausstellung.
Ermittlungen ergaben, dass gegen das Unternehmen in Uruguay Ermittlungsverfahren der schweizerischen und brasilianischen Behörden wegen Bezügen zur Organisierten Kriminalität, Verdacht auf Geldwäsche und Terrorismusfinanzierung liefen.[276]
Einen sehr anschaulichen Fall des Missbrauchs von zur Verfügung gestellten Nostro-Konten (ein Nostro-Konto ist ein bankeigenes Konto, das die Bank unter eigenem Namen und auf eigene Rechnung führt) beschreibt *Schwander-Auckentaler* auf S. 73ff.: hier wurde ein Nostro-Konto einer Vielzahl von Kunden zur Verfügung gestellt, mit denen jeweils ein Kennwort vereinbart worden war, um die einzelnen Transaktionen zuordnen zu können (Zahlungen versehen mit einem solchen Kennwort wurden automatisch auf das nachgelagerte Konto – meist ein Nummernkonto – weitergeleitet).

Weltweit ist ein **Rückgang von Korrespondenzbankbeziehungen** festzustellen, der 224
jedoch regional variiert, was hauptsächlich an den aus den Korrespondenzbankbeziehungen erwachsenden Risiken resultiert, die sich aufgrund des nur begrenzt möglichen Monitorings ergeben und auf die Reputation auswirken könnten.[277] Ungeachtet dessen ist festzustellen, das mittlerweile immer mehr Kreditinstitute Clearingsysteme für die Abwicklung von Zahlungen nutzen, weshalb keine Loro- oder Nostrokonten mehr benötigt werden, um Zahlungen untereinander abzuwickeln (es reicht, wenn die Banken an das jeweilige Clearingsystem angeschlossen sind).

Jährlich gehen zahlreiche **Verdachtsmeldungen** ein, die sog. Korrespondenzbank- 225
geschäfte betreffen, in denen Zahlungsströme gemeldet werden, die von einem anderen Land (automatisiert) über Deutschland in ein weiteres Land fließen, ohne dass deutsche Personen/Unternehmen betroffen wären.

Fallbeispiel aus einer Verdachtsmeldung

„Das von uns eingesetzte EDV-Research System zeigte uns am ■■■ eine Transaktion vom ■■■ an (vgl. Anlage). Das Ursprungsland der Transaktion ist Mali, das Zielland die Schweiz.
Aufgrund der Betragshöhe stellten wir weitergehende Nachforschungen zum Auftraggeber und zum Empfänger an. In beiden Fällen konnten wir keine Hinweise auf die Geschäftstätigkeit und den möglichen Zweck der Transaktion finden. Daher haben wir uns entschlossen diese Verdachtsmeldung abzugeben.
Aufgrund unserer Stellung als zwischengeschaltetes Institut können wir keine weiteren Details zur Sachverhaltsaufklärung leisten.“

Hier bieten sich für die FIU/Strafverfolgungsbehörden **in aller Regel keinerlei Ermitt-** 226
lungsansätze im Inland. Geht bei der FIU eine Meldung ein, die die Zuständigkeit eines anderen Staates betrifft, leitet sie diese an die betroffenen FIUs der Länder der Transaktionsbeteiligten im Rahmen des internationalen Informationsaustauschs weiter (vgl.

276 Quelle: BKA, FIU-Newsletter 8.
277 S. auch BT-Drucks. 19/12691, S. 3.

§§ 33 Abs. 1 S. 3 und 35 Abs. 1 S. 1 GwG). In der Vergangenheit wurden derartige Verfahren zumeist von der Staatsanwaltschaft jeweils nach §§ 152 Abs. 2 oder 170 Abs. 2 StPO eingestellt, begründet damit, dass keine deutsche Gerichtsbarkeit vorläge. Sinnvollerweise sollten Kreditinstitute, bei denen derartige Korrespondenzbankgeschäfte auffällig werden, bei ihren im Ausland ansässigen Korrespondenzbanken (Respondenzinstituten) die Erfüllung der dortigen Meldepflichten hinsichtlich der jeweiligen Transaktion prüfen und eine entsprechende Bestätigung zur Dokumentation anfordern. Eine Meldung der Korrespondenzbank an die jeweilige ausländische FIU macht dann eine Meldung im Inland entbehrlich.

XII. Verdachtsmeldung nach Erhalt eines behördlichen Auskunftsersuchens

227 Verpflichtete stehen regelmäßig vor der Frage, ob nach oder zusätzlich zur Beantwortung eines behördlichen Auskunftsersuchens auch noch eine Verdachtsmeldung zu erstatten ist, da man durch das Auskunftsersuchen ja Hinweise auf mutmaßlich kriminelles Verhalten des Kunden erhalten hat, zu dem angefragt wurde (sofern dieser nicht ausdrücklich als Zeuge bezeichnet wird). Als einfache Richtschnur kann hier gelten: habe ich weitere Erkenntnisse vorliegen, die mit dem Auskunftsersuchen nicht abgefragt wurden und in der Antwort nicht mitgeteilt werden können, die aber für die anfragende Behörde von Bedeutung sein können? Oder umgekehrt: Es ist sinnlos/unsinnig, die identischen Informationen, die auf das Auskunftsersuchen hin mitgeteilt wurden, zusätzlich noch per Verdachtsmeldung über goAML mitzuteilen.

228 Die **vormaligen Auslegungshinweise** des BMF zur Handhabung des Verdachtsmeldewesens vom 6.11.2014 (S. 7) schränkten die Meldepflicht nach Erhalt eines staatsanwaltschaftlichen Auskunftsersuchens dahingehend ein, dass eine Meldung in diesen Fällen nur dann vorzunehmen sei, *„wenn den Strafverfolgungsbehörden zusätzliche, ihnen bisher nicht bekannte oder nicht vom Auskunftsersuchen umfasste Informationen übermittelt werden“*. In den **neuen BaFin-AuA** zum GwG AT (11/2024), Ziff., 10.6, heißt es nun etwas ausführlicher, im Falle eines Auskunftsersuchens sei *„zu prüfen, ob durch die darin mitgeteilten Informationen zugleich die Meldepflicht nach § 43 Abs. 1 GwG (erneut) ausgelöst wird. Ob dies der Fall ist, beurteilt sich nach den Voraussetzungen des § 43 Abs. 1 GwG und damit der Frage, ob – nun unter Berücksichtigung des Inhalts des Auskunftsersuchens – (nochmals neue) Tatsachen im Sinne der Norm vorliegen. Hierbei ist insbesondere zu berücksichtigen, ob der Verpflichtete zu dem Sachverhalt des Auskunftsersuchens bereits zuvor eine Verdachtsmeldung erstattet hat und durch das Auskunftsersuchen keine neuen Informationen übermittelt werden, die eine Meldepflicht auslösen.“*

229 Die Sachverhaltskonstellation wird schließlich auch im **Eckpunktepapier der FIU** vom 30.5.2023 zur Bestimmung solcher Sachverhalte, die grundsätzlich nicht die Meldepflicht des § 43 Absatz 1 GwG auslösen aufgegriffen, wo es heißt

„Allein durch Auskunftsersuchen einer Strafverfolgungsbehörde veranlasste Verdachtsmeldung, ohne dass dem Verpflichteten durch eigene Maßnahmen neue (zusätz-

liche oder anderweitige) Tatsachen im Sinne von § 43 Absatz 1 GwG zur Kenntnis gelangen; hier fehlt es an der eigenen Kenntnis von Tatsachen.

Beispielsfall: Bei dem Verpflichteten geht ein Auskunftsersuchen einer Ermittlungsbehörde zu einem Kunden ein. Die mit der Beantwortung des Ersuchens erfolgende Analyse der Geschäftsverbindung ergibt keine weiteren/eigenen Hinweise auf meldepflichtige Geschäftsvorfälle.“ 230

Hinweis !

Die vormaligen BaFin-AuA vom Mai 2020 enthielten auf Seite 76 noch einen Absatz, dass die Pflicht zur Erstattung einer Meldung gemäß § 43 Abs. 1 S. 1 GwG bei Vorliegen der dort genannten Voraussetzungen stets auch dann bestünde, wenn dem Verpflichteten bekannt sei, dass ein anderer Verpflichteter oder ein Dritter wegen desselben Sachverhalts bereits eine Meldung bzw. eine Strafanzeige nach § 158 StPO erstattet hat. Die Meldung/Strafanzeige eines anderen Verpflichteten sollte also nicht von einer eigenen Meldung entbinden. Der Absatz findet sich in den neuen BaFin-AuA zum GwG AT (11/2024) nicht mehr, womit auch der gewisse Widerspruch zu den vorstehend dargelegten Ausführungen zur Meldepflicht bei behördlichen Auskunftsersuchen aufgelöst wurde.

Wie auch in den Hinweisen der FIU zur Meldungsabgabe (im internen Bereich der FIU, Ziff. 1 Buchst. O) klargestellt (wo zudem weitere Hinweise zu Sachverhaltsangaben bei derartigen Meldungen gegeben werden), hat eine **Meldung an die FIU** – selbst wenn weitergehende Informationen festgestellt werden und mithin eigentlich eine Meldepflicht besteht – **zu unterbleiben**, wenn die ersuchende Behörde in ihr Auskunftsersuchen einen **ausdrücklichen Hinweis** aufgenommen hat, dass **keine Meldung an die FIU erfolgen darf** oder pauschal jegliche Weitergabe der Information des Auskunftsersuchen und von Inhalten aus dem Auskunftsersuchen untersagt ist. 231

Behördliche Auskunftsersuchen sollten zum Anlass genommen werden, die **Research-Maßnahmen** unter dem Gesichtspunkt „Warum ist uns der Kunde bisher nicht aufgefallen?“ zu **evaluieren**.[278] 232

Negativbeispiel aus einer Verdachtsmeldung

„Angaben zur Transaktion: Verdacht auf unerlaubten Handel mit Betäubungsmitteln lt. Aktenzeichen der Staatsanwaltschaft.

Angaben zum bisherigen Verlauf der Geschäftsverbindung: Keine auffälligen Kontobewegungen!

Angabe der Tatsachen, die auf Geldwäsche/Terrorismusfinanzierung schließen lassen: Schreiben der Staatsanwaltschaft Ingolstadt vom 04. Januar ■■■, Aktenzeichen ■■■■■.“

Positivbeispiel aus einer Verdachtsmeldung

„Die Geschäftsverbindung unseres Kunden wurde aufgrund eines staatsanwaltschaftlichen Auskunftsersuchens wg. Betruges gesichtet. Hierbei sind Sachverhalte aufgefallen, die außerhalb des von der Staatsanwaltschaft abgefragten Zeitraumes liegen. Wir kommen deshalb unserer Verpflichtung zur Erstattung einer Verdachtsmeldung nach.“

---

278 Vgl. auch BKA, FIU-Newsletter 3, S. 7 und 8.

XIII. Herkunftsnachweis bei Bareinzahlungen / „NiKo-Verfahren"

1. Vorbemerkung

233 In Kapitel 1 A III wird ausführlich dargestellt, dass und inwiefern *„Bargeld auch in der jeweils anschließenden Phase der Geldwäsche unvermindert die zentrale Rolle spielt"*.

! „Spannendes dazu am Rande"

Der Zoll veröffentlich in der Rubrik „Pressemitteilungen" unter www.zoll.de spannende Mitteilungen, u. a. zu Bargeldfunden.

Ein Beispiel (Aachen, 8.7.2024, Auszug aus: „Zoll verhindert Bargeldschmuggel – Sicherstellung von fast 50.000 Euro"):[279]

Bei gemeinsam mit der Bundespolizei durchgeführten Einreisekontrollen anlässlich der Fußballeuropameisterschaft fanden Beamte des Hauptzollamts Aachen im Wagen eines ukrainischen Staatsbürgers 19.700 Euro und 24.730 Britische Pfund. Da der Reisende keine plausiblen Angaben über die Herkunft des Bargelds machen konnte, wurde das Geld sichergestellt und ein Clearing-Verfahren eingeleitet.

---

234 Als eine Sicherungsmaßnahme, diesem Risiko vorzubeugen, finden sich in den am 8.6.2021 von der BaFin veröffentlichten Auslegungs- und Anwendungshinweisen zum Geldwäschegesetz – Besonderer Teil für Kreditinstitute (BaFin AuA BT (06/2021)) unter Ziffer 1 **„Herkunft der Vermögenswerte bei Bartransaktionen"** spezielle Maßnahmen zu Bargeldeinzahlungen, die seit dem 9.8.2021 gelten. Zweck dieser Maßnahmen ist u.a. „die Schaffung eines Standards für die Prüfung von Bartransaktionen". Damit wurden neue Fallkonstellation geschaffen, die eine Meldepflicht auslösen könnten.

235 Risikoorientiert erfolgt eine Differenzierung zwischen:

- ***„Gelegenheitskunden"*** (Einzahlende, die kein Konto bei dem Kreditinstitut haben). Sie müssen die Herkunft des Bargeldes bei Bareinzahlungen bei einem Betrag über 2.500 Euro immer anhand eines aussagekräftigen Beleges nachweisen. Basis ist, dass hier grundsätzlich ein erhöhtes Risiko i. S. d. § 15 Abs 2 i. V. m. Anlage 2 GwG festzustellen ist[280]. Ohne den Nachweis darf keine Annahme der Bargelder erfolgen. (**Hinweis:** da sie in der Praxis bei vielen Verpflichteten aufgrund anderer Anforderungen keine große Rolle mehr spielen, wird hier nicht weiter auf diesen Einzahlerkreis eingegangen).
- ***Einzahlende, die bereits eine Geschäftsbeziehung unterhalten***. Sie müssen die Herkunft des Bargeldes bei Bareinzahlungen bei einem Betrag über 10.000 Euro regelmäßig anhand eines aussagekräftigen Beleges nachweisen.[281] Sollte das Kreditinstitut bereits bei einem niedrigeren Betrag Bedenken hinsichtlich der legalen Her-

---

279 https://www.zoll.de/SharedDocs/Pressemitteilungen/DE/Bargeld/2024/z85_bargeldschmuggel_ac.html.

280 S. BaFin AuA BT (06/2021), Ziff. 1.1.

281 S. BaFin AuA BT (06/2021), Ziff. 1.2.

kunft des Bargeldes haben, kann sie auch bei einer niedrigeren Einzahlungssumme einen Herkunftsnachweis fordern.

Hinweis !

Die Maßnahmen gelten auch in Fällen, in denen **Beträge bewusst aufgeteilt** werden, um unterhalb der jeweiligen Schwellenbeträge zu bleiben (sog. Smurfing/Structuring).[282]

In allen Fällen ist die Herkunft der Vermögenswerte (gilt lt. Aussage der BaFin „nicht für Münzen aus Gold oder anderen Edelmetalle“) durch die Vorlage **aussagekräftiger Belege** (sog. **Herkunftsnachweise**) nachzuweisen. Als Richtschnur, was hierunter zu verstehen ist, findet sich in den BaFin AuA BT (06/2021) unter Ziffer 1.3 eine nicht abgeschlossene Aufzählung von Möglichkeiten: 236

- *ein aktueller Kontoauszug bezüglich eines Kontos des (Lauf-)Kunden bei einer anderen Bank, aus dem die Barauszahlung hervorgeht,*
- *ein aktueller Kontoauszug bezüglich des Kontos eines Dritten, aus dem die Barauszahlung hervorgeht (Handeln im Namen einer dritten Person), ergänzt um weitere Dokumente und Informationen zu dem Dritten,*
- *Barauszahlungsquittungen einer anderen Bank,*
- *Sparbücher des (Lauf-)Kunden, aus denen die Barauszahlung hervorgeht,*
- *Verkaufs- und Rechnungsbelege (z.B. Belege zum Autoverkauf, Goldverkauf),*
- *Quittungen bezüglich getätigter Sortengeschäfte,*
- *letztwillige vom Nachlassgericht eröffnete Verfügungen und/oder*
- *Schenkungsverträge, Schenkungsanzeige.*

mit der Ergänzung: *„Diese Aufzählung ist nicht abschließend. Insbesondere im Rahmen von Bartransaktionen innerhalb einer bestehenden Geschäftsbeziehung obliegt es der Beurteilung des Kreditinstituts,* ***welche weiteren Belege als Herkunftsnachweise*** *akzeptiert werden. Hierbei können die Art der Geschäftsbeziehung* ***sowie besondere Umstände des Einzelfalls*** *(beispielsweise Nachweise über Todesfall, Hochzeit, Geburtstag) angemessen berücksichtigt werden“.*

Hinweise !

Die BaFin nennt in den AuA BT (06/2021) unter Ziff. 1.2 **zwei Ausnahmen**, bei denen auf Herkunftsnachweise für jede Einzahlung verzichtet werden kann:

1. **„regelmäßige Einzahler“**: Es gibt eine Reihe von Kundengruppen, die aufgrund der Branche oder ihres Geschäftsmodells regelmäßig höhere Bareinzahlungen tätigen (z.B. Einzelhandel), sog. „regelmäßige Einzahler“. Für diese ist gem. Ziffer 1.2 der AuA BT (06/2021) vorgesehen, dass auf einen Herkunftsnachweis je Einzahlung verzichtet werden kann, sofern die Bartransaktionen risikoorientiert regelmäßig auf Plausibilität geprüft werden. In der Praxis muss der Verpflichtete dazu festlegen, wer hierzu zählt und genau definieren, welchen Kriterien für die Bestimmung gelten. Unter „regelmäßige Prüfung auf Plausi-

---

282 S. Kap. 1 A III.

bilität“ wird „eine jährliche Prüfung“ vorausgesetzt. Diese Möglichkeit ist nur für Geschäftskonten vorgesehen. Privatkonten dürfen nicht als „regelmäßiger Einzahler“ definiert und gekennzeichnet werden.

2. **„Bartransaktionen durch Bedienstete öffentlicher Verwaltungen“:** Am 19.6.2024 hat die BaFin einen „Hinweis zu Herkunftsnachweisen bei Konten der öffentlichen Verwaltung“ veröffentlicht.[283] Darin wird aufgeführt, dass zu der Kundengruppe, die man als „regelmäßigen Einzahler“ bezeichnet, auch öffentliche Verwaltungen, wie bspw. Zoll, Justizvollzugsbehörden, Finanzverwaltungen oder Gerichtskassen zählen. Zahlen Bedienstete Barmittel auf Konten ihrer öffentlich-rechtlichen Dienstherren ein, so können diese oftmals keine Auskunft über die ursprüngliche Herkunft der Barmittel geben. Es kann sich hier z. B. um beschlagnahmte Gelder, um Zahlungen zur Abwendung der Vollstreckung eines Haftbefehls oder um vereinnahmte Zölle handeln. Wenn die Entgegennahme von Bargeld eine gesetzlich normierte Aufgabe des Dienstherrn ist, reicht die Vorlage des Dienstausweises der einzahlenden Person aus, um die Mittelherkunft zu plausibilisieren.

Unter Ziffer 1.3 der BaFin AuA BT (06/2021) heißt es im letzten Satz: „Der Nachweis ist nach Maßgaben des § 8 GwG aufzuzeichnen und aufzubewahren“. Somit findet sich keine Pflicht zur Erstellung einer Kopie der vorgelegten Nachweise, da diese nur gem. § 8 Abs. 2 S. 2 GwG für Identifikationsdokumente gegeben ist. Entsprechend dürfen Kopien nur mit dem Einverständnis des Kunden angefertigt und aufbewahrt werden. Ausreichend ist somit auch die stichwortartige Aufzeichnung der relevanten Informationen. Da die Herkunftsnachweise in einigen Fällen Daten von unbeteiligten Dritten beinhalten, sind deren datenschutzrechtliche Belange zu berücksichtigen.[284]

2. Frage- und Problemstellungen

237 Die **Umsetzung** dieser grundsätzlich sinnvollen BaFin-Vorgaben führte in der Praxis indessen zu verschiedenen **Frage- und Problemstellungen**, die bis heute anhalten. Im Hinblick auf negativ-kritische Reaktionen vieler Kunden/-innen, die in der Anforderung zur Vorlage eines Herkunftsnachweises eine Verletzung ihrer Privatsphäre sehen oder sich unter Generalverdacht fühlen, helfen entsprechende Flyer, die den Einzahlenden an die Hand gegeben werden können (die BaFin hat auf ihrer Seite für Verbraucher/-innen eine ausführliche Erläuterung zum Hintergrund der Anforderungen eines Herkunftsnachweises mit der Überschrift „Warum muss ich bei Bareinzahlungen einen Herkunftsnachweis vorlegen?“ veröffentlicht, auf den man die Kunden hinweisen kann).[285]

238 Ein Problem für die Verpflichteten sind **fehlende oder erst vom Einzahlenden mit großer Verzögerung eingereichte Herkunftsnachweise** (nicht gemeint ist eine offensichtliche Verweigerung durch den Einzahlenden). Da es längst keine flächendeckenden Filialnetze mehr gibt, sondern vielfach Bareinzahlungen über sog. „SB-Kassen/SB-Terminals“ oder an „Einzahlungsautomaten“ erfolgen, kann ein Herkunftsnachweis erst im Nachgang bei den Einzahlenden angefordert werden. Hierzu heißt es in den BaFin AuA BT (06/2021), Ziffer 1.2: „Der Nachweis kann innerhalb einer angemessenen Frist auch während der Geschäftsbeziehung persönlich vor Ort erbracht oder auf sonstige

283 Gz: GW 11-GW 2002/00012#00031 (abrufbar unter www.bafin.de).
284 Vgl. *Frömbgen* in GWuR 2/2021, S. 66 (68).
285 Abrufbar unter https://www.bafin.de/DE/Verbraucher/Bank/Zahlungsverkehr/zahlungsverkehr_node.html.

Weise übermittelt werden.“ Die Verpflichteten haben entsprechende Verfahren zur Einholung des Herkunftsnachweises (u.a. mit Unterstützung der IT-Dienstleister) aufgesetzt, die organisatorisch sowohl die direkte Vorlage der Nachweise wie auch die nachgeschaltete Einholung abdecken. Vorgaben zur Gestaltung gibt es von Seiten der BaFin dafür nicht, dementsprechend gibt es in der Praxis sehr unterschiedliche geschäftspolitische Vorgaben und organisatorische Gestaltungen. Eine tragende Rolle spielt dabei der Begriff der **„angemessenen Frist“.** Allgemein wurde hier eine Frist von **4 Wochen** angenommen und technisch umgesetzt. Basierend auf einer Prüfung nach § 44 KWG zu geldwäscherechtlichen Vorschriften bei einem Verpflichteten wurde Mitte 2022 von Seiten der BaFin klargestellt, dass sie grundsätzlich „eine Frist von **zwei Wochen** als angemessen erachtet[286]“, ergänzt um den Hinweis, die Letztverantwortung verbleibe bei dem Institut. Für die nachträgliche Einholung des Herkunftsnachweises bei den Einzahlenden sind zwei Wochen knapp bemessen, zumal gleichzeitig berücksichtigt werden muss, dass in Ziffer 1.2 der BaFin AuA BT (06/2021) darauf hingewiesen wird, dass das Kreditinstitut eine sichere und vertrauliche Übermittlung gewährleisten muss. Somit ist in vielen Fällen der Postweg eingebunden, der bereits einige Tage dauert (tgl. Postzustellung gibt es nicht mehr flächendeckend) und auch der Weg zu einer Filiale ist nicht für alle immer kurzfristig möglich.

Unmittelbare Folge dieser Problemstellung war die Frage nach dem **Umgang mit** 239
fehlenden Herkunftsnachweisen im Hinblick auf die Meldepflicht nach § 43 Abs. 1 S. 1 GwG. Viele Kreditinstitute erstatteten insbesondere in der Anfangszeit zahlreiche Verdachtsmeldungen **allein** basierend auf einem „fehlendem Herkunftsnachweis“.

Negativbeispiel aus einer Verdachtsmeldung (fehlender Herkunftsnachweis)

„Frau ██████ zahlte am ██.██.████ am Einzahlungsautomaten 14.000 EUR Bargeld ein. Ein Herkunftsnachweis wurde trotz postalischer Aufforderung im Anschluss bis heute nicht übermittelt.
Hinweise auf Straftaten liegen keine vor. Wir können die Herkunft der eingezahlten Barmittel aber nicht plausibilisieren und erstatten daher Meldung (siehe BaFin, Besonderer Teil der Auslegungs- und Anwendungshinweise zum Geldwäschegesetz – Besonderer Teil für Kreditinstitute, Ziffer 1.2).“

Von Seiten der BaFin wurde daraufhin kommuniziert, dass ein fehlender Herkunfts- 240
nachweis **allein** keine Pflicht zur Abgabe einer Meldung gem. § 43 Abs. 1 S. 1 GwG auslöst, sondern nur, wenn Tatsachen vorliegen, die darauf hindeuten, dass die bar eingereichten Vermögenswerte aus irgendeiner strafbaren Handlung stammen. Aber die Erwartungshaltung der BaFin, dass der Herkunftsnachweis „kein reines formales Kriterium ist, sondern auch zur Plausibilisierung der Bartransaktion dient[287]“, lässt sich ohne Herkunftsnachweis in der **angemessenen** Zeit schwer erfüllen. Da Meldungen gem. § 43 Abs. 1 S. 1 GwG **unverzüglich** zu erfolgen haben, führte dies in der Folge weiterhin ver-

---

286 Diese Frist resultiert aus bisher nicht von der BaFin veröffentlichten Äußerungen.
287 Aus: BaFin GwG Konferenz 2023 „Vortrag zum Herkunftsnachweis“.

mehrt zur Erstattung von Meldungen basierend auf fehlenden Herkunftsnachweisen (bei der 7. Jahrestagung der FIU am 21.6.2023 wurde von Seiten der FIU berichtet, dass in den ersten 5 Monaten 2023 bereits mehr als 20.000 Verdachtsmeldungen im Kontext von Bareinzahlungen eingegangen seien). Leider wurden im FIU-Jahresbericht 2023 keinerlei Zahlen (die ja vorhanden sind!) oder prozentuale Anteile am Gesamtmeldeaufkommen veröffentlicht, anhand derer eine Größenordnung festgemacht werden könnte. Dies hätte den Verpflichteten auch eine Orientierung geben können.

241 Wirft man einen Blick auf Ziffer II. Nr. 2 Buchst. b) des **Eckpunktepapiers der FIU zur Bestimmung solcher Sachverhalte, die grundsätzlich nicht die Meldepflicht des § 43 Absatz 1 GwG auslösen** von 03/2025, dann zählen „Sachverhalte, bei denen keine (eigenen und/oder neuen) Tatsachen vorliegen, die darauf hindeuten, dass ein Vermögensgegenstand aus einer strafbaren Handlung stammt" zu den Sachverhaltskonstellationen, die grundsätzlich **nicht** der Meldepflicht des § 43 GwG unterfallen. Ein **rein fehlender** oder **zu spät eingereichter** Herkunftsnachweis kann durchaus unter dieser Konstellation gesehen werden.

242 Liegt ein Herkunftsnachweis vor, so ist dieser, je nach gewähltem Verfahren, von z. B. der Kundenbetreuung zu plausibilisieren. Die Höhe des Betrages und der Inhalt des Herkunftsnachweises muss mit den Informationen, die den Verpflichteten zu den jeweiligen Kunden/Kundinnen vorliegen, abgeglichen werden. Basierend darauf ist zu entscheiden, ob es sich um eine zum Kunden passende Transaktion handelt. Ist der Herkunftsnachweis nicht plausibel, konnte letztendlich kein Herkunftsnachweis eingeholt werden, verweigert der Einzahlende ganz offensichtlich die Einreichung eines Herkunftsnachweises oder besteht der Verdacht auf Smurfing zur Vermeidung der Vorlagepflicht, so ist über das interne Meldeverfahren[288] die für die Meldung zuständige Stelle einzubinden. Diese muss bei Eingang der internen Meldung **unverzüglich** prüfen und beurteilen, ob der dort geschilderte Sachverhalt die Voraussetzungen gem. § 43 Abs 1 S. 1 GwG erfüllt.

Fallbeispiel aus einer Verdachtsmeldung

„Wir führen die obige Kontoverbindung seit dem 15.07.■■■.

Auf dem Kundenkonto wurde am 07.03.■■■ eine Bareinzahlung i. H. v. EUR 600,00, am 08.03.■■■ eine Bareinzahlung i. H. v. EUR 8200,00 und am 09.03.■■■ eine Bareinzahlung i. H. v. EUR 24100,00 vorgenommen zu denen die eingereichten Unterlagen nicht ausreichend sind.

Gemäß Angaben des Herrn ■■■, hatte er die Geldmittel zuhause verwahrt. Als Nachweis wurden Kontoauszüge des ■■■ Kontos aus 2017 und 2019 eingereicht, die Barverfügungen über insg. EUR 24100,00 zeigen. Es ist unplausibel, dass der Kunde die Beträge über Jahre in bar zuhause verwahrt hat. Des Weiteren wird nicht die gesamte Summe der getätigten Bareinzahlungen mit den eingereichten Unterlagen gedeckt.

Da wir die Mittelherkunft der Bareinzahlungen somit nicht plausibilisieren können, kommen wir unserer Verpflichtung aus dem Geldwäschegesetz nach und erstatten eine Geldwäscheverdachtsmeldung."

---

288 S. hierzu Kap. 7 B.

!

Ausblick auf die EU-Geldwäsche-Verordnung
Durch Art. 80 Abs. 1 EU-Geldwäsche-Verordnung wird zum 10.7.2027 eine auf 10.000 Euro festgelegte, europaweit **einheitliche Barzahlungsobergrenze im gewerblichen Bereich** für Güter oder Dienstleistungen eingeführt.[289] Diese Barzahlungsobergrenze gilt gemäß Art. 80 Abs. 4 S. 1 Buchst. b der EU-Geldwäsche-Verordnung nicht bei Einzahlungen oder Einlagen, die in den Räumlichkeiten von Kreditinstituten, E-Geld-Emittenten und Zahlungsdienstleistern getätigt werden, weshalb hier nach wie vor mit Bareinzahlungen über die 10.000 Euro-Grenze hinaus zu rechnen ist. **Aber:** Art. 80 Abs. 4 S. 2 EU-Geldwäsche-Verordnung beinhaltet ergänzend, dass Zahlungen bzw. Einlagen, die über die Obergrenze hinausgehen, der zentralen Meldestelle innerhalb von ihr festgelegter Fristen gemeldet werden müssen. Diese Meldung muss unabhängig davon erfolgen, ob plausible Herkunftsnachweise oder ein Geldwäscheverdacht vorliegen **(schwellenbasierte Meldepflicht)**.

Inwieweit die Einholung eines Herkunftsnachweises und die damit bestehenden Verfahren künftig weiterhin eine Rolle spielen, bleibt abzuwarten. Eigene weitergehende Regelungen zu treffen, bleibt den nationalen FIU und Aufsichtsbehörden unbenommen. Geht man von der heutigen Anzahl der Bareinzahlungen über dem Schwellenwert (Smurfing/Structuring gilt hier ebenfalls) aus, so wird die Anzahl der Meldungen sicherlich (gewollt) ansteigen (u.U. Mengenreduzierung durch die Möglichkeit von aggregierten Meldungen). Gem. Erwägungsgrund 162 haben die schwellenbasierten Meldungen indessen eine andere Wertigkeit: Sie dienen der Bewertung von Mustern in Bezug auf die Bewegung von Bargeld und verlangen keine weiteren Maßnahmen. Es bleibt insofern abzuwarten, ob seitens FIU/BaFin künftig dann Doppelmeldungen gefordert werden. Die Vorlage eines Herkunftsnachweises und die Plausibilisierung machen jedenfalls durchaus weiter Sinn. Eine Verständigung über die AMLA mit den anderen Mitgliedstaaten für eine einheitliche Regelung wäre wünschenswert.

3. Besonderheit: „NiKo-Verfahren" der Deutschen Bundesbank[290]

Für die (z.T. oben bereits erwähnten) Kundengruppen, die nicht nur regelmäßig, sondern vor allem auch **hohe** Bareinzahlungen tätigen, bietet die Deutsche Bundesbank die Teilnahme an dem sog. **„nicht kontogebundenen Verfahren"**, kurz **NiKo-Verfahren** an. Die Entsorgung von Bargeld kann durch den Einzahlenden selbst oder einem Wertdienstleister über eine der Filiale der Deutschen Bundesbank erfolgen. Besteht bei der Bundesbank kein eigenes Konto, so muss das Institut, bei dem der NiKo-Teilnehmende das Konto führt, den Vordruck der Bundesbank „Bestätigung der Bankverbindung und Identifizierung des Kontoinhabers", den der Kunde vorlegt, der Bundesbank ausgefüllt zurücksenden. Die Bundesbank übernimmt keine Identifizierung. Von ihr werden aber auch **keine Herkunftsnachweise** für die Bareinzahlungen eingeholt.[291] Das liegt in der **Verantwortung des kontoführenden Institutes**. Da die Einzahlungsgegenwerte zur Weiterleitung auf das Kundenkonto über verschiedene interne Konten der Bundesbank geleitet und als Überweisungsgutschriften verbucht werden, kann die Kundenberatung auf den ersten Blick nicht erkennen, dass es sich hier um eine Bartransaktion handelt. 243

289 S. ausführlich Kap. 1 A. III. 2. c).
290 Beschreibung und Vordrucke sind unter https://www.bundesbank.de/de/aufgaben/bargeld/dienstleistungsangebot/fuer-bargeldgeschaeftspartner zu finden.
291 Die Deutsche Bundesbank unterliegt nicht der BaFin als Aufsichtsbehörde.

Für diese **neue Problemstellung** (entstanden durch die BaFin AuA BT (06/2021)) in dem bereits lange bestehenden Verfahren bietet die Deutsche Bundesbank folgende **Hilfestellung** an:

- Das kontoführende Institut erhält ein Schreiben der Deutschen Bundesbank. In diesem teilt sie mit, dass „der Kunde X an dem NiKo-Verfahren teilnimmt" und weist das Institut hinsichtlich der „Erfüllung ihrer Pflichten zur Prävention von Geldwäsche und Terrorismusfinanzierung" auf die Besonderheiten des Verfahrens hin.
- Gleichzeitig enthält das Schreiben auch den kompletten Aufbau der End-to-End-ID[292], so dass diese Werte für die Aussteuerung der Zahlung im Transaktionsmonitoring genutzt werden können. Wichtig ist hier die Übermittlung des **Barkennzeichens**.

Praxistipp
Es empfiehlt sich, den Kunden / die Kundin direkt bei Vorlage des Vordruckes der Bundesbank zur Identifizierung gem. den internen Vorgaben für „regelmäßige Einzahler" zu überprüfen und mit dem entsprechenden Merkmal zu kennzeichnen. Konten ohne das Merkmal können über das Transaktionsmonitoring ausgesteuert werden. Der fehlende Herkunftsnachweis würde dann über die Kundenbetreuung eingeholt. Die Überprüfung der Kriterien kann auch zu diesem Zeitpunkt für weitere Zahlungseingänge der Bundesbank erfolgen.

XIV. Geldwechsel, zeitnahe Barein- und -auszahlungen

244 Bei Kreditinstituten fallen regelmäßig Geldwechselgeschäfte oder auch Bareinzahlungen (häufig an SB-Automaten vorgenommen) mit sofortiger anschließender Barabhebung auf, bei denen sich die Frage nach dem Hintergrund des Vorgehens und der Relevanz im Kontext der Meldepflicht nach § 43 Abs. 1 S. 1 GwG stellt.

Beispiel aus einem Bericht von DER SPIEGEL, vom 24.5.2024:[293]
„Verdächtig erscheinen den Staatsanwälten etwa diverse Geldtransaktionen: So zahlte Bystron am 20. März 2023 den Betrag von 30.000 Euro Bargeld auf ein Konto seiner weitgehend inaktiven Schuhfirma bei der Targobank ein – und hob das Geld am selben Tag wieder ab, in 200-Euro-Scheinen. Der Vorgang löste eine Geldwäscheverdachtsmeldung aus."

245 Klar ist zunächst, dass der Kunde / die Kundin hierdurch zunächst kein Geld „gewaschen" hat – er/sie verfügt im Anschluss weiter über Bargeld in gleicher Höhe, nur über andere Geldscheine (ggf. in anderer Stückelung) und die Transaktion ist in den Konto-

292 Vereinfacht: Die Ende-zu-Ende-ID erlaubt das eindeutige Zuordnen einer Zahlung zu einem Geschäftsvorfall.

293 Abrufbar unter: https://www.spiegel.de/panorama/petr-bystron-polizei-beschlagnahmt-akten-in-buero-der-bayerischen-afd-fraktionschefin-katrin-ebner-steiner-a-c39ccb44-e338-4a70-9e95-d8358dbe539c.

umsätzen nachvollziehbar. Hintergründe derartiger Barein- und -auszahlungen, die insofern eine Verdachtsmeldung rechtfertigen können, können sein:
- Vorbereitung eines Kreditbetrugs (wenn nach der Einzahlung ein Kontoauszug erstellt wird, der ein entsprechendes Kontoguthaben ausweist),
- Versuch der Vortäuschung von Umsätzen auf dem Konto (ggf. bei drohender Insolvenz),
- registrierte Geldscheine (bspw. aus Lösegeldzahlung) sollen in nicht-registrierte gewechselt werden,
- Geldscheine mit Drogenanhaftungen, Fingerabdrücken, DNA etc. sollen in „saubere" Geldscheine gewechselt werden.

XV. Sanktionsverstöße/-umgehung

1. Allgemeines

Internationale Sanktionen sind politische Maßnahmen zur Bestrafung eines bestimmten Verhaltens bzw. einer Vorgehensweise[294]. Diese Bestrafung kann auf verschiedene Weise geschehen und sich gegen Regierungen, Organisationen, Gruppen oder Vereinigungen und Einzelpersonen richten. Es kann sich um Ausfuhrverbote, wie z. B. Waffenembargos handeln, es können Reiseverbote verhängt werden oder Vermögenswerte eingefroren werden. Durch Finanzsanktionen wird die Verfügbarkeit von finanziellen Mitteln eingeschränkt. Darüber hinaus kann durch Wirtschaftssanktionen der Zugang zu Waren, Technologien, Dienstleistungen und Energie eingeschränkt werden. Diplomatische Sanktionen beschränken die diplomatischen Möglichkeiten eines Landes. 246

Grundsätzlich kann jedes Land internationale Sanktionen verhängen. Im Rahmen dieses Kapitels werden ausschließlich die von der EU umgesetzten Sanktionen betrachtet. Deutschland verhängt keine eigenen Sanktionen, sondern handelt im Rahmen der gemeinsamen Außen- und Sicherheitspolitik der EU. Die EU setzt ihrerseits die Sanktionen der Vereinten Nationen um, teilweise werden diese noch erweitert. Daneben erlässt die EU auch eigene Sanktionen. 247

Die EU Blocking-Verordnung[295] und § 7 AWV verbieten es, anderen Sanktionen als den vorgenannten Sanktionen der EU und der vereinten Nationen zu folgen, was in der Praxis zu kaum aufzulösenden Konflikten führen kann. Eine gute, graphisch aufbereitete Übersicht über alle Arten von Sanktionen und alle Länder, gegen die Sanktionen erlassen wurden, findet sich auf der Webseite des europäischen Rates[296]. 248

294 *Weerth* im Gabler Wirtschaftslexikon, online Version, abgerufen im Januar 2025.

295 Verordnung (EG) Nr. 2271/96 zum Schutz vor den Auswirkungen der extraterritorialen Anwendung von einem Drittland erlassener Rechtsakte sowie von darauf beruhenden oder sich daraus ergebenden Maßnahmen.

296 https://www.consilium.europa.eu/de/policies/sanctions-different-types/.

249 Da eine vollständige Darstellung des europäischen Sanktionsrechts den Rahmen dieses Buches sprengen würde, liegt der Fokus auf den Umständen, die im Hinblick auf Meldepflichten der Verpflichteten relevant sind. Die Beispiele erfolgen anhand der beiden umfangreichsten Sanktionsverordnungen EU 833/2014 und 269/2014[297], also den europäischen Sanktionen gegen Russland.

2. Bedeutung für die Verpflichteten

250 Für die Verpflichteten nach dem GWG sind Sanktionen zumindest insofern relevant, als das Verstöße gegen Sanktionen Straftaten sein können und diese aufgrund des all-crimes-Ansatzes des § 261 StGB damit ohne weiteres eine **Vortat der Geldwäsche** sein können. Darüber hinaus gibt es im Rahmen der Sanktionscompliance aber zahlreiche Synergien, etwa was die Kundensorgfaltspflichten betrifft. Diese Synergien gibt es nicht nur innerhalb der Organisation der Verpflichteten, sondern nach Auffassung des Bundesministeriums für Wirtschaft und Klimaschutz[298] verbessern die Sanktionsdurchsetzungsgesetze auch die Geldwäschebekämpfung. Es bleibt abzuwarten, inwieweit dies durch tatsächliche Erfolge bei der Strafverfolgung bestätigt wird. Zweifellos ist es ein Fortschritt, dass Immobilienverkäufe mit Bargeld, Kryptowerten und Edelsteinen nicht mehr legal möglich sind.[299]

251 Das, was für den Geldwäschebeauftragten im Hinblick auf die Einhaltung internationaler Sanktionen relevant ist, lässt sich somit aus der Kardinalspflicht zur Erstattung von Verdachtsmeldungen ableiten. Daher ist es zunächst wichtig mögliche strafbare Sanktionsverstöße zu erkennen. Das **Sanktionsstrafrecht** ist in der EU durch die Richtlinie (EU) 2024/1226[300] harmonisiert. Auf deutscher Ebene sind die Straftatbestände im Außenwirtschaftsgesetz normiert, dort in § 18 AWG. Flankiert wird dies durch die in § 19 AWG normierten Ordnungswidrigkeiten.

252 Nachdem die Verpflichteten nicht erst nach Hinweisen auf eine konkrete Straftat hin tätig werden müssen, kann eine praktikable Erfüllung der Verdachtsmeldepflicht im Zusammenhang mit internationalen Sanktionen nur über bestimmte Anknüpfungspunkte erfolgen. Die **Anknüpfungstatsachen** können gelistete Personen, gelistete Güter und Dienstleistungen und Risikoländer sein. Die Verpflichteten müssen also zunächst einmal über Systeme verfügen, die diese Anknüpfungspunkte erkennen können.

---

297 Auf EUR-Lex werden jeweils konsolidierte Fassungen in den Sprachen aller Mitgliedsländer veröffentlicht: https://eur-lex.europa.eu/homepage.html?locale=de.

298 Veröffentlichung „SCHLAGLICHTER_04|23_WIRTSCHAFTSPOLITIK", abrufbar unter https://www.bmwk.de/Redaktion/DE/Infografiken/Schlaglichter-der-Wirtschaftspolitik/2023/04/03-im-fokus-die-sanktionsdurchsetzungsgesetze-download.pdf?__blob=publicationFile&v=4.

299 Das Verbot des § 16a GwG wurde durch das zweite Sanktionsdurchsetzungsgesetz vom 19.12.2022 eingefügt.

300 Richtlinie zur Definition von Straftatbeständen und Sanktionen bei Verstoß gegen restriktive Maßnahmen der Union.

Um **gelistete Personen** zu erkennen, ist es bei Verpflichteten mit einer großen Zahl von Kunden, mit denen sie über ein Dauerschuldverhältnis verbunden sind, üblich, sog. Screening- oder Filteringtools einzusetzen. Für Verpflichtete, die nur gelegentlich den Sanktionsstatus eines Kunden überprüfen möchten, bietet sich ein Datenbankzugang bei spezialisierten Dienstleistern an, die auch abweichende Schreibweisen oder phonetische Ähnlichkeiten erkennen können. Von einer manuellen Suche in den veröffentlichten Listen ist abzuraten, schon kleine Fehler im Namen können dazu führen, dass eine sanktionierte Person nicht als solche erkannt würde. Sucht man beispielsweise nach „Mikhail Fridman", so wäre die Suche erfolgreich. Wenn man den Namen nach Gehör eintippt, würde man in Deutschland mit gewisser Wahrscheinlichkeit nach „Michael Friedmann" suchen und keine gelistete Person finden. 253

Nachdem es eher unwahrscheinlich ist, dass eine gelistete Person bei einem deut- 254
schen Verpflichteten persönlich in Erscheinung tritt, ist es keineswegs risikoangemessen nur den Kundenbestand abzugleichen. Es ist im Gegenteil damit zu rechnen, dass gelistete Personen in Deutschland nur mittelbar in Erscheinung treten. Diverse Vermögensgegenstände, seien es Unternehmen, Immobilien oder Luxusgüter wie Yachten, Fahrzeuge, Schmuck oder andere teure Konsumartikel, werden aller Wahrscheinlichkeit über Gesellschaften und Mittelsmänner erworben und gehalten. Hinsichtlich der Vermögensgegenstände haben dabei Immobilien und Unternehmen große Relevanz. Beide lassen sich schwer oder gar nicht ins Ausland verbringen. Dem Zugriff des deutschen Staates können diese also nur mit juristischen Mitteln oder durch Verschleierung der wahren Eigentümer entzogen werden.

Um dem zu begegnen, gibt es das Konzept der **indirekten Sanktionen**. Dieses Kon- 255
zept erweitert die Anwendbarkeit der Sanktionen gegen eine Person auch auf juristische Personen die von der sanktionierten Person gehalten oder kontrolliert werden. Für diese Personen gilt dann auch das (mittelbare) Bereitstellungsverbot (siehe unten) und diese Personen unterliegen Maßnahmen zum Einfrieren von Vermögenswerten, die direkt für die jeweilige sanktionierte Person gilt.

Das Merkmal **„gehalten oder kontrolliert"** wird in den „EU-Best Practices for the 256
effective implementation of restrictive measures[301]" als dann gegeben definiert, wenn der Eigentumsanteil 50 % oder mehr (**nicht**: mehr als 50 %!) beträgt oder bei einem „majority interest", also der Möglichkeit die Mehrheit der Stimmrechte auszuüben. Bei der Beurteilung der Eigentumsverhältnisse sollte auch das aggregierte Eigentum an der juristischen Person berücksichtigt werden. Wenn beispielsweise eine benannte Person 30 % und eine andere benannte Person 25 % der juristischen Person hält, gilt die juristische Person grundsätzlich als im Eigentum von benannten Personen, mit der Folge, dass Sanktionen anwendbar sind, obwohl keine designierte Person allein Eigentümer der juristischen Person ist.

301 EU-Best Practices for the effective implementation of restrictive measures vom 3.7.2024, Rn. 63.

257 Der **Kontrollbegriff** ist in Art. 1 S. 1 Nr. 6 der Verordnung (EU) 2580/2001 über spezifische, gegen bestimmte Personen und Organisationen gerichtete restriktive Maßnahmen zur Bekämpfung des Terrorismus wie folgt definiert:

„a) *das Recht, die Mehrheit der Mitglieder des Verwaltungs-, Leitungs- oder Aufsichtsorgans der juristischen Person, Vereinigung oder Körperschaft zu bestellen oder abzuberufen;*

b) *die Tatsache, allein durch die Ausübung seiner Stimmrechte die Mehrheit der Mitglieder des Verwaltungs-, Leitungs- oder Aufsichtsorgans der juristischen Person, Vereinigung oder Körperschaft für das laufende oder das vorhergehende Geschäftsjahr bestellt zu haben;*

c) *die alleinige Verfügung über die Mehrheit der Stimmrechte der Anteilseigner bzw. Mitglieder der juristischen Person, Vereinigung oder Körperschaft aufgrund einer Vereinbarung mit anderen Anteilseignern bzw. Mitgliedern derselben;*

d) *das Recht, auf die juristische Person, Vereinigung oder Körperschaft einen beherrschenden Einfluss aufgrund eines mit dieser juristischen Person, Vereinigung oder Körperschaft geschlossenen Vertrages oder aufgrund einer in ihrer Gründungsurkunde oder Satzung niedergelegten Bestimmung auszuüben, sofern das Recht, dem die juristische Person, Vereinigung oder Körperschaft unterliegt, es zulässt, dass diese solchen Verträgen oder Bestimmungen unterworfen wird;*

e) *die Befugnis, von dem Recht zur Ausübung eines beherrschenden Einflusses im Sinne des Buchstaben d) Gebrauch zu machen, ohne dieses Recht selbst innezuhaben;*

f) *das Recht, alle oder einen Teil der Vermögenswerte der juristischen Person, Vereinigung oder Körperschaft zu verwenden;*

g) *die Führung der Geschäfte der juristischen Person, Vereinigung oder Körperschaft auf einer einheitlichen Grundlage mit Erstellung eines konsolidierten Abschlusses;*

h) *die gesamtschuldnerische Erfüllung der finanziellen Verbindlichkeiten der juristischen Person, Vereinigung oder Körperschaft oder das Bürgen für sie.*“

258 Die Best Practices stellen klar, dass es sich um eine **nicht abschließende Aufzählung** handelt[302].

259 Um die potenzielle Anwendbarkeit der indirekten Sanktionen erkennen zu können, ist es von herausgehobener Bedeutung auch die Datensätze aller **zwischengeschalteten Gesellschaften**, zwischen Kunde und dem wirtschaftlich Berechtigten, in der KYC-Datenbank zu erfassen, jedenfalls soweit dies risikoangemessen ist. Wenn eine der zwischengeschalteten Gesellschaften bekanntermaßen[303] von einem Sanktionsziel kontrolliert wird, kann die Anwendbarkeit von indirekten Sanktionen auf den Kunden erkannt werden, auch wenn eine Ermittlung des wirtschaftlichen Berechtigten geschei-

302 EU-Best Practices for the effective implementation of restrictive measures vom 3.7.2024, Rn. 64.

303 Bekanntermaßen bedeutet hier, dass die zwischengeschaltete Gesellschaft auf offiziellen Listen oder in den Datenbanken von Informationsanbietern als einem Sanktionsziel zugehörig ausgewiesen wird.

tert ist. Auch wenn ein Sanktionsziel nur eine Minderheitsbeteiligung hat, ist dies ein Anlass zu prüfen, ob andere gelistete Personen auch Minderheitsanteile haben. Nach den Vorgaben des GwG wären die Personen dann u. U. keine wirtschaftlich Berechtigten, aber die Anteile aller Sanktionsziele werden dann aggregiert und indirekte Sanktionen sind anwendbar.

Steht nun die Anwendbarkeit von Sanktionen auf ein Unternehmen oder eine Person fest, so greifen typischerweise das mittelbare oder unmittelbare **Bereitstellungsverbot** und das Einfrieren von Vermögenswerten. Das Bereitstellungsverbot ist ein Verbot wirtschaftliche Ressourcen oder Gelder zur Verfügung zu stellen. Der Anwendungsbereich wird sehr weit ausgelegt und ist im Einzelfall schwierig abzugrenzen[304]. Für den Geldwäschebeauftragten dürften diese Abgrenzungsfragen in der Praxis aber in aller Regel irrelevant sein: Wenn das Bereitstellungsverbot greifen könnte, muss eine Meldung ergehen. Nur wenn es offensichtlich nicht greift, dann kann eine Meldung unterbleiben. Ein Beispiel wäre hier die Bereitstellung von Vermögenswerten, die nur für den persönlichen Gebrauch oder Verbrauch geeignet sind, konkret die häusliche Versorgung mit Gütern und Dienstleistungen des Grundbedarfs wie Gas, Strom, Wasser und Telekommunikationsinfrastruktur, und die nicht von einer gelisteten Person zur Beschaffung von Geldern, Waren oder Dienstleistungen verwendet werden können[305]. 260

Das **„Einfrieren von wirtschaftlichen Ressourcen“** ist ein Verfügungsverbot. Es soll verhindern, dass die wirtschaftlichen Ressourcen für den Erwerb von Geldern, Waren oder Dienstleistungen eingesetzt werden. Eine eingefrorene Sache darf nicht mehr veräußert, vermietet oder belastet oder anderweitig als Einkommensquelle genutzt werden. Auch hier gilt, dass defacto eine Meldung erfolgen muss. Die oben dargestellte Ausnahme für persönliche Verbrauchsgüter gilt auch hier[306]. 261

Beispiel aus einer Verdachtsmeldung zur Sanktionsumgehung

„Wir führen seit dem ███.███.███ das Geschäftskonto IBAN ███████ für die Firma ███████. Die Firma ist u. a. in der Autobrache tätigt, Geschäftsführer ist Herr ███ ███. Am ███.███.███ ging auf das o.g. Konto eine Zahlung aus Georgien über 200.500,00 EUR ein, die zur Überprüfung ausgesteuert wurde. ein. Die zugrundeliegende Rechnung wurde angefordert. Daraus ging der Verkauf eines Mercedes Benz hervor. Käufer ist eine Firma ███ LLC aus Kashuri, Georgien. Bei einer Recherche im Internet gab es weder zu dem Namen der Firma, noch die angegebene Anschrift einen Treffer. Der Ort Kashuri liegt nahe der russisch besetzten Region Südossetien. Herr ███ kündigte an, dass die Firma ███ LLC weiter Luxus PKW's über seine Firma ███ gekauft hat und im Laufe des Monats weitere Zahlung in vergleichbarer Höhe auf dem Firmenkonto eingehen werden. Die Verdachtsmeldung erfolgt, da hier ein Verstoß gegen Artikel 3 h der Verordnung (EU) Nr. 833/2014 nicht ausgeschlossen werden kann.“

---

304 EU-Best Practices for the effective implementation of restrictive measures vom 3.7.2024, Rn. 59.
305 AaO, Rn. 64 und 61.
306 AaO, Rn. 64 und 61.

XVI. „Listentreffer"

1. Allgemeines

262 Für die Frage der Geldwäscheprävention ist weniger die eigentliche Sanktionswirkung relevant als die Frage nach den Meldepflichten, die aus einem Listentreffer folgen. Besteht Namensgleichheit eines Kunden oder einer mit dem Kunden verbundenen Person oder Unternehmen mit einer auf einer EU- Sanktions- oder „Terror"-Liste gelisteten Person oder Unternehmen, so sind dem Verpflichteten **de facto die Hände gebunden** – es ist fast immer eine Meldung zu erstatten. Die Hände sind de facto deshalb gebunden, weil die Meldung ohne schuldhaftes Zögern abgegeben werden muss. Feinsinnige Unterscheidungen dahingehend, ob beispielsweise schon eine Zuwiderhandlung gegen ein Einfriergebot oder ein Bereitstellungsverbot vorliegen, dürfte für den meldenden Geldwäschebeauftragten schon zeitlich nicht möglich sein. Solche Überlegungen müssen auf der Ebene der Strafverfolgungsbehörden stattfinden. Die Verpflichteten dürfen sich mit solchen Überlegungen vor Abgabe einer Verdachtsmeldung nicht aufhalten.

263 Tatsächlich beziehen sich das **FIU-Typologiepapier** vom November 2024 (Typologien der Sanktionsumgehung – Besondere Anhaltspunkte für das Erkennen einer möglichen Sanktionsumgehung bzw. eines Embargoverstoßes), welches im geschützten Bereich für die Verpflichteten abrufbar ist, eigentlich immer auf die oben genannten Anknüpfungspunkte.

264 Den Unternehmen, die von Sanktionen betroffen sind, stehen grundsätzlich **Rechtsmittel** zur Verfügung, um gegen eine Einordnung als benanntes Unternehmen vorzugehen. Ferner besteht die Möglichkeit für betroffene Unternehmen darzulegen, dass sichergestellt ist, dass die Mittel oder Ressourcen des Unternehmens nicht der designierten Person zur Verfügung gestellt werden oder zugutekommen. Für die Geldwäschebeauftragten ist es faktisch unmöglich mit ausreichender Sicherheit in angemessener Zeit zu beurteilen, ob das Unternehmen dies erfolgreich darlegen kann oder konnte. Es bleibt nur die Option eine Verdachtsmeldung abzugeben, wenn festgestellt wird, dass ein Fall von Eigentum und Kontrolle vorliegt. Dies gilt jedenfalls für nach deutschem Recht verbindliche Sanktionslisten.

Hinweis
Sanktionslisten gibt es weltweit verschiedenste und teilweise sind diese aus deutscher Sicht nicht gerechtfertigt oder sogar verwerflich. Zum Beispiel hat Russland deutsche Beamte auf russische Sanktionslisten aufgenommen, um gegen die Sanktionierung von russischen Beamten durch die EU zu protestieren, welche wiederum als Reaktion auf die Vergiftung von Alexander Nawalny gelistet wurden.

265 Die Feststellung, ob es sich bei dem Kunden um genau die gelistete Person handelt oder **lediglich Namensgleichheit** vorliegt, ist dem Verpflichteten unter Umständen unmöglich, wenn weder über die Sanktionslisten, noch über Auskunfteien neben dem Namen weitere Daten wie z. B. Geburtsdatum oder ID-Nummern (Ausweis, Pass etc.) der sank-

tionierten Person zu ermitteln sind. Wenn die Daten der gelisteten Person vorliegen, jedoch die für eine Unterscheidung erforderlichen Angaben des eigenen Kunden in der KYC-Akte fehlen, muss der Verpflichtete diese beim Kunden unverzüglich einholen. Der Geldwäschebeauftragte muss in solchen Fällen die Datenqualität der KYC-Akten in Frage stellen.

Nachdem die Listen ohnehin öffentlich sind, kann auch kein Verstoß gegen das **Tipping-Off Verbot** vorliegen, wenn der Verpflichtete dem Kunden erklärt, dass die Daten benötigt werden um den Kunden (oder dessen Gesellschafter oder wirtschaftlicher Berechtigten) von der gelisteten Person zu unterscheiden. Hier stehen die Belange des Datenschutzes im Vordergrund. Genau wie eine gelistete Person aus der Datenschutzgrundverordnung das Recht auf Information, Auskunft und Berichtigung gegenüber der Behörde hat, die die Listung vornimmt,[307] haben auch die Kunden der Verpflichteten gegenüber diesen entsprechende Rechte. 266

Die **BaFin-AuA** zum GwG AT (03/2025), Ziff. 10.8.1, weisen zudem explizit darauf hin, dass wenn sich im konkreten Fall für die Beschäftigten des Verpflichteten ein Verdacht für eine Geldwäschehandlung oder eine Terrorismusfinanzierung geradezu aufdrängen muss, eine Transaktion nicht nach § 46 Abs. 2 GwG ausgeführt werden soll, was insbesondere der Fall ist, wenn eine im Hinblick auf Terrorismusfinanzierung gelistete Person involviert ist oder sein könnte. 267

Oft enthalten die betreffenden Listen **ungenaue oder auch keine Angaben zu Geburtsdaten** – hier wird allein die namentliche Übereinstimmung regelmäßig eine Pflicht zur Verdachtsmeldung auslösen, sofern (wenn die Liste ein Geburtsdatum ausweist) nicht eine derart deutliche Abweichung zum festgestellten Geburtsdatum des Kunden vorliegt, dass eine Personenidentität auszuschließen ist. 268

Fallbeispiel aus einer Verdachtsmeldung

„Beim Abgleich mit der Sanktionsliste des Bundesanzeigers wurde uns ein möglicher Treffer angezeigt. Es existiert ein ■■■ alias ■■■. Als mögliches Geburtsdatum ist das Jahr 1980 bzw. 1983 hinterlegt. Geburtsort ist Irak."

Auch hier ist es zulässig, den **Kunden zu befragen**, ob ihm eine Möglichkeit bekannt ist, ihn objektiv nachvollziehbar von der gelisteten Person zu unterscheiden. Geboten ist dies deshalb, weil immer auch die konkrete Gefahr besteht, dass die betroffene Person zu Unrecht wegen fehlerhafter oder unvollständiger Daten mit der gelisteten Person verwechselt wird. Natürlich darf nicht mitgeteilt werden, dass beabsichtigt ist eine Verdachtsmeldung zu erstatten, aber es darf und muss um Information im Rahmen der Kundensorgfaltspflichten gebeten werden und es darf auch klar gesagt werden, dass es darum geht, eine Unterscheidung zu einer gelisteten Person zu treffen. 269

---

307 https://www.edps.europa.eu/data-protection/data-protection/reference-library/asset-freezing_de.

270 Grundsätzlich ist anzuraten den **Kontext des Listeneintrages** zu **prüfen**, bevor eine Meldung abgegeben wird. In der Praxis werden bei vielen Verpflichteten nämlich nicht nur die hier thematisierten EU-Listen abgeglichen, sondern eine Vielzahl von internationalen Listen (insbesondere, wenn manuelle Recherchen in Compliancedatenbanken durchgeführt werden, denn dort werden typischerweise verschiedenste Listen berücksichtigt). Nicht jede Liste, welche in den gängigen Auskunftsdatenbanken geführt wird, legt einen Verdacht der Terrorfinanzierung oder einer anderen Straftat nahe. Beispielsweise existieren Listen von Unternehmen, in welche bestimmte öffentliche Fonds nicht investieren sollen. Diese Listung kann verschiedenste Gründe haben, die nichts mit Straftaten zu tun haben.

Hinweis

Wenn es sich um **Listen** handelt, **die nicht in Europa bzw. in Deutschland verbindlich sind**, besteht immer die Gefahr gegen das Boykottverbot des § 7 AWV oder gegen die EU-Blocking-Verordnung 2271/96 zu verstoßen. Wer einen solchen Listentreffer meldet, dokumentiert damit unter Umständen den eigenen Gesetzesverstoß.

Die **FIU** veröffentlich auf ihrer Homepage die jeweils als solche klassifizierten Risikostaaten und relevanten Sanktionslisten: https://www.zoll.de/DE/FIU/Fachliche-Informationen/Drittlaender/drittlaender_node.html.

Zu **verschiedenen Listen und Kritik hieran** s. in diesem Kapitel A II 3 (Rn. 103 und dortige Fn.).

271 In der Praxis ist seit je her eine nur **geringe „Trefferzahl" diesbezüglicher Meldungen** festzustellen. Bspw. wies der BKA-FIU-Jahresbericht 2016 insgesamt 784 Verdachtsmeldungen mit Verdachtsgrund „Terrorismusfinanzierung" aus, von denen fünf aufgrund einer möglichen Übereinstimmung mit der EG-Verordnung Nr. 2580/2001 oder Nr. 881/2002 erstattet wurden. In keinem Fall wurde eine tatsächliche Übereinstimmung mit einer gelisteten Person festgestellt.[308] Die neue FIU gibt in ihrem Jahresbericht keine diesbezüglichen Zahlen mehr an. Die geringe Zahl der Meldungen ist nicht überraschend, da die Listung öffentlich ist und die gelisteten Personen höchstwahrscheinlich auf die Listung reagieren.

Hinweis

Durch das Finanzkriminalitätsbekämpfungsgesetz (BT-Drucks. 20/9648, Art. 18 Nr. 23 Buchst. a, durch den § 32 Abs. 1 GwG entsprechend neu gefasst werden sollte) sollte der FIU die Befugnis der Weiterleitung von Meldungen auch an die **Zentralstelle für Sanktionsdurchsetzung (ZfS)** eingeräumt werden, die gem. § 1 Abs. 1 S. 1 SanktDG die Aufgabe hat, die Durchsetzung der vom Rat der EU im Bereich der Gemeinsamen Außen- und Sicherheitspolitik beschlossenen wirtschaftlichen Sanktionsmaßnahmen im Inland zu gewährleisten und mit ausländischen Behörden bei der Durchsetzung dieser Sanktionsmaßnahmen zusammenzuarbeiten. Da das Finanzkriminalitätsbekämpfungsgesetz nach dem Bruch der Regierungskoalition der Diskontinuität anheimfiel (nicht mehr beschlossen wurde), besteht die Möglichkeit aktuell noch nicht.

308 BKA, FIU-Jahresbericht 2016, S. 24.

In Abgrenzung hierzu: Für etwaige Genehmigungsanträge von Transaktionen sanktionierter Entitäten ist die **Bundesbank** zuständig.[309]

Eine Verdachtsmeldung ist auch dann veranlasst, wenn der Verpflichtete Kenntnis davon erhält, dass das Geschäft, zu dem die Transkation gehört, gegen ein **Warenembargo** verstoßen könnte. Insbesondere Dual-Use Güter bergen hier Risiken. Um das Risiko zu beherrschen, bietet es sich an, Unternehmenskunden standardmäßig nach Risikoindikatoren für solche Geschäfte zu befragen, also insbesondere, ob das Unternehmen Dual-Use Güter oder andere Güter an- oder verkauft, welche in den Anhängen der Verordnung (EU) 833/2014 gelistet sind. Des Weiteren könnte nach Tochterunternehmen, Niederlassungen oder sonstigen Assets in kritischen Regionen und Nationen gefragt werden. 272

Insbesondere Verpflichtete, die nicht nur mit den Zahlungen, sondern auch mit den zugrundeliegenden Geschäften befasst sind, sollten ihre Mitarbeiter durch Schulungen auf solche Sachverhalte sensibilisieren. Solche Verpflichtete können Factoring- und Leasinginstitute oder Güterhändler, insbesondere für Luxusgüter, sein. Die Lieferdokumente enthalten bei Exporten sogenannte TARIC-Nummern, die in der mehrsprachigen Zolltarifdatenbank der Europäischen Union, auch TARIC genannt, festgelegt sind. Die Rechtsgrundlage für den TARIC ist die Verordnung (EWG) Nr. 2658/87 des Rates vom 23. Juli 1987 über die zolltarifliche und statistische Nomenklatur sowie den gemeinsamen Zolltarif.[310] Die TARIC Nummern sind auch in den europäischen Embargovorschriften angegeben, so dass, auch ohne Fachkenntnisse über die jeweiligen Dual-Use Güter, geprüft werden kann welche Art von Gütern gehandelt werden sollen. 273

Abgesehen von der Meldepflicht der Verpflichteten besteht noch die sogenannte **„Jedermannspflicht“ des Art. 6b der EU-Verordnung Nr. 833/2014**. Nach dieser Pflicht muss Jedermann Hinweise zu Sanktionsverstößen melden. Jedermann meint natürliche und juristische Personen, also grundsätzlich **auch Verpflichtete** nach dem Geldwäschegesetz. Ausgenommen ist die Kommunikation zwischen Anwalt und Mandant und vertrauliche Informationen im Besitz von Justizbehörden. In Deutschland ist das BAFA (Bundesamt für Wirtschaft und Ausfuhrkontrolle) für Hinweise auf Verstöße gegen warenbezogene Sanktionen für den Empfang von Meldungen zuständig und die Bundesbank für Hinweise zu Finanzsanktionen. Beide haben Emailadressen für die Meldung eingerichtet: melderegister-sanktionen@bafa.bund.de und sz.finanzsanktionen@bundesbank.de. Die Bundesbank wendet sich auch regelmäßig an beaufsichtigte Unternehmen und fragt bestimmte Sanktionsziele ab. 274

309 S. auch FAQ, Häufig gestellte Fragen zum Thema Finanzsanktionen, der Bundesbank, B.19.

310 https://taxation-customs.ec.europa.eu/customs-4/calculation-customs-duties/customs-tariff/eu-customs-tariff-taric_de.

2. Anmerkungen zur Instant Payment Verordnung

275 Die Anforderung des GwG an die Verpflichteten eine Verdachtsmeldung abzugeben und insbesondere die Pflicht die Transaktion dann (zunächst) anzuhalten, ist lex specialis zu eventuell aus anderen Gesetzen bestehenden Pflichten eine Transaktion durchzuführen. Betont wird dies auch indirekt in den BaFin-AuA GwG AT (11/2024), Ziff. 10.8.1, auch wenn es dort explizit nur um Terrorismusfinanzierung geht. Dies ist stets der Fall, wenn sich die Verdachtsmeldung aus einem Listeneintrag ergibt, denn die Listung zieht typischerweise in beiden Fällen ein Bereitstellungsverbot und ein Gebot die Vermögenswerte einzufrieren, nach sich. Die eventuell beabsichtigte Transaktion ist dann gerade die Straftat.

276 Relevanz haben die gesetzlich geforderten Handlungen des Geldwäschebeauftragten eine Meldung abzugeben, insbesondere für Transaktionen nach der Instant Payment Verordnung[311], die nach den Erwägungsgründen und nach den Q&A[312] eine **abschließende Bearbeitung am gleichen Kalendertag** vorsieht. Dies bedeutet aber nicht, dass die Verpflichteten eine Transaktion durchführen müssen bzw. dürfen, bezüglich derer die Möglichkeit besteht, dass durch die Transaktion eine strafbewährte Sanktionsvorschrift verletzt wird. Es bedeutet lediglich, dass die Transaktionen durchgeführt werden müssen, die eindeutig nicht von gelisteten Personen in Auftrag gegeben wurden. Nachdem die Geldwäschegesetze in Europa richtlinienumsetzende Gesetze sind, steht dem auch der höhere Rang der EU-Verordnung gegenüber den nationalen Geldwäschegesetzen nicht entgegen. Das betrifft aber natürlich nur solche potenzielle Listentreffer, die eine Verdachtsmeldung erfordern würden, wenn diese echte Treffer wären. Gerade gegen solche Listen (Asset Freeze) wird aber abgeglichen. Jede andere Interpretation würde im Ergebnis dazu führen, dass Transaktionen durchgeführt werden, wenn nicht innerhalb von einem Kalendertag der Listentreffer verifiziert werden kann, was an einem Wochenende und bei indirekten Sanktionen im Einzelfall schwierig bis unmöglich sein kann.

277 Es ist in solchen Fällen zu **unterscheiden** zwischen **eindeutigen Nicht-Treffern**, die sofort wieder für das Instant Payment freigeschaltet werden müssen und den sogenannten **„Potential Hits“** die vorübergehend vom Instant Payment ausgeschlossen werden müssen. Diese Potential Hits sind dann wie eine interne Verdachtsmeldung zu bearbeiten und der Grundsatz der unverzüglichen Bearbeitung gilt dann auch hier. Bei ausreichenden personellen und technischen Ressourcen sind keine wesentlichen Einschränkungen für den Zahlungsverkehr nach der Instant Payment Verordnung zu erwarten.

278 Die veröffentlichten **Q&A** sind insoweit **missverständlich**, als dass die Fragen dort im Wesentlichen ausschließlich allein aus der Instant Payment Verordnung heraus

---

311 Verordnung (EU) 2024/886 vom 13. März 2024 zur Änderung der Verordnungen (EU) Nr. 260/2012 und (EU) 2021/1230 und der Richtlinien 98/26/EG und (EU) 2015/2366 im Hinblick auf Echtzeitüberweisungen in Euro.

312 Abrufbar unter https://finance.ec.europa.eu/publications/clarification-requirements-instant-payments-regulation_en.

beantwortet werden, was aus Sicht der antwortenden Personen auch folgerichtig ist. Es ist schließlich nicht deren Aufgabe allgemeine Auslegungen zu anderen Gesetzen vorzugeben. Die Verpflichteten dagegen müssen aber die Rechtsordnung als Ganzes beachten und daran werden sie im Zweifel auch von Behörden und Gerichten gemessen.

XVII. Kontoeröffnungen durch Flüchtlinge mit Falschpersonalien

Zu Beginn der verstärkten Flüchtlingsströme im Jahr 2015 nach Europa und Deutsch- 279
land wurde die Hypothese in den Raum gestellt, dass sich unter Flüchtlingen auch sogenannte **Foreign Terrorist Fighter (FTF)** befinden könnten. Hierbei handelt es sich per Definition um *„Personen, die in einen anderen Staat als den Staat ihres Wohnsitzes oder ihrer Staatsangehörigkeit reisen, um terroristische Handlungen zu begehen, zu planen oder vorzubereiten oder sich an terroristischen Handlungen zu beteiligen oder um terroristische Ausbildung zu erteilen oder zu erhalten, auch in Verbindung mit einem bewaffneten Konflikt".*[313] Diese Hypothese mag dazu geführt haben, dass **Konten von Flüchtlingen** zusätzlich zur ohnehin verstärkten Überwachung als Neukunden risikobasiert in erhöhtem Fokus standen. Es zeigte sich hier als besonderes Phänomen, dass zahlreiche Kontoinhaber in der Folgezeit Ausweisdokumente vorlegten, die im Vergleich zu den bei der Kontoeröffnung vorgelegten Dokumenten (teils auch nur formlosen Bescheinigungen, was die BaFin 2015 vorläufig zugelassen hatte)[314] abweichende Identitätsangaben enthielten, was regelmäßig zu Verdachtsmeldungen führte, da die Identität des Kontoinhaber somit nicht mehr zweifelsfrei feststand und insgesamt wirtschaftliche Berechtigungen, Transaktionen etc. in neuem Licht zu sehen waren.

Beispiel aus einer Verdachtsmeldung

„Am 01.09.■■■ kam der Kunde in die Geschäftsstelle ■■■ um ein aktuelles Legitimationsdokument für sein bestehendes Konto bei der Sparkasse ■■■ vorzulegen. Dabei fiel der bearbeitenden Mitarbeiterin auf, dass der Geburtsort und die Staatsangehörigkeit abweichend von dem bisher vorgelegten Ausweisdokument war. Nach Aufenthaltsgestattung (■■■ LRA ■■■ vom 10.03.■■■), Geburtsort: ■■■, Staatsangehörigkeit Syrien. Auf neuem Aufenthaltstitel Geburtsort ■■■ Staatsangehörigkeit PSE. Anwesende Person war identisch mit dem Ausweisbild."

In derartigen Fällen sollte **nicht „automatisch" eine Meldung erstattet** werden. Die 280
Angabe falscher Personalien kann „nicht-kriminelle Hintergründe" haben (die Familie des/der Betreffenden lebt noch im Krisengebiet und man fürchtet Repressalien, gepaart mit Angst gegenüber staatlichen Institutionen etc.). Die Kundenverbindung ist jedoch

313 Lt. UN-Resolution 2187 (2014); allgemein zum Phänomen s. u. a. *Eichhorst*.
314 BaFin, Schreiben vom 21.8.2015 an die Deutsche Kreditwirtschaft, Gz: GW 1-GW 2002-2008/0004 (GW), das schließlich durch die Zahlungskonto-Identitätsprüfungsverordnung vom 5.7.2016 (BAnz AT 6.7.2016 V1) abgelöst wurde.

aufgrund dieser neuen Erkenntnisse zu prüfen. Ergeben sich hieraus keine Verdachtsmomente i.S.d. § 43 Abs. 1 S. 1 GwG, ist eine Meldung entbehrlich.

281 In vielen dieser Fälle besteht das Konto bereits längere Zeit und ist auf dem Konto Guthaben vorhanden. Da der Kunde **mit Angabe der Falschpersonalien gegen § 154 Abs. 1 AO (Kontenwahrheit) verstoßen** hat – *„Niemand darf auf einen falschen oder erdichteten Namen für sich oder einen Dritten ein Konto errichten oder Buchungen vornehmen lassen, Wertsachen (Geld, Wertpapiere, Kostbarkeiten) in Verwahrung geben oder verpfänden oder sich ein Schließfach geben lassen.“* – dürfen Guthaben, Wertsachen und der Inhalt eines Schließfachs nur mit **Zustimmung des** für die Einkommen- und Körperschaftsteuer des Verfügungsberechtigten **zuständigen Finanzamts** herausgegeben werden (§ 154 Abs. 3 AO). Einige Kreditinstitute fordern von dem Kunden / der Kundin zudem eine **Bescheinigung der Ausländerbehörde**, dass Personenidentität besteht. Bis zur Vorlage der Zustimmung und Bescheinigung wird das Konto nicht umgeschrieben und auch eine Neuanlage auf den „neuen“ Namen abgelehnt.

282 Im Hinblick auf mögliche Listentreffer bei solchen Konten stellen die EU Best Practices klar: *„However, it is also important to make sure that natural persons whom the available identifiers fully match, but who claim they are not the intended target of the restrictive measures, are not deprived of funds necessary to their basic needs while the investigations described in paragraphs 10 to 16 below are being carried out. An example may be where a refugee requires access to a bank account in order to receive social welfare payments.“*[315]

283 (Übersetzt: „Es ist jedoch auch wichtig sicherzustellen, dass natürlichen Personen, die mit den verfügbaren Identifikatoren vollständig übereinstimmen, aber behaupten, nicht das beabsichtigte Ziel der restriktiven Maßnahmen zu sein, während der Durchführung der in den Absätzen 10 bis 16 beschriebenen Untersuchungen nicht die für ihre Grundbedürfnisse erforderlichen Mittel vorenthalten werden. Ein Beispiel hierfür wäre, wenn ein Flüchtling Zugang zu einem Bankkonto benötigt, um Sozialleistungen zu erhalten.“)

XVIII. Zahlungen an politische Parteien

284 Über Monitoringsysteme der Kreditinstitute werden Überweisungen an politische Parteien erfasst (bzw. lassen sich Transaktionen an bekannte Parteikonten erfassen) und können zu systemgenerierten Regeltreffern führen. Wenn die Partei oder Teile von ihr – wie bspw. Teile der AfD oder ihrer Jugendorganisation (JA, Junge Alternative)[316] – vom Bundesamt für Verfassungsschutz als gesichert verfassungsfeindlich (bspw. rechts-

315 EU-Best Practices for the effective implementation of restrictive measures vom 3.7.2024, Rn. 9a.

316 S. ausführlich https://www.verfassungsschutz.de/DE/verfassungsschutz/der-bericht/vsb-rechtsextremismus/2023-vsb-rechtsextremismus_artikel.html#doc1943150bodyText8.

extrem) oder entsprechender Verdachtsfall eingestuft werden, stellt sich die Frage des Umgangs mit derartigen Transaktionen.

Die **Wissenschaftlichen Dienste des Deutschen Bundestages** wurden um eine 285 Stellungnahme zu verschiedenen Fragestellungen im Zusammenhang mit der Behandlung von Zahlungsaufträgen zugunsten politischer Parteien durch öffentlich-rechtliche Finanzinstitute gebeten. Im Kern ging es dabei um die Frage, inwieweit öffentlich-rechtliche Finanzinstitute dazu verpflichtet sind, Zahlungsaufträge an sämtliche politische Parteien gleich zu behandeln und inwieweit es ihnen gestattet ist, einzelne dieser Aufträge nicht auszuführen bzw. die betreffenden Kunden aufzufordern, solche Überweisungen künftig zu unterlassen.[317] Im Ergebnis wird festgestellt, dass eine Ungleichbehandlung nicht mit den politischen Zielen einer Partei begründet werden könne, da es gemäß Art. 21 Abs. 2 Satz 2 GG allein dem Bundesverfassungsgericht obliege, eine Partei als verfassungswidrig zu qualifizieren und sie damit vom politischen Wettbewerb auszuschließen. Solange dies nicht geschehen sei, dürfte ein öffentlich-rechtliches Finanzinstitut daher selbst aus einer verfassungsfeindlichen Zielsetzung einer Partei keine Nachteile für diese ableiten.[318] Ungleichbehandlungen natürlicher Personen aufgrund ihrer politischen Anschauungen sind gemäß Art. 3 Abs. 3 Satz 1 GG verboten. Da öffentlich-rechtliche Finanzinstitute im Bereich der Daseinsvorsorge unmittelbar an die Grundrechte gebunden seien, dürften sie natürliche Personen, zu denen sie in Geschäftsbeziehungen treten, nicht wegen ihrer politischen Überzeugungen bevorzugen oder benachteiligen.

Hinweis !

Eine lesenswerte Analyse der antifinancialcrime.org gGmbH mit Unterstützung der Bundesarbeitsgemeinschaft »Gegen Hass im Netz«" zum Thema „Die gesellschaftliche Verantwortung von Finanzunternehmen bei der Bekämpfung des Rechtsextremismus und seiner Unterstützerszenen" ist im Internet zu finden unter https://antifinancialcrime.org/media/20240910_paper_banken_rechtsextremismus.pdf. Die Autoren kommen dabei u.a. zu dem Schluss, dass sich die sehr klaren Positionen der Finanzindustrie gegen Rechtsextremismus nicht immer mit der Realität und einem konkreten Handeln decken.

---

317 Abschlussbericht vom 10.4.2024, Az. WD 3 – 3000 – 027/24; WD 4 – 3000 – 018/24.
318 AaO S. 5, unter Verweis auf Ipsen, in: Ipsen, PartG, 2. Aufl. 2018, § 5 Rn. 36.

D. Sonderregelungen für Angehörige der rechts-, wirtschafts- und steuerberatenden Berufe

I. Vorbemerkungen

286 Angehörige der rechtsberatenden Berufe sind laut Einschätzung der FATF einem **erhöhten Risiko** ausgesetzt, in Geldwäscheaktivitäten verwickelt zu werden, da sie eine Reihe wichtiger Funktionen in Finanzangelegenheiten ausüben.[319]

287 Die **FATF** hat im Juni 2013 eine Studie – Money Laundering and Terrorist Financing Vulnerabilities of Legal Professionals – veröffentlicht, die das Ausmaß der Verwicklung der rechtsberatenden Berufe in die globale Geldwäsche bzw. ihre Gefährdung, hierfür missbraucht zu werden, untersucht hat. Hierbei wurden folgende Bereiche als die **sensibelsten Geschäftsfelder** identifiziert:
- Nutzung von Anderkonten,
- Kauf und Verkauf von Immobilien,
- Gründung, Fusionen und Übernahmen von Unternehmen,
- Gründung von Treuhandgesellschaften (Trusts) und
- Dienstleistungen im Zusammenhang mit Unternehmen und Trusts.[320]

288 Des Weiteren wurden Erbschaftsangelegenheiten, Steuerberatung und die Tätigkeit für Wohltätigkeitsorganisationen als Bereiche genannt, die erhöhte Aufmerksamkeit erfordern. In einer anderen Untersuchung wurde die Gefährdung der Rechtsanwälte und Notare als besonders hoch eingeschätzt, wenn es sich um Kunden handelt, die Verbindungen mit öffentlichen Ausschreibungen (v.a. im Rohstoffsektor) aufweisen.[321]

289 Die meisten Verdachtsmeldungen von Seiten der Rechtsberufe standen der FATF-Studie zufolge **im Zusammenhang mit folgenden Vortaten**:
- Bestechung und Bestechlichkeit,
- Betrug,
- Steuerstraftaten,
- Betäubungsmittelhandel,
- unklare Straftaten, aber unerklärliches (Bar-)Vermögen.[322]

---

319 FATF-Report on Money Laundering and Terrorist Financing Typologies 2003–2004, Ziff. 86ff., wo auch zahlreiche Beispiele aus Ermittlungsverfahren angeführt werden, in denen Angehörige von Rechtsberufen aktiv als Geldwäscher im Zusammenhang mit organisierter Kriminalität tätig waren; s. auch die Studie des Max-Planck-Instituts für ausländisches und internationales Strafrecht zur Gefährdung von Rechtsanwälten, Steuerberatern, Notaren und Wirtschaftsprüfern durch Geldwäsche, S. VI.

320 FATF-Report on Money Laundering and Terrorist Financing Vulnerabilities of Legal Professionals, June 2013, S. 23 und 27.

321 KGGT-Bericht Schweiz 2015, S. 5 und 81.

322 AaO S. 27; laut der Studie des Max-Planck-Instituts für ausländisches und internationales Strafrecht zur Gefährdung von Rechtsanwälten, Steuerberatern, Notaren und Wirtschaftsprüfern durch Geldwäsche dominierten Betrug/Untreue mit 70,3 % im Bereich des konkreten Vortatverdachts (S. 94).

Obwohl der Bereich der rechtsberatenden Berufe als besonders geldwäscherelevant eingeschätzt wird, gibt es aus diesem Bereich – mit Ausnahme von Notaren, die aufgrund der GwG-MeldV-Immobilien in bestimmten Konstellationen zur Erstattung von verdachtsunabhängigen Meldungen verpflichtet sind[323] und dabei im Jahr 2023 insgesamt 7.305 Meldungen erstattet haben – nur **sehr wenige Verdachtsmeldungen**. Die FIU weist in ihrem Jahresbericht 2023, S. 66, bundesweit lediglich 160 Verdachtsmeldungen von Rechtsanwälten, 57 von Steuerberatern und Steuerbevollmächtigten, 6 von Treuhändern/Dienstleistern für Treuhandgesellschaften und 31 von Wirtschaftsprüfern und vereidigten Buchprüfern aus. Überhaupt keine Meldung wurde im Jahr 2023 von Rechtsbeiständen, Patentanwälten und Kammerrechtsbeiständen erstattet. 290

Dieses seit jeher zurückhaltende Meldeverhalten wurde bereits von der FATF in ihrem Deutschland-Evaluationsbericht aus dem Jahr 2010 unter Ziff. 972 kritisch thematisiert (ähnlich im Evaluationsbericht 2022, Chapter 5 Key Findings Buchst. f und Ziff. 296), wobei sich die Feststellung für ganz Europa treffen lässt.[324] Hierzu ist indessen anzumerken, dass die niedrige Zahl der Meldungen aus dem Bereich der rechtsberatenden Berufe nicht nur auf Vorbehalte, mangelnde Sensibilität und fehlendes Wissen zurückzuführen ist, sondern auch gesetzliche Gründe hat, die eben in § 43 Abs. 2 GwG zu finden sind. Kritik hat hier jedenfalls differenzierend auszufallen. 291

Die FATF berichtet in ihrem Bericht zur Anfälligkeit von Rechtsberufen für Geldwäsche und Terrorismusfinanzierung vom Juni 2013, dass in den ihr für die Untersuchung vorliegenden Verdachtsmeldungen lediglich je nach meldendem Staat **in 0,035 bis 3 % der Verdachtsmeldungen Rechtsberufe wissentlich oder unwissentlich involviert** waren. Hierzu passt auch die Analyse eines Mitgliedstaats im Rahmen der FATF-Untersuchungen für den Typologiebericht 2003–2004, der berichtet hatte, dass weniger als 2 % der dortigen Verdachtsmeldungen, in denen es um Verstrickungen von Anwälten oder Notaren ging, von den Beratern selbst erstattet wurden. Die weitaus meisten Fälle potenziell verdächtiger Aktivitäten wurden daher von den Finanzinstitutionen aufgedeckt. Ca. 40 % dieser Berichte befassten sich mit der Eröffnung oder der Führung von „Treuhandkonten".[325] 292

---

323 GwG-MeldV-Immobilien vom 17.02.2025 (Näheres s. unten D. III).

324 Vgl. Europol, *„From suspicion to action"*, S. 14ff.; ebenso der Bericht des Europäischen Parlaments über den Vorschlag zur Änderungsrichtlinie zur 4. EU-Geldwäscherichtlinie (COM(2016)0450 – C8-0265/2016 – 2016/0208(COD)) vom 9.3.2017 in Erwägung 37d und die Zweite Supranationale Risikoanalyse der EU-Kommission vom 24.7.2019, COM(2019) 370 final, S. 7.

325 FATF-Report on Money Laundering and Terrorist Financing Typologies 2003–2004, Ziff. 89.

293 Die Bundesrechtsanwaltskammer (**BRAK**) stellt fest, dass die erstellten Geldwäscheverdachtsmeldungen meist *„auf einem nicht ausräumbaren Unbehagen über eine mögliche Instrumentalisierung zu Zwecken der Geldwäsche“* und der damit verbundenen Befürchtung der Rechtsanwälte beruhen, ein weiteres Tätigwerden können sie selbst dem Risiko strafrechtlicher Verfolgung aussetzen.[326]

294 Dass hier ein bedeutsames, auch aktuell noch nicht ausgeschöpftes Potenzial vorhanden ist, wird gleichfalls durch die Antworten von Rechtsanwälten, Notaren, Steuerberatern und Wirtschaftsprüfern im Rahmen der **Studie des Max-Planck-Instituts** für ausländisches und internationales Strafrecht zur Gefährdung von Rechtsanwälten, Steuerberatern, Notaren und Wirtschaftsprüfern durch Geldwäsche auf die entsprechende Frage deutlich: So hatten die Befragten im Durchschnitt zwischen ein und zwei Fälle pro Jahr, in denen sie den Eindruck hatten, dass bei einem Mandatswunsch Geldwäschemotive eine Rolle gespielt haben könnten, wobei es einen relativ kleinen Kreis gab, der sehr viel häufiger als der Durchschnitt mit entsprechenden Ansinnen konfrontiert wird.[327] Die Antworten geben auch Hinweise auf das typische Abwehrverhalten in solchen Fällen. Bei der Befragung im Jahr 2003 hatten aufgrund dessen 108 der Antwortenden (14,4 %) mindestens einmal ein Mandat abgelehnt; am häufigsten war dies bei Rechtsanwälten und Notaren der Fall. Dies wäre das Fallpotenzial, das für eine Verdachtsmeldung theoretisch infrage kommt. Allerdings besteht im Augenblick einer Mandatsanbahnung noch **keine** eigentliche Mandats- oder Geschäftsbeziehung im Sinne des § 1 Abs. 5 GwG.[328] Damit wären die angefragten Rechtsberatenden noch **keine** Verpflichteten und unterliegen damit auch **keiner** Verpflichtung, eine Meldung zu erstatten.

! **Hinweise**

Im Interesse einer einheitlichen Auslegung und Anwendung der Geldwäsche-Vorschriften haben Kammern und BRAK eine Arbeitsgruppe Geldwäscheaufsicht gegründet, die einen Musterentwurf für **Auslegungs- und Anwendungshinweise zum Gesetz über das Aufspüren von Gewinnen aus schweren Straftaten (Geldwäschegesetz – GwG)** verfasst hat. Dieser wurde von den einzelnen Rechtsanwaltskammern umgesetzt.[329]

Auch die **Wirtschaftsprüferkammer** hat **AuA** für die von ihr Beaufsichtigten veröffentlicht, die im Internet zu finden sind unter www.wpk.de/geldwaesche/anwendungshinweise.asp .

Ausführliche Informationen für **Steuerberater** finden sich auch auf den Internetseiten einiger Steuerberaterkammern wie bspw. auf der Internetseite der Steuerberaterkammer Hessen https://www.stbk-hessen.de/berufsrecht/geldwaeschegesetz (inkl. AuA zum GwG, Arbeitshilfen für Risikoanalysen etc.).

---

326 Stellungnahme der BRAK zum Regierungsentwurf eines Gesetzes zur Optimierung der Geldwäscheprävention vom Oktober 2011, BRAK-Stellungnahme Nr. 59/2011, S. 3.

327 Studie des Max-Planck-Instituts für ausländisches und internationales Strafrecht zur Gefährdung von Rechtsanwälten, Steuerberatern, Notaren und Wirtschaftsprüfern durch Geldwäsche, S. 93.

328 AHH der BRAK Rn 39, S. 21.

329 So z. B. durch die RAK München im November 2024.

Zur Vertiefung **!**

- **Mehrere Sachverhalte**, in denen Wirtschaftsprüfer und Steuerberater in Geldwäsche verwickelt waren, finden sich in der **Studie des Max-Planck-Instituts für ausländisches und internationales Strafrecht** zur Gefährdung von Rechtsanwälten, Steuerberatern, Notaren und Wirtschaftsprüfern durch Geldwäsche im Auftrag der Bundesministerien der Justiz und des Innern aus dem Jahr 2004 auf S. 16.
- **Insgesamt 123 ausführliche Fallbeschreibungen** einschließlich sog. red flag indicators (Warnindikatoren für Geldwäsche/Terrorismusfinanzierung), in denen Angehörige von Rechtsberufen in Geldwäsche oder Terrorismusfinanzierung eingebunden waren, enthält ferner der **FATF**-Bericht *„Money Laundering and Terrorist Financing Vulnerabilities of Legal Professionals"* vom Juni 2013 ab S. 38.
- Speziell für **Richter und Staatsanwälte** hat die FATF im Juni 2018 ein President's Paper *„Anti-money laundering and counter terrorist financing for judges & prosecutors"* veröffentlicht.
- Zum risikobasierten Ansatz s. FATF *„Guidance for risk-based approach for legal professional*s" (Juni 2019).
- Lesenswert ist ferner der Bericht der Global Initiative Against Transnational Organized Crime, *„Not above the law? The role of lawyers in combating money laundering and illicit asset flows"* vom Oktober 2018.

II. Besonderheiten im Zusammenhang mit der Meldepflicht des § 43 GwG

1. Grundsätzliche Geltung der Meldepflicht

Das GwG folgt hinsichtlich der Meldepflicht der rechts-, steuer- und wirtschaftsberatenden Berufsangehörigen der grundsätzlichen Systematik 295

Pflicht – Ausnahme – Ausnahme von der Ausnahme.

Grundsätzlich besteht also eine **Pflicht** auch für die **Verpflichteten** nach § 2 Abs. 1 Nr. 10 **bis** 12 GwG, verdächtige Sachverhalte nach § 43 Abs. 1 S. 1 GwG zu melden. Für die Verpflichteten nach § 2 Abs. 1 Nr. 10 **und** 12 GwG, macht § 43 Abs. 2 S. 1 GwG zunächst eine Ausnahme – nämlich wenn sich der meldepflichtige Sachverhalt auf Informationen bezieht, die im Rahmen von Tätigkeiten der Rechtsberatung oder Prozessvertretung erlangt wurden – die aber wiederum nach § 43 Abs. 2 S. 2 GwG nicht gilt, wenn der Verpflichtete weiß, dass der Vertragspartner die Rechtsberatung oder Prozessvertretung für den Zweck der Geldwäsche, der Terrorismusfinanzierung oder einer anderen Straftat genutzt hat oder nutzt oder ein Fall des § 43 Abs. 6 GwG vorliegt. 296

Ziel der grundsätzlichen Verpflichtung zur Verdachtsmeldung ist die Verhinderung, dass Geldwäscher ihre Aktivitäten durch die Einschaltung von Berufsgeheimnisträgern vor staatlicher Strafverfolgung nachhaltig abschotten.[330] Die Meldepflicht durchbricht die Verschwiegenheitspflicht bspw. nach § 203 StGB, § 43a Abs. 2 BRAO, § 18 BNotO, § 57 Abs. 1 StBerG, § 57b Abs. 1 WPO etc., dem hier genannten Verpflichtetenkreis steht auch kein Zeugnisverweigerungsrecht nach § 53 Abs. 1 S. 1 Nr. 3 StPO zu.[331] Klagen gegen die Meldepflicht wegen behaupteter Verletzung des Rechts auf ein faires 297

330 BT-Drucks. 12/2704, S. 14.
331 Ausführlich Herzog/*Barreto da Rosa* § 43 Rn. 63ff.

Verfahren hatten vor dem EuGH keinen Erfolg[332], ebenso scheiterte eine Klage vor dem EGMR wegen eines vermeintlich unverhältnismäßigen Eingriffs in das anwaltliche Berufsgeheimnis.[333]

2. Einschränkung der Meldepflicht (Ausnahmen)

298 Bevor die Einschränkungen des § 43 Abs. 2 GwG hinsichtlich der Meldepflicht für die Verpflichteten nach § 2 Abs. 1 Nr. 10 und 12 GwG näher betrachtet werden sollen, ist darauf hinzuweisen, dass **Rechtsanwälte** (nach § 46c Abs. 1 BRAO findet das GwG auch auf **Syndikusrechtsanwälte** Anwendung, soweit sie an Kataloggeschäften im Rahmen ihrer beruflichen Tätigkeit für ihren Arbeitgeber mitwirken)[334], **Kammerrechtsbeistände, Patentanwälte sowie Notare gemäß § 2 Abs. 1 Nr. 10 GwG** überhaupt **nur dann Verpflichtete nach dem Geldwäschegesetz** sind, wenn sie an der Durchführung bestimmter (abschließend aufgezählter) sog. **„Kataloggeschäfte"** mitwirken. Dabei gibt es keine Bagatellgrenze.[335] Hinsichtlich der Frage, ob eine Tätigkeit einem Kataloggeschäft zuzurechnen ist, ist ein weites Verständnis angezeigt, was auch in den Auslegungs- und Anwendungshinweisen der Rechtsanwaltskammern zum GwG zum Ausdruck gebracht wird. Zu den genannten Kataloggeschäften zählen:

- Kauf und Verkauf von Immobilien[336] oder Gewerbebetrieben[337],
- Verwaltung[338] von Geld, Wertpapieren oder sonstigen Vermögenswerten,
- Eröffnung oder Verwaltung von Bank-, Spar- oder Wertpapierkonten,
- Beschaffung der zur Gründung, zum Betrieb oder zur Verwaltung von Gesellschaften erforderlichen Mittel (hierzu zählt die Mitwirkung bei der Kreditaufnahme, der Ausgabe von Anleihen oder die Mitwirkung an Kapitalerhöhungen)[339] und

---

332 EuGH, Urt. v. 26.6.2007 – C-305/05 – Ordre des barreaux francophones et germanophone u. a. vs. Conseil des ministres u. a., NJW 2007, 2387 ff.

333 EGMR, Urt. v. 6.12.2012 – 12323/11 – Michaud vs. Frankreich, NJW 2013, 3423 ff.

334 AuA der RAK München zum Gesetz über das Aufspüren von Gewinnen aus schweren Straftaten (Geldwäschegesetz – GwG), 8. Aufl. November 2024, Rn. 15, S. 11; ausführlich zu GwG-Pflichten für Syndikusanwälte *Rodatz/Judis/Berschneider* CCZ 2020, 93 ff., *Mader/Scaraggi-Kreitmayer* DStR 2020, 181 ff.; grundsätzlich auch *Krais* CCZ 2019, 96 ff.

335 AHH der BRAK Rn. 6, S. 8.

336 Nicht erfasst sind Schenkungen und auf die Begründung, Änderung oder Löschung eines Rechtes an einem Grundstück gerichtete Beratungen (z.B. Grundschulden, nicht aber Auflassungen oder Auflassungsvormerkungen), familienrechtliche Angelegenheiten, Testamente, Erbverträge und Nachlassauseinandersetzungen, die Grundstücke oder Gewerbebetriebe betreffen, vgl. Offermann-Burckart/*Johnigk*, S. 145 Rn 13.

337 Bei Anteilsabtretungen sowie Aktienkäufen und -verkäufen jedenfalls, wenn hierdurch der Käufer die Kapital- oder Stimmenmehrheit im Unternehmen erlangt, Offermann-Burckart/*Johnigk*, S. 146 Rn 14.

338 Zur Frage, ab wann zeitlich gesehen von einer Verwaltung auszugehen ist, vgl. ausführlich Offermann-Burckart/*Johnigk*, S. 146 Rn 15, der hier einen Monat vorschlägt.

339 Vgl. Offermann-Burckart/*Johnigk*, S. 147 Rn 16.

- Gründung, Betrieb oder Verwaltung von Treuhandgesellschaften, Gesellschaften oder ähnlichen Strukturen[340] –

oder im Namen und auf Rechnung des Mandanten Finanz- oder Immobilientransaktionen durchführen, den Mandanten im Hinblick auf dessen Kapitalstruktur, dessen industrielle Strategie oder damit verbundene Fragen beraten, Beratung oder Dienstleistungen im Zusammenhang mit Zusammenschlüssen oder Übernahmen erbringen oder geschäftsmäßig Hilfeleistung in Steuersachen erbringen.[341]

Gleiches gilt für die **in** § 2 Abs. 1 **Nr. 11** GwG genannten **nicht verkammerten** 299 **Rechtsbeistände und registrierten Personen i.S.d. § 10 RDG**, die auch nur bei Vornahme der vorgenannten Kataloggeschäfte/-tätigkeiten (mit Ausnahme der geschäftsmäßigen Hilfeleistung in Steuersachen) überhaupt dem GwG unterworfen sind.

Demgegenüber sind **Wirtschaftsprüfer, vereidigten Buchprüfer, Steuerberater,** 300 **Steuerbevollmächtigten und die in § 4 Nr. 11 des StBerG genannten Vereine** gemäß § 2 Abs. 1 Nr. **12** GwG immer Verpflichtete nach dem GwG, d.h. es gibt **keine** Beschränkung auf die Vornahme bestimmter Geschäfte. Da die Steuerberatung ausdrücklich als rechtsberatende Tätigkeit gilt[342], gelten für diesen Verpflichtetenkreis keine Besonderheiten gegenüber Rechtsanwälten; für Wirtschaftsprüfer gilt dagegen die Einschränkung, dass deren Tätigkeit als Abschlussprüfer nicht unter den Privilegierungstatbestand fällt.

Hinsichtlich der Meldepflicht nach § 43 Abs. 1 S. 1 GwG[343] sieht § 43 Abs. 2 S. 1 GwG 301 für die in § 2 Abs. 1 Nr. 10 **und** 12 GwG genannten Berufsgruppen – **nicht** hingegen für die in § 2 Abs. 1 Nr. 11 GwG genannten Rechtsbeistände – **Einschränkungen** vor, die sich aus dem besonders (auch verfassungsrechtlich) geschützten Mandantenverhältnis ableiten. Demzufolge besteht keine Pflicht zur Verdachtsmeldung, **wenn sich der meldepflichtige Sachverhalt auf Informationen bezieht,** die die Rechtsanwälte, Kammerrechtsbeistände, Patentanwälte, Notare, Steuerberater, Wirtschaftsprüfer, Steuerbevollmächtigte, vereidigte Buchprüfer und die in § 4 Nr. 11 StBerG genannten Vereine **im Rahmen von Tätigkeiten der Rechtsberatung oder Prozessvertretung erhalten** haben.

Hinweis

Die Differenzierung der verschiedenen rechtsberatenden Berufe in zwei Kategorien – die Gruppe der rechtsberatenden Berufe, die einer standesrechtlichen Verschwiegenheitsverpflichtung (§ 43a Abs. 2 BRAO, § 2 Abs. 1 BORA) unterliegen (Nr. 10) und den keiner Berufskammer angehörenden Rechtsbeiständen und registrierten Personen i.S.d. § 10 RDG, für die keine solche Schweigepflicht gilt (Nr. 11) – soll der Bedeutung der

340 Dazu gehört insbesondere die Rechtsberatung zum Entwurf von Gesellschaftsverträgen (Offermann-Burckart/*Johnigk*, S. 147 Rn 17).

341 Zur Verpflichteteneigenschaft von rechtsberatenden Berufen s. Kap. 2.

342 BT-Drucks. 16/3655, S. 32, 51, 117 zu § 5 Abs. 1 RDG).

343 Weitere Sonderregelungen finden sich in §§ 6 Abs. 6 S. 3, 10 Abs. 9 S. 3, 30 Abs. 3 S. 3 und 52 Abs. 5 GwG.

standesrechtlichen Verschwiegenheitspflicht Rechnung tragen, die Ausdruck und Voraussetzung für die Unabhängigkeit der vom Vertrauensverhältnis mit der Mandantschaft geprägten beruflichen Tätigkeit dieser Berufsgruppen ist. Vertragliche Verschwiegenheitspflichten, die als solche frei vereinbar sind, sind nicht geeignet, die ausnahmsweise Durchbrechung des Normgehalts zu rechtfertigen.[344]

302 Die Formulierung der **„Rechtsberatung und Prozessvertretung“** ist umfassend zu verstehen und betrifft sämtliche Informationen, „die vor, während oder nach einem Gerichtsverfahren oder im Rahmen der Beurteilung der Rechtslage für einen Klienten erlangt wurden“[345], einschließlich der Beratung über das Betreiben oder Vermeiden eines solchen Verfahrens, wobei die außergerichtliche Rechtsberatung auch den Bereich der Steuerberatung erfasst.[346] **Nicht** unter den Begriff der Rechtsberatung fallen bspw. einfache kaufmännische Hilfstätigkeiten wie die Überwachung der Fälligkeit und der Einzahlung von Patentgebühren, rein betriebswirtschaftliche Prüfungstätigkeiten oder Tätigkeiten der Buchführung.[347]

Wichtig!
Das zuvor Gesagte kann nur **Verpflichtete** betreffen, denn nur diese haben Meldepflichten nach § 43 Abs. 1 S. 1 GwG. Ist ein Rechtsanwalt / eine Rechtsanwältin überhaupt **kein(e)** Verpflichtete(r), weil er/sie **ausschließlich** Mandanten vertritt, bei denen **kein** Katalogtatbestand des § 2 Abs. 1 Nr. 10 GwG gegeben ist, so kann er/sie auch **keine** Pflicht zur Meldung eines Verdachtsfalls haben (auch nicht nach der GwGMeldV-Immobilien).
Kompliziert wird es, wenn ein Rechtsanwalt / eine Rechtsanwältin z.B. nur ein Mandat oder wenige Mandate hat, in denen die Katalogtatbestände des § 2 Abs. 1 Nr. 10 GwG gegeben sind und er/sie folglich daran auch mitwirkt. In diesen Fällen ist er/sie **Verpflichteter/Verpflichtete**. Dies wirkt sich aber **nicht** auf seine/ihre anderen Mandate mit jeweils einfachen Rechtsberatungen aus, bei denen **kein** Katalogtatbestand vorliegt.[348]
Das gilt insbesondere für das Führen eines Prozesses oder Verfahrens. Das Führen eines Verfahrens als solches – etwa das Führen eines Verwaltungsverfahrens gegen die Finanzbehörde oder eines Zivilprozesses vor Gericht oder die Strafverteidigung – lösen mangels Verpflichtetenstellung **keine** Pflichten nach dem GwG aus.[349]
Das bedeutet, dass ein Rechtsanwalt / eine Rechtsanwältin nur in den Fällen Verpflichtete(r) ist, in denen er/sie eine der in § 2 Abs. 1 Nr. 10 GwG genannten Katalogtatbestände für Mandanten erfüllt, in den anderen Mandaten jedoch nicht. Sollte er/sie in einem dieser Mandate, in denen er/sie **kein(e)** Verpflichtete(r) ist, einen verdächtigen Sachverhalt erkennen, ist er/sie **nicht** zu einer Meldung nach § 43 Abs. 1 S. 1 GwG verpflichtet. Ganz im Gegenteil, da **keine** Verpflichtung zu einer Meldung besteht, würde mit einer solchen sogar gegen die anwaltliche Schweigepflicht gem. § 43a Abs. 2 BRAO verstoßen werden. Damit würde er/sie sich ggf. auch strafbar gem. § 203 Abs. 1 Nr. 3 StGB machen.

344 BR-Drucks. 317/11, S. 34.
345 Erwägungsgrund 9 der 4. EU-Geldwäscherichtlinie.
346 BT-Drucks. 14/8739, S. 15; BR-Drucks. 217/02, S. 29.
347 Ausführlich Herzog/*Barreto da Rosa* § 43 Rn. 70.
348 AHH der BRAK Rn. 7, S. 8.
349 AHH der BRAK Rn. 7, S. 8.

3. Ausnahmen von der Ausnahme

Weiß der Verpflichtete, dass der Vertragspartner die Rechtsberatung oder Prozessvertretung für den Zweck der Geldwäsche, der Terrorismusfinanzierung oder einer anderen Straftat[350] genutzt hat oder nutzt, gilt die Befreiung von der Meldepflicht gemäß § 43 Abs. 2 S. 2 GwG **nicht**, und ist eine **Meldung nach § 43 Abs. 1 S. 1 GwG zu erstatten**. In diesen Fällen geht es nämlich nicht mehr darum, dass ein Mandant sich hilfesuchend die Rechtslage erläutern lassen will o. ä., sondern er will bewusst den Berater dazu missbrauchen, eine strafbare Handlung zu begehen. 303

Die Meldepflicht besteht in diesen Fällen nur, wenn der Verpflichtete **weiß**, dass der Vertragspartner die Rechtsberatung oder Prozessvertretung für den Zweck der Geldwäsche, der Terrorismusfinanzierung oder einer anderen Straftat genutzt hat oder nutzt. Es geht mithin um Fälle, in denen der Mandant dem Rechtsberater bewusst anträgt, er möge ihn bei der Geldwäsche oder bei Transaktionen zur Finanzierung des Terrorismus (oder einer anderen Straftat) beratend unterstützen, und der Rechtsberater dies bewusst zur Kenntnis nimmt. In diesen Fällen hat der Rechtsberater keinen „Verdacht", sondern positive Kenntnis davon, dass es sich um einen Fall der gegenwärtigen oder zukünftigen Geldwäsche, Terrorismusfinanzierung oder einer anderen Straftat handelt. 304

Die „Verhaltensempfehlungen für Rechtsanwälte im Hinblick auf die Vorschriften des Geldwäschebekämpfungsgesetzes (GwG) und die Geldwäsche, § 261 StGB" der **Bundesrechtsanwaltskammer** führen (auf S. 2 f.) einige Verdachtsindizien hinsichtlich möglicher Geldwäschehandlungen auf, die neben den Anhaltspunktepapieren der FIU zu sehen sind. Zu den **besonderen Verdachtsmerkmalen für Rechtsanwälte** zählen demzufolge etwa 305

- das Verlangen des Mandanten nach Anonymität bzw. das Verschleiern der Identität,
- die falsche Erteilung von Auskünften und die Verweigerung notwendiger Informationen für die Durchführung der Dienstleistung,
- die Vermeidung hochvolumiger unbarer Zahlungen durch den Mandanten,
- die Durchführung offensichtlich unwirtschaftlicher Geschäfte, für die auch auf Nachfrage keine nachvollziehbaren Gründe (steuerrechtlich, rechtlich, wirtschaftlich) genannt werden können,
- Leistungen von Zahlungen durch Dritte zugunsten des Mandanten auf das Anwaltskonto ohne plausiblen Grund, insbesondere wenn diese aus Hochrisikoländern (gemäß der ncct-Liste der FATF oder künftiger EU-Verordnungen) erfolgen oder
- das Bestehen von Merkmalen einer Scheingesellschaft bei dem Unternehmen des Mandanten.

---

350 Krit. zu „oder einer anderen Straftat" Herzog/*Barreto da Rosa* § 43 Rn. 72.

306 Durch das Gesetz zur Umsetzung der Änderungsrichtlinie zur 4. EU-Geldwäscherichtlinie[351] wurde § 43 Abs. 2 Satz 2 GwG um die Wörter *„oder ein Fall des Absatzes 6 vorliegt"* ergänzt und Absatz 6 neu in § 43 GwG eingefügt. Damit besteht die Meldepflicht der Verpflichteten nach § 2 Abs. 1 Nr. 10 und 12 stets auch bei der Mitwirkung an Immobilientransaktionen (Erwerbsvorgängen nach § 1 des Grunderwerbsteuergesetzes), die durch Rechtsverordnung nach Absatz 6 – die **GwGMeldV-Immobilien** – näher bestimmt werden (s. hierzu näher im Folgenden unter Rn. 309ff.).

307 **Bei dem ersten Mandantenkontakt** bzw. bei dem ersten Auftauchen derartiger Ansinnen, die auf einen beabsichtigten Missbrauch zu Zwecken der Geldwäsche, der Terrorismusfinanzierung oder einer anderen Straftat hindeuten, ist zu empfehlen, nachdrücklich auf die Rechtslage nach dem GwG hinzuweisen[352] (was keinen Verstoß gegen das Verbot der Informationsweitergabe nach § 47 Abs. 1 GwG darstellt[353]). Es kann kein Zweifel bestehen, dass ein Anwalt sich **nicht** an Geldwäschehandlungen beteiligen darf und das **Mandat niederlegen** muss, wenn er den Eindruck gewinnt, sein Rat werde zu Geldwäschezwecken missbraucht.[354] Übersehen wird hierbei häufig: Zusätzlich zur Niederlegung des Mandats ist im Anschluss (unverzüglich) eine Meldung nach § 43 Abs. 1 S. 1 GwG zu erstatten![355]

308 Dies gilt aber nur, soweit schon ein Mandatsverhältnis besteht und ein Katalogtatbestand vorliegt. Allein die Ablehnung eines Mandats, bei dem ein Katalogtatbestand vorliegen würde, begründet noch **keine** Verpflichteteneigenschaft und damit keine Meldepflicht.

! **Praxishinweis**

In der Vergangenheit gab es immer wieder Meldungen seitens der Anwaltschaft, die Betrugsversuche zulasten der Anwälte mit gefälschten Schecks betrafen: Personen aus dem Ausland erbitten anwaltliche Vertretung und Benennung des Vergütungsvorschusses, der dann mit deutlich höher ausgestelltem Scheck bezahlt werden soll – der („versehentlich" ausgestellte) überschüssige Betrag soll dann rücküberwiesen oder an den angeblichen Gläubiger weitertransferiert werden. Die Schecks stellen sich meist als gefälscht heraus, der Betrag wird zurückgebucht und der Anwalt bleibt auf dem Schaden sitzen. Alternativ handelt es sich um entwendete Schecks oder Überweisungen aus Phishing-Attacken und der Anwalt soll als Finanzagent genutzt werden.

Diese Fallkonstellationen sind **nicht als Verdachtsmeldung** zu melden, sondern wären im Falle des Betrugsversuchs als **Strafanzeige** zur Anzeige zu bringen. Beim Anwerbeversuch als Finanzagent dürfte es sich regelmäßig um noch straflose Vorbereitungshandlungen handeln.

---

351 BGBl. 2019 I S. 2602.

352 *Johnigk*, GWHB, § 52 Rn. 76.

353 BT-Drucks. 14/8739, S. 16, zur Vorläufernorm von § 47 GwG.

354 *Von Galen* NJW 2003, 117; ebenso *Swienty* DStR 2003, 802; *Burmeister/Uwer* AnwBl 2004, 203.

355 AHH der BRAK Rn. 129, S. 55.

III. Meldepflicht nach der GwGMeldV-Immobilien

Da der deutsche Immobilienmarkt ausweislich mehrerer Studien sowie auch der ersten Nationalen Risikoanalyse Deutschlands als mit besonderen Geldwäscherisiken behaftet ermittelt wurde[356], sah sich der Gesetzgeber veranlasst, diesen Bereich besonders in den Fokus zu nehmen. Durch das Gesetz zur Umsetzung der Änderungsrichtlinie zur 4. EU-Geldwäscherichtlinie wurde in § 43 Abs. 6 GwG die Rechtsverordnungsermächtigung für die Geldwäschegesetzmeldepflichtverordnung **(GwGMeldV-Immobilien)**[357] vom 20.8.2020 eingefügt, die schließlich zum 1.10.2020 in Kraft getreten ist. Diese verpflichtet die Verpflichtete nach § 2 Abs. 1 Nr. 10 und 12 GwG zur (unverzüglichen) Meldung bestimmter, typisierter Sachverhalte im Zusammenhang mit Immobiliengeschäften. Immobiliengeschäfte sind dabei sämtliche Erwerbsvorgänge nach § 1 des Grunderwerbssteuergesetzes, wodurch sichergestellt wird, dass die Verdachtsmeldepflicht nicht nur bei direkter Übertragung dinglicher Rechte, sondern auch in Fällen des Immobilienerwerbs über die Veräußerung von Gesellschaftsanteilen (sog. Share-Deals) besteht.[358] Eine eigenständige Pflicht zur Ermittlung von Tatsachen, die eine Meldepflicht begründen können, wird für diese Verpflichteten dabei nicht begründet, wie § 1 Abs. 1 S. 2 GwGMeldV-Immobilien klarstellt. Die genannten Sachverhalte sind **„stets"** zu melden, wie § 1 Abs. 1 S. 1 GwGMeldV-Immobilien betont, d.h. eine Berufung auf die Bereichsausnahme des § 43 Abs. 2 Satz 1 GwG (keine Meldepflicht bei Rechtsberatung oder Prozessvertretung) scheidet daher aus. **Ziel** der GwGMeldV-Immobilien ist eine spürbare Steigerung der Zahl der Verdachtsmeldungen im Immobiliensektor.[359] 309

Hinweis !

In der Verordnungsbegründung wird ausdrücklich festgestellt, dass aus dem Vorliegen eines durch die GwGMeldV-Immobilien vorgegebenen meldepflichtigen Sachverhalts, nicht gefolgert werden könne, dass in vergleichbaren Fällen **außerhalb des Immobiliensektors** mangels ausdrücklicher Vorgabe keine Meldung abzugeben sei – im Gegenteil lege dies nahe, die Abgabe einer Meldung genauer zu prüfen![360] Zudem stellen die BaFin, AuA BT für Kreditinstitute, Ziff. 2 (S. 6) klar, dass unter Umständen die Bestimmung von Sachverhalten im Immobilienbereich, die die Meldepflicht für bestimmte Verpflichtetengruppen auslösen, **Ausstrahlungswirkungen auf die Geldwäschepräventionssysteme anderer Verpflichteter** i.S.d. § 2 Abs. 1 GwG entfalten kann.

Zum 17.2.2025 wurde die bis dahin bestehende GwGMeldV-Immobilien durch eine aktualisierte Fassung vom 15. Januar 2025 ersetzt.

356 Vgl. auch Kap. 1 A III 16.

357 BGBl 2020 I S. 1965; sie wurde zuletzt durch die VO zur Änderung der GwGMeldV-Immobilien (BGBl. 2025 I Nr. 13) vom 15.1.2025 geändert, um zwischenzeitliche Erfahrungen und Gesetzesänderungen (wie die Schaffung von § 16a GwG durch das SDG II) zu berücksichtigen.

358 BT-Drucks. 19/13827, S. 99.

359 BT-Drucks. 19/13827, S. 136; Begründung der GwGMeldV-Immobilien S. 1.

360 BT-Drucks. 19/13827, S. 99; BR-Drucks. 352/19, S. 109.

310 **Meldepflichtig** sind nach der Verordnung Immobiliengeschäfte bei

- Transaktionen mit Bezug zu einem **Risikostaat** oder auf einer **Sanktionsliste** gelisteten Personen oder Unternehmen (§ 3 GwGMeldV-Immobilien)[361],
- **Auffälligkeiten im Zusammenhang mit den beteiligten Personen oder dem wirtschaftlich Berechtigten** (im Hinblick auf Offenlegungspflichten, falsche Identitätsangaben, bekannte Verurteilungen wegen Geldwäsche, wenn Tatsachen darauf hindeuten, dass der Erwerbsvorgang in einem groben Missverhältnis zu dem legalen Einkommen und Vermögen eines Veräußerers, Erwerbers oder wirtschaftlich Berechtigten steht u.a., vgl. § 4 GwGMeldV-Immobilien),
- **Auffälligkeiten im Zusammenhang mit Stellvertretung** (bspw. gefälschte oder dubiose Vollmachtsurkunden, vgl. § 5 GwGMeldV-Immobilien) oder
- **Auffälligkeiten im Zusammenhang mit dem Preis oder einer Kauf- oder Zahlungsmodalität** (z.B. Barkauf, Kauf mit Kryptowährung, unklare Zahlung von Konto in Drittstaat, vgl. § 6 GwGMeldV-Immobilien).

311 Die Meldepflicht besteht in diesen Sachverhaltskonstellationen **nur dann nicht**, wenn Tatsachen vorliegen, die trotz vorliegender Anhaltspunkte wie in den typisierten Sachverhalten beschrieben den Verdacht entkräften, dass der jeweilige Vermögensgegenstand im Zusammenhang mit Geldwäsche oder Terrorismusfinanzierung steht (§ 7 GwGMeldV-Immobilien). Es gelten die gleichen **Dokumentationspflichten** wie bei der Abgabe oder Nichtabgabe einer Meldung nach § 43 Abs. 1 S. 1 GwG.

IV. Strafbarkeit von Strafverteidigern wegen Geldwäsche (§ 261 StGB)

312 Ein besonders sensibles und heftig diskutiertes Spannungsfeld ist die Frage, wann sich **Strafverteidiger** der **Geldwäsche** strafbar machen können. Hierzu hat der 2. Senat des Bundesverfassungsgerichts am 30.3.2004 eine grundlegende Entscheidung getroffen:[362] Das Grundgesetz verlangt keinen strafrechtsfreien Raum, in dem der Strafverteidiger uneingeschränkt bemakeltes Vermögen als Honorar annehmen und damit, etwa in Abstimmung mit dem Katalogtäter oder durch Scheinhonorierung, die Ziele des Gesetzgebers beim Verbot der Geldwäsche unterlaufen darf. Einer „Ermittlungsimmunität" für Strafverteidiger bedarf es nicht. § 261 Abs. 2 Nr. 1 StGB a.F. (jetzt § 261 Abs. 1 S. 1 Nr. 3 StGB) ist jedoch nur dann mit dem Grundgesetz vereinbar, soweit Strafverteidiger aus-

361 Die FIU veröffentlich auf ihrer Homepage die jeweils als solche klassifizierten Risikostaaten und relevanten Sanktionslisten: https://www.zoll.de/DE/FIU/Fachliche-Informationen/Drittlaender/drittlaender_node.html.

362 BVerfG, Urt. v. 30.3.2004 – 2 BvR 1520/01, 2 BvR 1521/01 – NJW 2004, 1305ff.; vgl. ferner BVerfG, Beschl. v. 14.1.2005 – 2 BvR 1975/03 – NStZ 2005, 443f.

schließlich dann mit Strafe bedroht werden, wenn sie im Zeitpunkt der Annahme ihres Honorars sichere Kenntnis von dessen Herkunft hatten.[363]

Wie fast immer kommt es also auf die **Umstände des Einzelfalls** an. **Selbstverständlich** darf kein Verteidiger bemakelte Gegenstände verbergen, in der Absicht, ihr Auffinden, die Einziehung oder die Ermittlung ihrer Herkunft zu vereiteln, umtauschen, übertragen oder verbergen (§ 261 Abs. 1 S. 1 Nr. 1 und 2 StGB). **Eindeutig** sind auch Fälle, in denen Verteidigerhonorare der Umgehung des Geldwäscheverbots dienen sollen, wenn der Geldtransfer etwa in der Absicht erfolgt, dem Mandanten Teile davon wirtschaftlich zuzuführen (sog. Kick-back). Widerlegt ist die Regelvermutung der Rollenadäquanz auch bei drastisch inadäquatem bzw. deliktischem Kontext, wenn etwa hohe Bargeldbeträge unter konspirativen Umständen als „Honorar" übergeben werden, oder (krass) im Fall der Hehlerei.[364] 313

Dem Strafverteidiger ist daher dringend zu empfehlen, alle Honorarzahlungen zu quittieren, (hohe) **Bargeldbeträge** (d.h. über 15.000 EUR) nicht entgegenzunehmen, insbesondere Honorarleistungen unter konspirativen Umständen und Treuhandgelder nur bei klarer, vom Verteidigerauftrag umfasster Zweckbindung zu akzeptieren (z.B. zum Zweck der Schadenswiedergutmachung)[365] oder unangemessen hohe Honorare im Verhältnis zur anwaltschaftlichen Leistung zu verlangen.[366] 314

Ist unklar, ob das Honorar aus bemakelten Vermögensbestandteilen des Mandanten stammt, werden (wenn das Mandat trotzdem angenommen werden soll) bestimmte **Vorsichtsmaßnahmen empfohlen**, auch wenn diese Vorschläge in der wirtschaftsanwaltlichen Beratungspraxis auf praktische Vorbehalte und Schwierigkeiten stoßen:[367] 315

- Da hinsichtlich der Kenntnis des Anwalts von der Infizierung der für sein Honorar verwendeten Vermögensgegenstände des Mandanten auf den Zeitpunkt des Erhalts der Mittel abzustellen ist, sollte der Anwalt möglichst frühzeitig Vorschüsse anfordern. Eine nach Bedienung der Vorschussanforderung später erlangte Kenntnis schadet nicht mehr.
- In Verdachtsfällen könnte der Mandant gebeten werden, im Einzelnen durch geeignete Nachweise glaubhaft zu machen, dass die Mittel aus legalen Mitteln stammen. Dieser Weg dürfte in der wirtschaftsanwaltlichen Beratung häufig kaum praktikabel sein und zum Mandatsverlust führen.
- Anwalt und Mandant können vereinbaren, dass die Zahlung des Honorars durch einen – nicht selbst verdächtigen – Dritten erfolgt, der glaubhaft machen kann, die Mittel nicht vom Mandanten erhalten zu haben.

---

363 Eine ausführliche Diskussion zum Thema findet sich u.a. bei *Glaser*, Geldwäsche (§ 261 StGB) durch Rechtsanwälte und Steuerberater bei der Honorarannahme, 2009.

364 *Dahs*, S. 732 Rn. 1214ff.

365 *Dahs* aaO.

366 Siehe auch Verhaltensempfehlungen der BRAK für Rechtsanwälte im Hinblick auf die Vorschriften des Geldwäschebekämpfungsgesetzes (GwG) und die Geldwäsche, § 261 StGB, S. 4ff.

367 *Burmeister/Uwer* AnwBl 2004, 207 m.w.N.

– Bei Dauermandanten können Mandantenunterlagen gesammelt werden, die legale Einkommensquellen dokumentieren, etwa Kontoauszüge, Gehaltsabrechnungen, Bilanzen, Steuerbescheide, Subventionsbescheide etc.

E. Was bei der Meldung noch zu beachten ist

I. Wann ist eine Verdachtsmeldung zu erstatten?

1. Unverzüglichkeit

316 Gemäß § 43 Abs. 1 S. 1 GwG haben Verpflichtete ihre Meldung im Verdachtsfall unverzüglich der FIU zu melden. Unverzüglich bedeutet dabei ein Handeln **ohne schuldhaftes Zögern** (§ 121 Abs. 1 S. 1 BGB).[368] Eine Meldung ist unverzüglich zu erstatten, sobald ausreichend Informationen vorliegen, die eine Meldepflicht begründen. Ab diesem Zeitpunkt der Feststellung der Meldepflicht wird eine Meldung am gleichen Werktag oder am folgenden Werktag erstattet werden müssen.

317 **Prüfungen und Nachforschungen** bei zunächst noch unklaren Sachverhalten, die erst der näheren Aufklärung bedürfen, um festzustellen, ob eine Meldepflicht besteht – bspw. bei **unternehmensinternen Hinweisen** oder von **Monitoringsystemen generierten Regeltreffern** – sind dabei zulässig, sollten jedoch möglichst zügig abgeschlossen werden.[369] Die **BaFin** hat einzelnen Kreditinstituten **bis zu 15 Werktage zur Abklärung** derartiger interner Hinweise und Regeltreffer zugestanden.

! **Hinweis**
Insbesondere die **BaFin** legt bei ihren Prüfungen ein besonderes Augenmerk auf die Unverzüglichkeit der Erstattung von Verdachtsmeldungen. Ein Großteil der Bußgeldverfahren begründet sich auf nicht unverzüglich erstattete Meldungen (vgl. u. a. auch den prominenten Fall, der der Entscheidung des OLG Frankfurt am Main vom 10.4.2018 (2 Ss-OWi 1059/17) zugrunde lag).
Die am 29.11.2024 veröffentlichte **„Gemeinsame Orientierungshilfe der Bundesanstalt für Finanzdienstleistungsaufsicht (BaFin) und der Zentralstelle für Finanztransaktionsuntersuchungen (FIU) zu den Begriffen ‚Unverzüglichkeit‘ und ‚Vollständigkeit‘ einer Verdachtsmeldung nach § 43 GwG“** soll hier für mehr Klarheit sorgen, bleibt inhaltlich jedoch hinter den Erwartungen zurück und enthält keine Neuerungen.

318 Das **OLG Frankfurt am Main** hat sich in seinem viel beachteten Beschluss vom 10.4.2018, Az. 2 Ss-Owi 1059/17, in welchem es die erstinstanzliche Verurteilung einer Geldwäschebeauftragten wegen Verstoßes gegen die Verpflichtung zur rechtzeitigen/unverzüglichen Erstattung von Geldwäscheverdachtsmeldungen bestätigt hatte, auch zur Frage der

368 BGHSt 21, 334 (399); BGH NStZ 1982, 291 (292).
369 Vgl. ausführlich Herzog/*Barreto da Rosa* § 43 Rn. 54f.

Unverzüglichkeit geäußert.[370] Die Ausführungen des Gerichts sind indessen auch in diesem Punkt in verschiedener Hinsicht unzutreffend (und die Verurteilung meines Erachtens verfassungsrechtlich nicht haltbar):[371] Nach Ansicht des OLG wären die festgestellten Verzögerungen *„auch schuldhaft, weil die Meldung nicht in dem nach § 11 Abs. 1a GWG [Anm.: jetzt § 46 GwG] vom Gesetzgeber vorgegebenen Zeitraum durchgeführt worden ist.“*, womit es (unzulässig) von einem vorgeworfenen zeitlichen Verzug auf schuldhaftes Handeln schließt (die Frage der Schuld ist erst später und hiervon losgelöst zu klären). Das OLG bezieht sich in seinen Ausführungen zu den Verzögerungen zudem ausschließlich auf die Einzahlungen im Fall und hinterlegt seine Position anschließend mit einem Verweis auf § 11 Abs. 1a GwG a.F., mit welcher der Gesetzgeber *„klar und unmissverständlich zum Ausdruck gebracht [habe], dass es Sinn und Zweck der Verdachtsmeldung ist, Geldwäscheverdachtshandlungen möglichst noch vor der Durchführung unterbinden zu können“*. Gerade bei Bareinzahlungen ist dieser Hinweis unpassend, da der/die Bankmitarbeiter/in im Augenblick der Einzahlung also hätte erkennen müssen, dass es sich um einen meldepflichtigen Vorgang handelt und die Einzahlung zurückweisen müssen.

Praxistipp !

Häufig werden aufgefallene Transaktionen oder Geschäftsbeziehungen zunächst einem **Monitoring**, d.h. einer weiteren (meist EDV-gestützten) Überwachung, unterzogen und beobachtet. Entschließt sich der Verpflichtete nach dieser weiteren Beobachtung zu einem späteren Zeitpunkt (beispielsweise aufgrund zwischenzeitlich eingetretener weiterer Verdachtsmomente) zu einer Meldung, empfiehlt es sich, in der Meldung auf das vorangegangene Monitoring hinzuweisen. Es kam bereits vor, dass in einer Meldung lediglich auf die das Monitoring auslösende Transaktion Bezug genommen wurde, was bei der FIU oder den Strafverfolgungsbehörden in der Folge so wirken kann, als ob die verdächtige Transaktion erst mit erheblichem Zeitverzug gemeldet wurde, was zu einer Mitteilung an die BaFin führen kann.

Ausblick auf die EU-Geldwäsche-Verordnung (EU-Geldwäsche-Verordnung) i

Art. 69 Abs. 1 S. 1 der EU-Geldwäsche-Verordnung verwendet statt dem Wort „unverzüglich“ das Wort **„umgehend“** (wie auch die 4. EU-Geldwäsche-Richtlinie in Art. 33 Abs. 1 S. 1). Wie der Begriff künftig letztlich auszulegen sein wird, dürfte von der AMLA erläutert werden.

---

370 Auch die BaFin-AuA zum GwG AT (03/2025), Ziff. 10.3, zitieren den Beschluss u. a. im Kontext der Ausführungen zur Unverzüglichkeit.

371 Zur ausführlichen Kritik an dem Beschluss s. *Barreto da Rosa / Diergarten* NStZ 2019, 176ff.

2. Fristfälle gemäß § 46 Abs. 1 GwG

a) Sinn und Zweck der Regelung

319 Gemäß der sog. **Fristfallregelung** des § 46 Abs. 1 Satz 1 GwG darf eine Transaktion, wegen der eine Meldung erfolgt ist, frühestens durchgeführt werden, wenn

1. dem Verpflichteten die **Zustimmung** der FIU oder der Staatsanwaltschaft zur Durchführung übermittelt wurde oder
2. der **dritte Werktag nach dem Abgangstag der Meldung verstrichen** ist, ohne dass die Durchführung der Transaktion durch die FIU oder die Staatsanwaltschaft untersagt worden ist (wobei der Samstag nicht als Werktag gilt, § 46 Abs. 1 S. 2 GwG).

320 § 46 GwG wird künftig durch **Art. 71 der EU-Geldwäsche-Verordnung** („Verzicht auf die Durchführung von Transaktionen") ersetzt werden.[372]

321 Ausweislich der Gesetzesbegründung bei Schaffung der Fristfallregelung hat diese das **Ziel**, den Strafverfolgungsbehörden durch die Anhaltung der Transaktion die Gelegenheit zur **Prüfung** zu geben, ob die gemeldeten Tatsachen ausreichende Anhaltspunkte für die **Einleitung eines Ermittlungsverfahrens** im Sinne der StPO bieten,[373] und Zeit einräumen, **vorläufige Vermögenssicherungsmaßnahmen** (sh. hierzu unten Gliederungspunkt d) treffen zu können. Durch die zwischenzeitliche „Zwischenschaltung" der administrativen FIU hat sich an diesem Grundsatz nichts geändert – der FIU wurde insbesondere sogar die eigenständige Möglichkeit der Anordnung von **Sofortmaßnahmen** nach § 40 GwG an die Hand gegeben, um Vermögensverschiebungen während der Dauer ihrer operativen Analyse zu verhindern. Sofortmaßnahmen können von der FIU insbesondere in Fällen angehaltener Transaktionen nach § 46 Abs. 1 S. 1 GwG getroffen werden. Auch wenn es nicht Ziel von § 40 GwG ist, so kann dadurch auch die Zeit für die Strafverfolgungsbehörde zur Vorbereitung strafprozessualer Sicherungsmaßnahmen verlängert werden, da im Falle einer Weiterleitung der Meldung von der FIU an die zuständige Strafverfolgungsbehörde nach Anordnung einer Sofortmaßnahme die 5-Tages-Frist des § 40 Abs. 4 Nr. 2 GwG gilt.

322 Das richtige Verständnis der Anhaltepflicht nach § 46 Abs. 1 S. 1 GwG bereitet vielen Verpflichteten in der Praxis immer wieder Probleme.

Negativbeispiel 1 aus einer Verdachtsmeldung

„Am 06.03.█ erhielt die Kundin eine Gutschrift über 50.000 Euro aus Griechenland. Auftraggeber: █. Die Kundin wurde gebeten, die Mittelherkunft zu erklären. Dies lehnte die Kundin strikt ab. Sie meinte, es ist privat und sie gibt darüber keinerlei Auskünfte. Obwohl ihr die Dringlichkeit erklärt wurde, lenkte die Kundin nicht ein. Die Kundin verfügte am 06.03.█ 21.000 Euro in bar (dieses Geld hatte sie bereits vorbestellt). Des Weiteren überwies sie 25.000 Euro an Frau █. Verwendungszweck: Auto.

---

372 Zum wohl gravierendsten Unterschied – der erforderlichen Risikobewertung bei Durchführung der Transaktion nach Fristablauf – s. im Folgenden die Ausführungen unter Buchstabe f.

373 BT-Drucks. 12/2704, S. 18.

Da wir die Mittelherkunft und auch die Mittelverwendung nicht nachvollziehen können, erstatten wir diese Geldwäscheverdachtsmeldung."

Bereits nach der beharrlichen Verweigerung der Auskünfte zur Mittelherkunft wäre eine Verdachtsmeldung gerechtfertigt gewesen, spätestens bei der Vorbestellung des Bargelds für die Abhebung wäre die Erstattung eines Fristfalls gem. § 46 Abs. 1 GwG erforderlich gewesen.

Negativbeispiel 2 aus einer Verdachtsmeldung !

„Frau ███ eröffnete am 14.10.███ ein Girokonto mit der Nummer ███.
Sie wollte das Konto ursprünglich für Überweisungen und Einzahlungen eröffnen.
Am nächsten Tag ging Frau ███ in die Bank und bestellte 80.000,00 EUR, die sie am 18.10.███ abholen wolle.
Am 17.10.███ erfolgte eine Überweisungsgutschrift in Höhe von 80.000,00 EUR auf dem Konto. Auf Nachfrage der Bank, woher das Geld stamme, reagierte die Kundin sehr gereizt und drohte mit der sofortigen Kontoauflösung.
Das Konto wurde letztlich am 18.10.███ auch wieder aufgelöst."

Hier erschien die Kundin am 15.10. auf der Bank zur Vorbestellung der 80.000 €. Bei diesem Anlass wären Rückfragen erforderlich gewesen. Aller Wahrscheinlichkeit nach hätte sie bereits zu diesem Zeitpunkt gereizt auf die Nachfrage reagiert und Angaben verweigert. Damit wäre spätestens am Tag des Überweisungseingangs (17.10.) eine Meldung als Fristfall nach § 46 Abs. 1 GwG erforderlich gewesen.

Allgemein kann festgestellt werden: **Bloße (verdächtige) Geldeingänge** sind noch nicht als Fristfall zu melden, da keine Transaktion angehalten wird wie von § 46 Abs. 1 S. 1 GwG verlangt. Hier „reicht" bei Vorliegen entsprechender Verdachtsmomente die unverzügliche Erstattung einer „normalen" Meldung nach § 43 Abs. 1 S. 1 GwG. 323

Erst wenn eine Barverfügung angekündigt wird oder Geld abverfügt werden soll, liegen die Voraussetzungen einer Fristfallmeldung vor. Bei der Ankündigung von verdachtsbehafteten Geldeingängen oder aus sonstigen Gründen festgestellten **verdächtigen Kontoguthaben** sollte die betreffenden Kundenverbindung verstärkt überwacht werden und im Zweifel eine Soll-Umsatzsperre (ggf. ab einem bestimmten Schwellenbetrag) eingerichtet werden, um eine Verfügung über das suspekte Guthaben zu verhindern. Wird dann eine Verfügung über das Guthaben versucht / in Auftrag gegeben, liegen die Voraussetzungen für eine Fristfallmeldung nach § 46 Abs. 1 S. 1 GwG vor. 324

Wurde bereits der verdächtige Zahlungseingang gemeldet und beantragt der Kunde in der Folge die Ausführung der Transaktion (ggf. auch eine Barabhebung), ist eine **Fristfall-Nachmeldung** zu erstatten.[374] 325

Beispiel aus einer Verdachtsmeldung (Fristfall-Nachmeldung)

„Wir beziehen uns auf unsere Verdachtsmeldung vom 17.03.███ unter dem Aktenzeichen ███.
Hintergrund unserer Meldung waren unbekannte Mittelherkunft von Bareinzahlungen in Gesamthöhe von EUR 32.900,00 auf der Privatkundenverbindung-Nr. ███ von ███ ███.
Nun möchte unser Kunde, dass folgende Lastschrift eingezogen werden kann:
Lastschrifteinzug durch PayPal Europe S.a.r.l. et Cie S.C.A in Höhe von EUR 273,78, VWZ: ███.

---

374 Vgl. auch FIU, Hinweise zur Meldungsabgabe, Ziff. 1 Buchst. F.

Da die auffälligen Mittel teilweise per vorliegender Lastschrift verfügt werden sollen, meldet die ■■■■ den Sachverhalt nach § 43 und § 46 Geldwäschegesetz als Fristfall-Nachmeldung.
Wir werden die angetragene Transaktion sowie weitere mögliche Abverfügungswünsche des Kunden über das vorhandene Guthaben frühestens am 25.03.■■■ wieder freigeben, sofern sie uns dies nicht bis zum 24.03.■■■ mittels strafprozessualer Maßnahmen untersagen.
Als Teil dieser Nachmeldung erhalten Sie im Anhang für die Kundenverbindung-Nr. ■■■■ ■■■■ eine detaillierte Umsatzübersicht seit dem 17.03.■■■ bis aktuell."

Hinweise
In den Hinweisen der FIU zur Meldungsabgabe und Sonstiges in goAML Web wird darauf hingewiesen, dass bei einer angehaltenen, konkret bevorstehenden Transaktion in der Meldung in **goAML** der **Indikator** „A1001 Transaktion i.Z.m. Geldwäsche (FIU-Zustimmung erforderlich, § 46 Abs. 1)" bzw. „A2001 Transaktion i.Z.m. Terrorismusfinanzierung (FIU-Zustimmung erforderlich, § 46 Abs. 1)" zu setzen ist. Ergänzend ist der Hinweis „Fristfall gem. § 46 Abs. 1" in dem Eingabefeld „Besondere Hinweise" an die FIU zu erfassen. Zusätzlich empfiehlt sich, im Sachverhaltsfeld das Wort „Fristfall" voranzustellen. So wird in der Regel gewährleistet, dass die Meldung von der FIU priorisiert bearbeitet wird.
Hiervon unterscheidet die FIU Fälle mit sog. **„Zeitkritischem Umstand"** (wenngleich der Begriff im GwG nicht existiert). Der Indikator „A4000 **Eiliger Sachverhalt**" ist bei einem zeitkritischen Umstand zu setzen, ohne dass eine konkret bevorstehende Transaktion zu Grunde liegt. Dies liegt – so die FIU – bspw. bei Guthaben vor, die klar ersichtlich aus Straftaten resultieren, ggf. mit angekündigter Verfügungsabsicht ohne nähere Zeitangabe sowie bei einer Kontosperrung ohne vorliegenden, zeitlich und inhaltlich konkretisierenden Verfügungswunsch des Kunden. Auch hier ist eine zusätzliche Erfassung im Feld „Besondere Hinweise" an die FIU erforderlich.

---

326 **Nicht Sinn und Zweck** der Fristfallregelung ist es, dem Verpflichteten unternehmerische (Risiko-)Entscheidungen abzunehmen, d.h. beispielsweise, ob ein Vertrag geschlossen werden sollte/kann (wenn etwa die Herkunft des dafür vom Vertragspartner aufgebrachten Eigenkapitals unklar ist oder Zweifel an der Seriosität des Vertragspartners bestehen). Dies würde in aller Regel auch durch die FIU oder in der Verfügung der Staatsanwaltschaft deutlich zum Ausdruck gebracht werden:

Beispiel aus einem Schreiben einer Staatsanwaltschaft
„Die Durchführung des Clearingverfahrens aufgrund einer Geldwäscheverdachtsmeldung kann aus hiesiger Sicht jedoch nicht erfolgen, um für einen Verpflichteten vor Vertragsabschluss (ggf. zweifelhafte) Angaben sowie die Kreditwürdigkeit seiner potenziellen Kunden zu überprüfen, um auf dieser Grundlage dem Verpflichteten Rückmeldung zu geben, ob ein Darlehens-/Finanzierungsvertrag „bedenkenlos" abgeschlossen werden kann. Die Überprüfung der Kreditwürdigkeit anhand vorgelegter Unterlagen/vorliegender Informationen ist Aufgabe des Verpflichteten. Die Entscheidung, ob eine Kreditvergabe erfolgt, sein unternehmerisches Risiko. Sofern der Verpflichtete Zweifel an der Glaubwürdigkeit der Angaben seines Kunden bzw. den vorgelegten Unterlagen hat, dürfte sich ein Vertragsabschluss theoretisch erübrigen. Die Erstattung einer Verdachtsmeldung gem. § 43 Abs. 1 GwG bleibt hiervon unberührt."

---

b) Umsatzsperren

In der Praxis ist ein sehr unterschiedlicher Umgang bei Kreditinstituten festzustellen, 327
wie einzelne Transaktions- oder vollständige Kontensperrungen vollzogen werden und auch die Formulierungen sind sehr individuell, so dass für die FIU und die Strafverfolgungsbehörden häufig nicht klar feststellbar ist, welche Maßnahme im Detail getroffen wurde – ob eine „komplexe Sperrung" tatsächlich eine vollständige Sperrung bedeutet, oder lediglich eine Soll-Umsatz-Sperre oder eine Haben-Umsatz-Sperre verfügt/eingerichtet wurde.

Fallbeispiele aus Verdachtsmeldungen

„Am 22.5.███ erfolgte eine Soll-Umsatzsperre durch unser Haus. Nach Kontaktaufnahme durch Herrn ███ erfragten wir den Hintergrund des Zahlungseingangs.
Er räumte die Absicht der auftragsgemäßen Weiterleitung der Gelder ein.
Nach Aufklärung der Deliktsfähigkeit seines Handelns zahlte er die verfügten 1.000 € wieder ein, und stimmte dem Überweisungsrückruf zu."
„Aktuell befindet sich ein Guthaben i.H.v 1.141 Euro auf dem Konto.
Wir melden den Vorgang daher per FRISTFALL und halten das Konto bis einschließlich ███.███.███ gesperrt."
„Bei Betrachtung der Kontoumsätze fällt bereits eine Gutschrift über 516,49 EUR von einer Privatperson auf. Bevor der Betrag wohlmöglich bar verfügt oder an weitere Konten überwiesen wurde, konnten wir das Konto komplex sperren."
„Aufgrund des geschilderten Sachverhalts erstattet die ...███ Bank eine Geldwäsche Verdachtsmeldung.
Das Konto wurde gesperrt und zur Kündigung vorgemerkt. Auf dem Konto wurde ein Guthaben i. H. v. 1.095,66 EUR gesichert. Insbesondere bitten wir um Mitteilung zum gesicherten Guthaben und ob die Kontosperrung weiter aufrechterhalten werden soll."

Hier ist in jedem Fall eine möglichst genaue Angabe vorzunehmen. Aus Sicht der Straf- 328
verfolgungsbehörden ist eine vollständige Sperrung in aller Regel die vorzugswürdige Lösung. Während **Soll-Umsatzsperren** geeignet sind, um Abverfügungen zu verhindern (und auch mit dem Kunden verdächtige Transaktionen im Vorfeld einer Meldung klären zu können), können **Haben-Umsatzsperren** bspw. bei erkannten Betrugskonten weitere betrügerische Überweisungseingänge und damit Schäden verhindern (womit bisweilen umständliche Rückabwicklungen/-überweisungen erspart bleiben).

c) Fristberechnung

Wie bereits eingangs festgestellt, darf eine Transaktion – sofern ihre Durchführung 329
nicht von der FIU oder der Staatsanwaltschaft untersagt wurde – gemäß § 46 Abs. 1 S. 1 Nr. 2 GwG grundsätzlich (s. hierzu näher unten Buchst. f) durchgeführt werden, wenn der **dritte Werktag nach dem Abgangstag der Meldung verstrichen** ist, wobei der Samstag nicht als Werktag gilt (§ 46 Abs. 1 S. 2 GwG). Endet die Frist am Sitz der FIU oder der Staatsanwaltschaft an einem Feier- oder Brauchtumstag, so ist Fristende der folgende Werktag. Der Verpflichtete ist in diesem Fall entsprechend zu informieren. Im

Falle **nicht bundeseinheitlicher Feier-/Brauchtumstage** am Sitz des Verpflichteten innerhalb der vorgenannten Frist verschiebt sich der Fristablauf entsprechend.[375]

Beispiel zur Fristberechnung

Erstattung einer Meldung als Fristfall am 18.6.:

„Am 18.06.████ wurde nunmehr eine Überweisung an die ████████, die laut Verwendungszweck eine erste Ratenzahlung iHv 99980 EUR darstellt, angewiesen. Diese Transaktion haben wir angehalten.

Die Mittelherkunft der Bargelder ist für uns im Hinblick auf den uns bekannten wirtschaftlichen Hintergrund der Kunden nicht nachvollziehbar."

Durchgeführt werden darf die Transaktion, wenn dem Verpflichteten die Zustimmung der FIU oder der Staatsanwaltschaft übermittelt wurde oder wenn der dritte Werktag nach dem Abgangstag der Meldung verstrichen ist, d.h.:

- 18.6. (Mittwoch) = Abgangstag der Meldung an die FIU
- 19.6. (Donnerstag) = Feiertag: zählt nicht
- 20.6. (Freitag) = 1. Werktag nach dem Abgangstag der Meldung
- 21./22.6. (Samstag/Sonntag): zählen nicht
- 23.6. (Montag) = 2. Werktag nach dem Abgangstag der Meldung
- 24.6. (Dienstag) = 3. Werktag nach dem Abgangstag der Meldung
- 25.06. (Mittwoch): Die Transaktion dürfte grundsätzlich (s. im Folgenden Gliederungspunkt e) durchgeführt werden (wenn bis dahin noch keine Zustimmung der FIU oder Staatsanwaltschaft übermittelt wurde)

---

d) Zustimmung zur Durchführung der Transaktion (§ 46 Abs. 1 S. 1 Nr. 1 GwG)

330 FIU und Staatsanwaltschaft können ihre Zustimmung zur Durchführung einer im Rahmen der Fristfallregelung des § 46 Abs. 1 GwG gemeldeten und angehaltenen Transaktion geben. Zustimmungen sind grundsätzlich jedoch eher selten – häufig wird schlicht die Frist verstreichen gelassen, ohne dass eine Rückmeldung gegeben wird (davon ausgehend, dass der Verpflichtete die Transaktion im Anschluss durchführt)[376]. Eine Zustimmung seitens der Staatsanwaltschaft kann verschiedene Gründe haben. So kann es beispielsweise im Einzelfall **aus ermittlungstaktischen Gründen** günstiger sein, eine Transaktion durchführen zu lassen, um anschließend nachzuverfolgen, was weiter mit dem Überweisungsbetrag geschieht (dies kann zu bis dahin noch unbekannten weiteren Konten/Personen/Unternehmen führen und hilfreich für die Aufhellung von kriminellen Strukturen sein). Häufig ist es den Strafverfolgungsbehörden aber auch schlicht nicht möglich, im vorhandenen Zeitrahmen ausreichend Informationen zu erlangen, um eine hinreichend sichere Bewertung treffen zu können, ob die betreffenden Vermögenswerte inkriminierter Herkunft sind, was vor allem bei Transaktionen aus dem Ausland der Fall ist. (Die FIU selbst prüft bspw. keinen strafprozessualen Anfangsverdacht, sondern leitet Meldungen bereits bei niedrigerem Verdachtsgrad an die zuständige Strafverfolgungsbe-

---

375 BaFin-AuA zum GwG AT (03/2025), Ziff. 10.8.1, S. 90; Herzog/*Barreto da Rosa* § 46 Rn. 10.

376 Zur diesbezüglichen Problematik s. im Folgenden Buchst. e).

hörde weiter – also ggf. auch bei einem Verdachtsgrad, der noch keine Sicherungsmaßnahmen der Strafverfolgungsbehörden zulässt.)

Formulierungsbeispiel aus der Verfügung einer Staatsanwaltschaft zu einer Fristfallmeldung

„Bezogen auf die gemeldeten Transaktionen (Verdachtsmeldung vom ■■.■■.■■■ und Nachreichung vom ■■.■■.■■■) wird die Staatsanwaltschaft ■■■■■ mangels ausreichender Erkenntnisse über eine illegale Herkunft des Geldbetrags keine Sicherungsmaßnahmen beantragen."

Die Zustimmung zur Durchführung der Transaktion bedeutet jedenfalls weder, dass die Transaktion legalen Hintergrund hat, noch dass die Meldung unberechtigt war: 331

Formulierungsbeispiel aus der Verfügung einer Staatsanwaltschaft zu einer Fristfallmeldung

„Sehr geehrte Damen und Herren,
der Durchführung der Transaktion wird zugestimmt (§ 46 Abs. 1 S. 1 Nr. 1 GwG). Ich mache jedoch darauf aufmerksam, dass aus meiner Zustimmung nicht auf das Fehlen eines Tatverdachts geschlossen werden kann."

Die Zustimmung zur Durchführung einer Transaktion kann auch nicht dahingehend verstanden werden, dass seitens der Staatsanwaltschaft weitere Voraussetzungen geprüft und als vorliegend bewertet wurden, etwa im Hinblick auf Ausfuhrgenehmigungen. Derartige Prüfungen sind vom Verpflichteten in eigener Verantwortung durchzuführen. 332

Formulierungsbeispiel aus der Verfügung einer Staatsanwaltschaft zu einer Fristfallmeldung

„Sehr geehrte Damen und Herren,
der Durchführung der Transaktion wird zugestimmt (§ 46 Abs. 1 Nr. 1 GwG). Ich mache jedoch darauf aufmerksam, dass aus meiner Zustimmung nicht auf das Fehlen eines Tatverdachts geschlossen werden kann.
Ich weise darauf hin, dass die obige Zustimmung lediglich unter Geldwäscheaspekten erfolgt.
Mit dieser Zustimmung ist <u>keine</u> Prüfung oder Aussage über eine etwaige Ausfuhrgenehmigungspflicht der Waren nach dem Außenwirtschaftsgesetz verbunden. Die Klärung einer etwaigen Genehmigungspflicht / Genehmigungsfähigkeit der Warenausfuhr ist mit dem Bundesamt für Wirtschaft und Ausfuhrkontrolle abzuklären."

Schließlich verzichten Staatsanwaltschaften häufig auch bei geringfügigeren Beträgen auf Sicherungsmaßnahmen, da in diesen Fällen kaum davon ausgegangen werden kann, dass eine spätere Einziehungsanordnung ohne die vorläufigen Sicherungsmaßnahmen nicht mehr erfolgreich vollstreckt werden könnte (eine bundesweit einheitliche Grenze gibt es hier nicht, viele Staatsanwaltschaften ziehen diese Grenze bei 500 Euro). 333

Formulierungsbeispiele aus Verfügungen von Staatsanwaltschaften zu Fristfallmeldungen

„Es wird mitgeteilt, dass auf vermögenssichernde Maßnahmen aufgrund eines möglichen Schadens von 300 € derzeit verzichtet wird."

„Sehr geehrte Damen und Herren,
die betreffende Transaktion der Verdachtsmeldung vom ■■.■■.■■■ wird freigegeben. Vor Ausführung der Überweisung wird geraten, nochmals Rücksprache mit dem Kunden zu halten, da dieser mutmaßlich Opfer eines Betrugs wurde."

e) Untersagung der Durchführung der Transaktion (§ 46 Abs. 1 S. 1 Nr. 2 GwG)

334 Eine Untersagung der Durchführung der Transaktion ist der **FIU** lediglich durch eine Sofortmaßnahme nach § 40 Abs. 1 GwG möglich, wenn die dort genannten Voraussetzungen vorliegen.

335 Eine Untersagung durch die **Staatsanwaltschaft** kann nur durch **Pfändungsbeschluss** (in Vollziehung einer Beschlagnahmeanordnung nach § 111c Abs. 2 StPO oder eines Vermögensarrestes gemäß § 111f Abs. 1 StPO) erfolgen. Sonstige, etwa telefonische **„formlose" Untersagungen** sind rechtlich unwirksam; § 46 Abs. 1 enthält keine eigene Rechtsgrundlage für die FIU, Polizei oder StA zur Untersagung der Durchführung von Transaktionen, für Kontensperrungen o. ä.[377]

336 Für die vorläufige Sicherung von Vermögenswerten gem. §§ 111b ff. StPO durch die Strafverfolgungsbehörden (nicht die FIU – diese kann keine strafprozessualen Maßnahmen treffen) reicht zunächst der sog. **einfache Tatverdacht** nach § 152 Abs. 2 StPO aus,[378] der sich noch nicht gegen einen bestimmten Beschuldigten richten muss.[379] Es müssen lediglich „Gründe für die Annahme vorhanden"[380] sein, dass die Voraussetzungen für die spätere Anordnung der Einziehung vorliegen. Die Staatsanwaltschaft kann daher bereits dann Vermögenssicherungsmaßnahmen ergreifen, wenn die Möglichkeit besteht, dass nach kriminalistischer Erfahrung eine verfolgbare Straftat gegeben ist,[381] und jemand durch diese Tat etwas erlangt hat (und wenn es sich nicht um einen nur geringfügigen Betrag handelt, d.h. auch ein Sicherungsbedürfnis gegeben ist).

337 Bisweilen finden sich – primär in Betrugsfällen – auch zielorientierte und unbürokratische Lösungen wie das folgende Schreiben einer Staatsanwaltschaft an eine Bank nach einer Fristfall-Verdachtsmeldung zeigt:

---

377 Vgl. Herzog/*Barreto da Rosa* § 46 Rn. 11.

378 OLG Zweibrücken, Beschl. v. 27.8.2002 – 1 Ws 407/02 – NStZ 2003, 446.

379 Meyer-Goßner/Schmitt/*Köhler* § 111b Rn 5, 6.

380 Durch das Gesetz zur Verbesserung der Bekämpfung der Organisierten Kriminalität vom 4.5.1998 (BGBl. 1998 I S. 845) wurde der erforderliche Verdachtsgrad vom dringenden Verdacht („dringende Gründe") auf „Gründe für die Annahme" herabgestuft (BT-Drucks. 13/8651, S. 9), da es in der Praxis kaum möglich war, diese hohen Beweisanforderungen zu erfüllen (*Kaiser* in: FS Tröndle, S. 685, 696).

381 BGH, Urt. v. 21.4.1988 – III ZR 255/86 – NJW 1989, 96 (97).

Beispiel aus dem Schreiben einer Staatsanwaltschaft
„Sehr geehrte Damen und Herren,
der Beschuldigte hat sich mit der Rückübersendung des restlichen Guthabenbetrags auf dem Konto bei der ■■■■, IBAN ■■■■■■■■, an die Geschädigte ■■■ einverstanden erklärt. Etwaige Sicherungsmaßnahmen entfallen hier."

f) Verhalten bei Ablauf der Frist gemäß § 46 Abs. 1 S. 1 Nr. 2 GwG

Dem Wortlaut von § 46 Abs. 1 Satz 1 (Nr. 2) GwG darf eine Transaktion, wegen der eine Meldung erfolgt ist, ***frühestens*** durchgeführt werden, wenn der dritte Werktag nach dem Abgangstag der Meldung verstrichen ist, ohne dass die Durchführung der Transaktion durch die FIU oder die Staatsanwaltschaft untersagt worden ist. Das Wort „frühestens" wurde zunächst regelmäßig so ausgelegt, dass die angehaltene Transaktion nach Fristablauf durchgeführt werden darf bzw. muss, da für Kreditinstitute die Pflicht besteht, Zahlungsaufträge auszuführen (s. §§ 675f, 675j BGB), soweit die Ausführung nicht gegen Rechtsvorschriften verstößt, wozu (neben bspw. Embargovorschriften nach AWG/AWV) auch das Transaktionsverbot nach § 46 Abs. 1 GwG zählt. Ist die Frist nach § 46 Abs. 1 S. 1 Nr. 2 GwG abgelaufen, hat der Verpflichtete mithin kein Recht mehr, die Transaktion zu unterlassen, da die Transaktion gerade nicht mehr gegen sonstige Rechtsvorschriften i.S.d. § 675o Abs. 2 BGB verstoßen würde.[382] 338

Anlässlich ihrer Geldwäschekonferenz am 7.12.2023 erklärte die **BaFin** demgegenüber, dass Transaktionen nach Ablauf der Frist in § 46 Abs. 1 S. 1 Nr. 2 GwG „nicht ungeprüft (pauschal) durchgeführt werden" dürften, sondern im Rahmen einer Verhältnismäßigkeitsprüfung festzustellen sei, ob besondere Gründe einer Durchführung entgegenstünden.[383] Auch in ihren AuA AT zum GwG (03/2025) unter Ziff. 10.8.1 stellt sie fest: *„In der Regel hat die Freigabe der Transaktion nach Ablauf des dritten Werktages zu erfolgen, soweit keine Untersagung im Sinne des § 46 Abs. 1 Satz 1 Nr. 2 GwG erfolgt ist. Ausnahmsweise kann ein weiteres Anhalten der Transaktion aber z.B. erforderlich sein, wenn sich Hinweise für eine Geldwäschehandlung oder Terrorismusfinanzierung klar aufdrängen."* 339

Verschiedene Gerichte – wie das **LG Frankfurt a.M.** in seinem Beschluss vom 22.1.2024 (2-01 T 26/23) – vertreten hingegen die Auffassung, nach drei Werktagen sei die weitere Anhaltung (oder im zitierten Fall des LG Frankfurt a.M.: die Kontosperrung) rechtswidrig mit der Folge zivilrechtlicher Haftung (§ 48 GwG sei hier einschränkend auszulegen). 340

Gleichwenn die Auffassung der BaFin im Kern der künftigen Regelung aus Art. 71 Abs. 1 S. 2 der **EU-Geldwäsche-Verordnung** vorgreift, die bestimmt *„Verpflichtete* 341

382 Herzog/*Barreto da Rosa* § 46 Rn. 1a.
383 S. Folie 15 der BaFin-Präsentation.

können die betreffende Transaktion durchführen, ***nachdem sie die mit der Durchführung der Transaktion verbundenen Risiken bewertet haben****, wenn sie innerhalb von drei Arbeitstagen nach Übermittlung des Berichts keine gegenteiligen Anweisungen von der zentralen Meldestelle erhalten haben.“*, ändert das nichts an der Tatsache, dass die BaFin-AuA nicht als „sonstige Rechtsvorschriften“ im Sinne von § 675o Abs. 2 BGB anzusehen sind, die eine Nichtausführung des Zahlungsauftrags rechtfertigen können. Die BaFin lässt insbesondere völlig offen, wie lange die Transaktion ggf. angehalten werden darf. Die FIU hat gemäß § 40 GwG die Möglichkeit, im Anschluss an eine Fristfallmeldung innerhalb der Frist nach § 46 Abs. 1 S. 1 Nr. 2 GwG eine Sofortmaßnahme zu treffen. Diese Frist war angesichts der „Zwischenschaltung“ der FIU von zwei auf drei Werktage verlängert worden, womit nach Auffassung des Gesetzgebers ausreichend Zeit besteht, um von behördlicher Seite einzuschreiten.[384] Schreitet die FIU (oder bei Weiterleitung die zuständige Strafverfolgungsbehörde) nicht ein, erscheint es nicht vertretbar, „den Ball zurück an die Verpflichteten zu spielen“ und diese damit Haftungsrisiken auszusetzen.

342 Verpflichteten bleibt zu empfehlen, sich in Fällen angehaltener Transaktionen oder gesperrter Konten, in denen sich Hinweise für eine Geldwäschehandlung, Terrorismusfinanzierung oder sonstige Straftat klar aufdrängen, explizit an FIU und/oder zuständige Staatsanwaltschaft zu wenden, auf die Problematik möglicher Haftung bei Aufrechterhaltung der Transaktions-/Kontosperre hinzuweisen und um Entscheidung hinsichtlich der weiteren Vorgehensweise innerhalb der Frist zu bitten.

g) Schadensersatz wegen verzögerter Durchführung der Transaktion?

343 **Schadensansprüche** gegen den Verpflichteten wegen im Rahmen der Frist des § 46 Abs. 1 S. 1 Nr. 2 GwG (s. zuvor) verzögerter Durchführung der Transaktion sind jedenfalls **gemäß § 48 GwG ausgeschlossen**, sofern die Meldung nicht vorsätzlich oder grob fahrlässig unwahr erstattet wurde.[385] Auch eine staatliche Entschädigung des Gemeldeten nach dem **Strafrechtsentschädigungsgesetz** kommt nicht in Betracht, da hierfür gem. § 2 Abs. 1 StrEG ein Schaden aufgrund einer Strafverfolgungsmaßnahme erforderlich ist.[386]

3. „Eilfälle“ gemäß § 46 Abs. 2 GwG

344 Werden von Kundenseite beispielsweise Barverfügungen über größere Geldbeträge gewünscht und beantragt und liegen die Voraussetzungen einer Meldung vor, kann es zu zeitlichen Schwierigkeiten in dem Sinne kommen, dass die Abhebung vor Ablauf der

384 Ausführlich Herzog/*Barreto da Rosa* § 46 Rn. 9.

385 Begründung zum Entwurf eines Gesetzes über das Aufspüren von Gewinnen aus schweren Straftaten (Gewinnaufspürungsgesetz – GewAufspG), BT-Drucks. 12/2704, S. 19.

386 Herzog/*Barreto da Rosa* § 46 Rn. 12 m.w.N.

Frist in § 46 Abs. 1 S. 1 Nr. 2 GwG avisiert wird. Kann eine **Verzögerung des Geschäfts** nicht bspw. dadurch begründet werden, dass in der Kürze der Zeit eine derart hohe Bargeldsumme nicht beschafft werden kann, oder lässt sich das Geschäft nicht auf andere Weise bis zum Ablauf der Frist verzögern, besteht ggf. die Möglichkeit der Erstellung eines sog. **Eilfalls** gemäß § 46 Abs. 2 GwG.

Im Gegensatz zu den zuvor behandelten Fristfällen wurde bei einem sog. Eilfall die Transaktion also bereits durchgeführt und wird die Meldung erst (unverzüglich) im Nachhinein erstellt. **§ 46 Abs. 2 GwG gestattet dem Verpflichteten die sofortige Ausführung einer Transaktion** (auch ohne Rücksprache mit einem/einer möglicherweise vorhandenen Geldwäschebeauftragten), wenn der Kunde / die Kundin die unverzügliche Durchführung der Finanztransaktion ausdrücklich wünscht.[387] Im Wege einer Abwägung sollten daher all diejenigen Transaktionen als unaufschiebbar angesehen werden, bei denen aufgrund ihrer Art der Auftragserteilung eine hohe Wahrscheinlichkeit besteht, dass eine verzögerte Ausführung zu einem „Warneffekt" führt.[388] Klassische Fälle sind hier beispielsweise Geldwechselgeschäfte oder Einzahlungen am Bankschalter oder auch Wechsel von Jetons in Geld und umgekehrt bei Spielbanken.[389] Die Verfolgung der Nutznießer einer mutmaßlichen strafbaren Handlung wird vor allem dadurch behindert, wenn diese durch einen Aufschub der Transaktion **gewarnt** werden würden. 345

Erstattet ein Verpflichteter (bspw. ein Kreditinstitut) eine Meldung als Fristfall, weil ein verdächtiger Kunde einen hohen Geldbetrag am Folgetag in bar ausbezahlt verlangt, kann die Auszahlung am Folgetag – also innerhalb der Frist des § 46 Abs. 1 S. 1 Nr. 2 GwG – **nicht als Eilfall** mit dem Hinweis durchgeführt werden, dass ein Aufschub nicht möglich gewesen sei, ohne dass der Kunde hierdurch gewarnt werden würde. Hier wäre beispielsweise unter Verweis auf logistische Umstände im Zusammenhang mit der Beschaffung der erforderlichen hohen Bargeldmenge eine Terminverschiebung auf einen Zeitpunkt nach Fristablauf unverdächtig zu erreichen. 346

Wenn sich im konkreten Fall für die Mitarbeiter des pflichtigen Unternehmens ein Verdacht für eine **Geldwäschehandlung oder Terrorismusfinanzierung jedoch geradezu aufdrängen muss**, soll ausweislich der BaFin-AuA AT zum GwG (03/2025, Ziff. 10.8.1) eine Transaktion **nicht nach der „Eilfallregelung"** des § 46 Abs. 2 GwG ausgeführt werden, sondern ist die Transaktion von vornherein **abzulehnen** (wie auch in den Fällen, in denen der Verpflichtete nicht in der Lage ist, die allgemeinen Sorgfaltspflichten zu erfüllen, vgl. §§ 10 Abs. 9 und 15 Abs. 9 GwG). Dies gilt insbesondere, wenn eine im Hinblick auf Terrorismusfinanzierung gelistete Person involviert ist. Also auch wenn ein Kunde bzw. Vertragspartner eine Transaktion für eilbedürftig erklärt und mit Nachdruck an Termine bindet, sollten aus Gründen der eigenen Absicherung vor **auf-** 347

387 BT-Drucks. 12/2704, S. 18.

388 *Oswald* S. 91 (m.w.N.).

389 Siehe auch BT-Drucks. 12/2704, S. 18.

sichtsrechtlichen oder gar strafrechtlichen Konsequenzen solche Transaktionen nicht ausgeführt werden, bei denen sich der Verdacht der Geldwäsche oder Terrorismusfinanzierung geradezu aufdrängen muss.

II. Form und inhaltliche Anforderungen an die Meldung (der Weg zur FIU)

1. Allgemeines

348 Das interne Meldeverfahren ist in Kapitel 7 B ausführlich beschrieben. Der interne Meldeweg endet mit der Entscheidung für oder gegen die Erstattung einer Verdachtsmeldung. Die anschließende Erstellung einer Meldung nach § 43 Abs. 1 S. 1 GwG, § 44 GwG und für Meldungen der Finanzbehörden (vgl. § 31b Abs. 2 S. 2 bis 4 AO) erfolgt durch die dafür zuständige Stelle. Verpflichtete können bei Erfüllung der Meldepflicht gemäß § 45 Abs. 4 GwG entsprechend § 6 Abs. 7 GwG **auf Dritte**[390] als zuständige Stelle zurückgreifen, bleiben aber weiterhin für die ordnungsgemäße Erfüllung der Meldepflicht verantwortlich. Die Übertragung auf Dritte muss bei der zuständigen Aufsichtsbehörde vorher angezeigt werden. Eine Gewährleistung, dass die Meldepflicht ordnungsgemäß durchgeführt wird, ist in der Anzeige darzulegen.

2. Meldeweg

349 Die Meldungen sind gegenüber der **FIU**[391] als zentrale Meldestelle zu erstellen. Die FIU ist zuständig für die Entgegennahme, Sammlung und Auswertung von Verdachtsmeldungen. Diese unterliegen als gewerberechtliche Pflicht[392] einem Formzwang.[393] Die **Formvorschriften**, die für alle Meldungen gelten, bestimmen sich nach § 45 GwG. Gem § 45 Abs. 5 S. 1 GwG kann das BMF durch Rechtsverordnung nähere Angaben über erforderliche Angaben und Form bestimmen (s. Punkt 5.). Dazu wird (voraussichtlich Oktober 2025) die GwGMeldV in Kraft treten. In § 45 Abs. 1 GwG heißt es „Die Meldung nach § 43 Abs. 1 oder § 44 hat **elektronisch** zu erfolgen". Das bedeutet im Regelfall, die Meldung ist „elektronisch über eine Benutzeroberfläche, die von der Zentralstelle für Finanztransaktionsuntersuchungen im Internet zur Verfügung gestellt wird" zu erstatten.[394] Bei dieser Benutzeroberfläche für die Erfassung der Meldungen handelt es sich um **goAML.**[395]

390 S. ausführlich dazu Kap. 3 C.
391 S. Kap. 1 A IV.
392 Zur Rechtsnatur von Verdachtsmeldungen vgl. Kap. 7 A I 1.
393 BaFin-AuA AT zum GwG (03/2025), Ziff. 10.7.
394 BT-Drucks. 18/11555, S. 157.
395 BaFin-AuA AT zum GwG (03/2025), Ziff. 10.7.

Gut zu wissen
In den in § 56 GwG aufgeführten **Bußgeldvorschriften** findet sich zu § 45 GwG keine Ausführungen, so dass ein Verstoß gegen die Formvorschrift nicht bußgeldbewehrt ist. Es finden sich aber in den Auslegungs- und Anwendungshinweisen der einzelnen Verpflichteten[396] klare Aussagen zu der Übermittlung gem. § 45 Abs. 1 GwG auf elektronischem Weg. Somit sind eklatante Verstöße gegen die Formvorschrift in der Praxis auch kaum vorstellbar. Die u.U. demnächst inkrafttretende GwG-Meldeverordnung (GwGMeldV) bekräftigt die Einhaltung der Formvorschriften.

Hinweis: Im weiteren Verlauf wird hier primär auf die Auslegungs- und Anwendungshinweise der BaFin Bezug genommen – die dortigen Ausführungen lassen sich auf alle Verpflichtetengruppen übertragen und können mithin allen Verpflichteten als Anhalt dienen.

3. goAML – die technische Plattform

Bei goAML handelt es sich um eine von den Vereinten Nationen (United Nations Office 350 on Drugs and Crime, kurz UNODC) speziell entwickelte Software, die mittlerweile in weit mehr als 60 FIUs weltweit eingesetzt wird.[397] Auf der Homepage der FIU findet man, zusammengefasst, folgende Informationen dazu: *„Die Software goAML erfüllt nicht nur die in der Bundesrepublik Deutschland geltenden datenschutzrechtlichen Voraussetzungen, sondern berücksichtigt auch die Vorgaben ordnungsgemäßer Softwareentwicklung. Die FIU gewährleistet als staatlicher Systembetreiber, dass goAML ordnungsgemäß, sicher und seinem Zweck entsprechend funktioniert (somit keine Anwendbarkeit der MaRisk).“* Seit November 2023 ist die Version 5.2 im Einsatz.

Im Sinne der Benutzerfreundlichkeit und zur sicheren bzw. direkten Kommunika- 351 tion mit der FIU steht den Verpflichteten das in goAML integrierte **Message Board (Mailbox)** zur Verfügung. Die Mailbox bietet den Verpflichteten die Möglichkeit, mit der FIU abgesichert in Kontakt zu treten. Von Seiten der FIU wird diese u.a. für das Einholen von Information gem. § 30 Abs. 3 GwG verwendet. Die Auskunftsanfragen müssen dann zwingend über die goAML Mailbox beantwortet werden. Seit Januar 2025 erhalten die Verpflichteten über die Mailbox auch die Rückmeldungen zu den Verdachtsmeldungen, die für eine verstärkte Analyse vorgesehen sind. **Nicht** zu nutzen ist die Mailbox für sachverhaltsrelevante Informationen zu einer abgegebenen Verdachtsmeldung.

Als weitere integrierter Teil wurde mit dem Update die Möglichkeit geschaffen, be- 352 stimmte Statistiken/Auswertungen zu abgegebenen Meldungen zu erstellen. Diese werden unterteilt in die Bereiche Meldungen, Transaktionen, Organisationsanfragen und Benutzeranfragen. Über einen Filter kann der gewünschte Zeitraum bestimmt werden.

396 Z.B. BaFin-AuA AT zum GwG (03/2025), Ziff. 10.7. AuA zum GwG der BRAK (06/2024), Rn. 173,. AuA zum GwG für Güterhändler, Immobilienmakler und andere Nichtfinanzunternehmen, Regierungspräsidium Baden-Württemberg.
397 Näheres unter der Homepage der United Nations (https://unite.un.org/goaml/).

Wichtiger Hinweis!
GoAML-dient ausschließlich der Meldungsabgabe und nicht der Erfüllung der Sorgfalts- und Dokumentationspflichten. Der **Inhalt** der abgegebene Verdachtsmeldungen und Eingangsbestätigungen werden **nach Ablauf von 7 Tagen** aus goAML Web automatisch gelöscht, so dass vom Verpflichteten eine gesonderte Dokumentation zu erfolgen hat. Dies gilt auch für **die Inhalte** der Ein- und Ausgänge der Mailbox. Hier erfolgt eine Löschung der Nachricht inklusive der Anlagen nach **14 Tagen**. Die Meldungsanzeigen / die Mailanzeigen sind nach wie vor ersichtlich. Für die zwingend erforderliche Dokumentation lassen sich die Verdachtsmeldungen bzw. Anlagen und Nachrichten als „pdf" speichern. Eine übertragene Web-Meldung lässt sich zusätzlich als XML-Datei herunterladen.

4. Registrierungspflicht

353 Zum 1.1.2020 wurde durch das Gesetz zur Umsetzung der Änderungsrichtlinie zur 4. EU-Geldwäscherichtlinie in § 45 Abs. 1 Satz 2 GwG eine *unabhängig* von der Abgabe einer Meldung bestehende **Registrierungspflicht** bei der FIU eingefügt. Verpflichtete nach § 2 Abs. 1 GwG hatten sich bis spätestens zum 1. Januar 2024[398] zu registrieren. Der Ablauf der Übergangsfrist hatte bewirkt, dass sich, wie im FIU-Jahresbericht 2023 (S. 14) zu lesen ist, „die Anzahl der Registrierungen innerhalb nur eines Jahres mehr als verdoppelt" auf insgesamt ca. 50.000. Die Registrierungspflicht soll helfen, einen Datenbestand über alle dem Geldwäschegesetz unterfallenden Verpflichteten zu erstellen und eine ggf. bestehende Hemmschwelle beim einzelnen Verpflichteten zur Abgabe einer Meldung abzubauen, indem der Schritt der Registrierung vor Abgabe einer Meldung bereits erfolgt ist.[399]

354 Die Registrierung erfolgt elektronisch in goAML[400] selbst. Unterschieden wird nach „Verpflichteten", „Behörden" oder „Benutzerkonto" (für die Ergänzung weiterer Benutzer/-innen unter einer bereits registrierten Organisation). Es werden sowohl die Angaben des Meldepflichtigen (die Organisation) wie auch die Daten der für Geldwäsche zuständigen verantwortlich handelnden Person abgefragt (Hauptverantwortlicher). Als eine solche Person kommt der/die jeweilige Geldwäschebeauftragte infrage (Ansprechpartner). Für Verpflichtete, die keinen Geldwäschebeauftragen zu bestellen haben, muss eine Person beauftragt werden, die als Hauptverantwortliche in Sachen Geldwäsche gegen-über der FIU auftritt. Diese Person muss dazu eine Bestätigung vorlegen, dass sie zur Abgabe von Meldungen im Auftrag der angegebenen Organisation berechtigt ist (hierzu ist das Formular 033371, kurz „Beauftragung" zu nutzen). Des Weiteren sind Dokumente hochzuladen, die den jeweiligen Verpflichteten verifizieren. Die

398 Gemäß § 56 Abs. 6 S. 3 und 4 müssen Güterhändler, die nicht mit Kunst, Schmuck, Uhren, Edelmetall, Edelsteinen, Kraftfahrzeugen, Schiffen, Motorbooten oder Luftfahrzeugen handeln, spätestens bis zum 1. Januar 2027 bei goAML registriert sein. Die Registrierungspflicht gilt nicht für Annahmestellen, die nach Maßgabe des § 29 Abs. 6 des Glücksspielstaatsvertrages 2021 Sportwetten vermitteln.
399 BT-Drucks. 19/15196, S. 50.
400 Unter https://goaml.fiu.bund.de/Home.

Hauptverantwortlichen verifizieren sich durch Personalausweis oder Reisepass, müssen aber auch ein Dokument mit einreichen, aus welchem sich die Bestellung des/der Geldwäschebeauftragten durch den Verpflichteten ergibt (Bestellungsurkunde). Werden die Meldungen gemäß § 6 Abs. 7 GwG durch einen Dritten durchgeführt, so muss sich sowohl der Bevollmächtigte als auch die Organisation in goAML Web registrieren.

Tipp zur Registrierung

Auf **www.fiu.bund.de** findet sich eine Rubrik „Software goAML", in der neben allgemeinen Informationen zu goAML auch ein Link auf **„Publikationen zu goAML"** zu enthalten ist. Darunter gibt es eine Reihe von Hinweisen, Merkblättern und ein 5-minütiges Tutorial als Hilfestellung zum Ablauf der Registrierung. U.a. findet man darunter eine Aufstellung, welche Dokumente bei der Verifizierung benötigt werden und das Formular, das für die Beauftragung zusätzlich erforderlich ist (s.o.).

Info

Am Ende der folgenden Ziff. 5 finden sich unter „Tipp" Hinweise auf weitere nützliche Publikationen der FIU, die für die weiteren Punkte ebenfalls von Bedeutung sind.

5. Form und inhaltliche Anforderungen

Derzeit können Meldungen im Web-Portal entweder durch Hochladen einer XML-Datei 355
oder durch manuelle Eingabe erstellt werden. Für die manuelle Erfassung der Meldung stehen die Meldetypen **„Verdachtsmeldung (VMT)"**, **„Verdachtsmeldung ohne Transaktion (VMA)"** und **„Ergänzende Information (EIT)"** zu Verfügung, für die man sich vorab entscheiden muss. Ein nachträglicher Wechsel des Meldetyps ist mittlerweile möglich. Durch die Wahl des Meldetyps ergibt sich automatisch die geforderte Nutzung der von goAML vorgegebenen Formularfeldern in der Erfassungsmaske (z. B. Meldetyp VMA ist u. a. für Güterhändler zu nutzen)

Die wesentlichen Informationen und Daten einer Meldung müssen in den Formu- 356
larfeldern erfasst werden (hilfreich sind die in vielen Feldern hinterlegten „Tooltipps"). Zum Teil handelt es sich um sog. „Pflichtfelder" oder „bedingte Pflichtfelder", damit alle Mindestangaben, die die FIU benötigt, auch zur Verfügung stehen. Die zwingende Nutzung der Formularfelder bedeutet bspw., dass jede einzelne für den gemeldeten Sachverhalt relevante Finanztransaktion in goAML zu erfassen ist und nicht lediglich als Transaktionsübersicht bspw. pdf-Dokument als Anlage beigefügt werden darf.[401] Das manuelle Befüllen der Erfassungsmaske führt auf Seiten der Verpflichteten jedoch zu immensem zusätzlichem Aufwand. Mittlerweile werden, vor allem bei den „Vielmeldern" im Finanzsektor, aus den vorliegenden Personendaten und Finanztransaktionen durch die jeweilig genutzten IT-Anwendungen die erforderlichen Daten in das erforder-

401 Dazu auch BaFin-AuA AT zum GwG (03/2025), Ziff. 10.7.

liche XML-Schema umgesetzt und in goAML Web hochgeladen. Dies ist wesentlich zeitsparender und minimiert das Risiko, relevante Daten nicht erfasst zu haben.

357 Kernstück der Meldung ist die **Sachverhaltsdarstellung**. Hat man sich vor einigen Jahren bei der Darstellung noch kurz und knapp gehalten, hat die FIU als Hilfestellung für die Verpflichteten später „Allgemeine Anforderungen an die Darstellung des Sachverhalts" unter www.fiu.bund.de veröffentlicht. Zu finden ist dort jeweils eine Version für den Finanzsektor und Nichtfinanzsektor. Der Meldetext wird darin in **vier inhaltlichen Abschnitten** mit jeweiligen Beispielen dargestellt. In der Praxis ist dadurch der Umfang der reinen Sachverhaltsdarstellung erheblich gestiegen, so dass häufig die Zeichenkapazität in dem für die Darstellung vorgesehenen Feld erreicht wird. Hierzu findet sich in der Beschreibung der Hinweis *„Bitte beachten Sie, dass die gesonderte Darstellung des Sachverhalts als Anlage zu einer Verdachtsmeldung und der Verweis hierzu in dem für die Darstellung des Sachverhalts vorgesehenen Feld in goAML grundsätzlich nicht vorgesehen ist und nur in Ausnahmefällen nach vorheriger Rücksprache mit der FIU möglich ist (z.B. in Ergänzung bei nicht ausreichender Zeichenkapazität zur Darstellung des vollständigen Sachverhalts)"*. Eine mögliche Lösung für eine kürzere Darstellung wäre z.B., die IBAN oder die Personaldaten zu den einzelnen Buchungen, die bereits als Transaktion erfasst wurden, nicht mehrfach aufzuführen und/oder nur auf die Transaktionserfassung zu verweisen.

358 Für zusätzliche Mitteilungen steht das Feld **„Besondere Hinweise an die FIU"** zur Verfügung. Auch dieses Feld ist durch die FIU klar definiert worden. Zu den besonderen Hinweisen zählt z.B. der Begriff **„Fristfall"** (als *zusätzliche* Information zu dem Indikator A1001 bzw. A2001 = FIU Zustimmung erforderlich), die Kenntnis über ein laufendes Ermittlungsverfahren und eine Aufstellung der beigefügten relevanten Unterlagen. Als weitere Nutzung hat die FIU mit einer festen Formulierung vorgegeben, dass in den Fällen, in denen die Verpflichteten bereits eine Strafanzeige erstattet haben, dies der FIU gem. § 43 Abs. 1 S. 2 GwG unter Angabe der Strafverfolgungsbehörde und des Aktenzeichens mitzuteilen ist. **Nicht** zu nutzen ist das Feld für „Informationen zur Sachverhaltsdarstellungen" (s.o.).

! **Tipp**

Auf der Webseite der FIU sind neben den bereits erwähnten „Tipps zur Registrierung und Allgemeine Anforderungen an die Darstellung des Sachverhalts" (s.o.) u.a. das „Handbuch goAML Web Portal", die „Hinweise der Financial Intelligence Unit – Meldeabgabe und Sonstiges" sowie die „Hinweise zur Meldungsabgabe und Registrierung und Hinweise zur Erfassung von Kryptotransaktionen" eingestellt. Der Blick in die Publikationen ist nicht nur zu empfehlen, sondern gem. den BaFin-AuA AT zum GwG (03/2025), Ziffer 10.7, **zu beachten**, „um ein effektives elektronisches Meldeverfahren zu gewährleisten".

Die am 29.11.2024 veröffentlichte **„Gemeinsame Orientierungshilfe der Bundesanstalt für Finanzdienstleistungsaufsicht (BaFin) und der Zentralstelle für Finanztransaktionsuntersuchungen (FIU) zu den Begriffen ‚Unverzüglichkeit' und ‚Vollständigkeit' einer Verdachtsmeldung nach § 43 GwG"** soll hier für mehr Klarheit sorgen, bleibt inhaltlich jedoch hinter den Erwartungen zurück und enthält keine Neuerungen. Grundlage sind die Inhalte der bekannten Auslegungs- und Anwendungshinweise (AuA) zum GwG der BaFin und die Allgemeinen Anforderungen an die Darstellung des Sachverhalts (Finanzsektor) der FIU (s.o.).

Informationen zur XML-Struktur/XSD inkl. der Validierungsregeln können im geschützten Bereich der FIU-Webseite für Verpflichtete[402] eingesehen werden (Anlage 2 im „Handbuch goAML Web Portal").

Für die Erfassung von **ergänzenden Informationen** zur Meldung ist der bereits erwähnte Meldetyp „Ergänzende Information (EIT)" zu verwenden. Im Falle von **Nachmeldungen** zu einer bereits erstatteten Erstmeldung muss die Erfassung in dem Meldetypen „Verdachtsmeldung (VMT)" oder „Verdachtsmeldung ohne Transaktion (VMA)" erfolgen. **In allen drei Fällen** muss zwingend der Indikator **„A3002 Nachmeldung"** zusätzlich gesetzt werden. 359

In beiden Fällen findet sich die Definition in den bereits empfohlenen „Hinweisen der Financial Intelligence Unit – Meldeabgabe und Sonstiges in goAML Web". Das bei Abgabe der ursprünglichen Meldung genutzte Aktenzeichen ist zwingend anzugeben. Ebenso sind sämtliche Personen, Organisationen und/oder Konten (IBAN) einzupflegen, die eine Relevanz für den nachzumeldenden Sachverhalt aufweisen. Liegt die Erstmeldung bereits eine geraume Zeit zurück (länger als ein Jahr), so sollten die (u.U. aktualisierten) Unterlagen erneut beigefügt werden (s. dazu Ziff. 6 „Umfang der Meldung"). 360

Ausblick auf die AML-Verordnung

Ausweislich Art. 69 Abs. 3 der EU-Geldwäsche-Verordnung arbeitet die **AMLA bis zum 10. Juli 2026 Entwürfe technischer Durchführungsstandards** aus, in denen das **Format** festgelegt wird, das für die Meldung von Verdachtsfällen und für die Bereitstellung von Transaktionsaufzeichnungen zu verwenden ist, und legt sie der Kommission zur Annahme vor. Hintergrund ist, dass die unterschiedlichen Formate und Schwierigkeiten bei der Verarbeitung von Transaktionsaufzeichnungen den Informationsaustausch zwischenzentralen Meldestellen und die Ausarbeitung grenzüberschreitender Finanzanalysen behindern (vgl. auch Erwägungsgrund 140 sowie Art. 1 Nr. 7 der Richtlinie (EU) 2024/1654 zur Änderung der Finanzinformationsrichtlinie (Richtlinie (EU) 2019/1153) und dortigen Erwägungsgrund 8). Es ist davon auszugehen, dass in der ersten Zeit goAML weiterhin als Plattform für die elektronische Übermittlung der Verdachtsmeldungen genutzt wird, lediglich inhaltliche Anpassungen sind zu erwarten.

In welcher Form die künftigen schwellenwertbasierten Meldungen nach Art. 80 Abs. 4 S. 2 EU-Geldwäsche-Verordnung[403] abgegeben werden müssen (womöglich „aggregierte Meldungen") bleibt abzuwarten.

6. Umfang von Meldungen

Der Umfang einer jeden Meldung hängt vom jeweiligen Sachverhalt ab. Es geht darum, der FIU und den Strafverfolgungsbehörden die erforderlichen Unterlagen zur Verfügung zu stellen, die sie für die Analyse der Meldung bzw. Überprüfung des ihr zugrundeliegenden Sachverhalts benötigen. Das Bankgeheimnis gilt hierbei nicht.[404] 361

402 Abrufbar auf der Website der FIU im geschützten Bereich der FIU, www.zoll.de/fiu-intern. Die Zugangsdaten stehen alle in goAML registrierten Verpflichteten zu Verfügung.

403 S. oben Kap. 7 A V 4 b).

404 Vgl. auch *Diergarten*, Verdachtsmeldung, Ziff. 4.6.2.4.

362 Eine **vollständig abgegebene Verdachtsmeldung benötigt** insofern u.a. Identifizierungsunterlagen (Kopien von Ausweispapieren, Handelsregisterauszüge soweit vorhanden, etc.), eine Übersicht über das Gesamtengagement und Verträge (die gesamte Aufstellung inkl. der gültigen Dateiformate) findet sich auch hier in den „Hinweisen der Financial Intelligence Unit-Meldeabgabe und Sonstiges in goAML Web". Soweit die entsprechenden Unterlagen nicht bereits der Meldung beigefügt werden, sind sie auf Ersuchen der FIU oder der Strafverfolgungsbehörde an diese herauszugeben.[405] Die FIU sowie die nach entsprechender Übermittlung des Sachverhaltes zuständige Strafverfolgungsbehörde können den Meldepflichtigen nach Eingang der Meldung auffordern, die Fakten, die seine Meldung unterfüttern, zu substantiieren bzw. zu konkretisieren.[406] Ein staatsanwaltschaftliches Auskunftsersuchen ist hierzu nicht erforderlich. Dies gilt auch für die Übersendung von Lichtbildern oder Videos von Überwachungskameras.

7. Übertragung von Meldungen

363 Durch die von der FIU nach § 41 Abs. 1 GwG bei elektronischen Meldungen nach § 43 Abs. 1 S. 1 GwG zu versendenden Eingangsbestätigungen wird der Zeitpunkt der Abgabe der Meldung dokumentiert.[407] Die **Eingangsbestätigung** ist im Menüpunkt „Übertragene Meldungen" als pdf abrufbar. An die in der Meldung vom Meldenden hinterlegte E-Mail-Adresse wird aus goAML automatisiert eine Übertragungsbestätigung versendet.

364 Gemäß § 45 Abs. 1 S. 3 GwG ist bei einer **länger als zwei Stunden andauernden Störung** der elektronischen Datenübermittlung[408] die Übermittlung ausnahmsweise auf dem **Postweg** mittels des von der FIU (s. Internetseite der FIU) vorgegebenen amtlichen Meldevordrucks (s. § 45 Abs. 3 GwG) oder per **Fax**[409] zugelassen (für Fristfälle kommt selbstredend nur eine Übermittlung per Fax in Frage, sofern ein Faxgerät vom Verpflichteten überhaupt noch verwendet und datenschutzrechtlich und im Zuge der verstärkten Informationssicherheit für zulässig gehalten wird). An der Pflicht zur unverzüglichen Erstattung der Meldung ändert sich hierdurch jeweils nichts, in besonders eiligen Fällen ist auch ein Abwarten von zwei Stunden nicht erforderlich, sondern kann bei festgestellter Störung sofort per Fax gemeldet werden. Zu nutzen sind die Verfahren, die die FIU zu diesem Zeitpunkt auf ihrer Internetseite freigegebenen hat.

365 Bei **nicht elektronischer Abgabe** der Meldung sieht das Gesetz **keine Eingangsbestätigung** vor. Zur Dokumentation des Zeitpunktes der postalischen Abgabe der Mel-

405 Der freiwilligen Herausgabe von Unterlagen steht das Bankgeheimnis nicht entgegen, vgl. hierzu ausführlich *Diergarten,* Verdachtsmeldung, Ziff. 4.6.2.3.f.

406 BaFin-AuA AT zum GwG (03/2025), Ziff. 10.6.

407 S. BaFin-AuA AT zum GwG (03/2025), Ziff. 10.7.

408 S. Homepage der FIU und BaFin-AuA AT zum GwG (03/2025), Ziff. 10.7.

409 Vgl. BaFin-AuA AT zum GwG (03/2025), Ziff. 10.7; ausführlich Herzog/*Barreto da Rosa* § 45 Rn. 8 m.w.N.

dung ist anstelle des einfachen postalischen Versands ein Einschreiben anzuraten. Bei Übersendung der Meldung per Fax dient der Fax-Sendebericht als Übermittlungsquittung und Nachweis der Unverzüglichkeit.[410]

Zur **Vermeidung unbilliger Härten** eröffnet § 45 Abs. 2 GwG für Verpflichtete auf entsprechenden (formlosen) Antrag die Möglichkeit, durch die FIU von der Pflicht zur elektronischen Übermittlung der Meldung (ggf. befristet) befreit zu werden. Die Meldungen sind dann per Post an die FIU zu übermitteln. 366

Hinweis

Für alle o.g. nicht elektronischen Abgaben von Meldungen stehen im Formular-Management-System der Bundesfinanzverwaltung (FMS) zwei entsprechende Formulare (033572 und 033573) zur Verfügung. Anschrift und Fax-Nummer finden sich auf der Homepage der FIU.

8. Formulierungshinweise

Meistens bestehen lediglich mehr oder weniger klare Anhaltspunkte für das Vorliegen einer Straftat. Aus der Natur der Sache ergibt sich, dass sich ein anfänglicher Verdacht durch weitere Nachforschungen entkräften kann oder als falsch herausstellt. Es empfehlen sich daher seitens des Verpflichteten **bedachte Formulierungen** in der Meldung. Eine Meldung sollte so neutral wie möglich gehalten werden. Entscheidend sind die objektiven Umstände, aus denen sich der Verdacht ergeben hat.[411]. 367

Hinsichtlich des **Verdachts** bietet sich (je nach Sachverhalt) beispielsweise folgende Formulierung an: 368

Formulierungsbeispiel 1

„Wir können daher nach unserem derzeitigen Kenntnisstand nicht ausschließen, dass es sich bei der fraglichen Transaktion um Geldwäsche handelt bzw. diese in Zusammenhang mit Terrorismusfinanzierung oder einer Vortat im Sinne des § 261 StGB steht."

Eine Möglichkeit, die persönliche **Namensnennung** des Mitarbeitenden, der den Verdacht auf Geldwäsche/Terrorismusfinanzierung intern meldet, (zunächst)[412] zu **umgehen**, ist folgende Formulierung in der Meldung: 369

410 BaFin-AuA AT zum GwG (03/2025), Ziff. 10.7.

411 Diergarten, Verdachtsmeldung, Ziff. 4.6.2.1.

412 Kommt es zu einem Strafverfahren, wäre der betreffende Mitarbeiter später jedoch namentlich zu benennen; vgl. hierzu ausführlicher in diesem Kapitel F.

Formulierungsbeispiel 2

„Im Rahmen routinemäßiger Überprüfungen wurden wir auf folgenden Sachverhalt (oder folgende Kundenbeziehung) aufmerksam:"
oder
„Aufgrund einer hausinternen Mitteilung haben wir die betreffende Kundenverbindung einer näheren Prüfung unterzogen."

370 Im Anschluss an eine Meldung werden v.a. bei Kreditinstituten in aller Regel weitere Transaktionen über das oder die betreffenden Konten laufen. Im Hinblick auf die bestehende Pflicht zur **Nachmeldung relevanter Umsätze** (oder sonstiger relevanter Umstände) bietet sich folgende Formulierung an, mit der gleichzeitig klargestellt wird, dass unverdächtige Transaktionen nicht nachgemeldet werden (was Arbeit spart):

Formulierungsbeispiel 3

„Bei der Kontoführung im Anschluss an diese Meldung – unter Berücksichtigung der gesetzlich vorgegebenen Transaktionssperre – werden wir darauf achten, dass die Umstände, die erneut Geldwäscheverdacht auslösen, gemeldet werden. Bisher übliche im Rahmen des Kontos getätigte Transaktionen werden wir – sofern von Ihnen keine anderslautende Aufforderung vorgelegt wird – nicht separat melden."

371 Ist eine **Kündigung der Kundenbeziehung** beabsichtigt (s. ausf. Kap. 7.F.IV.), wobei zu bedenken ist, dass eine Kündigung im Einzelfall wichtige Ermittlungsmöglichkeiten der Strafverfolgungsbehörden zunichtemachen kann, bietet sich eine Formulierung wie die Folgende an:

Formulierungsbeispiel 5

„Es ist beabsichtigt, nach Ablauf von ... Wochen (oder zum [Datum]) die gesamte Geschäftsverbindung mit einer Kündigungsfrist von ... Monaten zu kündigen.
Sollten Sie eine andere Verfahrensweise wünschen, bitten wir zuvor um schriftliche Mitteilung."

372 Wie bereits beim Hinweis unter C I (nach Rn. 150) betont, sollen **Meldungen** nach § 43 GwG im Sachverhalt ferner **nicht zusätzlich als „Strafanzeige" bezeichnet werden**. Verdachtsmeldungen und Strafanzeigen sind grundsätzlich verschiedene Instrumente. Der besondere Weg der Meldungen, der im GwG festgelegt ist, darf nicht für die Erstellung von Strafanzeigen missbraucht werden – etwa, weil er „bequemer" ist, um den Sachverhalt den Behörden zur Kenntnis zu geben als eine förmliche Strafanzeigenerstattung bei der örtlichen Polizeidienststelle oder Staatsanwaltschaft. Derartiger **Missbrauch** wird seitens der zuständigen Strafverfolgungsbehörden regelmäßig an die jeweilige **Aufsichtsbehörde weitergemeldet**.

III. Verbot der Informationsweitergabe (das „Tipping-off"-Verbot nach § 47 GwG)

1. Verbot der Informationsweitergabe

Das in § 47 GwG enthaltene Verbot der Informationsweitergabe (auch Hinweis- oder Unterrichtungsverbot oder **„Tipping off"** genannt) soll im Ergebnis verhindern, dass Geldwäscher über beabsichtigte oder erstattete Meldungen, laufende Ermittlungsverfahren oder ein Auskunftsverlangen der FIU nach § 30 Abs. 3 S. 1 GwG informiert werden und damit die Gelegenheit erhalten, Gelder in Sicherheit zu bringen, weitere Ermittlungsmaßnahmen zu vereiteln etc. **Ziel ist die Sicherung von Ermittlungserfolgen**, die nicht durch Vorveröffentlichung gefährdet werden sollen.[413] (Nach § 47 Abs. 3 GwG besteht daher auch für staatliche Stellen das Verbot, ihre Kenntnis von einer Meldung nach § 43 Abs. 1 S. 1 GwG weiterzugeben; zulässig ist die Weitergabe der Information nur mit Zustimmung der FIU.) 373

Das Verbot der Informationsweitergabe bezieht sich dabei ausweislich des Wortlauts *„von einer **beabsichtigten oder erstatteten Meldung**"* in § 47 Abs. 1 Nr. 1 GwG nicht nur auf den Fall, dass bereits eine Meldung tatsächlich erstattet worden ist, sondern greift bereits, wenn der Meldepflichtige sich darüber im Klaren ist, dass die Voraussetzungen einer Meldung vorliegen.[414] 374

Ein **Verstoß gegen das Verbot** der Informationsweitergabe ist gem. § 56 Abs. 2 Nr. 7 GwG **bußgeldbewehrt** und kann sogar **strafrechtliche Ermittlungen** bspw. wegen Strafvereitelung (§ 258 StGB), Begünstigung (§ 257 StGB) oder auch Beihilfe zu Steuerdelikten nach sich ziehen.[415] **Keinen Verstoß** gegen § 47 Abs. 1 GwG begeht dagegen, wer einen Vertragspartner lediglich über die geltende Rechtslage – also auch über bestehende Meldepflichten nach § 43 Abs. 1 S. 1 GwG – aufklärt[416], ebenso wenig wie Angehörige der steuer-, rechts- und wirtschaftsberatenden Berufe, die sich bemühen, einen Mandanten davon abzuhalten, eine rechtswidrige Handlung zu begehen (s. § 47 Abs. 4 GwG). Das Merkmal **„bemühen"** ist ein subjektives Tatbestandsmerkmal, ein Erfolg der Bemühungen ist nicht erforderlich. Es dürfte aber umgekehrt auch klar sein, dass die Weitergabe von Informationen, die überhaupt nicht erforderlich sind, um den Mandanten / die Mandantin von der Straftat abzuhalten nicht von Abs. 4 gedeckt ist. Es ist in diesem Sinne ein erheblicher Unterschied in welchem Detailgrad Informationen weitergegeben werden. Allgemein wäre zu raten, dass gerade so viel gesagt wird, wie notwendig. Wenn der Berater / die Beraterin den Eindruck hat, der Mandant / die Mandantin ist ohnehin 375

413 Begründung zum Geldwäschebekämpfungsergänzungsgesetz, BT-Drucks. 16/9038, S. 46.

414 BR-Drucks. 317/11, S. 51; BT-Drucks. 17/6804, S. 36.

415 Hierzu ausführlich *Ransiek* wistra 1999, 401ff., der im Ergebnis (das in Teilen allerdings kritisch zu sehen ist und zudem auf zwischenzeitlich veralteter Rechtslage basiert) dazu kommt, dass die Strafbarkeit des Bankmitarbeiters immer davon abhängt, in welcher Weise der Informierte auf die Mitteilung über Ermittlungen beim Kreditinstitut reagiert oder zumindest reagieren kann.

416 Herzog/*Herzog*/*Achtelik*, GwG, 2. Aufl., § 12 (a.F.) Rn 3.

nicht abzuhalten, hat er/sie die Bemühungen insgesamt zu unterlassen, da er/sie diese dann nicht mit hinreichender Sicherheit verhindern kann.[417]

! **Nicht verwechseln!**
Ein Kreditinstitut hat gemäß BGH,[418] wenn es aufgrund massiver Anhaltspunkte den Verdacht hegt, dass ein Kunde bei der Teilnahme am bargeldlosen Zahlungsverkehr durch eine Straftat einen anderen schädigen will, diesem anderen gegenüber eine **Warnpflicht**!
Im vom BGH entschiedenen Fall wusste die Bank, dass ihr Kunde die auf dem Konto einer GmbH eingehenden Gelder für Kapitalanleger anzulegen hatte. Sie hatte aufgrund der Vielzahl der Barabhebungen den Verdacht geschöpft, ihr Kunde veruntreue die Gelder. Angesichts des massiven Verdachts von Straftaten zum Nachteil der Kapitalanleger überwog die Warnpflicht die Verschwiegenheitspflicht der Bank. Auch § 47 GwG steht der Erfüllung dieser Warnpflicht nicht entgegen. Sie verbietet nicht die Warnung vor einer drohenden Veruntreuung.

---

2. Ausnahmen vom Verbot der Informationsweitergabe

376 Gerade komplexe geldwäscherelevante Sachverhalte betreffen in der Regel nicht nur einen einzelnen Verpflichteten. Sie werden erfahrungsgemäß häufig über Konten abgewickelt, die bei verschiedenen Kreditinstituten geführt werden. Es ist in diesen Fällen für Verpflichtete wichtig, von meldepflichtigen Vorgängen zu erfahren, die bezüglich des gemeldeten Sachverhalts und insbesondere bezüglich der gemeldeten Person auch ihr eigenes Unternehmen betreffen können, um die notwendigen unternehmensinternen Sicherungsmaßnahmen ergreifen zu können.[419] **§ 47 Abs. 2 GwG eröffnet daher Möglichkeiten der Informationsweitergabe an Dritte**, ohne dass hierdurch gegen das Verbot der Informationsweitergabe verstoßen wird.

377 Ausweislich § 47 Abs. 2 S. 1 GwG **gilt das Verbot der Informationsweitergabe nicht** für eine Informationsweitergabe zum Zweck der Verhinderung der Geldwäsche oder der Terrorismusfinanzierung (§ 47 Abs. 2 S. 2 GwG) an

1. staatliche Stellen (soweit diese Stellen die Informationen zur Erfüllung ihrer Aufgaben benötigen und soweit der Weitergabe keine anderen Rechtsvorschriften entgegenstehen, vgl. § 54 Abs. 3 GwG),
2. zwischen Verpflichteten nach § 2 Abs. 1 Nr. 1 bis 3 und 6 bis 8 GwG, die derselben Gruppe angehören,
3. zwischen Verpflichteten nach § 2 Absatz 1 Nummer 1 bis 3 und 6 bis 8 und ihren nachgeordneten Gruppenunternehmen in Drittstaaten,
4. zwischen Verpflichteten der rechtsberatenden Berufe (§ 2 Abs. 1 Nr. 10 bis 12 GwG) aus EU-Mitgliedstaaten oder aus Drittstaaten, in denen die Anforderungen an ein

417 Herzog/*Barreto da Rosa*, GwG, § 47 Rn. 30.
418 BGH, Urt. v. 6.5.2008 – XI ZR 56/07 – NJW 2008, 2245ff.
419 S.a. BT-Drucks. 16/9038, S. 46.

System zur Verhinderung von Geldwäsche und von Terrorismusfinanzierung denen der 4. EU-Geldwäscherichtlinie entsprechen, sofern die betreffenden Personen ihre berufliche Tätigkeit

a) selbständig ausüben,
b) angestellt in derselben juristischen Person ausüben oder
c) angestellt in einer Struktur ausüben, die einen gemeinsamen Eigentümer oder eine gemeinsame Leitung hat oder über eine gemeinsame Kontrolle in Bezug auf die Einhaltung der Vorschriften zur Verhinderung der Geldwäsche oder der Terrorismusfinanzierung verfügt,

5. zwischen Verpflichteten nach § 2 Abs. 1 Nr. 1 bis 3, 6, 7, 9, 10 und 12 GwG in Fällen, die sich auf denselben Vertragspartner und auf dieselbe Transaktion beziehen, an der zwei oder mehr Verpflichtete beteiligt sind, wenn
   a) die Verpflichteten ihren Sitz in einem Mitgliedstaat der EU oder in einem Drittstaat haben, in dem die Anforderungen an ein System zur Verhinderung von Geldwäsche und Terrorismusfinanzierung den Anforderungen der 4. EU-Geldwäscherichtlinie entsprechen,
   b) die Verpflichteten derselben Berufskategorie angehören und
   c) für die Verpflichteten vergleichbare Verpflichtungen in Bezug auf das Berufsgeheimnis und auf den Schutz personenbezogener Daten gelten.

Zu **Nr. 4** ist anzumerken, dass nur die Verpflichteten zum Austausch berechtigt sind. Wenn also ein Rechtsanwalt mangels Mandats im Sinne des § 2 Abs. 1 Nr. 10 GwG nicht Verpflichteter ist, dann darf er nicht informiert werden. Also darf ein Anwalt, der einen Mandanten beim Unternehmenskauf berät, auch seinen Kollegen in derselben Kanzlei, der den Mandanten in einer Familiensache vertritt, nicht über eine Verdachtsmeldung informieren.

Ergänzender Hinweis !

Die **Egmont-Group** hat ein sog. **White Paper** zur unternehmensweiten Weitergabe von Verdachtsmeldungen über Länder- und damit Jurisdiktionsgrenzen, wo unterschiedliche rechtliche Regelungen gelten können, hinweg veröffentlicht, das im Umgang mit den hierdurch entstehenden Schwierigkeiten helfen soll.[420]

Nach **§ 47 Abs. 5 GwG** dürfen im **Finanzsektor** nicht nur über beabsichtigte oder bereits erstattete Verdachtsmeldungen Informationen ausgetauscht werden, sondern bereits einen Schritt vorher **weitergehende Informationen** ausgetauscht und zusammengeführt werden, um durch das Zusammentragen von Informationen mehrerer Verpflichteter einen Verdachtsmoment rechtzeitig erkennen zu können.[421] Voraussetzung ist allerdings, dass es sich um einen in Bezug auf Geldwäsche oder Terrorismusfinanzie- 378

420 Egmont Group, „Enterprise-wide STR Sharing: Issues and Approaches“, Februar 2011.
421 BT-Drucks. 16/9038, S. 47, zur Vorgängernorm des § 12 Abs. 3 GwG a.F.

rung auffälligen oder ungewöhnlichen Sachverhalt handelt und der Verpflichtete davon ausgehen kann, dass der Empfänger der übermittelten Information diese für die Risikobeurteilung einer entsprechenden oder ähnlichen Transaktion oder Geschäftsbeziehung oder die Beurteilung der Frage benötigt, ob der Sachverhalt gem. § 43 GwG zu melden oder eine Strafanzeige gem. § 158 StPO zu erstatten ist. Wenn der übermittelnde Verpflichtete nicht davon ausgehen kann, dass der andere Verpflichtete die Informationen oder den Sachverhalt benötigt, darf die Information nicht übermittelt werden. Vor dem Hintergrund der sehr niedrigen Schwelle für das Erfordernis einer Verdachtsmeldung verwundert es daher nicht, dass der formelle Informationsaustausch in der Praxis unter Verpflichteten eher gehemmt und nur sehr mühsam tastend abläuft. Die erhaltenen Informationen dürfen wiederum ausschließlich zum Zweck der Verhinderung der Geldwäsche oder der Terrorismusfinanzierung und nur unter den durch den Übermittelnden vorgegebenen Bedingungen verwendet werden (§ 47 Abs. 5 S. 3 GwG).

379 Die vorstehenden Ausführungen gelten selbstredend nur für „konkrete Sachverhalte". Ein Austausch über nicht konkrete, sondern **allgemeine Sachverhalte**, also letztendlich ein Austausch über Typologien ist daher im Umkehrschluss zwischen Verpflichteten **stets möglich**. Dieser Austausch ist auch wünschenswert, da im passwortgeschützten Bereich des Zolls zu einem großen Teil lediglich Informationen veröffentlicht werden, die auch der Tagespresse hätten entnommen werden können.

380 Das Verbot der Informationsweitergabe hat seit der Schaffung der Möglichkeit in § 40 GwG für die FIU, **Sofortmaßnahmen** treffen zu können, zusätzliche Bedeutung erlangt. Trifft die Zentralstelle für Finanztransaktionsuntersuchungen eine Sofortmaßnahme und hält bspw. eine (über § 46 Abs. 1 GwG) gemeldete Transaktion an, was bis zu einen Monat lang möglich ist (§ 40 Abs. 4 Nr. 1 GwG), so wird der betroffene Kunde von der Anhaltung in der Regel erfahren bzw. eben feststellen, dass die Transaktion nicht ausgeführt wurde. Dem Verpflichteten ist es jedoch verboten, den Kunden (oder sonstige Dritte) von der Sofortmaßnahme der FIU (der meist eine Verdachtsmeldung oder ein internationaler Hinweis vorausgegangen sein wird) zu unterrichten.[422] Es empfiehlt sich daher für Verpflichtete, eine **baldmöglichste Kontaktaufnahme mit der FIU** nach Eingang der Sofortmaßnahmeverfügung Kontakt mit der FIU aufzunehmen[423] und das weitere Vorgehen (insbesondere eben das Verhalten bei Rückfragen des Kunden) abzustimmen.

---

i **Ausblick auf die EU-Geldwäsche-Verordnung**
Das Tipping-Off-Verbot ist künftig im Wesentlichen unverändert in Art. 73 der EU-Geldwäsche-Verordnung geregelt. Aus den Erwägungsgründen 43 und 102 und in Art. 16 der EU-Geldwäsche-Verordnung ergibt sich, dass Unternehmen innerhalb einer Gruppe zum Informationsaustausch verpflichtet sind, soweit die Informa-

---

422 S. auch die BaFin-AuA zum GwG (11/2024), S. 98, die hier den Rechtsgedanken aus § 47 Abs. 3 GwG übertragen wollen.

423 Der Verfügung ist die direkte Durchwahlnummer des verantwortlichen Mitarbeiters der FIU zu entnehmen, s. auch das Muster in Kap. 8 A IV.

tionen für die Verhinderung von Geldwäsche und Terrorismusfinanzierung relevant sind. Es ist danach auch gestattet, sich auf Informationen anderer Gruppenunternehmen zu verlassen. Es sollen ferner **Partnerschaften für den Informationsaustausch** eingeführt werden, die den Austausch von Informationen zwischen Verpflichteten und Behörden ermöglichen (Art. 75).

Hinweis

Zu Hinweisgeber-/„Whistle-Blowing"-Regelungen nach §§ 6 Abs. 5 und 53 GwG vgl. die Ausführungen in Kapitel 3.

IV. Folgen bei Nichterstattung, falscher Erstattung etc.

1. Freistellung von der Verantwortlichkeit (§ 48 GwG)

§ 48 GwG **bezweckt** eine **Erhöhung der Bereitschaft zur Erstellung von Verdachtsmeldungen**, in dem derjenige, der eine solche Meldung erstattet (sowie einen Schritt vorher auch bereits der unternehmensinternmeldende Mitarbeiter des Verpflichteten, vgl. § 48 Abs. 2 Nr. 1 GwG)[424], sicher sein kann, dass er nur bei vorsätzlicher oder grob fahrlässiger Unwahrheit zur Rechenschaft gezogen werden kann.[425] Entscheidend dabei ist, dass **jeder** – also nicht nur Verpflichtete nach dem GwG –, der den Verdacht einer Straftat nach § 261 StGB mittels Meldung nach § 43 Abs. 1 GwG, § 44 GwG oder Strafanzeige nach § 158 StPO meldet, gem. § 48 GwG von jeglicher Haftung freigestellt wird.[426] Durch das Gesetz zur Umsetzung der 4. EU-Geldwäscherichtlinie wurde die Haftungsfreistellung auch auf Informationsübermittlungen im Rahmen der zeitgleich neu geschaffenen Möglichkeit von Auskunftsverlangen der FIU nach § 30 Abs. 3 S. 1 GwG erstreckt (§ 48 Abs. 2 Nr. 2 GwG). Die AuA der BaFin zum GwG stellen hierbei (auf S. 78) klar, dass – falls die für die Erstattung einer Meldung beim Verpflichteten zuständige Stelle egal aus welchen Gründen – von einer Meldung absieht, der/die intern meldende Beschäftigte keine eigene Meldung zu erstatten hat. Ihm/ihr steht es frei, ggf. mittels des beim Verpflichteten bzw. bei der BaFin eingerichteten Hinweisgebersystems eine aus seiner/ihrer Sicht unzutreffende Behandlung seiner Meldung zu kommunizieren. 381

Die **Haftungsfreistellung ist umfassend** und erstreckt sich auf alle denkbaren zivil- 382
rechtlichen einschließlich der dienst- und arbeitsrechtlichen Schadensersatz-, Unterlassungs- oder sonstigen Ansprüche sowie auf Disziplinartatbestände. Zugleich wird durch sie klargestellt, dass weder das privatrechtliche Bankgeheimnis noch ähnliche Verschwiegenheitspflichten einer Meldung entgegenstehen.[427] Auch Verzögerungsschäden

424 Entsprechend der Empfehlung 21 der FATF-Empfehlungen vom Februar 2012.

425 Gesetzesbegründung zum Entwurf eines Gesetzes über das Aufspüren von Gewinnen aus schweren Straftaten (Gewinnaufspürungsgesetz – GewAufspG), BT-Drucks. 12/2704, S. 18f.

426 BT-Drucks. 12/2704, S. 18f.

427 BT-Drucks. 12/2704, S. 19.

aufgrund von Maßnahmen, die auf eine Meldung zurückgehen, oder Sofortmaßnahmen der FIU nach § 40 GwG können damit dem Meldenden nicht angelastet werden.

! **Urteil LG Frankfurt a. M.**
In seinem Urteil vom 13.7.2012, Az. 2-21 O 319/11, wies das **LG Frankfurt am Main** auch eine Schadensersatzklage ab, die darauf begründet war, dass es nach Erstattung einer Meldung durch eine Bank, die von der zuständigen Strafverfolgungsbehörde schließlich an die Finanzbehörden weitergeleitet wurde, von dortiger Seite zu einer **Steuernachforderung** kam:
„Das Bankgeheimnis ist nicht dazu bestimmt, Straftaten oder den Steuerbehörden rechtswidrig verschwiegene Einkünfte zu verheimlichen. Eine durch die Verletzung der Verschwiegenheitspflicht verursachte Steuernachzahlung stellt daher keinen ersatzfähigen Schaden dar, es sei denn, die Nachzahlung hat ihre Ursache darin, dass das Kreditinstitut den Kunden über die Steuerpflicht nicht aufgeklärt hat, obwohl es hierzu verpflichtet gewesen ist.“

383 Die Grenze des rechtlich Zulässigen wird erst und nur dann überschritten, wenn die Meldung **vorsätzlich oder grob fahrlässig** unwahr ist. Wer vorsätzlich oder grob fahrlässig eine unwahre Meldung erstattet, wird gem. § 48 GwG nicht von der Verantwortlichkeit freigestellt, sondern kann sich beispielsweise nach § 145d StGB (Vortäuschen einer Straftat), § 164 StGB (falsche Verdächtigung), §§ 186/187 StGB (üble Nachrede/Verleumdung) oder § 203 StGB (Verletzung von Privatgeheimnissen) strafbar machen.[428] Unter Umständen kommt auch ein Anspruch aus § 824 BGB (Kreditgefährdung) in Betracht. Die Anforderungen an eine richtige Wertung des Sachverhalts sind dabei niedrig anzusetzen, da Verpflichtete selten eine konkrete Straftat erkennen, sondern meist nur Verdachtsmomente feststellen können – insofern müssten dem Verpflichteten besonders grobe Fehler (oder vorsätzlich falsche Angaben) nachgewiesen werden, damit eine Haftung in Betracht kommt.

i **Ausblick auf die EU-Geldwäsche-Verordnung**
Die Haftungsfreistellung ist in der EU-Geldwäsche-Verordnung – inhaltlich unverändert („keinerlei Haftung“) – in Art. 72 unter der Überschrift „Weitergabe von Informationen an die zentrale Meldestelle“ geregelt.

2. Ordnungswidrigkeit (§ 56 GwG)

384 § 56 GwG enthält mittlerweile insgesamt **83 Bußgeldtatbestände** (Differenzierungen in einzelnen Tatbeständen nicht mit einberechnet) für Verstöße gegen die zahlreichen Pflichten nach dem GwG. Seit dem Inkrafttreten des Gesetzes zur Umsetzung der Änderungsrichtlinie zur 4. EU-Geldwäscherichtlinie zum 1.1.2020 können Verstöße gegen die in § 56 Abs. 2 GwG genannten GwG-Pflichten nunmehr auch bei bloß **„einfach fahrlässiger“** Begehung sanktioniert werden, während bei Verstößen nach § 56 Abs. 1 GwG

428 Es empfehlen sich daher auch wohlüberlegte Äußerungen und Formulierungen in der Meldung, vgl. oben unter Ziffer B II 5.

weiterhin **leichtfertiges oder vorsätzliches Handeln** erforderlich ist. **Leichtfertigkeit** bedeutet einen erhöhten Grad von Fahrlässigkeit, etwa vergleichbar mit der groben Fahrlässigkeit im Zivilrecht. Sie ist zu bejahen, wenn der Täter eine ungewöhnlich grobe Pflichtwidrigkeit begeht, z.B., weil er ganz nahe liegende Überlegungen versäumt, wenn er unbeachtet lässt, was jedem einleuchten muss, wenn sich die Herkunft des Gegenstands aus einer Katalogtat nach der Sachlage geradezu aufdrängt und der Täter gleichwohl handelt, weil er dies aus besonderer Gleichgültigkeit oder grober Unachtsamkeit außer Acht lässt.[429] **Vorsatz** ist demgegenüber das „Wissen und Wollen der Tatbestandsverwirklichung".[430] Die Systematik der Bußgeldvorschriften lässt sich wie folgt darstellen:

1. fahrlässiger Pflichtenverstoß nach Absatz 2: Geldbuße bis 50.000 Euro (s. Absatz 2 Satz 2)
2. leichtfertiger Pflichtenverstoß nach Absatz 1 oder Absatz 2: Geldbuße bis 100.000 Euro (s. Absatz 1 Satz 2 und Absatz 2 Satz 2)
3. vorsätzlicher Pflichtenverstoß nach Absatz 1 oder Absatz 2: Geldbuße bis 150.000 Euro (s. Absatz 1 Satz 2 und Absatz 2 Satz 2)
4. vorsätzlicher oder leichtfertiger schwerwiegender, wiederholter oder systematischer Pflichtenverstoß nach Absatz 1 oder Absatz 2: Geldbuße bis zu 1.000.000 Euro oder bis zum Zweifachen des aus dem Verstoß gezogenen wirtschaftlichen Vorteils (s. Absatz 3 Satz 1)
5. vorsätzlicher oder leichtfertiger schwerwiegender, wiederholter oder systematischer Pflichtenverstoß nach Absatz 1 oder Absatz 2 durch Verpflichtete aus dem Finanzsektor, die natürliche Personen sind: Geldbuße bis zu 5.000.000 Euro oder bis zum Zweifachen des aus dem Verstoß gezogenen wirtschaftlichen Vorteils (s. Absatz 3 Satz 5)
6. vorsätzlicher oder leichtfertiger schwerwiegender, wiederholter oder systematischer Pflichtenverstoß nach Absatz 1 oder Absatz 2 durch Verpflichtete aus dem Finanzsektor, die juristische Personen sind: Geldbuße bis zu 5.000.000 Euro oder bis zu 10 Prozent des Gesamtumsatzes, den die juristische Person oder die Personenvereinigung im Geschäftsjahr, das der Behördenentscheidung vorausgegangen ist, erzielt hat (s. Absatz 3 Satz 3 und 4)

Die Vorschriften geben einen Bußgeldrahmen vor, innerhalb dem das individuelle Buß- 385
geld für die begangene Ordnungswidrigkeit bemessen wird. **Im Einzelfall können sehr wohl höhere Geldbußen** bei Verstößen auf niedrigerer Stufe gegenüber solchen auf höherer Stufe und umgekehrt verhängt werden, da in die individuelle Bußgeldzumessung zahlreiche weitere Kriterien einfließen.[431]

429 BGHSt 10, 16; BGHSt 20, 315 (323f.); BGH, NJW 2008, 2516ff.
430 Vgl. u.a. BGHSt 36, 1 (9f.).
431 Vgl. ausführlich Herzog/*Barreto da Rosa* § 56 Rn. 114ff.

Hinweis

Gemäß **FATF-Empfehlung 17** müssen für Verstöße gegen die GwG-Vorschriften **wirksame, angemessene und abschreckende Sanktionen** strafrechtlicher, zivilrechtlicher oder verwaltungsrechtlicher Art gegen natürliche oder juristische Personen zur Verfügung stehen (s. auch Art .58 und 59 der 4. EU-Geldwäscherichtlinie). Die FATF hatte in ihrem Deutschlandprüfbericht vom 19.2.2010 kritisiert, dass im damaligen deutschen Recht die Anzahl der durch Bußgeld sanktionierten Verstöße zu gering und die Bußgeldhöhe nicht ausreichend hoch sei.[432]

386 **Normadressaten** von § 56 GwG („wer") sind **alle Verpflichteten** nach § 2 Abs. 1 GwG, d.h. grundsätzlich zunächst nur der Verpflichtete, also z.B. das Kreditinstitut. Gemäß § 9 Abs. 2 S. 1 Nr. 2 OWiG kann das Bußgeld jedoch auch die **Person** treffen, die vom Inhaber eines Betriebes oder einem sonst dazu Befugten ausdrücklich beauftragt worden ist, in eigener Verantwortung Aufgaben wahrzunehmen, die dem Inhaber des Betriebs obliegen – also insbesondere den oder die **Geldwäschebeauftragte(n) und das verantwortliche Mitglied auf Leitungsebene** (§ 9 Abs. 2 S. 1 Nr. 1 OWiG).

Beschluss des OLG Frankfurt am Main vom 10.4.2018

Großes Aufsehen hat der Beschluss des OLG Frankfurt am Main vom 10.4.2018 (2 Ss-Owi 1059/17) erregt, mit dem die Verurteilung einer Geldwäschebeauftragten zu einem Bußgeld wegen nicht rechtzeitiger/unverzüglicher Erstattung einer Verdachtsmeldung bestätigt wurde. Der Entscheidung kommt insbesondere deshalb besondere Bedeutung zu, da sich die AuA der BaFin zum GwG (5/2020) mehrfach darauf beziehen und das OLG Frankfurt am Main bei Rechtsmitteln gegen Bußgeldbescheide der BaFin stets zuständig ist. Der Beschluss ist in mehrfacher Hinsicht rechtsfehlerhaft und wurde in der Folge von verschiedenen Seiten heftig kritisiert.[433]

387 Gemäß den Vorgaben der 4. EU-Geldwäscherichtlinie (Art. 58 Abs. 3) ist sicherzustellen, dass **Sanktionen und Maßnahmen auch gegen die Mitglieder des Leitungsorgans** und andere natürliche Personen, die nach nationalem Recht für den Verstoß verantwortlich sind, verhängt werden können.

388 Gemäß **§ 130 OWiG** handelt ordnungswidrig, wer **als Inhaber eines Betriebes oder Unternehmens vorsätzlich oder fahrlässig die Aufsichtsmaßnahmen unterlässt**, die erforderlich sind, um in dem Betrieb oder Unternehmen Zuwiderhandlungen gegen Pflichten zu verhindern, die den Inhaber treffen und deren Verletzung mit Strafe oder Geldbuße bedroht ist, wenn eine solche Zuwiderhandlung begangen wird, die durch gehörige Aufsicht verhindert oder wesentlich erschwert worden wäre. Hierdurch soll verhindert werden, dass die bloße Delegation von Pflichten im Unternehmen auf Mitarbeiter den Betriebs-/Unternehmensinhaber „aus der Verantwortung" nehmen

432 Vgl. Tz. 838, 839, 847, 855 – 2. und 3. Aufzählungspunkt und Bewertung zu Empfehlung 17.

433 Vgl. insbesondere die ausführliche Urteilsanmerkung *Barreto da Rosa / Diergarten* NStZ 2020, S. 176ff.

kann. Für Verstöße gegen Compliance-Pflichten aufgrund mangelhafter Vorkehrungen haftet der Vorstand persönlich.[434]

Über § 30 **OWiG** können Geldbußen schließlich auch **gegen juristische Personen und Personenvereinigungen** verhängt werden, wenn die im dortigen Absatz 1 genannten Leitungspersonen eine Straftat oder Ordnungswidrigkeit begangen haben, durch die Pflichten, welche die juristische Person oder die Personenvereinigung treffen, verletzt worden sind (oder die juristische Person oder die Personenvereinigung bereichert worden ist oder werden sollte). Im Zusammenhang bspw. mit einer Ordnungswidrigkeit des Geschäftsführers einer GmbH kann mithin gegen die juristische Person gemäß § 30 Abs. 1 Nr. 1 OWiG eine Geldbuße festgesetzt werden. Gleiches gilt für Geldwäschebeauftragte in Bezug auf das jeweilige Unternehmen.[435] 389

Hinweis
Mit dem sog. **Verbandssanktionengesetz** wird künftig die Ahndung von Straftaten, die aus Verbänden (juristische Personen und Personenvereinigungen) heraus begangen werden und die bislang lediglich mit einer Geldbuße nach dem OWiG geahndet werden konnten, künftig auf eine neue rechtliche Grundlage gestellt. Verbandssanktionen umfassen die Verbandsgeldsanktion, die Verwarnung mit Verbandsgeldsanktionsvorbehalt und die Verbandsauflösung. !

Die Ordnungswidrigkeiten nach § 56 GwG **verjähren** nach § 31 Abs. 2 Nr. 1 OWiG nach drei Jahren.[436] 390

Zuständig für die Verfolgung von Verstößen gegen das GwG sind gemäß § 56 Abs. 5 GwG die jeweils festgelegten Verwaltungsbehörden, d.h. bspw. die BaFin für die von ihr beaufsichtigten Verpflichteten, die jeweiligen Kammern für die ihnen zugehörigen Rechtsanwälte, Steuerberater oder Patentanwälte bzw. bei Verstößen gegen Pflichten im Zusammenhang mit dem Transparenzregister das Bundesverwaltungsamt. 391

Gemäß § 57 **GwG** haben die zuständigen Aufsichts- und Verwaltungsbehörden **bestandskräftige Maßnahmen und unanfechtbare Bußgeldentscheidungen**, die sie wegen eines Verstoßes gegen das GwG oder die darauf erlassenen Rechtsverordnungen verhängt haben, ebenso wie gerichtliche Entscheidungen in dem Kontext nach Unterrichtung des Adressaten der Maßnahme oder Bußgeldentscheidung **auf ihrer Internetseite oder auf einer gemeinsamen Internetseite bekannt zu machen**. In der Bekanntmachung sind Art und Charakter des Verstoßes und die für den Verstoß verantwortlichen natürlichen Personen und juristischen Personen oder Personenvereinigungen zu benennen. 392

Die auf Art. 60 der 4. EU-Geldwäscherichtlinie beruhende Verpflichtung – die BRD hatte sich vehement gegen eine solche Regelung in der Richtlinie eingesetzt – ist in 393

434 LG München, Urt. v. 10.12.2013, Az. 5 HK O 1387/10.
435 *Rütters/Wagner* NZWiSt 2015, 282 (286).
436 Zu Einzelproblemen (u.a. auch zum Anknüpfungszeitpunkt für den Beginn der Verjährungsfrist) vgl. ausführlich Herzog/*Barreto da Rosa* § 56 Rn. 12ff.

hohem Maße kritisch zu sehen, da sie eine Art **öffentlichen Pranger** bedeutet, der dem deutschen Recht fremd ist. Obgleich die namentliche Veröffentlichung als Regelfall bestimmt ist, erfolgten in Deutschland entweder keine Veröffentlichung oder lediglich in anonymisierter Form, was gemäß § 57 Abs. 2 S. 2 GwG unter bestimmten Voraussetzungen ermöglicht wird.[437]

3. Maßnahmen und Anordnungen der Aufsichtsbehörden (§ 51 GwG)

394 Neben dem Erlass von Bußgeldbescheiden nach § 56 GwG können die Aufsichts-/Verwaltungsbehörden im Rahmen der ihnen gesetzlich zugewiesenen Aufgaben die geeigneten und erforderlichen **Maßnahmen und Anordnungen** treffen, um die Einhaltung der im GwG und der darauf ergangenen Rechtsverordnungen festgelegten Anforderungen sicherzustellen (vgl. § 51 Abs. 2 GwG).

395 Bei **schwerwiegenden, wiederholten oder systematischen Verstößen** gegen (Sorgfalts- oder) Meldepflichten gibt die 4. EU-Geldwäscherichtlinie in der Fassung nach der Richtlinie 2024/1640 (auch als 6. EU-Geldwäsche-Richtlinie[438] bezeichnet) in Art. 59 Abs. 2 vor, dass die Aufseher in der Lage sind mindestens folgende verwaltungsrechtliche Maßnahmen gegen die Verpflichteten anzuwenden:

- die öffentliche Bekanntgabe der Person und der Art des Verstoßes (vgl. § 57 GwG);
- eine Anordnung, nach der die Person ihre Verhaltensweise einzustellen und von einer Wiederholung abzusehen hat (vgl. § 51 Abs. 2 GwG);
- bei Verpflichteten, die einer Zulassungspflicht unterliegen, Entzug oder Aussetzung der Zulassung (vgl. § 51 Abs. 5 S. 1 GwG);
- vorübergehendes Verbot der Wahrnehmung von Leitungsaufgaben für die verantwortlich gemachte Person (vgl. § 51 Abs. 5 S. 2 GwG);
- maximale Geldbußen in mindestens zweifacher Höhe der infolge des Verstoßes erzielten Gewinne, soweit sich diese beziffern lassen, oder von mindestens 1 Mio. EUR (vgl. § 56 Abs. 3 S. 1 GwG).

396 Art. 47 Abs. 3 der 4. EU-Geldwäscherichtlinie (Art. 6 Abs. 2 der 6. EU-Geldwäsche-Richtlinie) verpflichtet die Mitgliedstaaten ferner, dass die zuständigen Behörden bei Abschlussprüfern, externen Buchprüfern, Steuerberatern, Immobilienmaklern sowie Notaren und anderen selbstständigen Angehörigen von rechtsberatenden Berufen (künftig auch Edelmetallhändler, Güterhändlern, Kulturgüterhändler und Kulturgütervermittler, Kunstgalerien und Kunstvermittler, Hypotheken- und Verbraucherkreditvermittler, Schwarmfinanzierungsdienstleister und Schwarmfinanzierungsvermittler, In-

437 Vgl. die Statistischen Auswertungen zur Aufsichtstätigkeit der Aufsichtsbehörden nach § 51 Abs. 9 GwG, die jährlich vom BMF veröffentlich werden.

438 Die Richtlinie muss in diesem Punkt bis zum 10.7.2027 umgesetzt werden, vgl. Art. 78 Abs. 1 der 6. EU-Geldwäsche-Richtlinie.

vestitionsmigrationsberater, nichtfinanzielle gemischte Holdinggesellschaften, Fußballvermittler und Profifußballvereine) die erforderlichen Maßnahmen ergreifen müssen, um zu **verhindern, dass einschlägig verurteilte Straftäter oder ihre Mittelsmänner eine leitende Funktion innehaben oder deren wirtschaftliche Eigentümer sind**.

4. Strafbarkeit wegen Geldwäsche (§ 261 StGB)

Insbesondere im Bankenbereich wird seit Schaffung des GwG die Sorge geäußert, es bestünde die latente Gefahr, sich selbst unwissentlich wegen leichtfertiger Geldwäsche strafbar zu machen, wenn man die Herkunft von Kundengeldern aus einer zuvor begangenen Straftat nicht nachvollziehen könne. 397

Grundsätzlich können sich MitarbeiterInnen von Verpflichteten – insbesondere Geldwäschebeauftragte[439] – nach § 261 StGB strafbar machen.[440] Gemäß § 261 Abs. 6 StGB macht sich jedoch nur der Geldwäsche strafbar, wer zumindest leichtfertig nicht erkennt, dass der Gegenstand aus einer Straftat stammt. An die Auslegung des Merkmals „Leichtfertigkeit" sind **strenge Anforderungen** zu stellen. Leichtfertigkeit liegt – wie oben unter Gliederungspunkt A II 6 ausführlich dargestellt – vor, wenn sich die Herkunft des Gegenstandes aus der Katalogtat nach der Sachlage nahezu aufdrängt und der Täter dennoch handelt, weil er dies aus besonderer Gleichgültigkeit oder grober Unachtsamkeit außer Acht lässt.[441] Hierdurch ist sichergestellt, dass die reine Entgegennahme von Geldbeträgen (aus Vortaten der Geldwäsche) durch BankmitarbeiterInnen ohne das Hinzutreten weiterer Umstände nicht zu einer Strafbarkeit führen kann.[442] 398

Zum **Ausschluss einer Strafbarkeit wegen Geldwäsche über § 261 Abs. 8 StGB** bei erfolgter Verdachtsmeldung oder Strafanzeige durch den Verpflichteten kann auf Gliederungspunkt A II 8 b in diesem Kapitel verwiesen werden. 399

Hinweis !

In der Strafrechtspraxis finden sich nur sehr wenige strafrechtliche Verurteilungen von BankmitarbeiterInnen wegen (Beteiligungshandlungen an) Geldwäsche. Nähere Betrachtungen derartiger Urteile ergeben hier in aller Regel vorsätzliches und/oder völlig unverständliches Verhalten der betreffenden BankmitarbeiterIn wie das über Monate praktizierte Entgegennehmen großer Bargeldbeträge in Plastiktüten, die angeblich aus Reisebüros stammen würden.

---

439 Vgl. hierzu insbesondere *Neuheuser* NZWiSt 2015, 421ff.

440 Ausführlich zur Möglichkeit der Geldwäschestrafbarkeit für Bankangestellte *Bülte* NZWiSt 2017, 276 (282); *Flatten* S. 84ff.; *Diergarten* Verdachtsmeldung, S. 102ff., *Pavlakos*, HRRS 2020, 350ff.

441 BT-Drucks. 12/989, S. 28; BGH, Urt. v. 24.6.2008 – 5 StR 89/08 – NJW 2008, 2516ff.

442 So ausdrücklich auch BT-Drucks. 18/1763, S. 7.

F. Meldung erstattet – und wie geht's weiter?

I. Information an die intern meldenden Mitarbeitenden (und ggf. weitere Stellen)

400 Spätestens zum Zeitpunkt des Versands der externen Meldung an die FIU sollte – sofern die Meldung auf einem internen Meldeverfahren beruht – **der/die Einreicher/Einreicherin** schriftlich auf die erfolgte externe Meldung hingewiesen werden. Dies trägt nicht nur zur Motivation bei, sondern ermöglicht auch für die Zukunft eine bessere Einschätzung ungewöhnlicher Sachverhalte im Allgemeinen und sensibilisiert im Hinblick auf den/die im Fall gemeldeten Kunden. Sinnvoll ist auch ein Hinweis in der Rückmeldung, dass weiterhin alle relevanten Informationen, die dem/der Meldenden nach Erstattung der Meldung bekannt werden, unverzüglich an die für die Meldung zuständige Stelle weiterzuleiten sind. Hierbei kann auch gleich eine Abgrenzung vorgenommen werden, was umgekehrt keiner Weiterleitung bedarf. Entscheiden sich diejenige, die die geldwäscherechtliche Verpflichtung für den Verpflichteten wahrnehmen, von einer Meldung gemäß § 43 Abs. 1 S. 1 GwG abzusehen, sind die Gründe hierfür ebenfalls in nachvollziehbarer Art und Weise niederzulegen (vgl. § 8 Abs. 1 Nr. 4 GwG, künftig Art. 77 der EU-Geldwäsche-Verordnung) und mindestens fünf Jahre aufzubewahren (§ 8 Abs. 4 GwG). Auch in diesen Fällen sollen die Gründe den intern meldenden Beschäftigten des Verpflichteten bekanntgegeben werden.[443]

401 Wurde eine interne Meldung nicht von der kontoführenden oder betreuenden Stelle, sondern von einer dritten Seite im Institut abgegeben, so empfiehlt es sich, dieser (kontoführenden oder betreuenden) Stelle eine Information über die abgegebene Meldung zukommen zu lassen. Dies kann z.B. einfach über eine Kopie der o.g. Rückmeldung erfolgen. Hierdurch kann bspw. verhindert werden, dass trotz einer externen Meldung, initiiert von anderer Stelle im Unternehmen, noch Kredite an den verdächtigen Kunden vergeben oder sonstige Geschäfte geschlossen werden, die eine spätere Kündigung der Kundenbeziehung oder Kreditrückzahlungen/-forderungen erschweren können. Abzuraten ist von der Eintragung eines (nur allgemein formulierten) Hinweises im EDV-System des Instituts zu dem/der Kunden/Kundin. Zum einen, um nicht sachlich tangierten Mitarbeitenden unzulässig Informationen zu geben, und zum anderen, da derartige Informationen über datenschutzrechtliche Auskunftsansprüche ggf. von einem Herausgabeanspruch umfasst sein können und damit gegen das Tipping-Off-Verbot nach § 47 GwG[444] (künftig Art. 73 der EU-Geldwäsche-Verordnung, vgl. auch dortige Erwägungsgründe 145ff.) verstoßen wird.

443 BaFin-AuA zum GwG AT (03/2025), Ziff. 10.6.
444 S. dazu Kap. 7 E III.

II. Verstärkte Beobachtung der Kundenbeziehung

Die BaFin-AuA AT zum GwG (03/2025), Ziffer 10.11, besagen, dass nach erstatteter Meldung verstärkte Sorgfaltspflichten zu erfüllen sind. Somit ist die Kundenbeziehung (ggf. bis zu ihrer Auflösung)[445] einer verstärkten Beobachtung (**Monitoring**)[446] zu unterziehen (vgl. in dem Sinne auch § 15 Abs. 6 Nr. 2 i.V.m. Abs. 3 Nr. 3 GwG, künftig Art. 34 EU-Geldwäsche-Verordnung). Daraus folgt, dass bspw. bei Kreditinstituten die Umsätze fortan engmaschig zu überwachen sind. 402

Wurde die Meldepflicht gemäß § 45 Abs. 4 GwG auf Dritte übertragen, sind Geschäftsprozesse zu gewährleisten, die die verstärkte Überwachung nach Abgabe einer Meldung ermöglichen. Die Verantwortung für die Erfüllung der Meldeverpflichtung bleibt wie bereits ausgeführt bei den Verpflichteten![447] 403

Hinweis[448] !

Erleichterungen für die Verpflichteten ergaben sich aus dem neuen Rückmeldekonzept der FIU von Anfang 2025. Für Meldungen, die einer verstärkten Analyse unterzogen werden, erhält der meldende Verpflichtete nach spätestens 21 Tagen über goAML hierzu einen kurzen Hinweis. Innerhalb dieses Zeitraums gelten für alle gemeldeten Kundenbeziehungen die erhöhten Sorgfaltspflichten. In den Fällen, in denen der Hinweis auf die weitere Analyse über goAML eingegangen ist, bleibt die verstärkte Sorgfaltspflicht bestehen. Wie lange bestimmt der Verpflichtete **risikobasiert**. (In den BaFin-AuA AT zum GwG (10/2021) galt als Richtwert mindestens drei Monate).

Ausnahme:[449] Bei Meldungen wegen Anhaltspunkten auf Terrorismusfinanzierung bleibt die mindestens **sechsmonatige Frist** nach Meldeabgabe oder ab einer späteren behördlichen Nachfrage weiterhin gültig.

Zu allen anderen Meldungen erfolgt **kein Hinweis**. In diesen Fällen ist, risikobasiert, die Einstufung in das höhere Risiko nicht mehr zwingend erforderlich.

III. Nachmeldungen / ergänzende Informationen

Ergeben sich nach Erstellung einer Verdachtsmeldung **weitere/neue Hinweise**, die für die FIU oder die Strafverfolgungsbehörden relevant sein können, sind diese unverzüglich der FIU mitzuteilen. Dies kann beispielsweise der Fall sein, wenn ein bereits gemeldeter Kunde weitere (ähnliche) Geschäfte/Transaktionen durchführt oder durchführen will, wenn weitere Unterlagen eingereicht werden zu den gemeldeten verdächtigen Umständen (ggf. auch welche, die den ersten Verdacht ausräumen) oder sonstige neue Informationen bekannt werden. Zur technischen Umsetzung unterscheidet die FIU in ihren „Hinweisen zur Meldungsabgabe und Sonstiges in goAML Web" zwischen **Nachmeldungen** 404

445 S. hierzu näher unter Ziffer IV. in diesem Kapitel.
446 S. dazu Kap. 5 A I.
447 S. § 6 Abs. 7 S. 3 GwG, auf den § 45 Abs. 4 GwG verweist.
448 BaFin-AuA zum GwG AT (03/2025), Ziff. 10.11.1.
449 BaFin-AuA AT zum GwG (03/2025), Ziff. 10.11.2.

(„Meldung eines **neuen verdächtigen** Umstands (Sachverhalt oder Transaktion), der mit einer ursprünglichen Meldung in Verbindung steht") und **ergänzenden Informationen** („wenn zusätzliche Transaktionen, Unterlagen oder Informationen zu einem schon gemeldeten Sachverhalt **zeitnah** übermittelt werden sollen"). In allen Fällen hat dies unter Kenntlichmachung des Bezugs zur erstellten Erstmeldung sowie Angabe des Aktenzeichens zu erfolgen.[450] Zusätzlich ist zwingend der Indikator „A3002 Nachmeldung" zu setzen.

405 Die FIU und die nach entsprechender Übermittlung des Sachverhaltes zuständige Strafverfolgungsbehörde können den Meldepflichtigen nach Erstattung der Meldung auffordern, die Fakten, die seine Meldung unterfüttern, zu substantiieren bzw. zu konkretisieren[451]. Es versteht sich von selbst, dass auch die neuen Hinweise mit Unterlagen zu belegen sind, und insbesondere, dass von den Strafverfolgungsbehörden hierfür **kein staatsanwaltschaftliches Auskunftsersuchen erforderlich** ist. Nachfragen von Seiten der FIU erfolgen gemäß § 30 Abs. 3 GwG über die Mailfunktion von goAML.

! **Praxistipp**
Es empfiehlt sich, in der Meldung gleich eine Formulierung aufzunehmen, welche Transaktionen/Ereignisse künftig nachgemeldet werden und welche nicht – ein diesbezügliches Formulierungsbeispiel findet sich oben unter Gliederungspunkt E II 8.

IV. Kündigung der Kundenbeziehung?

406 Nach der Erstattung einer Meldung aufgrund des Verdachts strafbarer Handlungen ist immer wieder festzustellen, dass Verpflichtete (vor allem Kreditinstitute) die Kundenbeziehung abbrechen (wollen). Dies entspricht auch zunächst den Vorgaben aus **§ 10 Abs. 9 S. 1 und 2 GwG**, demzufolge eine Geschäftsbeziehung nicht begründet oder fortgesetzt und keine Transaktion durchgeführt werden darf bzw. eine bereits bestehende Geschäftsbeziehung vom Verpflichteten (ungeachtet anderer gesetzlicher oder vertraglicher Bestimmungen) **durch Kündigung oder auf andere Weise zu beenden ist**, falls der Verpflichtete nicht in der Lage ist, die Sorgfaltspflichten nach § 10 Abs. 1 Nr. 1 bis 4 GwG (oder die verstärkten Sorgfaltspflichten nach § 15 GwG, vgl. § 15 Abs. 9 GwG) zu erfüllen (künftig Art. 21 Abs. 1 EU-Geldwäsche-Verordnung). Aufgrund der rein administrativen Rechtsnatur der Meldung und der Meldeschwelle unterhalb des strafprozessualen Anfangsverdachts bringt die reine Tatsache der Abgabe einer Meldung nach § 43 Abs. 1 S. 1 GwG jedoch nicht automatisch die Notwendigkeit der Beendigung einer Kundenbeziehung mit sich.[452]

---

450 S. dazu Kap. 7 E II.
451 BaFin-AuA AT zum GwG (03/2025), Ziff. 10.6.
452 So ausdrücklich BaFin-AuA AT zum GwG (03/2025), Ziff. 10.10.

Wird die Kündigung[453] unter Verweis auf die AGB ohne Angabe von Gründen ausgesprochen (was aufgrund des Tipping-Off-Verbots gemäß § 47 GwG notwendig ist), kann dies bei dem/der Betroffenen den Verdacht aufkommen lassen, dass gegen ihn/sie Ermittlungen geführt werden (insbesondere da die Rechtsprechung zunehmend konkrete Begründungen für Kontenkündigungen verlangt). 407

Hinweis und Praxistipp **!**

Eine Kündigung unter Verweis auf die AGB ohne Angabe von Gründen bringt den Verpflichteten sehr häufig in Erklärungsnot. Immer öfter wird von Seiten der Kundschaft gegen die Kündigung Widerspruch eingelegt. Es kommt vermehrt zu einstweiligen Verfügungen und gerichtlichen Auseinandersetzungen. Das Tipping-Off-Verbot gemäß § 47 GwG, demzufolge bei der ausgesprochenen Kündigung aus „wichtigem Grund" der wichtige Grund nicht offengelegt werden darf, bringt die Verpflichteten im Verfahren in eine nachteilige Position. Eine Weitergabe ist nur mit Zustimmung der FIU möglich. Erfolgte bereits eine Weitergabe an die Strafverfolgungsbehörden, so kann die Freigabe nur durch die Staatsanwaltschaft erfolgen.

Um eventuellen Problemen zuvorzukommen, besteht die Möglichkeit, in dem Kündigungsschreiben „aus wichtigem Grund" bereits alternativ eine ordentliche Kündigung mit der 2-monatigen Frist nach § 675h BGB zu integrieren. Formulierungsbeispiel: „Hilfsweise kündigen wir unsere gesamte Geschäftsbeziehung gem. Ziff. *XXX* unserer Allgemeinen Geschäftsbedingungen mit Wirkung zum *[Datum in 2 Monaten]*."

Allgemein kann eine wie oben beschriebene Kündigung einen wichtigen Ermittlungsansatz zunichtemachen bzw. weitere Ermittlungen erschweren. **Es kann im Einzelfall entscheidend sein, die Kundenbeziehung fortzuführen** (oder auch einzelne Transaktionen durchführen zu lassen – sog. **kontrollierte Transaktion**), um so den Ermittlungsbehörden Zeit und weitere Ansatzpunkte zu geben[454], auch wenn es nicht zu den Aufgaben der Verpflichteten im Rahmen der vom GwG normierten Kooperation von zuständigen Behörden, der FIU und Verpflichteten gehört, Geschäftsbeziehungen allein zum Zwecke der Ausermittlung, ob ein Fall von Geldwäsche oder Terrorismusfinanzierung vorliegt, weiterzuführen.[455] 408

Es empfiehlt sich in diesen Einzelfällen eine klare **Absprache** mit der FIU bzw. im Falle einer Weiterleitung der Meldung mit der ermittlungsführenden Polizeidienststelle bzw. Staatsanwaltschaft. Die BaFin-AuA AT zum GwG (03/2025), betonen in Ziff. 10.10, dass gerade in den Fällen, in denen der Verpflichtete nach Abgabe einer Meldung gemäß § 43 Abs. 1 von der FIU eine **Rückmeldung**[456] erhalten haben, diese oder ggf. die zuständige Strafverfolgungsbehörde über die geplante Kündigung zu unterrichten. Dies **empfiehlt** sich auch im Falle eines Auskunftsersuchens einer Strafverfolgungsbehörde. Die **Entscheidung**, ob eine Geschäftsbeziehung abgebrochen wird oder nicht, **obliegt** je- 409

453 Bei der Kündigung von Basiskonten sind Sonderregelungen aus dem ZKG zu berücksichtigen.
454 Vgl. hierzu ausführlich – einschließlich bankaufsichtsrechtlicher und zivilrechtlicher Überlegungen – Fülbier/Aepfelbach/Langweg/Fülbier, § 11 GwG a.F. Rn 187ff. und § 261 StGB Rn 135ff.
455 BaFin-AuA AT zum GwG (03/2025), Ziff. 10.10.
456 S. Rückmeldekonzept der FIU 2025.

doch – abgesehen von den nachfolgenden gesetzlich geregelten Fällen – **allein dem betroffenen Verpflichteten.**[457]

410 Im Falle von **Auskunftsersuchen durch das Bundesamt für Verfassungsschutz oder andere Sicherheitsbehörden** ist es einem Verpflichteten verboten, allein auf Grund eines solchen Verlangens einseitige Handlungen vorzunehmen, die für den Betroffenen nachteilig sind und die über die Erteilung der Auskunft hinausgehen, insbesondere bestehende Verträge oder Geschäftsverbindungen zu beenden, ihren Umfang zu beschränken oder ein Entgelt zu erheben oder zu erhöhen (vgl. u.a. § 8b Abs. 5 BVerfSchG). Dies folgt im Hinblick auf den mit jedem Auskunftsverlangen verbundenen ausdrücklichen Hinweis auf dieses Verbot und darauf, dass das Auskunftsersuchen nicht die Aussage beinhaltet, dass sich die betroffene Person rechtswidrig verhalten hat oder ein darauf gerichteter Verdacht bestehen muss.[458] Häufig ist der Täter nicht die angefragte Person selbst, sondern in deren Umfeld zu finden.

! **Hinweis**

Der Entwurf eines Gesetzes zur Verbesserung der Terrorismusbekämpfung vom 9.9.2024 (BT-Drucks. 20/12806) sah einen neuen Absatz 7 in § 9 BKAG vor, der dem BKA bei Ermittlungen im Bereich der Terrorismusfinanzierung die Befugnis einräumen sollte, Verpflichtete nach dem GwG anweisen zu können, für maximal sechs Monate nicht allein aufgrund des BKA-Auskunftsersuchens *„einseitige Handlungen vorzunehmen, die für den Betroffenen nachteilig sind und die über die Erteilung der Auskunft hinausgehen, insbesondere bestehende Verträge oder Geschäftsverbindungen zu beenden, ihren Umfang zu beschränken oder ein Entgelt zu erheben oder zu erhöhen“* (Art. 1 Nr. 2 des Gesetzentwurfs). Die Vorschrift sollte verhindern, dass Banken in der Folge von Auskunftsersuchen das Konto der betroffenen Person kündigen und ihnen bei der Kontofortführung Rechtssicherheit geben, um eine verfrühte Unterrichtung der Betroffenen – und damit mögliche Beeinträchtigung der Polizeiarbeit – zu vermeiden. In Fällen drohender Gefahren für Leib oder Leben (insbesondere Anschlagsvorbereitungen) müssen Kontokündigungen zwingend vermieden werden, damit die Gefahrabwehrmaßnahmen nicht gefährdet werden (BT-Drucks. 20/12806, S. 2, 16, 24). Der Gesetzentwurf fiel nach dem Bruch der Regierungskoalition der Diskontinuität anheim (wurde nicht mehr beschlossen).

---

411 Verpflichtete, die im Auftrag der Strafverfolgungsbehörden aus ermittlungstaktischen Gründen Gegenstände, die aus einer Katalogtat herrühren, kontrolliert weiterleiten, machen sich jedenfalls **nicht wegen Geldwäsche strafbar**, da eine derartige Vorgehensweise gerade der Nachvollziehbarkeit des Weges der Vermögenswerte (der Papierspur) dient und damit außerhalb des Schutzzwecks von § 261 StGB liegt.[459] Ähnliches gilt für pflichtgemäß handelnde Insolvenzverwalter bei der Erfüllung ihrer Aufgaben.[460]

---

457 BaFin-AuA AT zum GwG (03/2025), Ziff. 10.10.
458 BaFin-AuA AT zum GwG (03/2025), Ziff. 10.10.
459 BT-Drucks. 13/6620, S. 6; BT-Drucks. 13/8651, S. 9 f.
460 Ausführlich NK-*Altenhain* § 261 Rn 99 m.w.N.

Die Fälle, in denen eine Geschäftsbeziehung aufgrund der vorgenannten Grundsätze abgebrochen wird, sind zur Überprüfung durch die interne und externe Revision sowie die BaFin zu **dokumentieren.**[461] 412

V. Ergänzung: Zur persönlichen Gefährdung von Geldwäschebeauftragten und sonstigen Mitarbeitenden von Verpflichteten nach Abgabe einer Meldung

In der Praxis ist aufseiten der Verpflichteten (häufig bei den Geldwäschebeauftragten) bisweilen eine gewisse **Unsicherheit** oder **Unbehagen** im Zusammenhang mit der Erstellung von Verdachtsmeldungen festzustellen: Bringe ich mich nicht selbst in Gefahr, wenn ich den/die Betreffende(n) durch eine Meldung der FIU „hinhänge"? Das GwG wurde insbesondere zur besseren Bekämpfung der organisierten Kriminalität geschaffen – was ist, wenn ich mit meiner Meldung tatsächlich eine Mafia-Organisation treffe? Habe ich Racheakte zu befürchten? Im Kern sind damit die Fragen umfasst, ob der gemeldeten Person (oder Dritten) bekannt werden kann, dass eine Meldung gegen ihn/sie erstattet wurde, ob der Name des Meldenden bekannt werden kann und wenn ja, ob sich hieraus tatsächlich eine reale Gefährdung ableiten lassen kann. 413

§ 49 Absätze 1 bis 3 GwG normieren den Informationszugang von Betroffenen einer Meldung und enthalten differenzierte Regelungen bezüglich entsprechender Auskünfte durch die FIU, je nachdem, ob die operative Analyse noch läuft oder bereits durch Weiterleitung an eine Strafverfolgungsbehörde (oder Ablage im Infopool) abgeschlossen ist. 414

Nach § 49 Abs. 1 Satz 1 GwG kann die FIU dem Betroffenen während der laufenden operativen Analyse auf Anfrage **Auskunft** über die zu ihm vorliegenden Informationen geben, wenn dadurch der Analysezweck nicht beeinträchtigt wird. Der Analysezweck ist dabei vor allem dann beeinträchtigt, wenn Folgemaßnahmen dadurch gefährdet werden könnten, dass Betroffene von der Meldung Kenntnis erlangen. Kommt die FIU einem Auskunftsersuchen eines Betroffenen während der laufenden operativen Analyse nach, so macht sie alle personenbezogenen **Daten der Einzelperson**, die die Meldung abgegeben hat, **unkenntlich**, um ihn/sie vor Bedrohung und Anfeindung zu schützen (§ 49 Abs. 1 S. 2 GwG). Ein Unkenntlichmachen der Daten bedeutet in der Praxis allerdings nicht immer bzw. zwingend, dass kein Rückschluss auf die Identität des Erstellers einer Meldung mehr möglich ist – insbesondere bei „kleinen" Gewerbetreibenden wird sich in der Praxis relativ mühelos die Person identifizieren lassen, die die Meldung veranlasst hat. 415

Nachdem die FIU den Sachverhalt an die zuständige Strafverfolgungsbehörde abgegeben hat, ist ihr eine Auskunft an den Betroffenen untersagt (vgl. § 49 Abs. 3 GwG). Dennoch kann die Identität des Erstellers einer Verdachtsmeldung dem Betroffenen bekannt werden, und zwar grundsätzlich in der **Hauptverhandlung,** wenn der Ersteller als 416

461 BaFin-AuA AT zum GwG (03/2025), Ziff. 10.10.

Zeuge vernommen wird. Seit dem Update von goAML im November 2023 finden sich in der Meldung selbst keine persönlichen Angaben derjenigen mehr, die für eine Organisation die Meldung abgegeben haben. Die Anschrift der Organisation kann zusätzlich manuell bei Erstellung der Meldung gelöscht werden (so wird über die **Akteneinsichtsrecht des Strafverteidigers** gemäß § 147 StPO der Name der meldenden Person nicht mehr frühzeitig bekannt).

417 Entsprechend heißt es in den Publikationen zur Registrierung in goAML auf der Homepage der FIU: *„die in der elektronischen Verdachtsmeldung angezeigten Kontaktdaten der meldenden Person dienen ausschließlich der FIU-internen Verarbeitung und werden nicht an Dritte weitergegeben.“*[462]

! **Hinweis**

Eine **Pflicht zur Mitteilung an den Betroffenen** einer Geldwäscheverdachtsmeldung ergibt sich nach Einleitung eines Ermittlungsverfahrens, wenn dieses mangels hinreichenden Tatverdachts nach § 170 Abs. 2 S. 1 StPO eingestellt wird und der Beschuldigte zur Sache vernommen wurde, Haftbefehl erlassen war, um Mitteilung gebeten wurde oder ein sonstiges Interesse an der Bekanntgabe besteht, vgl. § 170 Abs. 2 S. 2 StPO; in der Praxis bilden Mitteilungen an den Betroffenen im Fall einer Verfahrenseinstellung die Ausnahme, da die vorgenannten Voraussetzungen nur selten vorliegen.[463]

---

418 Gibt es jedoch Hinweise auf eine **konkrete Gefährdung** des Zeugen, bietet die Strafprozessordnung diverse **Möglichkeiten zum Schutz des Zeugen** wie beispielsweise entfremdete Videovernehmungen, Vernehmungen über dritte Personen,[464] Zusicherung der Vertraulichkeit, Weglassen der privaten Anschriften (vgl. auch § 200 Abs. 1 StPO) etc. In diesen Fällen wird auch die Identität des Zeugen nicht preisgegeben.

419 **Deutlich zu betonen ist hierbei jedoch:** Sachverhalte, in denen es zu einer tatsächlichen, **ernsthaften Gefährdung** des Erstellers einer Verdachtsmeldung kam, sind bis heute – soweit ersichtlich – **in Deutschland nicht bekannt geworden.**[465] Das Spektrum der negativen Reaktionen auf Verdachtsmeldungen, wenn diese dem Betreffenden bekannt wurden (was ohnehin nur in einem sehr geringen Prozentsatz der Fall ist), reichte hier „lediglich“ zu sofortiger Kündigung der Geschäftsbeziehungen, Beschwerden, Drohungen und Beleidigungen.

420 **Auch auf europäischer Ebene** ist bislang lediglich von „Bedrohungen oder Anfeindungen“ gegenüber Angestellten, die einen Verdacht auf Geldwäsche gemeldet hatten,

---

462 https://www.zoll.de/DE/FIU/Software-goAML/software-goaml_node.html.

463 BMF, Schreiben v. 1.8.2013 – VII A 3 – WK 5023/11/10021:002; DOK 2013/0655233.

464 Hier werden die Fragen dem/der Dritten gestellt, der in einem getrennten Schritt den Zeugen/die Zeugin befragt und anschließend deren/dessen Antworten wiedergibt – so wird eine Identifizierung anhand von besonderen Sprachmerkmalen (Dialekt, individuelle Ausdrucksweisen etc.) verhindert.

465 Erfahrungen der Verfasser; ebenso bereits das Schreiben des Bundesministeriums der Finanzen v. 1.8.2013 – VII A 3 – WK 5023/11/10021:002; DOK 2013/0655233.

die Rede.[466] Dennoch rief bereits die 4. EU-Geldwäscherichtlinie die Mitgliedstaaten auf, sich dieses Problems bewusst zu sein und „*alles in ihren Möglichkeiten Stehende [zu] tun, damit Personen einschließlich Angestellter und Vertreter der Verpflichteten vor derartigen Bedrohungen oder Anfeindungen geschützt sind, und um diesen Personen gemäß dem nationalen Recht angemessenen Schutz zu bieten, insbesondere hinsichtlich ihres Rechts auf Schutz ihrer personenbezogenen Daten und auf wirksamen Rechtsschutz sowie wirksame Rechtsvertretung*".[467] Die Mitgliedstaaten haben gemäß Art. 38 Abs. 1, 61 Abs. 3 Unterabsatz 2 der **4. EU-Geldwäscherichtlinie** dafür zu sorgen, „*dass Einzelpersonen, einschließlich Angestellten und Vertreter des Verpflichteten, die intern oder der zentralen Meldestelle einen Verdacht auf Geldwäsche oder Terrorismusfinanzierung melden, rechtlich vor Bedrohungen, Vergeltungsmaßnahmen oder Anfeindungen und insbesondere vor nachteiligen oder diskriminierenden Maßnahmen im Beschäftigungsverhältnis geschützt werden.*"

Art. 36 der **6. EU-Geldwäsche-Richtlinie** verpflichtet die Mitgliedstaaten sicherzu- **421** stellen, dass die FIUs über Mechanismen verfügen zum Schutz der Identität der meldenden Verpflichteten und ihrer Beschäftigten oder Personen in einer entsprechenden Position, einschließlich Vertretern und Vertriebspartnern, und bei der Beantwortung von behördlichen Informationsersuchen oder bei der Weitergabe der Ergebnisse ihrer Analysen die Quelle der genannten Meldung nicht offenlegen (wobei das nationale Strafprozessrecht unberührt bleibt).

Gemäß den unionsrechtlichen Vorgaben (vgl. künftig unmittelbar Art. 69 Abs. 7 EU- **422** Geldwäsche-Verordnung) enthält § 49 Abs. 4 GwG Vorschriften zum Schutz von Personen, die in einem Beschäftigungsverhältnis zum Verpflichteten stehen, d.h. Personen, die eine Meldung nach § 43 GwG erstatten (i.d.R. der/die Geldwäschebeauftragte) oder intern einen geldwäscherechtlich relevanten Sachverhalt melden, dürfen aus diesem Anlass **im Unternehmen nicht benachteiligt werden**, etwa durch ungerechtfertigte Kündigung, berufliche Schlechterstellung oder Anfeindungen innerhalb des Unternehmens.[468] Damit soll vermieden werden, dass z.B. die Angst um den Arbeitsplatz oder vor sonstigen Repressalien die Erstattung von Meldungen oder internen Hinweisen, die eine Meldepflicht nach § 43 Abs. 1 S. 1 GwG auslösen, beeinflusst. Nach § 49 Abs. 5 GwG steht einer Person, die aufgrund der Abgabe einer Meldung nach § 43 Abs. 1 S. 1 GwG oder aufgrund der internen Meldung eines solchen Sachverhalts an den Verpflichteten einer Benachteiligung im Zusammenhang mit ihrem Beschäftigungsverhältnis ausgesetzt ist, bei der zuständigen Aufsichtsbehörde nach § 50 GwG das Recht der Beschwerde zu (unabhängig von der Möglichkeit der Klage vor den Arbeitsgerichten aufgrund einer Verletzung des Benachteiligungsverbotes nach Absatz 4).

---

466 Vgl. bereits Erwägungsgrund 32 der 3. EG-Geldwäscherichtlinie (2005/60/EG).

467 Erwägungsgrund 41 der 4. EU-Geldwäscherichtlinie.

468 S. auch BT-Drucks. 18/11555, S. 160.

Hinweis

Hinzuweisen ist in dem Kontext schließlich auf die Möglichkeiten von Hinweisen über sog. Hinweisgebersysteme („**Whistle-Blowing-Regelungen**“), die auch anonyme Mitteilungen ermöglichen.[469]

Ebenfalls gut zu wissen

Wer Sachverhalte nach § 43 GwG meldet oder eine Strafanzeige nach § 158 StPO erstattet, darf gemäß § 48 GwG deshalb nicht nach zivilrechtlichen oder strafrechtlichen Vorschriften verantwortlich gemacht oder disziplinarrechtlich verfolgt werden, es sei denn, die Meldung oder Strafanzeige ist vorsätzlich oder grob fahrlässig unwahr erstattet worden. Dies gilt ebenfalls für die interne Meldung und die Beantwortung eines Auskunftsverlangens der FIU nach § 30 Abs. 3 Satz 1 GwG (vgl. künftig Art. 72 EU-Geldwäsche-Verordnung).

469 S. hierzu näher Kap. 3 D.

Kapitel 8
FIU und Strafverfolgungsbehörden

A. Die Financial Intelligence Unit (FIU)

I. Vorbemerkungen

Mit der Verlagerung vom BKA zur Generalzolldirektion zum 27.6.2017 wurde die FIU umstrukturiert in eine administrative Behörde, umbenannt in **Zentralstelle für Finanztransaktionsuntersuchungen**, und inhaltlich neu konzipiert.[1] U.a. wurde sie zur **alleinigen Adressatin für Verdachtsmeldungen** bestimmt (vgl. § 43 Abs. 1 S. 1 GwG). Die vormaligen Adressaten für Verdachtsmeldungen– die GFGen[2] der Landeskriminalämter und das BKA[3] – haben seither keine Zuständigkeit mehr für die Entgegennahme von Meldungen nach dem GwG. 1

Im Folgenden soll lediglich die Tätigkeit der FIU nach Entgegennahme einer Meldung oder Mitteilung nach § 30 Abs. 1 GwG (im Besonderen einer Meldung nach § 43 Abs. 1 S. 1 GwG) dargestellt werden – selbstredend hat die FIU daneben **zahlreiche weitere Aufgaben**, die in § 28 GwG aufgezählt sind. 2

Die FIU **nimmt** die Meldungen von Verpflichteten nach § 43 GwG sowie Meldungen von Aufsichtsbehörden nach § 44 GwG, Mitteilungen von Finanzbehörden nach § 31b AO, Bargeldanmeldungen (Art. 5 Abs. 1 VO (EG) Nr. 1889/2005) und Bargeldkontrollmitteilungen (§ 12a ZollVG) **entgegen und analysiert** diese im Hinblick auf verdächtige Transaktionen und sonstige Informationen, die im Hinblick auf Geldwäsche, damit zusammenhängende Vortaten oder Terrorismusfinanzierung von Belang sind, mit dem Ziel der Verhinderung, Aufdeckung und Unterstützung bei der Bekämpfung von Geldwäsche und Terrorismusfinanzierung (vgl. § 30 Abs. 1 und Abs. 2 S. 1 GwG, § 28 Abs. 1 S. 3 Nr. 1 und 2 GwG). 3

Hinweis !

Die vormalige Besonderheit für **Rechtsanwälte, Kammerrechtsbeistände, Patentanwälte und Notare**, die Mitglied einer Berufskammer sind, die Meldung an die für sie **zuständige Bundesberufskammer** zu übermitteln (§ 11 Abs. 4 S. 1 GwG a.F.) – die Kammer konnte hierzu Stellung nehmen und hatte die Meldung anschließend (unverzüglich) an die Strafverfolgungsbehörden weiterzuleiten (die Einbindung der Kammern

---

1 Einen Überblick über die Organisationsstruktur der FIU wurde soweit ersichtlich letztmalig im FIU-Jahresbericht 2021, auf Seite 12, veröffentlicht.

2 Abkürzung für: Gemeinsame FinanzermittlungsGruppe Polizei/Zoll.

3 Vgl. § 11 Abs. 1 S. 1 GwG a.F.; die Bearbeitung der Meldungen erfolgte im Anschluss ausschließlich bei den Landeskriminalämtern, nicht bei der damaligen FIU des Bundeskriminalamts – die Aufgaben der BKA-FIU waren insofern andere als die der heutigen FIU, weshalb beide FIUs nicht miteinander verglichen werden können.

https://doi.org/10.1515/9783111510545-008

sollte zu einer Verbesserung der Meldungen beitragen[4] – wurde zum 26.6.2017 abgeschafft. **Art. 70 Abs. 1 der EU-Geldwäsche-Verordnung** enthält wiederum die Möglichkeit, eine Selbstverwaltungseinrichtung als Empfängerin von Meldungen dieser Berufsgruppen festzulegen.

4 Sofern die FIU bei ihrer operativen Analyse feststellt, dass ein Vermögensgegenstand mit Geldwäsche, mit Terrorismusfinanzierung oder mit einer sonstigen Straftat im Zusammenhang steht, übermittelt sie das Ergebnis ihrer Analyse sowie alle sachdienlichen Informationen unverzüglich **an die zuständigen Strafverfolgungsbehörden** (vgl. § 32 Abs. 2 S. 1 GwG).[5] Erkennt sie keine derartigen Anhaltspunkte, *„verbleibt die Meldung zunächst zur weiteren Beobachtung im sog. „Monitoring" der zentralen Datenbank der FIU, bis der Sachverhalt ggf. mit neuen Erkenntnissen angereichert werden kann"*.[6] Zwischenzeitlich wurde der Begriff **„Monitoring"** durch **„Infopool"** ersetzt. Erhält die FIU in der Folge weitere Informationen zu einer im Infopool gespeicherten Meldung, kann sie diese – falls sich nunmehr Hinweise auf Geldwäsche, Terrorismusfinanzierung oder sonstige Straftaten ergeben – auch später noch zusammen mit den neuen Informationen an die jeweils zuständige Behörde weiterleiten.

5 Diese Weichenstellung zwischen Weiterleitung „wertiger Meldungen" oder Nicht-Weiterleitung zunächst nicht als werthaltig bewerteter Meldungen beschreibt den sog. **„Filterprozess"** der FIU.[7] Die dieser Entscheidung vorausgehende Prüfung der Meldungen wird als „operative Analyse" bezeichnet, die im Folgenden näher dargestellt werden soll.

II. Die operative Analyse (§ 30 Abs. 2 GwG)

6 Gemäß § 45 Abs. 1 S. 1 GwG haben **Meldungen** nach § 43 Abs. 1 S. 1 oder § 44 GwG grundsätzlich **elektronisch** zu erfolgen (lediglich bei einer Störung der elektronischen Datenübermittlung ist die Übermittlung auf dem Postweg zulässig, wofür dann der amtliche Vordruck zu verwenden wäre, vgl. § 45 Abs. 1 S. 3, Abs. 3 GwG). Von der FIU wird hierfür die Anwendung **goAML** im Internet zur Verfügung gestellt. Die Übermittlung von Meldungen auf elektronischem Wege bietet für die FIU den Vorteil, dass manuelle Erfassungsaufwände entfallen und die elektronisch vorliegenden Daten effizient und weitgehend automatisiert im Rahmen der sich an die Entgegennahme der Meldungen anschließenden operativen Analyse weiterverarbeitet werden können.

4 BT-Drucks. 14/8739, S. 16 und BR-Drucks. 217/02, S. 29.

5 Zur Übermittlung von Informationen an weitere Behörden vgl. Ziff. C I. in diesem Kapitel.

6 FIU-Jahresbericht 2018, S. 12; zunächst wurde das Absehen von der Weiterleitung auch als „Abstandnahme" bezeichnet.

7 Ausführlich und kritisch hierzu Herzog/*Barreto da Rosa* Vor Abschnitt 5 Rn. 25ff.

Hinweis

Für die Nutzung von goAML ist eine vorherige Registrierung erforderlich (§ 45 Abs. 1 S. 2 GwG), vgl. hierzu ausführlich Kapitel 7 E II 2 und 3.

Nach Entgegennahme der Meldung – der Verpflichtete erhält von goAML automatisiert eine Übertragungsbestätigung und im Anschluss die Eingangsbestätigung der FIU über goAML Mail mit Bezug auf das Aktenzeichen des Meldenden (§ 41 Abs. 1 GwG)[8] – erfolgt in der FIU zunächst eine **automatische Grundrecherche**. Hierbei wird die Meldung mittels **Schlagwortsuche** (Risikobewertungssystem, vgl. § 30 Abs. 2 S. 2, § 29 Abs. 2a GwG) auf bestimmte Begriffe geprüft. Ergibt die automatische Grundrecherche einen Treffer, erfolgt anschließend eine (manuelle) **Erstbewertung**, durch einen FIU-Analysten / eine FIU-Analystin, durch welche eine Vorselektion vorgenommen wird, insbesondere ob der gemeldete Sachverhalt in einen von der FIU definierten Risikoschwerpunkt fällt oder nicht. 7

Hinweis

Da die Schlagwortsuche der FIU lediglich eine „harte" Suche und keine sog. „fuzzy"-Search beinhaltet, ist unbedingt **auf korrekte Schreibweisen zu achten**! Rechtschreibfehler können dazu führen, dass die Begriffe nicht erkannt werden. Soweit seitens der FIU wiederholt behauptet wurde, seit Ende 2019 im Bereich der operativen Analyse **Künstliche Intelligenz (KI)** einzusetzen, erwiesen sich diese Behauptungen (wie auch die FATF in ihrem Deutschland-Evaluationsbericht 2022 feststellte) als falsch, ihr fehlte hierfür bereits eine Rechtsgrundlage.[9]

Als **Risikoschwerpunkte** wurden ausweislich des FIU-Jahresberichts 2022, S. 32f., Immobilien (GW), Einsatz von Bargeld (GW), Handelsbasierte Geldwäsche (GW), Glücksspiel/Wetten (GW), Organisierte Kriminalität in Form der Clan-Kriminalität (GW), Schwere (Steuer-)Straftaten am Beispiel Umsatzsteuer-Karusselle (GW), Gewerbsmäßiger Betrug (GW), Einsatz neuer Zahlungsmethoden (GW/TF), Missbrauch von NGOs/NPOs (TF) und Missbrauch von Finanztransfergeschäften (TF) definiert. Diese Risikoschwerpunkte können sich je nach festgestellten Trends und neuen Erkenntnissen ändern.

Handelt es sich um einen einfachen Sachverhalt, wird dieser „anhand von Standards" vereinfacht bearbeitet (Level 1); komplexere Sachverhalte werden einer vertieften Analyse unterzogen (Level 2) – sog. „2-Level-Modell", das zum 21.11.2022 bei der FIU eingeführt wurde.[10] 8

Der genaue **Inhalt der** nun folgenden **operativen Analyse** nach § 30 Abs. 2 GwG wird weder im Gesetz vorgeschrieben noch von der FIU näher offenbart. In der Gesetzesbegründung zur Umsetzung der 4. EU-Geldwäscherichtlinie wird lediglich umschrei- 9

8 S. hierzu ausführlich Kap. 7 E II.

9 Vgl. Herzog/*Barreto da Rosa* Vor Abschnitt 5 Rn. 37ff.

10 U.a. BT-Drs. 20/11496, S. 35f., 44; siehe zum Workflow der operativen Analyse bspw. die Präsentation zum Vortrag von Thelesklaf beim 22. Jahreskongress zur Geldwäschebekämpfung in Potsdam am 12.9.2024, Folie 20.

bend formuliert *„Für die operative Analyse werden zunächst ergänzende Informationen zum jeweiligen Sachverhalt von anderen Behörden oder den Verpflichteten eingeholt. Anschließend erfolgt die Bewertung, ob tatsächlich ein Zusammenhang zu Geldwäsche, Terrorismusfinanzierung oder einer anderen Straftat hergestellt werden kann. Die operative Analyse ist in Artikel 32 Absatz 8 Buchstabe a der Vierten Geldwäscherichtlinie als eine der beiden Analysetätigkeiten der Zentralstelle für Finanztransaktionsuntersuchungen beschrieben und soll der einzelfallbezogenen Betrachtung von erhaltenen Meldungen dienen.“.*[11] In Art. 19 Abs. 3 UAbs. 3 der 6. EU-Geldwäscherichtlinie heißt es hierzu *„Die Aufgaben der zentralen Meldestelle in Bezug auf Finanzanalysen umfassen*

a) eine operative Analyse mit Schwerpunkt auf Einzelfällen und Einzelzielen oder auf geeigneten ausgewählten Informationen, die auf der Grundlage von Risiko, Art und Umfang der empfangenen Informationen und der voraussichtlichen Verwendung der Informationen nach ihrer Weitergabe priorisiert werden“.

10 Künftig sollen auch **gemeinsame Analysen** mehrerer FIUs (ggf. unter Beteiligung der AMLA) erfolgen (können), vgl. Art. 32 der 6. EU-Geldwäsche-Richtlinie, Art. 40 AMLA-VO.

11 Der FIU wurden, um ihr die operative Analyse sinnvoll und auch ressourcenschonend/effizient zu ermöglichen, (automatisierte) **umfangreiche Zugriffe auf verschiedene Dateien und Informationen** eingeräumt, wie auf Meldedaten, das Ausländerzentralregister und die VISA-Datei, das Bundeszentralregister, das zentrale Informationssystem für die Finanzkontrolle Schwarzarbeit, das Zollfahndungsinformationssystem, Sozialdaten, Daten aus dem Gewerbezentralregister, Fahrzeug- und Halterdaten, das zentrale Kontenabrufverfahren gemäß § 24c KWG, das Transparenzregister,[12] Grundbücher, Daten im polizeilichen Informationsverbund (INPOL Bund)[13] und das Zentrale Staatsanwaltschaftliche Verfahrensregister (ZStV).[14] (Der wohl wichtigste Zugriff – derjenige auf die Dateien der Länderpolizeien, welche für die Bewertung von Verdachtsmeldungen etc. von zentraler Bedeutung wären – fehlt der FIU hingegen nach wie vor,[15] weshalb sie eingehende Informationen und Meldungen qualitativ nicht ausreichend bewerten kann. Es besteht vor allem die Gefahr, dass die FIU Sachverhalte mit Bezug zu Geldwäsche oder Terrorismusfinanzierung nicht erkennt bzw. erkennen kann und infolgedessen nicht an die Strafverfolgungsbehörden weiterleitet.[16])

---

11 BT-Drucks. 18/11555, S. 137; näher zum Begriff Herzog/*Barreto da Rosa* § 30 Rn. 12.

12 Seit dem 1.1.2021, vgl. BGBl. 2019 I S. 2629, Art. 20 Abs. 2.

13 Hierzu ausführlich Herzog/*Barreto da Rosa* § 31 Rn. 12ff.

14 Art. 21 der 6. EU-Geldwäscherichtlinie enthält Vorgaben für die erforderlichen Informationszugänge für FIUs.

15 S. BT-Drucks. 19/13827, S. 114, BT-Drucks. 19/9326, S. 15, und BT-Drucks. 19/16595, S. 8.

16 Vgl. ZDF Zoom, Geldwäsche-Paradies Deutschland, vom 12.5.2021, von Robert *Grantner*, in dem ein als VS-nfD eingestufter Bericht des Bundesrechnungshofs zu einer Prüfung der FIU u.a. mit dieser Aussage zitiert wird (der Beitrag ist noch auf https://www.youtube.com/watch?v=Zg-HXAb7MCo zu finden); hieran hat sich bis heute nichts geändert.

Zusätzlich kann die FIU gemäß § 31 Abs. 1 GwG, soweit es zur Erfüllung ihrer Aufgaben erforderlich ist, bei inländischen öffentlichen Stellen (mittels **Auskunftsersuchens**) Daten erheben, sich auch international mit den zentralen Meldestellen anderer Länder austauschen (vgl. §§ 33ff. GwG)[17] und **Auskunftsverlangen an andere Verpflichtete** richten (vgl. § 30 Abs. 3 GwG), selbst wenn diese keine Meldung abgegeben haben. Grundsätzlich hat die FIU mithin umfangreiche Möglichkeiten, zusätzliche Informationen beizuziehen. 12

Sofern sich die Anhaltspunkte auf Geldwäsche, Terrorismusfinanzierung oder eine 13
sonstige Straftat näher konkretisieren (andernfalls verbleibt die Meldung im Infopool), werden die sämtliche gewonnenen Erkenntnisse vom Sachbearbeiter der FIU in einem **Analysebericht** zusammengefasst, der schließlich der für die weitere Bearbeitung zuständigen Behörde – bei strafrechtlich relevanten Sachverhalten: Strafverfolgungsbehörde nach § 32 Abs. 2 S. 1 GwG – übermittelt wird.[18] Diese Weiterleitung hat gleichfalls „unverzüglich" zu erfolgen, in der Praxis leitet die FIU Meldungen hingegen nach wie vor erst mit einer Verzögerung von teils vielen Monaten oder über einem Jahr weiter, was den Wert für die Strafverfolgungsbehörden erheblich reduziert, da als verdächtig gemeldete Konten zwischenzeitlich gelöscht sind etc.

Hinweis

Unter Ziff. B in diesem Kapitel wird ausschließlich die (in der Praxis am häufigsten stattfindende) Weiterleitung an Strafverfolgungsbehörden behandelt. Tatsächlich kann die FIU Meldungen und Informationen auch weiterleiten an

- nationale Behörden (wie BfV, BND, MAD, zuständige inländische öffentliche Stellen, soweit dies erforderlich ist für Besteuerungsverfahren, Verfahren zum Schutz der sozialen Sicherungssysteme, die Aufgabenwahrnehmung der Aufsichtsbehörden, vgl. § 32 GwG),
- Europol (§ 32a GwG) und
- FIUs anderer Staaten (§§ 34, 35 GwG).

17 Für den effizienten Informationsaustausch steht der FIU das sog. FIU.net zur Verfügung – ein seit 2002 in Betrieb befindliches dezentrales IT-System, durch das der Datenaustausch zwischen den beteiligten zentralen Meldestellen der 27 EU-Mitgliedstaaten und Europol erleichtert werden soll, vgl. ausführlich hierzu Herzog/*Barreto da Rosa* zu § 36.

18 Die Qualität der Analyseberichte sieht sich von Beginn an anhaltender Kritik seitens der Strafverfolgungsbehörden ausgesetzt, vgl. u. a. BT-Drucks. 19/10218, S. 12, tagesschau.de *„Gefahr der Strafvereitelung im Amt"* vom 9.6.2020), Herzog/*Barreto da Rosa* Vor Abschnitt 5 Rn. 28ff.; sie bestehen zumeist aus einer Aneinanderreihung von Textbausteinen und der Wiedergabe von Angaben aus der Meldung des Verpflichteten.

III. Auskunftsverlangen (§ 30 Abs. 3 GwG)

14 Gemäß § 30 Abs. 3 GwG kann die FIU unabhängig vom Vorliegen einer Meldung Informationen von Verpflichteten einholen, soweit dies zur Erfüllung ihrer Aufgaben erforderlich ist.[19] (Ausweislich § 6 Abs. 6 GwG haben die Verpflichteten Vorkehrungen zu treffen, um auf Anfrage der FIU (oder auf Anfrage anderer zuständiger Behörden) Auskunft darüber zu geben, ob sie während eines Zeitraums von fünf Jahren vor der Anfrage mit bestimmten Personen eine Geschäftsbeziehung unterhalten haben und welcher Art diese Geschäftsbeziehung war; sie haben sicherzustellen, dass die Informationen sicher und vertraulich an die anfragende Stelle übermittelt werden.) Die Jahresberichte der FIU enthalten keine Angaben zur Anzahl der von der FIU gestellten Auskunftsverlangen.

15 Auskunftsverlangen werden von der FIU über goAML versendet (Mitteilung in der goAML Mailbox). In der Vergangenheit waren hier unterschiedliche Formblätter der FIU festzustellen, die im Kern jedoch ähnliche Inhalte hatten (standardmäßig werden vorliegende Identifizierungsunterlagen/Ausweiskopien und – bei Kreditinstituten – Kontoumsatzlisten für einen bestimmten Zeitraum sowie der Kontensaldo angefordert), wie im folgenden Fallbeispiel gezeigt:

Zentralstelle für Finanztransaktionsuntersuchungen

ZOLL

Generalzolldirektion · FIU, Postfach 85 05 55, D-51030 Köln

Geldwäschebeauftrage(r) o.V.
via goAML

GENERALZOLLDIREKTION
Financial Intelligence Unit (FIU)

BEARBEITET VON

ANSCHRIFT
Postfach 85 05 55
51030 Köln

TEL +49 (0)228/303-88414
Hotline +49 (0)228/303-88000
FAX +49 (0)228/303-98550
E-MAIL ersuchen.gzd@fiu.bund.de

www.fiu.bund.de

DATUM

BETREFF **Eiliges Auskunftsersuchen gemäß § 30 Abs. 3 Geldwäschegesetz (GwG)**

BEZUG

ANLAGEN

GZ **SV 6006 –** (bei Antwort bitte angeben)

19 Für Verpflichtete nach § 2 Abs. 1 Nr. 10 und 12 GwG gibt es wiederum Einschränkungen soweit sich das Auskunftsverlangen auf Informationen bezieht, die sie im Rahmen der Rechtsberatung oder der Prozessvertretung des Vertragspartners erhalten haben (vgl. § 30 Abs. 3 S. 3f. GwG).

Sehr geehrte Damen und Herren,

zur Erfüllung meiner mir gemäß § 28 Abs. 1 i.V.m. § 30 Abs. 3 GwG obliegenden Aufgaben bitte ich um Übersendung folgender Informationen bzw. Unterlagen zu folgender Kontoverbindung:

KONTONUMMER IBAN

☒ Kontoeröffnungsunterlagen

☒ KYC / Legitimationsdokumente des Kontoinhabers

☒ Liste der Kontoumsätze seit Kontoeröffnung

☒ bis: heute bzw. Kontoschließung

☒ Aktueller Kontosaldo

☐ falls vorhanden: zugeordnete Kreditkarten / Debitkarten

Die o.g. Unterlagen übersenden Sie bitte unter Angabe des FIU-Aktenzeichens schnellst möglich **mittels gesicherter Leitung via goAML**. Gleichzeitig bitte ich um zeitnahe Beantwortung, spätestens aber bis zum

Erfolgt das Auskunftsverlangen i.Z.m. einer vom Verpflichteten nach § 43 GwG erstat- 16
teten Meldung, so können vom Verpflichteten keine **Kosten oder Aufwendungen** in Rechnung gestellt werden. Sofern das Auskunftsverlangen unabhängig von einer Meldung erfolgt, ist die Rechtslage nicht abschließend geklärt. Angesichts des im Justizvergütungs- und -entschädigungsgesetz (JVEG) für Dritte enthaltenen Rechtsgedankens des Entschädigungsprinzips spricht vieles für einen **Entschädigungsanspruch** (analog § 1 S. 1 Nr. 3, S. 2, § 7, § 23 Abs. 2 S. 1 Nr. 2, S. 2 JVEG); auch der Umkehrschluss aus § 52 Abs. 1 S. 1 GwG spricht hierfür. Zu den zu entschädigenden Leistungen werden primär die Fertigung von Kopien oder die Ausdrucke von gespeicherten Daten gehören.[20]

Hinweise !

Gemäß § 56 Abs. 1 S. 1 Nr. 67 GwG handelt **ordnungswidrig**, wer einem Auskunftsverlangen der FIU nach § 30 Abs. 3 GwG nicht, nicht richtig, nicht vollständig oder nicht rechtzeitig nachkommt.

Der **Haftungsausschluss nach § 48 GwG** greift auch in Fällen der Beantwortung von Auskunftsverlangen nach § 30 Abs. 3 GwG (vgl. § 48 Abs. 2 Nr. 2 GwG).

Eine entsprechende Möglichkeit, von Verpflichteten Auskunft zu verlangen enthält die **EU-Geldwäsche-Verordnung** in Art. 69 Abs. 1, der als regelmäßige Frist für die Beantwortung von Auskunftsersuchen der FIU fünf Arbeitstage festlegt, die in begründeten und dringenden Fällen von der FIU auf eine kürzere Frist – auch auf weniger als 24 Stunden – reduziert (oder ggf. auch verlängert) werden kann.

---

20 Vgl. ausführlicher Herzog/*Barreto da Rosa* § 30 Rn. 23.

17 Unabhängig von der Möglichkeit der FIU nach § 30 Abs. 3 GwG haben selbstredend auch die **Strafverfolgungsbehörden** das Recht, von den Verpflichteten weitere Informationen/Unterlagen anzufordern (regelmäßig geschieht dies über ein staatsanwaltschaftliches Auskunftsersuchen nach §§ 95, 161a StPO; erfolgt die Anforderung im Anschluss an eine Meldung, ist hierfür kein staatsanwaltschaftliches Auskunftsersuchen erforderlich[21]).[22]

IV. Sofortmaßnahmen nach § 40 GwG

18 Im Falle des Verdachts, dass eine Transaktion im Zusammenhang mit Geldwäsche oder einer Straftat nach § 18 Abs. 1 des Außenwirtschaftsgesetzes steht oder der Terrorismusfinanzierung dient,[23] hat die FIU nach § 40 Abs. 1 GwG insbesondere die Möglichkeit, die Durchführung der Transaktion auszusetzen oder endgültig zu untersagen, um zu verhindern, dass die inkriminierten Gelder dem staatlichen Einflussbereich durch Barabhebungen oder Überweisungen (ins Ausland) entzogen werden. Daneben kann die FIU Sofortmaßnahmen auch aufgrund des Ersuchens einer zentralen Meldestelle eines anderen Staates treffen (vgl. § 40 Abs. 2 GwG). In der Praxis kommen Sofortmaßnahmen insbesondere in sog. **„Fristfällen"** nach § 46 Abs. 1 S. 1 GwG in Frage, in welchen vom meldenden Verpflichteten eine Transaktion angehalten wurde, sowie aufgrund internationaler Hinweise. Sofortmaßnahmen sind rechtlich als behördliche Verwaltungsakte zu klassifizieren, womit die Vorschriften der §§ 35ff. VwVfG Anwendung finden.

! **Hinweis**

Unabhängig von der Möglichkeit der Anordnung von Sofortmaßnahmen der FIU kann die **BaFin** gemäß § 6a KWG – wenn Tatsachen vorliegen, die darauf schließen lassen, dass von einem Institut angenommene Einlagen, sonstige dem Institut anvertraute Vermögenswerte oder eine Finanztransaktion der Terrorismusfinanzierung nach § 89c StGB oder der Finanzierung einer terroristischen Vereinigung nach § 129a, auch in Verbindung mit § 129b StGB dienen oder im Falle der Durchführung einer Finanztransaktion dienen würden – der Geschäftsführung des Instituts Anweisungen erteilen, dem Institut Verfügungen von einem bei ihm geführten Konto oder Depot untersagen oder dem Institut die Durchführung von sonstigen Finanztransaktionen untersagen.

---

19 Sofortmaßnahmen, die bis zu einen Monat lang aufrechterhalten werden können (vgl. § 40 Abs. 4 Nr. 1 GwG) sollen der FIU ausreichend Zeit verschaffen, um ihre **operative Analyse zu Ende führen** zu können und ihre Ergebnisse ggf. der zuständigen (Strafverfolgungs-)Behörde zu übermitteln, die sodann ggf. weitere (insbesondere straf-

---

21 So explizit noch die vormaligen AuA des BMF zur Handhabung des Verdachtsmeldewesens vom 6.11.2014, S. 7f.

22 Vgl. auch die BaFin-AuA zum GwG AT (03/2025) Ziff. 10.6 am Ende.

23 Sofortmaßnahmen bei Anhaltspunkten auf sonstige Straftaten sind insofern nach dem Gesetzeswortlaut nicht vorgesehen, vgl. näher Herzog/*Barreto da Rosa* § 40 Rn. 8.

prozessuale vermögenssichernde) Maßnahmen ergreifen kann. Dieser Sinn und Zweck bedeutet gleichermaßen, dass Verpflichtete die Information über eine von der FIU angeordnete Sofortmaßnahme nicht an Dritte weitergeben dürfen.[24]

Neben der **Anhaltung von Transaktionen** kann die FIU die in § 40 Abs. 1 Satz 2 GwG genannten **weiteren Anordnungen** treffen wie 20

- einem Verpflichteten nach § 2 Abs. 1 Nrn. 1 bis 3 GwG (also Kreditinstituten, Finanzdienstleistungsinstitute, Zahlungsinstituten und E-Geld-Instituten) Konto- oder Depotverfügungen oder anderweitige Finanztransaktionen (z.B. Vornahme einer Überweisung nach Bareinzahlung durch den Betroffenen, Zahlscheingeschäfte oder bei Finanzdienstleistern die Aufnahme in Sperrlisten, wodurch der Empfang und/oder das Versenden von Geld unterbunden werden kann) untersagen,
- Kreditinstitute nach § 2 Absatz 1 Nr. 1 GwG anweisen, einem Schließfachinhaber und allen hierüber Verfügungsberechtigten den Zugang zu einem Schließfach zu verwehren, oder
- sonstige Weisungen gegenüber allen Verpflichteten in Bezug auf eine Transaktion erteilen (d.h. beispielsweise, einen Gegenstand nicht zu übertragen, eine Ware nicht zu versenden oder die fällige Auszahlung einer Kapitallebensversicherung durch ein Versicherungsunternehmen nicht vorzunehmen).

Hinweis !

Art. 24 der 6. EU-Geldwäsche-Richtlinie enthält deutlich ausdifferenzierte Regelungen für Sofortmaßnahmen, was ausdrücklich zu begrüßen ist, und verkürzt die Maximaldauer für die Aufrechterhaltung von **Sofortmaßnahmen in Bezug auf Transaktionen auf zehn Arbeitstage** bzw. von **Sofortmaßnahmen, mit denen die Nutzung eines Bank-, Zahlungs- oder Kryptowertekontos oder einer Geschäftsbeziehung ausgesetzt wird, auf fünf Arbeitstage** (eine längere Frist kommt nur in Frage, wenn nach nationalem Recht die FIU die Aufgabe des Aufspürens, der Beschlagnahme, des Einfrierens oder der Einziehung von Vermögenswerten aus Straftaten wahrnimmt, was in Deutschland nicht der Fall ist).
Darüber hinaus wird in **Art. 25 der neuen EU-Geldwäsche-Richtlinie** die Befugnis für FIUs geschaffen, **Anweisungen zur Überwachung von Transaktionen oder Tätigkeiten** an Verpflichtete zu richten. Es bleibt abzuwarten, wie dies vom deutschen Gesetzgeber umgesetzt werden wird.

In der Praxis kann die Anordnung zunächst telefonisch erfolgen. Meist schickt die FIU 21
jedoch ohne vorherige Ankündigung die **Sofortmaßnahmeverfügung per Fax** an den betroffenen Verpflichteten. Der Verpflichtete hat den Erhalt auf dem zeitgleich übermittelten Empfangsbekenntnis schriftlich zu bestätigen und dieses per Fax an die FIU zurückzusenden.

24 Auch wenn § 40 GwG nicht in § 47 Abs. 1 GwG (Tipping-Off-Verbot) genannt ist, ergibt sich dies unzweifelhaft aus dem Zweck der Norm (vgl. Herzog/*Barreto da Rosa* § 47 Rn. 11; in dem Sinne auch die BaFin-AuA zum GwG AT (03/2025), Ziff. 12 am Ende).

Muster

Zentralstelle für Finanztransaktionsuntersuchungen

ZOLL

Generalzolldirektion - FIU, Postfach 85 05 55, D-51030 Köln

GENERALZOLLDIREKTION
Financial Intelligence Unit (FIU)

z.Hd. des Geldwäschebeauftragten
per Fax:

BEARBEITET VON: Herr
ANSCHRIFT: Postfach 85 05 55, 51030 Köln
TEL: +49 (0)221/672
FAX: +49 (0)221/672-
E-MAIL: D23.fiu@zka.bund.de
www.fiu.bund.de
DATUM:

***** Eilt *****

BETREFF **Anordnung einer Sofortmaßnahme gemäß § 40 Absatz 1 Geldwäschegesetz (GwG)**

BEZUG Ihre Meldung vom Az.:

ANLAGEN 1 Empfangsbescheinigung

GZ **SV 6006 – GW-** (bei Antwort bitte angeben)

Anordnung

Sehr geehrte Damen und Herren,

hiermit untersage ich weitere Verfügungen von Konten Ihres Kunden

Das Verfügungsverbot betrifft folgende bei Ihnen geführte Konten:

- DE
- DE

Diese Maßnahme endet spätestens mit Ablauf eines Monats nach Erlass dieser Anordnung oder mit meiner vorherigen anderslautenden Weisung.

Begründung:

I.

...

II.

Gesetzliche Grundlage der Anordnung ist § 40 Absatz 1 GwG. Danach kann einem Verpflichteten nach § 2 Absatz 1 Nummer 1 - 3 GwG untersagt werden, Verfügungen von einem bei ihm geführten Konto oder Depot und sonstige Finanztransaktionen durchzuführen, sofern Anhaltspunkte bestehen, dass eine Transaktion im Zusammenhang mit Geldwäsche steht oder der Terrorismusfinanzierung dient. Die genannten Voraussetzungen liegen vor.

…

Auf das Verbot der Informationsweitergabe gemäß § 47 GwG weise ich hin.

Ich bitte um Ihre Kontaktaufnahme im Falle einer Rückmeldung Ihrer Kunden bzgl. der Nichtausführung von Transaktionen.

Ich bitte, mir den Erhalt meiner Anordnung mittels beiliegenden Vordrucks unverzüglich per Telefax zu bestätigen.

Rechtsbehelfsbelehrung

Gegen diese Anordnung kann innerhalb eines Monats nach Bekanntgabe Widerspruch erhoben werden. Der Widerspruch ist schriftlich oder zur Niederschrift bei der Generalzolldirektion, Zentralstelle für Finanztransaktionsuntersuchungen – FIU – Postfach 85 05 55, 51030 Köln bzw. Bergisch-Gladbacher Straße 837, 51069 Köln einzulegen.

Der Widerspruch hat gemäß § 80 Absatz 2 Nummer 3 Verwaltungsgerichtsordnung in Verbindung mit § 40 Absatz 6 GwG keine aufschiebende Wirkung.

Mit freundlichen Grüßen
Im Auftrag

Aufsichtsrechtlich gibt es keine zeitlichen Vorgaben, wie lange ein Verpflichteter Zeit hat, eine von der FIU z.B. per Fax zugestellte **Sofortmaßnahmeverfügung umzusetzen**. In den AuA der BaFin, finden sich auch keine Vorgaben, zu welchen Zeiten Geldwäschebeauftragte erreichbar sein müssen. Vor diesem Hintergrund dürfte auf die normalen Geschäftszeiten des jeweiligen Verpflichteten, bei dem der/die Geldwäschebeauftragte tätig ist, abzustellen sein. 22

Praxishinweis !

Die **FIU** zeigt sich bislang mit der **Anordnung von Sofortmaßnahmen sehr zurückhaltend**: 2019: 19 (FIU-Jahresbericht 2019, S. 24), 2020: 14 (FIU-Jahresbericht 2020, S. 28), 2021: 48 (FIU-Jahresbericht 2021, S. 23), 2022: 32 (FIU-Jahresbericht 2022, S. 22) und 2023: 60 Sofortmaßnahmen (FIU-Jahresbericht 2023, S. 8, 70).
Die Darstellung im **FIU-Jahresbericht 2023** (S. 10 und 70), demzufolge im Jahr 2023 mittels Sofortmaßnahmen Transaktionen in Höhe von ca. 310 Mio. Euro angehalten wurden, darf nicht darüber hinwegtäu-

schen, dass zum einen denkbar geringe rechtliche Voraussetzungen an Sofortmaßnahmen gestellt werden und zum anderen keine Angaben gemacht werden, ob die Sofortmaßnahme womöglich kurz nach ihrer Anordnung schon wieder aufgehoben wurde oder im Falle einer Weiterleitung an Strafverfolgungsbehörden für diese ein ausreichender Anfangsverdacht bestand, um strafprozessuale Sicherungsmaßnahmen anzuschließen.

23 Gemäß § 40 Abs. 3 GwG sind Sofortmaßnahmen **aufzuheben**, sobald oder soweit diese nicht mehr durch den Anordnungszweck gedeckt sind, was insbesondere dann der Fall ist, wenn nach Durchführung der operativen Analyse durch die FIU kein Zusammenhang zu Geldwäsche, Terrorismusfinanzierung oder einer Straftat nach § 18 AWG mehr erkennbar ist.

24 Daneben **enden** Sofortmaßnahmen gemäß § 40 Abs. 4 GwG spätestens mit Ablauf eines Monats nach Anordnung durch die FIU (der Verpflichtete ist dann berechtigt, eine bspw. im Rahmen der Sofortmaßnahme untersagte Transaktion ohne weitere Rücksprache mit der FIU durchzuführen), mit Ablauf des fünften Werktages nach Abgabe des Sachverhalts an die zuständige Strafverfolgungsbehörde (die dann ggf. wiederum strafprozessuale Sicherungsmaßnahmen treffen kann) oder zu einem früheren Zeitpunkt, wenn ein solcher von der FIU festgelegt wurde.

! **Praxishinweis**

Die Aufrechterhaltung von Sofortmaßnahmen von bis zu einem Monat wird in der Praxis stets dazu führen, dass der Betroffene Verdacht schöpft, dass „etwas nicht stimmt“. Eine „Legendierung“ der Verzögerung von Transaktionen ist dem Verpflichteten allenfalls im Bereich von drei Tagen (wie nach § 46 Abs. 1 GwG) möglich. Vor dem Hintergrund des Verbots der Informationsweitergabe nach § 47 Abs. 1 GwG empfiehlt sich für den Verpflichteten nach Eingang der Sofortmaßnahmeverfügung die **sofortige Kontaktaufnahme mit der FIU**, um das weitere Vorgehen abzustimmen. Die entsprechenden Kontaktdaten können dem Briefkopf der schriftlichen Anordnung der FIU entnommen werden.

In aller Regel wird die Absprache darauf hinauslaufen, dass der Verpflichtete dem Kunden (bei entsprechender Frage) mitteilen darf, dass der Durchführung der Transaktion etc. derzeit rechtliche Gründe entgegenstehen und er sich für weitere Auskünfte unter Angabe des Aktenzeichens der Sofortmaßnahme direkt an die FIU wenden kann.

V. Rückmeldung an den Verpflichteten gemäß § 41 GwG

25 Rückmeldungen an den meldenden Verpflichteten sollen diesem primär ermöglichen, sein Risikomanagement, die Erfüllung von Sorgfaltspflichten und das eigene Meldeverhalten zu überprüfen und ggf. anzupassen.[25] Nach Absenden der Meldung in goAML

25 Vgl. auch FATF-Empfehlung 34, Art. 46 Abs. 3 der 4. EU-Geldwäscherichtlinie; die unterschiedliche Umsetzung der Rückmeldeverpflichtung durch die europäischen zentralen Meldestellen wurde von der EU-Kommission in ihrem Bericht an das Europäische Parlament und den Rat vom 24.7.2019 über die

wird – wie oben bereits dargestellt – systemseitig gemäß § 41 Abs. 1 GwG zunächst automatisiert eine Übertragungsbestätigung und anschließend eine Eingangsbestätigung erteilt. Im weiteren Verlauf ist die FIU verpflichtet – gemäß § 41 Abs. 2 GwG „in angemessener Zeit" – dem Verpflichteten eine **Rückmeldung zur Relevanz der Meldung** zu geben.[26] Waren zunächst nur Rückmeldungen an Verpflichtete vorgesehen, so wurde mit dem Gesetz zur Stärkung der risikobasierten Arbeitsweise der FIU (BGBl 2023 I 311) zum 18.11.2023 auch eine Rückmeldepflicht gegenüber Aufsichtsbehörden, die eine Meldung nach § 44 GwG abgegeben haben, und Finanzbehörden, die eine Mitteilung nach § 31b Abs. 2 AO übermittelt haben, eingeführt (§ 41 Abs. 3 GwG).

Die Rückmeldungen der FIU sehen sich **von Beginn an heftiger Kritik** ausgesetzt, 26
da sie ihren Zweck – den Verpflichteten die Überprüfung und Optimierung ihrer Sorgfalts- und Meldepflichten zu ermöglichen – komplett verfehlten. Sie enthielten auch nach mehrfachen Überarbeitungen jeweils lediglich kaum aussagekräftige Statistikwerte und oft nicht nachvollziehbare Negativ-Einstufungen zu abgegebenen Meldungen (wie angeblich fehlende Unterlagen, ohne auszuführen, welche Dokumente noch erwartet gewesen wären).

Zuletzt zum **1.1.2025** hat die FIU einen erneuten Anlauf genommen und das Rück- 27
meldekonzept überarbeitet (dieses Vorgehen „*, das zugleich die künftigen Festlegungen aus der 6. EU-Geldwäscherichtlinie [...] vorab aufnimmt*", soll wiederum aber nur „*ein erster Schritt hin zu einer zügigen, einzelfallbezogenen Rückmeldung sein*").[27] Im Fokus steht hierbei die automatisierte Rückmeldung zu von Verpflichteten erstatteten Verdachtsmeldungen über die goAML-Mailbox. Verpflichtete sollen fortan **automatisierte Rückmeldungen zu allen Meldungen erhalten, die durch die seit dem 1.1.2024 in Betrieb genommenen, neuen Filter „getroffen" und für eine weitere Analyse vorgesehen worden sind**, wobei die Rückmeldung wie folgt lautet:

„Ihre Verdachtsmeldung wurde im Zeitpunkt ihres Eingangs von den hiesigen Risikobewertungssystemen für eine weitere operative Analyse identifiziert."[28]

Zu **Meldungen, die keinen „Treffer" auslösen** und deshalb (zunächst) im Infopool 28
bleiben, wird keine Rückmeldung erfolgen. Sofern Verpflichtete nach 21 Kalendertagen, gerechnet ab dem Zeitpunkt der Übermittlung der Verdachtsmeldung an die FIU, keine Rückmeldung erhalten haben, ist für sie laut FIU davon auszugehen, dass diese Verdachtsmeldung im Zeitpunkt ihres Eingangs bei der FIU zunächst keine weitere operative Analyse erforderlich gemacht hat.[29]

Bewertung des Rahmens für die Zusammenarbeit zwischen den zentralen Meldestellen für Geldwäsche-Verdachtsanzeigen (FIU) (COM(2019) 371 final, S. 7) kritisiert.

26 Zur ausführlichen Kritik an der Praxis der Rückmeldung vgl. Herzog/*Barreto da Rosa* § 41 Rn. 9 a ff.

27 FIU, Anschreiben im Konsultationsverfahren zum neuen Rückmeldekonzept vom 4.11.2024, S. 3.

28 FIU, Informationsgrundlage zu künftigen Rückmeldungen gemäß § 41 Absatz 2 GwG durch die Zentralstelle für Finanztransaktionsuntersuchungen (FIU) vom 4.11.2024, S. 2.

29 FIU, aaO, S. 3; zu den Konsequenzen für die Anwendung verstärkter Sorgfaltspflichten s. Kap. 7 F II.

29 Sollten Rückmeldungen personenbezogene Daten enthalten (bspw. die Information, dass es in einem konkreten Fall zur Einleitung eines Ermittlungsverfahrens, zum Erlass eines Strafbefehls oder eines Urteils wegen einer bestimmten Straftat kam), dürfen Verpflichtete diese Informationen **nur zur Verbesserung des Risikomanagements, der Erfüllung der Sorgfaltspflichten und Überprüfung des Meldeverhaltens nutzen**; Verpflichtete haben diese ihnen übermittelten personenbezogenen **Daten zu löschen**, wenn sie für den jeweiligen Zweck nicht mehr erforderlich sind, spätestens jedoch nach einem Jahr (vgl. § 41 Abs. 2 S. 2 und 3 GwG).

! **Praxishinweis**

Im Falle der **Erstattung einer Strafanzeige** können dem Anzeigeerstatter auf Antrag durch die Staatsanwaltschaft nach § 475 StPO Auskünfte aus den Strafakten, die dem Gericht vorlagen oder diesem im Falle der Erhebung der öffentlichen Klage vorzulegen gewesen wären, erteilt werden.

Nach hiesiger Auffassung hat eine **Mitteilung über den Verfahrensausgang mit Entscheidungsgründen** darüber hinaus unter den Voraussetzungen des § 171 StPO auch zu erfolgen, wenn sich aus der Verdachtsmeldung zugleich der erkennbare **Wille des Verpflichteten** ergibt, über die Meldung hinaus auch die **Strafverfolgung des Angezeigten** zu veranlassen. Ein Antrag in der Meldung auf Mitteilung zum Verfahrensausgang nach § 475 StPO kann den Wunsch einer Rückmeldung jedenfalls betonen und ist unschädlich.

Gemäß **Art. 28 der 6. EU-Geldwäscherichtlinie** müssen FIUs in ihren Rückmeldungen *„mindestens auf die Qualität der bereitgestellten Informationen, die Zeitnähe der Meldung, die Beschreibung des Verdachts und die bei der Einreichung vorgelegten Unterlagen"* eingehen (wobei dies nicht zu jeder übermittelten Meldung zu erfolgen hat). Ferner haben sie dem einzelnen Verpflichteten oder Gruppen oder Kategorien von Verpflichteten mindestens einmal jährlich Rückmeldung zu geben und dabei die Gesamtzahl der von den Verpflichteten gemeldeten verdächtigen Transaktionen zu berücksichtigen. Die AMLA soll bis zum 10.7.2028 Empfehlungen zu bewährten Verfahren und Ansätzen für die Rückmeldung, einschließlich zu Art und Häufigkeit von Rückmeldungen, an die FIUs richten.

B. Strafverfolgungsbehörden

I. Die polizeilichen Ermittlungen

1. Vorbemerkungen

30 Wie zuvor geschildert, ist die FIU gehalten – wenn sie bei der operativen Analyse feststellt, dass ein Vermögensgegenstand mit Geldwäsche, mit Terrorismusfinanzierung oder mit einer sonstigen Straftat im Zusammenhang steht – das Ergebnis ihrer Analyse sowie alle sachdienlichen Informationen gemäß § 32 Abs. 2 S. 1 GwG unverzüglich an die zuständigen Strafverfolgungsbehörden weiterzuleiten.

31 Welche Behörde genau **„zuständige Strafverfolgungsbehörde"** im Sinne von § 32 Abs. 2 S. 1 GwG ist, wurde in den einzelnen Bundesländern unterschiedlich festgelegt. Während sich die meisten Bundesländer dafür ausgesprochen haben, die GFGen bei den Landeskriminalämtern (weiterhin) als Adressaten für die Weiterleitung von Meldungen durch die FIU zu benennen, sind lediglich in NRW noch Meldungen an die örtlich

zuständige Staatsanwaltschaft zu übermitteln. Die folgenden Ausführungen beschränken sich auf den „weiteren Weg“ einer Meldung, die von der FIU an eine **GFG** weitergeleitet wurde.[30]

2. Das „Clearingverfahren“ in den GFGen

Die Weiterleitung des Analyseberichts der FIU einschließlich der Meldung und weiterer 32
Anlagen an die GFGen erfolgt bislang per E-Mail. Nach Erfassung und Vergabe eines Aktenzeichens erfolgt die Erstbewertung und schließlich die Zuteilung an eine/n Sachbearbeiter/in – je nach polizeilicher oder zollseitiger Zuständigkeit im Polizei- bzw. Zollbereich der GFG (eine Zuständigkeit für den Zollbereich in der GFG besteht insbesondere bei Warenverkehr in die EU und aus der EU). Diese/r führt im Anschluss das sog. „Clearingverfahren“ durch. Das **Clearingverfahren** ist als Prüfverfahren zur Vorbereitung der Entscheidung der Staatsanwaltschaft über die Einleitung eines Ermittlungsverfahrens i.S.d. § 152 Abs. 2 StPO zu verstehen. Dabei wird geprüft, ob ein Anfangsverdacht für eine Straftat begründet werden kann. Die Clearingermittlungen werden auch als **verfahrensunabhängige Finanzermittlungen** bezeichnet (Ermittlungen von einer als verdächtig gemeldeten Transaktion hin zu einer Vortat) – im Gegensatz zu verfahrensintegrierten Finanzermittlungen, die in einem laufenden Ermittlungsverfahren verfahrensbegleitend entweder mit dem Ziel der Vermögensabschöpfung durchgeführt werden (Ermittlungen von der Tat hin zum Vermögen) oder auch zur Führung des Tatnachweises.[31]

Bei Bestehen eines entsprechenden Tatverdachts sind Polizei und Staatsanwalt- 33
schaft gem. § 152 Abs. 2 StPO zur Strafverfolgung verpflichtet (sog. **Legalitätsprinzip**). Auch wenn es sich bei Verdachtsmeldungen nicht um Strafanzeigen i.S.v. § 158 Abs. 1 StPO handelt,[32] sind Polizei und Staatsanwaltschaft zur Prüfung verpflichtet (§§ 152 Abs. 2, 160 Abs. 1, 163 StPO).

Im Rahmen des Clearingverfahrens wird der mit Meldung mitgeteilte Sachverhalt 34
mit polizeilich zu ermittelnden Erkenntnissen abgeglichen und angereichert und hinsichtlich einer möglicherweise vorliegenden Geldwäschehandlung, Terrorismusfinanzierung oder sonstigen Straftat bewertet.[33] In einem ersten Schritt erfolgt hier zunächst die **Verifizierung der Personalien** (beispielsweise durch Abgleich mit Einwohnermeldeamtsdaten) und die **Abfrage polizeilicher Dateien sowie öffentlich zugänglicher Informationsquellen** (wie Internetrecherchen). Sind involvierte Personen bereits polizeilich in Erscheinung getreten, werden je nach Art der bereits geführten Ermittlungen Erkenntnisse der Polizeidienststelle beigezogen, die die damaligen Ermittlungen geführt

30 Zur Weiterleitung an sonstige Behörden vgl. Ziff. C I in diesem Kapitel.

31 Zur Unterscheidung verfahrensintegrierter und verfahrensunabhängiger Finanzermittlungen vgl. *Bohne* Kriminalistik 2002, 693.

32 Vgl. Kap. 7 A I 2.

33 Ausführlich zum Vorgehen beim Hessischen Landeskriminalamt Gropp/Sinn/*Hofer*, S. 533ff.

hat. Soweit es der Sachverhalt erfordert, werden u.a. über **Interpol** Auslandsanfragen an die betreffenden Staaten gerichtet (das Rückmeldeverhalten hier ist von Staat zu Staat (und teilweise Fall zu Fall) höchst unterschiedlich (bis zu vielen Monaten) und kann die Ermittlungen erheblich verzögern).

35 Durch die enge Zusammenarbeit mit den Staatsschutzdienststellen des BKA und der Bundesländer ist gewährleistet, dass die Inhalte der Meldungen auf ihre **Staatsschutzrelevanz** hin überprüft werden.

36 Eine wichtige Informationsquelle, die in geeigneten Fällen herangezogen werden kann, ist ferner die Möglichkeit der zentralen **Kontostammdatenabfrage gem. § 24c KWG** bei der BaFin.[34] Seit dem 1.4.2003[35] sind Kreditinstitute verpflichtet, eine aktuelle Datei mit allen von ihnen in Deutschland geführten Konten und Depots bereitzuhalten. Darin sind die Konto-/Depotnummer, der Tag der Errichtung und Auflösung, die Namen und Geburtsdaten der jeweiligen Inhaber und Verfügungsberechtigten sowie die Namen und die Anschriften der abweichend wirtschaftlich Berechtigten zu speichern. Da von der BaFin weder Kontostände noch Kontoumsätze mitgeteilt werden können, sind zur Erlangung dieser Informationen in einem Folgeschritt **staatsanwaltschaftliche Auskunftsersuchen** an die kontoführenden Kreditinstitute zu richten.

37 Detaillierte **Kontenanalysen**, die teilweise durch spezialisierte Fachkräfte in den jeweiligen Dienststellen durchgeführt werden, zielen u.a. darauf ab, Geldströme anhand der Papierspur („paper-trail") zu verfolgen und zu rekonstruieren, um Hinweise auf Herkunft und Verbleib von Vermögenswerten zu erhalten sowie um involvierte Personen und Unternehmen zu identifizieren.

38 Bei **Fristfällen** gem. § 46 Abs. 1 GwG geht es zunächst vorrangig darum, sämtliche Umstände zu ermitteln, die im Ergebnis entweder die Freigabe der angehaltenen Transaktion oder die strafprozessuale Untersagung der Durchführung der Transaktion bewirken. Kommt eine Anhaltung der Transaktion (Sicherung des Vermögensgegenstands) in Betracht, wird die zuständige Vermögensabschöpfungsdienststelle eingebunden.

39 Die gewonnenen Erkenntnisse werden in einem **Clearingbericht** zusammengefasst, der anschließend der zuständigen Staatsanwaltschaft zur Entscheidung vorgelegt wird.

II. Die Staatsanwaltschaft als „Herrin des Ermittlungsverfahrens"

1. Entscheidung über die Einleitung eines Ermittlungsverfahrens

40 Die jeweils zuständige Staatsanwaltschaft leitet die Ermittlungen und entscheidet über die weitere Vorgehensweise. Je nach Sachverhalt erfolgt eine **Verfahrenseinstellung**

---

34 Die Möglichkeit der Kontenabfrage durch die Strafverfolgungsbehörden ist verfassungskonform, vgl. BVerfG, Beschl. v. 13.6.2007 – 1 BvR 1550/03, 1 BvR 2357/04, 1 BvR 603/05.

35 § 24c KWG wurde durch das 4. Finanzmarktförderungsgesetz (BGBl. 2002 I S. 2010; Gesetzesbegründung: BT-Drucks. 14/8017, S. 122ff.) eingeführt.

(bei ausgeräumtem Verdacht oder nicht zu klärender Sachlage), die **Weiterleitung** des Verfahrens an die örtlich zuständige Staatsanwaltschaft oder die **Einleitung eines förmlichen Ermittlungsverfahrens** und ggf. Abgabe an eine weiterermittelnde Fachdienststelle.[36]

Seit der Neufassung des GwG zum 26.6.2017 bestehen **keine Verwertungsbeschränkungen** mehr hinsichtlich der Informationen aus Verdachtsmeldungen wie sie im vormaligen § 11 Abs. 6 GwG a.F. enthalten waren. Die Informationen können insofern nahezu[37] uneingeschränkt zu Zwecken der Strafverfolgung oder Gefahrenabwehr[38] verwendet werden und wie bereits erwähnt auch an Nachrichtendienste, Finanzbehörden (für Besteuerungszwecke und Steuerstrafverfahren) sowie Aufsichtsbehörden[39] u.a. weitergeleitet werden (vgl. § 32 Abs. 3 GwG). 41

Insbesondere die bereits nach vormaliger Rechtslage zulässige Verwendung von Meldungen für **Besteuerungsverfahren** (sh. auch § 32 Abs. 6 GwG) spielt in der Praxis eine bedeutsame Rolle. In nicht wenigen Fällen ergeben sich Hinweise auf steuerliche Ansprüche. Ziel des Gesetzgebers ist es, eine Besteuerung aufgrund des Inhalts von Verdachtsmeldungen in demselben Umfang zu ermöglichen, wie diese zu einer Verurteilung wegen Geldwäsche oder ihrer Vortaten führen.[40] Die erst später erfolgte Erweiterung der Verwertbarkeit für steuerliche Zwecke wurde damit begründet, dass steuerstrafrechtliche Sanktionen zu den effektivsten Mitteln der Kriminalbekämpfung zählen.[41] 42

Hinweis !

Zur Wirksamkeit des Verdachtsmeldewesen, d.h. der Frage, was letztlich aus der großen Zahl der erstatteten Verdachtsmeldungen tatsächlich herauskommt, wird auf die Ausführungen zur Statistik in Kapitel 1 B II verwiesen. Im Folgenden sollen die verschiedenen generellen Optionen dargestellt werden, wie es nach der Übermittlung des Sachverhalts (Meldung mit Analysebericht und polizeilichem Ermittlungsbericht etc.) an die zuständige Staatsanwaltschaft weitergeht.

36 Die Zuständigkeiten und Befugnisse im Bereich der Geldwäschebekämpfung werden ausführlich in der Ausarbeitung der Wissenschaftlichen Dienste des Bundestags „Ermittlungsbefugnisse bei der Geldwäschebekämpfung" vom 7.6.2023, WD 4 – 3000 – 040/23; WD 7 – 3000 – 055/23, dargestellt.

37 Zu beachten ist hier bspw. ein Unterbleiben der Weiterleitung an die in § 32 Abs. 3 GwG genannten Behörden bei Unverhältnismäßigkeit (§ 32 Abs. 5 S. 1 Nr. 2 GwG).

38 Die Polizei kann gerade durch Verdachtsmeldungen wegen des Terrorismusfinanzierungsverdachts Informationen erlangen, die Aufschluss über terroristischen Organisationen angehörende oder nahestehende Personen geben können, deren Verwendung für Zwecke der Gefahrenabwehr – beispielsweise eben zur Verhinderung von Terroranschlägen – möglich sein muss (BT-Drucks. 16/9038, S. 45).

39 Die Verwendung durch die Aufsichtsbehörden, die bereits durch das Geldwäschebekämpfungsgesetz von 2002 eingeführt wurde, wurde seinerzeit mit der Verbesserung der Zusammenarbeit zwischen Strafverfolgungs- und Aufsichtsbehörden begründet und hatte primär ein wirksameres Vorgehen der Aufsichtsbehörden gegen Untergrundbanken zum Ziel (BR-Drucks. 217/02, S. 31).

40 Gesetzesbegründung zum Entwurf eines Gesetzes über das Aufspüren von Gewinnen aus schweren Straftaten (Gewinnaufspürungsgesetz – GewAufspG), BT-Drucks. 12/2704, S. 18.

41 BT-Drucks. 13/6620, S. 13; BGH, Urt. v. 6.5.2008 – XI ZR 56/07 – NJW 2008, 2245ff.

2. Einstellung des Verfahrens

a) Vorbemerkung

43 Sollte die Staatsanwaltschaft von weiteren Ermittlungen (mangels Beweisen oder hinreichenden Tatverdachts) absehen, sind höchst **uneinheitliche Vorgehensweisen/Formulierungen** der Staatsanwaltschaften festzustellen. Hintergrund sind teils unterschiedliche Rechtsauffassungen hinsichtlich der Rechtsnatur des Clearingverfahrens bzw. unterschiedliche Verfahrensstände (abhängig davon, ob strafprozessuale Ermittlungsmaßnahmen getroffen wurden oder nicht). Im Folgenden sollen daher die am häufigsten anzutreffenden Einstellungsvarianten näher betrachtet werden, um diese besser verstehen zu können.

b) Einstellung nach § 152 Abs. 2 StPO

44 Einstellungsverfügungen nach § 152 Abs. 2 StPO, die zumeist Formulierungen enthalten wie *„Gemäß § 152 Abs. 2 StPO wurde wegen fehlenden/nicht ausreichenden Anfangsverdachts vorerst kein förmliches Ermittlungsverfahren eingeleitet.“*, bedeuten im Kern, dass das **Clearingverfahren ohne konkretes Ergebnis** im Hinblick auf eine Straftat abgeschlossen und von der Einleitung eines förmlichen Ermittlungsverfahrens (zunächst) abgesehen wurde. Die Ermittlungen können wieder aufgenommen werden, wenn sich neue Erkenntnisse ergeben. In der Praxis waren Einstellungen nach § 152 StPO zuletzt auch häufiger in Fällen mutmaßlicher Bestellung von Cannabis-Samen bei Grow-Shops festzustellen.[42]

45 Nach § 152 Abs. 2 StPO werden meist auch Clearingermittlungen eingestellt, wenn ermittelt werden konnte, dass die zunächst als verdächtig gemeldeten Vermögenswerte doch aus legalen Quellen stammten und keine Straftat vorliegt. Häufig enthält die Einstellungsverfügung dann noch einen zusätzlichen Hinweis wie ***„Der Betroffene ist unschuldig oder es besteht kein begründeter Verdacht.“*** – in einem solchen Fall ist der Gemeldete nach Ansicht der Strafverfolgungsbehörden also unschuldig, seine personenbezogenen Daten (so die datenschutzrechtliche Konsequenz aus dieser Feststellung) sind dann unverzüglich zu löschen.

46 Enthält die Einstellungsverfügung einen Hinweis wie ***„Maßnahmen nach der Abgabenordnung sind davon nicht berührt“***, prüfen in aller Regel die Finanzbehörden den Sachverhalt wegen eines möglichen steuerlichen (ggf. auch steuerstrafrechtlichen) Hintergrunds.

---

42 S. hierzu Kap. 7 C VIII.

Hinweis
Vor der Verlagerung der FIU vom BKA zur Generalzolldirektion (als die GFGen noch unmittelbare Empfänger der Meldungen waren) waren bundesweit lediglich etwa 10 % der Verfahren **ohne Restverdacht**[43] eingestellt worden, was von einer insgesamt hohen Qualität der erstellten Verdachtsmeldungen zeugt, was auch die FATF in ihrem Evaluationsbericht zur Deutschlandprüfung im Jahr 2010 festgestellt hatte.[44]
(Hierbei ist zu berücksichtigen, dass ein Sachverhalt für einen Verpflichteten höchst verdächtig erscheinen kann und erst intensive Ermittlungen der Strafverfolgungsbehörden, die der Verpflichtete weder anstellen kann noch soll, dann viel später den Verdacht ausräumen können. Insofern ist zu betonen, dass auch die genannten ca. 10 % der Einstellungen ohne Restverdacht keine Aussage dahingehend zulassen, dass in diesen Fällen „unsinnigerweise" oder „unberechtigt" eine Meldung erstattet worden war.)[45]

c) Einstellung gemäß § 153 StPO

Eine Einstellung nach § 153 StPO kommt in Betracht, wenn das Verfahren ein Vergehen zum Gegenstand hat, die Schuld des Täters als gering anzusehen wäre und kein öffentliches Interesse an der Verfolgung besteht. In der Praxis war dies häufig in Fällen der Beteiligung am illegalen Online-Glücksspiel festzustellen.[46] 47

Beispiel
„Sehr geehrte Damen und Herren,
das auf Ihre Verdachtsmitteilung hin eingeleitete Ermittlungsverfahren habe ich gemäß § 153 Abs. 1 StPO eingestellt.
Für die Einstellung waren die folgenden Erwägungen maßgeblich:
Zwar steht der Glücksspielanbieter nicht auf der Whitelist, über welche konkrete Lizenz der Glücksspielanbieter im Ausland indes verfügt, wurde nicht festgestellt. Ebenfalls nicht festgestellt wurde, ob und ggf. in welchem Umfang der Glücksspielanbieter auf den konkret von dem Beschuldigten genutzten Homepages unzutreffend behauptet oder durch die Verwendung verwirrender Formulierungen suggeriert, die Teilnahme an dem Spiel sei in Deutschland erlaubt. Jedenfalls ist davon auszugehen, dass vor dem Hintergrund der in weiten Teilen uneinheitlichen Rechtslage ein Vorsatz des Beschuldigten, an einem verbotenen Spiel teilzunehmen, nur schwer nachzuweisen sein dürfte.
Unter diesen Umständen wäre das Verschulden als gering anzusehen. Ein öffentliches Interesse an der Strafverfolgung besteht in diesem Falle nicht."

43 Vgl. bspw. BKA, FIU-Jahresbericht 2013, S. 20 (11 %); nicht einmal in diesen Fällen ist gesagt, dass die Verdachtsmeldung zu Unrecht erstattet wurde, denn diese Bewertung ist das Ergebnis teils intensiver polizeilicher Ermittlungen und eine Bewertung im Nachhinein – und „nachher ist man bekanntlich immer schlauer".
44 FATF Evaluationsbericht 2010, Ziff. 719.
45 Siehe hierzu auch die ausführlichen Anmerkungen in Kap. 1 B II 2 b.
46 S. hierzu Kap. 7 C IX.

d) Einstellung gemäß § 154 oder § 154a StPO

48 Enthält die Einstellungsverfügung einen Satz wie beispielsweise *„Gemäß § 154 Abs. 1 StPO (oder § 154a StPO) wurde von der Verfolgung abgesehen“*, bedeutet dies vereinfacht gesagt, dass die **Strafe**, die der Beschuldigte in der Sache zu erwarten hätte, neben einer Strafe, die er wegen einer anderen Tat bereits erhalten oder zu erwarten hat, **nicht ins Gewicht fällt**. Die Staatsanwaltschaft kann dann von der Verfolgung des Sachverhalts, zu dem die Verdachtsmeldung erstattet wurde, absehen. Die Unterscheidung zwischen § 154 StPO und § 154a StPO ist letztlich eine juristische Differenzierung, die hier nicht weiter erläutert werden muss – im Kern geht es darum, dass einzelne Taten oder Teile einer Tat nicht verfolgt werden, weil sie von untergeordneter Bedeutung sind.

49 Wie folgender Ausschnitt aus einer derartigen Einstellungsverfügung zeigt, können insofern auch verhältnismäßig schwere Tatvorwürfe eingestellt werden – dies wird dann aber regelmäßig Indiz dafür sein, dass die Strafe, die der Täter wegen anderer Delikte zu erwarten hat, entsprechend hoch ausfallen dürfte:

Beispiel

„Weil die zu erwartende Strafe angesichts der in diesem Verfahren verfolgten Taten nicht erheblich ins Gewicht fiele, wurde gemäß §§ 154 Abs. 1, 154a Abs. 1 StPO von der Verfolgung folgender Taten abgesehen:

...

- *Geldwäsche (§ 261 StGB) bezüglich Zahlungseingängen in Höhe von 649.022,50 € und 450.319,00 € in der Zeit vom ■■■ bis zum ■■■ und Weiterleitung/Barauszahlung von 30.000,00 €, von 868.039,00 € bzw. von 200.000,00 € in der Zeit vom ■■■ bis ■■■ (Bl. 18 d. A.).“*

e) Einstellung nach § 170 Abs. 2 StPO

50 Die wohl häufigste Rechtsgrundlage für eine Verfahrenseinstellung ist § 170 Abs. 2 StPO, demzufolge – nach Einleitung eines förmlichen Ermittlungsverfahrens und ggf. der Durchführung strafprozessualer Maßnahmen – der **Verdacht** hinsichtlich Geldwäsche oder einer sonstigen Straftat **nicht mit ausreichender Sicherheit bestätigt** werden konnte, dass letztendlich vor Gericht mit einer Verurteilung zu rechnen wäre. Dies kann verschiedene Gründe haben:[47]

- Die Vortat konnte dem Täter nicht nachgewiesen werden.
- Der Täter ist nicht auffindbar.
- Es liegt zwar keine Geldwäsche vor, aber eine andere Straftat, wegen der der Verdächtige nun verfolgt wird (etwa ein Steuerdelikt).
- Es liegen sonstige Verfahrenshindernisse vor.

51 Wie der folgende Ausschnitt aus einer Einstellungsverfügung gem. § 170 Abs. 2 StPO, bei der die näheren Gründe angegeben waren, zeigt, bedeuten auch Einstellungen nach

47 Vgl. auch *Diergarten*, Verdachtsmeldung, S. 48.

§ 170 Abs. 2 StPO nicht zwangsläufig, dass die Meldung etwa auf einem unzutreffenden Verdacht fußte oder „nichts gebracht" hätte – im Beispiel konnte lediglich der Vorwurf der **Geldwäsche** selbst nicht bestätigt werden, es wird jedoch wegen anderer Delikte ermittelt:

Beispiel
„Das vorliegende Ermittlungsverfahren wegen des Vorwurfs der Geldwäsche wird gemäß § 170 Abs. 2 StPO eingestellt.
Gründe:
Weitere Ermittlungen im Hinblick auf diese Vortaten sind vorliegend jedoch nicht veranlasst, weil diese bereits in dem gesonderten Ermittlungsverfahren ■■■ geführt werden.
Das gegenständliche Verfahren wegen Geldwäsche war deshalb gemäß § 170 Abs. 2 StPO einzustellen, weil bereits unabhängig vom Ausgang des vorgenannten weiteren Ermittlungsverfahrens feststeht, dass der in den Verdachtsmeldungen gemeldete Gebrauch falscher Rechnungen bzw. Belege ausschließlich dazu dienen könnte, erstmalig finanzielle Vorteile zu erlangen und nicht strafbar – im Sinne der in § 261 StGB genannten Delikte – bereits erlangte finanzielle Vorteile zu sichern."

---

3. Strafbefehl

Das Strafbefehlsverfahren, das in §§ 407ff. StPO geregelt ist, ist ein **vereinfachtes Verfahren zur Sanktionierung von minderschweren Straftaten**. Der Straftäter erhält hier einen schriftlichen Strafbefehl und es wird auf die Durchführung einer Hauptverhandlung verzichtet. In der Praxis werden sehr häufig Finanzagenten, denen „nur" leichtfertige Geldwäsche nach § 261 Abs. 6 StGB (in einem oder wenigen Fällen und mit nur geringem Schaden) vorgeworfen/nachgewiesen werden kann, im Wege des Strafbefehlsverfahrens bestraft. 52

4. Urteil

Als letzte Alternative kann es schließlich zu einem Strafurteil kommen. Wie bereits ausführlich in Kapitel 1 B II dargestellt und näher beleuchtet, gibt es nur sehr wenige Verurteilungen wegen Geldwäsche selbst, jedoch eine beträchtliche Anzahl von Verurteilungen wegen anderer Straftaten, die auf Verdachtsmeldungen zurückzuführen sind. Leider gibt es aktuell immer noch keine zuverlässige Statistik über die genaue Zahl strafrechtlicher Verurteilungen, die auf Ermittlungsverfahren fußen, die ihren Ursprung in Verdachtsmeldungen hatten. 53

5. Rückmeldung an die FIU

54 In Strafverfahren, in denen die FIU Informationen weitergeleitet hat,[48] teilt die zuständige Staatsanwaltschaft der FIU die Erhebung der öffentlichen Klage und den Ausgang des Verfahrens einschließlich aller Einstellungsentscheidungen mit (die Mitteilung erfolgt durch Übersendung einer Kopie der Anklageschrift, der begründeten Einstellungsentscheidung oder des Urteils, vgl. § 42 Abs. 1 GwG).[49] Diese Rückmeldungen sollen der FIU helfen, statistische Auswertungen durchzuführen, und insbesondere auch Aussagen zur Wirksamkeit des Verdachtsmeldewesens ermöglichen. Beim Großteil der Rückmeldungen handelt es sich jedoch um Einstellungsverfügungen ohne Angaben von Gründen, die keine Aussage zulassen, was tatsächlich aus dem per Verdachtsmeldung mitgeteilten Sachverhalt geworden ist.[50]

48 Hat die FIU Informationen an sonstige inländische öffentliche Stellen weitergeleitet, so ist diese empfangende Stelle gemäß § 42 Abs. 2 GwG verpflichtet, der FIU über die abschließende Verwendung der bereitgestellten Informationen und über die Ergebnisse der auf Grundlage der bereitgestellten Informationen durchgeführten Maßnahmen zu berichten.

49 Durch das Finanzkriminalitätsbekämpfungsgesetz (BT-Drs. 20/9648, Art. 18 Nr. 29) war vorgesehen gewesen, in § 42 Abs. 1 GwG zusätzlich eine Pflicht zur Mitteilung der Einleitung eines Strafverfahrens einzufügen. Das Gesetz fiel nach dem Bruch der Regierungskoalition der Diskontinuität anheim.

50 Ebenso bereits BKA, FIU-Jahresbericht 2016, S. 17 f.

Kapitel 9
Aufsicht (§§ 51 ff. GwG)

A. Grundsätzliches

Sämtliche Verpflichteten nach § 2 Abs. 1 GwG unterliegen gem. § 51 GwG einer Aufsicht. Diese ist aber nicht bei allen Verpflichteten gleich, wie sich aus der umfangreichen Auflistung der jeweiligen verschiedenen Aufsichtsbehörden und Institutionen in § 50 GwG ergibt. So unterliegen einige Gruppen von Verpflichteten (vor allem aus der Kredit- und Versicherungswirtschaft) gem. § 50 Abs. 1 Nr. 1 GwG einer zentralen Bundesaufsicht durch die Bundesanstalt für Finanzdienstleistungsaufsicht – BaFin. Diese Aufsichtsbehörde ist die zentrale Institution im nationalen System zur Bekämpfung der Geldwäsche. Andere Verpflichtete, wie z. B. Güterhändler, Immobilienmakler und Spielbanken, aus dem Nichtfinanzbereich unterliegen einer jeweiligen Länderaufsicht, die von Fall zu Fall die Vorschriften des GwG, insbesondere in Bezug auf § 7 GwG, also die Bestellung eines Geldwäschebeauftragten, anders auslegen kann. Rechtsberatende Berufe wie Rechtsanwälte und Steuerberater unterliegen der Aufsicht ihrer jeweiligen örtlich zuständigen Kammer. Notare unterliegen der Aufsicht der jeweiligen Landgerichtspräsidenten. Patentanwälte sind unter der Aufsicht der Patentanwaltskammer. Wirtschaftsprüfer und vereidigte Buchprüfer unterliegen der Aufsicht der Wirtschaftsprüferkammer. So ist es nicht weiter verwunderlich, wenn die Vorschriften, aber auch die Aufsicht von Gruppe zu Gruppe zum Teil anders ausgelegt und gelebt werden. 1

B. Auslegungs- und Anwendungshinweise der Aufsichtsbehörden

Aufsichtsbehörden sind gem. § 51 Abs. 8 GwG gehalten, ihren jeweiligen Verpflichteten regelmäßig aktualisierte Auslegungs- und Anwendungshinweise für die Umsetzung der Sorgfaltspflichten und internen Sicherungsmaßnahmen nach den gesetzlichen Bestimmungen zur Verhinderung von Geldwäsche und Terrorismusfinanzierung zur Verfügung zu stellen. Damit steht den Aufsichtsbehörden ein Instrument zur Verfügung, die teils weit gefassten gesetzlichen Bestimmungen für bestimmte Verpflichtete näher zu konkretisieren. Die BaFin hat zuletzt ihre Auslegungs- und Anwendungshinweise (Allgemeiner Teil-AT) im März 2025 für die von ihr beaufsichtigten Verpflichteten aktualisiert.[1] Der Besondere Teil der Auslegungs- und Anwendungshinweise für die Kreditwirt- 2

1 Auslegungs- und Anwendungshinweise der BaFin (AT) vom März 2025.

https://doi.org/10.1515/9783111510545-009

schaft wurde im Juni 2021 veröffentlicht.[2] Für die der BaFin unterstellten Versicherungen wurde zuletzt im Januar 2020 der Besondere Teil der Auslegungs- und Anwendungshinweise für Versicherungsunternehmen herausgegeben.[3] Im Nichtfinanzsektor gibt es gerade im Bereich der Güterhändler, Immobilienmakler und Glückspielanbieter entsprechende Auslegungs- und Anwendungshinweise vom Mai 2023.[4] Gute Hinweise zu diesen Themen finden sich auf der Seite des Regierungspräsidiums Darmstadt, die auch für andere Bundesländer gelten, bzw. dort auf den jeweiligen Seiten zu finden sind. Auch für die rechtsberatenden Berufe gibt es z. B. von der Bundesrechtsanwaltskammer eine Mustervorgabe für die jeweils örtlichen Kammern.[5] Das Gleiche gilt ebenfalls für die anderen rechtsberatenden Berufe.

C. Befugnis zum Anordnen von Maßnahmen

3 Gemäß § 51 Abs. 2 GwG haben die jeweiligen Aufsichtsbehörden die Befugnis, im Rahmen der ihnen gesetzlich zugewiesenen Aufgaben die geeigneten und erforderlichen Maßnahmen zu ergreifen, um die Einhaltung sämtlicher im GwG festgelegten Anforderungen sicherzustellen. Insbesondere können die Aufsichtsbehörden in diesem Rahmen durch erforderliche Maßnahmen und Anordnungen sicherstellen, dass die Verpflichteten diese Anforderungen auch im Einzelfall einhalten und nicht entgegen diesen Anforderungen Geschäftsbeziehungen begründen oder fortsetzen und Transaktionen durchführen. Diesen Anordnungen der Aufsicht sollte unbedingt Folge geleistet werden. Widerspruch und Anfechtungsklagen dagegen mögen zwar im Einzelfall sinnvoll und begründet sein; allerdings haben diese gem. § 51 Abs. 2 S. 4 GwG keine aufschiebende Wirkung.

4 Die BaFin hat in den letzten Jahren bereits mehrfach von einer Regelung in § 45c KWG Gebrauch gemacht, einen Sonderbeauftragten zu bestellen, diesen mit der Wahrnehmung von Aufgaben bei einem Institut zu betrauen und ihm die hierfür erforderlichen Befugnisse übertragen.[6]

---

2 BaFin-AuA (BT für Kreditinstitute vom 08. Juni 2021).

3 BaFin-AuA (BT für Versicherungen vom Januar 2020).

4 Auslegungs- und Anwendungshinweise für den Nichtfinanzsektor vom Mai 2023.

5 Auslegungs- und Anwendungshinwiese der BRAK, 8. Auflage Juni 2024.

6 https://www.bafin.de/SharedDocs/Veroeffentlichungen/DE/Fachartikel/2025/fa_250102_Sonderbeauftragte.html.

D. Nachweispflicht gegenüber der jeweiligen Aufsichtsbehörde

Jeder Verpflichtete muss seiner Aufsichtsbehörde auf deren Verlangen hin nachweisen 5
können, dass die von ihm getroffenen Maßnahmen– um im Hinblick auf Geldwäsche und Terrorismusfinanzierung nicht missbraucht zu werden– angemessen sind. Diesbezüglich hat die Aufsicht die Möglichkeit, gem. § 52 Abs. 1 GwG unentgeltlich Auskünfte bei dem jeweiligen Verpflichteten einzuholen. Diese Nachweismöglichkeit dient einer wirksamen Beaufsichtigung der Verpflichteten. Das Gleiche gilt hinsichtlich der Anordnung einer anlasslosen Anordnung zur Prüfung der Einhaltung der gesetzlichen Vorschriften. Allerdings hat der Gesetzgeber nicht geregelt, wie es sich bei der Zuständigkeit mehrerer Aufsichtsbehörden für ein und denselben Verpflichteten verhält. So ist es denkbar, dass ein Verpflichteter sich mehreren Aufsichtsbehörden gegenüber in der Verantwortung sieht, weil er in mehreren Bundesländern (unselbstständige) Niederlassungen unterhält.

Beispiel:
Ein Güterhändler hat seinen Firmensitz in München. In beinahe allen Bundesländern werden unselbstständige Niederlassungen betrieben. Im Extremfall sieht sich dieser Gewerbebetrieb verschiedenen Landesaufsichtsbehörden gegenüber, die jede für sich ihrer Aufsichtspflicht nachkommen muss und dabei mehr oder weniger strenge Anforderungen stellt.

Das ergibt insgesamt keinen Sinn, da der Verpflichtete gezwungen wäre, jeder dieser 6
Aufsichtsbehörden die gleiche komplette Auskunft hinsichtlich Erfüllung der Pflichten aus dem Geldwäschegesetz zu erteilen. Zusätzlich ist es denkbar, dass eine Aufsichtsbehörde die Bestellung eines Geldwäschebeauftragten verlangt, andere Aufsichtsbehörden jedoch von einer solchen Anordnung absehen. Aus diesem Grund wäre es sinnvoll, wenn allein diejenige Aufsichtsbehörde für die Prüfung zuständig wäre, die am Hauptsitz des Güterhändlern zuständig wäre.

Nichts anderes gilt auch z.B. im Bereich der Kreditwirtschaft. So ist dort nur eine 7
Aufsichtsbehörde (BaFin) zuständig, die auch nur am Hauptsitz des überregional tätigen Instituts Prüfungen vornimmt und nicht vor Ort bei den jeweiligen Niederlassungen. Aus diesem Grund sollte in diesen Fällen die Aufsichtsbehörde, welche eine Prüfung bei einer Niederlassung vornehmen möchte, gebeten werden, sich mit der Aufsicht in Verbindung zu setzen, welche für den Hauptsitz des Verpflichteten zuständig ist, um sich mit dieser abzustimmen.

Problematisch wird es immer dann, wenn nicht sicher ist, ob ein Unternehmen 8
überhaupt einer Aufsicht unterliegt oder wegen verschiedenen gleich gewichteten Bereichen, welcher. Das wurde besonders deutlich im Fall Wirecard AG. Das Unternehmen dachte, es würde der Aufsicht der BaFin unterstehen, war sich aber nicht sicher, und richtete sicherheitshalber eine Anfrage an die BaFin, ob das tatsächlich der Fall sei. Die BaFin ging jedoch davon aus, dass die Wirecard AG ein Finanzunternehmen im Sinn des § 2 Abs. 1 Nr. 6 GwG sei und sah die Regierung von Niederbayern, die demnach zuständig wäre, als zuständige Aufsichtsbehörde. Letztlich wurde das aber von

dieser aber auch verneint, da die Haupttätigkeit der Wirecard AG nicht darin bestand, die in § 1 Nr. 24 GwG aufgeführten Tätigkeiten auszuführen. Letztlich unterlag damit die Wirecard AG keiner geldwäscherechtlichen Aufsicht.[7]

E. Auskunftsverweigerungsrecht

9 In § 52 Abs. 4 GwG ist geregelt, dass ein Verpflichteter auch gegenüber der Aufsichtsbehörde ein Auskunftsverweigerungsrecht für solche Fragen hat, deren Beantwortung ihn selbst oder einen Angehörigen der Gefahr strafrechtlicher Verfolgung oder eines Ordnungswidrigkeitsverfahrens aussetzen würde. Dieses Recht gilt aber nur für die Verpflichteten an sich (soweit sie natürliche Personen sind), nicht jedoch für deren Beschäftigte. Das ergibt sich bereits aus dem Wortlaut, wonach nur der zur Erteilung einer Auskunft Verpflichtete ein Auskunftsverweigerungsrecht hat. Da sich das Auskunftsersuchen der Behörde aber in der Regel gegen den Verpflichteten, aber nicht gegen dessen Mitarbeiter persönlich richtet, hat dieser auch kein Auskunftsverweigerungsrecht.[8]

Wichtig:
Das Auskunftsverweigerungsrecht betrifft nur Auskünfte an sich, aber nicht die Herausgabe von Unterlagen.[9]

F. Unentgeltlichkeit von Auskünften

10 Auskünfte von Verpflichteten an die Aufsichtsbehörden sind grundsätzlich gem. § 52 Abs. 1 S. 1 GwG unentgeltlich zu erteilen. Konsequenterweise besteht auch diese Pflicht sowie die Pflicht, die Unterlagen in Form von Kopien oder in digitaler Form auf elektronischem Wege oder auf einem digitalen Speichermedium zur Verfügung zu stellen, durch den Verweis auf § 52 Abs. 1 Satz 2 GwG unentgeltlich. Das bedeutet, dass der potenziell Verpflichtete im Rahmen seiner Mitwirkungspflichten die beispielsweise anfallenden Kopierkosten den Aufsichtsbehörden nicht in Rechnung stellen kann. Die Kosten für eine von der Aufsicht durchgeführte Prüfung, können dem Verpflichteten auferlegt werden. (§ 51 Abs. 4 GwG). Es handelt sich dabei um eine Kann-Vorschrift, so dass nicht unbedingt bei jeder Prüfung Kosten durch den geprüften Verpflichteten zu tragen sind.

7 Vgl. dazu die Auskunft des Bayerischen Staatsministeriums des Innern u.a. vom 25.09.2020 auf die Anfrage des Abgeordneten Dr. Runge (Bündnis 90/Die Grünen) vom 28.07.2020 (Drs. Bayerischer Landtag 18/10006).

8 Auslegungs- und Anwendungshinweise der BRAK, 8. Auflage Juni 2024, Rn. 192, S. 74.

9 Auslegungs- und Anwendungshinweise der BRAK, 8. Auflage Juni 2024, Rn. 192, S. 74.

G. Mitwirkungspflicht

Personen, bei denen aufgrund ihrer Geschäftstätigkeit die Annahme gerechtfertigt ist, dass diese Verpflichtete sein können, haben der zuständigen Aufsichtsbehörde gem. § 52 Abs. 6 GwG ebenfalls unentgeltlich Auskunft über alle ihre Geschäftstätigkeiten zu erteilen, soweit dies für die Feststellung der Verpflichteteneigenschaft erforderlich ist. Das betrifft vor allem Berufe, bei denen keine klare Abgrenzung zu Verpflichteten besteht. Das kann einerseits im Bereich von Gaststätten der Fall sein, wenn sie auch andere Dinge als diejenigen, die zum Verzehr vor Ort bestimmt sind, verkauft. Hier müsste der jeweilige Gastronom bei einer Anfrage der Aufsichtsbehörde unentgeltlich diese Frage beantworten. Ähnliches gilt dies für Angehörige der rechtsberatenden Berufe. Hier besteht eine Verpflichteteneigenschaft nur, soweit mindestens einer der in § 2 Abs. 1 Nr. 10 GwG genannten Katalogtatbestände erfüllt ist. Um das herauszufinden, verschicken die jeweiligen Kammern Fragebögen, welche der Beantwortung dieser Frage dienen.[10] Personen, die Verpflichtete sein können, müssen daher Antworten auf diese Fragen erteilen, auch wenn sie wissen, dass sie keine der in § 2 Abs. 1 Nr. 10 GwG aufgeführten Katalogtatbestände im Prüfungszeitraum durchgeführt haben. 11

Wichtig: !
Bei Rechtsanwälten genügt bereits eine Mitwirkung bei dem Mandat eines Kollegen, dass der Unterstützende auch zum Verpflichteten wird, selbst wenn er nur angestellter Rechtsanwalt ist.[11] Dabei genügen auch schon unwesentliche Bearbeitungselemente eines Mandats, um die Verpflichteteneigenschaft zu begründen.[12]

Auch die Mitwirkung eines anderen Verpflichteten befreit einen verpflichteten Rechtsanwalt nicht von seinen eigenen Sorgfalts-oder Meldepflichten. So hat ein Rechtsanwalt als Verpflichteter auch dann einen Mandanten zu identifizieren, wenn dieser bereits zuvor durch einen Notar oder einen anderen Verpflichteten identifiziert wurde.[13] 12

Das Gleiche gilt hinsichtlich der Meldepflicht in Verdachtsfällen. Es genügt hier nicht, sich auf eine Meldung eines anderen Verpflichteten zu verlassen. Die FIU möchte, dass möglichst alle involvierten Verpflichteten entsprechende Maßnahmen treffen und Verdachtsmeldungen abgeben, um so aus einer Meldung Schlüsse zu ziehen oder mithilfe von Fragmenten ein vollständiges Bild zeichnen zu können.[14] Allerdings begrenzt die FIU selbst in ihrem „Eckpunktepapier zur Bestimmung solcher Sachverhalte, die grundsätzlich nicht die Meldepflicht des § 43 Absatz 1 GwG auslösen", wann eine Meldung entbehrlich ist. 13

10 Auslegungs- und Anwendungshinweise der BRAK, 8. Auflage Juni 2024, Rn. 193, S. 75.
11 BayVGH, Beschluss vom 10.07.2023, Az.: 22 ZB 21.121, Rz. 18.
12 Auslegungs- und Anwendungshinweise der BRAK, 8. Auflage Juni 2024, Rn. 192, S. 74.
13 Auslegungs- und Anwendungshinweise der BRAK, 8. Auflage Juni 2024, Rn. 13, S. 10.
14 Auslegungs- und Anwendungshinweise der BRAK, 8. Auflage Juni 2024, Rn. 13, S. 10.

H. Ausblick auf die AMLA

14 Die neue Europäische Anti-Geldwäsche-Behörde (AMLA), die in Frankfurt a. Main ihren Sitz hat, wird eine zentrale Rolle bei der Bekämpfung von Geldwäsche und Terrorismusfinanzierung spielen. Ihre Aufgaben im Bereich der Aufsicht lassen sich in folgende Hauptbereiche unterteilen:

1. Direkte Aufsicht

15 Die AMLA wird 40 Finanzinstitute mit hohem Risiko direkt beaufsichtigen. Diese Unternehmen müssen in mehreren EU-Mitgliedstaaten tätig sein und ein hohes Risiko für Geldwäsche und Terrorismusfinanzierung aufweisen. Die Auswahl erfolgt alle drei Jahre nach festgelegten Kriterien. Bei Problemen mit der Einhaltung der AML/CTF-Vorschriften kann die AMLA auch die direkte Aufsicht über ein einzelnes Unternehmen übernehmen, wenn nationale Behörden nicht angemessen reagieren.

2. Indirekte Aufsicht

16 Die AMLA wird nationale Aufsichtsbehörden koordinieren und überwachen, um eine einheitliche Anwendung der EU-Regeln sicherzustellen. Dazu gehören thematische Überprüfungen, Leitlinien und Empfehlungen. Sie wird sicherstellen, dass nationale Behörden ausreichend Ressourcen haben, um ihre Aufgaben effektiv wahrzunehmen.

3. Aufsicht über den Nicht-Finanzsektor

17 Die AMLA wird auch Aufsichtsbehörden außerhalb des Finanzsektors unterstützen und Peer-Reviews durchführen, um die Wirksamkeit und Kohärenz der Aufsicht zu stärken.

4. Koordination von Financial Intelligence Units (FIUs)

18 Die AMLA wird als zentrale Koordinierungsstelle für FIUs agieren, gemeinsame Methoden entwickeln und den Austausch zwischen den Behörden fördern. In der EU-Geldwäsche-Richtlinie wird der AMLA dabei eine zentrale Rolle zugewiesen. Sie gibt Leitlinien für die jeweiligen zentralen Meldestellen der Länder (FIUs) heraus[15].

15 EU-AML-Richtlinie 2024/1640 Art. 19 Abs. 10.

5. Sanktionsbefugnisse

Die AMLA kann verbindliche Entscheidungen treffen und Sanktionen von bis zu 10 % des Umsatzes eines Unternehmens oder 10 Millionen Euro verhängen, je nachdem, welcher Betrag höher ist. Die Einrichtung der AMLA soll bis Mitte 2025 abgeschlossen sein, wobei ihre Aufsichtsfunktion ab Anfang 2026 beginnt. Sie wird sowohl als direkte als auch indirekte Aufsichtsbehörde agieren, um ein harmonisiertes und effektives System zur Bekämpfung von Geldwäsche und Terrorismusfinanzierung in der EU zu gewährleisten. 19

Die Personalstärke der AMLA soll mindestens 400 Mitarbeitende betragen. 20

Kapitel 10
Ausblick

Zitat

„Rapid developments in financial information, technology and communication allow money to move anywhere in the world with speed and ease. This makes the task of combating money-laundering more urgent than ever."
(UNODC, Money-Laundering and Globalization)[1]

Die Entwicklungen im Bereich der Geldwäsche und der Bemühungen um Verhinderung und Bekämpfung von Geldwäsche und Terrorismusfinanzierung haben eine Geschwindigkeit angenommen, die ihresgleichen sucht. Nicht zuletzt die sich überschlagenden Fortschritte in den verschiedensten technologischen Bereichen stellen alle Beteiligten – die Verpflichteten nach dem Geldwäschegesetz, FIU, Strafverfolgungs- und Aufsichtsbehörden – nahezu täglich vor neue Herausforderungen. 1

Die vielleicht größten Veränderungen in der ohnehin bereits turbulenten Geschichte der Geldwäschebekämpfung werden sich mit Geltung bzw. Umsetzung der EU-Geldwäsche-Verordnung (Verordnung (EU) 2024/1624), der neuen EU-Geldwäsche-Richtlinie (Richtlinie (EU) 2024/1640) und der Arbeitsaufnahme der neuen Europäischen Geldwäscheaufsichtsbehörde (AMLA, gemäß der Verordnung (EU) 2024/1620) ergeben. Die EU-Geldwäsche-Verordnung wird die Streichung (und Anpassung) von Normen im nationalen Recht der Mitgliedstaaten zur Folge haben, ebenso wie die neuen Richtlinienvorgaben zu berücksichtigen sind. Wenngleich naturgemäß bei derart fundamentalen Änderungen nach den ersten Erfahrungen in der Praxis Folgeanpassungen im Detail erforderlich sein werden und vieles erst noch durch die AMLA und die nationalen Behörden zu konkretisieren ist, werden die Neuerungen auf europäischer Ebene einige Verbesserungen und Vereinfachungen mit sich bringen. Zu denken ist hier neben unionsweiten Vereinheitlichungen beispielsweise an die Vernetzung von Registern wirtschaftlich Berechtigter, Immobilienregistern und Bankkontenregistern (die gleichfalls im AML-Paket der EU enthaltene Richtlinie (EU) 2024/1654 sieht einen europaweiten Zugriff auf die Bankkontenregister der Mitgliedstaaten und einheitliche Formate bei Transaktionsaufzeichnungen vor). Auch die künftigen Partnerschaften für den Informationsaustausch nach Art. 75 der EU-Geldwäsche-Verordnung bergen große Chancen. 2

Zudem enthält der Koalitionsvertrag für die 21. Legislaturperiode mehrere interessante Aspekte: So sollen Geldwäsche und Finanzkriminalität entschieden bekämpft werden, wozu die Kompetenzen des Bundes im Bereich der Finanzkriminalität gebün- 3

---

1 Übersetzung: *„Die rasanten Entwicklungen im Bereich von Finanzinformationen, Technologie und Kommunikation erlauben es, Gelder weltweit mit zunehmender Geschwindigkeit und Leichtigkeit zu bewegen. Dies lässt die Aufgabe der Bekämpfung der Geldwäsche dringlicher denn je werden."*; abrufbar unter http://www.unodc.org/unodc/en/money-laundering/globalization.html.

https://doi.org/10.1515/9783111510545-010

delt und insbesondere Austausch und Zusammenarbeit zwischen Bund und Ländern im Bereich der Geldwäsche sowie mit nationalen und internationalen Organisationen, der EU und der europäischen Aufsichtsbehörde AMLA verbessert werden sollen. Lücken im Transparenzregister sollen geschlossen werden und wenn ein oder mehrere wirtschaftlich Berechtigte nicht zu ermitteln sind, sollen Rechtsgeschäfte juristischer Personen, die den Betrag von 10.000 Euro überschreiten, von geldwäscherechtlich Verpflichteten nicht getätigt werden dürfen. Es soll zudem ein administratives, verfassungskonformes Vermögensermittlungsverfahren geschafft werden mit dem Ziel, verdächtige Vermögensgegenstände von erheblichem Wert sicherzustellen, bei denen Zweifel an einem legalen Erwerb nicht ausgeräumt werden können (Suspicious Wealth Order). Die bestehenden Vermögenseinziehungsinstrumente sollen fortentwickelt werden und um ein Einziehungsverfahren für Vermögensgegenstände ungeklärter Herkunft erweitert werden (Zeile 1543ff., 2875ff.).

4 Die Entwicklungen in den Bereichen Künstliche Intelligenz, Blockchain-Technologie und Kryptowährungen haben gleichfalls großes Potenzial – in jegliche Richtung (für Geldwäsche und Terrorismusfinanzierung wie auch zur Bekämpfung derselben).

5 Allein diese exemplarisch herausgegriffenen Facetten zeigen deutlich, dass das Thema „Verhinderung und Bekämpfung von Geldwäsche und Terrorismusfinanzierung" nichts an Spannung verlieren wird. Die Bekämpfung von Geldwäsche und Terrorismusfinanzierung ist hierbei in ihrer grundlegenden Bedeutung für unsere Sicherheit, unsere Demokratien und unsere Zukunft nicht hoch genug einzuschätzen.

6 Allen Beteiligten auf Seiten der Verpflichteten wie auf staatlicher/behördlicher Seite ist hierbei viel Erfolg, Energie und Durchhaltevermögen zu wünschen.

Dr. Steffen Barreto da Rosa, Achim Diergarten, Martina De Buyser, Gabriele Marx-Steinacker, Kim Träris, Sebastian Wolf

Stichwortverzeichnis

Die Buchstaben und Zahlen in Fettdruck beziehen sich auf die Kapitel des Werkes, die Ziffern beziehen sich auf die Randnummern innerhalb der Kapitel.

https://doi.org/10.1515/9783111510545-011

G

H

I

U

Z